www.ingramcontent.com/pod-product-compliance
Lightning Source LLC
Chambersburg PA
CBHW070039080526
44586CB00013B/862
* 9 7 8 1 5 9 5 8 4 8 0 7 9 *

وحشت بزرگ

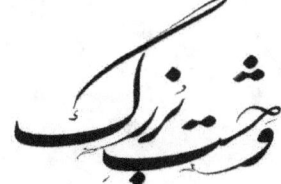

گفتارهایی درباره تروریسم اسلامی علیه ایران

وحشت بزرگ

عرفان قانعی‌فرد

۲۰۲۳ - ۲۵۸۲ - ۱۴۰۲

The Horrible Reign of Terror
Subject: History Of Iran
By: **Erfan Fard**
Copyright© 2025 By Ketab Corporation
All right reserved.
1st Edition by: Ketab Corporation
2nd Edition by: Ketab Corporation, September 2023
3rd Edition by: Ketab Corporation, December 2023
4rd Edition by: Ketab Corporation, March 2024

وحشت بزرگ
موضوع: تاریخ معاصر ایران
عرفان قانعی‌فرد

The Library of Congress Cataloging-in-publishing Data is available upon request.

ISBN: 978-1-59584-807-9
Ketab Corporation:
12701 Van Nuys Blvd., Suite H,
Pacoima, CA, 91331, USA
Visit our website at www.ketab.com
Printed in the United States of America

4 5 6 7 8 9 24

ما به شما نوید و وعده **تمدن بُزرگ** را می‌دهیم و دیگران به شما وعده **وحشت بُزرگ** را می‌دهند، تصمیم و مقایسه این دو با ملت ایران است که کدام را انتخاب می‌کند.

(شاه فقید)

فهرست مطالب

بخش ۱ .... ۵
تاریخ ۵
۱.قهرمان سازی‌های تقلبی آخوندپسند ۷
۲.اگر کورشی هست(رهایی از زندان تاریخ) ۱۱
۳.قوام‌السلطنه شیفته تمامیت ارضی ۱۵
٤.و ٤۳ سال پس از شاه با وحشت بزرگ ۲۵
۵.خُمینی، یک کرگدن است! (به یاد زنده یاد حسن پاکروان، ساواک) ۳۱
٦.تروریست‌های اسلامی دامی هولناک در راه ملت ایران ۳۹
۷.شاه و پدیده تروریسم اسلامی ۵۳
۸.شبکه تروریست اسلامی خمینی ٦۱
۹.فرزندان نهضت تروریست اسلامی خمینی ۷۹
۱۰.آیت‌الله سُرخ(پدر تروریست‌های اسلام مارکسیستی) ۹۱
۱۱.وصیت شاه:رستاخیز ملی، چاره درد است ۱۰۱
۱۲.پیام شعارها حمایت از پهلوی در رستاخیز ملی ۱۰۵
۱۳.آدمکُشان حرفه‌ای، ایرانی بودند (و شیفته کرملین) ۱۱۱
۱٤.قاتلان سینما رکس؛ هنوز زنده‌اند! ۱۲۱
۱۵.در صفت تو، هذیان است!(سخن شاهزاده خطاب به خامنه‌ای) ۱۲۹
۱٦. ٦۰ سال پس از حادثه ۱۳٤۲ .... ۱۳۵
۱۷.کارنامه، سیاه - مُعدل، صفر ۱٤۹
۱۸.بازی تمام شده(رخداد تغییراتی بزرگ و برگشت‌ناپذیر) ۱۵۵
۱۹.مارکسیست‌های جهان، مُتحد شوید! ۱٦۱
۲۰.اتحاد با شیطان ۱٦۷
۲۱.نه زیستن نه مرگ دوزخ روی زمین ۱۷۳
۲۲.جنایت تروریسم اسلامی در میدان ژاله ۱۷۵

۲۳.یاد بی‌باکان- ۴۲ سال پس از قیام نقاب (نوژه) ۱۸۳
۲۴.دروغ‌ها علیه تاریخ پهلوی، خریدار ندارد ۱۸۷
۲۵.دم از آزادی نزنند! ۱۹۳

بخش ۲. مطالعات امنیت ۱۹۹
۱.خط پایان یک تروریست؛ شمشیر زن ولایت فقیه (مرگ تحقیرآمیز قاسم سلیمانی) ۲۰۱
۲.نگاه جامعه اطلاعاتی امنیتی آمریکا به ایران ۲۱۳
۳.آبان و زوال اُختاپوس ولایت فقیه ۲۲۱
۴.مُلای جاسوس در کابینه رئیسی ۲۲۹
۵.«مُلای تاریکی»(وزیر اطلاعات رئیسی) ۲۳۳
۶.چالش‌های امنیتی رئیسی و مُلای هشتم وزارت اطلاعات ۲۳۷
۷.مسئول حفظ امنیت کشور با تروریست خون آشام! ۲۴۳
۸.وزیر دفاع رئیسی و موج جدید تروریسم ۲۵۱
۹.خطرناک‌ترین فرماندهی کل نیروهای مسلح کشور ۲۵۵
۱۰.مرکز ضد تروریسم آمریکا و تهدیدات ایران ۲۵۹
۱۱.قول دیوید بارنئا، وعده موساد ۲۶۳
۱۲.سرکوبگر جدید امنیتی سازمان اطلاعات ناجا (سانا) ۲۶۷
۱۳.موج جدید تروریسم(سودای مُلایان در تروریسم منطقه‌ای) ۲۷۳
۱۴.حذف سپاه از فهرست تروریستی: ترویج تروریسم، ۲۷۷
۱۵.تقویت امنیت منطقه و حضور موساد در بحرین ۲۸۱
۱۶.تجاوز پوتین، هراس از دمکراسی ۲۸۵
۱۷. در نظم جهان، پایان جنگ مهم است نه شروع آن ۲۸۹
۱۸.شبح تروریست‌ها در مذاکرات وین؛ ۲۹۳
۱۹.بازنده مصیبت جنگ و نامنی اروپا ۲۹۷
۲۰.رئیس سی‌آی‌ای: جمهوری اسلامی، تهدید آمریکا و خاورمیانه ۳۰۱
۲۱.مرگ ری‌شهری، بانک اسرار خامنه‌ای، ۳۰۵
۲۲.آلبرایت، مشوق دمکراسی و دشمن استبداد ۳۱۳
۲۳.عراق، در آستانه جنگ خونین داخلی؟ ۳۱۷
۲۴.با مُلای بُمب اتمی، چه کنیم؟ ۳۲۱
۲۵.توهم انتقام سخت و تهدید تروریستی فرمانده ۳۲۵
۲۶.فرماندهی ستنکام و تروریسم مُلای ایرانی ۳۳۱

27.آنچه او داند، بلوا است و آشوب! (سفیر جدید ایران در عراق) 335
28.شرارت سپاه قدس در بحرین؛ جنون تروریسم! 339
29.توهم واجا و نابودی جاسوس‌های سیا و موساد 343
30.موساد اسرائیل؛ حذف تروریست؛ عدم تقلید از ساواک 349
31.هلال شیعی و اُختاپوس تروریستی شیعه 359
32.نگاه آژانس اطلاعات دفاعی آمریکا به جمهوری اسلامی 369
33.چماقداران سرکوبگر، ایرانی‌اند و ابزار سفیه وقیح 375
34.اُپوزیسیون و انحلال نهاد (تروریستی بسیج) 381
35.قطر: رشوه و حمایت از تروریسم 385
36.گفتگوی بین تروریسم اسلامی (محمد خاتمی) 389
37.مُنشی تروریست‌ها (بررسی مرکز ضد تروریسم بریتانیا) 397
38.ورود تروریست‌های اسلامی به خاک آمریکا 401
39.امام تروریست‌ها (جان بیدار سلمان رُشدی) 405
40.جنبش دادخواهی و محکومیت تروریسم اسلامی 409
41.پاسدار ورشکسته، سُکان دار اطلاعات سپاه 415

بخش 3. اندیشه 419
1.آموزگار اندیشه رفت و «اندیشه ممنوع» باقی! 421
2. شبه روشنفکران عقب مانده (تراژدی ملی ایرانیان) 423
3.در زندان سفاک زمانه ما (مرگ بکتاش آبتین) 429
4.سرفراز از انتخاب خویش (طرفداران پادشاهی ایرانی) 433
5.ضعف گفتمان پنجاه و هفتی (رشد گفتمان ملی) 437
6.شاهزاده، یادگار پادشاهی ایرانی و آئین شهریاری 441
7.آئین شهریاری ایرانی و شهریار خوبان 447
8.شهریار ایران، ماندلا یا گاندی ایران 451
9.جنگ جوانان با مُلایان (تکیه بر ناسیونالیسم ایرانی) 459
10.بازی باخت- باخت سیدعلی 463
11.نصیحت به مُلاها (یا به اصطلاح روحانیت) 467
12.آغاز پایان روحانیت (فروپاشی اختاپوس مذهبی مُلا) 471
13.راه حل نهایی (گذار از روحانیت!) 475
14.عمامه سفیدهای رُخساره سیاه اصلاح طلب 483

15.خام طمع!، شرمی از این قصه بدار!	٤٨٩
16.تغییر رژیم(رهبر تاثیرگذار در جنبش‌های ایران)	٤٩٣
17.نسل جوان ایران و شاهزاده رضا پهلوی	٤٩٩
18.نسل نوین ملی گرایان(گفتگو از کیهان لندن: فیروزه رمضان‌زاده)	٥٠٣
19.نکوداشت آریامهر (سخنرانی درباره میراث شاه فقید)	٥١١
20.سالروز مشروطه؛ آوای وحش مُلایان و قمار سرنوشت جوانان	٥١٧
21.بلوای ٥٧، ضد جنبش مشروطه!	٥٢١
بخش ٤. چند نوشتار و گفتار قدیمی (١٣٨٠-١٣٩٠)	٥٢٧
1.همراه آمریکایی شاه(گفت‌وگو با رابرت آرمائو)	٥٢٩
2.گفتگویی با فرزند رضا شاه(٧٠ سال پس از شهریور ١٣٢٠)	٥٣٧
3.مباحثه‌ای باگری سیک، مشاور امنیتی کارتر	٥٤٥
4.کُودتا، یا عزاداری (در باره ٢٨ امرداد ١٣٣٢)	٥٥٤
5.یادمان محصلان رمیده از سفسطه بازان سیاست	٥٦٢
6.توهمی به نام دفاعیه(نوشته‌ای در باره شاپور بختیار)	٥٦٨
7.ایرانی، خود به خود جاسوس است (یادمان ژنرال حسن علوی کیا)	٥٧٦
8.تولد ساواک (سازمان اطلاعات و امنیت کشور)	٥٨٢
9.انقلاب مشروطه، نقطه آغاز تحول فکری	٦٠٥
پیوست ها	٦١٩
دو نوشتار به یاد زنده یاد ایرج آرین پور	٦١٩

سخن آغازین

پنجشنبه ۱۱ بهمن ۱۳۹۷(۳۱ ژانویه ۲۰۱۹) در فرودگاه باکو در آذربایجان بود؛ روزی پر از استرس و فشار عصبی که شاید پس از دو سال کافرماجرائی[1]، روز مرگ و زندگی‌ام بود. به صورت تلفنی، با یکی از دوستانم در رسانه‌ای در کالیفرنیا حرف زدم و پرسید که «درباره ۴۰ سال پس از خلافت اسلامی ولی فقیه چه باید گفت؟»

در پاسخ گفتم که:

«مردم ایران، تشنه «آزادی»اند، نه برده اختاپوس مذهبی! ۴۰ سال از روزی که یک مُلای مکار و خونخوار شیعه به اسم روح‌الله خمینی- مانند سیستم خلافت اسلامی اموی و عباسی و عثمانی و ... - در ایران به قدرت رسید، سپری شده است. البته گروه‌های تروریستی (اسلامی و چپ) نیز همراه و پشتیبان خمینی و مُلایان بودند و شوروی هم آتش بیار معرکه. نکته جالب آنجاست که حضرات آزادی خواه امروز، دنباله رو آلبانی (انور خوجه)، عراق(صدام)، لبنان، سوریه، لیبی (قذافی)، یاسر عرفات، کوبا(کاسترو) و.... بودند نه آزادی و دمکراسی غربی و جهان متمدن غرب. و از روزی که اختاپوس مذهبی ولی فقیه در ایران شکل گرفته؛ این سیستم خلافت، بلای جان مردم منطقه شده است. این رژیم نه جمهوری است نه اسلامی و نه ایرانی. چون جمهوریت با ولایت فقیه در تضاد است و اسلام نیز دین ایرانی نیست و این حضرات مافیای اختاپوس مذهبی هم در مشهد و قم؛ ضد تاریخ و فرهنگ و جغرافیای ایران‌اند. هر چند، از نظر شخصی، رابطه‌ای و علاقه‌ای به جمهوری ندارم. الان ۴۰ و اندی سال از آن خودکشی و شورش گذشته و ذهن نسل جوان نسبت به قماربازان و شرکای جرم ۱۳۵۷ روشن‌تر شده است و...».

اما در واقع امر، ۲۶دی ماه ۱۳۵۷، روز تراژدی ملی تاریخ معاصر ماست. مدعیان آزادی و اسلام و الله؛ راه گشایان این فاجعه شوم و اهریمنی شدند و عجیب و غریب

۱- ر.ک دهخدا - کسی که حال او مانند حال کافران باشد.

نیست اگر بگویم «احمقانه‌ترین انقلاب جهان بود» یا یک «خودکشی دسته‌جمعی» که نامش انقلاب اسلامی است اما در حقیقت، یعنی بازگشت به دوران اول حرکت مسلمین پیرو محمد که کار و بارشان ترور و غارت و کشتار و خلق جنایت بود! در ۱۳۵۷ هم، جمعی کاسبکار، فرصت‌طلب، بی‌وطن، ترقه‌باز و ... با شعارهای بی‌محتوا و فاقد دانائی و خرد، با ادعاهای واهی و دروغ، کینه‌توزی، جهالت، افکار ارتجاعی و تماما مسخره، مردم ایران را فریفتند و کالای فریب فروختند! یک شورش مشترک و جنایت عظیم به دست مُلاهای وحشی شیعه، کمونیست‌ها، جبهه (مثلاً) ملی، تروریست‌ها، نهضت (ظاهراً) آزادی، توده‌ای‌ها و ... در ایران پدید آمد و ایران را به ۱۴۰۰ سال قبل، کشانید!

در محکمه تاریخ، قطعا، بنا به این حال و روز مردم ایران در چهار دهه گذشته، خرابکاران تروریست و جنایتکاران شرکت کننده در بلوای ۱۳۵۷در برابرِ ابلهان تاریخ زانو خواهند زد. ایران را حراج، تباه و ویران کردند و مُشتی روشنفکر پر عقده، کم مایه و بی‌وطن هم هرچه بانک‌زن و راهزن و تروریست و آدمکش را عناصر شیفته آزادی و قهرمان ملی نامیدند تا دیکتاتوری و خفقان و این سیه‌روزی و پریشان احوالی در دوران استبداد دینی، پدید آید. مشکل روانی با شاهنشاهی و برند پهلوی دارند.

برخی از به اصطلاح روشنفکران و روزنامه نگاران و سیاسی های آن ایام با بی‌فرهنگی، بی‌هویتی، بی‌شخصیتی و فرصت‌طلبی در نقش افلاطون و سقراط و بقراط ظاهر شدند اما ملانصرالدین بودند و دلقک‌وار، عمله ضحاک و عقیده باطل. بلوای۱۳۵۷برای ایران بدبختی و تیره روزی به ارمغان آورد و تروریست‌های اسلامی و چپ، آخوند آوردند. روزنامه‌نگاری در اطلاعات می‌نوشت «برادرم ابوعمار!...» دیگری در کیهان می‌نوشت «حضرت آیت‌الله‌العظمی...!» که هر دو نشانه آن بود که جمعی ضد و نقیض‌گو و روشنفکرنمای بی‌اعتقاد و ناشی و کاذب در پس عقاید ویرانگر، مرتکب هر جنایتی می‌شدند تا همراه تروریسم اسلامی حرکت کنند و رژیمی خونخواره و وحشی را به قدرت برسانند!

ساطور بلوای۱۳۵۷ به گردش درآمد و بر سر مردم ایران کوفت. جمعی تروریست از زندان‌های ساواک بیرون آمدند و قهرمان و مجاهدش نامیدند. همگی زیر عبای خمینی پنهان شدند تا میهن و تاریخ آن را به سرکوب و اختناق حکومت ملایان و ظلمتکده مذهب و استبداد دینی ببخشند. عاقبت شاه فقید رفت و بهتر از هر کس دیگری می‌دانست که تروریسم کور برای نهادینه کردن استبداد دینی، به کجا میرسد و ایران را به کجا خواهد برد! باهوش‌تر از آن حرف‌ها بود.

شرکت کنندگان در عملیات تروریستی و مبارزه قهرآمیزی و چریکی؛ پس از بلوای ۱۳۵۷، صاحبان ایران شدند و آخوندیسم و خُمینیسم مرام‌شان شد. یک نهضت قُلابی و مضحک مذهبی با حضور مُلاهای عمامه به سر و نعلین به پا، راه افتاد. و در اوج شارلاتانیسم، آن را «مقدس و حق الهی» هم نامیدند. مردم، شرح جنایات جماعت مُلای شیعه را می‌دانند که اسلام را زنده کردند اما نوکر کمونیسم شدند. افسار تعصب و جهالت در دست گرفتند و هر جنایتی را موجه کردند. دامی هولناک در راه ملتی رنجیده و سیه‌روز گسترانیدند. شاه خوب می‌دانست که شبکه تروریسم بین‌المللی اسلامی سفاک چه خواهد کرد! و چه هرج و مرجی در راه مملکت هست.

خلاصه همین حرف‌هایم منتشر شد. یکسال و اندی گذشت و بعد نوشته‌ها و گفتارهایی کوتاه داشتم که بطور پراکنده در جاهای متفاوت - گویانیوز، تایمز اسرائیل، ایرانشهر و... - منتشر شدند. دوست ارجمندم بابک شکرآبی و جناب نادر دُرمانی کمک کردند و به عبری هم ترجمه کردند. بعدها، بنا به توصیه دوستان همراه - علیرضا میبدی، احمد فراستی، امیر شجره، سرهنگ هوشنگ وزین و مهیار کاویانی و بهرام یزدانی و میلاد آقایی و حامد سپهری ... - نوشته‌هایم را در این مجموعه بازنشر می‌دهم که یادگار بماند.

مطالب این مجموعه، به ٤ بخش تقسیم شده‌اند:

۱. تاریخ معاصر؛

۲. مطالعات امنیت؛

۳. اندیشه؛

٤. یادداشت‌ها؛

امید است که این مجموعه ساده و مختصر، مورد توجه دوستان و علاقمندان قرار بگیرد. با سپاس از حمایت و مهر همیشگی بیژن خلیلی.

عرفان قانعی‌فرد

کالیفرنیا - بورلی هیلز

بهار ۲۰۲۳

بخش ۱

تاریخ

۱
قهرمان سازی‌های تقلبی آخوندپسند

[فرخی یزدی و میرزاده عشقی و کریم‌پور شیرازی]

- فرخی یزدی:

داستان‌سازی و قهرمان‌سازی‌های تقلبی آخوندپسند، موجب سردرد است. فرخی یزدی، شاعر خوبی بود. به خاطر بدهکاری و فساد مالی به زندان افتاد و مالاریا داشت و مُرد. افسانه دروغ روزنامه و رسانه‌ها و مطرح کردن آمپول هوا توسط پزشک احمدی و رضاشاه، چرند محض است!

احمد کسروی، وکیل پرونده بود! «تعجب می‌کنم فرخی، به حکایت پرونده، چند مرض مهلک نفریت و مالاریای مزمن و مانند اینها داشته و چون مرده، طبیب قانونی مرگ او را عادی دانسته و جواز دفن صادر کرده، با این حال اصرار می‌کنند که او را کشته شده با دست احمدی وانمایند و به تکلفات باورنکردنی می‌پردازند!» (دفاعیات احمد کسروی ص.۱۲۱)

- میرزاده عشقی:

و افشای مرگ میرزاده عشقی توسط رسام ارژنگی، نقاش معروف ایرانی و خنثی شدن صدها قصه دروغ و بی‌شرمانه مخالفان رضاشاه هم جالب است.

بعد از شهریور ۲۰ و آزادی مطبوعات هر کس به فراخور حال و روز و سلیقه خود قتل عشقی را یکجور نوشته. ۱۰۰ سال پیش وقتی که از دروازه دولت که بیرون میرفتی همه جا بیابان بود و شمیران این همه خیابان و ساختمان نداشت. جلوی دروازه دولت چند رأس الاغ بودند که مرد و زن سوارش شده و به شمیران می‌رفتند، معمولاً صبح زود راه می‌افتادند که عصر آنجا باشند. در میدان تجریش یک بلندی بود که به آن سر پل تجریش می‌گفتند. جوانهای شیک پوش و زنهای زیبا با چادر مشکی ابریشمی و پیچه‌بند در ظهرها و عصرها آنجا گردش می‌کردند، سرپل تجریش، جای اسم و رسمداری شده بود، بین

زنهایی که آنجا حضور داشتند و اهل دل خوب می‌شناختندشان، لعبتی بود با قامت موزون و چهره‌ای زیبا با چشمهای فریبنده و موهای ابریشم‌وار که گاهی باد تارهایی از آن موها را به چهره تابنده او می‌انداخت.

این دلبر هزاران دلداده داشت،جلوه‌های ویژه‌ای داشت که عارف و عامی با یکبار دیدنش بیقرارش می‌شدند، جوانها که هیچ، پیرها هم وقتی او را می‌دیدند واله و شیدایش می‌شدند.در میان شیفتگان او میرزاده عشقی شاعر هم بود که آن زیبارو به او استثنائاً اندک توجهی داشت. دراین میان آدم لات آسمان جُلی بنام ضیاء همایون با او رقابت می‌کرد. این دو عاشق، هر دو بی‌پول بودند اما عشقی بخاطر هنرش از ضیاء برتری داشت. عشقی شاعر بود و گاهی با نمایش رستاخیز سلاطین ایران، اسمی در می‌کرد و مختصر وجهی گیرش می‌آمد، در حالی که ضیاء از این امتیاز بی‌بهره بود. وقتی عشقی در جریده «قرن بیستم» کاریکاتوری را برای مرتبه اول انتشار داد، ضیاء پیش خودش فکر کرد اگر عشقی را بکشد هم در رقابت با آن لعبت تنها می‌ماند و هم از نظر سیاسی مورد حمایت قرار می‌گیرد، در واقع کشتن عشقی از نظر او تیری بود که دو نشان را هدف گرفته بود. ضیاء با این فکر تپانچه‌ای به قیمت ٦ ریال خرید و یک پاکت نامه‌ای بدست گرفت و به اتفاق یک همفکر درِ منزل عشقی را زدند و نامه را به عشقی دادند.

عشقی وقتی مشغول خواندن شد ضیاء یک تیر به او زد و فرار کرد. عشقی را به بیمارستان بردند. از او عیادت کردم، زخمش کشنده نبود، ولی عجیب ترسیده بود، بنظرم ترس از مرگ زودتر از تیر تپانچه، عشقی را از پای در آورد. عشقی وقتی تیر خورد چنان وحشت کرد که بی‌اختیار فریاد می‌کشید: ای وای مرا با تیر زدند. ما بارها دیدیم که یک شاهسون با چند تا زخم در سنگر میجنگد و از پای در نمی‌آید و تفنگ را زمین نمی‌گذارد. بهر صورت عشقی با یک گلوله کشته شد، اما خواب ضیاء درست تعبیر نشد، عوض اینکه به او پول و کار خوب بدهند دستور توقیف و محاکمه‌اش داده شد و ضیاء ۳ سال زندان ماند و بعد هم آزاد شد. اما طبیعت او را محاکمه و محکوم به مرگ کرد، او در زیر آوار ماند خفه شد و مرد. اصولاً عشقی به زن علاقه داشت وقتی که از اسلامبول آمده بود یک زن خارجی هم با خود آورده بود که در تهران ولش کرد و به سراغ یکی دیگر رفت، از شعرهایش: خداوندا مگر من دل ندارم /چرا یک خانم خوشگل ندارم

من و او بر سر قاجار با هم اختلاف عقیده داشتیم، از علی دشتی خوشش نمی‌آمد و همیشه با هم سر لجاجت داشتند، به او میگفتم: تو ول کُن ولی او دست بردار نبود. به زرتشتیها عجیب علاقه داشت و زرتشتیها نیز او را صمیمانه دوست داشتند، می‌گفت: اگر

فرصت و آسایش داشته باشم اُپِرتهای زیادی از ایران باستان می‌سازم، ولی او هیچوقت آسایش نداشت. احساسات تند و علاقه عجیبی که به ایران داشت دائم او را مشغول می‌کرد. عشقی شعرهای نیما را نمی‌پسندید، اصلاً مسلکشان یکی نبود. او میهن‌پرست بود و ایران را دوست داشت اما نیما یوش پرست بود. عشقی از عارف خوشش می‌آمد. بارها اتفاق افتاد که این سه با هم در نگارستانم دور هم جمع می‌شدند و بحث می‌کردند و شعر می‌خواندند. عارف نیز روحیه و علاقه عشقی را تحسین می‌کرد. عارف مرد عجیبی بود. همیشه آرزو داشتم پولی می‌داشتم و در زادگاهش قزوین، آرامگاهی با سبک معماری قدیم ایران بسازم. خاطرات و روایات زیبای وی را در وبسایت خانوادگی‌اش هست.

- کریم پور شیرازی:

دروغ دیگر جماعت مصدقی، مُلاها و توده‌ای‌ها برای قهرمان‌سازی کریم پور شیرازی بود که او را آتش نزدند. بلکه پس از تلاش نافرجام برای فرار از زندان، خودسوزی کرد. آنهم با نفت بخاری که به تازگی از داریوش فروهر گرفته بود. فوراً به بیمارستان منتقل‌اش کردند. اگر می‌خواستند او را بکشند، دیگر به بیمارستان که نمی‌بردند! به تاریخ روزنامه و روزش نگاه کنید. چه ربطی به چهارشنبه‌سوری دارد؟ چرا به دروغ اسم اشرف پهلوی را مطرح می‌کنند؟ این نمایش آتش‌سوزی و زنده‌سوزی در کجا رخ داده؟[1]

جامعه ایرانی را احمق فرض کرده‌اند؟ یا انقضای روشنفکری و انقلابی‌گری و آزادیخواهی، مهمل بافتن و جعل کردن و بایکوت است؟

جالب است که حضرات جاعل - زبانم لال آزادیخواه - حواسشان نیست که روزنامه‌های کشور و رسانه‌های خارجی، خبر بازگشت اشرف پهلوی را ۴۸ ساعت قبل از رساندن کریم‌پور به بیمارستان، مطرح کرده‌اند!

اما واقعیت مرگ کریم پورشیرازی از زبان تنها شاهد عینی پرویز خطیبی عضو حزب توده هم آمده بوده البته قبلاً هم بسیاری از وبسایت‌ها اسناد جالبی آوردند که از سوابق سیاسی و روانی و خودکشی کریم‌پور شیرازی سخن می‌راند.

۱- الف) هفته‌نامه ایرانشهر، ۱۰ مارس ۲۰۲۳، ص ۱۰، (کریم‌پور شیرازی و داستان جعلی سوزاندن او)، نوشته بیژن خلیلی.
www.iranshahrnewsagency.com/NewsImage/2023310171039rIRANSHAHRw357.pdf
ب) گفتگوی عرفان قانعی‌فرد با ارتشبد فریدون جم، ۱۳۸۵، لندن.

۲

اگر کورشی هست
(رهایی از زندان تاریخ)

شاید قابل فهم باشد که چرا ایرانیان شیفته ایران و ایرانی ماندن؛ همواره به کوروش فخر می‌فروشند. شاید این افتخار مرهمی بر درد فضای فکری و عاطفی تاراج شده ایرانیان باشد. زیرا که زیاده‌روی‌های پشیمان‌آور، هم آزادی و رهایی اندیشه ایرانیان را گرفت و هم در روزگار پر فریب و موسم عسرت، احوال کنونی‌مان، خود حدیث پراکندگی و پریشان حالی و گاه پریشان گویی ما است.کوروش، بهانه‌ای است تا تصویری از یک آرمان‌شهر و یک ایران‌شهر گمشده را بازسازی کرد. دستاویزی است تا از اختاپوس مذهبی مُلایان شیعه، انتقام جُست که اسلام اسلام گفتن شان، ایران ما را به این حال و روز دردناک درآورده است. کوروش، نشان درد اشتیاق است؛ شوق به رهایی؛ شوق به شادی؛ شوق به آدمیت؛ شوق به زیستن. اما اگر کوروشی هست؛ در این مجموع پریشانی ما چه می‌کند؟

کشورهایی که راه پر سنگلاخ دمکراسی را پیموده‌اند - مانند لهستان، کنیا، اوکراین، کلمبیا و ...- کوروش که نداشته‌اند. اما ایران صاحب کوروش و او که خالق اولیه منشور حقوق بشر بود؛ امروز پایمال مُلایان شیعه است و نام ایران با تروریسم اسلامی و خشونت و خمینیسم آمیخته شده است. نسل جوان، چه تصویری از کوروش بسازد وقتی که مقام‌های رژیم جمهوری اسلامی، بیش از ۴۰ سال است سادیسم‌وار و بیمارگونه به جعل تاریخ مشغول‌اند و هر جا فرصتی بیابند به نفی تاریخ ایران می‌پردازند... از خلخالی دیوانه که خواست با لودر تخت جمشید و پارسه را نابود کند تا میرحسین موسوی و لاریجانی که کل ماجرا را دروغ نامیدند تا سردارهای سربار که دهان‌شان را می‌گشایند و به تاریخ ایران نفرین و ناسزا می‌گویند. تاکتیک و شعار حکومت‌شان، همین نفی تاریخ کهن ایران و ایرانی است. پیکار براندازی ندارند. با تعصب خشک و تفکر بیات شده و جمود مذهبی ۱۴۰۰ ساله دل خوش‌اند... با کتاب‌های مطهری و آل‌احمد و شریعتی و بازرگان و بنی‌صدر صفا می‌کنند. آن گروه دگر هم هنوز در رجوی و مارکسیسم و حزب توده و کیانوری و طبری و شوروی و ... شنا می‌کنند؛ با بحث و تفکر و اندیشه هم که از اساس قهرند.

همه گروه‌های شرکت کننده در بلوای ویرانگر ۵۷ در لجن مالی کردن تصویر ایران

کهن، مسابقه گذاشته‌اند.تا حد مرگ به دنبال گریز از واقعیات‌اند. مُلاهای منبرها هم در مغزشان، حدیث و آیه می‌سازند و همانجا به خورد خلق الله می‌دهند. از دیدشان، مردم خرافی و متوهم و غرقه در موهومات، آنها را بیشتر از روشنفکران دوست دارند و هنوز مردم به دین اسلام اعتقاد دارند! اما همین نمایندگان فاسدترین و خونریزترین و منفورترین حکومت الله بر زمین تا اسم ایران باستان می‌آید، پرخاش می‌کنند. اسیر همان زندان اوهام و بت‌پرستی هستند. امیدی هم به رهایی این قبیله اصرار و انکار نیست. راه حل منطقی هم نمی‌توان جست. فعلاً مصلحت و منفعت‌شان در نشخوار تاریخ سیاه ۱۴۰۰ ساله است. آنهم از دریچه‌ای تنگ و مملو از شعار و نعره کشیدن‌ها و گاه زاری کردن برای نمایش‌هایی مانند محرم و ...

برای نسل جدید نوگرا باید گفت راستی نماد هویتی ما کجاست؟ کوروشی هست؟ کدام کشور در جهان هست که نصف تاریخ کشورش را قیچی کند؟

گاهشماری شاهنشاهی در ۲٤ اسفند ۱۳٥٤بعد از جلسهٔ مشترک مجلس شورای ملی و مجلس سنا، به عنوان تقویم رسمی کشور ایران اعلام شد. دیگر تقویم یا گاهشماری هجری خورشیدی، تقویم رسمی کشور نبود. در این مصوبه مبدأ تقویم خورشیدی از هجرت محمد عرب پیامبر اسلام شبه جزیره عرب به تاریخ تاج‌گذاری کوروش بزرگ ایرانی تغییر یافت. برمبنای این گاهشماری سال ۱ شاهنشاهی برابر بود با ۵۵۹ پیش از میلاد و سال ۲۵۰۰ شاهنشاهی با ۱۳۲۰ هجری خورشیدی آغاز پادشاهی محمدرضا پهلوی بود.

اما همین موضوع، عقده و گره اختاپوس مذهبی مُلای ایران شد. دیگر خبری از نادرشاه و رضاشاه نبود که بساط‌شان را جمع کند. و بعد از رفتن رضا شاه، کار و بارشان تروریسم اسلامی بود و سر به نیست کردن هر منتقدی که مُلایان را ویروس جامعه ایران می‌خواندند. نمونه‌اش: ترور احمد کسروی در ۲۰ اسفند ۱۳۲٤، در اتاق بازپرسی ساختمان کاخ دادگستری تهران به ضرب «گلوله و ۲۷ ضربه چاقو توسط افراد گروه» فدائیان اسلام [یا خمینی].

خمینی و پیروان مارکسیست کمونیست و یا اسلامی اش، تقویم شاهنشاهی بر اساس هویت تاریخی ایران را با سادیسم، شارلاتانیسم و هوچی گری؛ نوعی دهن کجی به اعتقادات دینی و تلاش برای اسلام‌زدایی از کشور ارزیابی کردند. خمینی در پیام عید فطر سال ۱۳۵۵ آن تاریخ را هم حرام و نغمه شوم مخالفت با اسلام عدالتخواه دانست و شاه را کثیف خواند.

به راستی کدام روشنفکر در جامعه داخل و خارج از ایران، در سال ۱۳۵۵ به خمینی اعتراض کرد؟ در کدام روزنامه، کسی از اباطیل خمینی، گله کرد؟ هیچ کس!

شاه فقید ایران در کتاب پاسخ به تاریخ ص ۱۵-۱۶ نوشته: «بنیان‌گذار شاهنشاهی ایران، کوروش است که به حق وی را بزرگ لقب داده‌اند. کوروش شاهنشاهی ایران را بر چندگونگی ادیان و رعایت عدالت بنیان نهاد. کوروش را می‌توان در حقیقت بنیان گذار فکر امروزی صیانت حقوق بشر نیز خواند چرا که نخستین کس در جهان عهد عتیق بود که منشوری آزادمنشانه در این زمینه تدوین و اعلام کرد. کوروش بزرگ، داریوش و خشایار شاه، شاهنشاهان قهرمان تاریخ ما هستند و در افسانه‌ها، ادبیات و هنر کشور ما مقامی بس والا دارند.»

شاه فقید جشن‌های ۲۵۰۰ ساله شاهنشاهی ایران با نام رسمی ۲۵۰۰ مین سال بنیانگذاری شاهنشاهی ایران به‌دست کوروش بزرگ را برگزار کرد و این از دیدگاه شرکت کنندگان در بلوای ۵۷ و جنایت و مکافات همراهی با خمینی و خودکشی دسته جمعی مردم ایران، گناهی نابخشودنی بود.

شاه ایران با برگزاری آن جشن‌ها به‌مناسبت دوهزار و پانصد سال تاریخ مدون شاهنشاهی ایران خواست تا در ۱۲ تا ۱۶اکتبر ۱۹۷۱ - سه‌شنبه ۲۰ مهر تا شنبه ۲۴ مهر ۱۳۵۰- در تخت‌جمشید (پارسه) سران حکومتی و پادشاهان ۶۹ کشور جهان را دعوت کرد و شرکت کردند تا تمدن و تاریخ کهن ایران را ارج نهند!

پیشنهاد برگزاری این جشن هم اولین‌بار توسط شجاع‌الدین شفا مطرح شد. و علاوه بر آن، برج شهیاد (برج میدان آزادی امروز در تهران؛ طرح حسین امانت معمار) به یادبود جشن‌های ۲۵۰۰ ساله شاهنشاهی ایران در تهران طراحی و ساخته‌شد. در جریان همان جشن‌های ۲۵۰۰ ساله شاهنشاهی ایران، منشور حقوق بشر کوروش بزرگ به رغم مخالفت دولت وقت بریتانیا، برای چند روز به ایران آورده شد و به نمایش درآمد.

از طرفی شجاع‌الدین شفا، معاون دربار شاهنشاهی، کوشید تا تصمیم گرفته شود که تاریخ شاهنشاهی با مبدأ تاریخ تاجگذاری کوروش بزرگ به جای تاریخ هجری یک فرد عرب از یک شهر به شهر دیگر در قبل از حمله اعراب به ایران استفاده شود.

اما فرصت‌طلبی شریف‌امامی هم خیانت به شاه فقط نبود، بادمجان دور قاب چینی و چاپلوسی برای مُلاهای شیعه بود. در ۵ شهریور ۱۳۵۷ این قانون توسط همین نخست‌وزیر شاه فقید لغو شد تا دل مُلایان پیرو تروریسم اسلامی نرنجد و خمینی در تبعید، شاد شود که اسلام برای اُمت اسلامی زنده است و کوروش و ایران مهم نیست!

انگار مزاحم و مانع موفقیت دولت آشتی ملی او همین نام کوروش و تقویم شاهنشاهی است! آیا آن باج علنی به مُلای شیعه، راه توحش اطرافیان خمینی را گرفت؟ واقعه سینما

رکس آبادان در ۲۸ امرداد ۱۳۵۷ رخ داد و دست کم ٤٢٠ نفر توسط اطرافیان سخیف و وحشی و جاهل خمینی به قتل رسیدند.

در آن هنگام از همه جا، آوای وحش می‌آمد و کسی از کار ارزنده شاه، قدردانی نکرد! تعارف هم نباید داشت، بیشتر مردم خرافی و مذهب زده ایران هم دل در گرو اباطیل مُلاهای فریبکار، غارتگر، بنیادگرا و ضد ایران و ایرانی داشتند که سابقه وافر در استحمار جامعه ایرانی پاک باخته داشتند البته در جامعه کسی نمی‌دانست کوروشی هم هست؟ در هوس قمار ویرانگر ۱۳۵۷ بودند.

دستگاه اختاپوس مذهبی مُلایان کینه‌توز شیعه در ایران، همچنان در پی نگهداشتن مردم ایران در داخل زندان تاریخ مذهب‌شان و اسیر شرع تاریک‌شان هستند. تا همچنان مردم ایران را در گاهواره جهل و خرافات در خواب نگه دارند.

این دکان داران دین دوستدار کمونیسم شوروی و چین، با عطش تخریب به ستیزه با هویت ملی، فرهنگ کهن و اصالت فرهنگی برمی‌خیزند و عنصر ایرانی تمدن کهن را مضر می‌دانند. پس با نظام واپس‌گرا و حکومت مطلق العنان دستگاه خلافت اسلامی ولایت فقیه، تعصب، غرض، تکفیر و چماق، اندیشه ارتجاع سخیف، دشنام و غضب، به دشمنی با کوروش و غرور فرهنگ ایرانی برخاسته‌اند. مغزشوئی حساب شده با استدلال‌های سفسطه‌آمیز و بی‌محتوی هم از دستگاه‌های تبلیغاتی اسلام چماق‌دار صاحبان نعلین و عبای سیاه، مرتب به گوش می‌رسد. تا جامعه خفتگان گرفتار درد، بیدار نشود!

امروز حدود ۵۰ سال از تلاش شاه مملکت برای توجه به کوروش گذشته است. هر وقت جامعه ایران، از ابتذال قداست جعلی دستگاه شوم اختاپوس مذهبی شیعه در ایران آگاه شد، آن گاه به سوی کوروش بازخواهند گشت.

اگر کورشی هست؛ رهایی از زندان تاریخ لازم است. باید از بند و دام خرافات و موهومات مذهبی مُلایان گریخت و آن گاه از نو، تاریخ و تمدن و فرهنگ کهن دیار را بازشناخت و ایران فرو رفته در لاک و زنجیر جهل و خرافات و بیسوادی و زبونی و تحقیر را نجات داد. وگرنه در بر همان پاشنه خواهد چرخید. یورش‌های تازی و ترک و مغول و تاتار و قزلباش به جنگ با نام و یاد کوروش برنخاستند اما مُلای واپس‌گرا، وقیح و هرزه‌زبان شیعه برخاست تا در کنار توسعه فقر و ویرانی ایران؛ هویت ایرانی به اوج ابتذال و عقب ماندگی و ظلمتکده جاهلیت سقوط کند.

اگر کوروشی هست؛ بین کوروش خالق و شهسوار دمکراسی با مُلای دستار به سر شیاد و چماقدار دیکتاتوری رابطه‌ای نیست.

۳

قوام‌السلطنه

شیفته تمامیت ارضی

افسوس که چرخ کج رفتار روزگار و تاریخ یک جاده‌ی یک طرفه‌اند و بازگشتی هم نیست. یک رجل سیاسی مهم قرن بیستم ایران، احمد قوام یا «قوام‌السلطنه» است که در آذر ۱۲۵۲ در تهران متولد شد. احمد قوام از ۱۷ سالگی به محفل بزرگان سیاست راه یافت (ناصرالدین شاه، مظفرالدین شاه و...) و گویا در آغاز ۳۰ سالگی لقب «قوام السلطنه» را به وی داده‌اند. و تکلمش به زبان فرانسه هم شهره خاص و عام. با شیوه و مکتب سیاسی عقلانی و خردمندانه. هرچند در عرصه سیاست «بی‌پدر و مادر»، کمتر سیاستمدار «با پدر و مادر» (به معنای اصیل و دارای اصل و نسب) می‌توان همچو او جست، با اصل و نسب قاجاری، برخاسته از خانواده‌ای اشرافی و زمیندار؛ فردی تحصیل کرده اروپا. اما بعدها به خاطر هوچی‌گری مصدق‌السلطنه و قدرنشناسی شاه فقید، خانه‌نشین شد. کسی که در مقطع‌های حساس ایران زمین، نخست وزیر بوده. کلا ۵ بار (اواخر دوران احمدشاه و اوائل دوران محمدرضا شاه) نخست‌وزیر شد. و بنا به فتنه‌ها، کابینه‌های‌ش عمری کوتاه داشتند.

***

گرچه بعدها قوام از مهمترین و موثرترین سیاسمتداران دوران پهلوی شد اما از همان اوایل - که والی خراسان بود - دشمن قسم خورده کم نداشت. مانند سیدضیاءالدین طباطبایی که با محمدتقی خان پسیان - فرمانده ژاندارمری- زد و بند کرد و ۵۵ روز به زندانش افکند. (۱۳ فروردین ۱۳۰۰) و اموالش نیز تاراج شد. در همان اواخر بهار ۱۳۰۰ که احمد شاه قاجار دل خوشی از سیدضیاء نداشت و از ظهور او و همراهی رضاشاه نگران بود، قوام را نخست وزیر کرد و بعد از ظهر ۸ خرداد ۱۳۰۰ مستقیماً از زندان راهی قصر فرح‌آباد شد و با احمدشاه به مدت ٤ ساعت به گفتگو نشست. شرط‌هایش را گفت و نخست‌وزیری را پذیرفت. و در آغاز مجلس چهارم در اول تیر ۱۳۰۰ (پس از دوران فترت ٦ ساله بعد از جنگ جهانی اول) - به اعتبار برادرش وثوق‌الدوله و حمایت

احمدشاه- رأی اعتماد گرفت.

قوام‌السلطنه در اولین قدم، زندانیان سیاسی را آزاد کرد. و کمر همت به بازسازی و سازندگی بست. و باید با حکمت خاصی، عصیان‌ها، آشوبها و شورش‌های سراسر کشور را آرام می‌کرد. (مانند قیام ضد امنیتی و کودتای سرهنگ پسیان در خراسان که از ۱۲ فروردین ۱۳۰۰ شروع شده بود و یک حرکت یاغی‌گری و خودسرانه علیه دولت مرکزی بود و عاقبت غائله بنابه دوستی‌ها و روابط قوام با عشایر و خوانین خراسان در نهم مهر همان سال پایان گرفت و کردهای قوچان پس از نبرد سرش را از تن جدا کردند و به قوچان بردند. بماند که بعدها (بیشتر در زمان مصدق‌السلطنه) - و به کذا - وی را قهرمان حق‌پرست و وطن‌پرست و آزاده و... نامیدند و همان سنت مرده‌پرستی و قهرمان‌تراشی).

***

البته نقش قوام را در «به امضاء رساندن فرمان مشروطیت و نظامنامه‌ی انتخابات» و... مشهور است. اما مخالفت بیشتر قوام با نفوذ زیاد انگلستان بود و می‌خواست که امریکا توازن حضور روس و انگلیس در ایران را برعهده داشته باشد و نه روس و نه انگلیس به تاراج ملک و مملکت نپردازند و دراین باره هم اقدام کرد (مانند: واگذاری امتیاز استخراج نفت شمال به مدت ۵۰ سال به شرکت امریکایی «استاندارد اویل» با امضا قرارداد در واشنگتن توسط حسین علاء و تائید مجلس در ۳۰ آبان ۱۳۰۰ اما بعدها شکست خورد). گرچه امریکا هم در آن زمان چندان قدرتی در قیاس با انگلستان نداشت. بعدها واگذاری امتیاز نفت شمال به شرکت «سینکلر» را به تصویب رساند و هم - در آذر ۱۳۰۱- هیأتی از مستشاران مالی امریکایی (به ریاست آرتور میلسپو) را هم به تهران دعوت کرد. تا به مدت ۵ سال امور مالی ایران را نظم و سامان بدهند

قوام به خاطر حفظ دوستی با همسایه شمالی؛ پیمان دوستی ایران و شوروی را، نهایی کرد (با تائید در مجلس چهارم؛ ۲۳ آذر ۱۳۰۰). و عملا زمینه مداخله امنیتی روس‌ها در شمال ایران را فراهم کرد تا حمایت مالی- نظامی روسیه از شورش مسلحانه کمونیست‌های گیلان قطع شود. هرچند روس‌ها برای خود و منافع خودشان، حق دخالت را محفوظ می‌دانستند. قوام درسیاست خارجی درست و منطقی، پیش آهنگ بود. فردی دارای اصول و اخلاق؛ عملگرا و طرفدار دیپلماسی آرام و بازی پیچیده در تعامل با قدرت‌های بزرگ. قوام‌السلطنه در دوران اول صدارت خود که ۸ ماه به طول انجامید، مصدق (فاقد تحصیلات حقوقی و مالی را) داخل کابینه کرد وزیر مالیه‌اش نامید. بهرحال نسبت فامیلی داشتند. برای مصدق‌السلطنه هم (برای مهلتی مشخص)در زمینه اصلاحات مالی اختیارات کامل

گرفته بود. اما مصدق خواهان تمدید بود و با برخی از نمایندگان مخالف تمدید اختیارات وزیر مالیه (و آشنا به ذات مصدق)، درگیر شد و قوام هم بنا به رسم جوانمردی و اصالت، تمام قد از مصدق حمایت کرد اما وقتی دید که فایده‌ای ندارد، در ۲۹ دی ۱۳۰۰ پس از ۲۳۰ روز، عطای صدارت را به لقایش بخشید و استعفا کرد. چندان در قید و بند عنوان و مقام نبود [یعنی قوام بخاطر دفاع از مصدق در برابر مجلس - که اختیارات می‌خواست و مجلس نمی‌داد - از نخست‌وزیری استعفا داد. اما همیشه مصدق، قوام را رقیب سیاسی خود دیده اما ناشی از توهم بود زیرا حد و اندازه آن دو قیاس مع‌الفارق است. و مصدق همیشه به وی بی‌حرمتی کرد مانند سال ۱۳۲۰-۱۳۲٤ و نقدهای شدید؛ تهمت به قوام مبنی بر تضعیف مجلس در ۱۳۲۵-۱۳۲٦ و یا ۱۳۳۱ که وی را آلت دست لندن نامید!] ماه نگذشته بود که در روز ۲٦ خرداد ۱۳۰۱ احمدشاه قاجار، دوباره نخست‌وزیر دانای خود - قوام - را به این سمت منصوب کرد. (که ۱٦ سال از امضا فرمان مشروطیت توسط مظفرالدین شاه - در ۱٤ امرداد ۱۲۸۵ - می‌گذشت) قوام تا حدی با برخی از سیاست‌های رضاشاه مخالف بود حتی بخاطر برخی مسائل مانند گمرگ و خزانه و ... با تهدید دور و نزدیک رضاشاه هم روبرو بود. شاید در این باره، نظم قوام بر رضاشاه برتری داشت. اما وقتی که قوام به تشکیل کابینه دوم خود در ۲٦ خرداد ۱۳۰۱، پرداخت و خودش، مسئولیت وزارت خارجه را برعهده داشت. اختیار وزارت جنگ در اختیار رضاشاه بود. یعنی نظر مخالف را هم تحمل می‌کرد و بیشتر برایش همکاری گروهی مطرح بود نه جناحی. اما رضاشاه هوس و سودای دیگر داشت و قوام را هم سد راه خود می‌دید!

در مجلس، نوعی دوگانگی پدید آمد برخی مخالف وزارت جنگ توسط رضاشاه بودند و البته برخی مطبوعات هم علیه قوام قلمفرسائی یا تحریک افکار عمومی می‌کردند. و ذهنیت افکار جامعه و روحانیون آن ایام ایران، علیه قوام شورانیده شد و نمایندگان مجلس - که منافع خود را در خطر می‌دیدند - به استیضاح وی نشستند و قوام بعد از ۸ ماه زمامداری در ۵ بهمن ۱۳۰۱ از دور دوم نخست‌وزیری‌اش استعفا کرد و رفت. یک سال گذشت و در تابستان ۱۳۰۲ که کم کم مجلس پنجم گشایش می‌یافت، او هم نماینده مردم تهران در مجلس بود اما رضاشاه ول کن داستان نبود. برایش پرونده‌ای ساخت و در ۲٤ مهر ۱۳۰۲ به توطئه برای قتل رضاخان پهلوی متهم و سپس بازداشت و در ۳۰ مهر با وساطت خیراندیشانه احمدشاه از زندان آزاد و فردای آن روز به اروپا تبعید شد. پس از تغییر سلطنت قاجار و آمدن رضاشاه و شفاعت وثوق الدوله، قوام به ایران بازگشت. به لاهیجان رفت و برای گذراندن امورات زندگی، به کشاورزی و برنجکاری و چایکاری

پرداخت تا شهریور ۱۳۲۰ که ستاره بخت رضاشاه افول کرد و قوام هم ۱٦ سال سکوت و گوشه‌گیری برگزیده بود. (بهترین سالهای عمرش را که می‌توانست در سیاست ایران، نقش‌آفرینی کند. (یک سال پس از آمدن محمدرضا پهلوی، که ایران در اشغال نیروهای متفقین بود و قوام هم کم‌کم ٦۹ سال سن داشت و دیگر خبری از رضاشاه بزرگ نبود، برای دور سوم به نخست وزیری مملکت برگزیده شد (۱۰ امرداد ۱۳۲۱) که ٦ ماه به طول انجامید. اما رسالت تاریخی‌اش را انجام داد. اما مشکلات از در و دیوار آن ایام پر آشوب می‌ریخت. افسار کشور از هم گسیخته شده بود. احزاب سیاسی که مانند قارچ یک شبه تشکیل شده بودند و کارشان صرفاً مداحی شاهنشاه بود به مخالفت و اهانت علیه قوام برخاسته بودند و اهانتشان تنها وسیله توجیه خود بود. از دیگر سو دربار شاه فقید هم نگران عرض اندام و اقتدار قوام بودند زیرا جزو شخصیت‌های بین‌المللی بود که آمریکا و شوروی و انگلستان هم توجه ویژه‌ای به او داشتند. کسی باید ایران را نجات می‌داد که توان گذراندن کشتی از گرداب را می‌داشت. طبعاً محمدرضای جوان در برابر پیر دوران دیده و کارآزموده‌ای مانند قوام، حرفی برای گفتن نداشت! شاید از ۳-٤ سالگی هم قوام را ندیده بود! می‌گویند وقتی به دیدار محمدرضا رفته گفته «ماشالله چقدر بزرگ شده‌اید!» و چه بسا تحبیب وی را هم تحقیر معنی کرده باشند! و یا همیشه محمدرضا شاه را «این پسره» خطاب می‌کرده است.

قوام در این دوران نظر آمریکایی‌ها را جلب کرده بود و دوباره مستشاران آمریکایی (میلسپو و شوارتسکف) و نظامی‌های آمریکا به کشور آمدند و حتی لایحه آن هم در مجلس تصویب شد (۲۱ آبان ۱۳۲۱). بعد مملکت نیاز مالی داشت و او اسکناس چاپ کرد تا نیاز مالی متفقین را برآورده کند و تهران اشغال نظامی نشود و زیر چکمه و پوتین نظامی‌ها، تاراج نگردد. شاه جوان و نمایندگان مجلس هم دل واپس! گرانی و تورم منجر به تظاهرات شد و این فشارها تخت بخت قوام را دوباره به زیر کشانید. البته در آن تظاهرات تاراج‌گری شد و بسیاری افراد هم به خاک و خون کشیده شدند. اما مزاحمت‌ها مانع او بود و به خاطر دخالت شاه فقید و عدم همراهی نمایندگان استعفا داد و رفت (۲٤ بهمن ۱۳۲۱). اما هر کسی بر صدارت رئیس‌الوزرایی می‌نشست، تدبیر خاصی نداشت و جماعتی فرصت‌طلب هم در آن کارزار به فکر جیب مبارک بودند و کسی را غم مردم و مملکت نبود. آشوب و عصیان اکثر جاهای کشور را فراگرفت.. پشت هر تحریک هم دست پنهان تطمیع انگلیس و روس ملموس بود. خوش خوشان تجزیه‌طلب‌ها شده بود. ابل قشقایی در فارس دست به اسلحه بردند، خوزستان هم، و بعد هم خودمختاری

آذربایجان و.... کردستان.

سه سال بدین منوال گذشت و چه بسا بسیاری از جاهای ایران، سرزمین بلاصاحب بود و فضای سیاسی ایران پر از تشنج. برای بار چهارم، قوام، مأمور تشکیل کابینه شد. (۸ بهمن. ۱۳۲٤ مظفر فیروز هم به عنوان معاون سیاسی و پارلمانی خود برگزید. که به عنوان دشمن خونی رضاشاه معروف است) حزب توده هم در آغاز قوام را پیرو و مدافع سیاست روس می‌دانست و به این سبب موافق او بود. اما قوام برای حذف حزب توده از گردونه سیاست ایران (که از مهر ۱۳۲۰ به کمک شوروی درست شده بود) حزب دمکرات ایران را پایه‌گذاری کرد (با همراهی افرادی مانند حسین مکی، علی امینی، منوچهر اقبال، ابوالحسن ابتهاج، حسین پیرنیا) و مماشات و گفتگو با شوروی آغاز شد. قوام معتقد بود که شوروی در ایران مطامع ارضی دارد و خطری برای استقلال کشور است اما آمریکا چنین نیست و چه بسا می‌تواند خنثی کننده توطئه انگلیس و روس در ایران باشد. اما حزب کمونیست در ایران تاخت و تاز داشت. به دستور شوروی کردها حرکتی جدایی‌طلبی - تحت نام خودمختاری کردها در جمهوری مهاباد (سه شنبه، ۲ بهمن ۱۳۲٤)- را سامان داده بودند و در تبریز هم جمهوری تبریز (۲۱ آذر ۱۳۲٤) قوام ملاحظه کرد تا پایان دوره ٤ مجلس، کمتر از یک ماه فرصت باقی است و معرفی کابینه را ۲۰ روزی به تاخیر انداخت که برخی می‌گویند چند ساعت قبل از سفرش به مسکو (۲۹ بهمن ۱۳۲٤). قول و قرارهایی که به حزب توده داده بود، روس‌ها را به استقبال نه چندان گرم از وی واداشت و استالین با قیافه‌ای حق به جانب و پر توقع، به مذاکره با او نشست. یک سیاستمدار کاردرست و هوشمند ایرانی که خوب می‌دانست روس‌ها به دنبال چه هستند! اما بالطبع روس‌ها و مخالفان توطئه‌پرداز قوام در تهران، نمی‌دانستند در ذهن و فکر او چه می‌گذرد و چه بسا برخی گمان می‌کردند که دستش نزد روس‌ها رو شده! اما گویا انسانی ماهر، تودار و دیر باور مثل قوام را نشناخته بودند که تاکتیک مذاکره را می‌داند و ترسو نیست بلکه دل آرام است!

تاریخ خروج سربازان روس از ایران تعیین شد و روس‌ها هم - بنا به پیشنهاد حزب توده - چشمشان به امتیاز نفت شمال بود. قوام به تهران بازگشت (۱٦ اسفند ۱۳۲٤) با خروج ارتش سرخ از ایران، قوام وزیران توده‌ای را از دولت اخراج و انحلال دولت را اعلام داشت و دولت جدیدی تشکیل داد و «وقتی ارتش سرخ از ایران بیرون رفت، جمهوری خودمختار کردستان مانند گوسفند بدون شبان بسان بنای مقوایی و پوشالی درهم ریخت. ۱٦ آذر ۱۳۲۵» و نیز با تجهیز و بسیج ارتش و ورود به تبریز (۲۱ آذر ۱۳۲۵)

آذربایجان ایران نجات یافت و پیشه‌وری به شوروی گریخت. امتیازی هم به روس‌ها داده نشد و در مجلس توافق‌ها لغو شد (۲۹ مهر ۱۳۲۶). دیگر روس‌ها به قوام اعتمادی نداشتند و بسان انگلیسی‌ها مخالف قوام و خواهان برکناری وی از قدرت بودند و از آن روز تا امروز (طرفداران حزب توده و مصدقی و...) سعی در تخریب چهره این سیاستمدار مشروطه‌خواه و شیفته تمامیت ارضی دارند!

براستی در غائله آذربایجان، روس‌ها رسماً نمی‌خواستند آذربایجان را به ایران پس بدهند و بالاخره تحت فشار آمریکا و تهدیدهای ترومن و دیپلماسی بسیار ماهرانه قوام‌السلطنه ناچار شدند دست از آذربایجان بردارند و باید نقش قوام‌السلطنه در ماجرای آذربایجان را قدرشناسی کنیم. که با سیاست درست پای آمریکا به ایران را در برابر شوروی گشود و سیاست آمریکا حمایت از ایران و مخالفت با تجزیه‌طلبی بود.

در موقعیتی بحرانی ضرورت‌های سیاسی حاکم برجامعه را به درستی تشخیص داد و به دلیل دکترین سیاست خارجی پیچیده و راهبرد درست، توانست بحران را از سر مملکت بگذراند و تداوم کشور را (در پرهیز از فرورفتن در باتلاق سلطه روس و انگلیس) حفظ کند و توانست از اختلاف دو بلوک در ماجرای آذربایجان و فتنهٔ فرقهٔ دموکرات با مهارت تمام به نفع کشور و منافع ملی بهره بگیرد، کمتر عنصر سیاسی یا رجلی از رجال آن دوره هست که به اهمیت این موضوع و تأثیر آن در سرنوشت کشور به درستی پی برده و جرأت کرده باشد نتایج سیاسی لازم از این وضع را برای کشور ما بگیرد و توصیه‌های لازم را بدون واهمه بگوید و بیان کند (مگر شادروان خلیل ملکی.)

هرچند در ۱۵ امرداد ۱۳۲۵ بنا به دستخط محمدرضا شاه پهلوی، لقب جناب اشرف هم به قوام داده شد اما مجلس ساز مخالف با قوام می‌زد و شاه هم نمی‌دانست که چگونه با قوام باید تعامل کند؛ بدین خاطر این شخصیت برجسته سیاسی، استعفا داد (۱۸ آذر ۱۳۲۶) و راهی اروپا شد در این ایام مصدق‌السلطنه برای خود دم و دستگاه درست کرده بود و با حمایت انگلستان نخست وزیر هم شده بود (اردیبهشت ۱۳۳۰) و بعدها برای این رفتارها، قوام دل خوشی هم از مصدق نداشت. اما به سادگی نمی‌شد بت مصدق را شکست.

همیشه هم در زمان‌ها بحرانی با اقتدار بر کرسی نخست‌وزیری تکیه زده است. اما بهرحال پس از پیروزی بزرگ ملی در بازپس گرفتن آذربایجان و کردستان؛ شاه نمی‌خواست که قوام این افتخار را برباید که شایسته هم بود! به قول خودش در نامه خطاب به شاه:

«افسوس و هزار افسوس که نتیجهٔ جانبازی‌ها و فداکاری‌های فدوی را با کمال

بی‌رحمی و بی‌انصافی تلقی فرموده‌اند... با رقت قلب و سوزدل به عرض برسانم که فقط نتیجه تدبیر و سیاست این فدوی بود که بحمدالله مشکل آذربایجان حل شد. (خردادماه ۱۳۲۹)»

با آغاز به کار دور جدید مجلس ۱۷ و شش‌روز پس از صدور فرمان نخست‌وزیری مصدق، شاه از وی اسامی وزرا را می‌خواهد و شاه متوجه می‌شود که نام وزیر جنگ نیست وقتی که شاه علتش را پرسید، مصدق‌السلطنه با حالت تمرض و توام با معصومیت گفت: «پیشگاه مبارک اعلیحضرت همایون شاهنشاهی عرض کنم که چاکر عهده‌دار وزارت جنگ خواهم بود. و بهتر است فدوی شخصاً عهده دار بشود و این کار مورد تصویب شاهانه واقع شود، » مخالفت شاه با این پیشنهاد منجر به استعفای نخست‌وزیر شد. مصدق‌السلطنه هم مجلس را تحریک کرد! (همان مجلسی که بعدها لغو کرد) اهل نمایش و هوچی گری بود و شیفته قدرت و متنفر از نقد و آزادی بیان؛ یک پیرمرد دایم غشی شیفته نام و عنوان و سرگردان بین دروغ و تبلیغ. که شاید از این لحاظ بتوان مصدق‌السلطنه را با احمدی‌نژاد، قیاس کرد.

اما قوام در اواخر خرداد ۱۳۳۱ دچار اشتباه محاسباتی شد و خواست در برابر عوامفریبی مصدق قد علم کند و وجاهت و آبرو و اندوخته سیاسی خود را در ترازو بگذارد. با استعفای مصدق (در ۲۵ تیر ۱۳۳۰)، از فرانسه به ایران آمد و برای پنجمین بار نخست وزیر شد اما پنج روز بیشتر نبود (تا وقایع ۳۰ تیر ۱۳۳۱). قوام واقع بین و خونسرد، پس از دریافت فرمان، اعلامیهٔ تحت نام «کشتیبان را سیاستی دگر آمد» را منتشر کرد که بهانه به دست هوچی‌ها داد.گرچه مصدقی‌ها آن را مبارزات مردم علیه رژیم شاهنشاهی قلمداد می‌کنند که کاملا بی‌ربط است. حزب توده علیه قوام، موضع گرفت. همچنین اسلامگرایان رادیکال به جهت اشاره قوام به «جدایی دین از سیاست» در اعلامیه‌اش، مخالف سرسخت شدند و حتی مُلایی به نام کاشانی به همراه مذهبیون، بازارها را به تعطیلی کشانده و اخطار کردند که اگر قوام بر سر کار بماند، حکم جهاد می‌دهند! - به معنای تروریسم اسلامی - و در پی تظاهرات در ۳۰ تیر ۱۳۳۱ که چند نفر هم کشته شد، هوچی گری‌های طرفداران مصدق کار خود را کرد! و قوام برای همیشه از سیاست ایران رفت. و حتی به حکم مصدق خانه قوام، تاراج شد!

شکی نیست که پیشنهاد ملی‌شدن صنعت نفت را ابتدا او به شاه مطرح کرده بود اما بعدها مصدق‌السلطنه آن را هم مصادره به مطلوب کرد تا با تکرار دروغ، به نام وی تمام شود. چون مصدق بیشتر از قوام تقلید می‌کرد، یک ایده آلیست هوچی و عاشق هورا و

کف و سوت خیابانی، و بی‌اصول. برای قوام، میزان «محبوبیت و وجاهت ملی» و محبوب القلوب بودن، اهمیتی نداشت زیرا عوامفریب نبود! اما سیاست مصدق براین منوال بود. قوام با اکثریت توده بی‌سواد جامعه و یا رجال فاسد سیاسی رابطه‌ای نداشت. دو رویی و دروغ هم برای قوام قابل تحمل نبود. همه چیز را با سوظن و بدبینی می‌نگریست زیرا تحرکات برخی اسما مقامات و یا دوستان را در ایجاد فتنه و فساد و بحران، می‌دانست. قوام هم «کاریزما» داشت و هم برای ملک و مملکت و منافع و مصالح ملی مفید فایده بود. نه مانند مصدق که تنها یک پیرمرد غشی بود و سیاستش ایران را به لبه پرتگاه کشانید. قوام یک زیرکی و توانایی خاصی داشت. نوکر هیچ قدرت خارجی هم نبود. دلالی هم برای قدرتی بزرگ نکرد. لااقل از این بازیگر زیرک و پراگماتیک در عرصه سیاست، دو نامه تاریخی از وی به شاه به جا مانده که از مصدق‌السلطنه حتی آن دو هم نیست. به هیچ وجه «فرهیختگی و پختگی و درایت و تیزبینی» قوام قایل قیاس با مصدق‌السلطنه موج آفرین و پوپولیست و عوامفریب و اهل نمایش نیست!

مصدق و طرفدارانش به همراه حزب توده، تا توان داشتند در بدنام کردن احمد قوام کوشیدند و فتنه‌ها کردند و در رسانه‌های قبیله‌ای‌شان، بایکوت کردند! و بی‌ربط هم نیست اگر بگوییم شاه فقید هم در مواردی چه بسا که از تخریب قوام استقبال می‌کرد! و اگر قوام‌السلطنه در ۳۰ تیر در قدرت می‌ماند برای منافع و مصالح ملی ایران هم بهتر بود. قدرت دربار و شاه فقید افزایش نمی‌یافت و هم موضوع نفت به سامان می‌رسید و هم عزاداری تماماً نمایشی ۲۸ امرداد درست نمی‌شد و خیلی از مشکلات دیگر هم بر مردم تحمیل نمی‌شد!. شاه قدر قوام را ندانست و نسبت به وی خطا نیست اگر بگوئیم، اندکی بی‌باوری و توهم داشت!

قوام دوباره راهی دیار غربت و اروپا شد و پس از سرنگونی مصدق‌السلطنه در ماجرای ۲۸ امرداد ۱۳۳۲ و نجات ایران از فرو رفتن در مرداب شوروی و حزب توده و استبداد ویرانگر مصدقی، در ٦ فروردین ۱۳۳۳ به ایران آمد. اما دیگر از نظر جسمی ناتوان بود.

***

یک سال بعد از بازگشت قوام، در سن ۸۲ سالگی، در ۳۱ تیر ۱۳۳٤ قلبش از طپش بازایستاد و مقبره خانوادگی‌اش در قم دفن شد. (در هفتاد سالگی صاحب یک پسر بنام حسین شد. که روز مرگ قوام، ۸ ساله بود.) به قول خود قوام:

«بالاخره روزی خواهد رسید که مردم بی‌غرضی در این مملکت اوراق تاریخ را ورق بزنند و از میان سطور آن، حقایق مربوط به زمان ما را بخوانند... من می‌روم و تاریخ ایران قضاوت خواهد کرد که به روزگار این ملت چه آمده است و به پاداش فداکاری‌های خادمین مملکت چه رفتاری شده».

منزل او در خیابان ۳۰ تیر بارها آتش زده و غارت شده (یک عمارت هشت ضلعی، به سبک معماری عصر سلجوقی در زمینی در حدود ۷-۸ هزار متر) اما امروز موزه آبگینه است. افسوس مظفر فیروز که تا سال ۱۳۶۸ زنده بود و در پاریس زندگی می‌کرد، ناگفته‌های قوام را بازنگفت.[۱]

۱- نوشته شده در آذر ۱۳۹۲.

۴

و ٤٣ سال پس از شاه
با وحشت بزرگ

امروز - ٤٣ سال پیش در چنین روزی، در روز ٢٦ دی ١٣٥٧- شاه فقید از آب و خاک ایران رفت و یک مُلای شیعه، کینه‌توز، خرافی و خودخواه و ضعیف‌العقل به کمک ائتلاف شوم و ضد ایرانی مارکسیست لنینیست‌ها و اسلامی، بر سر صحنه سیاسی ایران، هنرپیشه یک تراژدی غم بار بود.

شاه رفت و اعاظم دروغین مکتب دین و دکانداران دین، با نعلین سیاه و عطش تخریب در یک مغزشویی حساب شده و همه جانبه با کمک اجنبی، داس مرگ به دست گرفتند و به ایران حمله‌ور شدند و عقب‌گرد ایران به ١٤ قرن پیش آغاز شد. عمامه به سرهای چماقدار با استدلال سفسطه‌آمیز و بی‌محتوی و از بیخ و بن باطل - حکومت دین - بزرگترین فاجعه تاریخ ایران را رقم زدند.

شاه رفت و مُلایان با منطق خون و شمشیر و شعار مهمل، یک نظام واپسگرای تاریک، حکومتی مطلق‌العنان آخوندی ساختند به نام اولین حکومت الله بر زمین. مُلایان شیفته آئین بادیه‌نشینی عرب با تقدس یا هاله تقدس مسخره و پیشینه تقلبی و مشروعیت جعلی، شاهکار بدیع حماقت و رذالت را خلق کردند.

شاه رفت و خمینی - یک مُلای آسیمه جان و تند زبان و ناسزاگو و یاوه گو و خود همه چیز پندار و مبتذل با انگشت گذاشتن روی مذهب یعنی گاهواره جهل و خرافات، غریو جهل و ظلمت سر داد که یک بانگ نفرت‌انگیز بود و بنا به تاکتیک و حیله روانی مکتب ملایان،- به صحنه آمد. خمینی، مُلای قدرت طلب و ثروت‌اندوز و شهوت پرست و عقب مانده انیرانی بود که همان بافت کهنه در شبستان‌های مخوف مساجد که سلسله فرهنگ جهل و خرافات و دروغ و حماقت را جنباند.... بهرحال ١٤ قرن است که ویروس و میکروب مُلای شیعه و شیخ و زاهد هرزه و شیاد و روضه خوان در رگ و پی و کالبد کشور ایران خفته است.

شاه رفت و گروهی از دلالان بازار ریا و کاروان فرصت طلبان و جاروکش، مجتمع

بزرگ خیانت و حماقت را تشکیل دادند، راهگشایان اهریمنی فاجعه بلوای بهمن ۱۳۵۷ شدند و به جای مدینه فاضله، مردم بخت برگشته ایران را به ظلمتکده جاهلیت بردند.

شاه رفت و البته گروهی از مردم مغرض و ناآگاه و خرافی هم محو خمینی شبکه مخوف مُلایان شدند و می‌گفتند: خمینی عزیزم، بگو که خون بریزم.... و به پیشباز هزاره سوم رفتند... یا در خیابان سوار بر موج شدند و می‌رقصیدند... و بناگاه، زلزله بزرگ و سیلاب خانمان برانداز و موج ویرانگر بهمن ۱۳۵۷ به بزرگترین عملیات انتحاری تاریخ مبدل شد. و باید هم به یاد داشت که روند موفقیت شبکه جهل و خرافات آخوندی، به آن مکتب ویرانگر و واپس گرا خمینیسم، سرآغاز سقوط ایران بود. البته، یورش اسکندر و عرب و مغول و تاتار و ترک و غز را دید اما هرچند در توالی جنگ‌ها و ویرانگری‌ها، ایران مانده... اما هیچ کدام ویرانگرتر از یورش مُلای شیعه به مرکز قدرت ایران نبود. زیرا مُلا متجاوز و سخیف و پلید از داخل جامعه ایران، برخاست و به مرکز ثروت و قدرت حمله ور شد.

شاه رفت و ایران، دستخوش تاراج و ویرانی شد. مُلایان با تقلب در تاریخ، خود را نمایندگان امام زمان جعلی خواندند، آنگاه یک ایران را غارت کردند، وحشت پراکندند، سوزاندند و بردند و خوردند.... ایران با انحطاط مرگ بار روبرو شد... عمامه به سرها، طبقه حاکم بر ایران شدند و چکمه پوش‌ها هم نوکر مُلایان شدند... و از نگاه تاریخ هم، این دوران پر محنت و نکبت، گاهشمار عصر جاهلیت است که در عصر تاریکی، از آن آوای وحش می‌آید. یعنی، این تراژدی حکومت فقیهان، به لعنت خدا هم نمی‌ارزد؛ یعنی، گردش قهقرایی به سمت جاهلیت عرب است و بلاشک داوری تاریخ هم آن می‌شود که جزو تاریک‌ترین ادوار ایران است.

از آن روز که شاه رفت و خمینی برگشت و در انتخاباتی جعلی در بهار بعدی، اولین حکومت الله بر زمین تشکیل شد و نازیباترین و تاریکترین چهره اسلام را به تاریخ جهان نشان دادند. گروهی شارلاتان‌های فرصت طلب شیفته یک مُرده سیاسی هم با کینه توزی با شاه، شهسوار جهاد خمینی شدند و مشتریان دُکان تزویر و ریا و راهگشای استبداد سیاه دینی و حضور نعلین به پا و عمامه به سر شدند... عملا این کینه‌توزهای تاریخ و شیفته یک شیاد مُرده، شدند کارگردان‌های این خیمه شب بازی مُلایان...

شاه رفت و گروهی مداح نوکر صفت، با سنت حماقت، نقش یک مرد مقدس را برای خمینی تعریف کردند. آنهم با اندیشه‌های بی‌محتوا و نشات گرفته از نادانی و سادیسم... با تبلیغ بت‌پرستی و فردپرستی نابخردانه و ویرانگرانه، به یک بت‌تراشی نفرت‌انگیز پرداختند

تا زنجیر عبودیت از مُلایان پلید و حیله‌گر و ملعون را به گردن آویزند. امروزه، پس از ۴۳ سال، این وارثان شمشیرکش‌های جلولا و قادسیه و این شیفتگان چماق‌داران گدا صفت و متجاوز و دزد و تازیان ستمکار، مشروعیت آسمانی برای خود قائل هستند...

شاه رفت، گرچه شاه باورمند به شیعه را لادین و کافر معرفی کردند اما راز تاریخ اینجاست که این مملکت شیعه عالم شده خراب کده‌ای دچار تخریب و فساد و سقوط شگفت‌انگیز... به یک مُرداب و لجنزار با بوی تعفن آخوندی در همه جاهای مُلک و مملکت، مُبدل شده... جایی که فقط قبرستان‌ها آباد شد و شغل گورکنی رونق گرفت... کشوری که نظام استبداد دینی جمهوری اسلامی شده حکومت ترس و تکفیر و چماق و شکنجه و قتل و جعل و فساد... با جامعه‌ای مایوس، سرخورده، مملو از نفرت و انزجار، بی‌پناه و نومید که غرور ملی‌اش هم زخم خورده و اعتبار و آبرویش لکه دار شده...

شاه شیفته و شیدای ایران رفت و ۴۳ سال استبداد دینی ولایت فقیه و عدل علی دمار از مردم سیه روز در آورد. رهبری مُلایان حقیر و چماقدار با تفکر قرون وسطایی، چنان مبتذل و سخیف بوده‌اند که دیوانه گان تیمارستان هم چنین کارنامه‌ای از خود برجای نمی‌گذارند. درد تحمل رژیم آخوندی و استبداد سیاه دینی، کم‌کم به یک غده سرطانی تغییر شکل داده... مُلایان دارای فرهنگ زبونی و حقارت و رذالت شده‌اند برده‌وار و جامعه ایران هم در نقش تکراری رعیت و برده ایفای نقش می‌کنند... مُلایان قشری و بی‌هویت و اصالت و قشری صفت، در خیال بافی خودشان، مملکت داری می‌کنند. با عمامه سفید و رخساره سیاه، و خیال واهی، به صدر اسلام بازگشته اند.... انگار هنر کرده اند! آن چند سال اول خلافت اسلامی پس از محمد، در ایام خلفای راشدین که با دروغ و توطئه و ترور و غارت و محاربه با خدا گذشت... خلفا، همدیگر را کشتند ... بازگشت به عصر یغماگری و خون و خون کشی در دوران خلفای پس از محمد را با دروغ و جعل، حکومت عدل الله نامیدند!

شاه رفت و حکومت امروز ایران، مظهر شرارت و استیلای غاصبانه است با مُلایان ستمگر و فاسد و بی‌رحم و شرور... چه خمینی و چه خامنه‌ای در این ۴۳ سال، در دستگاه خلافت اسلامی ولایت فقیه، افرادی موذی، حقیر، مخرب، میرغضب، متوهم و بی حیا و نجس بود و هست. هر دو تروریست و خونخوار قرن و سرکوبگر ملت خویش... مانند امیرالمؤمنین‌های آدمکش، فاسد، تبهکار، جانی، رذل و در خلافت‌های اسلامی در طی تاریخ اسلام، عمل کردند و به هیچ بنی بشری هم پاسخگو نبوده و نیستند. و امروز مشتی آدمکش قهار، با ارتجاع سخیف و وحشیانه، به بازتولید یک فرهنگ اهریمنی پرداخته‌اند و

در انتظار، نشاندن خلیفه سوم پس از مرگ خامنه‌ای هستند!

شاه رفت و به دروغ در قلمرو بی‌سوادی‌شان گفتند که طاغوت را نابود کرده‌اند اما در واقع سلطنت مُلا و زاغوت فقیهان را شروع کردند. به طور شتاب‌آمیزی، ایران را به ویرانی و تباهی کشانیدند و در این قمار بزرگ با سرنوشت ایران، این خفتگان غار، آمدند و چرخ تمدن و فرهنگ و اقتصاد ایران را فلج کردند.... بماند که مشتی شارلاتان و بمب گذار و گروگان گیر و تروریست و بانک زن و راه زن، در آن روزها خود را انقلابی و مبارز می‌نامیدند و از تروریسم خود، مشعوف و مسرور بودند!

شاه رفت و درک عظمت جنایت زمستان بی‌بهار در بهمن ۱۳۵۷ و کارنامه فاجعه آفرین‌های نقابدار و جنایتکار و انیرانی، بسیار مشکل است. حاصل بنیادگرایی و اسلام ناب محمدی خونریز و فاسد با یاسای چنگیزی و امام زمان جعلی و تقدس بی‌ربط، شده ویرانگری و درگیری مرگ بار ... از روزی که شاه رفت، مُلاها با تبلیغات شبانه‌روزی و جعل در تاریخ اسلام چماقدار، در صدد آن بوده و هستند که به انسان هزار سوم در میان جهان بیش از ۸ میلیارد، بباورانند که مقدس و مشروع و محبوب هستند! دعوت به آزاداندیشی و شک‌باوری و خردورزی هم میانه‌ای با نظام مُلا ندارد. اهل منبر و قبر و روضه، تنها و تنها جامعه را به گریه و سینه زنی و غم و ترویج عزا و ماتم و زنجیر زنی و شیون برای ۱۱ امام و ۱۱۰۰۰ امامزاده جعلی دعوت می‌کنند ...

شاه رفت و بیضه‌داران دین و اهل منبر، ثنا خوان مرگ شده‌اند و مردم جامعه ایران، ستایشگر زندگی بودند و در جستجوی نور... اما این حیله گران و زمامداران شب پرست و شیاد، با گردنکشی و قلدری و غارتگری، تنها و تنها فقر و پریشانی و ناامنی را توسعه دادند. نظام و حکومت مُلای شیعه، چماقدار دیکتاتوری است و مردم و نسل جوان ایران هم پاسبان دمکراسی‌اند و در جستجوی رستگاری.... و چنین است که مکتب مُلای شیعه، فاقد آبرو و واپس‌گرا و بیمار فکر و جانی به اسم الله شده و نیز مشهور به کانون عذاب ملت ایران... زیرا اختاپوس مذهبی مُلایان شیعه با عطش تخریب و جنگجویی و غارت و تروریسم، آمده‌اند و نخستین کشور تاریخ ساز و تمدن آفرین جهان را به لبه پرتگاه برده‌اند زیرا ایران، گرفتار مشتی بی‌تمدن بی‌هویت و زبون است و ایران هم به فراموشخانه رسیده و از صحنه جهانی هم مطرود... و ملتی سرافراز هم به جامعه‌ای حقیر، مبدل شده...

شاه رفت و مُلایان جامعه ایران را دگر باره با شمشیر و ترس و ارعاب و وحشت آشنا کردند با خدای جبار و قهار و مکار و ظالم‌شان، خود را شفیع‌های عمامه‌دار نزد خدا معرفی کردند. اما خدای عالم را با این عمامه‌دارهای هرزه زبان و فاسد و شرع عقب

مانده‌شان، چه کار!؟ شاید آرزوی شاه که ۴۳ سال قبل در پاسخ به تاریخ نوشت، محقق شود... «رستاخیز ملی» رخ دهد تا اصالت ایران و شعور فرد ایرانی آزاده زنده شود تا از شر این رژیم خلاص شوند که لکه ننگ تاریخ بشریت شده... البته ایران، ۱۵۰ دودمان و ۴۵۰ شاه و امیر و حاکم را دیده.. آمدند و رفتند و طبعا ولایت فقیه هم ازلی ابدی نیست و مهمان تاریخ‌اند اما مهمان‌های روسیاه... این دوران محنت و نکبت و تاریکی هم می‌رود... اصولاً همزیستی با دروغ و فریب بزرگی به نام ولایت فقیه بر اساس جعل بزرگ امام زمان ممکن نیست. هرچند کابوس سنگین شده، اما سرانجام فروغ بر ظلمت، پیروزی می‌یابد...

شاه رفت و مُلایان با حقیقت گریزی و ضدیت با خرد و منطق نامعقول پیوند دین و شمشیر، سعی داشته و دارند که زنجیر تعصب و زنگوله خرافات بر گردن مردم بیاندازند. اما به خاطر تکامل فکری نسل جوان این فرهنگ جهل وخرافات و دروغ و حماقت هم پایدار نیست، چون سازگار با بشریت و آدمیت و انسانیت نبوده و نیستند و سروری شمشیر و قداره‌کشی هم پایدار نیست....مردم ایران، خواه ناخواه این دگرگونی بنیادی را انجام می‌دهد تا به نبرد تاریکی برود... و بدون زدودن این تفکر دینی و خرافات و موهومات و شکست اختاپوس مذهبی در ایران، هر کوششی عبث و بی‌حاصل است. و فقط با دانش و آگاهی و اراده قوی و روشنگری می‌توان از شر این ایدئولوژِ اهریمنی خمینیسم خلاص شد...

جسم شاه از ایران رفت اما عاقبت، تاریخ با وی و نام او با مهربانی رفتار خواهد کرد... اما اثرات «وحشت بزرگ» در این ۴۳ سال، همچنان باقی...

۵
خُمینی، یک کرگدن است!
(به یاد زنده یاد حسن پاکروان، ساواک)

دکتر خانوادگی هویدا در آن سوی راهرو نیمه تاریک روی راه پله نشسته است. منتظر است تا بداند اگر هویدا، به کمک پزشکی نیاز دارد، خود را به وی برساند. ناگهان دید که دو جوان، پیرمردی سپید موی با یک اورکت بر روی پیژامه را کشان‌کشان به دنبال خود می‌آورند. چشمان پیرمرد سپید موی بسته است. وقتی نزدیک شدم، متوجه شدم ژنرال پاکروان است.

سناتور پرویز یارافشار (سناتور از ۱۳۴۲ تا ۱۳۵۷) در سلول زندان قصر، به همراه ناصر مقدم و حسن پاکروان بود. روزی از همدیگر می‌پرسند که «عاقبت‌مان چه می‌شود؟» این روایات را بعدها خود سناتور در آمریکا برای همسر و دختر شادروان پاکروان بازگفته است

- سناتور می‌گوید: من انتصابی‌ام نه انتخابی و آزادم می‌کنند! [که البته هم چنین شد و عاقبت آزاد شد و سالها بعد در مک لین، ویرجینیا در آمریکا درگذشت. و بخشی از خاطرات وی در بنیاد مطالعات ایران ضبط شد.]

- مقدم می‌گوید: هر چه خواسته‌اند، من در اختیارشان گذاشته‌ام. پس با من کاری نخواهند داشت!

- پاکروان، خونسرد و آرام - در حالی که پُکی به سیگارش می‌زد، گفت: من زندگی خمینی را به وی بازگرداندم و بدون شک مرا زنده نخواهد گذاشت. کینه شُتری دارد و نمی‌خواهد دین داشته باشد. پس حساب کار من، روشن است!

گرچه جناب ثابتی معتقدند که «مقدم در جریان دادگاه‌ها، خواهان جلسه محرمانه و سری شده بود تا خدماتش را به انقلاب برشمارد اما کسی نشنید! و حتی خلخالی هم فرصت نداد تا آدم‌های مربوط به مقدم مانند بازرگان و طالقانی و جبهه ملی‌چی‌ها و ... نزد خمینی، وساطت کنند!» و طرفه اینکه، مقدم در خیال‌های خام خود، می‌شود همه کاره؛ چون به حضرات انقلابیون، کمک‌ها کرده بود. و قطعاً بدون خیانت اطرافیان شاه، این

وحشت بزرگ مستولی نمی‌شد!

البته ژنرال پاکروان، پس از سکته قلبی (آنفاکتوس)، سیگار را کنار گذاشته بود اما به محض رسیدن به زندان قصر، به مامورها پول می‌داد تا برایش سیگار زر و وینستون بیاورند و مرتب می‌کشید. انتظار چیز دیگری را نداشت. دیگر حفظ سلامتی برایش اهمیتی و تفاوتی نداشت. طبق روایت سناتور پرویز یارافشار که در بیست روزِ آخر حیات پاکروان در یک سلول با او زندانی بوده پاکروان، فقط چای می‌خورد. گاهی به زور به وی، کمی قند می‌دادند. اما واقعا غذایی نخورد. و آرام در گوشه‌ای از زندان وحشیان مدافع رافت و رحمت اسلامی (بربریت و توحش)، به انتظار نشسته بود. گرچه برایش مسلم بود که اعدام می‌شود اما گاه در زندان، از سناتور، واژه‌های جدید ترکی یاد می‌گرفت. به طور قطع، «پاکروان هم مانند هویدا می‌دانست که جان سالم از دست دادگاه‌های وحشیانه انقلابی‌ها به در نخواهد برد. اما مانند هویدا، دادگاه و قاضی و شرع را جدی نگرفته بود».

البته در زمستان بی‌بهار ۱۳۵۷، پاکروان، از هم پاشیده شدن شیرازه سازمان اطلاعات و امنیت کشور که در سال ۱۳۳۵ با خون دل ساخته شده بود، را با چشم خویش دید. در همان سال ۱۳۳۲ که به ریاست رکن دوم ارتش ایران رسیده بود، سعی در نظم و نسق دادن با ساختار امنیت مملکت بود تا بار دیگر، روس‌ها قصد بهم زدن و ویرانی کشور و خرید نوکران شیفته اجنبی در ایران را نداشته باشند. و مدتی بعد هم به سرتیپی رسید و فرمانده مرزبانی کل کشور شد. (۱۳۳٤)

در آخرین دیدار، از حسن علوی کیا (مقام سابق ساواک) در مورد او می‌پرسم و می‌گوید: «سرلشکر پاکروان، فردی خونسرد، مودب، باشخصیت و اهل مطالعه بود. در همه جای خانه‌اش می‌توانستی، کتابی را بیابی! محترمانه‌اش این بود که کِرم کتاب بود. فرانسه‌دان، عجیبی هم بود. پاکروان، یک شخصیت پژوهشگر و محقق بود، یک استاد، یک انسان... هرچند افسر توپخانه بود، اما مسلط به ادبیات فرانسه بود... زیاد کتاب می‌خواند. کتابهای مختلف که در مورد سیاست در دنیا منتشر می‌شد را فوراً مطالعه می‌کرد... به زبان انگلیسی و فرانسه هم مسلط بود و این زبان دانی و مطالعه باعث شد که در خیلی از رشته‌ها اطلاع داشته باشد... اکثراً جراید مهم جهان را می‌خواند و خبرها و تحلیل‌های مختلف سیاسی را دنبال می‌کرد... در کنفرانس‌ها یک شخصیت ممتاز بود... هر وقت با وی به جلسه‌ای یا سفری خارجی میرفتی، متوجه می‌شدی که شخصیت و پرستیژ مملکت است. برای مُلک و مملکت یک پرستیژ بود و نمونه یک فرد باسواد ایرانی و شخصیت و منش و دانش او همه را تحت تأثیر قرار می‌داد... اعلیحضرت هم وی را خوب می‌شناخت

و چندین سال هم در رکن دوم کار کرده بود حتی مدتی هم رئیس رکن ۲ ارتش بود و من هم معاون او بودم و بعد با هم به ساواک آمدیم. پاکروان پس از جریان ۱۵ خرداد و غائله خمینی، یواش‌یواش کنار گذاشته شد و ۱۵ خرداد هم مبنای عوض شدن پاکروان بود... که مثلاً پیشگیری نکرده و بعد هم به خیال خودشان یک آدم گردن کلفت‌تر و قوی‌تر از وی آوردند... چون پاکروان یک آدم دمکرات و نرم بود و به درد این کارها نمی‌خورد و به این جهت برکنارش کردند. فردی قابل احترام بود و احترام بر می‌انگیخت.»

همکاری دیگر در ساواک، دکتر مجتبی پاشایی، می‌گوید: «اهل شدت عمل و بگیر و ببند نبود. اشتباها به اداره امنیت آمده بود. ما با دسته‌ای تبهکار خشک مغز مذهبی و زبان نفهم طرف بودیم و این وسط ژنرال می‌خواست با آن‌ها متمدنانه و اخلاقی برخورد شود که اوضاع بدتر می‌شد!»

درباره سابق حرفه‌ای باید گفت که در نوروز ۱۳۴۰، رفتن ژنرال حسن پاکروان به ساواک پس از حذف تیمور بختیار بود. در ایام آمدن پاکروان، در آمریکا آلن دالاس[1] هنوز در سازمان سی آی‌ای مدیر بود و اما در زمان جان اف کندی[2] اختیار سکان سی آی‌ای به جان مک کؤن[3] رسید.

یکی از همان کهنه کارشناسان امنیتی می‌گوید: «دو مدیر آژانسی که از تفکرهای توهم‌زا و قصه‌های خیالی برخی ایرانیان درباره نقش سی آی ای در ایران در سال ۱۹۵۳ سرشان درد گرفته بود و از سر ناچاری می‌خندیدند. و هر وقت هم با ماموران اعزامی ایرانی و یا در جلسه‌های تهران، حضوری به هم می‌رساندند، این قصه‌های بی‌در و پیکر، بیشتر اسباب خنده بود». و در ادامه می‌گوید «بدون اغراق، پاکروان، سطح تحصیلات و دانش و آگاهی‌اش درباره جنگ سرد و خاورمیانه از آن دو همکار سی آی ای، بیشتر بود.»

دوران ریاست پاکروان بر ساواک، با تغییرات سیاسی و حوادث اجتماعی در ایران همراه بود. در دوران ریاست او بر ساواک، ۵ نخست وزیر آمدند و رفتند [جعفر شریف امامی، علی امینی، اسدالله علم، حسنعلی منصور و امیرعباس هویدا]. در انقلاب سفید شاه (۶ بهمن ۱۳۴۱)، پاکروان مشوق رشد و اعتلای کشور بود اما شبکه آخوندها و اختاپوس مذهبی مُلایان قصه‌ای دیگر ساز کردند. از ترور نخست وزیر تا شورش خمینی و دستگیری او، بلوای قم و ...

«شبکه‌های تروریستی وابسته به خمینی، فعالیت خود را آغاز کرده بودند. خمینی هم

1- Allen Welsh Dulles
2- John F. Kennedy
3- John A. McCone

همسو با پرت و پلا گویی‌های جمال عبدالناصر در مصر، نقش سرباز اجنبی را بازی کرد. یکی از تروریست‌های اسلامی به نام محمد بخارایی (عضو سازمان تروریستی مؤتلفه اسلامی و از نزدیکان مجتبی میرلوحی، تروریست فاسد مشهور به نواب صفوی، به سوی نخست‌وزیر وقت حسنعلی منصور، هفت تیرکشی کرد؛ یکم بهمن ۱۳۴۳) به خلق جنایت دست زد.

یکی از نشانه‌های خوش قلبی ژنرال پاکروان، مداخله برای جلوگیری از اعدام روح‌الله خمینی بود. یکشبه، یک مُلای خرافی و مامور اجنبی را به عنوان آیت‌الله و مرجع تقلید نامیدند. زیرا پاکروان می‌خواست که غائله را بخواباند. حتی در نهایت احترام با این مُلای کینه‌توز بی‌اصالت رفتار کرد و قصد ژنرال، شیوه‌ای مسالمت‌آمیز برای نزدیک کردن مُلای قشری به سیستم بود. تا شاه، با آسایش و آرامش، طرح‌های خود را دنبال کند. اما خمینی، با ریاکاری رفتار کرد و سالها بعد، سم خود را ریخت!

در سندهای سی آی ای، به دیدارهای پاکروان با خمینی اشاراتی رفته است. از آنجا، آمریکایی‌ها بطور مسلم با روحیات خمینی آشنا شدند زیرا پاکروان، درباره‌اش تحلیل داده بود و حتی وی را فاقد اخلاق انسانی نامیده بود»

در نوامبر ۱۹۷۸ - آبان ۱۳۵۷ - که دیگر جناب پرویز ثابتی از کشور خارج شده بود، به بهانه دیدار با پزشک قلب، ژنرال پاکروان راهی پاریس شد. آپارتمانی در نزدیک رود سن در ناحیه ۱۶ پاریس داشت که از بالکن آن می‌توان، برج ایفل را دید. به محض اینکه، به همراه همسرش از فرودگاه رسید و ساک را زمین گذاشت، از دخترش سعیده می‌خواهد که برای خرید دارو به همراه وی بیرون برود.

در حین پیاده روی به سعیده می‌گوید: «اگر بگذاری مادرت به همراه من به ایران بازگردد، به من خیانت کرده‌ای! مادرت را به تو می‌سپارم... ایران از دست رفت و با این مُلایان نابود می‌شود! اما من نمی‌توانم بمانم و باید برگردم. یک افسر نظامی‌ام و نمی‌توانم بدون ایران، زنده باشم.»

یکی از افراد فامیل پاکروان می‌گوید: ژنرال، مصداق و نمود بارز این شعر فردوسی بود:

«دریغ است ایران که ویران شود   کنام پلنگان و شیران شود
چو ایران نباشد تن من مباد   در این بوم و بر زنده یک تن مباد»

به عنوان یک افسر ارشد نظامی و اطلاعاتی نمی‌توانست تصور کند که ناظر بی‌خیال به قدرت رسیدن مشتی ملای خل وضع و عقب مانده در ایران باشد. تصورش هم آزارش می‌داد. مرتب می‌گفت بمانم که چه؟ عافیت طلب و سواستفاده چی نبود. میهن‌پرست

باشرفی بود. حتی اگر در آپارتمانش هم در فرانسه می‌ماند، و خبرها را می‌شنید، قطعاً خودکشی می‌کرد! چون عاشق ایران بود. از شاه هم گله‌های دوستانه و عاشقانه داشت. مثلا یادم هست که می‌گفت «حیف که اعلیحضرت، چندان اهل کتاب خواندن نیست و شب‌ها فقط کاتالوگ‌های کارخانه‌های اسلحه‌سازی را می‌خواند... اما بی‌مطالعه، انگار چیزی کم است... یک کمبودی هست!» جز این، دیگر حرفی درباره این و آن نمی‌زد. چه شاه، چه فردوست. و این روحیه، امنیتی‌اش بود.

آخرین بار که ژنرال پاکروان و دخترانش و همسرش، دور همدیگر در وطن بودند، همان شب ۱۷ شهریور ۱۳۵۷ بود که ماه رمضان تمام شده بود و روز عید فطر (۱۳ شهریور ۱۳۵۷) جمعی تروریست، قصد معرکه‌گیری داشتند. «افراطیون مذهبی، کمونیست‌ها، تروریست‌ها، و عناصر وابسته به نهضت آزادی و جبهه ملی و همه گروه‌های مسلح مخالف، برای ابراز قدرت و یک نمایش سیاسی بزرگتر، آماده شده بودند تا تظاهرات کنند» [1]

(ماموران انتظامی بنا به دستور شاه، فقط نقش ناظر را داشتند. روزنامه‌ها با وجود فضای افسارگسیخته و نفوذ چپ‌ها، تعداد تظاهرات را میلیونی نامیدند. اما ساواک آن را ۱۰۰ هزار نفری تخمین زد.[2] پیش‌بینی ثابتی درست در آمد و اوضاع از کنترل خارج شد و مقدم تمایلی به شنیدن اخطار نداشت. اویسی هم می‌خواست که آن تشنجات را بخواباند. اما مقدم و شریف امامی، با حماقت و عوامفریبی، کارشکنی کردند. به قول زنده‌یاد شجاع‌الدین شفا، «تروریست‌های فلسطینی و لیبایی در میدان ژاله دست به خلق جنایت زدند» تا خمینی سوار بر موج خبری باشد اما همچنان با لجبازی و تعصب و دروغ، شرکت کنندگان در جنایت و مکافات ۱۳۵۷ کشتن آن تظاهر کننده‌ها را کار شاه و ساواک می‌دانند و... اگر هم کسی خلاف دروغ مکررشان چیزی بگوید، اساس پایه انقلاب‌شان، می‌لرزد و درجه انقلابی‌گری‌شان، چیزی کم می‌شود!)

آن شب سرد پائیزی اواخر آبان ۱۳۵۷، که یکشنبه هم بود، ژنرال تا نیم ساعت در بالکن، بی‌حرکتی، ایستاده بود و به موسیقی نیل دایمند[3] گوش می‌داد و به ایفل خیره مانده بود. عاشق فرهنگ و ادب و هنر فرانسه بود. دو دختر وی می‌دانستند که انگار از دید ژنرال، این بار آخر بودن و زیستن در پاریس است.

۱- در دامگه حادثه؛ گفتگو با پرویز ثابتی ص ٤٤٨
۲- در دامگه حادثه؛ گفتگو با پرویز ثابتی ص ٤٤٩

3- Neil Diamond

در طی همان مسافرت کوتاه هم گاه از تهران، افرادی حتی بازاری‌ها مانند حاج غلامحسین روغنی (که بعدها با کراوات به استقبال خمینی رفت و عکس‌هایش کنار وی هست و به دروغ گفت: تا مدت‌ها اثر دست و پای ساواکی‌ها، بر دیوار منزل امام بود!) به ژنرال زنگ می‌زدند که وی پادرمیانی کند و به دیدار خمینی در نوفل لوشاتو برود.

اما پاسخ‌های ژنرال، نشان از عمق شناخت وی از خمینی بود. مثلا می‌گفت: «به هیچ عنوان این مُلا، دیدن ندارد. مانند کرگدن، کله شق است. کاملاً دیوانه است. و تا با سر به دیوار نزند، ول کن نیست». به خانواده‌اش گفته بود: قطعا خمینی بازمی‌گردد و شاه هم می‌رود اما ژنرال نمی‌دانست که در آن زمستان بی‌بهار، همه کشورها، به شاه خیانت خواهند کرد و تمایلی به پناه دادن وی ندارند!

ژنرال رفت. سال آخر شاهنشاهی محمدرضا پهلوی (از ۱۳۵٦ تا بهمن ۱۳۵۷)، پاکروان در دربار بود. از مشاوران نزدیک به شاه و کسی که سخنانش برای شاه، ارج و منزلت داشت. اما در آن سوی پرده، ۲ نفر علیه اندیشه او، اقدام می‌کردند: فردوست و مقدم! گرچه، وقتی مقدم به قدرت رسید، ژنرال، تصور می‌کرد که مقدم، افسری نجیب و فرشته‌خو است اما نمی‌دانست که دست در دست، بازرگان و فردوست، به شاه خیانت می‌کند! به قول آقای ثابتی «ظاهراً با آمریکایی‌ها صحبت کرده بود که در ایران، دمکراسی برقرار و ساواک را تصفیه کند. شده بود آزادیخواه اما چند چهره بود و صداقتی در کار و گفتارش نبود. پاکروان این مسایل را تشخیص نمی‌داد، صوفی بود اصلا یا بهتر است بگویم باید کشیش می‌شد!».

پاکروان، تروریسم اسلامی و بلواگران را کاملا می‌شناخت. حتی در جلسه شوم دربار که همه در آن جلسه شاه مملکت را به دستگیری عباس هویدا تشویق کردند، تنها کسی بود که با شرافت و اخلاق - حتی با حضور شهبانو فرح دیبا در جلسه - مخالفت خود را اعلام کرد اما کسی نشنید! تو گویی که همگی می‌خواستند امتیازی به آشوبگران و بلواگران تروریست داده شود!

شاه، ادبیات بی‌نظیر پاکروان را کمی دستکاری کرد و گفت وحشت بزرگ اما اصل جمله پاکروان، «فاجعه بزرگ» بود و «البته خمینی را هم مظهر شیطان، روانپریش و شیفته قدرت نامید. که یکی از افراد ساواک، آن را به سفارت آمریکا مخابره می‌کند! اما در سی آی ای، هنوز کسی چیز خاصی درباره خمینی نمی‌دانست و تحلیل درستی درباره رخ دادهای ایران نداشت»

پاکروان، با شیادی و فرصت‌طلبی و سطح نازل تحصیلات و اندیشه بسیاری از

شرکت کنندگان در جنایت و مکافات ۱۳۵۷ آشنا بود. اما گزارش‌ها و تحلیل‌های او، در دالان‌های هزار توی ساواک و دربار، مدفون ماند و بنا به مصلحت‌ها، کسی تمایل به افشایش نداشت. از نخست‌وزیری بختیار دفاع کرد، در راه آزادی بازرگان و سحابی و داریوش فروهر و طالقانی، سخت‌گیری نکرد. پاسپورت بنی‌صدر را آزاد کرد و... اما همه این یاران مصدق‌السلطنه در روز تنگنا، برای نجاتش، قدمی برنداشتند. [دیگر اینکه سالهای بعد از ۱۳۵۷، مثلا رابطه داریوش فروهر با برخی از معاونان سابق پاکروان در ساواک، باقی بود! و در خارج از کشور به دیدارشان می‌رفت... چه سود؟!].

۱۱ فوریه ۱۹۷۹ همان روز ۲۲ بهمن است. و ۵ روز پس از پیروزی خونریزترین و فاسدترین حکومت الله بر زمین، ژنرال پاکروان در منزلش در نیاوران، دستگیر شد. (۱٦ فوریه ۱۹۷۹ / جمعه ۲۷ بهمن ۱۳۵۷ یک روز پس از آن که ژنرال نعمت‌الله نصیری اعدام شد). و بعد از تاراج مدال‌ها و نشان‌ها و عکس‌ها، چند هزار کتاب ژنرال هم به تاراج رفت !

بیدادگاه اسلامی‌های تازه به قدرت رسیده بود و هر شب، افرادی را تیرباران می‌کردند و هیچ مقامی هم به آدمکشی‌شان، پاسخگو نبود. و بعدها مهدی بازرگان در ۱۲ اسفند ۵۸ در روزنامه‌های اطلاعات و کیهان گفت: «تعداد اعدام‌های دادگاه‌های انقلاب به ٦۰ نفر نرسیده و بالاتر از ۱۰۰۰۰۰ نفری نیست که طی این سال‌ها شاه و حکومتش کشته!»؛ کسی هم از این مترجم قرآن نپرسید، دروغ به این شاخداری؟

و ژنرال پاکروان، ۴۰-۵۰ روزی را در زندان‌های مخوف اسلامی گذرانید که در روز ۲۱ فروردین ۱۳۵۸ با ده نفر دیگر از مقام‌های کشور در ایام شاهنشاهی پهلوی اعدام شدند که یکی از آنها هم ناصر مقدم، آخرین رئیس ساواک بود.

در طی دادگاه هم، خلخالی در اوج رذالت و دنائت با ژنرال رفتار کرد. گرچه خودش بارها گفته بود که در زندان، حتی یک سیلی هم به وی نزده بودند. اما از نحوه پاسخ دادن و سر نترس و زبان محترم و دارای منطق پاکروان، آشفته شده بود. هنوز کسی نمی‌داند که چرا ۲ ماه بعد از ورود خمینی، اعدام شد.

و هنگام ضبط خاطرات جناب پرویز ثابتی، «در دامگه حادثه» بارها و بارها با احترام از وی یاد کرد و گاهی از برخی خاطرات خوش هم خنده‌ای بر لبانش نقش می‌بست. گرچه امروزه روز، برخی شیاد می‌گویند خمینی را نخوانده‌اند. در حالی که ساواک بارها و بارها کتاب تحریرالوسیله خمینی را توسط برخی ناشران وابسته، به چاپ رسانید و امیرکبیر هم در بازار توزیع کرد و حتی ناشر خمینی هم بارها و بارها گفته که چگونه آثار

خمینی را نشر داده‌اند. اما بهرحال، قرآن را در دست داشتند و در همه کتابخانه‌های کشور هم به روی همگان باز بود اما بیشتر به دنبال اسلحه و بمب برای توسعه تروریسم بوده‌اند. در همانجا که می‌گوید «إِنَّ اللهَّ يُحِبُّ الَّذِينَ يُقَاتِلُونَ فِی سَبِيلِهِ»؛ [یعنی: در حقیقت خدا کسانی را دوست دارد که در راه او صفوف استوار و آهنین، جهاد می‌کنند (در راه خدا آدم می‌کشند!)] و خمینی - مُلای فریبکار شیعه - خود را خدا می‌دید که باید برای نهضت خودش، قتل عام راه بیاندازد. همان چیزی که موجب هراس ژنرال بود.

و همانطور که مولانا می‌گوید «رازها را می‌کند حق آشکار». خمینی، به خاطر عدم لو رفتن رازش که آیت‌الله و مرجع تقلید نبود، بجای دستمزد انسانیت پاکروان در رهایی وی از اعدام، حکم ترور ژنرال را صادر کرد تا ماموریت جهاد توحش او، با مانعی روبرو نشود.

در سپیده دم ۲۲ فروردین ۱۳۵۸، کهنه سرباز میهن، مربی و فرمانده مشهور دانشکده افسری، سفیر کوشا و با وقار و رئیس خوش فکر ستاد ارتش و امنیت ایران زمین، در زندان قصر تهران، تیرباران شد. مدتی قبل از خروج شاه مملکت، از فرانسه به تهران بازگشته بود. نمی‌خواست که شاه فقید را تنها بگذارد. از شُل بودن اوضاع و بی‌میلی شاه به ماندن، شاکی بود. دیگر ساواکی هم نمانده بود. دوست معتمد و کاردان او - پرویز ثابتی - که نابغه امنیت بود، دیگر در آن سوی اقیانوس‌ها بود.

به قول زنده یاد جمشید امانی «یاد آن جان باخته نیک نام میهن و افسر متمدن و فرهیخته، همیشه شاد باد». که چنین غریبانه، توسط برخی ویرانگر معتقد به آئین قهر چنگیزی، در وطن به خاک و خون غلتید تا جور و جهل حکومت استبداد سیاه ولایت فقیه، چند صباحی حکمرانی کند.[1]

۱- منابع و ارجاع‌ها: گفتگوهایم با چهره‌های ارتش و ساواک که به جز دختر ژنرال پاکروان و جناب پرویز ثابتی، زنده‌یادان تیمسار علوی کیا و جمشید امانی و، مابقی تمایلی به ذکر نام‌شان نداشتند.

۶
تروریست‌های اسلامی
دامی هولناک در راه ملت ایران

قصه‌های مشهور در بین راه گشایان، شُرکا، شرکت کنندگان و سهامداران در جنایت و مکافات ۱۳۵۷، قصه‌هایی غالبا کُمیک، تراژدی و نیز مشمئز کننده و تماماً مسخره و باور نکردنی است. قریب به اتفاق این حضرات باورمند به مبارزه تروریستی (و ضد آمریکایی - اسرائیلی!)، هیچ تفکر و اندیشه‌ای را جز دروغ و فریب و اغراق و توهم به جامعه ایرانی تزریق نکردند. اصولا در زنجیر توهم و افکار باطل و بیات شده بودند و این زنجیر و زنگوله به دور گردن و مغزشان تا روز مرگ باقی ماند و یا می‌ماند.

راه و آئینی را برگزیدند و یا از شیوه‌ای هنوز در رسانه‌های قهوه خانه‌ای و باند بازی خود دفاع می‌کنند که سبب نکبت و سیه‌روزی و تیره بختی جامعه ایرانیان شد و هزاران جوان و زن و مرد ایرانی را به خاک و خون کشانید و هنوز هم به سینه قبرستان می‌فرستد.

هنوز هم در برخی از رسانه‌ها، فلان گروه تروریستی مارکسیستی، با فریب کاری و عبارات پر طمطراق توخالی، به شیوه شارلاتان‌های رذیل، خود را آزادیخواه می‌نامند! که کم کم هر شنونده نسل جدید و نسل پویا و نوجوی ایرانی را به خنده و استهزا وا می‌دارد. و گاه منزجر کننده است که در آن اسارت و بندگی قالب‌ها و دام‌ها و مدارها، کمترین شعور شناختی و آگاهی و تفکر و پرسشگری وجود ندارد و کور و کر و چشم بسته در قالب سنت و یا منطق باطل، حرکت می‌کنند و حاضر به تغییر هم نیستند.

حضرات ساطور و قمه به دست بلواگر - زبانم لال انقلابی!- هوادار فلان سازمان مسلح و پیرو قیام مسلحانه (تروریستی)؛ امروزه آلامد شده‌اند و فعلاً نام و نان در تحلیل سیاسی و یا فعالیت حقوق بشری است. تو گویی که جامعه سلسله ترورها، قتل‌ها، انفجارها، بانک‌زنی، راه‌زنی، تصفیه حساب‌های خونین، بمب گذاری‌ها، غارت‌ها، آتش‌سوزی‌ها، انفجارها و همه جنایات را باید فراموش کند! زیرا اگر یک گروه‌های همکار سابق خمینی، امروزه فعال‌اند و مبادا که شیشه اتحاد، ترک بردارد و بشکند!... از مشتی تروریستی خلقی با افکاری بیمار، چه نسخه‌ای آموزنده برای نسل جوان باید به یادگار بماند؟!

به عنوان مثال: فلان تروریست در اول شهریور ۱۳۵۰ بازداشت و مهر ۱۳۵۳ آزاد می‌شود و مجددا در مجاهدین خلق فعال و زندگی مخفی را شروع می‌کند. در ۲۸ امرداد ۱۳۵٤ بر اثر انفجار بمب دست ساز خودش در خانه تیمی - خیابان شیخ هادی؛ که امروزه بازار مبایل تهران است - لو می‌رود. می‌خواست که به ۲۸ امرداد مصدق‌السلطنه در ۱۳۳۲ اعتراض کند! در حالی که ۲۲ سال گذشته بود. حتی سیانور هم خورد اما به بیمارستان سینا و بعد بیمارستان شهربانی اعزام شدند و خودش تا ابد از هر دو چشم کور شد و دوباره به زندان قصر رفت و در دی ۱۳۵۷ آزاد شد. چندین بار دستگیر و زندانی شد اما این عضو نهضت آزادی و مجاهدین خلق، تا چشمانش و دست چپ‌اش را از دست نداد، با عطش هولناک از بمب ساختن و انفجار و کشتن، دست برنداشت!... و حتی با پول شرکت نفت، ۲-۳ بار به آمریکا و انگلستان برای گذراندن دوره اعزام شد اما در مغزش، شیفته تروریسم اسلامی بود. ۱۵ خرداد خمینی برایش، بت بود و حاضر بود، کل مملکت را به آتش بکشد که شاه و سلطنت از بین بروند و خمینی به قدرت برسد!

امروزه روز در ایران، با مجوز نهادهای امنیتی رژیم، نشریه دارد! لطف‌الله میثمی - مهندس نفت از دانشکده فنی تهران و شیفته مصدق، طالقانی، بازرگان، سحابی و منتظری - امروزه، مدیر مسئول نشریه چشم‌انداز ایران، زندانی سیاسی، عضو شورای فعالان ملی مذهبی است! البته، در اوایل، نشریه راه مجاهد به عنوان ارگان نهضت مجاهدین خلق ایران در سال ۱۳٦۰ ابتدا به صورت هفته‌نامه و در نهایت دوماهنامه منتشر شد و تا سال ۱۳۷۲ انتشار آن ادامه داشت که با حکم روح‌الله حسینیان، دادستان دادگاه ویژه روحانیت، انتشار آن متوقف و با تبرئه در دادگاه (توسط سعید مرتضوی) در سال ۱۳۷٦ ادامه کار آن میسر شد. میثمی در ادامه نام نشریه را به چشم‌انداز ایران تغییر داد که فعالیت آن از سال ۱۳۷۸ با این نام ادامه دارد. حال، چنین شخصی با این تفکر ناقص، نارسا، شتابزده در خاطراتش طبعاً همان دروغ‌ها و مهمل‌گویی آموخته شده در اوهام‌اش از انجمن اسلامی و نهضت آزادی و مجاهدین خلق را تکرار می‌کند. دگر در آن نشریه، چه تحولی و اندیشه جدیدی در افکار جامعه می‌تواند ایجاد کند؟

هرچه هم به امثال این افراد بگوئیم که حقیقت را نادیده می‌گیرید و توهم پراکنی کودکانه و هورا کشیدن‌های احساسی و ادامه دروغ و تحریف و تصویرسازی‌های جنجالی و آرمانی ورشکسته، سودی و خریداری ندارد، بی‌فایده است! خود میثمی در خاطراتش نوشته که بازرگان در زندان کتابی مختصر درباره انقلاب کوبا نوشته که آشکارا، تشویق به حرکت تروریستی (جنبش مسلحانه) بوده است (ج ۱، نشر صمدیه، صص. ۱٦٦-۱٦۵) و

خودش در مصاحبه‌ها می گوید که خمینی، ربانی شیرازی، خامنه‌ای، رفسنجانی و طبسی هم حامی مجاهدین خلق بودند!... حتی در زندان، ربانی شیرازی به میثمی می گوید چرا با من تماس نگرفتید که برایتان سلاح تهیه کنم؟ و اعتراف می کند که شهادت را دوست داشته تحت تاثیر افکار بازرگان و طالقانی و سحابی! و با صراحت می گوید «همه حامیان مجاهدین شدند حامیان انقلاب!» و در زندان هم با مجید حداد عادل (عضو مجاهدین خلق و برادر غلامعلی حداد عادل) هم بند بود. [گفتگو ویدئویی خشت خام؛ آپارات]

مثال دیگر: کسی که خودش مانند صدها جوان دیگر در آن مدرسه تروریسم بازرگان - طالقانی - سحابی - منتظری، قربانی شدند و با همان اباطیل تا سینه قبرستان هم خواهد رفت. مانند مسعود رجوی که در جلسات تفسیر قرآن محمود طالقانی در مسجد هدایت شرکت می کرد که البته در زیر پوشش تفسیر قرآن، جلسه‌های نهضت ظاهراً آزادی در آن شبستان‌های مخوف مساجد برگزار می‌شد. (و طالقانی کسی است که قبلاً، در طبقه دوم خانه‌اش، تروریست‌های فدائیان اسلام مانند نواب صفوی، پناه گرفته بود.)

در سال ۱۳٤٤، ۳ نفر از اعضا نهضت آزادی ایران (حنیف‌نژاد، محسن، بدیع زادگان) در انشعابی صوری از نهضت آزادی، یک جنبش چریکی تحت عنوان سازمان آزادیبخش ایران را پایه‌گذاری کردند که کپی برداری از سازمان آزادیبخش فلسطین (ساف) بود. و تفکر افرادش بر اساس مکتب علی شریعتی - باورمند به تروریسم اسلامی و حرکت مسلحانه قهرآمیز علیه رژیم شاه فقید - بود. و طالقانی در مسجد هدایت، برخی جوانان شستشوی مغزی داده شده مانند مسعود رجوی را برای پیوستن به این سازمان تروریستی وابسته به تشکیلات مذهبی، دعوت می کند.

پس از مدتی، این جوانان برای آموزش تروریستی، ایدئولوژی، مواد منفجره و تیراندازی به اردوگاه‌های فلسطینی اعزام شدند. وظیفه نهضت آزادی، در اینجا، به انحراف کشاندن جوانان پر استعداد این مرز و بوم بود. درهمان سال ۱۳٤۸ رجوی مانند آن جوانان گمراه شده نزد طالقانی، راهی لبنان و پایگاه‌ها و اردوگاه‌های فلسطینی سازمان تروریستی الفتح شد. خود رجوی در مصاحبه‌اش با برخی نشریه‌ها می گوید که از طریق طالقانی، نامه به خمینی در نجف فرستاده شده تا افراد هواپیماربا آزاد شوند. (ژوئیه ۱۹۸۲)

همان تروریست‌های اسلامی جمله‌ای جعلی را مرتبا تکرار می کنند که بیشتر رهبران نهضت مثلا آزادی مانند محمد توسلی آن را ساخته و پرداخته کرده‌اند که گویا. «بازرگان در دادگاه می گوید: ما آخرین گروهی هستیم که با زبان قانون با شما صحبت می کنیم و می گویند این پیام را به شخص اول [مملکت] برسانید. وی در دادگاه اتمام حجت کرد»

بماند که این افراد اواسط زمستان ۱۳٤۱ دستگیر شدند (و این دستگیری هم با رفراندوم اصلاحات اقتصادی شاه فقید - انقلاب سفید شاه و ملت -در ششم بهمن ۱۳٤۱مصادف بود.) و دادگاه آنان پس از عزاداری ۲۸ امرداد ۱۳۳۲ و دستور قانونی شاه به برکناری مصدق‌السلطنه و دادگاهی وی (از ۱۲ آبان تا اول دی ماه ۱۳۳۲ در ۳۵ جلسه)، دومین دادگاه جنجالی بود، زیرا همگی بوق‌های تبلیغاتی و رسانه‌ای، ارگان‌های تروریستی برای آنان، تبلیغ می‌کردند تا مستمسکی برای اهانت به شاه بیابند!... اگر هم سخن جعلی منتسب به بازرگان، درست باشد؛ به زبان ساده، یعنی «دست به اسحله بردن و برنامه تروریسم اسلامی خمینی را پیاده کردن؛ زیرا از بطن، نهضت آزادی، نهاد تروریستی مجاهدین خلق، درست شده بود! (البته جلسات دادگاه نظامی رهبران نهضت آزادی از ۳۰ مهر تا ١٦ دی ۱۳٤۲ در ۳۱ جلسه برگزار شد و احکام محکومان صادر شد.)

اما واقعیت امر آن است که خمینی و هوادارانش پس از خرداد سال ۱۳٤۲، رسما استراتژی تروریسم اسلامی را برگزیدند که شروع ماموریت آن با مهدی عراقی، مسئول شاخه نظامی هیات مؤتلفه اسلامی بود. «گروه تحت فرماندهی‌اش، طرح سو قصد به جان اعلیحضرت را به مورد اجرا گذارد. وی و همفکرانش در زمستان سال ۱۳٤۳ روزهای متمادی در مسیر تهران و پیست آبعلی در کمین نشستند لکن توفیقی حاصل نشد و سرانجام به مهدی عراقی ماموریت داده شد این طرح را در مورد حسنعلی منصور نخست وزیر و بعضی از مهره‌های رژیم از جمله اسدالله علم، دکتر منوچهر اقبال، ارتشبد نصیری و بعضی از مدیران از جمله امیرانی مدیر مجله خواندنیها که در وقایع ۱۵ خرداد ۱۳٤۲ مطالبی علیه خمینی به رشته تحریر در آورده بود به مورد اجرا گذارد. منصور در ٦ بهمن ۱۳٤۳ ترور لکن عاملین قتل به استثنا یک نفر به نام سیدعلی اندرزگو که موفق به فرار شد و کلیه اعضا هیات مؤتلفه که در این ماجرا دست داشتند دستگیر و تشکیلات متلاشی و متعاقبا در سال ۱۳٤٤ با کشف شبکه تروریستی حزب ملل اسلامی وابسته به خمینی تمام تلاش‌های سازمان داده شده برای ساقط نمودن رژیم، نقش بر آب شد!» [سال ۵۷، مصیبتی بزرگ، بر ملتی بزرگ؛ نوشته هوشنگ ازغندی (مامور ساواک)، چ سال ۱۹۹٦، ص ۱۸۷]

البته وقتی سیدعلی اندرزگو این - یک خرابکار مؤتلفه و دوره دیده الفتح - در۲شهریور ۱۳۵۷، کُشته شد، مردم خیابان ایرانشهر برای مامورهای ساواک، دست زدند! این شیاد تروریست و شرور، کارش تامین سلاح بود و اقدام برای تخریب. ۱۵ پاسپورت و اسم جعلی داشت.

جبهه ملی به دنبال شریعتمداری راه افتاد و نهضت آزادی هم به دنبال خمینی رفت.

خمینی برای کسب قدرت و ثروت، عملیات تروریستی (مشی مسلحانه) را در پی گرفت و سلول‌های تروریستی تحت پوشش فعالیت‌های مذهبی و خرافات و موهومات در سراسر کشور پراکنده بودند. شبکه اختاپوس مذهبی مُلایان در سطح کشور، نوعی سازماندهی داشتند و در شبستان‌های مخوف مساجد، یک چتر مبارزاتی تحت نظر خمینی پدید آوردند.

حتی نخستین گروهی که در اروپا به نامه خمینی پاسخ مثبت داد، جبهه ملی بود. در واقع امر، حواریون مصدق‌السلطنه، مجموعه‌ای از کمونیست و تروریست بودند که زیر سرپوشی به نام جبهه ظاهراً ملی جمع شده بودند. متدرجا، بقیه گروه‌های داخل کشور هم همراه شدند! و این مبارزه قهرآمیز مورد نظر خمینی، تدارکات لازم داشت که با آموزش نظامی شروع می‌شد.

«در شهریور ۱۳۴۷ شیخ محمد صادقی به نمایندگی از طرف خمینی با محمد صادق فهمی - مسئول دفتر جبهه خلق برای آزادی فلسطین وابسته به جرج حبش - در بغداد تماس گرفت و موافقت وی را در ازاء کمک مالی به جبهه خلق در مقابل آموزش نظامی به ایرانی‌ها در پایگاه‌های آن جبهه جلب نمود و متعاقبا در مهرماه همان سال، موافقت نماینده دفتر الفتح وابسته به ابوعمار در ازاء کمک مالی در مقابل آموزش نظامی به ایرانیان در پایگاه‌های الفتح کسب گردید و بلافاصله متن استفتائی ظاهراً از طرف گروهی از فدائیان فلسطینی تنظیم شد که طی آن ضمن پشتیبانی از مبارزات مسلحانه مردم فلسطین دادن خمس و ذکات و سایر صدقات به فدائیانی که در راه آزادسازی فلسطین پیکار می‌کنند، مجار اعلام شد!» [سال ۵۷، مصیبتی بزرگ، بر ملتی بزرگ؛ نوشته هوشنگ ازغندی (مامور ساواک)، چ سال ۱۹۹۶، ص ۱۸۸]

و صدور این فتوا توسط یک مُلای شیعه شیفته آیات قتاله قرآن، در تاریخ مذهب شیعه، حادثه‌ای عجیب و منحصر به فرد است که یک خود مجتهد پندار و آیت‌الله یک شبه، پرداخت وجود شرعی را به مسلمانان غیر شیعه و یک سازمان مارکسیستی و در راه فعالیت‌های تروریستی مسلحانه، مجاز بشمارد (البته، جبهه خلق برای آزادی فلسطین وابسته به جرج حبش، نوعی سازمان کمونیستی به شمار می‌رفت.)

«به دنبال صدورفتوا در ایران سه حساب در بانک‌های ملی و بازرگانی صادرات توسط شیخ مرتضی مطهری و سیدابواالفضل موسوی زنجانی و محمد حسین علامه طباطبایی گشوده شد، و مبالغ قابل توجهی از طرف بازاریان و طرفداران روحانیون افراطی به این حساب‌ها کمک کردند و به دنبال آن در دی ۱۳۴۸، ده نفر از چریک‌های وابسته به

سازمان چریک‌های فدائی خلق برای طی دوره نظامی عازم عراق شدند اما این عده، قبل از خروج از کشور در مرز خسروی بازداشت شدند.» [سال ۵۷، مصیبتی بزرگ، بر ملتی بزرگ؛ نوشته هوشنگ ازغندی (مامور ساواک)، چ سال ۱۹۹٦، ص ۱۸۸]

در آن ایام بود که ساواک، متوجه شد که تروریست‌های مجاهدین خلق می‌خواهند بنا به دستور اجنبی، همزمان با برگزاری جشن‌های ۲۵۰۰ ساله شاهنشاهی ایران، طرح‌های تروریستی، انفجار، خرابکاری در سدها، تخریب مخازن آب مصرفی شهر، انفجار پالایشگاه نفت تهران، انفجار کوره بلند ذوب آهن اصفهان و پل‌های ارتباطی و دکل‌های برق رسانی و ترور شخصیت‌های لشکری و کشوری و مستشاران خارجی را به مورد اجرا گذارند! اما در روز دوشنبه ۱ شهریور ۱۳۵۰، به طور همزمان و موفقیت‌آمیز در تهران و بسیاری از شهرها که این گروه‌های تروریستی پایگاه داشتند، حدود ۹۳ نفر دستگیر شدند و مقادیر زیادی هم سلاح و مواد منفجره و ... کشف و ضبط شد.

احمد فراستی یکی از کارکنان بخش عملیات می‌گوید که «کل تشکیلات تروریستی در کمتر از چند ساعت بر باد رفت. عروسک گردان‌های پشت صحنه فهمیدند که ساواک، قوی است و دستشان زیر ساطور است و با هیچ تروریستی، شوخی نداریم!» دیگر گروه‌های تروریستی وابسته به خمینی مانند فجر اسلام (در سال ۱۳٥٤ و افرادی مانند محسن کنگرلو)، توحیدی صف، فتح، منصورون و هارون هم به همان سرنوشت منتهی و منهدم شدند. [گروه توحیدی صف به محوریت محمد بروجردی مشهور به میرزا، در پی اختلاف ایدئولوژیک برخی از اعضای سازمان مجاهدین خلق و توسط برخی اعضای مذهبی جداشده از این سازمان تروریستی، و افرادی از اعضای محافل و هیئت‌های مذهبی در ۱۳٥٤ بنیان گذاشته شد. او در پی آشنایی با محسن کنگرلو از اعضای گروه تروریستی فجر اسلام، تشکیلاتی را پایه‌ریزی کرد که اهم فعالیت آن تروریستی بود. در دی ماه ۱۳٥٦ همزمان با سفر کارتر گروه فعال‌تر از پیش شد. انفجار موتورخانه کاخ جوانان و انهدام بزرگترین دکل برقی که بخش عظیمی از برق تهران را تأمین می‌کرد، انفجار و اشتعال کارخانه کیان تایر و تخریب مشروب‌فروشی‌ها، از جمله این عملیات بود.]

و در همان کتاب (ص ۱۹۲)، ازغندی بر این اعتقاد است که:

- در جلسه ۱۰ شهریور ۱۳۵۰، نماینده‌های نهضت آزادی و هیات مؤتلفه اسلامی و روحانیت مبارز و سازمان آزادیبخش در مسجد جماران به سرپرستی (شیخ عباس تهرانی) تشکیل شد و تصمیم به ادامه تروریسم گرفتند. قرار شد که عزت سحابی با انجمن‌های اسلامی دانشجویان و کنفدراسیون ایرانی در اروپا و آمریکا تماس بگیرد و خواهان تظاهرات در مقابل کاخ سفید

و کنگره آمریکا باشد که توجه‌شان به کشتار و شکنجه یک عده جوان مسلمان - منظورشان تروریست‌های دستگیر شده توسط اداره ۳ ساواک بود! - که معترض به برگزاری جشن‌های ۲۵۰۰ ساله شاهنشاهی بودند، جلب شود. و روی شکنجه و کشته، تاکید ویژه شود!

- خواستند که از طریق رفسنجانی، به وعاظ توصیه شود که در سخنرانی‌ها بیشتر به داستان‌های ساختگی و جعلی قیام حسین و مبارزه‌ها اشاره شود و بعد مساله را به دستگیری عده‌ای مسلمان - تروریست‌ها! - به جرم قرآن خواندن بچسبانند که تحت شکنجه‌های قرون وسطایی قرار گرفته‌اند! و امت حاضر در صحنه و پای منبر هم برای سرنگونی مستبدان و بیدادگران دعا کنند!

- بعد هم اسامی افراد دستگیر شده در اختیار شیخ عباس تهرانی (نماینده گروه تروریستی مؤتلفه اسلامی) گذارده شود تا به عراق بفرستد و در تفسیر سیاسی صدای نهضت روحانیت رادیو بغداد - که حزب بعث و صدام حسین در اختیار خمینی و حلقه او گذاشته بود - پخش شود. و به شنوندگان موضوع شکنجه و آزار جوانان مؤمن و مسلمان - یعنی تروریست‌ها! - تاکید شود و تا علیه رژیم تحریک شوند!

- از طریق شیخ مرتضی مطهری، نویسندگان تحریک، شود تا با نوشتن مقالات در رسانه‌ها روی مفاهیم آزادی و دمکراسی در جامعه و شکنجه و آزار آزادیخواهان توسط رژیم شاه - تروریست‌های دستگیر شده توسط ساواک! - تاکید شود! و آن را جنگ اسلام با کفار بنامند!

- اعضا خاندان سلطنتی توسط افراد باقیمانده سازمان آزادیبخش، گروگان گرفته شود تا همه زندانیان دستگیر شده توسط سازمان امنیت کل کشور، آزاد شوند!

در همین ایام است که در داخل کشور، عزاداری‌ها و مراسم چهلم‌ها برای کشته شدگان جعلی، به مناسبت‌های مختلف در کشور براه می‌افتد تا همه چیز را به آشوب بکشانند. و در خارج از کشور هم، رسانه‌ها را فتح کرده‌اند تا با دروغ‌پردازی‌ها، افکار عمومی را علیه شاه و سلطنت، تحریک و بهره‌برداری تبلیغاتی کنند!، در آنجا بود که هیات‌های عفو بین‌الملل و صلیب سرخ و حقوق بشر و ... راهی ایران شدند و شاه هم مخالفتی نداشت! آمدند و مایوس بازگشتند و به شایعات پی بردند.

سازمان آزادیبخش، فرزند شاهدخت اشرف پهلوی را نشانه کرده بود که به گروگان گرفته شود. در ۲۴ شهریور ۱۳۵۰، تیم حمله از سازمان تروریستی تحت نظر محمد حنیف نژاد و تیم بدیع زادگان، در خیابان ایرانشهر حضور یافتند تا به محض خروج، شهرام را بدزدند. اما عابرین و رهگذاران مداخله کردند و یکی از مهاجمها (رسول مشکین فام - دوره دیده در اردوگاه‌های تروریستی فلسطینی یا جنبش الفتح) در کشاندن شهرام شفیق

به داخل ماشین و همچنین مقاومت او، سبب شکست این عملیات شده‌است[1] که البته مشکین فام، ضمن متواری شدن، تیراندازی هم کرد و یک دستفروش کنار خیابان را هم زخمی کرد!

تلاش‌های مذبوحانه نهضت آزادی و مُلاها و شبکه تروریستی‌شان در ایجاد اغتشاش و آشوب و گروگانگیری برای اعمال فشار به حکومت به هوس تغییر سرنوشت تروریست‌های دستگیر شده توسط ساواک، به جایی نرسید. آن ایام، دوران درخشان ساواک در کنترل و سرکوب تروریست‌ها و خرابکارها و مبارزه با تروریسم موفق ظاهر شده بود. حتی ساواک، رضا رضایی را آزاد کرد تا به تروریست‌ها پیامی روشن داده شود. از سران نهضت آزادی، عزت‌الله سحابی تا طالقانی و مؤتلفه اسلامی و هاشمی رفسنجانی و شیخ عباس تهرانی هم مخالف بودند و آرمان خیالی شان، ضد سازش با حکومت بود! با هوس قهر انقلابی، آنارشیسم و ترقه‌بازی شان، ناسازگار بود. حتی ماجرا به دروغ بیان کردند و گفتند رضا رضایی از زندان گریخته و به تصویرسازی یک قهرمان جعلی پرداختند و جوانان را به مبارزه مسلحانه! تشویق کردند! از رادیو بغداد تا نشریات فارسی اروپا و آمریکا مربوط به جبهه ملی و کنفدراسیون دانشجویان ایرانی، این اباطیل و جعل‌ها، انتشار یافت.

این بار، خمینی در اعلامیه‌ای از امت مسلمان خواست که از طریق پرداخت وجوه شرعیه، سازمان مجاهدین خلق را یاری دهند [سال ۵۷، مصیبتی بزرگ، بر ملتی بزرگ؛ نوشته هوشنگ ازغندی (مامور ساواک)، چ سال ۱۹۹۶، ص ۱۹۶]

بنا به رای امین فروغی: «گرچه با هوشمندی ساواک، این سازمان تروریستی شکست خورد و تمام جنجال‌های تبلیغاتی حلقه مُلاها و روشنفکرنماها، به نامی در حد یک تشکیلات تروریستی مبدل شد. دیگر، گروه‌های تروریستی اسلامی و مارکسیستی کارشان به کشتن مامور و پاسبان و سرباز و مستشار خارجی و عده‌ای بیگناه کشید و پس از هر عملیاتی خونین، رادیوهای بیگانه و نشریات ایرانی وابسته به گروه‌های مختلف، تبلیغات دروغ علیه رژیم شاهنشاهی و ساواک تشدید می‌شد و وعاظ و آخوندها از بالای منبر، کارشان مداحی همین تروریست‌ها بود. به این افراد می‌گفتند: فرزندان امام زمان و صالحین!... روشنفکران و مدعیان دمکراسی هم در توجیه این اعمال وحشتناک، می‌گفتند که این جوانان چاره‌ای نداشتند که به طرف اسلحه رفته‌اند و کارد به استخوانش رسیده

۱– در دامگه حادثه، گفتگوی پرویز ثابتی با عرفان قانعی‌فرد، لوس‌آنجلس: نشر شرکت کتاب، سال ۱۳۹۰. صفحه ۲۷۷

که گلوله شلیک می‌کنند! و ساواک، دژخیم و آزادی کُش است و این خرابکاران را مدافع حقوق بشر می‌نامیدند!... در هیچ تئاتری کمدی هم چنین صحنه‌ای را نخواهید دید!»

در واقع امر، سخنان فریبکارانه حلقه اختاپوس مذهبی مدافع تروریسم اسلامی، برای شست‌شوی مغز جوانان ربطی به زندگی واقعی نداشت وعده مدینه فاضله و بهشت تقلبی با حوری‌های زیبا دادند اما همگی را به گورهای تاریک و سرد در قبرستان‌ها فرستادند، خانواده‌های داغدار و مردم جامعه را به ظلمتکده جاهلیت فرستادند و به روز سیاه‌شان نشاندند! دوباره عزت‌الله سحابی و سیدمحمود طالقانی و علی‌اکبر هاشمی رفسنجانی به زندان افتادند و شیخ عباس تهرانی به عراق متواری شد. اما بازهم همان حلقه، سعی کرد تا از این اشرار سفاک و زندگی ننگین‌شان، قهرمان بسازد!

همان قهرمان سازی‌های جعلی و افکار واپس گرا و نگاه‌های منحط و عقب مانده، موجب پیروزی خمینی و رژیم تروریستی او شد. با وجود امثال خمینی و بازرگان و طالقانی و یزدی و قلم به مزدهایی مانند حاج سیدجوادی‌ها، چند نسل ایرانی در ظلمت جهل و بت‌پرستی از قهرمان‌های جعلی و مرده‌پرستی و دروغ‌های بی‌ریشه گذاردند و شکستن این اوهام و اباطیل، سال‌ها پس از نابودی و براندازی ساختار خلافت اسلامی ولایت فقیه، باقی خواهد ماند. تروریست‌های اسلامی، دامی هولناک در راه ملت ایران گسترانیدند.

- یک مثال تاریخی: پرونده مرگ شیخ احمد کافی یزدی را در انتها می‌آورم.

※※※

البته ادامه عوام‌فریبی و شهیدسازی مذهبیون و گروه‌های تروریستی اسلامی هوادار خمینی، هنوز هم ادامه دارد. در انتها به آوردن یک نمونه می‌پردازم که جعل مرگ شیخ احمد کافی یزدی است. شیخ کافی؛ یک واعظ خراسانی، در همین سال‌های آخر قبل از بلوای ویرانگر خمینی، مشهور شده بود. صدایی داشت و نوارهایش دست به دست می‌چرخید. تا اینکه در صبح روز ۳۰ تیرماه ۱۳۵۷، جادهٔ قوچان - چناران؛ راننده پژو (جعفر عنابستانی اهل برازجان) بی‌توجه به هشدار سرنشینان(!)، با سرعت غیرمجاز می‌راند. و ناگهان، کامیونی ارتشی از جلوی ماشین عبور کرد و کنترل ماشین در دست راننده ناشی و خواب‌آلود در رفت؛ و در تصادفی سخت، مُلا و راننده مُردند!

مرگ در اثر تصادف، عنوانی بود که در روزنامه‌ها منتشر شد اما دوباره ذهن متوهم و شایعه‌پرداز آن مذهبیون هوادار خمینی، ببه هوچی‌بازی پرداختند و مراسم تشییع، خاکسپاری و جلسه ختم در مشهد و برخی شهرها به صحنهٔ شعار تظاهرات علیه شاه

فقید و پهلوی تبدیل شد؛ حالا سال‌ها بعد از آن تصادف، علاوه بر پخش چند مستند از شبکه افق و شبکه مستند صدا و سیمای جمهوری اسلامی، در وبسایت تاریخ ایرانی (۱۷ مهر ۱۳۹۲) و صفحات ویژه‌ای که مجلهٔ «خراسان فرهنگی» به بازخوانی زندگی شیخ و نقشش در تشویق مردم تهران و مشهد به گرویدن به خمینی، پرداخته است. حتی حاج حسن کافی (برادر شیخ احمد) و مدیر مهدیهٔ تهران برای این ویژه‌نامه، مطالبی نوشته است که مثلا حاج حسن به ایلام تبعید شده، با خانوادهٔ زندانیان (مارکسیست‌های اسلامی یا تروریست‌های اسلامی هوادار خمینی) رابطه داشته و ... او می‌گوید: «موسسه خیریه انصارالحجه با مدیریت شیخ، همزمان با تاسیس مهدیه در تهران فعال شده» که طبعاً این امور خیریه و کار فرهنگی و مذهبی، پوششی برای یارگیری و چریک‌سازی و فعالیت‌های تروریستی بوده است. و بعد به دروغ، می‌نویسد: «ساواک این پاپوش را برایش دوخته بود.»

سپس به یک شرح سلحشوری خیالی می‌پردازد که چون خمینی گفته «امسال جشن نیمه شعبان نداریم و نیمه شعبان را چراغانی نکنید؛... و سرهنگ ازغندی، رئیس کلانتری نزدیک مهدیه، کافی را احضار کرده و با هتاکی و تهدید گفته که یا مهدیه را چراغانی کند، یا باید به مشهد برود!» بعد ظاهراً، آ شیخ، به شدت ناراحت شده و راه مشهد را در پیش گرفته و در تصادف مُرده. بعد به دروغ‌پردازی نوشته که شیخ در منبرش، گویا «قصهٔ ظالم و مظلوم را به اسرائیل و فلسطین می‌کشاند. جشن‌های ۲۵۰۰ ساله شاهنشاهی را به نقد می‌کشد و مفاسد اجتماعی را تقبیح می‌کند و کافی معترض نمی‌خواست مجری فرمان ساواک باشد. سی‌ام تیرماه نماز صبحش را در مسجد شیروان خواند و ۳۰ کیلومتری از قوچان فاصله نگرفته بود که آن اتفاق افتاد. در جریان برخورد کامیون ارتش با خودروی برادرم ۵ نفر دیگر در آن کامیون کشته می‌شوند و خانواده برادرم همه زخمی و بیهوش می‌شوند.»

و خلاصه اینکه، سناریوی «نقشهٔ قتل» برادرش را جدی می‌داند! و حتی به دروغ می‌بافد که از تهرانی، ساواکی دستگیر شده پرسیده شده و گفته: «ایشان را در آمبولانس کشته‌اند.» [بعد از پیروزی انقلاب اسلامی با یکی از شکنجه‌گرها که با او در زندان قصر صحبت کردم، گفت: صبح شنبه ۳۱ تیرماه، منصور ازغندی و دکتر حسین‌زاده آمدند و گفتند که کار کافی را تمام کردیم. آن شکنجه‌گر ادعا می‌کرد برادر من در آمبولانس کشته شده است. بعد دکتر حسین‌زاده (از معاونان ساواک) ما را به پزشک قانونی احضار کرد. در آنجا به ما گفتند طبق دستور شاه همان شب باید برادرم دفن شود! / منبع: گفتگو در «پایگاه

مرکز اسناد انقلاب اسلامی»] و این فرهنگ این قبیله شیفته شهیدسازی جعلی و عزاداری و مرده‌پرستی بوده است.

و خبرنگار روزنامهٔ خراسان (علی توپ‌ریز) نوشته «آن وقت‌ها من خبرنگار حوادث بودم... یک شب در روزنامه، خبر تصادف به دستم رسید. جو طوری بود که بسیاری حدس می‌زدند تصادف ساختگی بوده و او را شهید کرده‌اند. از میدان فردوسی تابوت را از خودرو بیرون آوردند و مردم سر و سینه‌زنان دنبال تابوت به راه افتادند. نزدیکی‌های دروازه قوچان جمعیت بسیار انبوهی دنبال جنازه بودند و کم کم الله اکبرها به شعارهای تند انقلابی تبدیل شد.» البته ننوشته که جو ساختگی، همان جعلیات و دروغ‌های مذهبیون و گروه‌های تروریستی وابسته به خمینی بوده است که جو را از عمد، ملتهب می‌کردند. حتی برخلاف همه روزنامه‌ها و پزشکی قانونی و خبر آن روزها، به دروغ‌پردازی ادامه می‌دهد و می‌نویسد: «در آن تصادف پنج خودرو به هم می‌خورند و پنج نفر کشته می‌شوند، اما برای پسر کوچک مرحوم کافی که روی زانوی پدر نشسته بود، هیچ اتفاقی نمی‌افتد. و آمبولانس فقط کافی را انتقال می‌دهد!»

اعلام خبر مرگ احمد کافی فرصتی بود تا مانند مرگ جلال آل‌احمد، صمد بهرنگی، مصطفی خمینی و غلامرضا تختی و فهرست بلندبالا از مرگ‌های مشکوک در مخالفت با رژیم و یاری رساندن به مخالفانش، به «شهادت» تعبیر شود! البته خبرگزاری دولتی «پارس» از چند درگیری در جریان تشییع جنازهٔ کافی خبر داده که «عده‌ای از اخلالگران و آشوبگران فرصت‌طلب و مخل نظم و آرامش عمومی، شعار ضد ملی داده و به چند تن از پاسبانان حافظ نظم، حمله‌ور شده و چاقوکشی شده و یکی از پاسبانان به نام علی‌اصغر اکورزاده[۱] را از پای در می‌آورند... در نتیجهٔ زد و خورد بین پلیس و اخلالگران، در مجموع دو نفر کشته و ۲٤ نفر مجروح و مصدوم می‌شوند.»

مطبوعات آن روزها، نوشته‌اند که مرگ احمد کافی، موجب ناآرامی در مشهد و تهران، اصفهان، قم، بهبهان و... شده که در مراسم‌های مشابهی علیه رژیم شعار دادند و مرگ کافی را مشکوک می‌دانستند. آخرالامر، مجلهٔ «خراسان فرهنگی» در صفحات ویژهٔ خود برای کافی آورده است: «در آن ایام برای مردم مسلم بود که کافی به دست عوامل ساواک به شهادت رسیده. شهید موسوی قوچانی در دوران مسوولیتش در کمیته‌های انقلاب اسلامی، اسنادی از ساواک مشهد مبنی بر ماموریت فردی به نام «غضنفری» برای به شهادت رساندن مرحوم کافی، یافته بوده. اما تلاش ما برای به دست آوردن این سند

۱- سایت تاریخ ایرانی: راز مرگ شیخ کافی؛ خطیب خراسانی چگونه کشته شد؟ ۱۷ مهر ۱۳۹۲

مهم تا این لحظه بی‌نتیجه بوده!.»

برادرش (حسن کافی) به خبرگزاری فارس می‌گوید: کافی به تاسیس بیش از ۳۶ مهدیه در شهرهای مختلف ایران دست زده تا فرهنگ مهدویت را اشاعه دهد. مساجد و درمانگاه‌ها ساخته و... ! صبح روز پنجشنبه ۲۹ تیرماه، منوچهر ازغندی (رئیس کلانتری ۱۲) برادرم را احضار و از ۸ صبح تا ۱۲ ظهر به‌خاطر این تصمیم عدم چراغانی به مناسب نیمه شعبان (به‌خاطر چهلم شهدای تبریز)، به‌ایشان و حضرت امام هتاکی و فحاشی می‌کند و... در ادامه ماجرا همسر کافی (خانم طاهره موسوی شاهرودی دختر سیدحسین موسوی شاهرودی و دارای ۸ فرزند از کافی) «با چشمانی بارانی» به ذکر مصیبت می‌پردازد که «ظهر روز پنجشنبه ۲۹ تیرماه کافی به‌منزل آمدند و خواست برای سفر مشهد مهیا شویم، بنابراین همان روز به‌سمت مشهد حرکت کردیم، راننده با سرعت بالایی حرکت می‌کرد و هر چقدر مرحوم همسرم(!) به‌او تذکر می‌داد، بی‌فایده بود! لوازم داخل خودرو هم بوی ماده بیهوشی اتر می‌داد و یک حالت رخوت و خواب آلودگی بر ما غالب بود.. شدت تصادف در حدی بود که موتور خودرو چندین متر آنطرف‌تر پرتاب شد و من و بچه‌ها که دچار مشکلات و جراحات زیادی شده بودیم به‌بیمارستانی در قوچان منتقل شدیم، اما از همسرم بی‌اطلاع بودم، غافل از اینکه وی را به‌بیمارستان ارتش منتقل کرده بودند و گویا در راه بیمارستان به‌قتل می‌رسد!»[1].

طبق معمول، ساواک متهم شد. اما در آن تاریخ، کم‌کم ساواکی وجود نداشت؛ چون از اواسط خرداد ۱۳۵۷ که ناصر مقدم - دوست و همراه پنهان نهضت آزادی و جبهه ملی هواداران خمینی، به ریاست ساواک رسید، کم کم ساواک، فلج شده بود. و جالب آنکه برادر کافی و یا هواداران خمینی و کافی در مصاحبه‌ها می‌گویند، ساواک از کافی عصبانی بوده زیرا وی راز کشته شدن سعیدی را برملا کرده! اما محمدرضا سعیدی (که دامادش، احمد خاتمی امام جمعه فعلی تهران است) در شب ۲۰خرداد ۱۳٤۹ در سلولش در زندان قزل قلعه مُرد. حسینعلی منتظری در خاطراتش در چندین مورد از مامورین ساواک (از جمله هوشنگ ازغندی با نام مستعار منوچهری که مسئول بخش روحانیون ساواک بود) تعریف و تمجید کرده و ادعاهای هادی غفاری و سعیدی که مدعی شده بودند پدران‌شان در زندان تحت شکنجه مُرده‌اند، به کلی رد کرده است![2] و حتی برخلاف خاطرات پوچ

۱- باشگاه خبرنگاران جوان /۳۰ تیر ۱۳۹۷؛ یادنامه، ماهنامه همشهری، اردیبهشت ۱۳۹٤، ص. ۳۶.
۲- ص. ۱۷۲ در دامگه حادثه، گفتگو با پرویز ثابتی.

شیخ جعفر شجونی و نیز ادعاهای بی‌سند بود.[۱]

و خنده دار اینکه، فرزند کافی (محسن) هم مدعی است که راننده، نفوذی ساواک بوده! چون راننده اصلاً صدمه ندیده بود و به دستور شاه، این تصادف ساختگی رخ داده! [خبرگزاری حُوزه]

اما یکی از کارشناسان ساواک (آقای س.، در اداره ۳، در بخش ۳۱۲؛ دایره روحانیت) می‌گوید:

«کسی نمی‌گوید که در روز ۳۰ تیرماه ۱۳۵۷،که شیخ کافی فاسد و معلوم الحال در تصادف مُرد، دو زن هم همراه این مُلای فاسد بودند. یک معمم کثیف، بی‌اخلاق و نیز همجنس باز دوگانه بود. هیچ کسی نگفت. براستی آن ۲ زن چه کسی بودند؟ کسی نپرسید و نخواست بداند که این دو زن فاحشه چه کسانی بودند. آیا مادر و خواهر و همسر شیخ کافی بودند؟ اگر نبودند با شیخ چه می‌کردند؟ کسی از هواداران خمینی عرض تسلیتی برای این شهدا(!) ننوشت».[۲]

۱- یرواند آبراهامیان.
Ervand Abrahamian, Tortured Confessions (California University Press), 1999.p. 106.

۲- منبع: قصه ساواک، بشیری، چ ۱، پرنگ، پاریس، ۱۳۶۶، ص ۵۰۰

۷
شاه و پدیده تروریسم اسلامی

بلوای ۵۷، روزی است که بخاطر خمینی، یک ایرانی اسلامی یا مارکسیست، حاضر بود که ایرانی مخالف را به گلوله ببندد و یا با بمب بکشد. مغزشان شستشو داده شده و آموخته به تروریسم اسلامی[1] بود. اما امروزه هم، راهگشایان مغز شسته اهریمن؛ سیاهی لشکر فریب بزرگ، مشتی متوهم، بازیچه خمینی، مدعی و آماده ترور هم وطن، امروزه هم چه پیروان آن فریبکاران شیاد اصلاح طلب، چه ملی مذهبی‌ها یا چه مصدق الهی‌ها در تلویزیون لندن شان، نشسته‌اند و برای مُردگانی ضد ایرانی مانند بازرگان، طالقانی، منتظری و سحابی مرثیه می‌خوانند و هر از گاهی هم قافیه تنگ بیاید، فحشی نثار شاه می‌کنند و از شیخ‌های تروریسم اسلامی، به احترام یادی میکنند!

روزنامه‌های کیهان و اطلاعات و آیندگان سال‌های ۱۳۵۷ تا ۱۳۵۹ را اگر هر بیننده‌ای، ورق بزند با این اسامی روبرو می‌رود: حزب توده ایران، فدائیان اسلام، جبهه ملی، نهضت آزادی، مجاهدین خلق، چریک‌های فدائی، کنفدراسیون و ...

اکثر جریان‌های سیاسی داخل ایران در قبل از ماجرای ۱۳۵۷ به سمت ترور و حرکت مسلحانه رفتند، بلا استثنا از مارکسیستی تا اسلامی. در سال‌های پس از امرداد ۱۳۳۲ و غائله مصدق‌السلطنه، حزب توده، فدائیان اسلام، نهضت آزادی، مجاهدین خلق، چریک‌های فدایی خلق، جبهه ملی، مثل قارچ در کنار دیگر گروه‌ها و سازمان‌ها، مشوق حرکت مسلحانه تروریستی شدند تا خمینی در زمستان بی‌بهار ۱۳۵۷ به قدرت برسد.

روزی که ملی-مذهبی‌ها، نهضت آزادی، جبهه ملی، فدایی خلق، مجاهدین خلق، مؤتلفه اسلامی، فدائیان اسلام، حزب توده، کنفدراسیون، تجزیه‌طلب‌ها، کمونیست‌ها، مصدقی‌ها، روشنفکرها، مسلمان‌ها، تروریست‌ها خوشحال شدند! مجتمع جنایت و حماقت و راهگشایان اهریمن، دیوشان برگشت... تا آوای وحش سر دهد! طرفه روزگار اینکه، چه بسیار از آن چهره‌های فعال در آن سازمان‌های همکار خمینی در بلوای ۱۳۵۷،

1- Islamic Terrorism.

که پس از گشایش تلویزیون‌های ماهواره‌ای فارسی زبان، در خارج از کشور، در مقابل دوربین خودنمایی و دُرافشانی کردند و لباس جدیدشان، آزادیخواه و یا فعال حقوق بشر و یا کارشناس سیاسی بود.

و البته، بهمن ۵۷، یعنی روز مستولی شدن «هیچ» بزرگ و در چنین روزهایی، حزب توده و دعوت به آدمکشی در حمایت از خمینی می‌کرد و یا خمینی به تروریسم اسلامی (جهاد اسلامی) تهدید می‌کرد و یا جبهه (ظاهراً) ملی و اعلام وفاداری به خمینی ...

شاه فقید هم در مصر اخبار را دنبال می‌کرد! در گفتگویم با یکی از افراد ساواک گفت: «شاه شگفت‌زده، حتی تمایلی به پاسخ تلفن ارتشی‌ها نداشت»! آنهم در ماه‌هایی که در عجب بود و تا روز آخر حیات هم باورش به عهدی ایام نبود.

این گروه‌های تازه شکل گرفته تروریستی که تا سال ۱۳۵۰ تعدادشان به ۲۰ گروه می‌رسید، عموماً بر ۲ جبهه تقسیم می‌شدند: مارکسیست و اسلامی. همه گروه‌ها به ظاهر، دلسوز و دلباخته ایران بودند اما در عمل، ضد ایران و مصالح و منافع ایران، حرکت کردند. همه حزب‌ها و گروه‌ها و نهادها و سازمان‌های سیاسی - به جز حزب پان‌ایرانیست - در دو جبهه مارکسیسم و اسلامی، حرکت مسلحانه تروریستی را برگزیدند. و این تروریسم کور، امنیت داخلی ایران را نشانه گرفته بود.

با عرض اندام و خودنمایی این گروه‌های جوان و خام توده‌ای، مائوئیست، تروتسکیست، مجاهد، فدایی، اسلامی و ... همه مسلح و شیفته قهرمانی و ترقه‌بازی، جامعه ایرانی با خطر و تهدیدی جدی «توسعه هرج و مرج و تروریسم» روبرو شد. یکی دوست داشت ایران به پکن فروخته شود، دیگری به بهشت خیالی‌اش در کرملین مسکو می‌اندیشید، و یکی هم خواهان هاوانا و آلبانی ثانی در ایران بود. قلع و قمع فرزندان وطن از هر طرف، صرفاً به توسعه جنایت انجامید.

به قول یکی از مقام‌های مشهور ساواک «حضرات چپ و تروریست‌های اسلامی» در مصاحبه‌هایشان می‌گویند: آزادی سیاسی در قبل از ۱۳۵۷ نبوده! بپرسید کعبه‌شان کجا بوده؟ دنبال شوروی استالین؛ چین مائو؛ کره شمالی؛ کامبوج پل پوت؛ آلبانی انور خوجه؛ لیبی قذافی؛ عراق صدام بودند. آنجاها برایشان بهشت موعود بود. کمونیست‌های ایران طرفدار روس و چین که عاشق دیکتاتوری پرولتاریا بودند؛ امروزه‌شدند آزادیخواه! بحث آزادی از آنها سلب است.

این تفنگ‌چی‌ها که دنبال انگلستان، آلمان، آمریکا و فرانسه و نروژ نبودند که... آقایان چپ توده‌ای و چریکی شده‌اند مدافع حقوق بشر. لطف فرموده دم از آزادی و

دمکراسی نزنند اینها. بویی از انسانیت نبرده‌اند. در عمل خیانت به مارکس است که یک چپ پیرو دیکتاتوری پرولتاریا دم از دمکراسی بزند. اصلاً حرفها و کردارشان موجب شرم انسان است.مصالح و منافع ایران برایشان ابدا مهم نبود. و شدند آفت جان و کیان و میهن حالا شدند آزادیخواه! دلشان به یک سری ترور خوش بود. آرمانی نداشتند.نوعی فرهنگ استبدادی و ذهن مطلق‌اندیشی نهادینه شده در این بیسوادها.خشونت کلام و رفتار دارند، وقیح‌اند. زیر پرچم داس و چکش؛ کدام آزادی؟ در بازجویی‌ها فرق بین کمونیسم و لیبرالیسم را نمی‌دانستند!... به نوعی تب انقلابی‌گری و تقلید از حرکت‌های تروریستی اسما آزادیبخش گرفتار بودند اما سوار موج خرابکاری و اغتشاش و هرج و مرج بودند. صدمه زدن به ملک و مملکت برایشان جاذبه داشت. همانطور که تیمسار جم بهت گفته؛ اعلیحضرت از خرداد ۱۳۵۷ دوست داشت برود از مملکت. نمی‌خواست خون بریزد آقا!

مردم این چیزها رو نمی‌دانند. این حضرات جوجه مسلمان هم می‌خواستند همه جا را به آتش بکشند و خون بریزند. ناسزا گفتن به شاه هم مُد بود، خصوصاً از وقتی که فهمیدند شاه، دیگر اراده ماندن ندارد دیگر انقلابی شدن و سوار موج شدن، مُد شده بود.

خمینی از همه توطئه‌ها و عملیات تروریستی آگاه بود و عملیات به طور مستقیم زیر نظر خود او هدایت می‌شد. بسیاری از گروه‌های تروریستی با نظر خود خمینی، درست شد. (کتاب تاریخ سیاسی، سیدجلال‌الدین مدنی، پانویس ص ۱۰۱) و بهشتی (عضو شورای روحانیت هیات مؤتلفه) در این باره می‌گوید که خمینی با استفاده صحیح از سلاح در مبارزه با رژیم شاه موافقت داشتند! و اجازه دادند که وجوه شرعیه برای تهیه سلاح بکار برود![1]

مثلا شاخه نظامی مؤتلفه کسی را مانند «سید علی اندرزگو» داشت که کارش تامین سلاح بوده و اقدام برای تخریب و خرابکاری، آنهم با ۱۵ پاسپورت و اسم جعلی. یا حزب‌الله مربوط به سازمان حزب ملل که بعدها در مجاهدین خلق ادغام شد. البته اقرارشان آن بود «می‌خواهند شهریور ۱۳۵۰، علیه جشنهای ۲۵۰۰ ساله حرکت مسلحانه و قهرآمیز داشته باشند.»

کسی هم مثل «عزت شاهی» که بعدها به داخل مجاهدین خزید، اول دفتر هواپیمایی ال عال اسرائیل را منفجر کرد، دوم میخواست که ۱۰ بمب بمناسبت ۱۰ سالگی انقلاب سفید منفجر فرماید که نشد. به زندان رفت و طبق روایت یک افسر امنیت در زندان قصر /بند ۳ می‌خواست با کمک «حاج مهدی عراقی» در غذای زندانیان موسوم و مشهور به

۱- روزنامه جمهوری اسلامی خرداد ۱۳۵۹

سیاسی، سم بریزند و بعد گناهش را چون داغ ننگ بر پیشانی ساواک بزنند!.

خاطرات بسیاری افراد پس از ۱۳۵۷ منتشر شده که مثلا گروهی به چین و کوبا رفته و دوره نظامی و چریکی دیده‌اند[ایرج کشکولی و...] و البته کاسترو از طریق بزرگ تروریست قرن، یاسر عرفات، با ایرانیان معترض مربوط شد و سلاح و بمب دستشان داد و یا سال ۱۳٤۱ پس از اغتشاشات داخلی، اسلامی‌های تندرو تحت تاثیر گفتمان انقلاب دینی وابسته به نهضت آزادی راهی مصر و الجزایر شدند[1] و معلم ذهنی‌شان علی شریعتی که خود باورمند به قیام مسلحانه بود [طبق مقاله و کتاب اسلامی و...]، آن رابطه را ساخته و پرداخته کرد. اولین کاردار ایران پس از ۵۷ در لیبی هم در مصاحبه‌اش [تاریخ ایرانی ۱۳۹۳]، افشاگری می‌کند که چون برخی کشورهای منطقه با شاه در تضاد و عناد بودند مانند الجزایر و مصر و سوریه و یمن جنوبی و لیبی و یاسر عرفات و ...حضرات چریک تفنگچی. مشهور به انقلابی رفتند و دوره چریکی و تخریب و ترور دیدند.

البته اکنون در پرداختن به سندها ارتباط‌های رنگین با خارجی‌ها هم مشهودست و شاید چندان شعار استقلال هواداران شرکت کننده در ماجرای ۱۳۵۷ رنگ و بو ندارد. مثلا جبهه ملی حامی منافع خارجی بوده و روابط حسنه بخشی از آن با کنفدراسیون و عراق و .... اظهرمن الشمس است [مانند ماسالی و کلانتری و...] و باختر امروز را منتشر می‌کردند و تردد آنان بین اروپا و عراق هم علنی بود.

اساساً این گروه‌های سیاسی داخل ایران، قصدشان نابودی شاه و شاهنشاهی در ایران بود و وقتی توان زورآزمایی سیاسی نداشتند به اسلحه پناه بردند. و الگوهایشان - بدون توجه به مصالح و منافع ایران و اوضاع و احوال جامعه ایرانی، به سوی ویتنام، چین، الجزایر، کوبا و فلسطین بود.

پس از این مثال ها- از خروارها مثال منتشر شده و مُستند- اکنون جریان‌های مسلح شرکت کننده در ماجرای ۱۳۵۷، با جنجال می‌گویند «بی‌انصافی است به حرکت انقلابی قهرآمیز و سلحشوری ما بگوئید تروریستی!» و با هزار دلیل و برهان، مبارزه مسلحانه را توجیه می‌کنند که فضای سیاسی آزاد نبوده و .... اما انفعال وقتی است که به یک سخن بیات شده از بازرگان اشاره می‌کنند که «ما آخرین کسانی هستیم که مبارزه سیاسی می‌کنیم «و.... که البته هیچ عقلانیت سیاسی و خرد در آن گفته مشاهده نمی‌شود. عاقبت از بطن نهضت آزادی همان سازمان مخوف مجاهدین خلق درست شد و جهانیان دیدند که چه جنایاتی کردند و امروزه روز هم در مقابل نسل جوان، نهضت آزادی بخودش می‌گوید

۱- خاطرات محمد توسلی، ابراهیم یزدی و...

«پیشگام مبارزه مسالمت‌آمیز»!!

اما این جماعت چپ و اسلامی - ۳۶ سال پس از مرگ شاه - هنوز هم نمی‌خواهند پاسخ دهند که اگر آزادی سیاسی نبوده و شما به سمت سلاح رفته‌اید، کعبه آمال شما چه بود؟ شوروی استالین و چین و کره شمالی و کوبا و انورخوجه آلبانی و قذافی لیبی؟، آنجاها برایتان بهشت موعود بوده نه جایی دیگر در کره زمین.

کمونیست‌های ایرانی -چه طرفدار چین یا شوروی -هر دو خواهان دیکتاتوری پرولتاریا بودند، نتیجتا به قول جناب پرویز ثابتی: امروز دیگر داد سخن‌شان از آزادی و دموکراسی بی‌معناست و چنین حقی هم سلب است. و بهتر است کمونیست و چریک و توده‌ای و... لطف فرموده دم از آزادی نزنند چون در عمل خیانت به مارکس است.

اما کو گوش شنوا؟ وقتی آفت جان و مال و کیان ملک و مملکت شدند، حالا شده‌اند آزادی‌خواه!، اصولا ساختار فکری چپ با جامعه ایرانی همگن و سازگار نبوده و نیست. به گمانم پروژه جنبش چپ چریکی قبل از ۱۳۵۷ بسته شده و به بن بست رسیده و امروزه هم فقط و فقط، غوغای آن باقی است و نزدیک به ۷۰٪ چریکها هم قشر احساسی جوان بودند و میانگین سنی جوانان - هر دو گرایش چپ- کمتر از ۳۵ سال بوده است. انهم بدون تجربه و خام و ضعیف و جزم باور و شستشوی مغزی داده شده. خود را قیم طبقه کارگر نامیدن آنهم بدون هر مشروعیت و صلاحیتی. ادعای رهبری جنبش کارگری را داشتن اما بی‌هیچ نفوذی. در واقعه تروریستی سیاهکل هم که خود دهقانان، تروریست‌ها را طناب پیچ کردند و تحویل. دادند. حرکت تروریستی هم در دانشگاهها تاثیری نداشت؛ چون چریک بازی، آرمان نبود. صرفاً این دو سازمان به یک سری ترور کور -مانند شیوه داعش امروز- دلخوش بوده و الان کارنامه واهی می‌بافند. نوعی فرهنگ استبدادی و ذهنیت مطلق‌اندیشی در منهج‌شان نهادینه شده و نشان بلند مرتبگی‌شان هم امروزه در رسانه‌های اجتماعی، همین فحاشی‌هاست و خشونت کلامی و انکار حقایق و برچسب زدن‌ها.

اصولاً ساختار جنبش چریکی و تروریستی با آزادی عقیده و دموکراسی سازگاری ندارد. فضای داخلی این سازمان‌های چریکی ایرانی هم خفقان و زشتی بوده است و هنوز هم همانست. همه چیز را سیاه و سفید می‌بینند، بدور از هر عقلانیت و حقانیتی. باعینکی جزم‌باورانه. صرفاً مرام و هدف‌شان ترور و گسترش تروریسم بوده. از کودک تا پاسبان و درجه‌دار. افراد بی‌گناه را در خون و خاک غلطاندن برای اثبات موجودیت و هویت خویش. آدم ربایی را قهرمانی نامیدن نشان مغز بیمار است. لابد ساواک هم نباید واکنش

نشان می‌داد تا دیوانگان خودشیفته و تحریک شده، شهر را به آشوب و آتش بکشانند. یا ضدیت با زن، واپس گرایی محض مانند ترور عبدالله پنجه‌شاهی و .... بخاطر عشق بازی شان، اعدام انقلابی کردند بجرم دلبری. مگر داعش امروز چه می‌کنند؟ و بعدها چپ‌ها رفتند به سمت سلب آزادی زنان و آوردن حجاب به ایران، مانند مجاهدین خلق.

وقتی هم شاه رفت همه این سازمان‌ها، مانند نشریه کار تیر، ۵۸، خواهان انتقام بیشتر و خون بیشتر و اعدام بیشتری بودند و یک نفرت بی‌ربط از شاه داشتن که تا امروز ادامه دارد. یا نوشته‌های علی‌اصغر حاج سیدجوادی در آن سالها بوی خون می‌دهد. یا همان مهدی بازرگان هم که حضرات چپ وی را جاده صاف کن و مزور و.... می‌نامیدند [در ۱۲ اسفند ۵۸ در روزنامه‌ها] به دروغ گفت: تعداد اعدام‌های دادگاه‌های انقلاب به ۶۰ نفر نرسیده و بالاتر از ۱۰۰۰۰۰ نفری نیست که طی این سالها شاه و حکومتش کشته. کسی هم به مترجم قرآن نگفت، دروغ به این شاخداری؟ با کدام سند!؟

اکثر جریان‌ها هم نیاز مالی‌شان از سرقت و دزدی تامین می‌شد. در کنار کشتارگاه راه انداختن، سرقت و راهزنی هم جزو مرام‌شان بود. مانند سرقت‌های بانک آیزنهاور در ظفر و میرداماد و ... ونک و ...که حتی برای ۳۳۰۰۰ تومان هم آدم کشته‌اند. برخی جریان‌های انقلابی و مبارز و آزادی طلب هم در دزدی اول خاموش شدند مانند گروه آرمان خلق کتیرایی در بهمن ۴۹ که در اولین حمله سرقت مسلحانه به بانک ملی دستگیر و نابود شدند. ساواک جنایتکار! آن مبارزان دموکراسی طلب! را نابود کرد!. یا شاخه انقلابی حزب توده و سازمان رهایی بخش ایران، تیر ۴۸، در بانک ملی ایران و انگلیس خیابان تخت جمشید برای ۲۹۰۰۰۰ تومان نابود شد. یا کنفدراسیون دانشجویی که برنامه تروریستی گسترده و خرابکاری برای جشن ۲۵۰۰ ساله داشتند. علی شایگان دولت مصدق‌السلطنه رهبر جبهه ملی آمریکا در کنگره ۱۳ کنفدراسیون دعوت به مبارزه مسلحانه می‌کند.

امروزه کاملا مشخص است که نسل قدیم و پیروز ۱۳۵۷، تمایل ندارد تا نسل جوان، جستجو کند و بکاود و یا پرسشگری کند. انگار نباید حقایق را بگوید چون متهم به همکاری با خامنه‌ای و حکومت و ناکجا آباد و... می‌شود. اما تاریخ بی‌رحم است و تعارفی هم با کسی نداشته و ندارد. مثلا منتقدان تاریخ معاصر می‌گویند که مذهبیون در آتش زدن ۳۰ سینما در قبل از انقلاب نقش داشته‌اند و .... باید بی‌تعارف هم به ریشه شناسی تفکر تروریسم در ایران اشاره کرد. و ساواک با این گروه‌های تروریست روبرو بود. شاه فقید، با دقت گزارش‌های محرمانه درباره ترویج خشونت و تروریسم را می‌خواند و به پشت پرده حقایق و وقایع آگاه شد و رفت. ساواک و شاه، پدیده تروریسم ایرانی را خوب شناختند

اما افسوس که جامعه ایرانی تحت تاثیر تبلیغات چپ‌ها و اسلامی قرار گرفت!

قضیه تروریسم در ایران و سیاست شاه به همان اوایل کارش بازمی‌گردد و تا ۱۳۵۷ به اوج می‌رسد. و شاید بتوان سخنانشان با رسانه‌ها را دوباره بازخوانی کرد که می‌گفت سرکوب نبوده بلکه اجرای قانون بوده. و عاقبت در ۵ امرداد ۱۳۵۹ که هنوز چندان در شیپور جنگ ندمیده‌اند، شاه ایران چشم بروی جهان می‌بندد. از رابرت آرمائو شنیده‌ام که وقتی در بیمارستان زمزمه جنگ را از تلویزیون شنید در حال سوپ خوردن بود که ناگهان بشقابش را زمین گذاشت و آهی کشید. اما در لابلای خاطراتش، خصوصاً قسمت‌های حذف شده و نیامده در کتاب «پاسخ به تاریخ» که در گوشه‌ای هنوز هم بطور محرمانه نگهداری می‌شود؛ بر نکته‌ای اشاره دارد و آن هراس از ترور و تصویر تروریسم است.

اما هنوز این راز باقی است که چرا شاه، کشتن خمینی را نپذیرفت. شاید اگر خمینی را می‌کشت، ریشه تروریسم اسلامی در ایران خشکانده می‌شد اما ۳ بار نپذیرفت

۱. وقتی که شریعتمداری با ساواک رابطه داشت، مرتبا به ساواک می‌گفت که خمینی چپ‌ها را نابود کنید اما خودش حاضر به صدور فتوی نبود!

۲. پیشنهاد تلفنی صدام حسین به شاه ایران و خیانت دو عوامفریب شاید، سرنوشت ایران را تغییر داد. هنگامی که زنده یاد امیرعباس هویدا وزیر دربار بود، مطلبی را برای جناب پرویز ثابتی، مقام امنیتی مشهور در ساواک نقل کرده: «در زمان نخست وزیری شریف امامی در سال ۱۳۵۷، رئیس جمهوری چین برای دیداری رسمی با شاه فقید به ایران آمده بود. شورش‌های مردم در تهران و شهرهای بزرگ رو به گسترش بود. مراسم شام رئیس جمهور چین در کاخ بود. ناگهان از داخل کاخ پیام آوردند که معاون رئیس جمهوری عراق، صدام حسین، روی خط تلفن خواستار صحبت با شاه فقید هست. هویدا، جریان تلفن را فوراً به اطلاع شاه رسانید. هویدا گفته «پادشاه بلافاصله پای تلفن رفتند و صدام حسین پیشنهاد کرد که اگر اعلیحضرت اجازه فرمایند من، خمینی را سربه نیست می‌کنم. اعلیحضرت از داخل مهمانان، شریف امامی نخست وزیر و سپهبد مقدم رئیس ساواک را احضار و در مورد نظر صدام حسین پرس و جو فرمودند. اما هر دو به عرض رساندند که به مصلحت نیست، خمینی از میان برداشته شود و پاسخ شاه، منفی بود!» البته بعدها ثابت شد که هر دو به شاه و مملکت، به نوعی خیانت کردند!

شاید اگر شاه فقید اجازه می‌داد که صدام، چهره‌ای کریه، عقده‌ای، منفور و مرتجع خمینی - یک مُلای خرفت شیعه - را سرنگون کند، نه بلوای ۵۷ در آن زمستان بی‌بهار رخ میداد و نه جنگ بین ایران و عراق شروع می‌شد و نه مردم ایران هم اسیر اختاپوس

مذهبی شیعه و گرفتار دستگاه خلافت اسلامی و استبداد دبنی می‌شدند! سرنوشت خائن به ایران و شاهنشاه هم - ناصر مقدم - با همه رازها به زیر خاک رفت و لب نگشود! گرچه در زندان، همچنان باور داشت که وی به خاطر کمک‌ها به خمینی و بازرگان و فروهر و ... آزاد می‌شود و شغل خود را همچنان حفظ خواهد کرد!

۳. در ١٤ مهر ۱۳۵۷، خمینی با وساطت بنی‌صدر و یزدی از عراق به فرانسه رفت. در نوفل لوشاتو رئیس سازمان اطلاعاتی فرانسه پیشنهاد ترور خمینی را به ساواک داد. بدبختانه این پیشنهاد از سوی «کنت دومرانش[1]» رئیس سازمان اطلاعاتی فرانسه[2] به تیمسار کاوه، فرستاده ساواک و نماینده ناصر مقدم ارائه شد !کاوه و مقدم، هم به خمینی و بازرگان کمک و به شاه خیانت کردند!

اما چرا شاه فقید، به درخواست برخی از افراد ساواک و یا رئیس امنیت فرانسه گوش نداد تا کار این مجسمه توحش، سفاهت و جنایت را تمام کنند؟ براستی اگر می‌شد، تاریخ ایران به کدام سمت و سو می‌رفت؟[3]

1- Alexandre de Marenches
2- SDECE

۳- نوشته شده در ۹ امرداد ۱۳۹۵.

۸
شبکه تروریست اسلامی خمینی

نکته قابل توجه اینکه، هیچ کدام از جبهه گروه‌های تروریست اسلامی وابسته به خمینی مانند جبهه گروه‌های تروریستی مارکسیستی، توجهی به مصالح و منافع ملی ایران نداشتند و ایدئولوژی مخرب آنان، صرفاً چیزی برای منافع و مصالح اختاپوس مذهبی ایران بود که خمینی آن را ولایت فقیه نامیده بود. خود نمایی و عرض اندام آنان با یک ایدئولوژی مخرب، با مطرح کردن امام زمان جعلی، ویرانگری و سیه روزی را برای مردم ایران به ارمغان آورد.

همه گروه‌های تروریست اسلامی وابسته به خمینی، ۲ بهانه دارند. دستگیری و تبعید خمینی. سیدجلال مدنی(حقوقدان شورای نگهبان) در کتاب تاریخ سیاسی معاصر نوشته که خمینی از همه ترورها و قتل‌ها اطلاع داشت.حتی بهشتی هم به وی گفته! بسیاری از قتل‌ها بدست سازمان‌های تروریست اسلامی؛ بخاطر خمینی بوده! و در جای جای کتاب مشخص است که سگ‌های هار خمینی مانند هیات مؤتلفه اسلامی، فدائیان اسلامی، حزب ملل اسلامی و .... کارهای تروریستی‌شان با چشمک و چراغ سبز خود خمینی بوده!

«رژیم شاه سازمان امنیت او، پس از تبعید خمینی با شیوه و وضع جدیدی مواجه شد که بعد از نابودی فدائیان اسلام در سال ۱۳۳٤ سابقه نداشت. رژیم با اقدامات مسلحانه مذهبیون مواجه شده بود... دکتر بهشتی (عضو شورای روحانیت هیات مؤتلفه) می‌گوید: امام احتمالا با استفاده صحیح از سلاح در مبارزه با رژیم موافقت داشتند. ایشان معتقد بودند که پایگاه اصلی مبارزه قاطع و آشتی‌ناپذیر اسلامی، اجتماعی و سیاسی باشد و اجازه دادند که وجوه شرعیه برای تهیه سلاح به کار بکار رود...». سازمان‌های مذهبی و متکی به ملاهای اطراف خمینی و نیروی مذهبی در دهه ۱۳٤۰، تأسیس و سازمان‌دهی شدند که مشی مسلحانه تروریستی، برنامه و هدف اصلی آنان بود (مانند حزب ملل اسلامی، سازمان مجاهدین خلق (بازوی تروریستی جبهه ملی و نهضت آزادی) و جمعیت مؤتلفه اسلامی و...). در واقع، مبارزه تروریستی برای این گروه‌های مذهبی و شیعه‌گرای پیرو خمینی،

تبدیل به کانون جاذبه و ارزش شد!

۱. جمعیت مؤتلفه اسلامی

جمعیت مؤتلفه اسلامی[1] یکی از گروه‌های تروریستی اسلامی، بود. خمینی به سراسری شدن تروریسم اسلامی (یا نهضت اسلامی) می‌اندیشید. و گروه‌هایی در بین دانشجویان و بازاریان و دیگر اقشار، نقش رابط را بازی می‌کردند و کارشان پخش اعلامیه خمینی، شبکه سازی، سازمان دهی و ... بودند. و به همین جهت نامه‌هایی به مُلاهای شیعه شهرستانها می‌نوشت و آنها را تحریک می‌کرد. با نظر و اطلاع خود خمینی، این گروه تروریستی مرکب از هیات‌های متفاوت شکل گرفت. این جمعیت با نظر خمینی و پس از تشکیل جلسات مخفی، ارکان خود را ابتدا در دو بخش تنظیم کرد: کمیته مرکزی مرکب از ۱۲ نفر و شورای آخوندی با عضویت جمعی از مُلاها. مطهری، بهشتی، انواری و مولایی جزو اعضای شورای آخوند در این گروه قشری و رادیکال بودند (کتاب تاریخ سیاسی، سیدجلال‌الدین مدنی، پانویس ص ۱۰۱) بعدها شاخهٔ نظامی هم به ارکان آن اضافه شد. و شیوه عمل این سازمان مشابه نهاد اسلامی تروریستی دیگر مانند فدائیان اسلام[2] بود.

پس از تبعید خمینی به ترکیه، این سازمان از حالت ایدئولوژیک سیاسی مذهبی خارج شد و به فعالیت‌های تروریستی پرداخت. «یک شورای روحانیت از راس جمعیت کمک می‌گرفت و خمینی هم راس آن جمعیت بود...»[3] بسیاری از اعضای آن ضمن حرکت در مسیر گذشتهٔ خود، جذب حزب جمهوری اسلامی شدند.

مؤتلفه اسلامی از ترور «حسنعلی منصور» - نخست وزیر، اول بهمن ۱۳۴۳- شروع کرد. این نخستین اقدام تروریستی هیات مؤتلفه اسلامی خمینی بود که با فتوای میلانی صورت گرفت. عسکر اولادی، یکی از اعضا این نهاد تروریستی می‌گوید که چگونه این نهاد، اعلامیه‌های خمینی را در سراسر کشور پخش می‌کرد (روزنامه جمهوری اسلامی، ش ۱۲۹، دوشنبه ۱٤ آبان ۱۳۵۸)

مدنی هم در همان کتاب می‌نویسد: «رژیم شاه با اقدامات مسلحانه مذهبیون مواجه شده بود... قتل منصور به وسیله گروه مؤتلفه، حمله مسلحانه به شاه در کاخ مرمر (فروردین ۱۳٤۲)، تشکل حزب ملل اسلامی با هدف قیام مسلحانه و ... حکایت از یک نهضت مسلحانه داشت. ٦۰ روز پس از تبعید خمینی (در ۱۳ آبان ۱۳٤۳، خمینی توسط ساواک

1- The Islamic Coalition Party
2- Fadā'iyān-e Islam/ Devotees of Islam
۳- کتاب تاریخ سیاسی، سیدجلال‌الدین مدنی و ویژه نامه سالگرد مطهری، مطلب سیدجلال‌الدین مدنی

دستگیر و پس از انتقال به فرودگاه مهرآباد تهران به ترکیه فرستاده شد.)، به ترور حسنعلی منصور - رده دوم پس از شاه - انجام گرفت! (در روز ٦ بهمن ١٣٤٣)... بخارائی به رئیس دادگاه گفت: عامل اصلی شاه بود و روی اسلحه‌مان نوشته شده که اولین کسی که باید کشته شود، شاه است! ولی موفق نشدیم. بعد یک آدم رذل‌تر را پیدا کردیم. حنجره‌ای که به خمینی توهین کرده باشد باید دریده شود! برای همین ۳ تیر شلیک کردم!»[1]. و مهدی عراقی - عضو فدائیان اسلام و هیات مؤتلفه اسلامی - می‌گوید که قتل منصور بخاطر تبعید خمینی بود و پس از وی قصد داشتند که یک لیست ١١ نفری مانند نصیری، ایادی، دکتر اقبال را ترور کنند![2]

امروزه هم این نهاد تروریستی، مافیای اقتصاد و بازار ایران را در دست دارد. مثلا پتروشیمی را به اسم خصوصی‌سازی، در اختیار بازاری‌های مؤتلفه گذاشته‌اند، «داستان حضور حزب مؤتلفه در پتروشیمی ایران، تازه نیست. ماجرا از تأسیس شرکت سرمایه‌گذاری ایران به شماره ثبت ۲۸٦۵۹۳ شروع شد. این شرکت در تاریخ ۲۹ امرداد ۱۳۸۵ تأسیس شده و هدف از تأسیس آن، «تحقق سیاست‌های اصل ٤٤ قانون اساسی» اعلام شده است. این سیاست‌ها اول خرداد ١٣٨٤ توسط آیت‌الله خامنه‌ای، رهبر جمهوری اسلامی ابلاغ و از آن به عنوان یک انقلاب اقتصادی نام برده شد.... رئیس هیئت مدیره «شرکت سرمایه‌گذاری ایران»، علی‌نقی خاموشی است. این شرکت در حوزه‌های انرژی، حمل‌ونقل، فناوری و بازرگانی فعال است و سهامدار بانک گردشگری است ولی مهم‌ترین حوزه سرمایه‌گذاری‌اش، پتروشیمی است. این شرکت، سهام‌دار اصلی «شرکت بازرگانی پتروشیمی ایران» است که چهار شرکت در داخل و پنج شرکت در خارج از کشور دارد و در هند، چین، آلمان، انگلستان و سنگاپور دفاتر بازرگانی تأسیس کرده است. علی‌نقی خاموشی در آن دوران یک مسئولیت دیگر را هم بر عهده داشت؛ سرپرستی بنیاد مستضعفان، نهادی که مهم‌ترین دستورکارش مصادره اموال شاه، خانواده شاه و وابستگان به رژیم شاه بود و انگشت بر حدود ۸۰۰ کارخانه مهم ایران گذاشته بود، همراهی خاموشی با حزب مؤتلفه، ریشه خانوادگی داشت. خانواده خاموشی، شش برادر بودند: «سیدتقی خاموشی، از اعضای هیئت مؤسس حزب مؤتلفه اسلامی بود...»[3]

١- همان؛ کتاب تاریخ سیاسی معاصر، ص ١٠٤

٢- منبع: روزنامه‌های ٨ بهمن ١٣٥٨

٣- رادیو فردا / /٢٠دی/١٣٩٧

۲. حزب ملل اسلامی

گروه تروریستی حزب ملل اسلامی[1] با رهبری و محوریت سیدمحمدکاظم موسوی بجنوردی شکل گرفت و فعالیت زیرزمینی خود را شروع کرد. مشی اولیه آن، تروریسم اسلامی بود. ماهنامۀ خلق، ارگان این حزب بود. نشان آن پرچمی سرخ با ستاره‌ای هشت‌پر در دایره‌ای سفید در مرکز آن است. می‌توان آن را مادر حزب‌الله نامید! زیرا بعدها عده‌ای از اعضای این سازمان تروریست اسلامی -از جمله عباس آقازمانی(ابوشریف)، احمد احمد و جواد منصوری - سازمان تروریستی حزب‌الله را در سال ۱۳٤٦ تنظیم و سازماندهی کردند. جذب نیرو در ملل اسلامی به صورت کاملاً گزینشی و مخفیانه انجام می‌شد. حزب ملل اسلامی، ۵۵ عضو تشکیلاتی داشت که همگی در سال ۱۳٤٤ توسط ساواک دستگیر شدند بهشتی، عملیات تروریستی ملل اسلامی را مبارزه قاطع و آشتی‌ناپذیر اسلامی می‌نامید که وجوه شرع اسلام برای تروریسم آن، هزینه می‌شود![2]

با دستگیری ۵۵تن از اعضا حزب ملل اسلامی (در مهر ۱۳٤٤)، گروه به طور کامل منهدم شد. بجنوردی به اعدام و سپس حبس ابد محکوم گشت. دیگر اعضای اصلی مانند ابوالقاسم سرحدی‌زاده و محمدجواد حجتی کرمانی به حبس‌هایی سنگین محکوم شدند. و متاسفانه در سال ۱۳۵۷ همگی این تروریست‌ها از زندان آزاد شدند و دوباره فرصت عملیات تروریستی پیدا کردند![محمدکاظم موسوی بجنوردی، محمدجواد حجتی کرمانی، عباس آقازمانی (ابوشریف)، جواد منصوری، عباس مظاهری، علی‌اکبر صلاحمند، محمد پیران، احمد منصوری، حمید خان‌محمد، احمد شیرینی، ابوالحسن فلاحتی موحد، سیدحسن طباطبایی، سیداصغر قریشی، محمدعلی جمالیان، احمد آقازمانی، محمدتقی شالچی، سیداحمد تقوی، عباس دوزدوزانی، ابوالقاسم سرحدی‌زاده، مرتضی حاجی، محمدکاظم سیفیان، محمدباقر صنوبری، حسن ابن‌الرضا، حسن عزیزی ملقب به حامد، محمد سیدمحمودی، احمد احمد، محمد میرمحمدصادقی و علی نورصادقی از جمله شناخته شده‌ترین اعضای حزب ملل اسلامی هستند.]

یکی از چهره‌های تروریست این سازمان تروریستی، جواد منصوری بود. از بنیانگذارن سپاه پاسداران انقلاب اسلامی و نخستین فرمانده کل این ارگان تروریستی (اردیبهشت تا اسفند ۱۳۵۸) است که با حکم بهشتی به آنجا رفت. البته دفتر اولیه سپاه در یکی از ادارات ساواک واقع در نگارستان هشتم در خیابان پاسداران (سلطنت‌آباد سابق) تأسیس و

1- Islamic Nations Party / Party of Islamic Nations

۲- روزنامه جمهوری اسلامی، خرداد ۱۳۵۹

ساختمان‌های متروکه و مصادره شده در سایر نقاط به عنوان ادارات این نهاد مورد استفاده قرار گرفت.

این تروریست اسلامی، بعدها در برنامه‌ای تلویزیونی «چهل ۲۲» گفت: «بعد از انقلاب ما خیلی مسامحه و ارفاق با جنایتکاران پهلوی کردیم. وفاداران به ساواک و خائن‌ها و نفوذی‌ها را تحمل کردیم!» و به دروغ گفت: «در دهه ۵۰ حدود ۵ هزار زندانی سیاسی در کشور داشتیم... از سال ۵۰ به بعد تقریبا غالب بازداشتی‌ها از میان مذهبی‌ها بود و چپی‌ها کم شده بودند چون فضای انقلاب دست مذهبی‌ها افتاده بود و جریان چپ برد موثری نداشت.... در دادگاه به ما مارکسیست اسلامی می گفتند تا به آمریکایی‌ها بگویند که در حال مبارزه با کمونیست‌ها و چپ‌ها هستند...روی نامه زندانم نوشتند که فلانی از اشرار است!... در زندان عمومی قصر با مسعود رجوی و موسی خیابانی و بقیه سران چپ هم بند بودم.... در ۲۹ امرداد ۵۸ همراه آقای بشارتی خدمت امام رفتیم و از دولت موقت گله کردیم. امام فرمودند: اوضاع درست می‌شود و مطمئن باشید که انقلاب می ماند و پرچم انقلاب را به دست حضرت امام زمان (عج) می دهیم اما همه باید امتحان شویم» [خبرگزاری مهر: ۱۶بهمن ۱۳۹۷]

اعضای گروه تروریستی حزب ملل اسلامی - که در پی برقراری حکومت توحید اسلامی بودند! - بعدها در دادگاه‌های نظامی محاکمه شدند. فرسیو، دادستان ارتش بود. شیخ محمدجواد حجتی کرمانی و محمدکاظم بروجردی همان ۲۴ مهر دستگیر شدند. حتی بیژن جزنی - تروریست مشهور و عضو بنیانگذار سازمان تروریستی چریک‌های فدایی خلق [در ۲۹ فروردین ۱۳۵۴ همراه با ٦ نفر دیگر از سازمان مربوطه و ۲ تروریست از زندانیان مجاهدین خلق، در پی فرار ساختگی در اتوبان، توسط مأمورین نظامی معدوم شدند!] - در کتابش درباره این تروریست‌های اسلامی حزب ملل اسلامی می‌نویسد: جوانانی دارای تمایلات سیاسی و اسلامی و سوسیالیستی.... که استراتژی‌شان ۳ مرحله دارد: آشوبگری مسالمت‌آمیز سپس قهرآمیز و جنگ چریکی![1]

۳. جبهه آزادی بخش ملی ایران (جاما)

یا گروه تروریستی اسلام گرای سوسیالیستی جاما (جبهه آزادیبخش ملی ایران) با سه نام متفاوت «جمعیت آزادی مردم ایران، جبهه آزادیبخش ملی ایران، جنبش انقلابی مردم مسلمان ایران» که به رهبری کاظم سامی شکل گرفت. از یادگارهای ائتلافی جبهه ظاهراً

۱- تاریخ سی ساله، ج ۲، صص ۱۴۳-۱٤۹ که در پانویس کتاب تاریخ سیاسی مدنی ص ۱۰٦ هم تکرار شده.

ملی و حزب ایران بود. گروهی از محمد نخشب (حزب ایران) جدا شده بودند. «این گروه، تمایلات مسلحانه و مبارزانه قهرآمیز داشت و حتی فرمول مواد منفجره را نوشته بودند»[1] [بنیان این حزب با انشعاب گروهی از اعضای حزب مردم ایران گذاشته شد. سامی و همفکرانش به جناح رادیکال حزب مردم -از حزب‌های عضو جبهه ملی ایران- تعلق داشتند که از نهضت خداپرستان سوسیالیست به حزب مردم ایران پیوسته بودند و اختلاف آنها با بقیه اعضای حزب مردم این بود که معتقد به مبارزه قهرآمیز برای سرنگونی حکومت پهلوی بودند. حبیب‌الله پیمان، نظام‌الدین قهاری و معین‌الدین مرجایی از دیگر همراهان سامی در جاما بودند. این حزب توانست بسیاری از اعضا و طرفداران حزب مردم را به خود جذب کند و تشکیلات خود را به صورت مخفی در هسته‌های مستقل جدا از هم بنا کند. اما ساواک به سرعت توانست در یکی از هسته‌های سازمانی جاما در بندر انزلی نفوذ کرده و در ۲۷ امرداد ١٣٤٤ رهبران آن را دستگیر و روانه زندان کرد. حبیب‌الله پیمان پس از آزادی از زندان، تعدادی از اعضای جاما را دوباره گرد هم آورد و با کمک نیروهای جدید سازمان تازه‌ای را با نام جنبش مسلمانان مبارز تأسیس کرد.]

٤. دیگر ۷ گروه تروریستی اسلامی

از میان سایر گروه‌های اسلامی که کار و بارشان تروریسم اسلامی بود می‌توان به دیگران هم اشاره کرد و گروه‌های تروریستی مانند توحیدی فلق، فلاح، توحیدی بدر، موحدین، صف، جمعیت منصورون و ... از دیگر گروه‌های ریز و درشت جبهه تروریسم اسلامی بودند که پس از ١٣٥٤ پدید آمدند.

- امت واحده

امت واحده (که این گروه تروریستی در سال ١٣٥٥ از مجاهدین خلق جدا شد. فعالیت آنها از نیمه دوم سال ١٣٥٤ به شکل مخفی آغاز شد و آنها عضوگیری را به‌تدریج آغاز کردند. «این گروه، شماری زندانیان سیاسی بودند که برخی از آنان از همکاران مجاهدین خلق، و یا سمپات برخی از جریانات چپ بودند. این گروه مذهبی در جریان نزاع‌های داخلی زندان میان مارکسیست‌ها، التقاطی‌ها، در سال ١٣٥٥ شکل گرفتند»

اعضای این گروه [مهدی نیکدل، صادق نوروزی و بهزاد نبوی از اعضای اصلی این سازمان تروریستی] از آغازکنندگان اصلی جنگ مسلحانه تروریستی بودند. برخی از آنها

۱- همان، مدنی، ص ۱۰۸.

عضو گروه‌هایی چون مهدویون بودند. در سال ۱۳۵۱ اغلب اعضای گروه از جمله بهزاد نبوی دستگیر شدند. نبوی با داشتن چندین اتهام به اعدام و با یک درجه تخفیف به حبس ابد محکوم شد، زیرا مادرش شاه دوست بود و با ساواک هم ارتباط داشت و واسطه‌هایی با رئیس اداره سوم ساواک یافت تا نبوی از مرگ رها شود.

- توحیدی فلق

تنها گروه از گروه‌های هفت‌گانه مبارز مسلمان بود که از خارج از کشور برگشت. این افراد بلافاصله پس از ورود به امریکا در سال ۵۳، وارد فعالیت‌های انجمن‌های اسلامی وابسته به نهضت آزادی شدند و در سال ۱۳۵٦ «گروه فلق» را درست کردند. اعضای برجسته ی آن مصطفی تاج‌زاده، حسن واعظی، محمود یاسینی و محمد طیرانی و... بودند. گروهی از طریق مهدی عراقی و مطهری پس از ملاقات با خمینی ابتدا به سوریه و لبنان رفتند و در اردوگاهای تروریستی فلسطینی به فراگیری تعالیم تروریسم اسلامی پرداختند و بعد به ایران بازگشتند و فعالیت‌هایی همچون نقش مخرب در سقوط پادگان عشرت‌آباد، تسخیر پادگان و کلانتری‌ها، و شرکت در کمیته استقبال از خمینی ایفا نمودند و...

- فلاح

این گروه که طرح آن در سال ٤۹ و ۵۰ ریخته شد. برنامه‌هایشان دو محور عمده داشت. برگزاری جلسات مذهبی و قرآن، و شبکه‌سازی برای طرفداری از خمینی. بعدا وارد تشکیلات تروریستی سازمان مجاهدین خلق شدند سپس جدا شدند و گروه فلاح را تشکیل دادند. افراد آن عبارت بودند از: مرتضی الویری (بنیان‌گذار)، محمد منتظرقائم، حسن منتظرقائم، حسن شریعتمداری، حمید مغربی، نادر حلیمی، مهندس کلانی، فروتن، مهندس داداشی، مهندس حاج‌علی بیکی و ... در سال ۱۳۵۳ با گروه «مهدویون اصفهان» که انشعابی از مجاهدین خلق بودند مرتبط شدند و تمایل به همکاری داشتند. الویری در سال ۱۳۵۵ به دیدار خمینی رفت که بعد از این دیدار و با توصیه خمینی، مشی تبلیغاتی جایگزین مشی مسلحانه گروه شد. بر این اساس تشکیلات فلاح، تبلیغات برای افکار خمینی داشت. در سال‌های ٥٦ و ٥٧ فعالانه در نهضت اسلامی (تروریسم اسلامی) شرکت داشت. همچنین طی این سال‌ها با گروه‌های کوچک‌تر مانند ندای امت و اخوان‌المسلمین همکاری می‌کرد.

- توحیدی بدر

پایه‌های اولیه این گروه در جلسات مذهبی، هیئت‌ها، سینه‌زنی، انجمن‌های اسلامی و کلاس‌های قرآن در شهر ری گذاشته شد و فعالیت‌شان از سال ۱۳۵٤ آغاز شد. اوایل اسمش گروه رضایی بود اما به گروه «توحیدی بدر» تغییر نام دادند و ارتباط نزدیکی با مُلاها داشتند و شیفته خمینی بودند. حسین فدایی آشتیانی (بنیان‌گذار گروه) عبدالعلی علی عسگری، حسن اسلامی مهر، قلمبر، طابه‌نژاد و اخوت افراد گروه بودند. برپایی دسته‌های سینه‌زنی در ایام عاشورا، تشکیل جلسات آموزش مذهبی برای نوجوانان، تشکیل جلسات با ملاها، اعتراض به عملیات زیباسازی شهرداری، آتش کشیدن اماکن دولتی (مانند انجمن ایران و امریکا، کلانتری‌ها و بانک‌ها...) از جمله فعالیت‌های این گروه تروریستی بود.

- موحدین

گروهی از جوانان و دانشجویان از جمله حسین علم‌الهدی در سال‌های ۱۳۵۰–۱۳٤۹ در اهواز انجمنی را به نام «انجمن اسلامی دانشوران اهواز» تأسیس کردند. هدف انجمن ترویج اسلام(!) از طریق اقدامات فرهنگی(!) بود. آن‌ها با لباس سیاه و صفوف منظم حرکت می‌کردند و در عزاداری‌ها و هیات‌ها حرکت می‌کردند. برخی از آنان توسط ساواک دستگیر شدند. سپس کار تروریسم را شروع کردند و از تروریست‌های مجاهدین خلق کمک گرفتند. فعالیت این گروه بیشتر در سال ۱۳٥٦ و ۱۳۵۷ است که همکاری‌هایی نیز با منصورون داشتند. توزیع اعلامیه خمینی و تظاهرات پراکنده، آتش کشیدن چندین بانک و سینما و بار، حمله به کنسولگری عراق در خرمشهر، بمب‌گذاری در شهربانی کرمان و ترور سرهنگ سروری عامل مستقیم حمله به مسجد جامع کرمان و حمله به مردم، ترور پل گریم امریکایی (از مسئولان شرکت نفت)، طرح ترور سپهبد جعفریان فرماندار نظامی خوزستان، حمله به قرارگاه شماره ۲ فرماندار نظامی اهواز (عملیات صالح)، ترور غلامحسین دانشی نماینده آخوند آبادان از جمله فعالیت‌های این گروه تروریستی بود.

- گروه توحیدی صف

توحیدی صف، از مجاهدین خلق جدا شدند. این گروه از مجاهدین خلق در ۱۳۵۵ جدا شد. کسانی که این گروه را تشکیل دادند، پیش از آن یا با سازمان مجاهدین خلق همکاری داشتند .اکبر براتی، علی تحیّری، محسن آرمین، سلمان صفوی، رحیم صفوی، محمد بروجردی، حسین صادق، محمد منتظری از اعضای این گروه بودند. مرکزیت گروه

تروریستی صف در تهران بود که شاخه‌ای از آن در اصفهان فعالیت داشت. این گروه با مطهری، بهشتی و خامنه‌ای در ارتباط بود و با «سازمان فجر اسلام» ارتباطی نزدیک داشت. این گروه مشی تروریستی را انتخاب کرده بود و خلع سلاح پاسگاه مامازن، انفجار ساختمان کاخ جوانان، انفجار هلی کوپتر شنوک در آسمان شهر اصفهان، انفجار ساختمان بانک صادرات، خلع سلاح سپهبد شفقت (آجودان مخصوص شاه)، انفجار رستوران خوانسالار، انفجار مینی‌بوس حامل مستشاران امریکایی، و مسئولیت نظامی کمیته استقبال خمینی و... از جمله فعالیت‌های این گروه بود.

این گروه، توسط برخی اعضای مذهبی جداشده از این سازمان، و افرادی از اعضای محافل و هیئت‌های مذهبی در سال ۱۳۵٤ بنیان گذاشته شد. محمد بروجردی در پی آشنایی با محسن کنگرلو از اعضای گروه فجر اسلام که اعتقاد به فعالیت فرهنگی داشت، تشکیلاتی را پایه‌ریزی کرد که اهم فعالیت آن عملیات تروریستی بود. «در دی ماه ۱۳۵٦ همزمان با سفر کارتر گروه فعال‌تر از پیش شد. انفجار موتورخانه کاخ جوانان و انهدام بزرگترین دکل برقی که بخش عظیمی از برق تهران را تأمین می‌کرد، انفجار و اشتعال کارخانه کیان تایر و تخریب مشروب‌فروشی‌ها، از جمله این عملیات بود». به گفته حسین مظفر، گروه توحیدی صف همزمان با سفر ژنرال هایزر فرستاده ویژه آمریکا طرح ترور وی را برنامه‌ریزی کرده بود که با خروج ناگهانی وی از کشور ناکام ماند.

انفجار رستوران سنتی خوانسالار در ۲۲ امرداد ۱۳۵۷ توسط گروه تروریستی توحیدی صف را یکی از مهم‌ترین عملیات این گروه به رهبری محمد بروجردی، از بنیانگذاران سپاه می‌نامند. رستوران بالاتر از میدان آرژانتین بود و توسط «علی تحیری» و «عباسعلی احمدی» شناسایی شد. البته عباسعلی احمدی در این عملیات یک دست و یک پایش را از دست داد و مُرد.

- جمعیت منصورون

منصورون گروهی تروریستی چریکی در ایران بود، در دهه‌های۱۳٤۰ و ۱۳۵۰ در خوزستان. محسن رضایی، محمدباقر ذوالقدر، علی شمخانی، محمد جهان‌آرا و... از اعضای منصورون بودند. تمام اعضای منصورون، در۱۳۵۱ تا ۱۳۵۷ توسط ساواک دستگیر و روانه زندان شدند و پس از ۱-۳ سال آزاد شدند .از اعضای شناخته شدهٔ گروه منصورون می‌توان به؛ حسن هرمزی، محسن رضایی، مجید بقایی، محمدباقر ذوالقدر، علی شمخانی، محمد جهان‌آرا، غلامعلی رشید اشاره کرد. همچنین ۸ نفر از اعضای این گروه

بنام‌های: عبدالحسین سبحانی، غلامحسین صفاتی دزفولی، مهدی هنردار، کریم رفیعی، عزیز صفری، نورالدین شاه‌صفدری، علی جهان‌آرا و حسن هرمزی، در خلال درگیری مسلحانه یا در حال انجام عملیات چریکی، کشته شدند

سرانجام پس از به قدرت رسیدن خمینی، ۷ گروه تروریستی اسلامی در همدیگر ادغام شدند (۱٦ فروردین ۱۳۵۸) و سازمان مجاهدین انقلاب اسلامی نام گرفتند.. و محمد سلامتی، بهزاد نبوی، محسن آرمین، مصطفی تاج‌زاده، هاشم آغاجری، ابوالفضل قدیانی، فیض‌الله عرب‌سرخی و صادق نوروزی، مؤسسین سازمان مجاهدین انقلاب اسلامی ایران و همچنین، از موسسان یا اعضای «سازمان مجاهدین انقلاب اسلامی» بودند که در سال ۱۳٦۱ از سازمان مذکور کناره گرفته بودند و ۷ گروه بنیانگذار این سازمان عبارت بودند از؛ گروه امت واحده (بهزاد نبوی عضو سابق سازمان مجاهدین خلق)، گروه توحیدی بدر (حسین فدایی) و سلمان صفوی، اکبر براتی، حسین صادقی و محمد عطریانفر با محمد منتظری و...گروه فلاح (محمد منتظرقائم، حسن منتظرقائم و مرتضی الویری)،گروه فلق (مصطفی تاج‌زاده و حسن واعظی)، گروه منصورون (محسن رضایی، محمدباقر ذوالقدر و علی شمخانی)، سیدحسین علم‌الهدی، که اعدام انقلابی پل گریم، مستشار آمریکایی از اقدامات برجسته این گروه بود. از اعضای کلیدی دیگر این سازمان در بدو تشکیل می‌توان بهزاد نبوی، محسن مخملباف، فریدون وردی‌نژاد، علیرضا شجاعی‌زند، پرویز قدیانی، محسن رضایی، علی شمخانی، محسن آرمین، هاشم آغاجری، فیض‌الله عرب سرخی، مجتبی شاکری، حسین فدایی، عبدالحسین روح‌الامینی، حسین زیبایی‌نژاد، سعید حجاریان، سیدحسین علم‌الهدی، محمد منتظرقائم، مصطفی تاج‌زاده، حسن واعظی، محمد عطریانفر و حسین صادقی را نام برد] و...

این ۷ گروه تروریست اسلامی، تنها به خاطر اینکه از حرکت بلوای خمینی عقب نمانند، چاره‌ای جز همراهی با آن نداشتند، و در همان حال، نقشهای مختلفی را ایفا می‌کردند که تروریسم، نقطه مشترک آنهاست. بعدها در رسانه‌های فریب‌آلود اصلاح‌طلب و حرکت‌های وابسته به محمد خاتمی، خودنمایی کردند و به مبارزات تروریستی خود فخر فروخته‌اند و هرگز اشاره نکرده‌اند که هزینه‌های عملیات تروریستی آنان از کجا تامین می‌شد و این سربازان مملو از نیرنگ و جنایت ولایت فقیه چه سیه‌روزی و بدبختی را برای جامعه ایران به بار آوردند.

هنوز هم تبعید خمینی و شکنجه را در اوج اغراق و بزرگ نمایی کودکانه مطرح می‌کنند. آمار و ارقام خیالی از کشته شدگان در تبلیغات ضد رژیم مطرح کردند تا انقلاب

منحوس‌شان را توجیه کنند. البته در علوم سیاسی اصطلاح غوغاسالاری/ اوباش سالاری[1] مشهور است [حکومت عوام زورمند (اوباش و اشرار) و رهبری جاهلین بر جامعه که پست‌های مهم حکومتی و کارهای اداره کشور به دست جانیان و اوباش و بدکاران زورمند می‌افتد. معمولاً در خلال شورش‌ها در جامعه رخ می‌دهد] و غالباً بعد از مدتی از هم فرو می‌پاشد.

و وقتی این تروریست‌ها به قدرت رسیدند، جمهوری اسلامی به خطرناک‌ترین قدرت تروریستی جهان مبدل شد که گروه‌های تروریستی ریز و درشت را در اختیار دارد.

فدائیان اسلام

جمعیت فدائیان اسلام حزب تروریست اسلامی شیعه که در دههٔ ۱۳۲۰، به رهبری مُلایی به نام سیدمجتبی نواب صفوی با هدف برقراری حکومت اسلامی تشکیل شد. البته شایع است که گویا بروجردی، مرجع تقلید وقت شیعه، فدائیان اسلام را مایه ننگ شیعه دانسته و حضور آنان در حوزه علمیه قم را ممنوع کرده بود. نواب هم این مرجع تقلید شیعه (بروجردی) را پست‌تر از سگ و ظالم و بدعت‌گذار می‌دانست!

اما پس از بلوای سال ۵۷، این تروریست‌های مشهور – مانند مجتبی نواب صفوی- توسط مقام‌های جمهوری اسلامی از جایگاه برجسته‌ای برخوردار شدند و حتی اسم مراکز و اتوبان‌ها و اماکنی به نام آنان، نام‌گذاری شدند. و خبرگزاری‌های حکومتی درباره این تروریست اسلامی نوشته‌اند: «یکی از شهدای والامقامی است که نامش در کنار شهدای گرافقدر اسلام و انقلاب اسلامی از صدر تاریخ اسلام تا کنون می‌درخشد.»

حتی خامنه‌ای بارها از نواب به طور اغراق‌آمیز تعریف و تمجید کرده و خود را از شیفتگان و یاران او و پیشاهنگ جهاد و شهادت در زمانه خودش نامیده است.

حتی خامنه‌ای در ۲۲ دی سال ۱۳۶۳ می‌گوید: ایشان تحت تأثیر اخوان‌المسلمین بود یعنی حسن البناء روی ایشان اثر گذاشته بود! یکی از رهبران معروف سازمان آزادیبخش فلسطین به من گفتش که من در مصر، در آن سفری که نواب صفوی به مصر آمده بود، مشغول درس خواندن بودم. و داشتم درس می‌خواندم که مهندس بشوم. این آمد گفتش که تو داری درس می‌خوانی اینجا؟ برو فلسطین بجنگ، گفت من یکهو منقلب شدم! [منبع: وبسایت خامنه‌ای]

یا خامنه‌ای در کتاب «خون دلی که لعل شد» [خاطرات خامنه‌ای که توسط «محمدعلی

1- Ochlocracy

آذرشب» گردآوری و «محمدحسین باتمانقلیچ» ترجمه و مؤسسه حفظ و نشر آثار خامنه‌ای منتشر کرده] می گوید که شیفته نواب بوده و شوق دیدار نواب را داشته و حرکت تروریستی نواب تا خمینی را «از دوران‌های مهم بیداری اسلامی» می‌نامد که تا نهضت خمینی و بلوای ۵۷ اسلامی و برپایی نظام تروریسم اسلامی امتداد داشت. و می گوید:

«نواب صفوی نخستین جرقه‌ای بود که راه اسلام را به معنای فراگیر انقلابی و پویای آن در برابرم روشن ساخت .... و آتش شور و حماسه را در دل مجاهدان برافروخت.»

و سپس می‌افزاید که نواب در سال ۱۳۳۲ به مشهد سفر کرده و در مرکز مذهبی «مهدیه» بوده و پدر خامنه‌ای ۱٤ ساله، در ابتدا اجازه دیدار نداده... اما خامنه‌ای می گوید:

«نواب در چشم ما نماد قهرمانی و مقاومت اسلامی بود. وقتی خبر کشته شدن رزم‌آرا به دست خلیل طهماسبی (از تروریست‌های فدائیان اسلام) منتشر شد، و می‌شنیدیم که آقای کاشانی این اقدام قهرمانانه را به طهماسبی تبریک گفته، احساس عزت و افتخار می‌کردیم.»

عاقبت نواب به دیدن طلبه‌های مدرسه مذهبی سلیمان خان می‌رود که خامنه‌ای آنجاست. در ادامه روایت‌اش می‌گوید» در واقع، از وقتی چشمم به این مرد افتاد، دیدم با تمام احساسم مجذوب اویم و از ژرفنای قلبم او را دوست می‌دارم.... سخنانش در روحم موج می‌زد و احساساتم را شعله‌ور می‌ساخت و مرا به‌سوی چشم‌انداز قدرت و عزّت اسلام می‌کشاند.» بعد از پدرش اجازه می‌گیرد و دوباره به دیدن نواب می‌رود و می‌گوید «نواب به صورت شعله فروزانی در آمد که همواره اهتمام به امر اسلام و جامعه و اندیشیدن به آینده اسلام را در اعماق وجودم برمی‌انگیخت. ..»

دوباره با اغراق‌گویی و مرده‌پرستی، خامنه‌ای می گوید:

«دو سال پس از آن سفر، در سال ۱۳۳٤ نواب اعدام شد؛ با اعدام نواب، سراسر کشور و به ویژه حوزه‌های علمیه را جو رعب و وحشت فرا گرفت.» و در آخر به تمجید از تروریسم اسلامی می‌پردازد: «به عقیده من اگر فعالیت آگاهانه فکر اسلامی از جنبش و مبارزه جدا شود، خشک و بی‌روح می‌شود.»

گروه تروریستی فدائیان اسلام در ۲۰ اسفند سال ۱۳۲٤ احمد کسروی (نویسنده و تاریخ‌نگار ایرانی) و منشی‌اش را با ضربات چاقو در داخل کاخ دادگستری تهران ترور کردند. سپس در ٤ سال (سال‌های ۱۳۲۸ تا ۱۳۳۲)، دو نخست‌وزیر عبدالحسین هژیر (در ۱۳ آبان ۱۳۲۸)، حاجی علی رزم‌آرا را (در ۱٦ اسفند ۱۳۲۹) را به قتل رساندند. از سوء قصدهای ناموفق آنان می‌توان به ترور حسین علاء اشاره کرد (در ۲۵ آبان ۱۳۳٤). عاقبت

مجتبی نواب صفوی و دیگر تروریست‌ها (محمد واحدی، خلیل طهماسبی و مظفرعلی ذوالقدر) پس از ترور ناموفق نخست‌وزیر حسین علاء، در پادگان عشرت‌آباد در ۲۷دی ۱۳۳٤ تیرباران شدند. و خیلی بعدها (۷ آذر ۱۳۳٤)، عبدالحسین واحدی معاون رهبر جمعیت فدائیان اسلام، در حین فرار از دست ماموران به ضرب ۵ گلوله به قتل رسید. و جالب اینکه، بسیاری از اطرافیان روح‌الله خمینی حتی در بلوای ۱۳۵۷، عضو فدائیان اسلام بودند (مانند محمد مهدی عبدخدایی).

البته سپهبد محسن مُبَصِّر از روسای سابق شهربانی کل کشور (۱۳٤۳–۱۳٤۹) در خاطرات شفاهی‌اش [گفتگو با تاریخ شفاهی هاروارد] به همجنس باز بودن مجتبی میر لوحی (معروف به نواب صفوی) اشاره دارد که حتی در زندان، قبل ازاعدام، بنا به درخواست نواب صفوی، جوانی به نام عبد خدایی را در بند وی گذاشته‌اند تا ۲ هفته آخر عمرش، به همجنس بازی بپردازد و مبصر معتقد است که همه آن اعمال جنسی را به صورت صوتی و تصویری ضبط کرده‌اند. و روایت مبصر افشا کننده فساد مُلایی بود که به بهانه فساد و تباهی، دیگران را ترور می‌کرد!

از دیگر موارد می‌توان به رابطه و اتحاد فدائیان اسلام با ابوالقاسم کاشانی اشاره داشت و در ظاهر، نواب صفوی و فدائیان اسلام از مخالفان جبهه ملی ایران و محمد مصدق بوده و نواب در امرداد ۱۳۳۰، مصدق را کذاب نامیده و یا ۲۸ امرداد را به شاه تبریک می‌گوید. [در روزنامه کیهان ۳شهریور ۱۳۳۲] اما مصدق و یارانش، تروریست قاتل رزم‌آرا یعنی خلیل طهماسبی را از زندان آزاد کرد! (۲٤ آبان ۱۳۳۱)

[مجلس شورای ملی در دوره هفدهم در تاریخ ۱۱ امرداد ۱۳۳۱ به درخواست شمس قنات‌آبادی (از یاران کاشانی) در ماده واحده‌ای وی را قهرمان ملی نامید و چنین تصویب کرد: چون خیانت حاج‌علی رزم‌آرا بر ملت ایران ثابت گردیده هرگاه قاتل او استاد خلیل طهماسبی باشد به موجب این قانون مورد عفو قرار می‌گیرد و آزاد می‌شود.] و مصدقی چی‌ها، به دروغ علیه افسر میهن پرستی مانند رزم‌آرا، توطئه کردند و از تروریست‌های اسلامگرا تندرو و تروریست‌های ائتلافی برای حذف او، کمک گرفتند! و نکته متناقض اینکه، خود. خلیل طهماسبی طرفدار کاشانی و جبههٔ ملی بود! و بخاطر ترور رزم‌آرا، صحنه‌سازی ترور حسین فاطمی (در ۲۵ بهمن ۱۳۳۰) توسط فدائیان اسلام (محمدمهدی عبدخدایی) را فراموش کردند! و محمود طالقانی می‌گوید که فداییان اسلام یکی از عوامل موفقیت ملی صنعت نفت بوده! [گفتگو با استاد سیدهادی خسروشاهی درباره فدائیان اسلام / پایگاه اطلاع رسانی و خبری جماران؛ ۲۷/۱۰/۱۳۸۹]

علاوه براین، طبق خاطرات سحابی، نواب صفوی مدتی را در منزل طالقانی قایم شده و مهدی بازرگان با وی دیدار داشته و خواسته که ژنرال زاهدی را ترور کند! و البته ماجرای کمک مالی رفسنجانی به نواب صفوی و فدائیان اسلام که مشهور است.

ناگفته نماند که گروه تروریستی فداییان، برای تاسیس حکومت اسلامی، یک قانون اساسی من در آوردی هم داشت که در قالب کتابی به نام «رهنمای حقایق یا نماینده حقایق نورانی این جهان بزرگ» به قلم نواب صفوی ارائه دادند که به مانیفست فدائیان اسلام و مبنای سنت فکری این جریان تروریستی مبدل شد. (سال‌های ۲۸ - ۱۳۲۷) و نواب علت نام‌گذاری گروهش به نام فدائیان اسلام را چنین بیان کرد که حسین بن علی را در خواب دیده که بازوبندی را به دست راست وی می‌بندد که بر روی آن نوشته شده بود فدائیان اسلام!

البته اسلامی نامیدن بلوای ۱۳۵۷ توسط خمینی، جزو محور فکری و اندیشه‌های فدائیان اسلام بود. [اسلامی بودن سرزمین ایران و لزوم اجرای احکام اسلام.] و حتی در ماجرای ۱۳۵۷ که مُلایان ۳۲ سینما را آتش زدند، جزو تفکرات فدائیان اسلام بود [سینماها و نمایش‌خانه‌ها بایستی برچیده شوند و عاملین آنها طبق قانون مقدس اسلام باید به مجازات رسند]. همچنین، در وبسایت خمینی آمده است «در واقع نواب صفوی بیشتر بر این عقیده بود که با حذف مهره‌های مهم و حساس رژیم پهلوی، می‌توان بر حکومت پهلوی پیروز شد و آنرا سرنگون ساخت تا حکومت آرمانی را جایگزین آن ساخت.»[۱]

فدائیان اسلام، تنها و تنها ترور و تروریسم را برای رسیدن به هدف خود انتخاب کردو ایدئولوژی اسلامی هم پرده و چتری برای تروریسم‌شان بود.

پس از ورود کاشانی به ایران، سازمان مجاهدین اسلام در تهران و برخی شهرها درست شد و به برپا ساختن اجتماعات و تظاهرات همت گماشت. تشکیلات سیاسی مذهبی، نیاز به بازوی مسلح داشت و پایه کار از نجف شروع شد. خاموش کردن احمد کسروی، می‌توانست موجه‌ترین دلیل برای تشکیل یک سازمان مسلح و تروریست مذهبی باشد. مجتبی میرلوحی هم به خاطر سرقت یک دوچرخه و تحت تعقیب قرار گرفتن توسط اداره آگاهی متواری شد و از ترس زندانی شدن، اول به قم و سپس به عراق متواری شد. در مدرسه علوم دینی طلبه می‌شود. برای روبراه کردن سازمان تروریستی مورد نظر و توجه آخوندها قرار می‌گیرد و آموزش دید. بعد، نام فدائیان اسلام برای این تشکیلات تروریستی انتخاب شد. به تقلید از سلسله صفویه - مخترع حکومت مذهبی شیعه -، لقب نواب صفوی اختراع گردید. اولین سخنرانی اعلام موجودیت او در آبادان بود. و در قم

۱- پرتال خمینی، فدائیان اسلام و انقلاب اسلامی، ۲۶/۰۳/۱۳۹۸.

مورد احترام و استقبال خمینی قرار گرفت. و در تهران هم کاشانی و طالقانی به استقبال وی رفتند.[۱]

برخی‌ها هم مانند حسن آیت به تمجید از تروریسم اسلامی پرداختند و آن را مبارزه با طاغوت و استعمار نامید. (کتاب نگرشی کوتاه بر نهضت ملی ایران، چ ۲، نشر دفتر انتشارات اسلامی، جامعه مدرسین علمیه قم) و روزنامه اطلاعات در شرحی سراسر دروغ و تحریف تاریخ، به مداحی نواب پرداخت (روزنامه اطلاعات، چ تهران، ش ۱۷۲۰۹، تاریخ ۲۷ دی ۱۳۶۲، ص. ۲۱) اما اشاره‌ای به فاصله زمانی نجف و ایران ندارد. عبدخدایی در همان روزنامه می‌گوید که وقتی در سال ۱۳۲۸ قرار بوده که جنازه رضاشاه به ایران بازگردد، نواب صفوی تصمیم گرفت که هنگام آوردن جنازه، خانواده پهلوی را یکجا اعدام انقلابی کند که متاسفانه به دلایلی موفق نشد! (روزنامه اطلاعات، چ تهران، ش ۱۷۲۰۹، تاریخ ۲۷ دی ۱۳۶۲، ص. ۲۰) و در همان روزنامه، عبدخدایی از چیزی پرده برداری می‌کند که افشای تروریسم اسلامی است. می‌گوید: «حاج مهدی عراقی، در مصاحبه‌ای قبل از انقلاب به خبرنگار اطلاعات در پاریس گفته که حکم اعدام انقلابی هژیر توسط نواب در جلسه‌ای کاملاً سری با شرکت چند تن از اعضا فدائیان اسلام صادرشد که امامی، مامور اعدام می‌شود. در شبستان مسجد سپهسالار به قتل او دست می‌زند. با شلیک اولین گلوله به سوی هژیر، لامپ ترکیده و خاموش شد. زیرا امامی تصور میکند که هژیر کشته نشده، سر طپانچه را در دست گرفته با انتهای آن به مغز هژیر می‌کوید به طوری که هژیر خون استفراغ می‌کند... بعد از این ترور... کابینه رزم‌آرا بر سر کار می‌آید. جبهه ملی سخت به وحشت افتاده و در ملاقات‌هایی که با نواب صفوی داشته، می‌گوید که رزم‌آرا خار سر راه است و شما اگر بتوانید رزم‌آرا را از سر راه بردارید ما حکومت اسلامی را اعلام کرده و نفت را ملی خواهیم کرد.

بدین صورت، از سوی گروه تروریستی فدائیان اسلام، چندین تظاهرات انجام می‌شود و عاقبت رزم‌آرا و زنگنه دو مانع ملی شدن نفت تهدید به قتل می‌شوند و در ۱۶ اسفند ۱۳۲۹ رزم‌آرا به وسیله خلیل طهماسبی و زنگنه به وسیله نصرت‌الله قمی کشته می‌شوند.

سپس در ادامه مدعی می‌شود که «نواب در سال ۱۳۳۱ به کنفرانس سران عرب در مسجد الاقصی دعوت می‌شود و پس از آن به دیگر کشورهای عربی سفر کرده و با افرادی همچون عرفات، ناصر، سیدقطب و رهبران اخوان المسلمین در مصر دیدار کرده و نطقی در مراسم سالگرد انقلاب ارتش مصر ایراد می‌کند!»

۱- آخوندیسم، ناصر ملکی، ص ۲۵۵ به بعد.

احتمال دیدار با تروریست‌هایی مانند عرفات و اخوان المسلمین هست اما یک مُلای لات و سارق دوچرخه و فراری، چه جایگاه و پایگاه سیاسی دارد که با عبدالناصر دیدار کند؟ چگونه یک مُلای ایرانی در مراسم نظامی یک کشور عرب سخنرانی رسمی کند؟

با اعدام اوباش‌هایی مانند نواب صفوی، پرونده فدائیان اسلامی بسته نشد و یاران نواب صفوی با هماهنگی و اطلاع کاشانی و میلانی و خمینی به فعالیت‌های تروریستی خود ادامه دادند. یکی از حامیان مالی فدائیان اسلام، مهدی عراقی بود. علی حیدری از دوستان عراقی در گفتگویی می گوید که «گروه مؤتلفه را تشکیل دادیم. اعضای اصلی این گروه بخارایی، صادق امانی، نیک‌نژاد و هرندی بودند. یک شب گروه مرا مامور کرد تا نزد میلانی در مشهد بروم و حکم ترور منصور - نخست وزیر - را بگیرم تا مجوزی داشته باشیم و این از نظر بستن دهان گروهی بود که وظیفه‌شان را تشخیص نمی‌دادند. چون مشغله محمد هادی حسینی میلانی زیاد بود و دور و بر وی کسانی بودند که نمی‌بایست از تائیدیه خبردار شوند ما با تهیه زنبیلی برای خرید از بقالی نامه‌ای را که ایشان می‌بایست تائید می‌کرد در زنبیل مخفی کرده و به ایشان رساندیم و با ایشان در ساعت ۵ بعدازظهر قرار گذاشتیم. در ساعت مقرر، میلانی ضمن رساندن سلام به دیگر برادران هیات مؤتلفه، نامه مزبور را صحه نهاد و بعد از چند روز منصور ترور شد!» (۱ بهمن ۱۳۴۳؛ محمد بخارایی از نزدیکان مجتبی میرلوحی / «نواب صفوی» در مقابل مجلس شورای ملی، به او شلیک کرد. و پنج روز بعد در بیمارستان پارس درگذشت)

البته در بسیاری از منابع دیگر هم تائید شده که حکم تروریستی برای ترور نخست وزیر توسط یک مُلا در مشهد صادر شده. «فتوای قتل منصور از جانب آیت‌الله میلانی صادر شد!!»[۱]

حسن آیت هم در ضمائم کتاب خود - نگرشی کوتاه بر نهضت ملی ایران - مصاحبه‌ای از کاشانی با روزنامه دیلی اگسپرس - چاپ لندن- آورده است و نشان می‌دهد که کاشانی، پدر خوانده تروریست‌های فدائیان اسلام بوده است. «ترور نخست وزیر به نفع ملت ایران بود و این گلوله و ضربه، عالی‌ترین و مفیدترین ضربه‌ای بود که به پیکر استعمار و دشمنان ایران وارد آمد.... قاتل رزم‌آرا باید آزاد شود. زیرا این اقدام در راه خدمت به ملت ایران و برادران مسلمان عملی شده است... خلیل طهماسبی مجری اراده قاطبه ملت ایران بوده است..» کاشانی در ادامه درباره رابطه با نهاد تروریستی اخوان

۱- تاریخ سیاسی معاصر ایران، جلال مدنی، ج.۲، دفتر انتشارات اسلامی، جامعه مدرسین قم، ص. ۱۰۲؛ قصه ساواک، بشیری، ص. ۲۰۸.

المسلمین، می گوید: «همه مسلمین با یکدیگر ارتباط دینی و معنوی دارندو مؤمنین در همه جا با هم برادرند اما ارتباط مخصوصی بین ما و تشکیلات اخوان المسلمین نیست...» کاشانی در پاسخ به این پرسش و اینکه آیا این ترورها ادامه خواهد داشت یا خیر، می گوید «تا وقتی که خیانت کاری از طرف هیات حاکمه ادامه داشته باشد، ملت ایران هم از تنبیه و مجازات خائنین، قصور نخواهد ورزید!»

و آیا روشنفکری یا کسی از این مُلای شیعه پرسید، شادروان رزم‌آرا و شاه فقید که میهن‌پرست‌های باشرفی بودند، چه خیانتی به مردم و ملت ایران کرده بودند؟ در کدام دادگاه ثابت شده بود؟ و این مُلا چکاره بود که برای ملت ایران تعیین تکلیف می کرد و از یک تروریست دفاع می کرد؟ تروریستی که عاقبت به حکم مجلس مربوط به مصدق‌السلطنه در آزادی این تروریست کوشید!

با این موارد می توان دریافت که فدائیان اسلام، یک نهاد و سازمان تروریست اسلامی بود که در پناه استفاده از فتاوای تروریستی مراجع تقلید که مُلایانی از اختاپوس مذهبی بود، دست به این جنایات و ترورها می‌زدند که مشابه جنایات و ترورهای حزب توده و بعدها تروریست‌ها مارکسیست ایرانی بود. بعدها این جمعیت تحت رهبری شیخ صادق گیوی (خلخالی) به فعالیت‌های تروریستی ادامه داد و پس از آمدن خمینی به ایران، چه بسیار مرگ‌های خاموش که توسط این گروه و یا اعدام‌ها که توسط این مُلای جانی و روانی صورت گرفت.

وقتی که ساواک تاسیس شد، این نهاد تروریستی فلج شد و بارها و بارها هم خلخالی به زندان افتاد اما افسوس که اعدام نشد! بعدها با حکم خمینی (عصر روز ۲٤ بهمن ۵۷) تحت پوشش حاکم شرع دادگاه‌های انقلاب دست به خلق هر جنایتی زد. بعد از مرگ خمینی، به حوزه علمیه قم بازگشت و جزو پدران اصلاح طلبی به شمار می‌رفت که موقعی که مرد (۵آذر ۱۳۸۲)، حسینعلی منتظری بر سر قبر او به شیون و زاری پرداخت! در دوره خلافت خمینی، صدها نفر به حکم خلخالی اعدام شدند!

و این مُلای آدمکش درباره ساواک می‌گوید: خیر!، در زندان‌ها آنها مرا شکنجه نکردند، بالعکس آنها بمن احترام میگذاشتند، در طول ۱۵ سال زندان، توقیف، بازداشت و تبعید شدم ولی هرگز شکنجه نشدم و حتی یک سیلی هم به من نزدند[۱]!

۱- روزنامه کیهان- تهران؛ ۲۰دی ۱۳۵۸

۹

فرزندان نهضت تروریست اسلامی خمینی

وقتی که در زمستان بی‌بهار ۱۳۵۷، عکس معروف صف کشیدن حضرات جبهه ملی و نهضت آزادی برای بوسیدن و به آغوش کشیدن یاسر عرفات - تروریست مشهور فلسطینی - منتشر شد، جامعه هیجان‌زده ایران و سوار بر موج و یا تحت تاثیر تبلیغات دائم سازمان‌های اسلامی و کمونیستی، متوجه حکایت اصلی و یکی از عوامل سیه روزی ایران، نشده بود.

در سال ١٣٦٤ هم، در اوج خفقان و استبداد دینی دوران خمینی، و زمانه سیاه جنگ برای انتخابات ریاست جمهوری ثبت‌نام کرد که این اقدام او از جانب مردم حمایت شد، اما شورای نگهبان ظاهراً صلاحیت او را تأیید نکرد[1].

اما از ۱۷مهر ۱۳۶۰، سیدعلی خامنه‌ای رئیس جمهور بود و مافیای او، در دور دوم دوست داشت که نوعی بازی رسانه‌ای برای نشان دادن آزادی در ایران، به نماش بگذارند و البته تا ۲۵ امرداد ۱۳٦۸، خامنه‌ای در آن کُرسی نشست و بعد از مرگ خمینی، به کُرسی دایمی دیگرش رفت.

و هنوز ۵ سال از دوران خلیفه دوم در ساختار خلافت اسلامی ولایت فقیه (خامنه‌ای) نگذشته بود که خبر مرگ مهدی بازرگان در ۳۰دی ۱۳۷۳ در زوریخ از رسانه‌ها اعلام شد! و وقتی جنازه‌اش به ایران منتقل شد، خامنه‌ای هم پیام رسمی تسلیت صادر کرد! کم کم در آن زمان بود که نسل شرکت کننده در بلوای ۱۳۵۷ متوجه چهره‌ای پنهان شدند اما بخاطر آغاز مشکلات اقتصادی-اجتماعی در ایران، چیزی بروز ندادند. و هر از گاهی، در رسانه‌ها، اخبار فعالیت‌های نهضت مثلا آزادی و یا افرادش منتشر می‌شد و حتی دورانی هم نشریه داشتند.

مثلا هر بار به طور مستقل با ائتلاف با چهره‌های جریان مشهور به ملی مذهبی، در انتخابات ریاست جمهوری حکومت شرکت می‌کردند و نامزدهایی مشترک داشتند مثلا

۱- کتاب در تکاپوی آزادی، جلد دوم .شرکت سهامی انتشارات قلم. ۱۳۷۹

در ۲ خرداد ۱۳۷۶با سه نامزد (عزت‌الله سحابی، علی‌اکبر معین‌فر و ابراهیم یزدی) شرکت کردند اما رد صلاحیت شدند و محمد خاتمی از داخل صندوق بیرون آمد. اما نهضت آزادی به حامی سینه چاک اصلاح‌طلبی و خاتمی مبدل شد! و این جریان‌های ائتلافی، برای خود مجموعه‌ای رسانه‌ای در داخل داشته و دارند و یا نزدیکان به جریان حزبی خود را در رسانه‌های فارسی خارج از کشور، کاشته‌اند!

اما بی‌تعارف می‌توان گفت که در بین همه گروه‌ها و دسته‌ها و سازمان‌ها پس از شهریور ۱۳۲۰ و تا زمان ۱۳۵۷، کمتر سازمانی مانند این محفل طالقانی و بازرگان و سحابی و بعدها ابراهیم یزدی با تروریست‌ها و یا قشری‌ترین، بی‌مسئولیت ترین، واپس گراترین و خائن‌ترین افراد ارتباط داشت و یا آنها را به عنوان چهره به مردم ایران، قالب کرد.

اگر حزب توده پاسخگوی کرملین[1] و ک گ ب بود و یا کار و بار فدائیان اسلام، ملل اسلامی، روحانیت مبارز، مؤتلفه اسلامی و ... ترویج و اشاعه تروریسم اسلامی بود که فقط از چهره‌های مسلمان، مجوز شرعی و فتوای ترور و قتل می‌گرفتند.

نهضت آزادی در ۲۵ اردیبهشت ۱۳۴۰، در ایام دولت کندی در آمریکا، توسط طالقانی و بازرگان و سحابی درست شد. اما از همان روز اول، نهضت آزادی یک مافیای چند منظوره بود که همه نوع آشوبگری و تجاوز و ترور را مجاز می‌دانست و ویژگی مشترک آن با دیگر سازمان‌ها و نهادهای تروریست ایرانی، باورمندی و وفاداری به تروریسم اسلامی بود که ابزار خمینی بود و امروزه هم ابزار اختاپوس مذهبی در ایران باقی مانده است. در کنار این تروریسم، تبلیغات روشنفکری دینی، ملی گرایی و یا فریادهای انترناسیونالیسم اسلامی و ... نوعی عشوه‌گری و فریب کاری آنان بود.

و برای همیشه هم در تاریخ ایران، ثبت می‌ماند که از بطن نهضت مثلا آزادی، سازمان تروریست‌های مجاهدین خلق متولد شد. به دیگر سخن، نهضت آزادی به عنوان سازمانی که موسس و رهبران اصیل سازمان مجاهدین خلق را در دامان خویش پرورش دادند.

نهضت آزادی و رهبرانش از معماران جنایت و مکافات بلوای ۵۷ و به قدرت رسیدن خمینی بودند. و چه بسیار خاطرات و روایات منتشر شده‌اند که مشخص است خیلی از گروه‌های افراطی تروریست اسلامی، یا تروریست مارکسیستی و آشوبگر و اغتشاشگر - غیر از مجاهدین خلق - از بطن آن متولد شد و به عبارت دیگر، این نهضت ضد آزادی، خود موسس و بانی اندیشه حرکت مسلحانه علیه حکومت شاهنشاهی بود.

1- Kremlin

مرامنامه این نهضت تروریستی در ۲۵ اردیبهشت ۱۳۴۰ انتشار یافت که مدعی رستگاری ملک و ملت و برقراری عدالت اجتماعی بود و آن را نهضت مقدس نامید! در آن مرامنامه، کمترین اشاره‌ای به قانون اساسی مشروطه سلطنتی ایران نشده. پس از بلوای زمستان بی‌بهار ۱۳۵۷ هم دولت موقت تشکیل داد که جهانیان، حقوق بشر این وحشی‌های تشنه به خون را دیدند! از همان روز اول مرامنامه (۱۳۴۰) تا روز تشکیل دولت موقت (۱۳۵۷) به اقدام‌های تروریستی مسلحانه دست زدند و برای فریب افکار عمومی، آن را مبارزه علیه شاه فقید نامیدند. مسخرگی این نهضت از همراهی آنان با خمینی و دشمنی‌شان با انقلاب سفید و حق رای زنان آشکارا شد. (اعلامیه ٤ بهمن ۱۳٤۱) به شاه فقید گفتند «دیکتاتور خودسر فرعون منش و شاه آدم‌کش منحوس که ۱۰ هزار نفر کشته!»، اما تاریخ نشان داد که حق با که بود و چه کسی قدم در فنا و نابودی مملکت برداشت و همان تاریخ نشان داد که بازرگان مثل همیشه دروغ گفت! یا [۱۲اسفند ۵۸ در روزنامه‌های ایران] یک کراواتی معتقد به قرآن و دستبوس خمینی گفت: تعداد اعدام‌های دادگاه‌های انقلاب اسلامی به ٦۰ نفر هم نرسیده و بالاتر از ۱۰۰۰۰۰ نفری نیست که طی این سالها شاه و حکومتش کُشته!!! حالا پیروان او در رسانه‌های فارسی خارج از کشور دم از آزادی می‌زنند!

رسماً در یادنامه و بیانیه‌های خود، دعوت به تروریسم اسلامی (جنگ مسلحانه) بود [مانند یادنامه سال ۲۰ نهضت آزادی، ص ٤٦ و یا ص٤۹]: نطفه سازمان‌های سیاسی نظامی از جمله جاما، حزب ملل اسلامی و سازمان مجاهدین خلق به وسیله فرزندان خلف نهضت آزادی ایران بسته شد و جهاد اسلامی به عنوان استراتژی عمده مبارزات انقلابی در ایران انتخاب و شکوفا گردید. در همان کتاب یادنامه، نهضت آزادی شیفته مکتب مصدق، به شرح مبارزات خود پس از شهریور ۱۳٥٤ پرداخته و نوشته که «اولین بار رسماً استعفا و کناره‌گیری شاه را مطرح کرده‌ایم و تنها راه آزادی ایران، رفتن شاه است» (ص.٥٤) و یا در ص ۸٤ نوشته که این نهضت در پیام مجاهد، دانش انقلابی از قبیل شورشگری و ضد شورشگری را به ایران انتقال داده! با ترجمه آثاری از مبارزات اریتره، چاد، کوبا و ...و یا تاسیس انجمن اسلامی دانشجویان در آمریکا و کانادا و اتحادیه انجمن‌های اسلامی دانشجویان در اروپا - هر دو تشکیلات وابسته به اخوان المسلمین!- به انتشار مجله مکتب مبارز پرداخته! ...از ۱۳٤۱ علی شریعتی با مجاهدین الجزایری و نشریه المجاهد مربوط شده و به دنبال تهیه امکانات و تدارکات جهاد مسلحانه در ایران بوده..... اولین و کاملترین نشریه آموزش مواد انفجاری و اصول سازمان مخفی و تاکتیک جنگ چریکی و ... توسط

نهضت تهیه و در سطح محدودی توزیع شد».

چهره‌های مشهورشان مهدی بازرگان، طالقانی، ابراهیم یزدی و سحابی بود. و در واقع امر هم، مربع بازرگان- یزدی - طالقانی - سحابی، الگوی دورویی، تقلب، نیرنگ، جعل، شایعه‌سازی، ریا، تخریب، جوسازی، خیانت و .. بودند. این نهضت، تنها یک تشکل سیاسی و اسلامی نبود!؛ یک سوپرمارکت سیاسی و شرکت چند منظوره بود. خود را جنبش اصیل و ملی می‌خواندند اما بویی از اصالت و ملت نبرده بودند. ملغمه‌ای از حرکتی اسلامی - مارکسیستی بود. و این حرکت به ظاهر نوین اسلامی، در واقع پیشرو تروریسم اسلامی بود.

جالب آنکه، سحابی و یزدی و بازرگان، مرتبا علیه دوران شاه، دروغ‌پردازی و شایعه‌سازی می‌کردند. آن را اختناق و استبداد نامیدند. مدنی درباره این جوسازی‌ها در همان کتاب تاریخ سیاسی معاصر ایران، ص ۹۵ می‌گوید که «در مجالس سعی می‌شد که تبعید خمینی مهم جلوه کند، مساله شکنجه را بزرگ نمایی کنند، تا دستگاه تبلیغاتی رژیم را فلج سازند!» اما هرگز تا پایان عمر ننگین خود، اطلاعیه‌ای علیه خمینی و خامنه‌ای ننوشتند.

یا مثلا یک بار حسن نزیه در کلن آلمان سخنرانی کرد و از مبارزات ۳۷ ساله خود با ما و شاه قصه و افسانه گفت. به یکباره دانشجویی پرسید در این دوران مبارزه محکومیتی دارید؟ نزیه گفت نه. کجای دنیا و در کدام دمکراسی و یا جمهوری اجازه می‌دهند یکی ۳۷ سال مبارزه کند و قصد سرنگونی داشته باشد و ۱ روز هم رنگ زندان نبیند؟ تازه مشاور حقوقی سازمان‌های دولتی همان رژیم هم بود! عین شاپور بختیار، سنجابی و سیدجوادی از مظالم ساواک به دروغ می‌نالیدند ۲۴ساعت هم بازداشت نشده بودند! نزیه همان کسی است که در ۱۵ دی ماه ۱۳۵۷ با خمینی در فرانسه دیدار کرد و دستمزدش آن بود که چند ماه، در فاصله سال‌های ۱۳۵۷ تا ۱۳۵۸ در دولت موقت در جایگاه مدیرعامل و رئیس هیئت مدیره شرکت ملی نفت ایران بود. نتیجه اینکه، رژیم خمینی با همه دروغ‌پردازی و قصه‌سرایی و زمین و زمان را بهم بافتن، نتوانستند عاقبت یک نمونه از شکنجه‌های ادعایی را به مردم نشان دهند و ثابت کنند.

گرچه ساواک و کارمندان عالی رتبه‌اش در برابر این سیل اتهامات و شایعات بی‌اساس، تبلیغات دروغین و حملات تبلیغاتی گروه‌های تروریستی اسلامی و مارکسیستی همیشه سکوت پیشه کردند و تمایلی به افشاگری نداشتند. اما پس از به قدرت رسیدن حکومت خلافت اسلامی ولایت فقیه، کل سازمان تبلیغات در اختیار این شارلاتان‌های تروریسم اسلامی قرار گرفت تا در راستای سیاست ولایت فقیه، در جهت تحریف حقایق گام بردارند. اما هرگز دربرابر خرابکاری و تروریسم خود، سخن نمی‌رانند.

«پس از زمان شریف امامی و شاپور بختیار (که او مانند بازرگان، شیفته مصدق بود)، تروریست‌ها و خرابکاران دوره دیده در اردوگاه‌های تروریستی اجنبی، یا آزاد شدند و به خیابان ریختند و یا وارد کشور شدند و هر کسی هم ریش گذاشت و شد حزب اللهی. هر کسی پشت پرچم مجاهدین قرار گرفت و شد مجاهد و یا سراغ چریک‌های فدایی خلق رفتند و شدند فدایی. به همین سادگی هم کار دستشان داد. و گرنه به جز آن عده‌ای که به جرم قتل و کشتار و سرقت در زندان بودند و یا در خارج از کشور در کنفدراسیون بودند، چند نفری تروریست مجاهد در رده‌های پایین و یا تروریست چریک بودند. والسلام و نامه تمام.... وقتی انقلاب خمینی پیروز شد، برای نزدیک شدن به دستگاه، هر کسی سعی کرد برای خودش سابقه‌ای بسازد. همگی گروه‌های تروریستی هم سهم خودشان را می‌خواستند و چون اختلافی وجود نداشت، تقسیم مشاغل و مسئولیت‌ها روی این سوابق صورت می‌گرفت. این‌ها به دست و قلم خودشان، سابقه خودشان را نوشتند. بعد وقتی که ماه عسل تمام شد، بگیر و ببندها شروع شد و بعدها پرونده‌ها، رو شد. همان سهم خواهی و با افتخار خود را مجاهد و چریک و توده‌ای و .. نامیدن، پس از ماه عسل، باعث دردسرشان شد» [قصه ساواک، سیاوش بشیری، ص ٤٢٢]

طرفه آنکه، مصدق‌السلطنه، پیشوای قابل ستایش همه این تروریست اسلامی بوده است. حتی مصدق در نامه‌ای به بازرگان از تاسیس نهضت آزادی، ابراز شادمانی کرده. که ناگهان، بازرگان با دریافت نامه در منزل صادق فیروزآبادی، به مقام رهبری ارتقا یافت. (کتاب تاریخ معاصر ایران، ج اول، انتشارات نهضت آزادی، ص ٥) همانجایی که نوشته شده: مهدی بازرگان در مرامنامه نهضت مثلا آزادی نوشت: «ما مسلمان، ایرانی، تابع قانون اساسی و مصدقی هستیم: ایرانی هستیم ولی نمی‌گوییم که هنر نزد ایرانیان است و بس!»...

بارها تروریست‌های اسلامی جمله‌ای را تکرار می‌کنند که گویا بازرگان در دادگاه نظامی (از ۳۰ مهر تا ١٦ دی ١٣٤٢) می‌گوید «ما آخرین گروهی هستیم که با زبان قانون با شما صحبت می‌کنیم» و با این سخن جعلی، ظاهراً وی در دادگاه اتمام حجت کرده است. همیشه از سیاست جنجالی مصدق‌السلطنه پیروی کرده‌اند تا هم در بوق‌های تبلیغاتی و رسانه‌ای، برای ارگان تروریستی خود تبلیغ کنند و هم بهانه‌ای برای اهانت به شاه بیابند!... اما همان سخن جعلی منتسب به بازرگان، به معنی «دست به اسحله بردن و برنامه تروریسم اسلامی خمینی را پیاده کردن؛ است و از بطن نهضت آزادی، نهاد تروریستی مجاهدین خلق، درست شده بود! از راه دیگر وارد می‌شویم، یعنی عملیات تروریستی را می‌آغازیم! که کرد.

بماند که خود نهضت آزادی در بطن خود سازمان مجاهدین خلق را پرورد و خود ابراهیم یزدی (در ش ۴۵۲، روزنامه مردمسالاری) می‌گوید جزوه اول چگونه اغتشاش و آشوب برپاکردن را او نوشته و به مجاهدین خلق داده و اشاره‌ای دارد که با فداییان اسلام و نواب صفوی هم چه مراوداتی داشته‌اند از آن زمانی که جنازه رضاشاه را به ایران آوردند و می‌خواستند در خیابان شهر به آتش‌اش کشند. خلخالی هم بعدها از قصدش برای آتش زدن جنازه رضاشاه در تلویزیون داد سخن داشت. نهضت آزادی ادعای ملی‌گرایی داشت اما آشکارا تاریخ ۲۵۰۰ ساله کشور را نفی می‌کرد. از آیه‌های قرآن خرج می‌کرد و از مارکسیسم سود می‌جست.

چهره اصلی نهضت آزادی، مهدی بازرگان بود. نخستین فعالیت سیاسی مهدی بازرگان، تشکیل انجمن‌های اسلامی و تاسیس اولین نمازخانه در دانشگاه تهران بود و کودکانه به آن افتخار می‌کرد. نهضت آزادی را اولین حزب اسلامی تاریخ ایران نامید. آزادی و برابری انقلاب فرانسه را مقابل اسلام کشک دانست. بازرگان به استاد دانشگاهی‌اش فخر می‌فروخت اما شیفته کانون اسلامی بود و انجمن تبلیغات اسلامی و کانون اسلام، جنبش مسلمان مبارز و نهضت خداپرست و...که هیچ کدام ربطی به علم و اندیشه و تکنولوژی نداشته و ندارند. نواب صفوی تروریست را تجلیل کرد و شهید خواند. بازرگان، با فدائیان اسلام برآمده از حوزه علمیه مُلاهای شیعه، دمخور بود و حتی با نواب صفوی - طبق خاطرات سحابی - دیدار داشت تا شاید نقشه ترور زاهدی، عملی شود! مجاهدین خلق را در یادنامه نهضت آزادی (۱۳۶۲)، جریان اسلامی نامیدند و اعضایش را اعضای فعال نهضت آزادی خواندند. حتی به رابطه و پیوند و ارتباط بین بازرگان - سحابی- یزدی- چمران با نواب صفوی و رهبران فدائیان اسلام اشاره کردند. (یادنامه نهضت آزادی، ۱۳۶۲، صفحه ۱۸ به بعد)

بنابراین، به غیر از رهبر خونخواره خلافت اسلامی ولایت فقیه، خامنه‌ای، که مدافع شخص نواب صفوی است، (شخصی که تنها هنرش قتل احمد کسروی است) مهدی بازرگان هم شیفته این تروریست اسلامی بود.

«بعد از دیدار با ابراهیم یزدی، عزت‌الله سحابی را هم دیدم. اتفاقا جمله‌ای غلط را در گفت و گویم به رخ یزدی و بعدها سحابی کشیدم. آنکه به دروغ می‌گویند: «بازرگان دنبال مسالمت و منطق بود!» اتفاقا قبل از تروریست بازی مسعود رجوی و ... با تروریست دیگری مانند نواب صفوی دیدار داشت و قصد ترور تیمسار سپهبد فضل‌الله زاهدی را داشت. سحابی، صادق‌تر از یزدی بود. علنا گفت که طرح‌ها، اصول و برنامه‌های شاه در جهت مصالح و منافع کشور ایران بود و ماها نمی‌فهمیدیم! البته در کتاب خاطرات‌اش

بعدها همان‌ها را بطور مفصل بازگفت. اهل محاکمه ذهنی، دهن بین، هوچی و جنجالی نبود. پیرمردی اهل احترام بود گرچه اختلاف نظر داشتیم!

جالب اینکه، طالقانی تنها حامی فدائیان اسلام بود .از اواخر زمان مصدق با فدائیان اسلام آشنا شدم و با آن‌ها ارتباط پیدا کردم .نواب در زندان دوره مصدق / رفتار بسیار بدی که در زندان با این‌ها می‌شد. من و بازرگان به خانه‌ای رفتیم و نواب صفوی هم به اتفاق خلیل طهماسبی آمد. درباره کودتاچی‌ها و سپهبد زاهدی و وابستگی ایران به انگلیس و آمریکا و فساد اخلاقی و فحشای رایج صحبت شد .دیدیم که طرفین تفاهم زیادی دارند. آخر سر نواب رو به بازرگان کرد و گفت، تکلیف خودمان را فهمیدیم شما باید به ما کمکی بکنید. ما یکی از افراد خود را به شما معرفی میکنیم. شما به طریقی او را در باغ قیطریه به عنوان باغبان یا کارگر وارد و مشغول به کار بکنید و بقیه کار با ما (منظور ترور زاهدی بود). درآن موقع زاهدی نخست‌وزیر کودتا در باغ قیطریه مستقر بود. این ملاقات در آذر ۱۳۳۲ بود. دیدم طالقانی اشک می‌ریزند و شروع کرد به گریه کردن. بعد گفت که وضع نواب و یارانش خیلی خطرناک شده؛ اگر رژیم آنهارا دستگیر کند زنده نخواهد گذارد! به منزل طالقانی رفتم.دیدم که نواب، خلیل طهماسبی، سیدمحمد واحدی، محمدمهدی عبدخدایی و پنج نفر دیگر از یاران نواب نشسته، قرآن می‌خوانند! [نیم‌قرن خاطره و تجربه، خاطرات عزت‌الله سحابی، جلد اول، نشر فرهنگ صبا، ۱۳۸۶]

بنابراین، نهضت مثلا آزادی، فردی فاسد در راس آن قرار داشت که شب‌ها قرآن می‌خواند، روزها چریک می‌پروراند و عصرها به تروریسم می‌اندیشید. بازرگان برای مصدق‌السلطنه و جبهه ملی فریاد زنده باد می‌کشید اما لحظه‌ای با آنان همکاری نکرد. اول با شریعتمداری بیعت کرد اما چون جبهه ملی به سمت شریعتمداری رفت و باد هم به کشتی خمینی خورد، با او بیعت کردند، دنباله رو سرسخت خمینی جلاد شدند! مرجع تقلیدش خواندند. در ظاهر با کمونیسم مخالف بودند اما مارکسیست‌ها را در صورت لزوم، قهرمان مسلمان معرفی می‌کردند. سال ۱۳۵۷ هم به مصدقی دیگر، خیانت کرد تا دولت مستعجل او فروپاشی کند ! (شاپور بختیار)

ایشان از سال ۱۳۴۲ مرتبا تمام هوش و حواسش در جلب نظر نسل جوان خام و پرشور برای مبارزه انقلابی بوده. با افکار موهوم و خرافات تشویق انان به مبارزه رادیکالی را در نظر داشته و بی‌تاب در فروپاشی مملکت و تسریع انقلاب بوده. از جمله تماسها با نمایندگان مجلس و تهدید آنها به چاقو زنی و .... البته [بنا به روزنامه‌های اواخر شهریور ۱۳۵۸] بنی‌صدر به بازرگان گفت: تو اصلاً نظام نداری بابا!، در حقوق بشر و این

خرده فرمایش‌ها گیر کردی... علی رغم اینکه همان بنی‌صدر که [در مصاحبه ویدئویی] معتقدست در زندان‌های ساواک با خرس به دختر مردم تجاوز کرده‌اند!، بازرگان هم در روز اول انقلاب به نیوریورک تایمز گفت: «مگر چه می‌خواستیم، جز همین حکومت پیامبر و علی که الان درست شده بر اساس قرآن؟»

این مدعی لیبرال دمکرات مخالف حق رای زنان و انقلاب سفید بود. پدر روحانی تروریست‌های مجاهدین خلق. اسم بازرگان منحط الفکر و مخبط روشنفکر است؟ بفرمائید چه خدمتی به ایران کرده؟ وقتی با پول مملکت به فرانسه رفت؛ آمد و برگشت و گفت آب کُر پاکه! و بعدها شد پدر روحانی تروریست‌های مجاهدین خلق.

گاه ماموران نهضت آزادی در رسانه‌های فارسی لندن، به دروغ می‌گویند که بازرگان می‌خواست قانون مشروطه از چنگ آخوند در امان باشد! اما عقب ماندگی و تحجر فکری مهدی بازرگان و شیوه دستبوسی او از خمینی خونریز و نوکری ولایت فقیه برای بازرگانی با سرنوشت ایران و پدر روحانی و فکری گروه تروریستی مجاهدین خلق بودن؛ درسی پر ارزش برای نسل جوان است. او کسی است که بانی اعتصاب‌ها ۱۳۵۷ برای ویرانی صنعت نفت ایران بود. و بنابه روایت یحیی صادق وزیری، همه اعتصابات شرکت نفت و تهدید جانی وزرای کابینه بختیار هم زیر نظر همین مهندس تروریست دستبوس خمینی بود. یا در نیویورک تایمز، ۱۵ بهمن ۱۳۵۷ بازرگان، سخنی چرند و جفنگ گفت: حکومت خمینی مانند حکومت امام علی است!

از زمان دستگیری سران سازمان تروریستی مجاهدین خلق تا بهمن ۱۳۵۷، یک گروه افراطی مارکسیستی - تروریستی» پیکار» از بطن آن متولد شد و مجاهدین خلق جز سرقت مسلحانه، تروریسم، انفجار بمب، حمله به موسسات اقتصادی و بازرگانی، بانک زنی و راهزنی، ترور شخصیت‌های خارجی و داخلی، جاسوسی، عملیات تبهکاری و ضد ملی و ... چیزی در کارنامه ندارد. حتی به ترور سرهنگ هاوکینز (ماه ژوئن ۱۹۷۳ - ۱۳ خرداد ۱۳۵۲) و یا ژنرال پرایس و... فخر می‌فروشد و آن عملیات تروریستی را جزو افتخارات خود معرفی می‌کند.

و پیدایش سازمان تروریستی مجاهدین خلق به این خاطر بود که راه موفقیت‌شان در مبارزه با شاه، مبارزه مسلحانه (بخوانید عملیات تروریستی) بود. به تفصیل، در لابلای شعارهای بی‌ربط و سخنان بی‌در و پیکر، در کتاب «شرح تاسیس و تاریخچه وقایع سازمان مجاهدین خلق ایران از سال ١٣٤٤ تا ١٣٥٠ (انتشارات سازمان مجاهدین، چاپ تهران، تیر ۱۳۵۸، ص ١٦)» نوشته‌اند که با روش سیاسی نمی‌توان مبارزه کرد و بی‌سلاح نمی‌توان

جنگید! ابراهیم یزدی معتقد بود که «فقط محو و مجذوب سقوط شاه بودیم و در مثلث بیروت و قاهره و بغداد کارمان پرورش چریک بود».

٦ سال پس از بنیان‌گذاری سازمان تروریستی الفتح فلسطین (در سال ۱۹۵۹توسط یاسر عرفات با هدف آزادی فلسطین از سیطره اسرائیل از طریق مبارزات مسلحانه تروریستی)، در ایران، در سال ۱۵شهریور ۱۳٤٤(٦ سپتامبر ۱۹٦۵) سازمان تروریستی مجاهدین خلق تاسیس شد. عوامل نفوذی کمونیست‌ها در ایران و نیز به همراه برخی مذهبی سنتی (مانند بازرگان و سحابی و طالقانی) این ملغمه مارکسیسم اسلامی-انقلابی را درست کردند. البته بعدها سازمان‌های تروریستی مانند گروه فلسطین[1] و گروه پیکار هم منشعب از مجاهدین خلق بودند که هر کدام توسط ساواک، کشف و متلاشی شدند.

چهار جهت اصلی اندیشه و تفکر موسسان این نهاد تروریستی در چهارچوب اسلام، مارکسیسم، نهضت آزادی، جبهه ملی بود و نگاه ایدئولوژی و جزم باورانه هم به قضایا داشتند. خود سازمان در ص ۲۰ همان «شرح تاسیس» به تجربه‌های مبارزه مسلحانه در ایران اشاره کرده‌اند و نوشته‌اند: جنبش جنگل به رهبری میرزا کوچک جنگلی! و مجاهدین خلق با این شامورتی بازی به مردم ایران نمی گویند که میرزا جنگلی یک کمونیست تجزیه طلب و عروسک دست مسکو بود و کارش، هیچ ارتباطی به مصالح و منافع ملی ایران و ملی گرایی نداشت و باید ممنون اقدام به موقع رضاشاه بود که هر متجاسری را به سزای اعمالش می‌رسانید و عاقبت روز جمعه ۱۱ آذر ۱۳۰۰، این عنصر حکومت شوروی و آخوند متحجر و تجزیه‌طلب از پای درآمد و سر یخ زده‌اش را هم بریدند تا عاقبت تجزیه طلب را به نمایش بگذارند.

سازمان تروریستی مجاهدین خلق اعلام می‌کند که پس از ۵ سال بحث بی‌ثمر و ایدئولوژیک، این تشکیلات کم‌بنیه، خود را به اردوگاه‌های تروریستی الفتح فلسطین رساندند و خودشان در ص ٤۸ همان «شرح تاسیس» نوشته‌اند: بررسی آگاهانه داشته‌اند که به فلسطین بروند!... در ادامه در ص ۵۳ همان منبع می‌نویسند که در فروردین ۱۳٤۹، با جعل سند و شناسنامه جعلی به طور قاچاقی و غیرقانونی با لنج به دوبی و ابوظبی می‌روند و با نماینده فتح دیدار می‌کنند. حتی در این مسیر بود که ۳ بار هواپیماربایی[2] هم کردند!

۱- شکرالله پاک‌نژاد، از رهبران گروه تروریست فلسطین و جبهه‌ی دموکراتیک ملی، و در زندان با رهبران مجاهدین و چریک‌های فدایی از جمله مسعود رجوی و بیژن جزنی رابطه‌ای نزدیک داشت. وی در مصاحبه با فرد هالیدی در امردادماه ۱۳۵۸ گفت: ما همگی در اصل از جبهه‌ی ملی بودیم! (اوایل دهه ۱۹۸۰ - مجله MERIP)

۲- . در نخستین روز تیر ۱۳٤۹، نخستین هواپیماربایی تاریخ ایران اتفاق افتاد. در آن حادثه سه ایرانی به

(تیر، شهریور و دی ۱۳٤۹)و بعدها اخبار مربوط به بانک زنی، آدمکشی، سرقت مسلحانه، تروریسم، آدم ربایی و ... در رسانه‌ها منتشر شدند.

بماند که تروریست‌های مجاهدین خلق با توصیه نهضت آزادی و بازرگان و نفوذ طالقانی، از بازاریان تهران و شهرها و محافل مذهبی، پول قابل توجهی دریافت کنند تا در راه تاسیس حکومت اسلامی تروریستی صرف شود. البته کمک رسانی بازاری‌های طرفدار جبهه ملی و نهضت آزادی و هواخواهان محافل مذهبی، بی‌دریغ اقدام می‌کردند. (بشیری، ص ٤٦٠-٤٦١)

یا هنگامی که مجاهدین خلق (که از بطن نهضت آزادی و جبهه ملی متولد شد) در ۱۸ آبان ۱۳٤۹ هواپیمای ایرباس خط دبی و تهران را ربودند و به عراق رفتند شخص یاسر عرفات بود که رباینده‌ها را نجات داد آنهم بنا به هماهنگی نهضت آزادی. چه رابطه‌ی عاشقانه‌ای بین الجزایر و فلسطینی‌ها و یاسر عرفات و جماعت نهضت مثلا آزادی و مجاهدین خلق می‌تواند باشد؟

مسعود رجوی بارها و بارها از مُلایی مانند طالقانی - شیخ تروریست‌ها - را، پدر می‌نامید! طبق گفته سیدمحمود دعایی (ش ۳۱۷ روزنامه جمهوری اسلامی ۱٦ تیر ۱۳۵۹) طالقانی نامه‌ای در دفاع از هواپیمارباهای مجاهدین خلق به خمینی می‌نویسد تا برای آزادی آنها از زندان بعث اقدام بکنند و خمینی از مبارزه مسلحانه مخفی این گروه اسلامی مطلع بوده!. سیدجلال‌الدین مدنی در تاریخ سیاسی معاصر ایران (پاورقی ص ۲۱۸، ج ۲، نشر دفتر انتشارات اسلامی، جامعه مدرسین حوزه قم) از زبان هاشمی رفسنجانی می‌نویسد: «ما روحانیون از فعالیت مجاهدین خوشحال بودیم که تشکیلاتی دارند. بخاطر کمک به آنها، نامه‌ای به امام نوشتم! به وسیله سحابی فرستادم که در پاریس نامه لو رفت و ما را دستگیر کردند».

بارها و بارها این سازمان همه فن حریف، خود را بخوبی معرفی کرده است. بعدها

نام‌های علی ملازاده، حسن ملازاده و مسعود حمیدی در اقدامی مسلحانه یکی از هواپیماهای بویینگ هواپیمایی ملی ایران را ربودند. این پرواز با ۹٤ مسافر از فرودگاه مهرآباد عازم آبادان بود که دقایقی پس از برخاستن از فرودگاه تهران، به سمت عراق تغییر مسیر داد. سرانجام این هواپیما پس از توقف یک‌روزه در فرودگاه بغداد، مجداد به سمت تهران پرواز کرد و همه مسافران و خدمه آن سالم به ایران بازگشتند. شهریورماه همان سال نیز، دومین هواپیماربایی از ایران انجام گرفت و یک فروند هواپیمای مسافربری هواپیمایی ملی ایران توسط سه ایرانی به کشور عراق برده شد و سه هواپیماربا از دولت عراق پناهندگی سیاسی گرفتند. این هواپیماربایی به اعضای سازمان مجاهدین خلق ربط داشته که می‌خواستند از عراق به لبنان بروند. دی ماه ٤۹ نیز سومین هواپیمای مسافربری ایران توسط ٦ نفر ربوده و به عراق برده شد، هواپیماربایان در عراق تحت تعقیب قرار گرفته و برای محاکمه به ایران منتقل شدند.

هم البته این سازمان تروریست اسلامی، جمعیت دفاع از آزادی و حقوق بشر را ساخته و پرداخته کرد. و در بیانیه‌ای خواستار آزادی زندانیان سیاسی بودند که جانشان در خطر است (۱۱ آبان ۱۳۵٦؛ منبع: دفتر ۲ اسناد نهضت آزادی، اسفند ۱۳٦۲).اما براستی آزادی و حقوق بشر چه افرادی به خطر افتاده بود؟ شیخ علی جنتی، سیدعلی خامنه‌ای، صادق خلخالی، ناصر مکارم شیرازی، شیخ محمد یزدی و ...

متاسفانه امروز هم بزرگترین دانشگاه کشور به اسم فرد وابسته به مجاهدین خلق است. شریف کسی بود که درون گروه سال ٥٤ به قتل رسید. اینکه مرحله اول اسلامی بودند و بعدها منحرف شدند، سخنی بی‌معناست. یا نخست وزیر مملکت هم یک مجاهدین خلقی بود، محمد علی رجایی. که سالهای ٤۰ از نهضت آزادی به مجاهدین خلق پیوسته بود.. امروزه هم مثلا افراد نهضت آزادی برای تروریست‌های بمب گذار، اشک می‌ریزد!... مانند: متاسفانه هسته اول مجاهدین خلق توسط ساواک به شهادت می‌رسند![1] انگار که یک آزادی می‌خواستند برای خرابکاری، تروریسم، آشوب و توحش بیشتر می‌خواستند کل ایران را بمب گذاری کنند و به آتش بکشند از سعه صدر شاه در عفو قاتلش حرف نمی‌زنند. مشهوراست که محمد البصری رهبر جناح انقلابی مراکش در آغاز فروردین ۱۳۵۸ در تهران به روزنامه‌ها گفت اولین باری نیست که با مجاهدین خلق ایران رابطه و تماس داریم. از ۱۹۷۰ در اردوگاه‌های چریکی فلسطینی‌ها و دیگر جاهای اروپا این مراودات بوده و هست.

حالا در کنار ترورهای مشهور و مکتوب شده، پاسبان یا نگهبان کشی هم در بین این حضرات، مرسوم بوده. مثلا سروان نوذری در ١٤ اسفند ٥٤ سرپرست گارد تامین امنیت دانشگاه آریامهر به ضرب گلوله کشته شد و شبانه اعلام کردند که مرحله دیگری از مبارزات خلق طی شد. یا ترور سرهنگ پل شفر[2] و جک ترنر[3] بامداد روز چهارشنبه ۳۱ اردیبهشت ۱۳٥٤ در محله قیطریه تهران توسط عوامل سازمان مجاهدین خلق ایران انجام شد. را به دست (یک جانی قهار) وحید افراخته، ترور می‌کنند و ۲ کیف همراه آنان را هم در فرانسه به سفارت شوروی تحویل می‌دهند. هر کدام از سازمان‌های تروریستی برای جلب افکار عمومی دست به ترور می‌زدند. خرداد ٥۳، شرکت جنرال الکتریک را منفجر می‌سازند. یا در ۲۳ خرداد ٥۱ با ورود نیکسون به تهران، بمب‌گذاری کردند و اتومبیل ژنرال هارولد را در خیابان دولت، چهارراه قنات منفجر کردند و دو پایش قطع شد و یک مادر و دختر رهگذر هم کشته شدند.

۱- خشت خام - گفتگو با محمد توسلی؛ Aug ۱۳, ۲۰۲۰.
2-Colonel Paul R. Sheffer (1930-1975).
3- Lt. Col. Jack Turner.

بعدها در ۱۳آبان ۱۳۹۲ در رسانه شایع کردند که گویا مهدی بازرگان، در بحران گروگانگیری و در نهم آذرماه ۱۳۵۸، نامه‌ای به شاه فقید نوشته که در آن نامه آمده بوده «بیایید یک ژست عالی تاریخی و در عین حال ساده انجام دهید: اعلام مراجعت به ایران برای حضور و دفاع خود در محاکمه بنمایید!.» در عین جنون و سبکسری، آن را عاقلانه‌ترین و خوش عاقبت‌ترین راه حل نامیده بود. بماند که اطرافیان بازرگان - مانند قطب‌زاده - بارها و بارها دست به هر فتنه‌ای زدند که شاه فقید را ترور کنند و یا او را به ایران بکشانند تا وی را مانند داعش اعدام کنند و خلقی واله و حیران شوند از نمایش تروریسم اسلامی حضرات!

در پایان باید پرسید که آیا حیدراوغلی، میرزا کوچک، پیشه‌وری و ارانی فرهنگ آزادی داشتند؟ آیا جانیان اسلامی مانند بازرگان، منتظری، نواب، خلخالی صلاحیت حرف زدن از آزادی دارند؟ آیا رهبران جمهوری اسلامی هم مانند خمینی و خامنه‌ای، می‌توانند دم از انسانیت و آزادی بزنند؟

بسیاری از گروه‌های افراطی اسلامی، تروریستی، مارکسیستی، آشوبگر از بطن و شکم این نهضت مثلا آزادی متولد شد و یکی از راهگشایان ورود ابلیس در تاریخ ۱۳۵۷ بود. بعد از جنایات حزب توده و فدائیان اسلام، شاید هزاران صفحه بتوان درباره عملیات تروریستی مسلحانه و ویرانگرانه این نهاد قشری، بی‌مسئولیت، واپس‌گرا، عوام‌فریب و تروریست اسلامی نوشت. یک منجلاب و سوپرمارکت سیاسی که هنوز بسیاری از زوایای آن، پنهان مانده است... بسیاری از ترورها و خرابکاری‌ها بر مجوزهای شرعی و فتوای علمای اسلام اتکا داشت!

انگار کسی نباید ازاین سازمان مدعی ملی گرایی هم پرسشگری می‌کرد که این کدام شرع ویرانگر، عقب مانده و ضد وطنی است که باید پذیرفت؟ کدام عالم (!) فاسد و فاقد شخصیت و هویت اسلام، چنین کمر به نابودی ایران و ایرانی بسته است و این همه عقده گشایی بی‌ربط نسبت به شاه و وطن در چیست؟

تمام علت و دلیل شروع عملیات تروریستی نهضت آزادی در ۲ چیز خلاصه می‌شود: حبس و تبعید خمینی..... محاکمه و محکومیت سران نهضت آزادی. در کجای جهان تروریست را محکوم نمی‌کنند؟ حال با این همه شامورتی بازی‌شان پاسخ نمی‌دهند که خمینی جز سیه روزی و بدبختی چه سودی برای ایران و ایرانی داشت؟ این سران نهضت مثلا آزادی جز جاده صاف کنی اهریمن، چه نفعی برای ایران داشتند؟ پاسخ، همان هیچ بزرگ است!

۱۰
آیت‌الله سُرخ
(پدر تروریست‌های اسلام مارکسیستی)

در اردیبهشت ۱۳٤۰ همزمان با روی کار آمدن جان اف کندی به کاخ سفید در آمریکا، مهدی بازرگان و یدالله سحابی و طالقانی به تاسیس این نهاد تروریستی اسلامی پرداختند که در افکار عمومی بیشتر اسم نهضت آزادی با نام بازرگان گره خورده است.

اما محمود طالقانی (آیت‌الله سرخ!) در بیانیه ۲۵ اردیبهشت ۱۳٤۰ آمده که برای پیوستن به نهضت آزادی استخاره کرده و آیه‌های ۹٤ و ۹۵ سوره نسا آمده وپذیرفته. [ترجمه فارسی: ای کسانی که ایمان آورده‌اید! هنگامی که در راه خدا گام می‌زنید (و به سفری برای جهاد می‌روید)، تحقیق کنید! و بخاطر اینکه سرمایه ناپایدار دنیا (و غنایمی) به دست آورید، به کسی که اظهار صلح و اسلام می‌کند نگویید: «مسلمان نیستی» زیرا غنیمتهای فراوانی (برای شما) نزد خداست. شما قبلاً چنین بودید؛ و خداوند بر شما منّت نهاد (و هدایت شدید). پس، (بشکرانه این نعمت بزرگ،) تحقیق کنید! خداوند به آنچه انجام می‌دهید آگاه است./ (هرگز) افراد با ایمانی که بدون بیماری و ناراحتی، از جهاد بازنشستند، با مجاهدانی که در راه خدا با مال و جان خود جهاد کردند، یکسان نیستند! خداوند، مجاهدانی را که با مال و جان خود جهاد نمودند، بر قاعدان [= ترک‌کنندگان جهاد] برتری مهمّی بخشیده؛ و به هر یک از این دو گروه (به نسبت اعمال نیکشان،) خداوند وعده پاداش نیک داده، و مجاهدان را بر قاعدان، با پاداش عظیمی برتری بخشیده است.] و طبعا منظور از «جهاد اسلامی» هم در این آیات به معنی «مبارزه مسلحانه و تروریسم اسلامی» است!

تو گویی که این نهضت مثلا آزادی، توان مبارزه سیاسی و اقناع افکار عمومی جامعه را با شعارهای واهی و خیالی نداشت، بنابراین راه «تروریسم اسلامی» را به عنوان راه موفقیت‌آمیز در مبارزه با رژیم قانونی مملکت برگزیده بود. طبعا دوست دارند که امروزه از مسئولیت پذیری در مقابل خیانت‌ها و جنایت‌های از سرقت بانک و راهزنی تا ترور و آدم ربایی و انفجار بمب و ... توسط گروه تروریستی مجاهدین خلق بگریزند!

در مطلب «فرزندان نهضت تروریست اسلامی خمینی» اشاره شد که طالقانی، حامی فدائیان اسلام و نواب صفوی بود و حتی تروریست‌های فدائیان اسلام را مدتی در خانه‌اش پنهان کرد. البته محمد عبدخدایی در روزنامه اطلاعات و شرحی از زندگی اغراق‌آمیز و دروغین درباره نواب صفوی، می‌گوید که وی و نواب و خلیل طهماسبی (قاتل رزم‌آرا و آزاد شده توسط مصدقی‌ها) و محمد واحدی، بعد از تیراندازی به طرف حسین علا، در منزل طالقانی مخفی شده‌اند و معتقد است که طالقانی، شیفته و شیدای نواب صفوی بوده است! (روزنامه اطلاعات، چ تهران، ش ۱۷۲۰۹، تاریخ ۲۷ دی ۱۳۶۲، ص. ۲۰)

همواره طالقانی در موقع هواپیما ربایی، ورود اسحله، فعالیت‌های تروریستی و خرابکاری توسط مجاهدین سعی داشت که با تقلب و ریاکاری، آنها را معصوم نشان دهد و بر ستمگری مقام‌های ساواک، انگشت بگذارد! و طبعاً نهضت آزادی و انجمن‌های ساختگی اسلامی هم در خارج از کشور و کنفدراسیون دانشجویان هم سازمان‌هایی بودند که به این تبلیغات منفی دامن می‌زدند. طالقانی در کنار دیگر مُلاها - مانند محلاتی، دستغیب، حائری، موسوی و ...دیگر روحانیون مترقی (!) قم - سعی داشتند که فعالیت‌های مخرب و تروریستی مجاهدین خلق را به انگیزه دینی و جهاد در راه اسلام عزیز و این افراد جانی و تروریست را هم «اهل نماز و حافظ نهج البلاغه و قاری قرآن و حافظ روایات اهل بیت» و «جوانان کم نظیر و تحصیلکرده و آزادیخواه و غیور» معرفی کند. (بشیری، ص. ۲۸۱؛ پیام مجاهد، خرداد ۱۳۵۱؛ پیمان، ارگان کنفدراسیون، خرداد ۱۳۵۱) حتی در اطلاعیه پیام مجاهد (خرداد ۱۳۵۱) مُلاهایی مانند " طالقانی، ربانی شیرازی، انواری، هاشمی رفسنجانی و حجتی کرمانی " را دانشمندان مجاهد نامید!

غیر از طالقانی و دیگر مُلایان، حوزه علمیه قم در اعلامیه‌ای - متن منتشر شده آن در نشریه مجاهد، ش.۳، ۱ امرداد ۱۳۵۱ - نوشت که تروریست‌های مجاهدین خلق «شهیدانند که اصالت‌های فکری اسلامی و دید صحیح و انقلابی از قوانین آزادی بخش قرآن در جنبش آنهاست»(!) همین سخنان بی‌پایه، تبلیغات و جار و جنجال‌ها و اساس دفاع از تروریسم اسلامی توسط روحانیون مبارز ایرانی در خارج از کشور هم تکرار می‌شد (قطعنامه ۵ فروردین ۱۳۵۲) و انگار کسی هم حق نداشت به این حافظان قرآن و جوانان اهل نماز، اما تروریست و کله خراب از گل کمتر بگوید!

هرگز طالقانی درباره ترورها و انفجارهای مهیب و قتل‌ها، تخریب پل و سد و انفجارها و ... که توسط فرزندان اخلاق گرا و بچه مسلمان‌های تروریست مجاهدین خلق سخنی نگفت. البته این مُلای شیفته تروریست‌ها می‌دانست که مجاهدین خلق

شترمرغ وار می‌پرند و هر جا لازم بود مارکسیست بودند و جایی که بیشتر صرف می‌کرد، اسلامی می‌شدند. و می‌دانست که در خانه‌های تیمی، روابط جنسی آزاد بین زن و مرد مجاهد برقرار بود (مانند سیمین صالحی و بهرام آرام) و اعضایشان را برای خلق، ایثار می‌کردند! (بشیری، ص. ٤٦١) بعدها منیژه اشرف‌زاده کرمانی، در آبان ۱۳٥٤ اعتراف کرد که همخوابگان مردها و همسران سازمانی مردها بودند! (بشیری، ص. ٤٧٦)

یا دورانی که بهرام آرام و محمدتقی شهرام توسط اعظم طالقانی و خلیل رضایی به آیت‌الله سرخ طالقانی، هاشمی رفسنجانی، لاهوتی اشکوری، مهدوی کنی، منتظری، ربانی شیرازی، معادیخواه و ... تماس و ارتباط داشتند. حتی در ملاقاتی که وحید افراخته، بهرام آرام و تقی شهرام در منزل غیوران با طالقانی داشتند، طالقانی موافقت کرد که هواخواهانش، وجوه شرعیه را به سازمان تروریستی مجاهدین خلق بپردازند. (بشیری، ص ٤٧٦)

طالقانی در توجیه این مساله گفت که: «اگر این‌ها کمونیست هم باشند، چون هدف‌شان مبارزه با شاه و سرنگونی رژیم است، باید به آنها کمک شود». این پیام در عراق، مورد تائید خمینی قرار گرفت! پس از آن توافق، بازاریان مقلد خمینی و طالقانی و برخی از مراجع شیعی، وجوه شرعی از کانال افراد مورد تائید خودشان - ماند بدراخوان، رضائی و غیوران - به تروریست‌های مجاهدین خلق پرداختند. از همان مبالغ، مجاهدین هم در شمال تهران، خانه تیمی می‌گرفتند و هم اتومبیل‌های نو می‌گرفتند. وجوه شرعی با حیله طالقانی و چند مُلای شیعه، صرف تروریسم اسلامی و بمب‌گذاری و انفجار و تخریب می‌شد!

مسعود رجوی، بارها و بارها به مداحی از طالقانی پرداخت. مُلای دیگری مانند محمود دعایی در نوشته‌ای افشا کرد که طالقانی در موقع دستگیری تروریست‌های مجاهدین توسط عراق، پیامی با مرکب نامرئی برای خمینی فرستاد تا به دفاع برخیزد! (جمهوری اسلامی، ١٦ تیر ۱۳٥۹، ش ۳۱۷) مجاهدین خلق در دوران‌های متفاوت - دوران ابتدایی تاسیس؛ دوران تخریب و ترور (۱۳٥۰-۱۳٥٤) و دوران اضمحلال و انشعاب و .. (۱۳٥٤-۱۳٥۷) - مورد حمایت بازرگان و طالقانی و خمینی بود.

از یک سو، ساواک و کمیته مشترک ضد خرابکاری در تعقیب چنین تروریست‌های اسلامی و مارکسیست بودند تا دستگیرشان کنند؛ از آن سو نمایندگان تروریست‌های اسلامی در خارج از کشور، در بوق‌های خود می‌دمیدند و به دنبال قهرمان ساختن و مبارز ساختن از تروریست‌ها و آدمکشان و بمب‌گذارها و سارق‌ها بودند. وقتی که در گشت کمیته مشترک ضد خرابکاری، وحید افراخته و محسن خاموشی توسط سرگرد

اسدالله بختیاری و سروان محمد توکلی دستگیر شدند (شامگاه دوشنبه، ٦ امرداد ١٣٥٤). وحید افراخته، فورا با ساواک به همکاری پرداخت. در بازجویی‌ها، افراخته در اعترافات ۱۰۰۰ صفحه‌ای، افشا کرد که وظیفه آنها ترور آمریکایی‌ها و سرقت بردن مدارک برای تحویل به شوروی است و رابط‌شان هم خلیل رضایی و طالقانی است (بشیری، ص. ٤٧٧). در این جریان‌ها گروهی از مُلایان مدافع و مرتبط با تروریسم دستگیر شدند؛ مانند: طالقانی، هاشمی رفسنجانی و حسینعلی منتظری و لاهوتی. به جرم رابطه رهبران نهضت اسلام با تروریسم اسلامی- مارکسیستی، ساواک آنها را دستگیر کرد! واقعا این افراد را می‌توان زندانی سیاسی نامید؟ واقعا باید پرسید که در کدام کشور متمدن جهان، چنین تروریست‌هایی دستگیر نمی‌شوند؟

عاقبت، طالقانی در دوم آذر ١٣٥٤ توسط دادستان ارتش دستگیر و زندانی شد. زمانی است که هنوز امیر عباس هویدا نخست‌وزیر است و نعمت‌الله نصیری ریاست ساواک را برعهده دارد. علت دستگیری طالقانی، افشای ارتباطش با سازمان تروریستی بود. پس از دستگیری وحید افراخته و محسن خاموشی دو تن از اعضای سازمان، ارتباط و کمک طالقانی به سازمان افشا شد[1]. ظاهراً وحید افراخته در بازجویی‌ها به ساواک گفته بود که «طالقانی همیشه مدافع این گروه و این مبارزه بوده است». و در گزارش ساواک نیز آمده است:

> *«طالقانی ضمن برقراری ارتباط با افراد فعال کادر مرکزی گروههایی همچون سازمان مجاهدین خلق، نهضت آزادی و جبهه ملی ایران در زمینه‌های مختلف به منظور پیشبرد مقاصد خرابکارانه فعالیت نموده است. یاد شده فردی است فوق‌العاده متعصب که درصدد گسترش فعالیت‌های ضد امنیتی بوده و امکان فعالیت حادتر از ناحیه مشارالیه متصور می‌باشد».*[2]

لطف‌الله میثمی در یک برنامه‌ای در پاسخ به پرسش اعظم که «آیا آیت‌الله طالقانی به طور مطلق به مبارزه مسلحانه اعتقاد داشت و یا آن را دوره‌ای می‌دانست؟ اظهار کرد: «خط مشی دوره محدودی دارد. من خودم چریک بودم، اما بعد از انقلاب انرژی خود را روی مسائل فرهنگی متمرکز کردم. دلیل ندارد که مبارزه مسلحانه ابدی باشد. در آن زمان بسیاری از بزرگان از جمله مرحوم مطهری و باهنر هم مبارزه را تأیید می‌کردند.!»[3]

۱- تاریخ شفاهی؛ زندگینامه سیاسی آیت‌الله طالقانی، علیرضا ملائی توانی، نشر نی، ۱۳۸۹.
۲- همان.
۳- گزارش خبرگزاری آنا، میزگردی با حضور محمد مهدی جعفری، محمد محمدی گرگانی و لطف‌الله میثمی؛ مراسم سالروز محمود طالقانی، محل کانون توحید، تهران، ۱۹شهریور ١٣٩٤.

در مورد محمود طالقانی و دخترش (اعظم) آقای ر. در ساواک چنین به یاد می‌آورد: «این آیت‌الله، زندگی پر نشیب و فرازی دارد. مجتبی طالقانی (پسر طالقانی) عضو تروریست‌های فدائیان خلق بود و مدتی هم به سازمان پیکار پیوست و اعظم طالقانی، عضو تروریست مجاهدین خلق بود. تمام شایعات که درباره شکنجه طالقانی و دخترش گفته شد از ناحیه همین گروه‌ها بود تا به نوعی مظلومیت و معصومیت برای پدر خوانده تروریست‌های مجاهدین خلق به وجود آورند. مثلا پشت طالقانی را اتو کرده‌اند و یا سینه‌های دخترش را بریده‌اند به جدی از مجاهدین این شایعات شنیده شده‌اند.

«هرچند رژیم، طالقانی را به دلیل بیماری و پیری و جایگاه ویژه وی در نزد مردم از شکنجه معاف کرده بود اما شکنجه شدگان را با بدنی خونین به اتاق وی می‌فرستادند تا شکنجه روحی شود. وی تا مدت‌ها در زندان بلاتکلیف بود، نه کیفر خواستی علیه او صادر کرده بودند و نه دادگاهی تشکیل دادند... به خاطر دامنه اعتراضات مردمی رژیم پهلوی راهی جز آزادی زندانیان سیاسی در پیش ندارد به همین دلیل هم در شامگاه ۸ آبان ۱۳۵۷، آیت‌الله طالقانی - به همراه منتظری - از زندان آزاد می‌شود تا آزادی وی به دلیل سوابق و جایگاهش بازتاب وسیعی در محافل داخلی و خارجی داشته باشد. به این صورت که از صبح هشتم آبان عده زیادی از مردم در مقابل در زندان اجتماع کرده و برای آزادی آیت‌الله طالقانی لحظه شماری می‌کردند. «(روزنامه دنیای اقتصاد، ۸/۰۸/۱۳۹۸ به نقل از ایرنا) شاید سخنان پرت و پلای طالقانی را باور کرده بودند. هر عملی از فرد مجتهد، باید مطابق با موازین اجتهاد باشد» و یا دروغ‌های شاخدار که پس از ۱۳۵۷ در رسانه‌ها در مورد وی منتشر کرده‌اند.[۱]

در واقع امر، همان جامعه موقع مرگ و غسل و خاک سپاری طالقانی (۱۹ شهریور ۱۳۵۸)، دیدند که هیچ نشانه‌ای از شکنجه وجود نداشت! البته پس از ۱۳۵۷ هم اعظم طالقانی همه شکنجه‌ها را گاهی تکذیب می‌کرد و گاهی به مشت و لگد و شلاق تخفیف می‌داد! اما اعظم می‌دانست که پدرش به هنگام بازداشت، در محیطی خارج از محدوده سلول‌ها در یک اتاق مبله شده شهربانی با در اختیار داشتن همه وسایل از جمله کتاب‌های فراوان زندگی می‌کرد و آنهم به خاطر احترام سنتی به لباس مُلاها بود. و اعظم دستگیر شد چون با مجاهدین رابطه داشت و در جریان تعقیب و مراقبت، موقع ملاقات با یک تروریست دیگر در تقاطع خیابان ایران، دیده شد. سپس دستور دستگیری او صادر شد.

اعظم طالقانی، گاهی هم قصه‌هایی دروغ و شاخدار می‌بافت. مثلا در گفتگو با نشاط

۱- (خاطرات خودنوشت طالقانی؛ ماهنامه شاهد یاران یادمان فجر، بهمن ۱۳۸۷ صص. ۱۲ تا ۱۶)

گفت: «شکنجه‌های مأموران رژیم پهلوی به‌ویژه ساواکی‌ها منحصر به فرد بود، یادم می‌آید زمانی که بازداشت بودم برخی‌ها را در اتاق بازجویی شکنجه می‌کردند تا به امام فحش دهند اما آن‌ها به‌جای ناسزا و بدوبیراه شکنجه را تحمل و برای امام صلوات می‌فرستادند.... مرا لو دادند. من در سال ٥٤ دستگیر شدم. زمان امتحانات تجدیدی بود که دو نفر آمدند مدرسه مرا بازداشت کردند.... من ۱۰ شهریور ٥٤ دستگیر و ۱۰ شهریور ٥٦ آزاد شدم..... غیر از کمیته مشترک در زندان اوین و قصر هم زندانی بودم. تلاش آن‌ها این بود که از من علیه آیت‌الله طالقانی دستخطی بگیرند و برای پدرم پرونده‌ای درست کنند. وقتی من دستگیر شدم حدود ۳۰۰، ٤۰۰ زن دیگر زندانی و تحت شکنجه‌های ناجور و فجیع بودند. یادم می‌آید خانم کبیری را طوری شکنجه کرده بودند که دچار صرع و تشنج شده و پاهایش گوشت آورده بود... ما در داخل شکنجه می‌شدیم و بچه‌هایمان از بی‌تابی و بهانه مادر بیرون از زندان.

یادم هست کوچک‌ترین فرزندم که آن زمان اول دبستان بود پس از آزادی من از زندان با من حرف نمی‌زد حتی از دست من غذا نمی‌گرفت، ٥ سالش بود به زندان رفتم، کلاس اول بود که برگشتم؛ بعدها متوجه شد ماجرا چه بود ولی آن زمان به او گفتند مادرت معلم است و رفته تا به پاسبان‌ها درس بدهد.»[1]

پس از دستگیری، فریدون توانگری (آرش) بازجوی اعظم بود. [فریدون به اتفاق بهمن نادری پور (تهرانی) توسط مُلاها پس از بلوای ۱۳٥۷ کشته شدند] در جریان بازجویی، احترام و ادب بازجوها را تاب نیاورد و اعظم به صورت بازجو تف انداخت و توانگری هم سیلی محکمی به گوش اعظم زد! و همین کافی بود تا مجاهدین خلق و مُلایان برای او قصه‌ها بسازند! (اعظم طالقانی، پس از تحمل شکنجه‌های وحشیانه عُمّال رژیم پهلوی، به زندان افتاد و تا سال ۱۳٥٦، در زندان بود. او پس از آزادی، دوباره فعالیت و مبارزه علیه رژیم پهلوی را از سر گرفت و در کنار دیگر زنان مبارز و انقلابی، حضوری پررنگ و تأثیرگذار در جریان انقلاب داشت. / شکنجه دختر برای شکستن پدر؛ روزنامه خراسان؛ ۱۱/۰۸/۱۳۹۸) و یا «ساواکی‌ها دختر ١٤ ساله‌ام را مقابل چشمانم شکنجه می‌کردند و آقای طالقانی هم در زندان تحت شکنجه‌های سخت ساواک قرار داشتند» (خاطرات مرضیه حدید چی (دباغ) در گفت وگو با قدس؛ چهارشنبه ۱۹ بهمن ۱۳۹۰)

در جریان یک درگیری تروریستی در مشهد، یک مامور شهربانی کشته شد. و دختری به نام بتول فقیه دزفولی دستگیر شد که البته زخمی شده و مدتی را در بیمارستان گذرانده

۱- [۱۱ آبان ۱۳۹۸ و (ایرنا، ٤ آبان ۱۳۹۸)]

بود. (بتول بعدها در زندان جمهوری اسلامی در پائیز ۱۳۶۰ اعدام شد) پس از دستگیری در زندان و به دنبال اعترافاتش و توصیه برادرش (خلیل - محمدعلی - فقیه دزفولی؛ برادر دوقلویش اسدالله (جلیل) فقیه دزفولی) با ساواک همکاری صمیمانه‌ای را آغاز کرد.

«برای گرفتن اطلاعات با اعظم طالقانی هم سلول شد. سه چهار روزی از این ماجرا گذشته بود که یک روز صبح وقتی من می‌خواستم به اتاق رئیس کمیته مشترک ضد خرابکاری بروم، خلیل فقیه دزفولی صدایم زد و گفت که با من کار خصوصی دارد. خلیل در حالی که به شدت گریه می‌کرد، بخاطر دوستی و صمیمیتی که در جریان همکاری پیدا شده بود، از من خواست که ترتیب انتقال خواهرش بتول را به یک سلول دیگر بدهم. گفتم بتول اصلا به این سلول فرستاده شده که از اعظم، کسب اطلاعات کند. چطور چنین چیزی امکان دارد؟ خلیل به اصرار خود افزود و چون واقعا پسر خوبی بود و دلم می‌خواست که کاری برایش انجام دهم، پس از اصرار بسیار از جانب من، از ملاقات با خواهرش گفت و با شرم بسیار اظهار داشت که خواهرش به او گفته که همان شب اول، اعظم طالقانی در سلول از او تقاضای همجنس بازی کرده است. ماجرا داشت جالب می‌شد. بهرحال به بهانه بازجویی، بتول را از سلول بیرون آوردیم و او نیز عین ماوقع را با شرم و خجلت بسیار، تعریف کرد. به این ترتیب، بتول فقیه دزفولی را به سلول دیگر فرستادیم و این بار آذر سرخوش -دختر صاحب چلوکبابی ملی در سرچشمه- را با اعظم هم سلول کردیم. این بار هم گند قضیه بالا آمد. در حالی که ما توانسته بودیم، نوار مذاکرات آنها را ضبط کنیم. بعد از آزادی اعظم طالقانی از زندان، منابع فنی ما متوجه شدند که اعظم همین روابط را با دو نفر از شاگردان مدرسه‌اش هم دارد. اسم نوارهای ضبط شده در این مورد را «شمشک» گذاشته بودیم و سرانجام در یکی از بازجویی‌ها که اعظم مقاومت می‌کرد، ناگزیر به پخش آن در برابر خود او شدیم و تهدید کردیم که چنانچه اعتراف نکند، نوار را برای پدرش هم خواهیم گذاشت. اعظم گریه می‌کرد و معتقد بود چنانچه پدرش این نوار را بشنود، سکته خواهد کرد و ما نیز اصرار داشتیم که اگر اعتراف نکند، آن را برای پدرش خواهیم گذاشت. به این ترتیب، پس از آنکه اعظم از زندان آزاد شد، به این گمان که شاید این نوار توسط ساواک و یا کمیته تکثیر و توزیع شود، پیشدستی کرد و آن شایعات را پراکند که اگر نواری توزیع شد مثلا بگوید آنها ساختگی است و یا به زور ضبط شده است. اما وقتی دید که خیر، حتی پس از آن ۱۳۵۷ هم از آن استفاده نشده، شایعاتی را که خودش ساخته بود، پس گرفت و تکذیب کرد!»[1]

۱- بشیری، قصه ساواک، صص ۴۸۲-۴۸۴.

بعد از مرگ اعظم طالقانی، برخی به مرثیه سرایی پرداختند. عزت‌الله ضرغامی (رئیس سابق صدا و سیمای رژیم) در حساب توییتری خود نوشت: «اعظم طالقانی، دختر مبارز «مجاهد نستوه» آیت‌الله طالقانی از میان ما رفت. خدایش رحمت کند. یک بار پای درد دلش نشستم. می گفت برخی اوقات، زنهای خیابانی را سوار می‌کند، به آنها محبت کرده و مقداری پول به آنان می‌دهد.»![1]

طالقانی دو همسر به نام‌های بتول و توران و از هر همسر خود ۵ فرزند داشت. یکی از پسرانش از همسر اول، مهدی طالقانی، در گفتگویی می گوید: «آقا همیشه عدالت را رعایت کرد از هر همسر خود ۵ فرزند داشت، حتی در جنیست هم عدالت بود یعنی ۵ پسر و ۵ دختر.» او در ادامه می‌افزاید: «وقتی سال ٥٤ اعظم خانم را دستگیر کردند، آقا زندان بود. در سال ٥٤ اکثر روحانیون مثل آقایان مهدوی کنی، منتظری، هاشمی و دیگران را به اتهام حمایت مالی از گروه‌های مسلحانه علیه رژیم پهلوی مثل مجاهدین خلق گرفتند. البته یکی از اتهامات آنها را این مسئله اعلام کردند.»[2]

آقای «ق»، کارمند ساواک، در گفتگو با بشیری می گوید: «عده زندانیان، اعم از آخوندهای بی‌وطن، تروریست‌ها، مارکسیست‌ها و جاسوسان مزد بگیر خارجی، هرگز از رقم ۳۲۲۸ نفر تجاوز نکرد. ازین عده در سالهای ٥٥ و ٥٦ به مناسبت صدمین زاد روز اعلیحضرت رضاشاه کبیر، یکهزار نفر آزاد شدند. به صراحت می گویم که آن عده از کسانی که در زمان نخست وزیری شریف امامی و شاپور بختیار، آزاد شدند، تروریست‌هایی بودند که در هر نقطه از دنیا قرار داشتند و از هر ملیتی که بودند، جز زندان کیفر دیگری نصیب‌شان نمی‌شد...!» [دوم آبان سالروز باز شدن «بی‌قید و شرط» و «ناگهانی» درهای زندانهای قصر، اوین و قزل حصار روی ١١٢٦ زندانی سیاسی است که از چند ده تا چند صد ماه سابقه زندانی در زندانهای ساواک داشتند. جمعه/ ۲آبان ۱۳۹۹..... پس از آزادی زندانیان سیاسی، روزنامه‌ها از زبان ناصر مقدم، رییس ساواک نوشتند: «۱۰۰ زندانی سیاسی دیگر در زندان‌ها بسر می‌برند و تا ۱۹ آذر همگی آزاد خواهند شد.» / ایسنا]

در طول سلطنت پهلوی دوم، یعنی از شهریور ۱۳۲۰ تا روز خروج پادشاه از ایران، با احتساب محکومین حرکت تجزیه طلبانه آذربایجان، کردستان و فارس و سایر شورش‌ها، در مجموع تعداد ۲۷۷ نفر به حکم دادگاه به مجازات مرگ رسیدند. «[بشیری، قصه ساواک، ص ۵۳۰] آقای «ق» در ادامه به پرسش بشیری» اما خمینی، مثلا کشته شدگان

۱- پایگاه خبری جماران، ۰۹/۰۸/۱۳۹۸

۲- خبرآنلاین؛ ۱۸ شهریور ۱۳۹۵

واقعه ۵ خرداد ۱۳۴۲ به تنهایی ۱۲۰۰۰ نفر و یا کشته شدگان میدان ژآله را ۳۰۰۰-۴۰۰۰ نفر گفته است!...» پاسخ می‌دهد: «این آمار و ارقام خیالی، قسمتی از تبلیغات ضد رژیم، پیش از پیروزی انقلاب منحوس‌شان بود. اما با تمام وقاحتی که از آخوند سراغ دارید، در حالی که همه اسناد و آمار و مدارک در اختیار ملاها قرار گرفت، هرگز نتوانستند، من باب دفاع از تبلیغات خودشان هم که شده، حتی یک فهرست ساختگی از اسامی این کشته شدگان خیالی و ساختگی ارائه دهند.

بعد از ماجرای ۱۷ شهریور و حوادث میدان ژاله ما یک شنود تلفنی از مذاکره داریوش فروهر و آیت‌الله سرخ (سید محمود طالقانی) داشتیم. فروهر می‌گفت اعلامیه‌ای نوشته‌ایم و عده کشته شدگان میدان ژاله را ۵۰۰۰ نفر اعلام کرده‌ایم، به نظر شما کافی است یا نه؟ طالقانی در جواب گفت: «شما که می‌نویسید، بنویسید ۱۰۰۰۰ نفر، وضع به صورتی است که هرچه بنویسید، مردم قبول می‌کنند!»

جناب پرویز ثابتی در کتاب در دامگه حادثه می‌گوید: در سال ۱۳۴۲، قبل از ۱۵ خرداد، طالقانی در زندان بود. پاکروان می‌گفت که طالقانی را آزاد کنید! گفتم: تیمسار! این آدم، فردی افراطی و مخرب است. اگر در این روزها که مصادف با ایام ماه محرم است، آزادش کنید، اصلا به مصلحت نیست. و درباره‌اش، گزارشی نوشتم و سوابقش را دادم اما فایده‌ای نداشت. بعد از یک روز پاکروان گفت: طالقانی را بفرستید دفتر من! ... من حوالی ۱-۲ بعد از ظهر بود که محمود طالقانی را از زندان به اتفاق مامورین، نزد پاکروان فرستادم. تا ۸ شب در اداره ماندم، آن وقت دفتر ما در فیشر آباد - سپهبد قرنی فعلی - بود، هنوز جلسه پاکروان با وی تمام نشده بود. از دفترش می‌پرسیدم، می‌گفتند که هنوز دارد با طالقانی حرف می‌زند و ساعت ۸ شب بود که پاکروان تلفن زد که «به آقای طالقانی گفته‌ام برود خانه‌اش و آزادش کردم» من گفتم: «او قرار بازداشت دارد» گفت: کارهای تشریفاتی را خودتان انجام دهید. فردایش درست ۱۴ خرداد ۱۳۴۲ بود. طالقانی در آن ایام، پیشنماز مسجد هدایت در خیابان استانبول بود. مردم آنجا جمع شده بودند و طالقانی هم رفته بود به مسجد. آخوندی بالای منبر حرف زده بود (هنوز البته حکومت نظامی نشده بود) حرف‌های آخوند که تمام شده بود، گفته بود که حالا از آقای طالقانی می‌خواهم بیایند بالای منبر و ما را مستفیض کنند و طالقانی هم گفته بود: «من چون به رئیس ساواک قول داده‌ام که بالای منبر نروم، پس آن میکروفن را بدهید پائین. از همین جا حرف می‌زنم!!» و بعد، طی سخنان شدیداللحنی به دولت حمله کرده بود. بلافاصله گزارشی نوشتم برای پاکروان که دیشب چنین شده و ایشان نشسته پایین منبر، حرف زده! پاکروان تلفن زد که

آقا این‌ها مگر اخلاق سرشان نمی‌شود! گفتم: «تیمسار! این‌ها ما را ظلمه و این کارها را تقیه می‌دانند؛ این‌ها را چه به اخلاق!»[1]

آخر الامر، آیت‌الله سرخ در ۱۹ شهریور ۱۳۵۸ در تهران مُرد. کوزیچکین درباره‌اش می‌نویسد: «طالقانی معتقد بود که در مورد مجاهدین و فدائیان عادلانه رفتار نشده... بزودی مشخص شد که خمینی با مواضع طالقانی موافق نیست...» ملاقات با سفیر شوروی هنگام صبح صورت گرفت. پس از خاتمه ملاقات، طالقانی مانند معمول سرخوش بود؛ ولی شب هنگام پس از صرف شام ناگهان حالش به هم خورد. نگهبانان شخصی‌اش به سوی تلفن هجوم بردند تا به پزشک خبر بدهند ولی خط قطع بود. کوشیدند به او آب بخورانند ولی جریان آب هم قطع شده بود. پیرمرد شانسی نداشت. مخالفانش همه چیز را تا آخرین جزئیات حساب کرده بودند»[2].

سال‌ها بعد فرزند طالقانی (مجتبی)، طی مصاحبه‌ای با برنامهٔ بی‌پرده، بی‌تعارف (صدای آمریکا)، مرگ پدرش را مشکوک اعلام کرد. حمد مدیرشانه‌چی - رئیس دفتر طالقانی هم در تابستان ۱۳۷۳؛ در پاریس - در گفت‌وگویی مرگ طالقانی را مشکوک خواند و به سهل‌انگاری میزبان طالقانی، آقای چهپور (پدر زن محمدرضا طالقانی) در اطلاع به‌موقع ماجرا اشاره نمود.

۱- در دامگه حادثه، پرویز ثابتی در گفت و گو با عرفان قانعی‌فرد؛ ص ۵۳-۱۳۹، شرکت کتاب، ۱۳۹۱.
۲- ک گ ب در ایران، ۳۸۰-۳۸۳

۱۱
وصیت شاه:
رستاخیز ملی، چاره درد است

شاه فقید ایران، تو گویی که «پاسخ به تاریخ» را برای چنین روزهایی نوشته است. ملت کهنسال ایران، شاید در روزهای موج احساسات و شامورتی بازی در بلوای ۵۷، دقت نکردند. سخنان زنده یاد شاه، انگاری نسخه شرح وقایع امروز ماست. کشور ایران، با تاریخ و تمدن هزاران ساله، در چنگال اختاپوس مذهبی و دستگاه خلافت اسلامی ولایت فقیه است. لیاقت مردم ایران، دمکراسی و آزادی و آرامش و صلح است اما در دام مُلایان شیفته تروریسم اسلامی با افکاری عقب مانده و توهم و ایدئولوژی بیات شده، گرفتارند.

مردمان ایران، در دام مُلایانی شیعه هستند که با تمدن، فرهنگ، تاریخ، مردم، انسانیت و صلح مشکل دارند. ادامه حکومت منفور و مافیایی جمهوری اسلامی در ایران، چیزی از ایران باقی نخواهد گذاشت. ماموریت شان، اضمحلال و نابودی ایران و توسعه فقر و جنایت است. اگر چنین نبود، این روزگار سیاه بر مردمان ایران، تحمیل نمی‌شد.

به یقین باید گفت که هیچ نوری و گشایشی و سامانی در راه نیست. مطلقا وضع جامعه ایران تحت سلطه مُلایان در خونریزترین و فاسدترین حکومت الله بر زمین، بهتر نمیشود. گرانی بیشتر و افسارگسیخته‌تر می‌شود. حکومت امام زمان جعلی، مقروض، بی‌پول، منزوی و منفور است. دولت فرقه جنایتکاران و تبهکاران، تورم را بیشتر میکنند. پس بدون شک، روزگار سیاهی در راه است و تابستانی داغ و پر از جنبش اعتراضی مردمان به تنگ آمده. اما مُلایان شیفته سرکوب و ترور، صرفاً به سرکوب وحشیانه اعتراضات می‌اندیشند، نه ایران و ایرانی.

چهره منفور و خون آشام استبداد دینی و ولایت فقیه، بیشتر از پیش نمایان گشته و به قول شاه فقید: «ایران در حال نابودی و ویرانی با شتاب بسوی پرتگاه نیستی میرود». شعارهای هدفمند، با اراده محکم و باور و وفاداری به ایران، قطعا به فروپاشی میرسد. رستاخیز ملی، راه پیروزی جامعه ایران است. سرکوب و سانسور، تنها به ایران محدود نمی‌شود، جمعی از ماموران حلقه به گوش در لندن هم چشم به فرمان نهانخانه‌های امنیتی

اصلاح طلبان - که هنوز به شوق قدرت و ثروت‌اند - نمی‌خواهند که تفکر غالب بر جامعه ایران، تغییر رژیم باشد!

سرکوبگران و سانسورچی‌ها نمی‌دانند که ملت دلبسته و وابسته به تاریخ ایران، از این نابسامانی‌ها و فراز و نشیب‌ها زباد دیده و با تکیه بر گاهواره تمدن‌اش، از این منجلاب تخریب و تاراج و ویرانی و انحطاط آخوندیسم هم خواهد گذشت. این ملت بزرگ، هلاکو و چنگیز را دیده، خمینی و خامنه‌ای را هم دید. اما ایران می‌ماند و خمینیسم و ولایت فقیه‌اش به گورستان تاریخ خواهد رفت، به همان جایی که به آن تعلق داشته و دارد. مردم ایران بارها و بارها در عرصه نبرد بوده‌اند و بارها و بارها قد علم کرده‌اند و در رستاخیزی، بنیان ستم به زیر افکنده‌اند و این بار هم چنین خواهند کرد.

مُلایان قاتل و غارتگر و شیاد، ملت بزرگ ایران را از تجزیه‌طلبان می‌ترسانند و می‌لرزانند؛ فدائیان صدام هم چنین می‌کردند اما مگسانی بودند که در گردباد حوادث، ناپدید شدند. اما مردمان ایران، در وسط همین ناامیدی و سیه روزی و سرنوشت شوم و غمناک و تاریک در ادامه حکومت سیاه مُلایان خبیث و رهزن، علم طغیان برخواهند افراشت. به نجات و رهایی و آزادی می‌اندیشند و مزاحم و مانع این راه هم، استبداد عبا و نعلین مُلایان بی‌وطن و هرزه زبان است.

بارها و بارها، این اراده و نیرو وجود داشته و جامعه علیه خامنه‌ای و کابوس وحشتناک دوران ولایت او به پا خواسته اما هر بار این نماینده فاسد امام زمان جعلی، با چماق و سرنیزه وگلوله به مردمان پاسخ گفت. ثمره نهضت اسلامی او و خمینی، همین ترویج تروریسم اسلامی و ویرانی و سیه‌روزی و دوران استبداد شوم بود. حکومت قاتل‌ها و دزدها و تروریست‌ها، چیزی بهتر از این نمی‌شود. آئین و نهضت‌شان، توخالی و حقه‌بازی و شامورتی بازی بود. تقدس جعلی شان، احمق فرض کردن جامعه و تمدن و خرد ایران و ایرانی بود. چنین نهضت ظالم و فاسد و خونریزی، محکوم به مرگ است و هیچ امیدی هم به صلاح آن نیست. اسرارشان، همین جاعلی و شارلاتانی بود که نمایان شد.

اما برای نجات ایران خم شده در زیر بار فشار فلاکت و مرگ و سقوط، از این کابوس وحشتناک چگونه باید گذشت؟ در این لحظه‌های پرمخاطره، برای استقرار حاکمیت ایرانی بر ایران، چه قیامی باید کرد؟ از ویروس سمی مُلای شیعه در کالبد فکر ایرانی، چگونه باید رها شد؟ علاج دردمان از این مرض موجود مُلایان قشری و مرتجع و سارق و هرزه زبان در کجاست؟ برای رهایی از چهره‌های منفور عمامه به سرهای دروغگو و عوام فریب، کدام مرهم و راه درست است؟

کوچه و خیابان‌های ایران دیگر نشانی از صلح و صفا و زندگی ندارد، هر هست توسط حکومت ارازل و اوباش و سارقان خشن و فریبکار، به یغما رفته است. هنوز بحران‌های دیگر در راه است. مردمان گرسنه و تحقیر شده از آن خفقان فقیهان وحشی صفت، دل به خون هستند. کژراهه ۵۷، سرابی بود که تروریست‌های اسلامی و مارکسیست برای به قدرت و ثروت رساندن مُلایی جانی بر جامعه ساده و زودباور و احساسی ایران، تحمیل کردند. مشتی شارلاتان و آدمکش و آشوبگر تهی مغز و ضد ایران، به اسم خدا و قرآن، این روزگار شوم، وضع دلخراش، ایران ویران و پایمال شده، رنج و عذاب بی‌پایان را برایمان ساختند. آشغال‌های بی‌رحم در حکومت نفرت و حماقت و مسخرگی، ایران را اشغال کرده است. مشتی خداناشناس، خیمه حکومت اسلامی و اختناق کامل برپا کرده‌اند.

دوباره جوخه‌های جلادان آدمخوار ولایت فقیه در شهرها برپا شده تا چند صباحی بیشتر، مُلای مفنگی و شیفته اجنبی و خون‌آشام دارای افکار مالیخولیایی، خود را ولی امر مسلمین جهان بنامد و جامعه ایران را برباد بدهد. دیگر نه حکومتی است و نه دولتی؛ دیکتاتور تنها، که مرتجع‌ترین و فاسدترین ملای اختاپوس مذهبی است، خالق این دوران خونین هرج و مرج است و قبل از رفتن به گور، تدارک برای ویرانی ایران چیده است.

برخی از سخنان محمدرضاشاه پهلوی در «پاسخ به تاریخ» را دوباره بخوانیم:

- حق مرگ و زندگی مردم ایران ر در دست گرفته‌اند. این نظام، حکومت ظلمت و وحشت و سکون است.[۱]
- کشور در حال نابودی و ویرانی و تجزیه است[۲]
- ارزش پول کشور به سرعت کاهش می‌یابد و سرعت تورم چنان است که هر گونه پیش‌بینی و برنامه‌ریزی اقتصادی را، حتی در کوتاه مدت، غیر ممکن ساخته... گروه‌های کارگران و زحمت‌کشان بیش از همه از این انقلاب اسلامی زیان برده‌اند. اکنون کارگران و کشاورزان و کارمندان با بیکاری و تهی دستی و دشواریهای بسیار دست به گریبانند.[۳]
- وحشی‌ترین و ابله‌ترین و بی‌رحم‌ترین و بی‌ریشه‌ترین حکومت، گریبانگیر مردم تهی دست ایران است. متاسفانه هر روز در مورد گسترش فساد و دزدی و غارتگری در ایران، خبرهای تازه‌ای می‌رسد.[٤]
- حاکمان امروزی ایران با بلاهت و ارعاب و وحشت، نومیدی را بر ایرانیان چیره ساخته‌اند و

۱- پاسخ به تاریخ، محمدرضاشاه پهلوی، ص. ۲۹۸
۲- همان، ص. ۳۰۲
۳- همان، ص. ۲۹۵
٤- همان، ص. ۲۹٦

چنان ویرانی به وجود آورده‌اند که سرانجام آن معلوم نیست[۱]

- دیگر حکومت و دولتی در ایران وجود ندارد. حکومت وحشت و ارعاب و خشونت در ایران مستقر گشت. کسانی حکومت می‌کنند تعصبی کورکورانه و جاهلانه، اکنون، وحشت و جنون و حماقت بر کشور ما مستولی کرده است[۲]
- مرامی جز عوامفریبی و دروغگویی و هدفی جز حفظ قدرت، از طریق ارعاب و وحشت ندارند. [۳]

جمله بارها تکرار شده در سخنان شاه برای رهایی از وحشت بزرگ «رستاخیز ملی»، است و انگار وصیت شاه، چاره درد این روزگار ما است.

ایران به مُرداب هرج و مرج و نابسامانی خونریزی و آشوب و گرانی، سقوط کرده است. مُلایان فاقد شرافت و صلاحیت و مشروعیت، چنین تیشه به زدن ریشه ایران، برداشته‌اند. این مُلامای خودشیفته و وقیح و دکان داران دین و شرع تقلبی، ملت ایران را رعیت و بنده خود می‌پندارند و دیگر نمی‌توانند، عصیان جامعه را کنترل و سرکوب کنند. هرجا را به گلوله ببندند، آتش در جایی دیگر، شعله‌ور می‌شود. و تنها روزنه امید، آن است که نسل جوان دلبسته ایران، بیدار است و چهره شوم «سقوط و تحمیل و تحقیر و بی‌عدالتی و استبداد» را می‌بیند و بر فساد و جنایت حاکمان متقلب و اهریمن چهره، آگاه است.

۱- همان، ص. ۲۹۱
۲- همان، ص. ۲۸۰
۳- همان، ص. ۲۲۷

۱۲

پیام شعارها حمایت از پهلوی

در رستاخیز ملی

امروزه روز، در بازار مکاره سیاست در ایران هم، مانند جامعه در برخی از جاهای جهان سوم، آشفته و پریشان و مملو از عقده‌ها، حسادت‌ها، تنگ‌نظری‌ها، توهم و ترور شخصیتی و.. است.

ناگهان گروهی از مسبب‌های اصلی جنایت و مکافات ۵۷، دور هم می‌نشینند و بیانیه می‌دهند. می‌نویسند: «بر آتش اعتراضات می‌افزاید» یا «هشدار می‌دهیم پیش از آنکه دیر شود» و... کسی هم نیست بپرسد که «خوب، اگر افزوده بشود! یا دیر بشود!، چه اتفاقی خواهد افتاد؟ و اصولاً شما چکاره‌اید؟ آیا ناراحتید؟» نهایتا ساختار خلافت اسلامی ولایت فقیه فروپاشی می‌کند و اختاپوس مذهبی مُلایان که مثل کرم، ویروس و عفونت در کالبد ایرانی است، می‌میرد! و مردم، نفس راحتی می‌کشند...

اما تو گویی که بی‌فایده است. هنوز هویت تخیلی جعلی این شرکت کنندگان در بلوای۵۷ و آشوب تروریست‌های اسلامی و مارکسیستی؛ در داخل و خارج، حفظ همین»مجمع جنایت و خیانت با رهبری یک راس سفیه وقیح [ولی فقیه]»است! و نمی‌خواهند که نسل جوان، راه خودشان را بروند! و نمی‌دانند که نسل جوان، پشیزی برای تجربه و عقل و تفکرشان که منجر به ۵۷ شد، ارزش و اعتباری قائل نیست.

و یا گروهی چماق دار نشسته‌اند و شب و روز در تلویزیون اصلاح طلبان در لندن، افاضه کلام دارد و یا گاه، مهار کلام از دست می‌دهد و در نقش الله کرم در خارج از ایران ظاهر می‌شود. تو گویی مشت بازی با سایه دارد. در خیالاتش با تاریخ پهلوی می جنگد! و مانند دن کیشوت، فرمانده عملیات میدانی است و جهانی منتظر او نشسته‌اند تا فرمایشات کند!

برخی هم خشم و غضب‌شان را در واژگان نشان می‌دهند. به آشوب، ازدحام شر، طغیان و بلوای ۱۳۵۷ در ادبیات تروریست‌های اسلامی و چپ می گویند: نهضت، قیام، انقلاب! اما هر وقت، کسی علیه ساختار تروریستی ۵۷، حرفی زند و اعتراضی

کرد، می‌گویند: غائله، فتنه، شورش، اغتشاش! واژه‌هایی که از برخی کارشناسان رسانه اصلاح‌طلبان در لندن،هم به گوش می‌رسد.

اما هر کدام، از آن اجامر مغزشسته، چه با گلوله تفنگ، چه با پرخاش‌ها و عربده کشی‌ها، بنا به خرافات ریشه‌دار و خیالبافی ساده لوحانه، چماقدار و پاسبان ظلم مانده‌اند. برای بقای استبداد سیاه نعلین پوشن و دستان به سران موعظه گر می‌کوشند. این، تراژدی زمانه ماست.

این سیلاب ویرانگر جمهوری مُلایان، راه را بر فرمانروایی شر و تاریک مسلکان گشوده.این ویرانگری نفرت‌انگیز، ایران را ویران کرده. چماقدارهای بت ساز بت پرست و مقلدهای فاقد شعور دستگاه اجتهاد، خواهان تغییر نیستند زیرا با روحی پر از کینه و نفرت، قیام علیه ظلم و حاکم ظالم را نمی‌بینند.

گروهی خرابکار پاک باخته و یا مانده از موج ویرانگر ۵۷ که با شیادی و کرکس صفتی، به ایران ویران شده چشم دوخته اند... این راهگشایان اهریمن، شهامت اعتراف هم ندارند !ایران ما، در امان تروریست‌ها و مریدان موعظه گر تاراجگر نمانده...در قمار ناشیانه، ایران را به ظلمتکده و قبرستان تاریخ فرستادند.

اما در بین این رسوییها و فضیحت‌ها، مانند کینه‌توزی و سفلگی با محبوب بودن شاهزاده؛ بدنامی و بیشرمی در وحدت ٦ سازمان فلان و بهمان [۲ که گروه آن تروریستی‌اند] علیه شعارهای طرفدار پهلوی؛ بی‌آبرو شدگی ۱ گروه تروریست در جعل شعار و صداگذاری؛ کار ننگین و خفت بار دیدار پمپئو از آلبانی همسو با جنایت مُلاها بخاطر کشتار در اعترضات سراسری و رستاخیز ملی بود.

مردمان در خیابان می‌گویند:

۱. ای شاه خوبان، برگرد به ایران
۲. رضا شاه، روحت شاد
۳. ایران که شاه نداره، حساب کتاب نداره
٤. اشتباه کردیم که انقلاب کردیم
۵. رضا رضا پهلوی، محبوب ما پهلوی
٦. مرگ بر خامنه‌ای
۷. مرگ بر اصل ولایت فقیه
۸. دیکتاتور سپاهی، داعش ما شمایی و ....

کسی در خیابان نگفته مثلا درود بر رجوی یا بازرگان یا خمینی یا فدایی یا کیانوری

و..... اما برای این دشمنان گفتمان و تاریخ پهلوی و شعارهای طرفدار آنان، باید گفت که نسل جوان امروز مانند مُلا و تروریست‌های اسلامی و مارکسیستی ۵۷ی، توهم و مالیخولیا و کینه شتری نسبت به شاه و پهلوی ندارند. و دلایلی زیادی در این ماجرا نهفته است:

۱. ایرانیان می‌دانند وضع کنونی در ایران تباه و تاراج شده، ثمره دشمنان پهلوی‌ها و ۵۷ی‌ها و گروه‌های تروریستی پشت سر خمینی است.

۲. شاهزاده رضا پهلوی، در بین ایرانیان محبوب و معتبر است. و بهترین شخص برای دوران گذار به دمکراسی است. دیگر، اسم کسی، اسم شخصی، اسم جریانی و یا سازمانی دیگر را فریاد نزدند. بنابراین، دشمنی با این شعارها، تنها و تنها، دغدغه ۳ گروه است: خامنه‌ای و ملاها؛ شرکت کنندگان در بلوای ۵۷ و رسوایان تاریخ تا اصلاح‌طلبان هواخواه باقی ماندن رژیم اسلامی بر گرده ما!

۳. مُلا هرزه زبان و بی‌وطن، شهامت رفراندوم ندارد تا بداند که جایگاه و پایگاهی در میان جامعه ایران ندارند.

٤. شعارهای جامعه نسل جوان در طرفداری از پهلوی، نشانگر توجه آنها به آینده نگری، تفکر به رهایی و نقشه راه دوباره ساختن وطن - بی‌حضور مُلا و ۵۷ی ها- است.

۵. یعنی نسل جوان در پی، بازسازی وطن و توجه به تمدن و تاریخ و فرهنگ و فرهنگ ایران و ایرانی است نه غزه، لبنان، فلسطین، تروریسم اسلامی و توحش شیعه‌گری در منطقه!

٦. نسل جوان تظاهرکننده، می‌داند که پهلوی‌ها با جهان متمدن در جامعه بین‌الملل رابطه داشتند نه با هلال شیعی و حوثی و جهاد اسلامی و حزب‌الله و القاعده و حماس و...دل خوش بودند.

۷. جوان ایرانی شعار دهنده در طرفداری از پهلوی، مانند ۵۷ها به دنبال شوروی، لیبی، عراق، آلبانی، کوبا، لبنان، یمن و ...نیست. بلکه دنبال فرهنگ و اندیشه ایرانی هستند.

۸. نسل جوان باشعور و آگاه به تاریخ است و می‌داند مُلای شیعه عامل بدبختی و فقر ایران بوده. هیچ سود و منفعتی برای ایران و ایرانی نداشته.

۹. در قرن۲۰م، ایران عصر پهلوی با یک میکروب، ویروس و آفت روبرو شد که آن هم یک مُلای وحشی و بی‌فرهنگ [خمینی] و هواداران خرافی بود. با تروریسم، دروغ و حقه بازی، وطن فروشی و نوکری اجنبی، به جنگ با پهلوی آمدند.

۱۰. نسل جوان می‌داند که در دوران درخشان پهلوی، ایران اعتبار داشت نه فقر، سرکوب، فلاکت، استبداد دینی و تاریکی و وحشت بزرگ !...

۱۱. دوران پهلوی، هرچه بود، مُلای فاسد به مدارس نمی‌رفت؛ زنان آزادی داشتند؛ می‌شد به جهان متمدن سفر کرد و...

۱۲. بلایی که مُلای جاعل و شیاد سر ایران آورد تاتار و مغول و عرب نیاورد. روسیاه‌ترین

چهره‌های تاریخ ایران، همین خمینی و خامنه‌ای جلاد است و جمعی فاسد [اصلاح‌طلبان] سانسورچی که حتی در تلویزیون قهوه خانه‌ای خود در لندن، فقط بین قبیله کارشناسان خود، تریبون و منبر را می‌چرخانند!

۱۳. در دادگاه مردم، پهلوی با ۵۷ سال، رو سفید و مُلای عمامه بسر و نعلین بپا با ۴۳ سال روسیاه شده. فعلاً هدف نسل جوان، گذار از مرداب متعفن این نظام و تفکر ۵۷ی است.

۱۴. در واقع امر، بلوای۵۷، سمی بود که به حلقوم و اندیشه ایرانیان تزریق شد. کم کم نسل جوان ایران، می‌خواهد با رستاخیز ملی از این سم و طاعون تروریسم اسلامی و وحشت بزرگ رها شود. و حق اوست که انتخاب کند همان راهی را دوست دارد با خرد جمعی‌اش بپیماید!

۱۵. نسل جوان امروز، فرهیخته و آگاه به تاریخ معاصر ایران، درک و شعور شناختی بهتر یافته. مؤتلفه، فدائیان، نهضت آزادی، ملی مذهبی، مرده‌پرستی و فردپرستی و ... راه نمی‌اندازد، آنها را نشان بلاهت و سفاهت و عقب‌ماندگی می‌داند.

۱۶. نسل جوان، بی‌تعارف و صریح با تکیه بر دانش، در پی ساختن وطن است و دفن کردن جنازه مشتی هوچی و تاراجگر و شیاد.

۱۷. شعار دهندگان طرفدار پهلوی، یعنی شیفتگان ایران و دوران آرامش و توسعه و اعتبار جهانی و ایام نخبه‌پروری اصیل و باشرف. یعنی ادامه آزادیخواهی که با مشروطه خواهی آغاز شد.

۱۸. این شعارها، نشان پختگی است. مثلا با گفتن «رضاشاه روحت شاد» یعنی، اینکه رضاشاه می‌دانست مُلا ضد ایران و توسعه و رشد جامعه بشری و تمدن ایرانی است.

۱۹. امروز نسل جوان ایرانی دانست که ماموریت مُلا، توسعه فقر و سیه روزی و آشوب منطقه‌ای و استبداد و نوکری اجنبی و نابودی ایران و ایرانی است.

گفتمان نسل جدید، همان نقشه راه و طرح آینده است. چه بسا که نظامی مانند نروژ را برای خود الگو قرار دهد. واقعا این نشان دشمنی با خامنه‌ای و تفکر اسلامی و ولایت فقیه اوست.

با جمله‌ای از احمد فراستی - کارمند بخش عملیات ساواک - سخنم را به پایان می‌برم: «یکی از توقعات نابجای برخی از ایرانیان از شاهزاده رضا پهلوی این است که چرا نمیجنبد مارا نجات دهد و چرا به ایران نمیاید؟ یکی نیست بپرسد چرا یک تن، باید ۸۵ میلیون نفر را آزاد کند ولی ۸۵ میلیون نفر نمی‌توانند این یک تن را به ایران ببرند و خود را نجات دهند.»

عاقبت، گفتمان و شعارهای نسل جوان تظاهر کننده در ایران، هر چه هست، پیروزی‌شان، به معنی نجات ایران است. ایدون بادا! درود به شرف‌تان، خوش غیرتان روزگار ما! بدانید که مُلایان فاسد و شیخان رذیل؛ در ۱۳۵۷ با تروریسم آمده‌اند، با

تروریسم مانده‌اند و آخرالامر، با حمام خون خواهند رفت! اما آنچه می‌ماند، ایران است و ایرانی...

بنابه درس شاهنامه فردوسی:

نخواهیم برگاه ضحاک را   مرآن اژدهادوش ناپاک را
ازو، نام ضحاک، چون خاک شد   جهان از بد او، همه پاک شد

۱۳

آدمکُشان حرفه‌ای، ایرانی بودند

(و شیفته کرملین)

در تاریخ معاصر ایران، می‌توان تروریسم را به دوشاخه تروریسم اسلامی و تروریسم مارکسیستی تقسیم کرد. و هر دو گروه از انجام هر جنایتی هم - برای رسیدن به هدف‌شان- فروگذاری نکرده‌اند و اگر امروزه روز، جمهوری اسلامی (که برآمده از عملیات شوم همان دو گروه در ۱۳۵۷ است)، به مشهورترین و منفورترین کشور حامی تروریسم در جهان مشهور است، جای تعجب نیست. اما در کمتر جایی از تاریخ جهان، می‌توان حزبی را یافت که کاملا به گوش به فرمان اجنبی باشد و به خاطر اجنبی در داخل کشور خودش، دست به قتل و جنایت بزند و در اشاعه تروریسم هم بکوشد. حزب توده و بعدها هم گروه‌های تروریستی اسلامی و مارکسیستی وابسته به شوری، چیزی کمتر از گروه‌های تروریست اسلامی امروزه در منطقه خاورمیانه نداشتند.

و یا خود کشور کمونیستی چین در قبل از ۱۳۵۷ حامی تروریسم در ایران بود. مثلا محسن رضوانی، از سازمان انقلابی حزب توده ایران.با مقامات چینی دیدار کرده و تصمیم‌گیرنده نهایی و کارگردان اصلی سیاست‌های سازمان انقلابی و حزب رنجبران بوده. در مقابل توصیه رهبران حزب کمونیست چین که در سیاست حزب رنجبران مداخله می‌کردند ظاهراً چین سیاست حزب محسن رضوانی (کنفدراسیونی) را در حمایت از نظام اسلامی مورد انتقاد قرار می‌دادند، به امید دریافت کمک ماهیانه ده‌هزار دلار از چینی‌ها به منظور تشکیل یک گروه اجیرشده از پیشمرگه‌های کرد بار دیگر به چین می‌رود. اما دوستان چینی دست رد بر سینه‌اش می‌زنند!

اما نخستین و شناخته شده‌ترین گروه مخالف رژیم پادشاهی - که ریشه حیات‌اش را در خارج از ایران استوار کرده بود - حزب توده بوده است که در واقع بدنه کمونیسم در ایران بود.[1]

در همان مهر ۱۳۲۰ - یعنی دقیق ۷۲ سال پیش - گروهی مانند ایرج اسکندری و

۱- قصه ساواک؛ بشیری، ص. ۱۴۹

نوشین و رضا روستا و ... به سفارت روس می‌روند و می‌خواهند که حضرات اجازه بدهند یک حزب کمونیست در ایران با ایدئولوژی مارکسیستی راه بیاندازند. در ۱۷ مهر ۱۳۲۰ سلیمان میرزا اسکندری، ریش سفید می‌شود و با حضور رستم علی اف (به ظاهر کادار سفارت روس) برای ایرانی‌ها و با حمایت مالی روس‌ها، حزب درست می‌کنند. مهر ۱۳۲۰، یعنی کمتر از یک ماه پس از اشغال نظامی ایران توسط متفقین و استعفای رضاشاه فقید از مقام سلطنت، حزب توده ایران را تشکیل دادند. در زمانی که شیرازه مملکت از هم پاشیده شده بود.

خواسته اول همین حضرات - از پیشه‌وری و طبری و رادمنش و ... تا ۵۳ نفر - هم (به دستور بیگانگان) با هیاهو و جنجال برای دفاع از واگذاری نفت شمال به روس‌ها اقدام می‌کردند که بی‌نتیجه ماند (تابستان ۱۳۲۳). حتی حزب توده تظاهرات خیابانی به سود شوروی به راه انداخت. (قصه ساواک، بشیری، ص. ۱۷۰) و بعدها به مناسبت روز ارتش سرخ، در سفارت میهمانی می‌گیرند و یک ایرانی به نام آرداشس در آنجا با ماکسیموف (سفیر شوروی) مشاجره می‌کند و فردایش این نماینده مجلس احضار و دستگیر می‌شود و از این دست نفوذ روس‌ها در ایران؛ تاریخ معاصر ما بسیار نمونه‌ها دارد.

از دیگر سو در میان مُلاها، مارکسیست هایی را نفوذ داده بود که مخفیانه با حزب توده مرتبط بودند و در نزدیکی حزب توده با رهبران انقلاب نقش داشتند، از جمله سید محمود طالقانی، محمدی گیلانی، لاهوتی و موسوی خوئینی‌ها. بعد از بلوای ۱۳۵۷ در مجله چاپ مشهد، مطالبی توسط پدر علی شریعتی نوشته شد که مدرسینی که با او بودند و بعدا مُلا شدند، در عضویت حزب توده استان خراسان حضور داشتند؛ مانند خوئینی‌ها و در کتاب چریکهای فدایی خلق (گذشته چراغ راه آینده)، آمده که پدر خوئینی‌ها - که در زنجان محضردار بوده - از اعضای برجسته فرقه دموکرات آذربایجان (ساخته و پرداخته شوروی) بوده و البته از قضای روزگار، حال این جاسوس روس، شده پدر اصلاح طلبی در ایران و خواهان اصلاحات در داخل ولایت فقیه! و امروزه هم مافیای تودرتوی اصلاح طلب‌ها، از طریق رسانه‌های تحت فرمانشان در خارج - مانند لندن - طوق لعنت بر گردن مردم ایران افکنده‌اند و مغزشان را به بازی گرفته‌اند!) [در کتاب خاطرات مرتضی موسوی، کارمند ضدجاسوسی ساواک، به بسیاری از این موارد اشاره شده است]

طبعا، خیانت‌های حزب توده به ایرانیان و نوکری اجنبی، یکی دو تا نبود که قابل اغماض و بخشایش باشند: از ماجرای جنگل و افکار کمونیستی میرزا کوچک خان تا ماجرای ۲۵ امرداد ۱۳۲٤ که نفوذی‌های توده در میان افسران ارتش خراسان موجب تلاش

برای ایجاد شورش بودند و بعد که در سال ١٣٢٤ که ۲ جمهوری پوشالی تبریز و مهاباد درست شد و شوروی و توده و ... در سالهای آخر جنگ جهانی دوم، دو جمهوری ٥٠ کیلومتری در ایران را به طور علنی حمایت کردند. البته هر کدام جداگانه تمامیت ارضی و منافع و مصالح ایران و ایرانی را تهدید کرد .

اگر شوروی در ۱۳۲۰ برایمان حزب توده ساخت؛ شوروی در۱۳۳۲خواست کودتا علیه شاه و مملکت کند ویا .روسیه پوتین در ۱٤۰۰ از مترسک عمامه به سر حمایت می‌کند. روسیه، برجام را به تحریم‌ها بر سر اوکراین پیوند زد؛ لاوروف ضمانت کتبی خواست و مُلایان هم خواستار رفع نام سپاه از تروریسم شدند. اما حزب توده، خود توسعه دهنده تروریسم و آشوب در ایران بود.

۱. بعد از سال ۱۳۲۷، حزب توده دوباره میخواست که شاه را ترور کند (در محوطه دانشگاه تهران توسط فردی به نام ناصر فخرآرایی در دانشکده حقوق دانشگاه تهران واقع شد.) طبق قانون مصوبه مجلس، مرام اشتراکی و فعالیت کمونیستی در ایران ممنوع بوده (قانون سال ۱۳۱۰). بماند که امروزه روز پس از فروپاشی کمونیسم در پایان جنگ سرد بتازگی فرزند مطهری در مجلس از امکان فعالیت کمونیست و چپ در ایران سخن می‌راند. حادثه سوقصد به جان شاه ایران (بهمن ۱۳۲۷) حزب توده از سوی دولت با تصویب مجلس شورای ملی، منحل اعلام شد. حزب توده توطئه‌ای برای ترور شاه فقید در ایران طراحی کرد تا ایران به پشت پرده آهنین کشانده شود.

۲. همواره این پرسش باقی مانده است که اگر آن گلوله در ۱۵ بهمن ۱۳۲۷ یا ۲۱ فروردین ١٣٤٤ در کاخ مرمر، به شاه می‌خورد، ایران به کدام سو می‌رفت؟ اما اگر این رخداد شوم و آدم کشی موفقیت‌آمیز می‌شد، ایران زودتر به قعر نابودی و سیه روزی سقوط می‌کرد.

[سربازی (رضا شمس‌آبادی بیگدلی) به شاه فقید، به محض پیاده شدن از اتومبیل شلیک کرد و گلوله‌ها به شاه نخورد اما ۲ درجه دار گارد ترور و باغبان کاخ، زخمی شدند. عده‌ای توده در پشت پرده، محرک این حرکت تروریستی بودند (و حتی پرویز نیکخواه هم دستگیر شد. وی محکوم و پشیمان شد و بعد مشاور مدیر عامل وقت سازمان رادیو تلویزیون ملی ایران شد.) البته ١٤ تروریست دادگاهی شدند و رکن ۲ ارتش هم دخالت کردند و شگفت اینکه کنفدراسیون دانشجویان ایرانی در خارج از ایران برای همین تروریست، عزاداری گرفتند. حتی فدراسیون بین المللی حقوق بشر در خرداد ١٣٤٤ نامه داد. پس از بلوای خمینی در ۱۳۵۷، بخاطر کینه شتری نسبت به شاه، توده‌ای‌ها و اسلامی‌ها از تروریستی که به شاه، شلیک کرد و عکسش را در روزنامه‌های تهران، چاپ می‌کنند.

توگویی که چپ تروریست و مخرب، هرگز این تروریسم را محکوم نمی‌کند.]

۱. و ایجاد انفجار در ناو ببر(۲ شهریور ۱۳۲۰؛ فرمانده ناو شورهام - رابرت تانبریج- و فرمانده ناو یارا -ناخدا هرینگتن- دستور داشتند که با گلوله‌های انفجاری شدید و توپ‌های سه‌اینچی به آن حمله کنند. این دو ناو ایرانی در اعلان بی‌طرفی در جنگ به قعر دریا رفتن.)

۲. حتی حزب توده در دروغ پردازی در ادبیات و اندیشه هم خودداری نداشت مانند ۲روایت واقعی از مرگ میرزاده عشقی (۱۳۰۳ تهران) و فرخی یزدی (مهر ۱۳۱۸) بسیار آموزنده است :ببینید از۱۰ مهر۱۳۲۰که حزب کمونیست تودهٔ ایران درست شده و شبکه تروریستی آخوندی فعال شده؛ تا امروز با استفاده از سیاست تکرار مدام در رسانه؛ چه دروغ‌هایی را به مغز ایرانیان فرو کرده اند! چه مرثیه‌هایی درباره قهرمان‌های جعلی مُرده گفته شده، گرچه دو شاعر قابل احترام‌اند از نظر هنری .ببینید چه اسما مقاله و رساله درباره مرگ در راه آزادی و ترور در زندان و ... توسط ۲ قشر کمونیست و مُلا، نوشته شده و یا در رسانه‌ها رواج یافته! چه دروغ‌های بی‌سندی علیه شاهان ساخته شده.

۳. مثلا میرزای جنگلی و حرف او از اتحاد اسلام که عاقبت به جمهوری شوروی گیلان انجامید، پیامد سیاست ویرانگر کرملین بود. هنوز هم این مُلای کمونیست، به عنوان شخصیت ملی در تبلیغات کمونیست‌ها و اسلامی‌ها در ایران، معرفی می‌شود.

٤. و یا قیام بی‌نتیجه افسران خراسان را براه انداختند (در امردادماه سال ١٣٢٤؛ در شب ٢٤ امرداد آغاز شد و در ۲۹ امرداد شکست خورد. سرهنگ عبدالرضا آذر با سرگرد علی‌اکبر اسکندانی - دو عضو سازمان افسران حزب توده ایران - تصمیم به قیام مسلحانه علیه رژیم گرفتند و به همراه گروه همفکرانشان در ترکمن صحرا قیام کردند؛ ولی این حرکت که به قیام افسران خراسان شهرت یافت و به سرعت توسط ارتش و ژاندارمی سرکوب شد.)

۵. حزب توده، دارای یک سازمان نظامی (بهار ۱۳۲۳) و یک سازمان اطلاعات حزب بود که «کمیته ترور» یا گروه تروری را هم برای ترور اهداف خاص (مخالفان سیاسی و یا تسوی‌های درون حزبی)، سازمان می‌داد [روایت فریدون کشاورز: من متهم میکنم]. هرچند، بعدها در مطبوعات حزب توده، ترور شخصیتی بیشتر مورد توجه قرار گرفت. و حزب توده برای یکی از تروریست‌های مشهورش، خسرو روزبه هم همواره مرثیه سرایی و عزاداری کرده است. حزب توده یک سازمان اطلاعات و جاسوسی داشت (زیر نظر کریم فروتن اداره می‌شد و نقشه فرار سران حزب از زندان در سال ۱۳۲۹ به دست فروتن انجام شده. مسئول سازمان اطلاعات، دکتر مرتضی یزدی بود و مسئول اصلی کمیته ترور، خسرو روزبه بود.)

٦. اما در واقع امر، خسرو روزبه جنایتکاری خونخواره و چماق دار بود که حزب توده و عناصر وابسته، همواره در رسانه‌ها سعی داشته و دارد که از آن چهره منفور، یک چهره و قهرمان

ملی و اسطوره مقاومت بسازد. ماجرای قتل‌ها و جنایات در اکثر خاطرات افراد حزب توده منتشر شده‌اند (مانند نوشته بشیری، قصه ساواک، صص. ۱۷۶-۲۰۰) اما درباره ۵-۶ تروری که حزب توده در ایران انجام دادند و یا سرقت‌های بانک ملی دماوند، بانک ملی مرکز و بانک بازرگانی، سخنی نمی‌رانند که در بین عوام آن را به گردن دربار شاهنشاهی می‌انداختند؛ زیرا در ظاهر، توده‌ای‌ها می‌گفتند که مخالف ترور هستند اما در عمل خیلی از افراد را حزب توده به قتل رسانده‌اند [مانند: محمد مسعود (مدیر روزنامه مرد امروز، ۲۳بهمن ۱۳۲۶)، پرویز نوائی، حسام لنکرانی (شهریور ۱۳۳۱ با دستور خسرو روزبه و بدست ابوالحسن عباسی با پتک، به قتل رسید)، محسن صالحی، داریوش غفاری، [آقا برار] فاطری، احمد دهقان (مدیر تهران مصور، ٦ خرداد ۱۳۲۹) و...]. برخی از قاتلین در بازجویی‌های خود در فرمانداری نظامی، به نکات عجیبی اشاره کرده‌اند که اکثر آن جنایات درون تشکیلاتی، به دستور خسرو روزبه بوده است. البته همه فعالیت‌های حزب توده و حوادث پیش آمده در ایامی است که مملکت، فاقد سازمان اطلاعات و امنیت کشور بود. دکتر محمد بهرامی - دبیرکل حزب توده - در بازجویی‌های خود به صراحت اعلام می‌کند که یکی از منابع عایدی حزب، وجوه سرقت شده از بانکها بوده است. (سرقت بانک ملی - شعبه دماوند و مرکز - بانک بازرگانی، صندوق راه آهن و ... زیر نظر کیانوری و روزبه و ... انجام گرفت)

۷. دکتر فریدون کشاورز، از سران حزب توده، در کتاب «من متهم می‌کنم» معتقد است که «این اعمال تخریبی و تروریستی و خیانت‌ها در ایامی است که فعالیت حزب توده در ایران علنی بود».

۸. در سال ١٣٢٤ بود که آمریکا به حمایت از ایران برخاست و ارتش سرخ خارج شد و بعدها در ۲۸ امرداد ۱۳۳۲ «که هنوز هم عزاداری‌اش برقرار است و آمریکایی‌ها هم از روی ناآگاهی در تاریخ معاصر به دنبال این توهم براه افتاده‌اند و با کاری که نبوده، پُز می‌دهند!» ایران داشت به خاطر عملکرد مصدق‌السلطنه به دامان توده‌ای‌ها می‌افتاد و غائله، ختم به خیر شد. هدف نهایی و غائی حزب توده هم مشابه مشابه تبدیل ایران به سرزمین اجنبی و الحاق آن به روسیه بود.

۹. یا اعتصاب‌های کارگران صنعت نفت و بحران در مناطق نفت خیز (مانند اعتصاب عمومی کارگران صنایع نفت آبادان) از اقدام‌های جنجالی حزب توده بود. البته با استعفای رضاشاه (شهریور ۱۳۲۰)، شکل دیگری به مبارزات مثلا کارگری داد. حزب توده، پس از تأسیس، رهبری جنبشهای کارگری را به دست گرفت و شرکت نفت خوزستان، یکی از کانون‌های قدرت و نفوذ حزب توده بود. حامیان جنبشهای کارگری به طور مستقیم یا غیرمستقیم با این حزب مربوط بودند، سرانجام یکی از بزرگترین اعتصابات کارگری نفت در تابستان۱۳۲۵ شکل گرفت.

۱۰. در آن ایام دهه ۱۳۳۰ رسانه‌های وابسته به توده را اگر بازخوانی کرد مرتبا مصدق‌السلطنه را به شکنجه‌ها و دستگیری‌ها در زندان شهربانی متهم می‌کنند. و بعدها در سال ۱۳۳۲ توده‌ای‌ها جزو طرفداران مصدق‌السلطنه شدند تا ایران و شاه سقوط کند و کشور جز اقمار شوروی شود. البته، توده‌ای‌ها، اوایل در روزنامه هایشان می‌نوشتند که در زندان‌های مصدق، شکنجه وجود داشته است و ... اما در آن ایام، همگی طرفدار مصدق شده بودند.

۱۱. البته بعد از ١٤ آذر ۱۳۳۰ که شعبان جعفری به تحریک مصدق‌السلطنه، دفتر روزنامه‌های مخالف و انتقادی [فرمان (با مدیریت عباس شاهنده)، داد (با مدیریت ابوالحسن عمیدی نوری)، آتش (با مدیریت مهدی میراشرافی)، و...] را به آتش می‌کشد، در ۱۷ آذر ۱۳۳۰ محمدرضا آشتیانی زاده آن را لکه بدنامی و ننگ می‌داند و می‌گوید مصدق (نخست وزیر) مدعی آزادی دستش بخون آلوده است و.... البته وظیفه حزب توده، اجرای ماموریت واقعی اش، یعنی هموار کردن زمینه برای تسلط کمونیسم جهانی بر ایران بود.

۱۲. در سال ۱۳۳۱، در زمان دولت مصدق‌السلطنه، با آنکه حزب توده به طور قانونی منحل شده و غیرقانونی اعلام شده بود اما حزب بصورت گسترده در تهران و اکثر شهرهای ایران به طور علنی و بیش‌تر از دوران غیرقانونی بودن، مشغول فعالیت بود. حتی تابلوهای حزبی بر سر در باشگاه‌ها و دفاتر حزبی دیده می‌شد و مجموعه روزنامه‌های آنها، در سطح وسیع انتشار و توزیع می‌شد.[۱]

۱۳. و یکی از موارد نفوذ حزب توده در ارتش شاهنشاهی بود، و سرگرد اکتشافی (افسر نگهبان فرودگاه قلعه مرغی) و ستوان یکم رستمی، که هر دو از خلبان‌های نیروی هوایی بوده‌اند و یک استوار دوم.برنامه آنها، انفجار هواپیما در قلعه مرغی و نابودی آشیانه‌های فرودگاه قلعه مرغی تهران بود چهارآشیانه هواپیماهای جنگی را به آتش کشیدند و از مهلکه فرار کردند. هرچند که عاقبت آتش سوزی، خاموش شد.[۲]

این مجموع خیانت‌ها، ترورها، جنایت‌ها، تحریف‌ها، دستکاری‌ها در تاریخ، یورش برای ویران کردن هویت فرهنگی ایران و تخریب افکار عمومی و... که در کارنامه سیاه مبارزاتی توده می‌درخشند، همگی برای جلب رضایت کرملین و ک گ ب بود و کمترین رابطه‌ای به منافع و مصالح ایران و ایرانی نداشت. انور خامه‌ای در خاطرات خود «فرصت بزرگ از دست رفته» به همکاری ارتش سرخ و انگلستان و شرکت نفت ایران و انگلیس با حزب توده اشاراتی داشته و یکی از آن موارد، همکاری برای انتشار روزنامه مردم – در

۱– قصه ساواک، بشیری، ص. ۱۹۲.

۲– روزنامه کیهان؛ چهارشنبه ۱ مهر۱۳۳۲.

۱۱ بهمن ۱۳۲۰ - بوده است.[1]

البته سازمان‌های وابسته به حزب توده، در سراسر ایران پراکنده و فعال بودند و تبلیغات گسترده داشتند (مانند: سازمان جوانان حزب توده، شعبه کارگران و سازمان شورای متحده مرکزی، شعبه دهقانان و انجمن کمک به دهقانان ایران، جمعیت ملی مبارزه با استعمار، جمعیت ایرانی هواداران صلح، جمعیت حمایت کودکان، جمعیت آزادی ایران و سازمان زنان ایران و...) و همین شبکه مافیایی موجب تخریب افکار جامعه شد.

حزب توده روسی به سایرین آموخته بود که می‌توان با انگشت گذاشتن بر نقاط ضعف جامعه، ایجاد فضای تبلیغاتی و پناه بردن به شعارهای تب‌آلود و هیجانی، از هر شخصیتی فاقد معروفیت و صلاحیت و مشروعیت و مقبولیت در جامعه، یک قهرمانی جعلی ساخت که حمایل قهرمانی زیبنده پیکرش نباشد... بهرحال جامعه جهان سومی، شیفته قهرمان‌سازی و قهرمان‌پروری است و برخی گروه‌های تروریستی در تاریخ معاصر ایران هم، نبوغ خاصی در قهرمان تراشی و به زور قهرمان را وارد صحنه کردن داشته و دارند.

«حزب توده در عمر ٤١ ساله خود، یک جریان بیمارگونه اجتماعی - روانی پدید آورده که عوارض شوم (و عمیق) آن، هم در زمینه فردی هم در زمینه اجتماعی - سیاسی بر همه گروه‌های چپ و راست، از فدائیان اسلام گرفته تا جبهه ملی، حزب زحمتکشان، نیروی سوم، مجاهدین خلق، چریک‌های فدایی خلق و سایر گروه‌های متعدد دیگر تا احزاب نیمه دولتی - ملیون، مردم، ایران نوین و رستاخیز - تاثیر گذاشته است.»[2]

متاسفانه شیوه کار و قهرمان‌سازی واهی و بی‌ریشه - که کمترین انطباقی با واقعیت نداشت - مشابه حزب توده، مورد تقلید مجاهدین خلق، نهضت آزادی، فدائیان خلق، تروریست‌های اطراف خمینی و امثالهم تکرار شدند. مدتی هم چریک فدایی به شوروی گریخت و در سالهای ۱۳۵۸-۱۳۵۹ و ماجراهای درگیری‌های سازمان‌های کُردی که از عراق به ایران بازگشته بودند، یکی از آنها که مامور بعث هم بود؛ دوباره در مرز ماکو بر در مرزبانی کوبیدند و طلب کمک کردند اما این بار روس‌ها پاسخی ندادند! چون تا مدتهای مدید، ک گ ب با خمینی کار می‌کرد! و...

البته طرفداران و اعضای حزب توده به مجلس شورای ملی در دوران شاهنشاهی پهلوی هم راه یافتند. شیوه‌های جار و جنجال در تریبون مجلس، تبلیغ مرام حزبی، سخنرانی‌های سطحی، پر از حب و بغض و مملو از شعار و دروغ و بلوف، نمایش در میان

۱- انتشارات هفته، ج ۲، ص ۳۲ و ص. ۳۵.
۲- قصه ساواک، بشیری، ص. ۱۵۰.

افکار عمومی و ... در دوره‌های بعدی هم توسط نمایندگان جبهه ملی در مجلس و حتی بعدها اعضای حزب رستاخیز هم مورد تقلید قرار گرفت. [و همان سبک، امروزه هم در مجلس شورای اسلامی حکومت مُلایان، عینا تکرار می‌شود، که در میان جامعه به اصطبل و طویله سپاهی‌ها شهرت یافته است]. توده ای‌ها به استاد ایجاد هرج و مرج و بلواگری تخریب بنیان اخلاقی و فرهنگی جامعه شهرت یافتند.

نکته بسیار شگفت انگیز در ایام شاه فقید ایران، محمدرضا پهلوی، آن است که هوشمندی ساواک در آنجا بود که افرادی را در رهبری حزب کاشت (مانند رادمنش و..) و توانست فعالیت‌های تخریبگرانه و عملیات تروریستی و تبلیغات شوم این اختاپوس ساخته روس‌ها در داخل ایران را کنترل و نابود کند.

در بلوای زمستان بی‌بهار ۱۳۵۷، حزب توده یکی از رقاص‌های روی صحنه شادی بود که ایران به ۱٤۰۰ سال قبل پرتاب شد. روزی که ملی مذهبی‌ها، نهضت آزادی، جبهه ملی، فدایی خلق، مجاهدین خلق، موئتلفه اسلامی؛ فدائیان اسلام، کنفدراسیون، تجزیه طلب‌ها، کمونیست‌ها، مصدقی‌ها، روشنفکرها، مسلمان‌ها، و .... و عاقبت تروریست‌ها، شادمانی می‌کردند. دیوشان برگشته بود تا آوای وحش سردهد و از آن همه لشکر روشنفکر مشهور - بیشتر توده‌ای - کسی علیه خمینی و بدبختی و سیه روزی ایران پس از آمدن خمینی، چیزی نوشت؟

البته، روزنامه‌ها آن ایام شاهد است (مانند بهمن ۱۳۵۷) که حزب توده در حمایت از خمینی، علنا دعوت به آدمکشی می‌کرد. جالب اینکه، پس از یک قرن، ماموریت حزب توده و میرزای جنگلی (عنصر حکومت شوروی و مُلای متحجر و تجزیه طلب) را امروزه مُلایان در دوران خلافت اسلامی ولایت فقیه در تهران تکمیل کردند و کشور، رسما به مستعمره کرملین و چین مبدل شده است! مدلی نو از نوکری اجنبی و وطن فروشی، که مُلای سفیه وقیح - خامنه‌ای مشهور به ولی فقیه - بدان فخر و کبر می‌فروشد!

هنوز تیتر روزنامه‌ها در حمایت حزب توده از جنایات دادگاه‌های انقلابی در اعدام چهره‌های نظامی و اداری دوران شاهنشاهی در شبکه‌های اجتماعی، دست به دست می‌شود[1]. و یا دفاع حزب توده از تروریسم اسلامی و خلخالی و نگرانی حزب توده از استعفای خلخالی مشهور است[2] و دبیرکل حزب توده (نورالدین کیانوری) هم در عین بی‌شرمی هم خمینی را ستایش کرد و هم گفت: دادگاه‌های انقلاب ایران را سربلند کرد!

۱- سرمقاله مردم، ارگان حزب توده ایران، دور ۷، س.۱، ش ۱٤، چهارشنبه ۲٦ اردیبهشت ۱۳۵۸.
۲- همان؛ دوشنبه ۷ خرداد ۱۳۵۸.

«دادگاه‌های انقلابی یکی از موثرترین تحکیم کنندگان بنیاد انقلاب کبیر ما هستند... این چرخ‌ها باید آنقدر در گردش باشند تا هرگونه زمینه بازگشت دوران طاغوتی را، بهرشکل و صورت که در آید، غیرممکن و ممتنع سازد!» آیا همه این تشویق به تروریسم، بدون اجازه سفارت شوروی درتهران و کرملین بوده است؟

حزب توده مانند کمونیست‌های شوروی در جنگ تبلیغاتی، جنگ روانی، مغلطه‌گری و فریبکاری، استاد بودند. میراثی شوم که برای مُلایان پیرو شارلاتانیسم و خمینیسم - چه اصلاح طلب و چه اصول گرا - به جای مانده است. (مثلا اصلاح طلبان حکومتی دوستدار بقای رژیم مُلایان و استبداد دینی ولایت فقیه، با وجودی که ۲٪ از جامعه را هم همراه خود ندارند، اما به شیوه حزب توده، مرتب با افکار جامعه ایرانی بازی می‌کنند و مثل مرض ایدز در همه اروپا و آمریکا پراکنده شده‌اند. یک نگاهی به لیست اسما کارشناس‌های رسانه‌های ایرانی بیاندازید؛ متوجه عمق این فاجعه خواهید شد!)

وقتی که در سال ۱۳۶۲ که جمهوری اسلامی و خمینی، به قلع و قمع حزب توده پرداخت و بعد هم یک میزگرد تلویزیونی با حضور ۱۸ نفر از سران حزب توده برگزار شد و بعدها در مرکز فرهنگی اسلامی اروپا (ایتالیا) جزوه‌ای منتشر شد که نورالدین کیانوری (دبیرکل حزب توده) در این میزگرد گفته: «واقعیت این است که حزب ما در سال ۱۳۲۰ در دامان شوروی به وجود آمد...» البته سیاوش بشیری در کتاب قصه ساواک به مواردی از اعترافات دیگر اعضای حزب توده، اشاره کرد (مانند: محمد بهرامی، انور خامه‌ای و...) که حزب توده وابسته به کرملین بوده است و جملگی به ایران، خیانت کرده‌اند.

البته فقط شوروی از طریق حزب توده وارد ماجرا نشد، بلکه مُلایان هم قبله‌گاهشان کم کم به سمت کرملین بود. یا پدربزرگ کیانوری رهبر حزب توده (شیخ فضل‌الله نوری) مورد احترام خمینی بود. او با ماموریت ک گ ب شوروی رابطه نزدیکی با خمینی برقرار ساخت. در همان دوران دولت جیمی کارتر[۱]، سازمان سیا به خمینی کمک کرد تا حزب توده را منحل کند. اما، خمینی، پوزخند ظفرمندانه بر لب زد و مدعی شد که رسول خدا و اسلام و خدا، وی و عمامه و عبایش را حفظ کرده.[۲]

در واقع امر، سیا در ۱۳۶۲ در عملیاتی، لیست همکاران ک گ ب و شوروی را در اختیار خمینی نهاد (که شامل ۲۰۰ نفر می‌شد) و خمینی به جای تشکر از سیا، به انفجار سفارت آمریکا در لبنان دست زد! (کتاب باب وردز[۳] و مقاله‌های او در واشنگتن پست و

1- Jimmy Crater

۲- روزنامه‌های اردیبهشت ۱۳۶۲ سندهای اثبات کننده این جمله است / سند سیا May ٤, ۱۹۸۳.

3- Bob Woodward

لس آنجلس تایمز در تاریخ NOV. ۱۹, ۱۹۸۶ / و ...) که آنهم زمانی بود که کوزیچکین[1] به لندن پناهنده شده بود و لیست فعالان را به سی آی‌ای داد.

اول رژیم روزنامه مردم را توقیف و عده‌ای را دستگیر کرد. کمیته حزب کمونیست اتحاد شوروی نومیدانه می‌کوشید که تا از باقیمانده این کشتی شکسته چیزی را نجات دهد و وظیفه چنین کاری بر دوش اداره "S" ک گ ب گذاشته شد[2] حتی شوروی می‌خواست که کیانوری را از طریق مرز شوروی، خارج کنند! اما موفق نشد.

1- Kuzichkin

۲- ک گ ب، کوزیچکین، ص. ۴۹۳.

۱۴

قاتلان سینما رکس؛

هنوز زنده‌اند!

کم کم در این شب سیاه، پرده‌ها کنار می‌روند و مشخص می‌شود که چه عواملی، خمینی سفاک را به قدرت رسانیدند. و ماموریت مُلای شیعه، نابودی ایران و ترویج فقر و توسعه ویرانی بود. اختاپوسی خونخوار و بدکار، که همه ایران و منطقه را به ویرانی کشانیده است. امروزه هم، مُلایی خرفت و کله شق و ۸٤ ساله به نام خامنه‌ای با مالیخویایی، ایران را به این پرتگاه سقوط برده و انگار همه منتظر فروریختن آوار بر سر مردم سیه روز ایران‌اند.

واقعیت امر آنکه، دیگر ایران امروز، هیچ شباهتی به سال‌های قبل از زمستان بی‌بهار ۱۳۵۷ ندارد. حتی عکس‌های داخل آلبوم‌های خانوادگی و فیلم‌ها و ... هم نشانگر آن است که ایران خراب و مضمحل و پریشان، دیگر قابل شناسایی نیست و همه چیز درهم آمیخته و آشفته شده و ایران، تحت سلطه مُلایان مطلق العنان، وحشی و خونریز است که کشور و ملت را با تشنج و طغیان و آشوب در هم آمیخته‌اند.

در قبل از زمستان ۱۳۵۷، یک اتحاد بین المللی با همکاری شبکه فراملیتی تروریسم اسلامی علیه شاه براه افتادند و ایران را به دوران سیاه و قبرستان تاریخ بردند. امروزه ایرانیان، گروگان مُلایان وحشی و مقامات فاسد و جلاد هستند و گرفتاری به این مصیبت عظیم، عذابی سخت برای ایران است. حکومت نماینده امام زمان جعلی و مُلایان اجنبی پرست که حاضراند برای بقای ننگ خود، همه ایران را فدا کند و مُلک و مملکت را هم به مستعمره کمونیست‌های چین و روس در آمده است. هر روز، ایران با فاجعه‌ای روبروست و فریاد وطن‌پرست‌ها هم، در مجمع الجزایر افکار ایرانیان، به جایی نمی‌رسد. مقصود مُلاهای وحشی، منافع و مصالح ملی نیست. در این مهلکه، نسل جوان پرسشگر و نوجوی ایرانی به خوبی موقعیت را درک کرده است.

شعارهای ایرانیان در میان سانسور شدید مافیای اوباش وابسته به حکومت و زاغوت مُلایان، توجه به تمدن ایران، گذشته با عظمت و پر افتخار و میراث نیاکان است. «ایران،

ملتی است که به گذشته نگاه می‌کند، زمانی که آن وطن پرستان بزرگش در جنگ با مغولان جان سپردند»[1] چنین ایرانی، هیچگاه نخواهند مُرد!

همین شعارهای توجه به دوران قبل از بلوای ۱۳۵۷، موجب مریض احوالی جماعت اوباش ۵۷ی شده است و هر روز علیه پهلوی، بیانیه می‌دهند و تجمع می‌کنند که دیگر بی‌فایده است!، نام پهلوی در میان جامعه، محبوب است و قابل کتمان هم نیست. چون تفکر حاکم بر نسل جوان، استقرار دوباره تمدن ایرانی و همراهی با تمدن جهانی مدرن است و قطعا در این راستا، مُلای عمامه به سر و نعلین به پا که ٤٣ سال است حکومت ترور و خون و غارت را بنا کرده‌اند و حامی گروه‌های خرابکار و تروریست در جهان‌اند، جایی ندارند!

یکی از بلاهایی که مردم ایران، دچارشش شدند، تروریسم داخلی[2] بود که آن هم در به آتش کشیدن سینماها، عیان شد.مشهورترین آن هم، سینما رکس است که شب ۲۸ امرداد ۱۳۵۷، در موقع نمایش فیلم گوزن‌ها، توسط اوباش‌های چماق دار پیرو خمینی به آتش کشیده شد و دست کم ٤۲۰ نفر در آتش سوختند. مالیخولیا و بیماری مُلایان شیطان صفت، دشمنی با شاه و ساواک بود.

مُلاها گفتند که «باید به آرمان‌های انقلاب، وفادار و ضد شاه بود». اما مُلاهای خمینی چی از سال ۱۳٤۹تا سال ۱۳۵۷، حدود ۳۰ سینما را آتش زدند. قم، کاشان، مشهد، اصفهان، الیگودرز، پاراموند شیراز؛ هما همدان؛ آریا تبریز؛ شهرفرهنگ اصفهان؛ شهرنمایش بندرعباس؛ سیلوانا تهران؛ رکس آبادان؛ رادیوسیتی، ادئون کاپریل، دیاموند تهران و... کدام آرمان؟ آیا تروریست‌هایی مانند داعش تا الان سینما آتش زده؟ یا القاعده؟ النصره؟ بوکوحرام؟ طالبان‌چی؟ طبق اسناد تاریخ معاصر،از ۱۳٤۸ تا ۱۳۵۷ بیش از ۳۰ سینما توسط تروریستهای ۵۷ در ایران، به آتش کشیده شد و صدها ایرانی، جزغاله شدند. آیا به آتش کشیدن سینماهایی مانند رکس، کاپرید، دیاموند، پاراموند، ایمپریال، اودئون، امپایر و...در کارنامه طالبان و داعش هست؟

اما تروریست‌های اسلامی خمینی چی، خودخواهانه ایران را به قمار گذاشتند و دار و دسته خلافکار مُلاها نشستند و سینما رکس و جاهای دیگر را به آتش کشیدند؛ بعدها خودشان گفتند که مثلا احمد خمینی دستور نابودی سینما قم را داده[3]. مُلاها جنایاتی در

۱- گروگان خمینی، رابرت دریفوس، نیوبورک، ۱۹۸۰، ص ۱۲.

2- Domestic Terrorism.

۳- روزنامه کیهان، مصاحبه با لاهوتی، ص ۱۰، پنجشنبه ۲۲ آذر ۱۳۵۸.

ایران کردند که مغول و تاتار هم نکرد. اما تو گویی که این رسم تاریخ است که مردم در دام سراب بمانند.

همواره در هر واقعه تروریستی که آدمخواران [چگین‌ها] سفیه وقیح [ولی فقیه] زدند و کشتند، مُلاها و عروسک‌های وابسته به دستگاه تبلیغات آن، انگشت اتهام به ساواک و شاه فقید دراز می‌کردند. و باید به یادداشت که نطفه و فلسفه بلوای ۵۷ از جنس دروغ بوده؛ با دروغ شروع شده و با دروغ تداوم یافته!

دروغ سینما رکس، دروغ میدان ژاله، دروغ خمینی در ماه و هزاران دروغ وقیحانه دیگر که دیگر ملت ایران هم گوش‌شان به دروغ عادت کرده! چون از محل دروغ نان می‌خورند. کسی از آئین چنگیزی و یاسای توحش در خلافت اسلامی مُلایان شیعه دم نزد! تمام هم و غم مُلای شیعه، تبلیغات اسلامی است! مثال تاریخی هم می‌توان زد: «دوره شاه هم سینما رکس را آتش میزدند و میگفتند شاه بوده و ملت را در برابر شاه قرار میدادند! مثلا همین باند منتظری، لباس ارتشی میپوشیدند و در میدان ژاله به مردم تیراندازی میکردند و میگفتند ارتش بود! دقیقا الان هم همینکار را می‌کنند! بعدها هم، قدرت سیاسی اصفهان را به تصرف خودشون در بیارند و رقیب را تخریب کنند! از فرماندهان سپاه مثل رحیم صفوی، فضل‌الله و احمد منتظری و تشکیلات قم و نجف آباد و یا جواد ظریف (اصفهانی) و از تروریست‌های باند منتظری است .سینما رکس و میدان ژاله کار منتظری بود تا شاه را تخریب کنند.» [یکی از مقام‌های امنیتی سابق]

حتی خامنه‌ای - روضه خوان حقیر و بی‌شرم - هم از عرش منبر تا پای منقل؛ ورد زبانش، توهین به تاریخ پهلوی است، اما کسی نباید بپرسد که شاه فقید هرکه بود مثل خامنه‌ای جنایت سینمارکس را نساخت؛ قتل‌های زنجیره‌ای نداشت؛ زن ایرانی‌را در قفس نکرد؛ با جعل نامه خمینی هم ولی فقیه و یک شبه آیت‌الله نشد؛ یا نوکر چین و روس و رفیق کره شمالی نبود.

یا تفکر ویرانگر و جفنگیات خمینی؛ سفیه وقیح تروریست - ولی فقیه اول - درباره سینمارکس که مشهور است: «من گمان نمی‌کنم هیچ مسلمانی، بلکه انسانی دست به چنین فاجعه وحشیانه‌ای بزند، جز آنان که به نظایر آن عادت نموده‌اند و خوی درندگی و وحشیگری آنان را از انسانیت بیرون برده باشد».[1]

مُلاهای اصلاح طلب و اصولگرا - که در خلق جنایت و فساد دو روی یک سکه‌اند - هم اکنون هم می‌گویند: «آتش‌سوزی سینما رکس کار ساواک بود / روزنامه اعتماد،

۱- ۳۱ امرداد ۱۳۵۷.

۲۹/۰۵/۱۳۹۹؛ مصاحبه با سیدحسین موسوی تبریزی، رئیس دادگاه عاملان آتش‌سوزی سینما رکس) البته این مثلا فقیه و مدرس حوزه جاهلیت (علمیه قم) هم فساد اخلاقی دارد (بنا به روایت علی رازینی) و هم به نقض حقوق بشر، مجرم است! (وحشی‌ترین و خونخوارترین قاضی و دادستان کل بوده). وی که جزو عاملین آتش زدن رکس است، بعدها به صحنه جرم بازگشت و حکم اعدام حسین تکبعلی‌زاده را صادر کرد تا شرع بی‌ربط و تقلبی اسلام را اجرا کند و دل خامنه‌ای و خمینی را نرنجاند!

سخنان این خونخواره در آن روزنامه اصلاح طلب پیرو ولایت فقیه، در واقع، پاسخ به فرمایش‌های جناب پرویز ثابتی بود که فرمود: «دراین اتفاق، ٤٧٧ نفر مرد و زن و بچه در شعله‌های آتشی که افراطیون مذهبی برپا کرده بودند، سوخته و کشته شدند و بحران، دامنه وسیع تری پیدا کرد. افراطیون مذهبی در ماه‌های قبل نیز چند سینما را طعمه آتش ساخته بودند ولی هیچ یک تلفاتی به این وسعت بار نیاورده بود. انتخب سینما رکس آبادان برای آتش زدن، بسیار حساب شده بوده

الف: اعتراض به انتصاب سرهنگ رزمی - رئیس شهربانی قم - که در حادثه ۱۹ دی ١٣٥٦ در زمان تصدی او صورت گرفته بود - و با ارتقا به درجه سرتیپی به ریاست شهربانی آبادان

ب. همزمانی با روز قیام ملی در ۲۸ امرداد

فاجعه سینما رکس، شاه فقید و همه مقامات را عمیقا نگران کرد. طبق اطلاع صدام حسین، یک فراری به نام علیرضا آشور توسط مامورین کمیته مشترک ضد خرابکاری، دستگیر و به کشور بازگردانده شد. و اعتراف کرد که با فتوی دو مُلا - موسوی تبریزی و جمی - این جنابت درست شده است. و ضرابی، دادستان یا بازپرس دادگستری آبادان هم تمایلات مذهبی داشت و حاضر نبود که قبول کند افراطیون مذهبی در این کار دخالت داشته‌اند.. شریف امامی و... معتقد بودند که با انتشار گزارش، مردم باور نکنند و کار بدتر شود. در سال‌های اخیر خود ملاها خاطرات دارند که خامنه‌ای هم دست داشته و ...»[1]

بنابراین از نظر اعتبار و عتماد، نظرهای پریشان گونه یک قاضی فاسد مانند سیدحسین موسوی تبریزی محلی از اعراب نداشته و ندارد. در جمهوری اسلامی و اسلام ناب محمدی‌شان، باید چنین خونخواره‌هایی به مقام‌های ارشد برسند.

از بد حادثه هم، در آن ایام، ساواک در اختیار ناصر مقدم بود. که با اوباش‌های خمینی

۱- در دامگه حادثه؛ صفحات. ٤٣٢ - ٤٣٦.

چی - جبهه ملی و نهضت آزادی- رابطه داشت. بهرحال، شاه فقید میخواست فضای باز سیاسی ایجاد کند و کم کم به سمت تعطیلی ساواک، قدم برمیداشت. در کنار ضعف ناصر مقدم، فریب کاری شریف امامی هم مزید بر علت بود که همه تلاشش آن بود که به مُلاها، باج بدهد و جامعه خرافی و مذهبی و دچار احساسات و هیجان هم در تصور و مخیله‌اش نمی‌گنجید که ممکن است مُلاها دست به چنین جنایتی بزنند!

اکثریت سران ساواک می‌گویند که مقدم با تروریست‌های اسلامی خمینی چی، همکاری کرده. حتی شاپور بختیار می‌گوید: «من اطلاع داشتم که مقدم با بازرگان و سنجابی هم ملاقات کرده... اعلیحضرت به من دستور دادند که درباره مسائل ایران با شما و بازرگان و سنجابی صحبت کنم»...یکی دیگر از مقام‌های ساواک می‌گوید: «نقش مقدم در این میان، بسیار مهم است. در روزهای بلوا، افراد ساواک و جوان‌هایی که کارمند بودند، با شور میهن دوستی و احساسات عالی می‌خواستند که کاری بکنند، اما همین مقدم جلوگیری می‌کرد و کارمندان پیش او رفتند که مگر طرح نداریم برای این روزهای بحرانی؟، پس چرا اجرا نمی‌شود؟ اما مقدم، تعلل داشت و فردا و پس فردا می‌کرد و لحظه لحظه هم دامنه آتش فتنه خمینی و تروریست‌ها وسیع‌تر شد تا رسید به لبه پرتگاه...هیچ جربزه و قابلیت را نداشت که اقدامی بکند و از طرفی هم - بنا به عوامفریبی و فرصت طلبی - می‌خواست خودش را نجات بدهد. مقدم تصور نمی‌کرد پس از انقلاب آسیبی متوجه او شود و حتی امیدوار بود که دولت بازرگان در شغل و سمت ریاست ساواک، او را ابقا کند. به همین دلیل از کشور خارج نشد اما در بامداد ۲۲فروردین ۱۳۵۸ به همراه سرلشکر حسن پاکروان، دومین رئیس ساواک، به جوخه اعدام سپرده شد. «.

چند روایت درباره سینما رکس و جنایت خمینی:

۱. تیمسار علوی کیا در این باره می‌گوید: «اگرچه مقدم در ابتدا سعی داشت که توجه مخالفان شاه را جلب کند تا در توصیف سازمان ساواک تجدید نظر کنند اما سینما رکس آبادان در شب ۲۸ امرداد ۱۳۵۷دچار آتش‌سوزی شد و ۳۳۷ نفر تماشاچی زنده در آتش سوختند. هرچه حکومت سعی کرد که درتب و هیجانات انقلاب، بگوید که این کار به وسیله انقلابیون خمینی و هواداران متعصب تروریست اسلامی صورت گرفته و آیت‌الله جمی،کارگردان ماجرا بوده نه ساواک»، اما مخالفان مسئولیت این واقعه را به گردن ساواک انداختند». ضعف ناصر مقدم، باعث شد که میدان‌دارهای بلوای ۵۷ از این دروغ شرم‌آور، سود بجویند. ژنرال حسن علوی کیا؛ در ادامه می‌افزاید که «مُلاها، شبکه تروریستی خودشان را داشتند که با کمونیست ها/چپ‌ها تفاوت داشت.ماجرای تروریستی سینمارکس را مارمولکی بنام آیت‌الله غلامحسین جمی انجام داد از حسن پاکروان شنیدم عمق فاجعه را و داغدار شدیم! [گفتگو با قانعی‌فرد]

۲. یکی از ژنرال‌های ساواک می‌گوید: «مُلاها بالای منبر می‌رفتند که قضیه تروریستی سینمارکس را فقط به ما یا شاه ربط بدهند اما آیت‌الله غلامحسین جمی کارگردان فاجعه بود. گاهی تروریست‌های اسلامی از کمونیست‌ها وحشتناک‌تر و دیوث‌تر بودند». [گفتگو با قانعی‌فرد]

۳. یکی از مقام‌های ساواک: می‌دانستیم که غلامحسین جمی و موسوی تبریزی کارگردان این کار بودند اما مخالفان این فاجعه را به گردن ساواک انداختند و آن را یک حرکت انحرافی برای بدنام ساختن انقلابیون نام بردند! [گفتگو با قانعی‌فرد]

٤. شاپور بختیار در می‌گوید:» آتش سوزی سینما رکس، فاجعه‌ای ملی بود. از طرف کمونیست‌ها و مُلاها فریاد بلندشد که این جنایت بدست ساواک صورت گرفته اما بدون شک عاملان آن خود مُلایان بودند ۱!

۵. احمد مدنی هم دراین گفت :«خیلی از خرابکاریها مثل فاجعه آتش زدن سینما رکس نه کار شاه بود نه ساواک. شایعه‌های بی‌پایه و اساس بود. وقتی که در خوزستان استاندار شدم فهمیدم کار شاه نبوده و کار افراطیهای هرج و مرج طلب خطرناک و پیروان خمینی بوده. در ایام استانداری خوزستان مرتبا یکی از کارهام و دغدغه‌هایم بررسی و پیگیری فاجعه سینمارکس بود که جانی‌ها و آدمکشها را به مردم و دستگاه قانون و عدالت بشناسانم. مُلاها در کارم کارشکنی کردند به جایی نرسید»! [گفتگو با قانعی‌فرد؛ تابستان ۱۳۸۳]

٦. معینیان می‌گوید: هرچه حکومت سعی کرد که در تب و تاب و هیجانات بگوید که این کار به وسیله انقلابیون و هواداران متعصب صورت گرفته است، بی‌فیده بود [پروژه تاریخ شفاهی، دانشگاه هاروارد]

۷. حسین بروجردی (عضو هیئت موتله اسلامی) اعتراف می‌کند: مواد آتش‌زای سینما رکس را سیدعلی خامنه‌ای در تهران به شهاب تحویل داد تا در آبادان به دست موسوی تبریزی و جمی برساند [پشت پرده انقلاب، نشر نیما، آلمان، ۱۳۸۱] و البته، اعترافات علیرضا آشور در ساواک، با سخنان حسین بروجردی، همسان و همخوان است!

بنابراین اوباش‌ها تروریست خمینی چی، برای اینکه مدتی در جنوب سکوت بود و خبری از خمینی نبود، آن فاجعه را خلق کردند. و آبادان جز اولین شهرهایی است که مردمانش، قربانی تروریسم اسلامی مُلایان شدند. گرچه هستند هنوز برخی مذهبی‌های خرافی و اهل موهومات که خود را «نواندیش دینی» یا «ملی مذهبی» هم می‌نامند - که در واقع شارلاتانیسم واقعی است و جمع اضداد و تناقض‌ها - اما بی‌شرمانه می‌نویسند و می‌گویند: «فاجعه سینما رکس آبادان برخاسته از جهالت بود» و با صراحت نمی‌نویسند: برخاسته و نشات گرفته از توحش تروریسم اسلامی بود.

البته در ۲۲ امرداد ۱۳۵۸ در برخی مجله‌های داخل ایران، وظیفه برخی روزنامه

۱- کتاب یکرنگی؛ با ترجمه مهشید امیرشاهی؛ در ص. ۸۳

نگارهای ششیفته جمال عبدالناصر - که در مراسم تشیع جنازه‌اش شرکت کرد - آن بود که بنویسد: آتش سوزی سینما رکس آبادان و تخریب آن به جای دار و دسته خمینی، به ساواک نسبت دهد...[۱] همان روزنامه نگار به منزل دکتر عاملی تهرانی رفته که وی هم به برخی رونامه نگارها پرونده‌ای را نشان داد که اوراق آن ثابت می‌کرد که طرح آتش زدن سینماها از جمله سینما رکس آبادان در منزل خمینی در نجف تدارک شده و شخصی به نام عاشور عامل آتش‌سوزی بوده و به همراه ۳ نفر دیگر با دریافت ۵۰۰۰ دینار عراقی و ۱۱۰۰۰ دلار جهت انجام ماموریت به ایران آمده‌اند. [نشریه آرا] و روزنامه نگار هم بوده که در مهر ۱۳۵۷ به نوفل لوشاتو تلفن زده و کماکان از دار و دسته خمینی، کسب تکلیف کرده که درباره سینما رکس چه بنویسند!؟[۲]

از آن روز به بعد اوباشی فاسد، در لابلای آن مردم شریف زندگی می‌کردند و از سینما رکس تا امروز، علیه مردم آن شهر، موذیانه فتنه‌گری می‌کنند! که البته دو نفر از آن جانیان - موسوی تبریزی و خامنه‌ای - هنوز زنده‌اند و کسی آن دو شیاد قاتل را به محاکمه نکشانیده است!

۱- سال ۵۷، مصیبتی بزرگ بر ملتی بزرگ؛ هوشنگ ازغندی، ص ۲٤.
۲- سال ۵۷، مصیبتی بزرگ بر ملتی بزرگ؛ هوشنگ ازغندی، ص ۲۷.

۱۵
در صفت تو، هذیان است!
(سخن شاهزاده خطاب به خامنه‌ای)

درست، ۳۳ سال پس از روز دفن لاشه منفورترین مُلای وحشی جهان [خمینی] در قبر؛ محبوب‌ترین چهره اُپوزیسیون متمدن با مردمان ایران، سخن می‌گوید. سخن نوه رضاشاه کبیر، در این موسم عسرت و سیه روزی روزگار وانفسا، مرهم ساده دل هاست و شاید، برانگیزنده شوق برای دفن کردن اُختاپوس جمهوری اسلامی مُلایان و نیز به ایران اندیشیدن!

شاهزاده رضاپهلوی: سخن از بیت فساد گفت، آن هم با روضه‌خوان‌های بی‌کفایت و ماشین سرکوب رژیم.. و با ادبیات قاطع گفت: این رژیم درمانده، رفتنی است!

و به درستی گفت که در مقابل فرقه تبهکار، ما ایرانیان، یار و یاوری نداریم! با این سخنان، شاهزاده به برخی قمپوزیسیون - نوع متوهم و فاسد اپوزیسیون که یا با توهم مدعی رهبری‌اند یا در تاریکی اتاق‌های امنیت خانه، مامور بی‌اعتبار جریانی‌اند!- پیام تلویحی داد: «بروید سراغ یک شغل آبرومندانه و مانع و مزاحم تصمیم نسل جوان نباشید!». درباره دشمنان پهلوی، باید به نسل جوان گفت:» فریبت می‌دهد، بر آسمان این سُرخی بعد از سحرگه، نیست!»

انعکاس سخنان گسترده شاهزاده؛ برخی را آشفته و پریشان و گروهی از برخی دلقکان بی‌ریشه را هم به اهانت واداشت. در دوران قبل از زمستان بی‌بهار ۱۳۵۷، مُد روز فحاشی به شاه بود و یا بگویند»جاروکش توئیم خمینی...خمینی عزیزم بگو که خون بریزم!» و قبیله شرکت کنندگان در جنایت و مکافات خلق گروه‌های تروریستی، یا به فرمان خمینی، ایرانی کشتند یا به دستور اجنبی.

عصاره سخن شاهزاده، توجه به آینده ایران بود و رهایی از شر استبداد دینی. شاهزاده در این برهوت عرصه سیاسی ایران معاصر، سرمایه اجتماعی امروز ماست. ادعایی هم ندارد. در عین حال که مشهورترین و پرنفوذترین ومحبوب‌ترین چهره سیاسی ٤ دهه اخیر ماست. نه دستش به خون کسی آلوده است و نه به تحقیر کسی پرداخته و نه در اوهامش،

بجای مردم تصمیم گرفته. به همین سادگی دغدغه‌اش - اهمیت توجه به ایران- را در مقابل مردم‌اش با احترام بازگفت! به قول فردوسی ما به یک مگر دلخوشیم. «وز آن پس فرستیم یک یک پیام / مگر شهریاران بیابند کام» ما مردم ایران هم به همان مگر دل خوشیم!

در خیابان‌های شهر و روستاهای ایران، تنها کسی است که مردم می‌شناسند، نام‌اش را می‌برند و این نکته، هراس استبداد دینی دستگاه خلافت اسلامی و نیز کهنه تروریست‌ها و یا تجزیه‌طلب‌های قومی را برانگیخته است. همان‌هایی که همسو با استبداد دینی، مزاحم نهادینه شدن دمکراسی در ایران امروز ما هستند!

یک خودعلامه پندار در تلویزیونی گفت که «شاهزاده، آزادیخواه نیست»... باید گفت: وقتی می‌خواستند شاهزاده را بدزدند و به بعث عراق تحویل دهند؛ اسمش وطن دوستی بود؟ بانک زنی و ترور کور مبارزه بود؟ در اوهام بودن و مملکت را به آشوب کشیدن؛ آزادیخواهی بود؟... اما کو گوش شنوا!؟

شاهزاده، بابت چه باید عذرخواهی کند زیرا ساواک زیر نظر پدر فقید او، جان مردم ایران را از وحشی‌های تروریست نجات داده؟ درافشانی و عقده‌گشایی یک کهنه تروریست پیرو مبارزه قهرآمیز که با شروع مبارزه مسلحانه‌شان با حمایت شوروی؛ به قول خودشان «رژیم شاه را سرنگون کردیم» چه اعتباری برای نسل جوان دارد؟ تروریست‌ها شده‌اند آزادیخواه!؟ یا فلان تجزیه طلب در اوهامش، احترام به شاهزده، جرم است ما نوکری صدام حسین و اجنبی، مبارزه است؟ برخی از شرکت کنندگان بلوای ۵۷ بعنوان پتک سیاسی علیه نظام شاهنشاهی دروغ می‌بافند!

نشسته‌اند دور هم و برای شاهزاده بی‌ادعا، تعیین تکلیف می‌کنند که چرا شاهزاده جمهوری خواه و رئیس جمهور نمی‌شود و شاهنشاهی را تعطیل نمی‌کند؟

روز بعد، خامنه‌ای از لانه‌اش بیرون آمد تا مشعشعات فکری‌اش را به امت اسلام نشان دهد. این عنکبوت مقدس بیت فاسد بر قبر خمینی -روضه خوان جلاد و خالق فرقه تبهکار- دهان گشود .البته،صحبت حاکم نادان بیهوده سخن یاوه دهان، اعتبار و ارزشی ندارد! به قول فردوسی بزرگ :زبان پر ز یاوه، روان پرگناه، همه خام و همه سُست

۳۳سال پیش، خمینی در ۱۳خرداد ۱۳۶۸ مُرد .از آن روز، خامنه‌ای بر صندلی قدرت چنگ زده و با تقدس عنکبوتی و جعلی، قصد کناره‌گیری هم ندارد. خودش را مقدس می‌داند! تقدس و مشروعیت و صلاحیت وی در کجاست؟ تاالان، در دوران پر محنت و نکبت و شوم او، که ٤ سال از دوران فتحعلی شاه قاجار کمتر است، کسی در ایران جز حلقه فرقه تبهکار، خیر و خوشی ندید!

این هیتلر زمانه ما، مانند دیگر دیکتاتورهای جهان، بر قبر جبار قبلی، یاوه گفت. «گرایش امروز مردم به انقلاب و دین از روز اول انقلاب یقیناً بیشتر است» قطعاً، اگر دین چیز خوبی می‌بود، خامنه‌ای و خمینی از آن تعریف نمی‌کردند! جامعه را خرافی و مذهبی گیر آورده‌اند تا دکان داری دین‌شان، برقرار باشد. یک فایده یا سود حضور مُلای شیعه دُکاندار دین در سیاست و امور کشور نداشته‌اند. فایده خرافات و موهومات و امام زمان جعلی و حکومت الله بر زمین، شد امروزه ایران!

فیلسوف آلمانی هاناآرنت می‌گوید:» نظام‌های توتالیتر در طول حیات خود ۳ فاز دارند. فاز ۱ اکثریت مردم سرمست از ایدئولوژی و به دنبال رهبران خود، انگار بهشت گمشده را یافته‌اند. ایدئولوژی را دربست می‌پذیرند و خواهان کوچکترین تغییری در آن نیستند. فاز ۲ واقعیات چهره خود را نشان داده و هیچکدام از وعده‌های فریبنده رهبران تحقق نیافته. مردم از نظام دلزده و مایوس می‌شوند.اما گروهی به فکر اصلاحات می‌افتند ولی به دلایل متعدد از جمله عدم توان در تغییر اصول ایدئولوژی، اصلاحات راه به جایی نمی‌برد. فاز ۳، پایان نظام‌های توتالیتر. و سعی متولیان تمامیت خواه در استفاده از خشونت عریان» امروزه ایران، فاز سوم است!

یک بار در تابستان ۱۳۸۷ در منزل شاهزاده، گفتگو کردیم که چنین گفت:

«ایران ما نیازمند دوران گذار به دمُکراسی است و ضروریترین کار هم همین کمک به جامعه آسیب دیده و زجردیده ایران است که قدم بقدم به دمکراسی و آزادی نزدیک بشود. به زبان روشن باید گفت که رهایی از استبداد، تصمیم ایرانیان است. وقتی اساس و مبنای حرکت؛ دمکراسی خواهی و احترام به حقوق بشر باشد؛خیلی راحت‌تر می‌شود به تفاهم و آشتی ملی رسید. بدون هیچ ابهامی باید به مردم جامعه حق انتخاب را داد. به مردم باید گفت بکدام سمت حرکت می‌کنیم»

این سخنان در مقابل با تحجر فکری خامنه‌ای و عفونت تفکر مُلا، مزاحم اصلی مسیر دمکراسی ایران، چه معنایی دارد؟ امروز هراس‌اش از فروپاشی و براندازی ولایت فقیه و مرگ سفیه وقیح علنی بود. تمام دغدغه او در یاوه سرایی اش، آن بود که نسل جوان، تاریخ معاصر را نخواند! یک نفر از این‌ها، تاریخ پر از جعل و دروغ مُلاهای شیعه از کُلینی تا خمینی را خوانده؟ یک‌نفر از این خلایق سینه زن، لحظه‌ای در این اندیشه بوده‌اند که فایده حداقل ۵۲۰ سال اخیر سینه زنی و روضه خوانی و قمه کشی چه بوده؟ هیچ!

ایرانیان می‌دانند وضع کنونی ایران تباه و تاراج شده، ثمره دشمنان پهلوی‌ها و ۵۷ی‌ها است. و مُلا هرزه زبان و بی‌وطن، شهامت رفراندوم ندارد. شعارهای جامعه نسل جوان در

طرفداری از پهلوی، توجه‌شان به آینده و نقشه راه دوباره ساختن وطن - بی‌حضور مُلا و ۵۷ی ها- است .نسل جوان در پی، بازسازی وطن و توجه به تمدن و تاریخ و فرهنگ و فرهنگ ایران و ایرانی است نه غزه، لبنان، فلسطین، تروریسم اسلامی و توحش شیعه‌گری در منطقه! نسل جوان تظاهرکننده می‌داند پهلوی‌ها با جهان متمدن بین‌الملل رابطه داشتند نه با هلال شیعی و حوثی و جهاد اسلامی و حزب‌الله و القاعده و حماس و ...نسل جوان امروز مانند مُلا و تروریست‌های اسلامی و مارکسیستی ۵۷ی، توهم و مالیخولیا و کینه شتری نسبت به شاه و پهلوی ندارند. جوان ایرانی شعار دهنده در طرفداری پهلوی، به دنبال شوروی، لیبی، عراق، آلبانی، کوبا، لبنان، یمن و ...نیست. بلکه دنبال فرهنگ و اندیشه ایرانی هستند .نسل جوان باشعور و آگاه به تاریخ است و می‌داند مُلای شیعه عامل بدبختی و فقر ایران بوده. هیچ سود و منفعتی برای ایران و ایرانی نداشته.

سال ۱۳۵۷، خودکشی دسته جمعی جامعه‌ای ناآگاه از تاریخ ایران و پیشینه تروریسم دستگاه اختاپوس مذهبی مُلای شیعه بود. سالهای محنت و نکبت است. مُشتی شیرین عقل هم امروزه، به جای مبارزه با مُلا شیعه، بجان هویت ملی و زبان ایرانی افتاده‌اند! این روزها هم رژیم ملایان، سرچشمه فساد و ناامنی و ضد صُلح منطقه است. رژیم ملای شیعه، تشنه قدرت و تسلط و نفوذ است و ابزارش تروریسم با سپاه قدس و حتی سلاح هسته ای. با معماری روسیه، تهدید رژیم فعلی ایران، افزونتر میشود.اما بایدن تمایل به تعامل با مُلا دارد! از مُلا در طی تاریخ، جز بدبختی و سیاهی و شکست، چیزی به ایران و ایرانی نرسیده. باید جنازه اختاپوس مذهبی شیعه، اول دفن شود و رفت دنبال فهم درست، آموختن و فرهنگ...شکستن سانسور و بایکوت و شناخت دروغ‌های بزرگ! قهرمان‌های پُفکی!

در پاسخ به خامنه‌ای باید گفت: استبداد نعلین و عمامه، ایران را به نابودی و قهقرا کشانده !و تنها مقدمه نجات از این منجلاب و گرداب هائل؛ فهم درست از ۵۲۰ سال اخیر ایران است. بعد شکست دستگاه تبلیغاتی و مافیای رسانه‌ای مُلاها در داخل و خارج از کشور [با اسما روزنامه نگار بازجو، پرونده ساز و متوهم و بایکوت چی] و روز ۱۲ بهمن، یکی دیگر از روزهای شوم در تاریخ ایران است !روز حمله دستگاه اختاپوس مذهبی مُلایان شیعه به قدرت و ثروت ایران.

در برهه‌ای شوم از تاریخ ایران، زندگی می‌کنیم ...زنگوله خرافات و موهومات بر گردن بسیاری آویزان است! نسل جوان به دنبال پرسشگری و عدم خودفریبی است. تبلیغات شوم نسل ۱۳۵۷ هم ره به جایی نمی‌برد. شرکت کنندگان در بلوای۵۷، منحط الفکراند و چیزی و اندیشه‌ای برای نسل جوان ندارند!

و تاریخ در نهایت با پهلوی با مهربانی رفتار خواهد کرد و درباره خمینی و خامنه‌ای خواهد نوشت که: دو آیت‌الله العظمی تقلبی؛ بدتر از استالین، پل‌پوت، پینوشه، قذافی، هیتلر، صدام؛ دو مُلا شیعه کوته‌بین، خودخواه، عوام‌فریب با قداست ساختگی و مسخره؛ دو آیت‌الله جعلی ضد انسان و جنایتکار؛ دو سفیه وقیح یا فقیه دروغین خودبزرگ‌بین، بی‌شرم؛ دارای عقده حقارت؛ لجوج؛ کینه‌ای؛ شیفته خون.

۱۶
۶۰ سال پس از حادثه ۱۳۴۲

این مقاله نخستین بار در هفته نامه «ایرانیان»، واشنگتن، شماره ۷۹۲ در تاریخ جمعه ١٤ خرداد ۱۳۹۵ منتشر شد.

از۳ بامداد ۱۵ خرداد ۱۳٤۲، در قم و دستگیری روح‌الله مصطفوی (خمینی) توسط ماموران ساواک در منزلش تا امروز، ۵۳ سال می‌گذرد. روزی که تاریخ معاصر ایران، شاهد یک آغاز حرکت مذهبی-سیاسی یا سرآغاز انقلاب ۵۷ بود. در روایت‌ها، عناوین متفاوتی را برای توصیف آن رخداد به کار می‌برند (مانند: بلوا، واقعه، شورش، قیام و...) اما هرچه بود، حادثه خرداد ٤۲، ۲۲ سال پس از سلطنت شاه و ۱۵ سال قبل از انقلاب بود. و ۳۲ نفر (در ۱۹ نقطه‌ی مختلف تهران) از جمعیت ایران آن ایام (۲۳ میلیون و نیم) کشته شدند. روایت آن حادثه، سخت است اما گاه می‌توان در کنار وفور ماخذ موافقان، به منابع مختلف مخالفان خرداد ٤۲ هم سرک کشید و خواند و دقت کرد که امری خالی از لطف نیست و پرسش‌هایی را هم به ذهن خطور می‌کند. زیرا هیچ روایتی، وحی منزل و امر مطلق نیست.

طبق روایت ایرج آرین‌پور، تحلیلگر سیاسی صدای آمریکا، علت حرکت سیاسی ٤۲ به ۱ مرداد ۱۳۳۹ بازمی‌گردد که «در کنفرانس مطبوعاتی؛ شاه، در پاسخ به سؤال جنجالی «چگونگی روابط ایران با اسرائیل از عبدالرحمن فرامرزی، سردبیر وقت روزنامه کیهان» گفت: «ایران از سال‌ها پیش اسرائیل را به صورت «دو فاکتو» به رسمیت شناخته» و تا ۱۸ سال و ٦ ماه و ۲۲ روز بعد، تهمت «وابستگی شاه به اسرائیل» ادامه داشت. ظاهرا این سؤال و جواب ساده، هیجانات، تبلیغات و جنجال و جدال‌های سیاسی بزرگی را در منطقه به دنبال داشت؛ که فردای آن روز جمال عبدالناصر، مبلغ ناسیونالیسم عرب، رئیس جمهور (جمهوری متحده عربی، که از اتحاد کشورهای مصر و سوریه) و مورد حمایت کامل اتحاد جماهیر شوروی، طی سخنرانی آتشینی در اسکندریه، در موضعی تحریک آمیز، به شاه ایران حمله کرد و گفت: «جمهوری متحده عربی در انتظار روزی است که مردم ایران خودشان را از زیر یوغ شاه و صهیونیسم آزاد سازند.» و شاه را همدست استعمارگران

معرفی کرد و در کنگره رهبران مسلمان در قاهره؛ شاه ایران را متهم کرد که خود را از اسلام جدا کرده و همچنین از شیخ‌نشین‌های کرانه خلیج فارس دعوت کرد که با ایران و شاه به مبارزه برخیزند».

طبق برخی روایت‌های دیگر، حادثه ٤٢ به آغاز جریان اصلاحات ارضی و انقلاب سفید شاه مرتبط می‌شود. در روز شمار تاریخ آمده، در روز ۲۳ دی ۱۳٤۱ نخست‌وزیر، روز ٦ بهمن را روز رفراندم اعلام کرد. لوایح ٦ گانه شاه یا شش اصل نخستین انقلاب سفید را که شاه در زمستان ۱۳٤۱ در کنگره کشاورزان معرفی کرد، شامل این موارد است: اصلاحات ارضی - ملی کردن جنگل‌ها و مراتع، اصلاح قانون انتخابات ایران، ایجاد سپاه دانش و سپاه بهداشت، و سپاه ترویج و آبادانی، نوسازی شهرها و روستاها با کمک سپاه ترویج و آبادانی، آموزش رایگان و اجباری در هشت سال اول تحصیل، تغذیه رایگان برای کودکان؛ پوشش بیمه‌های اجتماعی برای همه ایرانیان و ...

روز بعد هم اعلام قانون جدید انتخابات از طرف دولت بود. اما خمینی و برخی از روحانیون آن را تحریم کردند (چون عده‌ای از روحانیون، معتقد بودند که برنامه‌های انقلاب سفید، در تضاد با بنیادهای شریعت اسلام است. سرشناس‌ترین روحانی مخالف، در روز ۲ بهمن هم خمینی بود که طی اعلامیه‌ای، رفراندم و همه‌پرسی را «نامشروع» خواند و تحریم کرد. در ۱۰ اسفند ۱۳٤۱، طی نامه‌ای به شاه ایران از دادن حق رأی به زنان اعتراض می‌کند و آن را خلاف اصول قرآن می‌داند. او آزادی زنان و حق آن‌ها را برای رأی دادن و انتخاب شدن، «ترویج بی‌بند و باری و حضور زنان در کانون‌های فحشاء و منکرات» نامید.

این عکس‌العمل‌ها به حادثه ۱۵ خرداد ۱۳٤۲ منجر شد. شاید برنامه شاه طبق برخی روایت‌ها، هیچ منافاتی با پیشرفت آن روزِ ایران نداشت و هنوز هم کاملا مشخص نیست که علت اکثر واکنش‌های بعضا احساسی و تعصب‌آلود، علیه برنامه تحول جامعه، چه بود. اما خمینی را به‌عنوان معترض شناسانید. شاه ناراحت و شاید هم بی‌توجه به واکنش‌ها، به عنوان زیارت روز ٤ بهمن وارد قم شد. در فلکه آستانه گفت: «یک عده نفهم و قشری که مغز آنان تکان نخورده، همیشه سنگ در راه ما می‌انداختند ... ارتجاع سیاه اصلا نمی‌فهمد و از هزار سال پیش تاکنون فکرش تکان نخورده ... او فکر می‌کند زندگی عبارت از این است که چیزی یا مالی به ظلم و بیکاری و بطالت و ... به‌دست آورد و غذایی بخورد و سر بر بالین بگذارد و ... ولی مفتخوری دیگر از بین رفته ... در لوایح شش گانه برای همه فکر مناسبی شده ... اما چه کسانی با این مسایل مخالفت می‌کنند؟ ارتجاع سیاه، کسان نفهمی

که درک ندارند و بد نیت هستند و مخربین سرخ تصمیم‌شان روشن است و اتفاقا کینه من نسبت به آنها کمتر است.»

و به هرحال، بهمن ماه ۱۳٤۱ به عنوان لوایح شش گانه به رفراندوم گذاشته شد و حدود ٦ میلیون نفر آن را مورد تأیید قرار دادند. در آن ایام، جبهه ملی تشکیلاتش را در ٤تا ۷ دی ٤۱ در جریان تشکیل کنگره (در تهران پارس - خانه حاج حسن قاسمیه) به ریاست اللهیار صالح، به وجود آورد. و بعد هم محمود طالقانی ، یدالله سحابی، عزت‌الله سحابی، مهدی بازرگان، کریم سنجابی و سران جبهه ملی و دستگیر شدند و در زندان‌های قلعه و قصر حبس بودند. (در دادگاه ویژه نظامی و دادگاه بدوی به ریاست سرتیپ ناصر زمانی و دادگاه تجدیدنظر به ریاست سرتیپ عباس قره باغی).

به گفته ثابتی در کتاب «در دامگه حادثه» (گفتگو با عرفان قانعیفرد - شرکت کتاب ۱۳۹۰) : «اگر مهدی بازرگان و بعضی از همکارانش در ۱۵ خرداد آزاد می‌بودند و دخالت می‌کردند، ممکن بود که اعدام هم می‌شدند. چون گروهی بودند که علیه اصلاحات فعالیت می‌کردند و دستگیر شدند. و ساواک معتقد بود که در تظاهرات دانشگاه‌ها و تحریک دانشجوها دخالت داشتند.» مانند داریوش فروهر از حزب ملت ایران، شاپور بختیار و کریم سنجابی از حزب ایران و غلامحسین صدیقی. البته بازرگان که به ۱۰ سال زندان محکوم شده بود پس از ۲ سال با کمک و حمایت اسدالله علم، آزاد شد.

پس از ماجرای اصلاحات ارضی در زمان نخست‌وزیری علم، شاید روحانیت مترصد یک فرصت مناسب بود؛ چون از تابستان ٤۱ تا زمان حمله به مدرسه فیضیه قم در فروردین ٤۲، غیر از اینکه شاه در سخنرانی خود -۲۳ اسفند ۱۳٤۱، پایگاه وحدتی دزفول - با انتقاد شدید گفت: باز یکی دو هفته‌ای است که همینطور که سرمای زمستان دارد کم می‌شود، می‌بینم یا می‌شنوم که مثل مارهای افسرده‌ای و چون اینها در کثافت خودشان غوطه‌ور هستند باید گفت مثل شپش‌های افسرده‌ای که دارد کم‌کم اشعه آفتاب به آنها می‌خورد مثل این بدبخت‌ها فکر می‌کنند. بله موقع خزیدن در کثافت خودشان دو مرتبه رسیده. این عناصر فرومایه اگر از خواب غفلت بیدار نشوند چنان مثل صاعقه مشت عدالت در هر لباسی که باشند بر سر آنها کوفته خواهد شد که شاید به آن زندگی ننگین و کثافت‌شان خاتمه داده شود.

در واکنش، اول خمینی گفت: «روحانیت امسال عید ندارد!» اما برخوردی جدی دیده نمی‌شود. هرچند حکومت یک سری عقب‌نشینی‌هایی داشت و در ازای هر گام، خمینی، یک قدم جلوتر می‌آمد (در فاصله تابستان ۱۳٤۱ - فروردین ۱۳٤۲، رفراندم صورت

گرفت و در جریان رفراندم روحانیت شدیدا مخالف بودند و دست به تحریکات می‌زدند) و حداکثر استفاده سیاسی را از واقعه مدرسه فیضیه بردند. آغاز سال ٤۲ در واقع سال بحران روابط دولت و روحانیت است.

در اسناد ساواک نوشته شده است: ظهر ۲ فروردین ٤۲، مراسم سوگواری و روضه‌خوانی در مدرسه فیضیه قم به‌مناسبت شهادت امام صادق برپا شده بود و واعظان در توضیح و تفسیر بیانیه خمینی به بحث پرداخته و از هیچ اهانتی نسبت به شاه و دولت فروگذار نکردند. کامیون‌های نظامی مقابل مدرسه متوقف بودند و جمعیتی برای اخلال حضور داشتند که با فرستادن صلوات بی‌موقع صحبت واعظان را قطع می‌کردند. تا اینکه بین طلاب و صلوات فرستندگان که هر دو طرف به سنگ و چوب و چماق مسلح بودند، زد و خورد شدیدی درگرفت و ناچار از مامورین انتظامی بیرون از مدرسه کمک خواسته شد و به ضرب و خونریزی کشید. خمینی که پیش‌بینی می‌کرد که در آنروز در روضه‌خوانی‌ها زد و خورد بشود، در زمان پیش آمدن واقعه فیضیه در مدرسه نبود. تعدادی از طلاب را مضروب و مجروح کردند و عده‌ای هم کشته شدند. سپس خمینی طی تلگرامی به عنوان علمای تهران، نوشت: خاطرات مغول تجدید شد. اینها با شعار شاه دوستی به مقدسات مذهبی، اهانت می‌کنند و شاه دوستی یعنی غارتگری و هتک اسلام و تجاوز به مسلمین و تجاوز به مرکز علم و دانش و...) که با فرارسیدن محرم، شتاب بیشتری گرفت. شهربانی، تظاهرات را ممنوع کرد اما خمینی خطاب به وعاظ گفت: «از تهدید دستگاه نهراسند و مردم را از خطر اسرائیل و عمال آن، آگاه سازند!» روز۱٤/۱/٤۲ هم سیدمحسن حکیم، با ارسال تلگرافی، خمینی و آیت عظام را به مهاجرت به نجف، تشویق کرد و بعد در ۱٤ خرداد ماه آقای خمینی را دستگیر شد.

ایرج آرین‌پور می‌نویسند: «در جریان اصلاحات ارضی عده‌ای از خوانین و مالکین فارس و سایر مناطق جنوب که منافع آنها با این برنامه به خطر افتاده بود، تصمیم گرفتند علیه دولت دست به شورش و عمل مسلحانه بزنند که حبیب شهبازی، حسینقلی رستم و ولی کیانی از سران این گروه بودند. (مثلا حبیب شهبازی – پدر همین عبدالله شهبازی – یاغی آن منطقه بود که غائله فارس را راه انداخت و به کوه و کمر زد و طالقانی هم می‌خواست که وی آن را قیام آزادی‌خواهی بنامد!) و شورش مالکین با کشتن تعدادی از مامورین ژاندارمری در حال توسعه بود که دولت ارتشبد آریانا را با اختیارات تام برای سرکوبی شورشیان به فارس فرستاد و این غائله خاتمه یافت و سران آن هم اعدام شدند. غائله بهمن قشقائی نیز با کشته شدن برخی از یاران او و تسلیم برخی دیگر و نهایتا تسلیم

خودِ وی خاتمه یافت»

خمینی که در اهانت به شاه و همچنین تحریک مذهبیون کوتاهی نکرد و دیگر مانند تلگراف‌های قبلی خمینی به حضـور شاه با عنوان (حضورمبارک اعلیحضرت همایونی) و با امضای (الداعی روح‌الله الموسوی الخمینی) خبری نبود. در آن وعظ تاریخی خود (در ۱۳ خرداد ۱۳٤۲- قم) که گاه به گاه با گریه حضار نیز آمیخته می‌شد، گفت: «اسرائیل نمی‌خواهد در این مملکت قرآن باشد؛ اسرائیل نمی‌خواهد در این مملکت علمای اسلام باشند. اسرائیل می‌خواهد به دست خود آن چیزهایی را که مانع هستند، آن چیزهایی را که سدّ راه هستند از سر راه بردارد. قرآن سد راه است باید شکسته شود، روحانیت سد راه است، باید شکسته شود، مدرسه فیضیه سد راه است و سدّ راه است، باید خراب شود. طلاب علوم دینیه ممکن است بعداً سد راه بشوند، باید کشته شوند برای این که اسرائیل به منافع خودش برسد. دولت ایران به تبعیت از اغراض و نقشه‌های اسرائیل به ما اهانت کرده و می‌کند» و...

قرآن سد راه است، باید شکسته شود؛ روحانیت سد راه است، باید شکسته شود؛ مدرسه فیضیه سد راه است، باید خراب شود؛ طلاب علوم دینیه ممکن است بعدها سد راه بشوند، باید از پشت بام بیفتند، باید سر و دست آنها شکسته شود

در این دوران علی اکبر مولوی، رییس ساواک تهران با تیمور بختیار روابط حسنه‌ای داشت و برخی می‌گویند در ماجرای مدرسه فیضه قم، حضور داشت. وی در ساعت ۳:۳۰ بامداد روز ۱۵ خرداد با همکاری سرهنگ ح بدیعی، رییس ساواک قم و سرهنگ سیدحسین پرتو، رییس شهربانی قم و سرهنگ وقار فرمانده هنگ ژاندارمری قم و اسلامی فرماندار قم، موفق به دستگیری خمینی شد. وی را به پادگان قصر در سه راه زندان (عشرت‌آباد) بردند و پاکروان در گزارش خود می‌نویسد: نامبرده به اتهام اقدام علیه امنیت داخلی مملکت دستگیر و در حال حاضر در پادگان بی‌سیم بازداشت می‌باشد. صبح ۱۱ محرم - ۱٤ خرداد ٤۲، ساواک به منازل مطهری، محمدجواد باهنر، غفاری، محمدتقی فلسفی، هاشمی‌نژاد، موحدی ساوجی، مکارم شیرازی، عباسعلی اسلامی و .... رفت و مجموعا ۵۳ طلبه را دستگیر کرد.

عالیجناب پرویز ثابتی در کتاب دامگه حادثه می‌گوید: «باید بگویم تمام شورش بیش از ٤۸ ساعت طول نکشید. البته تشنجات و تظاهرات از بهمن ماه و در جریان رفراندم ٦ بهمن آغاز شده بود و جبهه ملی (٦ بهمن سال ٤۱ شد، جبهه ملی آمدند و روزهای قبل از رفراندم شاه، شلوغ کردند و جلساتی برگزار کردند و بیانیه‌ای دادند و تراکت‌ها

و اعلامیه‌هایی پخش کردند که: «اصلاحات، آری! و دیکتاتوری، نه!» و همه اینها علیه رفراندم بودند. جبهه ملی قصد داشت روز ٦ بهمن در اعتراض به رفراندم تظاهراتی ترتیب دهد اما کوشش فعالان به نتیجه نرسید و بسیاری از افراد اعضای شورای عالی دستگیر شدند). و نهضت آزادی، اعلامیه و بیانیه علیه رفراندم منتشر و آن را تحریم کردند و طرفداران خمینی نیز به فعالیت‌های خود افزوده بودند. بعد از تحریم عید نوروز به وسیله خمینی و حادثه مدرسه فیضیه قم، فعالیت‌های مخالفین تا خرداد شدت یافت که محرم فرا رسید و آنها با استفاده از ماه محرم بر حملات و انتقادات از دولت افزودند. خمینی در سخنرانی‌ها حملات به شاه و دولت را به حد اعلا رسانید؛ لذا تصمیم گرفته شد که دستگیری او پس از تاسوعا و عاشورا صورت گیرد. لذا ۲ روز پس از عاشورا در حالی که هنوز بعضی اجتماعات و تظاهرات در تهران و برخی شهرستان‌ها به مناسبت ایام عزاداری ادامه داشت، روز ١٤ خرداد، خمینی در قم دستگیر و به تهران آورده شد. طرفداران او و سایر مخالفین پس از اطلاع از دستگیری او و از صبح زود روز ۱۵ خرداد تظاهرات وسیعی را از میدان بارفروشان و جنوب تهران آغاز و به تخریب اماکن دولتی و خصوصی پرداختند که بلافاصله حکومت نظامی اعلام شد و ارتش به کمک شهربانی وارد عمل گردید و متظاهرین را که در خیابان‌های مرکزی شهر به طرف کاخ‌های سلطنتی می‌آمدند، سرکوب و مسببین بازداشت شدند و به فاصله چند روز اوضاع تحت کنترل درآمد و تعداد کشته شدگان آن روز برخلاف ادعای مخالفین از ۳۲ نفر تجاوز نکرد ولی در رسانه‌های ایران هنوز از کشته شدن ۱۵۰۰۰ هزار نفر در ۱۵ خرداد صحبت می‌کند! در اینجا لازم می‌دانم به نقش مثبت علم نخست‌وزیر در آن روز اشاره کنم. اگر در آن روز علم نتوانسته بود شاه را که برای مقابله با مخالفین تزلزل نشان می‌داد متقاعد کند که باید شدت عمل نشان داده شود و شورش باید بهر قیمت سرکوب گردد، معلوم نبود درگیری‌های دولت با مخالفین به کجا می‌انجامید. پاکروان رییس ساواک هم فردی قاطع و مقتدر نبود و مساله اعدام خمینی در هیچ مرحله، اصلاً و ابداً مطرح نبود.» وقتی خمینی را دستگیر کردند بیشتر آخوندهای معروف قم و مشهد و برخی شهرهای دیگر راه افتادند به طرف شاه عبدالعظیم در شهر ری (در جنوب تهران، خانه فیروزآبادی) اجتماع کردند به حالت اعتصاب گفتند او مرجع است. پس از مدتی بازگشتند و رفتند سرجایشان و فقط آیت‌الله قمی (سیدحسن طباطبایی قمی) از مشهد تبعید شد وگرنه شریعتمداری و مرعشی و نجفی و گلپایگانی برگشتند به قم. هفته‌ای دوبار پاکروان، خمینی را ملاقات می‌کرد. بحث محاکمه و اعدام خمینی هیچوقت در ساواک و یا در دولت مطرح نشد. اینکه گفته‌اند در قانون اساسی

اصلی وجود داشته که مانع از محاکمه و اعدام مرجع تقلید می‌شود، به کلی بی‌اساس است.

مشهور است که روز ۲۰ خرداد ٤۲ روح‌الله کمالوند - از شاگردان بروجردی و از هم درس‌های خمینی - با شاه ملاقات کرد و خواسته را با او در میان گذاشت. اتفاقا کارشناسان ساواک معتقد بودند که خمینی باید در زندان باشد ولی حسن پاکروان معتقد بود فعلاً بهتر است در عشرت‌آباد (ولی عصر کنونی) بماند و هفته‌ای ۲تا ۳ روز خمینی را می‌دید و با وی دیالوگ می‌کرد. تا اینکه خمینی از عشرت‌آباد به خانه‌ای برده شد که تحت نظر باشد و آنجا هم، با افرادی دیدار می‌کرد و آدم‌هایی را می‌دید. پاکروان باز هم می‌رفت و در آنجاخمینی را می‌دید و با او گفتگو می‌کرد.

البته در اینباره روایات متفاوتی وجود دارند:

۱. خانواده خمینی برای نجاتش نزد مظفر بقایی کرمانی رهبر حزب زحمتکشان ایران رفتند. بقایی وزیر سابق در کابینه مصدق آشنای خمینی و کاشانی بود و سیاستی را در پیش گرفت تا دولت علم را زیر فشار ببرد و خمینی را آزاد کند. گروهی معتقدند که وی پیشنهاد کرد آیت‌الله شود و می گویند که خمینی هیچگاه محاکمه نشد یا حکمی برایش صادر نشد، بلکه یک شبه از حجت‌الاسلامی نه تنها به مقام آیت‌اللهی بلکه به بالاترین مقام روحانیت شیعه دست یافت. در ۱۵ تیر ماه ۱۳٤۲ حزب زحمت‌کشان ملت ایران با امضای مظفر بقایی، نامه سرگشاده‌ایی به عنوان آیات عظام چاپ کرد تا روحانیون را وادار به استدعای عفو کند و البته در آن ایام شریعتمداری و مرعشی، خمینی را تایید کردند. اما گلپایگانی ، حاضر به تایید مرجعیت خمینی نشد. منتظری در اینباره می‌گوید: یکی از آقایان گفت: ایشان که مرجع تقلید نیست!، چه کسی از ایشان تقلید می‌کند؟، گفتم من از ایشان تقلید می‌کنم (پس ایشان مرجع تقلید است!).

۲. . به گفته دختر حسن پاکروان « پدرم، با پرونده خمینی پیش از انقلاب آشنا بود. ارتش توصیه کرد که خمینی را در یک دادگاه سریع به جرم خیانت محاکمه و اعدام کنند، اما پاکروان شخصا مداخله وحتی تهدید به استعفا می‌کند. شاه که میان مشاوره‌ها و نظرهای متضاد نمی‌توانست تصمیم‌گیری کند، از پاکروان، می‌خواهد که راهی عقلانی برای نجات جان خمینی پیدا کند. که گفت اگر خمینی به رده آیت‌اللهی ارتقا می‌یافت، کسی نمی‌توانست به او دست بزند. شاه هم با این پیشنهاد موافقت کرد. پاکروان با سید جلال تهرانی در مشهد

و شریعتمداری در قم تماس گرفت و از آنها طریقه آیت‌الله شدن خمینی را جویا شد. بدین ترتیب با حسن نیت پاکروان، زندگی این روحانی نجات یافت زیرا همان کافی بود که دو مرجع تقلید، او را تائید کردند. پدرم به هیچ عنوان نمی‌خواست خمینی اعدام شود و وسیله آیت‌الله شدن او نیز شد.») و حتی یکی از مقامات ساواک هم می گوید که خود پاکروان اجازه نمی‌داد که بلایی سر خمینی بیاید...

به‌هرحال، ۱۱ مرداد ۱۳۴۲ پاکروان، به دیدار خمینی در پادگان عشرت آباد رفت و گفت که او آزاد است. همان‌روز خمینی، قمی و محلاتی از زندان به ویلایی در منطقه داودیه تهران منتقل شدند و مردم برای دیدن آنها آمدند. پس از آن، ساواک اطلاع داد که می‌توانند به خانه‌های مورد نظر خودشان بروند. خمینی به منزل یکی از بازاریان به نام روغنی در قیطریه رفت، قمی خانه‌ای در زرگنده و محلاتی خانه‌ای در قلهک اجاره کردند.

جناب پرویز ثابتی می گوید: همان‌روز ۱۵ خرداد، حکومت نظامی برقرار شد. روز قبل از آن، معلوم نبود که فردا با این شدت، شلوغ می‌شود. دار و دسته طیب حاج رضایی و افراد دیگری از میدان بارفروش‌ها راه افتادند به طرف تهران (که طیب حاج رضایی رییس میدان تره‌بار و میوه تهران به اتهام مشارکت در وقایع ۱۵ خرداد، دستگیر و زندانی شد. و روز ۲٦/٥/۱۳٤۲ دادگاه نظامی ویژه، رسیدگی به کار عده‌ای از دستگیر شدگان مرتبط به ۱۵ خرداد را پایان داد و رای خود را صادر کرد و طیب حاج رضایی و غلامرضا قائنی و امیر کریمخانی و فضل‌الله ایزدی سلحشور را به اعدام محکوم کرد و عده‌ای را هم به حبس ابد یا ۱۵ سال زندان. «روز ۱۱/۸/٤۲ طیب رضایی و برادرش تیرباران شدند»). رضایی سر دسته بود. همین محسن رفیق‌دوست در میدان بارفروش‌ها هم فعال بود و با دار و دسته مؤتلفه اسلامی هم ارتباط داشتند. اجتماعات از جنوب شهر شروع شد و از بوذرجمهری (۱۵ خرداد فعلی) حرکت کرد به طرف بالا که البته هنوز در آن موقع، شاه دفترش در کاخ مرمر یعنی تقاطع سپه (امام خمینی) و پهلوی (ولی عصر). بود و به کاخ نیاوران نرفته بود. بلافاصله در حسن‌آباد، گارد شاهنشاهی جلوی تظاهرات را گرفت که نگذارند به طرف کاخ بیایند. شلوغی‌ها بیشتر در بوذرجمهری و میدان ارگ بود.

ایرج آرین‌پور می‌گوید: «نخستین کانون اغتشاش در تهران میدان بارفروشان بود به سرکردگی طیب حاج رضایی» و جمعیت ابتدا با برنامه قبلی می‌خواستند اداره مرکزی رادیو را در میدان ارگ تصرف کنند و به سبک واقعه ۲۸ مرداد ۱۳۳۲، از طریق رادیو

مردم شهرستان‌ها را به شورش تبلیغ و تحریک کنند که با مقاومت مسلحانه و شدید نیروهای انتظامی مواجه شدند. سپس گروه قابل ملاحظه‌ای قصد کردند به کاخ شاه حمله کنند که آنها نیز سرکوب شدند. در تظاهرات از پیش برنامه‌ریزی شده ۱۵ و ۱٦ خرداد ماه ٤۲، عده زیادی کشته و مجروح شدند. البته طرفداران خمینی طبق معمول در ارقام کشته شدگان و مجروحان نیز مبالغه کردند. آنها کشته شدگان تهران را ۵ هزار نفر و کشته شدگان شهرستان‌ها را ۱۰ هزار نفر تبلیغ کردند. حتی خود خمینی نیز بارها در مصاحبه‌ها و سخنرانی‌ها (مانند صحیفه یا رادیو بغداد)، تعداد کشته شدگان دو روزه را پانزده هزار نفر ذکر کرده است. در سخنرانی ۲۱ مهرماه۵۷ در پاریس آن را ۲۰۰۰۰ هزار نفر نامید اما عماد باقی در سپتامبر ۲۰۰٤ ، طبق پژوهش‌هایش آن را ۳۲ نفر اعلام کرد.

در ۲۹ تیر ۱۳٤۲ دولت شماری از بازاریان و آخوندها از جمله فلسفی و خلخالی را آزاد کرد ولی خمینی و قمی و محلاتی در بازداشت ماندند. روز ۲٦ شهریور، انتخابات دوره ۲۱ مجلس شورا و دوره ٤ مجلس سنا برگزار شد. روز ۲٤ مهر، ژنرال دوگل وارد تهران شد. روز ۳۰ مهرماه، ۷ نفر از اعضا نهضت آزادی محاکمه شدند و به اتهام اقدام علیه امنیت ملی کشور در دادگاه ویژه نظامی در پادگان عشرت‌آباد به ریاست سرتیپ حسین زمانی و دادستانی سرتیپ فخر مدرس محکوم شدند که متهمان عبارتند از: مهدی بازرگان، یدالله سحابی، سیدمحمود طالقانی، عزت‌الله سحابی و... در ۱ آذر ٤۲، کندی ترور شد و لیندون جانسون رییس‌جمهور آمریکا شد.

البته در برخی سندهای جدید مجموعه اسناد سی آی ای، که سال ۸۵ منتشر شد اما بی بی سی معتقد است تازه درآمده مبنی بر اینکه خمینی نامه‌ای به کندی نوشته و گفته که با منافع امریکا مخالفتی ندارد و خلیل کمره‌ای، پیام را ٤ روز بعد از اعدام افراد وابسته به در آستانه سفر برژنف به تهران ، به سفارت آمریکا می‌دهد و چند روز بعد هم کندی ترور می‌شود و... اکثرا روایت شخص سوم هست و .... اما در سایت خمینی[1] نوشته شده که: «روحانیون فرا رسیدن ایام محرّم آن سال را فرصتی مناسب برای تبلیغات علیه برنامه‌ها و سیاست‌های شاه دانسته و با ترتیب جلسات، انجام مکاتبات و صدور اعلامیه‌هایی، ارتباط بین خود و مردم را گسترش داده و خود را مهیا می‌ساختند» و در ۱۷ اسفند ٤۲، علم استعفا داد و حسنعلی منصور مامور تشکیل کابینه شد.

ثابتی می‌گوید: «شاه که در این زمان با اصلاحاتی که در کشور انجام داده بود، محبوبیت بیشتری در بین مردم داشت، مایل بود به توصیه مقامات امریکائی عمل کند

1- imam-khomeini.ir

ولی چون سران جبهه ملی با هم اختلافات و از یکدیگر رودربایستی داشته و به شاه نیز اعتماد نداشته و مصدق هم هنوز زنده بود، حاضر به همکاری با شاه نشدند و شاه و دولت تصمیم گرفتند انتخابات را بدون شرکت جبهه ملی انجام دهند. ... در اسفند ۴۲ موقعی که حسنعلی منصور نخست‌وزیر شد، رابطه من هم با وی اداری نبود صرفا یک نوع رابطه شخصی داشتم با او قبل از آن که نخست‌وزیر بشود. در زمان نخست‌وزیری او، وی را هفته‌ای دوبار می‌دیدم و راجع به مسایل سیاسی و اجتماعی صحبت می‌کردیم. روز دوم نخست‌وزیری‌اش، من یک جلسه ۴-۵ ساعته با وی داشتم و راجع به مسایل مختلف با هم حرف زدیم. ناگهان به من گفت که: «از اعلیحضرت می‌خواهم که خمینی آزاد شود! و برگردد سر جایش». گفتم که: «آقای نخست‌وزیر! برای چه؟ چرا شما در کار امنیتی دخالت می‌کنید؟»، گفت: «نه! من می‌خواهم فاصله بین اعلیحضرت و مردم را کم کنم، برای اینکه شاه و ملت بین‌شان اختلافی نباشد.»، گفتم: «آقای منصور شما دیگر از این حرف‌ها نزنید! شاه چنین فکرو عقیده‌ای ندارد که بین ایشان و مردم فاصله‌ای هست. این چه فرمایشاتی است که می‌کنید؟ شما تازه نخست‌وزیر شده‌اید و این کارتان اصلا درست نیست. اصلا در کار امنیتی و انتظامی دخالتی نکنید!، خمینی، قابل اعتماد نیست و این مرد مجنونی است اگرآزاد بشود، آرام نمی‌نشیند و شروع می‌کند دوباره برای ما دردسر درست کند و آن وقت شما مسئول هستید. خلاصه، در آن جلسه حداقل یک ساعت درباره خمینی حرف زدیم و من هر چه سعی کردم منصور را راضی کنم، فایده‌ای نداشت. هر چه گفتم: «شما این کار را نکنید و به مصلحت نیست!»، فایده‌ای نداشت. آخر سر گفت: «من قول داده‌ام که ترتیب آزادی او را بدهم!»، گفتم: «به کی؟ گفت آقای جوادصدر که شده بود وزیرکشور (پسر صدرالاشراف). چون پسر صدرالاشراف گفته بود که خمینی آرام است و قول داده که آرام باشد و منصور گفت: «با خمینی حرف زده‌ایم و قول داده که آرام باشد و گفت، البته من با پاکروان در این باره صحبت کرده‌ام و گفته چه فکر خوبی!»، تا این را گفت، صدایم بلند شد که: «پاکروان نمی‌فهمد!»... خلاصه منصور رفت و با شاه حرف زد و خمینی آزاد شد و رفت به قم. خمینی آنجا بود تا ماه آبان که به خارج از کشور، تبعید شد خمینی که به کمک منصور به قم برگشته بود ... تا مدتی آرام بود تا مساله مصونیت مستشاران آمریکایی کاپیتولاسیون[1] مطرح شد. پاکروان رییس بود و حسنعلی منصور پیشنهاد کرده بود خمینی به خارج از کشور تبعید شود. پاکروان هم گفته بود: «فکر خوبی است» اما نصیری، رییس شهربانی، با تبعید وی مخالف و نظر داده بود خمینی دستگیر و تحت تعقیب قرار گیرد

1- Capitulation

و بالاخره او به ترکیه تبعید شد. ما رابطه نزدیکی با سازمان امنیت ترکیه داشتیم و با هم آهنگی با ترک‌ها، مامورین ما او را به جزیره مورد نظر در ترکیه انتقال دادند ...»

البته موقع دستگیری خمینی هنوز انتخاباتی انجام نشده بود و مجلس وجود نداشت و انتخابات پس از ۱۵ خرداد انجام شد. بعد از ۱۷ اسفند ۱۳۴۲ که اسدالله علم کنار رفت و حسنعلی منصور، نخست‌وزیر شد. منصور در سخنرانی خود (۱۶ فروردین ۱۳۴۳) کوشش کرد تا با روحانیون از درآشتی در آید و گفت: «ما معتقدیم که ملت و دولت ایران، یک ملت و دولت مسلمان و دین اسلام یکی از مترقی‌ترین و برجسته‌ترین ادیان جهان است و مقام روحانیت برای ما باارزش است و اینجانب ماموریت دارم که مراحم و عطوفت شاهنشاه را به مقامات روحانی، ابلاغ نمایم». روز ۱۷ فروردین، جواد صدر، وزیر کشور، در قیطریه به دیدار آیت‌الله خمینی رفت و از طرف دولت آزادی کامل ایشان را اعلام کرد. اما در روز ۲۱ فرورین ۴۳ زد و خورد بهمن قشقایی با ژاندارم‌ها در جنوب رخ داد و بعد (۳/اردیبهشت) تحریکات روزنامه‌های مصری علیه ایران و اعتراض چند تن از نمایندگان مجلس به تحریکات عبدالناصر، (۲۰/اردیبهشت)، تا اینکه پس از چند ماه مذاکره بین وزارت خارجه آمریکا و ایران، دولت منصور لایحه مربوط به مصونیت نظامیان آمریکایی (کاپیتولاسیون) را برای تصویب به مجلس شورای ملی تسلیم کرد و در ۲۱/مهر ماه، با اکثریت آرا به تصویب رسید. روز ٤/آبان، در سالروز ٤٥ سالگی شاه، خمینی در اعتراض به کاپیتولاسیون در قم سخنرانی کرد. شاه را مورد انتقاد قرار داد و دولت و مجلس را فاسد و دست نشانده آمریکا و اسرائیل و دشمن مردم ایران و اسلام خواند.

در گزارش ارسالی شهربانی قم به شهربانی کل کشور آمده: «سرهنگ عزلتی معاون شهربانی و سروان عصار و مامورین مربوطه به منزل خمینی رفته و بدون هیچ‌گونه اصطکاک و خسارتی، خمینی دستگیر و به سرهنگ طاهری تحویل گردید. سرهنگ بدیعی رییس ساواک قم هم در معیت اینجانب بود». پس از اعزام خمینی به تهران، در نامه رییس ستاد فرماندهی نیروی هوایی (سرلشکر تدین)، درباره هواپیمای حامل خمینی به ترکیه چنین آمده: «به فرمان مطاع شاهانه مقرر است یک فروند هواپیمای ۱۳۰–ث به شماره ۱۰۳–۵ با پرسنل پروازی پیوست، روز ۴۳/۸/۱۳ از تهران حرکت و در آنکارا فرود خواهد آمد. در مطبوعات کثیرالانتشار، تبعید خمینی، نوشته شده: در اطلاعیه سازمان امنیت آمده که چون رویه آقای خمینی و تحریکات مشارالیه علیه منافع ملت و امنیت و استقلال و تمامیت ارضی کشور تشخیص داده شد، لذا ساعت ۸ صبح چهارشنبه ٤٨/٨/۱۳ از ایران تبعید شد.» خمینی در صبحگاهان، به وسیله هواپیمای هرکولس نیروی هوایی و به اتفاق

سرهنگ افضلی -مامور ساواک و رییس بخش امور اجتماعی - به ترکیه تبعید شدند. با نشستن هواپیمای حامل، در ساعت ۱۱:۳۰ در فرودگاه آنکارا، مورد پذیرش ماموران امنیتی ترکیه قرار گرفتند. مامورین ترکیه پس از گفتگو با افضلی؛ خمینی را به اتفاق وی سوار اتومبیل و پس از طی ۳۵ کیلومتر مسافت، مستقیما به هتل سیلوار پالاس» (طبقه چهارم، اطاق شماره ٥١٤) که قبلا آماده شده بود، بردند. خبر دستگیری و تبعید خمینی در اخبار سراسری رادیو ایران هم منتشر شد: «مطابق اطلاع موفق و شواهد و دلایل کافی چون رویه آقای خمینی و تحریکات مشارالیه علیه منافع ملی و امنیت و استقلال و تمامیت ارضی کشور تشخیص داده شد، لذا در تاریخ ۱۳ آبان ٤۳ از ایران تبعید شد» و روز ۱۳٤۳/۱۰/۸ مصطفی خمینی از زندان آزاد شد و مردم به استقبال وی رفتند، اما روز ۱۰/۱۳/ ساواک وی را نیز به ترکیه تبعید کرد.

ایرج آرین‌پور می‌گوید: «پس از حادثه ٤۲، فعالیت، تبلیغات، سازمان دهی، یارگیری، چریک‌سازی، مبارزه علیه شاه توسط خمینی و طرفدارانش صورت گرفت و مذهبیون حامی خمینی ٦١ ساله به قیام مسلحانه و فعالیت‌های زیرزمینی روی آوردند. و به موازات آنهم گروه‌های چپ به آن روش گرویدند و قریب به اتفاق گروه مخالف شاه - گروه‌های گوناگون مذهبی -سیاسی، حمله مسلحانه را مشروع می‌دانستند و گروه‌های چریکی وابسته به آنان هم پدید آمدند. مثلا برخی مانند حزب ملل اسلامی ، پس از خرداد ٤۲ تاسیس شد و بنیان‌گذارش کاظم بجنوردی و معتقد به مبارزه مسلحانه بود. البته توسط نیروهای انتظامی و امنیتی دستگیر شدند و حزب متلاشی شد. و هم زمان، دستگاه تبلیغاتیِ عبدالناصر حملات خود را علیه دولت ایران وشخصِ شاه تشدید کرد. و مهم‌ترین سازمان مذهبی طرفدار خمینی که حتی در دوران اتحادِ با سایر گروه‌های سیاسی چریکی و مارکسیستی نیز ماهیت پنهان‌کاری خود را حفظ کرد، هیات‌های موتلفه اسلامی بود که با بقایای فداییان اسلام هم تماس نزدیک و ارگانیک داشت. هیات‌های موتلفه نزدیک‌ترین، صمیمانه‌ترین روابط را با شخص خمینی داشت و افرادی مانند حاج مهدی عراقی، اسدالله لاجوردی، اکبر هاشمی رفسنجانی، جلال‌الدین فارسی، علی اندرزگو و صادق خلخالی در آن عضویت مؤثر داشتند سردرآوردند. افرادی چون مصطفی چمران، ابراهیم یزدی، صادق قطب‌زاده و محمد توسلی و چند هزار نفر دیگر برای کسب تعلیمات براندازی رژیم، با تدارکات و توافق‌های قبلی و از راه آلمان به مصر رفتند. آنها سپس از اردوگاه‌های فلسطینی سردرآوردند و به خدمت دستگاه‌های اطلاعاتی یاسر عرفات رهبر وقت سازمان تروریستی فلسطینی‌ها، معمر قذافی رهبر وقت لیبی، حافظ اسد رهبر وقت سوریه و فیدل

کاسترو رهبر وقت کوبا و برخی کشورهای کمونیستی دیگر درآمدند تا تعلیمات ببینند، کمک بگیرند، چریک تربیت کنند، سازمان دهی انقلابی بیاموزند و برای سرنگونی شاه، طبق وعده‌ای که عبدالناصر داده بود و خمینی را آغاز کرد، از هر جهت آماده شوند. سازمان مجاهدین خلق، زاده بطن نهضت آزادی بود که ابتدا خود را ملی و پیرو مصدق می‌نامیدند و بعدها نام جعلی ملی – مذهبی را برای خود برگزیدند.»

سایت «تاریخ ایرانی» هم در گفت‌وگو با محمد توسلی، از اعضای نهضت آزادی می‌گوید: «پس از سرکوب‌های شاه در سال ۱۳۴۲ و کشتار انقلابیون و به زندان افتادن چهره‌های سیاسی و رهبران گروه‌های مخالف رژیم، جمعی از نیروهای انقلابی به این نتیجه رسیدند که دیگر مبارزه مسالمت‌آمیز در چارچوب قانون با رژیم شاهنشاهی فایده‌ای ندارد. در نتیجه به مبارزات چریکی روی آوردند و گروهی برای فراگیری آموزش‌های لازم برای مبارزه مسلحانه راهی مصر شدند. به دلیل آنکه دکتر شریعتی در پاریس با سازمان آزادی بخش الجزایر ارتباط تنگاتنگی داشت، ابتدا مذاکرات برای فراگرفتن آموزش‌های چریکی با الجزایر صورت گرفت، اما مشخص شد الجزایر آمادگی این کار را ندارد. سپس با مقامات مصری مذاکره کردند.اولین دیداری که انجام شد در لبنان بود که با سرهنگ زعلول عبدالرحمان که وابسته نظامی مصر در لبنان بوده، ملاقات و مذاکره شد. مذاکرات بعدی در شهر برن سوئیس با سرتیپ صفوتی، سفیر مصر در سوئیس انجام می‌شود. در چارچوب این مذاکرات اولین گروه اعزامی به مصر می‌روند. چمران، ابراهیم یزدی، بهرام راستین، پرویز امین و شریفیان اولین گروهی هستند که در دی ماه ۱۳۴۳ وارد مصر شدند. و ابوالفضل بازرگان، رضا رئیسی، دو فرد دیگر که اسامی‌شان را بخاطر ندارم و من در گروه دوم بودیم. در دوره اول همه آموزش‌ها را کارشناسان مصری به دوستان می‌دادند، اما در دوره دوم برخی از آموزش‌ها را خود دکتر چمران به ما می‌دادند. فقط بخشی از آموزش‌های تخصصی که مربوط به مسائل مواد منفجره و تخریبی بود و یک چریک باید یاد می‌گرفت را برخی کارشناسان و سرهنگ‌های خبره مصری آموزش می‌دادند. و مذاکره با مقامات مصری به دنبال فعالیت‌های فرهنگی، اجتماعی و سیاسی پس از سال ۴۱ در خارج از کشور انجام شد. وقتی در سال ۴۰ نهضت آزادی ایران تشکیل شد، شریعتی، چمران، قطب‌زاده و ابراهیم یزدی همه خارج از کشور بودند. در سال ۴۱ به توصیه شریعتی جلسه‌ای برگزار شد و نهضت آزادی ایران در خارج از کشور را تاسیس می‌کنند. با توجه به شرایطی که در خارج از کشورحاکم بوده، تصمیم می‌گیرند نهضت رسماً اعلام موجودیت نکند، بلکه در پوشش فعالیت‌های دانشجویی بوده و در کنار آن انجمن‌های

اسلامی دانشجویان در آمریکا و اروپا را پایه‌گذاری کرده و در کنار فعالیت‌های جبهه ملی این اقدامات گسترش پیدا کند. بعد از ۱۵ خرداد و سرکوب شدیدی که شاه انجام داد و زندانی شدن سران جبهه ملی و نهضت آزادی و دادگاه نظامی که در ایران برای محاکمه رهبران و فعالان نهضت برگزار و منجر به صدور زندان‌های طویل‌المدت شد، جمع بندی همه فعالان سیاسی در داخل و خارج کشور به طور مشخص این بود که دوران مبارزه قانونی و مسالمت‌آمیز به سر آمده است. دلیل اینکه فعالان سیاسی به این نتیجه رسیدند گفتمان جهانی بود. در این دوران انقلاب روسیه و کوبا شکل گرفته، نهضتی در الجزایر بود، در چین و کشورهای آفریقایی و آمریکای لاتین، تحولاتی رخ داده بود. طبیعتاً فعالان سیاسی ایران هم در آن دوران متاثر از گفتمان انقلابی آن روز جهان بودند و ...»

ایرج آرین‌پور در ادامه می‌گوید: «خامنه‌ای در دوران ریاست جمهوری خود در مصاحبه‌ای - روزنامه جمهوری اسلامی، ۱۲ خرداد ۱۳٦۲ / به مناسبت سالروز پانزده خرداد - می‌گوید: در واقعه‌ی مدرسه فیضیه شاید تعداد شهدای ما از دو سه نفر بیشتر نبود. یک نفر که با نام و نشان معرفی شد شهید رودباری بود و دو نفر دیگر و هم چنین تعدادی طلبه کتک خوردند. این حادثه را شخص امام با پیگیری تبلیغاتی و سازماندهی بسیار ظریفی یعنی گسیل داشتن طلاب و فضلای حوزه در محرم همان سال به سراسر کشور و دستور به همه‌ی گویندگان مذهبی که از روز نهم محرم ماجراهای دوم فروردین را در سینه‌زنی‌ها و نوحه‌ها مطرح نمایند، توانست به آنجا برساند که قیام عظیمی چون ۱۵ خرداد را پیامد داشته باشد. اکبر هاشمی رفسنجانی هم در خطبه‌های نماز جمعه تهران در ۷ خرداد ۱۳۷۸، به نقش اشاره کرد که: «قیام ۱۵ خرداد، با مقدمات طولانی به وسیله امام و یارانش محقق شد و... نقطه عطفی در تاریخ حرکت سیاسی خمینی شد.»

هنوز ۵۳ سال پس از حادثه‌ی ٤۲ قُم و کشته شدن ۳۲ نفر، مباحثه میان مورخان و روایت‌های مختلف میان راویان موافق و مخالف وجود دارد و شاید سندهای کشف نشده زیادی در این باره هست که مورخ‌ها باید بخوانند و روایت‌ها و سندها را کنار دیگر بگذارند تا حقایق بیشتری شاید روشن شود.

۱۷
کارنامه، سیاه - مُعدل، صفر

حوادث و جریانات روزهای اخیر یک بار دیگر ثابت کرد که به مارکسیست‌های اسلامی نمی‌توان و نباید اعتماد کرد. گروه مزاحمین خلق بطور شبانه روزی در حال توطئه، تحریف و دروغ‌پردازی هستند تا نهاد پادشاهی ایران را در کنار دوستان و همکاران سابق خود - یعنی مُلایان جنایت کار - قرار داده، علیرغم اینکه ملت ایران، به طرق مختلف، علاقه و اعتماد خود را به شاهزاده و خانواده ایران ساز پهلوی ابراز کرده اند.

انتخاب گزینه پادشاهی پارلمانی، حق اساسی و دمکراتیک ملت ایران بعد از سرنگونی رژیم مُلایان می‌باشد. سازمان تروریستی مجاهدین خلق می‌خواهد به هر طریق که شده، این حق را از بین ببرد. این گروه تروریستی اسلامی که در داخل ایران، حتی نیم درصد هم هواخواه ندارد، تمام فکر و کوشش خود را بر این گذاشته تا شعار بی‌ربط «مرگ بر ستمگر و ...» را به شعار اصلی تظاهرات تبدیل کند. هیچ چیز دیگری برای آنها اهمیت ندارد.

شعاری توهین‌آمیز و وقیحانه که از دهان مصدقیون طرفدار نهضت مثلا آزادی هم در رسانه‌های فارسی تکرار می‌شود. بهرحال، هرچه باشد، سازمان تروریستی مجاهدین خلق از شکم نهضت آزادی متولد شد!

این جماعت، حاضرند که به هر کار کثیفی و هر خیانتی از جمله همکاری با دشمنان ایران و تجزیه‌طلبان بی‌وطن دست بزنند اما نام پهلوی مطرح نباشد. توگویی که این خصوصیت مشترک همه مارکسیست‌های جهان می‌باشد!

البته چندان مایه تعجب نیست. این امر را باید به آن ساده لوحانی گوشزد کرد که به علت بی‌تجربگی و فراموش کاری می‌گویند: «باید اتحاد و همبستگی را حفظ کرد حتی اگر به قیمت کتمان حقیقت باشد!»

همین ساده لوحی بود که «حماقت۵۷» را رقم زد. همین اعتقاد کور کورانه به مجاهدین خلق و دوستان مُلایشان بود که ٤٤ سال است مملکت‌مان را به این روزگار سیاهی و تباهی انداخته.

به کارنامه این سازمان تروریستی تولد یافته از دامن مصدقیون نگاه کنید! این توله مُلاها از بطن نهضت مثلا آزادی که از خرافی ترین و رادیکالترین افراد مذهبی تشکیل شده بود، زاده شدند. از اواسط سالهای ٤۰ به عملیات تروریستی رو آورده و در اردوگاه‌های نظامی یاسر عرفات و جرج حبش و قذافی آموزش تروریستی دیده و به ایران سلاح وارد کرده و شغل شریف‌شان بمب‌گذاری و راه زنی و بانک زنی و سینما آتش زنی و ترور نظامی‌ها و درجه‌دارها و... بود. در اوایل دهه ۵۰ با کپی کردن افکار مارکسیستی، دیگر گروه تروریستی یعنی فدائیان خلق، تغییر عقیده ایدئولوژیکی داده، حتی بعضی از همرزمان تروریست مذهبی خود را به طرز فجیعی، سلاخی کردند و به قتل رساندند.

در بلوای ۵۷، هر نوع همکاری و کمک به مُلاها برای به قدرت رسیدن کردند و در بازجویی، شکنجه و اعدام بسیاری از مقامات حکومت پادشاهی شرکت مستقیم داشتند. روزنامه‌های سالهای ۵۷-۵۸-۵۹ مملو از اخبار جنایت و مقالاتی است که بوی خون می‌دهند و در آن تروریست‌های تشنه به خون مجاهدین خلق، رهبر جلاد خود خمینی و نوچه‌اش خلخالی را به خون ریزی و اعدام‌های انقلابی بیشتری تشویق می‌کردند!

بزودی فهمیدند که خمینی، چیزی از قدرت را به آنها نخواهند داد و در نتیجه شروع به ترور و قتل و خلق جنایت کردند و به عراق پناه بردند- جایی که علیه ایران، جنگی خانمانسوز و نامقدس براه انداخته بود - و با صدام، علیه منافع ملی ایران، همکاری کردند. میلیون‌ها دلار از صدام و دیگر دولت‌های عربی، پول گرفتند و در قتل و عام کُردهای عراق با صدام شراکت نزدیک داشتند.

هر کسی که اندک مطالعه‌ای در تاریخ معاصر داشته باشد، مسلما می‌تواند ده‌ها صفحه از شرح جنایت و خیانت این گروه تروریستی راهگشای اهریمن بنویسد. در کارنامه سیاه این فرقه روسیاه، حتی یک عمل مثبت یا کار درست در جهت مصالح و منافع مردم و ایران، وجود نداشته و ندارد و به دلیل ماهیت تروریستی آن، وجود هم نخواهد داشت.

در همین روزها، مردم ایران نظاره‌گرند که به جای کمک به پیروزی انقلاب ۱٤۰۱، کار و بار این گروه تروریستی، فقط و فقط از پشت خنجر زدن، خرابکاری، آشوب طلبی، هوچی گری و مداخله در فعالیت‌های صادقانه و میهن پرستانه شاهزاده رضا پهلوی، مخالف واقعی مُلایان می‌باشد. حتی برای او، عروسک کوتوله سیاسی هم تراشیده‌اند و می‌رقصانند!

تروریست، تروریست خواهد ماند. خمیره اولیه این گروه، با بنیادگرایی، خرافات و موهومات، افکار پوسیده بازرگان و طالقانی و شریعتی، رادیکالیسم مذهبی و ایدئولوژی

بیات شده شیعه و تفکر ویرانگر خمینیسم، سرشته شده است. محال است که این گمراهان و خرابکاران، یک روز برای یک بار هم که شده، تشخیص درست و قضاوت سالم داشته باشند.

به تاریخ پر از ننگ‌شان نگاه کنید! در کتابی که به عنوان آخرین دفاعیات یکی از قهرمان‌شان - مهدی رضایی که در ۱۹ سالگی، ۳ مامور انتظامی را به قتل رسانده بود - از سلحشوری‌های جعلی او نقل می‌کنند. وقتی رئیس دادگاه نظامی از وی - که ۳ برادر تروریست دیگر هم داشت - خواست که دلیل مخالفت با دولت و تصمیم به انجام عملیات تروریستی را شرح دهد، در پاسخ گفته، به خاطر تبعید خمینی به نجف، او چنین کرده. آن را دلیل اصلی مخالفت خود با پادشاهی پهلوی اعلام کرد. اکثر افراد این فرقه تروریستی از خانواده‌های بسیار مذهبی و اُمل و عقب‌افتاده و خُرافی جامعه به دنیا آورده بودند و همکاری بسیار نزدیک با مُلایان داشتند!

حالا توجه داشته باشید که این دروغ‌گویان تمام عملیات خرابکارانه و مسلحانه خود، دستیاری در شکنجه و بازجویی و قتل مقامات رژیم سابق و قربان صدقه گفتن خلخالی و خمینی را فراموش کرده و بی‌شرمانه رژیم شاه را مسئول به قدرت رسیدن مُلاها می‌دانند. وقاحت مُلایان به توله‌هایشان هم می‌رسد و در اوج وقاحت، از همکاران سابق خود به ارث برده‌اند. به دروغ می‌گویند «شاه و ساواک، ما را برای یک کتاب خواندن به زندان فرستاده و ما هم زندانی سیاسی بودیم!»

حال به من بگوئید، کدام یک از این وحوش آدمکش، برای کتاب خواندن به زندان افتاده بودند؟ این‌ها زندانی سیاسی بودند؟

ستیو وندر[1] هم می‌بیند که این‌ها تروریست‌های شیادی هستند که اگر در هر جایی دیگر دنیا برای کارهایشان دستگیر می‌شدند، عاقبت بسیار بدتری از زندان‌های ایران داشتند. دیدید که اکثرا هم با گردن کلفت‌تر از زندان آزاد شدند و به همه ثابت کردند که چه هیولاهایی بوده‌اند.

باید به نسل جوان گفت که ساده لوحی در این روزگار جایز نیست. «حماقت ۵۷» هم با همین ساده لوحی رقم خورد. هیچ کس درباره کارنامه و اعمال هیچ کس و گروهی سوال نکرد و با چشم بسته، حرف‌های بی‌منطق و بی‌سر و ته امثال خمینی را قبول کردند. این هم نتیجه‌اش.

انسان باید مازوخیست باشد که دوباره به حرف‌ها و قول‌های گروه‌هایی مانند

1- Stevei Wonder

مجاهدین خلق با این کارنامه سیاه و نمره صفر، در تمام دروس دوباره کورکورانه اعتماد کنند. اینها آن راننده دیوانه و ناشی هستند که یک بار در سال ۱۳۵۷ اتوبوس ملت را به ته دره سقوط و نیستی انداخته و حالا پس از ٤٤ سال دوباره اتوبوس را از ته دره درآورده و صاف و راست کرده‌ایم، و این رانندگان ناشی می‌خواهند دوباره پشت فرمان بنشیند و ما را به منزل صلاح و سلامتی برسانند

نه متشکریم! شما، یک بار امتحان خود را داده‌اید و ذلیلانه و در عین پخمگی، رفوزه شده‌اید!

این جماعت، تروریسم در خون‌شان است. آیا می‌توانید تصور کنید که اس اس‌ها یا خمرهای سرخ جنایت را روزی کنار بگذارند؟

دی ان ای مجاهدین خلق از روز اول با کج فکری آلوده به مذهب و تروریسم و خشونت و بنیادگرایی پوسیده، تنیده شده است .

در واقع امر، مخلوط و معجونی از مزخرفات فدائیان اسلام و علی شریعتی و اباطیل مارکسیسم، پایه فکری و زیربنای اندیشه‌شان است و غیر ممکن است که این فرقه آدمکش، یک روز بتواند درباره حتی یک موضوع، تشخیص درست بدهد و یا حتی برای یک بار در طی تاریخ، تصمیم منطقی بگیرد. توقع کار مثبت و درست و در جهت منافع ملی و مصالح ایران از این گروه در طی تاریخ ۵۷ سال ننگ و جنایت، عین سفاهت است.

به لوگوی فرقه رجوی نگاه کنید. منظورشان از کلمه مجاهد در آیه بالا، تروریست می‌باشد و فکر می‌کنند که پروردگار عالمیان به تروریست‌های خرابکار، در آخرت نامعلوم، پاداش خواهد داد. البته خود رجوی، منتظر آن دنیا نمانده و درا ین دنیا هم از زن و بچه رفقایش نگذشته است!

به ستاره انقلاب که احتمالا از کلاه تروریست معروف چه گوارا گرفته شده و مسلسل بالا هم توجه داشته باشید. این‌ها بیش از ده سال است که زنده یا مرده بودن رهبر روان پریش و بیمارجنسی را حتی از افراد خود فرقه خود مخفی کرده‌اند و حقیقت را نمی‌گویند. به خانم‌های عضو خود، حتی اجازه انتخاب رنگ روسری خود را نمی‌دهند. در عراق، بسیاری از اعضا نافرمان و عاصی خود را شکنجه و حتی به قتل رساندند. سندهای حزب بعث در این باره، هنوز در آرشیوها موجودند.

حالا، این لُمپن‌ها می‌خواهند برای جامعه ۸۵ میلیون نفری ایران، دمکراسی و آزادی بیاورند و نسل جوان و مترقی را به خوشبختی و سعادت برسانند. انسان باید مغز خر خورده باشد که با این تروریست‌ها اتحاد و همکاری کند.

خیر! برای براندازی مُلایان وحشی، به همکاران سابق‌شان احتیاجی نبوده و نیست. «آیت‌الله سرخ، پدر تروریست‌های اسلام مارکسیستی» هم سعی کرد، رنگ‌شان کند. اما «فرزندان نهضت تروریست اسلامی خمینی»، جز جنایت، رنگی نمی‌پذیرند! و قطعا، اکثریت مطلق مردم ایران، رژیم مُلایان وحشی را به حکومت خمرهای سرخ ایران ترجیح می‌دهند. شخصا با این اکثریت، همراهم.

در فردای آزادی ایران، بسیاری از خائنین، باید به سوالات زیادی در مورد نقش‌شان در شکنجه‌ها، بازجویی‌ها و اعدام‌های سالهای اول و بعد خیانت‌شان در کمک به صدام حسین و قتل عام کُردها پاسخگو باشند. گرچه با برخی از سازمان‌های تجزیه طلب کُردی هم در خلق جنایت و نوکری صدام، هم پیمان بودند. بسیاری از مردم ایران، به خون این‌ها تشنه‌اند و اگر جای آنها می‌بودم، به پای خود شلیک نمی‌کردم و دست از پدرکشتگی و عقده گشایی و کینه توزی با رضا پهلوی بر میداشتم و چون او تنها کسی است که می‌تواند، سلامت این خائنین و اجامر را تضمین کند.

آنها یک بار با حمله نظامی به غرب ایران، با استقبال ایرانیان روبرو شدند! استقبال بعدی نیز از پذیرایی قبلی متفاوت نخواهند بود! » اَلعاقلُ یَکفیهِ الاشاره«

چند ماه قبل از بلوای ۵۷، شاپور بختیار، همکاری جبهه ملی و حمایت‌شان از خمینی را به دلیل کارنامه بد او، از جمله مخالفت‌اش با اصلاحات ارضی و اعطای حق رای به زنان و دیگر عقاید مرتجعانه اش، زیرسوال برد. اما رهبران سیاسی ساده لوح آن روز (سنجابی، فروهر و بازرگان) به حقایق و واقعیت‌ها و منطق گوش نکرده و برای سرنگونی رژیم شاه فقید با شیطان و جنایتکاری مانند خمینی – مُلای شیعه جلاد و حقه باز – اتحاد ساختند.

لیبرال بازی و دمکرات بازی را باید کنار گذاشت. کارنامه مارکسیست‌ها و حقایق تاریخی را نباید نادیده گرفت. این گره‌های تروریستی از ابتدای تشکیل خود در تمام دروس، نمره صفر گرفته‌اند و محض رضای خدا، یک قضاوت و تشخیص درست هم در هیچ مساله نداشته و به دلیل زیر بنای فکری کج و ناسالم، قادر به هیچ عملی مثبت و سازنده نیستند. امروز هم برای جوانان ایران، رهبر تراشی می‌کنند!

قطعا، اتحاد و همکاری با این بازنده‌ها – به قول ترامپ: Losers – اشتباه محض و خطرناک خواهد بود. با شناختی که از آنها داریم و این تاریخ موجود قابل لمس و درک، آیا واقعاً کسی می‌تواند حدس بزند که پس از پیروزی انقلاب جوانان بر مُلاها در این رستاخیز ملی، مارکسیست‌ها و ۵۷ی‌ها به چه اعمالی در ایران، دست خواهند زد؟

سالهای ۱۳٦۰ و ۱۳٦۱ را فراموش کرده‌ایم؟ حافظه کوتاه مدت این جامعه، تا این حد پریشان است؟

بیخود نبود که شاه فقید، فعالیت مارکسیست‌ها را غیرقانونی اعلام کرده بود. شاه ایران، ذات آنها را خوب می‌شناخت. این جماعت جز خیانت چیز دیگری بلد نیستند. کوچکترین علاقه‌ای به فرهنگ و تاریخ و جامعه ایران و کمترین احترامی به تمامیت ارضی ایران ندارند. پرچم شیر و خورشید را هم برای مصلحت و برای سو استفاده از ناسیونالیسم ایرانی در راه اهداف شوم خود به کار گرفته‌اند. رهبرانشان - به خصوص مسعود رجوی، شاگرد مکتب بازرگان و یزدی و طالقانی و همراه بنی‌صدر - مسئول گمراه کردن و به هدر دادن زندگی هزاران جوان می‌باشند.

به آنهائی که از تیرانا - در آلبانی - و یا پاریس - جماعت بنی‌صدری و مصدقیون - به این نوشته در گویا، رای منفی خواهند داد، با دلسوزی نصیحت می‌کنم که تاریخ خمرهای سرخ و رهبرشان پول پُت را با اعمال سازمان تروریستی مجاهدین خلق مقایسه کنند. مطمئن هستم که موارد اشتراک و مشابه زیادی خواهند یافت.

امید است که این افسرده حالان سالخورده از فرقه جنایتکار و رهبر تبهکار و جانی‌اش، بریده و آخر عمری به آغوش هم وطنان‌تان بازگشته و با نسل جوان در راه براندازی رژیم مُلایان که امثال رجوی، سهم زیادی در روی کار آمدن آن داشتند، کمک کنند. ما مثل ابراهیم یزدی برای شما جزوه آدم‌کشی نمی‌نویسیم و نمی‌فرستیم! (روزنامه مردم سالاری، شماره ٤٥٢، تاریخ یکشنبه ۱۲ امرداد ۱۳۸۲)

از خود بپرسید، پول پت ایران در ۵۰ سال اخیر، چه چیزی جز خیانت و جنایت و بدبختی و سیه روزی، خفت و تحقیر برای شما و دیگر ایرانیان داشته است؟ همین!

۱۸

بازی تمام شده

(رخداد تغییراتی بزرگ و برگشت‌ناپذیر)

انقلاب ۱۴۰۱ به سرعت در حال تحول و تکامل و پیشرفت و افزایش عمق اجتماعی–سیاسی است. در طی ٤–٥ ماه اخیر، تغییرات بزرگ و برگشت‌ناپذیری رخ داده است. چند روز پیش در حال تماشایی از مرکز خریدی در تهران و شهرهای دیگر ایران در یوتیوب بودم. واضح است که زنان ایران بعد از ٤٤ سال، حق انتخاب نوع پوشاک خود را که از دست داده بودند، از مُلایان حاکم پس گرفته‌اند. این مساله، بزرگترین شکست رژیم مُلاها در این ٤ دهه می‌باشد. این پدیده، چنان با سرعت و بطور فراگیر اتفاق افتاده که دیگر هیچ نیرویی، قادر به برگرداندن شرایط به شهریور ۱٤۰۱ نمی‌باشد، حتی استبداد شوم ولایت فقیه.

بازی تمام شده است و مُلاها، خود را در لبه پرتگاه نیستی می‌بینند. دیگر، سعی نخواهند کرد مساله «حجاب اجباری» را دنباله گیری کنند. این پیروزی بزرگی برای همه ایرانیان محسوب می‌شود. امید بسیاری از مُلاها این است که با قبول آزادی حجاب، خواسته‌های مردم کمتر شود و حال که جامعه به آزادی پوشش رسیده است، دست از دیگر مطالبات خود – مانند اساسی‌ترین خواسته جامعه که آزادی و دمکراسی است – بردارند!

از دیگر سو، راهپیمایی طرفداران رژیم در ۲۲ بهمن در داخل کشور، در مقایسه با تظاهرات اعتراض‌آمیز در خارج از ایران، همانطور که در سیر تکامل پروسه انقلاب انتظار می‌رفت، نشانه ریزش روز افزون و تدریجی نیروهای رژیم و همبستگی بیشتر مخالفین می‌باشد.

مصاحبه رسانه‌ای برخی چهره‌ها در دانشگاه جرج تاون، تظاهرات عظیم و اعتراض سیاسی در لس آنجلس و اعلام دعوت شاهزاده رضا پهلوی برای شرکت در کنفرانس امنیتی مونیخ به جای مقامات رسمی رژیم مُلایان، هم نقاط عطف مهمی برای تولید تحولات جدیدی در فرایند انقلابی می‌باشند. از طرف دیگر، به نظر می‌رسد که دولت‌های غرب، حالا، عقیده و طرح حمایت از «تغییر رژیم» را – به عنوان یک جایگزین یا آلترناتیو

برای وضع موجود - در دست مطالعه دارند.

شکی نیست که اکثریت مخالفین جمهوری اسلامی مُلایان به این نتیجه رسیده‌اند که اگر می‌خواهند این بازی را ببرند و ایران را پس بگیرند، به وجود شاهزاده فروتن، خوش فکر، دمکرات و صمیمی نیاز مبرم دارند. او بارها دمکرات بودن خود را ثابت کرده و حضورش، در میانه این انتقال، ذیقیمت است.

جامعه ایران به این نتیجه رسیده که ایشان صلاحیت و شایستگی و تجربه و دانش به دست گرفتن رهبری این جنبش را دارند و قادر هستند مملکت عزیزمان را به سر منزل مقصود، که همان آزادی و دمکراسی است، هدایت کنند.

نکته مهم این است که به جز همکاران و شرکای سابق مُلایان در حماقت ۵۷ [یعنی مارکسیست‌های لنینی (توده، فدایی، پیکارو...) و مارکسیست‌های اسلامی (مجاهدین خلق) و دیگر راهگشایان اهریمن (جبهه ظاهراً ملی و نهضت مثلا آزادی) و ...] اکثریت جامعه، به صداقت ایشان اطمینان دارند و یقین دارند که در دوران انتقالی با رهبری ایشان، جامعه ایران، در روندی دمکراتیک و آزادانه در انتخاباتی سالم، نوع دولت آینده ایران را انتخاب خواهند کرد.

کارنامه شاهزاده در ٤ دهه اخیر نشان میدهد که هیچ گروه، حزب، یا رهبر سیاسی دیگری قابل اطمینان و اعتمادتر از ایشان نیستند. حزب اللهی‌های ولایی، مارکسیست‌ها و چپ اسلامی (اصلاح طللبان حکومتی) اگر مختصر عقلی داشته باشند، باید به خود بگویند که آینده‌شان در ایران آزاد فردا، با وجود شاهزاده به عنوان رهبر این جنبش، مطمئن‌تر و بی‌خطرتر می‌باشد. چرا؟ زیرا شاهزاده از حقوق اولیه آنها دفاع و حمایت خواهد کرد. هیچ حزب و گروه و سازمان سیاسی دیگری این طرز تفکر دمکرات و خصوصیت خاص را ندارند.

اکثریت ایرانیان به خون حزب اللهی‌ها و مارکسیست‌ها و کمونیست‌ها و تجزیه طلب‌ها و ... به دلیل اعمال و رفتار و کارنامه سراسر از خیانت و جنایت، تشنه‌اند و تنها و تنها، شاهزاده این قدرت و اعتبار را خواهد داشت که بتواند از خونریزی و چرخش خشونت و بازتولید توحش مشابه ۵۷ در فردای سقوط جمهوری اسلامی جلوگیری کند.

توصیه مجانی‌ام به این خائنین به ایران، این است که برای آینده خود و خانواده‌شان هم که شده، از شاهزاده حمایت کنند و در غیر این صورت، این گروه‌ها، در ایران فردا، آینده روشنی ندارند!

نمک‌نشناسی، کج فکری و عدم انسانیت:

این هفته، چند ساعتی را به تماشای مستند هویدا نشستم. بارها و بارها از جناب پرویز ثابتی، ایرج آرین‌پور، جمشید امانی و خانم دکتر فرشته انشاء، درباره انسانیت و نجابت این مرد شریف شنیده بودم. باید از من و تو هم برای تولید این روایت استثنایی، تقدیر کرد. شاهکاریست که اگر به اندازه کافی، تفکر و اندیشه کنیم، می تواند برای سازندگی فردایی بهتر و موفق تر، چراغ راه باشد.

بعد از سالها، برای اولین بار بود که با شنیدن یک روایت تاریخی، گریه از چشم‌هایم سرازیر می‌شد. انسان از نمک نشناسی، حماقت، کج فکری و ناانسان بودن نسل ۵۷ و شرکت کنندگان در جنایت و مکافات ۵۷ به حیرت می‌آید که عزیز نگین ایران به دست چه اهریمنانی افتاد! صحنه دادگاه این مرد بزرگ، تا ابد، مایه شرمساری و ننگ نسل ۵۷ باید باشد.

مطمئن هستم بسیاری از اتوبان‌ها و ساختمان‌ها در ایران آزاد فردا به اسامی جدیدی احتیاج خواهند داشت و دیگر نیازی به اسامی تروریست‌ها و یا مُلاها بر روی تابلوی خیابان‌ها و دانشگاه‌ها و ... نیست. پس از سقوط رژیم مُلاها و فروپاشی اختاپوس مذهبی، بسیاری از اتوبان‌ها و پارک‌ها واماکن عمومی باید به نام بزرگانی وطن پرست و خادم به میهن مانند هویدا، نادر جهان بانی، رحیمی، پاکروان، ناصر حجازی،.... نام گذاری خواهند شد.

میرحسین، دیر بیدار شده!

سید حسین موسوی، نخست وزیر محبوب خمینی، پس از ٤٤ سال، تازه از خواب «دوران طلایی آن جان بیدار» (خمینی) بیدار شده و اعلامیه‌ای بی‌پایه و اساس به دستش داده‌اند. به ایشان باید گفت» بازی تمام شده است!» مردم از اصولگرا و اصلاح طلب گذشته‌اند. آنها، دیگر به نصیحت‌ها و اندرزها و پیشنهادهایی که از افکار پوسیده و بیات شده شما و دار و دسته شما بیرون بتراود، نیازی ندارند. مثل اینکه امر برایتان مشتبه شده است که در سال ۱۳۸۸، یاحسین-میرحسین می کردند، برای این بود که تصور باطل داشتند که از طریق شما می‌توانند از شر حکومت استبدادی مطلق مُلای وحشی راحت شوند، وگرنه سالها بود که مردم از هرچه دین و مذهب و بنیادگرایی اسلامی و ... متنفر و منزجز بودند.

شما هم از آنها خواستید که به خانه‌هایشان بازگردند! جز این است؟

برای اطلاع میرحسین و حداقل ۱۲ وزیر و معاون تروریست کابینه او باید یادآوری

کرد که در سیستم‌های قضایی دنیا، جنایات مشمول گذشت زمان نمی‌شوند و قابل محاکمه می‌باشند. شاید اعمالتان در سالهای تاریک دهه ٦٠ فراموش‌تان شده و یا در مخیله شما بنا به نیرنگ، کمرنگ شده‌اند اما مدارک و اسناد و مقالات و عکس‌ها و مستندات محکمه پسند وجود دارند که نقش شما و همان حداقل ۱۲ وزیر و معاون تروریست در کابینه شما (امثال احمد وحیدی، عطاالله مهاجرانی، ری‌شهری و ...) را در آن سالهای سیاه و پر محنت و نکبت دوران خمینی مشخص خواهند کرد. شما به عنوان نخست وزیر محبوب و دستبوس خمینی، اختیارات و مسئولیت‌هایی در دادگستری، زندان‌ها و قوه قضائیه داشتید و باید در دادگاه صالحه، پاسخگوی پرسش‌های قضات بی‌طرف باشید. وانگهی، در دوران نخست وزیری شما هم در توسعه تروریسم اسلامی در خاورمیانه، دست داشته‌اید.

قتل‌های سالهای ٦٠، ٦١، ٦٢ و ٦٧ همگی در زمان نخست وزیری شما بوده است. امیدوارم، عمرتان تا روز دادگاه، باقی باشد و با وکیل انتخابی در همان دادگاه، حضور پیدا کنید. در ایران آزاد، کسی در حیاط خلوت زندان به شما از پشت سر گلوله شلیک نمی‌کند. اما دادستان‌ها و قضات آینده ایران، قطعا بهترین حقوق دانان ایران خواهند بود. کیفرخواست بی‌عیب و نقص که برایتان آماده خواهند کرد، قطعا خواندنی و زیبا خواهد بود.

امسال سال خونه، سیدعلی سرنگونه!

یک بار دیگر، مُلایان فاسد و مکار ثابت کردند که از رذالت و پدرسوختگی و شارلاتانیسم و مظلوم نمایی، سرآمد زمانه خونریز ما هستند. همگی فارغ التحصیل مکتب خمینیسم - انبان رذالت‌ها - هستند. سیدعلی جنایت کار که از روز اول «حماقت ۵۷» در تمام جنایات رژیم نکبت مستقیما دست داشته، حالا که اوضاع را پس می‌بیند، خود را به مظلومیت و موش مردگی زده و می‌خواهد از خود، تصویر پدر مهربان و با گذشت به ملت ارائه دهد. البته اوج شارلاتانیسم و وقاحت است .

سید علی که تنها در ٤-٥ ماه اخیر، صدها جوان بی‌گناه و قهرمان را به خاک و خون کشیده و به چشمان زیبای بسیاری را با تفنگ ساچمه‌ای کور کرده است. حتی اجامر او در زندان‌ها و سیاه چال‌های رافت و رحمت اسلامی اش، تجاوز کرده‌اند و حالا می‌خواهد خود را رهبر مهربان جا بزند. بدون آنکه از ریش پف کرده، شرم کند! حال، این فرد دارای عُقده «خود ز خر فزون بینی» می‌خواهد خود را رهبر مهربان جا بزند!

سید علی، ضحاک زمان، ملت ایران تصمیم خود را گرفته است. ایرانیان دیگر تنها در پی سرنگونی جمهوری اسلامی نیستند، آنها کل نهاد به اصلاح روحانیت را هدف گرفته‌اند

تا به این جهل و دروغ ۵۰۰ ساله، یکباره برای همیشه پایان دهند.

آنها دیگر می‌دانند که آخوند تند رو و کند رو وجود ندارند. آنها به این نتیجه رسیده‌اند که تنها آخوند خوب، آخوند مرده است. در فردای جمهوری نکبت و شوم اسلامی، مجلس مردمی و دمکراتیک کل نهاد مُلایان و لباس و عمامه و نعلین و علایم و مظاهر و نشانه‌های آن را غیرقانونی اعلام خواهند کرد. ۵ قرن جهل، خرافه، دروغ و شستشوی مغزی پایان خواهد یافت. آنها از مُلا - به اصطلاح روحانیت - برای همیشه از طریق قانونی‌گذار خواهند کرد. مُلاها عمری با اوباش خود از طاغوت نالیدند اما زاغوت مُلا، در تاریخ ثبت است که چه رهاوردی برای بشریت به بار آورد.

بطور یقین، ایران را با متخصصان و جوانان خوش فکر و باهوش و شایسته و انسان دوست، دوباره خواهیم ساخت. به چاه جمکران، راهپیمایی اربعین، عاشورا و تاسوعا و دیگر چرندیات و خرافات و موهومات شما مُلایان احتیاجی نداریم. مردم و مجلس دمکراتیک، تصمیم خواهند گرفت با بقیه مظاهر دروغ و خرافه و جهل قبیله یاجوج و ماجوج مُلایان با ۱۱۰۰۰ امامزاده‌شان چه باید کرد.

از عاقبت قذافی تجربه بگیرید و پول‌هایی را که دزدیده اید، بردارید و بروید. شاید سوریه و بلاروس، ونزوئلا و.. هر سوراخ موش خریداری شده دیگر، هنوز بخاطر پول، شما را بپذیرند. ایران مان را بیشتر از این خراب و ویران نکنید. ماموریت تان را - که ویرانی ایران بود - انجام دادید.

مردم ایران، آنقدر از شما نفرت و انزجار دارند که تصور نمی‌کنم حتی شاهزاده رضاپهلوی هم بتواند سلامت شما را در فردای جمهوری نکبت و شوم تان، ضمانت کند. بقیه مُلاها هم که کار و کاسبی و دکان دین فروشی‌شان تعطیل خواهد شد.

سید علی! شما، نهاد شوم مُلایان را از پس از ۵۰۰ سال از تاریخ ایران حذف کردید. عدو شود سبب خیر اگر خدا خواهد ! شاید قبل از مرگ، بدون ریش و پشم و صلی علی‌محمد گویان، در دادگاه مردمی با پیژامه زندانیان حاضر شوی. و به نقش تان در جنایات و خیانت‌ها و کشتار این ٤٤ سال پاسخ دهید.

به قول فردوسی بزرگ:

که داند به جز ذات پروردگار   که فردا چه بازی کند روزگار.»

۱۹

مارکسیست‌های جهان، مُتحد شوید!

مارکسیسم[1] یک مرض مزمن می‌باشد، مثل مرض هرپیز که تا آخر عمر با مبتلا می‌ماند و هیچ راه علاجی هم ندارد. این بیماری مهلک و بلای خانمانسوز، تا روز مرگ، بیمار را همراهی می‌کند و دست از سر او برنمی‌دارد.

این مرض، بعد از به قدرت رسیدن بلشویک‌ها[2] در ۱۹۱۸ در روسیه، کم کم به ایران وارد شد و تا به امروز باعث رنج، گمراهی، فقر و جنایات زیادی در ایران – وطن عزیزمان – شده است. از زمان رضاشاه کبیر و گروه ۵۳ نفر و بعداً حزب توده در زمان مصدق‌السلطنه و تروریسمی که این ایدئولوژی مخرب و ویرانگر در سالهای ٤٠ و ۵۰ به ایران آورد، مارکسیسم و صادرکننده آن – دولت شوروی سابق و یا روسیه فعلی – جز فلاکت و بدبختی و محنت و نکبت، چیز دیگری برای ملت ما به همراه نداشته است.

شخصا، گمان می‌کنم که اولین کاری که «دولت دمکراتیک ایران آزاد» باید انجام دهد، قطع کامل روابط با روسیه پوتین و بستن سفارت این دولت غیرقابل اعتماد و بی‌پرنسیب و خائن می‌باشد. اگر روزی کشور روسیه، دارای دولتی مسئول و دمکراتیک شد که به حقوق ملت ایران و نظم جهانی احترام گذاشت، ایران آزاد می‌تواند در این سیاست تجدید نظر کند ولی تا آن موقع، قطع روابط دیپلماتیک و فرهنگی و اقتصادی به نفع ملت ایران خواهد بود. هیچ دولتی در ۲۵۰ سال اخیر به اندازه دولت شوروی سابق (روسیه فعلی) در حق ایران، ظلم نکرده است. اکثریت ایرانیان از این دولت شوم، نفرت دارند!

مارکسیست‌ها بر ۲ نوع هستند. نوع لنینی یا توده‌ای (حزب توده، فدایی، پیکار و ...) و نوع اسلامی (مزاحمین خلق) که افکار پوسیده و بیات شده مارکس و لنین را با مزخرفات دینی و چرندیات علی شریعتی، ترکیب کرده و معجونی غریب به اسم اسلام مجاهدین خلق درست کرده‌اند!

1- Marxism
2- Bolsheviks

مطالعه بیشتر تاریخ معاصر ایران، به راحتی نشان می‌دهد که این ۲ گروه مارکسیستی به دلیل زیربنای فکری پوسیده، تمام تجزیه و تحلیل‌ها، تصمیم‌ها و اعمال‌شان پر از اشتباه و محاسبه غلط بوده است.

پرونده تروریست‌های مجاهدین خلق، و توده‌ای‌ها و فدایی‌ها، پر از ترور افراد بی‌گناه و حتی همکارانشان، جاسوسی برای دولت شوروی، همکاری بر ضد منافع ایران با دولت‌های لیبی قذافی، عراق صدام حسین، آلبانی انور خوجه، الفتح یاسرعرفات، کوبای کاسترو، سوریه اسد و ... می‌باشد. در دهه ۴۰ و ۵۰ آنها با به آتش کشیدن بیش از ۳۰ سینما، منفجر کردن رستوران‌ها، بانک زنی، راه زنی، کودک کشی، پاسبان کشی، قتل مامورهای بیگناه انتظامی بی گناه و فجایعی مانند سیاهکل و جمعه سیاه برای نیروهای وطن پرست امنیتی و ساواک، چاره‌ای جز خشونت باقی نگذاشتند.

نقش ویرانگرشان در حماقت ۵۷ و به روی کار آوردن خمینی و جمهوری نکبت اسلامی و ویرانی ایران و راهگشایی اهریمن با مجموعه جنایات و مکافات، غیر قابل انکار می‌باشد.

خیلی سعی کردم یک مورد در تاریخ معاصر ایران پیدا کنم که این چپول‌ها تشخیص یا تصمیم درستی در زندگی سیاه خود گرفته باشند جز خیانت و جنایت و بازهم جنایت و ضدیت با وطن، چیز دیگری در این صندوق لعنت ندیدم!

قهرمانان‌شان تروریست‌های خودفروخته و دست بوس اجنبی مانند جزنی و حمید اشرف و برادران رضایی و رجوی هستند. نه تنها در جنایت و خیانت خمینی، شریک و مسئول هستند، بلکه در این ٤٤ سال حکومت نکبت ولایت فقیه، جز اختلاف افکنی و دروغ و تحریف کار و هوچی‌گری و شارلاتانیسم و معرکه‌گیری و لاف و گزاف و جعل در شرح سلحشوری، چیز دیگری از آنان ندیده ایم. خیانت و وطن فروشی، در DNA آنها تا آخر عمر باقی خواهد بود.

هیچگونه علاقه‌ای به فرهنگ اصیل و کهن و ناسیونالیسم ایران، پرچم شیر وخورشید، تاریخ و تمامیت ارضی ملک و مملکت ندارند.

مبتلایان به مرض مارکسیسم فقط دشمنی با امپریالیسم آمریکا و سلسله ایران ساز پهلوی را می‌شناسند. هر گونه همکاری و همیاری -به اصطلاح رایج: ائتلاف و اتحاد- با این نمک‌نشناسان وطن فروش، نهایت ساده لوحی و حماقت محض می‌باشد. خوشبختانه نه در ایران و نه در خارج از ایران، خصوصاً دربین نسل جوان، این گروه‌های قد و نیم قد، نیم درصد طرفدار هم ندارند!

برای سرنگونی رژیم خامنه‌ای، احتیاجی به کمک و اتحاد با چپول‌ها نیست. مردم آزادیخواه، بزودی رژیم نکبت مُلایان را به گورستان تاریخ خواهند سپرد و ایران آباد فردا را بدون کمک مارکسیست‌ها خواهند ساخت.

تحقیر ملی

٤٤ سال آزگار است که ایرانیان داخل وخارج ازایران، تحقیر شده و با سر شکستگی و خفت روبرو بوده‌اند. در این مدت، مردمی که در دهه ۴۰ و ۵۰ به تاریخ و فرهنگ‌شان افتخاری می‌کردند شاهد از بین رفتن اعتبار و آبرو و غرور ملی خود شدند. این اعتبار با زحمات شبانه روزی رضاشاه کبیر و محمدرضا شاه پهلوی (بله، از جمله با جشن‌های ۲۵۰۰ ساله‌ای که چپی‌های خرابکار، امروزه هم از آن، از روی حسادت و عقده، انتقاد می‌کنند) به دست آمده بود.

جامعه جهانی به دلیل سیاست‌های مدبرانه محمدرضا شاه و دور اندیشی و آگاهی سیاسی او، ایران را کشوری صلح دوست و پیشرو و مدرن و با اعتبار می‌دانست.

به دلیل سیاست‌های هوشیارانه آریامهر بود که وقتی او در سال ۱۹۷۱، سه جزیره تنب کوچک و بزرگ و ابوموسی را اشغال کرد، جیک کسی در نیامد. چرا که ایران، دوستان قدرتمندی در دنیا داشت. بلی، آمریکا هم یکی از آنها بود. برخلاف تروریست‌های ۵۷ی و اعضا کنفدراسیون خائن، شاه ایران می‌دانست و درک می‌کرد که با دوستی با غرب و آمریکا، منافع ایران بهتر تامین می‌شود. شناخت تروریست‌های فدایی و توده‌ای و مجاهد از سیاست‌های بین المللی و درک و فهم آنها از معادلات جهان، صفر بود و امروز هم در همان درجه صفر باقی مانده است! می‌دانید چرا؟ برای اینکه زیربنای فکری‌شان از اول، کج گذاشته شده است.

حسادت و دشمنی با پهلویسم

در روزهای اخیر، ارتجاع سرخ و سیاه دوباره با هم در حال تشکیل یک اتحاد نامقدس و شوم دیگر هستند. این ورشکستگان سیاسی بسیار ناراحتند که در عرض چند ساعت، صدها هزار نفر در حال رای اعتماد و وکالت به شاهزاده رضا پهلوی هستند. بد جوری شوکه شده‌اند. از یک سو سایت‌های تبلیغاتی رژیم مُلاها و از دیگر سو تروریست‌های تجزیه طلب و یا چپی، در ویدئوهایی، آشفته خاطر و پریشان احوال ظاهر شده‌اند و برای پهلوی ستیزی و پهلوی هراسی، نعره می‌کشند! حاضرند با خامنه‌ای بر ضد کل ملت ایران همکاری کنند اما نام شاهزاده رضا پهلوی مطرح نشود.

این جماعت نادان، نمی‌فهمند که چرا چنین پدیده‌ای در حال شکل گرفتن است. دارند دیوانه می‌شوند و از سوراخ‌های خود، سر در آورده‌اند و هر نوع خرابکاری و تحریف و دروغ را به هم می‌بافند و استفاده می‌کند تا مردم نتوانند آزادانه علاقه و اعتماد خود رابه این خاندان و به شخص رضا پهلوی ابراز کنند. این جماعت یاجوج و ماجوج، هیچ علاقه و اراده‌ای برای سرنگونی رژیم مُلایان نداشته و ندارند.

بطور سادیسم وار، عقده گشایی می‌کنند! عقده و حسادت چنان کورشان کرده که نمی‌توانند بفهمنمد چرا نام پهلوی بک برند[1] در تاریخ ایران شده است. چپول‌ها، حدود ۷۰ سال است که با دروغ و تحریف سعی کرده‌اند این برند را بدنام کنند و با اینکه در این مدت با کمک جمهوری مُلایان، عرصه برایشان کاملا باز بوده و هیچ کس به دفاع از خاندان پهلوی برنخواسته، می‌بینند که تمام فتنه‌گری و زحمات‌شان در حملات گله ای، دود شده و یک شبه به هوا رفته ... نام پهلوی، کابوس شب هایشان شده است.

این نیم درصدی ها - چه چپ اسلامی و چه چپ مارکسیستی - درک نمی‌کنند و شعور شناختی ندارند که مردم ایران - به ویژه نسل جوان - دیگر هرگز فریب آنها را نخواهند خورد. پهلوی‌ها به ما غرور و اعتبار و آبرو دادند و مارکسیست‌ها با همکاری مُلایان وحشی به ما تحقیر ملی!

ایرانیان، شدیدا احتیاج دارند که غرور و آبرو و اعتبار از دست داده خود را پس بگیرند و فهمیده‌اند که تنها کسی که قادر به این کار است شاهزاده رضا پهلوی است.

می دانید چرا؟

چون مردم در این ٤٤ سال از شاهزاده رضا پهلوی، صداقت و شفافیت و درستی و خوش قلبی و عرق به وطن دیده‌اند و فقط به او، اعتماد دارند نه به خائنینی پریشان احوال که ٤٤ سال است برایمان تحقیر و شرمساری ملی آورده اند.

پیشنهادم به تروریست‌های مجاهدین خلق و توده ای‌ها و تجزیه طلب‌ها و کهنه بعثی‌ها و... این است که شما هم در فضای مجازی برای خودتان Petition بگذارید و از مردم بخواهید به کاندیدایتان رای اعتماد و وکالت بدهند تا برای آزادی مردم ایران اقدام کنند. مطمئنا بیشتر از چند صد رای نخواهند آورد. (البته اگر خودشان با دستگاه‌های متفاوت و حقه بازی و تقلب، مانند آنچه در سایت گویا انجام می‌دهند، به همدیگر رای ندهند!)

تروریست‌های مجاهدین خلق که حتی به خانم‌های باند مخوف خود اجازه انتخاب رنگ روسری را نمی‌دهند و حال فعلی رهبر خود - که زنده و مرده بودنش را با هزار حقه

1- Brand

و فریب و نیرنگ و پدرسوخته بازی مخفی می‌کنند - لیاقت و صلاحیت و مشروعیت رهبری ملت ایران را نداشته و ندارند. همانطور که در شبکه‌های اجتماعی شنیده اید، اکثریت به اتفاق مردم ایران، مُلایان جنایتکار را به مارکسیست‌ها ترجیح می‌دهند!

مطمئنم که مارکسیست‌ها چه از نوع لنینیستی و یا چه از نوع اسلامی، تا آخر عمر و روزی که خبر مرگ‌شان برسد، به وطن فروشی و خیانت هایشان ادامه خواهند داد. بعد از فروپاشی سیستم‌های کمونیستی در دنیا این‌ها هنوز نفهمیده‌اند که مارکسیسم هرجا رفته، فقر و بدبختی و استبداد و خفقان را با خود به ارمغان آورده است. علی رغم تمام تجارب فاجعه بار در دنیا، هنوز می‌خواهند ثابت کنند که کمونیسم ایران را خوشبخت خواهد کرد!

قسمت بزرگی از اپوزیسیون ایرانی، سالهاست که کورکورانه فقط بازی کرده‌اند و قصد بُرد ندارند و نمی‌خواهند که از جمهوری اسلامی عبور کنند و اراده عبور از منجلاب ۵۷ را ندارند. اجازه بدهید خود را گول نزنیم. برای بردن این بازی، اپوزیسیون واقعی و وطن پرست، به شخص شاهزاده احتیاج دارد. او تنها آس (Ace) ماست.

فکر اتحاد ۱۰۰٪ی نیروها را هم از سر بیرون کنید. این در ٤٤ سال اخیر اتفاق نیفتاده و در ٤٤ سال آینده هم رخ نخواهد داد. برای سرنگونی رژیم مُلایان به اتحاد با مارکسیست و کمونیست و تجزیه طلب و قبیله گرا و تروریست و ... نیازی نیست. آنها را باید کنار گذاشت.

بزرگترین مشکل ایران آزاد فردا، ساختن دوباره این خرابه‌هایی که مُلای وحشی برایمان بجا گذاشته‌اند نیست. بزرگترین مشکل ایران فردا، پیدا کردن راه حل زندگی مسالمت‌آمیز با خائنین چپ و پیرمردهای مارکسیست غرغرو و مدعی و تفنگ‌چی‌های بنیادگرای اسلامی خواهد بود. با شناختی که از این جماعت دارم، این شانس را کمتر از ۵۰٪ می‌بینم!

به قول فردوسی بزرگ:

به گیتی مر آن مرز را فرهی‌ست — که در سایه‌ی فر شاهنشهی است
نباید زبان فر بدین نکته را — که همواره جاوید و پاینده شاه

۲۰
اتحاد با شیطان

ملت ایران (به ویژه نسل آگاه و نوجوی جوانان امروز)، کسانی را که باعث به قدرت رسیدن خمینی و خامنه‌ای شدند - و راه گشایان اهریمن بودند - را نخواهند بخشید. اگر امثال بنی‌صدر، یزدی، قطب‌زاده [مثلث بیق]، بازرگان و سنجابی‌ها نبودند، مُلایان متحجر و فریبکار و پرورش دهنده تروریسم اسلامی، هرگز نمی‌توانستند ایران را به خاک و خون بکشانند و هم باعث جهل و بدبختی و رنج میلیون‌ها هموطن ما شوند.

اخیرا یکی از صوفیان و نوچه‌های «مثلث بیق» که بعد از ٤۳ سال، هنوز درک نکرده که تاریخ، قضاوت خود را از بنی‌صدر (نابغه اقتصاد توحیدی) و یا یزدی (نویسنده اولین جزوه آدم کشی برای مجاهدین خلق) و بازرگان (مهندس آب کُر و خالق مجاهدین خلق)، به عنوان عوامل مستقیم به قدرت رسیدن جمهوری اسلامی اعلام نموده است؛ بی‌توجه به این امر، آمده و درباره مضرات و فاجعه پهلویسم، افسانه سرایی کرده! سماجت و کج فکری و تحجر فکری امثال ایشان، مرا به یاد یک حادثه انداخت:

٤۳ سال پیش، اتوبوسی پر از مسافر که در حال حرکت از منطقه جهل و فقر و گدایی به مقصد پیشرفت و سعادت و زندگی بهتر و مرفه‌تر بود، توسط یک راننده ناشی به ته دره سقوط کرد. مهم نیست که آیا حماقت و سفاهت راننده باعث این فاجعه شوم شد یا ناآگاهی و بی‌تجربگی اش، بلکه نتیجه این اشتباه جبران ناپذیر که کشته و زخمی شدن بسیاری از مسافران، خسارت شدید و به اتوبوس و تاخیر در رسیدن به مقصد بود، اهمیت دارد.

بعد از ٤۳ سال، با هزاران مشقت و زحمت و تحمل رنج و حرمان، این اتوبوس را از ته دره درآورده‌اند، بدنه، لاستیک، پنجره، موتور آن را تعمیر کرده، آنرا دوباره آماده حرکت به طرف مقصد کرده‌اند. مشکل این است که همان راننده ناشی، دوباره می‌خواهد پشت فرمان بنشیند و اتوبوس را هدایت کند!

این مثال، انسان را به یاد کشور عزیزمان ایران می‌اندازد. مملکتی که حتی به گفته

دشمنانش به سرعتی باور نکردنی در حال پیشرفت‌های اجتماعی، فرهنگی و اقتصادی بود و بدون تردید با هر معیار و شاخصی در جهان از این نظر، نمونه و الگو بود - به علت فعالیت‌های خرابکارانه و تروریستی، دروغ‌ها و جنجال‌ها، کج فکری عده‌ای به اصطلاح روشنفکر خود فروخته که در تمام عمرشان جز نق زدن و انتقاد و منفی بافی و هوچی گری، هیچ کار دیگری نکرده بودند - به ته دره فقر، جهل و بدبختی و سیه روزی سقوط کرد.

تروریست‌های مارکسیست لنینیست (توده و فدائیان خلق) و مارکسیست‌های اسلامی (مزاحمین خلق)، نقش موثری در این فاجعه شوم داشتند. روشنفکر نماهایی مانند مثلث بیق یا جبهه مثلاً ملی و نهضت مثلاً آزادی با این گروه‌های تروریستی اسلامی و مارکسیستی متحد شده و همگی به دست خود و باهمکاری کامل جنایتکارانی مانند خمینی و خامنه‌ای را به قدرت رساندند. مابقی داستان هم احتیاج به توضیح و تفسیر ندارد!

تروریست‌های فدایی و مجاهد، چه قبل از بهمن ۵۷ و چه بعد از آن، ماه‌ها به حمایت از خمینی و اجامر و اوباش پیرامون او ادامه دادند. وقتی خلخالی جانی، بی گناهان را در دادگاه‌های صحرایی، بدون محاکمه سلاخی می کرد، برایش دست می‌زدند و تشویقش می کردند که انقلابی تر عمل کند. شیفته جنایت و تشنه خون بودند.

البته امروز، بسیاری از این ۵۷ی‌ها، اعمال خود را فراموش کرده و مثل بوقلمون، رنگ عوض کرده و آزادیخواه شده‌اند و جلوی دوربین رسانه‌ها، دم از دمکراسی می‌زنند! اما خوشبختانه، روزنامه‌ها و مدارک و اسناد آن روزهای شوم و منحوس در هر آرشیویی موجود است و به زودی، باید پاسخگوی اعمال ننگین خود باشند.

یک مخرج مشترک این گروه‌های خرابکار که نیم درصد هم طرفدار و هوادار ندارند (نیم درصدی‌ها) این است که در تمام عمرشان به علت زیربنای فکری غلط چه قبل از «حماقت ۵۷» و چه بعد از آن تا امروز، یک تشخیص درست نداده و زندگی‌شان مملو از اشتباهات و تصمیم گیری‌های غلط بوده است.

بند ناف آنها با پهلوی ستیزی و پهلوی هراسی و مبارزه با امپریالیسم غرب بریده‌اند. هنوز در خیالات و اوهام خود با شاه می‌جنگند. فقط نمی‌دانیم چرا به کوبا و روسیه و فلسطین نقل مکان نکرده و در همواره در کشورهای امپریالیستی غرب از مزایا و آزادی‌های این جوامع استفاده می کنند! متاسفانه مارکسیست‌ها تا دم مرگ، این مرض را مثل عفونت هرپس (ویروس تب خال جنسی[1]) با خود خواهند داشت.

تنها راه معقول این است که با هیچکدام از آنها همکاری و اتحاد نشود. طبیعت این‌ها

1- Herpes

از پشت سر خنجر زدن و خیانت است. برای آنها، هدف، وسیله را توجیه می‌کند. به فرقه مریم رجوی و شوهر بیمار جنسی‌اش نگاه کنید. این‌ها با این همه کثافت کاری و خیانت، امروزه حتی به خانم‌های عضو گروه‌شان حق انتخاب رنگ روسری خود را هم نمی‌دهند و با شعار مسخره و کینه توزانه «مرگ بر ستمگر چه شاه باشد چه رهبر» می‌خواهند حقوق از دست رفته زنان را به آنها بازگردانند!

این چپول‌ها (که در حقیقت، چپ نبوده بلکه کور هستند) هیچ برنامه و ایده مثبتی برای هیچ چیزی نداشته و ندارند. تمام نگرانی‌شان این است که نکند روزی گزینه پادشاهی پارلمانی در ایران، از طرف مردم و نسل جوان انتخاب شود.

این کج فکرها، که در کارنامه‌شان، حتی یک کار درست و مثبت ندارند، نمی‌فهمند و نمی‌دانند که نهاد پادشاهی ایرانی (و آئین شهریاری)، به مدت ۲۵۰۰ سال در تار و پود، تاریخ و فرهنگ و ادبیات ما جای داشته و با توجه به بافت قومی و فرهنگی ایران، می‌تواند عامل متحد کننده‌ای برای اقلیت‌های قومی و مذهبی بوده باشد و باعث تضمین تمامیت ارضی و مانع تجزیه ایران شود.

حداقل این است که مردم ایران باید این شانس و بخت را داشته باشند که در مورد این گزینه در انتخاباتی آزاد، نظر خود را بیان کنند. نهاد پادشاهی پارلمانی این قابلیت را دارد که مانند چسب و سیمان، باعث همبستگی و اتحاد اقلیت‌های قومی و زبانی و سیاسی و مذهبی شده و به استقلال و موجودیت ایران به عنوان یک کشور متحد، استحکام ببخشد. سیستم جمهوری به علت نداشتن پشتوانه تاریخی و فرهنگی نمی‌تواند این نقش را بازی کند. نگاهی به تاریخ ٤۳ ساله جمهوری اسلامی ایران بیاندازید! دستاورد سیستم جمهوری، امروز در برابر دیدگان ما است. تنها و تنها، دزدها و تروریست‌ها، هر ٤ یا ۸ سال، در این فرقه تبهکار عوض شده‌اند!

این کمی غرور ملی و افتخار به ایرانی بودن هم که امروز در ما ایرانیان باقی مانده، نه از قاجارها و نه امثال احمدی‌نژاد و روحانی و خاتمی‌ها به ما به ارث نرسیده –چه دوست داشته باشید که بشنوید و چه دوست نداشته باشید – آن را به خاطر کارهای بزرگ مردانی مانند رضاشاه کبیر و محمدرضا شاه داریم.

در کنار چپ‌ها یا مارکسیست‌ها، نباید از چپ اسلامی یا استمرار طلبان – که خودشان به خودشان می‌گویند اصلاح طلب – که اکثرا سالها در جنایات خمینی و خامنه‌ای شریک بوده‌اند، غافل بود. همواره، مخوف‌ترین باندهای تروریست اسلامی ایران، مربوط به اصلاح‌طلبان بوده است. این گروه فاسد و مرتجع که اکثرا توله‌های آخوندها بوده و

در خانواده و محیط‌های عقب مانده مذهبی با خرافات و مزخرفات امثال شریعتی و شریعتمداری و مطهری بزرگ شده‌اند و به رهبری سردسته‌شان خاتمی، ۲۰ سالی را به عمر جمهوری نکبت افزودند و دل‌شان خوش است که با اصلاحات، با جنایت کاران باسابقه مانند موسوی و کروبی و خوئینی‌ها و بقایای باند منتظری و هاشمی به «دوران طلایی امام»شان بازگردند!

امثال عباس عبدی و سعید حجاریان و اکبر گنجی و تاج‌زاده و مهاجرانی و بهزاد نبوی که اکثرا در دوران «حماقت ۵۷ «در شکنجه، بازجویی‌ها، پونز به پیشانی زدن، ترورها و جنایات خمینی و خامنه‌ای شرکت داشته‌اند، این روزها بسیار نگرانند. چون می‌دانند که فردای سقوط جمهوری اسلامی، پرونده‌هایشان رو خواهد شد [مثلا، جامعه با باندهای مخوف مالی و رسانه‌ای و مافیای لابی‌هایشان آشناتر خواهد شد].

این‌ها به هیچ وجه خواستار سقوط جمهوری اسلامی و عبور از آن نیستند. تنها خواسته‌شان شراکت در دزدی‌ها و اختلاس‌ها و فساد مافیای خامنه‌ای می‌باشد. نه می‌دانند که دمکراسی چیست و نه از حقوق بشر بویی برده‌اند. در ارتجاع و کج فکری هم چیزی از مُلایان کم ندارند. قشری بی‌وطن، خائن و غیرقابل اعتماد. اهالی خشکه مذهب که بویی از انسانیت و آزادگی نبرده‌اند. اکثرا مجاهدین سابق مسخ شده‌ای هستند که در دهه ۶۰ رنگ عوض کرده‌اند و تا گوشه‌ای از قدرت به آنها برسد.

در فردای جمهوری اسلامی این استمرار طلبان به پرسش‌های زیادی باید پاسخ بدهند.

اما چه باید کرد؟

مهم این است که انقلاب ۱٤۰۱ احتیاجی به اتحاد با این بازنده‌ها (losers) که تمام عمرشان جز اشتباه و خیانت، کار دیگری نکرده‌اند، ندارد. بدون اتحاد با نیم درصدری‌ها و استمرار طلبان هم، می‌توان جمهوری اسلامی را ساقط کرد. از نظر شخصی، این امر بدون اتحاد با این بازنده‌ها، راحت‌تر خواهد بود. به تاریخ ۶۰-۷۰ ساله این گروه‌ها نگاه بیاندازید. از همکاری با شوروی و یاسر عرفات و صدام و قذافی تا کمک به خمینی و خامنه‌ای، شراکت در جنایات دهه ۶۰ و ... در طول حیات ننگین‌شان هیچ خیری از آنان به مُلک و مملکت نرسیده و نمی‌رسد.

این‌ها جز اختلاف و خشونت و هوچی‌گری و ضرر و از پشت خنجر زدن که کار و بار و تخصص‌شان است چیزی برای انقلاب ۱٤۰۱ ندارند.

بلی دوستان! این‌ها همان راننده ناشی‌ای هستند که یکبار با حماقت، اتوبوس و سرنشینانش که ملت ایران بودند را به ته دره سقوط داده‌اند و دوباره می‌خواهند، پشت فرمان نشسته و ما را به مقصد خوشبختی برسانند! خیر، متشکریم!

به عنوان یک اصل، این حماقت محض است که دوباره به کسانی که به هر نحو و روشی برای روی کار آمدن رژیم خمینی و خامنه‌ای کمک و همکاری کرده‌اند، اجازه رهبری و هدایت مملکت را داد. اساسا، تجربه و سابقه آنها هم پشیزی ارزش ندارد.

خمینی را امثال یزدی، بازرگان، کیانوری و بنی‌صدر، خمینی کردند و در نتیجه، به اندازه خمینی در جنایاتش سهم دارند. حالا گروهی بازنشسته، مشغول عزاداری و مرثیه سرایی هستند، پیکش! امیدوارم که صوفیان و هواداران امپریالیست ستیز **مثلث بیق** در پاریس این یادشان نرود. تاریخ، قضاوت خود را کرده است. برای رسیدن به مقصد خوشبختی و رفاه اتوبوس ایران، نیاز به راننده‌های خوشفکر، درست کار، میهن دوست و فهمیده دارد نه تروریست و گروگان بگیر و سفارت بگیر و تفنگچی بازنده. یک روز با خمینی بوده‌اند یک روز با صدام، یک روز با جولیانی و یک روز با عربستان. هر نوع اجازه رهبری به این حضرات، فاجعه‌های دیگری را رقم خواهد زد.

هموطنان نسل جوان!

با تظاهرات و اعتصابات ۱۴۰۱، اقتصاد جمهوری اسلامی درحال فروپاشی است و این راه سنگلاخ، بخاطر اراده جوانان برای تغییر، افتان و خیزان طی می‌شود. به زودی دلار ۵۰ هزار تومانی هم در اقتصاد ایرانی شاهد خواهیم بود. بازار بورس در حال سقوط آزاد است و مردم هم دارایی خود را از آن بیرون می‌برند. توحش و خشونت نیروهای سرکوب، مردم بی‌دفاع و بی‌گناه را خشمگین کرده و متاسفانه انتظار خونریزی‌های بیشتری را هم می‌توان داشت. به زودی سران نیروهای انتظامی و نظامی به این نتیجه خواهند رسید که خامنه‌ای مهره‌ای سوخته و غیرقابل نجات دادن است. ناامیدی و هراس در چهره حکومت آشکار است. می‌بینند که دولت‌های غربی دیگر علاقه‌ای به همکاری با آنها نداشته و در حال بررسی پروسه تغییر رژیم[1] هستند.

در عین حال هم هرروز رژیم ضعیف‌تر شده و نیروهایش ریزش بیشتری خواهند کرد و از لحاظ آماری مسلم است که اشتباهات دیگری خواهند کرد و نقاط عطف تازه‌ای به وجود خواهد آمد.

1- Regime Change

یک چیز مسلم است؛ انقلاب ۱۴۰۱ بدون کمترین نیاز و احتیاج به همکاری و اتحاد با تبهکاران و خرابکاران ۵۷ی، مانند تروریست‌های، و استمرارطلبان که مسئول به قدرت رسیدن خمینی و خامنه‌ای و عامل سیه روزی ایران هستند، می‌توانند به پیروزی برسند. انسان، باید مازوخیسم[1] داشته باشد اگر بخواهد با این شیاطین، اتحاد برقرار کند.

ایرانیان خارج از کشور باید به هوش باشند که زمانی که سفارت خانه‌های جمهوری اسلامی فرو می‌ریزند، تروریست‌های فدائی و مجاهد و اصلاح طلب آنها را اشغال نکنند. باید هشیار بود که به هیچ طریق به مسئولین «حماقت ۵۷ «اجازه دخالت در رهبری ایران فردا داده نشود.

رانندگان ناشی که فاجعه ۵۷ را ببار آوردند، حق هدایت اتوبوس جامعه فردای ایران را ندارند. زیرا که، نسل جوان امروز، نمی‌خواهند مثل پدرانشان به قعر دره پرتاب شوند!

1- masochism

۲۱

نه زیستن نه مرگ

دوزخ روی زمین

[تیتر این مطلب، برگرفته از دو کتاب گرانسگ و بسیار ارزشمند جناب ایرج مصداقی است که به عاریت گرفته‌ام. هر کجا هست، روح و تن‌اش برای تاریخ معاصر ایران، تندرست و سالم بماند تا نسل ما - افتان و خیزان و لنگ لنگان - از او بیاموزیم، ناگفته‌ها را. و امیدوارم که این جسارتم را بنا به بزرگ منشی، مُدارا و رادمردی‌اش، به دیده اغماض بنگرد. ایدون بادا!]

بعد از دوران‌های درخشان کوروش و داریوش و نادر و رضاشاه، تاریخ و تمدن ایران زمین با این عکس از دوران شوم و حضور سیه دلانی جانی و فاسد، رو به زوال رفته. مردم ایران در روزگاری گرفتار آمده‌اند که «نه زیستن نه مرگ» است و مردان فاسد و خونخواره اسلامی «دوزخ روی زمین» را برای مردمان ایران، ساخته‌اند. امروزه روز، این نمایندگان جانی و فاسد امام زمان جعلی و خیالی، آمده‌اند و منفورترین و فاسدترین و خونریزترین حکومت الله بر زمین را تشکیل داده‌اند!

اُختاپوس مذهبی در ایران، از شبستان‌های مخوف مساجد در آمدند، تروریسم اسلامی را رواج دادند و سیر تاریخی ایران را به کمک اجنبی و با تکیه بر تروریسم اسلامی، از مسیر اصلی‌اش خارج کردند. که حاصل آن، این روزگار سیه روزی است.

شاید، اگر در هر جایی از جهان بود، جامعه بشری، این ویروس و عفونت و لجن مُلایان را به قبرستان تاریخ می‌فرستاد، اما در وطنم، مشتی عمامه به سر، استبداد نعلین را ساخته‌اند و همه سکوت کرده‌اند و خون دل میخورند... ایران از کاروان تمدن بشری، عقب مانده... خفت و ننگ این دوران تاریک، تا کی ادامه دارد؟ کسی نمی‌داند... اما هر چه هست، دوران گذار خوشی، منتظر ایران نیست.

براستی باید پرسید که کجای این افراد، مقدس است؟ بشر ۲ پا، کی با کائنات در ارتباط است تا مقدس باشد؟ آیا پروردگار عالمی - که اینها معتقد به وجود ذی وجود آنند - بیکار است، که جانیانی فاسد و وحشی صفت و آدمخوار مثل این زالو را نماینده

خود بر زمین خاکی گرداند؟ بقیه کائنات بی‌سکنه چه؟

دانش و عالم این مفت خورها و اوباش اسلامی در چیست؟ چه سود و منفعتی برای بشریت داشته‌اند؟ هیچ!

چکاره‌اند که بهشت خیالی را می‌فروشند و با حقه‌بازی، خود را مقدس می‌دانند؟ تقدس جعلی و قداست تقلبی، آیین چنگیزی این خوک هاست....

اما انگار، جامعه ما، در این روزگار سخت و تلخ، محکوم به فناییم و سرزنش مان هم در سرزمین نفرت شده.... بی‌فایده به نظر می‌آید... ذهن مان خو گرفته به یک سری عقیده و تعصب و اگر کسی خلاف آن را بگوید، فورا در جلوی دوربین می‌نشینند برخی پریشان احوال و هرزه زبان و دهان به فحش و ناسزا می‌گشایند! همیشه معتقد بوده‌ام که پاسخ دادن‌شان هم کسرشان است. بگذار فحش بدهند.

امیدوارم نسل جوان، به رستاخیز ملی بیاندیشد تا هویت و کیان ایران را بازپس بگیریم.... این خرافات و موهومات شیعه‌گری، موجب نابودی و ویرانی ایران شده.... و مدارهای سانسور را باید شکست و مردمان صبور و خسته و چشم انتظار، حقایق را بازگفت...

براستی جلسه خبرگان [خفتگان] رهبری، به من ایرانی، چه مربوط؟ این خلافت شوم با خلیفه فاسد و جانی، چه سودی دارد؟ این که گروهی از اصلاح طلبان به دنبال نوه خمینی راه افتاده‌اند و گروهی دیگر به دنبال فرزند خامنه‌ای هستند تا دستگاه خلافت شیعه را حفظ کنند به ما چه مربوط؟ که چه؟

قبلا درباره جنایات زندان‌های جمهوری اسلامی، سخن‌ها گفته و نوشته‌ام، اما گویند: این روزها، سالروز جنایت میکونوس توسط یکی از همین مُلاها به نام علی فلاحیان است. گرچه در مقابل برخی کتاب‌ها، این ویدئو وحشت بزرگ (تاریخ تروریسم علی فلاحیان) هیچ است اما برای نسل جوان، به یادگار بماند. «گاه باشد که کودکی نادان، به غلط بر هدف زند تیری...».

۲۲
جنایت تروریسم اسلامی در میدان ژاله

برای اکثر شرکت کنندگان در جنایت و مکافات یا بلوای ۵۷، پذیرفتن این واقعیت که معرفت شناختی و آگاهی نسل جوان در حال توسعه و افزایش است، امری دردناک است و هنوز با گشاده دهانی و هرزه زبانی به حاشا می‌پردازند و در خیال خود، با روح شاه فقید هم مُشت بازی می‌کنند. هنوز برخی از آنان با وجود لباس جدید اپوزیسیون، همچنان دل در گرو بقای خلافت اسلامی شیعه دارند. شناخت موضوع هم ساده است؛ اگر شاهزاده رضا پهلوی، بیانیه‌ای درباره گازهای گلخانه‌ای[1] هم صادر کند، فوراً گروهی از شرکت کنندگان بلوای تروریستی ۵۷، سر از خاک بر آورده و عربده کشان و گُرز به دست و خودستایانه، «هل من مبارز»، می‌طلبند! و مانند «آن شغالی رفت اندر خم رنگ» می‌گویند «که منم طاووس علیین شده»!. جدیدا هم مُد شده، می‌خواهند جامعه ایران و نسل جوان و خرد جامعه را هم مدیریت بفرمایند!

اما ورق زدن برگه‌های تاریخ، و شناخت بهتر از آن سیل ویرانگر و بادبلاخیز، تنها راه چاره‌ای برای نسل جوان است که آینده درخشانی برای آتی ایران بسازند. یکی از آن وقایع که دستگاه تبلیغاتی تروریسم مارکسیسم اسلامی در ایران از آن سود جست، روز ۲۸ امرداد ماه ۵۷ بود که سینما رکس را در شهر آرام آبادان آتش زدند تا مستمسکی به دست خمینی جلاد بدهند و آن مُلای شیعه فریبکار، انگشت اتهام به سوی شاه فقید بگیرد. ۴۰۰ و اندی نفر را زنده زنده در آتش سوزانیدند و جزغاله و خاکستر کردند تا این اهالی قرآن و نهج البلاغه و اسلام ناب محمدی، علیه شاه تبلیغات کنند. در کنار دست‌شان هم تروریست‌های اسلامی و مارکسیست، شاد و خرسند، دست‌شان را بهم بمالند و زبان‌شان را لیس بزنند که شارلاتانیسم و عملیات فریب آنان، پاسخ گرفته است.

یکی دیگر از آن وقایع هم در ۳ هفته بعد از آن ماجرا است. روزی که برخی از فلسطینی‌ها و سربازان متحجر و باورمند به تروریسم اسلامی و هوادار خمینی، جنایتی

1- Greenhouse Gas

دیگر را در کشور ساخته و پرداخته کردند.

البته تروریست‌های مارکسیست و اسلامی، هر روزی در گوشه‌ای مملکت، آتش می‌گشودند و البته، دنبال آزادی بودند احتمالا بدان منظور که بیشتر بمب، منفجر کنند. نمونه‌ای بارز و غیرقابل انکار هم: قتل‌عام افسران گارد جاویدان و هوانیروز ارتش شاهنشاهی ایران در لویزان - در روز ۲۰ آذر ۱۳۵۷ است یعنی چند ماهی پس از ماجرای سینما رکس و میدان ژاله. در وقت ناهار ظهر شوم، روز ۲۰ آذر ۱۳۵۷، یک گروهبان سوم توپخانه، به نام اسماعیل سلامت‌بخش (مسئول سربازخانه در گردان ضدهوایی) و سربازش ناصرالدین امیدی عابد بابانظری، با مسلسل ژ-۳ و تیربار، به سالن سلف سرویس پادگان لویزان، با سر دادن فریاد الله‌اکبر وحشیانه حمله کردند، و داعش وار، افسران و درجه‌داران تیپ گارد جاویدان و هوانیروز (هواپیمایی نیروی زمینی) را در حال صرف غذا بودند، به رگبار بستند. در آن حمله تروریستی اسلامی، ۱۲ نفر شامل سه نفر افسر گارد شاهنشاهی، یک افسر هوانیروز (خلبان هلیکوپتر) و سه درجه‌دار در دم کشته و ۵۰ تا ۵۵ نفر هم مجروح شدند که عده‌ای هم بخاطر شدت جراحت جان خود را بعدا از دست دادند و کلا ۲۷ نفر، قتل و عام شدند تا امیر المؤمنین جعلی خلافت اسلامی ولایت فقیه، شاد شود!.

براستی کدام روشنفکر یا روزنامه‌نگار در آن روز ایران، این شیفتگی به تروریسم و توحش را در میان خیل، انقلابیون هار، به نقد کشید؟ هیچ کس! عقده و کینه از شاه و عدم تفکر و نبود عقل نقاد بخاطر شیفتگی به چپ و اسلامی، هر شایعه‌ای را در میان جامعه عامی شیفته دین و خوگرفته به خرافات و موهومات مذهب، رواج می‌داد.

به حمله‌های تروریستی و یا حملات انتحاری علیه ارتش شاهنشاهی ایران، بارها و بارها اشاره کرده‌ام اما این بار می‌خواهم به حمایت تروریست‌های فلسطینی از تروریست‌های داخلی هم بپردازیم. کعبه خدا که کج نمی‌شود، بهتر است که شرح سلحشوری این آزادیخواهان فعلی را نسل جوان، بهتر بشناسد و بخواند.

همه می‌دانند که سازمان تروریستی آزادیبخش فلسطین از بلوای ۱۳۵۷ در ایران حمایت کرد و حتی، یاسر عرفات رئیس سازمان تروریستی آزادیبخش فلسطین با یک هیئت فلسطینی به ایران رفت تا ببینند، شاگردان تروریستی اش، چگونه دولت تشکیل میدهند! تروریست‌ها، مورد استقبال حضرات مصدق اللهی، واقع شد و کلید سفارت سابق اسرائیل در تهران را هم به آنها تحویل دادند تا مبادا، «ترک بردارد چینی نازک تنهایی» شان! و سفارت فلسطین ساختند و دیپلماسی‌شان را بر همان پاشنه تروریسم، چرخاندند.

در مرکز شهر تهران، در میدان ژاله ۱۷ شهریور ماه ۵۷ - در روز آدینه هفدهم شهریور ماه ۲۵۳۷ شاهنشاهی - تظاهراتی برپا شد. برخی از کارکنان دولت شاهنشاهی معتقدند که گروهی از کماندوهای فلسطینی هم از بام خانه‌های پیرامون میدان ژاله، ظاهر شدند و شماری از این تروریست‌ها با یونیفورم سربازان ارتش شاهنشاهی بر تن به تظاهرکنندگان و سربازان ارتش ایران تیراندازی کردند که به قتل و عام ٦٤ تن از سربازان ارتش شاهنشاهی و تظاهرکنندگان انجامید. بهتر است با صدای بلند بگویم که تا به امروز، نام جانباختگان در این حمله انتحاری و توحش تروریسم اسلامی، به چاپ نرسیده! و بدها در رادیو فارسی آلمان، خانمی روایتی مشابه این روایت کارکنان بازگفت که تاریخش را نمی‌دانم!

در آن روزهای آخر، تمایل شدید بلواگران، به توسعه بی‌نظمی، آنارشیسم[1] و هراس در جامعه بود. از دیگر سو، باورمندی به شایعه و دروغ و فریب هم جزو مرض‌های شدید روانی در این قشر است. در همان روز ۱۰ شهریور ۵۷ در خیابان‌های تهران (ژاله، شهباز جنوبی، ایران، گوته، زرین نعل، خورشید، پشت مسجد سپهسالار، امیر کبیر) به طور پراکنده، تظاهرات برپا بود و تروریست‌های آزاد شده از زندان، چون در آن ایام به سلاح دست یافته بودند، به سمت پلیس شلیک کردند. مُلایی به اسم یحیی علامه نوری، در خیابان عین الدوله و ژاله معرکه گرفت و برای مردم که سخنرانی بکند، هم مُلایان و هم تروریست‌ها، زد و خورد با پلیس مملکت را برنامه ریزی کرده بود.

و ۳ روز بعد، در ۱۳ شهریور ۵۷ که روز جمعه و عید فطر بود؛ راه پیمایی بزرگ در تهران و برخی شهرها از ساعت ٦ صبح سازماندهی شد. تروریست‌های اسلامی و کمونیست (مجاهدین خلق، چریک‌های فدایی، توده‌ای‌ها)، به ویژه تروریست‌های زیر پرچم نهضت آزادی و جبهه ملی، برای نشان دادن قدرت در بهم زدن نظم مملکت در تپه‌های قیطریه، نازی آباد، فرح آباد ژاله و میدان محمدعلی جناح، جمعیتی به راه انداختند.

پس از نماز عید فطر، جمعبت تظاهرکننده عربده کشان، در خیابان‌ها به راه افتادند و «نهضت ما حسینی، رهبر ما خمینی»، «خمینی عزیزم بگو که خون بریزم» و سر می‌دادند. در کنار راه پیمایان هم، جمعی موتورسوار در بین مردم، خوراک و آب پخش کردند. گروهی از قیطریه - با عکس‌های خمینی در دست - به خیابان کوروش کبیر ریختند، در هر میدانی که تظاهرکنندگان دور هم جمع می‌شدند و می‌نشستند، ناگهان ملایی عمامه به سر و نعلین به پا، نعره می‌کشید و داد سخن سر می‌داد. در بین شعارها می‌گفتند «زندانی سیاسی آزاد باید گردد «و کسی هم نمی‌پرسید که بسیاری از آنان، تروریست اسلامی یا

1- anarchism

مارکسیست هستند؛ چهره‌هایی مخرب که عاقبت در مملکت ایران، به قدرت رسیدند. جمعیت‌هایی هم به میدان راه آهن و میدان شوش و خیابان شهباز و میدان خراسان و میدان ژاله رسیدند. برخی از اسلامی‌ها، با نصب مقوا در میدان ژاله، فی البداهه آن را میدان شهیدان و میدان شهدا نامیدند و هیچ دلیلی هم برای این تصمیم آنی، مطرح نشده بود.

شیخ یحیی علامه نوری که در خیابان ژاله عربده کشان، گفت که شهرداری باید این میدان و خیابان را به «شهدا» تغییر دهد و امت اسلام هم پس از امروز، دیگر نمی‌گویند خیابان ژاله بلکه آن را خیابان شهدا خواهند نامید. شاهدان عینی آن روز در میدان ژاله می‌گویند، خیلی‌ها هم دلیل این قصه عجیب را نمی‌پرسیدند.

در میدان شهیاد تظاهرکنندگان قطعنامه‌ای را خواندند و گفتند که در روز پنجشنبه ۱۶ شهریور ماه نیز چنین تظاهراتی دوباره برگزار خواهد شد. شمار راهپیمایان عید فطر پس از دیدن فیلم‌هایی که تلویزیون ملی ایران برداشته بود نزدیک به صدهزار تن بود، ولی با افسارگسیختگی که شریف امامی به ارمغان آورده بود روزنامه‌ها در برآورد خودشان، شمار راه پیمایان زیاده گویی و گزافه گویی کردند و آنرا بیش از یک میلیون نوشتند.[۱]

در ۱۵شهریور ۵۷، شهرداری تهران تغییر نام میدان ژاله به میدان شهدا را تصویب نکرد. چون قانونا کمیسیون ویژه نامگذاری باید نام‌های پیشنهادی را بررسی و تصویب می‌کرد. در همان ۱۵ ماه ۵۷ حزب توده - کمونیست‌های وابسته به شوروی - هم مانند جارچی‌های کارکشته، داد و بیداد کرد تا همه نیروهای مخالف دولت شاهنشاهی و تروریست‌ها را فراخواند تا به شکل گیری یک جبهه متحد و همبسته علیه رژیم شاهنشاهی اقدام کنند. و چند نکته در راستای خلق آشوبگری و بی‌نظمی و هرج و مرج را هم متذکر شده بودند [۱- تغییر رژیم /۲- محاکمه و مجازات مسئولان / ۳- لغو تمام قوانین قانون اساسی/ ٤- انحلال شورای ملی و مجلس سنا / ۵-برچیدن دستگاه پلیس/ ٦- انتخاب مجلس موسسان / ۷- اخراج مستشاران نظامی امریکا وخروج ایران از پیمان سنتو / ۸- مصادره اموال / ۹- ویرانی اقتصاد و آغاز اعتصابات و...

از سویی، به ناگاه، شاه فقید، خواهان عدم مداخله نیروهای انتظامی با راه پیمایی‌ها شد. مردم هم در خیابان‌ها به سربازان حافظ نظم، دشنام و ناسزا می‌دادند و نمی‌دانستند که بازیگر چه سناریویی شوم شده‌اند. نخست وزیر وقت هم با عوامفریبی، قصد تعامل با نیروهای تخریب‌گر مذهبی و نرمش با مشتی تروریست نوکر اجنبی را داشت. هرچند

۱- قانعی‌فرد، عرفان - در دامگه حادثه گفتگویی با پرویز ثابتی مدیر امنیت داخلی سازمان اطلاعات و امنیت کشور - ۲۰۱۲ میلادی - شرکت کتاب لس انجلس - ص ٤٥٠ - ٤٤٨.

افرادی جوانمرد در اداره امنیت (مانند پرویز ثابتی) و یا ژنرال‌های میهن‌پرست مخالف این نرمش و تعامل بودند. از سوی دیگر، در برنامه‌ای از پیش تعیین شده، خمینی هم با تشویق نهضت مثلا آزادی و جبهه ظاهراً ملی، روز پنج‌شنبه ۱۶ شهریور را تعطیل اعلام کرد و مردم را به راه پیمایی تحریک کرد. اما مُلاهایی دیگر (گلپایگانی و نجفی) خواستار عدم تعطیلی آن روز شدند.

جالب اینکه، در ۱٦ شهریور ۵۷ در بیانیه‌ای جبهه ملی، خواستار از سرگیری فعالیت حزب توده شده بودند البته زنان توده‌ای و کمونیست‌ها هم در آن روز، لچک و چادر مشکی به سر کردند تا آتش بیار معرکه شوند. طرفه اینکه، چهره‌های جبهه ملی هم در جلوی جمعیت حرکت می‌کردند و جمعی از اشرار و لات‌های موتورسوار وابسته به آنان، در ۱۰۰ متری جلو معیت حرکت می‌کردند تا مانند جارچی‌ها و میرگزمه‌های قدیم، راه را بازکنند.

اما در همان روز ۱٦ شهریور، ناگهان، چندهزار نفر تظاهر کننده به صورت موجی در خیابان (ژاله، شهباز، فرح‌آباد ژاله، نظام‌آباد، تاج و میدان‌های خراسان، شوش، اعدام، مجیدیه و کَن) براه افتادند. راه پیمایان به خودروهای ارتش که سربازان در آن نشسته بودند گل می‌دادند و فریاد می‌کشیدند: «ارتش برادر ماست».

بعد از ماجرای تروریستی سینما رکس، که به دستور خمینی انجام گرفت، جمشید آموزگار از نخست‌وزیری کنار رفته بود و جعفر شریف امامی توسط شاه فقید به نخست‌وزیری برگزیده شده بود. این فرد فرصت طلب و عوامفریب، دم از دولت آشتی ملی، قانون اساسی مشروطه، حقوق انسانی و شهروندی و روحانیون محترم می‌زد اما نمی‌خواست درباره تروریسم اسلامی و تروریسم مارکسیستی، سخن بگوید. تاریخ شاهنشاهی مملکت را قیچی کرد، حزب رستاخیر ملی را منحل کرد، همه کازینوها و بارها را بست و تروریست‌ها خطرناک و خرایکاران دشمن ایران (مجاهدین، چریک‌های فدایی خلق، جبهه ملی و گروهک‌های چپ دیگر) را آزادکرد.

در همان ۱۳ شهریور ۵۷، ناگهان بیش از ۳۳۳ زندانی خرابکار، تروریست و ضد امنیت کشور آزاد شدند. بماند که در دوم آبان بطور «بی‌قید و شرط» و «ناگهانی»، درهای زندانهای قصر، اوین و قزل حصار بر روی ۱۱۲٦ زندانی اسما سیاسی اما مخرب‌های سابقه دار در زندانهای ساواک آزاد شدند و مملکت را به پرتگاه نابودی بردند و تا امروز، ثمره‌اش باقی است که هدف‌شان، همانا برپا کردن فاجعه رژیم تروریستی اسلامی است.

و بعد، آقای نخست‌وزیر، به دستگیری دوستداران شاه و مقامات عالی رتبه کشور

پرداخت. با اندکی ارفاق، بیشتر در نقش مامور خمینی ظاهر شد. خمینی هم به دولت شریف امامی اعلان جنگ داد. در فکر مُلای عوامفریب شیعه و نعلین به پای شیفته قدرت و ثروت، چیزی به نام صلح و آشتی وجود نداشت. هر نوع آشتی را هم خیانت به ملت نامید. در مخیله شریف امامی نمی‌گنجید که فتنه گران و بلواگران، در پی خلق چه توطئه و فاجعه‌های دیگری هستند تا توحش خود را به نمایش بگذارند و به گردن شاه شیفته و شیدای ایران بیندازند. مُلاها، در شبستان‌های مخوف مساجد، سلاح پنهان کرده و برخی از فلسطینی‌ها را هم به کشور آورده بودند.[1] قصد این شیفتگان قدرت و ثروت، ویرانگری و آدمکشی بود.

شیخ یحیی علامه نصیری از معرکه گیران تظاهرات میدان ژاله با پخش پول نقد در تهران، سیاهی لشکری از هوچی‌ها و اوباش را برای روز ۱۷ شهریور شکل داد. و مابقی مردم هم به این گروه‌ها پیوستند. اما مُلاها به دنبال تراژدی بودند تا جمعیتی کشته شوند و به گردن شاه بیاندازند. بهترین مکان هم میدان کوچک ژاله بود. بیانیه‌های جبهه ملی و کنفدراسیون دانشجویی هم نشانگر شیفتگی مصدق اللهی‌ها و چپ‌های وابسته به اجنبی به آشوبگری و زمینه‌سازی برای کشتن مردم در شهریور دارد.

جعفر شریف امامی نخست‌وزیر، و هیات دولت، و سازمان‌های نظامی و انتظامی یا شورای امنیت ملی برای پایان دادن به ناآرامی‌های کشور، اعلام حکومت نظامی کردند. می‌خواستند که قدرت مانور را در روز ۱۷ شهریور ماه، از تروریست‌های اسلامی بگیرند. ژنرال غلامعلی اویسی (فرمانده نیروی زمینی) فرماندار نظامی تهران شد و سپهبد مهدی رحیمی معاون ژنرال اویسی بود.

در روز جمعه ۱۷ شهریور ۱۳۵۷ از رادیو، برقراری حکومت نظامی در تهران به سمع و اطلاع مردم رسید اما تظاهرکنندگان تحریک شده در همان میدان کوچک و باریک ژاله گرد هم آمدند، سربازان ارتش شاهنشاهی، بنا بر وظیفه، از بلندگوها برقراری حکومت نظامی را به مردم گوشزد کردند تا پراکنده شوند اما تروریست‌های اسلامی و مارکسیست در پی خلق درگیری و زد و خورد بودند. شعارها داده شد [۱- زحمتکشان ایران متحد شوید ۲- واژگونی رژیم سلطنتی ۳- استقرار جمهوری ملی تبریز مستقل شد ٤- نابود باد رژیم سلطنتی ایران ٥- راه آزادی، جنگ مسلحانه و ...].

تروریست‌های تازه از زندان آزاد شده (فدایی و مجاهدین)، نتوانستند به مجلس شورای ملی حمله‌ور شوند تا اعلام جمهوری اسلامی کنند. تروریست‌های چریک، از

۱- محیط‌زاده، مسعود: آتش بیاران دوزخ، لندن ۲۰۰۹، ص ۱٦۸.

میان جمعیت به سربازان ارتش شاهنشاهی تیراندازی کردند. برخی از سربازهای فراری طرفدار خمینی هم که برخی معتقدند به همراه تروریست‌های فلسطینی بودند، به سربازان تیراندازی شد. سربازان میدان ژاله هرچه تیرهوایی شلیک کردند، جمعیت پراکنده نشد و تروریست‌ها هم سپر انسانی درست کرده بودند. بهرحال، دوره آدم‌کشی دیده بودند. برخی از مردم و سربازان ارتش شاهنشاهی توسط این تروریست‌های دوره دیده در کمپ‌های تروریستی فلسطین، سوریه، لیبی، کوبا، سلاخی شدند و جان باختند. طبق گزارش پزشکی قانونی ٦٤ نفر در ژاله کشته شدند.

خوراک تبلیغی برای تروریست‌های دوستدار خمینی فراهم شد. طبق برنامه، شایعه و خبر دروغ کشته شدن چندین هزار نفر در میدان ژاله در همه جا مخابره شد. البته، شمار کشته شدگان به ۱۵۰۰۰ تن هم رسید. بماند که «بعد از ماجرای ۱۷ شهریور و حوادث میدان ژاله ما یک شنود تلفنی از مذاکره داریوش فروهر و آیت‌الله سرخ (سید محمود طالقانی) داشتیم. فروهر می‌گفت اعلامیه‌ای نوشته ایم و عده کشته شدگان میدان ژاله را ۵۰۰۰ نفر اعلام کرده ایم، به نظر شما کافی است یا نه؟ طالقانی در جواب گفت: شما که می‌نویسید، بنویسید ۱۰۰۰۰ نفر، وضع به صورتی است که هرچه بنویسید، مردم قبول می‌کنند!» !»[بشیری، قصه ساواک، صص ۴۸۲-٤٨٤] البته، مُلای خونریز و فاسد شیعه، ۱۷ شهریور ۱۳۵۷یا جمعهٔ سیاه/کشتار ۱۷ شهریور را در ژاله قبل از بلوای ۱۳۵۷ خلق کرد و به گردن ارتش شاهنشاهی ایران انداخت. گلپایگانی، مرعشی نجفی، شریعتمداری و خمینی هم خوب میدانستند که کار تروریسم اسلامی است!

علاوه بر آن آشوبگری، تروریست‌های خمینی (فدائیان و مجاهدین خلق)، ده‌ها بانک و هتل و فروشگاه (مانند فروشگاه کوروش) و مراکز بازرگانی را هم به آتش کشیدند و ویران کردند. (خیابان‌های بوذرجمهری، سرآسیاب دولاب، فرح آباد ژاله، سیروس، سرچشمه، میدان سپاه دانش و خیابان هاشمی) ویران شدند. خمینی، به خواسته‌اش (آغاز ویرانی ایران) رسیده بود. شریف امامی هم درمانده و علاف، به ماجراها می‌نگریست.

کارگردانان و عروسک گردان‌های این واقعه شوم (شیخ یحیی نوری، مهدی بازرگان و محمد مفتح و خمینی) و یا برخی از از روزنامه چی‌های چپ در کیهان و اطلاعات، تا امروز واقعیت را به مردم نگفتند و هنوز هم دروغ می‌بافند. و بخاطر پهلوی هراسی و شیفتگی به خمینی، اگر کسی خلاف شایعه تکراری آنها سخنی بگوید آن را تئوری توطئه می‌نامند!

افسوس که در روز ۱۹ شهریور، باز هم شمار زیادی از اوباش و خرابکار دوره دیده

و تروریست‌های چریک فدایی و مجاهد و اسلامی، آزاد شدند. دولت شریف امامی توان اداره مملکت را نداشت و از مرزها هم گروهی از تروریست‌های خطرناک وارد کشور شده بودند. شاید اگر دولت شریف امامی در شهریور ۵۷ به طور قاطع با تروریست‌های مارکسیست و اسلامی رفتار می‌کرد، خمینی مملکت را به آشوب نمی‌کشانید.

۲۳

یاد بی‌باکان

٤۲ سال پس از قیام نقاب (نوژه)

پس از ٤۲ سال از آغاز «خونین‌ترین جنگ ایران از دوران مغول» یا جنگ ویرانگر، نامقدس و خانمان سوز ایران و عراق که دو رهبر مسلمان با شعار مسلمانی، مانند ۲ شمشیرکش صدر اسلام، به قتل و عام مردم بی‌پناه پرداختند. البته، دو رهبر مسلمان که هر دو نوکر اجنبی بودند و بخاطر حفظ منافع و مصالح اجنبی، کشور خود را به ویرانه تبدیل کردند و هم ثروت ملی خود را برای خرید اسلحه، به ثمن بخس - چیز بی‌ارزش و کم بها - فروختند. جمع اضداد شرکت کننده در مجتمع جنایت و حماقت ۱۳۵۷، هرگز درباره نوژه تمایلی به سخن راندن ندارند. برنامه‌ای که در ۱۸ تیرماه ۱۳۵۹ افشا شد و اگر موفق‌آمیز می‌بود، تاریخ ایران، راهی دیگر را می‌رفت.

اما امروز یادی کنیم از شهیدان کودتای نقاب[1] یا «نجات قیام ایران بزرگ[2]» یا کودتای نوژه[3] که ناجوانمردانه توسط خلافت اسلامی ولایت فقیه تیرباران شدند. حرکتی نظامی برخی افسران بی‌باک، تهمتن و رشید، ارتش شاهنشاهی ایران، پس از به قدرت رسیدن نظام جمهوری مُلاها، که هدف شان، حذف خمینی - نا مُلای شیعه حقه باز - بود .

«سرهنگ محمد باقر بنی عامری به دیدار دخترش در لندن می‌رود. عطا بائی احمدی، نزد وی می‌آید و می‌گوید شاپور بختیار تصمیم گرفته مبارزه با خمینی و براندازی به سازمان نظامی نیاز دارد. سرهنگ به پاریس می‌رود و با تیمسار امیرفضلی دیدار می‌کند. او با تکبر با سرهنگ برخورد می‌کنند. قرار شد جواد خادم و شاپور بختیار را ببینند اما هیچ کدام طرح و برنامه‌ای و نیرویی نداشتند. سرهنگ بی‌نتیجه عملی به تهران بازگشت. از تهران، تلفنی با بختیار حرف می‌زند!

در تهران با برخی از نظامی‌های ناراضی حرف می‌زند و دوباره به پاریس رفت و این

1- NEQAB
2- The Saving Iran's Great Uprising
3- Nojeh coup d'état

بار بختیار را دید. امیرفضلی به استقبالش در فرودگاه آمده بود. (خرداد۵۸)

در جلسه عبدالرحمن برومند هم بوده. برومند و بختیار مشتاق شنیدن اخبار ایران و حکمرانی رژیم متحجر مذهبی بوده اند.چند جلسه برگزار شد و سرهنگ می گوید راه مبارزه با آخوند، شیوه نظامی است. سرهنگ میگوید که نظامی‌ها زیرنظر هستند و خمینی به شدت به نظامی‌ها بدبین است. برومند گفته که جلب نظر نظامی‌ها مشکل است. سرهنگ به بختیار و برومند گفته باید دنبال تهیه پول و سلاح بود. هر دو از طرح سرهنگ استقبال کرده‌اند. بعد هم تیمسار زندیه.

همگی گفته‌اند رژیم آخوندی بسیار خطرناک است. دوباره سرهنگ به تهران برگشته با اسم مستعار امید. فورا سرهنگ حجت را دیده و تماس با افسران گارد شاهنشاهی را در تهران شروع کرده. ۵ ماه هم از بلوای ۱۳۵۷ گذشته!

بعد، همگی با دست گذاشتن روی پرچم شیر و خورشید؛ سوگند همکاری با خمینی را خورده‌اند. بعد همگی پرسیده‌اند،آیا شاهنشاه اطلاع دارد؟ در پاسخ، سرهنگ بنی عامری گفته، «فعلاً شاپور بختیار!»

بعد، تلفنی موضوع را به شاپور بختیار می گویند. پس از مدتی فقط ٤ نفر حاضر به همکاری با طرح سرهنگ می‌شوند. (زادنادری؛ حیدری؛ حجت) همچنان تلاش برای جذب نیرو ادامه داشته. فکرو برنامه ریزی ادامه دارد. و کم کم ٦ ماه از ۵۸ گذشته!

درجایی از تهران، عباس دهقانی از ساواک، سرهنگ امیری و مهندس تیموری هم به سرهنگ می‌پیوندند، در گوشه‌ای از تهران، مُلاها مجلس اسلامی راه انداخته‌اند. چند روز بعد، ابوالقاسم خادم دستگیر می‌شود. سر و کله ۲ افسر کمیته اطلاعات اسلامی پیدا میشود!

سرهنگ بنی عامری، رهبر و فرمانده سازمان نظامی میشود. کم کم بهمن ۵۸ شده.٦ ماه قبل از قیام ۱۸ تیر ۵۹. مرحله اول قیام با ۳۰۰ هزار تومان بختیار شروع می‌شود. برومند و بختیار، توسط بازاری‌ها، پول را فرستاده‌اند. سرهنگ بنی عامری به دنبال جذب بیشتر خلبان‌های جت جنگی است. با تیمسار آیت محققی دیدار می‌کند. بحث مسافت مطرح است که از کجا حمله بشود؟

در طرح شکستن دیوار صوتی بوده و زدن خانه خمینی بوده، مجلس، کمیته تهران، مرکز اطلاعات و مخابرات. و دستگیری رفسنجانی، خامنه‌ای، موسوی، کروبی، یزدی، جنتی و عسگراولادی! در طرح، هیچ اعتمادی به هیچ آخوندی نبوده حتی شریعتمداری.

سرهنگ بنی عامری، سخن «بنی‌صدر» در صدای امریکا درباره نوژه را دروغ محض خواند. و سرهنگ بنی عامری، سخن «عباس میلانی» در افق صدای امریکا راجع به عشایر

را غلط می‌داند

خلاصه، پایگاه شاهرخی انتخاب می‌شود. و اینکه عملیات در شب باشد. سرهنگ در اسفند۵۸ دوباره به دیدار بختیار می‌رود. بختیار ۷ یا ۸ میلیون تومان پول میدهد. اما مشکل تهیه سلاح مطرح بود و قرار شد، عراق کمک کند. بختیار و صدام، موفق نشدند. (مصادف با ایامی است که بختیار به صدام مرتبط بوده است)

۹ شب به سمت شاهرخی حرکت می‌کند. سپس سرهنگ به تهران بازگشت. طرح لو رفته بود. قرار بود ۵ و ۵ دقیقه صبح منزل خمینی در جماران بمباران شود! سرهنگ بنی‌عامری در تهران سرگردان می‌شود! و ٤۰ هواپیما به حرکت در نیامد. طرحی ناب و دقیق اما از پشت خنجر خورد! سپس سفر به سوی سرنوشت آغاز می‌شود. و به فرانسه می‌رسد. اول بختیار مایل نبود سرهنگ را ببیند! اما به همراه بختیار به دیدار انور سادات می‌روند..و بعد شاهزاده رضا پهلوی. بعدها در پاریس با تیمسار منوچهر هاشمی ساواک دیدار کرد (که البته، رسانه‌هایی هم از رابطه هاشمی با دلال اسلحه مشهور، منوچهر قربانی فر، پرده بر داشتند.)

***

سالها بعد در ۲۰۱٤، در لندن، دکتر جوان (فرنژاد) کتابی مرحمت فرمودند از طرف سرهنگ ژاندارمری، زنده یاد محمد باقر بنی‌عامری، که در تاریخ معاصر، مشهور به فرمانده«قیام عقاب/شاهرخی/نوژه» است. افسران برومند ارتش ایران، تدارک دیدند اما نوکران حزب توده شوروی برای حفظ «خمینی و خمینیسم»، لو دادند!

البته عیسی پژمان از دایره بررسی اطلاعات ساواک در این باره می گوید: «از میهن‌پرستی رده‌هایی از افسران و درجه‌داران، برای ضربه زدن به ارتش سوء استفاده کردند. در همان نمایش دادگاه‌های اسلامی، آیت محققی، از همکاری خود با شاپور بختیار سخن راند. وقتی بختیار و یا استخبارات عراق و حتی ک گ ب شوروی سابق در جریان امر بودند، پس به آسانی همین جماعت لو دادند. یعنی خواستند به ارتش ایران قبل از حمله، ضربه بزنند. و امثال دریادار افضلی از حزب توده هم در رده فرماندهی نفوذ کرده بودند. هنوز کار شروع نشده، از لحاظ فنی و اجرایی و عملیاتی، سراسر نقصان بود. اصلا تور و تله‌ای بود برای تضعیف و فلج کردن ارتشی شاهنشاهی. صدها افسر و خلبان مجرب یا اعدام شدند یا زندان رفتند و همه ماجرا در کمتر از ۱۰ روز فیصله یافت. فاصله اعدام افسران (۲۷ تیر ۱۳۵۹) تا حمله ارتش صدام حسین به خرمشهر (۳۱ شهریور)، حدود ٦۰ روز است! بختیار شده بود عروسک دست صدام و استخبارات بعث علیه آب و خاک خودش!

و بختیار به کل آن افسران باشرف، وطن‌پرست و تکاوران بی‌باک و دلاور، دروغ گفت!»[1]

بعدها هم افراد بدنام حزب توده ایران وابسته به ک گ ب، به افشا آن، فخر می‌فروختند و در بیان اینکه کدام عامل شان، موضوع را لو داده با هم رقابت داشته و دارند! سرانجام در بیدادگاه‌های دادگاه انقلاب اسلامی، به همراه ۱۲۱ نفر دیگر اعدام شدند.

محمدی ری‌شهری - مُلای جلاد و خبیث که بعدها وزیر اطلاعات شد - قاضی دادگاه بود. به سرعت حکم اعدام همگی را صادر کرد و در سودی فریب و نمایش روانی بود تا از تلویزیون جمهوری اسلامی نشان دهد و خود را قهرمان کاذبی به خلایق انگشت به دهان نشان دهد که حکومت اسلام ناب محمدی، چیزی به نام حقوق بشر نمی‌شناسد! البته برای گدایی تقدس، آیه‌های قتال قرآن محمد هم روی دیوار آویزان شده بود تا همانند داعش، بگویند مقدس و عین اسلام شریف هستند!

از بهترین هدیه‌های داخل کتابخانه‌ام کتاب زنده یاد «محمد بنی عامری» هست که توسط جناب فرنژاد ساواک به بنده مخلص مرحمت شد. سپس زنده یاد سرهنگ عامری - طراح و فرمانده نظامی عملیات نقاب/ شاهرخی - در ۲۷ بهمن۹٤ در لندن درگذشت. متاسفانه بسیار مریض احوال بود و نشد روایتش را برای کتاب «وحشت بزرگ» ضبط کنم.

افسوس که در مصاحبه کردن، سخاوت نداشت اما یادش گرامی ...

۱- تندباد حوادث؛ گفتگو با قانعی‌فرد.

۲۴

دروغ‌ها علیه تاریخ پهلوی، خریدار ندارد

اساس فتنه ۱۳۵۷ و بلوای تروریستی پشت سر آن، از نظر گفتمانی چیزی برای عرضه به بشریت به جامعه ایران نداشته و ندارد. و کل ماجرا بر اساس دروغ چرخید و همچنان بنا به روده درازی اهل ۱۳۵۷ هنوز در بر همان پاشنه می‌چرخد. داستان‌سازی و قهرمان سازی‌های تقلبی آخوندپسند، موجب سردرد است. به قول زنده یاد «احمد کسروی» «بدبخت ملتی که تاریخش را نداند و شوربخت‌تر از آن، ملتی که نخواهد تاریخ کشورش را بداند! »

۳ نمونه مشهور را در اینجا برای نسل جوان به یادگار می‌گذارم.

اول: میرزاده عشقی

سیدمحمدرضا کردستانی با تخلص میرزاده عشقی (۲۰ آذر ۱۲۷۳ - ۱۲ تیر ۱۳۰۳) شاعر، روزنامه‌نگار، نویسنده و نمایشنامه‌نویس ایرانی دوره مشروطیّت و مدیر نشریه قرن بیستم بود در دوره نخست‌وزیری رضاشاه.

افشای مرگ میرزاده عشقی توسط رسام ارژنگی - نقاش معروف ایرانی- به خنثی شدن صدها قصه دروغ و بی‌شرمانه مُلاها و چپ‌ها کمک وافر کرد.

«بعد از شهریور۲۰ و آزادی مطبوعات هر کس به فراخور حال و روز و سلیقه خود قتل عشقی را یکجور نوشته. ۱۰۰ سال پیش وقتی که از دروازه دولت که بیرون میرفتی همه جا بیابان بود و شمیران این همه خیابان و ساختمان نداشت. جلوی دروازه دولت چند راس الاغ بودند که مرد و زن سوارش شده و به شمیران میرفتند، معمولاً صبح زود راه می‌افتادند که عصر آنجا باشند. در میدان تجریش یک بلندی بود که به آن سر پل تجریش می‌گفتند. جوانهای شیک پوش و زنهای زیبا با چادر مشکی ابریشمی و پیچه بند از ظهرها و عصرها آنجا گردش می‌کردند، سرپل تجریش، جای اسم و رسمداری شده بود، بین زنهایی که آنجا حضور داشتند و اهل دل خوب میشناختندشان، لعبتی بود با قامت موزون و چهره‌ای زیبا با چشمهای فریبنده و موهای ابریشم‌وار که گاهی باد تارهایی از آن موها

را به چهره تابنده او می‌انداخت.

این دلبر هزاران دلداده داشت،جلوه‌های ویژه‌ای داشت که عارف و عامی با یکبار دیدنش بیقرارش میشدند، جوانها که هیچ، پیرها هم وقتی او را میدیدند واله و شیدایش میشدند.در میان شیفتگان او میرزاده عشقی شاعر هم بود که آن زیبارو به او استثنائاً اندک توجهی داشت. در این میان آدم لات آسمان جُلی بنام ضیاء همایون با او رقابت می‌کرد. این دو عاشق، هر دو بی‌پول بودند اما عشقی بخاطر هنرش از ضیاء برتری داشت. عشقی شاعر بود و گاهی با نمایش رستاخیز سلاطین ایران، اسمی در میکرد و مختصر وجهه‌ای گیرش می‌آمد، در حالی که ضیاء از این امتیاز بی‌بهره بود. وقتی عشقی در جریده «قرن بیستم» کاریکاتوری را برای مرتبه اول انتشار داد، ضیاء پیش خودش فکر کرد اگر عشقی را بکشد هم در رقابت با آن لعبت تنها میماند و هم از نظر سیاسی مورد حمایت قرار میگیرد، در واقع کشتن عشقی از نظر او تیری بود که دو نشان را هدف گرفته بود. ضیاء با این فکر تپانچه‌ای به قیمت ٦ ریال خرید و یک پاکت نامه‌ای بدست گرفت و به اتفاق یک همفکر درِ منزل عشقی را زدند و نامه را به عشقی دادند. عشقی وقتی مشغول خواندن شد ضیاء یک تیر به او زد و فرار کرد. عشقی را به بیمارستان بردند.از او عیادت کردم،زخمش کشنده نبود، ولی عجیب ترسیده بود، بنظرم ترس از مرگ زودتر از تیر تپانچه، عشقی را از پای در آورد. عشقی وقتی تیر خورد چنان وحشت کرد که بی‌اختیار فریاد می‌کشید: ای وای مرا با تیر زدند.ما بارها دیدیم که یک شاهسون با چند تا زخم در سنگر میجنگد و از پای در نمی‌آید و تفنگ را زمین نمیگذارد. بهر صورت عشقی با یک گلوله کشته شد، اما خواب ضیاء درست تعبیر نشد، عوض اینکه به او پول و کار خوب بدهند دستور توقیف و محاکمه‌اش داده شد و ضیاء ۳ سال زندان ماند و بعد هم آزاد شد. اما طبیعت او را محاکمه و محکوم به مرگ کرد، او در زیر آوار ماند خفه شد و مرد. اصولاً عشقی به زن علاقه داشت وقتی که از اسلامبول آمده بود یک زن خارجی هم با خود آورده بود که در تهران ولش کرد و به سراغ یکی دیگر رفت، از شعرهایش: خداوندا مگر من دل ندارم / چرا یک خانم خوشگل ندارم

من و او بر سر قاجار با هم اختلاف عقیده داشتیم، از علی دشتی خوشش نمی‌آمد و همیشه با هم سر لجاجت داشتند، به او می‌گفتم: تو ول کُن ولی او دست بردار نبود. به زرتشتیها عجیب علاقه داشت و زرتشتیها نیز او را صمیمانه دوست داشتند، میگفت:اگر فرصت و آسایش داشته باشم اُپِرتهای زیادی از ایران باستان میسازم، ولی او هیچوقت آسایش نداشت. احساسات تند و علاقه عجیبی که به ایران داشت دائم او را مشغول میکرد.

عشقی شعرهای نیما را نمی‌پسندید، اصلاً مسلکشان یکی نبود. او میهن‌پرست بود و ایران را دوست داشت اما نیما یوش پرست بود.

عشقی از عارف خوشش می‌آمد. بارها اتفاق افتاد که این سه با هم در نگارستانم دور هم جمع می‌شدند و بحث می‌کردند و شعر می‌خواندند. عارف نیز روحیه و علاقه عشقی را تحسین میکرد.عارف مرد عجیبی بود. همیشه آرزو داشتم پولی میداشتم و در زادگاهش قزوین، آرامگاهی با سبک معماری قدیم ایران بسازم».

خاطرات و روایات زیبای صورتگر نقاش را در وبسایت خانوادگی‌اش دنبال بفرمائید[1].

اما هنوز ۵۷ی‌های بی‌کتاب و بی‌اندیشه می‌گویند، رضاشاه آمده و میرزاده عشقی را کشته!

دوم: فرخی یزدی

فرخی یزدی، شاعر خوبی بود. به خاطر طلبکاری و فساد مالی به زندان افتاد و مالاریا داشت و مُرد. افسانه دروغ روزنامه و رسانه‌ها و مطرح کردن آمپول هوا توسط پزشک احمدی و رضاشاه، چرند محض است! احمد کسروی، وکیل پرونده بود! «تعجب می کنم فرخی، به حکایت پرونده، چند مرض مهلک نفریت و مالاریای مزمن و مانند اینها داشته و چون مرده، طبیب قانونی مرگ او را عادی دانسته و جواز دفن صادر کرده، با این حال اصرار میکنند که او را کشته‌شده با دست احمدی وانمایند و به تکلفات باورنکردنی می‌پردازند!»[2]

اما توده‌ای‌ها و مُلاها چه می‌گویند؟ «در زندان قصر به وسیله آمپول هوا که توسط پزشک احمدی به وی تزریق گردید به قتل رسید. «یا «شاعری که لبانش را با نخ و سوزن دوختند!»

سوم: کریم‌پور شیرازی

اشرف پهلوی برای چهارشنبه سوری که را آتش زد؟ این پرسشی است که معمولا افراد دارای عقل سلیم در مقابل داستان‌های دروغ توده‌ای‌ها و مصدقی‌ها و مذهبی‌های هوادار خمینی مطرح می‌کنند.

اما در واقع امر، کسی کریم‌پور شیرازی را آتش نزد.پس از تلاش نافرجام برای فرار

1- https://arzhangihoma.ir/3

۲- دفاعیات احمد کسروی ص.۱۲۱

از زندان،خودسوزی کرد.آنهم با نفت بخاری که به تازگی از داریوش فروهر گرفته بود. فورا به بیمارستان منتقل شد. اگر می خواستند او را بکشند، دیگربه بیمارستان که نمی بردند!

یعنی اگر شرکت کنندگان در بلوای ۵۷ از هر گروهی، بیایند و بگویند که ماست سفید است، قطعا رنگ دیگری دارد. دروغ‌های سادیسم‌وار وزیر دادگستری مصدقی هم در روزنامه‌ها منتشر شد که در اینجا می‌آید. فرق وی با ابراهیم رئیسی در دروغ‌گویی و بی‌شرمی چیست؟ هیچ!

به تاریخ روزنامه‌ها و روز انتشار آن نگاه کنید، (اطلاعات ٢٤ اسفند ١٣٣٢) براستی چه ربطی به چهارشنبه سوری دارد؟ چرا به دروغ اسم اشرف پهلوی را مطرح می‌کنند؟ در حالی که اشرف با ارنست پرون عازم ژنو شد. (اطلاعات ٢٤ اسفند ١٣٣٢) این نمایش آتش‌سوزی و زنده سوزی در کجا رخ داده؟ جامعه ایرانی را احمق فرض کرده‌اند؟ یا انقضای روشنفکری و انقلابی‌گری و آزادیخواهی، مهمل بافتن و جعل کردن و بایکوت است؟

جالب است که حضرات جاعل - زبانم لال آزادیخواه - حواسشان نیست که روزنامه‌های کشور و رسانه‌های خارجی، خبر بازگشت اشرف پهلوی را ٤٨ ساعت قبل از رساندن کریم‌پور به بیمارستان، مطرح کرده اند! اما واقعیت مرگ کریم‌پور شیرازی از زبان تنها شاهد عینی پرویز خطیبی عضو حزب توده هم آمده بود. البته قبلاً هم بسیاری از وب سایت‌ها اسناد جالبی آوردند که از سوابق سیاسی و روانی و خودکشی کریم‌پور شیرازی سخن می‌رانند.[1]

سکوت در مقابل ترور هژیر به فتوی یک مُلای شیعه

هنوز هم در مملکت، در بر همان پاشنه ٧٤ سال قبل میچرخد! مُلایی بی‌ریشه، حُکم ترور میدهد و یکی را در جهت منافع شخصی‌اش نمی‌داند. امروز هم، طرفداران مُلای شیعه و شیفته مُسکو، با داس و گرز به جنگ با پهلوی برخاسته‌اند! این بار، جامعه، پریشان فکر، بیسواد، غرق در خرافات و موهومات نیست. اما کسی از تروریست بودن جماعت خودشان سخنی به میان نمی‌آورند!

مخالفت کاشانی با نخست وزیر شدن هژیر و دستور به ترور او و کاشانی مُلا از آخربهار تا اواسط پائیز ١٣٢٧ مخالف نخست وزیری عبدالحسین هژیر (وزیر کابینه قوام) بود. وقتی مجلس موافق نخست وزیری هژیر بود. کاشانی به نمایندگان موافق هژیر اهانت

۱- مانند کتاب «نگاهی به نهضت ملی ایران» اثر سعید رهبر

و تهدید می‌کرد. بعد دانشجویان دانشگاه را تحریک کرد.

دانشجویان در بهارستان اجتماع کردند تا که هژیر نخست وزیر نشود و در خارج از مجلس، تظاهرات بود، به تدریج گروهی از مردم به آنان پیوستند و پلیس کنترل کرد اما اوباش مُلاها اوضاع را بهم زدند تا تیراندازی شود و شماری هم مجروح. کاشانی ۲۵ خرداد اعلامیه داد تا مردم را علیه هژیر تحریک کند.

در ۲۷ خرداد برخی از بازاریان آمدند و در بهارستان اجتماع کردند و مجتبی نواب صفوی [رئیس جمعیت تروریستی فدائیان اسلام] برای تظاهرکنندگان سخنرانی کرد. اجتماع با دادن شعار تظاهرکنندگان؛ لغو ابراز تمایل مجلسیان و برکناری هژیر بود که باز ماموران انتظامی مداخله کردند و زد و خورد آغاز شد.

سوم تیرماه هنگام سخنرانی هژیر در مجلس، اوباش علیه او از جایگاه تماشاگران شعار دادند و به صحن مجلس کشید و نمایندگان مخالف و کمونیست! هم شدند تظاهرکننده با عکس کاشانی در دست. از ۸ تیرماه تظاهرات تا هفته‌های بعد و پایان کار دولت هژیر ادامه یافت. کاشانی او را بهایی، انگلیسی، خواند. ترمیم کابینه بیفایده شد و هژیر درنیمه آبان (بعد ٤ ماه و چند روز) از دولت رفت.۲۸ تیرسال بعد، هژیر وزیر دربار شد. ٤ ماه بعد ۱۳ آبان ۱۳۲۸حسین امامی از جمعیت تروریستی فدائیان اسلام هژیر را در مسجد سپهسالار به گلوله بست (تیراندازی در مجلس روضه خوانی وعزاداری عاشورا و سینه زنی!)

از ۱۰ تیر۱۳۲۷ یک مُلا تروریست از نخست وزیر خوشش نیامده، دستور ترورش را داده! یا در۱٦ اسفند ۱۳۲۹در حیاط مسجد شاه، رزم‌آرا نخست‌وزیر را ترور کردند. و ۷٤ سال بعد، مردم ایران از هیات وزیران فاقد شخصیت در کابینه یک مُلای رئیس جمهور متنفرند، بدون حق اعتراض!

براستی تا این دروغ‌ها و هذیان‌گویی‌ها، از سپهر سیاسی ایران پاک نشود، بازار مکاره سیاست ایران بر همان پاشنه‌ی می‌چرخد و نسل جوان هم تمایلی به شنیدن این نوع از اباطیل نداشته و ندارد. و پایان عرایضم سخنی از «آبراهام لینکلن» است:

می‌توان «اندکی از مردم» را برای «همیشه» فریب داد

حتی می‌توان «همه مردم» را برای «مدتی» فریب داد

اما نمی‌توان «همه مردم» را برای «همیشه» فریب داد

۲۵
دم از آزادی نزنند!

از زمستان بی‌بهار ۱۳۵۷ یک کشور شاهنشاهی با تمدنی کهن، گرفتار شبکه تروریستی مُلایان در شبستان‌های مخوف مساجد شد و مُلک و مملکت به تاراج رفت. جنازه حُکومت فاسد و خونریز الله بر زمین با چهره‌های منفور، رذیل خیانت‌پیشه روی زمین مانده.

از آن واقعه شوم و حمله خمینی و مُلایان به قدرت و ثروت ایران تا امروز (سالروز مرگ خمینی)، تجربه جمهوری وقیحان و جمهوری تروریستی اسلامی در ایران با شکست، خفت و خواری روبرو شده است. اما دوستداران آینده ایران، و نسل جوان، می‌توانند در این بازار مکاره سیاست و سیاسیون متحجر با افکار بیات شده، شخصی را بیابند و برگزینند که فارغ از بلوای ۵۷ و شرکت کنندگان در مجمع جنایت و خیانت و راهگشایان اهریمن و دیو مُلا و شیفتگان تروریسم اسلامی و جمهوری هردمبیل باشد.

از آن روز، هر وقت در این مملکت، یک قدم در جهت دمکراسی و آزادی برداشته شد، مُشتی کفن پوش عقب مانده و چماق به دست و اوباش به خیابان آمدند. دیگر داخل و خارج ندارد، چون ۵۷ی‌ها هنوز به آن فاجعه فخر می‌فروشند عصازنان و کودکانه، غر می‌زنند!

ماموریت مُلاها، ویرانی ایران بوده و هست و توسعه فقر و تحقیر ملی. شعارهای سال۵۷ نشانه وقاحت و بلاهت و بی‌اخلاقی است، شعارهای مدح تروریسم و خمینی. خمینی قبرستان‌ها را آباد کرد. مردم جو گیر نپرسیدند جمهوری اسلامی یعنی چه. برخی با وقاحت و به دروغ می‌گویند کتاب‌های خمینی نبود که بخوانیم! اما کتاب تروریستی مانند جزنی را یافته‌اند تا بخوانند و یا سلاح هم یافته‌اند!

خمینی هندی الاصل مجموعه‌ای از هیتلر، لنین، چاوشسکو، استالین و... سرمشق‌های او در رذالت و جنون. فردی بود جانی و فاقد تمدن و شعور و اخلاق. یک هیچ بود. هیچ وعده او و بلواگران ۵۷ عملی نشد. اعدام، انزوا، جنگ، کشتار، ویرانی، بی‌اعتباری ایران

در بلوای۵۷، ایران بر باد رفت. یک تراژدی بود با کارگردانی دیگری و مردم ایران نقش سیاهی لشکر را بازی کردند. شاه فقید هم اراده ماندن نداشت. بلوای۵۷ یک ضرورت و غضب تاریخ بود، یک رنسانس، تا ایرانیان شناخت بهتری از مُلا و آخوند و مذهب پیدا کنند!

۵۷، یادگار سیلی سرد زمستان است. بی‌تعارف، وحشیانه‌ترین و احمقانه‌ترین بلوای جهان بود. برگشت به ۱٤۰۰ سال قبل بود با کمک جمعی کاسب کار و مرتجع و جنایتکار و تروریست. ایران را حراج و ویران کردند. به نوعی تب انقلابی‌گری و تقلید از حرکت‌های تروریستی اسما آزادیبخش گرفتار بودند اما سوار موج خرابکاری و اغتشاش و هرج و مرج راه بودند. صدمه زدن به ملک و مملکت برایشان جاذبه داشت.

کسی غصه ایران نداشت و ندارد. چند کشور در جهان، تاریخ بیش از ۱۰۰۰ سال دارد؟ ایران، مصر، چین، ژاپن، یونان، هند، اتیوپی. حال مُشتی تروریست و کمونیست و اسلامی و تجزیه طلب را به هزاره چکارا؟ شدند آفت جان و کیان و میهن حالا شدند آزادیخواه! دلشان به یک سری ترور خوش بود. آرمانی نداشتند. نوعی فرهنگ استبدادی و ذهن مطلق‌اندیشی نهادینه شده در این بیسوادها. خشونت کلام و رفتار دارند. وقیح‌اند. زیر پرچم داس و چکش؛ کدام آزادی؟ هنوز هم، فرق بین کمونیسم و لیبرالیسم را نمی‌دانند!

امروزه هم طنز روزگار آنجاست که یک چپ توده‌ای یا یک چریک تروریست شده‌اند مدافع حقوق بشر. نعره می‌کشند که «آزادی سیاسی در قبل از ۱۳۵۷ نبوده!» اما کسی نباید بپرسد که کعبه‌شان کجا بوده؟ دنبال شوروی استالین؛ چین مائو؛ کره شمالی؛ کامبوج پل پوت؛ آلبانی انور خوجه؛ لیبی قذافی؛ عراق صدام، فلسطین یاسر عرفات بودند. آن جاهای ظلمتکده برایشان بهشت موعود بود. اما پس از ۵۷ همگی به همان کشورهای غرب رفتند! حقه‌بازی و شارلاتانی ۵۷ی‌ها، شاخ و دم دارد؟

به قول مقام امنیتی ساواک:

«الان، کمونیست‌ها و تروریست‌های مارکسیست ایرانی طرفدار روس و چین و صدام که عاشق دیکتاتوری پرولتاریا بودند؛ امروزه شدند آزادیخواه! اما بحث آزادی از آنها سلب است. آزادی در مغز حضرات بلوای۵۷ چه معنایی دارد!؟ کدام آزادی مد نظرشان بود؟ این تفنگ‌چی‌ها که دنبال انگلستان، آلمان، آمریکا و فرانسه و نروژ نبودند. اینها - کمونیست‌های پیرو چین و شوروی و اسلامی - لطف فرموده دم از آزادی و دمکراسی نزنند. بویی از انسانیت نبردند. در عمل خیانت به مارکس است که یک چپ پیرو دیکتاتوری پرولتاریا دم از دمکراسی بزنند. اصلاً حرفها و کردارشان موجب شرم انسان

است. مصالح و منافع ایران برایشان ابدا مهم نبود!».

حق با آن باشرف وطن‌پرست است. یا یک تجزیه‌طلب که در یک حزب بومی طرفدار بعث، سلاح به دست گرفته و حاضر نیست یک کلمه علیه فساد و دیکتاتوری و توحش یک قبیله وحشی تجزیه طلب در کردستان عراق، یک واژه به زبان نیاورد اما امروزه شده است آزادیخواه!

نه در مارکسیسم، نه در اسلام، امکان برقراری دمکراسی، وجود ندارد این دو گروه توجهی به مصالح و منافع ایران نداشته و ندارند اسلام ناب محمدی و نماینده امام زمان خیالی، شده بلای جان مردم جوجه کمونیست و حاجی ۵۷ی عقده، نسبت به شاه دارند با بیشرمی میگویند امکان تحصیل زنان نبوده

یک آزادی می خواستند برای خرابکاری، تروریسم، آشوب و توحش بیشتر میخواستند کل ایران را بمب‌گذاری کنند و به آتش بکشند از سعه صدر شاه در عفو قاتلش حرف نمیزنند حیدراوغلی، میرزا کوچک، پیشه‌وری و ارانی فرهنگ آزادی داشتند؟ بازرگان، منتظری، نواب، خلخالی صلاحیت حرف زدن از آزادی دارند؟

نخست وزیر را ترور کردند و ۳۳ سینما را آتش زدند، خواستند شاه مملکت را بکشند و شاهزاده را بدزدند، و نویسنده را کُشتند؛ آزادی در چه نبوده؟

بچه مسلمان‌های شیفته تروریسم اسلامی هم همان حرف‌های کمونیست‌ها را تکرار می‌کنند «آزادی سیاسی در قبل از ۱۳۵۷ نبوده!» و ناسزا گفتن به شاه هم مُد بوده و هست. اما نسل جوان آگاه و مترقی و نوجوی ایران، تفکری دیگر دارد و در خیابان‌های ایران، فریاد بر می‌آورند که «رضا شاه روحت شاد! /ای شاه ایران، برگرد به ایران؛ مملکت که شاه نداره، حساب و کتاب نداره! و...».

این حضرات جوجه مسلمان هم میخواستند همه جا را به آتش بکشند و خون بریزند. عامل شوروی بودند. مانیفست و برنامه و طرح و نظم و سیستمی هم که نداشتند! همان اوج ریاکاری و انحطاط فکری یک آدم بُله، مات و مه مانند بازرگان را تکرار می‌کنند که می‌گفت قرار از اول، اسلام بوده! همین! یاران بی‌شرم مصدق‌السلطنه، فاسدترین و خونریزترین حکومت الله بر زمین را ساختند و به تاریخ ایران، خیانت کردند!

ملاهای اطراف خمینی تبلیغ تروریسم و خون کشی می‌کردند. هوچی و آدمکش و آشوب طلب بودند. روز ورود خمینی، مشابه حمله اعراب به ایران بود. برگشت خمینی با خیانت برخی افراد دولت آخر شاه و دولت موقت ممکن بود، افراد ذوب در ولایت (مصدق) یک مُرده!

البته دستگاه مُلایان شیعه در دوره قاجار جز فساد اخلاقی و مالی و ثروت‌اندوزی و خیانت و خرافه پروری کاری نداشتند. در قصص‌العلما هست که شیخ جعفر نجفی آب دهانش را به چشم کور می‌مالید شفا می‌یافت. موسی شفتی مجتهد اصفهان؛ عملا شاه بی‌تاج و تخت اصفهان بود!. و ۲۰۰۰ مغازه داشت و ٤۰۰ کاروانسرا...

اما از مُلایان چه نفعی به مردم ایران رسیده؟ کدام فاجعه را نادیده بگیریم؟

۱. همسوئی با شاهان خونریز صفوی؟

۲ نقش در جنگ‌های ایران و روس در دوران قاجار؟ مُلاها، شاهان قاجار را به عهدنامه‌های ترکمانچای (۲۱فوریه ۱۸۲۸) و گلستان (۲۵ اکتبر۱۸۱۳) با روس واداشتند!

۳. تصمیم مُلایان به انضمام ایران به عثمانی؟

٤. خیانت به انقلاب مشروطه؟

۵. خلق گروه‌های تروریستی اسلامی در ۱۳۵۷؟

٦. امروزه هم مُلایان بی‌غیرت و ولایت فقیه فرومایه شیعه، و فروش ایران به روسیه و چین؟ سرتاپای جمهوری اسلامی مُلاها در اختیار روس‌ها است. فعلاً در مدار روسیه و چین برای دشمنی با آمریکا، حرکت می‌کنند. ابراهیم رئیسی هم عازم مسکو است. اصولاً قبله آقایان کرملین است!

بماند که چین در قبل از ۱۳۵۷ در ایران حامی تروریسم بود. مثلا محسن رضوانی، از سازمان انقلابی حزب توده ایران. با مقامات چینی دیدار کرده و تصمیم‌گیرنده نهایی و کارگردان اصلی سیاست‌های سازمان انقلابی و حزب رنجبران بوده. در مقابل توصیه رهبران حزب کمونیست چین که در سیاست حزب رنجبران مداخله می‌کردند. ظاهراً چین سیاست حزب محسن رضوانی (کنفدراسیونی) را در حمایت از نظام اسلامی مورد انتقاد قرار می‌دادند، به امید دریافت کمک ماهیانه ده‌هزار دلار از چینی‌ها به منظور تشکیل یک گروه اجیرشده از پیشمرگه‌های کرد بار دیگر به چین می‌رود. اما دوستان چینی دست رد بر سینه‌اش می‌زنند.

امروزه هم، رفقای جمهوری اسلامی ولایت فقیه شیعه: چه کسانی‌اند؟ ۱. چین با دولت کمونیستی سوسیالیستی تک حزبی؛ ۲. کره شمالی با جمهوری تک حزبی؛ ۳. کوبا با دولت کمونیستی؛ ٤. ونزوئلا با جمهوری سوسیالیستی دیکتاتوری؛ ۵. روسیه با دیکتاتوری دیوانه و جنایتکار جنگی؛ و سوریه با رئیس جمهوری جلاد و سرکوبگر.

و این نکته نشانگر آن است که رژیم سفیه وقیح (ولی فقیه) با هرچه ضد تمدن غرب و دمکراسی باشد، رفیق است! رژیم اسلامی شیعه اثنی عشری با کمونیسم؛ دو روی یک سکه است. الان که اختاپوس مذهبی شیعه و سنی در ایران، این سفلگان و اراذل و مایه

ننگ بشریت، زبان در کام دارند تا منافع را حفظ کنند و از منبرهای شوم، دم از امام زمان خیالی بزنند و برای امام فلان و بهمان و عاشورا و...، با داستان‌های خیالی و خرافات و موهومات، جامعه را به گریه و زاری و عزاداری به اسم دین، وادار کنند!

ایرانیان شدند جامعه‌ای تماشاگر و بی‌واکنش و زبان در کام گرفته و تنبل در تفکر. اما «عمامه» سمبل و نشان بارز جهل، جنایت، خیانت، دروغ، دغل، فقدان شرف و آبرو، بی‌اخلاقی، دزدی، بی‌وطنی، عوامفریبی، خرافات و موهومات، ظلم، خودبزرگ بینی، آفت، ویروس، بدبختی، ویرانی، شرارت، رذالت، تاریکی، فقر، محرومیت، است... عمامه دارها چه؟ جانی، سرکوبگر، تاراجگر، فاسد!.

راز تاریخ از همه محترم‌تر است و در رستاخیز تاریخ، غوغای بت‌پرستان و جنجال غوغاسالاران ره به جائی نمی‌برد. باید بُت ذهنی خوگردگان را به چالش کشید! این واقعیت، بلوای ۵۷ است. البته جیمی کارتر مانند خمینی، در مذهب و خرافات غوطه‌ور بود. نمایشنامه متعصبین تروریست مذهبی شیعه را نخوانده بود. انگار مامور جهنم و شیطان بود تا به شاه خیانت کند و مردم ایران، به دوران‌جهالت و قهقرا و سقوط و ویرانی بازگردند. تو گویی از برنامه آتش بازی تروریست‌ها در خاورمیانه، لذت میبرد!

توقع شرف و اخلاق از بلواگران جنایت و مکافات ۵۷، بیهوده است! وقتی که از اساس، بلوای۵۷ بر پایه دروغ، فریب، تبلیغات سادیسمی، عوامفریبی، خودبزرگ بینی و توهم و خیانت، حرکت کرده است!

ما به دمکراسی خواهیم رسید، اگر بخوانیم: ۱. تجربه آمریکا و روسیه چیست! ۲. لهستان، چه راهی رفت؟ ۳. اُکراین و کنیا چه کردند؟ ٤. در خاورمیانه با اعراب و اسرائیل، چه باید کرد؟ ۵. مستبدان آفریقا چگونه شکست خوردند؟ ٦. کدام نوع از دمکراسی را میخواهیم؟. چین و روسیه در پشت سر مُلا چه میکنند؟ هنوز هویت تخیلی جعلی این شرکت کنندگان در بلوای۵۷ و آشوب تروریست‌های اسلامی و مارکسیستی؛ در داخل و خارج، حفظ همین»مجمع جنایت و خیانت با رهبری یک راس سفیه وقیح [ولی فقیه]»است. همین تفرقه افکنی و بازارشیادی هم در راستای اهداف اختاپوس مذهبی ولایت فقیه است و بس..

حاصل تجربه و عقل و تفکر شما شد بلوای ۵۷. آقا، لال شوید! و بگذارید نسل جوان، راه خودش را برود... و خودش بنا به فکر و اندیشه نقاد، انتخاب کند. زیرا «خانه‌ام آتش گرفته است؛ آتشی جانسوز!» و خونریزترین و وحشی‌ترین و عقب مانده‌ترین حکومت الله بر زمین، می‌خواهد برای بقایش، حمام خون راه بیندازد!

خلاصه واکنش‌های جمهوری اسلامی و شرکت کنندگان در جنایت و مکافات ۵۷ و تجزیه طلب‌ها و کهنه تروریست‌ها به سخنان شاهزاده رضا پهلوی یک جمله است: «جمهوری وقیحان بهتر از جمهوری فقیهان است! «همگی در یک چیز شریک‌اند: عقده گشایی و دروغ‌پردازی نسبت به شاه فقید و تاریخ شاهنشاهی. اما مشت بازی با سایه است و قدم رو در کوچه بن بست!

بخش ۲

مطالعات امنیت

۱

خط پایان یک تروریست؛ شمشیر زن ولایت فقیه

(مرگ تحقیر آمیز قاسم سلیمانی)

در واشنگتن؛ پنتاگون[1] مخالف تحریم رهبر ایران توسط ترامپ[2] بود اما پمپئو[3] و بولتون[4] اصرار داشتند. در ۲٤ ژوئن ۲۰۱۹ (۳ تیر ۱۳۹۸)، آمریکا رهبر ایران و دفتر کار او (مشهور به بیت رهبری) را تحریم کرد. اعتقاد اسپر[5] آن بود که تحریم‌ها هر نوع امکان گفتگوی احتمالی با حکومت مُلایان در تهران را می‌بندد.

مدتی از معرفی مارک اسپر در وزارت دفاع ایالات متحده آمریکا نگذشته بود. ایران، تاسیسات آب و نفت عربستان سعودی را توسط حوثی[6]ها (گروه نیابتی که با سپاه پاسداران ایران همکاری دارند) را هدف قرار داده بود.

اصولاً قاسم سلیمانی و سپاه قدس[7] که هر عملیاتی را انجا می‌دادند فورا انرا انکار

1- Pentagon
2- Donald Trump
3- Mike Pompeo
4- John Bolton
5- Mark Esper
6- Houthis

جریان تروریستی حوثی - مبارزان حوثی یا حوثی‌ها:- جنبشی از شیعیان زیدی یمن. قبلاً شباب‌المؤمن نام داشت و بعدها، نامش انصارالله شد. گروه تروریستی حوثی مورد حمایت جمهوری اسلامی هستند. حوثی‌ها یمن در فهرست گروه‌های تروریستی کشورهای متفاوت قرار دارد. نام «حوثی» برگرفته از نام رهبرشان سیدحسین بدرالدین حوثی است که در ۲۰۰٤ توسط نیروهای ارتش یمن کشته شد. جنبش حوثی در دهه ۱۹۸۰ تشکیل شد. در دی ۱۳۹۹، دولت ترامپ حوثی‌ها یمن را در فهرست گروه‌های تروریستی گذاشت و این گروه را تحریم کرد. این شبکه که تحت رهبری نیروی قدس سپاه پاسداران انقلاب اسلامی و سعید الجمال، تأمین مالی کننده حوثی‌ها، فعالیت دارد، برای حمایت از حوثی‌ها ده‌ها میلیون دلار به یمن منتقل کرده. روز چهارشنبه ۳۰ بهمن ۱۳۹۸ ویلیام اوربان سخنگوی سنت‌کام در نشست خبری جزئیات تسلیحات توقیف شده در دریای عرب که برای حوثی‌های یمن ارسال می‌شد را فاش کرد و گفت موشک‌های هدایت شونده و ضدتانک ساخت ایران و موشک‌های زمین به هوا و قطعات سیستم‌های هواپیمای بدون سرنشین و ... در این محموله همگی ساخت ایران هستند.

7- Quds Force

نیروی قدس سپاه پاسداران یا سپاه قدس، از نیروهای پنجگانه سپاه پاسداران انقلاب اسلامی در ایران است

می‌کردند و گروه‌های نیابتی[1] که با سلاح و حمایت اطلاعاتی و نظامی ایران عمل می‌کردند؛ مسئولیت عملیات‌ها را برعهده می‌گرفتند. و اصولاً طبق نظر برخی از کارشناس‌ها و عوامل سپاه پاسداران - که گزارش‌هایی را به اسرائیل و آمریکا فروخته‌اند- قاسم سلیمانی اجرای هر عملیاتی را با شخص خامنه‌ای مشورت می‌کرد. بنا به رای اکثر چهره‌های امنیتی، هیچکدام از عملیات تروریستی بدون آگاهی و اطلاع خامنه‌ای، نبوده است.

در سال ۲۰۰۷ نیروهای آمریکایی به دنبال سلیمانی بودند اما کردهای عراق بارها و بارها مخالفت کردند و او را در مقابل نیروهای امریکایی محافظت کردند. سلیمانی برخی از مسئولان عملیات‌ها را هم شخصاً تعیین می‌کرد مانند مسئول عملیات ایران در یمن (عبدالرضا شهلایی) اما در برخی از عملیات‌ها هم شکست می‌خوردند، مانند سال ۲۰۱۱ که فرستادگان وی در امریکا نتوانستند دیپلمات عربستانی را ترور کنند و تروریست‌ها با تلاش اف بی‌آی[2] دستگیر شدند و اعتراف کردند.[3]

که مسئولیت فعالیت‌های تروریستی و ایذایی و نظامی برون‌مرزی را برعهده دارد. نیروهای قدس در جنگ ایران و عراق به‌عنوان نیروی مرزی سپاه پاسداران انقلاب اسلامی تشکیل شد و فرمانده این نیرو، تا ۱۳ دی ۱۳۹۸ قاسم سلیمانی بود که پس از ترور سلیمانی در حمله ۲۰۲۰ به فرودگاه بین‌المللی بغداد، از سوی علی خامنه‌ای به اسماعیل قاآنی واگذار شد. نیروهای قدس در جنگ ایران و عراق به‌عنوان نیروی مرزی سپاه پاسداران انقلاب اسلامی تشکیل شد. اتحادیه اروپا روز چهارشنبه اوت ۲۰۱۱–۲ شهریور ۱۳۹۰ سپاه قدس، همین واحد برون مرزی سپاه پاسداران ایران، را به اتهام ارائه کمک و پشتیبانی به حکومت بشار اسد برای سرکوب معترضان سوری مورد تحریم قرار داد. و نام قاسم سلیمانی و حسن چیذری در فهرست تحریم قرار گرفت. وزارت خزانه‌داری ایالات متحده آمریکا روز سه‌شنبه ۲۳ اکتبر ۲۰۱۸ (اول آبان ۱۳۹۷) دو عضو نیروی قدس سپاه پاسداران ایران را در لیست تحریم‌های تروریستی خود قرار داد.

1- Proxies

نیروهای نیابتی در جنگ نیابتی شرکت می‌کنند. و جنگ واسطه‌ای / وکالتی (proxy war)وضعیتی است که در آن قدرت‌های درگیر به جای اینکه مستقیماً وارد جنگ با یکدیگر شوند با حمایت‌های مالی، تسلیحاتی و تبلیغاتی از کشورها یا گروه‌های مسلح دیگری که با قدرت مقابل یا متحدین آن در جنگند، سعی در تضعیف آن قدرت یا فشار بر آن می‌نمایند.

2- FBI / The Federal Bureau of Investigation

۳- . توطئه ترور عادل الجبیر به توطئه ترور عادل الجبیر، سفیر عربستان در خاک آمریکا توسط سپاه قدس می‌پردازد که در ۱۹ مهر ۱۱) ۱۳۹۰اکتبر ۲۰۱۱ میلادی) توسط اریک هولدر وزیر دادگستری آمریکا اعلام گردید. وزارت دادگستری ایالات متحده آمریکا در تاریخ ۱۱اکتبر ۲۰۱۱ میلادی، یک شهروند ایرانی- آمریکایی به نام منصور ارباب‌سیَر را به عنوان متهم اصلی و یک شهروند دیگر ایرانی به نام علی‌غلام شکوری که افسر ارشد نیروی قدس سپاه پاسداران معرفی شده را به ارتباط‌گیری، طراحی و پرداخت پول به کارتل لوس زتاس جهت ترور عادل الجبیر، سفیر ریاض در واشینگتن متهم کرده. بنا به درخواست عربستان از بان کی مون، دبیرکل سازمان ملل متحد، روز دوشنبه ۲۵ مهر ۱۳۹۰ (۱۷ اکتبر ۲۰۱۱) اعلام کرد که پرونده توطئه جمهوری اسلامی ایران برای ترور سفیر عربستان در آمریکا را به شورای امنیت فرستاد.

برنامه ترور قاسم سلیمانی از مدتها قبل در سی آی ای[1] و پنتاگون مطرح بود. از دید بسیاری از مقامات واشنگتن (مانند باب گیتس[2])؛ او مظهر شیطان بود. اما در آن بولتون بنا به خاطراتش؛ روی خوشی به قضیه نداشت[3]. اما ترور سلیمانی مهم‌تر از ترور عماد مغنیه[4] (فرمانده عملیات گروه تروریستی حزب‌الله[5]؛ رفیق و همکار یاسر عرفات[6] و نیز همکار و دوست سلیمانی) بود. سلیمانی پیرو تفکر شیعی خمینیسم بود و می‌خواست که لشکر شیعی خلق کند تا تفکر اسلامی شیعی را در خاورمیانه و شمال آفریقا گسترش دهد. و سلیمانی آشوب داخل عراق را مانند کارگردان عروسک‌های خیمه شب بازی کنترل می‌کرد: گاهی برای جیش‌المهدی سلاح تهیه می‌کرد و یا از ریاست جمهوری نچیروان بارزانی دفاع می‌کرد و یا بارزانی نزدیک شده به ترکیه را در جنگ داعش یاری داد و .... همواره دوست داشت در سیاست عراق دخالت کرد و با اکثر مقام‌های کرد و شیعه در عراق رابطه دوستانه و نزدیک داشت.

سلیمانی بارها در دمشق، پایتخت سوریه، در تور نیروهای آمریکایی قرار گرفت. از ۱۰ سال پیش که با عماد مغنیه عملیات مشترک را انجام می‌دادند اما دوست او - مغنیه - با برنامه‌ای حرفه‌ای از قبل تدارک دیده شده - حذف شد (۱۲ فوریه ۲۰۰۸). موساد اسرائیل در روز قبل از ترور مغنیه در دمشق ۲۸ فوریه ۲۰۰۸ و ماجرای دیدار با سلیمانی؛ ردپای وی را داشتند اما در سی آی‌ای کسی دستور امضا و تائید شده نداشت.

در سال‌های ۲۰۰۶ و ۲۰۰۷ که خامنه‌ای تمایلی به مسافرت سران سپاه قدس به عراق نداشت و در ۲۰۰۹ هم قاسم سلیمانی تمایلی به سرشاخ شدن با آمریکایی‌ها را نداشت. اما از راکت پرانی و بمب‌گذاری کنار جاده‌ای و حملات ایذایی توسط گروه‌های تروریستی شیعه در عراق حمایت می‌کرد. در زمانی که دیوید هاول پترااُوس (ژنرال چهار ستاره ارتش آمریکا؛ فرماندهی کل نیروهای آمریکا در منطقه خاورمیانه، شرق آفریقا و آسیای مرکزی (از ۱۱ژوئیه ۲۰۰۸) بر عهده داشت؛ بنا به دانش و تجربه‌اش؛ رفتاری تحقیرآمیز با

1- CIA / Central Intelligence Agency
2- Robert Michael Gates
۳- جان بولتون، مشاور اسبق امنیت ملی ایالات متحده آمریکا در یک مصاحبه رادیویی گفت: «قاسم سلیمانی خطرناک‌ترین انسان جهان است، او و سپاه پاسداران را دست‌کم نگیرید.»
4- Imad Fayez Mughniyeh
معروف به «حاج رضوان» از فرماندهان نظامی حزب‌الله لبنان که در ۱۲ فوریه ۲۰۰۸ در انفجاری در دمشق کشته شد. اسرائیل و سازمان سی آی‌ای در این باره با هم همکاری داشتند. ژنرال مایکل هیدن، رئیس سابق سی آی ای، مغنیه را تروریستی خطرناک نامید که با مرگ او، خاورمیانه زندگی بهتری خواهد داشت.
5- Hezbollah
6- Yasser Arafat

سلیمانی داشت تا شخصیت قهرمان رسانه‌ای و تبلیغاتی سپاه را بطور واقع‌بینانه و به دور از اغراق بشناساند!

تا اینکه یکی از فرماندهان ارشد سپاه پاسداران انقلاب اسلامی ایران، به گزارش ارتش آمریکا، روز سه شنبه (۱۸ نوامبر ۲۰۰۸)، توسط نیروهای امنیتی عراق، در فرودگاه بغداد دستگیر شد. نیروهای امنیتی عراقی معتقد بودند که فرد دستگیر شده «مظنون به دست داشتن در تسهیل ارسال سلاح‌های ایرانی به عراق» زیر پوشش فعالیت برای سازمانی بود که بازسازی مراکز مذهبی عراق را بر عهده داشت. پترایس[۱] علنا و به درستی گفت که، دولت ایران برای نیروهای شبه‌نظامی در لبنان، فلسطین، عراق و سودان اسلحه ارسال می‌کند. و شبه‌نظامیان شیعه عراقی را با همکاری حزب‌الله لبنان در شهرهای قم، تهران، اهواز و مشهد آموزش می‌دهد. گرچه در رسانه‌ها سپاه پاسداران به دستور قاسم سلیمانی تکذیب و انکار کردند. هرچند که سازمان‌های تروریستی حزب‌الله و .. در کارهای قاچاق مواد مخدر، قمارخانه، فاحشه‌خانه‌ها و ... فعالیت‌های جانبی دارند.

البته قرارگاه رمضان[۲]، سه اردوگاه در نزدیکی مرز ایران و عراق داشت و محمود فرهادی مسئول بخش شمالی قرارگاه بود که وی هم در سپتامبر ۲۰۰۷ دستگیر شد. اما فرد دستگیر شده در کمتر از ۱ ساعت همه چیز را لو داد و کاندولیزا رایس در کتاب اخیرش[۳] گفت: عین بلبل چهچه می‌زد و همه چیز را اعتراف کرد! تا اینکه جواد ظریف در سازمان ملل با زلمای خلیلزاد[۴] حرف زد. همیشه پترایس از خرابکاری و ذهنیت مُخرب سلیمانی می‌نالید.

وقتی که پتریس به عنوان رئیس سازمان سیا انتخاب شد (از ٦ سپتامبر ۲۰۱۱ میلادی تا ۹ نوامبر ۲۰۱۲ میلادی) بر روی قاسم سلیمانی تمرکز بیشتر شد و جز تهدیدها علیه امنیت ملی آمریکا شناخته شد. اما جان برنان[۵] رئیس وقت سی آی ای سیاست مماشات را در پی گرفت و حتی در کتاب خاطراتش تمایلی به بحث درباره سلیمانی را ندارد! اما

1- David Howell Petraeus

۲- قرارگاه برون مرزی سپاه پاسداران انقلاب اسلامی در اردیبهشت سال ۱۳٦۲ با تأیید شورای عالی دفاع، تشکیل شد؛ تشکیلات رسمی ستاد جنگ‌های نامنظم سپاه برای عملیات برون‌مرزی. قرارگاه رمضان که هسته مرکزی تشکیل نیروی قدس محسوب می‌شود. پس از مرگ روح‌الله خمینی و آغاز رهبری علی خامنه‌ای، قرارگاه رمضان با ایجاد تغییراتی در داخل نیروی قدس قرار گرفته است.

۳- دمکراسی؛ ترجمه عرفان قانعی‌فرد؛ شرکت کتاب

4- Zalmay Mamozy Khalilzad

5- John Owen Brennan

در برخی از اندیشکده‌های واشنگتن[1]، بیشتر از پیش درباره قاسم سلیمانی تمرکز، تحلیل و بررسی می‌شد.

نه جرج بوش[2] و نه اوباما[3] دستور کشتن قاسم سلیمانی را امضا نکردند اما ترامپ به انجام کار تمایل داشت و ظاهراً تحت تاثیر تحلیل درست و منطقی مدیر وقت سی آی ای (جینا هسپل[4]) قرار گرفته بود که تجربه و سابقه‌ای حرفه‌ای در حذف تروریست‌ها دارد. هسپل - رئیس سی آی ای - به وی گفته بود که حمله نکردن به سلیمانی حطرناک‌تر از کشتن اوست. اما انگار آنچه را به ترامپ گفته بود که ترامپ دوست داشت بشنود. و حتی برخی از کارشناسان و تحلیلگران سی آی ای هم - که بطور سنتی فارغ از سیاست حزبی هستند- از تصمیم ترامپ متعجب بودند. اما برخی هم اطمینان کامل به تصمیم مدیر سی آی ای و رئیس جمهور داشتند. گرچه هسپل چندان در خاورمیانه مانند استانبول و بغداد و تهران و کابل ماموریت نداشته اما شناخت جالبی از گروه‌های تروریستی در خاورمیانه دارد. و سی آی ای طبق دستور عمل کرد.

برای ترامپ و سی آی ای این بار لحظه‌ای بحرانی بود و ترامپ ۳ سال برای امضا حکم کشتن سلیمانی صبوری کرد. ترامپ دلایل نگران کننده خود را داشت. سی آی‌ای بعد از بحران عراق و اشتباه محاسباتی درباره سلاح کشتار دسته جمعی؛ معمولا راه محافظه کارانه و محتاطانه‌ای را در پیش گرفته بود اما این بار درباره حذف سلیمانی از عرصه نبرد؛ اصرار داشتند. هسپل در سی آی ای معتقد بود که به حد کافی اطلاعات و اسناد و شواهد درباره طرح حمله سلیمانی و گروه تروریست شیعیان در هلال شیعی به آمریکایی‌ها در بغداد از جمله سفارت امریکا در بغداد و نیز ٤ سفارت دیگر وجود دارد .

سرانجام ترامپ، دستور کشتن سلیمانی را صادر کرد. (در ۵ عصر روز ۲ ژانویه ۲۰۲۰ یا ۵ شنبه ۱۲ دی ۱۳۹۸) ترامپ در مارالاگوی فلوریدا[5] بود. بوی خطر را شنیده بود و واقعه در شرف وقوع و طرح شیطانی سپاه قدس و شبکه شیعه عراقی علیه نیروهای آمریکایی را می‌دانست. برای ترامپ؛ استدلال درباره مشروعیت و قانونی بودن کشتن رهبر نظامی خارجی مهم نبود و فقط می‌خواست درمانی سریع برای بحران در پیش رو بیابد. گرچه از سالها قبل (در ۱۸ فوریه ۱۹۷٦) جرالد فورد[6] - رئیس جمهور وقت آمریکا - و

1- AEI / The American Enterprise Institute
2- George Walker Bush
3- Barack Hussein Obama
4- Gina Haspel
5- Mar a Lago -Florida
6- Gerald Rudolph Ford Jr

بعدها هم رونالد ریگان[1]؛ تاکید داشتند که سی آی ای کار ترور شخصیت‌های دولتی در خارج از آمریکا را انجام ندهند.

سلیمانی به دنبال تقویت هلال شیعی[2] و حضور بیشتر شبکه تو در توی شیعیان مسلح در خاورمیانه بود تا کریدور خاکی ایران از کناره‌های دیوار چین در افغانستان تا دریای مدیترانه را تقویت کند و در جنگ سرد با عربستان؛ حضور پررنگ‌تری داشته باشد. خود وی به همراه علی ولایتی (یکی از مشاوران سیدعلی خامنه‌ای) آن را جبهه مقاومت و محور مقاومت می‌نامیدند! و در رسانه‌های وابسته به سپاه پاسداران و ارگان‌های رسانه‌ای حکومتی تبلیغ می‌شد. در اکتبر ۲۰۰۶ سلیمانی در روز قدس با ابراز شادمانی گفته بود که پیروزی حزب‌الله در لبنان؛ ظهور خاورمیانه جدید است البته خاورمیانه اسلامی نه خاورمیانه امریکایی. در تفکر او تاسیس گروه‌های جهادی و سازمان‌های شیعی و مدل فلسطینی راه کار جدید خاورمیانه بود. از تجهیز تروریست‌های حزب‌الله و حماس[3] به موشک ابزار شادی می‌کرد!

در پایان عید نوروز یعنی ۱۹فروردین ۱۳۹۸ یا ۸ آوریل ۲۰۱۹ در اقدامی غیر منتظره؛ ترامپ آمد و سپاه پاسداران را تروریست نامید گرچه بازیگری غیردولتی نیست و یکی از ستون‌ها و پایه‌های حکومت اسلامی است.و از دید نهادهای امنیتی آمریکا؛ سلیمانی معمار بسیاری از سیاست‌های خارجی بحث‌انگیز و ستیزه‌جو رژیم خلافت اسلامی ولایت فقیه بود. و نیروی قدس بین ۱۰۰۰۰ تا ۲۰۰۰۰ نفر پرسنل دارد و با گروه‌های حماس و جهاد اسلامی و پ ک ک و دیگر سازمان‌های تروریست و شرور از نزدیک کار می‌کند. و سپاه قدس بعد از ۲۰۰۵ قاتل رسمی بیش از ۳۰۰ آمریکایی شد. همچنین قاسم سلیمانی در ساخت شبکه مسلحانه تروریستی شیعه و گروه‌های مسلح که برای ایران جنگ نیابتی می‌کنند؛ نقش مسلم داشت.

در بامداد روز جمعه ۱۳ دی ۱۳۹۸ در فرودگاه بغداد؛ هواپیمای ایرباس[4] حامل سلیمانی به زمین نشست. سلیمانی به اتفاق همراهانش از جمله ابوالمهدی مهندس[5] (یکی

1- Ronald Wilson Reagan
2- The Shia / Shiite Crescent
هلال شیعی منطقه‌ای هلالی‌شکل در خاورمیانه است. هلال شیعی اصطلاحی است که قدرت گرفتن شیعه با تحریک جمهوری اسلامی در خاورمیانه را مطرح می‌کند.
3- Hamas
4- AirBus A320
5- Jamal Ja’far Muhammad Ali Al Ibrahim / Abu Mahdi al-Muhandis

از رهبران کتایب حزب‌الله جزو زیر مجموعه حشد شعبی[1]) سوار بر ماشین شد.

بعدها افراد سی آی ای در شبکه تلویزیونی آن بی‌سی گفتند که رابط‌های سی آی‌ای در فرودگاه دمشق و بغداد حضور داشتند و بنا به گزارش یکی از افراد نفوذی در حلقه داخلی سپاه قدس و حزب‌الله؛ سی آی ای متوجه شد که سلیمانی در راه بغداد است و موساد[2] هم جزئیات سفر را تائید کرد. بعدها نیویورک تایمز[3] افشا کرد که سیا رابط‌هایی را در داخل شبکه سپاه قدس در سوریه - حزب‌الله - فرودگاه‌های بغداد و دمشق پیدا کرد.

جاسوس‌های آمریکا در فرودگاه بغداد و بخش فنی؛ مشخصات ظاهری سلیمانی را تائید کردند. ۲ مقام سی آی‌ای به شبکه آن بی‌سی[4] گفتند که دیده‌اند رهبر نظامی عراقی (ابومهدی) از پله‌ها برای استقبال از فرمانده نیروی قدس بالا رفت و قاسم سلیمانی هم فورا بیرون آمد و ساعت از ۱ بامداد گذشته بود. تصویرهای سیاه و سفید از دوربین مداربسته توسط یکی از افراد نظامی گار گذاشته شده بود. جینا هسپل از طبقه ۷ دفتر کارش در لانگلی ویرجنیا[5] تصاویر را می‌بیند و به طور همزمان هم مارک اسپر وزیر دفاع در مقر پنتاگون به صفحه تلویزیون خیره مانده است و ترامپ هم در فلوریدا است.

نوعی پهباد[6] با قابلیت حمل موشک و امکان کنترل از راه دور و پرواز خودکار (دروگر)[7] که با اجازه رادار حکومت عراق وارد فضای هوایی کشور شده بود به آسمان فرودگاه بغداد رسیده بود. از ۱ مه ۲۰۰۷ آسمان عراق تحت کنترل نیروهای آمریکایی است و بسیاری از عملیات‌ها علیه تروریست‌ها را با موفقیت انجام داده‌اند. (که می‌توان به کشتن ابو مُصعَب الزرقاوی[8] تروریست بنیادگرای اردنی در ۷ ژوئن ۲۰۰۶، عراق اشاره کرد.) بنابراین هراسی از درگیری با نیروهای نظامی عراق وجود نداشت و از قبل هماهنگ شده بود. از دیدگاه ایالات متحده آمریکا - پس از چند سال بررسی - سلیمانی یک طراح حملات تروریستی خطرناک بود تا نفوذ ایران را در منطقه افزایش دهد.

سلیمانی و همراهانش سوار اتومبیل می‌شوند. گروهی سوار وانت شدند تا از ترمینال حمل بار خارج شوند. رئیس سی آی‌ای و مسئول پنتاگون هم از طریق دوربین مداربسته شاهد اجرای عملیات حذف سلیمانی بودند که چگونه کاروان اتومبیل سلیمانی براه افتاد و

1- The Popular Mobilization Forces (PMF)
2- Mossad
3- The New York Times
4- NBC/ National Broadcasting Company
5- Langley, Virginia
6- Drone
7- MQ-9 Reaper
8- Abu Musab al-Zarqawi

پهبادها هم بر بالای سر آنها در حال پرواز و تعقیب هدف بودند. کاروان اتومبیل سلیمانی حرکت کرد و خودش نمی‌دانست که چه سرنوشت تحقیرآمیزی در انتظارش هست.

پهباد آمریکایی هدف متحرک را تا خروج از حیاط بخش باربری فرودگاه تعقیب می‌کند. سیگنال‌های متخصص اطلاعات به روی دستگاه فرستنده تقویت می‌شود. در پیام مبایل برای آخرین بار تائید مشخصات افراد داخل کاروان اتومبیل را دریافت می‌کند تا شک و شبهه‌ای باقی نماند. از مدتها قبل گروه عملیات نقشه و اطلاعات ماهواره‌ای را دریافت کرده بودند و همه نقشه‌ها با تطبیق وسواس گونه در سیستم داخل هواپیمای بدون سرنشین تعبیه شده بود تا کارشناس پرواز آن، به درستی آن را به پرواز در آورد و کنترل کند. و آمریکا در دوران ترامپ ۱۸ ماه یا ۱٫۵ سال تلاش داشت که قاسم سلیمانی را از عرصه حذف کند.

گشت شناسایی و اکتشاف کارشان تمام شده بود. ترافیکی در منطقه وجود نداشت. هر از گاهی معدود اتومبیلی یا تاکسی مسافری عبور می‌کرد و در داخل مسیر بودند. ماشین وانت در جلوی اتومبیل قاسم سلیمانی حرکت می‌کرد. کارشناس عملیات پهباد از مرکز فرماندهی عملیات آمریکا[1] در قطر؛ عملیات ارسال موشک را کنترل و هدایت می‌کرد. فرمان شلیک هم از مقر نیروهای سنتکام (ستاد فرماندهی مرکز ایالات متحده آمریکا)[2] صادر شد.

با نشانه‌گیری دقیق به هر کدام از دو اتومبیل کاروان سلیمانی دو موشک[3] شلیک کرد. در کل چهار موشک به سوی هدف شلیک شد. برای آمریکایی‌ها عملیات کشتن و حذف سلیمانی (که به مدت بیش از یک دهه، بطور بیرحمانه‌ای به قتل و عام نیروی نظامی امریکا کمک کرده بود) موفقیت مسرت بخشی به نظر می‌آمد. حضور شبح گونه و پر تبلیغات رسانه‌ای یک بازیگر حکومت ملایان مرده بر زمین افتاده بود و در آتش میان آهن پاره‌های اتومبیل می‌سوخت. و چند دقیقه بعد همه نیروهای آمریکایی از فرودگاه بغداد دور شدند. از لحظه فرود هواپیما تا پیان عملیات، ۱۵ دقیقه گذشت.

یکی از کارشناس‌های قبلی اداره اطلاعات داخلی آمریکا[4] در مصاحبه با فاکس نیوز[5] گفت «آن دو نفر که نیامده بودند در عراق با هم گلف بازی کنند؛ قصدشان طراحی برنامه

1- The United States Special Operations Command (USSOCOM / SOCOM)
2- The United States Central Command (USCENTCOM / CENTCOM)
3- Hellfire
4- The United States Department of Homeland Security (DHS)
5- The Fox News Channel

تروریستی علیه سربازان ما بود!» البته هدف اصلی ابوالمهدی و سلیمانی هم دور کردن آمریکا از عراق بود و تظاهراتی ضد ایرانی و ضد حکومت مرکزی عراق هم در عراق براه افتاده و سپاه قدس را مشوش و سراسیمه کرده بود.

اول پنتاگون خبر کشته شدن سلیمانی را اعلام کرد. از دید کارشناس‌های امنیتی؛ کشتن سلیمانی (معمار استراتژی تروریستی جمهوری اسلامی در خاورمیانه)، قاعده بازی را در خاورمیانه تغییر داد.

فورا حماس بیانیه‌ای منتشر کرد و خامنه‌ای هم بیانیه داد و با اغراقی غیر مستند گفت سردار بزرگ و پرافتخار اسلام! چیزی مثل سعد بن ابی وقاص[1]، فرمانده حمله اعراب شمشیر زن به ایران. گرچه بخشی از سپاه هم خواهان جنگ نبود و بخشی از حاکمیت هم همچنان بر ایجاد رابطه اصرار می‌کرد. اما وزارت اطلاعات و سپاه پاسداران ایران؛ آمریکا را به انتقامی سخت تهدید کردند. و ساعاتی بعد اسماعیل قاآنی به عنوان جانشین سلیمانی معرفی شد.

بنا به گفته سی آن ان[2]، ترامپ در لحظه شنیدن خبر کشته شدن قاسم سلیمانی، بستنی می‌خورد. اما فورا در جلسه خبری با صراحت گفت: «دستور کشتن دادم تا مانع جنگی شوم باشم. سلیمانی در حال برنامه‌ریزی یک حمله قریب‌الوقوع بود». جان بولتن هم تبریک گفت و ابراز امیدواری کرد تا اولین قدم در راه تغییر رژیم در ایران باشد. نتانیاهو[3] هم از ترامپ تشکر و قدردانی کرد. اما بایدن[4]، رقیب انتخاباتی ترامپ اعلام کرد: کشتن سلیمانی؛ انداختن آتش در انبار باروت بود اما هیچ آمریکایی برای مرگ سلیمانی اشک نمی‌ریزد!

برای دستگاه اطلاعاتی و امنیتی ترامپ، در ۳ ماه بعد از مرگ ابوبکر بغدادی۵ (۲۶ اکتبر ۲۰۱۹)؛ کشتن قاسم سلیمانی هم موفقیتی امنیتی و یک حمله دقیق پهبادی و مهم‌ترین اقدام کشتن یک نظامی ارشد کشوری خارجی پس از جنگ جهانی ۲ (ترور فرمانده ارشد نیروی دریایی ژاپن) به شمار می‌آید و هم آن را قمار امنیتی می‌نامند زیرا همگی منتظر انتقام سخت ادعا شده از طرف ایران بودند!

ایران اول مراسم عزا برگزار کرد و تبلیغات رسانه‌ای گسترده‌ای به راه انداختند تا

1- Sa’d ibn Abi Waqqas
2- The Cable News Network, CNN
3- Benjamin “Bibi” Netanyahu
4- Joseph Robinette Biden Jr.
5- Abu Bakr al-Baghdadi

سلیمانی را «قهرمان ملی» بنامند. تشییع جنازه و دفن قاسم سلیمانی در در روزهای شنبه ۱۴ تا چهارشنبه ۱۸ دی ۱۳۹۸، در شهرهای کاظمین، بغداد، نجف، کربلا، اهواز، مشهد، تهران و قم انجام شد و نهایتاً وی در نیمه شب ۱۸ دی در کرمان دفن شد. حتی نماز میت در دانشگاه تهران توسط علی خامنه‌ای، با حضور چند ده هزار نفر مردم برگزار شد.

چند ساعتی از تبلیغات رسانه‌ای و معرفی سلیمانی به عنوان قهرمان ملی نگذشته بود که ایران صرفاً به راکت پراکنی کور به سوی کنسولگری آمریکای خالی از سکنه دست زد و پدافند هوایی سپاه پاسداران انقلاب اسلامی در اقدامی جنون‌آمیز به پرواز شمارهٔ ۷۵۲ هواپیمایی بین‌المللی اوکراین[1] که یک پرواز مسافربری متعلق به اوکراین از مبدأ تهران به مقصد کی‌یف در حرکت بود، شلیک کرد و همهٔ ۱۷۶ سرنشین این پرواز جان باختند.

این هواپیما در ۱۸ دی ۱۳۹۸ (۸ ژانویه ۲۰۲۰) ساعت ۶:۱۹ صبح، اندکی پس از برخاستن از فرودگاه بین‌المللی خمینی هدف دو موشک قرار گرفت که به فاصلهٔ ۲۴ ثانیه از سامانهٔ موشکی تور پدافند هوایی سپاه پاسداران شلیک شدند و کمی بعد این هواپیما در نزدیکی شاهدشهر استان تهران سقوط کرد.اول مقامات ایران، علت سقوط را نقص فنی اعلام کردند اما بعد کارشناسان موضوع برخورد موشک را مطرح کردند که ایران در اولین قدم آنرا انکار کرد و سخنگوی نیروهای مسلح ایران، آن را «دروغ محض و جنگ روانی و توطئه آمریکا» خواند. در روز بعد، مقامات اطلاعاتی آمریکایی اعلام کردند که تصاویر ماهواره‌های شناسایی مادون قرمز مستقر در فضا با اطمینان شلیک و نزدیک شدن دو موشک سطح به هوا به بدنهٔ هواپیما را نشان می‌دهد و مقامات دفاعی انگلیس و نخست‌وزیر کاناداهم، ارزیابی آمریکایی‌ها در مورد برخورد موشک را تأیید کردند و نیویورک‌تایمز هم صحت فیلم‌های منتشر شده در شبکه‌های مجازی که لحظهٔ برخود موشک به هواپیما را نشان می‌داد، با نظر کارشناسان خود تأیید کرد. سرانجام وقتی که آمریکا، کانادا، بریتانیا، و استرالیا اعلام کردند این هواپیما بر اثر برخورد موشک زمین به هوا سقوط کرده است. سخنگوی مجددا آن را «عملیات روانی دولت آمریکا؛یک شایعه؛ دروغ؛ شیادی آمریکا؛ جنگ روانی؛ سناریوسازی دروغین غرب» توسط «دشمنان» و «ضدانقلاب» معرفی کردند. پس از پنهان‌کاری‌ها و تکذیب‌های متوالی، در نهایت در تاریخ ۲۱ دی ۱۳۹۸، شلیک موشک به پرواز ۷۵۲ توسط ستاد کل نیروهای مسلح ایران تأیید شد و دلیل شلیک موشک به این هواپیمای مسافربری، در اطلاعیه ستاد کل نیروهای مسلح، «خطای انسانی غیرعمد در تشخیص شیء پرنده» اعلام شد!

1- Ukraine International Airlines Flight 752 (PS752/AUI752)

روز شنبه ۲۱ دی ۱۳۹۸ مردم معترض برابر دانشگاه‌های تهران در اعتراض به حادثه شلیک موشک سپاه پاسداران به هواپیمای مسافری و پنهان‌کاری مقامات جمهوری اسلامی دست به تجمع و تظاهرات زده و علیه «دروغ‌گویی و پنهان‌کاری» مسئولان حکومت شعار دادند و خواستار استعفای علی خامنه‌ای به عنوان فرمانده کل نیروهای مسلح شدند. و سه روز پس از مرگ؛ جمعیت مردم ایران که در مراسم ختم شرکت کرده بودند به سابقه و پیشینه سلیمانی بیشتر از پیش آشنا شدند و عکس‌ها و تابلوهای یادمان وی را نابود کردند.

در یک سال پس از مرگ سلیمانی؛ خاورمیانه شاهد رشد صلح بین اعراب و اسرائیل بود. و هم اکنون ناو و زیردریایی امریکا و اسرائیل هم به خلیج فارس وارد شده‌اند و در مرز آبی جنوب ایران حضور دارند. و رژیم ایران هم با مشکلاتی مانند نابودی محیط زیست، فروپاشی اقتصادی، ضعف در مدیریت کرونا و ظهور اختلافات درون قدرت درصورت مرگ خامنه‌ای و مساله جانشینی وی و... روبروست.

۲

نگاه جامعه اطلاعاتی امنیتی آمریکا به ایران

سفر حسین طائب و محمود علوی به عراق

مهم‌ترین مرکز اطلاعاتی امنیتی جمهوری اسلامی رژیم - چه واجا[1] و چه سازمان اطلاعات سپاه[2] - در اربیل و بغداد است و همه گروه‌های کُرد و شیعه با رژیم ملایان در تهران رابطه و حتی در تهران و کرمانشاه و سنندج نماینده دایمی دارند. شاید به غلط در برخی رسانه‌ها تبلیغ شده باشد که مثلا فلان حزب کُردی - مانند قبیله بارزانی - مخلف جمهوری اسلامی است اما همان حزب، اولین متحد جمهوری مُلایان بوده و هست. به سفر وزیر اطلاعات به عراق - محمود علوی - توجه بفرمائید. اول از همه به پابوس و دستبوس مسعود بارزانی در اربیل می‌روند که حافظ منافع و مصالح رژیم جمهوری اسلامی است. پس قصه‌های فریبکارانه رسانه‌ای، حکایت کف روی آب است. و متاسفانه وابسته‌های این گروه‌های تروریستی و تجزیه‌طلب، مثل ویروس ایدز، در رسانه‌های فارسی خارج از کشور پخش شده‌اند!

هدف اصلی سفر حسین طائب رئیس ساس (سازمان اطلاعات سپاه پاسداران)به عراق هم، تجهیز و مشاوره به گروه‌های تروریستی شیعه که جزیی از شبکه فراملیتی تروریسم[3] هستند تا در عراق علیه نیروهای آمریکایی اقدام و عملیات تروریستی انجام دهند. وی یکی از حلقه‌های نزدیک به مجتبی خامنه‌ای و سالهاست در این صندلی مانده است و از مهرماه ۱۳۸۹ (۲۰۱۰ میلادی) به دلیل توحش و شکنجه و کشتار و نقض جدی حقوق بشر، مورد تحریم آمریکاست. شخصی است که وجاهت و اعتبار بین‌المللی ندارد و صرفاً مشغله او، بازی با مهره‌های تروریستی منطقه[4] است.

1- MOIS -Ministry of Intelligence (Iran)
2- IRGC-IO / Intelligence Organization of the IRGC
3- Transnational Terrorist Network
4- Regional Terrorism

- محمود علوی وزیر اطلاعات و ماجرای آدم ربایی مخالفان:

علوی نادانترین مُلایی است که بر صندلی نهاد اطلاعاتی امنیتی واجا تکیه زده که هیچ شناختی اطلاعاتی امنیتی ندارد و بنا به همان مصاحبه مشهور تلویزیونی‌اش، صرفاً در سال ۵۷ به طرفداری از خمینی، یک گروه تروریستی داشته و آدمکشی کرده است. در دوران وزارت او در واجا، آدم‌ربایی‌ها با عملیات فریب صورت گرفت مانند ربودن روح‌الله زم (با کمک برخی خبرنگار نمای متوهم در خارج از کشور)، یا دستگیری و آدم ربایی «جمشید شارمهد» یا حبیب کعب (معروف به حبیب اسیود) با کمک فاحشه و باند قاچاق مواد مخدر و ... البته، او آدم‌ربایی و ترور در خارج از کشور را موفقیت امنیتی می‌داند!

اما در ایام محمود علوی، قاسم سلیمانی از صحنه حذف شد که بعد از ابوبکر بغدادی و عماد مغنیه و بن لادن[1] مهم‌ترین تروریست خاورمیانه بود. پس از حذف او ابنای بشر زندگی آرام‌تری خواهند داشت. در کل، جمهوری اسلامی با تروریسم به قدرت رسیده و با تروریسم[2] تا این لحظه به بقای خود ادامه داده است. تا کنون از بدو به قدرت رسیدن جمهوری اسلامی، ۳٦۰ اقدام تروریستی توسط این رژیم در جهان ثبت شده است. حتی در کادر دیپلماتیک، هم اعضای باندهای جنایتکار[3]، کارتل‌های مواد مخدر[4] و اشخاص تبهکار وجود داشته و دارد که نمونه بارز هم دستگیری اسدالله اسدی[5] توسط مقامات آلمانی به درخواست بلژیک بود. و یا در ایام همین محمود علوی، جنایات متعدد و قتل عام مردم در سالهای ۹٦ و ۹۸ رخ داده و امروزه هم ماجراهای خوزستان. اما وی هیچ قدرتی در مقابل عملیات سی آی ای و موساد اسرائیل در داخل ایران نداشته و ندارد.

1- Osama bin Mohammed bin Awad bin Laden
2- Terrorism
3- Transnational Criminal Organizations
4- Drug Trafficking Organizations (DTOs)
5- Asadollah Asadi

در ژوئیه ۲۰۱۸ در حالیکه در اتوبانی در ایالت بایرن آلمان در حال بازگشت به محل سکونتش در اتریش بود، به اتهام دست داشتن در عملیات بمب‌گذاری علیه گردهمایی سازمان مجاهدین خلق در پاریس بازداشت شد. اسدی در ۲۷ نوامبر ۲۰۲۰ به اتهام طرح عملیات تروریستی در اروپا، در دادگاه تروریستی آنتورپ بلژیک به همراه سه متهم دیگر) مهرداد عارفانی، امیر سعدونی و نسیمه نعامی) محاکمه شد. روز پنج‌شنبه ١٦ بهمن ۱۳۹۹ دادگاه کیفری آنتورپ، با رد مصونیت دیپلماتیک اسدالله اسدی، وی را به بیست سال زندان محکوم کرد. در روز ۱۵ اردیبهشت ١٤٠٠ بیست سال زندان اسدالله اسدی تأیید شد و وی قصد فرجام‌خواهی ندارد و دوران محکومیتش را خواهد گذراند. دولت بلژیک تضمین کرده، وی با هیچ زندانی غربی در ایران مبادله نخواهد شد. دادگاه تجدیدنظر در شهر آنتورپ بلژیک در ۲۰ اردیبهشت ۱۴۰۱ حکم نهایی همدستان اسدالله اسدی را تأیید و اعلام کرد: امیر سعدونی و نسیمه نعامی به ۱۸ سال زندان و سلب تابعیت بلژیک و مهرداد عارفانی به ۱۷ سال زندان و سلب تابعیت بلژیک محکوم شدند.

- گزارش اداره امنیت آلمان درباره مرکز اسلامی هامبورگ:

سیدمحمد بهشتی فقط مدرسه حقانی یا محل پرورش تروریست را برای مُلایان نساخت[۱] که اکثر قاتل‌های درجه یک نظام آخوندی فارغ‌التحصل این مدرسه بدنام هستند مانند فلاحیان، ری‌شهری، حسینیان، پورمحمدی، یونسی و... . در ۱۳۴۳ بهشتی به آلمان رفت و مرکز اسلامی هامبورگ و اتحادیه انجمن‌های اسلامی دانشجویان در اروپا (گروه فارسی‌زبانان) را تاسیس کرد[۲] و بعدها هم برای سی آی‌ای جاسوسی می‌کرد. در همان ایام او بود که سیدمحمد خاتمی (رییس جمهور دوران به اصطلاح اصلاحات) در سال‌های ۱۳۵۷ – ۱۳۵۹، با تأیید بهشتی، امامت مرکز اسلامی هامبورگ[۳] را بر عهده داشت.

چند ماهی در سال ۲۰۱۷ در آلمان بودم و روی نقش تروریستی سازمان‌های اسلامی[۴] به عنوان سازمان‌های فراملیتی[۵] تحقیق می‌کردم. و بسیار خوشحالم سرانجام آن تحقیقات و تئوری‌ها در جایی به واقعیت پیوست و مفید واقع شد. که باید سپاس ویژه از زحمات اداره امنیت آلمان[۶] داشت. اما متاسفانه همان اداره امنیت آلمان، در ایام ری‌شهری[۷] و فلاحیان با واجا همکاری اطلاعاتی داشتند!

اینکه پس از جنایات ترریستی به تازگی اداره امنیت داخلی هامبورگ اعلام کرد که به اسناد جدیدی دست یافته که نشان می‌دهند مرکز اسلامی هامبورگ نه فقط وابسته به حکومت جمهوری اسلامی بلکه یکی از مهم‌ترین نهادهای رژیم ایران در اروپاست. این نتیجه‌گیری حاصل همان پژوهش‌هاست که به ثمر نشسته. ارتباطات بین این مسجد و سازمان تروریستی حزب‌الله لبنان دیگر پوشیده نیست.

۱- مدرسه حقانی، در ۱ فروردین ۱۳۳۹ به وسیله سیدمحمد بهشتی، مهدی حائری تهرانی، علی مشکینی و غلامحسین حقانی با هدف تحول در نظام آموزشی حوزه و کادرسازی برای فعالیت‌های آینده آن در قم تأسیس شد.

۲- در صفحات ۴۵۷، ۵۷۶ و ۵۷۷ کتاب «دامگه حادثه»، جناب پرویز ثابتی به چند موضوع در رابطه با شهید بهشتی اشاره کردند که فهرست‌وار عبارتند از: ارتباط منوچهر آزمون با شهید بهشتی در مقطعی که جریان انقلاب اسلامی شتاب گرفت (بویژه پس از نماز عید فطر به امامت شهید آیت‌الله دکتر مفتح و راهپیمایی متعاقب آن)، همکاری شهید بهشتی با ساواک در دوره ریاست مرکز اسلامی هامبورگ، ارتباط و رفاقت شهید بهشتی با سرتیپ اکبر دادستان (پسرخاله شاه) و همراهی با وی در مجالسی که به لحاظ اخلاقی مغایر با شئون دینی بوده، و ارتباط غیرمستقیم ساواک با شهید بهشتی در سال‌های پیش از انقلاب و در زمانی که وی از مؤلفان کتب تعلیمات دینی مدارس بود (۱۳۴۹ تا ۱۳۵۵).

3- The Islamic Centre Hamburg

4- Islamic Terrorist organiztion

5- Transnational Terrorist Network

6- BND, Bundesnachrichtendienst

۷- ۲۴امرداد ۱۳۶۳ – ۷ شهریور ۱۳۶۸

متأسفانه تا سالهای سال، اتحادیه اروپا [EU] و یا حتی جامعه اطلاعاتی آمریکا از فعالیت‌های تروریستی فاسدترین حکومت الله بر زمین بی‌اطلاع بودند شاید از دوران رفسنجانی و سفر او به سودان در سال‌های ۱۳۷۱ و تشکیل مثلث شوم حزب‌الله و سپاه پاسداران و القاعده، تازه به عمق فاجعه پی بردند که به ۱۱ سپتامبر هم منتهی شد.

جمهوری اسلامی در همه مراکز اسلامی اروپا، تحت پوشش دینی و مذهبی یا موسسه‌های خیریه، کار اطلاعاتی امنیتی و فعالیت تروریستی دارد و در کشورهای حوزه آمریکای لاتین هم با کمک گرفتن از سازمان‌های جنایتکار فراملیتی[1] برای آمریکا تهدید شده است و با کمک آنها در داخل خاک آمریکا، سلول غیرفعال براه انداخته.

- ناآرامی‌های خوزستان و فریب رسانه‌ای جمهوری اسلامی و لابی وابسته:

گفتن این سخنان در اثر بی‌لیاقتی است. اینکه نایاک[2] در عین شامورتی بازی بگوید «به طور تصادفی شلیک کرده‌اند و آدم کشته‌اند. یا فلان مقام و رسانه جمهوری اسلامی بگوید بیگانگان کشته‌اند. اگر چنین است، پس نیروی ضد شورش تا بن دندان مسلح، چرا به آنجا رفته‌اند؟ مُلایان تروریست باور، علاقه و شیفتگی خاصی به سرکوب و خون‌ریزی دارند. خونریزترین و فاسدترین حکومت الله بر زمین، همین خلافت اسلامی ولایت فقیه است.

متاسفانه بازی امنیتی هم در وسط این بحران داخلی در حال اجراست و مأموران هر کدام نقش خود را بازی می‌کنند. گروه‌های تجزیه‌طلب و قوم‌گرا همیشه یاور استبداد و عامل بقای آن و یار قدرت اجنبی هستند. چون استقامت و حرکت مردم را سُست می‌کنند و آنها را از جنبش هم می‌ترسانند! چون شبکه مخوف تجزیه‌طلب‌ها مثل ویروس ایدز در همه رسانه‌ها هستند و باید روشنگری کرد و آموخت! البته برخی مامورند که یا برای تجزیه‌طلبی تبلیغ کنند و یا برای گلوله و فشفشه رژیم مُلایان نقاره بزنند و بازی قوم‌گرایی و تجزیه‌طلبی و خلق فلان و ملت بهمان را راه بیاندازند. باید توجه داشت که یک پرچم و یک ملت و یک کشور در حال گذار است که اختاپوس مذهبی شیعه و تروریسم اسلامی را نابود کند.

- آمدن رئیسی و نگاه جدید جامعه اطلاعاتی-امنیتی آمریکا به ایران:

1- Transnational Criminal organizations
2- NIAC

فعلاً در صدر جامعه اطلاعاتی آمریکا[1] یک زن نابغه‌ای به نام آوریل هینس[2] حضور دارد که مابقی نهادهای اطلاعاتی امنیتی آمریکا زیر مجموعه آن هستند. بخاطر شبکه‌های اجتماعی و نسل جوان و تحصیلکرده ایرانی، از شرارت و خباثت و توهم و جنایت آخوندهای حاکم بر ایران اطلاع و آگاهی بهتر و عمیق‌تری یافته‌اند. جامعه اطلاعاتی امنیتی آمریکا، نهادهای اطلاعاتی امنیتی ایران را بیشتر از پیش تحقیر خواهد کرد. اینکه یک تروریست و قاتل قربانیان رستوران میکونوس[3]، مانند کاظم دارابی خواهان ترور ترامپ است، بیشتر به جوک شبیه است!

نهادهای اطلاعاتی اروپا[4] به آن درجه رسیده‌اند که بدانند خمینیسم[5] یک ایدئولوژی نیست بلکه انبان دنائت و رذالت است [خودکامگی[6]، هرج و مرج‌طلبی[7]، آشوب‌طلبی[8]، عوامفریبی[9]، یهودی‌ستیزی[10]، افراطی‌گری[11]، خودستائی[12]، لمپنی[13]، وحشیگری[14]، ستمگری[15]، خشونت‌طلبی[16]، سرکوب، جنگ‌گرایی[17]، ایجاد سر و صدا و آشوب[18]،

1- ODNI: National Intelligence (DNI)
2- Avril Haines
3- The Mykonos restaurant assassinations

در ماجرای ترور میکونوس – در رستورانی به همین نام در برلین، آلمان – در تاریخ ۱۷ سپتامبر ۱۹۹۲ برابر ۲۶ شهریور ۱۳۷۱ رخ داد، تعدادی از سران اپوزیسیون کرد به‌دست عوامل جمهوری اسلامی ایران، به قتل رسیدند، که دادگاه آلمان حکم جلب علی فلاحیان و برخی دیگر از مقامات ایرانی را صادر کرد. افراد کشته شده در این حادثه شامل افراد زیر است: صادق شرفکندی دبیرکل حزب دموکرات کردستان ایران / همایون اردلان نماینده حزب دموکرات کردستان ایران در آلمان / فتاح عبدلی نماینده حزب دموکرات کردستان ایران در اروپا / نوری دهکردی کارمند صلیب سرخ و فعال در امور پناهندگان ایرانی مقیم آلمان

و عزیز غفاری صاحب رستوران میکونوس نیز در این حادثه زخمی می‌شود. علاوه بر این پنج نفر، دو ایرانی دیگر به نام‌های «پرویز دستمالچی» و «فرهاد فرجاد» نیز دور همان میز حضور داشتند که با وجود تیراندازی شدید توسط مسلسل، هیچ گونه آسیبی نمی‌بینند. دو فرد دیگر نیز به صورت اتفاقی در رستوران حضور داشتند.

4- MI6, SÄPO, NIS, DGSE
5- Khomeinism
6- Absolutism
7- Anarchism
8- Alarmism
9- Demagogism
10- Antisemitism
11- Extremism
12- Egotism
13- Blackgurdism
14- Barbarism
15- Despotism
16- Sanculotism
17- Militarism
18- Rowdyism

شیوه استالینی (استبداد و استفاده وسیع از ترور و خشونت)[۱]، ترس و وحشت، توحش[۲]، آخوندبازی[۳]، تروریسم[۴]، شارلاتان بازی[۵]، بی‌اخلاقی و توجه به هدف[۶]، سفسطه[۷]، ریاکاری[۸]، فرصت‌طلبی[۹]، واپس گرائی[۱۰]، چپ‌گرایی[۱۱]، کهنه‌پرستی و تاریک‌اندیشی[۱۲]، اشکال‌تراشی و خرابکاری[۱۳]، روضه‌خوانی[۱۴]، مکتب اوباش و همدستی با تبهکاران[۱۵]، حماقت[۱۶]، گذشته‌گرایی و احیا مذهب[۱۷]، مذهب گرایی[۱۸]، تبلیغ دینی[۱۹]، تبارگماری[۲۰]، گریز از مدرنیته[۲۱]، خرافات[۲۲]، اوباشی گری، هوچی گرایی[۲۳]، زندگی انگلی[۲۴]، مداخله‌جویی[۲۵]، افراط و تندروی[۲۶]، بی‌قانونی، خشک‌اندیشی، دشمنی، تعصب[۲۷]، وحشی گری[۲۸]، وقاحت[۲۹] و...]

دوران ریاست جمهوری رئیسی[۳۰]، قطعا دوران بسیار تاریک و مملو از سانسور و خفقان را برای ایران به ارمغان خواهد آورد. به عبارتی ساختار اصلی رژیم به سیم آخر زده است که یک مُلای تاریک فکر، رئیس جمهور بشود، یا یک جنایتکار مانند محسنی

1- Stalinism
2- Primitivism
3- Sacerdotalism
4- Terrorism
5- Charlatanism
6- Machiavelism
7- Sophism
8- Pharisaism
9- Opportunism
10- Fundamentalism
11- Leftism
12- Obscurntism
13- Obstructionism
14- Threnodism
15- Gangesterism
16- Idiotism
17- Revivalism
18- Religionism
19- Proselytism
20- Nepotism
21- Misoneism
22- Fetishism
23- Propagandism
24- Parasitism
25- Interventionism
26- Radicalism
27- Fanatism
28- Vandalism -Ruffianism
29- Vulgarism

۳۰- ۱۲امرداد ۱۴۰۰

اژه‌ای بر صندلی قضا تکیه بدهد¹ و قطعا از همان سنخ یکی هم وزیر اطلاعات خواهد شد (شاید افرادی مانند علی عبداللهی و یا مصطفی پورمحمدی و...) قصدشان هم حفظ بیت عنکبوت مقدس² یا بیت رهبری و سرکوب مردم برای دوران مرگ خامنه‌ای و تعیین ولی فقیه یا سفیه وقیح سوم است. و در این زمینه هم، هیچ فرقی در بین اصلاح طلب و اصولگرا نیست. هر دو گروه، برای حفظ نظام رژیم مُلاها و آخوندسالاری و استبداد دینی، آماده هر جنایتی و خیانتی هستند. هر دو گروه، در پشت سر رئیسی قرار گرفته‌اند.

امروز در خیابان‌های ایران، فریاد زیبا و جانفزای «مرگ بر جمهوری اسلامی»، «ننگ ما ننگ ما، رهبر الدنگ ما» شنیده می‌شوند آخرین نمونه‌اش در مترو صادقیه تهران. این بدین معنی است که جنبش مردم سراسری می‌شود و سرکوب در یک نقطه، جنبش در جایی دیگر آغاز می‌شود و نتیجه آن، پایان فاسدترین و خونریزترین حکومت الله بر زمین، پایان اختاپوس مذهبی، خلافت اسلامی ولایت فقیه و استبداد دینی، پایان وحشت بزرگ و پایان حکومت فرقه تبهکار مُلایان بی‌وطن و پایان دوران سیاهی، ویرانی ایران زمین و نابودی ویروس و عفونت آخوند در کالبد ایران زمین.

۱- ۱۰ تیر ۱۴۰۰

2- Holy Spider

۳
آبان و زوال اُختاپوس ولایت فقیه

پس از اعتراضات مردم در سال‌های ۱۳۷۸ و ۱۳۸۸ و ۱۳۹۶ و ۱۳۹۸ علیه استبداد دینی و رهبری خامنه‌ای، بار دیگر چهره اختاپوس مذهبی در ایران، ترک برداشت و این شکاف پابرجا، همچنان عمیق‌تر می‌شود. امروزه، جامعه ایرانی معترض، به خروش آمده تا شاید هستی، هویت، ثروت و کیان رفته و غصب شده توسط ملایان مکار و جبار را بازپس بگیرد. حکومت ملایان در مقابل تجمع اعتراضی ایرانیان خشمگین، برآشفته، درمانده، بخت برگشته و به تنگ آمده از همه چیز قرار گرفته است. مردمان ایران هم به دفاع از ایرانی آشفته، ویرانه و ورشکسته برخاسته‌اند که در زیر یوغ استبداد ملایان به تاراج رفته و هم این جامعه خفقان زده، افسرده، هراسیده، دلزده، وحشت‌زده و فقیر ضرورت را در تغییر می‌بیند و مسیر مردمان عبور از عمامه، عبا، نعلین، ریش و کنار گذاشتن اختاپوس مذهبی دستگاه مُلایان شیعه و ولایت فقیه است. جامعه‌ای که دیگر، در زیر یوغ آنها، چیزی برای از دست دادن ندارد.

در این روزها، کشنده‌ترین سلاح مقابل ملایان، شعارهای مردم معترض و هم بسته است. «خامنه‌ای باید برود»؛ «رهبر بی‌کفایت نمی‌خواهیم»؛ «مرگ بر اصل ولایت فقیه»؛ «رضا شاه، روحت شاد!». شعارهایی که حکومت ملایان و دستگاه‌های تبلیغات ولی فقیه و سانسور حکمفرما بر ایران کنونی را برآشفته کرده. شعارهایی که نشان از زوال اختاپوس مذهبی در ایران دارد و دستگاه ولی فقیه که ره آوردی جز فقر، بدبختی، درماندگی، اجنبی دوستی، نوکری چین و روسیه، تروریسم اسلامی، ننگ و انزوا برای ایران و ایرانی در پی نداشته است.

خامنه‌ای، رهبرعوام‌فریب، منفور، بی‌شهامت، غیرمسئول؛ به شدت دچار بیماری و شیدائی خودشیفتگی افراطی است و مانند ذهنیت مُلای شیعه، به طور سادیسم وار علاقمند به تمجید و ستایش و مقبولیت است. مشابه بسیاری از خلفای اسلامی در طی تاریخ خلافت‌های اسلامی، اهل نمایش و اطوار است. به عبارت دیگر، نبوغ خاصی در

نمایش و معرکه‌گیری و سماجت نشان دادن دارد. با گفتن «جان ناقابلی دارم، جسم علیلی دارم، بنده صاحب نظر نیستم» و...طبعا، نمی‌شود جامعه ملتهب و معترض و همه چیز برباد رفته نسل جوان را آرام نگه داشت. چهره او یادآور امیرالمؤمنین‌های جعلی، فاسد و خونخوار خلفای عباسی[1] و اموی[2] و عثمانی[3] و ... است؛ غرق در توهمات و عصبیت ایدئولوژیک و به شدت خودبزرگ بین و خود مهم پندار.

توهم‌های این ولی فقیه بربر و پرگو، ایران را به آشوب و ویرانی کشانده و مانع اصلی استقرار دموکراسی در ایران است. رفتار جاه‌طلبانه خامنه‌ای و دستگاه فاشیستی ولایت فقیه در طی ٤۰ سال دیکتاتوری و اختناق، موجب سلب اعتماد مردم زجر کشیده ایران شده و ادامه حضور خامنه‌ای بر قدرت پس از ۳۰ سال، برای ایران و ایرانی تهدید جدی است.

در تاریخ جهان ما، فاشیسم[4] با مرگ موسولینی[5] و هیتلر[6] نمرد، بلکه هنوز آثارش در ذهن آشفته و بیمار رهبرانی هرزه زبان، فحاش و خون آشام مانند خامنه‌ای و بشار اسد[7] باقی است و استبداد نظامی - امنیتی ولایت فقیه یادآور فاشیسم، آن هم از نوع مذهبی است.

خامنه‌ای شیفته پوتین[8] سرهنگ سابق ک.گ.ب[9] روسیه، یا چاوز در ونزوئلا، کره شمالی، و جماعت‌های تروریستی جهاد اسلامی[10] و حماس و حزب‌الله لبنان، هیچ گونه حرمتی برای حقوق مدنی، آزادی، پارلمان، مطبوعات، قلم، زنان، انسانیت، قانون، حقوق بشر، نسل جوان و ایران قائل نیست و به کسی هم پاسخگو نیست و این ۳۰ سال حکمرانی جبارانه، معتبرترین و گویاترین سند برای اثبات بی‌کفایتی و بی‌صلاحیتی او در مملکت‌داری است.

خامنه‌ای چند روز پیش در آغاز اعتراضات همین روزها، مثل خروشچف، مشت گره کرد، تهدید فرمود، لاف زد و رجز خواند. در بالای منبر به شاه فقید ایران و خانواده او اهانت کرد. در واقع امر، از اسم پهلوی وحشت دارد. اما امروزه اسرار شبکه فراملیتی ترور در زمستان بی‌بهار ۱۳۵۷ «در دامگه حادثه» افشا شده است. و نسل جوان دانست که آن

1- The Abbasid Caliphate
2- The Umayyad Caliphate
3- The Ottoman Empire
4- Fascism
5- Benito Amilcare Andrea Mussolini
6- Adolf Hitler
7- Bashar Hafez al-Assad
8- Vladimir Vladimirovich Putin
9- KGB
10- The Islamic Jihad Movement in Palestine / Palestinian Islamic Jihad (PIJ)

تقدس دروغین، یک فریب بزرگ بود و هیچ!

خامنه‌ای با اعتقادات توحش‌آمیز و جنون ترور، فرمان سلاخی و قتل مردمان بی‌دفاع معترض را می‌دهد و همان مردمان ایران را اوباش و اشرار می‌خواند. کابوس و وحشت این مُلای شیعه، سقوط بیت ولایت فقیه است و قدرت دستگاه جبار آخوندی...

امروز بیشتر از پیش، خامنه‌ای مانند هیتلر سیاست خشم و هراس را در پیش گرفته. مسیر پول پوت[1] و موسولینی را می‌رود. مانند عمرالبشیر و صدام حسین و قذافی، تا لحظه آخر هم تمایلی به ترک صحنه قدرت ندارد. به طور مضحک و بیمارگونه، خود را، «ربانی، مقدس، دارای وظیفه دینی- شرعی و ماموریت الهی یا رسالت خداوندی» می‌داند. تو گویی، بشر دوپا می‌تواند با آفریدگارش، سخن بگوید. اما مُلاها هنوز با جعل و فریب بزرگ، امام ۱۲ دل خوش هستند.....

خامنه‌ای مثل موسولینی تصور دارد که همیشه حق با اوست اما دیگر سخنانش مایه استهزا و ریشخند جامعه آگاه و هوشمند بویژه نسل جوان ایران است. دیگر، جامعه گوش‌هایش را به موعظه‌های پوچ و دروغین، تهوع‌آور و بی‌معنی علی خامنه‌ای بسته است. اعتراض‌های امروز ایران، نشان از این واقعیت دارد.

خامنه‌ای در ۳۰ سال پیش، پس از مرگ خمینی با رای و رضایت و اجازه مردم ایران، اختیار حکومت یک رژیم فاشیست مذهبی را در دست نگرفت، بلکه با حیله و تزویر و شیادی آخوندی در دستگاه جبار خلافت اسلامی، قدرت را در چنگ گرفت. و صحنه گردان بدنام ماجرا هم خود قربانی همان غصب شد و به سبک روسی با مواد شیمیایی، خفه‌اش کردند [رفسنجانی[2]].

از نگاه منحط ایدئولوژیک خامنه‌ای و از نگاه تاریک مذهبی مُلایان هم فکر او، «حکومت مردم» [دمکراسی] بی‌معناست و باید از گرده مردم بی‌خبر و نادان و غرقه در خرافات و موهومات به اسم دین و اسلام تا لحظه آخر، سواری گرفت. اعتبار و آبرو میان جامعه ایران و جهان هم برای مُلای شیعه، هرگز ارزشی نداشته و ندارد. از دید حکومت

1- Polpot

۲- رسانه‌های دولتی نوشتند: هاشمی رفسنجانی در حال شنا در استخر کوشک متعلق به مجمع تشخیص مصلحت نظام واقع در نزدیکی مجموعه سعدآباد در روز یکشنبه ۱۹ دی ۱۳۹۵ دچار عارضه قلبی شد. برخی از فرزندان هاشمی، مرگ وی را مشکوک دانسته‌اند فائزه هاشمی اعلام کرد در جلسه‌ای با حضور اعضای خانواده و برخی از مسئولان شورای عالی امنیت ملی اعلام کردند در بدن پدرم ۱۰ برابر بیش از حد مجاز رادیواکتیو بوده است.

فاشیستی «جامعه، فاقد ارزش است»... در دوران‌های صفویه[1] و قاجاریه[2] هم مُلایان شیعه دست‌بوس شاهان خونخوار و بی‌کفایت بودند.

چه خمینی و چه خامنه‌ای سمبل توحش و خباثت آخوندی و فاشیسم اسلامی، اسلام رادیکال[3]، جهادگر تروریستی و شیعه افراطی هستند.

امروزه خامنه‌ای، ایران را به پرتگاه نابودی و سقوط کامل کشانده و مردمان ایران به اعتراض برخاسته‌اند چون در میان فقر، محنت و نکبت و غم بیشتر از این توان فرمان بردن از فاشیسم ولایت فقیه و ایدئولوژی واعظی آن را ندارند. طالب دموکراسی‌اند و آزادی و دیگر یک ملای علیل، وقیح، خشک مغز، خودکامه، هرزه زبان و سفیه نمی‌تواند بر هرم قدرت ملک و مملکت باقی بماند. و به حکم تاریخ، سرانجامش - دیر یا زود- نابودی است.

خامنه‌ای، مُلای جبار امروز ایران، با شیوه وحشیانه - همان تروریسم اسلامی - به سرکوب می‌اندیشد. روزگارانی در همان ایران، چنگیز مغول یا شاهان صفویه یا قاجاریه، بیشتر از خامنه‌ای، مردم ایران را به خاک و خون کشانیدند. اما با همان جنایات بی‌شمار، ره به جایی نبردند.

خامنه‌ای نمی‌داند که ارتش نازی و مامورین گشتاپو هم توان مقابله با مردم را نداشتند. ابزارهای سرکوب نظام دیکتاتوری و حکومت فاشیستی ولی فقیه منفور ایران هم عاقبت شکست می‌خورد.

خامنه‌ای در ۳۰ سال حکومت استبدادی و ولایت مطلق، هرگز نیاموخت که حفظ چنگال قدرت با خون، ره به جایی نمی‌برد. میلوسویچ هم بین صرب‌ها کمر به قتل عام بست. استالین هم می‌خواست با خونریزی اراده خود را به مردمان تحمیل کند.عاقبت آنها چه شد؟ سرنوشت خامنه‌ای هم بهتر از آنها نیست.

هدف خامنه‌ای در سخنرانی اخیرش، ایجاد رعب و وحشت و منم زدن است. ابزارهای سرکوب ملایان، یعنی سپاه پاسداران انقلاب اسلامی (IRGC) و وزارت اطلاعات جمهوری اسلامی (واجا) و یا نیروی انتظامی، را به جان مردم ایران انداخته، اما این آدمک‌های مجنون هم با تانک و سرنیزه، استعداد نمایش قدرت در مقابل خواست و اراده مردمان معترض یک جامعه را ندارند. می‌شود مدتی ساکت کرد.. اما آتش خشم، زبانه خواهد کشید...

1- The Safavid dynasty
2- The Qajar dynasty
3- Radical Islam

موسولینی در ۲۲ جون ۱۹۳۹ به سربازانش گفت «رحم نکنید و با خشونت رفتار کنید!». در ۸۰ سال بعد هم خامنه‌ای همان سخنان را به زبان میراند و شیفته قتلگاه و قربانگاه هیتلری ساختن است. خامنه‌ای مثل فرانکو[1] اگر ۱۳۰۰ نفر را هم در یک روز بکشد، غصه‌ای ندارد.

طبعاً مردم برآشفته، عصبانی و ناراضی ایران هم با دست خالی، این بار می‌خواهند به زبان خود خامنه‌ای، او را حالی کنند و به آن زبان نفهم، بفهمانند. قبل از خامنه‌ای، مردم فیلیپین و اندونزی هم از شر مارکوس[2] و سوهارتو[3] با دست خالی خلاص شدند.

خامنه‌ای مانند هیتلر بدون داشتن چیزی در چنته، بلوف قدرت می‌زند. اما مثل هیتلر هم جاذبه شخصیتی ندارد. اگر اعتماد به نفسی می‌داشت، طبعاً در وبسایت خود القابی تقلبی و جعلی مانند رهبر مسلمانان جهان، ولی امر مسلمین جهان، رهبر انقلاب ۵۷، حضرت آیت‌الله العظمی مدظله العالی، نایب بر حق امام زمان و... برای خود قائل نمی‌شد. البته تقدس تا سر حد امکان، جزو اصول فاشیسم هیتلری و نازیسم بوده است.

اما مردمان ایران با شعار «رهبر بی‌کفایت، نمی‌خواهیم»، مقابل ۳۰ سال دروغ، جهل، حماقت و هراس و بی‌کفایتی و بی‌صلاحیتی خامنه‌ای برخاسته‌اند و امروز هم «نبرد من خامنه‌ای» مانند «نبرد من[4] هیتلر» مبارزه‌ای برای حفظ قدرت اختاپوس مذهبی در ایران و دستگاه ولایت فقیه شیعه است. کمترین ربطی به مصالح و منافع ایران و ایرانی، نداشته و ندارد. هدف فاشیسم هیتلری و یا مذهبی هم حفظ قدرت نظام دیکتاتوری است. اما هیتلر آنقدر هوش داشت که به ترمیم اقتصاد آلمان بیندیشد ولی خامنه‌ای، دارایی و ثروت و سامان ایران را صرف بلندپروازیهای ابلهانه و سفیهانه هلال شیعی[5] کرد و همیشه هم وقیحانه از حراج و نابودی ثروت ایران در جهت تروریسم و یا هلال شیعی و ضدیت با آمریکا و اسرائیل خرسند به نظر می‌رسد...

ایامی، مردم آلمان دیگر هیچ تمایلی به همراهی با «رایش سوم[6]» را نداشتند و عاقبت هم روزی فرارسید که دیگر صدای یکنواخت و مشهور پیشوای عصبی و خون‌آشام از رادیو آلمان پخش نشد. در ایتالیا، آلمان و اسپانیا هم زمانی آمد که صدها هزار نفر عکسهای قاب گرفته دیکتاتورهای فاشیست برکنار شده را از دیوارها برداشتند و به سطل

1- Francisco Franco
2- Ferdinand Emmanuel Edralin Marcos Sr.
3- Suharto
4- Mein Kampf
5- Shia crescent
6- The Third Reich

زباله انداختند و یا مردمان روسیه هم عکسهای استالین را سوزاندند. سرنوشت خامنه‌ای هم چنین است و چه بسا متهم مشهور به خلق جنایت سینما رکس آبادان[1] عاقبت خود در آتشی که شعله کشیده، خواهد سوخت.

قطعا روزگارانی، یکی از هنرمندان ایرانی مشابه چارلی چاپلین[2] که «دیکتاتور بزرگ[3]» را به نمایش گذاشت، پایان ولی فقیه فاشیست را به روی صحنه خواهد برد. لاجرم مردم ایران هم، آن روز را خواهند دید. همه حکومت‌ها، مهمان تاریخ‌اند؛ می‌آیند و می‌روند. امروزه هم، مشت‌های گره کرده مردمان معترض ایران و این اعتراض‌های در حال جوشش و غلیان، نشانه آن است که مردم نمی‌خواهند که ایران به جنگ داخلی[4] و تجزیه برسد اما ملایان خون‌آشام و تبهکار و مروج ویروس خرافات و موهومات، خواهان آنند.

خامنه‌ای و دستگاه جبار و فاسد اُختاپوس مذهبی ملایان در ایران، با استفاده از سرکوب شدید و خونریزی و خلق جنایت، نمی‌خواهند به سادگی دست از قدرت بکشند و شیفته و زبون قدرت و ثروت، نمایش جلو دوربین و افزایش تنش و خلق بحران هستند. ایران را مستعمره و مصادره خویش می‌دانند و مردمان ایران را هم رعایا و بردگان خویش. با زور و فریب، خرافات و موهومات می‌خواهند مردمان ایران را به فرمانبرداری و اطاعت محض در مرداب سکوت و خفقان وادادند و فاشیست‌ها هم بر این باور بودند که طبقه حاکم برتر هستند و همگان باید اطاعت کنند.

اما چهره اختاپوس مذهبی در ایران ترک برداشت و مایه تهدید و خطر واقعی ایران و زیستن ایرانیان، ادامه ولایت فقیه و حکومت جعلی اسلام ناب محمدی ملایان شیعه است. ملایانی که ضد فرهنگ و هنر و تاریخ و تمدن ایران و ایرانی بوده و هستند و دیگر سخن امپراتوری متوهمانه ملایان، توحش است تا تمدن. اما روز پایان ساختار اختاپوس مذهبی مُلایان شیعه و این ولایت فقیه و نماینده امام جعلی دوازدهم، مانند فروپاشی دیوار برلین و شوروی، قطعاً «پیروزی بشریت» در قرن ۲۱ نام خواهد گرفت و ایران هم به کشوری

1- The Cinema Rex

سینما رکس واقع در آبادان در شب هنگام ۲۸امرداد ۱۳۵۷ و در حین نمایش فیلم گوزن‌ها توسط تروریست‌های اسلامی طرفدار خمینی و مخالف محمدرضا شاه به آتش کشیده شد و دست کم ٤۲۰ نفر کشته شدند. / پرویز صیاد نمایش محاکمه سینما رکس آبادان را به معرض تماشای مردم لوس آنجلس گذاشت. و تلویزیون من و تو - در ۱۷ اوت ۲۰۱۳ - گزارشی در این باره پخش کرد. صیاد به درستی، دست داشتن مُلاهای جنایتکار را در این جنایت وحشتناک، به نمایش گذاشت.

2- Sir Charles Spencer Chaplin Jr.

3- The Great Dictator

4- A civil war / intrastate war

دموکراتیک و آزاد از چنگال خرافات و موهومات و زنجیر توهم و تعصب مبدل می‌شود و قطعاً آن روز، جهان به احترام مردمان شیفته آزادی و دموکراسی در ایران، خواهد ایستاد.

در آینده ایران، چه مشابه نروژ[1] باشد یا مشابه کانادا[2] باشد، قطعاً دموکراسی، قوام و دوام خواهد گرفت. زوال ولایت فقیه، ضرورت و جبر تاریخ است و ملایان هم، ایران را تاراج می‌کنند و به ورطه کامل نابودی می‌کشانند. گرچه امروزه روز، حال ایران خوش نیست و ایران در حال پاره شدن، گسست، انحطاط و نابودی است.

حتی اگر چند روزی هم این جنبش اعتراض‌های مردمی موقتاً ساکت شود، این خوشه‌های خشم و شعله‌های اعتراض، خاموش شدنی و قابل کنترل نیست. خاموشی و نابودی کامل آن، اوج ساده‌نگری و خوش خیالی است. آخرالامر، جامعه صبور و زجر کشیده و داغ دیده ایران راه سنگلاخ و طولانی رسیدن به آزادی را افتان و خیزان خواهد پیمود.

1- Norway
سیاست در نروژ در چارچوب نظام پارلمانی، دموکراسی نیابتی و «پادشاهی مشروطه» می‌باشد. قوه مجریه توسط شورای ایالتی کابینه به رهبری نخست‌وزیر نروژ اعمال می‌شود.

2- Canada
نظام سیاسی کانادا یک «دموکراسی پارلمانی» و نوعی سیستم فدرال از دولت پارلمانی با سنت‌های دموکراتیک قوی است.

۴

مُلای جاسوس
در کابینه رئیسی

حکومت آخوند، یعنی حکومت مطلق‌العنان و مغایر با تکامل انسان و منافی اصالت تاریخ؛ و امروزه کابوس ملت ایران شده .حکومت مبتذل دکان‌داران دین، که ثناخوانان مرگ‌اند. و منطق اسلام آخوندی، همان چماق و شمشیر است. این حکومت شوم، شرم‌آور و شب‌پرست، غرور ملی ایرانیان را زخمی کرده و هویت‌اش را نابود ساخته. حتی با یاسای چنگیزی، آدمکشی را هم مقدس کرده‌اند. حکام روضه‌خوان‌های اهریمن و مُلایان چماقدار؛ جامعه را در فقر، پریشانی، ناامنی، انحطاط، مرگ، عزا، ماتم و خرافات نگه داشته. جامعه سیر قهقرایی پیموده.

نظام واپس‌گرای تاریک، زشت، فاقد محتوا و اصالت، مقابل جامعه‌ای سرخورده، بی‌پناه، ناامید و خسته قرار گرفته و امروز گروهی وحشی صفت و دست‌پرورده ظلمتکده جاهلیت؛ یا اسید پاشند یا داس مرگ به دست گرفته و با منطق خون و شمشیر جامعه را به انحطاط مرگبار کشانده. سیر عقب‌افتادگی فاجعه‌آمیز، ایران را به کدام وحشت بزرگ می‌کشاند؟

پس از این مقدمه کوتاه، امروز خبرگزاری ایمنا[1] و روزنامه دنیای اقتصاد اسامی کابینه یا لیست وزرای دولت ابراهیم رئیسی جلاد را اعلام کردند و اسم عبداللهی را به عنوان وزیر پیشنهادی اطلاعات آورده‌اند. چند روز پیش هم روزنامه باند اصلاح‌طلبان، همان را تائید کرده بود. گرچه حدود دو ماه پیش، در مطلبی در «تایمز اسرائیل» و بعدا در اندیشکده استراتژی بگین - سادات[2]، پیش بینی کردم که رئیس دو گزینه را برای وزارت اطلاعات در نظر دارد. اول: پورمحمدی و دوم: علی عبداللهی. و یا شخصی از این باند مخوف.

اما طبق سنت و عرف مُلایان، همیشه یک مُلا بر مسند وزارت اطلاعات می‌نشیند و او را مجتهد هم می‌نامند که راحت حکم قتل و ترور هم بدهد و آن را از نظر شرع‌اش،

1- IMNA.ir
2- BESA

بلامانع بشناساند.

مُلای هشتم، هم چه قرعه به نام عبداللهی باشد یا نه دگری، جانشین محمود علوی خواهد شد[1]. اما وجه تشابه علی عبداللهی و دگری با علوی هم در یک چیز است و آن اینکه، هیچ تحصیلات و تخصص امنیتی و یا دانش و پایه علمی اطلاعاتی ندارند.

علی عبداللهی در ۱۷ تیر ۱۳۹۸ از دادسرای ویژه روحانیت به به قوه قضائیه رفته و بر صندلی ریاست مرکز حفاظت و اطلاعات قوه قضاییه ایران نشسته است [۱۷ تیر ۱۳۹۸]. او در باند محسنی اژه‌ای و رئیسی قرار دارد. و رئیسی هم اشخاص مورد اعتماد و ثقه خود را از قوه قضائیه به قوه مجریه برده است مانند غلامحسین اسماعیلی و یا علی عبداللهی.

عبداللهی، یک شخصیت مطیع، حرف شنو و آدم بلی بلی چی است. هیچ خلاقیت، کارآیی و دانش حرفه‌ای در حوزه امنیت و اطلاعات ندارد که بر ویرانه و نهاد تروریستی هویت باخته وزارت اطلاعات تکیه بزند.

در ایام رئیسی در قوه قضا، برای خوشامد او به دور کشور راه افتاد و یک روز باند جعل سند را افشا می‌کرد، روز دیگر از باند شاهدهای دروغین می‌نالید، یک جا از باند رشوه بگیرها سخن می‌گفت و جایی دیگر وکلای کلاش و کار چاق کن‌های شارلاتان را دستگیر می‌کرد! در این نمایش سخیف پاکسازی هم، با دو واژه مرکب «ظلم‌ستیز» و «عدالت محور» جمله‌هایی می‌ساخت و تحویل شنوندگانش می‌داد.

اما هیچ شگرد و بینشی برای فساد امام جمعه‌ها و حزب‌اللهی اسید پاش و تروریست نداشت. هیچ برنامه‌ای برای فساد ساختار قضاوت در ایران نگفت. فقط در عین عجز، سال ۱۳۹۹ گفت که ۱۸۰۰۰ تذکر حفاظتی داده شده! و این خود، اعتراف به ویرانی قوه قضائیه کشور است. مدعی بود با دستور خامنه‌ای برای پاکسازی آمده، اما ظاهر امر، ماموریت او، حذف باند مخوف و فاسد لاریجانی بود و بس!

روزی که به قوه قضائیه رفت، ماموریت خاص او از طرف طائب و سپاه، تخریب باند لاریجانی بود. با کمک سپاه هم اکبر طبری را گرفت [۲۳ تیر ۱۳۹۸] و هم روح‌الله زم را که اطلاعات سپاه - با کمک چند خبرنگارنما و اپوزیسیون‌نما - از فرانسه به ایران کشانده بود[2]، به دار اعدام سپرد. [۲۲ آذر ۱۳۹۹]

عبداللهی، یک انسان خرافه باور و خشک مغز است با نگاهی سنتی و غیر مُدرن.

۱- ۲٤امرداد ۱۳۹۲ – ۳ شهریور ۱٤۰۰

۲- در ۲۲ مهر ۱۳۹۸ رسانه‌های داخل ایران خبر از دستگیری روح‌الله زم توسط سازمان اطلاعات سپاه دادند.

صرفاً بانک اسرار رئیسی و اژه‌ای است و با بیت رهبری و طائب سَر و سِرّ دارد. در اکثر اعدام‌ها در ایران در سالهای ۱۳۹۸-۱۴۰۰ هم مطلع و دخیل است. علی عبداللهی با چنین سابقه مشعشعی، بطور قضاقورتکی بر مسند امنیت کشور می‌نشیند. اما با ساختار ویرانه، فلج و تحت نفوذ اجنبی وزارت اطلاعات چه خواهد کرد؟ هیچ!

شاید برای دیوید بارنئا[۱] مدیر نابغه موساد و یا ویلیام برنز[۲] مدیر کهنه کار و سیاستمدار سی آی ای[۳] که امروز در تل آویو دیدار دارند، آمدن یک کارمند دفتری مطیع مانند علی عبداللهی، بیانگر یک نکته است: ادامه بنیادگرایی، تروریسم، فرقه‌گرایی، و انزوای جهانی رژیم ایران. علی عبداللهی، در کنار اژه‌ای و رئیسی و طائب به سرکوب داخلی و ادامه خفقان و سانسور خواهد پرداخت وگرنه: در سراپای وجودش، هنری نیست. و موساد و سی آی ای، بیشتر از دوران محمود علوی، ساختار جامعه اطلاعات و امنیتی ایران را مسخره خاص و عام خواهند کرد. احتمالاً بر همان اطلاعات قوه قضائیه به عنوان بانک اسرار اژه‌ای و رئیسی، باقی خواهد ماند!

1- David Barnea
2- William Burns
3- CIA

۵

«مُلای تاریکی»

(وزیر اطلاعات رئیسی)

بی‌هیچ مقدمه‌ای باید گفت که سیداسماعیل خطیب، انسانی خرافی و متعصب و اهل موهومات است. نزد خامنه‌ای و فاضل لنکرانی، مکارم شیرازی و مجتبی تهرانی همان ایدئولوژی شیعه‌گری[1] افراطی را آموخته. به تروریسم اسلامی باور دارد اما بنا به ادبیات مرسوم در جمهوری اسلامی، آن را راه آرمان و جهاد و شهادت می‌نامد! خطیب در کجای درس خارج فقه، درباره امنیت و اطلاعات، مطالعات و تخصصی داشته؟ هیچ! امروز او ملای هشتمی است که شاید بر کرسی سکانداری وزارت اطلاعات جمهوری اسلامی ایران «واجا» تکیه زند.

در سخنرانی‌های بی‌مقدمه و موخره منطقی او، همیشه خود را سرباز «مداوم در راه ولایت و شهادت»، و همیشه آماده «فداکاری و جان نثاری برای پیروزی» می‌نامد و دم از روحیه انقلابی‌گری و فرهنگ عاشورایی و خمینی چی‌گری می‌زند. در افکار او، خمینی و خمیسنیم و اختاپوس مذهبی ریشه دوانیده در کالبد ایران هم جایگاه خاصی دارد. حتی نظام خلافت اسلامی بر آمده از بلوای ۱۳۵۷ را هم نظام مقدس می‌داند. از نگاه منحط و تنگ نظرانه او، چهار گوشه گیتی هم در پی دشمنی‌ها، به انحراف کشاندن و عملیات روانی و بسیج رسانه‌ها علیه ساختار ولایت فقیه هستند.

خطیب در اطلاعات عملیات سپاه از سال ۱۳۵۹، وارد قصه توحش خلق جنایت‌ها شد. زمانی که خلخالی در کردستان، به فرمان خمینی در حال اعدام بود و سپاه هم با گروه قیاده موقت (ادریس و مسعود بارزانی هم پیمان جمهوری اسلامی) در حال سرکوب و کشتار کردهای ایران بودند. خودش همه کردها را دشمن می‌دانست و گروه‌ها و سازمان‌های سیاسی محلی و منطقه‌ای را هم فتنه گروهک‌ها نامید. دشمن خونی ابوالحسن بنی‌صدر شد و در زمان جنگ ایران و عراق، کاملاً مبرهن است که در شبستان‌های مخوف مساجد به همراه دیگر مُلاها چگونه شمشیر به دست بوده و حکم صادر کرده‌اند. کشتار

1- Shīʿīsm

۶۷ تنها یک سرانگشت از تاریخ جنایت‌هاست که شاید روزگارانی برملا شود و یا هرگز. بسیاری از همکاران او در آن دوران، امروزه در شورای عالی امنیت ملی و در باند احمد شمخانی هستند.

خطیب، باورمند به تهاجم فرهنگی است. نگاهی جزم باورانه و تهی از آگاهی. سال ۸۸ اعتراض‌های مردم و شعارشان علیه اصل ولایت فقیه و استبداد دینی را فتنه می‌داند و مرتباً در سخنانش دم از «جهاد، ولایت‌مداری، شهادت و حرکت بسیجی و جهادی در مقابل نظام سلطه» می‌زند. او یک ضد آمریکایی و ضد اسرائیلی تمام عیار است. به شدت به کوشش در زمینه توسعه تروریسم اسلامی و بحران آفرینی باور دارد و آن را «ایستادگی در برابر توانمندی دشمن علیه ثبات نظام» می‌شناساند. از دید او و همفکرانش، هر مخالف برانداز نظام خمینی و خامنه‌ای را باید بی‌هیچ کوتاهی قتل و عام کرد. خطیب در آبان ۱۳۷۶ – دوران علی فلاحیان در وزارت اطلاعات – مدیر کل اطلاعات قم بود. ماجراهای کشمکش منتظری و خامنه‌ای هم که مورد توجه جامعه قرار گرفت.

این ذهنیت توهم پرداز و نگاه وحشتناک ذهنی خطیب در سخنانش هست و نظام ولایت فقیه را که «بر اساس فرهنگ عاشورا برپا شده و با خون و شهادت بیمه شده» تبلیغ می‌کند. از دید وی، سازمان‌های اطلاعاتی امنیتی جهان، کار و سرگرمی دیگری ندارند جز اینکه بنشینند و علیه حکومت فاشیستی مُلایان، نقشه کشی و نفوذ کنند که وی آن را فتنه می‌داند. در این زمینه کاملا مشابه حیدر مصلحی است.

اگر خطیب در مجلس رای بیاورد، اهل فرهنگ و ادب و هنر ایران، روزگار تاریکی خواهند داشت. او اهل قلم را سرباز در جهت نفوذ و گسترش فرهنگ غربی و دشمن برانداز نظام‌اش می‌داند و در پی ترویج مداوم خرافات و موهومات «فرهنگ عاشورایی، زینبی و سیدالساجدینی در میان خانواده‌ها و نسل جوان» است . از دید او، نظامی مُلایان در اقتصاد کشور عاجز و فاسد نیست، کار، کار نفوذی‌ها و توطئه‌های دشمن و تحریم است که فساد را در کشور گسترش می‌دهند. اما خودش کسی است که چشمانی کور و گوش‌هایی کرد نسبت به مفاسد دارد.که یکی از نمونه‌های بارز آن هم اکبر طبری است.

خطیب تا تیر ماه سال ۹۸ رئیس مرکز حفاظت و اطلاعات قوه قضائیه بوده است. طبق سخن رئیسی با اصرار لاریجانی از بیت خامنه‌ای به قوه قضائیه آمده. محمد باقر ذوالقدر – نزدیک به باند لاریجانی – هم از سپاه همراه وی به قوه قضائیه رفت. اما در زمینه کشف تروریست‌های اسید پاش و یا آمر به معروف و ناهی از منکر چه کرده؟ با باند مخوف امام جمعه‌های مساجد چه رفتاری داشته؟ رفتار او با معترضان در جنبش‌های

سالهای ۹۶ و ۹۸ چه بوده؟ طبعا رابطه او با مجتبی خامنه‌ای هم قابل حدس و گمان است.

خطیب، هر جنبش و حرکتی که در جهت مصالح و منافع نظام ولایت فقیه و ملایان نباشد را باطل می‌داند. او که در محفل رئیسی و اژه‌ای و خامنه‌ای به این کرسی می‌نشیند، از هیچ دشمنی و شقاوتی فروگذاری نخواهد کرد. در اوهام خود، با تمام توان می‌تواند هر اعتراض مردمی علیه شقاوت و نکبت و محنت استبداد دینی و نظام فرمانفرمایی مُلایان را سرکوب کند. همه را مخل امنیت و ثبات رژیم می‌داند که می‌خواهند نظام را در درون مرزهای خودش بر اندازند!

خطیب در پی اباطیل و خیالات «صدور انقلاب و نظام» است، از نگاه او، کل منطقه خاورمیانه تحت امر مُلایان هستند و جمهوری اسلامی هم یک ابرقدرت جهانی و رسمی شده. آمریکا را نظام سلطه و دشمن ایران می‌داند. که «دشمن این عظمت را نمی‌تواند تحمل کند». اما همان نظام او، در مدیریت کرونا، ناتوان‌ترین و حقیرترین در جهان بشری بود

از دیدگاه خطیب، سازمان‌های تروریستی مانند سپاه قدس و سپاه پاسداران و... «مقدس و عزت دین و زینت» حکومت‌اند و همه این سربازان نظام مُلایان را نیروهای مسلح کشور می‌داند که «دشمن اقتدار این نظام را مدیون نیروهای مسلح و اقتدار موشکی می‌داند؛ برای همین، تمام همّ و غمّ خود را بکار گرفته تا در جهت تضعیف نیروی‌های مسلح جمهوری اسلامی ایران، قدم بردارد». آیا با این تفکر امیدی به محدودسازی موشکی، برجام ۲، صلح و آرامش منطقه‌ای هست؟ وقتی کسی مانند خطیب که توسعه تروریسم اسلامی را «انقلابی‌گری و آرمانهای انقلاب و ولایت» می‌داند، آیا راهی جز تروریسم می‌شناسد؟ درنگاه خاورمیانه و جهانی او یک روانپریش افراطی و تروریست است. او در اوهام، در پی خدشه وارد نشدن به چهره نظام مُلایان و اقتدار نظام است و معتقد است ایران در سال ۲۰۳۰ گل و بلبل می‌شود. اما در عالم واقعیت، چهره اختاپوس مذهبی در ایران ترک برداشته و هر لحظه امکان فروپاشی‌اش هست.

از دید خطیب باید در قوه قضائیه و یا وزارت اطلاعات و یا بیت خامنه‌ای سنگر گرفت که دشمن فتنه‌گر ایستاده! تحت تاثیر ادبیات و ذهنیت خامنه‌ای است. و تصور دارد که از این سنگرهای موهوم او می‌تواند با مواضع محکم و عالمانه و هوشیارانه و با بصیرت و ولایتمداری در مقابل نفوذ، فتنه و توطئه‌ها ایستادگی کند و یا با مقاومت همه توطئه‌ها را بشکند و بر آنها غلبه کند. و این، نگاهی فراتر از پریشانی ذهنی دن کیشوت است! از دید او هر منتقد نظام یا خواهان براندازی، در پی رواج طعنه و شایعات و اکاذیب و داستان‌سرایی

و جوسازی است و صرفاً دستگاه تبلیغات اسلامی و رسانه‌های داخلی جمهوری اسلامی، واقع‌بین و راستگو هستند!

خطیب در گفتارهایش دست به جعل تاریخ هم می‌زند. به کذب می گوید: «قبل از انقلاب حاکمان و مسولان کشور وابسته به قدرتهای غرب و شرق بودند و فساد تمام دستگاه حاکمیتی کشور را فرا گرفته بود و علیرغم درآمدهای کلان هیچ امکانات و پیشرفتی حاصل نمی‌شد» و امروزه مورخ هم و جامعه ایران، قضاوت دیگری دارند. و از نگاه خطیب، خامنه‌ای یک رهبر فرزانه است اما شعارهای مردم جامعه ایران، گویای نکته‌ای غیر قابل انکار بود! [ننگ ما ننگ ما، رهبر الدنگ ما، مرگ بر اصل ولایت فقیه و مرگ بر خامنه‌ای، خامنه‌ای قاتله، ولایتش باطله و...]

۶

چالش‌های امنیتی رئیسی و
مُلای هشتم وزارت اطلاعات

در این چند روز، کابینه ابراهیم رئیسی پس از ۸ سال دوران دولت حسن روحانی[۱] - مشهور به دولت اعتدال - به قدرت خواهد رسید. یکی از وزارتخانه‌های مهم این کابینه هم، واجا است [وزارت اطلاعات جمهوری اسلامی]. ظاهراً مجلس به احمد وحیدی و نیز سیداسماعیل خطیب روی خوش نشان داده و احتمالا احمد وحیدی[۲] وزارت کشور: تأیید حداکثری خواهد داشت و خطیب هم با چراغ سبز بیت خامنه‌ای، صرفاً تائید می‌شود.

درباره خطیب هر چه هست، تعارف و تبلیغات رسانه‌ای است وگرنه او دانش و اطلاعی در مطالعات امنیتی مدرن نداشته و ندارد. صرفاً در ایام علی فلاحیان، مدتی در قم، به آشفتگی اوضاع و بگیر و ببند و بکش، کمک کرده و در ایام اطلاعات قوه قضائیه هم کاری شاخص و قابل توجه نکرده است. کاریزما، شخصیت و حیثیت حرفه‌ای هم ندارد.

آخر این هفته، در مجلس مشروعه، صلاحیت و کفایت وزیران کابینه رئیسی بررسی می‌شود و یکی از آنان هم سیداسماعیل خطیب است. که درباره تفکر ونگاه او، همین چند روز قبل در گویا مطلبی نوشتم. [شوالیه تاریکی]

البته تا امروز ۷ مُلا بر این کرسی واجا نشسته‌اند که از خلق هر نوع جنایت و توحشی، عتاب نداشته‌اند. و طرفه روزگار است که هیچ کدام اطلاع و دانشی به معنی واقعی کلمه در مطالعات امنیتی و جاسوسی نداشته‌اند.

از خودکشی دسته‌جمعی ایرانیان در زمستان بی‌بهار ۱۳۵۷، و حمله خمینی و تروریست‌های شرکت کننده در جنایت و مکافات بلوای ۵۷ به ایران، دیگر سرنوشت مرگ و زندگی ملت فراموش شده ایران و تاریخ و فرهنگ ملتی بزرگ در بند مُلایان باورمند

۱- ۱۲امرداد ۱۳۹۲ – ۱۲ امرداد ۱۴۰۰

۲- احمد شاهچراغی: از حوالی ۱۳٦٤ تا ۱۳٦۷ معاون اطلاعات سپاه بود و در فاصلهٔ سال‌های ۱۳٦۷ تا ۱۳۷٦ فرماندهی نیروی قدس را برعهده داشت. وحیدی از متهمین انفجار آمیا و تحت تعقیب بین‌المللی می‌باشد

به تروریسم اسلامی گرفتار آمده. به نام الله، در نوروز ۵۸ پایه‌های اولین و خونریزترین و فاسدترین حکومت الله بر زمین ریخته شده و نظم ارتجاعی، واپس‌گرا، سخیف و وحشیانه‌ای قوام گرفته. مجموعه‌ای نازیبا و وحشتناک و بی‌قواره با توهمی نامفهوم به اسم اسلام ناب محمدی!

عمامه به سرهای قدرت طلب، لمپن، غارتگر، بی‌رحم، سفسطه‌گر، متعصب، شیاد، کینه‌توز و مخرب بجای مانده از دوران‌های شوم صفویه و قاجاریه نقشی ویرانگر را در انحطاط و نابودی جامعه سرخورده و زخم خورده ایرانی در این ٤ دهه شوم ایفا کرده‌اند. زلزله‌ای ویرانگر که حتی کل منطقه را به ویرانی سوق داده. خوی خلیفه اول (خمینی) و دوم (خامنه‌ای) در ساختار خلافت اسلامی ولایت فقیه، کمترین تفاوتی با ماهیتی پلید سلاطین خونریز صفویه[1] و یا شاهان بی‌کفایت قاجاریه[2] نداشته و ندارند.

حکومت آخوندی ثناخوان مرگ و دکان دار دین و خودشیفتگان باورمند به چماق تکفیر و مجهز به خرافات و موهومات، کابوس ملت بی‌پناه و ناامید ایران و موجب هراس همسایگان ایران زمین شده‌اند. و این خشکه مقدس‌های متظاهر به دین و عقب افتاده، برای خودشان دستگاه اطلاعات و جاسوسی خلق کردند.

هر کدام از دوران‌های ری‌شهری[3]، فلاحیان[4]، دری نجف‌آبادی[5]، یونسی[6]، اژه‌ای[7]، مصلحی[8] و علوی[9] در واجا همراه با اعدام، ترور، خفقان، سانسور و سرکوب بوده است. هیچ کدام از این ۷ مُلا هم سواد و دانش اطلاعاتی امنیتی نداشتند.یکی به او، اجتهاد یک شبه داده و وزیر هم برای حکم قتل و جنایت، آماده خدمت به ساختار خلافت اسلامی ولایت فقیه (مانند ری‌شهری).

صرفاً یک وزیر واجا در زمان خمینی حضور داشته، و آن هم ری‌شهری است که معاونش علی فلاحیان بود. گرچه ری‌شهری هم مُلای جاسوس در کابینه علی خامنه‌ای

۱- در سال‌های ۸۸۰ تا ۱۱۱٤ خورشیدی/ برابر با ۱۷۳٦-۱۵۰۱ میلادی/ به مدت ۲۳۵ سال بر ایران فرمانروایی کردند.

۲- از حدود سال ۱۱۷۵ تا ۱۳۰٤ بر ایران قاجاری به مدت حدود صد و سی سال فرمان راندند.

۳- ۲٤ امرداد ۱۳٦۳ - ۷ شهریور ۱۳٦۸.

٤- ۷ شهریور ۱۳٦۸ - ۲۹ امرداد ۱۳۷٦.

۵- ۲۹ امرداد ۱۳۷٦ - ۲۰ بهمن ۱۳۷۷.

٦- ۵ اسفند ۱۳۷۷ - ۲ شهریور ۱۳۸٤.

۷- ۲ شهریور ۱۳۸٤ - ۱ امرداد ۱۳۸۸.

۸- ۱۲ شهریور ۱۳۸۸ - ۲٤ امرداد ۱۳۹۲.

۹- ۲٤ امرداد ۱۳۹۲ - ۳ شهریور ۱٤۰۰.

بود. مابقی وزرا را شخص علی خامنه‌ای در این ۳۲ سال تعیین کرده که اکثرا هم از مدرسه مخوف حقانی سربرآورده‌اند.

حوزه فعالیت واجا، پس از دوران جنگ ایران و عراق[1]، آمیخته به تروریسم شد و دوران علی فلاحیان، به اوج رسید. ترورهای داخل و خارج از کشور، برای صیانت از ساختار اختاپوس مذهبی مُلایان شیعه، به گوش هر که در عالم رسید. و جهانیان از فرهنگ اهریمنی و ظلمتکده جاهلیت رژیم مُلاهای چماقدار، جز آوای وحش نمی‌شنید.

وزارت واجا مُلایان به عنوان بخشی از جامعه اطلاعاتی جمهوری اسلامی با چالش‌های امنیتی وافری روبروست و کار کابینه رئیسی هم حل مشکلات ایران و مردمان ایران نیست، بلکه هدف غائی حفظ ساختار قدرت به هر قیمتی است. کشور در حد بحران جدی است و ناامنی در کشور به اوج رسیده. در دوران وزیر قبلی، در روز روشن یا ترور شده یا خرابکاری و یا جاسوس‌های اجنبی هر کاری کرده‌اند از بردن سند تا عکاسی تا جمله پهبادی و ... در دوران دو وزیر قبلی هم در همه جا، گوش و موش کاشته‌اند و دیگر کار از کار گذشته!... هر حلقه‌ای را هم در اوهام دستگیر کردند، بی فایده بود. کار به جایی رسید که هر کدام از جنبش‌های مردمی داخلی علیه استبداد خامنه‌ای از ۱۳۸۸ تا ۱٤۰۰ را تمرکز امنیتی چند نهاد اطلاعاتی و سرویس جاسوسی خارجی[2] نامیدند!

در این سالها، ضعف اطلاعاتی و نادانی دستگاه جاسوسی مُلایان مورد مضحکه و مسخره سازمان‌های اطلاعاتی جاسوسی جهان قرار گرفت. کاری نمی‌دانند الا تروریسم و خون ریختن یا تملق خامنه‌ای را گفتن. آش آنقدر شور شد که از یک سو مُلای جاسوس چهارم [علی یونسی] علناً آمد و گفت: موساد همه جا گرفته و مراقب جان‌تان باشید![3] و مُلای جاسوس هفتم [محمود علوی] مشغول فیلم‌سازی و سریال‌های تخیلی بود[4] و آمد

1- The Iran–Iraq War

۳۱ شهریور ۱۳۵۹ تا ۲۹امرداد – ۱۳٦۷برابر با ۲۲ سپتامبر ۱۹۸۰ تا ۲۰ اوت ۱۹۸۸ (میلادی ۷) /سال و ۱۰ ماه و ٤ هفته و ۱ روز

۲– رئاسة الاستخبارات العامة السعوديه، CIA, MI6, Mossad و ...

۳– علی یونسی: نفوذ موساد در کشور نگران‌کننده است؛ مسئولان نگران جان خود باشند / رادیو فردا – ۰۸/تیر/۱٤۰۰ / علی یونسی در گفت‌وگو با سایت جماران که روز سه‌شنبه هشتم تیرماه منتشر شد، گفته که کشور طی «۱۰، ۱۵ یا ۲۰ سال» گذشته از نفوذ همه گروه‌های به گفته او «تروریستی» پاکسازی شده است «ولی از نفوذ سرویس‌های اطلاعاتی و مخصوصا اسرائیل غفلت شد». به گفته او، در «۱۰ سال اخیر نفوذ موساد در بخش‌های مختلف کشور به حدی است که جا دارد همه مسئولین جمهوری اسلامی برای جان خودشان نگران باشند.»

٤– پرده‌برداری محمود علوی از نام تولیدات سینمایی و تلویزیونی وزارت اطلاعات / رادیو فردا – ۲۱/ بهمن/۱۳۹۹ / فیلم‌های «روباه»، «ماجرای نیمروز»، «شبی که ماه کامل شد»، «سیانور»، «امکان مینا»، «شبی

و با خیالبافی ساده لوحانه گفت: چرا کار اطلاعاتی بلد نباشم، من نقاشی بلدم و آب و رنگ را با هم قاطی کرده‌ام[1]!

و امروز هم در مجلس شورای اسلامی، به بررسی سابقه مُلایی خامف بی‌اعتبار، بی‌تجربه، ضعیف و نادان به نام سیداسماعیل خطیب نشسته‌اند. گرچه قرار است که خود رئیسی هم با عقب‌افتادگی ذهنی فاجعه‌آمیزش در مجلس بنشیند و با هاله تقدس جعلی‌اش، نمایندگان را مرعوب سازد تا که میرغضب دراز ریش، بدون سردرد سرگرم کار خویش باشد.

و اگر سیداسماعیل خطیب همان مُلای جاسوس هشتم باشد، کابوس سنگینی برای اهل سیاست و فرهنگ ایران است. این چماقدار موذی، شوم و بی‌شرم در پی توسعه تروریسم و اختناق و سانسور خواهد رفت تا با یاسای چنگیزی، به مانند رئیسی، پیام‌آور پریشانی و ناامنی و انحطاط و نابودی ویرانگری باشد.

سیداسماعیل خطیب با ذهنیت توهم پرور، خودش را متفکر و هوشمند می‌داند اما مرزهای ایران و تهدیدها را هم نمی‌شناسد. مشابه ادبیات خامنه‌ای، دشمن خواهد کرد اما او اهل شیطان و شیطانک گفتن هم هست. و بانی متملق‌آمیز و جزم باورانه معتقد است که حمله خمینی و مُلایان در بلوای ۵۷، «اعجاز نور خورشید امام» بوده!

خطیب نزدیک به حلقه تروریسم چپ است و ایامی هم که در دوران ملای جاسوس دوم (فلاحیان) در قم بود، کارنامه‌اش را همگان می‌دانند! دست پرورده مکتب علی فلاحیان است و جز خون ریختن و پاسبانی ولایت فقیه، کاری دگر نمی‌داند. و این شیوه چیدمان، خود حکایت از آماده شدن مُلایان برای دوران انتقال قدرت و جانشینی خامنه‌ای است که گروهی شمشیر به دست، بر راس امور قرار بگیرند تا مبادا، کسی ساز مخالف بزند.

خطیب و رئیسی کاری به مصالح و منافع ملی ایران ندارند و ماموریت‌شان، حذف تهدید داخلی و خارجی و ایجاد اغتشاش و آشوب منطقه‌ای است. چه بسا با آمدن او، پیش‌بینی و تحلیل اکثر سازمان‌های اطلاعاتی و جاسوسی جهان آن چنین باشد که موج

که ماه کامل شد»، «روز صفر» و سریال‌های «پازل»، «سارق روح»، «تعبیر وارونه یک رویا» و «خانه امن» محصول این نهاد امنیتی هستند.

۱- علوی شامگاه دوشنبه ۲۰ بهمن در تلویزیون دولتی ایران درباره برنامه هسته‌ای آن کشور گفت که خامنه‌ای، رهبر جمهوری اسلامی، فتوا داده که تولید سلاح هسته‌ای خلاف شرع است و جمهوری اسلامی آن را حرام می‌داند؛ اما «یک گربه را اگر در گوشه‌ای گیر بیارند، ممکن است رفتاری بکند که گربه‌ای که آزاد است آن رفتار را انجام نمی‌دهد. اگر ایران را به آن سمت‌ها هل بدهند، آن وقت تقصیر ایران نیست.» / صدای آمریکا - ۲۱بهمن ۱۳۹۹

جدید تروریسم[1] دوباره به راه خواهد افتاد! مهم‌ترین چالش امنیتی خطیب و رئیسی، جنبش‌های داخلی مردم ایران است وگرنه، کاری به نفوذ اجنبی در ایران ندارند!

و یکی دیگر از مسائل مهم پس از به قدرت رسیدن طالبان در افغانستان[2]، تهدیدهای بالقوه یک گروه تروریستی اسلام‌گرا[3] است که اکنون مجهز به سلاح‌های آمریکایی به جا مانده است و روابط پیدا و پنهان با عربستان و امارات و اداره امنیت پاکستان[4] دارد و در همسایه شرقی ایران می‌تواند، ایران را به چالش بکشد. و ایران در انزوا منطقه‌ای و مطرود جهانی است و بخاطر عدم مدیریت کرونا و نادانی رهبر جمهوری اسلامی، ایران را به قتلگاه مبدل کرد. بنابراین، از نظر امنیتی، ایران فاقد کارایی و برنامه‌ریزی و مدیریت حفظ امنیت است.

احتمالا در دوران خطیب، همکاری مجدد با گروه‌های تروریستی سنی و شیعه در گروه‌های نیابتی و سازمان‌های فراملیتی هم در دستور کار قرار خواهد گرفت. گرچه سالها، وزارت اطلاعات از یک سو و سپاه قدس از سوی دیگر روابط خاصی با طالبان و القاعده[5] داشته و دارند. حتی چه در زاهدان و چه در مشهد، تا این لحظه دیدارها باقی است. و رابطه امنیتی ایران با طالبان هم به دو منظور اصلی بود: ایجاد فشار بر نیروهای امریکایی با ایجاد فضای ناامن و ادامه سیاست نفوذ در منطقه چه وزارت اطلاعات و چه سپاه قدس[6] به قدرت‌گیری طالبان کمک کردند. و از ایام قاسم سلیمانی و معاون وقت او در شرق، اسماعیل قاآنی همین سیاست ادامه داشته است.

همواره، رژیم مُلایان در ایران آماده همکاری با طالبان و القاعده بوده و هست و می‌خواست گوی سبقت را از پاکستان و اداره امنیت آن برباید زیرا ایران تمایلی به نضج‌گیری گروه‌هایی مانند جندالله[7] ندارد. از طرفی واجا و سپاه تمایلی ندارند که گروه‌های شیعه با خطر گروه‌های افراطی مانند داعش خراسان روبرو شوند. بخاطر همان مساله ایدئولوژیکی هم سپاه و واجا با سازمان سی آی‌ای (سیا) در هنگام حمله آمریکا به افغانستان، همکاری موقت کردند. و از آن ایام تا امروز، ایران نقش اساسی در بحران‌سازی در افغانستان داشته و دارد و حتی رسانه‌های از تجارت مواد مخدر واجا و سپاه با طالبان

1- The Waves of Modern Terrorism
2- The Taliban, Afghanistan
3- Islamic Terrorist Organizations
4- ISI - Inter-Services Intelligence
5- Al-Qaeda
6- The Quds Force
7- Jundallah (the People's Resistance Movement of Iran-) / PRMI

بارها و بارها پرده برداشتند.

طبعا افرادی مانند دیوید بارنئا[1] مدیر موساد و یا ویلیام برنز[2] مدیر سی آی ای و یا خالد الحمیدان[3] [رئیس الاستخبارات العامة السعودية[4]]، نیک می‌دانند که کل نظام مُلاها، در پی توسعه برنامه‌های هسته‌ای، موشکی، پهبادی و تروریسم و ایجاد بی‌ثباتی و آشوب منطقه‌ای هستند و بس... چون دست پرورده خمینیسم هستند و خمینیسم انبانی است از رذالت‌ها که تروریسم جزیی از آن است. و گرنه، توقع معجزه‌ای از یک مُلا در حد و قواره، سیداسماعیل خطیب ندارند زیرا که اصلا توسط هیچ سازمان اطلاعاتی و جاسوسی، جدی گرفته نمی‌شود.

1- David Barnea
2- William Burns
3- Khalid bin Ali Al Humaidan
4- The General Intelligence Presidency (GIP)

۷

مسئول حفظ امنیت کشور با تروریست خون آشام!

هنوز یک سالی از زمستان بی‌بهار ۱۳۵۷ نگذشته بود، نهضت‌های آزادی بخش[1] درست شده‌اند و باند منتظری- شیخ اصلی تروریست‌های تازه نفس- موسس آن بود و محمد منتظری[2] هم صاحب امر. و البته پس از کشته شدن، اختیار امر در اختیار مهدی هاشمی[3] و باند او افتاد که در گزارش‌های متفاوت ساواک، نامش با تروریسم عجین شده بود.

بعد از ۱۳۶۳ کلاً عطای نهضت‌های آزادی بخش (مروج تروریسم اسلامی) را به لقایش بخشیدند که دیگر، ٤ سالی از درگذشت شاه فقید[4] و شروع جنگ نامقدس و خانمانسور ایران و عراق می‌گذشت. چه صدام حسین و چه روح‌الله خمینی، به اسم اسلام و الله‌اکبر و قران، به همدیگر موشک پرانی می‌کردند!

در این ایام، اطلاعات سپاه شکل گرفته بود و قرارگاه رمضان هم درست شد[5] که سپاه

1- Liberation Movements

۲- فرزند ارشد حسینعلی منتظری، در روز ۷ تیر ۱۳٦۰ در حادثه بمب‌گذاری در دفتر حزب جمهوری اسلامی کشته شد.

۳- پس از ۱۳۵۷، مسئول واحد روابط عمومی و عضو شورای عالی فرماندهی سپاه بود و مسئولیت نهضت‌های آزادی بخش سپاه پاسداران را به‌عهده داشت و تا انحلال این واحد به فعالیت در این سمت ادامه داد. هاشمی پیش از انقلاب همراه با محمد منتظری با گروه‌های مسلح در لبنان و لیبی در ارتباط بود. در ماجرای سفر مک فارلین، او متهم شد که قصد بهره‌برداری سیاسی داشته؛ همچنین وی برای اولین‌بار ۱۲ آبان ۱۳٦۵ این ماجرا را در روزنامه لبنانی «الشراع» فاش کرده‌است، این در حالیست که وی در آن زمان در زندان به سر می‌برد. وی مدتی قبل در شهریور ۱۳٦۵ دستگیر شد و به اتهام قتل سیدابوالحسن شمس‌آبادی، قنبرعلی صفرزاده، عباسقلی حشمت و چند نفر دیگر توسط علی رازینی در دادگاه ویژه روحانیت مجدداً محاکمه و در مهر ۱۳٦٦ اعدام شد.

٤- در ساعت ۹:٤۵ دقیقه روز ۵ امرداد ۱۳۵۹، محمدرضا پهلوی در ٦۰ سالگی در قاهره درگذشت. سیدطالب رفاعی، روحانی شیعه عراقی و از مؤسسان حزب الدعوه عراق بر او نماز گزارد. پیکر وی پس از تشییع رسمی دولت مصر، در مسجد الرفاعی قاهره خاکسپاری شد و در آن مسجد به امانت گذاشته شد.

۵- طرح تشکیلات برون‌مرزی سپاه توسط محسن رضایی تدوین و در اردیبهشت سال ۱۳٦۲ با تأیید شورای عالی دفاع، قرارگاه رمضان تشکیل شد. قرارگاه رمضان، تشکیلات رسمی ستاد جنگ‌های نامنظم

فعالیت مستقیماً فعالیت برونمرزی را داشته باشد و گروه هم کُردهای عراق بودند. گروه اول بارزانی‌ها، که سرسپردگی‌شان را با سرکوب کردستان در همگامی با صادق خلخالی و سپاه در ۱۳۵۹ پس داده بودند و البته در همه جنایت‌های کُردکشی، قیاده موقت بارزانی‌ها حضور داشت و علیه کردهای ایران از انجام هر نوع جنایتی، فروگذاری نکردند!

احمد وحیدی که قائم مقام و معاون امنیت داخلی سپاه بود به مسئولیت اطلاعات سپاه رسید. البته در دوران محسن رضایی هم به تاسیس وزارت اطلاعات کمک کرده بود و بسیاری از افرادی که از سپاه به وزارت اطلاعات رفتند از همین خط و ربط بودند.

فعالیت‌های برونمرزی سپاه در عراق و ... شروع شد. و پس از به قدرت رسیدن خامنه‌ای پس از مرگ خلیفه اول (خمینی[۱])، در سال ۱۳٦۹ (۱۹۹۰)گروه تروریستی سپاه قدس شکل گرفت و وحیدی فرمانده آن بود که تا آمدن خاتمی در ۱۳۷٦ (۱۹۹۷(ادامه یافت. و این دورانی است که در آمریکا، بیل کلینتون رئیس جمهور آمریکا است و تصور باطل او این است که می‌توان به مُلایان، رابطه برقرار کرد.

از نظر مطالعات امنیتی، در دورانی که مسئولیت اطلاعات سپاه در اختیار احمد وحیدی قرار داشت[۲]، چه جنایتی برون مرزی در خاورمیانه اتفاق افتاده که اثر انگشت و رد پایی از وحیدی وجود ندارد؟ جنایاتی که حزب‌الله در دسامبر ۱۹۸۸ تا سپتامبر ۱۹۸٦ در فرانسه انجام داد؟ ماجرای تروریستی و هواپیماریایی حزب‌الله ۱۹۸۵ در یونان[۳]؟

در سال ۱۳٦٤ هم که به دستور هاشمی رفسنجانی در ماجرای مک فارلین[٤] و ایران

سپاه برای عملیات برون‌مرزی بود. علی خامنه‌ای، نخستین فرماندهی این قرارگاه را به مرتضی رضایی سپرد.

۱- ۱۳خرداد ۱۳٦۸ - بیمارستان تهران به علت ایست قلبی .

۲- سال‌های ۱۳٦۲ (۱۹۸۳)تا ۱۳٦۷(۱۹۸۸)

۳- هواپیمای پرواز تی‌دبلیوای ۸٤۷ در ۱۹۸۵ / پرواز تی‌دبلیوای ۸٤۷، حامل ۱۵۳مسافر و خدمه از جمله ۸۵ آمریکایی بود و پس از برخاستن از آتن، پایتخت یونان، به مقصد رم، پایتخت ایتالیا، ربوده شد و در بیروت فرود آمد. مطالبه رابایندگان، آزادی زندانیان لبنانی و فلسطینی محبوس در زندان‌های اسرائیل بود. در نتیجه این هواپیماربایی که از روز ١٤ ژوئن ۱۹۸۵ آغاز شد و ١٦ روز طول کشید، یک غواص نیروی دریایی ایالات متحده جان باخت./ صدای آمریکا - ۱۷ مهر ۱٤۰۰

4- Iran Contra Affair

ماجرای ایران - کُنترا - ماجرای مک‌فارلین و ماجرای ایران گیت: یک رسوایی سیاسی است که در ایالات متحده آمریکا از ۲۰ اوت ۱۹۸۵ تا ٤ مارس ۱۹۸۷ (۲۹ امرداد ۱۳٦٤ — ۱۳ اسفند ۱۳٦۵) به‌مدت یک‌سال و نیم، در دور دوم ریاست جمهوری رونالد ریگان رخ داد. مقامات دولت ریگان به‌طور مخفیانه، با فروش تسلیحات به ایران، که در تحریم تسلیحاتی بود، کمک‌رسانی کردند. آنان امیدوار بودند که بدین وسیله آزادی گروگان‌های آمریکایی در لبنان را تضمین کرده و شورشیان کنتراهای نیکاراگوئه را تأمین بودجه کنند. تأمین بودجهٔ کنتراها از سوی دولت آمریکا بر اساس لایحه بولند، از سوی کنگره ممنوع اعلام شده

گیت، جزو مذاکره کننده‌ها بود؟ در وقایع لبنان، آیا احمد وحیدی، دست‌آموز تفکر یک جانی بالفطره مانند احمد متوسلیان، نقش مخرب نداشت؟

از روزی که احمد وحیدی به فرماندهی گروه تروریستی سپاه قدس رسید (۷۳-۱۳۷٦) در کدام عملیات تروریستی ناآگاه و یا بدون نقش بوده؟ در ترور شاپور بختیار[1]؛ در واقعه انفجار مرکز یهودیان[2] در بوئنوس آیرس حمله به سفارت اسرائیل و ...؟

در دوران رابطه پنهان القاعده و جمهوری اسلامی، شخص مسئول رابطه کسی جز احمد وحیدی بود؟ در پاکستان و افغانستان چه شخصی با ایمن الظواهری[3] دیدار می‌کرد؟ آیا کسی جز احمد وحیدی بود؟

احمد وحیدی مدتها (۱۳۸۲-۱۳۸٤) معاون احمد شمخانی (با سابقه تروریستی در گروه اسلامی منصورون) بود. در سالهای ۱۳۸۸ (۲۰۰۹)تا ۱۳۹۲ (۲۰۱۳) در دوران محمود احمدی‌نژاد، وزیر دفاع بوده که بیشترین کمک تدارکاتی برای عملیات تروریستی برونمرزی سپاه قدس داشت، [مانند عملیات ۲۰۰۹ که در کالیفرنیا می‌خواستند یکی از فعالان سیاسی به نام جمشید شارمهد را ترور کنند[4]؛ یا در ۲۰۱۰ در نیجر که راکت ایرانی

بود. رسوایی ایران-کنترا بزرگ‌ترین بحران داخلی دوران ریاست جمهوری رونالد ریگان بود و افشای آن در ایران هم تأثیر قابل توجهی گذاشت. این رسوایی با عملیاتی به منظور آزادسازی هفت گروگان آمریکایی که در لبنان اسیر عماد مغنیه بودند، آغاز شد. این گروه شبه نظامی پیوندهایی با سپاه پاسداران انقلاب اسلامی داشت. برنامه‌ریزی شده بود که از انبارهای سلاحهای اسرائیل، تسلیحاتی را به ایران ارسال کنند، و آنگاه آمریکا انبارهای تسلیحات اسرائیل را از نو تأمین کرده و وجه آن را از اسرائیل دریافت کند. دریافت‌کنندگان ایرانی باید قول می‌دادند هر چه در توان‌شان باشد را برای آزادسازی گروگان‌های آمریکایی انجام دهند.

۱- در ۱۵ امرداد ۱۳۷۰ -برابر با ٦ اوت ۱۹۹۱- شاپور بختیار و منشی وی، سروش کتیبه در خانهٔ مسکونی بختیار در اطراف پاریس به صورت وحشتناکی به قتل رسیدند.

2- The AMIA bombing

انفجار مرکز همیاری یهودیان واقعه‌ای تروریستی در ۱۸ ژوئیه ۱۹۹٤ (۲۷ تیر ۱۳۷۳) بود که در جریان آن ۸۵ نفر از شهروندان یهودی تبار آرژانتینی جان خود را از دست دادند و بیش از سیصد نفر زخمی شدند. انفجاری که بزرگترین سوءقصد در تاریخ معاصر آمریکای لاتین تلقی می‌شود. در مارس ۲۰۰۷ و پس از مدت تقریباً ۱۳ سال از انفجار، دادستانی کل آرژانتین درخواست صدور حکم جلب ۹ نفر از جمله علی‌اکبر هاشمی رفسنجانی و علی‌اکبر ولایتی توسط پلیس بین‌الملل را صادر کرد. اینترپل برای ٦ تن از این افراد، حکم جلب بین‌المللی صادر کرد. این افراد عبارتند از: (علی فلاحیان) وزیر اطلاعات وقت جمهوری اسلامی؛ (محسن رضایی) فرمانده وقت کل سپاه پاسداران جمهوری اسلامی؛ (احمدرضا اصغری) دبیر سوم پیشین سفارت جمهوری اسلامی ایران در آرژانتین؛ (احمد وحیدی) فرمانده سابق نیروی قدس سپاه پاسداران؛ (محسن ربانی) رایزن فرهنگی پیشین سفارت جمهوری اسلامی ایران در آرژانتین؛ (عماد مغنیه) رئیس وقت ستاد عملیات ویژه حزب‌الله لبنان

3- Ayman Mohammed Rabie al-Zawahiri

٤- از اعضای انجمن پادشاهی ایران است که مدیریت رادیو تندر را پس از ناپدید شدن فرود فولادوند

به دست آمد[1]؛ یا در ۲۰۱۱ که مامور سپاه قدس می‌خواست در رستورانی، سفیر عربستان سعودی را بکشد[2]؛ یا ۲۰۱۱ در کراچی پاکستان که مامور ایرانی دیپلمات عربستان سعودی را کشت![3] یا در ۲۰۱۲ در دهلی نو هند که مامور سپاه قصد بمب‌گذری داشت تا دیپلمات اسرائیلی کشته شود[4]؛ یا ۲۰۱۲ در ترکیه که ٤ سپاهی به اسرائیلی‌ها حمله کردند[5]؛ یا

برعهده داشت. در سال ۲۰۰٤ وبسایت تندر را تأسیس می‌نماید و در سال ۲۰۰۷ رادیو تندر را راه‌اندازی می‌کند. وزارت اطلاعات جمهوری اسلامی در اطلاعیه‌ای اعلام کرد جمشید شارمهد را در تاریخ ۱۱ امرداد ۱۳۹۹ دستگیر کرده است.

۱- اوت ۲۰۱۰ محموله‌های ارسالی برای حزب‌الله کشف شد و کانتینرهای دیگری حامل سلاح برای کشور آفریقایی گامبیا در ژوئیه ۲۰۱۰ در لاگوس در نیجریه کشف شد.

۲- توطئه ترور عادل الجبیر به توطئه ترور عادل الجبیر، سفیر عربستان در خاک آمریکا توسط سپاه قدس می‌پردازد که در ۱۹ مهر ۱۱ (۱۳۹۰اکتبر ۲۰۱۱) توسط اریک هولدر وزیر دادگستری آمریکا اعلام شد. وزارت دادگستری ایالات متحده آمریکا در تاریخ ۱۱اکتبر ۲۰۱۱، یک شهروند ایرانی-آمریکایی به نام منصور ارباب‌سیَر را به عنوان متهم اصلی و یک شهروند دیگر ایرانی به نام علی‌غلام شکوری که افسر ارشد نیروی قدس سپاه پاسداران انقلاب اسلامی ایران معرفی شده‌است را به ارتباط‌گیری، طراحی و پرداخت پول به کارتل لوس زتاس جهت ترور عادل الجبیر، سفیر ریاض در واشینگتن متهم کرده است.

۳- عبدالعزیز القادر، سفیر عربستان سعودی در پاکستان، به خبرگزاری رویترز گفت: «ما این عمل را به شدت محکوم می‌کنیم؛ کسی که چنین عملی مرتکب شده، نمی‌تواند یک مسلمان بوده باشد». نیروهای طالبان پاکستان که نزدیک به شبکه تروریستی القاعده است روز دوشنبه مسئولیت این ترور را برعهده گرفتند. / رادیو دویچله - ١٦,٠٥,٢٠١١

٤- هند برای سه ایرانی به اتهام ارتباط با بمب‌گذاری قرار بازداشت صادر کرد. به گزارش خبرگزاری آسوشیتدپرس، مقام‌های پلیس هند که نخواستند نام‌شان فاش شود، روز پنج‌شنبه اعلام کردند که دادگاه دهلی نو روز چهارشنبه برای سه ایرانی به نام‌های «سیدعلی مهدی صدر»، «محمدرضا ابوالقاسمی» و «حسین افشار» قرار بازداشت صادر کرده است. ٢٤ بهمن‌ماه در جریان یک بمب‌گذاری در یک خودرو در دهلی نو، پایتخت هند، همسر یک دیپلمات اسرائیلی به همراه راننده‌اش و دو تن همراه دیگر زخمی شدند. روزنامه «تایمز آو ایندیا» روز پنج‌شنبه گزارش کرد که این سه ایرانی با ویزای توریستی وارد هند شده‌اند و بلافاصله پس از انفجار بمب از این کشور گریخته‌اند. آسوشیتدپرس نیز بر خروج فوری این سه نفر از هند پس از وقوع انفجار تأکید کرده است. / رادیو فردا - /۲۵/اسفند/۱۳۹۰

۵- مطبوعات ترکیه: ٤ عضو سپاه قدس ایران برای ترور دیپلمات‌های اسرائیلی وارد ترکیه شدند. تلویزیون آن تی وی ترکیه در خبری به نقل از روزنامه حریت این کشور گزارش داد که موساد در پیامی محرمانه به مقامات امنیتی ترکیه هشدار داده است که «سپاه قدس وابسته به سپاه پاسداران ایران در صدد انجام «عملیات تروریستی» بر ضد دیپلمات‌های اسرائیل در خاک ترکیه است. / جمعه, ۹ مارس ۲۰۱۲

رادیو فرانسه (RFI): کشف یک شبکهٔ تروریستی وابسته به جمهوری اسلامی در ترکیه / بنا به اظهارات برخی مقامات اطلاعاتی و امنیتی به شبکهٔ تلویزیونی «اسکای نیوز»، یک شبکهٔ تروریستی وابسته به جمهوری اسلامی ایران در ترکیه گسترش یافته تا علیه اهداف اسرائیلی، یهودی و همچنین برخی کشورهای غربی در این کشور دست به اقدامات تروریستی بزند. بدین ترتیب بنا به اطلاعات شبکهٔ تلویزیون«اسکای نیوز»، «واحد ٤٠٠» سپاه قدس ایران که مستقیماً تحت فرماندهی آیت‌الله خامنه‌ای رهبر جمهوری اسلامی قرار دارد، از چند ماه پیش در ترکیه مستقر شده و گسترش یافته است و گروهی آدمکش را برای انجام عملیات تروریستی علیه اهداف کشورهای غربی، یهودی و اسرائیلی به ترکیه اعزام کرده است. «اسکای نیوز» در

در ۲۰۱۲ که در صوفیای بلغارستان مامور سپاه دستگیر شد که می‌خواست علیه کنیسه یهودیان کار تروریستی انجام دهد[۱]؛ یا ۲۰۱۲ در بانگوگ تایلند که ۳ سپاهی می‌خواستند به دیپلمات‌های اسرائیلی حمله کنند[۲]؛ یا در ۲۰۱۲ در نایروبی کنیا که ۲ مامور سپاه قدس دستگیر شدند که می‌خواستند که طراحی بمب گذاری داشته باشند و مواد منفجره به دست آمد[۳]؛ یا در ۲۰۱۳ در نپال یک مامور ایرانی دستگیر شد که سفارت اسرائیل را تحت نظر

ادامه از قول یک منبع اطلاعاتی متذکر می‌شود که بر اساس برآوردهای سرویس‌های اطلاعاتی گروه اعزامی «واحد ٤٠٠» سپاه قدس هم اکنون وارد مرحلهٔ عملیاتی خود شده و قصد دارد اقدامات تروریستی خود را به زودی در خاک ترکیه به اجرا در آورد. همین منابع می‌افزایند که عملیات تروریستی «واحد ٤٠٠» سپاه قدس در واقع پاسخی است به تهدیدهای نظامی اسرائیل و آمریکا علیه برنامهٔ اتمی ایران. همین منابع می‌گویند که «واحد ٤٠٠» سپاه قدس نقش کلیدی را در توطئهٔ قتل نافرجام سفیر عربستان در آمریکا داشته است. سرویس‌های اطلاعاتی غرب همچنین موفق به شناسایی یکی از افسران ارشد «واحد ٤٠٠» سپاه قدس شده‌اند که وظیفهٔ طرح ریزی و انجام عملیات تروریستی در کشورهای اروپایی را برعهده دارد. در این گزارش از «حامد عبداللهی» و «مجید علوی» که از معاونان سابق وزارت اطلاعات جمهوری اسلامی به حساب می‌آیند، به عنوان فرماندهان «واحد ٤٠٠» نام برده است. بنا به اظهارات این منابع، اکنون نیروهای اطلاعاتی ترکیه در پی دستگیری و بازداشت اعضای این شبکهٔ تروریستی هستند. شایان یاد آوریست که علی خامنه‌ای، چندی پیش در خطبه‌های نماز جمعه و در واکنش به شایعات حمله نظامی غربی‌ها به ایران تأکید کرده بود که: «ما هم تهدیدهایی داریم که به وقت خود اعمال خواهد شد». / ۲۰۱۲/۰۳/۳۱

1- The 2012 Burgas bus bombing

بمب‌گذاری اتوبوس ۲۰۱۲ بورگاس یک حمله تروریستی بود که توسط یک بمب‌گذار انتحاری صورت گرفت. او به یک اتوبوس مسافربری حامل گردشگران اسرائیلی در فرودگاه بورگاس در بلغارستان، در ۱۸ ژوئیه ۲۰۱۲ خود را منفجر کرد. این اتوبوس پس از ورود با پرواز از تل آویو، ٤٢اسرائیلی، عمدتاً جوانان از فرودگاه به هتل‌های خود منتقل می‌کرد. این انفجار منجر به کشته شدن راننده اتوبوس بلغاری و پنج اسرائیلی شد و ۳۲ اسرائیلی را زخمی کرد که منجر به محکومیت بین‌المللی بمب‌گذاری شد. در فوریه ۲۰۱۳، تسوتان تسوتانوف، وزیر کشور بلغارستان گفت که شواهد «مستدل» وجود دارد که حزب‌الله لبنان در پشت این حمله است. تسوتانوف اظهار داشت که این دو مظنون دارای گذرنامه کانادایی و استرالیایی بوده و در لبنان زندگی می‌کردند. به گفته یوروپل، شواهد پزشکی قانونی و منابع اطلاعاتی همه به مشارکت حزب‌الله در انفجار اشاره دارند. ایران و حزب‌الله هر دو دخالت را انکار کرده‌اند. پس از حمله، بنیامین نتانیاهو نخست‌وزیر اسرائیل حزب‌الله لبنان به انجام این حمله با حمایت ایران متهم کرد.

2- The 2012 Bangkok bombings

بمب‌گذاری‌های بانکوک ۲۰۱۲ چند انفجار در بانکوک پایتخت تایلند بود که در ١٤ فوریه ۲۰۱۲ اتفاق افتاد و منجر به مجروح شدن ۵ نفر شد. مقامات رسمی تایلند گفتند بمب‌گذاری‌ها اقداماتی وحشیانه بود که چند شهروند ایرانی علیه دیپلمات‌های اسرائیلی برنامه‌ریزی کرده بودند. چند ایرانی پس از این حملات دستگیر شدند که یکی از آنها بر اثر کمانه کردن نارنجکی که پرتاب کرده بود، به‌شدت زخمی شده بود. در ۲۵ نوامبر ۲۰۲۰ خبرگزاری‌های ایرانی از تبادل کایلی مور-گیلبرت پژوهشگر استرالیایی که به اتهام جاسوسی در ایران زندانی بود، با سه زندانی در تایلند خبر دادند. در ادامه مقام‌های تایلندی تأیید کردند، ایرانیان آزادشده سعید مرادی، محمد خزاعی و مسعود صداقت‌زاده هستند که در سال ۲۰۱۲ در بمب‌گذاری ناموفقی علیه دیپلمات‌های اسرائیلی دست داشتند.

۳- گزارش هارتص از رای دادگاه کنیا علیه بازداشت شدگان ایرانی: دو عضو سپاه قدس گناهکار شناخته

داشت[۱]؛ یا در ۲۰۱۳ که در نیجریه ۳ مامور ایرانی قصد داشتند که به توریست‌های اسرائیلی و امریکایی حمله کنند؛ ۲۰۱۳ در بوسنی و...] در کدام یک از این عملیات، وحیدی مطلع نبوده؟

حال، چنین فردی با سوابق تروریستی اثبات شده، بر کرسی وزارت کشور در جمهوری اسلامی تکیه می‌زند؟ گرچه می‌توان پرسید که کدام وزیر کشور در فعالیت‌های تروریستی نقش مستقیم و غیر مستقیم نداشته‌اند؟ [علی‌اکبر محتشمی‌پور[۲]؟ عبدالله نوری[۳]؟ علی‌محمد بشارتی[۴]؟ سیدمصطفی تاجزاده[۵]؟ سیدعبدالواحد موسوی لاری[۶]؟ مصطفی پورمحمدی[۷]؟

شدند. اتهام احمد ابوالفتحی و سیدمنصور موسوی آماده شدن برای اعمال مجرمانه و ایجاد صدمات جدی است، آن‌ها ژوئن ۲۰۱۲ بازداشت شدند و مقامات کنیایی ۱۵ کیلوگرم مواد منجره RDX از آن‌ها ضبط کردند. عوامل ایرانی مظنون هستند که در سال‌های گذشته در عملیات‌های اجرا یا خنثی شده در سراسر جهان از جمله آذربایجان، تایلند و هندوستان دست داشته‌اند. هدف اکثر این طرح‌ها منافع اسرائیل بوده است. ماموران ضد تروریسیم کنیا می‌گویند این دو ایرانی از اعضای نیروی قدس، یک واحد نخبه و مرموز وابسته به سپاه پاسداران انقلاب اسلامی ایران هستند. سال گذشته، همزمان با بازداشت این دو مظنون مقامات کنیایی گفتند آن‌ها احتمالا در حال برنامه ریزی برای حمله به منافع اسرائیل، ایالات متحده، بریتانیا و عربستان سعودی در کنیا بوده‌اند. - یکشنبه ۱۵ اردیبهشت ۱۳۹۲

۱- نپال یک ایرانی دارنده پاسپورت جعلی اسرائیل را بازداشت کرد. پلیس نپال می‌گوید یک ایرانی را که با پاسپورت تقلبی اسرائیل وارد این کشور شده است، بیرون از سفارت اسرائیل در کاتماندو، پایتخت نپال، دستگیر کرده است. طبق گزارش‌ها پلیس نپال در حال بررسی امکان حضور وی در کاتماندو با مقاصد تروریستی است. به گزارش روز چهارشنبه، چهارم اردیبهشت‌ماه، خبرگزاری آسوشیتدپرس، یکی از کارکنان دفتر مرکزی تحقیقات نپال گفته است این فرد که نام وی «محسن خسرویان» اعلام شده است، هفته گذشته در حالی که به نظر می‌رسید در حال وارسی محیط اطراف سفارت اسرائیل در کاتماندو بود، بازداشت شده است. رونامه «هیمالیا تایمز» گزارش داده است آقای خسرویان که در تحقیقات ابتدایی به پلیس گفته بود برای تعمیر لپ‌تاپش در آن منطقه به دنبال مغازه تعمیر کامپیوتر می‌گشت، بعدها گفت که از ایران به کوالالامپور، پایتخت مالزی سفر کرده است و در آن‌جا پاسپورت تقلبی اسرائیل را با نام «الکساندر» دریافت کرده است. دفتر مرکزی تحقیقات نپال در حال بررسی امکان مرتبط بودن دیدارهای «مکرر و مشکوک» این فرد از محوطه اطراف سفارت اسرائیل با هرگونه اقدام تروریستی است. به گزارش این روزنامه، آقای خسرویان دارای همسری تایلندی است و از سال ۲۰۰۴ ساکن تایلند است. «هیمالیا تایمز» می‌گوید وی روز ۲۴ فروردین‌ماه بازداشت شده است و ۱۰ روز پیش از بازداشت، در حالی که اسناد هویتی ایرانی خود را در چمدان پنهان کرده بود، با پاسپورت تقلبی اسرائیلی از سریلانکا وارد نپال شده است. / رادیو فردا - /۰۴/اردیبهشت/۱۳۹۲

۲- ٦ آبان ١٣٦٤ — ٧ شهریور ١٣٦٨.

۳- ۲۹ امرداد ۱۳۷٦ — ۳۱ خرداد ۱۳۷۷.

٤- ۲۵ امرداد ۱۳۷۲ — ۲۹ امرداد ۱۳۷٦.

٥- ۳۱ خرداد ۱۳۷۷ — ۳۱ تیر ۱۳۷۷.

٦- ۳۱ تیر ۱۳۷۷ — ۲ شهریور ۱۳۸٤.

۷- ۲ شهریور ۱۳۸٤ — ۲٦ اردیبهشت ۱۳۸۷.

کامران دانشجو[1]؟ صادق محصولی[2]؟ مصطفی محمدنجار[3]؟ عبدالرضا رحمانی فضلی[4]؟] کدام یک گوش به فرمان سپاه قدس و مجری تروریسم اسلامی نبوده‌اند؟

حال قرار است که نیروی انتظامی جمهوری اسلامی (ناجا)[5] {از سال ۱۳۷۰ مجموعه شهربانی، ژاندارمری و کمیته انقلاب اسلامی است} در اختیار یک تروریست قرار بگیرد که توسط وزارت کشور نظارت می‌شود. بماند که گروهی مامور، جلوی دوربین به کذا می‌نشینند و بنا به ماموریت و بستن چشم بر واقعیات، می‌گویند که سپاه نقشی در سرکوب ندارد!

آیا یک تروریست اسلامی می‌تواند شیخ پلیس‌های ایران باشد؟ احمد وحیدی چه سابقه درخشان و قابل تامل دارد؟ هیچ! پس به قدرت رسیدن یک تروریست در کابینه رئیسی، چه پیامی سیاسی دارد؟ چه امنیتی را می‌تواند در کشور برقرار کند؟

۱- ١٦ آبان ۱۳۸۷ – ٤ دی ۱۳۸۷.

۲- ٤ دی ۱۳۸۷ – ۱۲ شهریور ۱۳۸۸.

۳- ۱۲ شهریور ۱۳۸۸ – ٢٤ امرداد ۱۳۹۲.

٤- ٢٤ امرداد ۱۳۹۲ – ۳ شهریور ۱٤۰۰.

5- The General Command of the Law Enforcement of the Islamic Republic of Iran/ Law Enforcement Force of the Islamic Republic of Iran/ Disciplinary Force of the Islamic Republic of Iran (FARAJA)

۸

وزیر دفاع رئیسی و
موج جدید تروریسم

امروز در صحن مجلس مشروعه اسلامی، محمدرضا آشتیانی با سابقه حضور در ارتش مربوط به خلافت اسلامی مُلایان، رای اعتماد گرفت. بر گردن وی، دو مدال ایدئولوژیک هم آویخته‌اند: ایثارگری و جانبازی.

خبرگزاری‌های داخلی هم گزارش دادند که سرتیپ محمدرضا قرایی‌آشتیانی وزیر دفاع و پشتیبانی نیروهای مسلح در دفاع از برنامه‌هایش در جلسه علنی مجلس شورای اسلامی و در جریان رأی اعتماد به وزرای پیشنهادی دولت، دهان گشود «به یقین خدمت در دولت ولایی، انقلابی و مردمی مایه افتخار است»[۱]. سخنی که نشان از عدم دلبستگی به مام میهن دارد و برای او، خدمتگزاری خامنه‌ای و اختاپوس مذهبی در ایران، بیشتر از ایران اهمیت دارد.

خودش رسماً گفت که در هماهنگی با ستادکل نیروهای مسلح قرار دارد و گوش به فرمان فرماندهی خامنه‌ای و مواجهه با «دشمنان و شرارت‌ها» است

بنا به ذهنیت توهم‌آمیز و عجز مسلط بر کابینه رئیسی، خود را آماده «مقابله با اغواگران و خنثی‌سازی توطئه‌ها و تفرقه‌افکنی و ناامیدی دشمن در تبلیغات تهاجمی و فضای مجازی «می‌داند. کسی هم نمی‌داند، چه رابطه‌ای بین وزارت دفاع و فضای مجازی است؟

امیر آشتیانی، با نوعی غرور و سخن بی‌سند و مدرک، به سراغ: افزایش توان موشکی (بالستیک[۲]، کروز[۳]، پدافند هوایی[۴]، پهبادی[۵])، سامانه فضایی، شناورها و تجهیزات رزم دریایی، افزایش تحرک و ارتقاء قدرت‌های زرهی و ضد زرهی واحدهای زمینی، جنگ

۱- خبرگزاری‌های داخلی / ۱۰ شهریور ۱۴۰۰.

2- ballistic missile.
3- Cruise missile.
4- Anti-aircraft warfare, counter-air.
5- An unmanned aerial vehicle (UAV), a drone.

الکترونیک[1]، دفاع سایبری[2] و هدف‌گذاری‌ها می‌رود. اما کسی نمی‌داند که عدم توقف برنامه موشکی ایران، نه راهی برای رژیم ایران می‌گشاید و نه به حل مشکلات مردم ایران، کمکی خواهد کرد. ادعای برجام ۲ هم، شوخی را خرد مردم ایران بود وگرنه تروریسم، برنامه موشکی و حمایت از گروه‌های شیعه تروریست در منطقه، چیزی نیست که مورد غفلت اروپا و آمریکا باشد.

آشتیانی به دیپلماسی دفاعی[3] و تحقق اهداف کلان امنیت و منافع ملی با دفاع همه‌جانبه اشاره دارد اما هیچ برنامه مشخصی ندارد. ناگهان فکر واقعی خود و سیستم مُلایان را عیان می‌سازد: «بازدارندگی فعال[4]؛ حمایت قاطع از محور مقاومت[5] و امنیت پایدار منطقه‌ای و مقابله با تروریست و مداخله بیگانگان».

وزیر پیشنهادی دفاع و پشتیبانی نیروهای مسلح افزود: تقویت شبکه هوشمند هدایت و راهبری همکاری‌های دفاعی و بین‌المللی و بهره‌گیری دیپلماتیک به منظور رفع گلوگاه‌های فناورانه و تسهیل فعالیت‌های صادراتی و تأمین نیازمندی‌های دفاعی و توسعه همکاری‌های اقتصادی و گسترش سامانه اِشراف اطلاعاتی به منظور رصد تحولات محیطی و بین‌المللی و مشارکت در تصمیم‌سازی راهبردی و معاهدات دفاعی و نیز تعیین تکلیف حقوقی پرونده‌های بزرگ دعاوی خارجی و دریافت مطالبات حوزه دفاعی در دستور کار قرار دارد.

امیر آشتیانی ادامه داد: «خدمتگزاران شما در نیروهای مسلح همواره در تمامی دوره‌ها و مقاطع زمانی در صحنه‌های مقابله و مواجهه با فتنه‌ها و توطئه‌های دشمنان داخلی و خارجی و تهدیدات متصور برای کشور و مخاطرات و بلایای طبیعی، حضور فعال، چشمگیر و هوشیارانه داشته‌اند و هر کجا دشمنان قصد توطئه، تجاوز و شیطنت داشته‌اند، به‌گونه‌ای با آن‌ها برخورد شده است که منصرف و سر شکسته صحنه را ترک کرده‌اند و این تجارب ارزشمند از سرمایه‌های مجموعه دفاعی کشور محسوب می‌شود.»

1- Electronic warfare (EW)
2- Cyberthreat Defense Report" (CDR)
3- Defence diplomacy
4- Active Denial System
5- Axis of Resistance

محور مقاومت: منظور از آن، ائتلاف نانوشته‌ای میان نظام جمهوری اسلامی ایران، دولت بشار اسد در سوریه و حزب‌الله لبنان است .گروه‌های شبه‌نظامی شیعه عراقی، گروه‌های شبه‌نظامی سوری طرفدار اسد و انصارالله یمن نیز بخشی از این ائتلاف به حساب می‌آید. اینان با وجود اختلافات عقیدتی (مثل اسلام‌گرایی شیعه و حزب بعث سوری (با یکدیگر علیه فعالیت‌ها اسرائیل و مداخله کشورهای غربی در منطقه همکاری می‌کنند.

وی تصریح کرد:» آمریکا به عنوان نماد پوشالی و استکباری قدرت و تمامی ایادی زخم‌خورده او از جمله رژیم صهیونیستی از سر استیصال و ترس، هر از گاهی رویاپردازی می‌کنند، اما خود به درستی می‌دانند و تجربه کردند که ایران اسلامی با تأسی از عاشورا و آموزه‌های معرفتی و تبعیت محض از امام حاضر خود در عصر کنونی با عزم و اراده راسخ به دنبال گسترش عدالت، امنیت پایدار و احقاق حقوق مستضعفین و حمایت همه‌جانبه از مقاومت و حذف نظام سلطه و یکجانبه‌گرا در جهان است».

وزیر پیشنهادی دفاع و پشتیبانی نیروهای مسلح با تأکید بر اینکه ایران به دنبال ایجاد آرامش در منطقه است، مدعی شد: «آرامش و امنیت در منطقه با تعامل و همکاری تمام کشورهای منطقه به دست می‌آید».

یک ارتشی باورمند به تروریسم اسلامی، وقتی دهان باز می‌کند! عیب و هنرش عیان می‌شود. از ٤٢ سال قبل تا امروز، بنا به کدام سند و مدرک، رژیم جمهوری اسلامی ایران بجز دخالت، به دنبال آرامش در منطقه بوده؟ کدام نوع از مقاومت و بیداری اسلامی؟ هرچه هست، تروریسم اسلامی و توسعه شبکه تروریسم و نفوذ گروه‌های تروریستی وابسته به ایران بوده. و حذف نظام سلطه در این ادبیات هم به معنی ضدیت با آمریکا و اسرائیل و فاصله بیشتر گرفتن از جهان متمدن است به کدام نیروهای مسلح و قدرت منطقه‌ای فخر می‌فروشد؟

هراس امیر آشتیانی از ماجراجویی، نابخردی و تهاجم چیست؟ حمله آمریکا و اسرائیل؟ چه توان و امکانی یا تأسیسات نظامی برای این پاسخ هست؟ با اغراق و ادعای بی‌سند، چه دفاعی را می‌توان داشت؟ پس از سخنرانی طولانی و سخنانی پراکنده، خود را مطیع «فرامین حکمیانه امامین انقلاب» می‌شناساند. اما نمی‌گوید که او سرباز ایدئولوژی خُمینیسم است. و آشتیانی همان کسی است که معتقد بود فعالیت‌های تروریستی قاسم سلیمانی، «نظام اسلامی را استحکام بخشید[1]»!

البته در تاریخ معاصر ایران از وی به این نام یاده می‌شود که این درجه‌دار ارتشی، باورمند به تروریسم اسلامی است. مثلا نقش مخربش در سال ۱۳۶۳ در کردستان ایران – و تعامل وی با سازمان‌های سیاسی و مسلح – فراموش نمی‌شود. وانگهی، در روز جمعه ۲۰ دی ۱۳۹۸ توسط وزارت خزانه‌داری آمریکا به دلیل پیشبرد اهداف بی‌ثبات‌کننده رژیم در منطقه و جهان، تحریم شده است.[2] تشدید فرقه‌گرایی؛ شبکه فعال تروریسم؛ تشکیل

۱- خبرگزاری صدا و سیما / ١٤بهمن ۱۳۹۸.

۲- تحریم‌های جدید آمریکا 'قلب دستگاه امنیتی ایران را هدف گرفته است. مایک پومپئو وزیر خارجه

گروه‌های شیعه مسلح تروریستی در عراق و سوریه و ...؛ رادیکالیسم و... تنها، بخشی از رفتارهای بی‌ثبات کنند رژیم تهران در منطقه است.

آمدن افرادی مانند آشتیانی، نشان بارزی از میل شدید دولت فعلی ابراهیم رئیسی به ترویج و توسعه تروریسم منطقه‌ای است. هرچند که کل این وزارتخانه و سازمان‌های وابسته به آن، از جمله نهادهایی است که به دلیل دخالت مستقیم در برنامه موشکی و تروریسم رژیم ایران، از جانب ایالات متحده آمریکا، اتحادیه اروپا و شورای امنیت مورد تحریم واقع شده است.

آمریکا هم در کنفرانس خبری همراه با آقای منوچین شرکت کرده بود گفت تحریم‌های جدید قلب دستگاه امنیتی ایران را هدف گرفته است. افرادی که تحریم شده‌اند: علی شمخانی - دبیر شورای عالی امنیت ملی؛ محمدرضا آشتیانی - جانشین رئیس ستاد کل نیروهای مسلح؛ علی عبداللهی - معاون هماهنگ‌کننده ستاد کل نیروهای مسلح؛ غلامرضا سلیمانی - رئیس سازمان بسیج مستضعفین؛ محمدرضا نقدی - معاون هماهنگ‌کننده سپاه؛ محسن رضایی - دبیر مجمع تشخیص مصلحت نظام؛ علی‌اصغر حجازی از اعضای بلندپایه بیت رهبر ایران؛ محمد قمی معاون ارتباطات و امور بین‌الملل رئیس دفتر بیت رهبر ایران که گاهی در سفرهای خارجی نماینده اوست. / گزارش بی‌بی‌سی فارسی (۲۰ دی ۱۳۹۸ - ۱۰ ژانویه ۲۰۲۰) نام و سمت هشت مقام نظامی و امنیتی ایران که توسط آمریکا تحریم شدند؛ از محسن رضایی تا نزدیکان خامنه‌ای. وزارت خزانه‌داری آمریکا روز جمعه ۲۰ دی در بیانیه‌ای اعلام کرد که اداره کنترل دارایی‌های خارجی این وزارتخانه موسوم به اوفک علیه هشت مقام ارشد جمهوری اسلامی به دلیل پیشبرد اهداف بی‌ثبات کننده رژیم و همچنین هفده کارخانه عمده تولید فلزات در ایران اقدام و اسامی آنها را به فهرست تحریم‌ها اضافه کرده است. بر اساس بیانیه امروز وزارت خزانه‌داری آمریکا، هفده کارخانه عمده تولید فولاد، آلومینیوم، مس، و آهن در ایران و یک شبکه مرتبط با آنها - شامل سه شرکت مستقر در چین و سیشل و یک کشتی - که میلیاردها دلار برای رژیم درآمدزایی می‌کنند، نیز هدف تحریم‌های اولیه و ثانویه ایالات متحده قرار گرفته‌اند. / گزارش صدای آمریکا (۲۰ دی ۱۳۹۸)

۹

خطرناک‌ترین فرماندهی
کل نیروهای مسلح کشور

سیدحسن آقایی فیروزآبادی در روز ۱۲ شهریور ۱۴۰۰ با ابتلا به کرونا مُرد. پس از ۲۷ سال، محمد باقری (محمدحسین افشردی) به دستور سیدعلی خامنه‌ای جایگزین او شد.

می توان گفت که نخست وزیر مورد اعتماد خمینی، میرحسین موسوی، و نیز هاشمی رفسنجانی کاشف و حامی فیروزآبادی بودند. او در فاصله سالهای ۱۳۶۸ تا ۱۳۹۵ ریاست ستاد کل نیروهای مسلح جمهوری اسلامی ایران را برعهده داشت.

هر دو فرمانده کل نیروهای مسلح کشور - چه فیروز آبادی و چه محمد باقری (اولین مسئول اطلاعات و عملیات سپاه)- در توسعه تروریسم منطقه‌ای، رادیکالیسم و جنگ فرقه‌ای، نقش بسیار شگفت‌انگیر و قابل تاملی داشته‌اند.

اصولا ستاد کل نیروهای مسلح جمهوری اسلامی به عنوان عالی‌ترین نهاد نظامی در مجموعهٔ نیروهای مسلح جمهوری اسلامی است، که مسئولیت هماهنگی میان نیروهای ارتش و سپاه پاسداران انقلاب اسلامی و سپاه قدس، نیروی انتظامی و وزارت دفاع را برعهده دارد. هیچ کدام از این نیروها و سازمان‌های نظامی، تعلق خاطری به ایران و ایرانی نداشته و ندارند. و در بررسی تاریخ فعالیت تروریسم جمهوری اسلامی، همه این‌ها نقش داشته‌اند.

از سالهای ۱۹۸۹ تا ۲۰۱٦ ایران در بسیاری از عملیات تروریستی جهان، نقش غیرمستقیم (با کمک گروه‌های نیابتی) و یا حضور مستقیم داشته است. و در طی این ۲۷ سال مورد نظر، به هیچ وجه افرادی مانند فیروزآبادی، محمد باقری، قاسم سلیمانی، محسن رضایی، احمد وحیدی، احمد کاظمی، اسماعیل قاآنی، محمدرضا فلاح‌زاده، علی شمخانی و ... ناآگاه و بی‌ارتباط نبوده‌اند.

نکته قابل توجه و غیر قابل انکار این است که نظامی‌های جمهوری اسلامی ایران، کمترین احترامی و توجهی به منافع و مصالح ملی ایران نداشته و ندارند و صرفاً سرباز خلافت اسلامی ولایت فقیه و دستگاه اختاپوس مذهبی هستند. البته بماند که شبکه مافیایی اطلاعات سپاه با نفوذ گسترده در برخی از رسانه‌های خارج از ایران، در هر جنبش

اجتماعی از زبان برخی شبرین عقل چنین تبلیغ می‌کند که مثلا سپاه و ارتش و نیروی انتظامی نقشی در سرکوب و ترور ندارند!

هیچ کدام از این نظامی‌های جمهوری اسلامی ایران، خوش نام و وفادار به مردم ایران نبوده و نیستند. در هر بررسی هم، ارتباط این ابزارهای سرکوب با تروریسم منطقه‌ای، به امری قابل اثبات و غیر انکار مبدل می‌شود. در هر تغییر سیاسی در ایران، اگر تصور تکرار بهار عربی در مصر و ایستادگی و نقش‌آفرینی وطن‌پرستانه افسران مصری در ایران پس از جمهوری اسلامی هست، اوج خوش خیالی و عدم بلوغ سیاس است.

البته بماند که برخی رند هفت چهره و فارغ از شرم هم در میان رسانه‌های فارسی چنین دهان می‌گشایند؛ یا از دولت نیمه نظامی حرف می‌زنند یا نقش نظامی‌ها در آینده ایران افاضات می‌بافند؛ یا جانیان سپاه و ارتش و انتظامی را فرزندان این آب و خاک می‌شناسانند؛ یا بخاطر تروریستی نامیدن سپاه، لباس سبز می‌پوشند و پشت دوربین، بالا و پایین می‌پرند!

امروزه هم از مجموعه نظامیان بدنام و آلوده به تروریسم، محمدرضا قرایی آشتیانی از طرف خود باقری به وزارت دفاع رسید، یا احمد وحیدی بر کرسی وزارت کشور و ریاست نیروهای انتظامی کشور قرار گرفت. و البته ناگفته‌ها بماند که سالهاست که روس‌ها در دو سازمان اطلاعات و امنیت روسیه[1] در میان نظامی‌های ایران نفوذ کرده‌اند که یکی از آنان قاسم سلیمانی و یا حسین دهقان بود.

در توسعه تروریسم، هر دو فرمانده کل نیروهای مسلح کشور متهم و مجرم‌اند. مثلا اتحادیه اروپا در ۱۸ مهر ۱۳۹۰ (۱۰ اکتبر ۲۰۱۱) فیروز آبادی را به اتهام نقش در نقض گسترده حقوق شهروندان ایرانی، از ورود به کشورهای این اتحادیه محروم کرد. یا در ۲۲ آذر, ۱۳۹۰ آمریکا تحریم هایی را علیه رئیس ستاد کل نیروهای مسلح [حسن فیروزآبادی] و معاون فرمانده کل سپاه پاسداران [عبدالله عراقی] به اجرا گذاشت. و یا در ۱۳ آبان ۱۳۹۸ محمد باقری هم به همراه ۹ نفر دیگر از نظامیان عالی‌رتبه ایران، بخاطر شرکت در حملات تروریستی لبنان و آرژانتین، در فهرست تحریم‌های وزارت خزانه‌داری آمریکا قرار گرفتند. در شبکه فراملیتی تروریسم مانند حزب‌الله[2]، حماس[3]، القاعده[4]، طالبان[5]،

1- GRU -SVR
2- Hezbollah
3- Hamas
4- Al-Qaeda
5- Taliban

پ‌ک‌ک[1]، جهاد اسلامی فلسطین[2] و ... فرمانده کل نیروهای مسلح کشور با همگی آنان رابطه دارد. مثلا در مراسم تحلیف ابراهیم رئیسی در مجلس شورای اسلامی، اکثر چهره‌های تروریسم منطقه‌ای حضور داشتند تا به جهانیان بگویند که تروریست‌های اعظم در ردیف اول نشسته‌اند و به نشانه تائید و حمایت هم چهره‌های نظامی هم در لابلای صندلی‌های اسماعیل هنیه (رهبر حماس)، شیخ نعیم قاسم (جانشین دبیرکل حزب‌الله لبنان) و محمد عبدالسلام (فرستاده ویژه حوثی‌های یمن)، نچیروان بارزانی (نماینده اولین هم پیمان وزارت اطلاعات جمهوری اسلامی در منطقه کردنشین و عراق) و ... حضور داشتند. که در جهان متمدن امروزی، چنین رویه‌ای مرسوم نیست، که در میان تدابیر شدید امنیتی، حامیان اشاعه توحش و تروریسم را در صندلی اول بنشانند!

امروز فیروزآبادی با هزار راز مگو به زیر خاک رفت. و البته جانشین او، باقری همچنان به وظیفه‌اش ادامه می‌دهد. در دوران فیروزآبادی، ستاد کل نیروهای مسلح جمهوری اسلامی [مجموعهٔ نیروهای مسلح جمهوری اسلامی؛ ارتش؛ سپاه پاسداران انقلاب اسلامی؛ سپاه قدس؛ نیروی انتظامی و وزارت دفاع] در بسیاری از عملیات تروریسم اسلامی شرکت کرد. در حمایت از گروه‌های نیابتی[3] در یمن، عراق، افغانستان، لبنان، سوریه و... در قاچاق مواد مخدر با طالبان و پ ک ک؛ در حمایت از بشار اسد با کمک کُردها؛ عملیات فریب استخبارات عربستان سعودی، موساد اسرائیل و میت ترکیه با کمک بارزانی برای دور زدن تحریم ها؛ رابطه با طالبان و القاعده و ...

هم فیروزآبادی و هم باقری، به عنوان خطرناک‌ترین فرماندهی کل نیروهای مسلح کشور و سربازان فاسد و سست عناصر در توسعه تروریسم اسلامی البته با پوشش جدید و بی‌معنی «مقاومت اسلامی»[4] هستند که بر دو پایه دشمنی بی‌ربط با آمریکا و اسرائیل شکل گرفته است.

چه فیروزآبادی و چه باقری، کمترین کمکی به توسعه و رشد ایران نکرده‌اند و یا برای ایران، اقتدار و آبرو و اعتباری کسب نکرده‌اند. به نان نوکری در بساط خلافت اسلامی ولایت فقیه دل خوش بوده‌اند و برای کسب منافع شخصی حاضر به تملق‌گویی و زنار خدمت بستن نزد خلیفه دوم دستگاه ولایت فقیه - علی خامنه‌ای - بوده و هستند. مرگشان نیز، در حد رفع مگس مزاحمی است که انگار در جهان و عالم واقعیت، هرگز وجود

1- PKK
2- PIJ
3- Proxy
4- Islamic Resistance

خارجی نداشته و ندارند! فیروزآبادی رفت و درباره نقش جمهوری اسلامی در توسعه تروریسم منطقه‌ای، واژه‌ای نگفت. باقری هم همان راه را خواهد رفت.

۱۰
مرکز ضد تروریسم آمریکا و تهدیدات ایران

امروز در کمیته امنیت داخلی سنا[1]، مدیر مرکز ملی مقابله با تروریسم آمریکا[2] سخنان مهمی را ارائه کرد.

خانم ابیزید[3] با اشاره به تلاش‌های جمهوری اسلامی برای انجام یک «عملیات علیه افراد و سازمان‌ها در داخل خاک آمریکا»، گفت: با توجه به تلاش ایران برای انتقام کشته شدن قاسم سلیمانی، مقابله با این تهدیدها اهمیت بیشتری پیدا کرده است. و نیز گروه تروریستی حزب‌الله لبنان و یا القاعده توانایی بالایی برای انجام حمله در داخل آمریکا دارد و حسن نصرالله «با در نظر گرفتن احتمال انتقام‌گیری آمریکا در صورت حمله این گروه، در حال تعدیل دیدگاه‌های حزب‌الله درباره ایالات متحده به عنوان یکی از دشمنان اصلی این گروه است.».

بیست سال پس از حادثه تروریستی ۱۱ سپتامبر و شکل‌گیری مثلث شوم همکاری سپاه پاسداران و القاعده و حزب‌الله، هنوز تهدیدهای سازمان‌ها و نهادهای تروریستی خارجی[4] علیه امنیت ملی آمریکا وجود دارد. تلاش‌های رژیم مُلایان در تهران برای اقدامات تروریستی به دور از چشمان مرکز ضدتروریسم ملی[5] - حداقل در ۱۵ سال اخیر - سی آی‌ای[6]، اف بی‌آی[7]، امنیت داخلی[8] نبوده و نیست. همواره جنگ علیه تروریسم و حذف تروریست‌های مشهور خاورمیانه [افرادی مانند عماد مغنیه، ابومصعب زرقاوی، قاسم سلیمانی، بن لادن و ...]، از مهم‌ترین ماموریت‌های جامعه اطلاعاتی امنیتی آمریکا

1- U.S. Senate Committee on Homeland Security.
2- National Counterterrorism Center Office (NCTS).
3- Christine Sandra Abizaid.
4- Foreign Terrorist Organizations, FTOs.
5- NCTC
6- CIA
7- FBI
8- DHS

بوده و هست و شاید کمی خاورمیانه را آرام‌تر کرد.

مهم‌ترین کشور حامی تروریسم در جهان، یعنی رژیم ملایان در تهران، همواره در صدد گسترش و توسعه تهدیدهای تروریستی[۱] و نزاع و تخریب بوده و هست. همیشه ایران در مرزهای شرقی و غربی در جهت حمایت از گروه‌های تروریستی بومی و قومی فعالیت داشته است. همچنین در تمام خاورمیانه با بیش از ۲۲ گروه تروریستی[۲] رابطه ارگانیک را حفظ کرده و توسعه داده است.

مساله ایران و حزب‌الله[۳]، ایران و القاعده[۴]، و دیگر شرکای تروریستی[۵] چیز دور از ذهنی برای نهادهای جامعه اطلاعاتی امنیتی آمریکا[۶] نیست. و کاملاً مبرهن است که دولت جدید ابراهیم رئیسی و یا انتصاب‌های جدید افراد رادیکال و تندرو و دارای سابقه تروریستی در مشاغل مختلف، نشان از خلق موج جدید تروریسم توسط جمهوری اسلامی در منطقه دارد.

گرچه در ۵ سال اخیر چندین نفر از ایرانیان در داخل خاک آمریکا یا ایرانی آمریکایی دستگیر شده‌اند که یا در جهت ساخت شبکه عملیاتی و شبکه‌سازی رسانه‌ای بودند و یا در راستای منافع و مصالح رژیم مُلایان در تهران فعالیت می‌کردند. گرچه هنوز برخی از نهادهای امنیتی در پی کشف سلول‌ها خاموش[۷] مربوط به ماموران امنیتی ایرانی در داخل خاک ایالات متحده هستند. فعالیت‌های ضدجاسوسی نهادهای امنیتی سپاه [ساس] و وزارت اطلاعات[۸] [واجا] در داخل آمریکا، مانند روسیه و چین - شرکای بین المللی جمهوری اسلامی - نیست و صرفاً برخی از افراد در نهادهای رسانه‌ای و یا اندیشه‌ای در جهت ترویج و تبلیغ افکار حکومتی، یا قلم می‌زنند و یا در پشت صفحه تلویزیون ظاهر می‌شوند (که البته، درصد پایینی از آن توسط شبکه‌های اجتماعی ایرانیان شناخته شده است که بسیار ناچیز است) یا در مراکز اسماً مذهبی و خیریه مشغول تبلیغ مذهبی‌اند و یا در میان چهره‌های مخالف حکومت در حال اجرای سیاست‌های تهران هستند.

پیام سخنان خانم ابیزید در سنای آمریکا این است که اگر ایران در داخل خاک آمریکا به دنبال ماجراجویی است، آن را با کمک همین سلول‌های خاموش و شرکای تروریستی

1- Terrorist Threats.
2- Terrorist Groups.
3- Hizballah.
4- AlQa‘ida.
5- Terrorist Partners.
6- Director of National Intelligence.
7- Dark/Inactive cells.
8- MOIS.

انجام خواهد داد که انجام آن با توجه به انسجام و توانایی آمریکا، غیر ممکن به نظر می‌رسد و اینکه ایران تهدید به ترور برخی چهره‌های نظامی و سیاسی از دولت آمریکا کرده هم بیشتر مصرف داخلی دارد و در عمل، محقق نخواهد شد.

۱۱
قول دیوید بارنئا، وعده موساد

سخن دیوید بارنئا[1] رئیس موساد[2] بسیار روشن و صریح است: «ایران نه در سال‌های آینده و نه هرگز سلاح هسته‌ای نخواهد داشت. این قول من است، این وعده موساد است.»

چنین وعده‌ای در مقابل رسانه‌های جهان را نمی‌توان و نباید نادیده گرفت. کارشناسان و تحلیلگران امنیتی در اسرائیل بر این باورند که برنامه هسته‌ای جمهوری اسلامی ایران یک تهدید حیاتی است، در حالی که معدود افرادی معتقدند که چنین نیست و مُلایان فقط در بالای منبر از شبستان‌های مخوف مساجد، شامورتی بازی می‌کنند. اما نقطه مشترک هر دو گروه در آن است که باید از شکل گیری یک رژیم مستبد دینی مسلح به سلاح هسته‌ای جلوگیری کرد.

همانطور که اندیشه خمینیسم[3] آشکارا نشان می‌دهد، انبانی از رذالت‌هاست. موساد زودتر و بیشتر از سازمان سی آی ای و یا نهادهای اطلاعاتی اروپا[4] به آن درجه از باور و آگاهی رسیده‌اند که بدانند خمینیسم یک ایدئولوژی نیست بلکه مکتب یا انبان دنائت و رذالت است [خودکامگی، هرج و مرج‌طلبی، آشوب‌طلبی، عوامفریبی، یهودی‌ستیزی، افراطی گری، خودستائی، لمپنی، وحشی گری، ستمگری، ترور و خشونت و سرکوب، ایجاد ترس و وحشت، تروریسم، شارلاتان بازی و سفسطه و وقاحت، ریاکاری، فرصت‌طلبی، واپس‌گرائی و تاریک‌اندیشی، روضه‌خوانی، حماقت، تبارگماری، خرافات، اوباشی‌گری، هوچی‌گری، زندگی انگلی، بی‌قانونی، خشک‌اندیشی، دشمنی، و...].

در این انبان رذالت‌ها، دشمنی با یهودیت[5] و اسرائیل وجود دارد. و چه ساختار

1- David Barnea.
2- Mossad.
3- Khomeinism
4- MI6,CIA, SÄPO, NIS, DGSE
5- Antisemitism.

خلافت اسلامی ولایت فقیه شیعه، و چه دستگاه یا اختاپوس مذهبی شیعه در ایران و همه عروسک‌های تئاتر قدرت در داخل حکومت برای خودشیرینی و رقاصی در مقابل سفیه وقیح‌شان (موسوم به ولی فقیه)، بارها و بارها بر نابودی اسرائیل در این چند سال پای فشرده و حتی روزشمار گذاشته‌اند!

در این انبان رذالت‌های خمیسنیم، ابزار کار هم تروریسم است. تمام ثروت ایران در این سالها در دوران خلیفه اول (روح‌الله موسوی خمینی) برای شکل‌گیری شبکه فراملیتی تروریسم مانند حزب‌الله و حماس و جهاد اسلامی و ... هزینه شد.

و در دوران خلیفه دوم (علی خامنه‌ای) برای حفظ کریدور خاکی[1] و هلال شیعی[2] و تدارکات تروریست‌های شیعی در عراق و سوریه و یمن و ... تاراج می‌شود.

و موساد بسیار خوب می‌داند که حیات و ممات اسرائیل به نابودی افراطی‌گری اسلامی و تروریسم اسلامی[3] بستگی دارد که نماد هر دو، رژیم مُلایان در تهران است. و بدان خاطر، موساد با دو مرکز مهم ضد تروریسم[4] و ضد غنی‌سازی[5] در ساختمان سی آی‌ای[6] همکاری روزانه دارد.

علاوه بر آن هم موساد، در آشفته بازار و دزدسالاری در فاسدترین و خونریزترین و منفورترین حکومت الله بر زمین، به خرید عوامل و ماموران پرداخته و کمترین حرکتی را می‌بیند و می‌داند که بیش از پیش مدعیان اسلام ناب محمدی را رسوای خاص و عام کرده است. سالهای سال آمریکایی‌ها می‌دانستند که القاعده در ایران است و جمهوری اسلامی با تروریست‌های منطقه در رابطه روزانه است. هم نامه‌های بدست آمده در اتاق بن لادن و هم سندهای دیگر، هیچ کدام به اندازه ترور فرمانده القاعده در تهران، برای همگان سند محکم نبود.

حال چنین رژیم وحشی صفتی با یک مافیای رسانه‌ای فاسد و تو در تو، که از کیهان تهران شروع می‌شود و گاه با یک کراواتی و یک اصلاح‌طلب در لندن هم خاتمه نمی‌یابد، در پی سفید کردن رخساره اختاپوس برآمده‌اند اما کسی در غم نابودی و اضمحلال

1- land bridge / corridor.
2- Shia Crescent.
3- Islamic Terrorism.
4- CTC
5- CPC
6- CIA: Central Intelligence Agency.

تدریجی ایران نیست.

بدبختی به آنجا ختم نمی‌شود، یک بیکار هم در آمریکا جلوی تلویزیون، نشسته و روزانه برای رهبری مجتبی خامنه‌ای، تبلیغ می‌کند! در زمانه خلفای فاسد و جنایتکار اُموی[1] هم، یزید بجای پدرش [معاویه بن ابی سفیان] به طور ارثی نشست !همان حکایات امیرمؤمنان جعلی، خلافکار، دزد، غارتگر و قاتل را تکرار کنیم که چه بشود؟ کجای دفاع از مجتبی خامنه‌ای، وطن پرستی، مصالح و منافع ملی، ایران دوستی، آینده کشور، نجات ملی است؟ این همه مداحی خام از علی خامنه‌ای، ره به کجا می‌برد؟ فائده‌اش؟ گرچه گروهی از اصلاح‌طلبان هم رسانه دست و پا کرده‌اند و شبانه روز در حال تبلیغ برخی مُلایان هستند. اما کم کم جامعه ایران می‌داند، اصلاح طلبان و اصولگرایان دو روی یک سکه‌اند و هر دو قصدشان، ادامه حکومت خلافت اسلامی ولایت فقیه است؛ زیرا که ادامه حیات‌شان به آن وابسته است. کسی هم غصه تروریسم ندارد!

موساد، آشفته بازار ایرانیان به ظاهر مدعی اپوزیسیون را هم می‌داند و اینکه مُلایان شیفته تروریسم، غنی‌سازی را به بالای ۶۰٪ رسانده‌اند، موج تازه تروریسم افسارگسیخته را راه انداخته‌اند و هم داعش در عراق به کمک مافیای قومی وابسته به جمهوری اسلامی تحریک شده. با این رسوائی و بدنامی، چرا موساد و اسرائیل باید به مُلای کله شق شیعه باور کند؟

خمینی و خامنه‌ای گفتند: «تا آخر خط ایستاده‌ایم! «اما کسی نپرسید که آخر خط، مقصود نابودی کل ایران است؟ که هست. کم کم کسی به مصالح و منافع ایران هم نمی‌اندیشد، کار به آنجا رسیده که هرچه موجب «نابودی و اضمحلال آخوند شیعه» می‌شود، می‌گویند: «زنده باد!» ... قطعا، دستگاه خلفت اسلامی ولایت فقیه و شبکه فراملیتی تروریسم؛ اگر منافع و مصالح ایران را در نظر داشتند که تشکیل نمی‌شدند. حفظ مصالح و منافع ایران و ایرانی در نابودی جمهوری مُلایان است و هلال شیعی. اگر نابود نشود، این گرداب هایل، کل ایران را به کام خود می‌کشد و آنگاه، دگر چیزی نیست که برایش مویه و شیون کرد!

چون، مُلایان فقط یک ماموریت داشتند و آن هم غارت و نابودی ایران، و به منتهای درجه اعلا، انجام دادند. و قبله گاه آنها مسکو و پکن شده و اسلام کمونیستی هم ظهور

1- Umayyad Caliphate.

یافت. شیعه اسلامی حضرات و کمونیسم به خاطر دشمنی با آمریکا، با هم مزدوج شده‌اند. یک مُلای هشتاد و اندی ساله کله شق و روان گسیخته و آسیمه جان، شده است سکان‌دار یک کشور که بیشتر به محنت‌کده‌ای جنگ‌زده و برهوت شبیه می‌شود. در اوهامش خود را رهبر کل مسلمین جهان و جهان تشیع می‌داند اما قضاوت تاریخ، بی‌رحم است!

قول دیوید بارنئا و وعده موساد هم روشن است و آن هم نابودی تاسیسات موشکی و هسته‌ای و تروریستی مُلایان منفور است. و هرگز ساختار خلافت اسلامی ولایت فقیه شیعه، به بمب اتمی دست نخواهد یافت. اسرائیل هم مشخص است که قصد دارد پاسخ حمله‌های گروه‌های تروریستی شیعه مورد حمایت رژیم جمهوری اسلامی را در داخل خاک ایران بدهد. از همین الان، وعده را عمل شده فرض کنیم، شاید عاقلانه‌تر باشد. اما امیدوارم موساد و بارنئا بداند که این رژیم، ایرانی نیست؛ این‌ها انیرانی و دشمن ایران‌اند. اندیشه و فکر نسل جوان ایران به این درجه از یقین، شاید رسیده باشد.

۱۲

سر کوبگر جدید امنیتی

سازمان اطلاعات ناجا (سانا)

در آغاز زمستان ۱۴۰۰، ساختار فرماندهی نیروی انتظامی جمهوری اسلامی (ناجا[1]) - به عنوان شاخه نیروهای مسلح - زیر نظر محمد باقری رئیس ستاد کل نیروهای مسلح رژیم هست، که سازمان اطلاعات ناجا (سانا) یا همان پلیس امنیت عمومی (پاوا) را توسعه داده‌اند. محمد باقری، پاسدار رییس ستاد کل نیروهای مسلح[2] طرح ساختار و سازمان فرماندهی را که قبلاً به تصویب علی خامنه‌ای رسیده بود، ابلاغ کرد. پایگاه خبری پلیس هم گفت در مراسمی که روز چهارشنبه، ۱۷ آذر۱۴۰۰، برگزار شد باقری رئیس ستاد این طرح را به نیروی انتظامی ابلاغ کرد.

با این طرح نو و نام گذاری جدید، و ارتقاء سازمانی، پلیس اطلاعات و امنیت عمومی ناجا به دو مجموعه سازمان اطلاعات و پلیس امنیت عمومی تبدیل می‌شوند. البته، نیروی انتظامی در سال ۱۳۷۰ از ادغام شهربانی، ژاندارمری و کمیته انقلاب اسلامی تشکیل شد و مسئولیت حفظ امنیت داخلی کشور را برعهده دارد و عملکرد آن توسط وزارت کشور نظارت می‌شود (که در کابینه رئیسی، بر عهده احمد وحیدی، فرمانده سابق سپاه قدس است). و امروزه روز، نیروی انتظامی هم مانند سپاه پاسداران؛ نهادی نظامی است که دارای سازمان اطلاعات مستقل و با کارکردی امنیتی و اطلاعاتی است. البته سازمان حفاظت اطلاعات ناجا (به‌اختصار: ساحفاناجا به ریاست پاسدار محسن فتحی‌زاده – اما در سازماندهی جدید: سانا) و سازمان اطلاعاتی ارتش (سازمان حفاظت اطلاعات ارتش – به اختصار ساحفاجا[3] – با ساختار در حال تغییر) هم هست. قوه قضائیه هم زندان و بازجو و دادستان و بازداشتگاه‌ها و سیاه چاله‌های وحشت‌زای خود را دارند! و در نگاه جامعه ایرانی، این دستگاه‌های امنیتی، یکی از دیگری منفورتر و بدنام‌تر و ظالم‌تر هستند.

1- NAJA
2- GSAF-IR
3- SAHEFAJA

خبرگزاری‌های داخلی نوشتند که ایوب سلیمانی (فرمانده عالی‌رتبه سپاه پاسداران و معاون پیشین نیروی انتظامی)، از چهره‌هایی است که در طراحی و اجرای این تغییر نقش دارد. هرچند که تا پیش از این تغییرات به‌دلیل آنکه ناجا به‌عنوان یک نیروی انتظام بخش تعریف می‌شد، جایگاه سازمانی پایین‌تری نسبت به ارتش و سپاه پاسداران داشت و با تبدیل آن به فرماندهی کل، هم رده ارتش و سپاه پاسداران قرار می‌گیرد، یعنی فرمانده نیروی انتظامی فعلی جمهوری اسلامی (پاسدار حسین اَشتری اهل اصفهان با عنوان جدید فرمانده کل) هم رده فرماندهان ارتش و سپاه پاسداران قرار گرفته است.

حال، همکاری سازمانی اطلاعات ناجا (سانا[1]) و ساس (سازمان اطلاعات سپاه پاسداران - IRGCIO- به ریاست حسین طائب) و واجا (وزارت اطلاعات[2] به وزارت اسماعیل خطیب)، به چه شیوه‌ای است، چندان روشن نیست اما قطعا در یک چیز مشترک هستند که آن هم، سرکوب هر نوع تهدید داخلی است. اما نیروی انتظامی اسمش را توسعه تحول ساختاری در ناجا جهت توسعه امنیت گذاشته و یا حسین اشتری در چهارشنبه ۱۷ آذر ۱٤۰۰ آن را رخداد مهم در تاریخ انتظامی کشور نامید. اما نقش رئیس سازمان حفاظت اطلاعات ناجا در کنترل نهادهای امنیتی یا همکاری در کار امنیتی در سطح کشور چیست؟، پاسخش مشخص نیست.

در دوران خلافت خامنه‌ای، از سال ۱۳٦۸ تا ۱۳۹۳، تعداد نهادهای امنیتی و اطلاعاتی از پنج نهاد به ۱٦ نهاد افزایش یافت و طبعا تولد نهاد موازی دیگر در میان ۱۷ سازمان دیگر، خبر از روزهای تاریک‌تر وحشتناک‌تر دیگری برای مردم ایران دارد. البته کلیه سازمان‌های اطلاعاتی نیروهای مسلح و دبیرخانه شورای عالی امنیت ملی (شُعام[3]) هم گزارش‌های خود را در اختیار بیت خامنه‌ای می‌گذارند. (که در جلسات دبیر شورای امنیت ملی علی شمخانی با احمد وحیدی -وزیر کشور و رئیس شورای امنیت کشور- و سیداسماعیل خطیب -وزیر اطلاعات- و رئیس ستاد فرماندهی کل نیروهای مسلح -محمدحسین باقری- می‌نشیند و بر حسب موارد خاص امنیتی هم، فرمانده‌هان کل ارتش و سپاه و نیروی انتظامی هم در جلسه خواهند بود که هر کدام نهاد اطلاعاتی و پرسنل امنیتی و دستگاه جاسوسی خاص خود را دارند).

در کنار شورای عالی امنیت ملی، شورای امنیت کشور سازمان سایه اطلاعاتی امنیتی است که دیگر روسای جامعه اطلاعاتی جمهوری اسلامی هم اظهار نظر می‌کنند. (مانند

1- LEC Intelligence Organization
2- MOIS
3- SNSC

وزیر اطلاعات، وزیر کشور، رئیس سازمان اطلاعات سپاه، دادستان کل کشور، رئیس سازمان حفاظت اطلاعات سپاه، معاون اطلاعات ارتش، رئیس سازمان حفاظت اطلاعات ارتش، رئیس پلیس اطلاعات و امنیت ناجا، رئیس سازمان حفاظت اطلاعات ناجا، رئیس سازمان حفاظت اطلاعات وزارت دفاع، رئیس اداره حفاظت اطلاعات ستاد کل نیروهای مسلح و مسئول دفتر سیاستگذاری حفاظت اطلاعات فرماندهی کل قوا)

طبعاً هر کدام از این نهادهای اطلاعاتی و امنیتی هم بخش عملیاتی دارند هم بخش‌های کسب و جمع‌آوری اطلاعات و بررسی اطلاعات و پیگیری اطلاعاتی. البته هر کدام از این نهادها و سازمان‌های اطلاعاتی موازی هم برای کنترل فکر عمومی جامعه، سعی در شکل‌دهی مسیر خبررسانی رسانه‌های داخل و خارج دارند. (مثلا جذب همکاری فلان خبرنگار یا بهمان سردبیر خبری برای کنترل! یا برجسته کردن یک نوع تفکر کم خطر از رویه مخالف در رسانه‌های مرتبط). البته در حال حاضر هم، استخبارات عربستان[1] به طور غیرمستقیم و توسط نهادهای اقتصادی، رسانه‌هایی برای خنثی‌سازی جریان حاکم بر رسانه توسط جمهوری اسلامی به راه انداخته و شاید نهادهای امنیتی ایران، صرفاً توانسته‌اند که از قبیله اصلاح‌طلبان یا باند تجزیه‌طلبان، با جذب برخی مافیای رسانه‌ای، نوعی مدیریت خبری در رسانه‌های جریان اصلی را به نمایش بگذارد. اما در هر حالتی، جامعه امنیتی جمهوری اسلامی، شکست خورده است (نکته جالب توجه پخش اعترافات اشخاص ربوده شده به ایران ربوده شده بودند تا از زبان آنها به جامعه ایرانی، گوشزد شود که فلان تلویزیون را عربستان راه انداخته و یا فلان وبسایت خبری با پول تاجری عربستانی می‌چرخد! و...)

البته، قبلاً بارها و بارها در رسانه‌ها اعلام کردند که فلان گروه تروریستی مسلح یا بهمان گروه تکفیری با همکاری واجا و ساس و یا سانا (جدید) دستگیر شده‌اند. (نمونه آن؛ موضوع دستگیری افرادی در شیراز - ایرنا، ٤ امرداد ١٤٠٠). اما خود داستان‌های مربوط به باند سرقت مسلحانه و تجاوز به عنف از پرسنل ارشد سازمان حفاظت اطلاعات ناجا، در جامعه شهره خاص و عام است که موجب سلب اعتماد همگانی شده‌اند. اما آیا هراس از ترویج تروریسم داخلی یا حرکت مسلحانه داخلی توسط برخی سازمان‌ها، موجب ایجاد این سازمان جداگانه شده یا هراس از توسعه جنبش‌های ضدحکومتی و یا اعتراض‌های مردمی؟ یا رفع توطئه داخلی و رقابت مسلحانه داخلی و ضد کودتا و ادامه فعالیت‌های جاسوسی و ضدجاسوسی از نهادهای امنیتی؟ یا صرفاً برای امنیتی‌تر کردن فضای جامعه

1- GIP / Istikhbarat

برای کنترل بیشتر و ایجاد وحشت و هراس میان فعالان و معترضان است؟ (نمونه مشهور در ماجراهای سال ۱۳۸۸ بود که معاونت اطلاعات سپاه به سازمان اطلاعات سپاه (ساس) تبدیل شد که رییس آن مستقیما از سوی خامنه‌ای تعیین شد.) کدام خلاء امنیتی در کشور در میان ۱۷ سازمان دیگر، رفع می‌شود؟ چرا اکثرا مدعی ضابط دستگاه قضایی هستند؟ (مثلا یکی از تحلیلگران امنیتی در آمریکا نقل می‌کند که در شنود خصوصی هتل لاله، در جریان اعتراضات سال، ۱۳۸۸ فلان مقام واجا، تلفنی به حفاظت اطلاعات نیروی انتظامی گفته: «آقای نیروی انتظامی! بیا و فقط این‌ها را از توی خیابان جمع کن و ببر!» چه رابطه‌ای عملیاتی مابین سازمان‌های موازی وجود دارند؟

همان‌طور که کار سازمان حفاظت اطلاعات ارتش (ساحفاجا- در حال حاضر به ریاست امیر سرتیپ اصفهانی) در واقع «پیشگیری، کشف، شناسایی و خنثی کردن فعالیت‌های براندازی، جاسوسی، خرابکاری، موارد ایجاد نارضایتی، نفوذ جریانات سیاسی و ایجاد اختلال» هست، سازمان اطلاعات سپاه هم همان راه را رفت و طبعا، سانا هم بر همان منوال خواهد رفت. (مثلا در قانون درباره شرح وظایف سازمان حفاظت اطلاعات نیروی انتظامی آمده که کار اولیه آنها، کشف و خنثی نمودن توطئه‌ها و براندازی، جاسوسی و خرابکاری و گزارش اطلاعات و اخبار امنیتی غیرنظامی واصله به وزارت اطلاعات است).

افزون بر این، برآوردهای اطلاعاتی- امنیتی، پیگیری، هماهنگی و بررسی هم جزو کارهای مشابه همه نهادها است. یا مثلا در آدم‌ربایی و قتل مخالفان و جاسوسی سایبری و توسعه تروریسم منطقه‌ای[1]، چه سپاه و چه ارتش و چه اطلاعات در دهه فعلی، عملیات مشترک داشته‌اند. یا مثلا حفاظت اطلاعات بسیج، حفاظت اطلاعات سپاه قدس، سازمان پدافند غیرعامل (زیرمجموعه ستاد کل نیروهای مسلح و هم اکنون ریاست آن برعهده پاسدار غلامرضا جلالی است) و سازمان حراست کل کشور در رابطه با حمایت از گروه‌های نیابتی تروریستی مانند جهاد اسلامی، حماس، القاعده، پ ک ک، حزب الله، حشد، حرکه اسلامی و ... به ساس کمک کرده‌اند و واجا هم نقش حسابدار و کارپرداز را بازی کرده است! یا دفتر بازرسی‌ها و یا دفتر حفاظت‌ها، دفاتر نظارتی، کمیته‌های قضایی، بازرسی‌ها، حراست‌ها و یگان‌های اطلاعاتی که هر کدام، در گوشه‌ای از جامعه اطلاعاتی امنیتی جمهوری اسلامی، فعالیت خاص دارند.

اما با وجود افزایش نهادهای اطلاعاتی و امنیتی در این ساختار تو در تو و پیچیده،

1- Terrorism

تکاملی در ساختار اطلاعاتی امنیتی رخ نداده و هنوز - بر خلاف همه توهم‌های مسئولان و تبلیغات رسانه‌ای رژیم جمهور اسلامی - ناتوان در جلوگیری از فعالیت سازمان‌های جاسوسی مانند سیا و موساد در داخل خاک ایران بوده‌اند. و از همه مهم‌تر، فساد اداری و مالی نهادهای امنیتی داخل ایران، موجب فلج بودن کارآیی آنان در حفظ امنیت نهادهای موشکی و هسته‌ای و صنعتی کشور شده است و تنها، به سرکوب مردمان داخل، دل خوش‌اند. و همین نکات، هرج و مرج اطلاعاتی بنا به جناح‌بندی و باندبازی، عمق شکاف ساختاری، ضعف شدید و نابسامانی وضعیت نظام اطلاعاتی جمهوری اسلامی و عدم تمرکز اطلاعاتی را به نمایش همگانی گذاشته است.

مثلا در نامه تشکر عباس محمدحسنی - مُلای نماینده ولی فقیه و رئیس سازمان عقیدتی سیاسی ارتش جمهوری اسلامی (آجا)- در خبرگزاری‌های داخلی آمد که «از مجاهدت‌های خاموش و اثرگذار شما سربازان گمنام امام زمان سپاس گزاریم!». و این نامه، نشان از تشابه نگاه حاکمیت به کل ساختار اطلاعاتی و دستگاه‌های امنیتی کشور دارد. و نکته اصلی این که، چنین دستگاه‌های اطلاعاتی و امنیتی موازی و متعدد، در جهت پاسداری از هسته اصلی رژیم آخوندی است و مطلقا در جهت مصالح و منافع ایران و یا دست آوردهای آزادی‌خواهان و منتقدان حکومت و نظام دمکراتیک حرکت نمی‌کنند. و گاه حیطه وظایف آنان، هم پوشانی مطلق دارند.

پر واضح است که پس از سال ۱۳۸۸، کم کم ساس به مشهورترین و پرقدرت‌ترین سازمان اطلاعاتی کشور تبدیل شد و نقش سازمان اطلاعات سپاه (ساس) از بدو راه‌اندازی هم سرکوب خونین و گسترده‌تر و بیشتر آزادی بیان و پرونده‌سازی و قربانی کردن فعالان سیاسی، فرهنگی، مدنی، صنفی و... در ایران داشته است. اما با شکل گیری نهاد امنیتی جدید سازمان اطلاعات ناجا یا سانا «سازمان اطلاعات نیروی انتظامی» آیا اختلافات نهادهای امنیتی موازی در جمهوری اسلامی مانند واجا و ساس، یعنی رقابت‌های اداری و عملیاتی افزایش می‌یابد یا کاهش؟، آیا اختیارات ساس و و اجا با این طرح، در حوزه‌های طلاعاتی بیشتر می‌شود یا کاهش، هنوز مشخص نیست. سرویس اطلاعاتی جدید، آنهم در کشوری غیر دمکراتیک و دارای حاکمیت استبداد دینی مُلایان با ساختاری مافیایی، پیام مشخص هم دارد.

وانگهی، کل نهادهای امنیتی از واجا تا ساس و ساحفاجا و سانا در ساختار اطلاعات و امنیت کشور وظیفه‌ای کلی و مهمی بر عهده خواهند داشت و آن هم توسعه وحشت و کنترل و سرکوب است. البته ساختار نیروی پلیس در کشور، جزو ارکان اولیه دستگاه

امنیت داخلی و نهادهای اطلاعاتی مختلف ایران است که مثلا پس از دستگیری مخالفان در اعتراضات خیابانی و تظاهرات شهری، پرونده‌های افرادی در اختیار واجا و ساس قرار می‌گرفت. و در این میان، تنها، تعداد قربانیان افزایش می‌یافت و نظارتی هم در بین نبوده و نیست.

این تغییرات اخیر امنیتی و شکل گیری یک نهاد امنیتی جدید و تکثر موازی‌سازی در جامعه اطلاعاتی، تا حدی قابل فهم است اما تا حدی به قصد سیاسی ویژه و تدابیر امنیتی خاص برمی‌گردد (مانند دوران جانشینی خامنه‌ای پس از مرگ او و تراشیدن خلیفه سوم برای حفظ بیشتر ساختار قدرت و ثروت کشور و حمایت از اختاپوس مذهبی در ایران فعلی). گرچه در کابینه ابراهیم رئیسی، وزیر کشور یک چهره نظامی به نام احمد وحیدی است، که قبلاً فرمانده سپاه قدس بوده و او هم حضور چکمه پوش‌ها را به عنوان استاندار در فضای وزارت کشور، نهادینه کرد. اما انتصاب فرمانده نیروی انتظامی هم برعهده خامنه‌ای یا فرمانده کل قوا است و رئیس جمهوری، نقشی ندارد.

احتمالا «سازمان اطلاعات نیروی انتظامی» زیر نظر فرماندهی کل انتظامی، فعالیت خواهد کرد. احتمالا، رئیس آن هم احتمالا از فرماندهان سپاه پاسداران با ردیف بودجه خاص و پرسنل ویژه و منتخب شخص ولی فقیه در ساختار خلافت اسلامی رژیم خواهد بود. البته، نیروی انتظامی به دلیل نقش گسترده‌اش در توحش، اعمال خشونت و سرکوب خونبار اعتراضات مردمی، در فهرست تحریم‌های آمریکا قرار دارد زیرا جامعه اطلاعاتی آمریکا[1]، نام و نشان و مشخصات کامل روسای نهادهای امنیتی و بازیگران جامعه اطلاعاتی ایران را داراست. (مثلا فعالیت‌های برخی نهادهای امنیتی ایران در قاچاق مواد مخدر و توسعه تروریسم تحت نظارت روزانه است)

1- DNI

۱۳

موج جدید تروریسم

(سودای مُلایان در تروریسم منطقه‌ای)

اکثر سازمان‌های موازی اطلاعاتی و امنیتی در داخل ایران فعلی، با گروه‌های متفاوت تروریستی منطقه در ارتباط هستند. برخی از این سازمان‌ها امور آموزشی یا تامین سلاح و حمایت لجستیکی و بعضی هم تامین مالی و ... بر عهده دارند. اما مشهورترین آنها یعنی واجا (وزارت اطلاعات) و ساس (سازمان اطلاعات سپاه) و خود سپاه قدس هستند. و اکثر این گروه‌های وابسته و نیابتی، سیاست‌های خاص و مورد توجه رژیم در تهران را دنبال می‌کنند؛ گرچه برخی از تحلیلگران امنیتی معتقدند که گاها، استقلال حرفه‌ای و عملی هم دارند.

البته در حال حاضر، حوزه فعالیت امنیتی اطلاعاتی وابسته به جمهوری اسلامی در کشورهای منطقه خاورمیانه، مانند افغانستان، عراق، لبنان، سوریه، ترکیه، و یا بحرین، امارات، عربستان، اردن تا شمال آفریقا مانند لیبی و شرق آفریقا ادامه دارد. و فعالیت‌های جاسوسی و اطلاعاتی ایران - گاه در قالب مراکز اسلامی و یا امور خیریه و یا مراکز آموزشی و حتی اقتصادی - در اروپا و آمریکای مرکزی هم به دور ار نظارت سازمان‌های اطلاعاتی امنیتی جهان، نبوده. و در دهه اخیر هم در اروپا و آمریکا، بیشتر سازمان‌های اطلاعاتی و امنیتی، بر روی شبکه مافیایی رسانه و یا مراکز مخفی و سلول‌ها خاموش و یا مراکز اقتصادی وابسته به نهادهای نیابتی (مانند حزب‌الله و پ ک ک و ...) و حتی مراکز دینی و اسلامی تا حدی حساس‌تر شده‌اند.

اکنون در ساختار چند قطبی بین‌المللی، که رژیم مُلایان تمایل به بازی در نقش بازیگر مهم منطقه‌ای دارد، نهادهای امنیتی و اطلاعاتی ابزار این سودای مُلایان است. اما در جغرافیای سیاسی ایران، تمایل سازمان‌های اطلاعاتی امنیتی منطقه‌ای، همکاری روزانه به سازمان‌های مهم جاسوسی اروپا و آمریکا است که در دوران ترامپ، همکاری آشکار با اسرائیل هم توسعه یافت. اما نهادهای سنتی اطلاعاتی ایران، چه در اروپا و چه در خاورمیانه، متحد و هم پیمان چندانی ندارد. از زمان سقوط صدام، سازمان امنیت عراق هم

چندان مایل به مراودت نیست و اکثر کارشناس‌ها - خصوصا تحلیلگران ضدتروریسم[1]، در سی آی‌ای[2] دوره آموزشی دیدند. و یا در سوریه، اداره استخبارات، شاید بیشتر با مسکو و یا کره شمالی، تمایل به همکاری اطلاعاتی داشته باشد.

از سوی دیگر، بسیاری از این گروه‌های آشوبگرا، هرج و مرج طلب و تروریست موجود در شبکه فراملیتی تروریسم[3] که وابسته به جمهوری اسلامی هستند، همکاری اطلاعاتی امنیتی با سپاه قدس دارند. مثلا در ترکیه و عراق، عامل‌های بومی و قومیتی، در قالب فعالیت قومی و یا فعالیت باند تبهکاران مواد مخدر و قاچاق، همکاری اطلاعاتی امنیتی با جمهوری اسلامی دارند. و حتی در قطر و عمان و یا لبنان، ایران فعالیت آزادانه عملیات اطلاعاتی دارد. بااین‌حال، یکی از عمده‌ترین فعالیت‌های راهبردی مراکز سلول تاریک امنیتی، حذف مخالفان و یا برانگیختن حساسیت‌ها در میان اقلیت‌های قومیتی و مذهبی دارند.

در همین حال، برخی از سازمان‌های اطلاعاتی مشهور جهان در اسرائیل (موساد) و یا عربستان و اردن (الاستخبارات)، به دنبال کشف منابع مالی و نظامی و اطلاعاتی ایران و گروه‌های نیابتی مربوط به واجا و ساس هستند تا ادامه عملیات تروریستی را متوقف سازند. به‌رغم آنکه در داخل خاک ایران هم به طور سنتی، ماموره‌ا و حلقه‌های فعالی دارند و طبعاً گزارش‌های خود را در اختیارات کشورهای هم‌پیمان مانند ایالات متحده آمریکا و انگلستان خواهند گذاشت.

از دید بسیاری از کارشناسان سی آی ای، سودای اصلی جمهوری مُلایان در ایران، حفظ اختاپوس مذهبی شیعه‌گری است و جمهوری اسلامی تحت کنترل مُلایان شیعه، در پی توسعه قدرت و سودای قدرت منطقه‌ای هستند. هم در پی توسعه تروریسم، جنجال آفرینی منطقه‌ای، فرقه‌گرایی هستند، و هم در جهت دستیابی به بمب اتمی گام بر می‌دارند. و از طرفی هم ایدئولوژی اصلی مُلایان، بر سیاست‌های جنجالی دشمنی با یهودیت و پاک کردن اسرائیل از نقشه و آمریکاستیزی می‌چرخد. علاوه بر همه این‌ها، در پی توسعه پنهان سلاح هسته‌ای است که برای جامعه اطلاعاتی و امنیتی آمریکا هم به معضل مبدل شده است.

در واقع، جمهوری اسلامی، تنها کشوری در روی کره زمین است که به طور دولتی و رسمی، هم تروریسم را توسعه می‌دهد و هم تروریسم جزیی از اصول حکمرانی آن است

1- CT
2- CIA
3- TTN

و با گروه‌های تروریستی در ارتباط پیدا و پنهان است. مثلا با کمک حماس و حزب‌الله و جهاد اسلامی به جنگ اسرائیل می‌رود و یا با کمک گروه‌های افراطی شیعه در بحرین و عربستان به دنبال آشوب‌طلبی است و یا تروریست‌های حوثی در یمن را علیه امارات متحده عربی و عربستان تحریک می‌کند. و همچنین، علت اصلی حمایت جمهوری اسلامی از گروه‌های آشوبگر و افراطی هم نفوذ در ساختار اجتماعی و تغییر قدرت در بحرین و عربستان است.

بااین‌حال، به نظر می‌رسد که در دوران فعلی ریاست جمهوری ابراهیم رئیسی، علاوه بر توسعه نهادهای امنیتی داخلی، فعالیت‌های اطلاعاتی و جاسوسی رژیم در خارج از مرز گسترش یافته و دولت ترجیح می‌دهد خود را در کنار بحران محیط زیستی، سرکوب هر نوع اعتراضات داخلی، کنترل تهدیدات داخلی و خارجی پس از مرگ خامنه‌ای و تعیین خلیفه سوم (در ساختار خلافت اسلامی ولایت فقیه)، موج تروریسم را هم گسترش دهد تا چهره‌ای دیگر به قدرت نمایی رژیم مُلایان بدهد. علاوه بر آن، آشوب منطقه‌ای و موج جدید تروریسم، فضایی را برای جمهوری مُلایان فراهم می‌کند که این بحران‌های داخلی را کنترل کند

۱۴

حذف سپاه از فهرست تروریستی: ترویج تروریسم،

یائیر لاپید[1] - وزیر خارجه اسرائیل- در گفت‌وگو با حزب خود «یش آتید» گفت: توافق فاجعه‌بار هسته‌ای در وین در آستانه امضا شدن است. ایران برای لغو حضور نام سپاه پاسداران در فهرست گروه‌های تروریستی تلاش می‌کند. اگر آن‌ها گروهی تروریستی نیستند، پس چه هستند؟

بنا به کدام منطق و یا اصول، جمهوری اسلامی خواهان حذف سپاه پاسداران[2] از گروه‌های تروریستی است؟ سازمانی تروریستی که در کنار سازمان تروریستی موازی آن - سپاه قدس - هیچ کارنامه‌ای جزو ترویج و حمایت از تروریسم، افراطی گری، فرقه‌گرایی، آتش‌افروزی و آشوب‌افکنی نداشته و ندارد. مایک پمپئو، وزیر امور خارجه ایالات متحده، در ۸ سپتامبر ۲۰۱۹ گفت که از این پس، سپاه پاسداران رژیم مُلایان (جمهوری اسلامی) در فهرست گروه‌های تروریستی[3] قرار دارد.

از سال ۱۳۵۷ که شاه فقید، محمدرضا پهلوی، از عرصه شطرنج سیاسی ایران خارج شد، رژیمی به قدرت رسید که اساس و پایه دیپلماسی‌اش بر تروریسم شکل گرفته است. حتی پیروزی خمینی هم با کمک گروه‌های تروریستی اسلامی و چپ بود. در دوران خلافت اسلامی ولایت فقیه هم، سپاه پاسداران و سپاه قدس، به رواج تروریسم، حمایت مالی و تسلیحاتی و تامین مراکز آموزشی برای تروریسم کمک کردند و کاردستی‌های آنان عبارتند از: پ ک ک، حماس، حزب‌الله، جهاد اسلامی و ... است.

در طی گفت و گوهای وین، جمهوری اسلامی خواهان آبروی ریخته را برگرداندن به سازمانی است که جز توحش و تروریسم، تاریخی نداشته و ندارد. فرماندهانی تروریست داشته و دارد. آیا افرادی مانند محمدباقر ذوالقدر، حسین علایی، محمد حجازی، یحیی

1- Yair Lapid.
2- IRGC
3- FTO

صفوی، علی شمخانی، محمدعلی جعفری، احمد کاظمی، حسین دهقان، محمدباقر قالیباف، حسین سلامی، احمد وحیدی، قاسم سلیمانی، اسماعیل قاآنی، محسن رضایی، امیرعلی حاجی‌زاده، محمدرضا نقدی، غلامرضا سلیمانی، محمدرضا فلاح‌زاده، محمد باقری و... چه کمکی به توسعه و رشد منافع و مصالح ایران و ایرانی کرده‌اند؟ چه جزیی از هویت ایرانی هستند؟ از نظر فردی، در چه درجه‌ای از فساد و تقلب هستند؟

شاید این ضرورت است که این سازمان تروریستی و ابزار دست اختاپوس مذهبی مُلایان، در هر جامعه مدرن و پیشرفته‌ای، جزو سازمان‌ها و نهادهای تروریستی باشد. مُلایان از رنگ و لعاب جهاد اسلامی سود می‌جویند اما سپاه پاسداران در عمل، در پی ترویج تروریسم اسلامی در منطقه خلیج فارس، خاورمیانه و شمال آفریقا و حتی آمریکای مرکزی بوده و هستند. سازمان‌های تروریستی سپاه و سپاه قدس، علاوه بر توسعه تروریسم، به دنبال تقویت موشک بالستیک[1]، برنامه‌های پهبادی[2] و چه بسا، سلاح اتمی[3] است.

پس با این رسوایی، چه بخشایشی است؟ برجام جدید چه سود و منفعتی می‌تواند برای مردم ایران در بر داشته باشد؟ مُلایان هرگز برنامه‌های موشکی، توسعه ترویسم، تهدید کشورهای منطقه‌ای، و ساخت سلاح اتمی را تعطیل نخواهند کرد زیرا که هویت آنان با این شرارت و ویرانگری و اختلال، گره خورده است.

در تصویری بزرگ‌تر، موساد - سازمان جاسوسی اسرائیل[4] - شاید به درستی اطلاع یافت که مُلایان با ساخت بمب اتمی چندان فاصله‌ای ندارد. سازمان تروریستی سپاه در پی توسعه توانایی‌های تکنیکی است. این خطر را چگونه باید معنی کرد؟

وجود چنین سازمانی افسارگسیخته و فاسد، چه ربطی به ایران و ایرانی دارد؟ وجود نیروهای فاسد و سرکوبگر و خونریز و مافیایی چه کمکی به هویت ایرانی می‌کند؟ طُرفه آنکه، ژنرال کوریلا، فرمانده جدید سنتکام[5] علنا گفت که «فعالیت‌های بدخواهانه» ایران و گروه‌های نیابتی‌اش در منطقه نگران‌کننده است. پس آزاد کردن میلیون‌ها دلار و در اختیار مُلایان نهادن، چه سودی برای مردم دارد؟ جز اینکه، رژیم مُلایان آن را برای توسعه برنامه‌های ویرانگرانه[6] و شورشی در کشورهای منطقه صرف کند؟

1- Ballistic
2- Drone
3- Nuclear Weapons
4- Mossad
5- CENTCOM
6- Subversive

نهادهای اطلاعاتی آمریکا[1] مانند سی آی ای[2] و مرکز ضد تروریسم[3] به نیکویی بر فعالیت‌های مخرب جمهوری اسلامی در منطقه خاورمیانه اشراف دارد. مانند همکاری‌ها با القاعده که حتی مراکز فرماندهی آن هم در خاک ایران است. سپاه پاسداران و سپاه قدس، همواره به رابطه ارگانیک با تروریست‌های منطقه برای حفظ گروه‌های نیابتی[4] در منطقه ادامه خواهد داد و حتی موجودیت کشورهای حوزه خلیج فارس[5] را هم به خاطر توسعه روابط با اسرائیل، به خطر انداخته است. اما انگیزه و اصرار بایدن در ادامه گفت و گو و برجام جدید چیست؟ چرا تمایل دارد که سیاست ضعیف و نامشخص و غیر واضحی در خاورمیانه ناآرام و متزلزل داشته باشد؟

رئیسی، و دولت او، موج جدید تروریسم را آغازیده است و بدون تردید، «حذف سپاه از فهرست گروه تروریستی» به معنی «ترویج تروریسم منطقه‌ای» خواهد بود. جمهوری اسلامی، می‌خواهد با حضور در مدار روسیه و چین، موقعیت منطقه‌ای خود را گسترش دهد اما چه نزاع‌هایی در پی این تصمیم غیر عقلانی و ناموجه کاخ سفید، پدید خواهد آمد؟ سازمان تروریستی سپاه، تهدیدی جدی علیه امنیت منطقه‌ای هست و خواهد بود. همچنان، تهدید جدی علیه اسرائیل و آمریکا خواهد بود.

آخرالامر باید با صراحت گفت: احتمال خارج کردن سپاه پاسداران از گروه‌های تروریستی، یعنی کمک غیر مستقیم به رُشد شبکه تروریسم فرامنطقه‌ای[6]...

1- DNI
2- CIA
3- NCTC
4- Proxy
5- GCC
6- TTN

۱۵

تقویت امنیت منطقه و حضور موساد در بحرین

در ۲۲ فوریه ۲۰۲۲، اعلام علنی مقامات بحرینی مبنی بر همکاری گروهی و مشترک اطلاعاتی یا تقویت همکاری و هماهنگی اطلاعاتی امنیتی، بین موساد اسرائیل و سرویس اطلاعاتی بحرین، حساسیت جامعه اطلاعاتی ایران در تهران را برانگیخت. در واقع برای مُلاها، حضور موساد در منطقه به معنای تقویت اثرگذاری این آژانس در خلیج فارس است. بنابراین، «موساد در بحرین است یا موساد با همکاری اطلاعاتی بحرین، در حال اجرای عملیات است «بدون شک برای ایران خبر خوبی نیست.

در ۱ اکتبر ۲۰۲۰، پس از توافق / پیمان ابراهیم و عادی‌سازی روابط چند جانبه بین برخی از کشورهای عربی و اسرائیل در اوت ۲۰۲۰، یوسی کوهن (رئیس وقت موساد اسرائیل) در منامه دست به کار شد و مزایا و معایب همکاری با بحرین را در چارچوب امنیتی مورد بحث قرار داد. آن را موجب ثبات نامید. از زمان شروع عادی‌سازی روابط به طور آشکار، اسرائیل روابط اطلاعاتی خود را افزایش داد. بنابراین، این همکاری اطلاعاتی، دیگر نیازی به حفظ این روابط پنهانی نداشت.

در همین راستا، زمانی که مصر (۱۹۷۹)، اردن (۱۹۹٤)، امارات متحده عربی و بحرین با عادی‌سازی روابط به توافق با اسرائیل رسیدند، کوهن از بحرین بازدید کرد. وی در بحبوحه تشدید تنش‌ها در منطقه، «موضوعات مورد علاقه، تلاش‌های هماهنگ، برجسته‌ترین موضوعات امنیتی و تحولات منطقه» را با مقامات ارشد امنیتی و اطلاعاتی بحرین مورد بحث و بررسی قرار داد.

به طور قابل پیش‌بینی، یکی از موضوعات مهم امنیتی در «مشارکت و همکاری آژانس امنیت ملی بحرین و موساد اسرائیل»، تاکید و توجه بر فعالیت‌های بدخواهانه رژیم ایران بود که تهدیدی جدی برای امنیت خاورمیانه است. در واقع، از نظر این دولت‌های عرب و یهودی، دشمن اصلی آنها رژیم ایران و دستگاه های اطلاعاتی آن (در سپاه، سپاه قدس و وزارت اطلاعات) که مخالف نظام‌های پادشاهی عربی و ضد هرگونه ایجاد امنیت، ثبات

و صلح در منطقه هستند.

اخیراً، شیخ‌نشین‌های عرب در خلیج فارس و اسرائیل نگرانی‌های خود را از این موضوع آشکار کرده‌اند که علاوه بر برنامه هسته‌ای، نزدیکی آمریکا با ایران به معنای حمایت ایران از گروه‌های تروریستی منطقه‌ای یا برنامه موشکی بالستیک آن نیست. به دلیل این اشتباهات، ایران توافق هسته‌ای را بنا به خواسته‌های متعدد، موقتی خواهد کرد. بدون شک، منطق اصلی همسویی بحرین با اسرائیل و روابط نزدیک با جامعه اطلاعاتی آمریکا بر سر تسلیم شدن به ایران، مبتنی بر قُلدری، تهدیدات فزاینده و نقش مخرب ایران در منطقه است. اکنون همکاری اطلاعاتی و نظامی با اسرائیل راهی منطقی برای بحرین برای بازدارندگی تهران است. مهم این است که سازمان اطلاعات بحرین به این روابط باز اهمیت می‌دهد، اما پیامدهایی برای آینده بحرین خواهد داشت. همان‌طور یکی از مقام امنیتی بحرینی در جرج تاون با قاطعیت به من گفت: «سپاه پاسداران به هیچ وجه نیت و قصد خوبی نداشته و ندارد».

در این بین، بحرین در مجاورت ساحل ایران قرار دارد، برای مثال فاصله بحرین تا بندر بوشهر تقریباً ۳۰۰ کیلومتر یا ۱۷۰ مایل دریایی است. جای تعجب نیست که این روابط و عملیات اطلاعاتی دفتر موساد، مانند نظارت یا برقراری ارتباط با محافل جاسوسی فعال یا عوامل موساد در داخل خاک ایران، باعث تحریک قلدری ایران و تجدید تهاجم و درگیری‌های قومی در داخل بحرین خواهد شد. این یک فاجعه در حال شکل‌گیری است.

قاعدتاً ایران در تعمیق روابط و اتحاد بیشتر خود با اسرائیل، می‌تواند در بازی همیشگی خود، بحرین را شکست دهد. سلول‌های ایران در داخل بحرین، با تبلیغات مخدوش، می‌تواند ده‌ها اسلام‌گرای وفادار حامی رژیم ایران یا حامیان شیعه را به خیابان‌ها بیاورد تا در داخل بحرین آشوب کنند. علاوه بر این، در آینده، وزارت اطلاعات ایران برخی روابط مخفیانه با سلفی‌های بحرینی و برخی سنی‌های متعصب و خشک‌اندیش بحرین دارد.

بدیهی است که آژانس امنیت ملی بحرین و موساد اسرائیل، دیدگاه مشترکی در مورد تهدیدات علیه ثبات و صلح منطقه دارند. علاوه بر این، آنها از دشمنی ایران آگاه هستند که نیروهای نیابتی و شبه‌نظامیان تروریست تهران در منطقه، مانند یمن یا عراق، می‌توانند موشک‌های بالستیک ساخت ایران را به سمت اهداف غیرنظامی یا نظامی شلیک کنند. این رژیم اسلام‌گرای یاغی در تهران بدون هیچ گونه تمایلی، توانایی حملات موشکی و پهپادها و راکت‌های رهگیری دوربرد را دارد که بخاطر امضای توافق‌نامه ابراهیمی، پیش‌بینی می‌شود به آن دست بیازد.

سال‌ها پس از جنگ ایران و عراق، موساد در توسعه روابط و تماس‌های مخفیانه بین اسرائیل، امارات، بحرین و عربستان سعودی که منجر به همکاری‌های مشترک اطلاعاتی امنیتی علیه ایران و همچنین فروش تجهیزات اطلاعاتی بود، هموار کرد. اما این روزها ایران بیشتر گرفتار موانع تراشی است.

بطور همزمان، موساد و واحد اطلاعات نظامی اسراییل با اقدامات بدخواهانه و رفتارهای غیرعادی مشهورترین رژیم تروریستی جهان (رژیم مُلایان در تهران) آشنا هستند، و این توصیف‌ها، تنها و تنها نوک کوه یخ است. اما رفتار ایران، منجر به شکل گیری این مدار جدید در منطقه شد که اتحاد با اسرائیل شکل گرفته است. کشورهای عربی منطقه با این اتحاد و جبهه مشترک و شرکای استراتژیک می‌تواند آغاز افول سلطه تهران در منطقه باشد.

شایان ذکر است، مقامات بحرین عمدتاً نگران تامین دفاع هوایی هستند که اسرائیل برای آنان، گنبد آهنین، سامانه‌های راداری، سامانه‌های ضد موشکی و غیره را تامین کند تا از امنیت این جزیره صلح در منطقه متلاطم محافظت کنند. تا اینجای کار باید با احتیاط با این موضوع جدی برخورد کرد. به اندازه کافی عجیب است که نیروی تروریستی سپاه قدس ایران می‌تواند توازن قوا را تغییر دهد، این بازی در صحنه، معضل اطلاعاتی اسرائیل و بحرین است. اگرچه آمریکا در عربستان سعودی، امارات، بحرین و قطر پایگاه‌های نظامی دارد، اما حضور امنیتی و نظامی آمریکا بنا به سیاست مبهم دولت فعلی کاخ سفید چندان محکم نیست.

۱۶
تجاوز پوتین،
هراس از دمکراسی

این جمله «تجاوز پوتین[1] به خاطر ناتو است» را از تهران تا لندن و نیویورک، برخی ایرانیان، مثل طوطی تکرار می‌کنند از مُلاهای پیرو خُمینیسم و کهنه تروریست‌های گروه‌های اسلامی و چپ شیفته مسکو، وفاداران به حزب توده و ... که کمترین ربطی به واقعیت نداشته و ندارد. و یا شرکت‌ها و دولت‌هایی که از گاز روسیه، منتفع می‌شوند. اما ۳۰ سال از پایان جنگ سرد می‌گذرد و دنیا به سرعت تغییر کرده است. همانطور که پوتین، در آغاز جنایت و توحش حمله به اکراین، آن را صلح نامید و طوطیان وفادارش که قبله گاهشان مسکو و کرملین است، بازگفتند!

ناتو[2] در سال ۱۹۴۹ تاسیس شده و همواره در آن به روی کشورهای جهان باز بوده است. در همان سال ۱۹۹۷ یلتسین، با ناتو قرارداد همکاری و تامین امضا کرد و گفت که مکانیسم همکاری و مشارکت در روسیه و هم پیمانان می‌باشد و برای امنیت و ثبات ضروری است. سندی که تصویری هم در دولت روسیه و هم در رسانه‌های آن، موجود است.

دوستی یلتسین و کلینتون موجب شد تا روابط به ناتو دوستانه باشد. در سال ۱۹۹۹ بمباران صرب توسط ناتو برای پایان جنگ فرقه‌ای رخ داد که در راستای همین سیاست بود. روسیه و یلتسین به کمک کلینتون، نقشی در گفت و گوهای سازنده داشتند. در سال ۲۰۰۰ در اجلاس لندن، خود پوتین گفت: مشکل بتوانم ناتو را دشمن بنامم و شاید روزی، روسیه عضو ناتو شود.

پوتین از ۱۱ سپتامبر ۲۰۰۱ در حمله بوش علیه تروریسم، همکار ناتو بود. از همکاری نظامی و اطلاعاتی با ناتو دفاع کرد. سال ۲۰۰۱ پوتین گفت: در حوزه بالتیک مانند استونی و لیتوانی و ... مخالف پیوستن‌شان به ناتو نیست زیرا روسیه در موقعیتی نیست که برای

1- Veladimir Putin.
2- NATO.

دیگران تعیین تکلیف کند. در مه ۲۰۰۲ هم همین نظر را درباره اکراین بازگفت که «اگر اکراین عضو ناتو شود، جای شرمساری و خجالت نیست و اکراین روابط خاص خود را دارد و مساله آن و ناتو است».

در سال ۲۰۱۲ - دوران مدودف و پوتین - دولت روسیه موافق همکاری و تعامل با ناتو بود. در جلسه ۲۰۱۰ ناتو در لیسبون، مدودف گفت: دوران فاصله گرفتن و دوری جستن از هم تمام ده و با مثبت‌اندیشی به آینده می‌نگریم و به همکاری چند جانبه باور داریم. هر دو هم، موافق همکاری و تعامل ناتو و مسکو بودند.

از پایان جنگ سرد تا حمله به اکراین در ۲۰۱٤، ناتو در اروپا، نیروهای خود را داشت و ظرفیت شما نظامی نیروهای ناتو در دهه ۱۹۹۰ به مراتب بیشتر و گسترده‌تر از دهه ۲۰۰۰ بود. و از نظر امنیتی و نظامی هم، توازن قدرت به نفع روسیه بود تا ناتو. حتی رسانه‌های روسی می‌نوشتند که» ناتو رو به ضعف نهاده!»؛ پس احساس خطری نداشتند.

همکاری و تعامل ناتو و روسیه در این ۳۰ سال، توسعه ناتو، موجب تحریک و تقابل روسیه نشد و حتی این اندیشه هم کمرنگ‌تر و محوتر شد. با این سوابق تاریخی، این جمله را تکرار کردن توسط برخی مهمانان ثابت و همیشگی در برخی تلویزیون‌های لندن «تجاوز پوتین به خاطر ناتو است» نشان ناآگاهی تاریخی و بی‌اطلاعی در روابط بین الملل است.

اما علت اصلی دشمنی و خصومت پوتین کجاست؟

علت اصلی تنش و هراس واقعی او از دمکراسی[1] است و اضمحلال استبداد. کهنه مامور ک گ ب مانند هر حاکم مستبد و خونخواره‌ای از دمکراسی می‌ترسد. در دهه ۲۰۰۰ حرکت دمکراسی خواهی و مردم سالاری در منطقه شکل جدیدی به خود گرفت. از انقلاب‌های رنگی در همسایگی‌اش هراسید. آنان را کودتاهای آمریکای نامید؛ مانند: صِربستان (۲۰۰۰)، گُرجِستان (۲۰۰۳)، اکراین (۲۰۰٤)، بهار عربی (۲۰۱۱)، اکراین (۲۰۱۳-۲۰۱٤) و روسیه (۲۰۱۱ و ۲۰۱۲) و ...

این حرکت‌ها و جنبش‌ها موجب تحریک پوتین شد.

دور بعدی توسعه دمکراسی در دوران پس از جنگ سرد در سال ۲۰۰۳ مانند انقلاب گُرجِستان، روابط آمریکا و روسیه را تحت تاثیر قرار داد. پوتین معترضانه گفته بود: «می‌خواهند عروسک طرفدار آمریکا را بگذارند». ادبیاتی مشابه حزب توده ایران و دستگاه تبلیغاتی اختاپوس مذهبی و مثلا ملی‌گرایان تقلبی و دوستدار تروریسم در ایران که علیه

1- Democracy

شاه فقید ایران، محمدرضا شاه پهلوی انجام دادند و گفتند!

پوتین از همان سال، در پی متزلزل کردن دمکراسی در گُرجِستان بود. حتی سال ۲۰۰۸ به آبخازیا و جنوب اوستیا حمله‌ور شد. و روابط با آمریکا رو ضعف نهاد. در سال ۲۰۰٤ توسعه دمکراسی به اکراین رسید و انقلاب نارنجی[1] صدها هزار اکراینی را به خیابان‌ها کشانید. این حرکت بیشتر از صِربستان و گرجستان برای پوتین خطر داشت و از دید وی، انقلاب نارنجی، تهدید علیه اِستراتژی ملی بود. و این سخن برای ایرانیان آشنا است که مُلایان آن را انقلاب مخملی و رنگی و علیه امنیت ملی و توهین به رهبری نامیدند!

گسترش سپهر نفوذ در منطقه اتحادیه روسیه، هدف نهایی پوتین بوده و هست. بعدها گفت که اکراین و روسیه از یک مردمان هستند. چند سال بعد در دسامبر ۲۰۱۱ هم مسکو و در سن پطرزبورگ و شهرهای دیگر هم شاهد تظاهرات بود. بزرگترین تظاهرات‌ها پس از ۱۹۹۱ بود همان که به فروپاشی شوروی انجامید و این بار مردم روس کوچه و خیابان، نشان دادند که اراده و توان تهدید و عرض اندام در برابر قدرت‌طلبی و اوهام پوتین را دارند. همان سال ۲۰۱۱ هم در گوشه‌ای از جهان، بهار عربی بود. و بعد پوتین دوباره به عنوان رئیس جمهور به کرملین[2] بازگشت.

دور سوم در ۲۰۱۲ که تاثیری منفی هم بر روابط آمریکا و روسیه داشت و آن هم حرکت‌های دمکراسی‌خواهانه در خاورمیانه و روسیه بود. توسعه دمکراسی خواهی – نه توسعه ناتو – این فصل از روابط آمریکا و روسیه را به پایان برد. در ۲۰۱٤ هم حرکت بعدی در اکراین (۲۰۱۳ - ۲۰۱٤) و ریشه در حرکت ۲۰۰٤ اکراین داشت، پوتین را هراسان کرده بود. او می‌خواست که عروسک و ملعبه سیاسی خود را در آنجا بنشاند. در همین اثنا، مردم اکراین را دگرباره به خیابان‌ها کشانید و پانکویچ ضد دمکراسی غرب را به زیر کشانید.

در ۲۰۱٤ یک دوست طرفدار دمکراسی غربی وارد شد و پوتین از شدت خشم، با قشون کشی به گرفتن کریمه[3] پرداخت. از جدایی طلبان بی‌هویت در اکراین دفاع کرد (چیزی مانند دو جمهوری جعلی و پوشالی مهاباد و تبریز در ایران). ۱٤۰۰۰ نفر هم در ۸ سال به خاطر این سیاست وحشیانه، کشته شده‌اند. توحش را رنگ و لعابی دیگر داد و برای توجیه خشونت و بربریسم روسی، آن را به گردن توسعه ناتو انداخت تا مشروعیت ابلهانه و ناپایدار بدهد. نوکرانش در تهران، در بوق و کرنا دمیدند و رُعایای عمامه بسر و

1- Orange Revolution
2- Kremlin
3- Crimea

نعلین به پا هم همان را عین طوطی بازگفتند.

پوتین، کهنه سرهنگ ک گ ب[1] اساساً مخالف اکراین[2] مستقل و آزاد و دمکرات و غربی است. و ۹ سال است تلاش دارد تا دمکراسی آن را ویران کند. اما در ۲۰۱۹ زلنسکی[3] موفق شد و به ریاست جمهوری رسید. حضور او، جنگ‌طلبی پوتین و شوق مردم اوکراین در تمایل به پیوستن به ناتو، بهانه دیگری برای پوتین بود.

این بار کوتوله خونخواره مسکو در پی حمله نظامی بر آمد با ادعای بیات شده و بی‌ربط توسعه ناتو. اما حقه‌ای بی‌رنگ است. در این چند سال اخیر، چیزی در روابط ناتو و اوکراین تغییر نکرده.

او با جعل این قصه در پی نابود کردن نهادهای دمکراسی در اوکراین است که هم اقتصادش را هم ویران کند. اما همین جنگ بیشتر و بیشتر موجب پایان پوتینیسم و توجه بیشتر مردمان اوکراین به سوی دمکراسی غربی است.

پوتین، تهدیدی را از ناتو نمی‌بیند، گرچه از آن خوشش نمی‌آید و بیشتر ناتو یک نهاد اتحاد دفاعی است اما ناتو به روسیه حمله‌ای نکرده و نخواهد کرد. دمکراسی موفق در آینده اوکراین، او را به این خفت و خواری کشانید که به جنایت جنگی دست یازد و تنها دوستانش در جهان که بودند؟ مشتی تروریست عقب مانده مانند خامنه‌ای و رئیسی و حوثی‌ها و بشار اسد و ...

1- KGB
2- Ukraine
3- Volodymyr Zelenskyy

۱۷

در نظم جهان، پایان جنگ مهم است نه شروع آن

جنگ سرد بازنگشته. روسیه جدید و سرهنگ پریشان احوال ک گ ب که از کرملین[1] نفرین شده، فرمان جنگ با جهان می‌دهد، با تمام توان نظامی و خودنمایی‌های وحشیانه، دیگر نه اتحاد شوروی سابق است و نه جز ویرانی و خون کشی، ثمره‌ای برایش دارد. در شرایط فعلی امروزه جهان پر از هرج و مرج هم بازگشت به دوران نبرد ایدئولوژیک بین شرق (شوروی) و غرب (آمریکا) که جهان را در قرن بیستم به دو اردوگاه تقسیم کرد، غیر ممکن است. ایجاد جنگ سرد بعدی هم فایده‌ای ندارد. چون پوتین خونخواره و فاقد روح انسانی، فهم درست از جهان غرب ندارد. به این سبب، سیاست عقلانی نمی‌داند. با گوش کر و چشم نابینا به واقعیات، منزوی و تنها مانده و لقمه‌ای بزرگتر از دهانش برداشته که نمی‌داند چه کند.

چشم طمع به اوکراین به بهانه ناتو[2] برای سرپوش گذاشتن به جنایت، جهان را ناآرام کرده اما نظم جهان همان است. ساختار سیستم بین المللی و رفتار کشورها و ساختار بین‌الملل[3] همان است که فعلاً فضایی چند قطبی است اما کم کم به سوی همان دو قطبی[4] قدیم می‌رود و این بار، چین است که در شرق آسیا خودنمایی می‌کند و کسی جز تروریست‌های خارومیانه و یا مُلایان بی‌وطن و حقیر در اختاپوس مذهبی در تهران، و یا قصاب سوریه و کوبا، توجهی به پوتین ندارد.

پس از جنگ سرد و فروپاشی شوروی و کمونیسم، دیگر حزب توده‌ای هم در ایران نیست که خواهان بخشیدن نفت شمال به کمونیست شوروی باشد، مُلاها تحت رهبری علی خامنه‌ای، مملکت را به روس و قشون روس داده‌اند و حقارت خویش را به جهان نشان دادند و نمی‌دانند که ترکیه، همسایه ایران، خود عضو ناتو است گرچه فعلاً تحت

1- Kremlin
2- NATO
3- World Order
4- Bipolar

ریاست جمهوری و دیکتاتوری اردوغان[1] است. نمی‌خواهند بدانند که نقش آمریکا در جهان هنوز همان است. و شروع جنگ هم چندان مهم نیست، پایان جنگ مهم است که آتش برافروخته توسط روس‌های خشک مغز، عواقبی غیرقابل جبران دارد و سالهای سال ادامه خواهدداشت.

گرچه فرمول جادویی برای حل این معضل بحران اوکراین[2] نیست اما در نظم جهانی، قدرت‌های بزرگ هستند که در سیستم نقش بازی می‌کنند اما این بار، شیرازه کار از عقلانیت سیاسی عبور کرده و به جای توسعه دمکراسی، دیوانه‌ای از قفس پریده و قشون کشیده و جهان را به آشوب کشیده. فعلاً دم زدن از لیبرال دمکراسی و اقتصاد آزاد بی‌فایده است اما جهان امروزه روز در تظاهرات ضد جنگ چند روز اخیر نشان دادند که در فضای پر رقابت قدرت، جهان بلبشو و بی‌نظم فعلی هم به انسانیت و زندگی انسانی بیشتر توجه دارد و منافع و مصالح ملی را می‌پسندد و کسی را هوس فشنگ و باروت و شلیک نیست جز تروریست‌ها و مُلایان شیفته تروریسم[3] در تهران که قبله‌شان، مسکو است. در سیستم جهانی برخی کشورها، فعالیت مخرب دارند که یکی از آنان همین روسیه و جمهوری اسلامی ولایت فقیه و دوستانشان هستند.

نه روسیه می‌تواند قدرت مسلط آسیا شود و نه جمهوری اسلامی هم قدرت برتر منطقه‌ای[4] خواهد شد. سیاست جهان چنین نخواهد کرد و توسعه قدرت با رقابت سالم ممکن است نه با توپ و قشون کشی و قداره‌بندی. بحران خلق شده، نظم جهان را تهدید نمی‌کند. کشوری با خشونت و اعمال قدرت بی‌ربط و بی‌پایه، به وسط معرکه‌ای آمده که آتش افروزی کند. به هوس اشغالگری، تداوم تهدیدهای نظامی می‌خواهد که نظم اروپا را در نوردد اما هرچیزی خط قرمزی دارد و اروپا، هم پیمان آمریکا، به جای قدرت نظامی با قدرت اقتصادی و دیپلماسی، بازی را تغییر می‌دهد. چون قواعد امنیت اروپا تغییر نکرده. از دید واقع گرایانه[5] بازنده اصلی این جنگ بی‌سبب و علت، پوتین است. بهار کِیف می‌رسد و روسیاهی برای استبداد و خودکامه کرملین می‌ماند. احساس سرخوردگی و توهم و حقارت پوتین به خاطر تضعیف روسیه پس از سقوط اتحاد جماهیر شوروی و گرایش به تلافی کردن آن دوران و اعاده قدرت؛ تنها یا با روانپزشک حل می‌شود و یا با

1- Erdogan.
2- Ukraine crisis.
3- Terrorism.
4- Regional Hegemony.
5- Realism.

ترور شخص او. از آوریل ۲۰۱٤ او با آوردن قشون به مرز، هوس حمله ویرانگر داشت. از توسعه دمکراسی در مرزهایش هراس دارد.

نمی‌خواهد بپذیرد که اوکراین، به غلط حیاط خلوت اوست. به جزیی از اروپا و پیمان نظامی آتلانتیک شمالی شدن می‌اندیشد نه به بازگشت به استبداد سیاه کمونیستی. پوتین در هوس، گذاشتن ملعبه و مترسکی طرفدار مسکو بر اریکه قدرت در اوکراین می‌اندیشد اما آن هم نشان سفاهت و بلاهت اوست. تمامی ۱۲ کشوری که پس از پایان جنگ سرد به ناتو پیوسته‌اند، به کسی حمله‌ور نشدند. آینده مناسبات ناتو و روسیه دوباره به سردی می‌گراید و مراوده میان ناتو و روسیه هم با این رسوایی، نمی‌تواند مثل گذشته باشد و این فرصتی از دست رفته برای روسیه بود نه ناتو. بحرانی کردن اوضاع و تقابل تمام‌عیار و بی‌سابقه نظامی بی‌هدف، سودی برای ناتو ندارد فقط نقش مهم آن را پر رنگ‌تر خواهد کرد.

ادامه قدرت پوتین با این فقدان مشروعیت و رسوایی و ماجراجویی کور، سودی برای روسیه ندارد. با ایجاد خفقان و سرکوب مخالفان و هجوم نظامی[1] هم ناتوانی‌اش در ترمیم اقتصاد ویران روسیه را نمی‌تواند بپوشاند؛ دیگر نقش معماری امنیت خاورمیانه هم پیشکش. راه دیگری هم در پیش رو ندارد. این حمله نظامی، افول پوتین و پوتینیسم و روسیه پوشالی را مژده می‌دهد گرچه به مرگ صدها بی‌گناه انجامید. امروزه شاید همگی سخن گورباچف به یاد آورند که گفت پوتین، از نظر سیاسی، نابالغ است! و شاید گناه کار به یلتسین دایم‌الخمر برگردد که کلید قدرت را در دست این سرهنگ زبان نفهم، نالایق، شیفته خودنمایی و خلق بحران و سرکوب گذاشت. البته قبا و عبای تزاری[2] هم برای این جنایتکار جنگی، گشاد و بزرگ است! گرچه جزو ثروتمندترین‌های جهان است که آن را با فساد در بازی قدرت مافیای روسیه به دست آورده است.

1- Military Aggression.
2- Tsar.

۱۸

شبح تروریست‌ها در مذاکرات وین؛

جهان فعلی ما، با فاجعه‌ای روبروست که آن هم آزاد شدن تروریست‌ها از قفس تحریم است. نماینده ناآگاه و مغرور و بدنام و طرفدار مُلایان حاکم بر ایران[۱]، حتی وعده لغو تحریم خطرناک‌ترین نهادهای تروریستی جهان را داده است. هرچند که تئاتر و نمایش مذاکره و احیای برجام[۲] هم نه برای منافع و مصالح ایران، توسط روس‌ها اداره می‌شود بلکه برای رهایی چند تروریست وحشتناک از فهرست تروریسم بین المللی است. و این مساله هم برای آمریکا و هم جهان بشر مدرن امروز، وحشتناک و خطرناک است.

لغو تحریم نهاد تروریستی سپاه پاسداران[۳] رژیم مُلایان و یا افراد دفتر خامنه‌ای – شیخ تروریست‌های جهان – قصه‌ای مضحک و تراژدی غمناک در جهان امروز ماست. همانطور که تروریسم، کمترین ربطی به غنی‌سازی اتمی و یا تولید سلاح اتمی ندارد؛ طبعا برداشتن نام تروریسم و خروج از لیست تروریسم[٤] ربطی به برجام نداشته و ندارد. تصور کنید که از فردا، چهره‌های منفور، مخرب و تروریستی مانند محسن رضایی، حسین دهقان، علی‌اکبر ولایتی آزادانه در جهان امروز، پرواز کنند. یا تصور کنید نهادهای تامین مالی تروریسم و خزانه‌هایی مانند بنیاد مستضعفان و ستاد اجرایی خمینی و ...دراختیار تروریست‌های آشوبگر و خالق گروه‌های نیابتی تروریست[۵] و فعال در زمینه موشک بالستیک[٦]، فتنه‌انگیز و خون ریز باشد.

اما امروزه، شاید فقط کنگره و سنای آمریکا[۷] بتوانند در چند روز آینده، جهان را از

1- Robert Malley.
2- JCPOA: Joint Comprehensive Plan of Action.
3- IRGC :Islamic Revolutionary Guard Corps.
4- FTO :Foreign Terrorist Organizations.
5- Proxy Groups.
6- Ballistic Missile.
7- US Senate.

موج جدید ترویسم اسلامی[1] و تنفس مصنوعی به ساختار اختاپوس مذهبی شیعه در ایران نجات دهد. تسلیم بی‌چون و چرای کاخ سفید در مقابل مُلایان شیفته تروریسم، چه معنی و مفهومی برای جامعه بشری دارد؟

در تاریخ ایران، هست که در سلطنت شوم فتحعلی شاه، «قبله عالم (از تبار مغول)»، مُلای شیعه علیه روسیه تزار جنگ‌افروزی کردند. ملا احمد نراقی و ملا عبدالوهاب قزوینی گفتند کفن می‌پوشند تا برای حفظ بیضه اسلام علیه روس منحوس جهاد کنند. سیدمحمد مجتهد با الاغ، نزد شاه قاجار رفت که گریه می‌کرد. [۳ ژوئن ۱۸۲٦] هیچکدام از این علمای اعلام تقلبی -جعلی و دکان‌داران دین، که شاه خرافی را به جنگ واداشتند؛ کفنی نپوشیدند، شهیدی ندادند و در جنگی نرفتند. امروزه خود را «روحانیت مبارز» می‌نامند! نتیجه دخالت مُلای شیعه بی‌وطن و ماموریت‌شان از جانب امام زمان جعلی، تحمیل قراردادهای ننگین «ترکمانچای و گلستان» بر مردم سیه روز ایران بود و تجزیه خاک ایران!

از ۳ ژوئن ۱۸۲٦ تا امروز، ۱۹۵ سال می‌گذرد. این بار رئیسی، یک مُلای مخوف شیعه از اُختاپوس مذهبی، به دستبوس حاکم همان روس‌ها رفت تا در قاطرخانه همایونی، همچو فراش، به نماز بایستد! و دارالخلافه اسلام در تهران، مرحبا گویند و شاید استخاره کنند که به چین هم بفرستند تا آنجا هم نوکری کند. در محل «ایوان مخوف»، حاکم جبار روس و محل جنایت «تزارها»، مُلای مخوف شیعه به نماز ایستاد!

همواره تاکید داشته‌ام که تاریخ ۵۲۰ سال اخیر را باید شناخت که در بین ۳ دوره شوم صفویه، قاجاریه و ولایت فقیه که ویروس ملای شیعه، قدرت داشته. مثلا دستگاه ملایان شیعه در زمان قاجار / قَجَر/ قاجاریه از سال ۱۱۷٤ تا ۱۳۰٤- به مدت «صد و سی سال» کنار شاهان فاسد بر مردم ایران فرمان راندند. ملای شیعه قدرت افکار عمومی جامعه خرافی، محروم، عقب مانده و ناآگاه ایران را بدست گرفت و ضد مشروطه و عامل شکست ایران در حمله به روس بود. هیچکدام از این علمای اعلام تقلبی -جعلی و دکان داران دین، که شاه خرافی را به جنگ واداشتند؛ کفنی نپوشیدند، شهیدی ندادند و در جنگی شرکت نکردند. امروزه خود را «روحانیت مبارز» می‌نامند! نتیجه دخالت مُلای شیعه و ماموریت‌شان از جانب امام زمان جعلی، «ترکمانچای و گلستان» بود و تجزیه ایران!

و امروز هم اگر این قرارداد امضا شود، بار دیگر یک مُلای شیعه خرفت به نام ولی فقیه (سفیه وقیح) با تفکری عقب مانده و بیات شده، ثروت مردم ایران را صرف پوزخند

1- Islamic Terrorism.

ظفرمندانه‌اش می‌کند! گرچه جوهره و از ارکان خُمینیسم[1] و اسلام ناب محمدی حکومت الله بر زمین، این خصایص و رذائل هست» استالینیسم، کمونیسم، هرج و مرج طلبی، آشوب‌طلبی، یهودی‌ستیزی، لمپنیسم، وحشیگری، ستمگری، خشونت، سرکوب، ایجاد وحشت، تروریسم، شارلاتانیسم، وقاحت، واپس‌گرائی، تاریک‌اندیشی، اوباشی‌گری، هوچی‌گری، زندگی انگلی، عوامفریبی، خودستائی، سفسطه، وقاحت، ریاکاری، فرصت‌طلبی، روضه‌خوانی، حماقت، خرافات، اوباشی‌گری، خشک‌اندیشی، نمایش و...». اما این بار از قفس تحریم خارج شود، چه نقش مخرب و ویرانگر جدید برای گروه‌های تروریستی اسلامی باز تعریف می‌کند؟

طنز تاریخ آنکه، همان امام زمان جعلی و ۱۱۰۰۰ امامزاده دیگر در ایران - که در زیر خاک‌زاد و ولد کرده‌اند احتمالا، کمکی به رفع انفجار نطنز بخاطر فعالیت‌های مشکوک هسته‌ای - مانند تولید سلاح کشتار جمعی[2] - نکردند. این بار هم نمی‌توانند، جلوی فاجعه را در جامعه ویران شده ایران امروز را بگیرند.

امروزه هم، اگر بایدن[3] بدون توجه به تحلیل‌های نهادهای اطلاعاتی و امنیتی واشنگتن، این شرم و خفت امضا برجام را بپذیرد و با مُلایان تروریست قرارداد ببندد و مثلا اسامی آن چهره‌های منفور تاریخ معاصر ایران (علی خامنه‌ای، محسن رضایی، حسین دهقان، علی‌اکبر ولایتی و ...) را از فهرست تروریسم خارج سازد، یعنی تسلیم شدن به خواسته ولایت فقیه و استبداد و جباریت دستگاه خلافت اسلامی در ایران که جامعه‌ای آزاد و پویا را در ایران و منطقه، به فلاکت و سیه روزی و لبه پرتگاه کشانده است.

و این تسلیم شدن، عواقب بسیار خطرناکی برای جهان خواهد داشت. آنهم برای رژیم مافیایی مُلایان شیعه اثنی عشری که با کمونیسم کرملین روسیه، دو روی یک سکه هستند. و هر دو رژیم‌هایی فاقد مشروعیت و صلاحیت در برابر جهان هستند اما در بخش‌هایی از آسیا، امپراتوری شیطان را بنا نهاده‌اند.

اما در ظاهر امر و تبلیغات رسانه‌ای، خامنه‌ای روان رنجور برای پرهیز از شعله‌ور شدن جنبش‌های اعتراضی ضد رژیم و زمینه‌ای برای انتقال قدرت به خلیفه سوم (احتمالا فرزند خودش) فراهم کند، فعلاً طالب قرارداد اتمی[4] است تا سلاح اتمی[5] اما نهادهای

1- Khomeinism.
2- WMD :Weapon of mass destruction.
3- Joe Biden.
4- Nuclear Deal.
5- Nuclear Weapon.

امنیتی آمریکا می‌دانند که شخصی ضعیف و طالب تروریسم و مدعی قدرت، اعتباری در صدور فتوی هم ندارد. اما، متاسفانه، بایدن فعلاً، تمایلی به سخن گفتن درباره ایران، ندارد اما نهادهای امنیتی او مانند سی آی‌ای به خوبی از فعالیت‌های تروریستی، موشکی و اتمی ایران آگاه است. و می‌داند که مُلا، معنی و مفهوم دیپلماسی را نمی‌داند! آزاد کردن پول هم تاثیری در زندگی مردمان جامعه ایران، ندارد. در صورت آزاد کردن پول و یا بازگرداندن نفت ایران به بازار جهانی، تنها و تنها، جمهوری اسلامی (خطرناک‌ترین قدرت تروریستی جهان) برای موج جدید تروریسم در منطقه، هزینه خواهد کرد. با این شناخت، ایجاد فضای روانی توسط رسانه‌های وابسته به رژیم مُلایان، اعتباری بلندمدت نخواهد داشت.

۱۹
بازنده مصیبت جنگ و ناامنی اروپا

برای شکافتن بحران فعلی در اروپا، بخاطر جنگ و قشون کشی روس‌ها به اوکراین، سخن‌ها بسیار گفته‌اند. همه تحلیل‌ها به دنبال آن است. برخی از مناطق شرق اوکراین، مانند دونتسک[1] ولوهانسک[2] از دست رفت و قبلاً هم کریمه[3] را از دست داد. و احتمالا به خاطر این باد بلاخیز، سرزمین‌های دیگری را هم از کف بدهد.

عامل این فاجعه انسانی، بحران امنیتی، مصیبت زیست محیطی و بلای ناگوار جنگ، کدام است؟

اوکراین با اقتصادی ویران، شهرهایی سوخته، مردمانی داغدار روبرو شده؛ اقتصادجهان هم در سایه این جنگ خانمان‌سوز، تحت تاثیر قرار گرفته و حتی موقعیت دمکرات‌های آمریکا هم متزلزل شده است. مشکل امروز هم حفظ موقعیت در آمریکا و هم حفظ موقعیت در اروپا است. از سویی روسیه و چین، مُتهم‌اند و از سوی دیگر، اروپا با بحران امنیتی، بی‌ثباتی روبرو شده است. گرچه، از آوریل ۲۰۰٦، که قرار بود اوکراین و گرجستان به سوی ناتو بروند، روس‌ها هم گفتند که چنین توسعه‌ای، بی چون و چرا، غیرقابل پذیرش است! حتی کرملین، آن را تهدید موجود[4] خواند. اما سیاست اصلی غرب و تمرکز عمده آنان، بر ناتو (NATO) بود که اوکراین با تقویت برنامه هسته‌ای، هم عضو اروپا شود و هم طرفدار لیبرال دمکراسی غرب شود. یعنی اوکراین با پیوستن به ناتو، اتحادیه اروپا و انجام انقلاب نارنجی در جهت لیبرال دمکراسی غربی در مرز روسیه، مستقر شود.

اوکراین، دو بحران سالهای ۲۲ فوریه ۲۰۱٤ و دسامبر ۲۰۲۱ را پشت سر نهاد اما عاقبت با این جنگ فوریه ۲۰۲۲ روبرو شد. و عضو دوفاکتو شدن ناتو در سال ۲۰۲۱، هم موجب و سبب اصلی تحریک و هراس روس‌ها نبود. بماند که در کودتا علیه ویکتور یانکویچ در ۲۲ فوریه ۲۰۱٤، که عامل کرملین و پوتین بود و مخالف پیوستن اوکراین به

1- Donetsk.
2- Luhansk.
3- Crimea.
4- Existential threat.

ناتو و اتحادیه اروپا، شخصی دیگر (پروشنکو) به قدرت رسید که نگاهی مثبت به غرب داشت. بهرحال پس از ۱۹۹۱ اوکراین چند بار تلاش کرد که به طرف غرب برود و در برابر عبای سیاه کرملین مقاومت کند. هم روسیه، هراس از عضویت اوکراین در ناتو ندارد و هم تسلیحات اوکراین را جدی و خطرناک دانست. ناتو هم توسعه خاص و قابل توجهی در این مدت نداشته است. حتی سال ۲۰۱۷، ترامپ - رئیس جمهور وقت آمریکا - به فروش بیشتر تسلیحات، آموزش رسمی نظامی و توسعه بیشتر روابط سیاسی دست زد. بهرحال حفظ محور اروپا از نظر امنیتی برای آمریکا، اهمیت خاص دارد. و به تهدید امنیتی اصلی‌اش، که چین است، می‌اندیشد. امروزه هم جنگ داخلی در داخل اوکراین نیست، یک جنگ واقعی ویرانگر و بلای ناگوار است. و با خرد سرشتی در تحلیل سیاسی هم می‌توان بر این اعتقاد بود که توسعه ناتو، کار خاصی انجام نمی‌دهد. هرچند در آوریل ۲۰۰۸ همیشه درباره توسعه ناتو، موضوعات و تحلیل‌های سیاسی متفاوت وجود داشته‌اند. در آوریل ۲۰۰۸، پوتین در رسانه‌ها، توسعه ناتو در اوکراین و گرجستان را تهدید موجود و امرغیرقابل قبول دانست اما در ۲۰۱۰ و اجلاس لندن، سخنانی دیگر گفت و پیامی دیگر به جهان فرستاد.

اما این بار، محرک اصلی، توسعه‌طلبی، جنون قدرت، محاسبه غلط و متوهمانه و استبداد پوتین است. این که خواهان بازسازی اتحاد جماهیر شوروی و یا روسیه بزرگ است تا اوکراین هم به آن بپیوندد، چندان با واقعیت همخوانی ندارد. چون نه قدرت نظامی خاصی دارد و نه قدرت اقتصادی ویژه‌ای دارد حتی تولید ناخالص ملی‌اش از تگزاس کمتر است. برخی هم با شور زیاد و یا نفرت از روسیه می گویند «اگر ناتو نمی‌بود، الان پوتین در برلین می‌بود اگر نگوئیم به پاریس نمی‌رسید». اما تهدیدی علیه امنیت اروپا در دراز مدت و یا تهدیدی برای قدرت مسلط شدن در آسیا نیست. و برای امنیت آمریکا هم بیشتر تمرکز بر روی اروپا، آسیای شرقی و خلیج فارس است. باکی از روس‌ها نیست.

واقعیت امر اینکه، قبل از ۲۲ فوریه ۲۰۱٤ کسی و یا رسانه‌ای پوتین را شماتت و ملامت نمی‌کرد. اما وقتی که مشکل کریمه ایجاد شد، همه غرب، متوحش، حیرت‌زده شدند. حتی اوباما و دولت او هم باور نداشت که روس‌ها، چنین حمله ور می‌شوند. بماند که در تابستان ۲۰۲۱ هم اوکراین از پهباد علیه روس‌ها در دریای سیاه استفاده کرد. از دید روس‌ها، اوکراین خیلی دارای استقلال هویتی نیست. این بار پوتین و سیستم پیچیده و تودرتوی امنیتی روسیه می‌دانند که اشغال خاک و زمین، سرآغاز مشکلات دیگر خواهد بود و عواقب وحشتناک دیگری خواهد داشت زیرا اشغالگر بودن، نفعی در پی نخواهد

داشت؛ شاید بدتر از آلمان شرقی در ۱۹۵۳؛ مجارستان در ۱۹۵۶؛ چک در ۱۹۶۸؛ لهستان؛ رومانی و ... از دیگر سو در جهان فعلی، نمی‌شود یک کشور را به طور کلی، اشغال کرد و جهان هم تماشاگر باشد. فعلاً هم در دنیای شبکه‌های رسانه‌ای و اجتماعی، با انعکاس موج مخرب جنگ خانمان‌سوز، روسیه با نفرت عمومی در سطح جهانی روبرو شده و برخی تحلیلگران هم بر این عقیده‌اند که احتمال اعتراض‌های خیابانی گسترده در مسکو هم وجود دارد.

حال، این ماجرا به کدام سو خواهد رفت؟ و ماجرا به کجا می‌رود؟

آمریکا به دنبال تشویق اوکراین به افزایش اراده مقاومت در جنگ ویرانگر، تقویت کردن استراتژی راهبردی، و ایستادگی در برابر تبلیغات روسیه است. یعنی ایالات متحده در پی تقویت هم پیمانی و مسئولیت است. تا این لحظه، نهادهای امنیتی آمریکا معتقدند که آمریکا وارد جنگ نمی‌شود و صرفاً به کمک تسلیحاتی و امنیتی می‌پردازد. اما وضعیت، لحظه به لحظه به سوی بن بست و فضایی آلوده و غبارآلود می‌رود. اینکه روس‌ها چه می‌کنند، چندان مهم نیست. سیستم روابط بین الملل و سیاست جهانی، پوتین را مایوس خواهد کرد. در بازی قدرت‌های جهانی، پذیرش شکست، تلخ است و روس‌ها احتمال دارد که سرکوب و وحشی گری و ویرانگری را افزایش می‌دهند تا برخی از رفتارهای جنگ جهانی ۲ را در خاطر، زنده کنند. جنگ آمریکا و ژاپن یا حمله سرباز روس به ایران در تاریخ ثبت است که از انجام هر جنایتی، عتاب نداشتند. اصولا، قدرت بزرگ، تهدید را نمی‌پذیرد و همیشه دوست دارند که بازی و برنده در تبلیغات باشند. و در این جنگ هم، روس‌ها، بحران را جدی گرفته‌اند و نمی‌خواهند باخت را بپذیرند. مثال بارز دیگر، بحران موشکی کوبا (اکتبر ۱۹۶۲) که تهدید یک قدرت قوی بود.

امروز هم همین مطرح کردن تهدید به جنگ هسته‌ای، وخامت وضعیت را یادآوری می‌کند. و هوشمندی سیاسی در عالم دیپلماسی موجب می‌شود که روس‌های تیشه و تبر مغول به دست، را در گوشه نندازند. و اتاق‌های فکر در آمریکا و اروپا هم در پی تحلیل درباره راه حل بهتر است. اما به واقع امر، اوکراین هم چندان در بازی قدرت آمریکا، اهمیتی ندارد گرچه اوکراین در پی حفظ اثر انگشت آمریکا است. اما امروزه، تهدید روس‌ها است که آمریکا را به تفکر واداشته؛ زیرا امنیت و ثبات شرق اروپا با خطر روبرو است. دیگر اینکه، روس‌ها تحریک شده‌اند یا خیر و اینکه روس‌ها واکنش متقابل نشان داده، چندان اهمیتی ندارد. امروزه، سوال اصلی اندیشکده‌ها و پژوهشکده‌ها، این است که «مسئولیت این سیه روزی و بحران با کی است؟ محرک اصلی این جنون پوتین چه بود؟»

اما در واقع امر، مهم‌ترین نکته این است که عامل این جنایت چه کسی است؟ و چه کسی را باید شماتت کرد؟ اینکه گروهی طرفدار روس باشند و انگشت اتهام به سوی آمریکا و ناتو دراز شود و یا گروهی طرفدار غرب و دمکراسی غربی و فضائل لیبرال دمکراسی‌اند و شیطان سیاه قصه و مسئول جنایت را پوتین و روسیه معرفی می‌کند. اما در تحلیل اصلی، شناساندن سازنده این فاجعه و مصیبت اهمیت دارد.

شاید در برخی مطبوعات زرد و نه چندان جدی غرب این تفکر در حال رشد است که روس‌ها، تسلیم می‌شوند و یا کودتایی در مسکو رخ می‌دهد و... اما در بازی ریسک و خطر قدرت‌های بزرگ، سیستم روابط بین‌الملل چنین کار نمی‌کند. به قول کارشناس بازنشسته سی آی ای – نورمن رول و یا دانیل هافمن – و یا استاد دانشگاه ستنفورد (مایکل مک فال) روس‌ها می‌روند و سلاح‌های مخرب‌تر و ویرانگرتری خواهند آورد. شهرها را بیشتر ویران می‌کنند و می‌سوزانند... و در این جریان، بازنده اصلی مردم اوکراین هستند نه بازی قدرت‌های بزرگ. در این ماجرای تلخ، محیط زیست اوکراین و مردم‌اش، ویران شده‌اند نه راهروهای قدرت در مسکو یا واشنگتن.

اما آیا اوکراین به سوی طلاق آمریکا و جدایی از غرب می‌رود و تعامل با روسیه تا توازن قدرت را حفظ کند؟

پاسخ به آن، به قوانین بین الملل و منافع استراتژیک و مصالح بستگی دارد. و دیگر در این جا، مساله حقوق مهم نیست. بهرحال از دید واقع گرایانه، ساختار و سیستم روابط بین الملل، بی‌نظم و بلبشو است و رفتار کشورها به همان مصالح و منافع بستگی دارد و بازیگران قدرت در ساختار جهانی، در پی دوری جستن از اهداف مخرب دیگر بازیگران هستند. و دراین ماجرا هم، جامعه ایرانی به ویژه نسل جوان متوجه شد که هم جمهوری اسلامی و هم بسیاری از به ظاهر اپوزیسیون داخلی و خارجی، نگاهی عاطفی به سمت مسکو و کرملین دارند و طلاق سیاسی بین ایران تحت سلطه اختاپوس مذهبی مُلاها و یا برخی از شرکت کنندگان در جنایت و مکافات ۱۳۵۷ دل در گرو کرملین و دشمنی با آمریکا دارند. و با یک جنایتکار جنگی کودک کُش مانند پوتین، هم پیمان شده‌اند تا ساختار ولایت فقیه مُلای شیعه را حفظ کنند!

۲۰

رئیس سی آی‌ای: جمهوری اسلامی، تهدید آمریکا و خاورمیانه

به طور صریح و بی‌پرده، روز سه‌شنبه ۱۷ اسفند، ویلیام برنز، رئیس فعلی سازمان اطلاعات مرکزی آمریکا، سی‌آی ای، در نشست کمیته اطلاعاتی مجلس نمایندگان آمریکا[1] گفت که فارغ از نتیجه مذاکرات هسته‌ای وین در بین دولت جمهوری اسلامی و قدرت‌های جهانی برای احیای احتمالی برجام، رژیم جمهوری اسلامی، کماکان یک تهدید و خطر جدی در سراسر خاورمیانه و منطقه است.

از دیدگاه ویلیام برنز، فعالیت‌های پیدا و پنهان رژیم ایران در مسائل توسعه برنامه‌های هسته‌ای و فعالیت موشکی و شبکه پیچیده تروریسم با گروه‌های نیابتی، هم برای سراسر خاورمیانه و هم برای متحدهای منطقه‌ای آمریکا تهدید جدی غیرقابل انکار به‌شمار می‌رود.

سازمان سی آی‌ای چندان به سرانجام و عاقبت مذاکرات وین توجه خاصی ندارد، زیر از قبل، به مدت‌های مدید خود ویلیام برنز[2]، سالها با دیپلمات‌های متفاوت جمهوری اسلامی دیدار و گفتگو داشته است و در نوع خود، از دید امنیتی، شناخت و تجربه‌ای خاص به شمار می‌رود. و البته هر کدام از این تهدیدهای ساخته شده از طرف ایران، جزو چالش‌های خطرناک امنیتی در منطقه خواهد بود که از دید سازمان‌های اطلاعاتی و جاسوسی منطقه که روابط روزانه با سی آی‌ای دارند، پنهان نیست.

ویلیام برنز در این جلسه علنا و کمی محافظه‌کارانه گفت که سرانجام مذاکرت وین هر چه باشد، او بنا به شغل‌اش که مدیریت مهم‌ترین سازمان اطلاعاتی امنیتی جهان است، به بررسی تهدیدها می‌پردازد. به دیگر سخن، او در موفقیت مذاکرت شک و تردید دارد. هرچند تاکید داشت که بیان این ارزیابی‌اش بر اساس واقعیات ملموس و بخاطر همان تجربه‌های شخصی در نشست‌ها و مذاکرات با مقامات ایرانی در طی سالیان، است.

او که در آن زمان معاونت وزارت خارجه آمریکا در دولت باراک اوباما، رئیس جمهوری

1- House Intelligence.
2- William Burns.

اسبق آمریکا، را بر عهده داشت به خوبی می‌داند که در جلسه مذاکرات بغداد، فرمانده اطلاعات سپاه قدس، از اتاق دیگر داشت، ضبط می‌کرد {بر اساس گفته مشاور سیاسی جلال طالبانی}، جلیلی را به یاد دارد که در حین مذاکرت به بهانه وضو و نماز رفت اما با شورای امنیت ملی، پچ پچ می‌کرد {بر اساس گفته معاون امنیتی شمخانی} و ... یا مذاکرات نیمه مخفی‌اش در در مسقط، پایتخت عمان، با مقامات ایرانی همانند علی‌اکبر صالحی. شاید در پشت پرده، بتوان برنز را معمار اولیه برجام و یا مقام ارشد آمریکایی حامی احیای برجام نامید که تنها موفقیت خارجی اوباما هم محسوب می‌شود.

از دید بخش ضد غنی‌سازی[1] سی آی ای و همچنین به نظر ویلیام برنز، فعالیت‌های افسارگسیخته هسته‌ای ایران، ممکن است به وقوع یک فاجعه ختم شود. سازمان سی آی ای تداوم تهدیدات ایران در سراسر خاورمیانه به ویژه در زمینه موشک بالستیک[2] و تروریسم را مرتبا بررسی می‌کند. سازمان‌های اطلاعاتی اسرائیل[3] و عربستان[4] هم در این زمینه حساسیت‌های خاص خود را مرتبا از طریق لابی‌های خود مطرح می‌کنند.

ادای شهادت امروز برنز در کمیته اطلاعاتی مجلس نمایندگان حائز اهمیت فراوان است. زیرا سخنگوی کاخ سفید از پیشرفت زیاد مذاکرات سخن گفت، اما برخی موانع و مشکلات غیرمنتظره هم یاد کرد که روسیه آن را پدید آورده بود. اما ایران هم خواسته‌ای غیرمنطقی را مطرح کرد که آن پاک کردن نام سپاه پاسداران از فهرست سازمان‌های تروریستی[5] بود که به احتمال قوی، بایدن نمی‌تواند نظر جامعه اطلاعاتی آمریکا را در این زمینه - مانند جاه‌طلبی و فعالیت‌های مخرب جمهوری اسلامی در منطقه برای دست یابی به سلطه منطقه‌ای - نادیده بگیرد. همواره جامعه اطلاعاتی آمریکا، از تهدیدهای متفاوت جمهوری اسلامی، در نوشته‌های تحلیل گران و ماموران امنیتی، سود می‌جوید.

در شهادت امروز هم خانم دکتر اوریل هینز[6] رئیس جامعه امنیتی[7] هم حضور داشت و سخنانی گفت. جامعه اطلاعاتی آمریکا یا مجموعه ۱۶ سازمان و نهاد اطلاعاتی آمریکا[8]، چند ساعتی قبل از آمدن رئیس سی‌آی‌ای به نشست کمیته اطلاعاتی مجلس نمایندگان، گزارش سالانه را در باره تهدیدات جهانی و تهدیدات ایران را انتشار داد. به طور رسمی

1- CPU.
2- Ballistic Missiles.
3- Mossad.
4- GIP - GID.
5- FTO.
6- Avril Haines.
7- Director of National Intelligence.
8- Intelligence Community - IC.

در این گزارش آمد که هر تقابل مابین ایران و آمریکا و متحدهای آن در منطقه خاورمیانه، جزو هویت، ساختار و برنامه اصلی فعالیتی جمهوری اسلامی است. در گزارش، آمده که رژیم ایران برای پیشبرد مقاصد خود از یک سو به گسترش برنامه هسته‌ای، توسعه برنامه تسلیحاتی و کمک وافر به نیروهای نیابتی در جهت فعالیت‌های تروریستی پرداخته و از دیگر سو - به طور هم‌زمان - دیپلماسی را در نظر دارد.

در مجموعه ارزیابی‌ها و گزارش جامعه اطلاعاتی آمریکا که در تهیه بخش عمده آن به مرکز ضد تروریسم و یا سی آی‌ای تکیه شده جمهوری اسلامی ایران؛

اول) به طور مستقیم و غیرمستقیم مانند گروه‌های نیابتی[۱]، آمریکایی را به طور عمده در خاورمیانه تهدید می‌کند؛

دوم) مرتب در تکاپو برای ایجاد شبکه‌ها و سلول‌های خاموش[۲] در داخل آمریکا، است؛

سوم) ماموران خود برای انجام ماموریت‌های خاص (مانند توطئه، ترور فعالان ایرانی و یا ترور مقام‌های ایالات متحده) به داخل خاک آمریکا فرستاده است. وانگهی، تحرکات سایبری[۳] علیه امنیت ملی آمریکا، انجام می‌دهد.

چهارم) ایران با فعالیت‌ها و نفوذ مخرب[۴] در پی تضعیف حضور نهادهای اطلاعاتی و نظامی آمریکا در منطقه خاورمیانه است.

از دیدگاه مجموعه نهادهای اطلاعاتی آمریکا، فعالیت‌های مخرب جمهوری اسلامی علیه اسرائیل هم، همواره به عنوان یک تهدید امنیتی توصیف شده است. واز دید برخی تحلیلگران هم، آمدن ابراهیم رئیسی، موج جدید تروریسم و آشوب‌طلبی را براه خواهد انداخت. هدف نهایی رژیم جمهوری اسلامی از دید تحلیلگران نهادهای امنیتی، شکل‌گیری یک قدرت اسلامی با ایدئولوژی حکومتی خاص با حرکت در مدار چین و روسیه است که در ایران، آن را استبداد دینی می‌شناسند. از دید حکومت ایران، تکیه بر دیوار چین و روسیه می‌تواند آنها را در رسیدن به ساخت قدرت اسلامی خاص، یاری دهد اما از اقتصاد و محیط زیست ویران ایران، نمی‌توان غافل بود.

1- Proxies.
2- Dark Cells.
3- Cyber Attack.
4- MALIGN INFLUENCE.

۲۱

مرگ ری‌شهری،
بانک اسرار خامنه‌ای،

آغاز دهه ۱۳۶۰ در ایران، با نزاع بنی‌صدر با علی خامنه‌ای و شورای انقلاب بود. بعد از انفجار مشکوک و حذفی، ۸ شهریور ۱۳۶۰، علی خامنه‌ای رئیس جمهور شد در این اتفاق محمد علی رجایی رئیس‌جمهور (عضو سابق مجاهدین خلق) و محمدجواد باهنر نخست‌وزیر (در اثر انفجاری، که بیشتر به یک واقعه تروریستی شبیه بود) از بین رفتند البته خسرو تهرانی مسئول اطلاعات نخست‌وزیری، جان سالم به در برد

خامنه‌ای، اول کار، علی‌اکبر ولایتی را به عنوان نخست‌وزیر به مجلس شورای اسلامی معرفی کرد، اما مجلس به ولایتی رای اعتماد نداد و خامنه‌ای بنا به اختلافات در داخل حزب جمهوری اسلامی به میرحسین موسوی رجوع کرد، او را به عنوان نخست‌وزیر به مجلس معرفی کرد. و برای ۸ سال، نخست‌وزیر ایران بود.

در این ایام، کشور دچار آشوب و حوادث داخلی است از یک طرف جنگ از طرف دیگر، نزاع بر سر استقرار قدرت که کسی حاضر به مصالحه نیست و سیاست حذف همه شرکا را در پیش گرفته‌اند. بسیاری از حزب‌های سیاسی همراه خمینی، مانند حزب توده قلع و قمع شدند و در این فضا بود که واجا(وزارت اطلاعات) درست شد. در ۲۷ امرداد ٦۲ قانون واجا تصویب شد و در مجلس.. هراس از تروریسم و نفوذ خارجی و .. مقام‌های حکومت را به سمت ساخت واجا سوق داد تا دفتر اطلاعات نخست وزیری، تیم اطلاعات سپاه و کمیته انقلاب و .... همگی از آشفتگی و پراکندگی و تداخل رها و یک کاسه بشوند . مثلاً موسوی خوئینی‌ها با حکم خمینی و ستاد ۳ نفره برای برقراری هماهنگی اطلاعاتی موفق نشده و بعد از شش سال پرتلاطم و مهار قدرت و ثروت توسط آخوندها، در سال ۱۳٦۳ تمامی نهادهای موازی امنیتی در وزارت اطلاعات ادغام شدند.

این مهمترین وزارت‌خانه‌های کابینه می‌شد چون خمینی مردم را به جاسوسی دعوت کرده بود. اول اسماعیل فردوسی‌پور که به خمینی نزدیک بوده معرفی شد تا وزیر اطلاعات بشود که در مشهد پس از بلوای ۵۷ قاضی شرع بود. و بعد دادستان انتظامی قضات بود و

ریاست کل دیوان عدالت اداری و نماینده مجلس خبرگان رهبری از خراسان و نمایندگی مجلس شورای اسلامی در شورای سرپرستی صدا و سیما و نماینده ولی فقیه و مشاور عالی رئیس قوه قضاییه ... اما در مجلس با رای منفی مواجه شد و رای نیاورد. (۷٤ موافق و ٤۷ مخالف و ٤۰ ممتنع) و بعد محمد ری‌شهری اولین عمامه‌داری بود که بر این کُرسی نشست. در در ٢٤ امرداد ۱۳٦۳ هم ری‌شهری معرفی شد و ۱۷٦ رای موافق از مجلس رای اعتماد گرفت. ری‌شهری در برنامه شناسنامه تلویزیون گفت: خمینی به موسوی گفته که فرد مورد نظر با مشورت و موافقت من وزیر شود (از ۲۷ امرداد ۱۳٦۳- ۱۰ امرداد ۱۳٦۸). گرچه خمینی مخالف وزارت بوده و گروهی می‌گفتند که زیر نظر سپاه و گروهی گفتند که زیر نظر قوه قضائیه... اما خسرو تهرانی و حجاریان گفتند وزارت بهتر از سازمان است. در دوران ریاست جمهوری خامنه‌ای در جلسه‌های مجلس تاسیس واجا شرکت داشت و خواهان تاسیس واجا زیر نظر رهبری بوده که حجاریان با نام مستعار مظفری مخالف بوده و ... که او از طرف میرحسین در جلسات بوده

ری‌شهری، به گماشته موسوی و خمینی مشهور بود. خودش می‌گوید اولین کسی بودم که واجا را ساختم و متمرکز کردم . ری‌شهری از ابتدای ۵۷ رابطه نزدیکی با خامنه‌ای داشت و وقتی هم که وزیر واجا شد، هر هفته نزد خامنه‌ای می‌رفت. در کل، ری‌شهری با تیم‌اش یعنی حجاریان و خسرو تهرانی و ... که سابقه کارهای تشکیلاتی داشتند و در ماجراهای کمیته‌ها و به قول خودشان» نابودی تشکیلات تروریستی مسلح و اشرار» خبره شده بودند. خسرو تهرانی در به قدرت رسیدن ری‌شهری نقش داشت و حجاریان اهل نازی‌آباد هم مثلا حسن نصرالله را دستگیر و بازجویی می‌کند[1]. بعدها خالق گفتمان اصلاح طلبی شد و ... یا شخصی مانند خسرو قنبری تهرانی مشهور به مسئول دفتر اطلاعات نخست‌وزیری در سال ۱۳۵۹ و معاون اطلاعاتی نخست‌وزیر در دوره رجایی و باهنر و مشاور امنیتی رئیس‌جمهور در دورهٔ سیدمحمد خاتمی شد.

اما وزیر اول اطلاعات، هیچ سابقه‌ای اطلاعاتی و مشروعیت کار امنیتی نداشت. آنچه که به عنوان زندگی نامه منتشر شده محمد محمدی نیک / ری‌شهری (یا محمد درون‌پرور) در دادگاه‌های ارتش و انقلاب، حاکم شرع بوده. قبل از بلوای ۵۷ از کشور متواری بوده به عراق رفته. برخی از آخوندهای هم دوره‌ای او هم می‌گویند که چندین بار به خاطر فساد اخلاقی در مشهد دستگیر شده و ری‌شهری به کذا می‌کفت که ساواک وی را دستگیر

۱- الف: خبرگزاری مهر، ٦ شهریور ۱۳۹۱ به نقل از ماهنامه اندیشه پویا.
ب: کتاب گفتگوی حمید داودآبادی با حسن نصرالله، ۱۳۷۵.

کرده. خودش هم در کتابش معتقد است که در سال ٤٤ مدت کوتاهی در مشهد بازداشت شده اما دیگر ترسیده و دور فعالیت سیاسی را خط کشید و رفت کنج خلوت. خودش می‌گوید: «من دو بار بازداشت شدم. بازداشت‌هایم در رابطه با اعلامیه‌هایی بود که راجع به بخارایی پخش کردیم که دو ماه به این دلیل بازداشت بودم. وقتی در دادگاه دوم به این حکم اعتراض کردیم، یک ماه دیگر هم به محکومیت ما اضافه شد و مجموعا سه ماه زندانی بودم. [اما محمد بخارایی از اعضای تروریست‌های گروه شیعی فدائیان اسلام بود. وی عضو تروریست‌های هیئت‌های موتلفهٔ اسلامی نیز بود که نخست وزیر حسنعلی منصور را مقابل مجلس شورای ملی ترور کرد و سال ١٣٤٤-در تهران اعدام شد.]

ری‌شهری مدتی به همراه اطرافیان خمینی در نجف بود - ایامی که گروه خمینی با حزب بعث عراق روابطی داشتند و حتی از صدام حسین رادیو گرفتند.

اما مشکل جلوی راه انتخاب ری‌شهری به عنوان وزیر اطلاعات، عدم اجتهاد وی بود که به عنوان یکی از شروط تصدی وزارت اطلاعات در قانون اساسی هم ذکر شده بود. محمد شریعتمداری که از ابتدای ۱۳۵۷ تاکنون هم از چهره‌های امنیتی و هم از فعالان اقتصادی نزدیک به محمد ری‌شهری بوده می‌گوید: «در بحث انتخاب وزیر اطلاعات که در نهایت ری‌شهری انتخابات شد، گزینه‌های دیگری مانند اسدالله لاجوردی و سیدرضا زواره‌یی هم اسامی‌شان بود که به ناگهان بحث شرط مجتهد بودن وزیر اطلاعات مطرح می‌شود و حکم اجتهاد ری‌شهری توسط پدرزنش -آیت‌الله مشکینی - صادر می‌شود.» پس با صدور حکم اجتهاد شبانه توسط مشکینی و رای موافق مجلس، ری‌شهری به عنوان نخستین وزیر اطلاعات ایران معرفی شد.

اما ری‌شهری مطلقا در کار اطلاعاتی سابقه‌ای نداشته و تنها امتیازش این بود که داماد مشکینی بود. و در ۳۸ سالگی در دوران خمینی، وزیر اطلاعات شد. حتی مشهور است که قبل از آمدن او، در اوایل، سوال‌های شرعی را خسرو تهرانی از صانعی می‌پرسید.

قصه ازدواج ری‌شهری هم تا مدتی در رسانه‌ها مطرح بود که ازدواج‌اش بر اساس استخاره بوده آنهم با دختری ۹ ساله. خودش در روایت‌هایش می‌گوید: از دختر ۹ ساله مشکینی خواستگاری کرده. پاسخ را موکول به استخاره کرد و پس از چند روز پاسخ داد؛ استخاره کردم خوب آمد. مادرم و عمه‌ام رفتند قم و دیدند و پسندیدند و نوشتند: «خوب است، ولی خیلی کوچک است.» به طور خصوصی صیغه عقد اجرا شده با مهریه ۵۰۰ تومان.

در نگاهی به سوابق و کارنامه ری‌شهری، او به عنوان حاکم شرع دادگاه‌های ارتش،

مجموعه کلاس‌هایی با عنوان «اخلاق اطلاعاتی» را اداره می‌کرد. از کسانی که در این کلاس‌ها حضور داشتند می‌توان به محمد شریعتمداری، سعید حجاریان و ... اشاره کرد. پدر خانم وی - مشکینی - برای ری‌شهری حکم صادر می‌کند و می‌شود حاکم شرع دادگاه انقلاب اسلامی در جنوب و یا برخی شهرهای دیگر عمدتاً درحوزه جنوب ایران یا گاهی در شمال ایران، برای قلع و قمع مخالفان. در دادگاه‌های انقلاب در شهرهای دزفول، رشت، گنبد کاووس و بعضی شهرهای دیگر منصوب شد

بهرحال از مدرسه حقانی است و تحت تاثیر تفکر محمد بهشتی. و بسیار هم به موسوی اردبیلی نزدیک. و با حکم بهشتی رئیس دادگاه انقلاب ارتش شد. خود ری‌شهری در بخشی از خاطراتش گفته: «به صدور احکام برخلاف اسلام کاری نکرده، و پرونده را به دادگستری نفرستاده و حکم داده».

بعد از ۱۳۵۷ ری‌شهری قاضی محاکمه افراد شرکت کننده در کودتای نوژه (عملیات نقاب) شد. قطب‌زاده را محاکمه کرد که ظاهراً روس‌ها و حزب توده او را به خمینی لو داده بودند. حکم اعدام بسیاری افراد مخالف رژیم مُلایان را صادر کرد. ری‌شهری درباره خلبانی که نوژه را لو داد گفت که نخواست نامش فاش شود تا ترور نشود و با او رابطه داشتیم. ... از خمینی اجازه داشته و یکی از خلبانان نوژه را عفو کرده و تا خود را به کاخ صدام بزند و معتقد بود که شهید شده اما هیچ سندی برای ادعایش مطرح نکرد.

اعدام افراد ترکمن صحرا و کودتای نقاب یا نوژه و یا فرماندهان و درجه داران ارتش، یکی از جمله پرونده ایشان هست که در روایات منتشر شده، به عنوان جنایت علیه بشریت یاد می‌کنند. بنا به روایت شفاهی بسیاری از درجه‌داران و خانواده‌های آنان، ری‌شهری در دوران دادگاه انقلاب اسلامی ارتش یا دادسراهای ارتش، یکی از خونریزترین قضات بود در همه پادگان‌ها مشهور بود که هر نظامی هوادار گروه‌های مخالف خمینی را در مراکز نظامی کل کشور، هم اعدام کرده، زندان کرده- اخراج کرده، تبعید کرده، بی‌کار کرده، تهدید کرده. هر کدام از این روایات به طور پراکنده در جایی ثبت شده. حتی رفسنجانی در خاطراتش در ۱۳۶۰ می‌گوید که چگونه ری‌شهری ضد فرماندهان ارتش باقی مانده از ارتش شاهنشاهی بوده و می‌خواست همه را عوض کند اما ظاهراً خمینی و رفسنجانی مخالف بوده‌اند.

در ماجراهای مجاهدین خلق و حزب توده و شرکت کنندگان در عملیات نقاب «نجات قیام ایران بزرگ» یا نوژه خشونت اعجاب‌انگیزی -بخرج داد و با قساوت و با دستور خمینی همه را اعدام کرد. برنامه در ۲۰ تیر ماه ۱۳۵۹ (۹ ژوئیه ۱۹۸۰) با دستگیری

و کشته‌شدن تعدادی از عوامل آن به طور کامل فاش شد. که البته حزب توده آن را به خمینی لو داد. [۱۸ تیر ۱۳۹٤ – مصاحبه محمدعلی عمویی]. بعدها خامنه‌ای هم در دیدار فرماندهان و کارکنان نیروی هوایی ارتش در ۱۹/۱۱/۱۳۹۵ گفت که موقع نماز صبح، یک افسر نیروی هوایی بود؛ یک خلبان! آمد به بنده جریان را گفت، دستگاه مطّلع شده و ... ری‌شهری، که آن ایام دادستان ارتش بوده می‌گوید: نزدیک غروب آفتاب روز ۱۳۵۹/٤/۱۷، سعید حجاریان که با کمیته اداره ۲ ارتش همکاری داشت به دفترم آمد و هیجان‌زده گفت کار خصوصی دارم. ظاهراً چند نفر در دفتر بودند، به من نزدیک شد و گفت: «امشب قرار است کودتا شود» خود سعید حجاریان خودش می‌گوید: «توده‌ای‌ها اطلاع داده بودند اما آن‌ها بیشتر کار تبلیغاتی می‌کردند، کاغذ می‌دادند به دفتر بازرگان و رجایی که جلوی کودتای آمریکایی را بگیرید بعضی وقت‌ها هم خبر می‌دادند که فلان کس روابط مشکوک دارد. کاری به این اختلاف‌نظرها و تفاوت روایات ندارم.»

ری‌شهری در ماجرای دادگاه‌های نوژه، مشهور شد. چون ریاست ری‌شهری بر دادگاه این پرونده، او به چهره‌ای مشهور در بین نیروهای قضایی تبدیل شد. در نهایت ۱۲۱ نفر از دستگیر شدگان به حکم محمد ری‌شهری اعدام شده و ۱۱٤ نفر دیگر به مجازات‌هایی از حبس ابد تا ۱۰ ماه محکوم شدند.

از جمله افرادی که در دوران دادستانی، به حکم محمد ری‌شهری اعدام شده‌اند می‌توان به صادق قطب‌زاده – سیدمهدی هاشمی – فرماندهان ارتش در جنگ ایران و عراق، به اتهام عضویت در حزب توده ایران (بهرام افضلی، حسن آذرفر، هوشنگ عطاریان و سرهنگ بیژن کبیری جاسوس خود ری‌شهری که قطب‌زاده و شریعتمداری را لو داد) اعدام ۱۰ نفر از افسران و درجه‌داران ارتش در ماجرای حزب خلق مسلمان – سیدمحمد کاظم شریعتمداری و ... اشاره کرد.

در برخی اطلاعیه‌ها و اعلامیه‌های حزبی خارج از کشور، ری‌شهری به ملای خونخوار و یا حاکم شرع بیرحم و پر قساوت مشهور شد. چون به طور فله‌ای حکم اعدام می‌داد. مراوده غیر عرف و روال بیت خمینی با وی هم مشهور است. شکنجه‌های وحشیانه از دید او رعایت حدود و تعزیرات اسلامی و دستور اسلام و ... بود و از دید او هیچ مانعی نداشت. خودش در مصاحبه تلویزیونی اقرار کرد و در کتاب غائله ۱٤ اسفند ۱۳۵۹، هم آمده. حتی به برخی مُلاها هم مشکوک بود که می‌خواهند علیه خمینی کاری بکنند. با چنین سابقه‌ای ری‌شهری در شهریور ۱۳۶۳ با تأیید خمینی به عنوان اولین وزیر اطلاعات جمهوری اسلامی به مجلس معرفی و مأموریت تأسیس وزارت اطلاعات به

عهده او گذاشته شد.

در دوران وزارتش مرتب در تلویزیون مردم شهرها و روستاهای مختلف را به جاسوسی علیه همدیگر تشویق می‌کرد. دوران شروع به کار ری‌شهری را می‌توان به طور رسمی دوران توسعه تروریسم اسلامی نامید. در دوران او، ایران و حزب‌الله در لبنان سفارت آمریکا را منفجر کردند... آدم ربایی‌ها در لبنان رخ داد (مانند ویلیام باکلی و ..). و یا در داخل ربانی املشی - پدر زن احمد منتظری در ۱۷تیر ۱۳٦٤- با ماده رادیو اکتیو و پودر سرطانزا کشته شد. و یا ماجرای مظفر بقایی در سال ٦٦ و ماجرای کاظم سامی که در آذر ٦٧ رخ داد.

و در ایام شروع وزارت اطلاعات ری‌شهری - شورای عالی انقلاب فرهنگی به دستور خمینی شروع شد و افرادی مانند حسن حبیبی و عبدالکریم سروش (حسین حاج فرج دباغ) و احمد پورنجاتی (مدیرکل فرهنگی وزارت اطلاعات دوران ری‌شهری)، فعال بودند. و در ایام ری‌شهری، که کروبی رئیس امور حج و رفسنجانی، رِئیس مجلس و محسن رضائی: فرمانده سپاه بودند، جمهوری اسلامی می‌خواست که در ۹ امرداد ۱۳٦٦ کعبه را منفجر کنند.

اما اثر انگشت و میراث ری‌شهری در دوران خامنه‌ای و یا در ایام وزارت اطلاعات ری‌شهری (بین سال‌های ۱۳٦۳ تا ۱۳٦۸)، اعدام‌های سال ۱۳٦۷ بوده.... که میرحسین موسوی هم اطلاع داشت. خود موسوی در ۱۳٦۲ از طرف دولت لایحه وزارت اطلاعات را به مجلس برد. و نمی‌شود پذیرفت که از اقدامات وزارت خودش بی‌اطلاع بوده. و حسین موسوی تبریزی دادستان کل انقلاب در آغاز دهه شصت ایران (که به گفته برخی در اعدام‌های آن زمان دست داشته) در پاسخ به سوالی در مورد مسئله اعدام‌های سال ٦۷ و عدم شفاف‌سازی آن در طی مصاحبه‌ای در سال ۱۳۹۸ نقش اصلی کشتار زندانیان در سال ٦۷ را به محمد ری‌شهری نسبت می‌دهد و او را کلید «معمای کشتار ٦۷» می‌داند.

حسین موسوی تبریزی، روحانی شیعه اصلاح طلب و دادستان انقلاب در آغاز دهه شصت ایران، می‌گوید اعدام دسته‌جمعی هزاران زندانی سیاسی در سال ۱۳٦۷ با نامه ری‌شهری، وزیر وقت اطلاعات به خمینی آغاز شد.آن موقع وزارت اطلاعات در دست ری‌شهری بود. پس ری‌شهری طراح کشتار ٦۷ بود. در واقع امر، مصطفی پورمحمدی، ابراهیم رئیسی، مرتضی اشراقی و حسینعلی نیری و ری‌شهری و حسین موسوی‌تبریزی از مقام‌هایی بودند که درباره اعدام زندانیان تصمیم گرفتند. اما ری‌شهری بعدها در نقش خلع و برکناری حسینعلی منتظری و آوردن خامنه‌ای به کرسی رهبری نقشی مهم ایفا

کرد. رفسنجانی ظاهراً همیشه ری‌شهری را از برخورد جدی و به پایین کشیدن حسینعلی منتظری نهی کرده. اما همیشه ری‌شهری در پایین کشیدن منتظری از کرسی رهبری تلاش کرد. بعدها ری‌شهری، سخنان ریاکارانه گفت که «خامنه‌ای قصد قدرت نداشت، بخاطر خدا رهبر شد و می‌خواست برود جبهه شهید شود آرزوی شهادت داشت نه قدرت»!.

ری‌شهری در اواخر دهه ۱۳۷۰ به فساد مالی مشهور شد و ظاهراً به بحث‌های طب سنتی و اجنه و .. علاقمند بود و مدتی هم ریاست موسسه فرهنگی دارالحدیث و تولیت حرم عبدالعظیم در شهر ری را برعهده داشت. فساد مالی وی به گروه مالی و سرمایه‌گذاری ری مربوط است - واردات پرشین خودرو و یا وارد کردن ب ام دبلیو و دیگر ماشین‌های آلمانی - یک مافیای مالی که کسی نمی‌داند، صاحب اصلی آن کدام است اما همیشه او را جزو امپراتوری اقتصادی خامنه‌ای می‌شناسند.

ری‌شهری در۲ خرداد ۱۳۷٦ کاندید ریاست جمهوری شد با سیدمحمد خاتمی، علی‌اکبر ناطق‌نوری و سیدرضا زواره‌ای به رقابت پرداخت و شد نفر آخر. با کسب ۲/۵۵٪ آرا. و ری‌شهری دو بار نماینده مجلس خبرگان رهبری بوده و در انتخابات نمایندگان مجلس خبرگان (۱۳۹٤) در «لیست امید» قرار گرفت که با اعتراض‌های بسیاری از فعالان مدنی، زندانیان سیاسی سابق و چهره‌هایی سیاسی همراه شد.

اصلاح‌طلب‌ها در انتخابات خبرگان از ری‌شهری حمایت کردند. مانند مصطفی تاجزاده و عباس عبدی و... که برای وی تبلیغ می‌کردند. در ایام وی نام دو نفر از معاونانش مطرح بود که عبارت بودند از حقانی و روح‌الله حسینیان و محمد هاشمی اصفهانی (همسر معصومه ابتکار) هم معاون ری‌شهری وزیر اطلاعات بود که امروزه کار وی دلالی بنزین است. و با حجاریان و مهدوی کنی همکار و رابطه نزدیک داشت.

البته پورمحمدی هم در ایام ری‌شهری جزو کمیته اعدام‌ها بود. پورمحمدی در تاریخ ۲٤-٤-۹۸ در گفت و گو با شرق می‌گوید که سال ٦۷ شبکه بزرگ امریکا را گرفتیم ۳۰ جاسوس در نهادهای نظامی. امریکا ۱٦ سال پنهان کرد اما سال ۸٤ اعتراف کردند ری‌شهری در خاطراتش به صراحت گفته که پورمحمدی در ایجاد واجا و جمع کردن نیروها و ایجاد تشکیلات و سازماندهی پس از ری‌شهری نقش اساسی داشته. حتی پورمحمدی با صدام هم دیدار داشت و وقتی که سال ۱۳٦٦ به واجا رفت، در سال ٦۷ هم عضو هیات کشتار شد. پورمحمدی در این باره می‌گوید که وقتی ری‌شهری به واجا رفت ۵-٦ نفر از مدرسه حقانی رفتیم که واجا را سر و سامان بدهیم و ... در خاطرات رفسنجانی هم هست در ۱۰-۲-٦۵ که رازینی و اتابکی و علی یونسی و پورمحمدی و ...

در خصوص دادگاه صحرایی برای محاکمه نظامی‌های متخلف جنگ آمده‌اند پیش او و ...

و بعدها، ری‌شهری درباره افشای نوار صوتی اعدام‌های ٦٧ از بیت منتظری گفت که گردانندگان سایت منتظری باید به این سوال پاسخ بدهند که اگر با مجاهدین خلق رابطه ندارند چرا در شرایطی دست به تطهیر مجاهدین و انتقام از خمینی می‌زنند (در ٦-٦-٩٥).

۲۲

آلبرایت[1]، مشوق دمکراسی و دشمن استبداد

اولین دیدار ما در سال ۱۳۸٦ بود. به کمک و مرحمت دوست فقید، دکتر مشایخی در دانشگاه جرج تاون. با شور و شوق و در نهایت احترام درباره تاریخ و تمدن و مردم و هنر ایران زمین، سخن می‌راند. بحث‌های دیگرمان، بیشتر درباره عراق بود و شاید پروژه‌ام درباره جلال طالبانی [پس از شصت سال]، مدیون راهنمایی‌های او بود که سیر حوادث را ببینم نه شخص را. بعدها، در دیدارها و بحث‌ها، صحبت‌هایمان به شکاف عمیق بین حاکم جبار و مردمان معترض و به خشم آمده می‌کشید. معتقد بود که در تاریخ بشری، این جامعه است که هویت، ثروت و کیان را حفظ می‌کند و حاکمان جبار و چپاولگر و رهبر بی‌کفایت، فقط در جلوی ویترین، دیگر چیزی برای از دست دادن ندارد.

از اخبار مربوط به اعتراض‌های ایرانیان خشمگین، برآشفته، درمانده، بخت برگشته و به تنگ آمده از همه چیز در ایران آشفته، ویرانه و ورشکسته، اطلاع کافی و تحلیل خاص داشت. در هر کنفرانسی و جلسه‌ای و نشستی، دوست داشت که امید به آزادی بدهد. برآشفتگی حاکمان مستبد را نشانه زوال آنها می‌دانست. هر وقت از جامعه خفقان زده، افسرده، هراسیده، دلزده، وحشت زده و فقیرو شیفته تغییر درایران سخن می‌گفتم، هم به دقت می‌شنید و هم خبرهای موثق از منابع کافی داشت.

دل خوشی از بسیاری از رهبران عوامفریب، منفور، بی‌شهامت، غیر مسئول؛ دچار بیماری و شیدائی خودشیفتگی افراطی نداشت که به طور سادیسم‌وار علاقمند به تمجید و ستایش و مقبولیت هستند و گاه آنقدر اغراق می‌کنند که در عین فساد و خونخواری و خود بزرگ بینی و توهم خود را مقدس و نماینده خدا هم بشمارند. همیشه می‌گفت که دیکتاتوری و اختناق، موجب سلب اعتماد مردم زجرکشیده می‌شود و با استقرار دموکراسی است که رهبران بربر و پرگو، ویرانگر و آشوب طلب و فاشیست به قبرستان تاریخ می‌روند.

1- Madeleine Albright

آخرین دیدارمان همین امسال بود و درباره کتاب آخر وی سخن‌ها رفت. که «فاشیسم» نام داشت و می‌گفت که فاشیسم با مرگ موسولینی و هیتلر نمرد، بلکه هنوز آثارش در ذهن آشفته و بیمار رهبرانی هرزه زبان، فحاش و خون‌آشام باقی است و برخی استبدادهای نظامی- امنیتی در جهان امروز، سمبل و یادآور فاشیسم هستند. رهبرانی بی‌کفایت و بی‌صلاحیت که حرمتی برای حقوق مدنی، آزادی، پارلمان، مطبوعات، قلم، زنان، انسانیت، قانون، حقوق بشر، نسل جوان قائل نیستند و به کسی هم پاسخگو نیستند.

از رهبرانی سخن می‌راند که در طی تاریخ در آغاز هر اعتراضات ضد استبدادی، مثل خروشچف، مشت گره کرده، تهدید فرموده، لاف زده و رجز خوانده‌اند. رهبرانی با اعتقادات توحش‌آمیز، هوس و جنون ترور، فرمان سلاخی و قتل مردمان را می‌دهند اما کابوس و وحشت‌شان، سقوط دستگاه جباریت است. و طبعا در ذهنم، چهره منفور خامنه‌ای مجسم بود. اما دیگر سرطان، امانش را بریده بود.

معتقد بود در برخی از استبدادهای موجود در جهان امروز، بسیاری از حاکمان جبار مانند هیتلر سیاست خشم و هراس را در پیش گرفته. مسیر پولپوت و موسولینی را می‌روند تا لحظه آخر تمایلی به ترک صحنه قدرت ندارند. به طور مضحک خود را، «ربانی، مقدس، دارای وظیفه دینی- شرعی و مأموریت الهی یا رسالت خداوندی» می‌دانند. یا مثل موسولینی تصور دارد که همیشه حق با توست اما دیگر سخنانش مایه استهزاء و ریشخند جامعه آگاه و هوشمند بویژه نسل جوان است. دیگر مردمان جامعه گوش‌هایشان را به موعظه‌های پوچ و دروغین، تهوع‌آور و بی‌معنی رهبر و حاکم ویرانگر بسته‌اند.

گاه از نگاه تاریک مذهبی و منحط ایدئولوژیک برخی حاکمان سخن می‌گفت، که از دیدشان «حکومت مردم» بی‌معناست و باید از گرده مردم بی‌خبر و نادان به عناوین مختلف سواری گرفت. اعتبار و آبرو میان جامعه بشریت هم برایش ارزشی نداشته و ندارد. از دید حکومت فاشیستی «جامعه، فاقد ارزش است».

آلبرایت همچنان درباره آینده ایران، خوش بین بود. گرچه برخی افراد و لابی ایرانی مقیم آمریکا او را - بفرموده برخی دستگاه‌ها - فریفته بودند اما می‌دانست که امروزه حاکمان ایرانی، ایران را به پرتگاه نابودی و سقوط کامل کشانده‌اند و مردمان ایران به اعتراضات برخاسته‌اند چون در میان فقر، محنت و نکبت و غم بیشتر از این توان فرمان بردن از فاشیسم را ندارند. طالب دمکراسی‌اند و آزادی و دیگر با خشک مغزی، خودکامگی، هرزه زبانی نمی‌توان بر هرم قدرت ملک و مملکت باقی بماند. سرانجامش دیر یا زود نابودی است.

از دید آلبرایت همیشه دیکتاتور حاکم در هر اعتراضی، با شیوه وحشیانه، به سرکوب می‌اندیشد. تا مردم را به خاک و خون بنشاند اما با جنایات بی‌شمار، ره به جایی نبرد. ارتش نازی و خمرهای گشتاپو هم توان مقابله با مردم را نداشتند. ابزارهای سرکوب نظام دیکتاتوری و حکومت فاشیستی ولی فقیه منفور ایران هم عاقبت شکست می‌خورد. رهبران مستبد، هرگز نیاموختند که حفظ چنگال قدرت با خون، ره به جایی نمی‌برد. میلوسویچ هم بین صرب‌ها کمر به قتل عام بست. استالین هم می‌خواست با خونریزی اراده خود را به مردمان تحمیل کند. عاقبت آنها چه شد؟ سرنوشت خامنه‌ای هم بهتر از آنها نیست.

از نگاه آلبرایت، هدف دیگر حاکم جبار، ایجاد رعب و وحشت است با استفاده از ابزارهای سرکوب که به جان مردم بیاندازد، اما این آدمک‌های مجنون هم با تانک و سرنیزه، استعداد نمایش قدرت در مقابل خواست و اراده مردمان معترض یک جامعه را ندارند. موسولینی در ۲۲ جون ۱۹۳۹ به سربازانش گفت «رحم‌نکنید و با خشونت رفتار کنید!». و او شیفته قتلگاه و قربانگاه هیتلری ساختن بود یا مثل فرانکو اگر ۱۳۰۰ نفر را هم در یک روز بکشد، غصه‌ای ندارد.

طبعاً مردم برآشفته و عصبانی و ناراضی هم با دست خالی، به زبان خود رهبر مستبد، او را حالی می‌کنند و به او می‌فهمانند. مردم فیلیپین و اندونزی هم از شر مارکوس و سوهارتو با دست خالی خلاص شدند. مانند هیتلر بدون داشتن چیزی در چنته، بلوف قدرت می‌زنند. امروزه رهبر جبار، اما مثل هیتلر، جاذبه شخصیتی ندارند. با القابی تقلبی و جعلی برای خود تقدس قائل است. البته تقدس تا سر حد امکان، جزو اصول فاشیسم است. و هدف فاشیسم حفظ قدرت نظام دیکتاتوری است.

آلبرایت در کتابش می‌گوید که هیتلر آنقدر هوش داشت که به ترمیم اقتصاد آلمان بیاندیشد اما برخی رهبران جهان امروز در کشورهای عقب مانده، دارایی و ثروت و سامان مردم خود را صرف بلندپروازیهای ابلهانه و سفیهانه کرده و همیشه هم وقیحانه از حراج و نابودی ثروت کشور خود خرسند هستند. در کتابش نوشت: ایامی، مردم آلمان دیگر تمایلی به همراهی با رایش سوم را نداشتند و روزی فرا رسید که دیگر صدای مشهور پیشوای خون آشام از رادیو پخش نشد. در ایتالیا و آلمان و اسپانیا هم زمانی آمد که صدها هزار نفر عکس‌های قاب گرفته دیکتاتورهای فاشیست برکنار شده را از دیوارها برداشتند و به سطل‌زباله انداختند و یا مردمان روسیه عکس‌های استالین را سوزاندند. عاقبت خود در آتشی که شعله‌اش را برافروخته بودند، سوختند.

شاید هنرمندانی ایرانی- مشابه چارلی چاپلین که دیکتاتور بزرگ را به نمایش گذاشت- پایان ولی فقیه فاشیست را به روی صحنه می‌برند. لاجرم مردم تحت سلطه استبداد آن روز را خواهند دید. دستگاه جبار و فاسد حاکم در هر کشوری، با استفاده از سرکوب شدید و خونریزی و خلق جنایت، نمی‌خواهند بسادگی دست از قدرت بکشند و شیفته و زبون قدرت و ثروت، نمایش جلو دوربین و افزایش تنش و خلق بحران هستند. مملکت را مستعمره مصادره خویش می‌دانند و با زور و فریب می‌خواهند مردمان را به فرمانبرداری و زیستن در مرداب سکوت و خفقان وادادند و فاشیست‌ها هم براین باور بودند که طبقه حاکم برتراند و همگان باید اطاعت کنند.

در یکی از دیدارها از کتاب ژنرال هیدن - رئیس سابق سی آی ای - یاد کردم که ماجرای ۱۹۵۳ در ایران، توهم خنده‌دار و دروغ بزرگ است و دستاویز سو استفاده حکومت فعلی در ایران و برخی شیفتگان خشک مغز یک مُرده سیاسی که همگی پشت سر خمینی راه افتادند. حکومتی که ضد فرهنگ و هنر و تاریخ و تمدن ایران و مردمان ایرانی هستند و دیگر سخن امپراتوری فاشیست خواهان توحش وحشت بزرگ است تا تمدن بزرگ.

آلبرایت نظر مخالف را به آرامی می‌شنید و می گفت که پایان فاشیسم و حکومت فاشیست در هر جا، مانند فروپاشی دیوار برلین و شوروی، قطعاً «پیروزی بشریت» نام خواهد گرفت و آن کشور به کشوری دمکراتیک و آزاد مبدل می‌شود و به شدت باور داشت که روزی جهان بحران زده به احترام مردمان شیفته آزادی و دموکراسی در ایران، خواهد ایستاد؛ زیرا آن را ضرورت و جبر تاریخ می‌دانست.

امروز آلبرایت رفت و سخنانش در ذهنم باقی است و کتاب‌هایش در کتابخانه‌ام، جا خوش کرده‌اند. و در این اندیشه‌ام که زوال فاشیسم ولایت فقیه، ایران را با خود به ورطه کامل نابودی نمی‌کشانند. گرچه امروزه روز حال ایران خوش نیست و ایران در حال پاره شدن، گسست، انحطاط و نابودی است. حتی اگر چند روزی هم این جنبش اعتراضهای مردمی موقتاً ساکت شود، خاموش شدنی و قابل کنترل نیست. خاموشی و نابودی کامل آن، اوج ساده‌نگری و خوش خیالی است. آخرالامر، جامعه صبور و زجرکشیده و داغ دیده ایران راه سنگلاخ و طولانی رسیدن به آزادی را افتان و خیزان خواهد پیمود.

۲۳
عراق، در آستانه جنگ خونین داخلی؟

از سال ۱۳۸٤ تا ۱۳۹٦، بیش از یک دهه از عمرم، به سفر به عراق و خاورمیانه گذشت. این مدت ۱۲ سال، بخشی از کار حرفه‌ای‌ام را تشکیل داد. خاطرات خوش و تلخ بسیاری از این کشور بدنام و منفور دارم. از کاخ ریاست جمهوری تا کوه‌های شمال، از بصره و نجف تا مرز سوریه را گشته و دیده‌ام. و گرچه آن خاطرات را در صندوقی گذاشتم و نمی‌خواهم به آن بیاندیشم، اما گاه و بیگاه، عراق به سراغم می‌آید.

بنا به تصور و شناخت شخصی‌ام، عراق در آستانه یک جنگ تمام عیار و خونین داخلی وحشتناک است. حکومت توافقی و شراکتی هم تشکیل دادن، شاید بیشتر به قصه‌های شب می‌ماند، بخاطر فساد و ناامنی و قبیله گرایی، شیرازه مملکت از هم پاشیده است. کشوری است که هر گوشه آن، توسط یک بازیگر و قدرت منطقه‌ای کنترل می‌شود. هر کدام ماموران و عوامل خود را دارند. چهارچوب سیاسی و ساختار قدرت منطقی در این کشور وجود ندارد. قدرت و ثروت در این کشور به طور ناموزن و نامناسب و ناهماهنگ بین بازیگران بومی و قومیتی و مذهبی تقسیم شده‌اند. و تنها عامل پیوند و رابطه در بین سنی‌ها و کردها و شیعیان، همان قدرت و ثروت است.

در بین کشورهای منطقه، جمهوری اسلامی به خاطر حفظ هلال شیعی به عراق توجه دارد تا کریدور خاکی خود به سوریه و لبنان را حفظ کند، تشکیلات گروه‌های شیعه و کرد منطقه را در اختیار داشته باشد و ... اما عربستان و ترکیه و اسرائیل هم، سیاست خاص و عوامل خود را دارند. گرچه گاهی، عامل ایرانی، عامل ترکیه و اسرائیل هم هست. یا گاهی یکی از نیروهای سیاسی داخل عراق، بخاطر موقعیت مالی، دست به دامان امارات و اردن هم می‌شوند. و تنها چیزی که برای بازیگران بومی و قومیتی و مذهبی عراق مطرح نیست و اهمیتی ندارد، حفظ تمامیت ارضی، منافع و مصالح ملی و ... است.

از روزی که صدام سقوط کرد، تا روزی که گروه‌های شیعه در حال ساختار و شبکه‌سازی بودند و تا روزی که داعش آمد، مردم عراق روی آرامش و ثبات و صلح را

ندیدند. استبدادی به مراتب وحشتناک‌تر از بعث پدید آمد، فضایی آماده انفجار و فروپاشی و نزاعی خونین است. و همین مساله، موجب وحشت همسایگان عراق و بازنگری نگاه امنیتی‌شان هم شده است.

اولین نشانه آن هم، انتخاب رئیس جمهوری عراق در روز چهارشنبه همین هفته است. اما کدام سناریوی وحشتناک می‌تواند، هیزم به آتش بیاندازد؟ مثلا ائتلاف‌های پراکنده و موازی و سه‌گانه و چندگانه، آیا ۲۲۰ نماینده مجلس عراق را با خود همراه خواهند کرد تا هم نخست وزیر و هم رئیس جمهور مورد دلخواهشان را تعیین کنند؟ و آیا می‌توانند دولت توافقی و شراکتی هم با آرامش و با چهارچوب قانونی و اصول مشخص، تشکیل دهند؟ کسی، پاسخ مثبت و بلی به این سوال را ندارد.

آیا مثلا گروه ائتلاف دیگری، با ٦۰ گروه مسلح و ١٦۰ هزار نیروی مسلح و انبارهای اسلحه و مهمات، حاضر به پذیرفتن این واقعیت متمدنانه و سیاسی هستند؟ پاسخ به طور یقین، منفی است. اما آیا نزاع قدرت، عراق تشکیل شده از ۱۹۲۱ را هم با خود به گرداب می‌کشاند؟ اگر ائتلاف بارزانی و صدر و ... آن تعداد نماینده را هم با تهدید و رشوه - که امری عادی در ساختار فاسد و بی‌قانون عراق است - با خود همراه کنند، دوباره قدم رو رفتن در کوچه بن بست است. کشوری فاقد دستگاه و ساختار و نظام مشخص؛ کشوری در آشوب و با آینده‌ای نامشخص و مبهم، کدام راه عقلانی را باید متصور باشد؟

برخی هم گروه انشالله و ماشالله هستند و با نگاهی مثبت و خوش خیالی به آن قضیه باور دارند که همه چیز تحت کنترل است و پارلمان عراق هم متمدنانه و بی‌هیچ مشکلی، همه چیز را برای رفع بحران احتمالی، حل خواهد کرد. اما شاید همه عوامل پیدا و پنهان، دست به دست هم داده‌اند که این توافق‌های خیالی و فانتزی رخ ندهد. وقتی که نماینده‌ای با مشتی دلار، رای خود را می‌فروشد، توقع کدام قانون‌گذاری را باید از وی داشت؟ و از دیگر سو، حرکت نماینده‌ها، به دست برخی عروسک گردان‌های پشت صحنه خیمه شب بازی است.

نظر شخصی‌ام بر آن است که دوزخی برپا است و عراق در آن خواهد سوخت. انتخابات ریاست جمهوری هم بهانه است. همه بازیگران بومی و قومیتی و مذهبی به دنبال قدرت و ثروت بیشتر حذف همدیگر هستند. دیگر عراق امروز، عراق سال ۲۰۰۳ و یا ۲۰۰۵ نیست و اصلا و ابدا تنها چیزی که اهمیت ندارد، دمکراسی است. هر کدام از بازیگران بومی و قومیتی و مذهبی در بین شیعه و کرد و سنی، استراتژی و طرح و مقاصد خاص خود را دارند. این آشوب هم موقتی و گذرا نخواهد بود. دیگر «هم‌پیمانی و ائتلاف

و توافق و شراکت» در ساختار فاسد و قبیله‌ای، بی‌معناست. کشوری که در آن نه جامعه مدنی هست، نه مطبوعات آزاد و نه احزاب سیاسی مستقل و نه مردمانی آگاه. جامعه‌ای است از هم گسسته و از هم گسیخته که معنی قانون را هم نمی‌دانند.

فضای سیاسی عراق وحشتناک و بدوی است. فلان حزب سیاسی با اسلحه و تهدید و قتل می‌خواهد سخن خود را به کرسی بنشاند. سرگرمی برخی احزاب هم دستگیری و قتل مخالفان است. کسی هم به جایی پاسخگو نیست. اگر گروهی هم دم از مخالفت و نقد ساده هم بزنند، با گلوله و اسلحه و انفجار پذیرایی خواهد شد. و همین موضوع، عراق را در آستانه جنگ داخلی خونین قرار داده است. پول نامشروع و سلاح زیادی در عراق بدون نظام و در بین این بازیگران محلی وجود دارد. هر کدام از کشورهای منطقه هم کارت بازی خود را دارند.

اگر هم انجام انتخابات ریاست جمهوری و نخست‌وزیری باز هم به تعویق بیفتد، علاج درد نیست. کل کشور در یک بن‌بست و انجماد فکری- سیاسی است. برای همین، باید گفت عراق در یک تونل وحشت و راه سنگلاخی گرفتار آمده است. کارنامه و پیشینه بازیگران بومی و قومیتی و مذهبی عراق هم بیشتر شبیه سابقه جنایتکاران است و روی دست همه آنها یا خون است و یا فساد مالی و شخصی. با این وضعیت، توقع کدام دولت را باید داشت؟ قانون اساسی عراق هم مضحکه و ملعبه دست همین بازیگران است و هر کدام مطابق امیال خود، آن را تعبیر می‌کند تا حقوق و سلطه و سهم بیشتری را کسب کنند.

عرب شیعه عراق، از سال ۲۰۰۳، خود را صاحب کل عراق می‌داند. اما قدرت وثروت و بی‌قانونی در عراق، به همین دوزخ و مرداب فعلی و سرزمین بلاصاحب و فاسد منجر شده است. جمهوری اسلامی هم تمایلی به داشتن یک همسایه قدرتمند و دمکرات نداشته و ندارد و اکثر گروه‌های کرد و شیعه در رکاب رژیم ملایان هستند و حتی جزو اقمار و گروه‌های نیابتی آن محسوب می‌شوند. و همین بازیگران، ایران را در این دوران تحریم اقتصادی توسط آمریکا یاری داده‌اند و یا بجای ایران، عملیات امنیتی و حتی تروریستی انجام داده‌اند. مردم عراق در اوج فقر و سیه روزی به تماشای این سیرک تماما مسخره بازیگران بومی و قومیتی و مذهبی خود نشسته است. ۱۹سال است که خبری از اقتدار حکومت مرکزی نیست. ایران در واقع، عروسک گردان بسیاری از دولت‌های عراق در این زمان بوده است. جمهوری اسلامی از وجود نیروهای ترک و عرب در عراق نگران نیست اما از آمریکا و اسرائیل، وحشت‌زده است.

جمهوری اسلامی در پی حفظ جامعه سنتی مذهب زده شیعه در عراق در اوج

ورشکستگی و وابستگی است. سنی‌ها هم به برخی کشورهای حوزه خلیج فارس و حتی ترکیه چشم دوخته‌اند که شاید گوی سبقه را از مُلایان شیعه بربایند. اما جمهوری اسلامی، حفظ مراکز نجف و کربلا برایش اهمیت خاصی دارد. کُردهای عراق هم به چند گروه پراکنده مبدل شده‌اند و شاید در آینده سیاسی عراق، از دید شیعه‌های حاکم، محلی از اعراب نداشته باشند!

وضعیت اقتصادی و معیشتی و اجتماعی کردستان عراق هم بسیار وحشتناک است و سیستم قبیله‌ای، فضایی دیکتاتوری و بی‌قانونی را فراهم کرده که نمی‌توان هیچ آینده‌ای روشن را برای آن متصور بود. یکی به بازگشت به عراق می‌اندیشد و یکی سودای استقلال دارد و دیگری هم به نان نوکری اجنبی عادت کرده و کرد و کردستان برایش مانند شرکت بازرگانی چند منظوره است. نهادها و موسسه‌های مستقل و جامعه مدنی و مطبوعات آزاد و دستگاه قضایی و حتی اداره پست هم در کردستان عراق وجود خارجی ندارد. مصالح و منافع و آینده مردم کردستان هم برای بازیگران فعلی در تئاتر سیاسی، کمترین اهمیتی نداشته و ندارد.

اما این روزهای بن بست سیاسی و انجماد و رکود عراق، گواهی بر رخدادهای تلخ می‌دهد. که شاید، جنگ خونین داخلی باشد. و جمهوری اسلامی از یک سو و فساد بازیگران سیاسی عراق از دیگر سو، عامل این ویرانی و جنگ خانماسوز خواهد بود.

توئیت فعلی نماینده حزب دمکرات هم بهانه‌ای به دست تروریست‌های وابسته به جمهوری اسلامی داد تا با ایجاد فضای پر آشوب و پر تشنج، امیال و مقاصد سیاسی خود را در عراق به پیش ببرند و به بهانه توهین به مرجعیت شیعه، هیزم به آتش اختلاف‌های سیاسی در این کشور سیه روز بیاندازند. و به اسم هواداران متعصب سیستانی، دفتر بارزانی و حزبش را در بغداد، به آتش کشیدند و عکس بارزانی‌ها را لگد مال کردند! سناریویی کاملاً مشخص، زیرا هرچند که ریبر احمد - کاندید بارزانی برای ریاست جمهوری عراق - فورا نایف کردستانی را به جرم اهانت به سیستانی، دستگیر کرد تا اوضاع آرام شود! اما از دید نهادهای امنیتی جمهوری اسلامی، این کاندید، سر و سری با موساد اسرائیل دارد!

اما نایف کردستانی (نامزد بارزانی در انتخابات ۲۰۱۸ پارلمان عراق از نینوا) در توئیت خود نوشته بود: «یک مرجع عرب می‌خواهیم که اهل بیت باشد نه با مرجعیت هندی و فارسی و افغانی که سیّد نیستند حتی اگر عمامه سیاه برسر داشته باشند!...» گرچه قبلاً هم نوشته بود: احزاب شیعه با فتواهای مراجع مذهبی (سیستانی و شیخ) نفت و بودجه را میدزدند. نفت و پول دولت، ناشناخته است!

۲۴
با مُلای بُمب اتمی، چه کنیم؟

جهان بشریت پس از رفتن شاه فقید از ایران و انتقال قدرت به مُلایان شیفته تروریسم[1]، شاهد بزرگ‌ترین فاجعه‌های بشری توسط گروه‌های تروریستی وابسته به دستگاه خلافت اسلامی و اختاپوس مذهبی در ایران بودند. اما این بار همه انگشت حیرت به دهان مانده‌اند که با مُلای تروریست موشک پران و دارای بمب هسته‌ای چه باید کرد؟

گزارش‌های متفاوت درباره غنی‌سازی از سی آی ای به گوش می‌رسد، که کمی با موساد متفاوت است. نهادهای امنیتی آمریکا بحث ماه و سال را مطرح می‌کنند، اما اسرائیل بنا به نفوذ محلی و ماموران بومی بر بحث روز و هفته، پای می‌فشارد که بزودی رژیم مُلایان شیعه در تهران، صاحب بمب اتمی می‌شوند.

از نظر امنیتی، غنی‌سازی[2] خارج از بازی قدرت‌های بزرگ، خطرناک است و رقابت هسته‌ای را موجب می‌شود. سازمان‌های اطلاعاتی امنیتی جهان بر روی ۲ موضوع درباره ایران، از تحلیلگران کمک گرفتند. که آیا مُلایان دارای جاه‌طلبی و فزون خواهی هستند؟ و یا اصلاً مجهز به چنین امکانات و استعدادی هستند؟

و از دیگر سو نهادهای جاسوسی و مراکز ضدتروریسم[3] و یا ضد غنی‌سازی[4] به این باور رسیدند که چه باید کرد را تجربه کنند: قدم اول امکان حمله نظامی و قدم دوم تحریم‌های اقتصادی و قدم سوم کمک به تغییر رژیم[5]. تا با هر سه قدم، بتوان جاه‌طلبی و سودای مُلایان را کنترل کرد. دیگر مساله گذشته و تمایل شاه فقید به استفاده از انرژی هسته‌ای[6] که تلاشی برای رشد و اعتلا و مدرن‌سازی ایران معاصر بود، در نظر گرفته نشد. زیرا شاه، ضامن امنیت و آرامش منطقه‌ای بود اما دستگاه مُلایان، بر آتش افروزی، جنگ،

1- Terrorism.
2- Proliferation.
3- CTC.
4- CPC.
5- Regime Change.
6- Nuclear Power.

ویرانی و سیه روزی در منطقه افزودند تا نمایندگان امام زمان جعلی، جهان را فتح کنند و به زور سر نیزه و ترور، کل بشریت را مسلمان و پیرو ولی فقیه کنند. اما جز تباهی خاورمیانه، ره به جایی نبردند.

بنابراین، بحث زمان حال و آینده در نظر گرفته شد. در برابر چشم نهادهای امنیتی جهان، رژیم مُلاها و دستگاه تروریستی سپاه پاسداران در بین سالهای ۱۹۸۸ تا ۲۰۰۳ (سال سقوط صدام) به شدت در پی ساخت بمب هسته‌ای بودند. از پاکستان تا کره شمالی هم کمک گرفتند.

حال در منطقه‌ای آشوب‌زده و ناامن و رژیمی خشن و خطرناک با رفتارهای غیرعقلانی و دشمن صلح و بشریت و ثبات سیاسی، و هوچی‌گری ایدئولوژی به نفوذ در جهان می‌اندیشد و قصد نابودی اسرائیل دارد. به گوش هر که در عالم هم رسیده که ابزار اصلی آن استبداد دینی بدنام و منفور در ایران هم تروریسم بوده و هست. اما می‌خواهد با بمب اتمی هم ضامن قدرت و ثروت خود باشد تا مافیای تبه کاران و خلافکاران، سالهای بیشتری بر اریکه قدرت بمانند. در نگاه شان، به کشور دارای قدرت هسته‌ای و بمب اتمی، حمله نمی‌شود! چیزی که کابوس و وحشت مُلایان شده است.

اوکراین و لیبی و صدام را دیده‌اند که اگر کنار بگذارند، دیگر چیزی برای عرضه برای جامعه ندارند. گرچه از همان روز نخست زمستان بی‌بهار ۱۳۵۷، جز تروریسم و سرکوب و خفقان و سانسور و شارلاتانیسم، ره آوردی برای ایرانیان و جامعه بشری نداشته و ندارند.

در کره زمین و جامعه بین الملل، ۸ کشور آزمایش جنگ‌افزارهای هسته‌ای خود را علناً اعلام کردند. که ۵ کشور، عضو پیمان منع گسترش جنگ‌افزارهای هسته‌ای(NPT) و اعضای دائم شورای امنیت سازمان ملل (UN) هستند. چین، فرانسه، روسیه، بریتانیا، آمریکا و سه کشور پاکستان، کره شمالی و هند هم عضو پیمان منع گسترش سلاح‌های هسته‌ای نیستند اما مشهور است که جنگ‌افزار هسته‌ای دارند. و در منطقه خاورمیانه هم اسرائیل مجهز به جنگ‌افزار هسته‌ای از نوع مدرن است.

در دوران دمکرات‌ها، نهادهای اطلاعاتی آمریکا گفتند که ایران در سالهای ۲۰۰۳ تا ۲۰۱۸ ساخت بمب اتمی را کنار گذاشته. اما بعدها، موساد افشا کرد که جمهوری اسلامی در برجام هم تقلب کرده و بطور زمینی همچنان در حال ساخت بمب اتمی است. و بعدها اعتراف وزیر اطلاعات (محمود علوی) و تهدید او به چنگ زدن، شک‌ها را کنار گذاشت. و خود رئیس جمهور وقت (حسن روحانی) هم گفت که غنی‌سازی را به ۶۰٪ رسانده‌اند

که تا ساخت بمب، چند درصدی بیشتر فاصله ندارد (۹۰٪)!

اساس تلاش نهادهای امنیتی و نظامی آمریکا و اسرائیل هم در جهت عدم دستیابی رژیم مُلایان شیعه به بمب هسته‌ای بوده و هست. و هر از گاهی، برنامه‌های آنها را فلج می‌کنند تا روند غنی‌سازی مختل شود. ایران فعلی، جایگاهی در سیستم بین‌المللی قدرت‌های بزرگ ندارد. توان همکاری با جهان مدرن و متمدن را ندارد. اما چون جهان از فضای تک قطبی به سوی چند قطبی[1] در حرکت است، جمهوری مُلای شیعه اثنی عشری، به کُرنش در برابر کمونیسم روسیه و چین پرداخت تا مانند کره شمالی در آن مدار شرق حرکت کند و مثلاً هم سلطه آمریکا[2] را به چالش بکشد و هم به شیوه دیگری، بقای حکومت ولی فقیه سوم (احتمالا فرزنده خامنه‌ای) هم تضمین شود.

در دوران قبل از ترامپ، به قرارداد هسته‌ای[3] لرزان تن داد و آن هم طرح چپ‌های حکومتی (اصلاح‌طلبان) بود تا قدرت حفظ شود. اما قدرت‌های بزرگ جهان نمی‌خواهند با کشوری منفور، ویران، ناتوان و منزوی و اما مدعی و پرخاشگر و ویرانگر، همکاری کنند. از دیگر سو آمریکا گرفتار سیاست داخلی خود است و هم لابی اسرائیل در این کشور، قدرت سیاست گذاری دارد و نه عربستان و نه اسرائیل به عنوان دو قدرت منطقه‌ای، تمایلی به برجام ۲ نداشته و ندارند. زیرا بهتر از آمریکا، توحش و تخریب رژیم مُلایان و دستگاه‌های تروریستی آن همانند واجا[4] و سپاه قدس[5] را دیده و بررسی کرده‌اند. از همه مهم‌تر، جمهوری اسلامی علاوه بر تهدید منطقه‌ای و سرچشمه فتنه، تهدیدی علیه آمریکا و موجودیت اسرائیل است.

نهادهای اطلاعاتی و جاسوسی اسرائیل در داخل کشور، و نهادهای نظامی و امنیتی آمریکا در دورتادور ایران، در حال پردازش داده‌ها، و تهیه گزارش‌های روزانه‌اند. هر دو هم رابطه‌ای با ایران ندارند. حال ایران دارای تکنولوژی و امکانات هسته‌ای که قبلاً هم به دنبال ساخت بمب بوده و از دیگر سو در آغوش روس و چین خسبیده است و کشور را دو دستی به مستعمره آنها تبدیل کرده‌اند، انتظار چه همکاری سازنده و موثری با جهان بین الملل می‌توان داشت؟

چه پیش بینی سی آی ای را بپذیریم و چه موساد را - که اختلاف‌شان در تقویم و

1- Multipolarity
2- American Primacy
3- JCPOA
4- MOIS
5- Quds Force

زمان است - پرسش اصلی به حال خود باقی است: با مُلای دارای بمب اتمی، چه باید کرد؟ منافع و مصالح کل منطقه و اسرائیل و آمریکا و نظم جهانی هم به خطر می‌افتد. در جهان ایده‌آل، کشور دارای شبکه تروریسم که گروه‌های تروریستی[1] خود را به موشک و پهباد، مجهز ساخته با بمب اتمی چه خواهد کرد؟ در نظام توحش ولایت فقیه، اثری از تمدن که دیده نمی‌شود. مصر و کشورهای حوزه خلیج فارس هم جبهه موفقی با اسرائیل تشکیل داده‌اند تا با تقویت و جلب همکاری،. چاره‌ای امنیتی بیاندیشند. زیرا کشوری دارای دمکراسی که صاحب بمب اتمی نمی‌شود، یکی از وحشتناک‌ترین استبدادهای جهان از نوع دینی و یکی از تروریست‌ترین کشورهای جهان امروز صاحب بمب می‌شود. و فکر کردن به همین موضوع هم موجب وحشت بشر مدرن قرن ۲۱ شده است. کشوری که اساس دیپلماسی آن بر دشمنی با آمریکا و اسرائیل بنا نهاده شده و می خواهد که شیعه‌گری را در خاورمیانه و آفریقا و آمریکای لاتین با کمک نهادهای خرابکار و جنایتکار توسعه دهد و دشمنی‌هایش را هم ادامه می‌دهد و سخن بایدن، به لطیفه‌ای نهانی و شوخی بی‌وقت شبیه است. از تروریست و حامی تروریسم، چه تعهدی باید گرفت؟

شاید چاره درد در قدم سوم است و همانا تغییر رژیم باشد. اما در دایره امکانات و ممکن‌ها، چه را باید سنجید؟ که را باید دید؟

1- Proxies

۲۵

توهم انتقام سخت و
تهدید تروریستی فرمانده

حق جامعه پرسشگر، نوجو و پویای نسل جوان در ایران است که فایده یک مُرده - که فقط دستی از وی در زیر قبر باقی است- را بسنجد و بکاود؟ و اینکه چه انتظار معجزه‌ای است؟ و چرا باید برای انتقام از یک تروریست خونریز، نام ایران را بیشتر از پیش، دستگاه اختاپوس مذهبی شیعه در ایران و دستگاه خلافت اسلامی ولایت فقیه، با تروریسم و جنایت ترکیب کنند؟ و یا حق جامعه است تا اوهام و بیخردی فرمانده تروریست و پریشان احوال سپاه پاسداران جمهوری اسلامی، را به سُخره و استهزا بگیرند. و مبارک باد واقعه‌ای است که امروزه روز، نسل جوان به مصالح و منافع ایران - خارج از موجودیت جمهوری اسلامی - بیاندیشد و تفکر کند.

الف: توهم انتقام سخت برای یک مُرده.

رادیو فردا[1] که ظاهراً رسانه‌ای ضد جمهوری اسلامی است و باید در پی اهداف سی آی ای و سیاست وزارت خارجه آمریکا[2] باشد اما - از دید شخصی‌ام - عملا سانسورکده‌ای است که خبر و اندیشه خاص را برای روشنگری جامعه ایران، تزریق نمی‌کند. اما خبری در آن رسانه پیرو رسانه‌های داخلی ایران مطرح شد که «تعهد حکومت جمهوری اسلامی برای توقف پیگیری عملیاتی پرونده کشته شدن قاسم سلیمانی، یکی از شروط اصلی خارج کردن سپاه از فهرست تروریستی دولت آمریکا» است.

در روز ۵ ژانویه ۲۰۲۰ در یکی از مراکز مربوط به وزارت امنیت داخلی آمریکا[3] دیداری با پلیس فدرال آمریکا یا اف بی‌آی در شهری در نزدیکی بیرمنگهام در ایالت آلاباما[4] رخ داد. در ابتدا صادقانه بگوییم که نماینده اف بی آی، سلیمانی را نمی‌شناخت و نماینده امنیت داخلی هم سخنانی اغراق‌آمیز می‌راند. تا اینکه نوبت سخن به مخلص

1- RFERL
2- State Department
3- DHS
4- Birmingham - Alabama

رسید. و در آنجا به عنوان تحلیلگر گرفتار خاورمیانه و ایران در مرکز ضد تروریسم گفتم که: «ترور چند نفر در داخل خاک آمریکا ممکن است. ۱. مایک پنس[1]؛ ۲. مارک اسپر[2]؛ ۳. جینا هسپل[3]؛ ٤. برایان هوک[4]؛ ٥. جان بولتن[5]؛ ٦. مایکل پمپئو[6] در معرض خطر هستند»!. اول با داد و قال و بعد با غرور بی‌ربط، تحلیل‌ام شنیده شد. اما اف بی آی نام ۳ نفر را مطرح کرد و ۳ نفر دیگر (پنس؛ اسپر و هسپل) را تا این لحظه بیان نکرده اما از نظر عملی، اسامی‌شان تحت نظارت و بررسی مرکز ضدتروریسم باقی مانده‌اند. و نام ترامپ[7] هم در برخی تحلیل‌ها مطرح شد که البته نظر اکثریت بر اغراق‌آمیز بودن آن بوده و هست. اما این ۷ نفر، حلقه آگاه و محرم به کشتن قاسم سلیمانی بودند، که پس از ابوبکر بغدادی، بن لادن و عماد مغنیه، تروریست بدنام و منفور تاریخ معاصر خاورمیانه بود.

از روز اول، تمام دستگاه‌های وابسته به سازمان تبلیغات اسلامی جمهوری اسلامی، و شبکه‌های فارسی زبان خارج از ایران که تحت کنترل و هدف‌های امنیتی سازمان‌های اطلاعاتی واجا و ساس[8] هستند، بر مرده پرستی و قهرمان تراشی از قاسم سلیمانی، فرمانده سابق نهاد تروریستی سپاه قدس[9] مشغول‌اند. بماند که یکی در بی بی سی فارسی آن را سردار عارف نامید و یکی دیگر در صدای آمریکا آن را چهره ملی خواند و آن دگر در اینترنشنال وی را قهرمان ملی ایران گفت و خبرنگار یورونیوز، صفت چهره محبوب ایران را به نام وی چسباند و... که از نظر امنیتی، هدف اصلی نهادهای امنیتی هم، با این استفاده از این شبکه تحت نظر، کنترل و جهت دهی و تحریک افکار عمومی جامعه ایران بوده و هست.

برخی کارشناسان تکراری و ناآشنا به مسائل امنیتی - البته از جناح اصلاح طلبان حکومتی - هم چیزی خیالی و واقعی را مطرح کردند که گویا نهادهای اطلاعاتی روس‌ها[10] از عملیات سری سی آی ای و دی آی ای[11] اطلاع داشتند و سلیمانی را به آمریکا فروخته‌اند و به جمهوری اسلامی، چیزی نگفته‌اند. دیگر این کارشناس‌های

1- Michael Pence.
2- Mark Esper.
3- Gina Haspel.
4- Brian H. Hook.
5- John Bolton.
6- Michael Pompeo.
7- Donald Trump.
8- IRGC-IO.
9- Quds Force.
10- GRU - SVR.
11- DIA.

شبانه‌روزی و زیاده‌گو نمی‌دانند که عملیات فوق سری، معمولاً منتظر چراغ قرمز سرویس اطلاعاتی رقیب و نزدیک به هدف امنیتی، نمی‌ماند... و تنها موساد با برخی از نهادهای اطلاعاتی محلی و بومی در عراق (بیشتر واحدهای ضدتروریسم کُردها) در نحوه شناسایی و رهگیری همراه و همگام آمریکا بوده‌اند که به طور رسمی هم اعلام شده‌اند.

مُرادم از نوشتن این قضیه آن بود که بر این نکته پای بفشارم که جامعه اطلاعاتی ایالات متحده آمریکا، همه تحلیل‌های منطقی و اطلاعات عقلانی درباره برنامه‌ریزی تهران و نیروهای نیابتی را جمع‌آوری کرد. و تحلیل نهایی آن بود که ۱٦-۱۷ نهاد اطلاعاتی جمهوری اسلامی، خیال انتقام را دارند اما توان عملیاتی و امکانات آن را ندارند اما هنوز سودای اقدام علیه برخی مقام‌های دولت سابق آمریکا را در سر می‌پرورانند که این حلقه ۷ نفره را هدف بگیرند. طبق گزارش مرکز ضد تروریسم وزارت خارجه آمریکا، جمهوری اسلامی ایران در دوران‌های متفاوت به این کارهای تروریستی در آمریکای شمالی اقدام کرده است:

۱. ۲۰ اوت - ۲۰۱۸ ایالات متحده: دو تن از عوامل رژیم ایران به اتهام انجام عملیات سری تحت‌نظر قرار دادن تاسیسات اسرائیلی و یهودی در ایالات متحده، و جمع‌آوری اطلاعات مربوط به تشخیص هویت برخی شهروندان و اتباع ایالات متحده که عضو یک گروه اپوزیسیون مخالف رژیم ایران بودند، متهم شدند.

۲. ۲۹سپتامبر - ۲۰۱۱ واشنگتن دی سی، ایالات متحده: نیروی قدس سپاه پاسداران از یک طرح بمبگذاری در یک رستوران برای ترور سفیر عربستان سعودی در ایالات متحده پشتیبانی کرد.

۳. سپتامبر - ۲۰۰۹ گلندورا، کالیفرنیا، ایالات متحده: یکی از عوامل رژیم ایران یک آدمکش را اجیر کرد تا یکی از مخالفان ایرانی - آمریکایی رژیم ایران و از شخصیت‌های شناخته شده رادیویی را ترور کند.

٤. ۲۲ ژوئیه - ۱۹۸۰ بتزدا، مریلند، ایالات متحده: زنده یاد علی‌اکبر طباطبایی، دیپلمات سابق و از منتقدان صریح و جدی جنایات خمینی، را ترور کرد.

اما در شرایط فعلی، با وجود هشیاری و آگاهی جامعه اطلاعاتی آمریکا، احتمال انجام عملیات جمهوری اسلامی در داخل خاک آمریکا، بیشتر به چیزی فانتزی می‌ماند که تا واقعیت، فرسخ‌ها فاصله است. نیروهای نیابتی جمهوری اسلامی هم - چه سازمان‌های جنایتکار در آمریکای لاتین و چه سلول‌های غیرفعال[1] جمهوری اسلامی در داخل خاک

1- Cells

آمریکا- توان نفوذ در تور امنیتی نهادهای آمریکا را ندارد. وانگهی، تعهد ابزارهای سرکوب نظام ولایت فقیه، چه ارزش و اعتباری می‌تواند داشته باشد؟

ب: معنی اوهام فرمانده تروریست: تهدید به تروریسم.

چند روز پیش، روزهای یکشنبه و دوشنبه، اسرائیل همزمان با دیدار وزیر امور خارجه آمریکا از این کشور و کرانه باختری، مراکش و الجزایر، میزبان وزیران امور خارجه سه کشور عربی مهم از خلیج فارس و شمال آفریقا[1] - امارات متحده عربی، مراکش، و بحرین- بود. هر سه کشور در ۲۰۲۰ با میانجیگری دولت دونالد ترامپ و در چارچوب توافق ابراهیم[2] روابط خود را با اسرائیل عادی‌سازی کردند. و بعدها هم دولت جو بایدن از این سیاست، استقبال کرد. و البته همه این کشورها از تلاش بایدن برای احیای توافق مُرده برجام با مُلایان را نمی‌پسندند. و احیای برجام و قرارداد با خطرناک‌ترین کشور تروریست جهان، مانعی بر سر راه دستیابی مُلایان به سلاح هسته‌ای نبوده و نیست!

همین اقدام متمدنانه و سیاست منطقی کشورهای عربی موجب وحشت جمهوری اسلامی شد. زیرا اساس و پایه فکری جمهوری وحشت فرقه تبهکار، همین دشمنی با آمریکا و اسرائیل و تلاش در جهت حفظ هلال شیعی[3] و شبکه تروریستی گروه‌های شیعی در خاورمیانه است که آنها را علیه اسرائیل تحریک کند و هم جنگ سرد با عربستان سعودی را ادامه دهد و بیشتر از پیش، خاورمیانه را به ویرانی و غوغا و از هم گسیختگی و از هم گسستگی بکشاند. اما اقدام کشورهای عربی موجب توسعه همکاری‌های اطلاعاتی و امنیتی و ارتباط سیاسی عمیق اسرائیل در حاشیه خلیج فارس هم شد تا امنیت منطقه[4] حفظ شود و از هراس شبکه تروریستی جمهوری اسلامی، از اسرائیل، کمک می‌خواهند.

و روز چهارشنبه، ناگهان حسین سلامی (فرمانده فعلی نهاد تروریستی سپاه پاسداران انقلاب اسلامی) در کنار علیرضا تنگسیری (فرمانده نیروی دریایی سپاه)، از جزیره ابوموسی و تجهیزات موشکی - پهبادی و یگان‌های مستقر در این جزیره بازدید می‌کرد، و در خیالات حرکت در مسیر گام دوم انقلاب سیر می‌کند، با ادعای غیرمستند آمادگی و قدرت نظامی و محکم و خلل‌ناپذیر بودن تجهیزات دفاعی، اعتراف کرد که حضور اسرائیل «در این مناطق قابل تحمل نیست! این موضوع تهدیدی جدی برای امنیت منطقه و به‌خصوص خود این رژیم‌هاست، ما با صراحت اعلام می‌کنیم و هشدار می‌دهیم استمرار

1- MENA
2- The Abraham Accords
3- Shia crescent
4- regional security

این گونه ارتباطات به هیچ عنوان قابل قبول نیست و آنها باید بدانند وجود رژیم پلید صهیونیستی در هر نقطه‌ای عامل ناامنی است».

معنی و ترجمه ساده سخنان یاوه سلامی، توسعه و گسترش تروریسم منطقه[1] است و در واقع، کشورهای حوزه خلیج فارس را تهدید به عملیات تروریستی کرده است که بیشتر از پیش، جهان شاهد عملیات تروریستی جمهوری اسلامی و گروه‌های نیابتی وابسته به آن باشد. اما این سخنان به انزوای بیشتر هسته مُلایان می‌انجامد.

1- Regional Terrorism

۲۶
فرماندهی سنتکام و تروریسم مُلای ایرانی

فرمانده جدید در ستاد فرماندهی مرکزی ایالات متحده آمریکا (سِنتکام[1]) ماموریتی خاص دارد که در واقع، ستاد فرمانده کل نیروهای ارتش آمریکا در منطقهٔ خاورمیانه، شرق آفریقا و آسیای مرکزی - و به عبارت دیگر در مرکز جهان - است. سنتکام جزو شش ستاد فرماندهی کل نیروهای مسلح ایالات متحده آمریکاست و مرکز کنونی آن در پایگاه نیروی هوایی مک‌دیل در ایالت فلوریدا قرار دارد.

از عمده اهداف سنت‌کام، همکاری آمریکا با شرکای ملی و بین‌المللی، برای ارتقاء و توسعه سطح همکاری بین‌المللی است، تا به منظور استقرار امنیت و ثبات منطقه‌ای، آماده تقابل با بحران‌ها و تجاوزات داخلی و فرامرزی باشد. گرچه در تاریخ سنتکام، جنگ خلیج فارس، جنگ افغانستان و جنگ عراق، تحت فرماندهی این ستاد رهبری شدند.

از روز تاسیس سنتکام (۱ ژانویه ۱۹۸۳ میلادی)، که در میانه جنگ ایران و عراق و تنش‌های منطقه خلیج فارس بود، اولین تهدید شان، عملیات تروریستی از طرف مُلایان ایران بوده است. عملیات مین‌گذاری ایران در خلیج فارس و شلیک موشک و بحران نفتکش‌ها، واکنش آمریکا در چند عملیات نظامی علیه ایران، منجر به اولین درگیری فرماندهی مرکزی ایالات متحده شد.

از دیدگاه فرماندهان سنتکام - مانند جیمز متیس، پترایس، مکنزی و ... - مشابه دیگر نهادهای اطلاعاتی و نظامی آمریکا، جمهوری اسلامی در ایران خطرناک‌ترین قدرت حامی تروریسم در جهان است. از طرف شورای عالی امنیت ملی جمهوری اسلامی هم (۸ آوریل ۲۰۱۹)، سنتکام جزو گروه‌های تروریستی از نظر رژیم در تهران اعلام کرد. و پاسخی نابخردانه در پاسخ به اقدام منطقی ترامپ در گنجاندن نام سپاه پاسداران انقلاب اسلامی در فهرست گروه‌های تروریستی آمریکا بود.

اصولا، روسای سازمان فرماندهی مرکزی ارتش آمریکا (سنتکام) به دنبال جنگ با

1- U.S. Central Command - CENTCOM

رژیم مُلایان نبوده‌اند. از دید آنها، در جنگی چند روزه، رژیم مُلایان تار و مار می‌شود اما تا مدتها، منطقه با ناآرامی و بحران روبرو خواهد شد. اما ایران، همواره از تحریک بیشتر سنتکام می‌پرهیزد، زیرا که توان روبرویی با پاسخ نظامی آن و تمرکز راهبردی سازمان‌های اطلاعاتی و نظامی آمریکا را ندارد. اما مانند سی آی ای، همیشه ایران، یکی از اولویت‌های سنتکام است، اما مهم‌ترین اولویت‌شان نیست. زیرا به ضعف و سطح توان آن، به خوبی آگاهند.

در آمریکا، به جای ارتشبد کنت اف. مکنزی[1] که از ۲۸ مارس ۲۰۱۹ مسئولیت سنتکام را بر عهده دارد، ژنرال مایکل اریک کُریلا[2] معرفی و سپس تائید شد. او هم درباره ساختار جمهوری اسلامی، تفکری مشابه ژنرال دیوید پترایس دارد. به درستی و بطور جامع، ساختار تروریسم جمهوری مُلایان در تهران را می‌شناسد.

در سنا، این ژنرال تحصیلکرده ارتش، به طور قاطعانه گفت که ایران در پی رفع تحریم‌هاست تا پول کافی را برای تامین هزینه‌های تروریسم و توسعه نیروهای نیابتی تروریستی در منطقه داشته باشد. و این موضوع، موجب رشد تهدیدها علیه نیروهای آمریکایی است. او، سیاست بایدن در رفع تحریم را هم تهدید می‌داند. ژنرال در پی جلب همکاری و کمک کشورهای هم پیمان در منطقه خاورمیانه و خلیج فارس مانند محور بحرین و امارات متحده عربی و عربستان است تا آمریکا، بهتر و با همکاری همه جانبه منطقه‌ای، تروریسم اسلامی مربوط به مُلایان در تهران را مهار کند. او، ایران را تهدید جدی علیه ثبات و صلح در منطقه خاورمیانه می‌داند و معتقد است که هرگز، حکومت مُلایان شیعه، نباید به سلاح هسته‌ای دست بیابند.

ژنرال کُریلا، بر روی عملیات ضد تروریسم[3] بسیار دانش و سابقه و تمرکز دارد. وی مانند دیگر فرماندهان نظامی از ارتش آمریکا، در درجه اول به دنبال کسب اطلاعات امنیتی و پردازش داده‌ها و سپس طراحی عملیات است. او در جلسه اخذ اعتماد از کنگره و کمیته نظامی هم، درباره اوضاع افغانستان و چالش پیش رو، آشفتگی امنیتی منطقه و تهدیدهای تروریستی، بررسی مجدد احتمال نابودی برخی از مراکز طالبان، رویارویی با شبکه تروریستی وابسته به جمهوری اسلامی و... سخنانی جدید اظهار داشت.

در جلسه سنا، تاکید بیشتر وی بر روی تقویت مرکز اطلاعاتی، بررسی و تحلیل داده‌ها و افزایش نیروی انسانی کارآمد در زمینه امنیتی برای سنتکام بود. دوباره خاطر نشان کرد که از دید وزارت دفاع آمریکا و سنتکام، امکان حمله به برخی اهداف بین‌المللی

1- Kenneth F. McKenzie.
2- Michael Erik Kurilla.
3- Counterterrorism Operations.

و مراکز مهم جهانی توسط شبکه تروریست‌ها در افغانستان وجود دارد. بنابراین نحوه برخورد با تهدیدهایی مانند القاعده[1] و داعش خراسان[2] اهمیت حیاتی دارد. از دید ژنرال، شبکه تروریست‌ها رویای حمله به خاک ایالات متحده را در سر می‌پرورانند! هم اکنون این دو گروه خطرناک تروریستی در حال بازسازی و هر دو هم با جمهوری اسلامی ایران در ارتباط عملیاتی هستند.

او قبل از عزیمت به مرکز ناتو[3] در اروپا و بررسی تنش‌های میان روسیه و اوکراین، از یک مرکز نظامی[4] در کارولینای شمالی به جلسه سنا در واشنگتن آمد و همگی هم متقاعد شدند. سنا با عقاید ژنرال کُریلا هم داستان بود و وی را در چند روز تائید کرد اما نگرانی مجلس سنا از موثر بودن توان سنتکام در مقابله با خطر از سرگیری و رشد تهدیدهای تروریستی همچنان باقی است زیرا که موقعیت افغانستان تحت کنترل طالبان، به قبل از ۱۱ سپتامبر بازگشته. ژنرال در پاسخ گفت که گروه‌های تروریستی[5] به طور مداوم، کارکنان و پرسنل آمریکا و هم پیمانان را در همه جا مورد تهدید قرار می‌دهند. و در صورت تائید نهایی، وی درباره منابع اضافی برای رشد و توسعه طرح‌ها نظامی، سخن خواهد راند.

پس از اعلام تائید نهایی ژنرال توسط سنا، وی در جاهای بدنام جهان مانند برخی مراکز خاورمیانه، مصر، آفریقا، آسیای میانه و جنوب آسیا، ماموریت‌های خاص و پنهانی خواهد داشت.

انتخاب ژنرال کُریلا، خبر خوشی برای رژیم مُلایان در تهران نبود. از دید او، به درستی هم، تهران و سیاست تخریبگرانه مُلاها، عامل اصلی و دشمن درجه یک ثبات و صلح منطقه‌ای در خاورمیانه هستند و با اجماع منطقه‌ای به جنگ خواهد رفت. ایران، دو جنگ داخلی خانمان سوز در سوریه و یمن را اداره می‌کند. هر نوع نرمش در مقابل رژیم تهران، را ظلم در حق ارتش آمریکا می‌داند. زیرا بیش از ۱۰ سازمان تروریستی خطرناک در جهان با مُلایان، تعامل روزانه دارند.

در جهان بینی ژنرال کُریلا، چین با رشد روز افزون سرمایه‌گذاری، نفوذ را در منطقه گسترش داده و روسیه هم در نقش خرابکار ظاهر شده‌اند. و باید در این بازی خطرناک، منافع و مصالح آمریکا، تامین و محافظت شود.

1- AlQaeda.
2- ISIS-K.
3- NATO.
4- Fort Bragg.
5- Terrorist groups.

۲۷

آنچه او داند، بلوا است و آشوب!
(سفیر جدید ایران در عراق)

سفیر جدید ایران در عراق، معرفی شد. در واقع امر، پس از حمله آمریکا به عراق در سال ۲۰۰۳، پرونده عراق در دست سپاه قدس بوده و هست. روزگارانی نه چندان دور که دیپلماسی ایران در میان کشورهای منطقه، ارزش و احترامی داشت، افرادی مانند کمال هدایت، عنایت سمیعی، مظفر اعلم، حسین نخعی، عباس آرام، سرلشکر باتمانقلیچ، امان‌الله اردلان، سیدمهدی پیراسته، عاملی و ... سفیران ایران در عراق بودند. در آن ایام، هیچ کدام از این سفیران، علیه نویسنده‌ای ایرانی - که درباره عراق پژوهشی می‌کرد و یا گفتاری می‌نوشت - شکایت نمی‌کردند، آثار کسی را بایکوت و سانسور نمی‌کردند و یا علیه او نزد نهادهای امنیتی و نظامی، پرونده‌سازی نمی‌کردند. بلکه، افزون بر دانش، شعور شناختی، آبرو و شخصیت و تفکری میهن‌پرستانه داشتند.

هر کدام‌شان، تاریخ منطقه و ایران را به نیکویی می‌دانستند و به آداب دیپلماتیک، آشنا بودند و کارشان در راستای مصالح و منافع ایران و ایرانی بود. دستشان به خون کسی آلوده نبود. مجری اوامر اجنبی هم نبودند.

سالها گذشت و بعد، از ۱۳۸۵ تا امروزه (۱۴۰۰) ۳ سفیر ایرانی در این کشور، بنا به شبکه‌های خبری، مشهورند. حسن کاظمی قمی، حسن دانایی‌فر و ایرج مسجدی و جدیداً هم همان سردار محمدی اطلاعات سپاه[1] که امروزه شده است آل صادق! همگی در کتاب و دفترچه قاسم سلیمانی و شیعه‌گری، فعال بوده و هستند. بنابه تجربه شخصی‌ام، هر ٤ نفر، نگاهشان با مسکو است و ضد آمریکا و اسرائیل‌اند؛ هر ٤ نفر در توسعه عملیات پنهانی سپاه قدس - که به تروریسم در اطراف و اکناف جهان مشهور است - کوشیده‌اند؛ هر ٤ نفر، خود را پاسدار شبکه اختاپوس مذهبی شیعه و خلافت اسلامی ولایت فقیه می‌دانند و می‌شناسند؛ هر ٤ نفر، مرید و صوفی قاسم سلیمانی بوده‌اند. در یک استثنا، در بین این ٤ نفر، چه بخواهیم و چه نخواهیم، فقط دانایی فر بر تاریخ کهن و جدید ایران

1- IRGC-IO

مسلط است!

آل صادق، اهل نجف است و مانند دانایی‌فر [از عرب‌های خوزستان]، به زبان عربی مسلط است. او هم مانند مسجدی، همراه و همکار قاسم سلیمانی بوده و بسیار غیر ممکن به نظر می‌آید که از عملیات تروریستی سپاه قدس در عراق - از سالهای ۲۰۰۵ تا ۲۰۲۰ - اطلاع و مشارکت نداشته باشد!

نام ایرج مسجدی، مانند نام سپاه پاسداران و سپاه قدس، در لیست تروریسم ایالات متحده قرار دارد. اما در این سالها، چهره فعال سفارت در بین چهره سیاسی عراق، همین سردار محمدی [آل صادق!] بود که از مسئولان اطلاعات و امنیت سپاه.پاسداران است؛ یک چهره امنیتی خونسرد و صبور در یک نهاد تروریستی مانند سپاه قدس. در جلسه‌ها، با تسبیحی در دست، بیشتر شنونده است تا صحبت کننده. و اگر در جایی، ایرج مسجدی، زیاده‌روی می‌کرد و یا سخنی به لاف و گزاف می‌گفت، محمدی [با اسم مستعار آل صادق!] نقش مصحح و ویرایشگر را بازی می‌کرد!

محمد کاظم آل صادق، بخاطر امنیتی بودن، با جریان‌های سیاسی کُرد و سنی و شیعه عراق، بده و بستان دارد. این چهره‌های امنیتی سپاه قدس از سویی رابطه‌ای تنگاتنگ با بارزانی‌ها، از دیگر سو، سعی در جذب گروه‌های شیعی داشته و دارد .البته در کارنامه‌اش اعمال و رفتاری قبیح مانند ایرج مسجدی - که حاضر به گذاشتن پرچم جعلی در فرودگاه، برای جلب رضایت یک قبیله وحشی ضد ایران بود! - وجود ندارد. اما سالها معاون ایرج مسجدی و از نزدیکان قاسم سلیمانی بوده.

سرویس اطلاعاتی امنیتی داخل سپاه قدس، خطرناک‌ترین نهاد در مدیریت گروه‌های مسلح شیعه در عراق است. در اینجا هم، آل صادق [محمدی] به عنوان یک مقام بلند پایه امنیتی اطلاعات سپاه، در فرقه‌گرایی، بنیادگرایی، تجزیه‌طلبی، تروریسم، آشوب، فتنه‌گری و... در عراق سالهای اخیر، آگاه بوده و نقش داشته. یکی از مجریان اصلی معماران شبکه مسلح شیعیان عراق است.

یکی از مواردی که از چشم نهادهای اطلاعاتی امنیتی آمریکا به دور نماند، حملات تحریک‌آمیز و مملو از خشونت گروه‌های شیعه وابسته به جمهوری اسلامی (کتائب حزب‌الله و حشد شعبی، عصائب الحق و دیگر تروریست‌های جانی) به سفارت آمریکا در بغداد (دی ۱۳۹۸) بود. نهادهای امنیتی آمریکا - به درستی هم - گفتند که ایران، محرک و طراح و سازمان دهنده این حملات بود. و سفیر ایران در این ایام، ایرج مسجدی بوده و معاونش هم آل صادق [محمدی]. همین اقدام‌های خشونت‌آمیز و ترروریستی، منجر

به واکنش آمریکا شد و عاقبت، تروریست اعظم - پس از بن لادن و مغنیه و زرقاوی و بغدادی، یعنی قاسم سلیمانی - را از صحنه حذف کرد! (۱۳دی ۱۳۹۸)

در این ۲ سال، اسماعیل قاآنی، فرمانده جانشین قاسم سلیمانی، کارنامه‌ای که مورد نظر جمهوری اسلامی بود، نساخت اما در عراق، همچنان آن ٤ چهره سفیر جدید و قدیم که از همکاران قاسم سلیمانی بوده‌اند، در روند سیاسی عراق دخالت و نقش دور و نزدیک دارند. گاهاً هم در دیدارهای بین چهره‌های امنیتی و سیاسی آمریکایی‌ها و ایرانی‌ها، یکی یا دو نفر از این جمع ٤ نفره سفیران، حضور داشته‌اند.

قبلاً در نوشته‌ای - عراق، در آستانه جنگ خونین داخلی - نوشتم که سپاه قدس، تصمیم دارد که با سفیر جدید - اما چهره نه چندان جدید را آورده‌اند که سیاست ایران در این کشور مهم برای هلال شیعی و کریدور خاکی به سوی مدیترانه را در اختیار و کنترل داشته باشند.

سفیر جدید ایران در عراق، ماموریت‌های پیدا و پنهان سپاه قدس و اطلاعات سپاه را اجرا می‌کند. از دیگر سو، مهم‌ترین نهاد اطلاعاتی امنیتی واجا هم در اربیل - کردستان عراق - است. پس این چهره، پس از حسن دانایی‌فر، قطعاً مورد توجه رسانه‌ها و اندیشکده‌های اسرائیلی و آمریکایی قرار خواهد گرفت.

آل صادق [محمدی] دگر با لطایف‌الحیل و یا عدم شناخت و رندی خاص، نمی‌تواند دفاع بی‌ربط خود و ایرج مسجدی از «یک قبیله وحشی نوکر اجنبی را را» پیام سیاسی بنامد!، این بار قضیه جدی است و او با قبای سفیری، در عرصه شطرنج با اسرائیل و نهادهای امنیتی آن و یا با عربستان نهادهای امنیتی آن، رویارویی خواهد کرد! او و سپاه قدس با چند مشکل امنیتی هم دست و پنجه نرم خواهند کرد؛ گره مشکلاتی که دگر، شبکه تروریستی سپاه قدس، و یا گروه‌های نیابتی در حلقه‌های تو در توی نظامیان عراق، قابل باز شدن نیست.

آل صادق [محمدی] بیشتر به دنبال، حفظ خط شیعه‌گری است و همین، نشانه باخت ایدئولوژی و تفکر بیات شده اوست. آنچه او داند، بلواست و آشوب و این مستانه سرودن، در جامعه جدید عراق، ره به جایی نخواهد برد. اما او قطعا به همان کارت بازی کُردها، دل خوش است!

۲۸

شرارت سپاه قدس در بحرین؛ جنون تروریسم!

تابستان ۲۰۲۱ در واشنگتن، با یک دیپلمات بحرین[1] در جرج تاون، بحث می‌کردم و سخن اصلی‌اش آن بود که «شرارت ایران در بحرین؛ برای انتقام است». اما اقدام علیه امنیت جزیره صلح و جنون آتش‌بازی سازمان تروریستی سپاه پاسداران، چه سودی برای رژیم مُلایان دارد؟

در امنیت خلیج فارس[2] محور اصلی بر عهده عربستان سعودی است. گرچه نظام ولایت فقیه می‌توانست از سابقه تاریخی سود جوید و مانند کشور دوست با بحرین، و حفظ رابطه حسن همجواری، رابطه منطقی و عقلانی داشته باشد. اما شرارت، تروریسم و آتش افروزی، جزیی جدایی‌ناپذیر از مکتب خمینیسم است و در سیستم روابط بین‌الملل، ایران بازیگری عاقل نیست.

تنها هدف اصلی دستگاه خلافت اسلامی ولایت فقیه، تحریک جمعیت شیعه‌نشین[3] در بحرین است تا با ایجاد ناامنی و ناآرامی، رابطه محور عربستان و شورای همکاری خلیج فارس[4] را بهم بزنند. ایران در ایام خمینی، شیعیان بحرین را به اقدام مسلحانه و عملیات تروریستی و تحرکات ایذایی تشویق کرد. حتی به گروه‌هایی تروریست از شیعیان، آموزش نظامی داد. و در دوران رفسنجانی از یک سو، مثلث شوم حزب‌الله - سپاه پاسداران و القاعده شکل گرفت و از سویی، ایران به انجام چند کودتای سریالی در خلیج فارس می‌اندیشید که با حکمت عربستان سعودی، حاکمیت بحرین نجات یافت. تجاوز صریح ایران به تمامیت ارضی بحرین و ادعای پوچ و اقدام به تروریسم و کودتا، کمترین رابطه و سخنیتی با منافع و مصالح ملی ایران هم نداشت.

اما دستگاه اختاپوس مذهبی جمهوری اسلامی از طریق ارگان‌های تروریستی مانند

1- Bahrain
2- Persian Gulf
3- Shia
4- GCC

سپاه قدس و واجا همچنان به کودتایی دیگر، تحریک شیعیان، نفوذ امنیتی، تحریک قومیتی و ایجاد تنش در بحرین ادامه داد. وانگهی، به مراکز شیعه و گروه‌های منتقد و مخالف حکومت بحرین، کمک مالی و اطلاعاتی داده است. از دید رژیم تهران، شیعیان باید قدرت را در این جزیره به دست بگیرند یا مانند قطر، در کارهای تروریستی و کمک به گروه‌های نیابتی تروریستی اسلام‌گرا، همراه و همگام باشد.

از ۱٤ دی ۱۳۹٤، که روابط ایران و عربستان - به خاطر اوج‌گیری جنگ سرد میان آن دو کشور به اوج رسید، قطر هم رابطه دیپلماتیک خود را با جمهوری اسلامی قطع کرد. اما همچنان، تهدیدهای جمهوری اسلامی علیه قطر باقی است. چندین بار، گروه‌های تروریستی متفاوت وابسته به سپاه پاسداران ایران با مواد منفجره کشف شد. اما جمهوری اسلامی ضمن کوبیدن بر طبل انکار، بحرین به حمایت از گروه تروریستی جندالله[1] متهم کرد. که البته خود جمهوری اسلامی، دایه مهربان تروریست‌های معروف جهان بوده و هست و حتی برای بسیاری از شبکه‌های تروریستی در جهان، پناهگاه امن، تدارک دیده است.

در دوران ترامپ و نتانیاهو[2]، سیاست جدیدی در خلیج فارس دنبال شد و آن، انعقاد پیمان ابراهیم[3] بود که در ۱۳ اوت ۲۰۲۰ منعقد شد. و بحرین هم با میانجی‌گری آمریکا، به جرگه کشورهای عربی دوست اسرائیل پیوست. روابط دیپلماتیک و امنیتی و نظامی و اقتصادی بحرین به اسرائیل در طی دو سال اخیر گسترش قابل توجهی یافت. عادی‌سازی رابطه با اسرائیل و حضور رسمی و علنی موساد در بحرین، مایه هراس نهادهای امنیتی و نظامی جمهوری اسلامی شده است. از بندر بوشهر تا لنگرگاه بحرین ۳٦۱ کیلومتر فاصله وجود دارد. از آن سو، ایران با گروه‌های تروریستی ضد اسرائیل و گروه‌های شیعه فعال در خاورمیانه، قصد برهم زدن آرامش و ثبات در منطقه را دارد اما از آن سو، حوزه خلیج فارس برای عقب راندن جمهوری اسلامی از سودا و خیال قدرت برتر منطقه‌ای، روزنه امیدشان به سوی اسرائیل، است.

پادشاه بحرین (حمد بن عیسی آل خلیفه) از سال ۲۰۰۲، در پی اصلاحات تدریجی در بحرین بوده اما همواره، شاهد شرارت‌های جمهوری اسلامی در منطقه بوده است. می‌داند که سال ۲۰۱۱، چگونه گذشت و جمهوری اسلامی قصد داشت بهار عربی را به جای سوریه، به طرف بحرین بکشاند. و نهاد اطلاعاتی امنیتی بحرین (جهاز الأمن

1- Jundallah - PRMI
2- Netanyahu
3- Abraham Accords

الوطنی[1]) رابطه خود را با عربستان و آمریکا و بعدها اسرائیل گسترش داد تا از اقدام‌های تروریستی جمهوری اسلامی در منطقه، در امان بماند.

گروه‌های تروریستی مشهور در بحرین عبارتند از: الاشتر[2] که سال ۲۰۱۳ پس از ۲۰ مورد بمب گذاری کشف شد و در سال ۲۰۱۷ در لیست گروه‌های تروریستی جهانی[3] و سال ۲۰۱۸ به عنوان سازمان تروریستی قرار گرفت زیرا تدارکات و مواد خود را از سپاه پاسداران جمهوری اسلامی، دریافت می‌کند. حتی آمریکا، رهبر آن هم قاسم عبدالله علی احمد، ملقب به «قاسم المؤمن» را بعنوان تروریست جهانی خاص[4] تحریم کرد. و وی در ایران، زندگی می‌کند!

گروه بعدی، تشکل تروریستی ائتلاف ١٤ فوریه (إئتلاف شباب ثورة ١٤ فبراير) است. و نهادهای امنیتی و نظامی ایران، آن را در ۲۵ بهمن ۱۳۸۹/ ١٤فورية ۲۰۱۱ تشکیل داد. و سازمان تروریستی ارتش مختار (جیش المختار[5]) که بطور رسمی سال ۲۰۱۳ شکل گرفت اما ماموریت این گروه تروریست اسلام گرای شیعه، عملیات تروریستی در بحرین و عربستان است. و از ۱۵ دسامبر ۲۰۲۰، توسط وزارت خارجه آمریکا در فهرست سازمان‌های تروریستی قرار دارد چون مورد انواع حمایت‌های سپاه پاسداران جمهوری اسلامی است.

در میان این آتش افروزی‌های جمهوری اسلامی، نگاه شاه بحرین، حفظ آرامش و صلح و ثبات در این جزیره کوچک است و به همان خاطر، بحرین را جزیره صلح[6] می‌نامم اما از شرارت‌های جمهوری اسلامی در امان نیست. گرچه بیش از ۷۰۰۰ نفر از نیروهای آمریکا در این جزیره هستند و بحرین بعد از ۲۰۱۹، میزبان نیروی دریایی آمریکا[7] است تا حافظ امنیت خلیج فارس و به نوعی مانع حملات و شرارت‌های جمهوری اسلامی باشند. از دیگر سو، بحرین رابطه‌ای دوستانه و گرم با نیروهای ناتو دارد. و سال ۲۰۰۲، جرج بوش - رئیس جمهور وقت آمریکا - بحرین، را کشور غیر عضو مهم و متحد ناتو نامید.

از دیگر سو، در کنار نهاد امنیتی بحرین، وزارت کشور این جزیره هم یکی از مهم‌ترین مراکز ضد تروریسم[8] را داراست که با ایالات متحده آمریکا روابط و همکاری تنگاتنگ

1- BIA
2- AAB
3- SDGTs:
4- SDGT: Specially Designated Global Terrorist
5- Mukhtar
6- The Island of Peace
7- IMSC
8- Counterterrorism

دارد. به همان خاطر، بحرین قادر بوده که مانع موفقیت بسیاری از عملیات تروریستی مربوط به جمهوری اسلامی باشد. البته، برخی از گروه‌های جهادی سنی[1] هم با جمهوری اسلامی در رابطه‌اند و از آن طریق، افراط‌گرایی خشونت‌آمیز[2] را توسعه می‌دهند.

اما قصه هنوز باقی است. و بعد از جشن نوروز ۱۴۰۱ هم سخنگوی وزارت خارجه جمهوری اسلامی درباره برنامه اسرائیل برای اعزام نماینده به پایگاه امریکا در بحرین، به تهدید تروریستی روی آورد و بحرین را تهدید کرد که مانند اربیل، موشک‌پرانی می‌کند! و حتی رابطه امنیتی - نظامی- سیاسی اسرائیل و بحرین را «دسیسه با همدستی با توطئه نامید! که سخنان وی، را می‌توان به عنوان سیاست جمهوری اسلامی علیه امنیت بحرین و خلیج فارس تعبیر کرد. اما قبلاً هم حسین سلامی، تهدید به انجام حملات موشکی کرده بود.

هرچند که در دوران دولت ابراهیم رئیسی، با وجود افرادی مانند احمد وحیدی (وزیر کشور)، اسماعیل خطیب (وزیر اطلاعات)، محمدرضا آشتیانی (وزیر دفاع) و ... احتمال موج جدید تروریسم در منطقه، بیشتر از پیش مورد توجه و تحلیل کارشناسان امنیتی قرار گرفته است. اما شلیک یک موشک از ایران به سوی بحرین، کل معادلات امنیتی و ثبات خلیج فارس را بهم خواهد ریخت و واکنش اسرائیل و عربستان و آمریکا را در پی خواهد داشت و بیشتر به ادعایی پوچ شبیه است.

1- Sunni Jihadist Groups.
2- Violent Extremism.

۲۹
توهم واجا و نابودی جاسوس‌های سیا و موساد

دوباره، در دوران مُلای هشتم واجا (اسماعیل خطیب)، این ویروس جاسوس بگیری، رها نمی‌کند و دفتر و دیوان او هم مبتلا به این توهم است. دستگیری ۳ جاسوس موساد در سیستان و بلوچستان جدیدترین ادعای امنیت خانه مبارکه است. آنهم ادعایی که همواره در سالهای اخیر، ایران از موفقیت عملیات موساد، همواره شکست خورده است. اما این ادعاها، جز تبلیغات داخلی، چه سودی دارد؟

روزگاری در ساواک، بی‌سر و صدا، زبده‌ترین کارشناس‌های ضدجاسوسی، جاسوس‌های کارکشته روس را دستگیر می‌کردند و گزارش را به شاه فقید اطلاع می‌دادند جالب آنکه، شاه فقید از جزئیات همه عملیات‌ها اطلاع داشت. اما به دستور وی، هیچ رسانه‌ای به این موضوعات محرمانه مملکت نمی‌پرداخت.

در گفتگویم با سرتیپ منوچهر هاشمی، مدیرکل اداره ضد جاسوسی ساواک، گفت: "خدمتکار خانم جمشید آموزگار برای روس‌ها کار می‌کرد. حتی یکی از معاون‌های نخست وزیری هم عامل روس‌ها بود! «شاه هم ما را در ساواک تشویق می‌کرد، تا عوامل روس را از دستگاه‌های کشور بیندازیم بیرون.» حتی شاه اطلاع داشت که «حدود بهار ۱۳۵۷، اعلامیه‌های مجاهدین خلق در داخل سفارت شوروی در تهران چاپ می‌شد و صبح‌ها در جاهای شلوغ شهر، پخش می‌کردند. در مراقبت از جاسوس‌های روس، ما در ساواک، این فعالیت‌های براندازی و تقویت حرکت مسلحانه توسط شوروی را دیدیم! و نهضت آزادی این مجاهدین خلق را زاییده بود» و...

یکی از دیگر از کارکنان ارشد ساواک، مرتضی موسوی برایم گفت که: «پدربزرگ کیانوری رهبر حزب توده (شیخ فضل الله نوری) مورد احترام خمینی بود. او با ماموریت ک گ ب شوروی، رابطه نزدیکی با خمینی برقرار ساخت. از دیگر سو در میان مُلاها، مارکسیست‌هایی را نفوذ داده بود که مخفیانه با حزب توده مرتبط بودند و در نزدیکی حزب توده با رهبران انقلاب نقش داشتند، از جمله سیدمحمود طالقانی، محمدی گیلانی،

لاهوتی و موسوی خوئینی‌ها. بعد از ۱۳۵۷ در مجله‌ای که چاپ مشهد بود، مطالبی توسط پدر علی شریعتی نوشته شد که مدرس‌های زیادی که با او بودند و بعدا مُلا شدند، در عضویت حزب توده استان خراسان بودند مانند خوئینی‌ها و در کتاب چریکهای فدایی خلق (گذشته چراغ راه آینده) هم آمده، که پدر خوئینی‌ها - در زنجان محضردار و از اعضای برجسته فرقه دموکرات آذربایجان (ساخته و پرداخته شوروی) بوده. [بگذریم که این جاسوس روس، بعدها - بنا به طنز روزگار - به پدر اصلاح طلبی در ایران و خواهان اصلاحات در داخل سیستم ولایت فقیه معروف شده و روزنامه سلام هم منتشر میکرد و ... اما او هم مانند رفسنجانی و منتظری، جزو سرحلقه چپ‌های داخل حکومت ایران (اصلاح‌طلبان) بوده و هست!].

در هر کدام از این دو روایت و عملیات موفق‌آمیز، هیچ چیزی در رسانه‌های آن دوران، منتشر نشد. و ک گ ب صرفاً با کمک عوامل خود در حزب توده، کنفدراسیون و نهضت آزادی و جبهه ملی و ... سعی در بدنام کردن ساواک داشت. امین فروغی - همکار ساواک - در این باره برایم گفت که: فحش دادن به شاه، مُد شده بود.خانم‌های سانتیمانتال نیویورک و پاریس برو هم در آن روزها،فحش می‌دادند. رنگ عوض کرده بودند. الان هم مُلاها بروند، همین‌ها در ۳ ثانیه، چهره عوض می‌کنند! عوامفریبی، منفعت‌طلبی و همرنگ جماعت شدن جزو خصلت ماست!... ساواک، عملیات موفقیت‌آمیز انجام می‌داد، ادعایی هم نداشت و نمی‌خواست علنی شود. صدها عملیات در منطقه داشت، یکی هم در رسانه‌ها نمی‌آمد و برای همین، اکثر کشورهای عربی حوزه خلیج فارس، به ما احترام زیادی داشتند.

البته ایرج آرین‌پور در ۱۳۹۳ نظری متفاوت داشت و در آخرین دیدارمان گفت: امرداد ۱۳۳۹ شاه درباره اسرائیل و رابطه با آن اظهارنظر مثبت داشت. بعد، ۱۸ سال و ٦ ماه و ۲۲ روز فعالیت تبلیغی؛ سازمان دهی؛ چریک‌سازی؛ یادگیری مبارزه تروریستی علیه شاه توسط بسیاری از کشورهای آفریقایی و عرب ضدشاه ادامه یافت و ساواک، این تروریسم اسلامی را دست کم گرفت. بیشتر تمرکزش روی تروریسم مارکسیست لنینیست‌ها بود.

بعدها، دستگیری احمد مقربی، به دستور شاه فقید علنی شد اما در واقع امر، ساواک در آن عملیات، ک گ ب (سازمان جاسوسی اتحاد جماهیر شوروی) را کیش و مات کرده بود. بعد از بلوای ۱۳۵۷ هم، محمدرضا سعادتی، پرونده را دزدید و به روس‌ها داد اما توسط افراد باقی مانده ساواک در سرویس خارجی، دستگیر، محاکمه و اعدام شد (٦ اردیبهشت ۱۳۵۸). ساواک، در عملیاتی پیچیده، بسیار دقیق و حرفه‌ای، عمل کرد و دستگاه‌های

الکترونیکی پیشرفته را کشف و ضبط شد. و تیمسار نصیری، با خوشحالی گزارش شرف عرضی را به کاخ برد. و وقتی سی آی‌ای قصه را شنید، به عملیات موفقیت‌آمیز ساواک، تبریک گفت و ساعت‌ها با ساواک در این باره بحث و گفتگو داشتند. چون در ایام جنگ سرد، ساواک و سیا، همکاری مشترک علیه ک گ ب داشتند.

احمد مقربی همان سرلشگر نیروی زمینی شاهنشاهی که در تاریخ ٤ دی ماه ۱۳٥٦ به جرم جاسوسی برای اتحاد جماهیر شوروی اعدام شد. البته ۳۰ سال به ک گ ب خدمت کرد و ۱۱ سال به طور مستمر با سفارت شوروی در تهران مربوط بود. و در آذر ۱۳٥٦ اعلام شد که شبکه جاسوسی ک.گ.ب در ایران کشف شد. سرلشکر مقربی با کابانف (افسر جاسوسی سیاسی بود، توسط اداره هشتم ساواک دستگیر شد در ٤ دی‌ماه ۱۳٥٦ مطبوعات نوشتند که «... بنا به حکم دادگاه نظامی و رای صادره از دادگاه تجدید نظر، احمد مقربی، به جرم جاسوسی و دادن اطلاعات حساس ارتش و اسرار نظامی ایران به عمال بیگانه در بامداد امروز اعدام شد).

وقتی از شادروان یحیی صادق وزیری در بهار ۱۳۹۰ پرسیدم، گفت: یک بار به محمد باهری،وزیر دادگستری گفتم:من هیچ علاقه‌ای ندارم که پشت میز بنشینم و فرمانبر اوامر شاه باشم، من کارم قضاوت است.چون شاه به دادگستری و قاضی و قانون احترام می‌گذاشت. کسی را بی‌دلیل دادگاه نمی‌آوردند... ناگهان درباره پرونده‌ای جاسوسی حرف زد و من هم با عصبانیت گفتم که به ما چه مربوط؟ کار ساواک و رکن ۲ ارتش است و آنها صلاحیت و مشروعیت قضاوت در آن دارند، نه ما. در دادگستری نمی‌توانیم جرم جاسوسی کسی را ثابت کنیم! و بعدها، خود ساواک رفت و مقربی را کشف کرد و همه چیز را هم ثابت کردند که به ما در دادگستری مربوط نبود می‌بردند به دادگاه نظامی که مراحل دادرسی و اعلام محاکمه صورت بگیرد. همینطوری به سادگی نمی‌شد کسی را جاسوس خواند! دادگستری در آن ایام، حساب و کتاب داشت. به کسی پاسخ نمی‌دادیم، مستقل بودیم.

با این مقدمه، به ادعاهای ۸ مُلای وزارت اطلاعات (واجا) در رسانه‌ها توجه بفرمائید که بخش شوم و تلخ از تاریخ معاصر ما است [محمدی ری‌شهری[1]؛ علی فلاحیان[2]؛ دری

۱- ۱۳٦۳-۱۳٦۸
۲- ۱۳٦۸-۱۳۷٦

نجف‌آبادی[۱]؛ علی یونسی[۲]؛ محسنی اژه‌ای[۳]؛ حیدر مصلحی[۴]؛ محمود علوی[۵] و از ۱۴۰۰ هم اسماعیل خطیب]. در واقعیت امر، مورخ‌ها شاید نتوانند یک هزارم این شرح و قصه پریشانی حضور این ۷- ۸ مُلا را بنگارند! چند صد نفر به جرم جاسوسی اعدام شدند، زندان ابد گرفتند و... که ساختار شوم خلافت اسلامی ولایت فقیه را محافظت کنند... کمترین ربطی به منافع و مصالح ایران نداشته و ندارد. بیشتر ادعاهایشان، توسط موساد و سیا، مسخره و تکذیب شده.

مثلا از کارشناسان سیا در گفتگویی برای تز دانشگاهم گفت که چگونه محسن رضایی - عضو گروه تروریستی منصورون - بسیاری از انسان‌های بیگناه کارشناس نظامی را در جریان جنگ ایران و عراق؛ بجرم همکاری تخیلی با سیا اعدام کرد تا بی‌لیاقتی و بی‌کفایتی خودش را در جنگ نامقدس پنهان کند! کسی که نقش جمهوری اسلامی را در صدور تروریسم تقویت کرد. زیرا به دستور خامنه‌ای و رفسنجانی، سپاه_پاسداران و حزب‌الله در سودان، به القاعده آموزش می‌دادند. دورانی که وزیر اطلاعات علی فلاحیان و رئیس سپاه هم محسن رضایی بود.

و یا در کتاب انگلیسی‌ام[۶] که مجموعه نوشته‌هایم در اندیشکده بگین سادات اسرائیل[۷] بود و زمستان ۱۴۰۰ انتشار یافت، به گفتگویم با یکی از روسای قدیمی سی آی‌ای، مایکل مورل[۸] اشاره کردم که علنا و رسما در گفتگویم با وی گفت: همه حرف‌های واجا درباره نابودی حلقه‌های سیا در ایران، دروغ و صرفاً برای مصرف داخلی است!

دقیقا، در همه دوران‌های واجا، این ادعاهای پوچ بخاطر شکست‌های امنیتی و اطلاعاتی در رسانه‌ها، هر از چندگاهی منتشر می‌شود. سربازان گمنام امام زمان جعلی، برای راضی کردن فضای داخلی و نمایش رسانه‌ای در جلوی طرفداران ولایت فقیه، به انتشار این سخنان بی‌پایه و مایه، می‌پردازند.

روزگاری ساواک، حتی در خانه خمینی در نجف، آدم داشت و می‌دانست که خود خُمینی در نجف، شب‌ها رادیو بی‌بی سی گوش می‌داد و یا کتاب تحریرالوسیله خمینی

۱- ۱۳۷۶-۱۳۷۷
۲- ۱۳۷۷-۱۳۸۴
۳- ۱۳۸۴-۱۳۸۸
۴- ۱۳۸۸-۱۳۹۲
۵- ۱۳۹۲-۱۴۰۰

6- The Gruesome Mullah.
7- Begin-Sadat Center for Strategic Studies.
8- Michael Morell.

توسط ساواک در ۲ نوبت به تیراژ ۵۰۰۰ نسخه چاپ شد و امیرکبیر آن را توزیع کرد تا مردم بدانند، اندیشه مُلای خشک مغز تبعیدی چیست؛ گرچه قرآن هم در دست مردم بود و می‌توانستند معنی حکومت اسلامی را دریابند اما امروزه پس از ٤۳ سال محنت و نکبت، قطعا معنی فاسدترین و خونریزترین حکومت الله بر زمین را لمس و درک و تحمل کرده‌اند. و همین مردم، امروزه حق دارند بپرسند اگر واجا و ساس آنقدر در جاسوس بگیری، هنرمند است، اولا چه نیازی به افشای آن هست و ثانیا، چرا پر جاسوس‌ترین کشور جهان، در زیر سایه جمهوری اسلامی است؟ این چگونه حکومت الله بر زمین است که همه مشغول جاسوسی‌اند؟

ولی امر مسلمین جهان که شیفته و شیدای مُسکو است، ایران را به اجنبی‌های کمونیست بخشید و سپهر سیاسی ایران هم دچار این ویروس شده است .از حزب توده تا مجاهدین خلق [که ک گ ب برای نهضت آزادی ساخت] تا چریک فدایی خلق [که به شوروی گریخت] تا حزب‌های محلی تجزیه طلب که برایمان ساختند، همگی شیفته مسکو و مامور حفظ مناقع مسکو در ایران بوده و هستند. تاریخ معاصر، جز این ثابت می‌کند؟ آغاز توحش و بربریت با تروریسم اسلامی پس از ۱۳۲۰ و ادامه وحشت بزرگ پس از ۱۳۵۷ سالهای محنت و نکبت تاریخ معاصر ایران، پس از به قدرت رسیدن مُلایان است و حکمرانی دو مُلای سفیه وقیح (یا ولی فقیه) که امنیت خانه مبارکه شان، کاری دیگر ندارد و مانند ماهیگیرها، هر چند روزی، جاسوس می‌گیرد!

۳۰

موساد اسرائیل؛ حذف تروریست؛
عدم تقلید از ساواک

تروریسم، در زبان فارسی معانی متفاوتی مانند هراس افکنی، ایجاد ارعاب و وحشت و ... دارد. اما در ایران، پس از خروج رضاشاه کبیر از ایران - شهریور ۱۳۲۰ - به عنوان ابزاری سیاسی - مذهبی - ایدئولوژیک در اختیار گروه‌های تروریستی چپ و اسلامی و قومی [مانند حزب توده، مجاهدین خلق، فدائیان خلق، مؤتلفه اسلامی، ملل اسلامی، فدئیان اسلام، توحیدی صف، منصورون و...] علیه مردم عادی و غیر نظامی و یا کارمند دولت، برای مقاصد سیاسی شوم، پی گرفته شده است.

در ایران، تروریسم یک ابزار ایجاد وحشت با وحشیانه‌ترین اعمال خشونت و آشوب، برای تحمیل عقیده باطل بوده است. شاید بی‌ربط نباشد اگر بگویم که تروریسم ایرانی و تروریسم اسلامی، دو نوع خطرناک تروریسم در جهان امروز هستند که بشر متمدن با آن روبرو شده است. طبق قوانین ضد تروریسم، عمل تروریستی علیه شهروندان عادی و افراد بی‌طرف، بزرگترین جنایت علیه بشریت است

در ایران، هر کدام از گروه‌های سیاسی طرفدار شوروی و ک گ ب و یا خمینی‌چی و پیرو ایدئولوژی ویرانگر خمینیسم از این ابزار تروریسم استفاده کرده‌اند و هیچ کدام نمی‌توانند قتل‌های سیاسی و ایجاد وحشت و نفرت، و توحش خود علیه قدرت مسلط زمانه خود را حاشا کنند. گرچه به مدد تبلیغات و تکرار مداوم دروغ در رسانه‌های دارای ماموران حزبی، هنوز هم به توجیه تاکتیک قتل سیاسی، معنای اقدام و جعل هدف مشغول‌اند. اما تروریسم، نام آن گروه را در تاریخ، به فساد می‌کشاند. هدف تروریسم خود را زوال، تضعیف، براندازی دولت و حکومت شاهنشاهی در ایران معاصر می‌دانند اما هرگز علیه تروریسم شیعه‌گری دوران‌های خمینی و خامنه‌ای، حتی یک ترقه و فشفشه را هم روشن نکرده‌اند و امروز فعال حقوق بشر و آزادی‌خواه و جمهوری‌خواه و ... شده‌اند!

طنز تاریخ ما اینجا است، مثلا گروهی شاه را تهدید می‌کرد، سپس از بطن آن نهضت

مثلا آزادی، سازمان تروریستی مجاهدین خلق¹ متولد شد که همگی مصدق الهی بودند و از سوی دیگر همین افراد، جمعیت دفاع از آزادی و حاکمیت ملت ایران را می‌ساختند، و به موازات همدیگر، جنبش مسلمانان مبارز(از نیروهای ملی-مذهبی) می‌ساختند.اما هیچ کدام شان، تروریسم اسلامی خمینی چی‌ها (بمب گذاری، مین گذاری، عملیات چریکی، هواپیماربایی، بانک زنی، راه زنی و ...) را نقد نمی‌کردند! با جعل و به کذا، آن را نهضت و مبارزه می‌نامیدند! و تا به امروز، هر نقدی را هم با جنجال گله‌ای پاسخ می‌گویند که بیشتر ترور شخصیتی منتقد است! هرگز شرکت کنندگان در بلوای ۱۳۵۷ به نقد و شماتت و ملامت تروریست‌ها و عملیات تروریستی شان، نمی‌پردازند!

در جهان مدرن، کارهای خشونت‌آمیز و ترورهای وحشیانه‌ای که در داخل چهارچوب مرزی ایران صورت گرفته، به مراتب بدتر از ۱۱ سپتامبر ۲۰۰۱ و عملیات تروریستی القاعده -هم پیمان حزب‌الله و سپاه پاسداران در آمریکا است.

با حمایت و کمک و تلاش تروریست‌ها اسلامی و چپ، «جمهوری اسلامی» یا مشهورترین و خطرناک‌ترین قدرت تروریستی جهان، پس از بلوای ۱۳۵۷ قدم به صحنه سیاست گذارد. از همان روز اول، به بهانه صدور انقلاب اسلامی، کارشان حمایت از تروریسم بوده (آموزش، سلاح، پول، پناهگاه،....) و به بهشت تروریست‌های خطرناک جهان و منفورترین دولت حامی تروریسم در جهان، شهرت یافته است. و سیاست خارجی جمهوری اسلامی - حکومت الله بر زمین - بر اساس تروریسم اسلامی² پایه ریزی شد. بخش اعظم تعداد قربانیان تروریسم سراسر قرن بیستم، متعلق به فعالیت‌های جمهوری اسلامی در داخل و خارج از کشور است. دولت حامی و پشتیبان تروریسم، در هر جا سخن از آشوب و بلوا و تروریسم است، نام جمهوری اسلامی می‌درخشد. برای اهداف سیاسی خود، در اکثر جاهای جهان دست به تروریسم زده است. جنایت علیه قربانیان ایرانی و خارجی، در راستای اهداف منفور مُلایان، با حکم یک مُلای شیعه در وزارت اطلاعات یا سپاه، توجیه شده‌اند. کمک‌های مادی و معنوی و لجستیکی و اطلاعاتی و تسلیحاتی جمهوری اسلامی به تروریست‌ها هم مورد توجه سازمان‌های جاسوسی جهان قرار گرفته است.

همواره جمهوری اسلامی، استفاده از ابزار تروریسم را به خاطر ضعف در جنگ متعارف، ترجیح می‌دهد. گرچه خزانه حکومت مُلاها برای تغذیه مالی از تروریست‌ها در

1- MEK: Mujahadeen-e-Khalq.
2- Islamic Terrorism.

اطراف و اکناف عالم، سازمان‌دهی تروریستی، شبکه‌سازی تروریستی، ترانزیت سلاح و مهمات و ادوات نظامی و ... همواره باز بوده است. سرمایه‌گذاری جمهوری ولایت فقیه در تروریسم، چیزی فراتر از تصور است. حتی جمهوری اسلامی، فعالیت سازمان‌های جنایتکار در زمینه تجارت سکس و مواد مخدر و پول تقلبی را با تروریسم گره زد. وانگهی، جمهوری اسلامی، ثروت ایران را برای حمایت از ترویج تروریسم، خرج کرده است. تنها کشور در جهان امروز، که از بانک و رسانه هایش برای حمایت اقتصادی و تبلیغاتی از تروریسم، استفاده می‌کند، جمهوری اسلامی است!

بخاطر استراتژی و سیاست خارجی جمهوری اسلامی، در میان سازمان‌های نظامی و ۱٦ تا ۱۸ نهاد امنیتی ایران، حمایت از گروه‌های آزادی بخش، انقلابی، قومی، مذهبی و... تفاوتی ندارد. برای حملات تروریستی، جمهوری اسلامی از گروه‌های نیابتی استفاده می‌کند تا در حد امکان، حاشا و انکار کند.

***

با این مقدمه می‌توان گفت که سیاست ضد تروریسم ساواک در سالهای ۱۳٤۰ تا ۱۳۵٦، درخشان‌ترین دوران است. در مقابل حملات تبلیغاتی گسترده ک گ ب و بوق‌های وابسته به آن در خارج از کشور. در داخل از کشور، سعی داشت تا ۸۰٪ عملیات تروریستی را خنثی کند. نگاهی به لیست زندانیان خطرناک امنیتی در ایران بیاندازید: خلخالی، خامنه‌ای، رفسنجانی، منتظری، بازرگان، عزت شاهی، رجوی، طالقانی، جزنی، نبوی و... کدام یک در ترویج و اعمال تروریسم نقشی نداشته‌اند؟

برخی مغالطه‌گر و اجامری هستند هنوز که به بازرگان و رفسنجانی و طالقانی هم فخر می‌فروشند اما به روند دادگاه‌ها و بررسی قانونی و محاکمه‌ها، در ایام شاه فقید و ساواک توجه ندارند. می‌گویند آزادی نبوده؟ آزادی برای تروریست چه معنایی دارد جز ادامه انفجار و آدمکشی و شورش و خرابکاری؟

همه تروریست‌های اسلامی و چپ در ایام شاه، در زندان‌های شاه، روند قانونی طی کرده‌اند. در جهان امروز، اف بی‌آی با یک بمب‌گذار یا مخرب مسلح چه برخوردی دارد؟ باید به یک بمب گذار، شکلات و قهوه و بستنی و هندوانه تعارف کرد؟ اصلا تروریست از بشریت و انسانیت بویی بوده است که برایش اصول حقوق بشر قائل بود؟ در مراکز ضد تروریسم جهان، هدف خنثی کردن عامل تخریب و رفع خطر و خنثی کردن تهدید است که اهمیت دارد نه چیز دیگر.

مثلا آمریکا، حتی یک شهروند آمریکایی را در یمن ترور کردند. انور العولقی[1] که امام مسجد در یمن و عضو القاعده بود توسط عملیات پهبادی، به دست مرکز ضدتروریسم در سی آی ای کشته شد (۳۰ سپتامبر ۲۰۱۱). وی یک قتل هدفمند بود. چون تهدید امنیتی برای دولت اوباما بود. آیا یک تحلیلگر امنیتی یا قاضی و حقوقدان و یا سیاست مدار در ایالات متحده آمریکا دیده‌اید که برای مرگ این تروریست گریه کند؟، یا تاریخ جعل کند؟ پاسخ: خیر!

یا مثلا برای هدف خارجی تروریست، مانند ابومصعب زرقاوی (۷ ژوئن ۲۰۰۶) رهبر القاعده در عراق[2] و خالق سازمان تروریستی جماعت توحید و جهاد[3]، که با وزارت اطلاعات ایران هم روابطی داشت، چه کردند؟ شش نفر در خانه‌ای که زرقاوی در آن اقامت داشت در اثر برخورد دو بمب پانصد پوندی هواپیماهای آمریکایی (دو جنگنده F-16) کشته شدند. فوراً ژنرال کالدول گفت یک زن و یک کودک در بین کشته شدگان هستند. اما آیا دیدید که شخصی در روزنامه‌ها و رسانه‌ها، قصه‌های حماسی بی‌سر و ته و قهرمان‌سازی و مرده پرستی مختص جهان سوم، راه بیاندازد؟ پاسخ: خیر!

برای این تروریست‌های خطرناک، کسی دم از ضرورت تشکیل دادگاه نزد. چون کسی برای تروریست‌های ضد انسان و ضدبشر در جهان امروز، ارزشی قائل نیست. دیگر کسی در آمریکا و مراکز ضدتروریسم، در رفع تهدید و خطر تروریستی، دم از دادگاه و قاضی نمی‌زند، چون نشان بلاهت و سفاهت و حماقت است.

اما در ایران ما چه؟

مثلا یک روزنامه‌نگار تحت عنوان پرچمدار آزادی، برای تروریستی مانند یاسر عرفات[4] تروریست مشهور فلسطینی، گریه می‌کند و او را «برادرم ابوعمار» می‌نامد و می‌بوسد! و عبدالناصر ضد ایران و شاه و خلیج فارس را می‌ستاید! (۷ اسفند ۱۳۵۷) و دروغ و تحریف و عوام‌فریبی در مطالب و گفتارش نهفته است. در ۲۲ مرداد ۱۳۵۸ در مجله‌ای، آتش‌سوزی سینما رکس آبادان را به دروغ به ساواک نسبت می‌دهد. به تلفن کردن خمینی‌چی‌ها از پاریس به وی، ابراز شعف می‌کند. و به دروغ می‌نویسد، قبل از اعدام، ساواک، گلسرخی را کور کرد! [کتاب: سال ۵۷، مصیبتی بزرگ بر ملتی بزرگ، هوشنگ ازغندی، سال ۱۹۹۶، ص ۲۳] اما به مردم نمی‌گفت که گلسرخی یک معتاد هروئینی بود و همیشه مقروض و

1- Anwar al-Awlaki.
2- AQI.
3- TQJBR.
4- Yasser Arafat.

آلوده بود که حتی نمی‌توانست ۲۰۰ متر بدود! با یک سری افراد بی‌عقل می‌خواستند که شهبانو فرح و والاحضرت ولیعهد را بدزدند و در جریان گشایش یک فستیوال سینمایی در سینما دیاموند به گروگان بگیرند! در دادگاه خود را مارکسیست نامید و البته ایرج گرگین، برادر خانم گلسرخی و عضو حزب توده و از نزدیکان رضا قطبی، از گلسرخی - شوهر همشیره - یک قهرمان جعلی ساخت و تحویل جامعه داد![1]

بعدها یکی از آن گروگان‌گیرها، بادی به غبغب انداخته و با هرزه زبانی و بی‌شرمی در دانشکده علوم ارتباطات اجتماعی سخنرانی کرد و در روزنامه کیهان منتشر شد: چگونه می‌خواستیم فرح را گروگان بگیریم؟ (روزنامه کیهان، ۵ شنبه، ۳ اسفند ۱۳۵۷، ص ٤) که البته، هرگز نقدها و فحاشی‌هایش، ارزش پاسخ هم ندارند!

این سخنان، با دروغ اسدالله مبشری یکی است. اسدالله مُبشری مسلمان و مترجم نهج‌البلاغه و اولین وزیر دادگستری مهدی بازرگان (خالق سازمان تروریستی مجاهدین خلق) و خمینی (خالق تروریسم اسلامی) در تلویزیون صدا و سیمای جمهوری اسلامی با رعایت حفظ شئونات اسلامی شرافت قضائی و روحیه مصدقی چنین گفت: «ساواکی‌ها عادت داشتند هر شب با یک سر بریده یک انقلابی - بخوانید تروریست!-را کنار کاسه ماست و خیار بگذارند و اگر یک شب چنین نمی‌شد، بچه ساواکی گریه سر می‌داد و از پدر می‌پرسید بابا پس سر بریده کو؟»[2]

یا یکی دیگر، عکس حمید اشرف، تروریست دیگر را روی مجله می‌گذارد و می‌نویسد: فدایی بزرگ! و بعد برای تروریست دیگر، بیژن جزنی (نویسنده کتاب: چگونه مبارزه مسلحانه، توده‌ای می‌شود؟) اشک می‌ریزد و قصه می‌بافد اما یک کلمه درباره تروریسم چریکی فدائیان وابسته به ک گ ب و شکست و رسوایی آنها نمی‌گوید! اگر اشرف در عملیات موفق ساواک در ۸ تیر ۱۳۵۵، در خانه تیمی تروریست‌ها، کشته نمی‌شد، چه بلاهای دیگری سر مردم بی‌گناه ایران می‌آمد؟ آیا یک تروریست که هنگام فرار به دو کودک ۹ و ۱۲ ساله به نام‌های ناصر و ارژنگ شایگان شام اسبی رحم نمی‌کند که هر یک با تنها شلیک یک گلوله به مغز، آن هم از فاصله نزدیک، کشت[3]. آیا چنین قاتل بالفطره و جانی، «فدایی کبیر» است؟ این صحنه سازی‌های قهرمانانه، فقط در فیلم‌های هندی، می‌توان دید! همین شخص محترم روزنامه‌نگار و تحلیلگر، چرا درباره تروریسم

۱- روایت آقای غ در بخش عملیات ساواک؛ بشیری: ص. ۵۲۲.
۲- کتاب: سال ۵۷، مصیبتی بزرگ بر ملتی بزرگ، هوشنگ ازغندی، سال ۱۹۹٦، ص ۳۱.
۳- قصه ساواک، بشیری، ص ٤۳٦.

درون گروهی همین گروه تروریستی یک کلمه نمی‌گوید؟ مانند واقعه روستای گاپیلون کردستان عراق که ترریست‌ها همدیگر را به خاک و خون کشیدند! (۳ بهمن ١٣٦٤) در واقع امر، کمیته مشترک ضد خرابکاری ساواک، با چنین جانیانی روبرو بود!

دغل کاری و دروغ پردازی در مداحی تروریست، در ادبیات سیاسی ایران، کم کم به بیماری مالیخولیا هم مبدل شده. مثلا دروغی را سال ۱۳۵۸ ساخته و پرداخته کرده‌اند و دست‌بردار هم نیستند و مرتبا برای تهاجم تبلیغاتی، آن را تکرار می‌کنند. اما چنین نبوده و نیست. بر سر قبر چند تروریست، شیون می‌کنند! اما حقیقت ماجرا را بعدها، جناب پرویز ثابتی[۱]، احمد فراستی، حسن علوی‌کیا و... در این باره پاسخ دادند.

در آغاز بازجویی از تهرانی یا نادری‌پور - کارمند سابق ساواک و بازجوی کمیته مشترک ضد خرابکاری - یک سناریو جعلی خوانده شد «این ماجرا سناریوی ناشیانه‌ای است که در آغاز کار بازجویی بوسیله جمهوری دست‌ساز شده را با دادن وعده و تهدید به آقای تهرانی خورانده شده است و ایشان هم در آن سناریو کمی هم اشتباهات را چشم‌پوشی کرده و به سناریو نویس یادآور نشده است. آن نقاط ضعف و نادرست این اعترافات آقای تهرانی (بهمن نادری پور) بارز است. نخست تاریخ اشتباهی است که سناریو نویس تقویم خود را باز کرده و میبیند که ۲۹ فروردین در تقویم ۱۳۵۸یا ۱۳۵۷ پنجشنبه ۲۹ فروردین است در حالی که ۲۹ فروردین ١٣٥٤روزی که منتسب به این رویداد است یک روز جمعه است (۱۸ آوریل ۱۹۷۵) و روز جمعه هم همه ادارات تعطیل است و ادامه اعترافات، از همین جمله نخست، به زیر پرسش میرود. در ادامه برای اینکه تصور خواننده علیه امریکا و دست داشتن در چنین ماجرایی سوق داده شود می گوید آقای عطارپور به من زنگ زد و گفت برو حکم انتقال فلان زندانی را از دادرسی بگیر و بیاور در ساعت ۲ در رستوران امریکاییها روبروی سفارت امریکا (روز جمعه است و ادارات تعطیل است) ادامه می‌دهد که «من و سایرین که جمعاً ۸ تن بودیم بطرف زندان اوین راه افتادیم و یک تن از ما به زندان رفت و ما در قهوه خانه اکبر اوینی منتظر شدیم و ماشین ون آمد و زندانیان را به همراه اورد و همگی بطرف تپه‌های رفتیم حرکت کردیم. زندانیان را نشاندیم و سروان وزیری رییس زندان یا آقای عطار پور (قاطی کرده چه کسی را بگوید) پا پیش گذاشت و جملاتی گفت و رگبار مسلسل را به آن ۹ تن که دست و پاهایشان بسته بود و چشم بند هم داشتند بست و بعد مسلسل را به ما داد و هر کدام از ما یک رگبار به آنها بستیم. خوب چه نیازی بود که ۸ تن را ببرند که ۹ مجرم دست و پا بسته را هرکدام نوبه‌ای

۱- کتاب در دامگه حادثه؛ صص ۲۵۵ - ۲۵۷.

به رگبار ببندند دو یا سه نفر کافی بودند و نیازی به لشگر کشی نبود و آلوده کردن هرچه بیشتر کارمندان در حالی که درس نخست هر سازمان اطلاعاتی حد لزوم به اطلاع است پس چرا باید ۸ تن از این چنین جنایتی خبر دار بشوند و آلوده به آن شوند، تازه یک نفر از همان ۸ تن هم رفته و تیر خلاص به مغز آنها زده است، می‌گوید ما جنازه‌ها را سوار ون کردیم و به بیمارستان شماره یک ارتش در خیابان پهلوی فرستادیم.» یعنی ساواک آنقدر شعور نداشت که بفهمد در بیمارستان دهها پزشک و پرستار و سردخانه‌دار و پاسبان پزشکی قانونی بالاخره یک روزی ماجرا را لو خواهند داد و مخصوصا تیر خلاص که علامت در جمجمه خواهد داشت و در گزارشات پزشکی آنهم برای ۹ تن هیچ اشاره‌ای به آن نشده است. تیمسار فردوست در دو جلد کتابش که از همه چیز آگاهی داشت و رییس دفتر ویژه بود کوچکترین اشاره‌ای به این ماجرا نکرده است. در پایان هم میگوید ما چشم‌بندها و دستبندهای آنان را در بالای تپه‌ها سوزاندیم تا آثار جرمی باقی نماند.، مضحک اینجاست که دستبند آهنی را چگونه سوزانده‌اند و چرا آنجا و یعنی چه که آثار جرم را از بین برده‌اند.»[1]

این روایت تیرباران چند زندانی در تپه‌های اوین، جزو اباطیل ۵۷ ی‌ها است. فقط، قصه‌هایی است که با شنیدنش، اسفناج روی مغز، سبز می‌شود! در روزنامه کیهان شنبه ۳۰ فروردین ۱۳۵٤ هم عینا همین گزارش آمده است! که ۹ زندانی در حال فرار کشته شدند و روزنامه‌ها هم نوشتند، اما کو گوش شنوا! براستی در دنیای امروز، اگر چند تروریست خطرناک در حین جابجایی دست به توطئه و فرار بزنند، پلیس و یا واحد ضدتروریسم با آنها چه رفتاری دارد؟ حق حیات می‌دهد؟ وانگهی، زندان اوین زیر نظر دادرسی ارتش بود و مامورین دژبان پرسنل حفاظتی، امنیت آن را تامین می‌کرد! اصولا جزنی می‌خواست که مانند اشرف دهقان از زندان بگریزد و خود را قهرمان بنامد! و ماجرای این تروریست‌های فدائی و مجاهد پس از ۱۳۵۷ جعل شد. هیچ سند معتبری در فاصله سالهای ۱۳۵٤ تا ۱۳۵۸ در این باره وجود ندارد!

یا در جمهوری اسلامی، چند کتاب درباره یک تروریست وحشتناک منتشر می‌شود: مصطفی شعاعیان! کسی که خود را سازمان آزادیبخش ایران می‌نامید. خواست با دیگر تروریست‌ها، جبهه مشترک درست کند. حتی ترتیب ملاقات حمید اشرف (فدائی خلق) با بهرام آرام (مجاهدین خلق) را در خیابان فرح‌آباد ژاله داد. و نوار گفتگو بخاطر حضور

۱- رؤیت احمد فراستی در گفتگو با قانعی‌فرد.

نفوذی ساواک در اختیار واحد ضد تروریسم ساواک قرار گرفت[1]. قصدشان چه بود؟ افزایش تخریب و ترور! در همین میان، بهرام آرام و وحید افراخته، حکم اعدام انقلابی مجید شریف واقفی را صادر می‌کنند و جنازه قطعه قطعه شده او را داخل گونی گذاشتند و در بیابان‌های مسگرآباد رها کردند! که این گونی به دست ژاندامری افتاد! [همان] داعش هم چنین کاری نکرد! و آیت‌الله سرخ (طالقانی) همواره به حمایت از مجاهدین خلق می‌پرداخت!

همین مصطفی شعاعیان و بهزاد نبوی، گروه جبهه دمکراتیک خلق درست کردند. شعاعیان فرمولی داشت که بجای تی اِن تی[2]، اسید پیکریک[3] مایع و جامد - که این ماده منفجره و سمی و سرطانزا[4] است. برای انفجار، مورد استفاده قرار می‌گرفت. با کمک بهزاد نبوی می‌خواستند با نارنجک، اول کار تخریبی انجام دهند! نبوی و هرندیان، شرکت الکترونیک مایکو را داشتند و ٤ خانه تیمی درست کردند. که نبوی کم‌کم، نقش راننده وانت را در این عملیات تروریستی بازی می‌کرد! هدف‌های آنان، انهدام کوره بلند ذوب آهن، انفجاردر اتوبوس‌های شرکت واحد، انهدام تاسیسات آب تهران و ... بود. شعاعیان هم مرتب با همایون کتیرایی و مسعود احمدزاده و ... رابطه و تماس داشت تا ازدواج تروریستی مابین آرمان خلق و فدایی خلق صورت گیرد[5].

ساواک با هشیاری وارد صحنه شد، نبوی دستگیر شد و شعاعیان گریخت و رابط مجاهدین خلق و فدائیان خلق بود. چون مادر نبوی، شاه دوست و طرفدار سلطنت بود مورد عفو ملوکانه قرار گرفت و از اعدام نجات یافت و امروزه در ایران، او را چریک پیر می‌نامند و مانند خلخالی و حجاریان و...، جز چهره‌های حرکت اصلاح طلبی در ایران است!

ساواک وقتی کسی را می‌گرفت که بمب گذاری کرده، تحت تعقیب است، آدم کشته، در لحظه دستگیری ۲ نارنجک داشته، با اسلحه کمری که نشانگر اعزام از خانه تیمی است، آیا باید برخورد یک آدم معمولی با وی می‌کرد؟ با این همه اسلحه و مهمات آیا شخص تروریست به بحث سیاسی و نماز و روزه در مسجد می‌رفت یا اینکه این آدم یک تروریست خطرناک است؟ به محض دستگیری تا لحظه انفجار، چند ساعت یا چند

۱- قصه ساواک، ص. ٤٦٣.

2- TNT.
3- Picric acid.
4- DCL.

۵- بشیری، ص ٤٦٩.

دقیقه یا چند ثانیه وقت هست؟ در بازجویی چه باید کرد؟ با کیک و شیرینی و خواهش و التماس می‌توان با چنین آدمی حرف زد؟ در موقع انفجار، شخص تروریست کشته می‌شود یا مردم بدبخت و بی‌گناه جامعه! اگر بعد از ۳ ساعت، مقر می‌آمد که امنیت مملکت به خطر افتاده بود و اطلاعات و سخنانش یک پاپاسی هم ارزش نداشت! در پاریس و آمریکا و لندن... اسمش شکنجه نیست. هیچ تروریستی با زبان خوش و من بمیرم و تو بمیری اعتراف نمی‌کند و اطلاعاتی بروز نمی‌دهد! [روایت آقای ض، ساواک]

برخی از این تروریست‌ها، در دوران شریف امامی و شاپور بختیار (مصدق الهی) که ناصر مقدم - دوست و یاور مهدی بازرگان (مصدق الهی) - از زندان آزاد شدند و در جامعه از همه جا بی‌خبر به عنوان قهرمان ملی شناسانده شدند!

٭٭٭

امروزه هم، در ماجرای ترور حسن صیاد خدایی، یکی از خطرناک‌ترین تروریست‌های فعال در نهاد تروریستی سپاه قدس با درجه سرهنگی، منتقدهای داخل و خارج با پتک و چماق به جان اسرائیل افتاده‌اند. یکی در عین خامی و سفاهت می‌گوید «چرا اول به دادگاه نبردند؟ مگر موساد، قاضی است؟»؛ یکی دیگر می‌گوید: «موساد حق ندارد، بدون حکم دادگاه، در داخل کشور، آدم بکشد!» و... لابی طرفدار جمهوری اسلامی در خاک آمریکا هم می‌گوید که «این کارهای اسرائیل، عواقب منفی دارد و به پیشرفت دیپلماتیک و فعلیت هسته‌ای صلح‌آمیز ایران لطمه می‌زند!» کسی هست بپرسد، مُلا و دیپلماسی؟ کشور را به چین و روسیه فروختند و تمام ثروت کشور را صرف تروریسم کردند، کدام دیپلماسی؟ وقتی مُلای شیعه در ساختار ولایت فقیه، چند هفته‌ای با بمب فاصله دارد، براستی کدام نوع از صلح را می‌توان متصور بود؟

اما همان دو نفر نمی‌پرسند چرا نهاد تروریستی سپاه قدس برای خود این حق را متصور است که تروریست‌های جهاد اسلامی[1]، حماس[2]، حزب‌الله و ... را علیه اسرائیل تحریک کند اما سازمان‌های امنیتی اسرائیل، حق دفاع ندارند؟ اصولاً چرا باید موساد، اشتباه ساواک را تکرار کند و برای تروریست‌های ضد انسان و آدمیت و جانیان خطرناک فعال در دستگاه خلافت اسلامی ولایت فقیه، احترام و حقوق انسانی قائل باشد؟ اکثر نهادهای جاسوسی و اطلاعاتی جهان مانند سی آی ای و موساد، مرکز بررسی عدم غنی‌سازی

1- PIJ
2- Hamas

(CPC) دارند. وقتی کسی برای مُلای شیعه، با فعالیت هسته‌ای مشکوک، در جهت ساخت بمب فعال است، اسمش دانشمند هسته‌ای نیست! وقتی شخصی شبکه تروریستی علیه اسرائیل از کشورهای سوریه و لبنان و .. هدایت می‌کند، اسمش چهره نظامی نیست، یک جنایتکار است!

۳۱

هلال شیعی و اُختاپوس تروریستی شیعه

در بلوای ۱۳۵۷، بخاطر توطئه گروه‌های تروریست اسلامی و اتحاد با گروه‌های تروریست مارکسیستی[1]، یک مُلای شیعه (خمینی) به قدرت و ثروت در ایران رسید و اُختاپوس مذهبی شیعه در ایران که مانند ویروس در کالبد جامعه ایران و شبستان‌های مخوف مساجد زیست داشت، شورشی‌ها را کنار نهاد و خلافت اسلامی ولایت فقیه را در این کشور پایه ریزی کردند.

از زمستان بی‌بهار ۱۳۵۷ تا امروز به شیوه اختاپوسی، دو خلیفه شرور شیعه اثنی‌عشری (خمینی و خامنه‌ای) به توسعه شیعه‌گری[2] پرداخته‌اند. در قانون اساسی جمهوری اسلامی، حکومت ولایت فقیه گنجانده شد که نشان اوج تحجر، عقب‌ماندگی و واپس گرایی بود و حتی ولی فقیه را نماینده امام زمان نامیدند [به قول احمد کسروی: دوران ۲۲۰ ساله امامان شیعه تمام شده و امام دوازدهم چیزی جعلی و ساختگی بوده است.] ساختار ولایت فقیه شیعه بر اساس این جعل تاریخی برخی مُلایان شیاد شکل گرفته است. به قول ذبیح‌الله صفا، «شاه اسماعیل صفوی شاه شیعه ایران، بیرحمانه مردم ایران‌را کشت و زندگان را به گور فرستاد و مردگان را از گور بیرون کشید. اعلام جهاد کرد و با شیعه‌گری، تاریخ ایران را تغییر داد (تاریخ ادبیات در ایران؛ ج.۵ و احسن التواریخ؛ چاپ تهران؛ ج۱۲، ص۹۲)». و شاید بتوان گفت که از دید ملای شیعه چُماقدار و شرور مثل خمینی و خامنه‌ای؛ تا در زمانه باقی است خرافات و اباطیل امام زمان و شیعه‌گری، پس دستگاه جور و جنایت و شرارت اسلامی نظام ولایت فقیه پایدار است!

دستگاه خلافت اسلامی ولایت فقیه شیعه، برای توسعه قدرت و ثروت و نفوذ در خاورمیانه، در ابتدا به سوی صدور انقلاب اسلامی (بلواگری خمینیسم) و بعدها به سمت ساخت هلال شیعی[3] و شبکه تروریستی گروه‌های شیعی رفتند که همگی و رهبرانشان، جزو

1- Marxist Terrorist Groups
2- Shiization
3- Shia Crescent

گروه‌های تروریستی شناخته شده محسوب می‌شوند. اصطلاح جدیدی در ادبیات و واژگان سیاسی وارد شده که نشانگر و تصویرگر ویرانی و تروریسم اسلامی وابسته به جمهوری اسلامی و خمینیسم است و آن را با رنگ و لعاب هویت شیعی[1] و عرضه می‌کنند.

این عبارت هلال شیعی، پس از سخنان عبدالله دوم پادشاه اردن، در یک مصاحبه مطبوعاتی (سال ۲۰۰٤م - واشنگتن پست)، مشهورتر شد. شاید، حُسنی مبارک در مصر و شاه عربستان (ملک عبدالله)، نخستین افرادی بودند که خطر هلال شیعی در توسعه ناامنی و بی‌ثباتی و بحرانی شدن خاورمیانه، خلیج فارس و شمال آفریقا را علنا بیان کردند. از دید مبارک - پس از فروپاشی صدام حسین پس از حمله آمریکا به عراق (۱۹ مارس ۲۰۰۳) - همه شیعیان، دلبسته و وابسته به جمهوری اسلامی‌اند.

اما هلال شیعی، منطقه‌ای هلالی‌شکل را در خاورمیانه در اختیار گرفته که اکثر جمعیت آن شیعه مذهب هستند. رژیم جمهوری اسلامی حتی در کشورهایی که دارای اقلیت شیعه هم بودند، با حمایت از گروه‌های تروریستی، سعی در بهم زدن آرامش و ثبات در آن کشور، تجاوز به سرزمین‌های دیگر و قدرت گرفتن شیعه در منطقه‌ای خاص بوده‌اند که بحرین و عربستان و مراکش و ... از جمله آن کشورها هستند.

گرچه ردپای جمهوری اسلامی و تروریست‌های نیابتی آن در میان شیعیان هند، پاکستان، لبنان، سوریه، ترکیه، بحرین، عراق، آذربایجان، یمن و افغانستان دیده می‌شود. علاوه بر تروریسم، می‌توان به فرقه‌گرایی[2]، ایجاد جنگ سنی و شیعه، شعله‌ور کردن جنگ‌های طایفه‌ای و سپس انکار آن توسط رژیم ولایت فقیه اشاره داشت. جمهوری اسلامی، خواهان افزایش جمعیت در امت واحده اسلامی شیعه مورد نظرشان در داخل و خارج از مرز ایران است و تمام ثروت کشور ایران را برای توسعه هلال شیعی و «اتصال مذهبی جغرافیایی شیعیان در کشورهای عربی منطقه «هزینه می‌کند. (نمونه‌های آن جنگ بی‌ثمر و علت یمن است و یا تحریک گروه‌های تروریستی در لبنان و مرز اسرائیل.)

تمام ماموریت دو خلیفه شیعه از زمستان ۱۳۵۷، اعمال نفوذ و دخالت در میان شیعیان برای تغییر موازنه ژئوپولتیک خاورمیانه، امنیت سیاسی و تضعیف عربستان سعودی و شکل‌گیری جنگ سرد با عربستان بوده و حاصل این سیاست ویرانگر، به حال و روز فعلی خاورمیانه و آشوب در سوریه و لبنان و عراق و افغانستان و یمن و ... منجر شده است. مجریان سیاست ولایت فقیه در منطقه هم سپاه پاسداران، وزارت اطلاعات، سپاه قدس،

1- Shia identity.
2- Sectarianism.

وزارت فرهنگ و ارشاد اسلامی، سازمان تبلیغات اسلامی و .. بوده‌اند و در کنار آن هم یک مافیای تودرتوی رسانه‌ای هم تاسیس کرده‌اند. که هدف اصلی آن ساخت نوعی گفتمان تقلبی و فرهنگ یکسان‌سازی شده مورد دلخواه و نظر جمهوری اسلامی است. و متاسفانه همه ثروت و ذخایر انرژی ایران هم برای این تبلیغات شیعه‌گری و ساخت ائتلاف شیعه و تجهیزکردن گروه‌های تروریست شیعه، صرف شده‌اند. و البته جاه‌طلبی مذهبی جمهوری اسلامی در انحصار مرزهای خاورمیانه نیست و دراروپا، آفریقا و آمریکای لاتین هم ادامه دارد تا حوزه نفوذ جریان مذهبی شیعه و امپراتوری خیالی شیعی، گسترش یابد. برای همین منظور بود که فعلاً جهان، گروگان خلافت اسلامی ولایت فقیه برای بمب اتمی ساختن است. از دیگر سو تهران، بغداد، بیروت، دمشق، صنعا، منامه و... بخاطر فعالیت تروریسم گروه‌های تروریستی شیعه، در آتش فرقه‌گرایی می‌سوزد.

اگر منتقدی یا تحلیلگری، علیه این سیاست بی‌ربط، ویرانگرانه و ضد منافع و مصالح ملی ایران در جمهوری اسلامی و توسعه تروریسم شبکه‌های تروریستی شیعه[1] سخنی براند، واکنش اولیه مقام‌های نظامی و امنیتی مربوط به ولایت فقیه - به کذا و با تعصب مفرط- آن را «شیعه هراسی[2]»، توطئه دشمن، اهانت به عقیده مردم و... می‌نامند. اما سیاست ویرانگر و جهت دار شیعه‌گری فقاهتی ولایت فقیه جمهوری اسلامی و جنگ عقیده و مذهبی آن و توسعه هلال شیعی و فرقه‌گرایی شیعه، به کابوس، نگرانی و هراس برای بهم خوردن نظم سنتی، ثبات و امنیت منطقه و همچنین معادلات امنیتی و سیاسی خاورمیانه مبدل شده است. [گروه‌های شبه‌نظامی وابسته به ایران در سوریه و عراق مانند حزب الله، حماس، جهاد اسلامی، کتائب حزب‌الله، عصائب اهل الحق، زینبیون، فاطمیون، جیش المهدی، گردان ابوالفضل العباس، سرایا السلام، سرایا خراسانی، کتائب سیدالشهداء، حشد شعبی و ...]

توهم اختاپوس مذهبی شیعه در جمهوری اسلامی برای ساخت امپراتوری خیالی شیعی، به نوعی فرهنگ مخرب و تحمیلی و چالشی امنیتی هم مبدل شده است که بیشتر در ایدئولوژی خمینیسم تعریف می‌شود. در اکثر کشورها، ایران در تلاش است که شیعیان به قدرت مسلط در آن کشور مبدل شوند که می‌توان به مثال‌هایی مانند عراق، یمن، سوریه، لبنان و افغانستان اشاره کرد (تضاد آشکار با اصل ۱۵٤ قانون اساسی جمهوری اسلامی). و در هر پروژه‌ای، تمام رسانه‌های کشور برای این منظور از ایدئولوژی اسلامگرایانهٔ خاص

1- Shi`ite Terrorism
2- Shiaphobia

شیعه‌گرایی بسیج می‌شوند تا آن را قیام شیعیان، پیروزی شیعیان، حماسه شیعیان، شکل گیری حکومت شیعه و .. بنامند و به نوعی بازاریابی برای بازیابی هویتی- مذهبی شیعیان در مقابل اعراب و سنی‌ها از عراق و سوریه و لبنان و... است.

واکنش‌های ایران در دهه ۱۳۹۰ در برابر رواج مفهوم «هلال شیعی»، کودکانه و مُضحک است. مثلا قاسم سلیمانی - شمشیرزن تروریست ولایت فقیه شیعی - آن را هلال اقتصادی برای نفت نامید که می‌خواهد شیعه با مرجعیت ایران را احیا کند (بهمن ۹۲)؛ اما بعدا علی جعفری - فرمانده سابق نهاد تروریستی سپاه پاسداران انقلاب اسلامی- از طرفی بر شکل گیری آن و اتحاد شیعی محور تاکید داشت، از دیگر سو «تشکیل هلال شیعی» را سناریوی تبلیغاتی دشمنان اسلام علیه «وحدت جهان اسلام» و توطئه استکبار جهانی و آمریکا و صهیونیست‌ها نامید! (اردیبهشت ۹٤) و. هر دو آن را دشمنی علیه «گفتمان انقلاب اسلامی» - منظور، ترویج تروریسم اسلامی و جنگ‌های خانمان سوز و گسترده در خاورمیانه - نامیدند. علی‌اکبر ولایتی - مشاور خامنه‌ای - بیشتر روی وحشت آمریکا و اسرائیل از بیداری اسلامی - منظور، رشد تروریست‌های شیعی- خواند. خامنه‌ای هم، «هلال شیعی» را توطئه مشترک آمریکا و تروریسم و داعش خواند! (١٤خرداد ٩٤) و حسن روحانی به کلی منکر وجود آن شد و مدعی وجود قمر اسلام و بدر اسلامی و وحدت شد! (دی سال ٩٤)

البته سخنان وی از زبان یکی دیگر از بازیگران تروریسم اسلامی، تکرار شد. الخزعلی رهبر گروه تروریستی عصائب اهل الحق که مورد حمایت سپاه پاسداران جمهوری اسلامی است، گفت که «ماه شیعی برپا خواهیم کرد نه هلال شیعی «(۱۱ مه ۲۰۱۷)

تصویرهولناک، خشن و انگاره هراسناک «هلال شیعی»، با تروریسم چنان در هم آمیخته است که فعالیت‌های جمهوری اسلامی برای دستیابی به بمب هسته‌ای به خوفناکی آن تصویر افزوده است که منطقه خاورمیانه را به آشوب کشیده است و سازنده این هلال، مدعی کاذب ثبات، صلح، وحدت و همزیستی است. راه حل سیاسی از نگاه جمهوری اسلامی به معنی، پیروزی گروه‌های شیعه و رسیدن آنها به قدرت است و لاغیر. مثال مشهود و بارز آن، لبنان و عراق می‌باشند که محل تاخت و تاز جمهوری اسلامی و تحت فشارها و مداخلات شدید سیاسی عوامل وابسته به آن هستند که همه چیز تحت فرمانفرمایی و تحت قیمومیت پیروان شیعی مذهب قرار بگیرند.

لشکرکشی، جنگ طلبی و قانون‌گریزی گروه‌های تروریستی وابسته به این هلال شیعی هم، خاورمیانه را به آتش کشیده‌اند. هلال شیعی، مدلی وحشتناک از استبداد دینی

در داخل یک کشور و چتر پوششی فعالیت‌های تروریستی گروه‌های شیعی در خارج از یک کشور است. خاورمیانه در محاصره این گروه‌های تروریستی شیعه است و حیات و ممات برخی از کشورهای منطقه به فعالیت‌های مخرب و ویرانگری آنان بستگی دارد. تنها منطقی که در پس ذهن گروه‌های تروریستی شیعه وجود دارد، توحش و بربریسم، تخریب، شارلاتانیسم و تبلیغات پوچ و وعده‌های دروغین است. منطق و استدلالی عقلانی هم وجود ندارد.

شاید آغاز معماری هلال شیعی به ۱۳۶۱ در لبنان، بازگردد که بیرق توحش نهاد تروریستی حزب‌الله بخاطر تفکر مخرب خمینی، در سال ۱۳٦٤ به زمین زده شد. بعدها در دوران رفسنجانی در سال ۱۳۷۳ و سفر وی به سودان، موجب شکل‌گیری مثلث شوم حزب‌الله - القاعده و سپاه پاسداران شد و یکی از ثمره‌های این ائتلاف منفور، در ۱۱ سپتامبر ۲۰۰۱ نمایان شد.

البته روابط ارگانیک ایران و القاعده هم مشهور است «برخی فعالان دینی در نجف، گروه‌های مذهبی و شبه‌نظامی وابسته به ایران نه تنها مخالفتی با حضور القاعده در عراق نداشتند، بلکه از آنها حمایت مالی و تسلیحاتی نیز انجام می‌دادند. ابومصعب الزرقاوی رهبر شاخه القاعده در عراق و پدر معنوی داعش دو بار برای درمان به ایران منتقل شد.» [خبرگزاری آناتولی / ۲۱,۰۳,۲۰۲۲]

نکته قابل توجه اینکه، برگزاری اکثر کنفرانس‌های اسلامی در ایران یا در کشورهای متحد آنان، پوششی برای ادامه جلسات برای فعالیت‌های تخریبی و تروریستی در منطقه بوده است. مثلا در جلسه کنفرانس اسلامی سودان در سال ۱۳۷۳ بهانه‌ای بود تا سپاه پاسداران و حزب‌الله (عماد مغنیه) و القاعده (بن لادن و ایمن الظواهری) با خیال راحت دیدار کنند و دور هم بنشینند و تصمیم بگیرند که چگونه می‌توان جهان را به التهاب و تشنج بکشانند؛ که یکی از نتایج آن، واقعه ۱۱ سپتامبر ۲۰۰۱ بود.

چهره‌هایی منفور که این تصویرهولناک و انگاره هراسناک «هلال شیعی»، به جامعه بشری معرفی کرده؛ می‌توان به امثال خمینی، خامنه‌ای، عماد مغنیه، قاسم سلیمانی، حسن نصرالله، بشار اسد، نوری المالکی و... اشاره کرد. ثمره فعالیت‌های تروریستی این چهره‌های هلال شیعی، نابودی خاورمیانه بوده است که سیطره ایران فعلی در کشورهایی رشد یافته که ویرانی و جنگ داخلی و فرسایشی و نزاع فرقه‌ای را برای آن کشورها به ارمغان آورده‌اند. تاکنون، کشته شدن هزاران انسان در خاورمیانه، حاصل ٤٠ سال فعالیت ایدئولوژیک شوم و هدایت و فرماندهی این هلال شیعی است.

تمام فعالیت‌های نظامی و امنیتی نهادهای تروریستی مانند سپاه پاسداران و سپاه قدس، در جهت منافع و مصالح هلال شیعی بوده است و از انجام هر جنایتی در راستای این هدف، کوتاهی نمی‌کنند. مثلاً جبهه بدر و حشدالشعبی در عراق و یا گروه‌های دیگر در سوریه، و یا حوثی‌ها در یمن، جنایاتی مستند را به نمایش جهانی گذاشتند. و بخاطر این جنایات بشری، ۱۰ها هزار غیرنظامی از مردمان بی‌دفاع به خاک و خون کشیده شدند.

اگر گروهی شیعی تروریست هم با شیعه جمهوری اسلامی متفاوت باشد، کمترین اهمیتی برای استبداد دینی ولایت فقیه تهران ندارد. مثلا حوثی‌های یمن، به شاخه زیدی شیعه تعلق دارند و یا اینکه، بشار اسد در سوریه، شیعه علوی است و....

در سناریوهای ولایت فقیه در تهران، برای رشد شیعه‌گری و قدرت‌گیری هلال شیعی، نه تنها از تروریسم اسلامی بهره گرفته است بلکه انواع هزینه‌ها را به کشورهای منطقه تحمیل کرده است تا رقبای سنی خود را حذف کنند! حتی هلال شیعی در اکثر مراکز مذهبی اروپا و آمریکا و استرالیا هم علاوه بر تبلیغات گسترده، فعالیت‌های فراملیتی اقتصادی هم دارند تا از طریق این شبکه‌های تو درتو، از تروریسم اسلامی هم حمایت مالی کنند.

در واقع اکثر فرزندان پروژه شیعه گستری رژیم ایران، در ایران، آموزش تروریستی می‌بینند. ایران، از تروریسم برای گسترش منطقه‌ای شیعه‌گرایی افراطی سود می‌جوید. و ماموریت هر کدام از این گروه‌های خشن، بنا به تشویق جمهوری اسلامی، ایجاد ناآرامی و خشونت و گسترش ویرانی و جنگ و تروریسم و کشتار و خونریزی بوده است. لاجرم، سرنوشت همین هلال شیعی هم مانند جمهوری اسلامی ولایت فقیه، محتوم به شکست است. زیرا شریان اصلی اکثر گروه‌ها و جریانات تروریستی مذهبی در منطقه، ساختار خلافت اسلامی ولایت فقیه جمهوری اسلامی است.

از روزگارانی که عدم تمایل آمریکا به درگیری بیشتر در خاورمیانه، بیشتر از پیش، عیان شد، حضور و قدرت یابی روس‌ها در خاورمیانه تقویت یافت حتی برخی از متحدان سنتی آمریکا در منطقه هم، حضور روس‌ها را بیش از پیش - دوران پسا اوباما - مشاهده کردند. حتی از دید امنیتی هم، نقش روسیه و رضایت کرملین در شکل گیری هلال شیعی، مشهود است و بدان خاطر، عربستان سعودی و کشورهای حوزه خلیج فارس با روس‌ها وارد مذاکرات مستقیم شدند. البته، در دوران ترامپ بود که نزدیکی اسرائیل به اعراب - پیمان ابراهیم - شکل گرفت و تا حد زیادی برای کنترل سلطه گرایی هلال شیعی و گسترش ایدئولوژی مخرب و ویرانگر آن بود.

اما واکنش جمهوری اسلامی و بازیگران هلال شیعی فرقه گرا در مقابل پیمان ابراهیم، پرخاش و جرم‌انگاری عادی‌سازی روابط با اسرائیل و متهم کردن به تقلب (در بازتعریف صلح و ثبات) بود که همانا عنصر اصلی ایدئولوژی خمینیسم بوده است که مُلایی شیعه، خود خواه، جنگ طلب و مبتذل به نام ولی فقیه، همه کشورهای اسلامی را به چالش و کشمکش طلبید.

در اوایل مقام‌های پریشان فکر و غلط پندار سپاه قدس، مدعی بودند که داعش به خاطر دشمنی با شیعه پدید آمده است اما بعدها، برخی از کارشناسان امنیتی عرب بر این اعتقاد بودند که داعش، بخاطر نقش مخرب و ویرانگر و درنده خوی هلال شیعی و جمهوری اسلامی پدید آمد. گرچه در بسیاری از موارد، داعش در کنار گروه‌های تروریستی وابسته به جمهوری اسلامی، در منطقه فعالیت دارد مانند یمن، که واقعه‌ای هشدارآمیز است.

و امروزه روز، هلال شیعی و بلوک شیعی در منطقه، به اختاپوسی بی‌رحم و شفقت و منحوس و دهشت افکن مبدل شده است که یک پیامد یا عملکرد مثبت را نمی‌توان برای آن یافت و این به معنی شیعی هراسی و شیعه‌ستیزی نیست بلکه نگرانی از افزایش اقتدار شیعیان در داخل گروه‌های تروریستی وابسته به جمهوری اسلامی و تبلیغات ایدئولوژی افراطی حکومتی است که مانند ارواح و اشباح سرگردان در هر واقعه تروریستی و مخرب در منطقه، حضور دارند. از دید آنان، در وسط دعوای شیعه و سنی به راه انداختن، معتقدند که همه در جبهه کفر و نفاق و دشمن اسلام‌اند و فقط، خلافت اسلامی ولایت فقیه عین حق و حقانیت است. از هر ابزاری برای ایجاد بحران و آشوب استفاده می‌کنند و اگر کسی انتقادی کند، در دستگاه‌های تبلیغاتی وابسته به جمهوری اسلامی، بر طبل «اسلام هراسی» می‌کوبند!

نفوذ تاریخی ایران بر شیعیان خاورمیانه در دوران پادشاهی پهلوی، عامل اختلال امنیت سیاسی فرامنطقه‌ای در خاورمیانه نبود. مانند استراتژی خمینی و خامنه‌ای، امپراتوری خیالی شیعی[1] و حرفهای بی‌پایه، شعارهای توسعه طلبانه و دهان پر کن مانند «ژئوپولتیک جهان اسلام و ژئوپولتیک شیعه» مطرح نبود. شاه فقید، همواره در صدد رشد امنیت و ثبات منطقه‌ای و چهره‌ای قابل احترام در خاورمیانه بود. شاهنشاهی اهل گفتگو و دیالوگ در بین رهبران منطقه، جامعه انسانی و در عرصه روابط بین الملل بود. هرچند در سال ۱۳۵۷ برخی از رهبران عرب - مانند عربستان - وی را تنها گذاشتند. طبعا، ژئوپولیتیک

1- Shia Empire.

بدون قدرت و اقتدار معنا ندارد و ایران در دوران شاه فقید، گرانیگاه قدرت منطقه بود. اما در دوران جمهوری اسلامی، ولایت فقیه به دنبال تبلیغ این نکته هستند که «ایران مرکز ژئوپلتیک شیعه است».

در واقعیت عمل هم، هلال شیعی، گفتمان نیست بلکه در عرصه روابط بین الملل فعلی، یک پروژه شکست‌خورده سیاسی - ایدئولوژیک و توهمی برای بازسازی امپراطوری ایران است. کسی علاقه‌ای و احترامی و اعتباری به امپراتوری ولایت فقیه شیعه ندارد. برخلاف توهم و تعصب خطرناک و ادعاهای سفیران جمهوری اسلامی در کشورهای عراق و لبنان و اردن و ... - که اکثرا عضو نهاد تروریستی سپاه قدس هستند - گفتمان مسلط و افراطی در هلال شیعی، قدرت و توسعه طلبی شیعی، نفوذ خطرناک، اقدامات سلطه جویانه و اقتدارطلبانه آشکار، قلدری و سرکوب طلبی، ایجاد تنش، تروریسم اسلامی و گروه‌های نیابتی، رشد منافع مالی ولایت فقیه شیعی در تهران است. همین مساله مخدوش کردن واقعیت و قدسی‌سازی جعلی و آشوب طلبی، فضایی مسموم تفرقه افکن بخاطر عملکرد این خلافت اسلامی کذایی و بی‌ریشه ولایت فقیه را در خاورمیانه - سرچشمه مداوم ناآرامی‌ها و آشوب‌ها و بحران‌ها - به وجود آورده‌اند. که شاید مشابه تاریخی آن در خاورمیانه از نظر سیاسی، مشابه ناصریسم و بعثیسم باشد که رویای رهبری جهان عرب و جهان اسلام را در سر می‌پروراندند.

یکی از سیاست‌های نمایشی و بنیادگرانه هلال شیعی، توجه اغراق‌آمیز به مکان‌هایی مانند قبرهای امامان شیعی (علی و حسین) در نجف و کربلا و یا امام دیگر (رضا) در مشهد است. مثلا در یک پروژه نمایشی (پیاده روی اربعین)، در اربعین هر سال، برای عزاداری، جمعیتی را از مرز ایران و عراق عبور می‌دهند تا در کارزار تبلیغی و فضای رسانه‌ای آن را «نشان‌دهنده افزایش وزن شیعیان» و «نمادی از قدرت جهان شیعه» بنامند! بدان خاطر، رژیم سرمایه گذاری‌های کلانی در نجف، کربلا، سامرا و کاظمین و توسعه اماکن زیارتی شیعه‌گری داشته‌اند تا نفوذ مذهبی در عراق داشته باشند. و طبعا نهادهای تروریستی سپاه پاسداران و سپاه قدس، اهداف توسعه‌طلبی منطقه‌ای خاص دارند. حتی در اروپا و آفریقا هم زائر اربعین به عراق می‌آورند (مثلا در آفریقا: جامعه المصطفی یا مجمع جهانی اهل بیت، مسئول سازمان‌دهی است) و گویا با روضه‌خوانی و سینه‌زنی، می‌خواهند مشروعیت بخشی به نظام بدهند و تسلط بر جهان اسلام بیابند و به نوعی، با حج در عربستان، رقابت کنند!

البته کسی هم نمی‌پرسد که «از دوران صفویه به بعد، هزاران تخته فرش و صدها

کیلو طلا و ...از ایران به حوزه‌های علمیه شیعیان کوفه و بغداد رفته؛ کجاست؟ و یا اینکه مثلا در اصفهان و یزد و... صدها قطعه زمین وقف کربلا و نجف است. سالانه میلیونها و شاید میلیاردها روانه نجف می‌شود. آخوندهای شیعه در بُت‌کده‌های نجف و کربلا، چه دلسوزی برای ایران و ایرانی دارند؟ هیچ! صرفاً به فکر جمع‌آوری وجوهات از مردم شستشوی مغزی داده شده‌اند! حوزه‌های علمیه در قم و مشهد، چه سود و منفعتی برای رشد دمکراسی و انسانیت در ایران دارند؟ نجف و کربلا چه؟ هیچ! ساخت هلال شیعی و کریدور خاکی توسط سپاه پاسداران هم برای حمایت از این بتکده‌هاست. چرا مراجع تقلید از محل وجوهات به دولت و ملت کمک نمی‌کنند!؟ گر نه اینکه زکات به خلافت برای خدمت به ملت است؟ امروزه خمس و زکات و مالیات و عوارض و سهم امام و صدقه و نذر و وقف و ... هست و علاوه بر اینها در ردیف بودجه مملکت نیز به بنیادها و هیئت‌ها و مساجد و مراکز مذهبی و حوزه‌ها مجددا در نیم قرن اخیر، تاسیس و تقویت شدند!»

البته، ایران در سوریه هم امکانات خاصی برای بازسازی و یا کمک مالی به بافت اجتماعی مورد نظر خاص خودش دارد. به اسم مرکز فرهنگی ایران با اتحادیه جوانان انقلابی حزب بعث رژیم همکاری کرد تا یارگیری کند و یا در مراسم شیعی و ورزشی و فرهنگی، سخنرانی‌های سپاه برگزار شود و برای خامنه‌ای تبلیغ شود و آن را جزو اهداف مذهبی تلقی می‌کنند. و یا از آن سو، حزب‌الله با پول ایران، مراسمی در تمجید و تجلیل از تروریست مشهور قاسم سلیمانی برگزار شود. جمهوری اسلامی، برای سالیان دراز و اهداف دراز مدت روی هلال شیعی سرمایه گذاری کرده است.

براستی، هم و غم اصلی ساختار ولایت فقیه، فتح رسانه‌ها با ترویج قداست جعلی است! در همین سیاست نمایشی و تبلیغ ایدئولوژی، از کشتار شیعیان یاد می‌کنند اما از همراهی و حمایت نهادهای تروریستی جمهوری اسلامی با گروه‌های تکفیری و جنایات خلق شده و توطئه و فتنه برای شعله‌ور شدن و به راه انداختن جنگ‌های خونین مذهبی میان شیعیان و سنیان توسط گروه‌هایی مانند حزب‌الله و حماس و حشد شعبی و یا سپاه قدس ندارند! که این نمایش مضحک، ارتباطی را عقلانیت سیاسی ندارد. شیعه‌گری بر اساس خرافات و موهومات مورد توجه جمهوری اسلامی هم به گفتمان و رنگ غالب در خاورمیانه مبدل نخواهد شد. جمهوری اسلامی و ساختار ولایت فقیه، در اوهام خود، «نقش تعیین کننده در جنبش‌های منطقه دارد». [از ارکان خُمینیسم: عوامفریبی، خودستائی، لمپنی، شارلاتان‌بازی، سفسطه، وقاحت، ریاکاری، فرصت‌طلبی، روضه خوانی، حماقت،

خرافات، اوباشی گری، هوچی گری، خشک اندیشی، نمایش و...]

در ادبیات جمهوری اسلامی و تبلیغات وابسته به آن، بلوای۱۳۵۷ را «ظهور انقلاب اسلامی «می نامند که نوعی حکومت شیعی اثنی عشری قشری و واپس گرا در این کشور، مستقر شده و مجالی است تا ظاهراً اندیشه سیاسی شیعه را تبلیغ کند و الگوی ایدئولوژیکی منحط و عقب مانده خود را - تحت نام تسلط بر جهان اسلام- گسترش دهد. هلال شیعی، به قدرت رسیدن هر حکومت شیعی در منطقه و هدایت موازنه قدرت به نفع شیعیان را موفقیت ناشی از حمایت خود و پیروزی اسلام می نامند. (نمونه مشهور آن عراق و سوریه و لبنان است.)

این الگوسازی ویرانگر و فراتر از مرز هلال شیعه با چاشنی برجسته‌سازی دشمنی با اسرائیل و آمریکا، موجب گسترش انزجار و تنفر ار نام ایران و ایران‌هراسی و شعله‌ور شدن آتش تروریسم بخاطر سیاست‌های ذلت‌آور هلال شیعی بوده است. هلال شیعی، ابزاری است در اختیار زیاده خواهی ولایت فقیه و عمیق‌تر کردن منجلاب و لجن‌زاری که شیعه‌گری مورد نظر ولایت فقیه در ایران، پدید آورده است. ولایت فقیه، صرفاً در پی تحت‌الشعاع قرار دادن قدرت اعراب در منطقه خاورمیانه و شمال آفریقا[1] است. و هرگز پاسخ نمی‌دهند که این کشور مسلمان صاحب انرژی و شیعه نیرومند پیرو مکتب حسین و کانون مکتب تشیع موشک‌پران و در پی ساخت بمب اتم، به ویران‌ترین کشور خاورمیانه مبدل شده است. و این استراتژی ویرانگر، چه سودی برای منافع و امنیت ملی ایران داشته است؟ پاسخ بی‌پرده، هیچ است!

شاید ریشه کنی و فلج کردن مافیای وابسته به هلال شیعه پس از فروپاشی جمهوری اسلامی ولایت فقیه و نابودی اختاپوس مذهبی در ایران، با سرنگونی قهرآمیز، امکان پذیر باشد. اما بارها در خلال ناآرامی های داخلی ایران علیه استبداد سیاه علی خامنه‌ای در ایران، حضور تروریست‌های شیعه وابسته به هلال شیعی برای سرکوب مردمان معترض، به وفور در رسانه‌ها تکرار شده‌اند. طبعاً، روزگارانی مهار و کنترل پروژه‌های تروریستی شیعه و هلال شیعی در منازعات منطقه‌ای فرا می‌رسد تا شاید دوباره امنیت و ثبات و صلح و دمکراسی به خاورمیانه بازگردد. اما در صورت یک رستاخیز و قیام ملی علیه فساد و سرکوب اختاپوس مذهبی و استبداد دینی در ایران، آیا دستگاه خلافت اسلامی ولایت فقیه از این اختاپوس تروریستی شیعه سود خواهد جُست؟

1- MENA.

۳۲

نگاه آژانس اطلاعات دفاعی آمریکا به جمهوری اسلامی

آژانس اطلاعات دفاعی آمریکا در ۲۶ آوریل ۲۰۲۲، به طور رسمی ارزیابی خود از رژیم جمهوری اسلامی و فعالیت‌های تروریستی، موشکی، پهبادی و منطقه‌ای را اعلام داشت. این ارزیابی تحت عنوان تهدیدهای جهانی علیه آمریکا در مجلس سنای آمریکا، توسط ژنرال مسئول آژانس اطلاعات دفاعی آمریکا[1] ارائه شد.

جمهوری اسلامی به دلیل تلاش برای تولید انواع موشک و پهباد، توسعه و گسترش شبکه‌های نیابتی تروریستی، و ابراز تمایل به اقدام ایذایی و تروریستی علیه ایالات متحده و نیروهای ائتلافی در منطقه، جزو تهدیدهای اصلی و چالش‌های سردردآور برای منافع ایالات متحده در خاورمیانه به شمار می‌رود. هدف راهبردی امنیت ملی جمهوری اسلامی، تضمین برای بقا نظام و تداوم حاکمیت مُلایان، حفظ ثبات داخلی، حفظ موقعیت خود در منطقه به عنوان یک قدرت منطقه‌ای مسلط و نیز دستیابی به رونق اقتصادی است. جمهوری اسلامی، مجموعه پیچیده از قابلیت‌های دیپلماتیک، نظامی و امنیتی را به کار می‌گیرد، از جمله نیروهای غیر متعارفی را - مانند شرکا و نیروهای نیابتی و تروریستی - را برای دستیابی به اهداف خود استخدام و آموزش می‌دهند و همچنین نیروهای متعارفی که می‌توانند هزینه‌های زیادی را بر دشمنان خودشان تحمیل کنند.

جمهوری اسلامی، احتمالاً حملات خود را برای تحت فشار قرار دادن دشمنان فرضی‌اش و برای تلافی متناسب با تجاوزات تصور شده علیه ایران تنظیم می‌کند. جمهوری اسلامی تلاش دارد که از تشدید درگیری به مقیاس کامل جلوگیری کند. و مقامات ایرانی همچنان بر این باورند که به اندازه کافی در قبال کشته شدن قاسم سلیمانی (تروریست مشهور خامنه‌ای در ترویج هلال شیعی)، انتقام مورد دلخواهشان را نگرفته و خونی به زمین نریخته‌اند و همواره در حال برنامه‌ریزی برای اقدامات مخفیانه علیه مقامات آمریکایی و انتقام از کشته شدن جلاد نهاد تروریستی سپاه قدس هستند. هم دوست دارند

1- Scott Berrier

که انکار کنند و هم در تلاش‌اند تا نزاع و رویارویی مستقیم را کاهش دهند. احتمالاً ایران به جای انتقام گیری آشکار متعارف برای مقابله با فشار غرب، بر حملات غیرمتعارف و حداقل ۲۵ اقدام انکار ناپذیر مانند عملیات سایبری تمرکز داشته است.

توانمندی‌های نظامی و استراتژی نظامی متعارف جمهوری اسلامی، مبتنی بر بازدارندگی و مقابله به مثل است. اگر بازدارندگی آن‌ها شکست بخورد، جمهوری اسلامی احتمالاً به دنبال نشان دادن قدرت با ضربه جدی به دشمنان خود خواهد بود. ایران بزرگ‌ترین زرادخانه پهپادها و موشک‌های منطقه را در اختیار دارد و به‌طور فزاینده‌ای به پهپادهایش متکی است. احتمالاً به این دلیل که این پهپادها ارزان و چندکاره یا چند منظوره هستند، و احتمالاً ایران بر این باور است که استفاده از پهپادها، تا حد قابل قبولی، امکان انکار را افزایش می‌دهد. جمهوری اسلامی، شگرد خاصی در انکار و حاشا کردن عملیات دارد.

ایران بر بهبود دقت، کشندگی و قابلیت‌های فراتر از پهپاد، تمرکز کرده است. همچنین، ایران تجهیزات و آموزش پهپادها را به شبکه‌های نیابتی تروریستی و شرکای متحد خود را گسترش می‌دهد که به تهران، امکاناتی انکارناپذیر برای حمله به منافع ایالات متحده و شرکای بومی و منطقه‌ای خود در سراسر خاورمیانه فراهم می‌کند. ایران به طور معمول از نیروهای دریایی خود برای نظارت بر عملیات دریایی ایالات متحده و متحدانش در سواحل خود - از جمله در نزدیکی تنگه هرمز - استفاده می‌کند و گهگاه در تعاملات خطرناک و غیرحرفه‌ای شرکت می‌کند. از سال ۲۰۱۹، نیروهای دریایی ایران گستاخ‌تر شده‌اند تا به تصرف کشتی و خرابکاری دست بزنند و در برخی موارد به خاطر تلافی از فعالیت‌های اسرائیل و متحدانش، به کشتی‌های تجاری در منطقه حمله کرده‌اند.

ظاهراً برخی از موشک‌های سپاه، می‌توانند اهدافی را در ۲۰۰۰ کیلومتری مرزهای ایران مورد حمله قرار دهند و رژیم هم، تمایل به استفاده از آن‌ها را نشان داده است. ایران به افزایش دقت و مرگبار بودن نیروی موشک‌های بالستیک خود، از جمله موشک‌های بالستیک کوتاه‌برد[1] با افزایش برد و قابلیت ضد کشتی[2] با دقت و بهبود کلاهک ادامه می‌دهد.

حداقل از سال ۲۰۱۶، ایران از موشک‌های کروز ضد کشتی پرتاب شده از هواپیما و زیردریایی، سیستم‌های دفاع هوایی متحرک، و چندین موشک کروز در حمله زمینی - که در ارتفاعات پایین پرواز می‌کنند و می‌توانند از چندین جهت به یک هدف حمله

1- SRBM
2- MRBM

کنند- پرتاب کرده است. همین موضوع، دفاع موشکی را پیچیده می‌کند. ایران همچنان به توسعه طرح‌هایی برای پرتاب فضایی با تقویت کننده‌ها ادامه می‌دهد که در صورت پیکربندی برای این منظور، می‌توانند بردهای موشک‌های بین قاره‌ای[1] را داشته باشند. تهران همچنین آرزوی ساخت، پرتاب و ۲٦ ماهواره را دارد و تلاش کرده است چندین ماهواره آزمایشی را در مدار قرار دهد - از جمله پرتاب‌های آوریل ۲۰۲۰ و مارس ۲۰۲۲ که اولین ماهواره‌های شناسایی نظامی سپاه بودند. ایران یکی از دارندگان سلاح‌های بیولوژی و شیمیایی (CWC و BWC) است.

با این حال، از سال ۲۰۱۸، دولت ایالات متحده، جمهوری اسلامی را به دلیل عدم اعلام انتقال سلاح‌های شیمیایی و فهرست کامل عوامل کنترل شورش[2] و عدم ارائه لیست کامل سلاح‌های شیمیایی، به تعهدات خود در معرفی امکانات تولید سلاح‌های بیولوژی و شیمیایی، پایبند نبوده است. دولت ایالات متحده همچنین نگران است که ایران در حال تعقیب عوامل شیمیایی خاص برای اهداف شریرانه است.

در سال ۲۰۲۱، جمهوری اسلامی مذاکرات فروش تسلیحات را با روسیه، چین و کره شمالی انجام داد. احتمالاً این مذاکرات، بیانگر اولویت‌های نوسازی نظامی ایران - موشکی، دریایی، پهپادها و نیروهای دفاع هوایی- است، همچنین، تهران ممکن است بر اساس تجربه‌هایی که از درگیری‌های اخیر آموخته، قدرت هوایی قوی‌تر و توانمندی‌های جنگ الکتریکی[3] را دنبال کند. فعالیت‌های نظامی منطقه‌ای ایران به‌منظور ایجاد عمق استراتژیک، با فراهم کردن امکانات برای حملات تروریستی علیه منافع ایالات متحده ادامه دارد. همچنان، به ارائه حمایت‌های مستشاری، مالی و مادی به شبکه‌های تروریست نیابتی و شرکای منطقه‌ای آن در عراق، لبنان، سوریه و یمن ادامه می‌دهد.تا نفوذ منطقه‌ای بلندمدت ایران را تضمین می‌کند.

جمهوری اسلامی از روابط مافیایی خود برای حمله علیه حضور مستمر ایالات متحده در منطقه استفاده کرده و در تلاش است تا ایالات متحده را به عقب‌نشینی نظامی وادار کند. در ژانویه ۲۰۲۰، اسماعیل قاآنی، فرمانده نهاد تروریستی قدس - شاخه سپاه پاسداران انقلاب اسلامی- خطوط منطقه‌ای و اهداف قبلی قاسم سلیمانی را دنبال می‌کند و هر آنچه را که به ارث برده، به پیش می‌برد.

در سال ۲۰۲۱، جمهوری اسلامی - به عنوان بخشی از استراتژی جدید برای مقابله با

1- ICBM.
2- RCAs.
3- EW.

اسرائیل - به استفاده از اقدامات تهاجمی‌تر و تاکتیک‌های جدید - از جمله هدف قرار دادن کشتی‌های تجاری مرتبط با اسرائیل - پرداخت. تهران برای تحقق این استراتژی - به طور فزاینده‌ای - به پهپادها متکی است و حداقل شش حمله پهپاد علیه منافع اسرائیل را در سال گذشته انجام داده یا سیستم آن‌ها را فعال کرده است. ایران همچنین به دنبال جلوگیری از عادی‌سازی روابط بین اسرائیل با کشورهای عربی و ایجاد مزاحمت در برقراری قرارداد صلح ابراهیم است و تهدیدات نیروهای نیابتی و شرکای منطقه‌ای خود را با اقدامات دیپلماتیک ترکیب می‌کند.

در عراق، جمهوری اسلامی به دنبال کسب اطمینان از حفظ نفوذ نظامی و سیاسی گروه‌های شبه نظامی تروریست شیعه وابسته به ایران است. ایران، توانایی‌های شبه نظامیان را بهبود بخشیده و استقلال عملیاتی آن‌ها را به مراتب افزایش داده است. در سال ۲۰۲۱، شبه نظامیان عراقی برای اولین بار از پهپادهای اهدایی ایران برای حمله به اهداف ایالات متحده استفاده کردند و سپس، حملات بعدی را بر اساس شرایط سیاسی تعدیل کردند. ایران برای مدیریت تشدید تنش و بهبود چشم‌انداز سیاسی شبه‌نظامیان در واکنش به انتخابات اکتبر ۲۰۲۱ عراق، توقف‌های موقتی را در حملات شبه‌نظامیان انجام داده است.

شبه نظامیان در ماه ژانویه ۲۰۲۲ چندین پهپاد و حمله غیرمستقیم، علیه نیروهای آمریکایی انجام دادند تا فشار بر ایالات متحده را برای عقب نشینی، افزایش دهند. در لبنان، تهران با حزب‌الله لبنان - مهم‌ترین و تواناترین شریک تروریست آن در منطقه - برای ایجاد قدرت و تقویت قابلیت‌های شبه‌نظامیان شیعه در منطقه همکاری می‌کند. ایران به‌عنوان حامی اصلی گروه تروریستی حزب‌الله عمل می‌کند و منافع استراتژیک آنها، تفاوت چندانی با هم ندارد.

در سوریه، ایران به دنبال تضمین حضور اقتصادی و نظامی پایدار و در عین حال جلوگیری از ادامه حملات اسرائیل به منافع ایران است. طی سال گذشته، تهران تمایل خود را برای هدف قرار دادن نیروهای آمریکایی در سوریه نشان داده است. از سال ۲۰۱۹، نیروهای تحت حمایت ایران چندین حمله موشکی[1] علیه ایالات متحده و شرکای ائتلاف در سوریه انجام داده‌اند. بنا بر گزارش‌ها، در اکتبر ۲۰۲۱، نیروهای ایرانی - در تلافی حمله هوایی اسرائیل که از حریم هوایی در نزدیکی منطقه آلتنف[2] استفاده کرد - در حمله‌ای پیچیده به یک پایگاه نظامی ایالات متحده در سوریه تا به امروز، نیروهای آمریکایی را با

1- UAV
2- Al-Tanf

چندین پهپاد مورد حمله قرار داده‌اند.

و در یمن، ایران با فراهم کردن مشاوران و تسلیحات هم برای تسهیل حملات پیچیده و دوربرد علیه عربستان سعودی و امارات متحده عربی (امارات متحده عربی) و هم برای تحت فشار قرار دادن ائتلاف سعودی، همچنان به حمایت از گروه تروریستی حوثی‌ها[1] ادامه می‌دهد.

در سال گذشته، جمهوری اسلامی یکی از پیشرفته‌ترین پهپادهای تهاجمی یک طرفه خود (به نام شاهد-۱۳۶) را در اختیار تروریست‌های حوثی در یمن گذاشته است که قابلیت حمله دوربرد جمهوری اسلامی و حوثی‌ها را فراهم می‌کند. پس از سه حمله پهپادی و موشکی علیه امارات متحده عربی در ژانویه، حوثی‌ها حملات پهپادی و موشکی فرامرزی خود را به عربستان سعودی و اهداف دریایی در دریای سرخ متمرکز کرده‌اند. با این حال، از اول آوریل، سازمان ملل متحد با میانجیگری خود، آتش‌بس غیررسمی در این کشور برقرار کرد. و حوثی‌ها و ائتلاف تحت رهبری عربستان سعودی تمام عملیات‌های نظامی خود در یمن را به مدت دو ماه متوقف کردند.

این آتش بس، نوید بازگشایی موقت بندر الحدیده و فرودگاه صنعا و امکان گسترش آتش‌بس به آتش‌بس دائمی‌تر را می‌داد. حوثی‌ها به طور رسمی و علنی با آتش‌بس موافقت نکرده‌اند، اما تا ۱۵ آوریل ۲۰۲۲، هر دو طرف، علیرغم اتهامات نقض آن، همچنان به آن پایبند بودند. عبد رَبُّه منصور الهادی، رئیس جمهور یمن، در ۷ آوریل به طور جداگانه، پس از گفتگوی بین گروه‌های یمنی به میزبانی شورای همکاری خلیج فارس در ریاض، انتقال اختیارات خود را به شورای رهبری ریاست جمهوری جدید[2] اعلام کرد. اگرچه آتش‌بس و ایجاد شورای رهبری ریاست جمهوری جدید، نشان‌دهنده پیشرفت‌هایی در جهت آتش‌بس دائمی‌تر است، و احتمالا حوثی‌ها احتمالاً همچنان به دنبال بهبود موقعیت مذاکره خود از طریق عملیات نظامی و حملات خارجی هستند.

جمهوری اسلامی به‌رغم اعمال مجدد تحریم‌ها در سال ۲۰۱۸ - پس از خروج ایالات متحده از برجام - دسترسی تهران به منابع مالی سنتی دولتی از جمله صادرات نفت را با مشکل مواجه کرده است، اما به فعالیت‌های منطقه‌ای خود ادامه داده است. ایران برای دور زدن تحریم‌ها تلاش کرده است، اما کاهش ارزش پول، تورم بالا و افزایش بیکاری، همچنان اقتصاد این کشور را آزار می‌دهد.

1- Huthis.
2- PLC.

بودجه دفاعی ۲۰۲۲ ایران به طور قابل توجهی، ۵ برابر بزرگتر از پنج بودجه دفاعی در سال‌های قبل است، اما محدودیت‌های مالی به احتمال زیاد مانع از تامین کامل هزینه‌های برنامه ریزی شده‌اش خواهد شد. همچنین تلاش‌های توسعه هسته‌ای تهران با کاهش پایبندی‌اش به برجام ادامه یافته است که آنهم برای اعمال اهرم فشار در مذاکرات و احیای توافق بر اساس شرایط مطلوب ایران، از جمله ادامه درخواست‌ها برای رفع تحریم‌ها، بوده است.

جمهوری اسلامی برخی از اقدامات شفاف‌سازی برای برنامه هسته‌ای خود و غنی‌سازی اورانیوم تا ۲۰ و ۶۰ درصد، فراتر از محدودیت ۳٫۶۷ درصدی برجام را متوقف کرده است. ایران همچنین با توسعه سانتریفیوژهای پیشرفته و غنی‌سازی - فراتر از حد توافق شده - غنی‌سازی کرده است. در طی سال ۲۰۲۲، تهران احتمالاً به عملیات ایالات متحده و هم پیمانان خود، به شیوه‌ای مشابه یا متناسب پاسخ خواهد داد تا از خطر تشدید تنش‌ها - که مهار را از دست بدهند -جلوگیری کند.

احتمالاً جمهوری اسلامی به دنبال نمایش قدرت، کاهش نفوذ منطقه‌ای غرب، و بازدارندگی مجدد - پس از حملات مکرر به منافع ایران در ایران و سوریه- است. چنین واکنش‌هایی احتمالاً شامل حملات تروریستی، عملیات سایبری یا اقدامات هسته‌ای خواهد بود. ایران احتمالاً به دنبال پرهیز از تشدید تنش است که انتظار می‌رود یا مذاکرات برجام را تضعیف کند یا هدفش برای وادار کردن ایالات متحده به خروج از منطقه را دنبال کند.و مقام‌های ایران از واکنش خود به کشته شدن قاسم سلیمانی ناراضی هستند و ممکن است در حال طراحی «اقدامات مخفیانه» علیه مقام‌های آمریکا باشند

آخرالامر در گزارش آژانس اطلاعات دفاعی آمریکا به مجلس سنا اشاره رفته که رژیم ایران در سال ۲۰۲۱ با کشورهای مدار روسیه، چین و کره شمالی درباره خرید سلاح‌های متفاوت، مذاکره‌هایی انجام داده است. زیرا ممکن است جمهوری اسلامی قصد تقویت نیروی هوایی و توانایی‌های خود در جنگ الکترونیک را داشته باشد. ایران احتمالا در زمینه گسترش تجهیزات پارازیت نظامی با کره شمالی همکاری می‌کند. آژانس اطلاعات دفاعی آمریکا از رابطه عمیق جمهوری اسلامی با گروه‌های تروریستی منطقه، آگاه است که مثلا رهبران ارشد القاعده، در ایران هستند و از خاک ایران، فعالیت‌ها و عملیات تروریستی شبکه جهانی این گروه را نظارت و مدیریت می‌کنند. همچنین ایران، در زمینه استراتژی و رسانه، به شاخه‌های القاعده راهنمایی و کمک‌های متفاوتی را ارائه می‌دهند

۳۳

چماقداران سرکوبگر، ایرانی‌اند و ابزار سفیه وقیح

در دستگاه خلافت اسلامی ولایت فقیه، شخص رهبر نظام، فرمانده کل قوا است. البته که ساختار نیروهای مسلح در رژیم جمهوری اسلامی ایران، ۳ قسمت جداگانه دارد: ارتش، سپاه پاسداران و وزارت دفاع (پشتیبان نیروی‌های نظامی کشور).

طبق گزارش‌های داخلی و بولتن‌های خارجی، پرسنل نیروهای مسلح جمهوری اسلامی، چیزی در حدود ٦٥۰ هزار نفر است و حدود ٤۰۰ تا ۳٥۰ هزار نفر هم بطور جانشین یا ذخیره یا آماده خدمت و ... در اختیار دارد.

به عبارتی، حدود ۱ سیلیون نفر نزدیک ۱/۸۰م جمعیت ایران را نظامی‌ها تشکیل داده‌اند و به بزرگترین سازمان نظامی یا مسلح در غرب آسیا مشهور است.

زیر پرچم خامنه‌ای، یک سازمان به نام ستاد کل نیروهای مسلح جمهوری اسلامی ایران وجود دارد که وظیفه این عالی‌ترین نهاد نظامی، مدیریت، نظارت و هماهنگی مجموعهٔ نیروهای مسلح ایران است (ارتش و سپاه و انتظامی و وزارت دفاع) که فعلاً سرپرستی آن برعهده پاسداری به نام محمد باقری است.

۱. تمام عملیات تروریستی در خارج از کشور، در این ستاد و با اطلاع این ستاد و فرمانده کل قوا صورت می‌گیرد.
۲. همه عملیات سرکوب اعتراضات داخلی در این نهاد بررسی می‌شود.
۳. همه هزینه‌ها برای حمایت از گروه‌های تروریستی و شبه نظامیان تروریست در گروه‌های نیابتی توسط این ستاد هماهنگی می‌شود.
٤. هرچه رفع تهدید داخلی و خارجی است توسط این ستاد، بررسی می‌شود.
٥. تمام بررسی عملیات‌های نیروی دریایی و زمینی و هوایی بر عهده این ستاد است.
٦. سازمان حفاظت اطلاعات ستاد کل نیروهای مسلح، از همه فعالیت‌های نهادهای اطلاعاتی و امنیتی متفاوت مطلع است و ...

پس از این مقدمه کوتاه، چند مثال ضروری است.

الف. عملیات نیروی تروریستی سپاه قدس در فلان کشورهدف، صورت می‌گیرد.

گزارش آن علاوه بر بیت خامنه‌ای در اختیار این ستاد هم هست. به عبارتی، آیا شخص رئیس ستاد در همه عملیات تروریستی، شراکت دارد؟ بلی!

ب. سازمان تروریستی بسیج، که برخی منابع آن را ۱۰ میلیون نفر می‌شمارند، در کدام سرکوب می‌تواند بدون هماهنگی با ستاد مشارکت کند؟ هیچکدام!

ج. فرماندهی نیروی انتظامی که به ظاهر زیر نظر وزارت کشور است و وزیر کشور فعلی هم تروریست مشهوری به نام احمد وحیدی است که قبلاً از فرماندهان سپاه قدس بوده است و در پرونده‌های مشهور تروریسم اسلامی، نامش می‌درخشد. آیا عملیات پلیس اطلاعات و امنیت عمومی فراجا و یا سرکوب فلان اعتراضات توسط نیروی انتظامی یا یگان ویژه، بدون اطلاع ستاد است؟ خیر!

د. مثلا غلامعلی رشید، فرمانده قرارگاه مرکزی خاتم الانبیا (عالی‌ترین قرارگاه عملیاتی نظامی در ایران) است. کدام طراحی، هماهنگی و نظارت عملیاتی توسط این قرارگاه هست که ستاد بی‌خبر باشد؟ هیچ!

حالا، بوق‌های وابسته به این دستگاه سرکوب نظامی تودرتو، در خارج از ایران، به مردم آدرس غلط می‌دهند. تو گویی که برخی از رسانه‌های خارج از کشور، ماموریت دارند تا مثلا سپاه و ارتش را سفیدشویی کنند! این اقیانوس العلوم‌ها، درباره ابزارهای سرکوب و چماق‌های نظام تروریستی ولایت فقیه، سخنی به میان نمی‌آورند، چون دغدغه شان، ایران نیست! و کسی هم نیست که بگوید: کافی است آقا! شرم کنید! البته، اندک اندک، جامعه به شعور شناختی نزدیکتر می‌شود تا معنی و چهره «اسلام ناب محمدی»، «حکومت الله بر زمین»، «نظام مقدس»، «نهضت اسلامی»، «ولایت فقیه» را بهتر بشناسد! افتان و خیزان، این راه سنگلاخی، پیموده می‌شود. چماقدارها و ابزار سرکوب این دستگاه خونریز را هم می‌شناسد.

۱. فلان روزنامه‌نگار، جلوی دوربین می‌نشیند و مرثیه سرایی می‌کند که فلان سرلشکر سپاه با مردم است! بی‌اطلاع از اینکه، چنین دروغی، جنایت در حق افکار عمومی ایران است.

۲. فلان تحلیلگر، به محمد باقری علاقمند است و با صراحت می‌گوید: «از همه باسوادتر است!» خوب، چه ربطی با خلق جنایت دارد؟ مگر نه اینکه شخص مورد اعتماد خلیفه است، و وظیفه او، حفظ دستگاه اختاپوس مذهبی و ولایت فقیه. بنابراین از انجام هر جنایتی هم روی گردان نبوده و نیست!

۳. فلان اهل سیاست کراواتی، برای یک جرثومه مانند علی فضلی - معاون جانی

و خونریز سپاه - تبلیغات می‌کرد! آن هم برای یک جانی که دستش به خون مردم آلوده است. البته، روسیاهی برای ذغال ماند! و عاقبت در ۱۳ آوریل ۲۰۱۱ اتحادیه اروپا وی را به دلیل نقشی که در نقض گسترده و شدید حقوق شهروندان ایرانی داشته، تحریم کرد. و یا در فروردین ۱۳۹۱، وزارت خزانه‌داری ایالات متحده آمریکا نیز فضلی را به دلیل نقض جدی حقوق بشر تحریم کرد.

٤. بدمزه‌ای شیرین عقل، در تلویزیون اصلاح‌طلبان در لندن می‌گوید: «سپاه نیروی مردمی ماست و ارتش با مردم است!!» یا یک سیاس شوخ می‌گوید: «سپاهی‌ها و ارتشی‌ها و نیروی انتظامی» فرزندان ما هستند!... یک نهاد مشهور تروریستی که مایه ننگ و شرم بشریت است و نام ایران را به ننگ کشانیده‌اند؛ کدام پدری، فرزندی تروریست و جانی و فاسد و سرکوبگر را می‌پسندد؟ کدام مردم، یک نیروی چماقدار اوباش را جزو خود می‌داند؟

٥. فلان کارشناس اصلاح طلب در تلویزیون بادی به غبغب می‌اندازد و در دُرافشانی‌اش می‌گوید: «از نیروی انتظامی، حمایت بخواهید؟» این چه شوخی بی‌مزه و بی‌ربطی است که راه انداخته‌اند!؟ از سربازان ولایت فقیه و ابزارهای سرکوب دستگاه خلافت اسلامی [نیروی انتظامی؛ ارتش؛ سپاه] توقع حمایت دارید؟ این وحشی‌های چماق دار، ابزار سرکوب مردمان سیه روز ایران‌اند. و امان ازین کُمونیسم شیعی (چپ حکومتی، زبانم لال اصلاح‌طلبان!) که انگار در آفریقا، فارسی یادگرفته اند.

[البته بماند که خلاصه ازدواج «قبیله اصلاح طلبان، چپ‌ها و ۵۷ی‌ها» چنین است که: جنگ با براندازان برای آینده ایران سه مشکل آنان: تغییر ساختار حکومت؛ تقسیم قدرت و غنائم؛ بازی رقیب! کابوس‌شان: جایگزین نظام ولایت فقیه و چگونگی گذار از جمهوری اسلامی !ماموریت برخی مُلا کراواتی و بی‌عقل در خارج: بازی مُهره‌ها!]

٦. فلان جمهوریخواه مشابه آنکه در خیابان آدم می‌کشد، با کراوات نشسته در همه تلویزیون‌های ماهواره‌ای و آدرس غلط به مردم می‌دهد تا به خیالش، افکار عمومی را مهندسی کند. در درمان کژراهه و تباهی و خیانت ۵۷، یک عزم، همبستگی و اراده ملی لازم است تا این درد مشترک، درمان شود. به مردم نمی‌گوید که این اجامر مغزشسته نظامی در ایران، با گلوله تفنگ، بنا به خرافات ریشه دار و خیالبافی ساده لوحانه (مانند سرباز امام زمان خیالی بودن و ..)، چماقدار و پاسبان ظلم مُلای بی‌وطن مانده‌اند. برای بقای استبداد سیاه نعلین پوشن و دستان به سران موعظه‌گر می‌کوشند و شمشیر می‌کشند. و این، تراژدی زمانه ماست.

۷. فلان اسماً روزنامه‌نگار نشسته و از پاسداران به عنوان نیروی ملی نام می‌برد. همان روز اتفاقا، با استفاده از نیروی نوپو–نیروهای ویژه پاسداران ولایت–علیه مردم بی‌دفاع در خیابان ملت شهرکرد، دست به کشتار زدند. انگار این سیه پوشان شمشیرکش آمده بودند برای قتل عام مردم بی‌دفاع که تا دیروز در سخنان اوباش خامنه‌ای، «اُمت اسلامی» می‌خواندند!؛ و یا آمده بودند برای جنگ با یک ارتش اجنبی!... اما آن روزنامه‌نگار مدعی رهبری سیاسی را خواب برده!

۸. فلان کارشناس شبانه روزی که از فروش ویسکی تا تولید کاندوم حرف می‌زند، به تمجید از سپاه پاسداران پرداخت و گفت از نیروهای نیابتی هلال شیعی در اطراف ایران، برای سرکوب‌ها آدم اورده اند! انگار که آن‌ها دست ساز و دست پرورده جمهوری اسلامی نیستند! تو گویی که با فرماندهان سپاه، شبانه روز در تماس است. در پاسخ‌اش باید گفت این‌ها از میان خانواده‌های داخل ایران، چماق به دست گرفته و پاسبان استبداد مُلایان شده اند !و هرکسی اباطیل ببافد و گوید که این چُماق داران وحشی صفت و خونریز، از میان گروه‌های تروریستی هلال شیعی در اطراف ایران آمده اند؛ یعنی اهانت به شعور یک ملت!؛ یعنی شارلاتانیسم و وقاحت!

بعد از این توضیحات، آخرالامر بگویم که ملت ایران، این روزها، یکپارچه غمگین و پریشان آبادان است انگار که موجی از همدلی و همدردی و یکپارچگی ملی به راه افتاده و برخی کرکس‌های سیاسی نمی‌توانند چرتکه بندازند و برای منافع سیاسی و مالی خود، یا دیوار کشی قومی و قبیله‌ای کنند و یا از جانیان دفاع کنند! بماند که رهبر خرفت خود را ولی فقیه می‌نامند و در ورزشگاهی که شاه فقید ساخت، برای خودش مانند صدام حسین، مراسم سلام فرمانده راه می‌اندازد. به قول شاعر:

نیست حقی برای هیچ بشر / که ولی خوانی‌اش یا رهبر
هرکه خود را فقیه میخواند / یا ولی بهر خلق می‌داند
در حقیقت اورا مگوی فقیه / که بود این چنین فقیه، سفیه!

این سیلاب ویرانگر جمهوری مُلایان، راه را بر فرمانروایی شر و تاریک مسلکان گشوده. این ویرانگری نفرت انگیز، ایران را ویران کرده .چماقدارهای بت ساز بت پرست و مقلدهای فاقد شعور دستگاه اجتهاد، خواهان تغییر نیستند زیرا با روحی پر از کینه و نفرت، قیام علیه ظلم و حاکم ظالم را نمی‌بینند. و باید گفت که «مُلایان فاسد و شیخان رذیل؛ در ۱۳۵۷ با تروریسم آمده‌اند، با تروریسم مانده‌اند و با حمام خون خواهند رفت!» اما آنچه می‌ماند، ایران است

این‌ها در کتاب‌های قصه‌ها است که به آغوش ملت بازگردند و .. خیر! خلافت اسلامی ولایت فقیه تا حمام خون راه نیاندازد، نمی‌رود. چماقدارانش تا آخرین فشنگ می‌مانند! این‌ها، جلادانند و قصابانند! و در توحش هم نشانی از تفکر نیست. چماقدار و انسانیت؟ تروریست و آدمیت؟ مُلا و ایرانیت؟ هرگز!

۳۴

اُپوزیسیون و انحلال نهاد

(تروریستی بسیج)

قوانین یک جامعه، زمانی رسمیت و اعتبار پیدا می‌کنند که بر اساس خرد جمعی و از طریق دمکراتیک به تصویب نمایندگان واقعی مردم برسند. نهاد تروریستی بسیج[1]، در سالهای اول «حماقت ۵۷» و در ابتدا برای حفظ امنیت و دفاع از به اصطلاح انقلاب تروریستی - خمینیستی شکل گرفت. و در طول جنگ نامقدس خمینی با صدام، بسیجیان نقش خاصی در مقابله با نیروهای عراقی بازی کردند.. [در اکتبر ۲۰۱۹، بسیج در مرکز مبارزه با تامین مالی تروریسم، بخاطر سرکوب اعتراضات مردمی و مشارکت در اقدامات تروریستی و خرابکارانه و جنگ‌های منطقه‌ای سپاه پاسداران در داخل و خارج از کشور، به فهرست تروریسم اضافه شد]

اگر به سیر تکاملی این نهاد تروریستی توجه کنیم، به این نتیجه خواهیم رسید که در طی دهه ۶۰ و ۷۰، کم‌کم و به تدریج بسیجیان به سازمانی مزدور تبدیل شدند که مهم‌ترین وظیفه‌شان، حفظ رژِیم ولایت فقیه و سرکوب وحشیانه مردم ایران بود. [در ۵ آذر ۱۳۵۸ به فرمان خمینی تشکیل شد و پس از تصویب مجلس شورای اسلامی مُلایان در دی ۱۳۵۹ به‌طور قانونی رسمیت پیدا کرد و به نهاد تروریستی سپاه پاسداران انقلاب اسلامی تعلق گرفت]

این دستگاه سرکوب، جوانان اغلب فقیر و مذهبی را جذب کرده؛ با تعلیمات خرافات و موهومات و شیوه‌های تروریستی و شستشوی مغزی، آنها را به مزدورانی گمراه، خشن، خودفروخته و خطرناک تبدیل می‌کند که به هر جنایتی برای حفظ ساختار حکومت ولایت مطلقه فقیه دست می‌زنند. [در تاریخ ایران، در همین ۵۰۰ سال گذشته هم، سلاطین منفور و بدنام صفویه، به رسم مغولان، چنین افرادی - آلت سیاست و غضب - را داشتند که نامش چیگین / چگین (آدمخوار) بودند. و این جلادان زنده خوار، مخالفان مغضوب شده سلطان زمانه را زنده زنده و خام خام می‌خورند! / زندگانی شاه عباس اول تالیف

1- Basij

نصرالله فلسفی، جلد دوم، صفحه ۱۲۵ / خلاصه التواریخ]

اکثراً گروه‌های سرکوب رژیم مُلایان، از جمله لباس شخصی‌ها، افراد یگان ویژه، گشت‌ها و ... از اعضای نهاد منفور بسیج برای تشکیل کادرهای خود استفاده می‌کنند. بسیجیان در جامعه امروز ایران، از مزایای فراوانی برخوردارند. آنها در بیشترین رشته‌های دانشگاهی سهمیه مخصوص دارند و حتی می‌توانند با معدل بسیار پائین‌تر ار داوطلب‌های معمولی در رشته‌های مهم، پذیرفته شوند. بسیاری از کارهای دولتی، اول به بسیجیان و افراد قرارگاه‌های متفاوت، پیشنهاد پذیرش می‌شود. مُلایان از این طریق می‌خواهند نیروهای مزدورشان را با دانش‌های روز آشنا کرده، از آن‌ها بطور موثرتری برای حفظ حیات خویش بکار ببرند.

در ۱۰۰ روز اخیر، سیر تظاهرات و اعتراضات داخل ایران، شاهد نقش وسیع این مزدوران وحشی صفت در سرکوب و کشتار معترضان شجاع و جوانان قهرمان وطن پرست بوده ایم. مردم هم که شاهد جنایات این وحوش، در همه ارکان جامعه می‌باشند. مردم هراسیده، دست خالی، چشم به انتظار و پراُمید، روز به روز از آنها خشمگین‌تر شده و حتی برخی از آنها را تنبیه بدنی و رسوا کرده اند.

این لُمپن‌های مسخ شده و جنایت پیشه دارای قهر چنگیزی، نه وجدان انسانی دارند و از تمدن، اخلاق و انسانیت در بشر امروز، بهره برده‌اند. این چماقداران، بیشتر وقت خود را در جلسات مذهبی نشر خرافات و موهومات، مداحی و مغزشویی تلف کرده که به حیواناتی خون آشام، وحشی و رادیکال و خطرناک و بی‌رحم تبدیل شده‌اند که اُمیدی هم به اصلاح این تروریست‌های آدمخوار نیست.

در اکثریت تظاهرات، مردم جان به لب رسیده با شعارهایی مثل «بسیجی برو گمشو» و «بسیجی جیره خوار، آخرشه خور بخور»، و «بسیجی!، داعش ما شمایی»، میزان و سطح انزجار و تنفر خود را از این چماقداران مسخ شده و آدمخواران ولایت فقیه نشان داده و می‌دهند.

انتظار می‌رود که اکثریت این جنایت کاران که نقش اس اس‌ها در آلمان نازی را بازی می‌کنند، به جنایات خود ادامه دهند. آنها، تابع، هیچ قانون نیستند و تنها بر اساس تفکر خمینیسم، حرکت می‌کنند. [اسکادران حفاظت حزب نازی[1] یکی از سازمان‌های شبه نظامی جنایتکار و تحت نظارت هیتلر و حزب نازی بود که بر اساس ایدئولوژی حزب نازی، شکل گرفت و مسئول بسیاری از جنایات و جرایم در طول جنگ جهانی دوم بودند.

1- Schutzstaffel / SS.

بعدها، در آلمان، فعالیت این سازمان جنایتکار، ممنوع و غیرقانونی اعلام شد]

این سازمان جنایتکار و تروریستی، به تشویق خامنه‌ای، آتش به اختیار بوده و همان‌طور که در بسیاری از ویدئوها دیده‌ایم، حتی از شلیک مستقیم و از نزدیک، تفنگ ساچمه‌ای به صورت جوانان ایران، باکی و شرمی ندارند.

فقط یک حیوان درنده، قادر به انجام این کار وحشیانه و ددمنشانه می‌باشد. وقت آن است که به جنایات چندین دهه این مزدوران خون‌آشام پایان داده شود. سران اپوزیسیون و رهبران مشهور در عرصه‌های اجتماعی، هنری و سیاسی‌مان باید با اتحاد و هماهنگی به نمایندگی از اکثریت ملت ایران و به حکم آنان، سازمان تروریستی و جنایتکار بسیج را غیرقانونی اعلام کرده و آن را هم منحل، اعلام کنند!

این مُزدوران کینه‌جو و تروریست‌های خشن، به دلیل جنایات فراوان و ثبت شده در حافظه مردم ایران، با رای اکثریت ملت، باید غیرقانونی اعلام شوند. [زیرا مردم ایران، در سایه حکومت فاقد قانون و وحشی مُلایان بی‌وطن، جز خیابان‌ها و کوچه‌ها، در هیچ مرجع قانونی دیگری از جمله مجلس و حزب و رسانه و ..جایی ندارند].

بی هیچ شبهه‌ای، این خواست اکثریت مردم امروز ایران و به ویژه نسل جوان ایرانی می‌باشد. سران اپوزیسیون واقعی - و غمخوار و دلسوز - با اعلام انحلال رسمی این سازمان تروریستی، باید از مردم ایران بخواهند که در صورت ادامه فعالیت‌های این چماقداران آدمخوار، آنها را به هر طریقی که خود صلاح دیدند، به سزای اعمالشان برسانند.

بگذارید با آنها مثل داعش رفتار کرده و مقداری از داروی به اصلاح «النصر بالرعب» خودشان را برایشان تجویز کنیم. این تنها زبانی است که این وحوش زبان نفهم می‌فهمند! باید به بسیجیانی که به این خواسته ملت وقع نمی‌گذارند، با خشم انقلابی و جدیت و اراده هرچه مستحکم تر، درس عبرتی داد که به قول جوانان، «دنبال سوراخ موش بگردند!»

این حرکت سیاسی، تاثیر روانی زیادی در تشویق مردم و تضعیف این نهاد تروریستی- خمینیستی خواهد داشت. مردم کوچه و بازار، باید خانواده و دوستان و فرزندان این چماقداران ولایت فقیه را به هر طریقی، تحت فشار بگذارند و آن قدر فضا را برای آنها تنگ کنند که دیگر، امکان ادامه زیست و فعالیت برایشان غیرممکن شود. حتی از مغازه‌های آنان هم نباید خرید کرد. و خود و فامیل‌شان را باید در جامعه انسانی، مطرود و رسوا کرد. چماقدار آدمخوار، چرا باید در جامعه بشری، جایگاه و پایگاهی داشته باشد؟

حتی باید واژه نحس و منفور «بسیج» را با «بی‌شرافتی، بی‌وجدانی، آدمخواری، جنایت» مترادف دانست که چنان فشار و جنگ روانی برایشان پدید آورد که دیگر نتوانند

در میان همسایه و محله و فامیل هم به زندگی عادی ادامه دهند. [مگر در جهان متمدن با نازی و داعش چنین نکردند؟]

این استراژی می‌تواند بسیاری از این خود فروخته‌های آدمخوار را ناامید و وحشت زده کند تا حدی که از این سازمان مخوف و غیرانسانی جدا شوند. آنها باید بدانند که در غیراینصورت، آینده تاریکی در انتظارشان هست که هست!

۳۵

قطر: رشوه و حمایت از تروریسم

یکی از بزرگترین برندگان «حماقت ۵۷»، کشور قطر بود. این شیخ‌نشین با کمتر از ۱۲۰۰۰ کیلومتر مربع مساحت و حدود ۵۰۰۰۰۰ جمعیت بومی (و حدود ۲ میلیون خارجی که اکثراً کارگر موقتی هستند) ده‌ها سال است که منابع گازی و نفتی مشترک پارس جنوبی را با همکاری شرکت‌های نفتی غربی غارت می‌کند. این ذخایر مشترک شبیه ظروف مرتبطه عمل کرده و به دلیل بی‌لیاقتی مُلاهای ایران که اهمیت این موضوع را درک نکرده‌اند، قطر موفق شد معادل میلیاردها دلار از ذخایر این منطقه بطور یک جانبه بهره برداری کند.

امیران فاسد ولی زیرک این شیخ نشین که در زمان شاه فقید می‌بایست در پشت در هفته‌ها منتظر اجازه شرفیابی می‌ماندند با آمدن مُلایان و جمهوری نکبت در سال ۱۳۵۷ این فرصت را غنیمت شمرده و از حماقت و بی‌سوادی مُلایان بی‌وطن سو استفاده کرده، با کمپانی‌های نفتی قراردادهای بزرگی را برای غارت و تاراج پارس جنوبی امضا کردند. اگر شاه فقید در ایران می‌بود، این‌ها هرگز چنین موقعیتی را به خواب هم نمی‌دیدند. قطر برای ده‌ها سال بدون سر و صدا و با در خواب نگه داشتن آخوندها و همدست‌هایشان صدها میلیارد دلار از ذخایر مشترک پارس جنوبی که بزرگترین ذخیره گازی جهان می‌باشد را فروخته و به خزانه خود ریختند.

به یاد دارم که حضرات انقلابی ۵۷ی، حتی امروز هم از ضررها و حیف و میل‌های جشن‌های ۲۵۰۰ ساله شاهنشاهی ایران در تخت جمشید، با نام رسمی «دو هزار و پانصدمین سال بنیانگذاری شاهنشاهی ایران به‌دست کوروش بزرگ»، چیزی حدود ۶۰۰ میلیون دلار هزینه برداشت و معرف تمدن و فرهنگ کهن ایران به جهانیان بود) که آن همه پرستیژ، نفوذ سیاسی و آبرو برای ایران آورد و به همه ما غرور ملی و اعتماد به نفس داد، حماسه سرایی و انتقاد می‌کنند ولی در مورد این اشتباه جمهوری نکبت و ٤٤ سال محنت که صدها میلیارد دلار به ایران ضرر زده، خفه خان گرفته‌اند! چون برایشان «حماقت ۵۷»،

ارزش و هویت است!

امیران قطر آموختند که برای در خواب نگه داشتن آخوندهای بی‌لیاقت، باید به آنها با حمایت از «بلوای ۵۷» و اهدافش رشوه داد. اصولاً از لحاظ تاریخی، رشوه به عنوان کلید و ابزاری که بسیاری درها را برای قطر بازکرده، یک عامل مشخص این کشور شده است.

مردم کثافت کاری پاندورا و سو استفاده‌های این شیخ‌نشین را در بردن میزبانی جام جهانی ۲۰۲۲ فراموش نکرده‌اند. اقتصاد قطر ظرفیت جذب میلیاردها دلار درآمدهای آنرا نداشته و آنها مجبورند قسمت بزرگی از این درآمدها را در کشورهای دیگر سرمایه گذاری کنند.

تا اینجا این مسایل به خود آنها مربوط می‌شود و ما ایرانیان به جز سرزنش از خود به خاطر بی‌لیاقتی رژیم ملایان کار دیگری نمی‌توانیم بکنیم، چیزی که باید خون هر ایرانی را به جوش بیاورد، نقش و همکاری نزدیک شیخ طمیم بن حماد امیر قطر با رژیم جنایت کار مُلایان می‌باشد.

حکومت قطر[1]، تاریخچه حمایت از گروه‌های تروریستی مانند اخوان‌المسلمین، طالبان، القاعده و حماس را در پرونده خود دارد. قطر با حکومت آخوندها نیز روابط نزدیکی داشته و برای نمونه افشای نوار صوتی معاون بسیج و رفتار ماموران قطری در طی بازی‌های جام جهانی این روزها، هیچ شک و تردیدی را باقی نمی‌گذارد که آنها حتی اسم ایرانیانی را که برای بازی‌های ایران بلیط خریده‌اند، به رژیم جمهوری اسلامی داده است.

خبرگزاری الجزیره[2] به طور سیستماتیک از آغاز انقلاب ۱۴۰۱ حقایق را به نفع جمهوری اسلامی مُلایان وارونه جلوه می‌دهد و تمام سعی خود را می‌کند تا این رستاخیز ملی و جنبش تاریخی را بی‌ارزش نشان دهد.

قطر، از ورود هر خبرنگاری که مورد تائید جمهوری اسلامی نباشد، جلوگیری کرده است. برخی خبرگزاری‌های خارج از کشور که تا به امروز نقش مهم را در پوشش خیابانی اوضاع ایران ایفا کردند و به پربیننده‌ترین تلویزیون‌های جریان اصلی در ایران تبدیل شدند، اجازه ورود به قطر و این بازی‌ها را پیدا نکردند.

ایرانیانی که برای این بازی‌های بلیط خریده و قصد داشتند پرچم واقعی و ملی شیر و خورشید یا تی شرت‌هایی با آرم شیر و خورشید همراه خود داشته باشند اجازه ورود را پیدا نکردند و برایشان همه گونه مشکلات ایجاد کردند.

1- Qatar.
2- Al Jazeera.

مسابقات، بزودی تمام خواهند شد اما ملت ایران دولت و امیر فاسد قطر را نه می‌بخشد و نه فراموش می‌کند. در ایران آزاد فردا، سیاستمداران خوش فکر، ورزیده و قابل ما در ایران، این حساب‌ها را با این امیرنشین «میکی ماوسی» تسویه خواهند کرد. این یک تهدید نیست، یک قول است.

ایرانیان در تمام جهان، باید با نوشتن مقالات و ایمیل و برگزاری تظاهرات در مقابل سفارت خانه‌های قطر و افشاگری اعمال قطر در حمایت از تروریسم به این کشور نشان بدهند که همکاری با جمهوری اسلامی شرط بندی روی اسب بازنده و خیانت نابخشودنی به مردم ایران می‌باشد. روزهای عمر جمهوری نکبت به شمارش معکوس افتاده است.

به دولت قطر اطمینان می‌دهیم که یکی از اولویت‌های مهم دولت دمکراتیک و شایسته ایران آزاد این خواهد بود که دیگر به آن، اجازه تاراج منابع مشترک پارس جنوبی ندهیم. کارشناسان، مهندسان و سیاست مداران لایق ایران آزاد فردا مثل زمان شاه فقید از منابع کشور ایران که در این ٤٤ سال حکومت بی‌لیاقت ملایان به غارت رفته دفاع کرده و کسانی که بخواهند تجربه شوم پارس جنوبی را دوباره رقم بزنند باید صبح‌ها خیلی زود از خواب بیدار شوند.

شاهزاده رضا پهلوی اخیرا به طور غیر مستقیم امثال دولت قطر را از همکاری با دولت نکبت برحذر داشته‌اند.

در انتها یادآور می‌شوم، آخوندها که امیدوارند با مسابقات جام جهانی، اعتراضات و انقلاب ۱٤۰۱ به حاشیه رفته و پایان یابد، سخت در اشتباهند. انقلاب ۱٤۰۱، غیرقابل برگشت است و هر روز نیروهای رژیم در حال ریزش بوده و هزاران نفر از طرفدارنش به جنبش خواهند پیوست. وسط بازان باید بدانند که اگر با این انقلاب نیستند، پس با رژیم‌اند. همه دیدند مردم با فوتبالیست‌های غیرملی چه برخوردی دارند و تاریخ هم آنها را نخواهند بخشید.

جای بسی تاسف است که جای ناصر حجازی‌ها و علی کریمی‌ها را اشغال‌هایی مانند علی پروین و مهدی طارمی و بیراوند گرفته‌اند. فردای جمهوری اسلامی این بوقلمون‌های خائن، باید به سوال‌های زیادی جواب پس بدهند.

به بسیجیان مزدور و بی‌وطن نیز گوشزد می‌کنیم که بزودی سازمان شما به دلیل جنایت‌های بی‌شمارش در این ٤٤ سال به حکم ملت ایران، منحل و غیرقانونی اعلام خواهد شد. درست مثل نهاد به اصطلاح روحانیت (مُلایان). امروز استعفا ندهند و به مردم

نپیوندند، فردا هم برایشان خیلی دیر خواهد بود. بازی، تمام شده است!

۳۶

گفتگوی بین تروریسم اسلامی

(محمد خاتمی)

در این روزهای دهه دوم از قرن ۲۱م، فاسدترین و خونریزترین و منفورترین حکومت الله بر زمین، در ایران حکم می‌راند. جمعی عمامه به سر فاسد و هرزه زبان و نعلین به پای فاقد شرف، اخلاق و تمدن بشری به تاراج و ویرانگری ایران، نشسته‌اند. شاید این روزها، یکی از تاریک‌ترین اعصار و دوران‌های تاریخ ایران باشد. دورانی شوم و منحوس که یادگار نکبت ۱۳۵۷ که ایران از مدار و محور اصلی خویش - پادشاهی ایرانی - خارج شد. همان زمستان بی‌بهار که مشتی به وطن به جان وطن افتادند و حاصلش این سیه‌روزی و بیچارگی و سیاهی است.

کسی هم نیست بپرسد که اگر نمایندگان امام زمان جعلی و خیالی این اجامر وحشی صفت و اوباش لیتک کله باد و فاقد شرم انسانی‌اند، معلوم نیست که آن موجود خیالی ناموجود، چه تبهکار، وقیح ناخلف و هرزه‌کاری باشد. وقتی خانواده‌های آیت‌الله‌ها و برخی از خود امام جمعه‌ها و مراجع شیعه، فردی جنایتکار و مخبط هستند، چرا باید گروهی باید اندیشه و عقل نقاد، مُقلد گوسفند وار این مُلای منحرف، فاسد و بی‌ریشه باشند؟ براستی وقتی اختاپوس مذهبی شیعه در ایران دارای چنین افرادی مات و مه، بی‌آزرم، بیعار، چشمدریده هستند، همین بساط خرافات و موهومات مذهبی و اباطیل شیعه‌گری در مام وطن باقی است.

وقتی ثمره حکومت اسلامی و ره‌آورد حکومت امام زمان جعلی و خیالی در ایران، چنین سیه روزی و پریشان احوالی برای مُلک و مملکت به بار آورده است؛ فایده و ثمره این مذهب و دین برای مردمان آن دیار چیست؟ پروردگار عالمیان، بیکار و بیعار است که چنین وحشیانی تروریست را نماینده خود معرفی کند؟

از روز اول که حکومت نکبت جمهوری اسلامی تشکیل شد، یکی از هرزه‌های تروریست پرور اسلامی، مهدی بازرگان بود.

۱. وقتی مهدی بازرگان از نوفل لوشاتو و خیمه خمینی به لندن رفت، نماینده ساواک در لندن

به MI6 اعتراض کرد! اما پس از ۳ روز، خواستند نماینده ساواک را با حادثه ساختگی تصادف اتومبیل، نابود کنند!

۲. از بطن نهضت مثلا آزادی او، تروریست‌های مجاهدین خلق، زائیده شدند.

۳. کسی که بنا به روایت سحابی، به دیدار تروریست اسلامی دگر - نواب صفوی- رفت تا فضل‌الله زاهدی را ترور کنند!

٤. یک مصدق اللهی منحط الفکر و خرافاتی که به دروغ در نیویورک تایمز گفت: حکومت خمینی، حکومت عدل علی است (نیویورک تایمز، ۱۵ بهمن ۱۳۵۷) اما کسی نمی‌دانست که دوران پر نکبت و قتل و غارت و جنایت علی عرب، به من ایرانی چه مربوط؟

در همان ایام او، وزیر فرهنگ و ارشاد اسلامی رسم شد. همگی آنان در توسعه سانسور و خفقان، تلاش کردند. همگی آنان در جهت توسعه تروریسم اسلامی[1] کوشیدند و حتی خود فعالیت تروریستی داشته‌اند.

۱. ناصر میناچی که از یاران و همراهان علی شریعتی بود که در ترویج فرهنگ تروریسم اسلامی، فعالیت کرد.

۲. عباس دوزدوزانی از پایه‌گذاران سازمان تروریستی سپاه پاسداران انقلاب اسلامی

۳. عبدالمجید معادیخواه، قاضی شرع در دادگاه اوباش انقلاب اسلامی

٤. سیدمحمد خاتمی، مسئول تبلیغات جنگ نامقدس ایران و عراق

۵. علی اردشیر لاریجانی، جانشین ستاد کل سازمان تروریستی سپاه پاسداران

٦. مصطفی میرسلیم، حزب تروریست مؤتلفه اسلامی و سرپرست شهربانی جمهوری اسلامی

۷. سید عطاء الله مهاجرانی، حامی تروریسم اسلامی

۸. محمدحسین صفار هرندی (معاون مدیر مسئول و سردبیر کیهان)

۹. علی جنتی، تروریست اسلامی دوره دیده در فلسطین و مجاهدین خلق

و مترسک‌هایی دلقک صفت و فاقد هویت مانند محمدمهدی اسماعیلی، سیدعباس صالحی، سیدرضا صالحی امیری، سیدمحمد حسینی، احمد مسجد جامعی که بیشتر دست بوس و پابوس، ملایان فاسد، پوچ و بی‌وطنی مانند مراجع تقلید شیعه (ناصر مکارم شیرازی، حسین نوری همدانی، حسین وحید خراسانی، محمدصادق روحانی، سیدموسی شبیری زنجانی، جعفر سبحانی، عباس محفوظی، عبدالله جوادی آملی، کاظم حائری، علی‌محمد دستغیب، اسدالله بیات زنجانی، محمدجواد علوی بروجردی، محمدرضا نکونام، سیدمحمد امین خراسانی) بودند و یا مداح جنایت پیشگانی امثال خامنه‌ای و رفسنجانی. همه این مُلاهای بیشرم، ضد آزادی بیان و اندیشه و قلم بوده‌اند و هر کدام جداگانه، فتوای ترور اهل قلم را داده‌اند.

1- Islamic Terrorism

براستی کدام‌شان در رشد و نهادینه کردن آزادی بیان و اندیشه و قلم در ایران تلاش کرده‌اند؟ کدام‌شان برای ترقی فرهنگ و ادب مملکت کوشیده‌اند؟ کدام‌شان پول‌های مفت برباد رفته در تبلیغات اسلامی و تروریسم اسلامی را برای توسعه مدرسه و مراکز آموزشی هزینه کردند؟ هیچ کدام!

از میان این خیل، یکی محمد خاتمی - عروسک خیمه شب بازی رفسنجانی و مداح بیت خلیفه اول، خمینی - بود. مافیای چپ اسلامی (اصلاح‌طلبان و باند رفسنجانی) در ایام همین مُلای حیله‌گر و مکار، بر فرهنگ و رسوم جامعه ایرانی چنگ انداختند و به تباهی‌اش کشانیدند. خاتمی و اصلاح‌طلبی بزرگترین فریب امنیتی حکومت اسلامی و مارکسیست‌ها بود. مثلاً تمامی افراد تحصیلکرده، دانشگاهی، هنرمندان و نویسندگان را جذب و بعد سر به نیست کردند! افکار مارکسیستی و جریان چپ و کمونیسم اسلامی را توسعه داد. جهت و سمت و سوی اعتراضات مردم ایران را به نام اصلاح‌طلبی منحرف کردند.

اکثر فسادها هم از همین مافیای اصلاح طلبان خیزش داشته و تولد یافته. یکی از آن موارد مافیای فولاد در استان اصفهان است که در دست محمود اسلامیان می‌باشد که فرزندش، داماد یحیی رحیم صفوی و مهدی جهانگیری - برادر اسحاق جهانگیری- هم شریک محمود اسلامیان و رحیم صفوی است. همه اصناف فولاد و آهن، دست این چند تا خانواده اسلامیان و رحیم صفوی و سهل آبادی است و همه اینا برای مافیای هاشمی رفسنجانی و منتظری کار می‌کنند. مثلا نادر سلطانی، مدیر کل اطلاعات استان اصفهان برادر همسر آقای محمود اسلامیان بود! و از گماشته‌های حسن روحانی. محمود اسلامیان بیش از صد شغل دولتی در ذیل چتر باند رفسنجانی دارد! و پاسدارهای فاسد و تروریست هم مدیریت‌ها را در اختیار دارند. دارای مافیای فولاد ایران هستند و میلیاردها دلار ثروت دارند و کلیه معادن گرانقیمت کوههای ایران بنام آنهاست.

همین اسلامیان عضو عالی اتاق تشخیص مصلحت نظام هم هست او سالها معاون امنیتی استاندار اصفهان (جهانگیری) بود و همه سمت‌های او امنیتی است محمود اسلامیان و برادران رحیم صفوی مافیای معاملاتی فولاد با جهان دارند. همین باند فاسد اصلاح طلبان اصفهان که متشکل از پاسدارهای یقه سفید هستند زیرمجموعه باند اسلامیان و رحیم صفوی میباشند و محسن رضائی هم بخشی از مافیای چپاول اصفهان است ولی مدیریت مافیائی این پاسدارها در دست اسحاق جهانگیری (داماد خواهر رفسنجانی) است! اما باند شرور منتظری که قوی‌ترین تشکل تروریستی اصفهان و حومه و متشکل

از تندروترین پاسدارها است در هیبت اصلاح‌طلبان ظاهر شده و استانداری اصفهان و فرمانداری و شهرداری شهرهای حومه اصفهان را در دست دارند! و نجف آباد و خمینی‌شهر مرکز اعمال تروریستی این مافیای شرور هستند! ادارات اطلاعات استان و شهرستانها توسط همین مافیا مدیریت می‌شود و هر کسی که کوچکترین اعتراضی بکند مشمول حذف و تنبیه خواهد بود!

با کمی مرور در گوگل و سرچ این اسامی متوجه خواهی شد در اصفهان چه خبر است و اصفهان مرکز قدرت اصلاح طلبان امنیتی است! از آخوند طاهری گرفته تا منتظری تروریست و جنتی و اژه‌ای و جواد ظریف و خانواده اشرفی اصفهانی و بهشتی و... همگی اربابان قدرت اصفهان بوده و هستند! دزدی از فولاد مبارکه کمترین رقم و عددی است که اینها چپاول کرده‌اند! کلیه کارخانه‌های ذوب آهن و فولاد مبارکه و ریسندگی‌ها و صنایع سیمان و پالایشگاه و اموال دولتی بدست این تروریست‌ها افتاده و رقم دزدی و چپاول آنها از میلیاردها دلار نیز بیشتر است! حتی فدراسیون فوتبال کلا دست اینهاست و برای اهداف تبلیغاتی خودشان استفاده می‌کنند! شهرداری و شورای شهر اصفهان نیز کامل بدست اینها چیدمان می‌شود و کل شهر را در اختیار خود دارند! و تا رئیسی خواست بخشی از مسئولان اصفهان را عوض کند، فی‌الفور مردم را به بهانه آب به خیابان‌ها کشاندند و شورانیدند! باید خود حدیث مفصل بخوان از این مجمل! اصفهان امروزه، بدبخت و مفلوک در دست تاراجگران این مافیا است.

همین باند مهدی هاشمی رفسنجانی و تشکیلات اصلاح طلبان و سپاه، رسانه‌های فارسی زبان را هم در دست گرفتند. خاتمی و اصلاح طلبان هم در نقش نوچه‌های قدیم در زیر مجموعه باند رفسنجانی بازی می‌کنند و دمکراتهای آمریکا هم به آن آخوندک‌های خرافه گو دل خوش هستند. و دمکراتهای آمریکا و دولت‌های دمکرات در چهل و اندی سال گذشته حامی جمهوری اسلامی ایران هستند! نباید از دمکراتها و دولت جو بایدن انتظار دیگری داشته باشیم

براستی چتر جریان چپ و حکومت مافیایی چپ مارکسیستی اسلامی یا جریان چپ حکومتی و کمونیست‌های اسلامگرا، ایران را به تباهی کشانیده‌اند. اپوزیسیون واقعی این حکومت فاسد و تروریست هم در خارج از کشور نیست! در داخل ایران جمعیت چند ده میلیونی که جماعت پایین دست هستند

و نکته مغفول مانده در تاریخ معاصر اینجاست که قتل‌های زنجیره‌ای، عملکرد باند خاتمی و منتظری بود. جنبش روشنفکری ایرانی از سالهای ۱۳۲۰ به ایدئولوژی ارتجاعی

چپ گرفتار و از تولید اندیشه و امر ملی مغفول و ناتوان شد و هرگز فرصت و تجربه آزادی بمعنای مدرن نداشتیم! و وقتی شاه فقید پس از توسعه اقتصادی، قصد آزادی سیاسی داشت، تروریست‌های اسلامی و مارکسیست، ایران را به تباهی کشانیدند

امروزه هم، اصلاح طلبی دولتی یک ایدئولوژی سازشکارانه است که در هنگام بحران حاکمیت ولایت فقیه و خلافت اسلامی، به نجات آن می‌آید و باعث استمرار آن میشود و سردمدار آن هم همین محمد خاتمی و موسوی خوئینی‌ها است. قبلاً نوشته‌ام که طبق خاطرات یکی از کارمندان ضدجاسوسی ساواک [مرتضی موسوی]: «پدربزرگ کیانوری رهبر حزب توده (شیخ فضل‌الله نوری) مورد احترام خمینی بود. او با ماموریت ک گ ب شوروی رابطه نزدیکی با خمینی برقرار ساخت. از دیگر سو در میان مُلاها، مارکسیست‌هایی را نفوذ داده بود که مخفیانه با حزب توده مرتبط بودند و در نزدیکی حزب توده با رهبران انقلاب نقش داشتند، از جمله: ۱. سیدمحمود طالقانی، محمدی گیلانی، لاهوتی و موسوی خوئینی‌ها. بعد از ۱۳۵۷ در مجله چاپ مشهد، مطالبی توسط پدر علی شریعتی نوشته شد که مدرسینی که با او بودند و بعدا مُلا شدند، در عضویت حزب توده استان خراسان بودند مانند خوئینی‌ها و در کتاب چریکهای فدایی خلق (گذشته چراغ راه آینده)، آمده که پدر خوئینی‌ها – در زنجان محضردار بوده و از اعضای برجسته فرقه دموکرات آذربایجان (ساخته و پرداخته شوروی) «حال این جاسوس روس، موسوی خوئینی‌ها، شده پدر اصلاح‌طلبی در ایران و خواهان اصلاحات در داخل ولایت فقیه!

ملی گرائی ایرانی مورد نظر رضاشاه، تنها مورد در سده اخیر است که با اراده مصمم ایشان و با تکیه بر فرهنگ و مدرنیته شکل گرفت نه نسل کشی. هیچ کس پس از مشروطه به اندازهٔ محمد مصدق و محمد خاتمی، آرمانهای ترقی خواهی سیاسی را پایمال نکردند! مصدق مجلس به توپ بستهٔ لیاخوف را به چنان قداره کش خانه‌ای تبدیل کرده بود که بیشتر نمایندگان از ترس جان یا آبرو، به انفعال کشیده شده بودند! این آخوند زاده به واسطهٔ وحشی‌گری تروریست‌های فدائیان اسلام هر بار جلوی پای مصوبات مجلس و نخست وزیرها سنگ می‌انداخت تا جاده را برای نخست وزیری خودش هموار نماید! جبههٔ معلوم الحالِ ظاهراً ملی نیز که اعضایش در دوران اشغال کشور به لانه‌ها خزیده بودند نه از ملی خبری داشتند و نه از ملت! در جریان آن نخست وزیری نکبت بار و کودتای ابلهانه مصدق علیه شاه، چنان ضربه‌ای به انسجام و اساس وحدت سیاسی کشور زدند که تا همین امروز هم گفتمان واگرایانه و فرصت طلبانه‌شان بر فضای سیاسی کشور سایه انداخت

و بعدها، ثمره‌اش همین مافیای محمد خاتمی و باند منتظری و اصلاح‌طلبان و اصولگرایان و آخوندهای لعنتی در داخل و خارج از کشور همچنان به خط نفاق قیچی می‌زنند! در بلاهت مثلا ملی کردن صنعت نفت که برایش از جان رزم‌آرا هم نگذشت، علاوه بر پرداخت غرامت به BP، سهام ایران را در صنعت جهانی نفت به فنا داد تا امروز ما با شنیدن نام آرامکو غبطه بخوریم، چرا؟ چون عربستان فردی جاه‌طلب و کله شق و خود بزرگ بین و متوهم مانند مصدق نداشته و ندارد. مصدق علیرغم مهارتش در تمارض و دماگوژی و عوامفریبی، حتی نتوانست نفت‌های موجود در مخازن آبادان را بفروشد و اقتصاد کشور را در یک دورهٔ کوتاه به چنان بحرانی کشاند که ناچار به انتشار اوراق قرضه شود. با آن مدرک جعلی از سوئیس برگشت و به جای انتقال دانش روز از اروپا، با ساخت راه آهن سراسری مخالفت کرد! و گفت باید به جایش کارخانهٔ قند بسازیم! همان کالایی که خودش و کالای مکملش وارداتی بودند و رضاشاه با مالیات آنها توانست منابع ساخت راه آهن سراسری را تأمین کند. با آنکه حکم عزلش را کتباً اعلام وصول کرد اما با لطایف‌الحیل سه روز برای بقای دولت کودتا تلاش کرد اما در آخر با انداختن همهٔ اتهامات به گردن فاطمی (همانی که مکتب نرفته دکتر شده بود) خودش را نجات داد و برای جبهه کذایی‌اش شهیدی قهرمان جعلی ساخت. اما همهٔ این ناکارآمدی‌ها در برابر خیانت او در سی‌ام تیرماه ۱۳۳۱ ناچیز است. شورشی که در آن سمپات‌های مصدق پای روحانیت و حوزهٔ قم را به میدان سیاست باز کردند و ۲۶ سال بعد طرفداران او (تروریست‌های مجاهدین خلق و چریک‌های فدائی و فدائیان اسلام و روشنفکران چپ زده و آخوندهای ریاکار و نهضت مثلا آزادی) در جریان بلوای بهمن ۵۷ کشور را به چنان گردابی تاریک انداختند که هر روز بیشتر در آن منجلاب فرو می‌رویم.

فیلمنامهٔ تاریخ معاصر ایران اگر بازیگری عوامفریب به نام مصدق نداشت، بی‌شک پایان خوشایندی برای مردم ایران در آن رقم می‌خورد. بی‌هیچ پروا و پرده‌ای هم باید گفت که روندهای تاریخ معاصر نشان می‌دهد تا زمانی که رویکرد مصدقی و سمپات مصدقی وجود دارد، کشور ایران روی توسعهٔ پایدار و آرامش و صلح را نخواهد دید؛ چرا که اینها تنها یک باور در عالم سیاست دارند و آن سهم گیری از قدرت به هر قیمت است! همان منش مرادشان «محمد مصدق»، در محمد خاتمی هم هست و او نیز فتوکپی مصدق بود و جنایات او را دقیقا کپی و اجرایی کرد! قتل نویسندگان کمترین جنایت از سابقه باند خاتمی و منتظری است. رضاشاه روحت شاد پاسخ نسل جوان به اوست.

امروز هم شبکه جهانی بی‌بی‌سی، در مقاله‌ای جدید نوشته که فتوای روح‌الله خمینی

علیه سلمان رشدی، ساعاتی پس از آن صادر شد که محمد خاتمی در فرودگاه مهرآباد، درباره این موضوع با کلیم صدیقی، از مسلمانان هندی‌بریتانیایی، رایزنی کرد و سپس به دیدار خمینی رفت. آیا از مروج تروریسم اسلامی و بازیگر ناشی فیلم نامه ولایت فقیه، توقع دیگری هست؟ خیر!

اما با تماشای این نمایش مسخره باند اصلاح طلبان به ظاهر اپوزیسیون درخارج از کشور، حالت تهوع به هر بیننده و شنونده‌ای دوستدار ایران و ایرانی، دست می‌دهد! این روزها هم؛ رسانه‌های وابسته به باند مافیایی اصلاح‌طلبان [چپ اسلامی] در حال تبلیغ برای پسران خلیفه جانی ساختارخلافت اسلامی ولایت فقیه اند[خُمینی چی‌ها] رسانه‌ها و ماموران دیگر، برای آن یکی پسر خلیفه جانی، تبلیغ دارند [خامنه‌ای چی‌ها]. این است حال و روز روزگار ما؛ در تاریخ ایران.. روزگاری منفور که مولود فریب خوردن ما است!

۳۷

مُنشی تروریست‌ها

(بررسی مرکز ضد تروریسم بریتانیا)

در این چند روز، همکارانم در مرکز ملی ضد تروریسم لندن[1] با پرونده‌ای شگفت روبرو شده‌اند. که از تحلیلگران آشنا به زبان فارسی در فرانسه، بلژیک، ایرلند، نروژ و آمریکا هم کمک گرفته‌اند. و همین روزها، جلسه اداری در مرکز لندن برگزار می‌شود که بعدها درباره‌اش خواهم نوشت.

مرکز ملی ضدتروریسم بریتانیا بر روی یک مَنشی و قلم به دست ساختار ولایت فقیه اما مشهور به وزیرک سابق در دستگاه خلافت اسلامی تمرکز کرده است. عطاالله مهاجرانی، در گوشه‌ای از لندن زندگی می‌کند، اما علاوه بر «تشویق به تروریسم» و «توسعه افکار تروریستی»، مداح تروریسم اسلامی[2] هم بوده است. گرچه قبلاً هم وقتی به آمریکا سفر کرد، «وزارت امنیت داخلی آمریکا (DHS)، قصد ابطال ویزای ورود او را داشت و مهاجرانی با بی‌ادبی با پلیس مرزی رفتار کرد و آنها هم او را به دقت بازرسی کردند.»

هرچند در تلویزیون اصلاح طلب‌ها در لندن، لیست سیاه مهمانان وجود دارد و جز به کمک پارتی بازی و باند بازی قهوه خانه‌ای، هر کسی به تریبون دست نمی‌یابد. برای همین، همیشه چهره‌های تکراری حضور دارند تا خلایق آنها را بارها و بارها ببینند. یکی از معاونان سابق مهاجرانی، مدیر آن است و روابط خاصی با این جناح حکومتی داشته و دارد. [اصغر رمضانپور - که بعد از مهاجرانی، در دوره وزارت احمد مسجدجامعی (۲۵ دی ۱۳۷۹ - ۲ شهریور ۱۳۸٤) هم معاون فرهنگی وزیر فرهنگ و ارشاد اسلامی جمهوری اسلامی بود، و هم ریاست نمایشگاه بین‌المللی کتاب تهران را بر عهده داشت. دورانی که علی یونسی، وزارت اطلاعات را بر عهده داشت و تولیدات فرهنگی بدون نظارت واجا، مطلقاً توزیع نمی‌شد و در دوران همین شخص، چه نویسندگان و مترجمانی که ممنوع القلم و سانسور شدند.] و حالا افکار عمومی، اگر دوست دارند شایعه خنده دار تعلق این

1- National Counter Terrorism Security Office
2- ISLAMIC TERRORISM

رسانه را به عربستان، باور کنند، ربطی به راقم این سطور ندارد. اما این تلویزیون، ادامه همان تلویزیونی است که قرار بود کروبی در دوبی افتتاح کند! [به نقل از یک مقام امنیتی در ریاض]

اما اگر تریبونی دست می‌یافت، باید با صدای بلند رفتار منشی تروریست‌های اسلامی را باز گفت. گرچه قبلاً درباره‌اش در گویا نوشته‌ام (امام تروریست‌ها؛ جان بیدار سلمان رُشدی). بهرحال، می‌توان ۱۲ نکته در کارنامه یک سال اخیر مهاجرانی اشاره کرد.

۱. دفاع متعصبانه از عملکرد و کارنامه یک تروریست اسلامی به نام قاسم سلیمانی[1]

۲. تمجید از یک تروریست اسلامی به نام حسن نصرالله[2] که رهبری حزب‌الله را بر عهده دارد. حتی مهاجرانی حاضر شد که رسوایی جعل عکس فیروز[3] را انجام دهد. البته فلسطینی‌ها را در سال ۱۳۸۰ نوشته بود.

۳. از هادی مطر[4] تروریست حمله‌ور به سلمان رشدی[5] حمایت کرد.

٤. در اواخر قتل‌های زنجیره‌ای دگراندیشان در ایران (از سال ۱۳۶۹ تا ۱۳۷۷) در دوران ریاست جمهوری محمد خاتمی (۱۲ امرداد ۱۳۷٦ – ۱۲ امرداد ۱۳۸٤)، در دفتر روزنامه اطلاعات با سعید امامی دیدار کرد (بعدها رسانه‌های اصولگرا آن را افشا کردند.)

٥. هرگز برای قاتلین نویسندگانی مانند احمد میرعلایی، احمد تفضلی، پرویز دوانی، علی‌اکبر سعیدی سیرجانی و.... سخنی نگفت. و در دوران وزارت او (۲۹ امرداد ۱۳۷٦ – ٢٤ آذر ۱۳۷۹) این قتل‌ها رخ داده.

٦. برای فعالیت‌های تروریسم اسلامی و تخریب‌گری دستگاه تروریستی سپاه پاسداران و سپاه قدس[6] و فرماندهان اوباش آن، ابراز شوق می‌کند.

۷. با بی‌شرمی از بلوای ۱۳۵۷ و همان زمستان بی‌بهار که یک مُلای شیعه به نام خمینی به قدرت رسید، یاد می‌کند. خمینی همان کسی است که مُدرس به وی گفته هم دُزد جاده‌ای هستی و هم آدمکش! [مُدرس به خُمینی گفته: هم دُزدی هم آدمکُش. سخنرانی خمینی در جمع دانشجویان دانشگاه تهران / زمان: ۲۳ خرداد ۱۳۵۸ / مکان:قم/ منبع ارجاع:جلد ۸ صحیفه خمینی، از صفحه ۱۳٤ به بعد] و بطور اغراق‌آمیز و نوکر مآبانه هم از علی خامنه‌ای و استبداد دینی او تمجید می‌کند.

۸. برای برنامه‌های موشک پرانی و بمب اتمی رژیم، دست مریزاد می‌گوید.

۹. از تروریستی به نام انیس نقاش[7]، ذکر خیر می‌کند. همان کهنه تروریست جنبش فتح که

1- Qasem Soleimani
2- Hassan Nasrallah
3- Nouhad Wadie' Haddad/ Fairuz
4- Hadi Matar
5- Sir Ahmed Salman Rushdie
6- Quds Force
7- Anis al-Naqqash

خواست شاپور بختیار را ترور کند.

۱۰. در سانسورکده بی‌بی سی فارسی[1] همیشه تریبون داشته و مخالفان رژیم جور و جهل و جنون مُلایان را، دلقک و منحوس نامیده است.

۱۱. برای ابراهیم رئیسی، شمشیر زن تروریست اسلامی، در روز تحلیف، کتاب به هدیه فرستاد.

۱۲. در تمام نوشته‌ها و سخنانش، همواره مروج خرافات و موهومات شیعه‌گری بوده است. حتی در توییتی، دراویش گنابادی را داعشی خواند. (۳۰ بهمن ۱۳۹٦)

۱۳. بخاطر دشمنی و کینه نسبت به آمریکا، در توئیتی از تروریست‌های طالبان، دفاع کرد (۱۵ اوت ۲۰۲۱) .

۱٤. و.....

قبلا هم مهاجرانی معاون امور حقوقی و مجلس رئیس‌جمهور ایران (۳۰ امرداد ۱۳٦۸ - ۲۹ امرداد ۱۳۷٦) و معاون امور حقوقی و مجلس نخست‌وزیر ایران (آبان ۱۳٦٤ – ۲۵ امرداد ۱۳٦۸) بوده است. آیا یک عقل سلیم، می‌تواند بپذیرد که وی از عملیات تروریستی واجا[2] و سپاه بی‌اطلاع بوده؟ البته، پول تحصیل فرزند دکل دزد را هم از عربستان گرفت و از بی‌بی سی فارسی وعده داد که بزودی درباره آن سخن می‌گوید و هرگز هم چیزی نگفت (بی‌بی‌سی فارسی. ۲۱ ژوئن ۲۰۱۵). بماند که فرزند وی با علی جنتی، وزیر تروریست ارشاد اسلامی در کابینه حسن روحانی، روابطی حسنه دارد. [که خودش در خاطراتش می‌گوید دوره تروریستی و بمب گذاری در لبنان و نزد تروریست‌های فلسطینی دیده است.]

آن وقت برای همکارانم در مرکز ضد تروریسم لندن، توجه به این نکات در همین یک سال اخیر، کافی است که وی را به دادگاه بریتانیا بفرستند. همه می‌دانند که خمینی، سواد مطالعه کتاب آیات شیطانی[3] نوشته سلمان رشدی را نداشته، بلکه مهاجرانی مطالبی پر از عقده و فتنه و کینه در مورد او نوشت که عاقبت روح‌الله خمینی فتوای اعدام رشدی را صادر کرد. یعنی دین اسلام، مدافعانی بهتر از دو تروریست به نام خمینی و مهاجرانی ندارد؟ مهاجرانی همین نوشته‌ها را در کتابی به نام نقد توطئه آیات شیطانی منتشر کرد. مرکز ضد تروریسم لندن، حتما مطالب روزنامه لس آنجلس تایمز[4]، را هم دیده است که عیناً این مطالب افشا شده است (۱۹۹۷-۰۸-۱۳). کسی هم نپرسید که «هتک بنیاد آئین اسلام» را رشدی انجام داده یا متجاوز به مهسا یوسفی دلدار؟ که پلیس تهران، کفش‌های

1- BBC Persian
2- MOIS
3- The Satanic Verses
4- Los Angeles Times

متجاوز مدافع اسلام را از جلوی در آپارتمان برداشتند و جناب وزیرک، صبح با دم پایی به اداره رفت تا به نماز بایستد! [خاطرات پلیس سابق آگاهی تهران؛ نشر یافته در نروژ] اما اگر، پرونده تحلیلی وی به دادگاه ارسال نشود، قطعا مایه ننگ دمکراسی انگلستان خواهد بود.

۳۸
ورود تروریست‌های اسلامی به خاک آمریکا

شروع برنامه‌ریزی مقدماتی وادامه تبلیغات رژیم مُلایان، برای امکان سفر در سه‌شنبه ۲۱ سپتامبر ۲۰۲۲ و ارائه سخنرانی ابراهیم رئیسی در هفتاد و هفتمین مجمع عمومی سازمان ملل[1] زنگ خطری برای دمکراسی و تمدن بشری است. سخنگوی دولت سیزدهم - علی بهادری جهرمی - در نشست خبری، در پاسخ به خبرگزاری ایسنا گفت: «رئیسی در مجمع عمومی ماه سپتامبر در نیویورک حاضر می‌شود».

گرچه هم بارها، چند سناتور جمهوری‌خواه آمریکا از دولت جو بایدن خواسته بودند تا به رئیسی ویزای ورود به خاک آمریکا را ندهد. تا مبادا یک جلاد و قصاب شمشیرکش روی خاک نیویورک قدم بگذارد. و پارسال هم، رئیسی، به اجلاس سازمان همکاری‌های شانگهای در تاجیکستان رفت.[2]

مشهور است که رئیسی، در فهرست تحریم‌های آمریکا و اروپا قرار دارد[3]. و بارها هم بسیاری سازمان‌های حقوق بشری نیز به دلیل اعمال وحشیانه و جنایت علیه بشریت و صدور احکام اعدام‌های متعدد در پیشینه قضایی و مشارکت وسیع او در سرکوب و اعدام و استقرار استبداد دینی، خواستار محاکمه او در محکمه‌ای بین‌المللی هستند.

در تاریخ معاصر ایران، ثبت است که ابراهیم رئیسی که به دلیل سوابق امنیتی و قضایی خود و همکاری با هیات مرگ در روند کشتار زندانیان سیاسی و امنیتی در سال ۱۳۶۷ به نقض فاحش حقوق بشر در ایران متهم است. دادگاه‌هایی صحرایی که هزاران زندانی سیاسی را در حالی که در حال گذراندن حکم‌های خود بودند، به اعدام محکوم کرده و به دار آویختند تا بیرق اسلام، محکم‌تر بر زمین کوبیده شود و فاسدترین و خون‌ریزترین حکومت الله بر زمین را از سقوط برهانند!

1- The United Nations General Assembly (UNGA/GA).
2- The Shanghai Cooperation Organization (SCO).
۳- در آبان ۱۳۹۸ به فهرست تحریم خزانه‌داری آمریکا وارد شده و از سال ۱۳۸۹ نیز در لیست تحریم‌های اتحادیه اروپا است.

اما این عضو «هیات مرگ» در دادگاه‌های سال ۱۳٦۷ در ایران، بنا به وقاحت و شارلاتانیسم تکیه بر مکتب خمینیسم[1] خود را مدافع حقوق بشر معرفی می‌کند. البته بنا به بیشرمی، پررویی و دریدگی لباس مُلایی، رئیسی به شبکه خبری الجزیره گفت: «تمام اقداماتی که در مدت مسئولیتم انجام دادم در جهت دفاع از حقوق بشر بوده است. با کسانی که اخلال در حقوق انسان‌ها ایجاد کردند و دست به حرکات داعشی و اقدامات ضد امنیتی زدند همواره در دستگاه قضایی به عنوان یک حقوقدان و قاضی مدعی حقوق انسان‌ها و در جایگاه دفاع از حقوق بشر برخورد کرده‌ام.». و این جملات وی مایه استهزا و ریشخند رسانه‌های جهانی قرار گرفت. در مراسم تحلیف در مقابل صدها میهمان خارجی، متنی را افتان و خیزان خواند و شنیده شد که گفته: «ما مدافع واقعی حقوق بشر هستیم». البته در قاموس مُلای شیعه، تروریسم اسلامی، مترادف حقوق بشر[2] است!

و پارسال هم در سخنرانی مجازی سازمان ملل، دم از «آزادی، استقلال و مردمسالاری دینی، پیام عقلانیت، عدالت، حیات انسان و اندیشه» زد اما به خفقان و سرکوب داخلی؛ استبداد دینی؛ دریوزگی نزد چین و روسیه؛ توحش؛ توسعه فقر و مرگ و فساد؛ جمود فکری و انحطاط و رشد تروریسم اسلامی» اشاره‌ای نکرد! و خود را هم نایب مردم ایران نامید!

ابراهیم رئیسی از دوران برگماری به عنوان ریاست جمهوری به کشوری غربی سفر نکرده. جزییات بیشتری درباره سفر رئیسی به نیویورک اعلام نکرده‌اند اما احتمال دارد که دولت بایدن، بخواهد برای تروریست‌هایی مانند ابراهیم رئیسی و حسین امیرعبداللهیان (وزیر خارجه) برای شرکت در مجمع عمومی سازمان ملل ویزا صادر کند. و قطعا بهانه‌اش می‌تواند آن باشد که وی پست ریاست جمهوری اما برای او «مصونیت دیپلماتیک[3]» ایجاد می‌کند.

بماند که در مجمع عمومی سازمان ملل، یک مُلای بی‌سواد نعلین به پا با نماد سفاهت و بربریت بر تن - عمامه و عبا - چه سخنانی را در کنار سخنرانی‌های رهبران سیاسی جهان می‌تواند ارائه کند، جز آنکه نمایش تندیس تروریسم اسلامی در برابر جهانیان باشد؟ ۱۹۲ کشور عضو آن سازمان، باید به سخنان چه کسی گوش بدهند؟ یک جلاد و آمر و عامل اعدام و شکنجه، سرکوب و کشتار دسته‌جمعی و تروریست اسلامی، حق سخن دارد؟

حضور ابراهیم رئیسی، یک چاقوکش و شکنجه‌گر بدنام قصاب خانه ولایت فقیه، در این ساختمان مجمع عمومی، مایه ننگ سازمان ملل و مایه شرمساری ایالات متحده

1- Khomeinism.
2- Human Rights
3- Diplomatic Immunity

آمریکا خواهد بود. کسی که در کابینه‌اش، اجامر و اوباش‌هایی تروریست مانند «احمد وحیدی، محسن رضایی، اسماعیل خطیب، غلام حسین اسماعیلی، محمدرضا آشتیانی، انسیه خزعلی، عزت‌الله ضرغامی و ...» حضور دارند، نائب ایران نیست، وی چماق‌دار دستگاه خلافت اسلامی است!

گرچه در ایالات متحده هم، فعلاً رسانه‌ها در اختیار چپ‌هاست و بخاطر حضور چپ‌های اسلامی (اصلاح طلبان) هم سانسور بر رسانه‌های فارسی حکمفرما است و رسانه‌ها تمایلی به انتشار پژوهش درباره حقیقت قتل‌هایی که رئیسی جانی مرتکب شده ندارد. تنها، شاید بار دگر در کنگره ایالات متحده[1]، تجمع اعتراضی برگزار کنند.

اما ظاهراً، رئیس جمهوری فعلی آمریکا تمایل ندارد که طرح قانونی شماره ۱۱۸ مجلس نمایندگان آمریکا را که از حمایت ۲۵۰ عضو مجلس نمایندگان برخوردار است را در نظر بگیرد که می‌گوید «ایالات متحده باید در هرگونه تحقیقات بین‌المللی در مورد کشتارهای غیرقانونی مخالفان ایرانی در سال ۱۳۶۷ مشارکت داشته باشد». شاید اگر یک باورمند واقعی، به حقوق بشر در کاخ سفید می‌بود، رئیسی را در سازمان ملل متحد دستگیر می‌کرد تا بطور علنی در دادگاهی، به جنایات علیه بشریت[2] پاسخ دهد!

اما او در تریبون سازمان ملل، به تبلیغ «سیاست‌ها و نقشه مسیر گسترش بدخیم و خطرناک تروریسم رژیم ایران در سطح جهانی و فعالیت‌های بی‌ثبات کننده در منطقه» خواهد پرداخت. و با لجن پرانی، به هدف مغز شویی، علیه آمریکا و اسرائیل سخنانی دروغ و شرم‌آور بیان خواهد کرد. و افسوس که «فلک، به مردم نادان دهد زمام مراد [حافظ]».

وانگهی، کاخ سفید[3] و جو بایدن، رئیس جمهوری آمریکا و نهادهای اطلاعاتی و امنیتی ایالات متحده آمریکا هم باید خجالت، خفت، سرشکستگی، شرمزدگی، شرمندگی شنیدن سخنرانی و حضور یک قاتل و تروریست اسلامی را در مجمع عمومی سازمان ملل تحمل کند. و در چنین وضعیتی، دیگر حق سخن گفتن از زندانیان سیاسی و آزادی‌های اساسی از بایدن، سلب می‌شود.

و همانطور که بارها با صراحت بازگفته‌ام: مُلاها بمب اتمی خواهند ساخت و سیاست بایدن در گفتگو با تروریست‌های اسلامی هم شکست خورده است.

1- The United States Congress.
2- Crimes against humanity.
3- WhiteHouse.

۳۹

امام تروریست‌ها

(جان بیدار سلمان رُشدی)

در قسمت سوم رمان مشهور «آیات شیطانی[1] نویسنده مشهور، سلمان رُشدی[2] به توصیف یک مُلای وحشی صفت، خشک مغز، قشری و عقب مانده پرداخته که نام‌اش «امام» است. طبیعتا، شخصیت مذکور، کنایه‌ای از خلیفه اول ساختار خلافت اسلامی جمهوری اسلامی و اختاپوس مذهبی شیعیان در ایران فعلی، یعنی روح‌الله خمینی است.

خالق آن اثر، نویسنده‌ای باشعور و مشهور در جهان است و اهل روشنگری، پرسشگری، نو اندیشی و تمدن مدرن. مانند برخی نویسندگان ایرانی نیست (که در روزنامه‌ها هنوز اطلاعیه ٤١ نفری شان، تحت عنوان «پشتیبانی نویسندگان متعهد از مشی ضد امپریالیستی و خلقی خمینی» می‌درخشد.که فرصت‌طلبانه و خام دستانه بخاطر علاقه به حزب توده، کینه بی‌ربط با شاه فقید، زنار خدمت به یک مُلای جانی بستند. خودشیفتگانی خود بزرگ بین که البته فقط در داخل مرزهای ایران، به اسم استاد و ستاره درخشان ادبی و.. مشهورند وگرنه در جهان، کسی آنان را نمی‌شناسد!)

و اکنون بقایای همان توحش و عقب ماندگی در جهان غرب متمدن، با قمه و چاقو به قتل یک اهل قلم نشسته است. روزنامه‌های اصولگرا و اصلاح طلب در داخل ایران (یکشنبه ۲۳ امرداد ۱٤۰۱) در دفاع از تروریسم اسلامی[3] می‌نویسند. [روزنامه کیهان: سلمان رشدی گرفتار انتقام الهی ترامپ و پمپئو در نوبت بعدی / روزنامه جام جم: چشم شیطان کور شد / جوان: تیر غیب / روزنامه جمهوری اسلامی: سلمان رشدی مرتد پس از ترور / روزنامه رسالت: سلمان رشدی، یک بار دیگر مُردا! / روزنامه فرهیختگان: داستان شیطان و ...]

اگر هم پرسش کنیم که چرا مرتد است و اصولا یک مُلای فریبکار، آسیمه جان،

1- The Satanic Verses.
2- Salman Rushdie.
3- Islamic Terrorism.

شرور و بی‌سواد مانند روح‌الله خمینی، چه صلاحیت، مقبولیت و مشروعیتی دارد که حکم مرگ یک نویسنده بافهم و با شعور را بدهد؟ و جز هذیان‌گویی و اباطیل، چه تفکر و اندیشه‌ای را به بشر امروز تقدیم کرد؟ اگر و اگر، نماد اسلام و تبلیغات آئین رحمانیت و رافت، یک وحشی بی‌تمدن مانند روح‌الله خمینی است،ای تفو و هزار لعنت بر آن اسلام! آیا سخنان لاطائل، بیهوده، مهمل روح‌الله خمینی، اسمش فتوا[1] است؟ «بیان حکم اسلام به وسیلهٔ فقیه یا مفتی» به بشر صاحب عقل و خرد امروز، چه مربوط؟ مگر یک وحشی بیسواد و عقب مانده و خالق جمهوری جور و جهل و جنون، با خدا تلفنی در تماس است که فتوی بدهد؟ این چرندگویی جز در جامعه دوستدار خرافات و موهومات، خریداری دارد؟

یا اگر بپرسیم که فایده و ثمر این بربریت و وحشیگری چیست؟ یک تروریست اسلامی، چه دستاورد و ره‌آوردی برای جامعه متمدن و قرن ۲۱م دارد؟ چه پاسخی خواهید شنید؟ بماند که کروبی و موسوی - نمایندگان فاسد و عوامفریب چپ اسلامی مشهور به اصلاح طلب که خواستار حفظ ساختار ننگین تروریسم جمهوری اسلامی‌اند - از حکم تروریستی خمینی، دفاع کردند. [کروبی گفت: فرمان اعدام سلمان رشدی از سوی امام، حکمی است قطعی و الهی و همیشگی. از انتقام مسلمانان نمی‌تواند در امان باشد (۲۵ بهمن ۱۳٦۸) البته همین مُلای عقب مانده که در همان روزنامه گفت: انگلستان، مرکز خیانت و توطئه است؛ فرزندش را برای زندگی به آنجا فرستاد! / و یا میرحسین موسوی گفت: فتوی امام امت درباره سلمان رشدی عملی خواهد شد و به کیفر خود می‌رسد (اسفند ۱۳٦۷)]

و شاید، امروزه جهان بداند و بخواندکه اساس فکری خمینیسم بر پایه تروریسم و توحش و تخریب می‌چرخد. تاریخ زیستن ملت ایران، نمایانگر این واقعیت است که همیشه راهی برای رهایی از مشقت و ویرانی و استبداد و ظلم یافته و این بار هم از درنده خویی و غارتگری و هجوم و تجاوز مُلای وحشی در سال ۱۳۵۷- زیر نام تبلیغاتی انقلاب اسلامی - خود را خواهد رهانید.

همانطور که بارها و بارها گفته ام: اندیشه خمینیسم آشکارا نشان می‌دهد، انبانی از رذالت‌هاست. موساد زودتر و بیشتر از نهادهای اطلاعاتی اروپا و آمریکا به آن درجه از باور و آگاهی رسیده‌اند که بدانند خمینیسم یک ایدئولوژی نیست بلکه مکتب یا انبان دنائت و رذالت است [خودکامگی، هرج و مرج طلبی، آشوب طلبی، عوامفریبی، یهودی ستیزی،

1- Fatwā

افراطی‌گری، خودستائی، لمپنی، وحشیگری، ستمگری، ترور و خشونت و سرکوب، ایجاد ترس و وحشت، تروریسم، شارلاتان بازی و سفسطه و وقاحت، ریاکاری، فرصت‌طلبی، واپس گرائی و تاریک‌اندیشی، روضه‌خوانی، حماقت، تبارگماری، خرافات، اوباشی‌گری، هوچی‌گری، زندگی انگلی، بی‌قانونی، خشک اندیشی، دشمنی، و...]

ما ایرانیان، در ۷۷ سال پیش (۲۰ اسفند ۱۳۲٤) دیدیم که چگونه کَسرَوی، تاریخ‌نگار و پژوهشگر، را در سن ۵۵ سالگی، در اتاق بازپرسی ساختمان کاخ دادگستری تهران به ضرب «گلوله و ۲۷ ضربه چاقو» توسط افراد گروه «فدائیان اسلام»، وحشیانه، ترور کردند... و سالها گذشت و یکی از لاشه‌های این گروه وحشی، در ایران به قدرت رسید. ۲۲ بهمن ۱۳۵۷

این مُلای خرفت و نافرهیخته، روح‌الله خمینی، در ۱۳٦۷، حکم ترور سلمان رشدی را صادر کرد و این حرف مفت و نشانه توحش و بی‌تمدنی را فتوا نامیدند...

و امروز، ۳٤ سال بعد، در روز جمعه، سلمان رشدی نویسنده مورد حمله یک وحشی آدمخوار و بی‌تمدن قرار گرفت... در بیمارستان است و قادر به تکلم نیست و قطعا یک چشم و شاید یک دستش را از دست بدهد....

از زمستان بی‌بهار ۱۳۵۷، همواره قمه اسلام و چاقوی اسلام‌گرایان بر گلوی اهل اندیشه و فکر و آزادی‌خواهی باقی است. بماند که وزیرک فرهنگ دستگاه خلافت اسلامی هم مشعشعات فکری‌اش را به همگان صادر فرمود.

وزیرک باشی اما

۱.از یک تروریست به نام قاسم سلیمانی دفاع کنی

۲.از یک تروریست به نام حسن نصرالله تمجید کنی

۳.از تروریست حمله ور به سلمان رشدی شادی کنی

٤.در بحبوحه قتل‌های زنجیره‌ای دگراندیشان، در دفتر روزنامه اطلاعات با سعید امامی دیدار کنی

۵.هرگز برای قاتلین نویسندگانی مانند احمد میرعلایی، احمد تفضلی، پرویز دوانی، علی‌اکبر سعیدی سیرجانی و.... سخنی نگویی

٦. برای تروریسم اسلامی و تخریب‌گری دستگاه تروریستی سپاه پاسداران و سپاه قدس و فرماندهان اوباش آن، رقاصی کنی

۷. با بی‌شرمی از بلوای ۱۳۵۷ و علی خامنه‌ای تمجید کنی.

۸ برای موشک پرانی و بمب اتمی رژیم، دست مریزاد بگویی

۹. از تروریستی به نام انیس نقاش، ذکر خیر کنی

۱۰. مخالفان رژیم جور و جهل و جنون مُلایان را، دلقک و منحوس بنامی

۱۱. برای ابراهیم رئیسی، کتاب به هدیه بفرستی
۱۲. مروج خرافات و موهومات شیعه‌گری باشی
۱۳. پول تحصیل انگل زادهء دکل دزد هم از عربستان بگیری
و.....

این است آئین قهر چنگیزی یک شیفته و شیدای تروریسم اسلامی؛ عطاالله مهاجرانی، وزیرک اصلاح‌طلب! در بیت خلیفه شیعه‌گری در اختاپوس مذهبی هم یکی از همان شیفتگان توحش اسلامی حضرات است.

در واقع امر، پیامبر و جان بیداری اگر وجود داشته باشد نویسنده‌های جهانی مانند سلمان رشدی هستند که مردم جهان را به پرسشگری، اندیشیدن، تفکر، روشنگری و... وا می‌دارد نه کسی که برای غنایم و قدرت و ثروت، شمشیرکشی کند و برای پیروزی هم با تکیه بر تروریسم اسلامی، دست به عوام فریبی و تاراج و قتل و عام مردم و تخریب ملک و مملکت بزنند.

و البته با صدای بلند هم در رسانه‌ای غیر ایرانی و غیرآلوده به ویروس اصلاح طلبان حکومتی سانسورچی گفتم: جمهوری تروریست اسلامی، غده سرطانی است!

۴۰

جنبش دادخواهی و محکومیت تروریسم اسلامی

در این هزاره سوم - سال ۲۰۲۲ - شاید کسی حوصله خواندن تاریخ ندارد و نمی‌داند - شاید هم نخواهد بداند - که یکی از مهم‌ترین تهدیدهای موجود در جهان، تروریسم است و نوع خطرناک آن هم تروریسم اسلام.

اما تاریخ ایران، پر از درد و مشقت و حرمان و تاوان است. و خصوصا - به قول جناب هوشنگ ازغندی - «سال ۵۷، مصیبتی بزرگ، بر ملتی بزرگ» هوار شد! و این روزها می‌دانیم و می‌دانید که ایران ویران شده به سوی قبرستان تاریخ می‌رود و تا مُلا و نعلین و عمامه باقی بماند، حال و روز ایران همین است که هست. نسل جوان هم افتان و خیزان راه پرسنگلاخ دمکراسی را می‌رود و در این لنگ لنگان رفتن، شاید گوشه نگاهی به بلاهت و حماقت ۵۷ هم داشته باشد!

کسانی که دهه سیاه و روزگاران پر فریب و تهدید ۱۳۶۰ را در ایران زیسته‌اند می‌دانند که چه می گویم. «چگونه سر ز خجالت برون توان آورد - که ملتی به چنین، رسم سروری خواهد»

اما گاها به خاطر نوشتن - حتی در حین نوشتن و یا گفتن - در سالهای اخیر که دغدغه ذهنم بازگفتن شرح پریشانی روزگار سرزمینم هست، مورد تهدید و توهین تروریست باورها قرار گرفته‌ام اما اهمیتی نداشته و ندارد. آنچه پس از مرگ می‌ماند، همین نوشته‌ها و گفته‌هاست و شاید هم در آن روزگاران قرن بعدی، کسی به پشیزی هم نخرد گفتمان این نسل را.

اما میهن ما همیشه با ترس و گاه تاریکی و ظلمت، آشنا بوده است. افرادی بودند که در دوران خلفای اسلامی، با سفسطه و گریز از مسئولیت و حقارت و عقده، به حقیقت و تاریخ کشور، پشت می‌کردند و مداحی خلیفه تروریست را می گفتند تا شاید به دیناری، روز را غروب کند. هنوز هم در بر همان پاشنه می‌چرخد، هستند افرادی که یا با جملات بی‌سر و ته مُلایان دل خوش‌اند و مامورند که برای افرادی که به خاطر اباطیلی مانند «مفسد

فی‌الارض و محاربه با خدا» توسط مُلایان وحشی به سینه قبرستان فرستاده شده‌اند، اشکی نریزد.

یکی از مدیران رسانه‌ها، یک بار در جلسه‌ای نیمه خصوصی گفت: خمینی کار خوبی کرد که این ٤-٥ هزار نفر را به جوخه اعدام سپرد، اگر می‌ماندند الان ٤-٥ هزار چپ مغز زبان نفهم بیشتر داشتیم»

به او گفتم، عدل و انصاف و قانون از قاموس کشور رخت بربسته و ایران به سوی فنا و سیاهی رفت اما بیدادگاه‌های رژیم بیدادگر و عقب مانده و ملایان متقلب و واپس گرا، اینچنین مردم را به سیه روزی و بدبختی و حرمان کشانده‌اند... نوبت اعدام مُلاهای بی‌وطن که برسد، همگی فعال حقوق بشر می‌شوند!

یکی از جمهوری‌خواهان مغرور که همیشه خدا جلوی دوربین رسانه‌ها، آروغ روشنفکری می‌زند و با تفرعن و غرور بی‌ربط و شخصیتی بی‌در و پیکر، از عفو عمومی مُلاها و سپاهی‌ها در روز موعود آزادی ایران از سالهای نکبت و محنت ولایت فقیه، سخن می‌راند. گفت: در تاریخ ایران همیشه، مجازات بوده!

افسوس خوردم که حقوق نمی‌دانم اما می‌دانم که گربه رنگ کردن و به جای قناری فروختن در عالم واقع، ره به جایی نمی‌برد. زمین‌های اجاره‌ای ایران، سفر به شمال و منافع مادی مختصر، او را هر سال راهی ایران می‌کند و با همان عینک، می‌خواهد کور و کر بماند که‌شان تاریخ چند هزار ساله ایران، سزوار این این روزگار پر محنت و درد نیست. فرهنگ ایران توسط مشتی نعلین به پای بی‌وطن و مفتخور، و سیستم مُلایان جبار و خونریز به تاراج رفته و به مرگ جامعه، نظاره‌گر نشسته‌اند. خزیدن به کنج عافیت، در این روزگار وانفسا، چه لطفی دارد؟ هیچ!

هم تاریخ پر محتوا، هم خاک پهناور کهن دیار، در تسخیر مرارت و محرومیت و مصیبت بزرگ قرار گرفته و هرگز اعراب و مغول و تاتار و ازبک و خزر و افغان و روس و ... مانند مُلای شیعه، جنایت و خیانت نکرد. هرگز یورش آنان، مانند غارت مُلایان، در تاریخ و سینه مردمان روزگار، ثبت و ضبط نشده است.

تاریخ زیستن ملت ایران، نمایانگر این واقعیت است که همیشه راهی برای رهایی از مشقت و ویرانی و استبداد و ظلم یافته و این بار هم از درنده خویی و غارتگری و هجوم و تجاوز مُلای وحشی در سال ٥٧ - زیر نام تبلیغاتی انقلاب اسلامی ۱۳۵۷ - خود را خواهد رهانید.

جامعه از هم گسسته و از هم گسیخته ایرانی، حقارت و اهانت حکمرانی مُلای شیعه

و استبداد نعلین و عمامه را هم به گورستان تاریخ خواهد فرستاد. تلاش و امید مُلایان برای نابودی فرهنگ ایرانی هم ره به جایی نخواهد برد. و این مشخصه تاریخ ایران است. شرکت کنندگان در مکافات و جنایت ۱۳۵۷ برای یورش و نابودی ایران، از تروریسم و کمک از اجنبی سود جستند با اسامی و مرام‌های جداگانه آمدند تا جامعه آن زمان را بفریبند نه کنفدراسیون دانشجویی در فکر ایران بود نه مجاهدین خلق؛ نه نهضت مثلاً آزادی به ترقی مردم ایران می‌اندیشید و نه جبهه ظاهراً ملی؛ نه تروتسکیست‌های ایران غضه مردم ایران را داشتند و نه سازمان انقلابیون کمونیست ایران. در شعارهای همگی شان، شوق و حرص به ویرانی ایران دیده می‌شد.

بعدها در افشای جنایات ملایان، خیلی‌ها زبان‌شان را بستند و خفه شدند تا همان قدرت و ثروت بدست آمده بماند و به آن توحش، هویت خود را گره زده‌اند و همواره حقانیت می‌جویند. هنوز هم برای نسل جوان، فرمایشات دارند و توگویی که رهنمودشان به پشیزی خریده می‌شود! اما راه درازی را در انتشار مکر و حیله و تزویر و دروغ پیموده‌اند! مبارک‌شان باشد!

وطن‌شان آماج یک بلای واقعی و یک توطئه اجنبی قرار گرفت و یورش مُلا را ستودند. نهضت تقلبی خمینی و قداست جعلی او را ستایش کردند اما از تسلط روس و چین بر ایران، چیزی نمی‌گویند. نشسته‌اند بدانند کی شاهزاده رضا پهلوی، سخنی می‌گویند، از زیر خاک سر بیرون بیاورند و نعره‌ای بکشند.

تفکر حیله‌سازی مُلای شیعه در مغزشان رسوخ کرده. از نهضت مقاومت ملی و دار و دسته بازرگان تا مارکسیست لنینیست‌های ایران و حزب توده و ... توجهی به تروریسم اسلامی نداشته و ندارند. آخوند صفتی و ۵۷ی‌گری، دردی بی‌درمان است و از دیدن صحنه بانک زنی، انفجار، غارت، خرابکاری و آتش سوزی و ترور و شیون قربانیان به وجد می‌آیند. انهدام ایران برایشان مهم نیست، کوشش مستمر برای باقی گذاشتن باور ۵۷ی، و ستیز با واقعیت و قلب حقیقت، جز کار و بار روزانه‌شان شده.

اما این نسل جوان، این راه پر پیچ و خم را خواهد پیمود و ملت از اسارت و ظلمت،رها می‌شود و دیگر سالوس و ریا و فریب و خیانت و وطن فروشی و جنایت ۵۷ی‌ها هم بخشوده نمی‌شود. این ندا به گوش‌شان نمی‌رود چون آلوده‌اند به جنایت و خیانت. و اما در این روزگار، یکی از آن کارها که بر خلاف جهت طوفان، دیوارهای نیرنگ را شکافت، پاسخ دادگاه حمید نوری بود. آخر الامر، سینه زنان پای علم آخوندیسم، دیدند که نه دادگاهی برای تسخیر و نابودی ایران تشکیل شده اما دادگاهی برای یک

شرکت کننده در تروریست اسلامی شکل یافته. با اتکا به حقانیت و رسالت برای نجات از توهم، یک بیگانه با انسانیت و خونخواره مکتب آخوندیسم و خمینیسم، در چنگال قانون قرار گرفت.

خمینی، یک وحشی خونریز که همه را مهجور و صغیر و بی‌شعور می‌دانست و خود را قیم همه می‌دانست، کمر به قتل عام بست و بسیاری از شرکت کنندگان همان گروهی که خودش را یاری دادند، به سینه قبرستان فرستاد. موارد مشابه رذالت و خیانت امثال مُلایان شیعه در میان تاریخ وحش به سختی می‌توان یافت.

اما حمید نوری یکی از همان چگین‌های صفویه (آدم خوارهای زنده خوار) است که به همراه ابراهیم رئیسی و دیگران آن جنایات را مرتکب شدند.

البته مانند حمید نوری در تاریخ جمهوری اسلامی بسیارند. مثلا یکی مانند علی‌محمد جهرمی بشارتی به این تروریست اهل جهرم می‌گویند: دکتر، نویسنده، شاعر، ادیب! الان هم مشاور امنیتی و سیاسی رئیس مجمع تشخیص مصلحت نظام و قبلاً هم وزیر کشور در نزد هاشمی رفسنجانی؛ تروریست اعظم! البته کار و بارش با استقبال از خمینی شروع شد!

و در اینجا هم باید همت و تلاش ایرج مصداقی هم به نیکی یاد کرد. گرچه همیشه با زخم زبان و پرونده‌سازی بر اساس شایعات قبیله وحشی بارزانی و کهنه تروریست همراه صدام حسین که امروزه فدرالیست و آزادیخواه شده‌اند، به من یورش‌ها برده و همه چیز را علیه‌ام بهم بافت و تاراند، اما راز تاریخ و حقیقت از همه محترم‌تر است. امید آنکه تلاش و کوشش او در آینده هم در راه عریان کردن حقایق تروریست‌های اسلامی، خدمتی به نیاکان و خاک مقدس ایران و هموطنان ارجمند داشته باشد و خالصانه، آرزومند موفقیت اویم. جز این تشکر، کاری دگر ساخته نیست. [چگونه سر ز خجالت برآورم بَرِ دوست؟ / که خدمتی به سَزا برنیامد از دستم - حافظ]

البته همانطور که قبلاً در مقاله عربی در الحیاه گفتم: «دادگاه حمید نوری، مواد خامی را در اختیار پژوهشگران تاریخ معاصر خواهد گذاشت»[1] اما دوست دارم بگویم: محکومیت حمید نوری، در واقع پیروزی جنبش دادخواهی و محکومیت تروریسم اسلامی است. بیش بادا! و امید که روزی جانیان تروریسم اسلامی در برابر دادگاه صالحه قرار بگیرند و چهره مُلای شیعه و آخوندیسم و مکتب ویرانگر خمینیسم بیش از پیش برای جهانیان روشن شود.ایدون بادا!

***

۱- [تکرار آن در ایران فردا، برنامه گفتگو با علیرضا میبدی Oct ۱٤, ۲۰۲۱]

پاورقی: [بشارتی عضو اولین شورای فرماندهی سپاه پاسداران انقلاب اسلامی بود. اما در اوایل ۱۳۶۰-پس ازبلوا-یک گروه به اسم قنات در جهرم و حومه آن بود و بشارتی رهبر اصلی این گروه تروریستی. اقدامات و فعالیت‌های اصلی این گروه کشتار هر مخالف و معترضی بود که جنازه‌اش را در قناتی رها می‌کردند.حتی زنان تحت تجاوز قرار گرفته آن شارلاتان و اوباش‌های پیرامون او در گوشه و کنار صحرا پرت می‌شد. حقوق بشر اسلامی! در ماه‌های اول پس از بلوا ۵۷ این حاج آقا بازجو بود! و نیز متجاوز جنسی البته. در شکنجه و آزار و اذیت مخالفان و دگراندیشان در روزهای بلوای ۵۷ از چیزی کوتاهی نداشت. از ۱۳۶۰مشهور است که به هنگام عضویت در «هیئت بررسی شایعه شکنجه»، با انکار شکنجه‌های اعمال شده علیه زندانیان سیاسی مرتکب نقض حقوق بشر شده. آقای دکتر متجاوز و قاتل زنان؛ در زمانی که تصدی وزارت کشور را بر عهده داشت با تصویب «آیین‌نامه تعیین مصادیق البسه و آرایش‌های غیر مجاز» در تحدید آزادی‌های فردی و اجتماعی شهروندان نقش داشته. در اول ۱۳۶۰، بدلیل مراجعات و ارسال نامه‌های خانواده‌های زندانیان سیاسی در قربانگاه‌های جمهوری اسلامی به نمایندگان مجلس و طرح موضوع شکنجه زندانیان، هیئتی ازطرف خمینی برای بازدید و بررسی این موضوع به زندان‌های تهران رفتند. یکی هم بشارتی که در آن زمان نماینده جهرم در مجلس شورای اسلامی بود. آقای دکتر متجاوز تروریست؛ به عنوان نماینده قوه مقننه در این هیئت بود و نعره کشید که «نظام حاکم بر بازجویی و بازپرسی دادگاه‌ها و زندان‌های ما به هیچ وجه مبتنی بر شکنجه نیست و اتهام وارده به هیچ وجه صحیح نمی‌باشد.»!

از بهمن ۱۳۵۷ علی‌محمد بشارتی سازماندهی علنی باندها را آغاز کرد. چند سال بعد از شروع فعالیت این گروه تروریستی قنات، هیئتی از طرف حسینعلی منتظری - پدر روحانی تروریست‌های اصفهان و نجف‌آباد! - به همراه یک روحانی عضو شورای نگهبان به جهرم رفت و جلوی فعالیت این گروه را گرفتند! و خواستند تحویل مقامات دهند. در بهمن۹۴ بشارتی نقشش را در گروه قنات منکر شد و گفت «بعد از هفتم تیر ۶۰ عده‌ای جوانان تندرو جهرم رفتند و هواداران مجاهدین را گرفتند و به داخل قنات انداختند! من اساساً با هر نوع کار غیرقانونی مخالف هستم!

بعدها، دکتر مسعود نقره‌کار در کتاب «مقدمه بر کشتار دگراندیشان در ایران»، در باره شکل‌گیری گروه نوشت: «از بهمن ۱۳۵۷حسین آقا (امام جمعه) [حسین آیت‌اللهی] و علی‌محمد بشارتی سازماندهی علنی باندهای جنایتکار را آغاز کردند. این دو نفر «گروه ۱۵ خرداد» را شکل دادند، باندی که در همان آغاز فعالیتش چندین همجنس‌گرا را به قتل

رساند،افراد گروه به صورت زنی به نام «گُلُو» اسید پاشیدند و کورش کردند. (زن نابینایی که این روزها در میدان ششم بهمن جهرم گدایی می‌کند همان گُلُو، از قربانیان این باند)... حتی دو هفته اول تیر ۱۳۶۰ این گروه ده‌ها نفر از جوانان شهر را پس از شکنجه به قتل رسانده و پیکر آن‌ها را درون قنات‌های اطراف شهر جهرم انداختند. قربانیان این گروه دگراندیشان دینی (بهائیان)، جنسی و سیاسی (گروه‌های چپ و مجاهدین) بودند. با توجه به شهادت شاهدان، این گروه تا پایان تابستان ۱۳۶۰ همچنان به کشتار و سرکوب در جهرم می‌پرداختند. شهادت ۳ تن از شاهدان عینی محلی در مصاحبه با منیره برادران، نشان‌دهنده نقش اساسی علی‌محمد بشارتی جهرمی در این جنایات است. خودش در وبسایتش تاریخ جعلی نوشته: در خانواده مذهبی در جهرم متولد شده و از همان کودکی با علمای بزرگ شهر در ارتباط بوده! از دوران دبیرستان جهرم شده فعال سیاسی و مبارز (تروریست) علیه شاه! و دو بار دستگیر شده!

بعد، ضمن ارتباط با روحانیون برجسته شهر، با تعدادی از افراد موسس سازمان مجاهدین خلق! در ارتباط بوده، دوران سربازی رفت قم!. و شیوه‌ی مبارزه‌ی فرهنگی را برگزیده! بماند که در رابطه با سازمان تروریستی مجاهدین دستگیر شده بود. اما در زندان تغییر موضع داد و به مؤتلفه اسلامی پیوست! در دوره رفسنجانی فقط فلاحیان آدمکش وزیر اطلاعات نبود. وزیر کشور هم می‌شود یک جانی متجاوز بالفطره به اسم علی‌محمد بشارتی جهرمی! یک کتاب شعر وی تحت عنوان «در وادی عشق» که در سال ۱۳۷۲ به طبع رسیده !]

۴۱

پاسدار ورشکسته،
سُکان دار اطلاعات سپاه

سازمان اطلاعات سپاه، مهر ۱۳۸۸ تاسیس شد. رئیس آن، - البته هماهنگ با فرمانده سپاه و رئیس دفتر نمایندگی ولی فقیه در سپاه.- منصوب خامنه‌ای و مستقیما به او پاسخگوست، تا الان این مقام، در اختیار حسین طائب - مُلای بسیجی- بود.

پس از ۱۳ سال، شکست پی در پی، طائب - مُلای جاسوس - از ریاست سازمان اطلاعات سپاه پاسداران انقلاب اسلامی[1] برکنار شد. ۷ رئیس سازمان سیا (CIA) و ٤ رئیس موساد آمدند و رفتند و همگی به رشد و ترقی مطالعات امنیت[2] و کنترل تروریسم و... کمک کردند و در مسیر پیشرفت سیستم جاسوسی و اطلاعاتی ایالات متحده آمریکا و اسرائیل جابجا شدند.

اما مُلای جاسوس، صرفاً وزیران اطلاعات مُلا رادر دولت‌های مختلف بدرقه می‌کرد و یا هر جنبشی را وحشیانه سرکوب می‌نمود و یا به رشد شبکه فراملیتی تروریسم و هلال شیعه و نیز ازدیاد آدم ربایی و ترور کمک می‌کرد. طائب (مُلای مخوف)، یکی از عوامل سرکوب، سانسور، خفقان، ایجاد وحشت در ایران و... بوده است و کارنامه‌ای جز رسوایی امنیتی ندارد.

امروزه، پاسداری به نام محمد کاظمی بر مهم‌ترین سازمان جاسوسی داخل خلافت اسلامی ولایت فقیه نشسته. مسئول «ریاست سازمان حفاظت اطلاعات سپاه» در امور حفاظتی، امنیتی و اطلاعاتی کار کرده اما سازمان حفاظت اطلاعات سپاه[3]، در داخل سپاه پاسداران فعالیت می‌کند. تشکیلات اطلاعاتی داخل سپاه که کارش مقابله با جاسوسی، نفوذ، درز اطلاعات محرمانه و نظارت امنیتی بر فرماندهان و پرسنل مسلح است. محمد کاظمی، از اول ناموفق بوده. شخصی از رسانه فراری، با کلام و اندیشه پراکنده، صرفاً

1- IRGC-IO
2- Security studies
3- Intelligence Protection unit

گاهی کنار سلامی و طائب می‌نشست.

به قول ژنرال هیدن[1]، رئیس سابق سی آی ای، «همیشه، موضوع ایران در صدر پرونده‌های امنیتی خاص بوده است». بالطبع، سازمان‌های جاسوسی و اطلاعاتی منطقه خاورمیانه هم، روزانه با سی آی ای و موساد در رابطه‌اند و توجه به ایران، جزو امنیت ملی و حتی اولویت‌های امنیتی آنها محسوب می‌شود. زیرا ایران، بارها و بارها در اکثر کشورها، گروه‌های تروریستی نیابتی[2] و یا سلول‌های خاموش[3] را تحریک کرده‌اند. یا ایران، گروه عملیات تروریستی را برای عملیاتی - مثلا- به سفارت‌های ایران در آن کشور و یا مراکز مذهبی و حتی خیریه در آنجا فرستاده و عملیات تروریستی را اجرا کرده اند.

اسرائیل هم، بنا به نشست‌های پی در پی سازمان‌های اطلاعاتی‌اش [مانند امان[4] - و یا نظامی - موساد[5] - اطلاعات خارجی - و شابک[6] - سرویس اطلاعات داخلی] اعلام کردند که ایران بخاطر تحریک گروه‌های تروریسم اسلامی - که رژیم ایران آن را خط مقاومت می‌نامد - جزو خطرناک‌ترین کشورهای منطقه است. وانگهی موضوع جاسوسی و حملات سایبری[7] هم برای آنان، مطرح بوده است.

در این زمان که کاظمی، رئیس حفاظت اطلاعات در دوران طائب بود، دستگاه اطلاعاتی جاسوسی سپاه، دورانی پر از شکست‌های پیاپی و رسوائی‌ها را از سر گذراند (از ترورهای داخل ایران، دستگیری عامل، بازجویی تروریست، انفجار، حمله پهبادی، تخریب زیرساخت، مصادره اسلحه، فیلمبرداری از صحنه‌های زندگی شخصی، شنود تلفن، پرداخت رشوه و... تا همکاری پیدا و پنهان برخی از سپاهی‌ها با دستگاه‌های جاسوسی خارجی).

در ایام ریاست کاظمی بر حفاظت اطلاعات، بارها و بارها، سی آی‌ای و استخبارات عربستان و موساد، توانستند که عامل‌های سپاه را خریداری و یا تخلیه اطلاعاتی کنند. و حجم رسوایی‌ها و شکست‌ها به جایی رسید که موساد، سریال تهران را برای تحقیر جامعه اطلاعاتی ایران ساخت و پخش کرد.

اما نهادهای اطلاعاتی امنیتی ایران، برای جلب رضایت هواداران خود یا سریال

1- Michael Hayden
2- proxies
3- Sleeper cells
4- Aman
5- Mossad
6- Shabak
7- Cyber Attacks

می‌ساختند (خانه امن، گاندو و ...) که مورد استهزاء و عدم پذیرش جامعه ایرانی قرار گرفت. و موساد عملا نقش کارگزار سی آی‌ای را در ایران بازی کرد. و در این چند سال، نهادهای جاسوسی ایران را مورد استهزا قرار داد.

با این رسوایی‌های پی در پی، سازمان اطلاعات سپاه، از چنگال یک مُلای نزدیک به مجتبی خامنه‌ای خارج شد. طائب هم درگیر فساد بود و هم ناتوان در اجرا و مدیریت عملیات و هم پذیرنده شکست‌های پی در پی. امروزه هم یکی از همان معاون‌های وی که در این مجموعه ناکامی‌ها شراکت داشته، بر این کرسی تکیه می‌زند که زیر رادارهای مراکز جاسوسی منطقه هم بوده است. کاظمی برای سی آی‌ای و موساد، ناشناخته نبود.

تحولات داخل جامعه اطلاعاتی امنیتی ایران، و آوردن یک پاسدار با لباس نظامی، بر سر یک نهاد اطلاعاتی جاسوسی، به معنی آن است که قصدشان شدت بخشیدن به عملیات خارجی و سرکوب داخلی بیشتر است. اما به جای یک مُلای قدیمی وابسته به باندهای تروریستی سنتی در داخل ایران و چهره‌ای سفاک، یک پاسداری به جای او می‌آید که پریشان احوال‌تر، فاسدتر، و خطرناک‌تر از طائب است که توانی در کنترل ضد جاسوسی[۱] و ضد تروریسم[۲] نداشته و ندارد. حتی توان رقابت با نهادهای خطرناک تروریستی دیگر مانند سپاه قدس و وزارت اطلاعات و ...هم ندارد.

جامعه اطلاعاتی جمهوری اسلامی و خصوصا سازمان اطلاعات سپاه، دارای خلاها و شکاف‌هایی است که توسط نهادهای اطلاعاتی امنیتی رقیب‌های منطقه، پر شده است. طبعا، از دید واقع‌گرایانه، اخراج و یا تسویه همه افراد عالی رتبه هم تا این لحظه، غیر ممکن به نظر می‌رسد. هر کدام از این افراد، حوزه اطلاعاتی و مدیریت امنیتی خود را به کدام کشور رقیب فروخته‌اند، پرسشی است که کاظمی و طائب از پاسخگویی به آن ناتوان بودند.

هم کسانی که با کاظمی آشنا هستند، می‌دانند و هم سی آی‌ای و موساد می‌دانند که «وی فردی عملیاتی و پروژه‌ای نیست و انسانی بسیار تنگ نظرتر و خشک مغزتر از طائب است. اصلا وابدا باوری به تحقیق میدانی و بررسی اطلاعاتی مُدرن هم ندارد، در تشکیلات امنیتی با رویکردهای مدرن اطلاعاتی آشنا نیست. در هیچ ماموریت نظارتی هم موفق نبوده است. و امروزه با این شخص متعصب مذهبی و ناتوان، سپاه بیشتر از پیش، با شکست‌های پی در پی در عرصه خارجی روبرو خواهد شد». سرویس‌های اطلاعات و

1- Counter-Intelligence
2- Counter-Terrorism

امنیتی نظامی اسرائیل (امان و ...)، خصوصیات فردی او را هم می‌دانند. و ترورهای پی در پی داخل ایران در زیر چتر حمایتی سپاه، خود گواه بر این موضوع است.

اطلاعات سپاه، در کشورهای آمریکای لاتین هم نفوذ نه چندان گسترده اما پایگاه نظامی خود را دارد. کاظمی بیشتر در پی توسعه پایگاه و نهادهای جاسوسی نظامی در کشورهایی است که با هلال شیعی و گروه‌های تروریست اسلامی مرتبط است. و بنا به روحیه ماجراجوی او، توسعه تروریسم منطقه‌ای[1] با تامین بیشتر پهباد و موشک به تروریست‌ها، یکی از رهاوردهای وی خواهد بود. کاظمی، پیرو تفکر خشک خمینیسم است و تخصصی علمی اطلاعاتی، نداشته و ندارد.

کشورهای همسایه ایران بخصوص کشورهای حوزه خلیج فارس به دقت این تغییرات اطلاعاتی امنیتی را ملاحظه می‌کنند اما هنوز نیامده، پاسدار ورشکسته، سکان دار اطلاعات سپاه، کاری از پیش نخواهد برد! سیستم همان سیستم است و همان ایدئولوژی هم بر اطلاعات سپاه، حکمفرماست و طبعا، با آمدن و رفتن یک شخص، چیزی تغییر نخواهد کرد.

[خلاصه: در بر همان پاشنه خواهد چرخید. محمد کاظمی بر پایه تفکر خمینیسم، سعی در توسعه تروریسم و آشوب منطقه‌ای خواهد داشت. وی انسانی پریشان احوال است و قطعا بیشتر به سرکوب داخلی و فعال کردن سلول‌های ترور در خارج از کشور خواهد پرداخت. جمهوری اسلامی و تروریست‌های سپاه و سپاه قدس، حتی بمب و موشک در اختیار گروه‌های ترروریستی قرار داده‌اند. هدف نخست کاظمی هم طبعا همان اسرائیل و آمریکا است]

1- Regional Terrorism.

بخش ۳

اندیشه

۱

آموزگار اندیشه رفت و «اندیشه ممنوع» باقی!

در برهوت اندیشه ایران، به ندرت کسی هست که می گوید «آغاز راه با پرسشگری و آشنایی زدایی و خوگرفتگی باشد» اما جامعه سنتی، مذهب زده و تحت جولان مُلای شیعه و یا آموخته با اختاپوس مذهبی و تاریکی، به دنبال پیروی و تقلید و جمود فکری است. و هرکس دعوت به اندیشه و پویایی و ادراک بهتر کند، صوفیان همان اختاپوس مذهبی، در عین وقاحت و شارلاتانی و ورشکستگی، به ساحت همان اندیشمند فرهنگ‌دوست و خردورز، لجن می‌پراکنند و با وی و فکرش، سر ستیز و جدال و دشمنی دارند. اکثرا مداح‌های هوچی استبداد سیاه و ویرانگر نعلین و عمامه اند!

انگار آرامش دوستدار به نوعی روح سرگردان و یا شبح مزاحم بود و باید توسط همان کوتوله‌ها هرزه زبان و جزم باور و خشک مغز، هم سانسور، تحریف و هم ترور شخصیتی و هتک حرمت می‌شد. بماند که در ایران ما هم، اختاپوس مذهبی به ساختن دم و دستگاه خلافت اسلامی و بُتکده ولایت فقیه پرداخته‌اند که در ستم و ظلم و توحش و ویرانگری و استبداد و جباریت، دست کمی از تاریخ خلافت‌های اسلامی در کل جهان نداشته و ندارد. چه نظام سیاسیِ و چه بوق‌های تبلیغاتی اسلامی و یا نظام فرهنگی و نهادهای آموزشی در هم تنیده و سانسورچی‌اند. دوستدار خفقان و تنگنا و مسمومیت فکری و مرده‌پرستی هستند. آنها را با اندیشیدن و نقادی و فکر انتقادی و شک باوری هم کاری نیست. در همان کتاب آسمانی‌شان، خط اول نوشته‌اند: ذَٰلِکَ الْکِتَابُ لَا رَیْبَ ۛ فِیهِ ۛ [در این کتابِ، هیچ شکی نیست]

در کجای جهان هست که، فیلسوفی حق نامه نوشتن نداشته باشد؟ حق تدریس نداشته باشد زیرا برخی بازجوی دوستدار خمینی، سر دسته انقلاب فرهنگی است؟ در مافیای رسانه‌ای تحت سلطه فرقه‌های مصدقی یا شریعتی یا خاتمی و میرحسین، سانسور شود؟ همه این‌ها، نشان از اوج عقب ماندگی و ساده لوحی و باری به هرجهت بودن و تعظیم به قدرت مسلط زمانه که آخوندها و شیخان هرزه و فاسداند.

مانند منبرهای مملو از دروغ آخوندی، برخی کوتوله مبتذل و متوهم و باورمند به خمینسیم، به دروغ و توهم و بی‌هیچ دانشی مرتبط، رمه وار و گله‌ای به آرامش دوستدار حمله کردند و وی را به «ضد ایران و تاریخ ایران و ایران‌ستیز و اسلام‌ستیز و نژادپرست و خشونت پرور» متهم کردند و گزافه و لاف نوشتند. تو گویی امام شان، پس از ۵۷ ایران را به گلستان مبدل کرده؛ یا اوباش‌ها چند رنگ روشنفکری دینی، جامعه را خوشبخت کرده‌اند؛ یا تو گویی که در ساختار ولی فقیه این دین باورهای پر ادا و اصول و ناسزاگو، اصلاح و تجدید نظر و تصحیح ممکن است.

آرامش دوستدار با آثارش، افشاگر و چالشگر مکتب و بساط این شارلاتانیسم و پوچی بود. خط فکری و چهار چوب استبداد همین اسلام گرای و نواندیش‌های دینی و اصلاح طلب‌ها را به سخره گرفت. که وجودشان، نماد عقب ماندگی و خامی بوده و هست. وی نم پای کاخ استبداد بود. دهن بین و متوهم و چند چهره و بادمجان دور قاپ چین و پرادعا نبود. میراث کهن ما و هویت بنیادی مان را می‌شناخت، بی‌پروا و با زبانی رسا، نقد می‌کرد. اما همین سانسورچی‌های چماق به دست و تکفیر گو، نگذاشتند این نقّاد صریح گو و گزنده زبان نسل ما، بدرخشد. «میراث او امتناع تفکر در فرهنگ دینی»، «درخشش‌های تیره» تا ابد در کتابخانه‌های ما خواهد ماند. تا زنجیر انحطاط و خرافات و موهومات گسسته شود.

۲

شبه روشنفکران عقب مانده
(تراژدی ملی ایرانیان)

برخی افراد مدعی و نمایشگر خرد و عقلانیت مِدرن اما از جهان سوم و کشوری مذهب زده و غرق در خرافات و موهومات، در بهار ۱۳۵۷ راه گشایان ابلیس شدند تا در احمقانه‌ترین بلوای جهان در پشت سر یک مُلای شیعه فریبکار، قدم بردارند. برخی شیاد و دروغپرداز، مدعی شدند که خمینی، باسوادتر از همه ۱۵۰ دودمان و سلسله آمده و رفته و یا ٤۲۸ شاه، حاکم و امیر قد و نیم قد تاریخ ایران بوده است و گروهی خیالباف و فرصت طلب هم گفتند که این مُلای ابله خونریز تاریخ بشریت، مُنجی ایران است و پیام آور آزادی و چهره‌ای مقدس و نماینده امام زمان جعلی است!. عجبا، کسی سخنان بی‌محتوی، واهی و نادانی عیان و عقده گشایی یک مُلای شیعه خفته در شبستان‌های مخوف مساجد را ندیدند و بعدها هم بخاطر نقد نسل جوان، از دیوار حاشا بالا رفتند و مدعی شدند که «نخوانده اند!»، اما حتی قرآن را هم نخوانده بودند تا معنی «حکومت اسلامی» را درک کنند.

در همان زمستان بی‌بهار ۱۳۵۷، تعداد روشنفکرانی که علیه پرتاب و عقب گرد جامعه ایرانی به ١٤ قرن قبل - دوران خلافت اسلامی محمد عرب - ایستادند، به انگشتان دست هم نرسید. سالها گذشت و برخی از همان روشنفکرنماها یا گل سر سبد همان جامعه سنتی هم بعدها سرخورده شدند و دیدند که خلافت اسلامی ولایت فقیه در ایران، چگونه حکمرانی می‌کند و اختاپوس مذهبی دشمن درجه یک، اندیشه و روشنفکری و آزادی بیان و قلم، بوده و هست.از این حقیقت هم نمی‌توان گذشت که بسیاری از روشنفکران و فعالان هم بعدها قربانی تروریسم آخوندی و آئین قهر چنگیزی خمینی شدند.

اما رژیم اهریمنی و ویرانگر تروریسم اسلامی جز نکبت و محنت و سیه روزی، ثمره و ره‌آوردی نداشت و طبعاً انجماد فکری امت اسلامی و اعتقاد به جبر و عقده‌های ناشی از بی‌مایگی، رابطه‌ای هم با روشنفکری و نقادی و شک باوری نداشته و ندارد.

در ماجرای زمستان بی‌بهار ۱۳۵۷، همان مدعیان خودپرست، سودجو و ناآگاه روشنفکری، به مصالح و منافع مُلک و مملکت نیاندیشیدند و از آن چوب حراج زدن به

تمدن و تاریخ کشورتوسط جمعی تروریست روانی، شاد بودند و همه نقش آزادیخواه و پرچمدار آزادی را بازی کردند! اما کسی به نقد خشن‌ترین، افراطی‌ترین و بی‌رحم‌ترین شبکه‌های تروریستی و خرابکار و آدمکش حرفه‌ای شرکت کننده در جنایات و مکافات ۱۳۵۷ نکوشید! حتی بسیاری از آنان، علاوه بر خمینی، زبان به مدح تروریسم گشودند و ایشان را قهرمان نامیدند که علیه خفقان و استبداد و جباریت قدرت مسلط زمانه کوشیده‌اند!

مثلا ۱) در شهریور ۱۳۵۰ بود که ساواک به طور موفقیت‌آمیزی، به دستگیری باندهای خرابکار و تروریستی مجاهدین خلق دست می‌زند. قریب به اتفاق فعالیت‌های تروریستی و خرابکاری‌شان لو رفت. اما ناگهان برخورد ساواک با تروریست‌ها، موجب می‌شود که جبهه ملی، نهضت آزادی، مُلاهای قم و نجف و خمینی، تبلیغات وسیعی برای معصوم نشان دادن مجاهدین خلق و ستمگری ساواک آغاز کردند.

یا ۲) حوزه جاهلیه (علمیه!) قم، روحانیون مبارز ایرانی در خارج از کشور (نجف)، نهضت آزادی، جبهه ملی، انجمن‌های اسلامی خارج از کشور، کنفدراسیون دانشجویان به این تبلیغات دست زد. چند نفر از جاهلان فارس (یا علمای اعلام استان فارس)، در نامه‌ای به آیت‌الله میلانی - که در پیام مجاهد خرداد ۱۳۵۱- منتشر شده، درباره این تروریست‌ها نوشته‌اند: اینان حافظ و قاری قرآن‌اند و در این روزگار تاریک، مبلغ اسلام‌اند، همه جوانند، اهل نمازند!

و یا ۳) در نشریه پیمان (ش ٤٠، خرداد ۱۳۵۱) ارگان کنفدراسیون جهانی دانشجویان نوشتند: جوانان مسلمان کم نظیر... یا جبهه ملی در خبرنامه (خرداد ۱۳۵۱) نوشتند: مجاهدین ملت قهرمان مسلمان... و روحانیون مترقی قم در اطلاعیه پیام مجاهد (خرداد ۱۳۵۱) نوشته‌اند: «جوانانی دیندار که اکثرشان حافظ قرآن و نهج‌البلاغه و روایات اهل بیت بوده و هستند. بجرم حق‌گویی و دفاع از مردم به اعدام و تیرباران محکوم شده‌اند». حوزه علمیه قم در اطلاعیه‌ای که مجاهد (ش ۳؛ ۱ امرداد ۱۳۵۱) نوشته: رزمندگان با ایمانی چون حنیف‌نژادها، بدیع‌زادگان‌ها، باکری‌ها از بنیان‌گذاران سازمان مجاهدین خلق ایران را اعدام کردند... شهید ساختند که اصالت‌های فکری اسلامی و دید صحیح و انقلابی از قوانین آزادی بخش قرآن تعیین کننده، جهت جنبش آنان بود... «روحانیون مبارز نجف در قطعنامه ۵ فروردین ۱۳۵۲ اعلام کرد: ما پشتیبانی کامل خود را از جنبش مسلحانه خلق خویش اعلام داشته و به پیروزی نهایی آنان ایمان داریم...»

در این تبلیغات و جار و جنجال و سیاه‌نمایی، نوعی همدلی وجود داشت. براستی

کدام روشنفکر در آن سالها، از موج جدید تروریسم اسلامی - مارکسیستی، نقدی نوشت؟ انگار فقط، دکان پُز دادن و بازارگرمی، داغ بود. چهره‌ای مضحک که شاید تاریخ ایران به خود ندیده بود. در این راه که انتهایش، سیاهچال نیستی و مرداب نابودی بود، همراه مُلایان بی‌وطن و مخرب شدند. انگار، کسی تاریخ نخوانده بود و معلومات‌شان، تکرار طوطی وار برخی حرف‌های بزرگ و نوشته‌ها از ایسم‌های جهان غرب بود.

بعدها جامعه نسل جوان جامعه سیه روز و نگون بخت ایران به سطح فکر، شخصیت و شعور شناختی این افراد خود افلاطون پندار و خود نخبه باور اما در واقع ملانصرالدین و رستم‌های دون کیشوت مآب، پی برد که با شیادی، فریبکاری این عمله‌ها و سیاه لشکر ضحاک زمانه و خدمتگزار خمینی شدند. اگر اصالت عقیده و اندیشه‌ای می‌بود، این خودخواهان مدعی و موعظه‌گر و جُغدان ویرانه‌نشین، در برابر عربده و درنده خویی مشتی تروریست بچه مسلمان و یا مارکسیست، سخن می‌گفتند که چگونه فرزندان این مرز و بوم را مفت و مسلم به خاطر پیروزی خمینی، به خاک و خون کشیدند! و یا خرده‌ای می‌گرفتند. دیگر ناله سردادن‌های امروزشان، به گوش نسل جوان نمی‌رود.

مثلا روزنامه نگار و اسما روشنفکری عوامفریب، شیفته جنبش تروریستی فلسطین و یاسر عرفات بود؛ یکی دیگر مداحی طالقانی و منتظری را می‌گفت. یکی دیگر، در روزنامه مقاله نوشته و جنایت سینما رکس آبادان را به ساواک نسبت داده و برای مدح خمینی، قلمزنی می‌کند و در نشریه‌ای از اینکه در مراسم استقبال خمینی در کنار رهبران جبهه مثلا ملی ایستاده و اشک شوق ریخته، حس خوشبختی دارد و خمینی را آقا می‌نامد که موجب تطهیر تهران شده! در جایی دیگر برای تروریست مشهور فلسطین، یاسر عرفات، از ابوعمار استفاده می‌کند و تکبیر می‌گوید که تهران، فلسطین دوم شده؛ در جایی دیگر به شیوه تهوع‌آوری به مداحی مصدق و بختیار و یا تجزبه‌طلبان می‌کوشد و یا برای یک تروریست مشهور مانند حمید اشرف را که فدائی کبیر خواند!. تو گویی که دروغ بافی، خباثت و خیانت برای این قلمزن‌های بی‌مایه و پرادعا و جاعل، حد و اندازه‌ای ندارد. بعدها همین افراد قلم بمزد و روشنفکر قلابی و بی‌شرم، نزد نسل جوان، منفور خاص و عام شدند. زیرا - به درستی هم - باورشان این است که همین ضد و نقیض گویان فتنه‌گر، به عنوان میکروب‌های افکار عمومی ایرانیان، موجب نابودی و عقب ماندگی یک ملت شدند!

دیوانه‌ای دیگر هم بود که خمینی را ملامت و شماتت می‌کرد که چرا آیات قتاله قرآن را بیشتر نمی‌خواند. و یا اطرافیان شاه فقید ایران را جانوران وحشی می‌نامید و خواستار

نابودی کامل و سریع، سرکوب و اعدام همگی توسط مُلایان چماقدار بود. (اطلاعات ۳۰ اردیبهشت ۱۳۵۸) و یا صرفاً داستان‌های کذب و عاری از حقیقت و قلابی و بی‌محتوا علیه ساواک و شاه می‌نوشت. حتی یکی مانند مهدی بازرگان[1] گفت: «تعداد اعدام‌های دادگاه‌های انقلاب به ٦٠ نفر نرسیده و بالاتر از ۱۰۰۰۰۰ نفری نیست که طی این سال‌ها شاه و حکومتش کشته!» روشنفکری در رسانه‌ای، از این مترجم قرآن پرسید، دروغ به این شاخداری؟ با کدام سند؟

اما جالب اینجاست که کسی مانند خمینی، کمیسیونی به ریاست احمد بنی‌احمد به منظور بررسی تعداد قربانیان (و تهیه فهرست کامل از آنان در طی سالهای ١٣٤٢ تا ١٣٥٧) درست شد که گزارش مبسوط آن کمیسیون - طبق روزنامه اطلاعات ۲۹ اسفند ۱۳۵۸ - منتشر شد و اینکه «محل دفن ٢٣٤ قربانی با ذکر تاریخ و محل دفن مشخص، گزارش شده» و نیز تصریح شد که دلیلی وجود ندارد که همگی قربانی سیاسی بوده باشند. بعدها پیر سالینجر[2] به اتفاق کورت والدهایم[3] در اول ژانویه ۱۹۸۰ به ایران آمدند و گزارش نوشتند که کمترین سندی دال بر شکنجه ساواک، یافت نشد! زیرا اساس بلوای ۱۳۵۷ بر دروغ و فریب و شایعه پراکنی و بازی روانی نقش بسته بود. اما بازیگران جنایت و مکافات، خود را به نفهمی زدند و می‌زنند. و طرفه آنکه، هیچ کدام از این تبلیغات چی‌های خمینی و تروریسم اسلامی و چهره‌های خوش رقص، بعدها درباره حکومت مطلق العنان، یاغی، خونخواره و وحشی خمینی و خامنه‌ای، مقاله‌ای ننوشتند و سخنی نگفتند! و برخی هم ملت را به نفهمی متهم می‌کنند! همانهایی که همه آثارشان در آن دوران مثلا اختناق و سانسور منتشر شده بود. (مانند آل احمد، ساعدی و ...)

مردم خوش باور و ساده دل ایران هم این اوباش تخطئه‌گر، لاف‌زن و بیهوده‌گو را روشنفکر و منورالفکر و پیشرفته نامیدند اما روزگارانی گذشت تا نسل جدید شارلاتانیسم این گروه دلال روشنفکری دارای عقاید ویرانگر را عیان سازد؛ اما دیگر بدبختی سهمگین، گریبان ایرانیان را گرفته است. و داستان به همین جا ختم نمی‌شود.

پائیز ۱۳۹۰ بود که در هتلی در بوستون نشسته بودم و بعد از نوشیدن چای، به شوخی پرویز ثابتی در حین گفتگو گفت: «اگر اینها آزادیخواه شده‌اند، ما هم دمکرات شده‌ایم!». حتی می‌گفت: «برخی از کشته شده‌ها را جامعه تقدیر می‌کرد؛ مانند کشته شدن سیدعلی اندرزگو در ۱۳۵۷ که پشت مدرسه علوی کشته شد، مردم برای ماموران ساواک دست

۱- [در ۱۲ اسفند ۵۸ در روزنامه‌های اطلاعات و کیهان]

2- Pierre Salinger
3- Kurt Waldheim

زدند!»... سخنش تکانم داد. آری؛ یک مقام بلند پایه امنیتی کشورم پس از ۳۵ سال داشت درباره روشنفکران برایم پرده از رازها برمی‌داشت. اما گاهی به دور دست‌ها نگاه می‌کرد و می‌گفت ضبط را خاموش کن؛ الان وقتش نیست!، و نگاهش به دور دست‌ها بود و با صدایی آهسته می‌گفت: صرفاً برای معلومات خودت می‌گویم... اما... بعدها گفت: «در حق برخی از روشنفکران بی‌انصافی کرده‌ام؟؛ کدام روشنفکر؟ رضا براهنی مثلا؟ ابداً قبول ندارم!، رضا براهنی یک تجزیه طلب بود و هنوز هم هست و به خاطر یک مقاله تجزیه‌طلبانه توسط ساواک دستگیر شده است و در گروهی سیاسی نبوده و حتی حاضرم سر این یکی قسم بخورم که یک چک هم نخورده است! الان هم در خارج از کشور ترجمه‌ای از کتاب تروتسکی را منتشر می‌کند و اسم خودش را برمی‌گرداند: «ینهارب آزر» (یعنی وارونه اسم خودش!)، چون هنوز هم در آن عقاید و افکار کهنه و پوچ است. روشنفکری که ضد آب و خاکش باشد را می‌شود روشنفکر با انصاف نامید؟!... چه ساواک باشد چه نباشد؟... یا منظورتان بزرگ علوی است؟ جزو عوامل جاسوسی روس‌ها که این مساله را انور خامه‌ای در کتاب خاطراتش گفته... «و...آقای ثابتی در همان برنامه تلویزیونی ۱۳۵۰ گفته بود: «لطفا کمونیست‌ها دم از آزادی و دمکراسی نزنند!» اما دوران ناآگاهی و بیخردی و چشم بر واقعیت‌ها بستن، تمام شده... تا روزگارانی که اندیشه روشنفکر ایرانی درست نشود، کاری ساخته نیست.

اما داستان به همین اغراق‌ها و بدبینی‌ها تمام نمی‌شود. مشکل اول ما به یادگارها و آثار اندیشه حزب توده در ایران بازمی گردد و بذر نفرتی که چپ‌ها در ادبیات سیاسی ایران پاشیدند و سالها بباید تا بشود آن را کمرنگ کرد.

امروزه هم گروهی که نام و نان‌شان را مدیون شاه فقید بودند، از طرف مردم ایران، بدون داشتن هیچ صلاحیت و مشروعیت، در رسانه‌ای اصلاح طلب و بنا به روابط قبیله‌ای و سانسور حکمفرما بر آن رسانه، سخن می‌گویند. براستی، آن جامعه حقوق‌دانان و یا جامعه مدنی در ایران که قصدشان براندازی دستگاه اختاپوس مذهبی مُلایان، نابودی خلافت اسلامی ولایت فقیه و تروریسم اسلامی نباشد، و هدف و میل شان، صرفاً معاشقه با استبداد دینی و اصلاح طلبان شیاد و ۷ رنگ باشد، مرگ‌شان به! (راز دوست، از دشمن نهان، به!/حافظ)

و بی‌هیچ تعارفی، ما ملت سیه روز، در برهوت اندیشه‌ایم. بین شبه جزایر تفکر ایرانی، به چه دلخوش کنیم، آنهم از مدعی حقوق بشر !در ۱۳۵۷، اوباشی «جمعیت ایرانی دفاع از آزادی و حقوق بشر» را ساختند تا با تائید باورمندی به تروریسم اسلامی و مداحی

تروریست‌های مارکسیست، با کُرنش به خمینی، مسخره خاص و عام شوند! آیا جامعه مدنی، برای تجربه رسیدن به دموکراسی در کشورهای آمریکا، اروپا و حتی آفریقا از فروپاشی خودکامگان ناباب در تاریخ معاصر جهان مانند کشورهای اوکراین، کنیا، کلمبیا، رومانی، بهار عربی، چین و... همین اباطیل فعال ایرانی را بافتند؟

انگار در جهان سوم عقب مانده، همه چیزمان به همه چیزمان می‌آید! تو گویی، روشنفکران در جهان سوم، لاجرم همان جهان سومی باقی می‌مانند! و این راه پر سنگلاخ را به زحمت می‌توان پیمود!

۳

در زندان سفاک زمانه ما
(مرگ بکتاش آبتین)

تو گویی در دستگاه خلافت اسلامی ولایت فقیه، «هر شب ستاره‌ای را از آسمان به پایین می‌کشند، اما آسمان ایران همیشه پر از ستاره است. آنهم ستاره‌های پر فروغ. تا به حال، آدمی ندیده‌اید که هم شادمان و هم غم بزرگی در دل تنگ داشته باشد، اما آن ادم منم. غمگین و سرخورده برای از دست دادن مرد پر شور و شاعری پاک چون آبتین و مویه کنان، نشسته در سوگ و پرسه او؛ اما شادمانم که اندک شرری هست هنوز و در آن مرز و بوم آدمکش و انسان کش «هنوز هستند جوانانی که از فساد حکومت نالان و معترض‌اند!

تو گویی، که بکتاش، خندید به تاریخ جعلی خلافت اسلامی مُلای شیعه در ایران ویرانه ما.... و خندید به سرگذشت دلقکانی امثال نواب صفوی، اندرزگو، شجونی و فلسفی و قاسم سلیمانی که شده‌اند قهرمانان تقلبی دستگاه تبلیغات ولایت مطلقه فقیه... و خندید به «عدالت و رافت اسلامی» شیادانی مانند خامنه‌ای، اژه‌ای، سلامی و رئیسی که امروزه شده‌اند، مقام‌های حکومت جور و جهل و جانی.

به قول پیر مُرادم محمد قاضی، شگفت نیست اگر آسمان بگرید زار .... نهاد داغ بزرگی به قلب ملت... پس از هزاران داغ این سپهر کج رفتار. خبری کوتاه و تلخ که شاعری در کُنج زندان جان داد اما جنایات پیشگان اسلامی در فرقه تبهکار مُداوایش نکردند! و اگر به دوا و درمان فرستادنش، دیگر کار از کار گذشته بود... اما از کُلینی تا خُمینی و خامنه‌ای؛ عمامه بسرهای فاقد شرف و اخلاق در فیضیه‌ها و شبستان‌های مخوف مساجد؛

تعفن و نجاست خرافات و موهات و ترور را در ایران پراکندند و امروزه روز، مثل سعدبن ابی وقاص و یزید و ابوسفیان، سرپرچمدار تروریسم اسلامی، خلافکاری، شرارت و جنایت در قرن ۲۱ م شده‌اند.

این جانیان ضد قلم و آزادی بیان و هنر و فرهنگ ایران، از زمستان بی‌بهار ۵۷ کمر

به نابودی ایران بسته‌اند. زیرا مُلای شیعه، برای توسعه و عمران و آبادانی ایران نیامده. کار و بارشان، همین نمایش توحش و بربریت است. در موج ویرانگر۵۷، مکتب اهریمنی خمینیسم در ایران، ظلمتکده جاهلیت را بنا کرد با کمک شبکه تروریسم...

گرچه روح بکتاش آبتین شاعر و نویسنده، با کرونا در زندان ضحاک زمانه و ابلیس زمانه ما [علی خامنه‌ای] از زنجیر رها شد و به آزادی پرکشید. از پس آن همه رنج و غصه و اندوه، آرام می‌خوابد. اما در واقع امر، او را کُشتند و نباید این جنایت را بخشید. در تاریخ ادبیات ایران، نامش و یادش هرگز فراموش نمی‌شود. مانند احمد میرعلایی، غفار حسینی، احمد تفضلی، علی‌اکبر سعیدی سیرجانی، محمد جعفر پوینده، ... و با کشتن این اهل قلم هم، شعله کانون نویسندگان ایران، خاموش نمی‌شود...

بکتاش، دوست، شاعر مهربان، انسانی خوش فکر، که رویایش «ترویج انسانیت» بود. دوست داشت کانون نویسندگان، رشد یابد.. دیگر پتیاره‌ای بی‌هویت با قیافه‌های منحوس و حق به جانب، او را به بازجویی نمی‌کشاند، دیگر ماموری بیسواد و میرغضبی بی‌سلیقه، به سانسور و حذف او نمی‌نشیند. قلم‌ها را می‌شکنند و صاحب قلم‌ها را می‌کشند؛ مبادا جز میل جلاد خونخوار، سخنی بنویسی و بگویی به دروغ و سانسور، دل خوش‌اند!

اما این سانسورچی‌ها و شکنجه‌گران عصر توحش و تاریکی در فاسدترین اسلام ناب محمدی و خونخوارترین حکومت الله بر زمین؛ با جنایت و تروریسم و شکنجه زنده‌اند! کسی هست که بگوید، دقیقا بکتاش آبتین چه کرده بود که وی از پشت میز نوشتن و شعر گفتن به سینه قبری تاریک در گورستان فرستادید؟ جُرم‌اش چه بود؟ ...

بکتاش آبتین، از سانسور و خفقان رها شد و با نامی نیک و عاقبت به خیر شد و رفت جُرم‌اش آن بود که می‌دانست بقای نظام ننگین و خونخواره جمهوری اسلامی مُلایان شیعه، در گرو قلم شکستن، خون ریختن، خفه کردن، گسترانیدن تاریکی- خفقان- فقر است! زیرا مراکز توسعه خرافات و موهومات، کارشان همان است...ای تُفو بر صورت شما نمایندگان امام زمان جعلی بر زمین!

از زندگی شاعرانه به سوی قبرستان؛ در واقع آئین شمشیر و یاسای چنگیزی سفیه وقیح [یا ولی فقیه] در شوم‌ترین ایام تاریخ ایران است.. این دوران ۴۳ ساله اسلام ناب محمدی و حکومت الله بر زمینِ مُلایان (با زنجیر تعصب و زنگوله خرافات بر گردن)، جزو تاریکترین ادوار تاریخ ایران است.

با صدای بلند باید گفت: من دچار خفقانم، خفقان!

توگویی، تا در زمانه باقی است، تا زمانی که ویروس و میکروب مُلای شیعه از کالبد ایرانی، دفع نشود و ۱۱۰۰۰ امامزاده ویران نشود، صدای شوم نعلین و عمامه و عبا تروریسم اسلامی آخوندی، ادامه دارد.... این بیضه‌داران دین، با یاسای چنگیزی، ثناخوان مرگ بوده‌اند با عطش تخریب و ویرانگری و چپاول. و شده‌اند کانون عذاب ملت ایران.

به قول منزوی:

همه، باغ دلم آثار خزان دارد، کو؟

آن که سامان بدهد این همه ویرانی را

۴

سرفراز از انتخاب خویش

(طرفداران پادشاهی ایرانی)

رایش تئاتر سیاسی ایران در شرایط فعلی، بیشتر شبیه یک نمایش عروسک خیمه شب بازی است. اکثر عروسک‌های خیمه شب بازی، نگاه ایدئولوژیک و ضد توسعه و ضد ترقی دارند و می‌خواهند ایران معاصر را دگرباره قربانی ایدئولوژی ویرانگر کنند.

بخشی از اپوزیسیون جعلی که امروز پرچم جمهوری‌خواهی بلند کرده‌اند، می‌خواستند از روز اول ۱۳۵۷ جایگزین مُلایی حیله‌گر به نام خمینی بشوند و البته قصد سهم داشتن در قدرت را داشتند زیرا که داعیه قدرت را داشتند. این ضدیت با پهلوی یا پادشاهی ایرانی در بین برخی مانند چپ اسلامی (اصلاح طلب حکومتی) و چپ مارکسیست -لنینیست پنجاه و هفتی و تجزیه طلبان قبیله‌گرا مشترک است و همچنان از بوق‌های ایدئولوژیک و سانسورکده‌های آنان تبلیغ می‌شود.

بطور جدی، و با توجه به تاکید شهریار ایران - شاهزاده رضا پهلوی - پادشاهی خواهان، درصدد حفظ تمامیت ارضی ایران هستند. اما برخی از این افراد پنجاه و هفتی مانند تجزیه طلبان، دم از ملت جعلی نسبت به اقوام مختلف دارند. با تمامیت ارضی ایران مشکل دارند.

حالا در تئاتر سیاسی ایران، برخی خبرنگار فعال به ظاهر جنسیت‌زده هم وجود دارند که یا وابسته به باند اصلاح طلبان هستند یا توسط مشارکتی‌ها در خارج از کشور اداره می‌شوند و حتی با جمهوری اسلامی در آمد و شد هستند و در این صحنه سیاسی متلاطم، فضای سیاسی توسط افرادی دارای سفسطه و کوردلی و واپس گرایی قرون وسطایی در واقع، به صورت کاریکاتوری از واقعیت پر تباه و مسخره آلود نشان داده می‌شود. امروزه هم کارشان با داستان نخ نما، علیه پادشاهی خواهان ترکتازی می‌کنند.

مثلا رئیس سازمان تروریستی پژاک می‌گوید که ذهنیت تمامیت ارضی، ارتجاعی و فاشیستی است. دبیرکل مادام العمر کومله می‌گوید که منشور باید به سمت فدرالیسم برود. یک ایدئولوگ شورای فلان و بهمان یا عضو یک سازمان تروریست اسلامی - به کذا - به

پادشاهی خواهان، «راست افراطی» می‌گویند. اما هر کدام، اسم شاه یا شهریار می‌آید، می‌لرزند و تو گویی که مشکل ذهنی دارند.

هراس از چیست؟

شکست فکر ۵۷ و تقویت رشد ملی گرایی، قابلیت تبدیل به آلترناتیو را دارند. اما برخی از همان افراد ورشکسته سیاسی، صرفاً با واژه دمکراسی، جمله بی‌معنا می‌سازند. اما در عین دیکتاتوری و بلاهت سیاسی، دم از گفتگو می‌زنند ولی در عمل، همه مخالفان را سانسور و بایکوت می‌کنند، تا نظر خود را تحمیل کنند. کار به جایی می‌رسد که در جلسه محفلی در واشنگتن، در عین بی‌هویتی و ضدیت با ایران، تروریسم را عادی جلوه می‌دهند. زیبا سیاست آنان، بازرگانی و تجارت سیاسی است و در نقش دلال ظاهر می‌شوند. این جریان بی‌ربط و شیفته تروریسم پنجاه و هفتی و افراد شاخص گروه‌های تبهکار و خرابکار تجزیه طلب، هیچ جایگاه و پایگاهی در جامعه امروز ایران ندارند. و گریه‌آور اینکه، یک باج گیر در نقش نویسنده، خاک وطن را به هیچ می‌انگارند و برای آنان، ملت و مرز و خاک و هویت مهم نیست.

این چندچهره‌های پر فریب و فروشنده کرامت انسانی، نمی‌دانند که میهن ما، خاک نیست، بلکه هویت و تاریخ و جان ماست. با لجبازی و کینه و نفرت کور و تناقض ذهنی و غرض، میهن دوستی را مترادف فاشیسم و نژادپرستی می‌دانند. برای ایران، دست و دل بازی می‌کنند اما درباره مرز دیگر کشورها، مغلطه نخ نما دارند. آنهم با درک نادرست و غلط از تاریخ ایران و تصور خام و فهم جعلی از نام ایران.

برخی از این افراد، کاریکاتورعلی شریعتی شده‌اند که با اسلام سیاسی به ایران حمله‌ور شد و این افراد با مفاهیم چپ در حال حاضر دارند به ایران یورش می‌برند. و برخی از رسانه‌های آنها هم مانند ارگان‌های تبلیغاتی حزب توده یا ارتش سرخ در هشتاد و اندی سال قبل، عمل می‌کنند. و این خود، نشان بیات‌شدگی تفکر بی‌پایه آنان است. به هرحال برخی از خبرنگاران رسانه‌ها، آموخته مکتب اصلاح طلبان بوده‌اند. جالب این که به زبان انگلیسی یقه مردم ایران و علاقمندان به پادشاهی خواهی را می‌گیرند اما به زبان انگلیسی در شهر و کشور میزبان‌شان، شهامت بیان نکته‌ای علیه پادشاهی انگستان و هلند و اسکاندیناوی و ... نداشته و ندارند.

طرفه آنکه، این علاقمندان به دشمنی با پادشاهی ایرانی، نه پتانسیل اجرایی دارند و نه چهره‌ای کاریزماتیک و دارای اعتبار سیاسی و اجتماعی که در مقابل پادشاهی خواهان،

معرفی کنند.

در ادبِ ما نوشته‌اند که شهریار، ستون و خیمهِ مردمان و نگاهبانِ مرز و کیش، صدایِ مردم، حافظِ امّید و هویت ملّت و میهن است. در آیینِ شهریاری مرسوم نیست که با کسانی که در مقامِ خنجر از پشت به هویت و کیانِ ایرانی هستند و بین ملّت هم جایگاه و پایگاهی هم ندارند، همدم و همنشین شد، چه رسد به اینکه بیانیّهِ مشترک داد. زیرا که این طریق ره به بالایِ قلعهِ آئین سروری نیست، و با کهنه اجامر و اوباش همانا اتّحاد نداشتن بهتر است، مضافاً بر اینکه کسی در خیابان‌هایِ ایرانی اینان را نمی‌شناسد.

در کنار تواضع، مهربانی و فرهیختگی شاهزاده رضا پهلوی، حفظِ روحیّهِ جوانانِ عاشق و شیفتهِ شهریارشان واجب‌تر از نزدیکی و همگامی با اینگونه افراد است جوانانی که جانشان را در طبقِ اخلاص گذاشته‌اند و گوش به فرمانِ شمایند و در خیابان‌ها نام‌تان را فریاد می‌زنند.

فریدونِ زمانه ما

فریدونِ زمانه کسی نیست جز شاهزاده رضا پهلوی که بر اساسِ شایسته سالاری و اقبالِ مردمِ ایران به او و نظام پادْشاهی ایرانی نامش را در خیابان‌های ایران صدا می‌زنند و با شعارهایی چون «رضا شاه روحت شاد»، «ای شاه ایران برگرد به ایران»، «ایران که شاه نداره حساب کتاب نداره» وی را همچون فریدون به رهبری کردن مبارزه و سرنگونی حکومت آخوندی دعوت می‌کنند. اقبال مردم به وی نه فقط بخاطر اینکه از خاندان ایرانسازِ پهلوی‌ست، بلکه به خاطرِ خردمندی و شایستگی و ثابت قدمی‌اش در مبارزه بی‌امان با حکومت جهل و جنون و اشاعه خردمندی و راهکارهای علمی و عملی برای اتّحاد جهت ایجاد ایرانی آزاد، آباد و سکولار بر اساس اصول دموکراسی و فرهنگ والای ایرانی ست.

با نگاهی گذرا به دوران صفوی و قاجار می‌توان دید که جامعه ایران نه تنها عقلانیت را تمرین نکرد بلکه برای چندین قرن دین و خرافات در رگ و خون و روح و روانش تنیده شد و از عقلانیت فاصله گرفت.آنچه در ایران منجر به خودزنی و یا بهتر است بگویم خودکشیِ ۵۷ شد همانا نداشتن خردمندی جمعی بود که منافعِ مشترک جامعه را فدای آرمان‌هایِ پوچ و خرافی و بی‌اساس کرد و همچون پدیده «خودکشی دسته جمعی نهنگ‌ها» به انتحار دسته جمعی انجامید. در اینجا لازم به ذکر است که این معضل منحصر به ایران نبوده بلکه برای غرب و بسیاری از کشورها از جمله چین هم پیش آمده است.

با این حال، برای بازسازی آنچه که تخریب کردیم چاره‌ای جز کنکاش، بازنگری و احیای اندیشه ایرانی نداریم. اندیشه‌ای که آبشخور آن زرتشت و کوروش و فردوسی است. ماَ آن چیزی را که برایِ ساختن جامعه‌ای سعادتمند و شاد و مرفّه لازم است را دارا هستیم. باید به خاطر بسپاریم که ما فرزندان زرتشت و کوروش و داریوش و یعقوب و بابک و حلاّج و نادرشاه و رضاشاه و شاه و فروغی و ... هستیم.

ما بزرگ‌ترین یا باید بگویم تنها حکومت جهانی را بر اساسِ اندیشه و خردِ ایرانی در زمانِ کوروش و داریوشِ هخامنشی ایجاد کردیم و توانستیم پس از تسخیر ایران توّسط اسکَندر و در ادامه آن حَکومت سلوکیان، با ایجاد حکومت‌های اشکانی و ساسانی برایِ هشتصد سال قدرت بلامنازع جهانی باشیم.

اگر ما پس از حکومت شرم آور قاجار که بیش از صد و اندی سال به طول انجامید، توانستیم با ایحاد یک دولت ایرانی توسّط رضاشاه فقط در عرض١٦ سال از یک جامعه فلک زده به جامعه‌ای پویا تبدیل شویم و باز هم پس از جنگ جهانیِ دوّم و پیامدهایِ اسفبار آن در عرض کمتر از بیست سال توسّط شاه به قدرت بلا منازعِ خاورمیانه و حتّا به یکی از قدرت‌های بزرگ جهانی تبدیل شویم، حال نیز می‌توانیم با زدودَنِ زنگار از اندیشه ایرانی و ممارست در عقلانیت و درک از قانونمندی و جدایی دین از دولت، پیروی از پندارِ نیک، گفتارِ نیک، کردارِ نیک، برقراریِ دولت و حکومت بر اساس اصول پادشاهی ایرانی، در زمانی کوتاه به خردمندی جمعی برسیم و پیشرفتی در حدّ ژاپن و چین و کره جنوبی داشته باشیم.

ما سازندگی را زودتر از چین و کره شروع کردیم و نباید بگذاریم این وقفه کوتاه ما را از ادامه راه سازندگی که امیر کبیر و مبارزین و متفکّرین جنبش مشروطه و رضاشاه و شاه و فروغی انجام دادند باز دارد. در سال ۵۷، وقتی که ما مشغول خودزنی بودیم، چین و کره جنوبی آرزوی رسیدن به رشد و موقعیّت ایران را در جهان داشتند. ما فقط با اتکّای به خود و برخورداری از اندیشه‌ی ایرانی‌مان می‌توانیم دوباره دروازه‌های تمدّن بزرگ را بگشائیم.

۵
ضعف گفتمان پنجاه و هفتی
(رشد گفتمان ملی)

این دوران شش یا هفت ماه اخیر را شاید بتوان گفت که نقطه عطفی بزرگ در تاریخ معاصر ما بود. خیزش‌ها و رستاخیز ملی، شکل جامع‌تری به خود گرفت. گرچه رسانه‌های مافیای پنجاه و هفتی در اروپا و آمریکا، با کمک گرفتن از تجزیه طلب‌ها و اصلاح طلبان حکومتی و چپ‌های پنجاه و هفتی، تلاش کردند که مطالبات سیاسی بیشتر به سمت و سوی مورد نظر آنان هدایت شود، اما نشد. نسل جوان باهوش، مانند نسل قبل در دوران ۵۷، سواری نداد و در میانه هیاهو هم حتی عروسک تراشیده و گفتمان جعلی ساخته و پرداخته را نپذیرفت. وقتی هم به مجاهد و تجزیه طلب و جمله مخالفان رهبری واحد ندادند، تو گویی که دست پشت پرده را دیدند.

قصد مافیای رسانه‌ای و نهادهای امنیتی وابسته به اصلاح طلبان، روشن بود. کالای فریب را تحویل دادن و همه را به حاشیه راندن و گوی سبقت را بردن و ۵۷ را دوباره رنگ کردن؛ و از اساس هم جریان موسوم به جمهوری خواهی می‌خواستند که بنا به رویا و دلخواه‌شان چیزی را معرفی کنند که حتی چهره‌ای و گفتمانی معتبر نداشت. اما کم کم، عیان شد که زبان و فکر جوانان شیفته گفتمان ملی، چنین نیست. تو گویی نسل نو، شریک فکری شیادان از جمله تجزیه‌طلب و اصلاح‌طلب و ملی مذهبی و پنجاه و هفتی را نمی‌خواهند که حقه ساز کنند و در تاریکی استبداد نو، نگه‌شان دارد.

خواسته نسل جوان شرکت کننده در رستاخیزملی، بازیافت غرور ملی و هویت ملی ایرانی و ایرانی ماندن است. دیدند که نام شاهزاده و شخصیت و تفکر او، از حاشیه رانده شدن و به روز شدن را به همراه دارد و اینکه نماد پادشاهی خواهی ایرانی را با یک انسجام فکری دنبال کنند. درک کردند که این نماد قوی، بیانگر تفکر ملی است که در داخل کشور، رشد کرده است. قبل از بلوای ۵۷، مجتمع جنایت و خیانت همراهان خمینی، با دُهل و سُرنا، به دنبال عبا و نعلین یک مُلای حقه‌باز راه افتادند تا گفتمان ملی ایرانی را نابود کنند؛ اما نشد. بارها هم در تاریخ ۱۴۰۰ ساله، چماق به دستان دیگر، کردند اهتمام و نشد!

شاهزاده، یک ضد انقلاب است نه یک رهبر انقلاب ساخته و پرداخته شده توسط پنجاه و هفتی‌ها. امروزه روز هم جوانان به نیکی دریافتند که تغییر رژیم بر اساس گفتمان ملی امکان‌پذیر است وهمانطور که بارها گفته و نوشته‌ام، با اسلحه ایران دوستی و ناسیونالیسم می‌توان به جنگ گفتمان مذهبی و اسلامی مُلایان و اختاپوس مذهبی رفت. در این آشفته بازار و مافیای قوم یاجوج و ماجوج، این گفتمان ملی گرایی است، که رمز پیروزی است. بارها هم در تاریخ، جواب داده است.

راستی چه کسی به ایرانیان جوان غرور ملی و هویت ملی دوران پرشکوه تاریخ را باز می گرداند؟ بازرگان، بنی‌صدر، مصدق، رجوی، یزدی، خاتمی، منتظری، کروبی، موسوی، نگهدار، مهاجرانی، فدائیان خلق، ستاره سرخ، لاجوردی، شریعتی، سروش، موحدین اسلامی و ...؟ هیچ کدام!

تشکیلات مافیایی رسانه‌های لندنی هم در گِل ماندند. لیست سانسور و فهرست سیاه مهمانان هم پاسخ نداد. طرح‌های شوم سردبیران اصلاح‌طلب و ملی مذهبی و چپ و تجزیه‌طلب هم پاسخ نداد. تماس مستمر و مستقیم جوانان با گفتمان ملی، همه آن نقشه‌ها و حقه بازی‌ها را به هم ریخت. حتی آرایش صحنه سیاسی به هم خورد و باز هم جنبش پادشاهی خواهی سربلند ماند و همه شیفتگان ۵۷ در پشت یک قارچ یک شبه پنهان ماندند تا شاید تفکر پادشاهی ایرانی را حذف کنند. اما زهی خیال باطل!

شاهزاده، شهریار ایران و نماینده سامانه کهن پادشاهی ایرانی و یک نماد ملی و شخصیت استثنایی است. یعنی در تاریخ جهان، هر کسی - لایق نبوده که تاج سلطانی را به عنوان شهریار زمان بر سرش داشته باشد.

گاه در یک شخص می‌توان هم آرزوها را یافت و هم حاکمیت مردم در ایران (مردم سالاری) را دید. نمی‌شود یک اندیشه معتبر تاریخی را با شامورتی‌بازی رسانه‌ای و سانسورو گروه بازی، حذف کرد. ساختار پادشاهی ایرانی، توسط مُلای وحشی هم از بین برده نمی‌شود؛ عرب و مغول و تاتار و ترک و خزر و روس و صدام هم نتوانستند.

شاهزاده، یک ضد انقلاب است نه یک رهبر انقلاب ساخته و پرداخته شده توسط پنجاه و هفتی‌ها. بطور مشخص و مجزا هم باید گفت: بضاعت امروز دشمنان طیف ملی و پادشاهی توام با مغزشویی رسانه‌ای چیست؟ هیچ!... جریان فراگیر و نیرومند طیف ملی و ایران‌گرا را نمی‌توان مختل، مضمحل یا گمراه کرد. پرچمداران و وفاداران به گفتمان پنجاه و هفتی هم می‌دانند که رسانه‌های هدفدار خواستند عروسک جا بیاندازند و به جای تشکل مردمی و تفکر حمایتی، نمایشنامه‌ای را قالب کنند. اما زمان براندازی که مشخص

نیست، هست؟ مهار در دست چه کسی است؟ گروه دارای فلسفه سیاسی. نه عروسک رسانه‌ای و کوتوله سیاسی دولت‌های اجنبی. بازی اتحاد نیم بند و شُل هم ره به جایی نبرد و نمی‌برد. چون از اساس، مقوایی است که در هر حرکت شطرنج، فرو می‌ریزد. آنچه ریشه دارد، خواهد ماند.

آخرالامر، نهاد اشغالگر و پر سفسطه پنجاه و هفتی و لباس ناموزون جمهوری اسلامی، فرو می‌پاشد. در این فضای پر آشوب و آشفته، برقراری حاکمیت مشروطه و قانون‌مداری را باید در کجا جست؟ کدام روشنایی فانوس است که خاموش نمی‌شود؟

رابطه‌ای بین اسلام پنجاه و هفتی و تمدن ایرانی نبود. ضحاک‌نام زشت‌روی یا مُلای شیعه، میدان‌دار شد... برخی هم لباس ناموزون جمهوری به تن او کرده‌اند... و دم از عقلانیت اسلام و مشروعیت پنجاه و هفت زدند... کوره راهی را نشان دادند... اما شاهراه تمدن ایران را منحرف کردند و خود در کشورهای پادشاهی جهان، پناهنده شده‌اند. بیماری پهلوی ستیزی در شیفتگان سانسور و بایکوت فرهنگ پادشاهی مدعیان مکتب نرفته سیاسی که معنی رابطه پادشاهی‌خواهی و وطن‌پرستی و قانون را نمی‌دانند، شگفت نیست. بوالعجب، جملگی شیفته و شیدای ۵۷ هستند و بس! گروهی هم با شعار بی‌معنی، بدون داشتن هر اصول اخلاقی و انسانی و تعهد به آب و خاک ایران، بخاطر عدم تجربه سیاسی و عدم درک سیاسی، شیفته هیاهوی سیاسی و غوغاسالاری رفته‌اند. در غوغا سالاری هم نمی‌شود فرهنگ‌سازی کرد، نمی‌شود به رد پای فرهنگ و اصالت فرهنگ و تمدن یک جامعه حمله کرد.

یک زمانی، با فروریزی کاخ ساسانی، خردگرایی و دانش و فلسفه از کشور رفت. در ۵۷ هم هویت ایرانی را فراموش کردیم. ایران بی‌هویت شده است. برای یافتن حلقه مدنیت کهن در تاریخ در زیر خاک باید گشت. حلقه اتصال تمدن ما کجاست؟ در تاریخ تمدن گم شده؛ در عظمت تمدن این جغرافیا دنبال چه هستیم؟ شاه اسماعیل صفوی که ۳۰ هزار نفر را به عنوان محاربه با خدا کشت؟ یا امیر تیمور گرگانی –حافظ قرآن در سلسله تیموریان– در ۴۷ قتل عام به نام اسلام ۴۰ هزار تن را سر برید و مناره ساخت و ۷۰ هزار نفر را در اصفهان کشت؟ یا شاه سلطان حسین،ننگ تاریخ شاهی ما؟

ایران در بربریت گم شده و در آتش ایدئولوژی، سوخته و اکنون، خاکستری برجای مانده است. نسل جوان فرزانه فانوس به دست به دنبال این گمشده باید باشد.

شاید اغراق نباشد اگر بگویم توضیحِ جامعه‌ی ایران بر اساسِ مقولات و درکِ اروپاییِ آن نه تنها به شناخت از تاریخ و فرهنگِمان کمکی نکرده است؛ بلکه به آشفتگی فکری

بیشتری دامن زده و ما را از یک نتیجه‌گیری تاریخی و حقیقی دور کرده است و متعاقباً راهگشای حکومت‌های جبّار بوده است.

فردوسی، خیام، سنایی، نظامی و ناصر خسرو عمق فاجعه را فهمیدند. به آن تاریخ و ادب اشاره کنیم: فرزانگان بزرگ ایران جانمایه حیات ما هستند و باید زیر ساخت جامعه برای رویش تمدن باشد نه اینکه به آن آسیب برساند و نابودی تمدن را شاهد بود. اما شیفتگان و وفاداران ۵۷ چنین کردند.

متاسفانه با این ماجراهای تلخ تاریخی، ایران راه به سمت نابودی و تاریکی پیمود و سیر قهقرایی را طی کرد. بنا به تاریخ ما: پادشاهی ایرانی، در واقع عصاره تمدّن ایرانی است. اما انگار در عظمت تمدن این جغرافیا، اندیشه پادشاهی ایرانی در تاریخ تمدن ما گم شده است و شاید در اعماق اقیانوس باید جست.

ایران جایگاه خاصی در چرخه تمدن و دانش جهان داشت؛ اما از ۱۳۵۷ از گردونه خارج شده است. آن هم در یک خودکشی دسته جمعی با توطئه مشتی تروریست و دست‌بوس اجنبی. مدارس را خالی و گورستان‌ها را پر کردند. در بازار پاک باختگان هم دم اسلامی می‌زنند!

اما ایجاد گفتمان پادشاهی‌خواهی، بدان خاطر است که دارای برنامه است و تفکر مشخص و انسجام فکری دارد و پادشاهی خواهان، بنا به پادشاهی ایرانی و آئین شهریاری، در مقابل بقیه این جریان‌های مسموم است. از نظر فکری باید با این افکار مخرب، مقابله کرد و ثبات قدم داشت تا کم کم جامعه جوان، آگاه‌تر شوند. موقعیت نابی است این ایام.

باید نسل جوان بدانند که در پشت پرده نمایش بی‌وطن‌ها، عوامل اجنبی و استبداد زمانه خُفته‌اند. چون از «گفتمان ملی؛ ظرفیت‌های جنبش پادشاهی خواهان برای عبور از نظام شرّ؛ تغییر آرایش نیروهای سیاسی پس از فروپاشی منشور»، احساس خطر کرده‌اند. هیچکدام از اردوگاه‌های سیاسی مقابل جریان وطن‌پرستی، یک پارادایم پساجمهوری اسلامی [چشم‌انداز پس از فروپاشی] نداشته و ندارند. واقعیت آنجاست که، وطن پرستان پادشاهی‌خواه، تجربه زیستی و الگوی تاریخی دارند؛ نه مجموعه اصلاح‌طلبان، ملی مذهبی، تجزیه‌طلبان، مشروطه جعلی و چپ‌های تروریست که در پی تولد دوباره جمهوری اسلامی و عدم عبور از گفتمان هرز پنجاه و هفتی و عدم توسعه فکری هستند.

۶

شاهزاده، یادگار پادشاهی ایرانی و آئین شهریاری

پادشاه ایرانی، نگاهدار و سامان دهنده مُلک، قانون و عدل و مساوات و آزادی آحادِ ملّت است و شهریار ایرانی قدرت اجرایی دارد. در سیستم پادشاهیِ ایرانی، تربیت شاه اهمیت داشته است.

شاهان ایرانی، ایرانی از تبار ایران، حکومت خشن و خونریز ندارد. پادشاه هیچگاه قانون یا قانون‌گذار نبوده؛ بلکه پادشاه نگهبان ایران و آیینِ ایرانی است که بر اساسِ راستی و پرهیز از دروغ است.

فردوسی به صراحت تمام، توانسته نقشِ کاملی از پادشاه را در شعرهایش به تصویر بکشد و آن را کاملاً واضح نشان داده است. فردوسی با آگاهی و وسواسی زیاد به ما یادآوری می‌کند که وظیفه شاهان، حفاظت و نگهداری از ایران زمین و گسترش و تامینِ عدالت و راستی است و ما را از نقش و مقام پادشاه، عشقِ به میهن، جدایی دین از دولت (تخت و منبر)، عدل و مساوات و آزادی و شرف انسانی آگاه می‌سازد. بیت معروف «چو ایران نباشد تنِ من مباد» بهترین گویای این تفکّر و اندیشه ایرانی و تاکید بر ایران و نه پادشاه است. بیهوده نیست که شاهنامه فردوسی را حماسه داد و زنده کننده تاریخ و ادب و فرهنگ ایران‌زمین می‌دانیم.

اما تفکر پادشاهی ایرانی، قابل حذف نیست

خیلی‌ها سعی کردند که پادشاهی ایرانی و تفکر پادشاهی را از بین ببرند. وقتی اعراب به ایران حمله کردند. در اوایل قرن سوم بود که ایرانیان از گوشه و کنار برخاسته و بساط اعراب را برچیدند. به قرن چهارم نرسیده، ایران به استقلال خود بازگشت و نامی از خلیفه شاید شنیده می‌شد؛ اما ایران دیگر آن شکوه و بزرگی و جلال و حشمت قبل از حمله اعراب مسلمان را بار دیگر ندید.

پادشاهی بزرگ ساسانیان فراهم نشد، که بعد از آن بود که سلجوقیان و مغولان هم آمدند از پی ویرانی ایران. اما ریشه حکمرانی به شیوه پادشاهی را نتوانستند بسوزانند؛

نمی‌شود به تمدن ایرانی پشت کرد. در عناد با پادشاهی، ریاکارانه لباس عنصر ملی بر تن کرد.

در سال ۱۳۵۷ هم مُلاهای شیعه و اختاپوس مذهبی به ایران حمله کردند و خواستند که این فرهنگ و تمدن کهن را از بین ببرند؛ اما نشد و الان هم کهنه تروریست و کمونیست و اصلاح طلب و تجزیه طلب نوکر اجنبی نشسته‌اند که در رسانه‌های امروزی، داوری نادرست و بی‌احتیاطانه نام شاهنشاهی را حذف کنند؛ اما زهی خیال باطل!

حتی در رسانه‌های خود، حمله می‌کنند و فلان سردبیر تجزیه طلب پژاکی یا ملی مذهبی از نهضت مثلا آزادی یا اصلاح طلب حکومتی، نام برخی مهمانان را در لیست سیاه و سانسور می‌گذارد تا مبادا کسی از آئین شهریاری و پادشاهی ایرانی، سخن براند!

نهاد پادشاهی تکیه‌گاه و عامل اطمینان مردم و نیروهایش بوده است. پادشاهی یک شیوه حکمرانی است. در تاریخ ایرانی چه بسیارند پادشاهانی دلیر و کاردان و هوشیار. چون، شهریار حافظ ارثیه نیاکان است؛ به اوج شکوفایی و عظمت ملت و مملکت می‌اندیشد؛ ادبیات فاخر و بلیغ حرف می‌زند و انسان‌منشانه.

ادبیات حاکم بر شاه. فهم مدنی و اندیشه ... فرزند زمان خویش است. تلاش برای سرمایه‌گذاری برای آگاهی نسل‌های آینده دارد. با انضباط سخت خو گرفته و تمرین مدارا-رفتار کینه توزانه و فریاد ریاکارانه ندارد. شاه مبلغ یک تفکر خاص نیست... کلام آخر را می‌زند چون وابسته به گروه خاصی نیست.

آنچه در موزه‌ها می‌بینیم این است که شاه در تاریخ کهن ایران، فردی هشیار و خردمند است و با تمدن و هویت ملی.

و شاه مستبد نیست. بماند که دلقک‌های زبان نفهم رسانه‌ای با سابقه تجزیه‌طلبی و تروریستی و تجزیه طلبی، شاه را فاشیست می‌نامند. اما نه سواد بررسی فاشیسم را دارند و نه از تاریخ ایران، چیزی می‌فهمند. تنها هنرشان، تقلب و شارلاتانیسم و خبر از اخبار کون و کائنات است.

پادشاهان نیک اندیشه غرورآمیز و با فهم متمدنانه، حلقه گم شده تمدن را نگهبانی کرده و تمدن هم هرگز نمی‌میرد؛ پادشاه خردمند کشور و ملت را در مسیر تمدن قرار می‌دهد. جایگاه فرهیخته پادشاه سلطان نیست... نماد تمام عیار فرهنگ است نه نماد سفاهت و وقاحت.

نظام پادشاهی گفتمان مدنی دارد؛ انسان محور است؛ تمدن باور است و قانون مدار و کمال گرا و اصلاح پذیر؛ با ارتقای مدنیت و ساختار مدنی کشور، جامعه‌ای بر اساس

عدالت اجتماعی پی‌ریزی کنیم.

برای تقویت ارزش فرهنگی و حاکمیت قانون نه حکمرانی فردی و کج اندیشی و آدرس خطا دادن. فرمان آنها، چیدن خشت روی خشت برای برپایی تمدن بوده است. خادم خردورز و فرهنگ ساز در حوزه تمدن است. رهروان تمدن ... پادشاه نیک به تمدن نزدیک است.

پادشاه ایرانی، با رشد اخلاقی جامعه، شاد است. وظیفه تعلیم و تربیت بر شانه‌های اوست - پادشاه در پی ساخت فرهنگ و مدرسه است. شاه، فهم درست و نگاه درست به تاریخ و ادب ایران دارد و حافظ ارزش‌های کهن است - حافظ تجربیات چند قرن مملکت است.

در گذار تمدن حرمت به اراده مردم و هویت مدنی - شهرها در سراسر هخامنشی کتابخانه و سالن تئاتر و نمایش و سالن موسیقی داشته‌اند. سلوکیان و اشکانیان و ساسانیان، دانشگاه و مدرسه داشته‌اند و نگاه مدنی داشته‌اند.

اما سلاطین نادان و خرفت و عقب مانده. ترک سلطان در پی مسجد و حسینیه و زنبیه و عزا و ماتم. بر اریکه سلطانی تکیه زده‌اند اما سلطان بوده‌اند و حاکم نه شاه.

ره‌آورد خلفای عرب و مُلا و اختاپوس مذهبی در واقع، بقعه و مسجد و حوزه علمیه بودند یا نگاه به آخرت و نگاه به ایدئولوژی.

نظام سلطانی با هویت ایدئولوژیک مغایر است؛ نوعی تسلیم شدن در برابر جهل و کهنه اندیشی است؛ مانند باتلاق صفویه. مردم ایران به جای مرثیه، شاهنامه می‌خواندند و ایران در ایام داریوش و خسروان ساسانی دارای محتشم و جلال بود.

در کتاب کوروش نامه نوشته گزنفون هم هست: نقشِ این فلسفه در آیینِ حکومتی و نقشِ پادشاه و مسئولیت وی در مقابلِ جامعه و بالعکس را به‌عنوان عاملِ اصلی برتری تمدّنِ ایرانی بر تمدّن‌هایِ دیگر بیش از همه مورد بررسی و تمجید قرار داده است. او چگونگی زایش و برآمدن شهریار (شاه) یا رهبر را از درون چنین جامعه‌ای توضیح می‌دهد.

او دلیلِ برآمدن رهبر و یا شهریاری چون کوروش و قدرت ایرانیان در ایجاد حکومتی جهانی نه بر حسب تصادف و یا قدرت رزمندگیِ ایرانیان می‌دانست، بلکه دلیلِ آن‌را داشتنِ یک سامانه (سیستم) می‌دانست که تمام اجزایِ متشکله آن از اصولی نهادینه شده در کلِ جامعه ایرانی تشکیل شده بود که با دقّت و ممارست و گذشت و خویشتن‌داری، پرهیز از دروغ، شراکت همگانی در تعلیم و تربیت، یادگیری فنون نظامی، امورِ قضا و

داوری، احترام به قانون و خانواده و بزرگ‌ترها از آن تا پای جان پاسداری می‌کردند.او می‌گفت رمز کلید سعادت و داشتن تمدنی برتر و نمونه، نه در نگارش قانون و اجرای آن با ترس و تحکم و تمکین توسط حکومت، بلکه با آموزش و پرورش شهروندان آن به گونه‌ای باید باشد که آنان در نهاد خود قادر به خلاف کاری و شکستن قانون نباشند.

وی این اصل را عصاره تمدّن ایرانی می‌دانست و دلیلِ شهرت و مقبولیتش و تخطّی از اصول آن را دلیلِ اصلی در سقوط و اضمحلال ایران پس از پادشاهیِ کوروش و داریوش. او در آخرِ کتاب خود به صراحت اذعان می‌دارد که اگر ایرانیان از اصول و مبانیِ پادشاهیِ ایرانی عدول و تخطّی نمی‌کردند فرماندهان و ارتشیان یونان جرأت و اعتماد به‌نفسِ اینکه به ایران حمله کنند را نداشتند.

به اصول پادشاهیِ ایرانی از دیدگاه گزنفون بپردازیم

۱) پادشاهیِ ایرانی یک سیستم منسجم بود که مبنایش بر اساس برابری افراد در مقابل قانون و آموزش و پرورشِ همهِ افرادِ جامعه و رابطه‌شان با خانواده، جامعه و حکومت بود.

۲) در آن سیستم، کودکان تا هفت سالگی در دامان خانواده رشد و نمو می‌کردند و خانواده‌ها موظّف به تعلیم و تربیتِ فرزندان خود بودند.

۳) از سنِ هفت سالگی بطورِ اجباری می‌بایست به مدارس عمومی که از طرفِ حکومت ایجاد شده بود می‌رفتند و تحت نظرِ استادانی که خود تمامِ مراحلِ ذیل را با موفقیّت طی کرده بودند به تحصیل می‌پرداختند.

٤) هر کودکی می‌بایست در دو درس اخلاق و عدالت شرکت می‌کرد و در حضورِ استادان در امور دعاوی مختلف نقشِ یک قاضی یا داور را بازی می‌کرد تا اصولِ اخلاقی و عدالت در او نهادینه شود.

٥) حق ناشناسی بشدّت تقبیح می‌شد و فرد حق ناشناس موردِ محاکمه و تنبیه قرار می‌گرفت چون ایرانیان معتقد بودند فرد حق ناشناس قادر به رابطه درست با افراد دیگر و جامعه و حکومت نخواهد بود.

٦) مناعت طبع، پرهیز از خشم و تند خوئی از اصولِ اوّلیهِ شهروندی بود و هر فرد می‌بایست در طولِ روز این اصول را رعایت می‌کرد.

۷) همه گروه‌ها و طبقاتِ اجتماعی از جمله کودکان هفت سال به بالا می‌بایست در زمان تعیین شده در میدان‌هایی که در مجاورت بناهایِ دولتی قرار داشت گرد هم می‌آمدند و با هم در برنامه‌هایِ استادان، سخنرانی‌ها و جشن‌ها شرکت می‌کردند.

۸) آنان می‌بایست در شب‌ها به پاسداری از محلّه‌ها و مراکزِ حکومتی می‌پرداختند و شب را در آن محل‌ها سپری می‌کردند تا خویشتن‌داری و مسئولیتِ اجتماعی را بیاموزند.

۹) ساده زیستن و پرهیز از افراط در خوردن و عیش کردن از اصول شهروندی و اجتماعی بود.

۱۰) برای مدّت ده سال پس از هفت سالگی، این نوجوانان از سنّ شانزده یا هفده سالگی به عنوان مرد محسوب می‌شدند و تا سن ۲۵ سالگی موظّف به ادامه تحصیل در کلاسِ استادان و یادگیری امور جنگی، داوری در امور، یادگیری امورِ حکومت‌مداری، پیاده نظامی حکومت در جنگ‌ها، و آمادگی برایِ شرکت در کسبِ مقام‌های حکومتی و کشوری می‌شدند.

۱۱) کسانی که موفّق به گذراندن درس‌های اخلاق و عدالت و گرفتنِ تأییدیه از استادانِ خود نشده بودند نمی‌توانستند در زمره مردان برای کسبِ مقام‌های دولتی و شهری به حساب آیند.

۱۲) شایسته‌ترینِ جوانان می‌توانستند بر حکم استادان قبل از رسیدن به ۲۵ سالگی در زمرهِ مردان قرار گیرند و مقام‌های دولتی و کشوری را به‌دست آورند.

۱۳) از سن پنجاه سالگی از وظایف دولتی و شرکت در جنگ‌هایِ خارج از مرز معاف شده و می‌توانستند به عنوانِ استادان نوجوانان و جوانان یا به عنوان قضّات عالی به خدمت مشغول باشند.

۱٤) هر ایرانی حق داشت پس از گذراندنِ موفقیت‌آمیزِ درس‌هایِ اخلاق و عدالت و وارد شدن به جرگه مردان به عنونِ نامزدِ احرازِ بالاترین مقام‌هایِ دولتی از جمله جایگزینیِ پادشاه در هنگامِ خلعِ او از طرف شورایِ عالی به جهتِ عدم پیروی از اصولِ اخلاق و عدالت و یا ناتوانی در انجامِ وظایفِ محولّه از طرف شورای عالی شود.

۱۵) شورای عالی که از برجسته‌ترین و شایسته سالارترینِ افراد از گروه‌هایِ بیست و پنج سال به بالا (همراه با شایسته‌ترینِ جوانانی که به علّت شایسته سالاری در جرگه مردان قرار گرفته بودند) انتخاب می‌شد.

۱٦) نگارش، سرپرستی و تعبیرِ قانون به عهده شورایِ عالی وقضات عالی می‌بود و شهریار منتخب موظّف به حکومت بر اساس قانون بود.

۱۷) قانون شامل شخصِ پادشاه نیز می‌شد و وی فراتر از قانون محسوب نمی‌شد و در صورت تخلّف از مقامش خلع می‌شد.

۱۸) شهریار دارایِ قدرت اجرائی بود.

۱۹) و فرمانده کل قوا با اختیارات بسیار بود.

۲۰) شهریار یا پادشاه نگاهدارنده و پاسدارِ قانون و اخلاق وعدالت و صدای ملّت بود.

۲۱) قضاوت در امورِ جرائم بزرگ و یا مسائل مورد اختلافِ قانونی توسّط قضّات عالی صورت می‌گرفت.

۲۲) مسامحه و بردباری از اصول حکومت‌مداری و منش سیاسی و رفتارِ اجتماعی می‌بود.

۲۳) دین رسمی وجود نداشت (هر چند اگر پادشاهان خود دیندار می‌بودند ایرادی بر آنان نبود) و افراد در گزینش دین و خدایان آزاد بودند.

۲٤) بیگاری و برده‌داری ممنوع می‌بود و کسی را نمی‌توانستند به زور مجبور به کاری که موافق با انجام آن نبودند کنند.

این‌ها تعدادی از اصولی بود که تمدّن ایرانی و شیوه حکومت مداریِ ایرانیان را از مللِ دیگر متمایز می‌ساخت و در عینِ حال مورد احترام و اقتباسِ آنان قرار می‌گرفت. امروزه در ایران‌مان به دنبال چند مفهوم هستیم که یکی از آنان، شهروندی است؛ اما حقوق شهروندی در پادشاهی ایرانی ما، نوعی هویت است و پادشاهی ایرانی و رسم شهریاران این دیار، خدمت به مردمان بود.

آخرالامر، می‌توان گفت که هر کسی لایق صفت شهریاری نیست و هر کسی که شهریار است، یک تاریخ پشت سر اوست... و پادشاهی ایرانی، گسترده‌تر و جامع الاطراف‌تر است. پادشاهی ایرانی همراه نوعی فلسفه شناخت معرفتی است که میان گروهی آموخته به پادشاهی، برگزیده می‌شدند و شخص مطلوب‌تر، شاه می‌شد. شاهی که شناخت، شایستگی و شهامت اجرا و اداره داشته باشد.

زایش‌هایِ دوباره جامعه ایران، چه در زمانِ باستان و چه در قرون اخیر، مدیون شناخت معرفتی از اصول پادشاهی ایرانی بوده است. ضامن بقای ایران، حاصلِ تداومِ سیستم‌های حکومتیِ دوهزار و پانصد ساله و تمدّنِ هفت یا پنج هزار ساله آن است - تمدّن ایرانی بسیار منسجم و متمدّن، نوعِ سامانه شهریاری (حکمرانی) را ایجاد و تجربه کرد و توانست که سلسله‌های پادشاهی‌های تاریخی و طولانی مدّت ایجاد کند. سیستم منسجم آموزشی در سامانه پادشاهی ایرانی، ضامن دمکراسی و بقای جامعه بوده است و شاه، حافظ و مجری عدالت بشری.

بنا به تاریخ ایران، پادشاهی ایرانی، در واقع عصاره تمدّن ایرانی است.

و حال، یادگار تمدن ما، شهریار زنده ایران، شاهزاده رضا پهلوی است. وقت تنگ است و تاریخ، هر روز به ما چنین شخصیتی نمی‌دهد. ۶۳ سال از عمر او گذشته و حال و روز ایران ما در معرض نابودی کامل است. از شهریار ایران چه بخواهی؟ چه کنیم که راه درست را برویم و از کژراهه ویرانگر ۵۷ و چماقدارانش عبور کنیم؟

۷

آئین شهریاری ایرانی و شهریار خوبان

در سال ٦٤٠ م. (١٣٨٣ سال قبل) دولت ساسانیان در جنگ نهاوند منقرض شد. آخرین پادشاه هم پس از ١٠ سال زندگی در حال فرار و عقیم ماندن در بازپس گرفتن مملکت از دست رفته، در شمال شرق کشور به دست قاتلی بی‌نام و نشان کشته شد.

دوران فتوحات و استیلای عرب بود و آغاز خلافت اسلامی. فاتحان، تاختند و مناره و گنبد ساختند و مردم ایران هم پریشان و آزار دیده و تحت ستم و جور.

در لشکرکشی‌ها، فوج فوج مردم ایران یا کشته شدند و یا دسته دسته به اسلام گرویدند. ایرانیان عزادار پس از مدتی زیر یوغ مالیات و خراج هم، به جامعه متزلزل، مغلوب توحش و هراسیده از شمشیر تازیان، به سکوت فرو رفت. و تا ٢٠٠ سال بعد هم جامعه ایرانی در خفت و خواری و تاریکی می‌زیست. هویت و ملیت و غرورش را از دست داده بود. کم کم طاهریان در مقابل گردنکشی اعراب و هجوم‌های متوالی، زندگی از دست رفته ایرانیان را بازگردانید تا شاید مرهمی باشد.

دستگاه خلافت اسلامی، از این گذشته خجلت‌انگیز می‌گریزد اما مبارزه فرهنگی ١٤٠٠ ساله ایرانیان در نظم و نثر ما همچنان آئینه تمام نمای آن روزهاست که بیضه‌داران دین، در خلافت‌های اسلامی متوالی، بر این سرزمین چه کردند. از غارتگری و قتل‌های زنجیره‌ای تا کتابسوزی و توطئه‌های سفاکانه قبایل غارتگر که شأن ایرانی را از بین بردند!

گاه به گاه هم ایرانیان قیام کردند، عصیان کردند، بابک خرمدین، به‌آفرید، ابومسلم، سنباد، استاذسیس، طبرستان و خراسان و... سعی کردند که شمشیر را از دست شیفتگان بسط قدرت و غارت بگیرند و فاتحان بی‌فرهنگ و ابتدایی دوران جاهلیت را دور کنند که صرفاً با شمشیر و عقده و کینه به نابودی فرهنگ و مردم ایران پرداخته بودند. البته به تاراج بردند و رفتند.

شهریاران گمنامی آمدند و رفتند. بین ٤٢٠ تا ٤٩٠ شاه و امیر و حاکم و رهبر آمد و رفت و ١٥٠ سلسله ساخته و ویران شد. تا ایران، کمی رنگ آسایش و آرامش دید، دوباره

ترکان غزنوی آمدند و دوران حکومت خون و غارت در ایران براه افتاد و آدمکش‌ها، دوران خود را آغاز کردند.

بین ۱۸۰۰ تا ۸۰۰ سال قبل همین مردم ما، در تاریخ بیهقی خوانده‌اند که چه بر سرشان رفته. چه بیدادگری و سرکشی و شمشیرکشی رخ داده و چه جان‌های عاشق ایران از دست رفته و در سینه خاک خفته.

سپس، سلجوقیان هم آمدند و ١٦٠ سال مهمانان ناخوانده بعدی ایرانیان شدند و فرمانروایی کردند. اما فرمانروایانی چماقدار، فاسد، اهل کشتار و ستم و شمشیر و مدعی اسلام ناب محمدی. مغول و تاتار هم آمد تا شرح عزای ایران سرزمین، چیزی به نقصان نداشته باشد. همین ۸۸۲ سال قبل بود. که سیل خون در همین آب و خاک براه انداختند. بزرگترین ویرانی و خونریزی در تاریخ این کشور بود. در سلسله تیموریان - امیر تیمور گورکانی - حافظ قرآن - در ٤٧ قتل عام به نام اسلام ٤٠٠٠٠ را سر بریده و مناره ساخت و ۷۰۰۰۰ نفر در اصفهان کشت...

از ۵۲۰ سال قبل، دوران صفویان هم، مردم ایران صرفاً ۲ زمان آزاد داشتند، در زمان شاهان صفویه آشوب ایران را فرا گرفت و شاهانی به غایت جنایتکار و آدمکش و فاسد که مُلایان هم در اختیار آنان بودند. خبری از آئین پادشاهی ایرانی نبود. مثلا شاه اسماعیل صفوی ۳۰۰۰۰ نفر را به عنوان محاربه با خدا کشت!

دوران پس از ظلم و ستم سلاطین صفوی و دوران سلاطین فاسد و ویرانگر قاجاریه. تنها نادرشاه و شاهان پهلوی بودند که سعی کردند، انحطاط ایرانیان را مهار کنند. بیرحمی شاهان اسلام پناه را کنار بگذارند و رواج خرافات و موهومات و عقاید سخیف و کشتار و شبیخون متجاسران و اجامر را کنترل کنند. آخرالامر، پس از ۲۵۰۰ سال تمدن در زیر خاک این دیار، بلوای مُلایان در زمستان بی‌بهار ۱۳۵۷ شد؛ همین ٤٤ سال پیش.

اما معدود افرادی جزو ماندگاران در حلقه متمدنین هستند که بر ایران دوستی و ناسیونالیسم ایرانی تکیه دارند و احیای هویت ملی را گوشزد می‌کنند تا شاید این مردم رنج کشیده و چشم انتظار، طعم آزادی و دمکراسی را بچشند.

در همین ۲۸۸ سال قبل بود که نادرشاه، درد ایران را لمس و احساس کرد. تاج شاهی را در دشت مغان با رفراندم بر سر گذاشت و از دست مردم گرفت و بر سرنهاد. بعدها در ۹۸ سال قبل هم رضاشاه، تاج و کیان شاهی را از مجلس گرفت. بر کرسی پادشاهی ایرانی نشست و ایران گمشده و نابود شده را دوباره احیا کرد. آنهم با فرهنگی ٤٠ تکه و به غارت رفته... علیه روضه و مرثیه شیفتگان اسلام ناب محمدی قیام کرد... پس از ساسانیان به اسم

ایران، اعتلا داد. شاید، یک طلیعه بود و یک طلوع نو در تاریخ ما...

در حقیقت امر، در گذر تاریخ - کوروش و داریوش و رضاشاه مانده‌اند. دوران نوزایی ایران بود. که البته تا قبل از پهلوی، ٤ خاندان بر سراسر ایران حکم‌رانی کردند: سلجوقیان، صفویان و نادرشاه ... حتی طاهریان و سامانیان و صفاریان و غزنویان و خوارزمشاهیان و زندیان و قاجاریان بر سراسر ایران حکم نراندند.

علت ویرانی ایران هم ساختارهای پراکنده ملوک‌الطوایفی بود و کشاکش و زد خوردشان در پیکره تاریخ ایران اهمیت دارد پایه و بنیان تاریخی دارد.

اما پادشاهی ایرانی همراه نوعی فلسفه شناخت معرفتی بوده است که میان گروهی آموخته به پادشاهی، برگزیده می‌شدند و شخص مطلوب‌تر، شاه می‌شد. شاهی که شناخت، شایستگی و شهامت اجرا و اداره داشته باشد. پادشاهی ایرانی، ممزوج به فرهنگ است صرفاً برچسب نبوده؛ و چه در دوران باستان و چه در قرون اخیر، مدیون شناخت معرفتی از اصولی دوبارهِ جامعهِ ایران، چه در زمان زایش‌ها پادشاهی ایرانی بوده و حاصل تداوِم سیستم‌های هفت یا پنج هزار سالِ بقا، ضامِن تمّدن است. سامانه شهریاری -حکمرانی- را ایجاد و تجربه کردند و توانست که ایرانی بسیار منسجم و متمّدن، نوع تمّدن پادشاهی‌ها و سلسله‌های تاریخی و طولانی‌مّدت ایجاد کند.

در همین رابطه شاید گزافه نباشد که بگویم اصول و مبانیِ پادشاهیِ ایرانی نه تنها برای بسیاری از فلاسفه و روشنفکران جوامعِ غربی ناشناخته است بلکه برایِ بسیاری از روشنفکران و مردمِ ایران نیز ناشناخته مانده است؛ هر چند که مردم مفهومِ آن را نه به صورت تئوریک، بَلکه بصورت یک فلسفهِ تاریخی نهادینه شده در فرهنگِ خود ارج می‌نهند. پادشاهی ایرانی، در واقع عصارهِ تمدّنِ ایرانی است. اما انگار در عظمت تمدن این جغرافیا، اندیشه پادشاهی ایرانی در تاریخ تمدن ما گم شده... و شاید در اعماق اقیانوس باید جست.

امروزه، یادگار زنده همان دوران در ٦٢ سالگی، بر اهمیت رهبری انگشت نهاده. شهریار ایران بوده و هست. از نظر سیاسی و تاریخی، نظامی؛ پادشاهی ایرانی با هیچ نظامی قابل قیاس نیست. جایگاه خاصی در میان همه کشورهای جهان دارد. در ۵۷ گروهی استبداد نعلین فراهم کردند تا ازتمدن ایرانی فاصله بگیرند. اما فاصله گرفتن از تمدن یعنی خودکشی...

در روزگار، اهمیت رهبری در مبارزه به افراطی‌گری و خشونت است و انگیزه‌ای به ستم صلح با نگاه جامع به انسانیت آنهم در بازسازی جامعه از هم گسیخته و از هم

گسسته بعد از استبداد دینی. رهبری که واقع‌بینی و خوش فکری داشته باشد و نماینده بخشش و گذشت و مدارا باشد. فهم رهبری از تاریخ ایران مهم است تا به فرمانروایی قانون، حرمت بگذارد.

در دوران بازسازی و راه پرنشیب و فراز انتقالی هم ایران ما به یک ماندلا نیاز دارد. اگر او ۲۷ سال در زندان بود، شاهزاده ٤٤ سال در غربت ماند و شاهد اوضاع ایران بود. اگر ماندلا علیه آپارتاید برخاست، شاهزاده علیه اندیشه ویرانگر خمینیسم فعالیت دارد. قطعا رهبری پس از آپارتاید، به مشکلی و کافرماجرایی خمینیسم نیست. مهم‌ترین چالش قرن اخیر، رادیکالیسم اسلامی است زیرا هر لحظه امکان فرقه‌گرایی و تروریسم و جنگ داخلی و حکومت چکمه‌پوش‌ها هست. و شاید بهتر است که بگویم شاهزاده می‌داند سازمان دهنده و عامل شتاب دهنده در تغییر ایران است. بطور خستگی‌ناپذیر و شکست‌ناپذیر در تلاش برای کشور است آنهم با سابقه درست و باورمند به ناسیونالیسم ایرانی و احیا هویت ملی ایران.

شاهزاده، بیانگر ارزش‌های ایرانی است و بدان خاطر شاید ماندلا از تاریخ ایران، چیزی خوانده باشد اما قطعاً حرکت شاهزاده، به مراتب مشکل‌تر از ماندلا است. شاید بتوان مدال آزادی بر گردن شاهزاده آویخت و حکم لیاقت به او داد زیرا هم صداقت در بیان دارد و می‌داند نزاع و مبارزه او همان پیام عدالت و صلح و ثبات است.

او شهریار ایران است و باید به آئین پادشاهی ایرانی وفادار بماند و این شانس و بخت مردم ایران است که چنین چهره‌ای، پیام آور صلح و آزادی و صلح و ثبات برای آینده ایران است. چیزی که آفریقای جنوبی بخاطر ماندلا، بدان مدیون شد. ما نیز مردمانیم!

۸

شهریار ایران، ماندلا یا گاندی ایران

ماندلا در کتابش (راه دشوار آزادی) نوشته است که:

«آن راه طولانی رسیدن به آزادی را پیموده ام، در طی مسیر گام‌های اشتباه هم برداشته‌ام اما بدون سست شدن گام‌هایم، دوباره تلاش کرده‌ام ولی به راز آن پی برده‌ام که پس از صعود از تپه‌ای بزرگ، تپه‌های بس بیشتری در سر راه وجود دارند که باید از آن‌ها هم بالا رفت. گاه بر سر تپه‌ای، لحظه‌ای آسوده‌ام؛ که آهسته، منظره‌ای از دورنمای پرشوکت و چشم انداز پرشکوه پیرامون خود را و یا به راهی که پیموده‌ام، نگاهی بیفکنم.... لیکن، لحظه‌ای توانسته‌ام بیاسایم، در پی آزادی هم مسئولیت‌هایی بر گردنم افتاد که دیگر جرئت و زهره نداشته‌ام که بیشتر بمانم و تعلل کنم؛ آنهم بخاطر راه طولانی که رفتم و هنوز در حال گام زدن در آنم...»

برای ایرانیان اهل مطالعه و یا برخی از علاقمندان به سیاست، راه طولانی فعالیت برای دمکراسی از گاندی تا ماندلا خوانده می‌شود. برای اینکه کشورشان، امکان و مجال و روزنه بهتری برای آزادی داشته باشد، از هر چیزی گذشتند و میراثی به جای نهادند.

خانم کاندولیزا رایس در کتاب دمکراسی نوشته است: «بوش از ماندلا پرسید «چرا شما برای دور بعدی ریاست جمهوری کاندید نمی‌شوید؟» چهره پر چین و چروک‌اش را در هم کشید و با متانت و وقارش، رفتار محترمانه‌ای داشت. اما سوال بوش باعث شد که خنده‌ای صورتش را بپوشاند و بگوید می‌خواستم برادران آفریقایی من بدانند که ترک مقام و کرسی بسیار خوب و پسندیده است. در آن لحظه من به جرج واشنگتن و خود داری‌اش از شاه شدن در آمریکا فکر کردم. و پیش خودم گفتم: موضوع رئیس جمهور اول، در آفریقای جنوبی مثل آمریکایی‌ها، براستی، خوش شانس بودند ... وی متوجه شد که رئیس جمهوری، چیزی فراتر از شخص است که می‌شود در هر زمانی او را مهار کرد. نلسون ماندلا، حاضر نشد دور دوم ریاست جمهوری را بپذیرد»[1].

حال و روز ما در ایران هم چنین است. مجال و روزنه‌ای برای آزادی و دمکراسی

۱- دمکراسی، کاندولیزا رایس؛ ترجمه قانعی فرد؛ شرکت کتاب؛ ۲۰۲۲، آمریکا.

پدید آمده اما از یک سو، ورشکسته‌های سیاسی ۱۳۵۷ سنگ‌اندازی می‌کنند از دیگر سو، اصلاح طلبان حکومت، خواب و خیال شوم دیگری دیده‌اند تا این مردم رنج کشیده و چشم انتظار را به سرابی دل خوش کنند. وان دگر سو، چکمه پوش‌ها هم می‌خواهند که حکومت خونتا (نظامی) در ایران پدید آورند.

گرچه بارها در شبکه‌های عربی گفتم که اپوزیسیون جمهوری اسلامی، امتداد جمهوری اسلامی است و تمایلی به انقلاب ندارد زیرا هویت‌اش در ۵۷ نهفته است. از چپ مارکسیستی تا چپ اسلامی (اصلاح طلبان) غم آزادی و دمکراسی نداشته و ندارند.

ماه‌هاست که مصاحبه‌ها و توئیت‌ها و نوشته و گفته‌های شاهزاده رضا پهلوی را می‌خوانیم و می‌شنویم و می‌بینیم. نسل ۵۷ی هم با ذره‌بینی در دست به دنبال تجزیه و تحلیل خیالی است زیرا هنوز در خیالاتش با شاه فقید می‌جنگد. به طور قابل تاملی در کلام و گفتار شاهزاده نوعی انسجام و پیوستگی وجود داشته و شاید بسیاری به این نتیجه رسیده‌اند که ایشان، دقیقاً می‌داند که چه می‌خواهد و راه حل نجات چیست. حرف‌هایش روشن بوده و برخلاف سیاست مداران چند چهره و حقه ساز امروزه تئاتر سیاسی ایران، نظر خود را صادقانه و بدون شبهه بیان می‌دارند.

عده زیادی از مخالفان ایشان، گفته هایش را ٢٤ ساعته زیر ذره بین و نورافکن گرفته و آماده‌اند به محض کوچکترین اشتباه یا دوگانگی یا تضاد، با انتقاد و توهین، گله‌ای حمله کنند و مقام و جایگاه اجتماعی شهریار ایران را به زیر سوال ببرند. اخیرا مصاحبه او با تلویزیون من و تو و پاسخ هایش به سوالات بینندگان آن رسانه از ایران پخش شد.

دور اندیشی، دمکرات بودن، و صمیمیت او هر بیننده و شنونده‌ای را تحت تاثیر قرار می‌داد. در پاسخ به یک بیننده که در مورد عاقبت تروریست‌های سپاه پاسداران سوال کرد، با بزرگواری و گذشت و منطق تمام توضیح داد که هنوز هم برای آن گروه از سپاهیان و نیروهای انتظامی که جنایت نکرده‌اند، راه باز است و می‌توانند به آغوش ملت ایران بازگشته و برای جایگزینی جمهوری اسلامی با یک سیستم دمکراتیک قدم بردارند. آنها هم مردمانند!

علی رغم این که ما مردم ایران با خاندان پهلوی - پدر و پدربزرگ او، بی‌مهری، غضب، کینه توزی، نمک‌نشناسی و اشتباه تاریخی بزرگی را در خودکشی دسته جمعی ۵۷ مرتکب شده‌ایم، در صحبت‌های شاهزاده در این ٤٤ سال، اثری از عقده و کینه و بی‌احترامی و خواست انتقام‌گیری با مردمی که تا این حد به او و خانواده‌اش قدرنشناسی و ناسپاسی کرده‌اند، ندیده‌ام... قطعا دیگران هم ندیده اند!

کاری به حساب و کتاب ۵۷ی‌ها و مصدقیون و مُلای وحشی ندارم که جز عربده‌کشی و شارلاتانیسم، گفتمانی را به نسل جوان هدیه نکرده‌اند.

همگی دیدیم که با مقبره باقی مانده رضاشاه کبیر، چه کردند... به یاد داریم که شاه فقید با چه وصفی از ایران بیرون کردند... درباره‌اش چه دروغ‌ها بافتند، حتی می‌خواستند باز گردانند و در قفس بگذارند و اعدام‌اش کنند... تنها شخصیت‌های بزرگ و بزرگ مردان تاریخ قادر هستند که این گونه ناسپاسی و نمک‌نشناسی و قدرنشناسی و بی‌حرمتی را با مهر و محبت و احترام پاسخ بدهند.

در مصاحبه با فاکس نیوز مشاهده کنید که خبرنگار حرفه‌ای و با شخصیت با چه عزت و احترامی به لقب تاریخی او اشاره کرد و در نهایت ادب از او سوال می‌پرسید. مقایسه کنید با روانپریشی جمعی خبرنگار دوره دیده در مکتب شمس‌الواعظین و سعید حجاریان و فائزه هاشمی که چگونه در هر رسانه‌ای فارسی با او پدر کشتگی دارند. و در عین بی‌ادبی و فقدان کیاست، او را بی‌لقب تاریخی صدا می‌زنند اما به ناف روزنامه‌نگار فحاش و بیسوادی مانند حسین فاطمی، دکتر و قهرمان می‌بندند و یا برای بازرگان و مصدق‌السلطنه، از مهندس و دکتر استفاده می‌کنند!

شاهزاده، در این گفت و شنود با ایرانیان در شهرهای مختلف، مانند پدر و برادری بزرگوار برخورد کرد، چکیده سخنانش این بود که باید از انتقام‌گیری و تکرار چرخه باطل خشونت پرهیز کنیم و با کمک هم یک ایران مدرن و تازه و مرفه بسازیم! اما گوش شنوایی هست؟

فلان کهنه تروریست تجزیه‌طلب، حاضر بود با خمینی و صدام و تروریست‌های فرقه رجوی عهد اخوت ببندد با تروریست‌های سپاه پاسداران و شورای عالی امنیت ملی گفتگو کند اما اسم شاهزاده که می‌آید، انگار مد روز است، فحشی آبدار نثار می‌کند!

چیزی که در تمام مصاحبه‌های شاهزاده مشخص است، آن است که در هیچکدام از آنها، برای خود، مقام و منزلتی و عنوانی نمی‌خواهد. حرف‌هایش از قلب بر می‌خیزد و آنقدر صمیمانه است که هر بیننده و شنونده‌ای را محو صداقت و خیراندیشی برای هم وطنانش می‌کند.

چون شهریار ایران است و در آئین شهریاری و پادشاهی ایرانی، او برای همین منظور تربیت شده که همراه وطن و مردمان هم میهنش باشد. دغدغه او، ایران است و بس.

بارها او را دیده‌ام، هم صحبت شده‌ام، سخن گفته‌ام. و دوستی مشترک با وی هم دارم که بیشتر از من، روابط و نشست و برخاست داشته. ده‌ها سال پیش، در شهر واشنگتن،

موقعیت امروز شاهزاده - به عنوان رهبر بلا منارغ اپوزیسیون - پیش بینی می‌کرد. جوان بودم و نمی‌دانستم چه می‌گوید.

آن ایام، تابستان ۱۳۸۷، مهمان منزل شاهزاده بودم. فرمود: «ایران ما نیازمند دوران گذار به دمُکراسی است و ضروری‌ترین کار هم همین کمک به جامعه آسیب دیده و زجر دیده ایران است که گام به گام به دمکراسی و آزادی نزدیک بشود. به زبان روشن باید گفت که رهایی از استبداد، تصمیم ایرانیان است... وقتی اساس و مبنای حرکت؛ دمکراسی خواهی و احترام به حقوق بشر باشد؛ خیلی راحت‌تر می‌شود به تفاهم و آشتی ملی رسید. بدون هیچ ابهامی باید به مردم جامعه حق انتخاب را داد. به مردم باید گفت به کدام سمت حرکت می‌کنیم».

وقتی از منزل شاهزاده بیرون آمدم به آن دوستم خبر دادم و برایم از مواضع شاهزاده گفت. پس از ١٤-١٥ سال، امروز هم به من گفت «به یاد دارید که سالها پیش، آن وقت که کسی شانسی برای شاهزاده رضا پهلوی و گزینه پادشاهی پارلمانی قائل نبود به تو چه گفتم؟ دلیل‌اش آن بود که از نزدیک و دور از چشم دوربین‌ها و میکروفن‌ها به صداقت، ثابت قدمی، دید باز و خوش قلبی ایشان ایمان و اعتقاد پیدا کرده بودم.»

به وی گفتم «این خصوصیات را در هیچ رهبر سیاسی و اجتماعی دیگری سراغ ندارم. نشان پدر دارد. مانند پدر بزرگوارش، محمدرضا شاه، ۱۰ یا ۲۰ سال، جلوتر از زمانه خود حرکت می‌کند و تفکر دارد».

به درخواست دیدارها و مصاحبه‌ها با شاهزاده در این ۲-۳ ماه اخیر دقتی کنیم. برای جوامع بین‌المللی که سالها گول تبلیغات دروغ جمهوری اسلامی مُلایان وحشی و انتخابات قلابی‌اش و لابی‌های وابسته‌اش را خورده بودند، امروز دیگر ثابت شده که رهبر محبوب و بلامنازغ اپوزیسیون ایران، شاهزاده می‌باشد و نسل جوان به او می‌نگرد.

کسی هم برای عروسک‌های خیمه شب بازی و رهبران تراشیده و ساخته و پرداخته «مافیای مجاهدین خلق- اصلاح طلبان - ناپاک» تره خورد نمی‌کند. جایگاه و پایگاهی ندارند و به ضرب روزنامه و دروغ و دغل می‌خواهند خود را در میزی کنار شاهزاده ببینند. «یکی در اوهامش، ضد اسرائیل است، یکی با تجزیه‌طلب تروریست بستنی می‌خورد، آن دگر در پی موسوی نخست وزیر جلاد خمینی است، فلانی در پی تجزیه ایران است و بهمانی در حفظ ۵۷ می‌کوشد و... «خبری از وجدان اخلاقی هم نیست!

بی‌هیچ اغراقی، بسیاری از رسانه‌های جهان تحت تاثیر صحبت‌های شاهزاده قرار گرفته‌اند. حال به او به عنوان یک رهبر سیاسی پخته و کاردان و کاربلد با کالیبر جهانی

نگاه می‌کنند. دیگر، لطف خداداد است!

ایده‌های دمکراتیک، دوراندیشانه و منطقی ایشان در این مدت کوتاه، باعث شده که کشورهای آزاد و متمدن جهان، برای اولین بار در این ٤٤ سال به گزینه «تغییر رژیم» بطور جدی فکر کرده، و اعتقاد پیدا کرده‌اند که اپوزیسیون ایران به رهبری شاهزاده، می‌توانند به عنوان یک جایگزین واقعی از جمهوری اسلامی گذر کند.

در یکی از نوشته‌های اخیرم، نوشتم که بزرگترین نگرانی‌ام بعد از سقوط ملایان این است که چگونه با این همه گروه‌های سیاسی و تفنگچی‌های تجزیه طلب و ناراحت الفکر که هنوز هم طرفدار جمهوری نکبت هستند و یا بسیجی‌ها و مُلایان و خانواده‌هایشان، بتوان بدون خون و خون کشی و حمام خون - با حداقل هزینه - یک سیستم دمکراتیک و آزاد را پدید بیاوریم که همه ایرانیان بتوانند در آن کشور، به طور مسالمت‌آمیز زندگی کنند!

این مساله، بزرگترین چالش ایران فردای جمهوری اسلامی و سیاست‌مداران آن خواهد بود.

از دید شخصی ام، تنها فردی که دید و بلوغ سیاسی و تجربه کاری و قدرت و اعتبار و شخصیت این کار بزرگ دوران انتقالی را دارد، شخص شاهزاده رضا پهلوی است. فراگیر بودن شهریار ایران، مقام و منزلت و شأن او در ایران امروز، کارنامه پاک ٤٤ ساله‌اش و کاردانی‌اش می‌تواند مانند یک چسب و سیمان باعث نزدیکی و همبستگی اقوام و اقلیت‌های مختلف ایران می‌باشد.

در پادشاهی ایرانی، شهریار همیشه نقش الگو و نماد اتحاد بوده است .

در عرصه سیاسی امروز، یک کرد سنندجی، بلوچ زاهدانی، عرب خوزستانی، و ترک آذری به هیچ کس دیگری این احساس نزدیکی و از خود بودن را ندارد و نخواهد داشت.

در هفته‌های آینده، شاهزاده با نفوذ وسیعی که بطور روز افزون خواهد داشت، تنها چهره سیاسی است که می‌تواند این دوران انتقالی را بدون خون‌ریزی هدایت و رهبری کند. بارها گفته و نوشته‌ام که حتی مخالفین وی و پادشاهی ایرانی، مانند مارکسیست‌ها، تجزیه طلب‌ها، کمونیست‌ها، مُلاها، حزب اللهی، مصدق‌اللهی و ... دوستی بهتر از او، در ایران آینده نخواهند داشت.

بزودی، تنها او خواهد بود که این قدرت را در میان مردم داشته باشد که سلامت و امنیت همه را تضمین کند. این سخن هم در این نوشته، بماند به یادگار.

شاهزاده رضا پهلوی مانند نلسون ماندلا، در صحبت هایشان، از گذشت و عفو و بخشش عمومی صحبت می‌کند و مشخص است که قلبا به انتقام گیری و بازسازی

چرخه باطل خشونت و انتقام، کمترین اعتقادی ندارد. از این رو، خصوصیات و طرز فکر شاهزاده، بسیار شبیه به ماندلا در روزهای واپسین حکومت آپارتاید در آفریقای جنوبی می‌باشد. گرچه خمینسیم و رادیکالیسم اسلامی به مراتب خطرناک‌تر و وحشتناک‌تر از آپارتاید است .

به گمانم، ما ایرانیان خوشبخت بوده ایم که چنین سیاست مداری را در مقابل روی خود داریم. امیدوارم که این باز ذکاوت و تیزفهمی و شناخت نسل جوان به این درجه رسیده باشد که این شهریار ایران زمین، فرد میهن پرست و درست کار را بدانیم و از بهانه گیری و چوب لای چرخ گذاشتن پرهیز شود. این روزنه و فرصت تاریخی را از دست ندهیم! وگرنه خلافت اسلامی مُلایان وحشی، سفیه وقیح (ولی فقیه) سوم را بر کرسی می‌نشانند و می‌تراشند! تا امام زمان جعلی شان، روزی ظهور کند!

شاهزاده، امروزه ٦٢ سال دارد و جوان‌تر هم نخواهد شد. برای جبران خرابی‌ها و ویرانی‌های جمهوری نکبت مُلایان وحشی، سالها وقت لازم است و این روزنه دمکراسی را از دست ندهیم. تاریخ جهان، هر روز ماندلاهای جدیدی تحویل جامعه نمی‌دهد. تاریخ ایران هم چنین است.، هر روز شهریار ایران دوست و با فرهنگ نداریم!

شاهزاده با اعمال و رفتار خود ثابت کرده که تشنه قدرت و مقام نیست. گاهی به خود می‌گویم که ایشان زندگی خوب و مرفه‌ای را در واشنگتن دارند. همه دنیا به او حرمت می‌گذارند. مشکل مالی هم ندارد و در کنار خانواده اش، ایام را می‌گذراند. چرا پس از ٤٤ سال غربت، به دنبال دردسر می‌گردد؟ اما عشق وطن است دگر.

اما می‌دانیم که ساختن دوباره ایران و فرهنگ آن با مردم و گروه‌های سیاسی امروز، کار بسیار مشکلی خواهد بود. اگر هر کس دیگری جای او می‌بود، شاید هرگز به دنبال این چالش و این کار عظیم نمی‌رفت. دوران فروپاشی و انتقالی با صندوق رای، دورانی پر نشیب و فراز است. اما: مرد ره، نیاندیشد از نشیب و فراز!

توصیه‌ام برای گروه‌های شرکت کننده در جنایت و مکافات ۵۷ و راهگشایان اهریمن (خمینی) که بر خلاف مصالح و منافع ملی ایران فعالیت کردند، و کسانی که با جمهوری اسلامی شیطانی همکاری و همدستی کرده و در خلق جنایت سهیم‌اند و هنوز هم همگی در شیپور پهلوی ستیزی و پهلوی هراسی می‌دمند، این است: پیرانه سر، اشتباهات تاریخی خود را دوباره تکرار نکنید! دیدید که زمستان بی‌بهار ۵۷ چه کردید؟ دیدید که چه شد؟

بیایید و آخر عمرتان، یک بار هم که شده، یک تصمیم معقول و منطقی در راه وطن بگیرید. چه دوست داشته باشید و چه نداشته باشید، شاهزاده محبوب‌ترین شخصیت

سیاسی امروز ایران است و تنها کسی است که می‌تواند این کار خطیر را - بازسازی ایران عزیز و دوباره ساختن وطن پاک مان- به پشتوانه نام و برند پهلوی و کارنامه تجربه و کاردانی و وطن دوستی‌اش، با حمایت نسل جوان و مردمان ایران، درست انجام بدهد.

٤٤ سال است به خود و مردم و تاریخ، دروغ گفته‌اید. در اوهام به سر برده‌اید. قبول کنید که در سپهر سیاسی ایران امروز، فقط یک آس وحود دارد که بتواند با کمترین هزینه، جمهوری اسلامی را سرنگون کرد و پس از دوران گذار، شرایط برای یک همه‌پرسی برای انتخاب نوع آینده حکومت آینده آماده سازد.

چه جمهوری خواهان و چه پادشاهی خواهان، بالاخره در یک امنیت نسبی باید رای گیری شرکت کنند و رای‌شان را در صندوق رای بندازند. در اوهام هم نمی‌شود، مملکت به تاراج رفته و ویران شده را ساخت. اگر واقعا خواستار خوشبختی ایران و ایرانی هستید و اگر هنوز آرزو دارید که روزی به مام میهن برگشته و شهر و روستای خود را ببینید، باید یکدندگی، تفکر بیات شده، دروغ‌پردازی، پرونده‌سازی، پهلوی ستیزی و پهلوی هراسی را کنار گذاشته و جزیی از راه حل شوید نه بخشی از مشکل که بر عمر مُلای وحشی بیفزائید. این فرصت تاریخی و روزنه را از دست ندهیم!

تاریخ ایران، شاید تا دهه‌های دیگر، هیچ شخصیتی با خصوصیات شاهزاده رضا پهلوی دوباره به ما ندهد. بیائید به ایران بیاندیشیم!

زنده باد آزادی و پاینده ایران

۹

جنگ جوانان با مُلایان

(تکیه بر ناسیونالیسم ایرانی[۱])

بیشتر از یک ماه گذشت. این یک انقلاب و رستاخیز ملی در ایران است. یک جریان زودگذر نبود بلکه خشم فروخفته مردمانی صبور است. این منازعه سیاسی کش‌دار، نشانه خشم یک ملت علیه استبداد دینی و نهاد شوم مُلایان است. توسعه فقر، جامعه ناراضی، فساد حکومت مستبد، خشونت و چماق، ویرانی کشور، نبود آزادی اجتماعی، نبود حقوق بشر، نظام مافیایی و... بر این شعله افزوده است. همه جای ایران ویران و تاراج شده در حال سوختن و خروش مردمان آن است. ایران، آتش گرفته است. جنازه جمهوری اسلامی هم روی دست مردمان مانده و نسل جوان نترس، می‌خواهند در قبرستانی دفن کنند تا از نو، سرزمین‌شان را بسازند. بارها و بارها این اتفاق در تاریخ ایران افتاده است.

نسل جوان هم یک هدف بیشتر ندارد و آن هم نابودی ساختار کهنه و پوسیده و شرارت بار مُلایان است که هم مانع رسیدن به دمکراسی و صلح و آرامش‌اند و هم مزاحم پیشرفت و ترقی جوانان این کشور و منطقه.

نظام جمهوری اسلامی مُلایان، یک غده سرطانی است که جراحان جوان با دست خالی، اما اراده تغییر و با تکیه بر ناسیونالیسم ایرانی و هویت ایرانی، تصمیم دارند آن را به زباله بیندازند. اقتدار مردم، قانون، آزادی اجتماعات، آزادی بیان، آزادی قلم، حق زندگی، حق انتخاب و ... در ایران پس از حماقت ۱۹۷۹ وجود ندارد. همین ناسیونالیسم و بازگشت به تاریخ ایران زمین، ضامن مقابله با تفکر وحشیانه و ویرانگر خمینیسم است.

از نظر اجتماعی، ایران در آخرین درجه از استبداد و شقاوت است. مُلایی زبان نفهم و خرفت پیر بر ما حکم می‌راند که از هیتلر آلمان، مائو چین، لنین و استالین روسیه، موسولینی ایتالیا، پل پوت کامبوج، کیم یونگ کره، فیدل کاسترو کوبا، ایدی امین اوگاندا، فرانکو اسپانیا، قذافی لیبی، صدام عراق، چاوشسکو رومانی خطرناک‌تر است. دو دیکتاتور ایران، خمینی و خامنه‌ای از مغول هم بدتر و مایه ننگ تاریخ بشری و جهان فعلی‌اند.

۱- سخنرانی عرفان قانعی‌فرد در اندیشکده عربی مطالعات خاورمیانه.

صرفاً نسبت به تاریخ پادشاهی ایران و نام شاه فقید، کینه شتری نداشتند، با تمدن بشری و انسانیت و صلح مشکل داشتند.

اینکه مُلایان و یا کمونیست‌ها می‌گویند در قبل از بلوای ۱۹۷۹ آزادی نبوده، یک نوع شیادی و شارلاتانیسم سیاسی است. آنها می‌دانند آزادی در همه چیز بود. آنها به دنبال آزادی در بمب‌گذاری و ترور و بانک‌زنی و آدم ربایی بودند تا خمینی را خوشحال کنند. و همگی پشت سر استبداد مُلا براه افتادند و هنوز هم آثار جنگ با شاه، در ادبیات و تفکرشان هست. اما نسل جوان نمی‌شنود، راه خودش را می‌رود. دیگر ۱۳۵۷ نزد جوانان، اعتباری ندارد.

امروزه جوان ایرانی می‌داند که باید این راه سنگلاخ و پر فراز و نشیب را افتان و خیزان بپیماید. اما خوب می‌داند که ریشه بدبختی و عقب ماندگی و ناکامی و فقر او، همین نهاد مُلایان و رژیم سرکوبگر آن است که از ۱۳۵۷، قطار را از مسیر اصلی خارج کرده است. مُلایان یک ماموریت داشتند، که توسعه فقر و ویرانی، نمایش استبداد در ایران و رواج خرافات و موهومات بود. ماموریت‌شان را انجام دادند.

البته این قیام ملی هم طبعا مشکلات و موانعی دارد، گروهی فریبکار، تحریف گر، سانسورچی و مخرب هم در کمین نشسته‌اند تا به استبداد کمک کنند. اصلاح طلبان حکومتی - چپ اسلامی - که در جنایت با حکومت شریک‌اند و همه شبکه‌های فارسی خارج از کشور مانند لندن را فتح کرده‌اند. مانند ویروس کرونا همه جا هستند و سعی دارند دیگر صداها را سانسور کنند. تاریخ تحریف شده از ایران را ترویج می‌دهند و همصدا با کمونیست‌های شوروی و چین، ضد هویت و خرد ایرانی‌اند. هنوز در فکر رواج افکار بیات شده چپ‌اند. اما کو گوش شنوا!؟

یا لابی‌های وابسته به حکومت مُلاها که در خارج از کشور به دنبال زنانه و مردانه کردن هستند؛ اما این قیام ملی، قیام همه مردمان ایران و مردان و زنان آن است. البته همسو با تبلیغات شوم مُلایان، گروه‌هایی تجزیه‌طلب‌ها و یا تروریست‌های باقی مانده از ۱۹۷۹ که همراه خمینی و یا دوستدار شوروی و صدام حسین و یاسر عرفات و مائو و کاسترو و انورخوجه بودند، گاهی فریادی می‌کشند. اما نسل جوان ایران این عروسکان رنگ و رو رفته قدرت طلب‌ها را نمی‌شنود و نمی‌شناسد. ایران، تغییر کرده و زمانه، عوض شده است...

اصلاح طلبان (چپ اسلامی) هنوز می‌خواهند که به لب خوک، ماتیک بزنند! اما نه خامنه‌ای در ایران اعتباری دارد و نه مُلایانی که به خود مرجع تقلید می‌گویند. با فروپاشی

مُلاها هم مانند آلمان پس از هیتلر و نازی‌ها، باید لباس شوم مُلا و تبلیغات آنان در پارلمان کشور ممنوع شود. در این ٤٤ سال آبرو و احترام و شخصیت و اعتباری برای مرجع تقلید فاسد هم نماند. همگی دست در جنایات هولناک داشتند.

اندیشه فکری حاکم بر نسل جوان فعلی با نگاه روشن و تمرکز قوی روی هدف، اراده قوی و درک ضرورت تغییر، نترسیدن و تحمل و دوراندیشی، شیفته انقلاب جدید و تغییر رژیم هستند.

البته با فروپاشی جمهوری اسلامی در ایران همه چیز در منطقه تغییر می‌کند، هم شبکه فراملیتی تروریسم اسلامی از بین می‌رود و هم اثری از هلال شیعی و هم گروه‌های تروریستی شیعه (حزب‌الله، حماس، جهاد اسلامی، داعش و...) در خاورمیانه باقی نمی‌ماند. هم کشورهایی مانند بحرین و امارات و عربستان و لبنان و عراق و سوریه و ... با نابودی شبکه مُلایان ایرانی، رنگ آرامش و آسایش را خواهند دید.

البته با پیروزی جنبش، نهاد مُلای شیعه و سنی از بین می‌رود و دیگر مُلایی در ایران، جرات و شهامت حضور و ظهور در میان مردم با لباس شوم را ندارد. قطعا در پارلمان کشور هم این نهاد شوم، تبلیغات‌شان و مدارس‌شان هم ممنوع می‌شود. هم اکنون هم ایران، کانون وحشت و کابوس مُلایان مروج افراط‌گرایی اسلامی و تروریسم اسلامی شده است.

حالا، یک لحظه، تصور کنید که یک روز در قبرستان به دنبال اسم خشن‌ترین کشور حامی تروریسم اسلامی - که موشک و پهباد و بمب اتمی داشت - در جهان قرن ۲۱ باشید. زیرا بنیان سلول‌های سرطانی مُلایان راهی قبرستان می‌شوند. النصر بالرعب شعار این فاسدترین حکومت الله بر زمین بود. اما بدنام‌ترین و منفورترین تاریخ جهان شد. سخنرانی اول خمینی در قبرستان بود و پایان این رژیم دوستدار جنگ و عزا و ماتم و اربعین و بمب هم در قبرستان خواهد بود. این راز تاریخ است!

امیدوارم رسانه‌های عربی و تلویزیون‌ها، ایرانیان را در توسعه تفکر انقلاب جدید و نابودی مُلایان ما ایرانیان را یاری دهند. فرزندان ایران، وارثان تمدن کهن و تاریخ قوی هستند. در آئین پادشاهی ایرانی، هرچه بود، دوستی و مروت و آرامش و صلح بود. اما مشتی راهزن با عمامه و ریش و نعلین، خاورمیانه زیبا را به آتش کشیدند و رفتند! دیپلماسی با مُلا هم مانند بازی شطرنج با گوریل است، جز توحش و تروریسم و شارلاتانیسم، که همگی در خمینیسم جمع شده، چیز دیگری نمی‌دانند.

۱۰

بازی باخت- باخت سیدعلی

آخوندها در طی تاریخ، همیشه به عبارت عربی «النصر بالرعب» (پیروزی با وحشت پراکنی) اعتقاد راسخ داشته‌اند. در طی ٤٣ سال اخیر این امر در رفتار و گفتار رژیم مُلایان آشکار بوده است که آنها به نقش رعب و ترس برای پیروزی اهمیت والایی می‌دهند.

هاشمی رفسنجانی می‌گفت که آنها اشتباه شاه فقید را تکرار نخواهند کرد چون هر نوع نرمش و عقب‌نشینی در مقابل خواسته‌های مخالفان را ضعف دانسته و عقیده دارند که اگر عامل وحشت و ترس از بین برود، مردم خواسته‌های بیشتری را عنوان خواهند کرد. این پدیده در طول «حماقت ۵۷» به خوبی قابل مشاهده بود که دادن امتیاز به معترضین چیزی از اعتراضات کم نکرد و در آخر مردم گفتند که اصلا خود شاه مملکت را نمی‌خواهند. آخوندها این مسئله را به خوبی درک کرده و در سخنرانی اخیر سیدعلی خامنه‌ای این سیاست کاملا آشکار بود.

خمینی و دار و دسته‌اش از شب اول انقلاب در بهمن ۱۳۵۷، چنان رعب و وحشتی در جامعه برقرار کردند که تا سالها اکثریت مخالف، جرات هیچگونه مخالفت با رژیم جمهوری اسلامی را نداشت.

به خاطر بیاورید که داعش[1] در عراق در مدت کوتاهی، ارتش و نیروهای انتظامی عراق را که تعدادشان چند برابر تروریست‌های داعش بود، شکست داد. آنها با نشان دادن ویدئوهایی از سربریدن و گلوله باران مردم بی‌گناه، چنان وحشت و هراسی در کل دنیا برقرار کردند که ارتشیان عراقی با تمام تجهیزات‌شان، قبل از رسیدن داعش، فرار را بر قرار ترجیح داده، شهرها را یکی پس از دیگری به آنها واگذار می‌کردند.

دقیقا به همین دلیل بود که خمینی از روز اول، با اعدام سران رژیم شاهنشاهی در پشت بام مدرسه رفاه و دیگر زندان‌ها، چنان وحشت و ترسی در جامعه انداخت که یادآور سخن مشهور شاه فقید ایران بود: «وحشت بزرگ!» این جو تا سالها مانند بیمه عمر، دوام

1- ISIS

جمهوری نکبت اسلامی را گارانتی و ضمانت کرد. از مهم‌ترین خصوصیات جنبش ۱۴۰۱ این است که عامل ترس دیگر نقش بازدارنده‌ای را که در حرکت‌های اجتماعی ۸۸ و ۹۸ بازی کرده بود، از دست داده است.

به وضوح می‌بینیم که مردم و حتی دختر بچه‌های ۱۳ و ۱٤ ساله، دیگر از مقامات انتظامی و دولتی و امنیتی نمی‌ترسند. به نظر می‌رسد که همانطور که چرچیل، نخست وزیر بریتانیا در طی جنگ دوم جهانی، اعلام کرده بود که «جز از خود ترس، از چیز دیگری نباید ترسید» جوانان هوشمند سال ۱٤۰۱ این مساله را به خوبی درک کرده، با اعتماد به نفس بالا، به این نتیجه رسیده‌اند که اگر فاکتور ترس را کنار بگذارند، قادرند که «ببر کاغذی» جمهوری اسلامی را شکست دهند!

ویدئوهای زیادی در فضای مجازی وجود دارد که ثابت می‌کند که جمهوری اسلامی آنقدر هم که ادعا می‌کند قوی نبوده و قادر نیست، به طور همزمان در نقاط زیادی، اعتراضات گسترده، مردم شهرها و محله‌های مختلف را سرکوب کند.

یکی از اصول مهم در اعتراضات و جنبش‌های اجتماعی، این است که رژیم حاکم نمی‌تواند نیروهای سرکوب خود را به مدت زیادی در مقابل تظاهر کنندگان نگاه دارد. آنها همیشه با گذشت زمان، ریزش می‌کنند. در روزها و هفته‌های آینده شاهد پروسه‌ای خواهیم بود که در آن، هر روز از طرفداران رژیم کم شده و به طرفداران انقلاب اضافه خواهد شد. با خشونت و جنایات رژیم هر روز عده زیادی از طرفدارانش دیگر قادر به دفاع از اعمال آن نخواهند بود و به جمع معترضان و مخالفان خواهند پیوست. به طور مشابه، شاهد این پدیده در طی سالهای ٥٦ و ٥٧ در ایران بودیم.

در بازی ۲۱ یا بلک جک[1] یک طرف نباید حتما با کشیدن ۲۱ حریف خود را شکست دهد. گاهی هم باید گذاشت که طرف مقابل با کشیدن کارت اضافی ۲۲ یا بالاتر بیاورد و بازی را ببازد. رقیب مردد است و نمی‌داند کارت‌های شما چی هستند و فکر می‌کند احتمالا اگر کارت جدید نکشد، بازی را خواهد باخت و در نتیجه کارت دیگری می‌کشد و از ۲۲ گذشته و باز هم بازی را می‌بازد. در انگلیسی به این حالت "Catch22" می‌گویند.

این مثال، دقیقا مشابه مشکل امروز سیدعلی می‌باشد. اگر در مقابل معترضین، عملی انجام ندهد، شکست حتمی خود را خواهد دید و اگر هم کارت سرکوب را بکشد، فقط گور خود و دار و دسته‌اش را عمیق‌تر کرده است. در این بازی باخت-باخت، در هر دو حالت، سرنوشت شومی در انتظار خود و رژیم‌اش می‌باشد.

1- Black Jack.

شاه فقید ایران، در زمستان بی‌بهار ۵۷، به دلیل اینکه واقعا اعتقاد داشت که یک پادشاه نمی‌تواند با خونریزی در قدرت بماند، ایران را متمدنانه ترک کرد. تاریخ ثابت کرد که این تصمیم بسیار عاقلانه بود. امروز نهاد پادشاهی به عنوان یک گزینه بسیار جدی برای حکومت آینده می‌باشد. او اگر حمام خون راه انداخته بود، برای همیشه این شانس را از بین می‌برد.

سیدعلی، به هوشمندی، دوراندیشی، روشنفکری شاه فقید ایران، محمدرضا شاه پهلوی، نیست. تمام همکاران و دور و بری‌هایش در ٤٣ سال اخیر، گروهی ابله، بی‌سواد، مسخ شده و جنایت کار بوده‌اند. در تمام این سالها با تمام مسائل با زور و خشونت و کشتار برخورد کرده‌اند، چون قلباً به «النصر بالرعب» اعتقاد دارند.

در روزهای آینده، متاسفانه شاهد نقاط عطفی خواهیم بود که حوادثی مانند جمعه سیاه زاهدان (که تعداد کشته‌ها از حادثه ۱۷ شهریور میدان ژاله بیشتر بود) یا ١٦ مهر تکرار خواهند شد. مُلایان با کشتار بیشتر و قتل عام، آینده خود را سیاه‌تر خواهند کرد و بر طبق اصل «هر عملی، عکس‌العملی است به همان اندازه در جهت مخالف» واکنش‌های شدیدتری از مردم برای خود می‌خرند.

مهم‌ترین پرسشی که برای سیدعلی و دار و دسته جنایتکار و فرقه تبهکار در پشت درهای بسته در حال بررسی است همین دو راهی و معضل و یا معمای بازی Catch۲۲ می‌باشد. این سوال تمام دیکتاتورها را در روزهای آخر به خود مشغول می‌دارد. آزادی بیشتری بدهند یا به شدت سرکوب کنند. نتیجه این بازی در هر دوحالت، باخت- باخت خواهد بود!

نکته مهمی که رهبران اپوزیسیون باید به خاطر نیروهای انتظامی و سپاه بیاورند، این است که سیدعلی دیگر قابل نجات دادن نیست. بلیط او برای همیشه سوخته است. اکثریت شعارهای مردم معترض به راس هرم و شخص سیدعلی برگشته و خواستار سرنگونی او و مجتبی‌اش هستند. ما باید به سران نیروهای سرکوب بفهمانیم که اگر در کنار سیدعلی بمانند، آنها هم مانند او با کشتی جمهوری اسلامی غرق خواهند شد. آنها باید این بازنده و مهره سوخته را از معادلات خود کنار بگذارند و به دنبال راه حل‌هایی بدون سیدعلی باشند، چون دیگر نمی‌توان او را نجات داد.

مطمئن هستم که بسیاری از نیروهای نظامی - و شاید امنیتی - هم به این نتیجه رسیده‌اند، ولی به علت ساختار رژیم، قادر به ابراز آن نیستند. مهم این است که رژیم سیدعلی نمی‌تواند همیشه شانس بیاورد و قسر در برود. احتمال یک بار شانس آوردن

مردم معترض بسیار زیاد بوده و فقط زمان آن مشخص نیست.

ارزیابی شخصی‌ام این است که «مردم پیروز خواهند شد» اما متاسفانه به علت ماهیت وحشیگری و ۴۳ سال مغز شویی نیروهای بسیج و لباس شخصی و.. این پیروزی راحت به دست نخواهد آمد. در نتیجه، بعد از پیروزی مردم با عوامل سرکوب به شدت بیشتری برخورد خواهند کرد.

شیرین‌ترین و مثبت‌ترین قسمت این معادله همانطور که در مقاله قبلی نوشته‌ام: راه حل نهایی: گذار از روحانیت!

این است که به دلیل همکاری و همراهی ۱۰۰ درصدی به اصطلاح روحانیون - مُلایان - با این نظام وحشت، مطمئن‌تر به نظر می‌رسد که این صنف شوم؛ دیگر آینده‌ای در ایران فردا نخواهد داشت. گناهانشان و همکاری‌شان در جنایات حکومت، قابل فراموشی و بخشش نیست.

اگر عاقل باشند - که نیستند - لباس‌هایشان را هرچه زودتر درآورده و به مردم ملحق خواهند شد. در فردای جمهوری اسلامی، جایی برای آخوند (مُلا) در جامعه وجود نخواهد داشت. این مهم‌ترین دستاورد جنبش ۱۴۰۱ می‌باشد. گذار از مُلایان، باعث حذف خرافه، جهل، سیرک‌های مزخرف مذهبی شده و به جای آن، شادی، واقع بینی، تحمل گرایی و منطق را به این جامعه غم زده و مسخ شده، به ارمغان خواهد آورد. بدون کمترین شک و تردیدی، حذف قانونی نهاد روحانیت (به قول مقام مشهور امنیتی، اُختاپوس مذهبی شیعه در ایران)، پیروزی به مراتب بزرگتری از سرنگونی جمهوری اسلامی می‌باشد.

امید فراوان دارم که انسانیت، خوش فکری، کار و فعالیت شرافتمندانه، جایگزین وحشت بزرگ ۴۳ سال اخیر شود. چیزی که شاه فقید به درستی آن را پیش بینی کرده بود.

تردید ندارم در فردای وحشت بزرگ، در ایرانی آزاد و دمکراتیک، ایرانیان، باقیمانده شاه فقید در مسجد الرفاعی مصر را به ایران بازخواهند گرداند و آن روز، نماینده‌ای از طرف ملت رنج دیده در مقابل آرامگاه او به نمایندگی از ملت ایران خواهد گفت: محمدرضا پهلوی، آسوده بخواب، چرا که ما بیداریم!

۱۱
نصیحت به مُلاها
(یا به اصطلاح روحانیت)

پدر بدنام انقلاب فرهنگی جمهوری اسلامی، عبدالکریم سروش (محمود حاج فرج دباغ) در نوشته اخیرش، از به اصطلاح آیات عظام و روحانیون خواسته که به سوی ملت شریف و نجیب رفته و با حکومت مُلایان مخالفت کنند. طبق معمول همیشگی، ایشان با به کار بردن انواع صفات تشبیهی و کلمات قلمبه و سلمبه، نوشته‌ای را به نظم و نثر کشیده که تهی از یک ایده به درد بخور و منطقی می‌باشد، سروش می‌خواهد، نهاد مُلایان را بعد از ۴۳ سال همکاری در جنایات جمهوری اسلامی از نابودی نجات دهد.

کاش سروش به جای سعی در نوشتن انشاء و قافیه جستن، نوشته کلی و بی‌ارتباط منطقی، به محتوی و درستی ایده‌هایش توجه و دقت بیشتری می‌داشت.

این موضوع، بدبختی تمام بنیادگرایان مسخ شده می‌باشد. زیر بنای فکری‌شان کج گذاشته شده است و اگر هم سالها در دانشگاه‌های داخل و خارج تحصیل کرده باشند، بازهم کج فکر بوده؛ افکارشان جز ضرر، هیچ چیزی برای جامعه‌شان نخواهد داشت. به زندگی سروش از قبل از «حماقت ۵۷» تا امروز نگاه کنید، ایشان جز کمک به گمراهی، واپس گرایی و بدبختی جامعه ایرانیان هیچ خدمتی نکرده اند.

کسانی که زیربنا و پایه‌های فکری‌شان در تکیه و هیئت و عزا و سینه زنی و حسینیه و زینبیه شکل گرفته نمی‌توانند بهتر از این بیاندیشند. در جواب نوشته نامبرده می‌خواهم بگویم که، نصیحت‌اش خیلی دیر به دست آقایون به اصطلاح روحانی رسید. دیگر کار از این کارها گذاشته و چه اعتراضات ۱۴۰۱ موفق به سرنگونی حکومت نکبت بشود و چه نشود، کار روحانیت تمام شده است. این پروسه اجتناب‌ناپذیر و بی‌بازگشت است. «بازی، تمام شد!»

این‌ها امتحان خود را با همکاری تمام عیار و ۱۰۰ درصدی با رژیم خمینی و خامنه‌ای دادند و بدون تجدیدی، یک ضرب رفوزه شدند.

دیگر حتی برای ساده‌لوح‌ترین شهروندان، روشن شده است که خمینی، شریعت

مداری، طالقانی، منتظری، خاتمی، خامنه‌ای و رفسنجانی و جنتی و خلخالی همه از یک قماش‌اند. کارشان به جهل و گمراهی کشاندن جامعه، نشر خرافات و چرندیات، جعل هزاران حدیث که هیچ کدام سندیت تاریخی ندارند، می‌باشد. این مرتجعین، حداقل به نسل‌های ۵۰۰ سال اخیر القا کرده‌اند که باید با ۷۲ زن و بچه به جنگ یک لشکر ۱۰ هزار نفری رفت و کشته شد. این بی‌سوادها با دروغ و جعل تاریخ به میلیون‌ها مسلمان شیعه می‌گویند که یک نفر در ته چاهی ۱۲۰۰ سال بدون آب و غذا زندگی کرده و به زودی بیرون خواهد آمد تا با شمشیرش خون‌های زیادی بریزد و عدالت را روی زمین برقرار کند.

در تاریخ کشورمان، هیچ فاکتور و عاملی به اندازه این صنف مکار و حیله باز، باعث ترویج جهل و گمراهی و عقب افتادگی و سیه روزی ایرانیان نبوده است. وقت گذار از این نهاد شوم فرا رسیده و در حکومت بعدی باید آنها را غیر قانونی اعلام کرد.

به نظر می‌رسد که اکثریت مردم هم در شعارهایشان می‌خواهند که آخوند برود گم شود. (توپ، تانک، فشفشه، آخوند باید گم بشه / ما جمهوری اسلامی، نمی‌خواهیم، نمی‌خواهیم / ننگ ما، ننگ ما، رهبر الدنگ ما / مرگ بر اصل ولایت فقیه / و...)

نصیحت من به این مفت خورها، این است که تا دیر نشده، لباس هایشان را در آورده و دست از اشاعه نادانی و جهالت و خرافات و موهومات بردارند. پیشنهاد می‌کنم در دولت آینده به آنها کمک شود کارهای دیگری یاد بگیرند. می‌توان به آنها تعلیم داد که چطور با فراگیری کارهای درست و شرافتمندانه وارد اجتماع سالم شده، به کار و فعالیت و کوشش رو آورده و مثل بقیه افراد شرافتمندانه زحمت کشیده، زندگی کرده و مالیات بدهند.

آخوندها مسئول تلف شدن میلیون‌ها ساعت کاری شهروندان در هر هفته می‌باشند. از نماز جمعه بگیر تا سیرک‌های ایام محرم و اربعین و رمضان و صفر و ... جز به بطالت بردن وقت مردم و مغشوش کردن ذهن آنها با موهومات، جعلیات و خرافه کار دیگری بلد نیستند. همگی‌شان بدون استثنا مخالف دادن حقوق برابر به زن و مرد یا به مسلمان و یهودی و بهایی هستند. غیر ممکن است بتوان در جامعه فردای ایران آزاد، دمکراسی و صلح برقرار کرد اگر این صنف شوم و خبیث، اجازه فعالیت داشته باشند.

در زمستان بی‌بهار ۵۷، با رفتن شاه فقید و روز شوم آمدن خمینی و حمله روسیه به افغانستان، زمینه رشد بنیادگرایی اسلامی در پاکستان، افغانستان و ایران چیده شد و بعد از آن به لبنان، عراق، سوریه و یمن و بسیاری مناطق دیگر جهان گسترش پیدا کرد. یک

جامعه سالم نمی‌تواند با بنیادگرایی اسلامی، زندگی مسالمت‌آمیز داشته باشد. درست مثل سلول‌های سالم یک بدن که نمی‌توانند با سلول‌های سرطانی به طور صلح‌آمیز یک جا زندگی کنند. روشنفکران ساده لوح نباید خود را گول بزنند. اگر سلول‌های سرطانی را ریشه کن نکنیم تمام سلول‌های سالم را از بین خواهند برد.

با غیر قانونی کردن شبکه مُلایان، جامعه واقع گرا، واقع بین‌تر و پویاتر خواهد شد. انسانیت و منطق، جای خشونت، موهومات و خرافه و جهل را خواهد گرفت. میلیاردها ساعت کاری و تریلیون‌ها تومان صرفه جویی خواهد شد. جامعه بدون آخوند، شادتر، سالم تر، خوش فکرتر خواهد بود. چرا که دیگر کسی به مردم یاد نمی‌دهد که مثل احمق‌ها با ۷۲ نفر زن و بچه جلوی لشکر ۱۰ هزار نفری بایستند و کشته شوند. دیگر کسی نیست که تروریست جنایت کاری مثل قاسم سلیمانی را قهرمان ملی جا بزند. دیگر کسی نیست که با زن‌ها که بیش از ۵۰ درصد جامعه امروز ایران را تشکیل میدهند مثل شهروندان درجه دو رفتار کرده و آنها را از اولیه‌ترین حقوق انسانی و شهروندی محروم کند.

با توجه به نقش و همراهی آخوندها با تمامی جنایات و خیانت‌های رژیم جمهوری اسلامی، آینده‌ای نامعلوم در انتظار این قشر می‌باشد. به شعارهای این ملت خشمگین و جان به لب رسیده، گوش کنید!

می‌گویند هر عملی را عکس العملی است به همان اندازه و در جهت مخالف، این قانون طبیعت است. مسلم می‌باشد که عکس العمل مردمی که ٤٣ سال هر نوع زجر و بدبختی و ظلم را تحت حکومت آخوندها دیده‌اند، بسیار شدید خواهد بود. برای مثال، می‌توانید حدس بزنید این ملتی که آرامگاه رضاشاه کبیر را - با آنهمه خدمت به مام میهن - را خراب کرد، با قبر خمینی، رفسنجانی، منتظری و خلخالی چه‌ها خواهد کرد؟ این مردم، غیرممکن است فیضه‌های جاهلیه (علمیه) و مراکز مذهبی را سالم بگذارند.

در یک جایی پس از ۵۰۰ سال، باید ریشه اسلام بنیادگرایی و تروریسم ایرانی خشکانیده شود. امروزه را در نظر بگیرید، فردی به نام علی خامنه‌ای، مملکت چند هزار ساله را به چه روزگاری کشانیده است. با دنیا جنگ و ناسازگاری دارد. و دیکتاتوری است که خود را - با حقه بازی و به طور جعلی - هم حق مطلق و هم مقدس می‌داند. در اوهام هپروت خود قرار دارد. یک انسان عقده‌ای و به قول بازجوهای ساواک‌اش، سراسر کینه توزی و در عین حال ترسو و فتنه گر است. تمام عمرش را در محافل مذهبی به اباطیل گذرانیده. دارای پدری مُلا بوده است. در محیط آشفته و دیوانه بازار حوزه‌های جاهلیه تربیت گرفته. طبیعتا چنین انسانی، از نظر روانی و فکری سالم نیست. تمام تصمیم هایش

اشتباه است. و جز رادیکالیسم و شارلاتانیسم و تروریسم، چیزی را از **مکتب خمینیسم** - که انبانی از رذالت هاست - نیاموخته است.

بعد از سرنگونی جمهوری اسلامی می‌توانید تصور کنید چند آخوند قشری، جرات بیرون آمدن با لباس شوم آخوندی داشته باشند؟

در نتیجه، نصیحت‌ام به قشر مُلایان، این است که قبل از اینکه دیر شود، از تمام مشاغل مذهبی و حکومتی استعفا داده و لباس‌های طلبگی را به دور انداخته و به جامعه بپیوندند. بازی تمام شده است و دیگر مردم به واسطه و دلال بین خودشان و خدایشان احتیاجی ندارند.

«تا دیر نشده، استعفا دهید و بروید» خیلی زود و داوطلبانه این لباس تزویر و ریا را در بیاورید والا مردم خشمگین خیلی زود و غیرداوطلبانه آنها را از تن تان در خواهند آورد.

۱۲

آغاز پایان روحانیت

(فروپاشی اختاپوس مذهبی مُلا)

ایران اولین کشوری بود که بنیاد گرایی اسلامی را بوسید و پذیرفت و اولین کشوری خواهد بود که آنرا به دور بیاندازند و طرد کنند. در این میان، آینده کل نهاد به اصطلاح روحانیت (مُلایان) به طور جدی در معرض خطر قرار دارد. اگر اعتراضات، موفق به سرنگونی رژیم جمهوری اسلامی شود، بسیار بعید به نظر می‌رسد تا بتوان تصور کرد که نهاد روحانیت برجا بماند.

بعد از ٤٣ سال همکاری و همدستی با رژیم تبهکار و جنایتکار جمهوری اسلامی، دیگر مُلایان نمی‌توانند ادعا کنند که به نحوی طرفدار مردم و حقوق آنها می‌باشند. دست‌های آنها به خون مردم بی‌گناه آغشته است و غیر ممکن است مشمول بخشش و گذشت توده‌های مردم ستمدیده بشوند. آنها هیچکس جز خود را نباید سرزنش کنند. آنها دین را به دنیا و خمینی و خامنه‌ای فروختند.

گذار از روحانیت و حذف قانونی این صنف، بزرگترین شانس حداقل ۵۰۰ سال اخیر برای ایران و ایرانی می‌باشد. همانطور که در مقاله «راه حل نهایی، گذار از روحانیت»، نوشتم «اعتقاد به برابری زن و مرد و یا تساوی مسلمان و یهودی و بهایی جزو اصول لازمه و لاینفک هر سیستم دمکراتیک می‌باشد و چون آخوند، اصلا به آنها اعتقاد ندارد، مانع از برقرار دمکراسی واقعی در جامعه آینده ایران خواهد شد».

به دلیل خیانت‌ها و جنایات آنها در طی سده‌های اخیر به خصوص ٤٣ سال حکومت جمهوری اسلامی، جامعه آینده دمکراتیک ایران، حق دارد برای حفظ منافع و سلامتی این جامعه آنها را غیرقانونی اعلام کند. در آلمان بعد از جنگ جهانی دوم، کل نهاد نازی‌ها و نوشته‌ها و یونیفرم‌ها و موسیقی و علایم شان، غیرقانونی اعلام شد. این چیزی از دمکراتیک بودن جامعه آلمان کم نکرد و نمی‌کند.

در ریاضی، وقتی در یک منحنی، نقطه انحناء یا انحراف به وجود می‌آید، ضریب زاویه منحنی تغییر کرده و جهت آن عوض شده و به سوی دیگری می‌رود. در حوادث

و انقلابات تاریخی هم، وقتی نقطه عطف پیدا می‌شود، جهت و سوی حوادث پس از آن عوض می‌شود. در سال ۱۳۵۷ حادثه سینما رکس (۲۸ امرداد) و میدان ژاله (۱ شهریور)، دو نقطه عطف بودند که بعد از آنها، جریان حوادث به سوی دیگری رفتند که هیچ کس انتظار آن را نداشت. رژیم شاهنشاهی به سرعت باور نکردنی فروپاشید و به سوی سرنگونی رفت.

فاجعه قتل زنده یاد مهسا امینی، نقطه عطف و میدان ژاله‌ای است که حوادث این روزها را تحت شعاع قرار داده است. سیر حوادث از این به بعد به سوی دیگری که رژیم مُلایان حساب نکرده بود، خواهد رفت.

بهترین معیار و مقیاس برای اندازه‌گیری و ارزیابی این فرایند، شمردن تعداد اصلاح طلب‌ها و وسط بازها و سلبریتی‌های حکومتی است که رنگ عوض کرده و به مردم می‌پیوندند. آن‌ها موش‌هایی هستند که کشتی سوراخ شده و در حال غرق شدن جمهوری اسلامی را رها کرده و به آب می‌پرند. وقتی مهران مدیری‌ها و عباس عبدی‌ها کشتی را ترک می‌کنند، باید اطمینان پیدا کرد که کشتی در حال غرق شدن است. آنها از من و شما از درون رژیم بهتر خبر دارند!

مختصات اعتراضات ۱٤۰۱ ایران را می‌توان این طور برشمرد:

۱. اعتراضات سالهای قبل - از جمله ۱۳۸۸، ۱۳۹٦، ۱۳۹۸ - همگی به شدت سرکوب شدند ولی مردم تجارب بیشتری پیدا کردند و این بار با اعتقاد به نفس بالایی مبارزه می‌کنند. یاد گرفته‌اند که بزنند و در بروند (قابل توجه سیدعلی خامنه‌ای) بیخود نیست که می‌گویند انقلاب، همیشه یک قدم از ضد انقلاب جلوتر است.

۲. همراهی وسیع دختران و خانم‌ها که این بار برای یکی از اساسی‌ترین حقوق اولیه و انسانی خود می‌جنگند، باعث تشویق، جرات و روحیه دادن به پسران جوان و مردان شده است. نقش پررنگ بانوان در موفقیت و گسترش اعتراضات اخیر بسیار موثر و مثبت بوده است .

۳. دیکتاتورها نمی‌توانند نیروهای انتظامی و سرکوب خود را برای مدتی طولانی در مقابل مردم‌شان نگاه دارند. آنها ریزش خواهند کرد. در تظاهرات روزهای اخیر، این امر به طور روشن قابل مشاهده است. نیروهای انتظامی و گارد ویژه در مقابل شجاعت و تاکتیک‌های جوانان و خانم‌ها اعتماد به نفس خود را از دست داده‌اند. بر خلاف سابق، بسیاری از آنها با مقاومت مردم روبرو شده و کتک میخورند و پا به فرار می‌گذارند. سرکوب دیگر بدون جواب نخواهد بود. در روزها و هفته‌های آینده، شاهد ریزش، نافرمانی و فرار بسیاری از آنها خواهیم بود.

٤. وسعت اعتراضات و تظاهرات که ده‌ها شهر را شامل می‌شود، از قابلیت سرکوب رژیم کاسته و نیروهای آنها دیگر قادر به مقابله به صدها و صدها مرکز تظاهرات هم‌زمان با یکدیگر را ندارند. بسیار مهم است که همانطور که شاهزاده رضا پهلوی در پیام اخیر خود اشاره کردند. مردم خیابان‌ها را رها نکنند و به رژیم فرصت نفس تازه کردن و تجدید قوا ندهند.

۵. خبرهای اخیر در مورد وضع جسمانی و سلامت خامنه‌ای، به مردم جرات و قوت قلب بیشتری داد. هاشمی رفسنجانی گفته بود که ما اشتباه شاه را نخواهیم کرد و شل نخواهیم آمد. این استراتژی در تمام رفتار و گفتار خامنه‌ای در طی سالهای اخیر آشکار بوده است. سران رژیم اعتقاد راسخ دارند که اگر شل بیایند سفت خواهند خورد و در نتیجه هیچگاه آزادی بیشتری نخواهند داد. سرنوشت شاه فقید را در ماه‌های آخر را تجربه کرده‌اند! بدبختی‌شان این دفعه این بود که خانم‌ها و دختران جان به لب رسیده را دست کم گرفته و در معادلات خود به حساب نیاورده بودند. شرکت وسیع این شیرزنان با کشف حجاب و روسری سوزاندن آنها تمام حساب آخوندها را بهم ریخت. «مهسا امینی» نقطه عطفی بود که رژیم برایش چاره و راه حلی نیاندیشیده بود.

٦. هر روز که بگذرد، تعداد بیشتری از مردم عادی، ورزشکارها و هنرپیشه‌ها و حتی نظامی‌ها، جبهه خود را عوض کرده به انقلابیون خواهند پیوست. این غیر قابل اجتناب است. برای در قدرت ماندن، رژیم می‌بایست هر بار و همیشه شانس بیاورد ولی مردم برای سرنگونی رژیم، فقط باید یک بار شانس بیاورند. مامور ارشادی که مهسای مظلوم را ناجوانمردانه به باد کتک گرفت و به قتل رسانید، آن باری بود که رژیم شانس نیاورد.

به زودی رژیم با چالش‌های روزافزونی روبرو خواهد شد که برای بسیاری از آنها آمادگی ندارد. بی‌لیاقتی و بی‌کفایتی طرفدارانش باعث اشتباهات بزرگتری خواهند شد. نشان دادن جزئیات و فیلم مهسا امینی در مرکز خیابان وزرا از جمله این اشتباهات تاکتیکی بود. به جای پاک کردن مسئله، به پای خود تیر زدند و باعث شروع وسیع اعتراضات شدند. آنها بازهم از این اشتباهات خواهند کرد. همیشه تاکید داشته ام، بزرگترین مشکل خامنه‌ای، بی‌لیاقتی و بی‌کفایتی طرفدرانش است.

روزبروز عده بیشتری این کشتی در حال غرق شدن را رها خواهند کرد. انتظار داشته باشید آخوندها و اصلاح طلبانی و وسط بازی‌های بسیاری در روزهای آینده حساب خود را از رژیم جدا کنند. این امر، باعث ضعیف شدن بیشتر رژیم خواهد شد.

در سطح جهانی، جو بایدن (جیمی کارتر سوم) بعد از سکوت چند روزه، از حرکت مردمی ایران پشتیبانی کرد. علیرغم ملاقات آقای مکرون با رئیسی، کشورهای غربی به محض اطمینان از احتمال موفقیت تظاهرات فرش را از زیر پای جمهوری اسلامی خواهند کشید.

آنها فعلاً در حال بررسی و ارزیابی شانس به ثمر رسیدن اعتراضات مردمی می‌باشند. هیچکدام از کشورهای مهم و دمکراتیک دل خوشی از رژیم تروریستی ملایان ندارند و اگر تابحال با آنها کوتاه آمده‌اند به دلیل منافع اقتصادی و نبودن آلترناتیو جدی در میان اپوزسیون ایرانی بوده است .

نباید فراموش کرد رژیم خامنه‌ای هنوز قابلیت‌های فراوانی دارد. اقلیت ذوب شده

در ولایت، جایی برای فرار ندارند. بسیاری از بسیجی‌ها، سران پاسداران، اطلاعاتی‌ها و جنایتکارانی که دست‌شان به خون مردم آغشته است چاره‌ای جز مقاومت در برابر جنبش مردم ایران یا رستاخیز ملی ندارند. متاسفانه باید انتظار جنایات و خون ریزی بیشتری از این اقلیت بنیاد گرا و مسخ شده داشت. البته احتمال بروز اختلافات بر سر روش سرکوب مردم در بین رهبران و سران سپاه و بسیج بسیار محتمل است.

نکته جالب اینکه این بار تمام شعارها بر ضد شخص خامنه‌ای می‌باشد. احتمال اینکه سران سپاه به این نتیجه برسند که دیگر نمی‌توان او را در معادلات داشت هم زیاد است و در این صورت خود، او را به کنار خواهند گذاشت تا بقیه نظام‌شان را نجات دهند اما احتمال قبول پسرش مجتبی از طرف جامعه ایرانی تقریبا صفر است .

در انتها تاکید دارم که اگر حرکتی که مهسا امینی با خون خود آن را آبیاری کرد به نتیجه برسد از جمهوری اسلامی و بسیار مهم‌تر از آن، از کل نهاد شوم و فاسد روحانیت (مُلایان) گذار خواهیم کرد. با حذف قانونی صنف آخوند این مشکل ۵۰۰ ساله که چیزی جز جهل، بدبختی، فقر، کج فکری، خشونت و نکبت برای جامعه ایران نداشته، حل می‌شود. و راه برای به وجود آوردن جامعه‌ای سالم، خوش فکر، واقع بین، پویا و شاد فراهم خواهد شد.

آمریکایی‌ها بعد از سالها سر و کله زدن با شوروی و کمونیست هایش مثلی دارند که می‌گویند: تنها کمونیست خوب یک کمونیست مرده است. مردم ایران هم بعد از ۴۳ سال گریه و رنج و خرافه و جهل، امروز به همین نتیجه در مورد آخوندها و مُلای وحشی رسیده‌اند! بیش باد!

۱۳

راه حل نهایی[1]

(گذار از روحانیت!)

مساله «راه حل نهایی»، در این روزگار در ذهن ایرانیان، به خصوص نسل جوان ایرانی، نقش بسته است. می‌توان در این باره، یک مبحث شخصی بر اساس مطالعه شخصی را با هموطنان، به اشتراک گذاشت تا به گفتمان مسلط جامعه مبدل شود.

«حماقت ۵۷» و حوادث ٤۳ سال اخیر، ثابت کرده که مردمان ایران، علیرغم ادعای داشتن ضریب هوشی بالا، بسیار ناشی از نادانی و کج فکری عمل کرده‌اند. چنین اشتباهاتی را در تاریخ کمتر مملکت دیگری توان یافت.

در سال ۵۷، شواهد آشکار و علائم غیرقابل انکاری در بی‌سوادی، بی‌تجربگی و بی‌لیاقتی سران حماقت ۵۷ وجود داشت. اغلب به دلیل فعالیت‌های مخربه و حتی تروریستی به زندان رفته بودند. هیچکدام از مخالفین حکومت پیشین، تجربه و سابقه و کارنامه‌ای در هیچ گونه امور اجرائی نداشتند. تمام عمر، نق زده و غرغر کنان، شکایت و تخریب کرده بودند.

برای مردمی که در خیابان‌ها تظاهرات کرده و بانک‌ها و ادارات دولتی را آتش زده و «یا مرگ، یا خمینی» می‌گفتند، این سوال پیش نیامد که این مُلای بی‌سواد که فارسی را هم به درستی صحبت نمی‌کنند آخر چطور می‌خواهد این مملکت ۳۵ میلیونی در دنیای پر تنش آن روز را اداره کند؟

این مردم، تمام دستاوردهای درخشان «انقلاب سفید» در دهه ٤۰ و ۵۰ را که باعث رشد طبقه متوسط و بهبود عدالت اجتماعی شده بود را نادیده گرفته، به وعده‌های توخالی و حقه بازی جماعتی روضه خوان بی‌سواد و مروج خرافات و موهومات دل باخته بودند و با همراهان مارکسیست توده‌ای و فدایی و مارکسیست اسلامی‌های مجاهد خلق گوش کردند. این «حماقت۵۷»، مُلک و مملکت ایران را ده‌ها سال به عقب راند.

انقلابیون ۵۷ی، باید تمام مسئولیت این فاجعه تاریخی و کژراهه را قبول کرده و دست

1- Endlősung / Final Solution

از شماتت و ملامت شاه و آمریکا و ... بردارند. مارکسیست‌های چپ فدائی / توده‌ای تا مجاهد اسلامی که ادعا می‌کردند «می‌خواهند برابری برای خلق‌های جامعه بیاورند»، ندیدند که انقلاب سفید بزرگترین تغییرات و تحولات اجتماعی تاریخ ایران را رقم زده؟

موفقیت‌های بی‌نظیر اقتصادی و سیاسی شاه فقید در عرصه بین المللی، حس حسادت و دشمنی زیادی در این خائنین به وطن به وجود آورده بود. آنها می‌دانستند که هیچ کشور کمونیستی یا سوسیالیستی نتوانسته در طی مدتی کوتاه این همه تحول مثبت در جامعه به وجود بیاورد. آنها چپ نبودند، کور بودند! چشم‌شان به حقایق، نابینا بود. می‌خواستند با هوچی‌گری، جامعه را هم از فهم درست دور کنند و در تاریکی نگه دارند.

بدون استثنا، تمامی آنان طرفدار خمینی و جمهوری اسلامی بودند. بیاد دارم در کتابی که، خود مجاهدین خلق از دفاعیات تروریست ۱۹ ساله مهدی رضایی در دادگاه نظامی چاپ کرده بودند؛ [دفاعیات مهدی رضایی؛ ناشر: سازمان مجاهدین خلق ایران / در ۱۸ اردیبهشت ۱۳۵۱، توسط کمیته مشترک ضد خرابکاری دستگیر شد و در ۱۶ شهریور ۱۳۵۱ پس از محکوم شدن برای قتل، به سه بار اعدام در دادگاه بدوی و تجدید نظر نظامی، تیرباران شد.] این تروریست و آدم کش، دلیل مخالفت خود با رژیم شاه را، تبعید خمینی اعلام کرد! این جماعت گمراه نیم درصدی و مرتجع که هنوز رهبر دارای بیماری جنسی‌شان - مسعود رجوی - اجازه انتخاب رنگ روسری را به فرقه مسخ شدگانش نمی‌دهد؛ شاه فقید را مسئول رشد آخوندیسم می‌داند. اما فراموش کرده‌اند که هم سلولی هایشان خامنه‌ای، رفسنجانی، لاجوردی، منتظری و کروبی و... بودند. ساده لوحی را باید کنار گذاشت. تجارب ۴۳ سال اخیر ثابت کرده که سعی در همراهی و اتحاد و همکاری با مارکسیست‌ها - چه از نوع لنینیستی و چه از نوع اسلامی‌هاشان - اتلاف وقت است.

به قول یکی از چهره‌های مشهور سیاست معاصر - که سالیان سال تلاشش را کرده بود که بین اپوزیسیون، اتحاد و همکاری پدید آورد - مارکسیسم، مانند یک بیماری جنسی بدون علاج است که به محض ابتلا، تا آخر عمر می‌ماند. گویی بند ناف این جماعت گمراهان را با دشمنی با پهلوی‌ها و با مبارزه با امپریالیسم آمریکا بریده‌اند. علاقه و مهر به تاریخ فرهنگ و تمامیت ارضی ایران در دی ان‌ای[1] آنها وجود ندارد!

مثل تمام کشورهای کمونیستی، تمام قضاوت‌ها و تشخیص‌ها و تصمیم‌های آنها، غلط از کار در آمده و جز فقر و بدبختی و سیه روزی و ذلت و حقارت، هیچ خیر و نفعی تا به حال برای جامعه بشری نیاورده اند.

1- DNA

این نیم درصدی‌های بازنده[1]، هیچگاه نخواهند گذاشت اتحاد بین گروه‌های مخالف جمهوری اسلامی برقرار شود و در نتیجه، عاقلانه است که به طور کلی از معادلات سیاسی، کنار گذاشته شوند. ایران آینده، احتیاجی به تئوری‌های شکست خورده تروریست‌های فدایی و یا مزخرفات فرقه رجوی و یا کمونیست‌ها و تجزیه طلب‌های مامور اجنبی ندارد - باید به طور کلی، آنها را نادیده گرفت. برای براندازی جمهوری اسلامی، نیازی به همکاری آنان نیست!

ریشه یابی

ریشه پدیده کج فکری و بد فکر کردن ایرانیان به پایه و زیر بناهای فکری آنان باز می‌گردد. مشهور است که انسان‌ها، محصول نهایی محیط‌شان هستند، همان اکوسیستمی که در آن رشد یافته اند.

شاید مهم‌ترین عامل کج فکری و بدفکر کردن‌مان باز می‌گردد به تاثیر ویرانگر مذهب شیعه و نقش مخرب و منفی مُلایان در شکل دادن افکار و عقاید و معیارهای جامعه ایران و ترویج خرافات و موهومات از منبرها در شبستان‌های مخوف مساجد. در طول سده‌های اخیر، مُلاها با اختراع و جعل هزاران حدیث و روایت و قصه و نقل قول‌ها که ۹۹٪ آنها، هیچگونه سندیت تاریخی نداشته، به طور کلی عمل گرایی و واقع بینی را در جامعه ایران، حذف کرده‌اند. برای مثال، ببینید با یک حادثه کم اهمیت به نام عاشورا، چه تاثیرات مخرب و منفی در جامعه ایجاد کرده اند! این جنگ کوچک، نه از لحاظ تاریخی مهم است (در اکثر جنگ‌ها، خیلی بیشتر از ۷۲ نفر کشته می‌شوند) و نه از لحاظ سمبولیک، اهمیتی دارد. (در هر جنگی، همواره یک طرف فکر می‌کند که مظلوم واقع شده و طرف دیگر هم، لابد ظالم است!)

مُلاها با آب و تاب دادن و رُمان و حکایت درست کردن به ایرانیان (شیفته قهرمان مرده و مذهب زده و گرفتار استبداد فکری) آموخته‌اند که باید با ۷۲ زن و بچه و نوزاد جلوی ۱۰ هزار نفر لشکر جنگی ایستاد با وجودی که می‌دانیم که کشته می‌شویم. آیا حماقت از این بزرگتر هم می‌شود؟

القای این چنین استانداردهای فکری و کج فکری در طی صدها سال، باعث پدید آمدن جامعه‌ای می‌شود که بدفکر می‌کند و منطق و عمل گرایی ندارد. یک جامعه خوش فکر و واقع بین باید به افراد آن جامعه بیاموزد که هیچگاه با ۷۲ نفری جلوی ۱۰۰۰۰ سپاه

1- Loser

دشمن قرار نگیرد. همان ارتجاع سیاه و سرخی که شاه فقید درباره اش، بارها و بارها سخن می‌گفت و به جامعه سنتی گوشزد می‌کرد!

دُکان دین فروشی مُلاها بدون عاشورا و تاسوعا و اربعین‌ها، کساد خواهد بود. باید مردم ناآگاه و سنتی و مذهبی و غرق در خرافات را احساساتی و تهییج کرده، اشک آنها را به هر مناسبتی در آورد و از آنها در راه اهداف شوم خود سو استفاده کرد.

به موضوع یک تروریست مشهور به اسم قاسم سلیمانی (فردی که دستش به خون صدها ایرانی و عراقی و سوریه‌ای و آمریکایی آغشته بود) دقت کنید. نمونه بارز شامورتی بازی رسانه‌ای و تبلیغات اسلامی مُلاها است که می‌خواهند با مظلوم نمایی و ضجه و گریه به عنوان قهرمان ملی جا بزنند. آنها به یک کربلا و حسین دیگر، احتیاج دارند که کمی هم سس ناسیونالیسم داشته باشد.

نتیجه این شده که بعد از صدها سال، شبکه اختاپوسی مُلایان که در هر روستاو شهر و کوچه پس گوچه‌ای نفوذ دارد. عده زیادی را مسخ کرده و با مشوش کردن و مغشوش کردن فکر و تفکر آنها، مانع از درست و خوب فکر کردن آنها می‌شود. آنقدر خراقه و دروغ ومزخرفات در جامعه ایرانی نشر داده‌اند و معیارهای عقلانی را بهم ریخته‌اند که مردم، علیرغم شاید هوش کافی، دیگر تفکر درست نکرده و تصمیمات غلط می‌گیرد. انگار که شبح شیعه‌گری، پرده مزاحم شعور شناختی درست و تفکر و عقل نقاد شده است.

راه حل

حالا چطور باید معیارها و استانداردهای فکری و عقلانی را تغییر داد؟ فرض کنید که در فردای حکومت نکبت و شوم جمهوری اسلامی، پارلمانی دمکراتیک پدید آید و نمایندگان واقعی مردم، قوانینی وضع کند که در آن برابری زن و مرد و پیروان ادیان و مذاهب متفاوت هم تضمین شده باشد. این یکی از اصول اولیه و لازمه داشتن دمکراسی و نهادینه کردن آن می‌باشد.

آیا می‌توان اجازه داد همان شب، هزاران مُلای هرزه زبان در تمام مساجد کشور - در هر شهر و روستا و در جلوی میلیون‌ها ایرانی - با احادیث و روایات جعلی و دروغین مثلا بگویند حضرت علی گفته که مغز زن، نصف مغز یک مرد می‌باشد و در نتیجه احساساتی بودن، زنان حق ندارند که در خیلی از مسائل زندگی، دخالت و شرکت کنند؟

آیا می‌توان اجازه داد که هزاران مُلای بی‌سواد، همان شب در مساجد از برتری شیعه بر بهایی و سنی و یهودی و .. سخنرانی کرده و لاطائلات ببافد و ملت را گمراه کند؟ مغز

و اندیشه‌شان را به بازی بگیرد؟

تکلیف قوانین تصویب شده توسط نمایندگان واقعی مردم در مجلس در صبح آن روز چه می‌شود؟ اصلاً آخوند، فایده و سودی برای جامعه ایرانی داشته است؟ کسی هست که دو مورد را بیان کند؟

مسلم است که مُلا به برابری زن و مرد اعتقاد ندارد؛ اگر می‌داشت اصلا فارغ التحصیل از حوزه‌های جاهلیت و مدرسه مُلاها (حوزه علمیه) نمی‌شد. در تمام کتاب‌های درسی مباحث تعلیمی مُلاها این تبعیض غیرقابل انکار وجود دارد - شما نمی‌توانید یک مُلا پیدا کنید که به برابری بهایی و شیعه و سنی و یهودی اعتقاد داشته باشد.

واضح است که با وجود این صنف و قشر مرتجع، ضمانت رعایت تساوی حقوق برای زن و مرد و شیعه و بهایی و سنی و یهودی و ... حتی اگر هم در قانون اساسی، گارانتی و ضمانت هم باشد، در داخل جامعه غیر قابل اجرا خواهد بود. این جماعت نادان، به اندازه کافی در سده‌های اخیر باعث عقب ماندگی، تجزیه خاک ایران، جنگ، گمراهی، توسعه فقر و نابودی، خشونت و جنایت و خون ریزی در جامعه ایران شده اند.

یک جامعه دمکراتیک و آزاد، باید این حق را داشته باشد که وقتی تشخیص داد که ضررهای یک صنف و گروه برای جامعه از منافع‌شان بیشتر است، آنها را غیرقانونی اعلام کند. این چیزی از دمکراتیک بودن این جامعه کم نمی‌کند.

در آلمان امروز، نازی‌ها به دلیل ارتکاب جنایات و فجایع بسیار، غیرقانونی هستند و در قانون اساسی و قوانین مدنی آلمان، نشر و تشویق اشاعه ایدئولوژی و به کار بردن یونیفرم یا علائم نازی‌ها، غیرقانونی می‌باشد. این درست مثل منع استفاده از هروئین و کوکائین در بسیاری از جوامع دنیا می‌باشد زیرا این جوامع تشخیص داده‌اند که مضرات این مواد افیونی از منافع آن بیشتر می‌باشند.

ایران پس از فروپاشی نظام جمهوری اسلامی و استبداد مُلایان

جامعه ایران فردا چاره‌ای جز گذار از این به اصلاح روحانیت و علمای دینی ندارد. (البته هیچ نشانه‌ای از روحانیت و علم و دانش در این قشر فاسد، فریبکار و وقیح خونخوار و بی‌سواد و انگل جامعه وجود نداشته و ندارد.)

این جماعت به مدرسه نمی‌روند تا فیزیک و شیمی و زبان و بیولوژی و اقتصاد و تکامل، تاریخ تمدن و ... بیاموزند. در مدارس جاهلیه این‌ها، خرافات و موهومات و دروغ‌ها و فریب‌ها و شارلاتانیسم و جهل و خدعه و وقاحت تدریس می‌شود. هزاران

حدیث جعلی و رمان تاریخی بی‌سر و ته درست کرده‌اند تا هر امری و کاری را شرعاً توجیه کنند. به مردم گمراه و خرافی زده یاد می‌دهند که منتظر کسی باشند که بیش از ۱۲۰۰ سال است بدون آب و غذا و در ته چاهی، نشسته و یک روزی با شمشیر و قمه بیرون خواهد آمد که در جامعه، عدالت برقرار سازد؛ مگر «قرآن» نگفته که «محمد»، آخرین فرستاده در زمین خواهد بود؟ کدام عقل سلیم باید به دنبال این اباطیل برود؟ اگر این دروغ پذیرفته شود که نمایندگان وی چنین جانیان و فاسدهایی دزد و تاراجگر و سرکوبگر هستند، وی در کدام درجه از جنایت باید باشد!

جامعه فردای این جمهوری پر از محنت و نکبت باید قوانینی بگذارند که واسطه‌گری و دلالی و سو استفاده از رابطه خداوند و بندگانش را غیر قانونی اعلام کند. هیچ بشر دوپایی، «حق الهی» ندارد، یا با خدا رابطه ندارد، مقدس هم نیست و... افیون توده هایشان برای حفظ ثروت و قدرت خودشان است.

شخصا اعتقاد دارم که در فردای «سقوط جمهوری اسلامی» حکم اعدام که عملی غیرانسانی می‌باشد باید در ایران لغو شود. در نتیجه، پروسه گذار از مُلا، باید از طریق قانونی و بدون خشونت اجرا شود. درست مانند نازی‌ها در آلمان، باید پوشیدن لباس و یونیفرم مُلاها غیرقانونی شود. از این صنف مفت خور و بی‌مصرف و بی‌خاصیت - که به دروغ خود را مسئول دین داری مردم می‌نامند - باید خواست که به شغل‌های دیگر رو بیاورند. باید با تعلیمات به آنها کمک کرد در جامعه مثل اشخاص معمولی به شغل و کار شرافتمندانه بپردازند. این، به نفع آینده خودشان و خانواده هایشان هم هست. شکی نیست که امروز، مُلاها، منفورترین قشر جامعه ایران هستند. در تاریخ چند صد ساله اخیر، هیچگاه مُلا تا این حد، منفور و بی‌احترام و بی‌ارزش در جامعه نبوده است. آنها باید از خمینی و خامنه‌ای تشکر کنند!

نمی توان تصور کرد که در جامعه فردای جمهوری اسلامی، لباس و حرفه مُلاها دیگر جایی و جایگاهی داشته باشد. دگر خیلی دیر شده است. بزرگترین دستاورد جمهوری اسلامی، نابودی آخوندیسم خواهد بود. به نفع خود آنهاست که بطور مسالمت‌آمیز و داوطلبانه کنار بروند و گرنه سیلاب خشم مردم به تنگ آمده از همه چیز و خانه آتش گرفته، آنها را به طور غیرداوطلبانه با خود خواهند برد. فردای ایران بدون آخوند، هم زیباست و هم دارای آتیه‌ای روشن.

اپوزیسیون و رژیم مُلاها

متاسفانه در طی ٤٣ سال اخیر، اپوزیسیون جمهوری اسلامی به دنبال هر خرگوشی که دیده، دویده و هیچ کدام را هم نگرفته است. آنها اغلب بدون تفکر، فقط بازی کرده‌اند برای بازی کردن و نه برای بردن بازی !

برای سرنگونی نظام فاسد و خونریز جمهوری اسلامی، لازم نیست که ۱۰۰٪ اپوزیسیون با هم اتحاد و همکاری کنند. نیم درصدی‌های کنفدراسیون و چپی‌ها و مارکسیست‌های اسلامی، جز خیانت، اشتباه در قضاوت و تشخیص و جز پهلوی ستیزی و پهلوی هراسی، هیچ چیزی در کارنامه خود از ابتدای تاسیس ندارند. اکثریت هم دستشان به خون و تروریسم و نوکری اجنبی، آلوده‌اند. افکارشان آنقدر خراب و مسموم است که هیچ امیدی هم به همکاری با آنها نیست. مهم‌تر اینکه بسیاری از مردم در ایران، مُلاها را به این گروه‌ها ترجیح می‌دهند. باید زیرکانه آنها را کنار گذاشت تا در اوهام خود، به بحث‌های سیاسی ٦٠ ساله اخیرشان ادامه دهند. هیچ امیدی به خیرشان نیست جز شر و برای براندازی هم به آنها، احتیاجی نیست. کم کم در نسل جوان می گویند «از ٥٧ها باید گریخت!».

برای جامعه مُلا و بنیادگرایی که او ساخته، مثل سلول‌های سرطانی می‌باشند که وارد بدن سالم می‌شوند. سلول‌های سالم بدن نمی‌توانند در کنار سلول‌های سرطانی، زندگی مسالمت‌آمیز داشته باشد. اگر سلول‌های سرطانی را از بین نبریم، کل بدن و سلول‌های سالم از بین می‌روند. امروزه هم جامعه ایران، از ویروس مُلا و میکروب گروهی آنان، مسموم و مریض احوال است و خلقی ناتوان شده‌اند از عفونت و ویروس مُلا. اصولا بنیادگرایی و اختاپوس مُلاها، نمی‌توانند در یک جامعه به طور مسالمت‌آمیز با بقیه افراد جامعه، زندگی مسالمت‌آمیز کنند.

با گذار از خرافات و موهومات مُلایان و اختاپوس مذهبی مُلاها و حذف این صنف و خشک کردن تمام منابع مالی آنها میتوان جامعه‌ای واقع گرا، خوش فکر، انسان دوست، پویا و موفق به وجود آورد. این به نفع تمام ادیان از جمله دین اسلام واقعی می‌باشد که در این روزها در معرض تهدید و خطر بنیاد گرایی - چه از نوع حزب‌اللهی و یا داعشی و یا طالبانی‌اش - قرار گرفته است. با بی‌اعتبار شدن و حذف قانونی مُلا، بقیه ارکان نظام جمهوری اسلامی به دلیل از دست دادن منبع ایدئولوژیک خود به طور دومینو و سلسله وار فرو خواهند ریخت. همه ابزارهای سرکوب‌شان - چه امنیتی و چه نظامی - هم در این رشته، از بین می‌روند.

خیلی‌ها عقیده دارند که مُلاها، فقط و فقط با توسری می‌روند. علیرغم این واقعیت باید به مُلاها فهمانید که روزهای جمهوری اسلامی به شمارش افتاده است. آنها باید بدانند که هر عملی را - به همان اندازه و در جهت مخالف - عکس‌العملی است. اگر به طور داوطلبانه کنار نروند با عکس‌العمل شدید مردم خشمگین و زجر دیده خواهند شد و در نتیجه، به طور غیرداوطلبانه کنار گذاشته خواهند شد. دیگر بازی تمام شده است. برای ماندن، آنها باید همیشه شانس بیاورند، ولی مردم، فقط باید یک بار شانس بیاورند!

در انتها از فرهیختگان ایران دوست و متفکران وطن پرست باید خواست که بی‌تفاوتی را کنار گذاشته و مانند «احمد کسروی» و «شجاع‌الدین شفا» به روشنگری بپردازند و با شجاعت و کوشش مستمر در این راه هدف نهایی گام بردارند.

به «وسط بازان» هم باید اخطار داد که «اگر با ما نیستید، پس با آنها هستید!». دوره «دودوزه بازی»، «سیاسی نبودن» و «عافیت طلبی» به اتمام رسیده است. هنرمندان واقعی و مردمی هم مسئولیت بزرگی دارند. آنها با خلق آثار هنری از جمله فیلم و موسیقی و شعر و... می‌توانند به جامعه در حال رستاخیز ملی کمک کنند و این مشکل چند صد ساله را یک بار برای همیشه حل کنند.

از سرمایه‌داران میهن دوست باید خواست با کمک‌های مالی خود در مسیر این هدف نهایی برای ایران فردا، سهیم شوند. ایران بدون آخوند هم می‌تواند به کشوری واقع‌گرا، انسان دوست و صلح طلب و اهل آرامش و ثبات و پیشرو و مرفه تبدیل شود.

به امید آن روز!

۱۴

عمامه سفیدهای رُخساره سیاه اصلاح طلب

جامعه امروز ایران، بی‌خبر و سفیه و نادان نیست، در دوران جاهلیت بت‌پرستی عرب و یا قرون وسطی نیست. و در همین زندگی مملو از ذلت و حقارت در دوران فرمانفرمایی مُلایان شیعه، نسل جوان و پویا و جویا، در پی تاریخ گمشده ایران است.

مردم ایران به خاطر ارتجاع سخیف و بی‌اساس، فکر واهی و نظم نامعقول و وحشیانه حکومت چماق و نظام سراسر تناقض، مبتذل و نامربوط خلافت اسلامی مُلایان، به خاک سیاه نشسته‌اند و چرخ تمدن ایران را قرن‌ها به عقب بُرده‌اند.

در همان ۸ شهریور ۱۳۵۸ حزب‌التحریر فلسطینی خطاب به خمینی می‌گوید: «اصولا نظام اسلام، نظام جمهوری نیست بلکه نظام، خلافت است». و خمینی هم، مطلقاً، باور و عقیده‌ای به حقوق بشر و انسانیت نداشت. نظام من درآوردی «جمهوری اسلامی»اش که با کمک تروریسم اسلامی به انجام رسیده بود، دیوانه‌وار، اباطیلی را می‌بافت که با اعتراض جامعه روشنفکر هم روبرو نشد زیرا تبلیغات اسلامی و هوچی‌گری شرکت کنندگان در بلوای ۱۳۵۷، رنگ و بوی تقدس جعلی به آن بخشیده بودند. خلافت خود را «نظم اجباری» [کشف‌الاسرار، ص ۲٤۵]، می‌دانست تا «شمشیر بکشد تا مفسده نماند» [فیضیه قم، ۱۱ آبان ۱۳۵۸] و در پی «صدور انقلاب به جهان» [۲۲ بهمن ۱۳۵۸] و «بلند کردن بیرق اسلام» [اردیبهشت ۱۳۵۹] و «استقرار عدل اسلام با شمشیر اسلام» بود .

البته دو نفر متحجر و عقب مانده از لحاظ فکری و مصدق اللهی – مانند بنی‌صدر و بازرگان – نقش مبلغ اغراق کننده را درباره توحش اسلامی خمینی و ساختن تقدس جعلی به خاطر خرافی بودن جامعه ایران، برعهده داشتند:

۱. مهدی بازرگان گفت: آنچه میخواهیم، مشابه حکومت پیامبر و حکومت امام علی است! [نیویورک تایمز، ۱۵ بهمن ۱۳۵۷] / البته هیچ روشنفکری هم در آن ایام نپرسید که عدل علی چه ربطی به ایران و ایرانی دارد؟ و اصولاً ۲۵ سال حکومت ۳ خلیفه با دروغ و تقلب و توطئه و محاربه با خدا و قرآن و رسول خدا سپری شده. [فروغ‌هایی در تاریکی،

شجاع‌الدین شفا، ص ۷۵]

۲. بنی‌صدر گفت: نگوئید اول ایرانی و بعد مسلمان، ایرانیت در اسلامیت معنی دارد [انقلاب اسلامی؛ ۱۲ شهریور ۱۳۵۹]

اصولا در این ایام پر محنت و نکبت، منتقدی نپرسید که مگر شماها نماینده و مامور بازگرداندن ایران به ۱٤۰۰ سال قبل هستید؟ اصولا به شما چه ربطی دارد و چکاره‌اید؟ و مشابه همین سخنان را در بیان خمینی شنیده و خوانده‌اید.

و جماعتی عوامفریب، مقام‌پرست، ترفند باف و دروغ پرداز از سلطه قشر انحصار طلب مذهبی و حکومت مطلقه تعصب و کینه و نفرت و انتقام مُلای شیعه در ایران دفاع کردند و با تکرار دروغ‌ها در رسانه‌ها، جامعه و نسل جوان آن ایام را فریب و شستشوی مغزی دادند. و کار به جایی کشید که نام بردن از ایران به واژه کفرآمیز تعبیر می‌شد و همگی اسلام اسلام گویان، دور عبا و نعلین خمینی جمع شدند.

در این ایام، همین جماعت سخیف بودند که البته خود را جماعت ملی مذهبی می‌نامیدند [کیهان، ۲٤ بهمن ۱۳۵۸] اما فرزندان شایسته و راستین ایران زمین و وارثان تمدن کهن و مایه فخر ایران، گروه گروه به سینه قبرستان‌ها فرستاده می‌شدند. همین جماعت بخاطر عقده و کینه از نوادگان شاهان ایران، اصولاً با هویت و اصالت بنیان فرهنگی ایران و ارزش‌های جاودانی اندیشه و تمدن ایرانی مشکل داشته و دارند.

و بازرگان [در ۱۲ اسفند ۵۸ در روزنامه‌های اطلاعات و کیهان] یاوه گویان گفت: «تعداد اعدام‌های دادگاه‌های انقلاب به ٦۰ نفر نرسیده و بالاتر از ۱۰۰۰۰۰ نفری نیست که طی این سال‌ها، شاه و حکومتش کشته» آیا کسی از این مترجم قرآن خودشیفته و خالق گروه تروریستی مجاهدین خلق پرسید، دروغ به این شاخداری؟ با کدام سند؟ در کدام منبع آمده؟ و خمینی هم مانند هوادارانش، جزو یاوه گویان بود و بر مبنای احادیث و سخیف، چیزی جعل می‌کرد و قاطعانه حرف می‌زد.

همگی این افراد حقه ساز و دغل، صرفاً شیفته استقرار حکومت مُلایان در ایران و ویرانی مملکت به نام اسلام بودند. حتی خمینی گفت: «حکومت، بی‌آخوند و منهای آخوند هم ممکن نیست!» [قم، ۲۸ فروردین ۱۳۵۸] و یا می‌گوید: «آنها که به جمهوری اسلامی، رای ندادند و اخذ رای را تحریم کردند، منافق‌اند و ما با آنان، مثل منافقین عمل می‌کنیم و آنها را سرکوب می‌کنیم [قم، ۲ شهریور ۱۳۵۸] و این جملات، خود نشانگر بیسوادی، جنون و عقب ماندگی و تحجر فکری ولی فقیه شیعه بود. وقتی نعره می‌کشید: «آنقدر اجتماع نکنید، حرف نزنید، اعلامیه ندهید، نشریه ندهید، جرئت کرده‌اید که سر در آورده‌اید؟ توی دهن‌تان

می‌زنم!» [قم، ۳۰ شهریور ۱۳۵۸]

واقعا شیر پاک خورده‌ای در بین جامعه مردان ایران زمین پیدا شد که در دهان این مُلای شیعه حقه باز و خالق استبداد دینی از نوع شیعه بزند؟ اکثریت نطق‌ها و پیام‌های خمینی - بیش از ۳۴۰ - مملو از تهدید و ارعاب و فحش و ناسزا هستند و در این قاموس خشم و غضب، نشانی از مسالمت و صلح نبود. خودش می‌گوید:» این ملت قیام نکردند که مملکت‌شان دمکراسی باشد» [قم، ۱۹ آذر ۱۳۵۸]

به قول نادر نادرپور، این «عمامه سفیدهای رخساره سیاه» در قدم نخست، ارمغان بدیع فرهنگ ایران در قرون متمادی و اصالت ایرانی پاک نهاد را هدف گرفتند و مجموعه وحشتناک کینه، تعصب، قشریت، اختناق و ترکیب ناهنجار ارتجاع و خودخواهی، خرافات و معجون جهل، خشونت، تعصب و انتقام‌جویی را پدید آوردند و درخانه تزویر و ریا گشودند!

و این قشریون مُخبط دارالمؤمنین که انکار کنندگان تاریخ و نظم کهن ایران بودند، در داخل قلمرو حکومت مطلق‌العنان و تفکر قرون وسطایی به دو دسته «اصولگرا و اصلاح طلب» تقسیم شدند و هر دو هم سابقه «تروریسم اسلامی[1]» دارند و البته در مشعشعات فکری خلاف منطق خود، آن را مبارزه علیه استبداد می‌نامند.

هر دو گروه با عطش قدرت طلبی و تخریب و کینه و انتقام جویی خو گرفتند و در مقابل طغیان خشم و نفرت دو خلیفه اول (خمینی از ۱۳۵۷ تا ۱۳۶۸) و دوم (خامنه‌ای از ۱۳۶۸ تا امروز) بخاطر حفظ مصالح و منافع شخصی و حزبی و قبیله‌ای، سکوت اختیار کردند. مشتی تندزبان و ناسزاگو و خشک مغز، سرشان را برای بی‌اطلاعی خمینی از واقعیات تاریخی ایران و کینه‌توزی و عقده او به فرهنگ کهن ایران [مانند سخنرانی قم ۱۱ اسفند ۱۳۵۷] تکان دادند و یا برای دشمنی و کینه توزی آخوند منشانه خامنه‌ای که ایران را به زیر استیلای بیگانگان و اجنبی‌ها برده، بخاطر ثروت و قدرت، خفه شدند.

همواره از نظام پر از نکبت و محبت ولایت فقیه، دفاع کرده و می‌کنند و همین اصولگرا و اصلاح‌طلب، دو روی یک سکه‌اند و هدف هر دو، حفظ ساختار خلافت اسلامی ولایت فقیه است. و همه آنها در این ایام، در پهلوی‌ستیزی و پهلوی هراسی از گفتن هر دروغی هم عتاب نداشته‌اند. انگار یک آزادی میخواستند برای خرابکاری، تروریسم، آشوب و توحش بیشتر و می‌خواستند کل ایران را بمب گذاری کنند و به آتش بکشند و از سعه صدر شاه در عفو قاتلش هم حرف نمیزنند.

چپ‌های اسلامی [اصلاح طلبان] در خلق تروریسم اسلامی، کوشا بوده‌اند و امروزه

1- Islamic Terrorism

دم از اصلاح طلبی می‌زنند. از بت‌های فکری‌شان حرف می‌زنند اما در دنیای متمدن و با فرهنگ، واقعا افرادی مانند بازرگان، منتظری، نواب، خلخالی صلاحیت حرف زدن از آزادی دارند؟ روند خط تروریسم دستگاه خلافت اسلامی ولایت فقیه... در همان دوران اصلاحات و شخص محمد خاتمی به اوج رسید!. سال ۱۳۸٤ یعنی ٤ سال پس از ۱۱ سپتامبر...فعالیت مثلث شوم القاعده و سپاه قدس و حزب‌الله... فعالیت بالاترین خط تروریسم در منطقه در همان ایام اصلاحات و اصلاح طلبان بود!

اکثر فعالان تروریسم اسلامی قبل و بعد از ۱۳۵۷، اصلاح طلبان امروزی بوده‌اند... در وقاحت، بی‌شرمی، شارلاتانی و تقلب هم تفاوتی بین اصولگرا و اصلاح طلب نبوده و نیست. امروزه چه پیروان آن فریبکاران شیاد اصلاح طلب، چه ملی مذهبی‌ها، چه مصدق الهی‌ها در تلویزیون لندن‌شان، نشسته‌اند و برای مُردگانی ضد ایرانی (بازرگان، طالقانی، منتظری، سحابی) مرثیه می‌خوانند و هر از گاهی قافیه تنگ بیاید، با دهان‌های پرخروش وقاحت در باند رسانه‌ای اصلاح طلبان و ملی-مذهبی‌ها فحشی نثار شاه می‌کنند و از شیخ‌های تروریست، به احترام یادی میکنند!

اساسا، اصلاح طلبان، هر وقت استخوانی از خلیفه وقت بیاید، در هوس کسب قدرت و شراکت در ثروت‌اند. مثلا تاج زاده همچنان میگوید: مقام معظم! و همیشه هم اصلاح طلبان در پی فتح رسانه‌ها و کنترل افکار عمومی جامعه ایران در داخل و خارج بر آمدند و تلویزیونی که قرار بود کروبی در دوبی درست کند، توسط عطاالله مهاجرانی -دوستدار و مبلغ تروریسم اسلامی - به لندن بردند. و امروزه هم مافیای تودرتوی اصلاح طلب‌ها، از طریق رسانه‌های تحت فرمانشان در خارج، طوق لعنت بر گردن مردم ایران افکنده‌اند و مغزشان را به بازی گرفته‌اند!

چپ‌های اسلامی [اصلاح‌طلبان] نمی‌خواهند، «قدرت و ثروت» را از دست بدهند. خلخالی هم اصلاح‌طلب بود که مُرد و منتظری سر قبرش، گریه و زاری کرد! باندها و مافیاهای تروریستی خطرناک داخل کشور در دست اصلاح طلبان است و همیشه برای فریب افکار عمومی، امامزاده ساخته اند!

مثلا به یاد جوانان پاک و معصوم کشته شده در شامورتی بازی ۱۸ تیر ۷۸. باند دُکان چپ -اصلاح طلبان- به خاطر روزنامه یک کهنه مامور روس، خواستار تسویه حساب و سهم خواهی جناحی از قدرت و ثروت بود. وگرنه چپ‌ها، خواهان فروپاشی ولایت فقیه و آوردن دمکراسی و آزادی بیان، قلم و اندیشه نبوده و نیستند!

طبق خاطرات یکی از کارمندان ضدجاسوسی ساواک [مرتضی موسوی]:

«پدربزرگ کیانوری رهبر حزب توده (شیخ فضل لله نوری) مورد احترام خمینی بود. او با ماموریت ک گ ب شوروی رابطه نزدیکی با خمینی برقرار ساخت. از دیگر سو در میان مُلاها، مارکسیست‌هایی را نفوذ داده بود که مخفیانه با حزب توده مرتبط بودند و در نزدیکی حزب توده با رهبران انقلاب نقش داشتند، از جمله: ۱.سید محمود طالقانی، محمدی گیلانی، لاهوتی و موسوی خوئینی ها. بعد از ۱۳۵۷ در مجله چاپ مشهد، مطالبی توسط پدر علی شریعتی نوشته شد که مدرسینی که با او بودند و بعداً مُلا شدند، در عضویت حزب توده استان خراسان بودند مانند خوئینی‌ها و در کتاب چریکهای فدایی خلق (گذشته چراغ راه آینده)، آمده که پدر خوئینی‌ها - در زنجان محضردار بوده و از اعضای برجسته فرقه دموکرات آذربایجان (ساخته و پرداخته شوروی) «حال این جاسوس روس، موسوی خوئینی‌ها، شده پدر اصلاح طلبی در ایران و خواهان اصلاحات در داخل ولایت فقیه!

مُلایان پس از بلوای۵۷، امامزاده‌ها ساختند و باند منتظری، رفسنجانی، بازرگان و مصدقی‌چی، یک دیکتاتور ساختند که نامش خامنه‌ای است! نزد که، الفبای جباریت و توحش آموخت؟ چه تروریست‌هایی، پشت سرش نماز گذاردند؟ عکس‌های جرائد، سخن‌ها می‌گویند. اما براستی کدام اصلاح طلبی در ساختار تروریستی خلافت اسلامی ممکن است! آن اصلاح‌طلبان که خود نه امامزاده جعلی، بلکه امور خیریه‌ها ساختند تا برای خامنه‌ای و نظام آخوندی، پولشویی کنند؟!

مثلا امروزه استان اصفهان را ببینید. چه کسانی در ستادهای رئیسی فعال بودند؟ باند دزد و تروریست پرور رفسنجانی و منتظری اصلاحات. یا چه کسانی به استخراج ارز دیجیتالی (بیت کوین) و پولشویی در قالب امور خیریه فعال‌اند؟ پاسخ: اصلاح طلبان! و حالا گروهی شیاد از رسانه‌شان در وسط لندن، تبلیغ کدام نوع از اصلاح را میکنند؟

حال با شامورتی بازی رسانه ای، گروهی امامزاده ساز و خیریه ساز و پولشوی و مافیا و تروریست و هوچی راه افتاده‌اند و عین انتر جلوی دوربین بالا و پایین می‌پرند تا که دستگاه مُلایان محفوظ بماند! در هر مصاحبه‌ای هم جفتکی به شاه فقید می‌زنند که گویی نشانه تمدن اصلاح طلبی‌شان همان است که هست!

یا مثلا ادبیات و فهم یک کهنه تفنگ‌چی -حمید رضا جلائی پور -از دیروز منتشر شده و نوشته: «ویرانی طلبان شاهی-رجوی» تاج‌زاده را به باد حمله گرفتند!

اما چرا همیشه در هر جریان سیاسی و اجتماعی، باید تریبون در اختیار مافیای فاسد اصلاح طلبان باشد؟ چه را اصلاح می‌کنند؟ حوزه جاهلیه قم را؟ ولایت فقیه را؟ شرع شیعه را؟ چرا از یک کهنه تروریست به نام مصطفی تاج‌زاده - کهنه تروریست حزب

فلق -امامزاده می‌سازند؟ و براستی، به شهادت تاریخ، شاهی‌ها دستشان به خون‌آلوده است؟ آیا می‌توان پرسید که راستی از آن دختر دوچرخه سوار چه خبر؟ همیشه یک فیل را برای سرگرمی جامعه ایران، هوا می‌کنند و مانند طاعون در همه رسانه‌های فارسی خارج از کشور هم حضور دارند! هدف اصلاح‌طلبان، حفظ خلافت اسلامی ولایت مطلقه فقیه و تروریسم اسلامی است مجاهدین خلق منفور ساخته این‌ها و نیروی وکالتی این‌ها است!

ظاهراً در دعوای درون خانوادگی، چاره کار آن بوده که چپ‌های اسلامی [اصلاح‌طلبان] ترفند خبر زندان و دستگیری یکی از خود را از طریق همان رسانه لندن نشین پخش کنند تا ملت را بترسانند و بلرزانند. آنطور که مشهور است، تبلیغ دستگیری تاج‌زاده هم لابد کار اطلاعات سپاه و مجموعه چپ حکومت برای حفظ نظام ولایت فقیه است.

البته، سرکوب و سانسور، تنها به ایران محدود نمی‌شود، جمعی از ماموران حلقه به گوش در لندن هم چشم به فرمان نهان‌خانه‌های امنیتی اصلاح طلبان - که هنوز به شوق قدرت و ثروت‌اند - نمی‌خواهند که تفکر غالب بر جامعه ایران، تغییر رژیم باشد! و خلاصه ازدواج «قبیله اصلاح‌طلبان، چپ‌ها و ۵۷ی‌ها» در چند نکته است و جنگ با براندازان برای آینده ایران در سه مشکل آنان خلاصه می‌شود: تغییر ساختار حکومت؛ تقسیم قدرت و غنائم؛ بازی رقیب و کابوس‌شان: جایگزین نظام ولایت فقیه و چگونگی گذار از جمهوری اسلامی و طبعاً هم، ماموریت برخی مُلا کراواتی و الله کرم بی‌عقل در خارج: بازی مُهره‌ها است.

مثلا باند اصلاح طلبان برای توافقات پشت پرده با ابراهیم رئیسی، از انجام هر جنایتی و خباثتی، کوتاهی نخواهند کرد! صرفاً مقصودشان، قدرت و ثروت و بقا حکومت مُلایان است؛ دل کسی به حال ایران و ایرانی یا آب و خاک، نسوخته و شاید کسی نمی‌داند که ماموریت‌شان در ترکمانچای آخوندی (برجام ۲) کی تمام میشود؟

بی گمان، نسل جوان حق دارد از مُلا یا قلم به دست متوهم، حقیر، بی‌وطن بپرسد آیات عظام، علامه، بحرالعلوم، حضرت آیت‌الله، مجاهد اعظم و... یعنی چه؟ القابی برای خودبزرگ و مهم جلوه دادن روشنفکر بزرگ، منتقد ادبی، شاعر نوگرا، مبارز و... یعنی چه؟ فایده این تبلیغ و آگهی‌های بازرگانی چیست؟ و جامعه جوان، پرسشگر و جویا در زمانه ما، می‌داند که کسی با «شارلاتانیسم؛ ایران‌ستیزی؛ تجزیه‌طلبی؛ شیفتگی به جریان چپ ویرانگر؛ تعظیم به تروریسم اسلامی و مارکسیستی در جنایت و مکافات ۵۷ و با چاکری اصلاح‌طلبان مُلا، و فعال در سانسور؛ اسمش همه چیز هست الا ادعای روشنفکر، شاعر و نویسنده.

و طبعا تبلیغ اصلاح‌طلبی برای جریانی فاسد و تروریست هم، شرط عقل و خرد نیست.

۱۵
خام طمع!، شرمی از این قصه بدار!

- چرا شاهزاده به جای جمهوری؟

الان مساله فلسفه و گفتمان فلسفی مطرح نیست باید دانست که واقعیت دمکراسی و نیازهای واقعی جامعه از هم گسیخته و از هم گسسته ایران چیست. به طور عملی، چطور می‌توان چیزی را در آن جامعه و ملت شریف و نجیب و ظاهراً هوشمند نهادینه کرد. اینکه افلاطون[1] و... در باره جمهوریت[2] چه می‌گویند و.. ره به جایی نمی‌برد.

الان فرضا که قبل از فروپاشی اختاپوس مذهبی مُلاها، دعوای بعد از فروپاشی صورت گیرد. در این شرایط ایران، از کجا باید جمهوری باشد؟... مملکت دارای سیستم حزبی پیشرفته که نیست و معلوم هم نیست که اصلا احزابی تشکیل شده یا خیر.... ساختار مطلوب و منطقی دارد؟ شخصیت و هویت دارد یا خیر؟ و... وقتی یک حزبی ۹ شعبه دارد یا وقتی یک فرد عین خامنه‌ای، ۳۲ سال است که دبیرکل است، یا وقتی که یک حزب، حتی ۱۰ عضو هم ندارد، چه توقعی دارید که مملکت را اداره کنند؟

الان که شرایط کشور ما چنین نیست. شاید دهه‌ها طول بکشد تا یک مرد قوی ظاهر شود که هم بالاتر از مابقی گروه‌ها باشد و هم محبوب و دارای مقبولیت و شهرت جهانی باشد. یک شخصیت مهم باید بتواند که در این فاصله - فروپاشی تا استقرار، ایران را اداره کند... حداقل در طی یک دهه، مردم را آموزش داد و... تا بیاموزند که اداره کنند. وگرنه، هر کسی ماجرا را به یک طرف می‌کشاند و وضعیتی مشابه هردمبیل و شهر هرت می‌شود. مانند همین روزگار فعلی در ایران.

در این روزگار وانفسا و موسم عسرت، فقط یک سرمایه داریم و او، شاهزاده رضا پهلوی است. و در واقعیت امر هم، همین است که هست. بهرحال، یک توانایی و قابلیت با سابقه روشن و معروفیت و مقبولیت و مشروعیت بین جامعه دارا است. مابقی فعالان بازار مکاره سیاست را کسی نمی‌شناسد. برخی از اراذل و اوباش قدیمی بازار سیاست هم

1- Plato
2- A Republic

که همگی مُرده‌اند... تنها کسی که الان در میان شخصیت هامانده و در ایران شناخته شده است - و مردم ایران هم بارها نشان دادند که ظاهراً به وی اعتماد دارند و مابقی، سیاهی لشکراند... به یک مکانیسم منطقی نیاز هست که که این زمینه و مبنا را تقویت کند.

- به چه صورتی باید فروریخت؟

این حکایت را الان می‌توانیم فراموش کنیم؟... از چه کسی توقع دارید که توطئه و کودتایی کند و ایران را به سمت دمکراسی هدایت کند؟... فقط وصیت شاه فقید می‌تواند کارگر باشد و آن هم همانا، «رستاخیز ملی» است... باید اول تفکر غالب و اندیشه مسلط بر جامعه نیاز به «تغییر رژیم» باشد و حداقل ۱۰ سال به یک مرد قوی و جامع الاطراف نیاز است تا مملکت را جلو ببرد. بعد، فضایی مناسب فراهم و آماده باشد برای ظهور رهبران قوی دارای شخصیت و هویت در میان نسل جوان. از سالخوردگان و بازنشستگان سیاست ایران هم باید گریخت که هنوز مشت بازی با سایه دارند و در اوهام خود پهلوی هراسی و پهلوی ستیزی دارند. واقعا در دوره گذار، فعلاً یک مرد قوی را نیاز داریم.

- چرا رقابت میان افراد مشهور به اپوزیسیون هست؟

به همین دلیل، می‌گویم و گفته‌ام بارها که به مرد قوی نیاز داریم... مملکت ایران در این ۱۴۰۰ سال، حمله اعراب و تاتار و چنگیز و ترکان و افغان و مُلا را دیده.. سالها اختاپوس مذهبی شیعه، مانند یک میکروب و ویروس در کالبد ایران حضور داشته و مملکت ویرانه امروز، دستاورد و یادگار همین مُلایان شیعه است... پس طبعا، فکر و اندیشه مردم ایران، سالم و شسته و رفته نیست.... و با کمی بی‌رحمی می‌توان گفت که فکر و اندیشه مردم سالم و دست نخورده نیست... ویروس و میکروب خرافات و موهومات از یک سو و شایعات مُلایان از دیگر سو، در ذهن مردم ریشه دوانیده... به یک نهاد قوی نیاز هست که کارآمد و دارای قابلیت باشد... چه داریم برای حل موضوع؟ هیچ!

- چرا برگشت به پهلوی؟

این مردم در جامعه پریشان احوال ایران، اهل فلسفه نیستند و بهرحال فلسفه و گفتمان فلسفی به کنار - برایشان، بیشتر تاریخ مطرح است.. مردم مقایسه می‌کنند. هرگز دمکراسی جدی را ندیده‌اند. طبعا، رژیم گذشته را دیده‌اند و رژیم مُلایان و دوران پرمحنت و نکبت ولایت فقیه را هم دیده‌اند و فرهنگ دمکراسی را هم نیاموخته‌اند... به طور ساده، شرایط را مقایسه می‌کنند و قضاوت‌شان بر اساس شرایط است. حداقل - به فرض محال - اگر همه چیز به سال ۱۳۵۷، بازگردد؛ این پاسخ را بارها شنیده‌اند: «بدتر که نمی‌شود بلکه اوضاع بهتر می‌شود!»

تبلیغات بی‌پایه و اساس شرکت کنندگان در جنایت و مکافات ۱۳۵۷ و هوچی گری‌های مُلایان، مصدقی‌ها و اصلاح طلب‌ها برای متهم کردن شاه فقید به «خیانت و جنایت» ره به جایی نبرد. هرگز نمی‌گویند که لااقل شاه در ۱۲-۱۳ سال اول، فردی دمکرات بود و مجلس شورای ملی هم نخست وزیر را تعیین می‌کرد و می‌آورد. اما برخی چهره‌ها یا عوامفریب و هوچی (مانند مصدق‌السلطنه) یا جاه طلب (مانند قوام‌السلطنه) بودند. و به طور ساده، دید که مشتی پیرمرد خود عاقل پندار، دارند زیر پایش را خالی می‌کنند. بنابراین، تصمیم گرفت که بر اوضاع مملکت‌اش کنترل داشته باشد.. طبق قوانین، خیانت و جنایتی هم نکرد وطن پرست‌های باشرف در ساواک هم علیه جاسوسی و تروریسم و عملیات اجنبی اقدام کردند...

براستی در داخل منطقه خاورمیانه، کدام کشور، در وضعیت بهتری بوده؟ عربستان؟ افغانستان؟ پاکستان؟ منطقه آشوب زده و ناامن بوده. شاه شیفته و شیدای ایران هم، سیاست سختی علیه شرکت‌های نفتی گرفت. آنها هم توطئه را بیشتر تحریک کردند. وقتی که شیفتگان ۵۷ی می‌خواهند صورت مساله تروریسم اسلامی را در ۵۷ پاک کنند.. اینکه دیکتاتور بوده و... را باید از صفحات تاریخ نوشته شده توسط مُلاها و ۵۷ی‌ها پاک کرد. هرگز چنین نبوده. بلکه خیلی زیاده از حد هم دمکرات بوده است. اگر نبود، تروریست‌ها از زندان اوین آزاد نمی‌شدند و امروز هم نفس می‌کشند. هنوز هم هستند کسانی با تفکری بیات شده که فکر می‌کنند امثال رفسنجانی، خلخالی، جزنی، رجوی، نگهدار، منتظری، خامنه‌ای و... «زندانی سیاسی» بوده‌اند و برای مشتی تروریست، عزاداری می‌کنند! و هویت برخی از ۵۷ی‌ها، در همین تکرار دروغ‌ها، تبلیغات شوم و دروغین و «پهلوی ستیزی و پهلوی هراسی» است. و در خیالات خود بنا به حسادت عوامانه و هراس از «فراموش شدن»، با شاهزاده رضا پهلوی رقابت می‌کنند. همگام و همراه با تبلیغات مُلایان، یک لحظه از تضعیف، تخریب، تفتیش، ترور هواداران پهلوی دست بر نمی‌دارند. اما جامعه آنها را نمی‌شناسد و یا تروریست‌هایی مانند مجاهدین خلق که جزو سازندگان جمهوری اسلامی بوده و یا در خدمت حزب بعث و صدام بوده، هرگز نمی‌پذیرند. به قول حافظ شیرازی:

حافظ خام طمع، شرمی از این قصه بدار   عملت چیست که فردوس برین می‌خواهی!

حافظ از پادشهان پایه به خدمت طلبند   سعی نابرده، چه امید عطا داری؟

و این همان نکته کلیدی است که نسل جوان، تازه متوجه شده و پدیده‌ای مبارک است! و کارنامه و عمل همگی را می‌سنجند و قهرمان پوشالی و ساختگی را نمی‌پذیرند و به مصالح و منافع ملی ایران می‌اندیشند. در حافظه خود، سال ۱۳۸۸ را دیده‌اند که

رژیم رفتنی بود اما اصلاح طلبان - چون به قانون اساسی ملتزم، به ولایت فقیه باورمند و به جمهوری اسلامی وفادارند - و کروبی و موسوی، عقب نشستند و به خون‌های ریخته، جفا و خیانت کردند. نکته قابل توجه این است که مُلایان و ۵۷ی‌ها، خطر حذف اختاپوس مذهبی شیعه را درک کرده‌اند. الان مردم از آن عقاید عقب مانده و مزاحم، اباطیل و خرافات و موهومات بازگشته‌اند.

پس، بایستی یک مرد قوی بیاید و در جهت مصالح و منافع ایران، فرهنگ‌سازی کند. برای همین خرافات‌زدایی و روشنگری، سالها وقت نیاز است. خوشبختانه، افراد تحصلیکرده زیاد شده و بیش از ۹۰٪ مردم در جامعه ایران، باسواد هستند. اندک اندک در میان نسل جوان، تعصب مذهبی و باور به افکار پوچ و بیات شده نمانده. بیچاره مردمی که قربانی منبر مُلایان در شبستان‌های مخوف مساجد شدند. اما باید در این راه روشنگری، جامعه را تشویق کرد تا از این حالت ناآگاهی بیرون بیایند وگرنه به جایی نمی‌رسند و دمکراسی تثبیت شده هم هرگز در ایران عقب مانده و جهان سومی، برقرار نمی‌شود.

۱۶

تغییر رژیم

(رهبر تاثیرگذار در جنبش‌های ایران)

اگر در ایران – و بین ایرانیان – هرکسی، هدف خود را «حذف یک ملا یا آیت‌الله» مثلاً در ماه ژوئیه ۲۰۲۲ قرار می‌دادند، مشکل حل می‌شد. اینطور نیست؟ همه مُلاها می‌رفتند. یک لحظه تصور کنید «زندگی در ایران متمدن و باستانی، بدون حضور ملاهای جنایتکار». البته، همه در مورد آن صحبت می‌کنند، به آن‌ها اعتراض می‌کنند، اماهیچ کاری برای آن نمی‌کنند.

مطلقاً هیچ راهی وجود ندارد تا دیپلماسی و گفتگو با ملاهای تروریست شیعه کارساز باشد. مثل این است که خانه شما پر از سوسک حمام (سوسری) شده است، تنها راه حل مشکل این است که از شر همه آنها خلاص شوید. مسلما آخوندها خیلی بدتر از هر سوسکی (و یا حشره موذی) هستند.

ممکن است تصور بفرمائید که دارم «تروریسم داخلی» یا چیزی شبیه به تروریسم را ترویج می‌کنم، در حالی که در واقع چنین نیستم. همانطور که می‌دانید من یک تحلیلگر ضد تروریسم هستم و شبکه تروریستی فراملی را به خوبی می‌شناسم. اگر فردا همه آخوندهای دوستدار تروریسم (اسلامی) از بین می‌رفتند، جان ده‌ها میلیون نفر در سراسر جهان نجات می‌یافت. مطمئنا چنین است.

بیایید کمی بیشتر بررسی کنیم. در زمان رژیم معمر قذافی [۱ سپتامبر ۱۹۶۹ – ۲۰ اکتبر ۲۰۱۱] و صدام حسین [۱٦ ژوئیه ۱۹۷۹ – ۹ آوریل ۲۰۰۳]، هر دو به اسلام احترام می‌گذاشتند، هر دو مطلقاً هیچ استفاده‌ای از آخوندها در شکل فعلی ایران نداشتند. هر دو در بلوای ۱۳۵۷ از خمینی حمایت کردند، زیرا آن مُلای خونخوار (خمینی) با شاه فقید ایران، محمدرضا پهلوی مخالف بود و از شاه – شاه فقید – متنفر بودند، زیرا «پهلوی با آمریکا، اسرائیل و غرب مدرن رابطه خوبی داشت. «. اما هیچ کدام‌شان، هرگز از مُلاها حمایت نکردند و هیچ چیزی مشابه قدرتی که در حال حاضر، مُلاها در ایران دارند – به آخوندها نمی‌دادند.

به دیگر سخن و به طور خلاصه، آخوندهای دوستدار تروریست (و تروریسم) ارزشی ندارند. آنها در قرون وسطی زندگی می‌کنند، مردم را می‌کشند، به مردم تجاوز می‌کنند، وحشت می‌آفرینند، شکنجه می‌کنند و هرکسی را که در راه آنها قرار می‌گیرد - وحشیانه - از بین می‌برند. فقط، در اعدام‌های سال ۱۹۸۸ زندانیان سیاسی ایران، بین ٤۰۰۰ تا ۵۰۰۰ نفر را قتل عام کردند. یا در تظاهرات ۲۰۱۹-۲۰۲۰ ایران - که به آبان خونین معروف است- رویترز از قتل عام حدود ۱۵۰۰ معترض خبر داد. اینها ۲ نمونه از اوج وحشی‌گری، درنده خویی و خباثت رژیمی است که مدل مدیریتی مبتنی بر «اسلام ناب محمدی» دارد.

تنها راهی که می‌توانید به جلو بروید، خلاص شدن از شر همه این آخوندهای وحشی و فاسد است. هر مسلمان واقعی (حالا به یاد داشته باشید، من در مورد مسلمان واقعی صحبت می‌کنم!) می‌داند که درست می‌گویم. آنچه ایران، در حال حاضر، فاقد آن است «رهبری» است. اکثر رهبران اپوزیسیون، دارای پیشینه تروریستی هستند، برخی از آنها طرفدار اصلاحات در رژیم فعلی هستند، برخی از آنها تجزیه طلبانی هستند که از متحدان حزب بعث و صدام حسین بوده اند.

وانگهی، ایرانیان صریح هستند، رژیم آخوندی، مشروعیت خود را از دست داده است و ایرانیان هم از (تروریست‌های) مجاهدین خلق متنفرند! دوست دارم که مدیر سابق سیا (CIA) را سرزنش کنم که بی‌مسئولیتی نشان داد و به خاطر پول، با تروریست‌های بدنام مجاهدین خلق دست داد!

بدون شک، که کار با مجاهدین خلق، سیاستی مملو از رسوایی و بدنامی است. گرفتن یک مشت دلار کثیف از یک گروه تروریستی، اقدامی ناپسند است. چرا مایک پمپئو از مقصر بودن مجاهدین خلق در حملات تروریستی علیه آمریکایی‌ها در ایران غفلت می‌کند؟ اقدام شرم آور پمپئو، تبلیغات توخالی رژیم مُلاها را تقویت می‌کند که مخالفان مشروع - مانند شاهزاده رضا پهلوی - را تحت فشار قرار می‌دهد.

گرچه، رهبر صاحب نفوذ و تأثیرگذار در تظاهرات ضد آخوند، همان شاهزاده رضا پهلوی است. این تظاهرات، بخشی از روند رو به رشد اعتراضات ضد رژیم است. فقط به شعارهای تظاهرات گوش کنید، مثل «رضاشاه، روحت شاد؛ توپ، تانک، فشفشه، آخوند باید گم بشه!؛ای شاه ایران، برگرد به ایران؛ آخوند برو گم شو؛ ننگ ما، ننگ ما، رهبر الدنگ ما؛ دیکتاتور سپاهی، داعشی ما شمایی؛ مرگ بر خامنه‌ای؛ خامنه‌ای حیا کن، مملکت را رها کن؛ می جنگیم! میمیریم، ایران را پس می گیریم! ایرانی می‌میرد، ذلت نمی‌پذیرد! و غیره.»

مخالفت با رژیم توتالیتر به معنای مرگ حتمی آن است. اما اگر ایرانی‌ها به اندازه کافی - منظورم ده‌ها میلیون ایرانی - به اندازه کافی به مقابله با آیت‌الله‌ها و آخوندها و مُلاها برخیزند، اتفاق‌های عجیبی، رخ می‌دهد. نمونه‌های تاریخی مانند اوکراین [انقلاب مخملی یا نارنجی، ۲۰۰٤-۲۰۰۵] و مصر، تونس هستند یا [بهار عربی، ۲۰۱۰-۲۰۱۲].

دیگر بار، باید تاکید می‌کنم که دیپلماسی و گفت و گو با مُلا، هرگز جواب نمی‌دهد. در واقع، تنها چیزی که شانسی برای تاثیر دارد، مثال من در اینجا یا چیزی مشابه آن است. آنچه ایران و ایرانیان به آن نیاز دارند «ظهور رهبری قدرتمند» شبیه به یکی از رهبران مُدرن اروپای شرقی یا یکی از بهترین پادشاهان مدرن ایران، مانند رضاشاه پهلوی (۱۵ دسامبر ۱۹۲۵ - ۱٦ سپتامبر ۱۹٤۱) یا نادرشاه افشار [۸ مارس ۱۷۳٦ - ۲۰ ژوئن ۱۷٤۷] است.

صرف نظر از اینکه شما درباره دوران رهبری ایشان چه فکر می‌کنید؛ اما ملت شکوفا شد، آرامش داشت و اکثریت به خوبی و بدون ترس زندگی کردند. مردم خاورمیانه نمی‌توانند مانند غرب، دموکراسی داشته باشند. این به سادگی کار نمی‌کند. آنها به رهبرانی قوی، جان سخت، اما منصف، نیاز دارند، سپس شاهد ممتاز بودن و بی‌نظیر بودن آن باید بود.

آن «رهبری» که در مورد وی صحبت می‌کنم، هم اهمیت اداره کشورش و هم پرستش خدای خود را تشخیص می‌دهد، اینها ۲ وظیفه کاملاً متفاوت هستند. [دین و سیاست]. اگر بخواهید کشوری را بر اساس ایدئولوژی اداره کنید، جز «بحران»، چیزی نخواهید داشت. از سال ۱۹۷۹، جهان متمدن معنای «خُمینیسم» را که بدتر از چنگیزخان - اولین امپراتوری مغول [۱۲۰٦-۱۲۲۷] - است، درک کرد.

همه ادیان باید محترم شمرده شوند و اسلام هم، ایمانی محترم است اما فقط برای مسلمانان واقعی آن. وقتی وارد اسلام رادیکال یا فاشیسم مُلا شدید، از قبل، شکست خورده اید. به خامنه‌ای، دیکتاتور فعلی ایران نگاه کنید - عملکرد وی چگونه است؟ وی دومین خلافت اختاپوس مذهبی شیعه در ایران را پس از سال ۱۳٦۸ (مرگ خمینی) برعهده دارد. مردم در سرتاسر جهان هم همین را می‌خواهند. آنها صلح، آزادی و دموکراسی و آینده‌ای هم برای فرزندان خود و هم برای کشوری که می‌توانند به آن افتخار کنند، می‌خواهند.

با خواندن این مطلب، ما منتظر قیام این رهبر بزرگ هستیم. او کجاست؟ او کیست؟

چارلی وایمر[1]، نماینده پارلمان اروپا در توییتی نوشت: «رهبران اروپا باید به حرف رضا پهلوی درباره آینده ایران گوش دهند.» علاوه براین، همه مقامات آمریکایی باید برای حمایت از تغییر رژیم در ایران تصمیم بگیرند. متأسفانه اکثر رهبران هیچ دیدگاه

1- Charlie Weimers

واقع‌بینانه‌ای ندارند. آنها نمی‌توانند خطر تشدید شده ملای تروریست با سلاح‌های هسته‌ای را درک کنند! ایرانی‌ها برای «تغییر رژیم» فریاد می‌زنند.

این زمان، زمان ارسال پیام درست و حمایت از اعتراضات ایرانیان علیه ملاهای شیفته تروریست در تهران است. متأسفانه اروپا و آمریکا به رژیم مُتجاسر و یاغی که در مدار روسیه است، جسورتر می‌کنند. به احتمال زیاد امید و اراده برای آن وجود دارد. ایالات متحده باید یک استراتژی برای «تغییر رژیم» ایران اتخاذ کند. «تغییر رژیم» در ایران هم نباید یک تابو (سخن ممنوعه) باشد! اما، بایدن هیچ استراتژی روشنی برای ایران ندارد. باید صریحا به وی بگوییم «باآخوندهای تروریست، مماشات نکن!».

از دیگر سو، اُختاپوس مذهبی شیعه در ایران تلاش می‌کند تا «خلافت اسلامی ملایان» را حفظ کند و یکی از ملاهای رسوا هم که رئیس جمهور است.

شوربختانه، در میان رهبران اپوزیسیون ایرانی در جوامع دور از وطن (مهاجران پراکنده در عالم)، یافتن یک شخصیت کاریزماتیک برای دعوت از جامعه ایران بسیار سخت است. همچنین، زندگی و سود برخی از لابی‌های اپوزیسیون جعلی ایرانی و طرفدار رژیم مُلاها در غرب به بقای رژیم ملا وابسته است.

این روزها (موسم عسرت و روزگار وانفسا)، رهبر محترم و قابل اعتماد شاهزاده رضا پهلوی است. مگر نه؟ اول از همه، او خواهان «تغییر رژیم» در ایران است. و این استراتژی درستی است، غرب باید از ایده فروپاشی رژیم حمایت کند و یا بدون غرب، تغییر رژیم در ایران اجتناب ناپذیر است.

نسل جوان در ایران در نهایت خواهان آن است که شاهد «تغییر رژیم» در ایران باشد. تا زمان فعلی، اسرائیل و آمریکا از درخواست علنی برای تغییر رژیم در ایران اجتناب کرده‌اند. اگر نگران بمب اتمی مُلاها هستند، این سیاست مبهم در «تغییر رژیم» کارساز نیست! در واقع، دامن زدن به تغییر رژیم در ایران یک ایده عالی است.

رژیم سرکش و خبیث در تهران، منبع اصلی آشوب و بی‌ثباتی در منطقه (خاورمیانه) است. رژیم خواهان تسلط همیشگی بر منطقه و فراتر از آن است و از یک شبکه تروریستی برای دستیابی به این هدف استفاده می‌کند. حتی پرخاشگرانه، در تعقیب سلاح‌های هسته‌ای و سلاح‌های کشتار جمعی هستند.خامنه‌ای، عاشق بی‌ثباتی و هرج و مرج در خاورمیانه است، زندگی‌اش در گرو جنگ، وحشی‌گری، شرارت و نزاع است!

در نهایت تاسف و حسرت، اتحادیه اروپا و رئیس جمهور آمریکا در مواجهه با این واقعیت یا دانش‌اندوزی در مورد ایدئولوژی خمینی و ساختار ولایت فقیه است - که یک

نظریه بی‌اساس در اسلام شیعه است - تردید و اجتناب دارند. با فقدان این آگاهی و دانش، نابودی رژیم ملا در آینده‌ای قابل پیش‌بینی وجود ندارد. بیایید تا به صدای رضا پهلوی و حلقه نخبگان پیرامونش گوش کنیم.

۱۷
نسل جوان ایران و شاهزاده رضا پهلوی[1]

سخت‌ترین زمستان تاریخ ایران در ۱۹ ژانویه ۱۹۷۹ آغاز شد. ٤٢ سال به طول انجامیده و همچنان ادامه دارد. در آن روز سرنوشت‌ساز بود که شاه فقید محمدرضا پهلوی اراده ماندن نداشت. شاه. پادشاه ایران، به ارتش ایران و ساواک دستور داده بود که از اعمال قدرت، بپرهیزند.

با این کار، معترضان به خواسته خود رسیدند. همه رویاهای آنها به حقیقت پیوست (مراقب باشید چه آرزویی دارید!) در حالی که هواپیمای شاهنشاه فقید از باند فرودگاهی که به سمت مصر می‌رفت بلند می‌شد، خمینی دستانش را بهم می‌مالید و لب‌هایش را با زبانش می‌لیسید. اما تازه، کابوس شروع شده بود.

اگر شاهنشاه، کمی متفاوت عمل می‌کرد، امروز خاورمیانه کاملاً متفاوت می‌بود. در اینجا -ایران ما- همه چیز از بین رفت. خمینی تکالیف و ماموریت خود را انجام داده بود. او از حمایت جیمی کارتر برخوردار بود که مرتکب اشتباه بزرگی - یا خیانت عظیم- شده بود (با حمایت او و از رژیم مُلاها در پشت صحنه).

شاه پلک‌هایش را بهم زد و با خود اندیشید که خمینی از حمایت آمریکا برخوردار است، پس بهتر است از وطنم بیرون بیایم. در واقع شاهنشاه فقید، فردی صلح دوست و ایران دوست بود! در واقع امر، اگر شاهنشاه، ایستادگی می‌کرد و بلوا را سرکوب می‌کرد، آمریکا هم عقب نشینی می‌کرد و می‌رفت. آنقدر ایران را دوست نداشتند.

رابرت آرمائو در مصاحبه‌ای با من معتقد است که تاریخ با شاه مهربان خواهد بود. ممکن شد، وقتی از نزدیک مورد بررسی قرار گرفت، با ایستادن معترضان فقط در مدت کوتاهی متوجه حقایق شدند. به هر حال خمینی، همه آنها را به اضافه تعداد زیادی، بسیار، بسیار بیشتر در ۱۰ سال پس از ۱۳۵۷، وحشیانه قتل عام کرد.

علاوه بر این، قتل عام و نسل کشی که در سال ۱۳۵۷ آغاز شد، هنوز با ملاها ادامه

۱- اولین بار این مطلب در ۲۰۲۰ در تایمز اسرائیل و در کتاب مُلای مخوف منتشر شده است.

دارد، اینطور نیست؟

اگر شاه تفکر قذافی یا صدام را داشت، هرگز این اتفاق‌ها نمی‌افتاد. زیرا آنها پلک نمی‌زدند تا زمام قدرت را به طور اتفاقی و شانسی، به کارتر و خمینی بسپارند. خود رونالد ریگان ۲ سال بعد گفت «این یک حرکت فاجعه بار از طرف کارتر بود» چقدر درست گفت!

ببینید جیمی کارتر که از اعماق جنوب ایالات متحده آمده بود بر این عقیده بود که خمینی یک انسان مقدس است در حالی که در واقع خود خمینی، ۱۰۰ برابر، بدتر از خود شیطان بود.

«اسلام رادیکال»، «تروریسم اسلامی» و «فاشیسم مُلاها» که در اینجا متولد شده‌اند، نقش ایالات متحده در همه این‌ها چقدر مضحک بود.

چهار سال بعد، سال ۱۹۸٤، سیا با ایده به قدرت رساندن رضا پهلوی، پسر شاه، بازی می‌کرد. چقدر عجیب است؟

اکنون پس از گذشت ٤۲ سال، نسل جدیدی از معترضان در مورد باز آوردن شاهزاده رضا پهلوی از تبعید به ایران و سرنگونی خامنه‌ای صحبت می‌کنند. صدایش می‌زنند!

مُلای دیکتاتور خونخوار در ایران که لازم نیست یادآوری کنم که یک فاجعه تمام عیار است! اما ولیعهد رضا پهلوی، میل به قدرت ندارد! متواضع است هرچه رای مردم باشد.

وقتی به پیچ و خم رخدادها در ٤۰ سال گذشته ایران نگاه می‌کنید، به اواسط دهه ۱۹۷۰ بازمی‌گردید. دورانی که نظم و ثبات حاکم بود، جایی که معترضان کنونی ایران می‌خواهند به همان نقطه بروند. زمانی که جیمی کارتر، جرج بوش پدر، رونالد ریگان، ریچارد نیکسون از ایران دیدن می‌کردند و ایران، متحد نزدیک آمریکا در منطقه بود.

نسل جوان، متوجه می‌شود که شبکه ملاها که امروز وجود دارد، چیزی بیش از ماموریتی برای فاجعه و ویرانی نیست.

نسل جوان حاضر نیست ایدئولوژی «تروریست اسلامی» را بخرند، چیزی که مُلاها و آیت‌الله‌ها ارائه داده‌اند. اگر آن را بردارید، حدس بزنید چه چیزی رخ می‌دهد؟ «دیگر ملا نیست. آخوندها همه رفتند و الله‌اکبر!»

از ٤ سال پیش که با معترضان در خیابان‌های تهران قدم می‌زنید، «رضاشاه روحت شاد» می‌شنیدید. همراه با شعارهایی به نفع «شاهزاده رضا پهلوی». آنها می‌خواستند رضا پهلوی، نوه شاه اول، رهبری ایران آینده را به عهده بگیرد. مگر نه؟

در ادامه، تنها فرصتی که ایران دارد خلاص شدن از شر این مُلاهای وحشی و آیت‌الله‌های سمی و بی‌ارزش است. این معترضان باید بازی خود را تنظیم کنند و به نوعی با یک هدف متحد شوند. ذهنیت آنها باید بسان لیزر متمرکز باشد، به هر قیمتی این وزنه مرده و لاشه بی‌حرکت (مُلاهای جنایتکار و آیت‌الله‌ها) را که مانند آلباتروس بر گردن ایران است، از بین ببرند.

امیر طاهری، روزنامه‌نگار مشهور ایرانی، کاملاً با من موافق است، او مقالات بی‌شماری در همین راستا نوشته است. انتشار اعتقادات او، (و امثال من و بسیاری دیگر دوستداران شاهزاده)، دقیقه به دقیقه در حال افزایش است. اگر همه چیز طبق برنامه پیش برود، آینده ایران روشن خواهد بود.

در طول تاریخ هزاران ساله ایران، رهبران وحشی مختلفی به قدرت رسیدند، حکومت کردند و ناپدید شدند. بر همین اساس، همین چهار سال پیش شهبانو فرح پهلوی، همسر شاه فقید، پس از توهین خامنه‌ای بزدل فرمود: «همه دیکتاتورها سقوط کردند، مال شما هم چنین خواهد بود. تفاوتی ندارد». سخنانی که با آنها می‌شود زندگی کرد!

عاقبت، ایران و جهان ویرانی اختاپوس مذهبی در ایران و خلافت اسلامی رژیم خودکامه ملاهای شیعه را جشن خواهند گرفت.

۱۸

نسل نوین ملی گرایان

(گفتگو از کیهان لندن: فیروزه رمضان‌زاده)

- «علت وجودی فکر پادشاهی، عشق دوباره به ایران و ایرانی ماندن است. وگرنه کسی به دنبال سلطانیسم استبدادی نیست، اسمش «پادشاهی ایرانی» است و باید برخورد عقلانی و سیاسی با این واقعیت مطلوب داشت و به هویت و تاریخ خویش بازگشت و نام ایران را دوباره پر غرور کرد. چون نام ایران به همراه تمدن کهن است و تفکر پادشاهی ایرانی هم قابل حذف نیست، زیرا عصاره تمدن ایرانی است.»

- «هراس اول از نام ایران و تمدن ایرانی است. چون در اصل یک مشت بی‌وطن به جان وطن افتاده‌اند. انسان به وطن علاقمند باشد، دست به فعالیت تروریستی می‌زند؟! کدام گروه شرکت کننده در جنایت و مکافات ۱۳۵۷ هست که به نوعی درگیر تروریسم نبوده باشد؟ شما دقت بفرمائید، کتاب درباره کوروش و ایران و تمدن باستان بنویسید. واکنش وزارت مثال فرهنگ و ارشاد اسلامی و وزارت اطلاعات چیست؟ سانسور مطلق! اما انتشارات «نگاه» در ایران، کتاب منتشر کرده به اسم «حماسه سیاهکل».

- «باید دور یک چهره سازنده و خوشنام و برجسته و متنفذ و امین گرد آمد. کسی که جایگاه خاصی دارد و مردم برای او در کوی و برزن، فریاد زده‌اند. یک نماد ملی و شخصیت فرا گروهی و فراجناحی داریم که حق هر ایرانی است با او تعامل کند. او هم شهریار ایران است. پایگاه قدرت اجتماعی هم بی‌تعارف، در دست یک فرد است. همین ثروت و اعتبار به رسمیت شناخته شده می‌تواند در دوران فروپاشی و انتقالی، به کار آید تا در صندوق رای، توان رقابت در عرصه سیاسی را شاهد باشیم.»

- امکان و استعداد و هدف باید مشخص باشد که جز حمایت مردم و جوانان، سرمایه‌ای دیگر نمی‌توان داشت. دوران مصادره رستاخیز با شبنامه و هرزنامه و حمله گله‌ای و فحاشی هم گذشته. تکلیف و مشق شب را باید قبل از روز امتحان انجام داد. در روی صحنه سیاسی، کدام چهره، ثبات دارد؟ مرکز ثقل سیاسی کیست؟ شارلاتانیسم، خرابکاری، عوامفریبی و خودبزرگ‌بینی و تروریسم پنجاه و هفتی هم مفید به فایده نخواهد بود.

- «معیار ارتجاع و استبدادخواهی را باید با خط‌کش پنجاه و هفتی‌ها و اسلامی‌ها سنجید. استبداد مذهبی را چه کسانی خلق کردند؟ کلیه شرکت کنندگان در بلوای ۱۳۵۷؛ و یاوران اختاپوس مذهبی در ایران و شیفتگان استبداد پرولتاریا. همه هراس اینها هراس از باخت گفتمانی است. با این آشفتگی گفتمانی و پرخاش رفتاری، چیزی برای عرضه به نسل جدید ندارند. روایت مسلط امروز همان توجه به سنت شاهی است و جدایی نهاد حکومت از دین ساخته دست بشر.»

بیش از چهار دهه از وقوع انقلاب اسلامی بهمن ۱۳۵۷ می‌گذرد با اینهمه سال‌هاست که شهروندان ایرانی به‌خصوص جوانان نسل سوم انقلاب که دوران پهلوی را تجربه نکرده‌اند در اعتراضات مختلف علیه جمهوری اسلامی با تکیه بر ایرانگرایی و میهن‌دوستی شعارهایی چون «رضاشاه روحت شاد» و یا «ای شاه خوبان، برگرد به ایران» را سر می‌دهند.

آیا دلیل این نکوداشت و حمایت‌ها تنها تنفر از رژیم جمهوری اسلامی است؟
آیا شرایط سیاسی و اجتماعی کشور به نحوی پیش خواهد رفت که بجای حکومت استبداد دینی کنونی یک نظام پادشاهی مشروطه بر اساس اصول دموکراتیک جایگزین شود؟
احتمال اینکه یک استبداد ناسیونالیستی با پوشش ملی‌گرایی به جای استبداد مذهبی در ایران بنشیند تا چه اندازه است؟
کیهان لندن این پرسش‌ها را با عرفان قانعی فرد پژوهشگر و تحلیلگر ایرانی مقیم آمریکا، دانش‌آموخته «مطالعات امنیت» و «مطالعات خاورمیانه» از دانشگاه‌های لندن و کالیفرنیا و پژوهشگر خاورمیانه در مرکز ضد تروریسم در میان گذاشته است.

- برای برجسته کردن گفتمان آیین شهریاری در ایران چه نقاط مشترکی بین جمهوری‌خواهان ملی‌گرا و پادشاهی خواهان می‌بینید؟

- شرط اول قدم «ایران» است و «ایرانی ماندن»؛ پس از فروپاشی ساختار ملایان در ایران، دوران انتقالی بسیار پر نشیب و فرازی در انتظار خواهد بود و یک شخص قوی دارای اعتبار و حیثیت سیاسی می‌بایست مردم را به گرد وطن‌پرستی و عشق به ایران جمع کند تا با حفظ امنیت کامل هم جامعه به نهادینه کردن اصول دموکراسی و تقویت جامعه مدنی بپردازد و هم در صندوق رای، سرنوشت خود را تعیین کند. در حال و روز فعلی، تنها کسی که دارای این اعتبار هست، شهریار ایران «شاهزاده رضا پهلوی» است.

- چرا سرزمین ایران همواره به شکل پادشاهی اداره می‌شده، حتا پس از انقلاب مشروطه و تغییراتی که می‌توانست به برپایی یک جمهوری بیانجامد؟

- چون بخشی از هویت ملی ماست. ایران، در نهاد خود، کوروش داشته است، فرمانروای آشتی و صلح و خالق امپراتوری بزرگ. مشابه این ابرمردهای تاریخ ایران، وجود دارند. کوروش، از مردان بزرگ تاریخ و سیاست ایرانی، در تاریخ مانده است نه به خاطر اینکه نامش به معنی «خورشید» است بلکه بدان خاطر که این نابغه هدایتگر ما، اهل تسامح و رواداری بود و میراث هویت ایرانی را شکل داده و تا امروز توسط برخی شاهان دارای لقب «کبیر» حفظ شده است «داریوش، شاپور، نادرشاه، رضاشاه» همین سنت ایرانی، سدی در برابر هجوم فرهنگی بیگانگان بود و هویت پربار جامعه ما- جامعه خالق و نواندیش و دارای منش و آئین ایرانی،- نگه داشته بود. درواقع، در آیین شهریاری، شاه، نگهدارنده فرهنگ بوده و شهریار هم حافظ ارثیه نیاکان ماست که با داشتن فهم مدنی و اندیشه و خرد، فرزند متمدن روزگار خویش است و امروز هم علت وجودی فکر پادشاهی، عشق دوباره به ایران و ایرانی ماندن است. وگرنه کسی به دنبال سلطانیسم استبدادی نیست، اسمش «پادشاهی ایرانی» است و باید برخورد عقلانی و سیاسی با این واقعیت مطلوب داشت و به هویت و تاریخ خویش بازگشت و نام ایران را دوباره پر غرور کرد. چون نام ایران به همراه تمدن کهن است و تفکر پادشاهی ایرانی هم قابل حذف نیست، زیرا عصاره تمدن ایرانی است.

-آیا می‌توان گفت آیین شهریاری خود را در ملی‌گرایی باز می‌یابد؟

-در تاریخ ایران، شهریاران بر اساس یک سیستم منسجم، آموزش دیده‌اند و به قانون حرمت گذاشته‌اند. مراحل تحصیل داشته‌اند و اصول اخلاقی و شهروندی و انسانی در اندیشه آنان نهادینه شده و از همه مهم‌تر حافظ ملک و مملکت بوده‌اند و مدارج دولتی و کشوری را بر اساس شایستگی و لیاقت به دست آورده‌اند. هرکسی هم لایق صفت شهریار نبوده زیرا شهریار دارای قدرت اجرایی بوده و حافظ قانون و اخلاق و عدالت تا صدای ملت باشد و این یک منش سیاسی و فلسفه شناختی خاص است که در پادشاهی ایرانی هست. در این شناخت معرفتی، ملی‌گرایی می‌درخشد یعنی توجه به منافع ملت و به آگاهی و خرد ملت. زیرا شهریار دارای باور و آرمان و هویت تاریخی است که مصالح و منافع ملت را در نظر داشته باشد. به عبارتی دیگر، خود نماد ملت است و طبعا باور به او، یعنی زیست هویت جامعه از یک واقعیت که همانا فرمانروایی حافظ و پرچمدار ملت و اراده ملی است.

– چرا جمهوری اسلامی از بین براندازان بیش از همه علیه پادشاهی‌خواهان فشار امنیتی وارد می‌آورد؟

–هراس اول از نام ایران و تمدن ایرانی است. چون در اصل یک مشت بی‌وطن به جان وطن افتاده‌اند. انسان به وطن علاقمند باشد، دست به فعالیت تروریستی می‌زند؟! کدام گروه شرکت کننده در جنایت و مکافات ۱۳۵۷ هست که به نوعی درگیر تروریسم نبوده باشد؟ شما دقت بفرمائید، کتاب درباره کوروش و ایران و تمدن باستان بنویسید. واکنش وزارت مثال فرهنگ و ارشاد اسلامی و وزارت اطلاعات چیست؟ سانسور مطلق! اما انتشارات «نگاه» در ایران، کتاب منتشر کرده به اسم «حماسه سیاهکل». یادتان هست که نشریه لیبیایی‌ها در ایران، به اسم «امید ایران»، عکس صفحه مجله را نوشته بودند: «حمید اشرف، فدایی کبیر!» یعنی چه؟ یعنی وزارت‌های ارشاد و واجا، مشکلی با جنایتکار و تروریسم ندارند و نهادهای امنیتی از این آثار استقبال می‌کنند. یا بی‌تعارف، فلان تلویزیون با سردبیر «پژاک»ی و ملی مذهبی پیرو «نهضت آزادی» و یا تجزیه‌طلب، لیست سیاه از مهمانان ملی‌گرا و وطن‌پرست پادشاهی‌خواه دارد اما اعضای فلان گروه کهنه تروریست، شبانه‌روز مشعشعات فکری خود را نشر می‌دهند که چه؟ فایده‌اش؟ توسعه گفتمان ضد پادشاهی‌خواهی. اما از طرفی جوان هنوز به ۲۰ سال نرسیده را به زندان می‌اندازند از طرف دیگر یاوه‌گویی‌های ضد پادشاهی ایرانی و شاهنشاهی را آزادانه نشر می‌دهند. آیا نسل جوان فعلی در ایران، هوادار هویت ملی خویش است یا طرفدار فلان گروه تروریست شرکت کننده در جنایت و مکافات بلوای ۱۳۵۷؟ هراس اصلی هم کمرنگ شدن تبلیغات شوم مافیای اختاپوس مذهبی است و نشر خرافات و موهومات.

نشست «رهبری و آینده انقلاب ایران»؛ مردم رهبر این انقلاب ملّی را در خیابان‌ها صدا می‌زنند

نشست «رهبری و آینده انقلاب ایران» به میزبانی «اندیشکده کوروش بزرگ» در دانشگاه «جرج میسون» واقع در ایالت ویرجینای آمریکا هفتم آوریل برابر با ۱۸ فروردین برگزار شد. هفت شرکت‌کننده در این نشست عبارت بودند از رضا تقی‌زاده، سعید قاسمی‌نژاد، عرفان قانعی فرد، امین سوفیامهر، بابک شکرابی، بهراد توکلی و حجت کلاشی.

–در ایران اغلب نسل‌هایی که زندگی در دوران پهلوی را تجربه نکرده‌اند از دستاوردهای آن به نیکی یاد می‌کنند آیا دلیل این نکوداشت و حمایت‌ها تنها تنفر از رژیم جمهوری اسلامی است؟

–نه! بازگشت به خویشتن است. شهریار ایران، زنده است و ۶۳ سال دارد و نسل

جدید می‌خواهد که از سانسور و بایکوت پنجاه و هفتی بگریزد و از زیر یوغ و زندان اوهام پنجاه و هفتی‌ها رها شود. از کژراهه ویرانگر ۵۷ عبور کند اما هنوز پنجاه و هفتی‌ها مشت‌بازی با سایه دارند و در خیالات واهی خود با خرس ساواک می‌جنگند! در اباطیل خود غرقند و مزاحم تکاپو و رشد. نسل پرغرور ایرانی که خواهان بازیافت هویت ملی خویش است. حال و روز ایران را می‌بینند و می‌خواهند شاهزاده - یادگار پادشاهی ایرانی و آئین شهریاری- برایشان کاری کند و این شانس و فرصت تاریخی این نسل است. در این سرزمین، همگی مهمان تاریخ بودند و رفتند. جمهوری اسلامی هم با همه لابی‌ها، مامورها و هوادارانش، می‌رود. جایی برای عبا و نعلین و عمامه در تاریخ ایران نیست. گرچه برخی به دنبال تولد جمهوری اسلامی دوم هستند و یا حفظ ساختار آن، اما این نسل، ساختارشکن است و راه خودش را می‌رود و این رستاخیز ملی به سویی خواهد رفت که نسل جدید تصمیم می‌گیرد و حقه‌بازی تفکر ویرانگر را هم نمی‌پذیرد. پرونده‌سازی و کینه‌توزی پنجاه و هفتی‌ها هم به جایی نمی‌رسد.

- فکر می‌کنید شرایط سیاسی و اجتماعی کشور به شکلی پیش خواهد رفت که یک نظام پادشاهی مشروطه بر اساس اصول دموکراتیک جایگزین جمهوری اسلامی شود؟

- قصد سانسورکده‌ها و مافیای رسانه‌ای وابسته به چپ اسلامی (اصلاح طلبان) و چپ مارکسیست لنینیستی (پنجاه و هفتی‌ها) و یا ماشین تبلیغات وابسته به مجمع جنایت و خیانت همراهان خمینی، کالای فریب را فروختن و همه را به حاشیه راندن و گوی سبقت را بردن و ۵۷ دوم را رنگ کردن و به مردم انداختن است. اما خواسته نسل جدید، بازیافت غرور ملی و هویت ملی ایرانی است و نام شاهزاده برای این نسل، نماد مشروطه‌خواهی و تفکر ملی است. با چماق نمی‌شود این نسل باهوش را به عقب راند و ذهن‌شان را به سمت سراب هدایت کرد. اگر این جوانان خواهان گفتمان ملی هستند، بله امکان‌پذیر است. در مقابل ضعف گفتمان ۵۷ و برهوت اندیشه اختاپوس مذهبی در ایران، این رشد گفتمان ملی به خاطر حضور شاهزاده رضا پهلوی است و شعارهای نسل جدید، گواه این مسئله است. همین فعالیت‌های شاهزاده در این چند ماه، تصویری نو از ایران پرغرور و صاحب تمدن را به جهان عرضه کرد. لاجرم، فرهنگ مشروطه زنده است. متدرجا، توسعه بیشتری هم می‌یابد؛ در آئین شهریاری ایرانی، آموخته که نقش بزرگ را ایفا کند. باید دور یک چهره سازنده و خوشنام و برجسته و متنفذ و امین گرد آمد. کسی که جایگاه خاصی دارد و مردم برای او در کوی و برزن، فریاد زده‌اند. یک نماد ملی و شخصیت فرا گروهی و فراجناحی داریم که حق هر ایرانی است با او تعامل کند. او هم

شهریار ایران است. پایگاه قدرت اجتماعی هم بی‌تعارف، در دست یک فرد است. همین ثروت و اعتبار به رسمیت شناخته شده می‌تواند در دوران فروپاشی و انتقالی، به کار آید تا در صندوق رای، توان رقابت در عرصه سیاسی را شاهد باشیم.

– به چه علت ساختار پادشاهی در بسیاری کشورهای توسعه‌یافته از جمله ژاپن حفظ شده؟

–باور به نظام سیاسی و وطن‌پرستی. پاکباخته نشده‌اند. سیر قهقرایی را نپیموده‌اند. به عظمت تاریخ خود باور دارند و دموکراسی را باور دارند و با حفظ قانون و ارزش ملی حرکت کرده‌اند. نخست وزیری نداشته‌اند که علیه شاه کودتا کند. شیفته قدرت و ثروت نداشته‌اند که ۲۱ گروه تروریستی را مدیریت کند تا کشور را به سمت تاریکی و نابودی ببرند، اما امروزه، در ایران ما، تاریخ جنگ و جدل و نبرد بین بربریت و تمدن است؛ بین حضور کاذب و موج ناماندگار، ماندگاری تاریخی با کژفهمی رسانه‌ای فرق دارد– این رابطه را نمی‌توان به صورت انتزاعی وِ تصنّعی در جامعه ایجاد و یا نهادینه کرد بلکه آن را باید در اصولِ تمدن تاریخی‌اش جستجو کرد.

–آیا اساساً بازسازی پادشاهی مشروطه در ایران امکانپذیر است؟

–نجات گفتمان ایران‌دوستی، یک مبارزه ماراتنی است نه دو ۱۰۰ متر. جوانان هم استقامت کردند و کم‌کم گفتمان ملی سر برآورد. بذرها، جوانه شد و امروز گل صدبرگ شده‌اند. بدون هواداران مشروطه و ملی‌گرا هم نمی‌شود در هیچ حرکتی در رستاخیز ملی ایران، موفق بود. در این عصر مدرن، باید انسجام واقعی داد و این جنبش خوشنام، در هیچ خیانتی هم فریب نمی‌خورد. چه بسا رنسانسی است برای الگوی آیندگان.

بمباران تبلیغات هم فایده ندارد. امکان و استعداد و هدف باید مشخص باشد که جز حمایت مردم و جوانان، سرمایه‌ای دیگر نمی‌توان داشت. دوران مصادره رستاخیز با شبنامه و هرزنامه و حمله گله‌ای و فحاشی هم گذشته. تکلیف و مشق شب را باید قبل از روز امتحان انجام داد. در روی صحنه سیاسی، کدام چهره، ثبات دارد؟ مرکز ثقل سیاسی کیست؟ شارلاتانیسم، خرابکاری، عوامفریبی و خودبزرگ‌بینی و تروریسم پنجاه و هفتی هم مفید به فایده نخواهد بود. در تاریخ ایران کوروش داریم، خرد نهفته در دل ایرانیان مانده، دانه‌های زنجیر تمدن را بهم وصل کرده‌اند.

برای اهانت، پنجاه و هفتی‌ها می‌گویند: سلطنت‌طلب و ملاها هم می‌گویند: طاغوت سلطنت! اما هر دو غلط اندر غلط است. همان بهتر که به زاغوتُمال دلخوش باشند. کسی

دنبال سلطنت و سلطان نیست، شیفتگان پادشاهی ایرانی، حق خودشان هست که درباره گفتمان خودشان، سخن بگویند و بنویسند. سانسورچی‌های محترم ۵۷ هم می‌توانند چشم و گوش‌شان را بگیرند! جوانان امروز، ملت‌اند نه رعیت. دنبال پادشاهی ایرانی‌اند و نه پیرو سلطان زبان‌نفهم، با غلبه گفتمان ملی و ایرانخواهی، می‌توان دوباره به قانون اساسی حاکم بر کشور در یک روز قبل از بلوای ۵۷ برگشت و قانون ملایان و پنجاه و هفتی‌ها را برای همیشه به سطل زباله سپرد. این جوانان، وارث سرافرازی ایران هستند و توان دوباره حکمفرما شدن قانون در کشور را دارند که خود مالک و صاحب ملک و مملکت‌اند تا برای روز رای‌گیری در کنار صندوق رای حاضر شوند. بدون شناخت و بدون قانون هم نمی‌تواند مراحل کویر وحشت و راه سنگلاخ و پر نشیب و فراز « فروپاشی - انتقالی و صندوق رای» را با سلامت طی کرد. حال با رسوایی گفتمان مخرب و ویرانگر پنجاه و هفتی (اصلاح‌طلب و چپ و ملی‌مذهبی و تجزیه‌طلب) می‌توان دوباره این مشعل فروزان ایراندوستی را در دست گرفت و به یاری شهریار ایران شتافت. امروز که بیش از چهار دهه از حکومت نکبت جمهوری اسلامی بر میهنمان می‌گذرد، اندیشمندان و روشنفکران ایران بیش از هر زمان دیگری در کندوکاو عوامل شکست و دلایل خارج شدن ایران از ریل پیشرفت و توسعه اقتصادی و اجتماعی هستند، آنهم درست در زمانی که ایران در شاهراه پیشرفت و ترقی قرار گرفته بود. گویی، تاریخ ۵۷ در سرزمین ما در ۳ چیز خلاصه شده: تخریب، دروغ و فساد! «همه پادشاهید به زمان خویش / نگهبان مرز و نگهبان کیش» (فردوسی).

- احتمال اینکه یک استبداد ناسیونالیستی با پوشش ملی‌گرایی به جای استبداد مذهبی در ایران بنشیند تا چه اندازه است؟

-اگر پادشاهی‌خواهان وطن‌پرست به قدرت برسند، احتمال ظهور هر نوع استبدادی هیچ است زیرا حکومت بر اساس قانون خواهد بود و کسی فراتر از قانون نخواهد بود. وانگهی، چون نماد رواداری پادشاهی‌خواهان، کوروش بزرگ است.

معیار ارتجاع و استبدادخواهی را باید با خط‌کش پنجاه و هفتی‌ها و اسلامی‌ها سنجید. استبداد مذهبی را چه کسانی خلق کردند؟ کلیه شرکت کنندگان در بلوای ۱۳۵۷؛ و یاوران اختاپوس مذهبی در ایران و شیفتگان استبداد پرولتاریا. امروزه هم در خارج از کشور وقتی که دیده‌اند گفتمان ملی‌گرایی و ایران‌خواهی رشد می‌کند و نسل جوان به اینسو می‌آید، یکی از خودرهبرپنداران در رسانه ۲۴ ساعته خود، علیه مشروطه‌خواهان دُرافشانی می‌کند؛ یکی از دوستداران تجزیه‌طلبان و یکی از اعضای مجاهدین خلق، مشروطه‌خواهان را به راست افراطی متهم می‌کند و آخرالامر یکی از نمایندگان اصلاح‌طلبان حکومتی که برای

موسوی و کروبی عزاداری راه انداخته، مشروطه‌خواهان و پادشاهی‌خواهان را به استبداد شورای نگهبان جدید معرفی می‌کند.

همه اینها نشانه یک چیز است. هراس از باخت گفتمانی. با این آشفتگی گفتمانی و پرخاش رفتاری، چیزی برای عرضه به نسل جدید ندارند. روایت مسلط امروز همان توجه به سنت شاهی است و جدایی نهاد حکومت از دین ساخته دست بشر. یعنی توجه به حاکمیت ملی. بقایای ۵۷ و یا اصلاح‌طلبان و تجزیه‌طلبان که دست‌شان به خون آلوده است، لطف فرموده دم از دموکراسی نزنند. نادرشاه که حزب تروریستی فلق را درست نکرده! کوروش کبیر که در آب تهران نمی‌خواست سمّ بریزد یا اداره برق شیراز را منفجر کند! داریوش کبیر که هواپیمای مسافربری خط دوبی تهران را ندزدید و به عراق نبرد! رضاشاه که دائم غش نمی‌کرد و تروریست یک نخست وزیر را با ماده واحده آزاد کند!

بجای پرداختن به لمپنیسم سیاسی و هیاهو و غوغاسالاری مشتی هوچی، به آینده ایران فکر کنیم که چه باید کرد. در آینده ایران، در صندوق رای، باید کسانی مشارکت کنند که تفکر و اندیشه سازنده داشته باشند نه اندیشه‌های مخرب و ویرانگر. نه بقایای ۵۷ یا اصلاح‌طلبان حکومت شیفته قدرت و ثروت و رادیکالیسم.

شما ببینید که در جلسه سخنرانی برای صندلی‌های خالی اروپا، چه کسی سخنرانی کرد؟ شخصی که مشاور موسوی است و در وبسایت «کلمه» برای مرگ تروریست اعظم، قاسم سلیمانی، شیون کرد. یا کسی که پیرو خرافات و موهومات تروریسم اسلامی شریعتی و موحدین اسلامی است. اینها چه پایگاه و جایگاهی در اندیشه نسل جوان دارند؟ هیچ! چرا باید جامعه متمدن ایرانی، دنبال هیچ باشد؟

دولت بیدار پادشاهی، رمز بقای ایران است و جزو وظایفِ میهن‌پرستان است تا شناختِ بهتری از اندیشه، فلسفه، اصول و مبانیِ این سامانه و نقشِ پادْشاه / شهْریار به دست آید.

۱۹

نکوداشت آریامهر

(سخنرانی درباره میراث شاه فقید)[۱]

عاشق شو ار نه روزی کار جهان سـرآید
ناخوانده نقش مقصود از کارگاه هسـتی

ایرانی مانند بسیاری از ملل شرق زمین، روحیه باورمندی به جبر و اجبار دارد. مشتاقان جبر، مردمانی هستند که خود فاقد هر انتخاب و اختیاری هستند اما دیگران مختار و صاحب اختیاراند و آن دگران هم آدم نیستند بلکه برتر و فراتر از ادم هستند یا خداوندانند یا پیامبر یا امام و یا امامزاده و بعد هم نوبت به آیت‌الله‌ها و حجت‌الاسلام‌ها و... نمایندگان دروغین و فاسد و منفور خدا بر زمین می‌رسند.

ایرانی مانند سایر ملل جبر باور، زمام اختیار و انتخاب را افسانه می‌پندارد و به «یوغ قضا و قدر و جبر» هم عشق می‌ورزد و هم حرمت می‌گذارد. اگر شهروند ایرانی در وجود خود اختیار و عزم و تصمیمی را احساس کند، انگار که به وحشت می‌افتد، می‌ترسد و می‌هراسد و فوری آن اختیار را به دست دیگران می‌سپرد و طبق سنت، بر سر خود گل می‌مالد یا خاک می‌ریزد و یا در گل غوطه می‌خورد و برای ۱۴۰۰ سال پیش گریه‌ها می‌کند. چون شیفته عزاداری و گرفتن نذری است و بودن در زندان اوهام جبر و قضا و قدر است.

آیا زندگی کردن برای ایران و ایرانی بدون سقف الهی و عبای پیامبران و ۱۱۰۰۰ امامزاده‌ها و عمامه و نعلین مُلا پر از درد و رنج است؟ این درد و رنج و محنت وقتی به اوج می‌رسد که می‌خواهد فکر کند و تصمیمی بگیرد و هرچند که همواره از تصمیم گرفتن منصرف می‌شود و به تسبیح و استخاره می‌پردازد و دعا می‌خوانند.

۱- این سخنرانی در روز ۲۳ ژوئیه ۲۰۲۳ در لس آنجلس در محفل پادشاهی خواهان و جلسه یادبود شاه فقید ارائه شده است. (با سپاس ویژه از جناب سرهنگ هوشنگ وزین.)

اما آیا تاریخ ایران مگر گواه سلحشوری و غیرت و همیت نیست؟ پس چرا زندگی در حقارت مُلا ادامه دارد؟ به ندرت انسان‌های آزاد فکر و رها از «هرچه رنگ تعلق پذیرد آزاد است» یافت می‌شود. تا با صدای رسا مانند خیام و حافظ و دیگران بگویند:

چرخ بر هم زنم ار غیر مرادم گردد
من نه آنم که زبونی کشم از چرخ فلک

در اینجا، غرض و هدف، روضه‌خوانی بالای منبر نیست، در ۵۲۰ سال اخیر به حد افراط روضه خوانده و سینه چاک داده شده و زنجیر و قمه زده شده و به یاد آنان که از دست رفته‌اند فراوان زاری و مویه شده است و امروزه ایران جوان، به یک ماتم‌سرای غمزده و ماتمکده مبدل شده. زیرا در روزگاری هستیم که مولود فریب خوردن ایرانیان است. آنهم روزگار فریب بزرگ که تو گویی «مشتی بی‌وطن افتادند به جان وطن».

تو گویی که ایرانی عادت کرده که مرده‌پرست باشد. قبول نموده که همدردی‌های خود را از دنیای زندگان به مهمانی مردگان و قبرستان ببرد و زمانی که مصیبت و بدبختی و محنت بر او هوار شد و عزیزی و یاری را از دست داد، آنگاه در رثای بزرگواری‌ها و مردانگی‌ها و تفکراتش به سوگ و مویه و بعد داوری و قضاوت بنشیند، اشک از چشم‌های گریان خود جاری کند، و تاسف پشت تاسف بدرقه راه بی‌برگشت‌اش نماید. که چه سود؟ واقعاً با این رسوایی چه بخشایشی است؟

۵ مرداد، روز خاموشی و به پایان رسیدن زندگی بزرگ مردی است که بی‌تردید نقشی عظیم و غیرقابل انکار در تاریخ معاصر کشورمان بر عهده داشت اما به چشم خویش، نمک‌نشناسی و ناسپاسی دید شاید سرنوشتش ز دیوان قسمت چنین بود! آن رادمرد عاشق ایران، امتدادی بر سنت کهن و ریشه حکومت درخشان پادشاهی ایرانی و آئین شهریاری بود.

می خور که عاشقی نه به کسب است و اختیار
این موهبت رسید ز میراث فطرتم

روزی که از توطئه‌های پشت پرده شرق و غرب می‌گفت صدایش را نشنیدند. زمانی که از «اتحاد نا مقدس ارتجاعیون سرخ و سیاه» برای سرنگونی ارزش‌های قومی و بومی کشورمان سخن به میان آورد، توجهی نکردند؛ در عرصه بین‌المللی بازیگر قهاری بود و فرشته صلح و امنیت و برای ایران آبرو و اعتبار خرید اما از کنارش گذشتند. حتی زمانی که با چشمی گریان و اشک‌آلود در پای پلکان هواپیما، به دنبال دستی آشنا می‌گشت تا راه را بر او ببندد و از سفر بازدارند، و فقط یک افسر گارد (سرهنگ احمد یوسفی‌نژاد) خود را بر دست و پای او انداخت و به خاطر ترک ایران، وقتی شاه گریان، اشک‌های شیدایی‌اش

را برای ترک ایران و ایرانی ریخت، آن را اشک تمساح دانستند!

در شادی پروازش به سوی غربت با خلبانی خودش، در کوچه و خیابان‌ها به پایکوبی پرداختند و حتی روی سقف اتومبیل‌هایشان رقصیدند و برف پاک کن‌های اتومبیل‌ها را هم برقص درآوردند. سپس، «صلی علی محمد» گویان با ریش پف کرده، نقل و شیرینی پخش کردند و ندانستند و نفهمیدند که همین نقل و شیرینی‌ها در فردای استبداد نعلین و عمامه سیاه، نوعی سرب داغ و گلوله خواهد شد و سینه فرزندان رشید و برومند ایران زمین را دریدند. چون خود کرده را تدبیر نبود حرفی هم نمی‌توانست برای گفتن داشته باشند. تو گویی که حیله‌گری و تبلیغات مُلایان و ۵۷ی‌ها را همگان باور کرده بودند که «زمین و زمان به شاه گفتند برو!»

حالا که شاه فقید را در کنار خود ندارند، زیرا که در ۴۳ سال پیش در غربت درگذشته حالا که ایران ویران شده و غرور و نام و حیثیت و شخصیت ایران از بین رفته و در زاغوت مُلا گرفتار شده‌اند، راه به جایی نمی‌برند و به شیوه مرده‌پرستی بر رفتن او اشک حسرت می‌ریزند، یادش را گرامی می‌دانند، و تاسف روزهایی را می‌خورند که او حتی در سریر قدرت، شخصیت ممتاز در سیاست خارجی بود. غرب و شرق را به دوستانی استراتژیک مبدل کرد و اقتصاد و صنعت ایران را رونق داد و باعث دلگرمی کارگران و صنعت‌گران و کشاورزان و تولید کنندگان ایرانی شد.

شبه روشنفکران شیفته مسکو و چپ مارکسیستی یا چپ اسلامی آرمانخواه، روشنفکری شاه و حمایت او از حقوق زنان و رشد دانشگاه و تحصیل و فرهنگ را به روی خود نیاوردند. وقتی که شاه فقید، تصمیم رضاشاه کبیر را تکمیل ساخت و برای ارزش گذاشتن و قدردانی از حقوق زنان و زندگی آنان، هم زن ایرانی را به مقام وزارت و سفارت رسانید و هم حق رای دادن زنان را راه انداخت اما خمینی و مصدقیون (در جبهه ملی و نهضت آزادی) هم در حمایت از خمینی، بیانیه دادند و آن را نشان فحشای زن ایرانی دانستند و حکایت تماماً تلخ و دروغ «دیکتاتور مطلق» را تکرار کردند. روشنفکر نبودند، بلکه زندانبان افکار مترقی و سیاسی بودند و مردم جامعه را به این راه تاریک و گرداب هایل کشانیدند!... بر نتایج سپاه دانش و تغذیه رایگان و توسعه بهداشت و دانشگاه بی شهریه را هم کور و کر بودند و حقیرانه از واقعیت چشم پوشیدند!

بارها در جمع درون‌مرزی و برون‌مرزی‌ها دیده‌ایم و با گوش خود در مجامع و محافل و صف‌ها شنیده‌ایم که برای آمرزش روحش دعایی بر روی لب‌ها نقش می‌بست و آرزومند نوری هستند که به آرمگه او ببارد... و سالانه صدها نفر به زیارت مزار او می‌روند

و تاج گل تقدیم می‌کنند.

این نکاتی را که برشمردم، زائیده تخیلات نیست، این‌ها حقایقی تاریخی است از حالات نامتعادل روحی و روانی جامعه‌ای پریشان، در زمان بهمن سیاه، یا زمستان بی‌بهار ۱۳۵۷، پشت به تمامی اعتبار و غنای فرهنگی کردیم که در طول ۲۵۰۰ ساله به آن نائل آمده بودیم اما با رو نمودن به سیاهی، مشتی مُلای قشری و مُتحجر را به آئینه تمام نمای خواسته‌های خود مبدل کردند تا بتوانند شاید بر کور ذهنی‌های روشنفکرانه خود که متاسفانه بسیاری به آن گرویده بودند و تمامی اعتبار خویش را در فریاد «مرگ بر شاه» جستجو می‌کردند. به خیالات خود، مجال پرواز دادند، پروازی از حقیقت تا سراب غیر واقعیت و گریز از آنچه برای مردم ایران، به هر تقدیر حکم زندگی را جاری می‌کرد.

به یاد بیاوریم بهمن سال ۱۳۵۷ تهران در یک ولوله و اشتیاق و موج سواری ملت ۵۷ی بود. مردم سرپا از نشناخته انتظار امام زمان ساخته و پرداخته مُلاها را می‌کشیدند. هزاران نفر مامور شستشوی خیابان‌ها و دیوارها شده بودند، هزاران تروریست سلاح بدست مارکسیسم اسلامی و کمونیست سرود ای امام می‌خواندند و الله گویان، عکس شاه را روی اسکناس سوراخ می‌کردند و در موسیقی و شعرشان گفتند «راه ما، راه حق، راه بهروزی است» اما چه شد؟ سر تا ذیل، خادمان تاریکی بودند. فرومایگانی عقل باخته، مجنون صفت و هوچی که امروزه هم در رستاخیز ملی جوانان، زبان در کام نمی‌گیرند.

صدها -زبانم لال- روشنفکر و فرنگ رفته سر بر آستانش سایدند و میلیون ها نفر که تا دیروز برای شرکت کردن در بزرگذاشت ٤ آبان و سلام و ۱۵ بهمن و انقلاب سفید ٦ بهمن از هم سبقت می‌گرفتند در خیابان‌ها انتظار رهبر را می‌کشیدند. امام‌شان آمد تا بر بال اشتیاق مردم بزرگترین حادثه قرن را در یک استقبال نمایشی به نظیر رقم بزنند.

و شعر حافظ را استفاده ابزاری کردند و بنا به سیاست شبان- رمگی گفتند: «دیو چو بیرون رود، فرشته درآید!» دریغ از تفکر!

استقبالی از دیو عمامه به سرشان که دوست و دشمن‌شان گفتند و نوشتند تاریخ نظیرش را برای یک رهبری به یاد ندارد... اما چه شد که یکسال از حکومت توحش گونه نعلین و عمامه نگذشته، که همه باورها و خوش خیالی‌ها فرو ریخت و به قول ناصرخسرو، «ملت بدبخت» در چهره نورانی امام‌شان، نقش شیطان و دیو دیدند. گرچه در قرن پنجم، ناصر خسرو به ایرانیان گفته بود، اما نشنیدند!

گفتند که موضوع شریعت نه به عقل است

زیرا که شد اسلام به شمشیر مُقرر!

شاید اگر خمینی از راه نمی‌رسید و شاه فقید، مجال زندگی و فرصت حیات می‌یافت هنوز هم در تفکر گذشته غوطه می‌خوردند و در ذهنیات ناپخته خود به دنبال رسوایی دیکتاتور قرن می‌گشتند...

از وجدان خویش بپرسیم که آیا در سمت درست تاریخ ایستاده‌ایم و واقعیت‌ها را می‌بینیم؟ در نکوداشت مردی که با تمام تهمت‌های بی‌ربط ۵۷ی‌ها اما همه خوبی‌ها و صدها عملکرد سازنده علیه ویرانگری، چه می‌خواهند بگویند؟ ارزش عشق وجودش به ایران را به چه بهایی فروختند؟ و چرا امروزه همان راهگشایان اهریمن می‌خواهند برای نسل جوان، نسخه هم بپیچند! هنوز هم پس از ٤٤ سال، باند مخوف ۵۷ در پی دشمنی با برند و نام پهلوی است. چون علت وجودی کهنه تروریست‌های آزادیخواه با افکار بیات شده، دشمنی با پادشاهی و شهریاری و پهلوی است الان هم، مد روزشان هست که شهریار ایران، همان اباطیل را نشخوار کنند و با حماقت ۵۷ پُز می‌دهند.

اما تاریخ، آخرالامر شهادتش را داد و با شاه با مهربانی رفتار خواهد کرد... و باید مشابه «موزه هولوکاست» در ایران هم موزه جنایت مُلا بگذاریم که تا قرن‌ها نسل‌های بعدی بشناسند و بدانند و بخوانند و ببینند که این نهاد شوم مُلایان در ایران چه جنایاتی کرد. و جامعه به جای خرافات، موهومات و تعصب، واقع‌گراتر شود و از نو غرور ملی و هویت ملی خود را بازیابد. هر روز تاریخ به ما شهریار نمی‌دهد و تنها شانس امروز ملت ما، شاهزاده است.

چگونه سر ز خجالت برون توان آورد که ملتی چنین، رسم سروری خواهد؟

اگر سر سوزنی تعلق به ایران داریم، اول از روان شاد آن بزرگمرد آشنای عشق، طلب بخشش کنیم و بعد بگوئیم پاینده ایران و جاوید شاه.

فردوسی بزرگ می‌گوید:

به گیتی مر آن مرز را فرّهی‌ست که در سایه‌ی فرّ شاهنشهی‌ست
نیابد زبان جز بدین نکته راه که همواره جاوید و پاینده شاه

۲۰

سالروز مشروطه؛ آوای وحش

مُلایان و قمار سرنوشت جوانان[1]

گذشت این ٤٤ سال به گونه‌ای بوده که دیگر چرخ تمدن و تاریخ ایران به روال عادی خود بازنمی‌گردد. جنگ ویرانگری علیه ایران سال‌ها پیش آغاز شد و اگر متوقف نشود، ادامه خواهد یافت.

البته می‌دانیم که چرخ تاریخ و تمدن ایران به هر روالی که گشته، همه کشاکش و نشیب و فرازهای این تاریخ پرماجرا و همه فجایع و کشتار و ویرانگری و ترک تازی را از سر گذرانیده است. مردم ایران هم بزرگ‌ترین مظلوم تاریخ هستند؛ اما مردم ایران هم بدانند که فراموش شدگان جهان ما نیستند.

امروز شاید در سالروز مشروطه برای تجدید پیمان کهن در وعده‌گاه تاریخ حضور یافته‌ایم. با نسل جوانی شیفته مطالعه تاریخ مشروطه روبرو هستیم که یا می‌خواهد به عنوان یک ملت بیدار و هشیار و نوخاسته در صحنه جهانی حضور یابیم یا از نو، مُرده و آماده سقوط بیشتر به سمت اضمحلال و ابتذال پیش برود.

الان شاید بازگشت به راه کهن و قانون مشروطه، به جای نشستن در بازار پاک باختگان راه علاج ماست. طبعاً فرهنگ کهن ایران، فرهنگ همیشه پیروز است.

و این بار در سالروز کشته شدن مهسا و دیگر فرزندان ایران، هنگامه قمار مرگ و زندگی یک ملت بزرگ است که برای سرنوشت و تاریخ خودش تصمیم گرفته بشود. تا این صفحه تاریک از تاریخ امروز ایران پاک شود. از بلوای ویرانگر ۵۷ جز آوای وحش، صدایی نشنیدیم. در واقع، بزرگ‌ترین عملیات انتحاری تاریخ بود... باید آن کژراهه ویرانگر را به بایگانی تاریخ بسپاریم.

بارها گفته و نوشته‌ام که مجموعه فریب و واپس‌گرایی و تعصب و کینه‌توزی‌ها و زشتی‌ها و جنایت‌ها و حماقت‌ها بود، ناشیانه‌ترین و بدفرجام‌ترین انقلاب قهقرایی و یک خودکشی دسته جمعی بود. انقلابی بود که به لعنت خدا هم نمی‌ارزید. با حضور مُلا و

۱- برنامه رادیویی – رادیو همراه – با تشکر از جناب علیرضا میبدی

چریک تروریست و احزاب سنتی قرن اخیر، که سربازان مرگ بارترین جنگ تاریخ ایران تا به امروز بوده‌اند. خیلی از افراد کهنه پنجاه و هفتی در صحنه هستند؛ اما چون نیک بنگری همه تزویر می کنند.

کارگردانان جبهه ملی، با عزاداری برای مصدق، فریبکاری کردند؛ کارگردانان نهضت آزادی و مجاهدین خلق اندیشه‌های شریعتی را فروختند؛ کارگردانان حزب توده و چریک‌های فدایی، ماتریالیسم فروختند؛ اما دنباله‌رو واپس گرایان و بنیادگرایان اسلامی و عاشقان ولایت فقیه بودند و هستند؛ کارگردانان بازاری و سنتی، به ائتلاف شر امام مستضعفین وجوهات دادند و برای تروریست‌ها و شیادان یغماگر و غارتگران فریبکار پول خرج کردند.

آخرالامر، کارگردانان مُلا هم به اسم خدا، روز ۱۲ فروردین ۱۳۵۸ هم گفتند اولین حکومت الله بر زمین... اما جنایت و خیانت و لواط و فحشا کردند و فاسدترین و منفورترین حکومت الله بر زمین را درست کردند و با فکر و روان یک جامعه پویا و روشن بازی کردند. گفتند هدیه‌ای آسمانی برای بشریت و جامعه‌اند؛ اما زالو صفت‌هایی دشمن مردم و ملت بودند. راه گشایان اهریمن و شهسواران تروریسم اسلامی، فاجعه‌آفرینان نقابدار و شناخته‌اند که در تاریخ، تقلب کردند! خلافت اسلامی را تاسیس کردند. ۸ شهریور ۵۸ بیانیه رسمی حزب‌التحریر که خطاب به خمینی و خبرگان گفت نظام جمهوری نیست و خلافت است.

عمامه سفیدهای رخساره سیاه - به قول نادر نادرپور- آئین اسلامی‌شان ، آئین توحش بود و جامعه فریب خورده با وعده‌های دلپذیر، کم کم بیدار شدند و فهمیدند فرهنگ تعصب و قشریت را.

در ۵۷، همگی ۵۷ی‌ها با کینه‌توزی عمیق با تاریخ شاهنشاهی و فرهنگ کهن ایرانی، به ستیزه با هویت ملی و اصالت فرهنگی برخاستند. این قشر تندزبان و ناسزاگو، پرخاشگر و انتقام‌طلب و کینه‌توز با قاموس خشم و غضب با تاریخ ایران دشمن بودند.

در حدود این نیم قرن شوم، مُلا با یک مغزشویی حساب شده و همه جانبه، همه چیز را در هم کوبید. جامعه را به ١٤ قرن پیش برد و ملای دارای عطش تخریب، تعادل و نظم جامعه ایرانی را به هم ریخت. موج سنگین فردپرستی مُلا، شد کابوس ملت ایران.

امروز دم از یادبود مشروطه می‌زنیم که حکومت آخوندی در ایران فرمانفرما است - جامعه‌ای داریم در حد صفر و مردمی به خاک سیاه نشسته... ایران از کاروان تمدن جهان به دور افتاده و جامانده است. ظهور حکومت ویرانگر اسلامی با حساب‌های ایدئولوژیک

بی‌ربط و غیرعقلانی، ایران را به این حال و روز انداخت.

جلادان شرع که دست بریدند، سنگسار کردند، کشتند، حلق‌آویز کردند، تیرباران کردند و شکنجه کردند. نعش کشی را رواج دادند و قبرستان‌ها را آباد کردند. خون‌ها ریختند تا خدای قهار و جبار و فتنه‌گرشان راضی شود. قلمرو حکومت مطلق‌العنان ۵۷ با عطش قدرت‌طلبی و کینه و انتقام‌جویی، جاذبه‌ای برای جوانان ندارد.

قبلاً درباره مشروطه گفته‌ام اما در این رستاخیز ملی، فرزندان امروز ایران؛

باید با جهش سازندگی برای جبران عقب‌ماندگی، از حکم‌فرمایی دیکتاتوری و اختناق بر کشور به سمت آزادی دمکراتیک پایمال شده بروند. به سمت نوآوری و آینده حرکت کنند. این فساد و بدبختی گسترده در جامعه ایران را بردارند و به ترمیم خرابی‌ها بپردازند. تعصب جانبدارانه و تقلید و اطاعت کورکورانه و عوامانه را متوقف کنیم.

می‌دانیم که با کینه توزی‌های مُلاها روبرو هستیم. آخوند، خود را نماینده تام‌الاختیار خدا بر روی زمین می‌داند اما حکومت مُلایان از نوع ابلیس دیدیم که چه کردند. نازیباترین و تاریک‌ترین چهره در تاریخ جهان هستند. تاریخ ثابت کرد که نهاد شوم روحانیت، مجموعه‌ای وحشتناک از کینه و تعصب و قشریت و اختناق با ترکیب ناهنجار خرافات و اباطیل است. دارای یک ارتجاع سخیف و وحشیانه، مجموعه‌ای ارتجاعی و خرافاتی که حتی حاکم اعظم شرع با ریش پف کرده و صلی علی محمد گویان ..لواط کار می‌شود! اسانس چند صد سال خرافه‌پروری‌شان شد همین مدیران فعلی فاسد در رژیم خُدا!

در واقع امر، شبروان راهزن خزاب اندرون در خانه تزویر و ریا گشودند. قشریون دارالمومنین به فکر قطر عمامه و پشم و ریش بودند و جامعه‌ای مستهلک و عاصی و خشمگین در ایران ما پدید آورده‌اند.

نسل جوان باید هم ۵۷ و هم شاخه‌های خارج از کشور آن را دفن کند و هم به تعطیلی نهاد شوم مُلا همت بگمارد . بعد از اینکه طبقه عمامه به سر - فاسدان منفور و مروج خرافات و موهومات - را به زیر کشید، باید چاره‌ای برای رفع مزاحمان راه دمکراسی بیابد که این مالکان اسلام و نمایندگان خدا بر زمین، و دکانداران دین و مذهب، منفوران عصر حاضر را از مسیر مشروطه و قانون و حق انسانی بردارند. زیرا مزاحمانی‌اند با پندارهای باطل اهریمنی. چون خداناشناسان قدرتمدار و گدای قدرت با قانون جنگل با تظاهر و شعار پوچ در این نیم قرن رفتار کردند. مظهر توحش و استیلای غاصبانه‌اند.

هرچند بازسازی ایران و رسیدن به اوج شکوه در دنیای بی‌رحم فعلی کمی محال به نظر می‌آید؛ اما همین که غریو احمقانه و صدای نفرت‌انگیز ملایان خدافروش و بیضه‌دار

در مساجد تمام شود و یا مکتب واپس‌گرا و ویرانگر شبکه توسعه جهل و خرافات تمام شود، خود موفقیت و قدم بزرگی است.

در این نشیب و فراز و کشاکش حوادث، مشعل فروزان فرهنگ ایرانی در دست مردان با اصالت و اخلاق فرهنگی نسل جوان ایران است. می‌توانند با اصالت فرهنگی دیرینه خودمان، این راه دشوار سنگلاخ را با آگاهی و واقع بینی قدم به قدم بروند. در مسیر سرنوشت فرزندان ایران ... برای زیستن با آزادی و سربلندی و غرور.

اما چرخ تمدن ایران گردش قهقرایی ندارد. گرچه در مسیری یک‌طرفه پنجاه و هفتی‌ها و دشمنان پادشاهی ایرانی و قانون مشروطه، ما را به دوران جاهلیت عربی بردند و این شب‌پرستان چماقدار، به توسعه و رواج فرهنگ عزا و ماتم و بی‌اخلاقی و شارلاتانیسم پرداختند؛ با کینه توزی و ویرانی به دشمنی با مشروطه و پادشاهی و ایران برخاستند یعنی همان فرهنگ اهریمن را رواج دادند.

اضمحلال واقعی یک ملت، با اضمحلال فرهنگ او ممکن است نه اقتصاد و سیاست و صنعت و ... از نو باید این موج ویرانگر را کنار زد. جوانان شستشوی مغزی داده شده را از نو در مسیر درست حرکت داد تا بافت کهنه و تحمیل شده به دور افکنده شود.

واقعیت غرور انگیز اینجا است که جوانان امروز ایران، به عنوان فرشته نگهبان، ستایشگر زندگی‌اند و می‌خواهند که از جنون اسلامی‌ها و پنجاه و هفتی‌ها و چپ‌ها در امان باشند. اما واقعیت ناخوشایند اینکه نهاد شوم روحانیت با مذهب گاهواره جهل و خرافات شدند ... و ثابت کردند که فقط ثناخوان مرگ‌اند. با غریو جهل و ظلمت، با ابتذال و سخافت، صرفا به انباشتن ثروت از راه غارت خلق پرداختند و بر گرده مردمان خرافی و زود باور و ساده دل سوار شدند.

پس امروز، در سالروز مشروطه، می‌توان گفت که روزگار قمار سرنوشت ایرانیان است و باید ریشه حکومت مطلقه تعصب و کینه و نفرت و انتقام را سوزانید تا جامعه ایران، گم کرده راه مقصود، بنیادهای جامعه را با تکیه بر موازین جاودانگی فرهنگ ایرانی و قلمرو فرهنگی کهن، از نو با آرمان‌های انسانی بسازد. پاینده ایران.

۲۱

بلوای ۵۷، ضد جنبش مشروطه![1]

بلوای ۵۷ ضدمشروطه، ضد تفکر ایرانی، ضدپادشاهی، ضدانسانیت و اخلاق و بشریت بود. بلوای ۵۷، یک عقده‌گشایی و نمایش توحش و حماقت و میل به ویرانی بود. و امروزه، ابلهانی که نان و نام‌شان در گرو ۵۷ است، این جمله بی‌معنا را تکرار می‌کنند که گویا «انقلاب ۵۷، ادامه مشروطه» بوده است. افرادی کم‌مایه و هوچی و ناصادق و شیاد مانند صادق زیباکلام و حسین موسویان جبهه ملی و... می‌گویند: «انقلاب ۵۷، ادامه انقلاب مشروطه بود». براستی کدام انقلاب؟ انقلاب در کجا؟ چرا به نسل جدید نمی‌گویند که چه کسی قانون مشروطه را زیرپا گذاشت؟ کجای ۵۷، متعالی و در راستای ملت، قانونمداری، دمکراسی و جهان مُدرن بوده؟ هیچکدام!

چنین جمله‌ای نشان سفاهت و بلاهت است. آخر، یک مُلای شیعه زبان نفهم و بی‌سواد را به مشروطه چکار؟ کدام روحانیت؟ آیا بشریت قرن حاضر، اثری از روحانی بودن در چهره این مُلای نابکار و جاهل و جانی دیده‌اند؟

چه اثری از فهم، روشنفکری، اعتبار، شرافت، قانونمداری یا نظم نظری، در سخنان ۵۷ی‌ها دیده و شنیده شده است؟ با شعارهای موسمی سیاسی و عینک ایدئولوژیک و شور حسینی، کدام اندیشه سیاسی به ایرانیان عرضه شده؟ هیچ!

در برهوت اندیشه و نظری ایرانیان، همیشه به دنبال خرگوش‌های متفاوت دویده‌اند یا کنکاش در ایران باستان و زیر خاک را کاویدن؛ یا به دنبال فقه و کلام و مبانی اسلام وارداتی بنابه روایت چهره‌های خرافی گشتن؛ یا گاهی به عرفان و تصوف پرداخته؛ و آخر سر هم همگی فرار از فلسفه و معرفت را ترجیح داده‌اند. در دوران جدید هم نظم فکری ایرانیان هنوز شکل واقعی فهم و معرفت خود را نیافته است.

روشنفکری ایرانی هم گاه دچار مریضی جهل و بی‌شرافتی شده؛ از عدم درک و فهم تاریخ مشروطه و مبانی مشروطه‌خواهان تا چهار زانو نشستن در محضر خمینی و حتی شعر سرودن برای او. شاه فقید ایران که مجری قانون مشروطه بود، متاسفانه در دورانی ایران را ترک کرد که ایرانیان، با زنجیر و مانع مُلای شیعه و سنی، از ورود به جهان مدرن

۱- . بخشی از گفت و گویی در سالروز مشروطه، با اجرای بانو پانته‌آ مدیری.

بازماند. مشابه همان زمان که اروپا به تمدن و رشد و توسعه رسید اما ایرانیان گرفتار قاجاریه و دام بلای مُلایان شدند.

هرچه درباره مشروطه گفته و خوانده‌ایم، شاید اکثر آن فاقد اعتبار باشد. پهلوی ابدا ضد مشروطه نبود. شاهنشاه آریامهر، حافظ قانون مشروطه و مشوق تحکیم و توسعه مبانی نظری آن بود. این هم چماق جدید و دروغ جدید بلواگران ۵۷ی است. بلواگران ۵۷ی دست‌شان به خون و تروریسم آلوده است ودر زمستان بی‌بهار ۵۷، با فروش کالای فریب، علیه مشروطه شوریده‌اند. امروزه هم در برابر نسل جوان پرسشگر، درمانده‌اند و دوباره به شامورتی بازی و تمسخر کردن و خلاف گویی، پناه برده‌اند!

افراد فاقد اندیشه و فکر سیاسی و صلاحیت علمی، با دروغ، نظریه تک حزبی در ایران را به شاه منسوب می‌کنند که کاملا بی‌ربط است. مثلا همین مصدقیون (طرفداران مصدق) شرکت کننده در بلوای ۵۷، مخالف شخص و فکر شاه بودند و شعارشان این بود که چرا شاه به دنبال توسعه اقتصادی و پیشرفت است؟ و می‌توان امروزه گفت که از روزی که مبانی مشروطه و تفکر مشروطه مطرح شده، هیچ کسی به اندازه خود مصدق‌السلطنه، و بعدها یارانش در ۵۷، ضدمشروطه نبوده و نیست. همان کینه‌توزی با شاه، کشور به بن‌بست و سیه‌روزی کشانید. همان کریم سنجابی و جبهه ملی و مهدی بازرگان و نهضت آزادی، درک و فهمی از اصول مشروطه نداشتند! خودشان متهم در جنایات رژیم اسلامی‌اند.

و بهتر است بگوییم که بلوای ۵۷ هم مانند شلیک توپ جنگی به مشروطه بود؛ ناقض مشروطه و خیانت به مبانی و اصول مشروطه بود. دولت‌های محمدرضا پهلوی، به جز دولت ننگین مصدق، همگی در چهارچوب اصول مشروطه بود. حتی حق انحلال مجلس هم حق قانونی شاه بود. متن‌های مجلس موسسان هم وجود دارد. اما همان نخست وزیر نالایق، مجلس ۱۷ را لغو کرد و به قول یحیی صادق وزیری، «مصدق‌السلطنه علیه نظام قضایی کشور هم کودتا فرمود!». یک گردن کشی تمام عیار علیه نظام قانونی کشور دارای قانون مشروطه! هیچ کدام به خطرهای پس از ویرانی کشور و گسست نظام پادشاهی در ایران، توجهی نکردند. لااقل مشروطیت، سنت ایرانی را به جهان جدید وصل کرد اما ۵۷ی‌ها، توسعه و رشد ایران را به عصر حجر هدایت کردند! همه ساختارها و زیرساخت‌ها را نفی کردند! مشروطه را هم در صندوق گذاشتند و در آن را هم بستند و به طرف بازگشت به سالهای اول خلافت اسلامی در آغاز اسلام و بعدها مسکو نماز گذاردند! به تجدد جهانی و موازین سنت ایرانی هم رحم نکردند و هرچه در بازار

فروختند، ایدئولوژی ویرانگرانه و احمقانه خُمینیسم بود. الان همین ویرانگران ضد رشد و پیشرفت ایران و دشمنان ملت ایران، دل شان برای مشروطه تنگ شده و دوباره با چماق به جان شاه فقید افتاده‌اند!

مشروطه خواهان خواستند که «فقه و شرع» ساختگی و جعلی را به حقوق جدید جهانی مبدل کنند اما چه شد؟ جمعی فقیه زبان نفهم بر کشور حاکم شدند و دادگاه اوباشانی مانند انقلاب اسلامی تاسیس شد که نمونه بارز آن امثال خلخالی، اردبیلی و اژه‌ای شده. بعد هم یک فردی هم به قدرت رسید که حاکم مطلق‌العنان، وحشی و فراتر از قانون بود و همین سفیه وقیح (ولی فقیه)، بدتر از سلطان‌های جانی، ملت ایران را هم امت خواند. پاسخگوی این استبداد دینی سیاه و حاکمیت اوباش ضد قانون اساسی و حقوق شهروندی، کیست؟ خمینی و خامنه‌ای و ۵۷ی‌ها، ادامه مشروطه هستند؟ بی‌پایه و اساس بودن سخن‌شان، در اینجا نمایانتر می شود.

همه این سیه روزی‌ها در ایران ما، عاقبت و نتیجه همان بلوای ۵۷ است. توحش و حماقت ۵۷ هم نه دزدیده شده و نه منحرف شده، اقتضای آن همین بود که می بینید. کدام گروه دنبال حقوق بشر و دمکراسی و آزادی بودند؟ هیچکدام! انبان رذالت و توحش بودند! کسی مانند بازرگان - هوادار خمینی و خالق مجاهدین خلق - از همان دهه ۱۳۳۰ به دنبال ضدیت با نظام مشروطه و پادشاهی مشروطه شاه فقید بود. بلوای ۵۷ در جهت عکس مشروطه حرکت کرد که در این روزها، کشور را به تاریکی و ویرانی کشانیده. نه در جنبش مشروطه خواهی ، همه مردم ایران شرکت کردند و نه در بلوای ۵۷ همه مردم ایران پیرو شدند.

هیچ کسی ملی‌تر و وطن‌پرست‌تر از محمدرضا پهلوی نبود چون شیفته و شیدای رسانیدن ملت ایران به دروازه تمدن بود. شیفتگان «عزاداری ۲۸ مرداد» هم خود را ملی و ملیون می‌نامند که این هم مغازه‌ای برای فروش کالای فریب است که دیگر تعطیل شده و البته جوانان فهمیدند که قصه از چه قرار است و همه افسانه‌ها و روایات دروغ ۵۷ی‌ها - چه مُصدقی‌ها، چه خائنان توده، چه چپ‌های مارکسیستی و چه اسلامی‌ها - هم به مفت خدا نمی‌ارزند. تاریخ ایران را منحرف کردند. جدیدا هم پیاده نظام شر و ۵۷ ی ها، یاد گرفته‌اند به غلط و با حقه بازی می‌گویند که «توسعه آمرانه» و واقعا هم جل الخالق از این بی‌شرمی و بی‌شرافتی! از صدر تا ذیل‌شان، شیفته گمراهی، فقر، رذالت، دروغ و فریبکاری مُلایان‌اند!

اجازه بدهید در پایان صرفا برای علاقمندان به تاریخ معاصر یک نمونه را ذکر کنم که بیشتر توهم، تبلیغات و فریبکاری «فرقه مصدقیون» و «دین مصدقی» را مشخص‌تر می‌کند. هرچند سالهاست جز مداحی و گریه سر قبر بدون مرده؛ طرفداران فرقه مصدقیون نمی‌گذارند دیدگاه‌های دیگر منتشر شود.

دیدگاه حمید سیف‌زاده از حزب زحمتکشان

- «جریانات ۲۸ مرداد را نمی‌توان نام آن را کودتا گذاشت. عبارت کودتا از روزی گفته شد که مصدق فرمان عزلش را گرفت و صبح روز بعد اعلام کرد که کودتایی شد ولی دولت مسلط بر اوضاع است. بعدها معلوم شد که کودتا نبوده و نصیری فرمان عزل او را آورده بود و ۱,۵ ساعت هم منتظر مانده بود تا رسید فرمان را بگیرد. آن وقت حزب توده می‌گوید سرهنگ شجاعیان آنجا نصیری را دستگیر کرد که دروغ است. ابلاغ فرمان شاه که کودتا نیست. به علاوه اینکه تا دو روز بعد هم مصدق نخست‌وزیر بود. اگر لفظ کودتا درست باشد فقط درباره ۲۸ مرداد است نه ۲۵ مرداد که آن هم خیلی با قواعد کودتا منطبق نیست چون یک گردان نظامی نیامد که با زور حکومت را از حکومتگران بگیرد و تمام قواعد قبلی را برهم بزند. شاه به خاطر عدم امنیت رفت به عراق و بعد ایتالیا و بازگشت. مصدق در رفتارهایش بارها قانون را زیر پا گذاشت. / از سال ۱۹۲۰ دکتر مصدق با انگلستان روابط مخفی داشت. بر اساس سندی که منتشر شده سفیر انگلستان خطاب به لرد کرزن وزیر خارجه انگلستان نوشته است: «آقای مصدق‌السلطنه اکنون از اروپا به شیراز مراجعت کرده است. قرار بود به تهران بیاید تا در کابینه سابق مقام وزارت عدلیه را عهده‌دار شود. ولی به او دستور دادند در شیراز بماند و حکومت ایالتی را بر عهده بگیرد. به من اطمینان دادند که اگر برای این کار مناسب تشخیص داده نشود از کار برکنارش سازند.» با این اطمینان با انتصاب او موافقت شد. انتصاب او برای این شغل گویا مورد تائید رهبران محلی است و ظاهرا با کنسول انگلستان در شیراز همکاری می‌کند./نهم اسفند توطئه‌ای بود که مصدق برای کشتن شاه داشت. مصدق در جلسه خصوصی مجلس گفت به شاه گفتم یا رفراندوم می‌کنم یا برو؛ که در روزنامه اطلاعات و شاهد منتشر شده است. آن روز مصدق پیاده رفته بود کاخ شاه و هیات وزرا هم رفته بودند و با شاه خداحافظی کردند. آیت‌الله بهبهانی و دیگران عده‌ای را بسیج کردند که بیایید نگذارید که شاه برود. شاه آدم ضعیفی بود و مشتاق بود برود، چون حاضر نبود با مصدق درگیر شود.....در نهم اسفند شاه می‌خواست برای اینکه مردم متوجه نشوند، به صورت زمینی از کشور خارج شود؛ این در حالی بود که در کرمانشاه طبق نوشته‌های روزنامه‌های آن زمان سرمای سختی بود و مسیر هم یخبندان و بسته بود. اگر شاه می‌رفت قوای پارتیزان‌های حزب توده در گردنه اسدآباد جلوی او را می‌گرفتند، یا او را اعدام صحرایی می‌کردند یا خودش از

گرسنگی و سرما می‌مرد و بعد هم مصدق می‌شد شاه مملکت. بعد چه طور می‌شد؟ ایشان را برمی‌داشتند و حزب توده حاکم می‌شد. من در کتاب «بحران تاریخ» همه این‌ها را مفصل آورده‌ام. دکتر مصدق در تصویب آئین‌نامه ۹ ماده‌ای قانون ملی شدن صنعت نفت حیله به کار برد... اسناد جاسوسی شرکت نفت در خانه سدان کشف شد که دکتر بقایی آن را به دکتر مصدق داد. اسناد جاسوسی شاپور بختیار زمانی که رئیس اداره کار خوزستان بود کشف شد. ته چک آن را از صندوق نسوز خانه سدان در آوردند. اگر این‌ها را در دیوان لاهه یا شورای امنیت مطرح کرده بود بررسی می‌شد... هیچ نخست‌وزیری نه تنها در تاریخ مشروطه بلکه در تاریخ ایران مقتدرتر از دکتر مصدق نبود. اما برای اینکه سر مردم گرم شود و اهداف خودش را دنبال کند، هر روز بحران‌آفرینی می‌کرد. ....اصلاحات مصدق چه بود؟ در زمان مصدق یک پل در ایران ساخته نشد.....مصدق اختیارات گرفت تا دستگاه قضایی را اصلاح کند. وقتی افشارطوس کشته شد، حسین خطیبی را بازداشت کردند و شکنجه دادند. ....مصدق خودش طراح ۲۸ مرداد بود....مصدق یک چیز می‌خواست، اینکه منافع انگلستان حفظ شود و خودش هم محبوب شود. با چسبیدن به صندلی نخست‌وزیری و اینکه آن‌ها به ظاهر با زور او را برکنار کنند این هدفش را محقق کرد... او می‌خواست که بنیان نهضت ملی از هم گسیخته شود. دکتر صدیقی به احسان نراقی گفته بود روز ۲۸ مرداد دکتر مصدق و شایگان با هم از پشت‌بام خانه به ساختمان اصل ٤ و بعد خانه مهندس معظمی می‌روند، دکتر شایگان به مصدق می‌گوید که خیلی بد شد. مصدق نهیب می‌زند چی بد شد؟... من چون فکر کردم عمرم کفاف نمی‌دهد فهرست‌وار دلایلش را در کتابم آوردم وگرنه ده‌ها دلیل محکمه‌پسند وجود دارد برای اینکه دکتر مصدق آگاهانه نهضت ملی را به شکست کشاند... اگر دکتر فاطمی زنده می‌ماند، نقش محمد مصدق را برای مردم روشن می‌کرد. اما به اعتقاد من دکتر فاطمی را هم با نظر مصدق کشتند وگرنه خیلی‌ها از حسین فاطمی دفاع کردند که کشته نشود و شاه هم قول داده بود که او را نکشد. اسنادی در کتاب سرهنگ نجاتی هست که مشخص می‌کند چرا فاطمی باید اعدام و مصدق به دو تا سه سال زندان محکوم شود. چرا؟ .....چون هندرسن در خاطراتش نوشته که وقتی من با مصدق صحبت می‌کردم از اتاق که آمدم بیرون دیدم عصای فاطمی آنجاست. یعنی فاطمی می‌آمده در اتاق بغل و به حرف‌های آن‌ها گوش می‌داده است. برای همین از ترس اینکه روزی این مذاکرات را منتشر کند اعدامش کردند. مدافعان مصدق دو دسته بودند: توده نفتی‌ها و بله‌قربان‌گوها که نتیجه آن هم معلوم بود. جز شکست انتظار دیگری نبود..."[۱]

۱– ۲۸ مرداد کودتا نشد/ کودتاگران اعتراف کرده‌اند/ نشست با حمید سیف‌زاده و حسین شاه‌حسینی؛ سایت تاریخ ایرانی – ۲۸ مرداد ۱۳۹۳ – گفتگو از مهسا جزینی.

بخش ۴

چند نوشتار و گفتار قدیمی (۱۳۸۰-۱۳۹۰)

۱

همراه آمریکایی شاه

(گفت‌وگو با رابرت آرمائو)

رابرت آرمائو که امروزه در آمریکا به همراه جیمز بیکر یک شرکت بازرگانی را می‌گرداند و ظاهراً از عالم سیاست به دور است، هرچند هنوز هم میان مقامات عالی رتبه آمریکا و حزب جمهوری‌خواه، برو بیا دارد! در کافه‌ای در وسط شهر نیویورک روبه‌روی من نشسته. قوطی فلزی و قدیمی سیگارش نظرم را جلب می‌کند «نشان رسمی دربار شاهنشاهی ایران با علامت فروهر» و این یادگاری است که محمدرضا شاه پهلوی، در آخرین دیدارشان در مصر به وی هدیه داده و ۳۰ سال است هر روز باز و بسته می‌شود و سیگارهای داخل آن را دود می‌کند.

پیش از این، آرمائو مشاغل دولتی متفاوتی داشته. سال‌های بسیار با نلسون راکفلر[1] به عنوان معاون فرماندار ایالت نیویورک و مشاور کار معاون رییس‌جمهور ایالات متحده و همچنین به عنوان مدیر اجرایی و رییس دفتر وزیر کار ایالات متحده در سال ۱۹۷۳ خدمت کرده. مدتی آرمائو به عنوان رییس هیات‌مدیره موزه دریایی ایالتی نیویورک در بندر جنوبی، بعد به عنوان عضو کمیسیون مشورتی هیات‌مدیره و شورای بهداشت عمومی ایالتی نیویورک انتخاب شد. ایامی به عنوان دستیار مخصوص سناتور چارلز کودل[2] در سال‌های ۱۹۷۰-۱۹۶۸ و بعد دستیار ویژه امور کارگری فرمانداری نلسون راکفلر در سال‌های ۱۹۷۳-۱۹۷۰، دستیار ویژه معاون رییس‌جمهور ایالات متحده در سال‌های ۱۹۷۹-۱۹۷۸ و رییس پروتکل شهر نیویورک در سال‌های (۱۹۷۹- ۱۹۷۸) را در کارنامه حرفه‌ای‌اش دارد. در سال ۱۹۷۸، مدیر یک شرکت بین‌المللی بازاریابی و شرکت ارتباطات شد.

دوستی و رابطه او با شاه از یک ماه قبل از خروج او از ایران- ۲۶ دی ۱۳۵۷ - برقرار شد و بدون آنکه هرگز به سفارت آمریکا برود در حیاط کاخ نیاوران ماند و به همین سبب

1- Nelson A. Rockefeller
2- Charles Goodell

گاهی منتقدان نوشته‌اند «آمریکایی مرموزی که از ابتدای خروج شاه او را همراهی می‌کرد و تا لحظه مرگ شاه در کنار او بود و همه امور شاه را شخصا کنترل و برنامه‌ریزی می‌کرد.» درباره او داستان‌ها و حکایت‌های زیادی ساخته‌اند که چون مثلا جوان خوش‌قیافه و بلندبالای ۲۸ ساله و پرتغالی‌تبار بود، اما او از زمانی که راکفلر فرماندار نیویورک شد با او آشنا شد و به خدمت بنیاد راکفلر درآمد. رابرت آرمائو فرد وفاداری بود و پس از مرگ شاه هم مدت دو سال در کنار همسر و فرزندان شاه ماند تا به اوضاع آن‌ها در آمریکا نظم و سامانی دهد. شاید بدون اقامت آرمائو، شاه را به ایران باز می‌گرداندند و در میان شور انقلابی‌گری، تحقیر و اعدام می‌شد چون در آن هنگام است که قاضی دادگاه انقلاب -خلخالی - برای سر شاه و فرح جایزه تعیین کرد، آرمائو بود که در باهاما - سرزمین حکمرانی مافیاها - با استخدام «مارک مرس» درجه‌دار سابق نیروی دریایی آمریکا و مامور نابغه FBI و محافظ مخصوص نیکسون و جانسون، جان شاه را از مرگ نجات داد. در آن ایام، یاسر عرفات رهبر چریک‌های فلسطینی برای تبریک پیروزی انقلاب اسلامی و دریافت کمک‌های مالی به تهران آمد و با امام خمینی (ره) ملاقات کرد. روزنامه‌های ایران در آن زمان نوشتند که یاسر عرفات در مذاکرات تهران قول داده تا عده‌ای را برای ترور شاه و خانواده‌اش به باهاما بفرستد! البته میان سلام و احوالپرسی ما، فرح دیبا به تلفن‌اش زنگ زد، انگار احضار شده بود!...

می‌خواستم از ۲۶ دی ۱۳۵۷ بپرسم تا ۵ امرداد ۱۳۵۹، اما گفتارش مرا به سال فعلی هم کشانید، وقتی از بروز بحران گروگان‌گیری حرف زد که دیگر هیچ کشوری علاقه به پناه دادن یک سلطان بی‌تاج و تخت نداشت و روزنامه نیویورک‌تایمز شاه را به هلندی سرگردانی تشبیه کرد که به دنبال بندری برای پهلو گرفتن می‌گردد، عقربه‌های ساعتم انگار مرده بودند، زمان متوقف شده بود... ۳۳ سال است که روایتی از خودش منتشر نکرده است و حتی نوارهای خصوصی‌اش با شاه، کیسینجر، راکفلر و دیگران را دیگر دوباره گوش نداده است!... مخزن‌الاسرار بود شاید، ذهن سریع و نگاه تیزی داشت و این هم چکیده گفتار رودرروی من و آرمائو (با حذف پرسش‌ها).

***

من خاطرات بسیاری دارم که هرگز منتشر نکرده‌ام انگار بعضی چیزها را نباید گفت. بارها مطبوعاتی‌ها از من خواسته‌اند درباره روزهای رفتن از ایران – ۲۶ دی ۱۳۵۷ – تا روز مرگ شاه – ۵ امرداد ۱۳۵۹ – سخنانی بگویم، حتی حاضر بوده‌اند مبالغی هم به من دهند، اما زیر بار نرفته‌ام. گرچه خیلی چیزها درباره آن روزها منتشر شده که بسیاری

از آن‌ها غلط و نادرست است. یادم هست روزنامه‌ای آمریکایی نوشته بود که شاه با ۳۵ بیلیون دلار از ایران خارج شد اما واقعا درآمد نفتی ایران تا آن زمان و شاید تا الان هم همین‌قدر بوده است؟ خیلی از رسانه‌ها داستان‌سرایی‌هایی کرده‌اند که بسیاری از آن‌ها قابل اعتماد نیست. تاریخ همه این‌ها را ثبت خواهد کرد چه با شاه ایران مهربان باشد چه با تندی نقدش کند، تصمیم با تاریخ است. در بین آمریکایی‌ها خیلی از افراد که شما هم آن‌ها را دیده‌اید مانندگری سیک، برژینسکی و... کتاب‌هایی نوشته‌اند و علیه من هم حرف‌هایی زده‌اند اما آن‌ها متوهم هستند و در آن ایام کاره‌ای نبودند! و بعد از انقلاب چیزهایی نوشته‌اند و شده‌اند کارشناس ایران. حتی به آن‌ها تلفن زده‌ام و گفته‌ام «من شماها را نمی‌شناسم. دانش شما درباره ایران و ایرانی هیچ است و کاملا اشتباه می‌نویسید.»

البته برخی ایرانی‌ها بر نظریه توطئه و... اصرار دارند و من نمی‌دانم کدام توطئه؟ مثلا چه قدرتی شاه را تکان داد؟ اما در آخر مردم مسوول هستند. با همین چشمان خودم در تهران دیده‌ام؛ دورانی که مردم در خیابان‌ها ضد شاه فریاد می‌کشیدند. اگر همین افراد به من بگویند که مردم ایران، و بی‌فکر هستند من نه تنها باور نمی‌کنم بلکه مردم ایران را باهوش و زرنگ می‌دانم. افراد تحصیلکرده‌ای که خود شاه برای تحصیل فرستاده بود، منتقدان سیستم سیاسی شاه شدند. این دانشجویان، گرسنه بودند. در ایران کار نبود. فضای اجتماعی و سیاسی خارج از ایران را دیده بودند و توقع داشتند که همان را هم در ایران ببینند. حالا رادیکال‌گرایی هم وجود داشت یا آرمان‌گرایی، آن دیگر بحث دیگری است.

گاهی به سی آی ای اشاره‌هایی اغراق‌آمیز می‌کنند. اما من حتی دوستانی ایرانی در خود سی آی ای دارم، اما سی آی ای که در خیابان نبود، همین مردم در کوچه و خیابان بودند. سی آی ای کاره‌ای نبود. خود مردم ایران انقلاب کردند. خود ایرانی‌ها و به نظرم مرد صف اول انقلاب هم خود شاه بود. بسیاری از اشتباهات را مرتکب شد، یکی بعد از دیگری. همین تحصیلکرده‌ها موجب آگاهی جامعه شدند، اما همراه با مدرن شدن جامعه، سیستم سیاسی شاه، سنتی بود و فسیل. سیستم سیاسی و امنیتی شاه، همراه رشد مردم جامعه ایرانی نبود. اگر بپرسند چه کسی جامعه ایرانی را به راه رشد، سوق داد طبعا دوست و دشمن خواهند گفت: شاه! اما ۷۰ هزار دانشجوی تحصیلکرده در آن ایام را نمی‌شد خفه کرد، چه بخواهیم چه نخواهیم این افراد نشانه رشد جامعه ایران بودند اما این سیستم تحصیل که شاه فراهم کرده بود، منتقد خودش شده بود و اکثر دانشجویانی که بورسیه کرد، ۷۵ تا ۸۵ درصد آن‌ها، ضد شاه و منتقد سیستم سنتی سیاسی شاه بودند و دیگر جامعه شاه را مانع رشد خود می‌دانست و این نکته آموزنده تاریخ معاصر ایران است.

مثلا دیده‌ام درباره هایزر و کیسینجر، توهم‌هایی انتشار می‌یابد. سیاست آمریکا با اعزام هایزر این بود که مثلا ایرانی‌ها کودتا نکنند. ما آمریکایی‌ها برخی اوقات سیاست‌هایی ضعیف و غریب داریم. دیگر کسی متوجه واقعیت داخل جامعه ایران نبود. هر کسی در حکومت وقت آمریکا چیزی می‌گفت یکی به شاه می‌گفت: ساکت باش، یکی دیگر می‌گفت: عمل کن، یکی می‌گفت: با مخالفان راه بیا و دیگری می‌گفت: محکم باش و امتیاز نده.... واقعیت امر این است که اظهارات و سیگنال‌های گمراه‌کننده و متفاوت و متناقض به شاه می‌رسید و شاه هم گیج شده بود. هایزر به تهران آمد که مثلا نگذارد نظامی‌ها کاری بکنند، بالانس قدرت حفظ شود. اما کسی کاری نمی‌کرد. نظامی‌های ایران اهل کودتا نبودند و اصلا کودتایی در کار نبود. هایزر می‌خواست که نظامی‌ها نقش خنثی را بازی کنند. ژنرال قره‌باغی هم می‌خواست هایزر را دستگیر کند یا یکی از ژنرال‌ها هم در انجام کودتا مردد بود، که فردایش از پشت سر تیرباران شد. هایزر کاره‌ای نبود هر چند با بسیاری از ژنرال‌ها رفیق صمیمی بود مانند ربیعی و... بعدها - سال‌ها بعد - در بیمارستان در شب‌های آخر قبل از مرگ، به من گفت که شب‌ها چهره‌های ژنرال‌های ایرانی در برابر چشمانم هستند مانند ربیعی و این تصاویر کابوس من شده‌اند! اما شاه فرد خوب و لایقی را برنگزیده بود و بیشتر آدم‌های امنیتی و نظامی شاه، آدم‌های بله بله چی و بله قربان‌گو بودند! و مخالفان هم خیلی ساده به قدرت نشستند و شاه را از قدرت کنار گذاشتند. خیلی ساده... تعصب و نگاه اسلامی هم در برابر شاه، قد علم کرده بود. در خارج هم، فرماندهان نظامی و امنیتی به شاه تلفن می‌زدند و کسب تکلیف می‌کردند و او هم می‌گفت هر کاری به مصلحت و خوب است، انجام دهید اما آن‌ها کاری نمی‌توانستند کنند، انسان‌هایی وابسته به شاه بودند و مطیع محض اوامر او.

یا درباره نفت گاهی چیزهایی مطرح می‌شود. ایران قیمت نفت را بالا برد. شاید یکی از مهم‌ترین نشانه‌های ضد شاه، همین نفت بود. کیسینجر می‌خواست که شاه قیمت نفت را متعادل و منطقی کند اما حامی شاه بود. دوست اردشیر زاهدی بود. کسی که از نزدیکان وفادار به شاه بود. بنابراین کیسینجر، نقشی در انقلاب نداشت. ایران می‌رفت که پنجمین قدرت اقتصاد جهان شود و طبعا برای رقبای سالیان هم غیرقابل تحمل بود. بی‌بی‌سی هم شاه را کشته بود. حمایت آن‌ها از انقلاب و نیز حمایت انگلستان، فرانسه و آمریکا از انقلابیون، شاه را افسرده کرد. اما شاه تئوری‌های بزرگی داشت و می‌دانست که نفت مهم است و در حیات ایران تاثیرگذار و قیمت نفت را به همان دلیل بالا برده بود و می‌خواست به نوعی مدیریت انرژی جهان را بر عهده بگیرد.

برای اولین بار که رفتم تهران، شاه را دیدم. مرتب می‌گفت: نمی‌دانم چه شده؟ نمی‌دانم چه اتفاقی افتاده؟ چرا مردم این کارها را می‌کنند؟ و... و واقعا از چهره‌اش می‌خواندم که هم خسته بود و هم متعجب و مطلقا باور نداشت چه شده. اما من باورم شده بود. تظاهرات را دیده بودم. مشکل شاه این بود یا نبود که نمی‌خواست خشونت نشان بدهد یا ندهد، بحثی انحرافی است؛ چون ۱۵هزار نفر در روز در خیابان‌ها بودند و این دیگر چیزی نبود که شاه نبیند... مردم هم دیدند که شاه کاری نمی‌تواند بکند و پیروز میدان هستند. وقتی دیدند که شاه ضعیف شده، مردم روحیه گرفتند و شاه هم دید که بازی را باخته! مردم به شاه قدرت داده بودند و همان مردم، قدرت را از او پس گرفتند و این راز تاریخ است. ایرانی‌ها باهوش هستند و او خودکامه بود و این روحیه مطلق‌نگری و خودکامه بودن، کار دستش داد.

ساواک ایران هم، یک ببر کاغذی بود. شاه خیلی اشتباه کرد و بسیاری از افراد نالایق را اشتباها بر سر کار گمارده بود و خودش هم خوب می‌دانست که افراد تعیین شده، اکثرا چندان مناسب حال و روز مملکت نیستند. مردم درباره ساواک، جوک می‌ساختند. ساواک تاثیر و قدرتی نداشت. حتی عرفات خودش به من گفت که ۵۰ نفر از نیروهایش را به ایران فرستاده و ساواک متوجه امر نشده بود یا قذافی هم همین‌طور اما ساواک نتوانست آن‌ها را کنترل کند. بیشتر یک سازمان امنیت فانتزی بود.

در آن روزها من هرگز به سفارت آمریکا نرفتم و همه‌اش در کاخ نیاوران بودم. می‌خواستم به شاه کمک کنم که چه کند. عاقبت به شاه گفتم من می‌روم فرانسه. یک دفتر بازرگانی دارم. او هم شماره تلفن من را گرفت و خداحافظی کردیم. اما راکفلر بعدا به من گفت که با شاه بمان! شاه از تهران به من تلفن زد که به آسوان مصر می‌رود و دوباره چند روز دیگر تلفن زد که به مراکش می‌رود و خواست با خواهرش اشرف در ارتباط باشم. حالا سوءبرداشت نکنید که مثلا سی آی ای و... خواسته... نه! اصلا سی آی ای خبری نداشت و نمی‌دانست چه خبره و اوضاع دست کیست... در واقعه ۲۸ امرداد کاری کرده یا نه، اما به آن حماقت نیست که کسی مانند خانم آلبرایت پوزش بخواهد، کاری احمقانه که اصلا کسی هم معنی و مفهومش را نفهمید. به هر حال ربطی نداشت و نشان داد که آلبرایت چیزی از تاریخ ایران نمی‌داند.

خلاصه، در باهاما به دیدار شاه رفتم و اینکه شاه مرتب جایش را عوض می‌کرد، دلایلی متعدد داشت. اوایل شاه مراکش به وی خوشامد گفته بود..... اما در رباط تظاهرات شد و یک روز تصمیم گرفت از آنجا به باهاما برود. اما اینکه اروپایی‌ها یا آمریکایی‌ها

وی را نپذیرفتند، به دلیل این بود که بنا به منفعت سیاسی و خوانش نادرست، می‌خواستند با حکومت جدید و انقلابیون رابطه برقرار کنند و دیگر داستان شاه را تمام‌شده فرض کردند و برای شاه نقشی قایل نبودند و حتی وقتی رهبر انقلاب می‌گفت «شاه را بکشید». این‌ها می‌ترسیدند که شاه در خاک آن‌ها ترور شود. بنابراین وقتی شاه از ایران بیرون رفت، دیگر قدرت‌های جهان وی را تمام شده، تصور کردند و شاید آرزوی مرگش را هم داشتند و او را مزاحم می‌دیدند. هرچند شاه به خیلی از کشورها پول داده بود مثلا بنا به درخواست فرح، دو بیلیون به انگلیسی‌ها داد. اما در آن شرایط دیگر اروپا می‌خواست صلح و آرامش داشته باشد و بنابراین وی را مرده و غایب از صحنه سیاست می‌دانستند. داستان گروگان‌گیری آمریکایی‌ها که رخ داد شاه در بیمارستان از تلویزیون خبر را می‌دید و می‌شنید و به من گفت: آن‌ها حکومت آمریکا را ضعیف دیده‌اند و به همین دلیل چنین کرده‌اند و اگر کارتر قوی می‌بود چنین تحقیری رخ نمی‌داد!... شاه شخصیت کارتر را خوب می‌شناخت و افق دید خوبی داشت... شخصیت شاه از این لحاظ قوی بود. دوست آمریکا بود و توقع حمایت و استقبال داشت اما دیگر دوستی شاه، از همان روز تمام شد. جیمی کارتر هم دیوانه بود، دیگر سیاستی در بین نبود و چه بسا می‌خواست که شاه را هم تحویل انقلابیون دهد. اما شاه ژاندارم خلیج فارس بود و قدرت منطقه و همه از وی حساب می‌بردند. قدرت‌های خارجی هم درباره ایران، تصور اشتباه داشتند. فرانسوی‌ها، انگلیسی‌ها و آمریکایی‌ها هم تصورشان این بود که آقای خمینی به قم می‌رود و آن‌ها هم با بازرگان و یزدی می‌سازند و در ایران هر کاری دلشان بخواهد می‌کنند. دلیل یکی از آن‌ها این بود که مثلا یزدی، پاسپورت آمریکایی دارد!...

اما همه قدرت‌های خارجی هم خوانش نادرست از قضیه داشتند این را باید با صدای بلند گفت. حتی روسیه هم نقشی نداشت اما دیگر قدرت‌های خارجی با شاه، تعامل سازنده نداشتند. خیلی از این کشورها ایران را نمی‌شناختند و تصور می‌کردند که دیگر در ایران همه کاره‌اند!... اما ایرانی‌ها خودشان می‌دانند که چه کنند و این امری مهم است و فکر کنم تا روزی که این حکومت باشد، دیگر آمریکا رویای حضور در ایران را خواهد داشت، چون هرگز رابطه‌ای با آمریکا برقرار نخواهد شد. در پاناما و مصر با شاه بودم. ایامی شاه برای معالجه به آمریکا رفت. بعد او را به یک پایگاه نظامی بردند که مثلا حفظ امنیت بشود و افسران و ژنرال‌ها هم کلی به وی احترام گذاشتند. آنجا بهترین جایی بود که می‌شد امنیت و محافظت درست داشت اما شاه وقتی نرده‌های روی پنجره‌ها را دید گفت: اینجا دیوانه‌خانه است!... البته مثل زندان بود اما در واقع نبود. در آن موقع هم با ۵۰۰ سرباز

و محافظ نمی‌شد به هتل رفت. البته پیر سالینجر هم کتابی نوشته و من هم برخی مطالب را به وی گفته‌ام. بعد روزهای آخر هم من به نیویورک رفته بودم تا آزمایش‌های شاه را به پزشک‌ها نشان دهم که فرح زنگ زد و گفت حالش نامساعد است و فورا بیا!... به فرودگاه فرانکفورت که رسیدم شنیدم که شاه مرد و من عصر همان روز به مصر رسیدم. البته چند روز قبل از مرگش با شاه تلفنی حرف زده بودم و گفت: مراقب فرزندانم باش و مسایلی محرمانه هم نزد من گذاشت که پس از مرگش منتشر کنم که البته هنوز هم شاید مصلحت نیست و شاید ۵۰ سال باید از ماجرا بگذرد. تاریخ را هم ۵۰ سال بعد می‌توان نوشت!... خودش هم در کتاب پاسخ به تاریخ‌اش، بسیاری از چیزها را گذاشت برای وقت دیگر. مثلا درباره انقلاب، تحلیل‌هایی دارد که منتشر نشده.

سال‌ها بعد دو، سه هفته قبل از اینکه صدام به کویت حمله کند من به بغداد رفتم. بی‌نظیر بوتو به من تلفن زد که عرفات در بغداد می‌خواهد تو را ببیند و در بغداد هم عرفات من را به دیدن صدام برد. راستش می‌ترسیدم که من را بکشد. آن ایام هم، دوران بوش پدر بود و عرفات از آمریکا گله داشت. در اینجا صدام روحیه آقای خمینی را برایش گفته بود که در هوای گرم نجف برایش کولر فرستاده بودند و آقای خمینی حتی یک تشکر هم از افراد صدام نکرده بود!... خلاصه صدام درباره شاه خیلی با دقت پرسید که چه شد؟ کجاها رفتید؟ چرا مصر؟ و... بعدش گفت: چرا آمریکا من را قصاب بغداد می‌نامد؟ در آمریکا کسی می‌تواند درباره بوش چنین حرفی بزند؟... من به عرفات گفتم: دارد جوک می‌گوید؟ عرفات گفت: نه! واقعا به حرف‌هایش اعتقاد دارد. من هم گفتم آمریکا و رسانه‌های آمریکا کمترین ارزش و احترامی برای بوش قایل نیستند!... اما مترجم، حرف‌های من را برنگرداند انگار می‌ترسید که ترورش کنند!... صدام متوهم بود.

۲

گفتگویی با فرزند رضا شاه

(۷۰ سال پس از شهریور ۱۳۲۰)

سپیده دم شانزدهم سپتامبر ۱۹۴۱ –۲۵ شهریور ۱۳۲۰– بیرون از ایران، جنگ و بمباران بود و ایران هم به ظاهر بی‌طرف! از تیر ماه ۱۳۲۰ تا شهریور، در سه ماه تابستان، رادیوها و روزنامه‌ها نوشتند که «احتمالاً قشون لندن و شوروی به ایران حمله خواهند کرد»، اما ایران با توپ و تشر می‌گفت: دولت ایران به اتباع خارجی اجازه نخواهد داد که در امور داخلی ایران دخالت کنند! شاه به ناوهای شهباز و سیمرغ دستور داد، اما آنها نه توان و قوای جنگ داشتند و نه امکان آن را. در مرز خرمشهر، ۴۰۰۰ سرباز ایرانی سلاحشان را روی زمین نهادند تا تسلیم سربازان هندی قوای لندن شوند. یادداشتهایی تهدیدآمیز از روس و انگلیس به منصور –نخست وزیر– رسید. او تا روشن شدن هوا، صبوری می‌کند. سپیده دمان روز نخست شهریور با یادداشت‌هایش روانه کاخ سعدآباد می‌شود. نمی‌دانست شاه بیدار است یا خفته؟ آن روز شاه زیر درخت‌های تنومند قدم می‌زد؛ درختانی که خود باغبان و هم صحبت پنج روزه‌شان بود. شاه از شتاب و دلِ شوریده و رخسارهٔ منصور، به حال نهانش پی می‌برد. ناشنیده را می‌شنود و می‌گوید: «دو سفیر را بیاور پیش من!» حسب الامر، آنها را به حضور پذیرفتند! آنگاه به بولارد و سمیرنوف می‌گوید: «این چه کاری است؟ ما که با هم خصومتی نداشتیم«.

سفیران پی می‌برند که شاه از اوضاع مملکت بی‌خبر است و اطرافیانِ بله قربان گویش، جز گل و بلبل و سنبل، صحنه‌ای دیگر را برایش ترسیم نکرده‌اند! ۸ صبح ۳ شهریور، برای نخستین بار به شور با وزیرانش می‌نشیند تا مصلحت بجویند. تا در شورا، تامل و تدبیری کنند، اما دیر شده بود! فردایش، ۸۰ افسر و ۱۲۰۰ سرباز به ترکیه پناهنده شدند و سلاح‌ها کنار جاده بی‌صاحب ماند! شاه، فروغی را منصوب کرد تا از دام برهد و تعللی در کار گرداب هایل کند و گردشی در ایام به کام او شود.

شاهِ فقید، از امرای ارتش، مقاومت و تحمل می‌طلبد، اما باز هم دیر شده بود. ارتش، ساز و برگی نداشت. روز ۵ شهریور، ساعت ۶ صبح، در کاخ سعد آباد، تازه از حمام

بیرون آمده است. خطاب به وزیر جنگ می‌گوید: «می‌بینی این دزدان و گردنکشان با من چه کرده‌اند؟ ارتشی که با خون جگر ساختم، نابودش کردند. خیانت این بی‌وطنان به ملت در تاریخ خواهد ماند.» روز بعد، ۵ بعد از ظهر، نگران از آینده، دستور اعزام خانواده‌اش به خارج از تهران را می‌دهد و می‌گوید: «نمی‌دانم چه اتفاقی خواهد افتاد؟» بی‌بی‌سی حملاتش را آغازید و شاه، روز ۱۰ام شهریور از سهیلی می‌پرسد: «چه باید کرد؟ چه باید بکنم؟ بگو! نترس! حرف دلت را بگو!... چرا ساکتی؟» شب تا صبح، دیگر در میان کاخ، خواب نداشت و گاه تا صبح قدم می‌زد، اما دیگر بیداری، فایده‌ای نداشت...!

شاه در سپیده دم گرگ و میش ۱۰ شهریور، به فرماندار نظامی پایتخت تلفن می‌زند: «الو! سپهبد! بیداری؟ خبر تازه چه داری؟ قشون به چند فرسخی پایتخت رسیده؟»

هنگامی که خبر پیشروی نیروهای روسی از قزوین به تهران را شنید، محمدعلی فروغی -نخست وزیر- را به کاخ احضار کرد و از او خواست تا پیش‌نویس استعفانامه را بنویسد و امضا کند. آنگاه فروغی رهسپار مجلس شد تا برای نمایندگان قرائت کند، اما قبل از رسیدن به مجلس -بدون اطلاع شاه،-به اتفاق علی سهیلی -وزیر امور خارجه- راهی سفارت انگلیس و شوروی شد و استعفانامه را به سفرا نشان داد. هنگامی که استعفانامه در جلسه مجلس قرائت می‌شد، رضاشاه در راه اصفهان بود و به خانواده‌اش پیوست و سپس، حرکت به نایین، یزد، کرمان و بندر عباس.

می‌گویند روزی که محمدرضا پهلوی -جانشینِ جوانِ رضاشاه بزرگ - در مجلس سوگند یاد کرد، (۸ بامداد ۲۵ شهریور) تانکها و زره‌پوش‌های روسی، اطراف فرودگاه مهرآباد بودند و بعد نیروهای انگلیسی از قم به راه‌آهن تهران رسیدند. خیابانها کاملا خلوت و همه مغازه‌ها هم بسته بودند. مردم و اتومبیل‌هایشان از ترس اشغالگران، پنهان از دیدگان. زندگی مردم شهر، دور از غوغای سیاست بود و به آرامی می‌گذشت. یکسالی هم از تاسیس فرستندهٔ رادیویی در ایران می‌گذشت و اخبار جنگ بین‌المللی هم به سمع شنوندگان می‌رسید.

با وجود بی‌طرفی ایران و برخلاف تمام اصول حقوقی جنگ و صلح از سوی متفقین، در شهریور ۱۳۲۰، دیگر سه هفته از اشغال ایران توسط متفقین، می‌گذشت و روز پایان حیات سیاسی رضاشاه و آغاز حیات سیاسی فرزندش -محمدرضا پهلوی- بود.

بهانهٔ دولتهای روسیه و انگلستان، مناسبات رو به گسترش رضاشاه با آلمان هیتلری بود و در آن زمان، اخبار و گزارشهای دریافتی از جبهه‌های جنگ دوم جهانی، حاکی از پیشرفت روز افزون آلمان، و شکست‌ها و عقب‌نشینی‌های متفقین بود. رضاشاه نیز که

پیش‌بینی پیروزی آلمانی‌ها را در جنگ داشت، نه برای حفظ استقلال کشور، بلکه برای حفظ موجودیت خود و کشورش، «بی‌طرفی در جنگ» را اعلام کرد.

یکی از آن افرادِ همراهِ رضاشاه، غلامرضا پهلوی -ششمین فرزند، سومین پسر و تنها فرزند رضاشاه پهلوی اَز توران امیرسلیمانی که در ۲۵اردیبهشت ۱۳۰۲ در تهران به دنیا آمده است- بود و شاید تصور نمی‌کرد که ۷۰ سال بعد و در آستانهٔ ۹۰ سالگی، در رستورانی در خیابان هوگوی پاریس، در پاییز ۱۳۹۰، لب به گفته بگشاید و آن روایت خود را بازگوید؛ و اکنون تنها برای فتحِ بابِ گفتگو و نقد دربارهٔ شهریور ۱۳۲۰ و عملکرد رضا شاه، می‌توان این گفتگو و روایتَ را خواند، تا در کنار دیگر روایت‌ها، شاید نقطه‌ای تاریک از تاریخ معاصر ایران زمین را روشن کند. [در اینجا ضمن تشکر از مهر و لطف وافر جناب امین فروغی، یک بخش کوتاه از آن گفتگو را می‌آورم]

***

درست ۷۰ سال پیش، شهریور ۲۰ رخ داد؛ شما در آن روز چه حال و روزی داشتید؟

در شهریور ۲۰، من هنوز ۲۰ سالم نشده بود. احساس می‌کردم به پدرم بی‌انصافی شده، اما وقتی دیدم برادرم شاه شده، خیال ما هم راحت بود که مملکت روی پای خودش می‌ایستد.

خود رضاشاه هم چنین عقیده‌ای داشت؟ روحیه‌اش را نباخته بود؟

مسلما! روحیه‌اش، باخت کامل نبود. نه! نگران آیندهٔ محمدرضا بود و در اصفهان ماند تا در مجلس سوگند بخورد و دیگر به نسبت، خیالش راحت شد و راهی کرمان و بندرعباس شدیم و...

تصور نمی‌فرمایید که رخداد شهریور ۱۳۲۰، به نوعی ضرورت تاریخی ایران بود؟

خودش نمی‌خواست که شهریور ۲۰ رخ بدهد و انگلیسی‌ها باعث شدند که وی بپذیرد؛ یکی از عوامل رفتن هم این بود که نمی‌توانست خارجی را در مملکت تحمل کند و ما نخست‌وزیری ضعیفی داشتیم. شاید اگر پدرم چند سالی بیشتر در قدرت می‌ماند، ۱۰۰٪ به نفع ایران بود.

از حالات روحی در لحظه ترک ایران تعریف کنید.

قبل از سوار کشتی شدن، به افسری گفت: بیا من رو لخت کن که ببین چیزی از مملکت می‌برم یا نه؟ در کشتی، غالبا در فکر بود و روی عرشه قدم می‌زد. مشوّش بود که اوضاع چطور می‌شود و در فکر خودش نبود؛ فکر آینده مملکت و ملک را داشت.

در آفریقا چه؟

در موریس، همه‌اش به فکر ایران و ساخت ایران بود و کم کم مطمئن شد؛ اما زیاد از کنار رفتنش ناراحت نبود و می‌دانست که یک روزی بالاخره فرزندش باید به جای وی بنشیند و سرِ کار بیاید و ٤-٥ سال بعد هم مُرد. از رشد روحانیت نگران بود؛ البته در این ایام هم روحانیت انسان بودند. بعدها افسردگی شدید در وی پدید آمد و قد و هیکلش را خمیده کرد و مرد. در روزهای آخرِ عمر در ژوهانسبورگِ آفریقای جنوبی، سلوک و آرامش خاصی داشت و صبح ٤ امرداد ۱۳۲۳ با گریهٔ خواهرم بیدار شدم و در همان آرامش در رختخواب سربازی‌اش که روی زمین پهن بود، دیدم که پدر مرده است.

یک روزنامه آفریقای جنوبی هم نوشت: هوادار هیتلر درگذشت! که غلط بود!

اعتقادات مذهبی هم داشت؟ البته شنیده‌ام که به جدایی دین و سیاست باور داشت.

به خدا ایمان داشت، اما اهل تظاهر و ریا و نمایش نبود. خودش به مذهب تشیع باور و یقین داشت و به همین دلیل، اسم همه فرزندانش به رضا ختم می‌شود.

اما علت اصلی شهریور ۱۳۲۰ را همان نزدیکی شاه به سیاست آلمان می‌دانید؟

نه! به هوای آلمان‌ها، آمدند و مملکت را گرفتند و او هم رفت؛ اما آلمان‌ها کاری نداشتند، جز اینکه پدرم به کار آنها از نظر صنعتی و فنی باور داشت؛ کار سیاسی نمی‌کردند که!

یعنی دل در گرو آلمان هم نداشت؟

نخیر! از نظر کاری دوستشان داشت و مثلا پل ورسک که ساخته شد، همه می‌گفتند تقلبی است و... یارو رو با خانواده و کس و کارش از بالای پل عبور داد که خیال همه راحت شود. دروغ بود. کدام نفوذ آلمان؟ استالین، چرچیل، روزولت و... می‌خواستند که ایران اعلان جنگ علیه آلمان کند و نشد، و اینها ناراضی شدند! هرچند نیازی نبود که ایران قوایی هم بفرستد، اما بهانه بود.

البته بعدها خودش گفت که دعوا سر لحاف مُلاست!

بله! این خارجی‌ها عامل ۱۳۲۰ بودند. ما هیچ رابطه‌ای با آلمان و وابستگی نداشتیم، جز کارهای صنعتی. آلمان‌ها چه جاسوسی می‌کردند؟ خیال نکنید که هر چه اروپایی‌ها می‌گویند، درست می‌گویند! در ارتش هم سربازها خوب بودند، ولی افسرها ترسو از آب درآمدند؛ جز شاهبختی و امیراحمدی. مثلا یک قرمساقی همه سربازها را آزاد کرده بود و این یعنی این که مامور بوده یارو!

خوب در اکثر کتابهای تاریخ معاصر فعلی در ایران نوشته‌ی چپ‌ها و مذهبی‌ها، می‌گویند که وی ظالم بوده و خیانت کرده.

برای چه ظالم بود؟ چه ظلمی؟ آدم محکمی بود، اما ظلم به کسی نمی‌کرد. همیشه آدم ناجنس و دروغگو و آدمکش، امتحان بدی پس می‌دهد در تاریخ.

محکم بودن شخصیتش، شکی نیست؛ اما منتقدان جدی و کینه‌توز معتقدند که روزنامه‌های مستقل را بست، مصونیت پارلمانی را از نمایندگان گرفت و احزاب سیاسی را از بین برد. تمام امور مملکتی را در دست خود داشت و کشور را مانند یک نظامی اداره می‌کرد. آزادی‌های انقلاب مشروطه از بین رفت. بسیاری از رقبا و مخالفان شاه، زندانی و در زندان کشته شدند. مانند چند وزیر: تیمورتاش، سردار اسعد بختیاری و شعرا و ادیبان مانند میرزادهٔ عشقی و فرخی یزدی و تعدادی از نمایندگان مجلس شورای ملی(مانند سیدحسن مدرس و ارباب کیخسرو. (حتی علی‌اکبر داور -وزیر عدلیه- هم از ترس خودکشی کرد).

اینها دروغ‌های امثال سیدحسن مدرس است که از این پدر سوخته، سمبل بیخودی ساخته‌اند. مدرس خیلی مزاحم پدرم بود. همیشه ضدّ پدرم بود. جاسوس بود حرامزاده. من نمی‌دانم این دشمن‌های سرسپردهٔ ایران و ایرانی، از کجا آب می‌خورند؟ خودشان بی‌اصل و نسب و ناجنس‌اند، یا تحریک می‌شوند؟

پدرم چه خیانتی کرد؟ منتقدهای پدرسوخته و دروغگو، نشسته‌اند و دروغ بافته‌اند! بی‌جهت که کسی را نمی‌گرفت و نمی‌کشت. شاید ۲-۳ نفر بودند و یکی هم تیمورتاش که با روس‌ها ساخته بود؛ جای پدرم می‌خواست بنشیند و وزیر دربار بود و خوش خدمتی می‌کرد، اما می‌خواست سر پدرم را زیر آب کند.

معتقدند که مجلس شورا، نمایشی بود و فاقد کارایی.

نه! در آن ایام، نمایندگان مجلس ارج و قرب دیگری داشتند و مجلس حاکم بود.

یعنی در راس امور بود؟

بله! قدرت مجلس زیاد بود.

اما برخی از مورّخان معتقدند که رویهٔ حکومت در ایران از مشروطه به استبدادی، از سالهای ۱۳۰۷ تا ۱۳۱۰ صورت گرفته؛ یعنی نیمه دوم حکومت رضا شاه.

ببینید، پدرم جز خدمت به ایران کاری نکرد. ایران آن روزگار، فقیر و عقب مانده بود و شاهه کاهگلی پدرم در آلاشت سوادکوه با یک کرسی گرم می‌شد؛ همان دهات جنگهای مازندران. ایران دوران سختی را می‌گذرانید و دودمان قاجار، ایران را به فقر و عقب ماندگی سوق داده بود و آینده‌ای تیره در انتظار ایران بود و اگر پدرم نمی‌آمد، ایران امروز، وجودی خارجی نداشت. یک قدرت نالایق و ناتوان، ایران را به وابستگی شرم آور بدل کرده بود. در آن دوران حساس، باید یکی ایران را به سوی پیشرفت سوق می‌داد. کلی

مشکلات داخلی داشتیم و منافع مملکت داشت بر باد می‌رفت. ایران ناامن بود و همین تهران نمی‌شد زندگی کرد. ایران را متحول کرد. در ارتش لیاقت خودش را نشان داده بود. پس از استعفای مستوفی‌الممالک، پدرم نخست‌وزیر شد. یک ایرانی میهن‌پرست بود و چه دوست و چه دشمن، این را می‌گویند. خیال سلطنت نداشت. دوست داشت که احمد شاه به ایران بازگردد و اصرار هم داشت و شاید احمد شاه اگر می‌آمد، به نفع پدرم بود، اما در ۹ آبان ۱۳۰۴، با رای مجلس، از سلطنت خلع شدند و بعد پدرم سوگند خورد. باور به مشروطیت داشت.

ما در خانواده از وی می‌ترسیدیم. فکر نکنید که سعی کرد که ما را ببوسد و نوازش کند همیشه. و از نظر تشابه پدرم و برادرم، برادرم محکمی پدر را نداشت؛ دل رحم بود و این هم، گاهی خوب و گاهی بد است.

البته خیلی از این موارد را هم فردوست اشاره کرده است.

فردوست کسی نیست که درباره پدرم اظهار نظر کند، اما هرچه ارتشبد جم به شما گفته، قبول دارم.

از دیدگاه شما، رضاشاه پهلوی، یا سردار سپه معروف، چه سودی برای ایران و ایرانی داشت؟ حالا اگر از آن دیدگاه که انگلستان وی را آورد و برد، دوری کنیم.

از زمانی که سردار سپه شد و وزیر جنگ، سیاستمداری قدرتمند شد. سودش برای ایران را هر کسی که اهل مطالعه باشد، فهمیده است. تنها می‌توان گفت که ایران را ساختند. در زمان قاجار، کشور در حال انحطاط و ملوک‌الطوایفی بود و مثلا خوزستان از دست رفته بود و یک خُل و چل در آنجا حکمرانی می‌کرد. پدر با جان و دل برای ایران کار کرد. سر نترسی داشت و برای از بین بردن اوباش‌ها هم ترسی نداشت. ایران نوین را پایه گذاری کرد. در این مملکت دادگستری نداشتیم؛ دست آدم‌های سنتی و خرافی بود. سیستم خراج و مالیات را به ایرانی‌ها یاد داد؛ از همان ایام نخست وزیری‌اش، خارجی‌ها را مجبور می‌کرد که خراج دولت ایران را پرداخت کنند و اجازه نمی‌داد که کسی از ایران و ایرانی سوء استفاده بکند و خصوصا روس‌های پدر سوخته. همیشه دوست داشت مثل یک سرباز وطن پرست خدمت کند و رفتارش هم تا روزِ مرگ، سربازی بود و هرگز زندگی شاهانه نداشت. نبوغ سیاسی پدرم، همین پیشرفت‌های گام به گام ایران بود.

قوای ایران را ساخت. همه مریض و ناخوش بودند. ارتش را ساخت با همهٔ کمبودش. مثلا سال ۱۲۹۹ دید که مملکت دارد تجزیه می‌شود و همین میرزا کوچک می‌خواست با همکاری بلشویک‌ها، جمهوری کمونیستی گیلان را درست کند.

از ارتشبد جم و نیز عیسی پژمان شنیده‌ام که در ۳۰ خرداد ۱۳۰۰ به دستور رضاشاه، یاغیان گیلان سرکوب شدند و رضاشاه، سرکشی و جدایی‌طلبی قوای میرزا کوچک خان و ارتش سرخ ایران را شکست سختی داد و میرزا کوچک فراری شد.

بله! نگذاشت این یاغی تجزیه طلب هر غلطی خواست بکند! ... بنا به قد و قواره و قامت و جربزه‌اش، دشمن‌هایش می‌ترسیدند. رضا شاه، عاشق تمامیت ارضی ایران بود و تنها راه چاره، ارتباط با انگلیسی‌ها بود. روحیهٔ قوی و شخصیت نافذش، می‌خواست ایران را از دست انگلیس و روس رها کند و احتیاج به زمان داشت.

البته در همه کتابهای تاریخ معاصر در ایران هم به این نکات اشاره شده است که عملکردهایی مثبت داشت و شاید اصلاحاتی بی‌قاعده: ایجاد تشکیلات نوین دادگستری، تهیه و تصویب اولین قانون مدنی ایران، بنیان ثبت اسناد و ثبت احوال، لغو کاپیتولاسیون، اسکان عشایر، یکی کردن نیروهای نظامی و تشکیل ارتش ایران، تاسیس بانک ملی ایران، ساخت راه‌آهن سراسری ایران، جاده‌سازی در کشور، کشف حجاب، تاسیس رادیو ایران و خبرگزاری پارس، تاسیس دانشگاه تهران، گسترش صنایع، تاسیس فرهنگستان ایران، تغییر تقویم رسمی ایران از تقویم هجری قمری به تقویم خورشیدی جلالی، تغییر نام رسمی کشور در مجامع بین‌المللی از پارس به ایران در سال ۱۹۳۵ و ... کینه‌توزانه معتقدند که شخصی عامی و بیسواد بود. نظر شما؟

هم می‌توانست بخواند و هم بنویسد و کتابهای دروغی در این‌باره منتشر شده است که صحّت ندارد و با آتاتورک به زبان ترکی استانبولی گفتگو کرد و حتی نامه‌هایی هم که به مادرم می‌نوشت، خیلی خوب بود.

تنها سفر خارجی رضاشاه، همان سفر به ترکیه در سال ۱۳۱۳ بود و بسیار هم تحت تاثیر آتاتورک قرار گرفت.

بله! لحظه‌ای در بازسازی و آبادانی و نجات ایران غفلت نکرد. مثل ناصرالدین شاه که به سفرهای آنچنانی نرفت. در ایران، نظم نوین ایجاد کرد. خواهان ایرانی بود که از یکسو رها از نفوذ سنتی‌های خرافی، دسیسهٔ بیگانگان، شورش عشایر و اختلافات قومی، و از سوی دیگر دارای موسسات آموزشی به سبک اروپا، زنان متجدّد و شاغل، ساختار اقتصادی نوین با کار شاهه‌های دولتی، بانکهای سرمایه‌گذار و ... باشد. عاشق ارتش نیرومند و دانشگاه و قشر تحصیلکرده بود و قوانین مدرن و پیشرو داشت.

حالا سر مساله انگلستان، با رای شما اختلافاتی هم هست. البته معروف است که در وصیت‌نامه‌اش نوشته: به ایرانیان بنویسید که از آمریکایی‌ها بیشتر بترسند تا از روس‌ها و انگلیس‌ها. ولی ظاهراً به تحصیل و کسب دانش اهمیت زیادی داده.

اهمیت می‌داد؛ خیلی هم اهمیت می‌داد و چه جور هم!... هر سال هم پشت سر هم یک عده‌ای را برای ادامه تحصیل می‌فرستاد به خارجه و حتی همین مهدی بازرگان را هم. دوست داشت ایران را بسازد و عالی‌ترین قوانین اعزام محصل به خارجه هم در ایام وی تصویب شده بود و بررسی می‌کردند که چند دکتر و مهندس در کجا لازم است. بیخود و بی‌جهت کسی را نمی‌فرستادند؛ افراد ممتازِ مملکت می‌رفتند و انتخاب می‌شدند و ٤٠٠ نفر نمی‌رفت که مثلا فلسفه بخوانند؛ بی‌ربط و بی‌قواره نبود؛ بعدها چنین شد. اکثریت بیسواد را باسواد کرد و پایه‌های صنعت را در ایران نهادینه کرد.

سپاسگزارم؛ بحث جالبی بود و شاید خاطره انگیز.

دیگر در این روزگار از جوان‌های ایرانی، کسی ما را نمی‌شناسد. خودشان باهوش هستند و می‌دانند چه باید بکنند و چه بخوانند و چه نخوانند و درک می‌کنند تاریخ این مملکت و ملک را. من کسی نیستم که حرفی زده باشم، اما پیام من برای نسل جوان باهوش ایرانی این است که وقایع مهم تاریخ گذشتهٔ کشور را با دقت و بی‌نظری بررسی کنند و از شما هم ممنون و امیدوارم انتشار یافتهٔ این گفتگو را زنده باشم و ببینم.

***روز قبل از شنیدن پیام انگلیسی‌ها مبنی بر اینکه «باید برود» [سربولارد، وزیر مختار انگلیس که بعدها کتابی به اسم «شترها باید بروند!» را نوشت.**

۳

مباحثه‌ای با گری سیک، مشاور امنیتی کارتر

دو سه روزی است که رسانه‌های آمریکا درباره سازمان ملل و سرنوشت فلسطین می‌نویسند و اینکه سیاست خارجی آمریکا در بهار اعراب چگونه می‌شود. در حال بازگشت از بوستون و دیدار با چامسکی و بلومفیلد؛ تلفن به صدا در می‌آید و قرار فردا در منزلش. خانه‌ای در طبقه ٦ و مشرف به رودخانه وسط شهر نیویورک.

بحث با کتاب تازه امضا شده «شاهان نفت [1] در دستان من شروع شد که تازه از نویسنده‌اش، اندرو اسکات کوپر[2] به یادگار گرفته‌ام و گویا دوست گری هم هست» از دیدار من و کوپر، نویسنده کتاب می‌پرسد که رازهایی را پس از ۳۰ سال بازنوشته است. رازهایی که گاه نویسنده را در رسانه‌ها مدتی مغرضانه نقد می‌کنند و این رسم انگار در همه جهان هست اماگری تائید می‌کند که «از سال ۱۹٦۷ اسرائیل با اطلاع ساواک و CIA پایگاه خود را در کردستان عراق بنا نهاد و از ۱۹۷۵ هم تا ۱۹۷۹ حکایت باقی بود اما از ایام انقلاب ایران تا ۲۰۰۳ شاید حضورشان در قالب مامور امنیتی و نظامی کمرنگ‌تر شد اما ارتباط‌ها در اروپا و آمریکا ادامه یافت و پس از ۲۰۰۳ هم دوباره روزی از نو و ترکیه و ایران هم حق دارند نگران ماجرا باشند. اما در اوایل شاه و ساواک زمینه این رابطه را برقرار کردند و قطعا تا انقلاب ادامه داشت و پس از صدام دوباره افرادی از عوامل و ماموران اسرائیل به کردستان عراق روانه شدند و معتقدم که نمی‌تواند رابطه‌ای وجود نداشته باشد.»

شاید برای شروع بحث، برایم سخنی رضایت‌بخش بود. و بعد مثل مشهور بین مخالفان انقلاب را بیان می‌کنم که از ۱۹۷۵ دوران شروع کاندیداتوری کارتر زمینه فروپاشی رژیم شاه فراهم شد و آمریکا بی‌ثبات کننده حکومت شاهنشاهی شد و طرفدار رهبر انقلاب. او هم به این توطئه باوری می‌خندد و ضمن اشاره به حکایت شاید توهم آلوده برخی از این دست منتقدان که انقلاب ایران را تلاش آمریکا می‌دانند و اینکه کسی مانند کارتر — دورانی

1- The Oil Kings
2- Andrew Scott Cooper

که خودگری در شورای عالی امنیت به همراه برژینسکی فعالیت داشت — دست شاه را گرفت و از کشور بیرون راند و آیت الله و نظام بعدی را جانشین کرد، انگار از نوشیدن چای سبز، دل و دماغی تازه یافته است، می گوید «این توهم عجیب و غریب را بارها از بسیاری از ایرانیان و خصوصا مخالفان حکومت فعلی ایران در لس آنجلس شنیده‌ام و واقعا ادامه باوراین توهم هم غیر قابل باور است و هم غیر قابل تحمل. من و برژنسکی و کارتر که باشیم که به جای مردم ایران تصمیم بگیریم؟ انقلاب را خود مردم ایران کردند. انگار اگر کار خوبی می‌بود خودشان را بانی و مسبب می‌دانستند اما اکنون منتقدان ناراضی و عاصی، آمریکا را متهم می‌کنند و نمی‌دانم چرا همیشه باید به دنبال کسی دیگر بود که همه کاسه و کوزه‌ها را سر او شکست. انگار چون ۱۹۵۳ و فروپاشی حکومت مصدق را آمریکا انجام داده است پس این هم چنین است.»

به میان حرفش می‌دوم که اکنون هم در ایران گروهی فارغ از عزاداری ۲۸ امرداد هستند اینکه کودتایی در کار نبوده و خود مصدق روز ۲۵ امرداد حکم عزلش را دریافت کرد و تا ۲۸ امرداد کشور را به آشوب کشید و خود مردم ایران چنین کردند و آن هم ربطی بهCIA ندارد و اغراق و توهم است و اعتباری برای CIA تراشیدن. انگار از شنیدن این باور خوشش نمی‌آید، آرام به حرفهایش ادامه می‌دهد که «بهرحال کارتر که آیت الله خمینی را به عراق نفرستاد، خود شاه فرستاد و شاه مخالفتی نداشت که او روانه فرانسه شود. از ۱۹۵۳ و پایان مصدق، ایرانیان تصورشان این است که هر چه در این کشور اتفاق افتاده است از چشم آمریکا می‌بینند. در همین کتاب کوپر در دست شما هم مشخص شده. اصلا کسینجر و بسیاری از مقامات آمریکا نمی‌دانستند چه اتفاقی در ایران رخ می‌دهد و سردرگم بودند و اینکه شاه چه می‌کند» و در تائید سخنش گفتم «به عبارتی شاه همه چیز را ول داد و رفت» که سخنم را تائید کرد و افزود «شاه خودش با این واقعیت دست و پنجه نرم کرد. از ۱۹۷۲ به بعد که نماینده و همراه منافع ما در منطقه بود و خودش را ژاندارم منطقه می‌دانست و پول زیادی هم از نفت داشت و در این ایام دیگر انقلابیون پرورش یافته بودند و در ایران عملیاتی می‌کردند و شاید خود شاه هم دوست داشت کشوری پیشرفته داشته باشد اما ترس از رابطه یا رویارویی با آنها، شاه را وادار به عقب نشینی کرد که چنین داستانش را به پایان برساند و انگار ژاندارم و قدرت منطقه شدن او را غره کرده بود اما امریکا در ایران کنترلی نداشت. اصلا چرا باید می‌خواست که انقلاب رخ بدهد؟ من سالها با کارتر کارکردم و می‌دیدم که از شاه حمایت می‌کند و حتی برژنسکی هم.

در ادامه این نکته را مطرح می‌کنم که با عقاید او هم سو هستم و بیشتر به جای تاثیر

آمریکا، به عقب نشینی قدم به قدم شاه باور دارم و مخالفان هم عاقبت گلیم را از زیر پایش بیرون کشیدند اما هنوز ابهام هایی باقی است مانند آمدن هایزر؛ البته وقتی که شاه بزرگ ارتشتاران، رفت دیگر از لشکران ستاره‌دار کاری برنمی‌آید و شاه عنصر اصلی بود نه مسئولیت آمریکا. انگار از این نظر راضی است، نفسی می‌کشد و عینکش را جابجا می‌کند و می‌گوید «همیشه ایرانیان اپوزیسیون از من می‌پرسند که چرا کارتر با ما چنین کرد؟ و من می‌گویم که وقتی شاه رفت، مسئولیت آن بر گردن خود مردم ایران است و آمدند در خیابان و مرگ بر شاه کار و زندگی‌شان شده بود که او را از سریر قدرت به پائین بکشند و مقصر دانستن انگلستان و نمی‌دانم آمریکا صرفاً نوعی فرار از مسئولیت است». در اینجا به تاثیر رسانه‌های هم اشاره دارم که از بی‌بی سی تا تلویزیون‌های آمریکا، فکر و ذکرشان پوشش اخبار ایران بود و اقدام‌های مخالفان که می‌گوید «بله ! موافقم، بسیاری از آمریکا چنین توقعی نداشتند اما شاه مسئول اصلی نگه داری کشورش بود نه ما !، آمریکا به ایران تسلیحات نظامی فروخته بود و ایران قدرت داشت و مشکل مالی نداشت و قیمت نفت هم بالا رفته بود و میلیون‌ها دلار به خزانه دولت ایران سرازیر بود و زمینه فروپاشی را خود شاه فراهم کرده بود، شاید شاه در تامین مالی و رشد ایران زحماتی کشید اما سولیوان سفیر ما وقتی به دیدار ژنرال ازهاری در پائیز ۱۹۷۸ به بیمارستان رفت، ازهاری در گوش او می‌گوید که همه چیز تمام شد و کشور از دست رفت و کاری از ما ساخته نیست ! و این بهترین نشانه که شاه می‌دانسته، شرایطی را فراهم کرده که چنین چیزی رخ بدهد حالا اگر قلبا می‌خواست که ایران فرانسه یا آلمان شود، آن بحث دیگری است اما تخمین و خوانش نادرست از واقعیت‌های موجود در بطن جامعه‌اش داشت. صدها کتاب در این باره نوشته شده و اما واقعیت را نمی‌شود پنهان و کتمان کرد، آمریکا نمی‌دانست در ایران چه خبر است یا سیر رخدادها به کجا می‌رود؟ تصور می‌کردند که شاه باهوش و آگاه و قدرتمند و محکم است و براحتی عرصه را به مخالفان نمی‌دهد و از عهده دور واژگون سپهر بر کشورش بر می‌آید اما شاه به بدترین شیوه تعامل کرد و اوضاع را متشنج‌تر کرد و طرفه اینکه تصور هم می‌کرد که جامعه هم عاشق و دلباخته او و حاکمیت‌اش هستند و این برداشتی نادرست بود. تصور می‌کرد CIA و روس‌ها پشت پرده هستند و به این مخالفان کمک می‌کنند و البته هنوز مشخص نیست که برخی از ایرانیان باورشان این است که خودشان به تنهایی انقلاب نکرده‌اند، به توانایی‌شان و اراده‌شان باور ندارند؟ مردم ایران جامعه‌ای است که ظرفیت‌های بالایی دارد که سیاست کشور خودش را مهار و مشخص کند اما مشکل است که باور کنند که انقلاب ایران را خودشان به پیروزی رسانیده‌اند؟»

مبحث را به جنگ خانمان سوز می‌کشانم و اینکه چرا در جنگ عراق علیه ایران، بعدها آمریکا جبهه‌ای علیه ایران و ایرانی گشود؟ آیا چون تصور می‌کرد که نو انقلابیون باوری به ادامه رابطه با آمریکا ندارند که در پاسخم با کمی تانی و تامل می گوید: «مساله‌ای پیچیده است و صدام وقتی که خواست حمله کند، قبل از حمله، آمریکا به ایران خبر داد که این کشور می‌خواهد به شما حمله کند، بنابراین آمریکا نمی‌خواست که صدام علیه ایران حمله کند و برژنسکی هم از صدام چنین خواسته‌ای نداشت، من سالها با وی کار کرده‌ام و در این زمینه دیداری هم با صدام نکرد و اگر چنین می‌بود حتما من یکی را در جریان امر قرار می‌داد و تا گروگانگیری هم هنوز شبه رابطه‌ای با ایران برقرار بود و یک تیم را روانه ایران کردیم که کارشناسان CIA هم در آن گروه بودند و می‌خواستیم ایرانی‌ها — بازرگان و یزدی– را متوجه این امر کنیم که صدام آماده حمله احتمالی به ایران است و ایران نمی‌تواند بگوید که غافلگیر شده و می‌توانید از مارک گازیروسکی هم بپرسید البته بزودی کتاب جدیدش را منتشر خواهد کرد و به این مسایل به صورت مستند اشاره کرده و خود ابراهیم یزدی که کاملا در جریان این امر بود و یا همان کسی که الان در زندان است... بگذریم! ... ایرانی‌ها آن روزنه ارتباطی را هم کم کم بستند اما ایرانی‌ها در ابتدا یعنی ۲ سال اول می‌توانستند که صلح کنند و مصالحه را بپذیرند و وقتی که عراق را به عقب راندند و جامعه عرب هم حاضر به پرداخت غرامت به ایران بود، اما یک سو ایران تمایل به ادامه داشت و از آن سو هم بسیاری از ژنرال‌های رژیم قدیم رفتند کنار صدام و شانه به شانه او علیه ایران و ایرانی کار کردند که حمله کند و به آب و خاکشان هجوم ببرد و از طارق عزیز هم نمی‌دانم این مسایل را پرسیده‌اید یا نه... و بعدها بود که آمریکا از صدام حمایت کرد» که یاد شعر حافظ افتادم که خدایا هیچ عاقل را مبادا بخت بد روزی، پرسیدم که چرا صدام را باور کردید؟، با نگاهی به دور دست‌ها شاید هم به کشتی مملو از مسافران شاد توریست و در حال عبور از وسط رودخانه، گفت «راهی دیگر نبود! واقع امر این است که ایران انقلاب کرده بود و می‌خواست انقلاب خود را صادر کند و حتی به غرب هم و یک حکومت ایدئولوژیک شده بود و شاید چین و روس‌ها هم از ایران نو حمایت می‌کردند، ایران برای خود رسالتی قایل شده بود، رهبری شیعیان جهان، رهبری مسلمانان جهان، و اینکه همه چه جهان اسلام و چه مابقی کره زمین باید آن را قدرتی بزرگ و قوی بشمارند و این تصور از دید ما غلط بود و غیر قابل قبول، و با رفتاری انقلابی‌گری می‌خواست از بحرین تا لیبی را با این افکار درنوردد و صدام هم البته تصوراتی غریب داشت، رهبری سنی‌های جهان، رهبری جهان عرب، بزرگ خاورمیانه و ... و حتی ضد

انقلاب ایران و ایرانی و به سلاح پناه برد برای جنگ با حکومتی ایدئولوژیک و برای همین از کمک ما بهره مند شد و بعد که در ۱۹۹۰ به بعد به کویت حمله کرد، بد شد و در ۲۰۰۳ هم که حکومتش فروپاشید و توهم‌های سیاسی مزاحم پیشرفت شفافیت واقعیت‌ها شدند به همین سبب می‌توان پرسید که گناه و جرم آمریکا چه بود؟ ایرانی‌ها برای راحت کردن موضوع، صورت مساله را آسان می‌کنند و نه برای انقلاب ایران و نه شروع جنگ علیه ایران، آمریکا بی‌گناه است و این نوع خوانش براستی خوانشی مطلق گرایانه و غیر واقعی است.»

بعد از این دفاع جانانه و تمام قد پیر مرد ۷۶ ساله از آمریکا و کشورش، شیطنت کردم و گفتم خوب نسل من از آغاز انقلاب با تبلیغات شبانه روزی دشمن جلوه دادن آمریکا بزرگ شده است اما خوب رابطه اجتماعی و فرهنگی و علمی میان دو جامعه ایران و آمریکا برقرار است و شاید هم گاهی اقتصادی و ... اما به هر حال سیاست آمریکا پس از انقلاب ۱۹۷۹ در خاورمیانه تغییر کرد و حالا چرا ایران نباید رابطه را آغاز کند و دریچه تازه‌ای را بگشاید و شاید آماده هر تغییری در این زمینه است و مشکل از آمریکا باشد و ادعای سروری‌اش اما پس از ۱۱ سپتامبر که جامعه ایرانی سیگنال فرستاد و حتی خاتمی، رئیس جمهور وقت، گفت مرگ بر آمریکا، منظور نه مردم و نه حکومت آمریکا بلکه نفرت از سیاست آمریکاست و نه آرزوی مرگ انسانی از جامعه آمریکا، حالا گرچه شاید افرادی و یا جناحی مخالف این تمدید رابطه باشند. وقتی سخنم تمام شد انگار از دفاع‌اش دیگر آرامش گرفته بود، افزود «باور من این است که رابطه آمریکا و ایران پیچیده شده است و شبیه بازی الاکلنگ شده است و البته هر دو هم عصبی‌اند. البته رابطه باید بر اساس واقعیات فی مابین باشد و مثلا جناح هایی مانند نئوکان‌ها و یا جناح راست و در سیاست حکومت فعلی تاثیراتی دارند که ایران دشمن اسرائیل است – چون اسرائیل، ایران را به عنوان دشمن درجه ۱ خود در خاورمیانه می‌شناسد و شاید هم حق با اوست – اما به هر حال این مسایل بهانه هایی از این دست پیرامون سیاست و دولت آمریکا می‌دهد که رئیس جمهور فعلی آمریکا هم برای گشودن رابطه و یا پذیرفتن آمادگی ایجاد رابطه با مشکلاتی روبرو باشد و برعکس این قضیه هم در ایران صادق است و دست رد به سینه موافقان این مساله می‌زند و هر دو کشور گرفتار نوعی سیاست محلی و داخلی‌شان بر واقعیت سیاست خارجی هستند و افکار عمومی کشورشان هم مزید بر علت؛ شعار حمله و ضدیت همدیگر بودن و مرگ بر آمریکا و اسرائیل و ایران و .. هم البته تاثیری دراز مدت در ساختار سیاست خارجی ندارد و این مشکل باقی است.»

در میان نوشیدن چای و خوردن تکه‌ای باقلوای ایرانی به گفته افزودم که شاید منافعی هم برای جناح‌های مخالف ایجاد رابطه وجود دارد و البته نسل‌های جوان و جدید هم لزوما ادامه دهنده این سیاست نخواهند بود و شاید این دل غمدیده، حالش به شود. هنوز لقمه‌اش را پایین نداده بود که سرش را به نشانه رضایت تکان داد و گفت: «مسلما، جناح‌ها و گروه‌های تندرو و غیرقابل انعطاف در واقع ضرورت وجود همدیگر را نفی و انکار می‌کنند و عقایدی برای توجیه صرف عملکرد خود ندارند و ادامه دشمنی هم امتیازاتی برای طرفین دارد و بازگشت به رابطه مسالمت آمیز دیر یا زود رخ خواهد داد و قابل تصور است. در افغانستان هم ایران بسیار به آمریکا کمک کرد و نمی‌توان منکر این واقعیت شد و به نفع مصالح هر دو کشور بود اما در عراق زمینه رشد چنین قضیه‌ای فراهم نشد. اما فهم درست از همدیگر و اشاره درست به واقعیات و نقاط قوت همدیگر ضرورت دارد. باید ۲ طرف به این نتیجه برسند که دیالوگ منطقی برقرار شود البته پس از ۲۰۰۹ هم موضوع مشکل‌تر و حادتر شد و افکار عمومی آمریکا هم مزید بر علت و همان بازی الاکلنگ را در نظر بگیرید، یکی بالاست و می‌گوید من که نیازی ندارد و دیگری که پایین است می‌گوید برایم مهم نیست و باید هر دو در یک سطح باشند و بهتر است که این مساله رخ دهد و من هم با شما هم رای هستم که نسل جوان به این عقلانیت و نگاه خواهد رسید.»

در پایان از بهار عربی سخن می‌راند که انگار ماجرا را ناقص می‌کند و می‌افزاید «تغییرات رخ می‌دهد، الان شخصاً معتقدم که ایران در همان بازی در موضع پایین قرار دارد و همین امروز هم دیدید که در سازمان ملل ریاست جمهور ایران، موفق ظاهر نشد و سخنانی بود که دیگر میان اروپا و آمریکا خریداری نداشت و ایران هم شاید بداند که سخنانی جدید برای واداشتن افکار جهان به تغییر نگرش نسبت به ایران لازم است اما آن واژگان قوی نبود و می‌دانیم که مقام برتر ایران هم نیست و حتی شورای عالی امنیت ملی ایران را هم در اختیار ندارد و رای نهایی او هم با چالش روبروست. اما هر چه هست، وضع فعلی ایران و تغییرات داخلی، مشکلاتی که باید رفع شوند اما بهار عربی با وضع ایران تفاوت‌های بسیاری دارد و اصولا مشابه نیست و مثلا مانند اسد نیست و وضع جامعه ایرانی هم مانند سوری‌ها نیست و ایران در ۱۹۷۹ انقلاب خودش را کرده است و مقبولیت‌اش هم گاه با نشیب و فراز و پستی و بلندی هم روبرو بوده است و طبعا هم هست اما انتخاب‌های دیگری هم هست که راه مصالحه بر اساس عقلانیت را می‌گشاید. باید صبوری کرد که ایران هنوز راه قدس را می‌جوید یا اینکه در خاورمیانه جدید در

سیاست خارجی خود تغییراتی می‌دهد و سیاستی غیر تعصب‌آمیز را دنبال خواهد کرد؛ شاید تصمیم سختی است اما بهرحال واجب و موسم تغییرات وقتی تند باد شود دیگر فرصت اصلاحات و ترمیم را از بین می‌برد.»

درباره فضای جدید انتقادی در ایران سخن می گویم که چند سالی است در مطبوعات داخل ایران مسائلی مورد نقد قرار می‌گیرد حتی دوران جنگ که یکی از مسئولیت رفسنجانی سخن می‌راند و دیگری از عملکرد رضایی گله دارد و ...انگار انتظار چنین چیزی را نداشت و با چشمانی برق زده می گوید «عالی است! شروع نقد عملکرد، نشانه موفقیت است. ضعف‌ها در واقع مشروعیت را نشانه می‌رود و خطرناک است در هر کشوری هم که باشد و نیروهای امنیتی هم نمی‌توانند کنترل کنند. اما رای من این نیست که ایران فروپاشی می‌کند، واقعیت این نیست و من در این تخیلات و اوهام نیستم اما با این سخن شما می‌توانم بگویم که زمینه عملی همه جانبه، امید بخش است و تصور من هم این است که ایران مدل بهتری را در پیش خواهد گرفت» و برای اینکه پیرمرد را بیشتر خوشحال کرده باشم می گویم «نسل جوان ایران باوری هم به اپوزیسیون ندارد و دنباله رو تصورات غلط آن هم نیستند که مثلا حمله نظامی شود و یا حمایت خارجی؛ و تفکر غالب تفکر درباره «چه باید کرد؟» است و قدم به قدم اصلاحات و پرهیز از افکار سرنگونی و دوباره تجربه‌ای نو را آغازیدن، دیگر نسل جوان ایران هم از قافله دنیای مدرن عقب نمانده است.

با تبسمی بر لب می‌افزاید: «موافقم! خبر خوبی بود، من هم به نسل جوان ایران می‌گویم که آمریکا حامی تروریست‌ها و خارج کردن آنها از لیست ترور نیست. و می‌دانم که این نسل در جهان بی‌مرز اطلاعات آزاد شنا می‌کنند اما نباید هرگز تصورات غلط داشت، مثال دیگری از سوریه بزنم که مردمانی خودشان را جلوی گلوله می‌اندازند و ترکیه و یا عربستان هم این تظاهرات را راه نیانداخته است و با ۲۰۰ دلار این و آن هم یکی خودش را گوشت دم توپ نمی‌کند و خود مردم هدف دارند و باورمند به تغییر و اراده رشد خودشان و این تنها مثال و شاهد زنده این روزهای بهار عربی نیست، آمریکا که کاره‌ای در این جریان نیست، از مبارک هم نخواست برود، جوانان مصری خودشان خواستند و توانستند؛ پس باید باور به توطئه‌های بی‌معنا را رها کرد و باور به اراده رشد داشت و رهبری جامعه زنده و پویا هم با خود جامعه است نه کس دیگری. برای ایران و ایران آرزوی موفقیت دارم.»[1]

۱- منبع: روزنامه شرق - شماره ۱۳۶۰ - چهارشنبه ۱۳ مهر ۱۳۹۰.

۴

کُودتا، یا عزاداری

(در باره ۲۸ امرداد ۱۳۳۲)

۳ سال پیش در همین روزها در برنامه سفارشی VOA می‌گویند «این دولت با ٤ تا گنده لات و فاحشه سرنگون شد»؛ در پاسخ این ادبیات و طرز بیان‌شان باید گفت: سقوط چنین دولتی، هرچه سریعتر بهتر! چون‌پایگاه نداشته و کودتای مصدق‌السلطنه علیه خود بوده! ....یا آمریکایی‌ها می‌گویند «دولت مردمی» و کسی هم‌نیست بگوید کدام مردم؟ منصوب خود شاه بود نه مُنتخب مردم!...کسی نمی‌شنود.)

۲۸ امرداد را براساس مطالعات و گفتگوهایی که با چهره‌های سرشناس تاریخ معاصر در سالیان گذشته داشته‌ام با چند پرسش مورد بررسی قرار داده‌ام که در پی می‌آید.

● آیا ۲۸ امرداد را همین گروه چماقداران انجام دادند با دلارهای آمریکایی؟

اصلا چنین نیست!. مصدق‌السلطنه تا همین قبل از واقعه ۲۸ امرداد، پسر خاله و دوست جانی شعبان جعفری بوده!؛ انگار یادشان رفته که در ١٤ آذر ۱۳۳۰ شعبان جعفری و همراهانش به دفاتر روزنامه‌های چپ و توده‌ای مخالف مصدق‌السلطنه و دولتش، حمله کردند و پس از ضرب و شتم کارکنان و غارت وسائل، آنجا را به اتش کشیدند مانند روزنامه‌های فرمان، داد، آتش، طلوع، سیاسی و ... حتی سرهنگ نوری شاد از شهربانی هم کشته شد و شدت حوادث و وقایع به حدی بود که در مجلس هم داد نمایندگان بلند شد.

در ۱۷ آذر ۱۳۳۰ در صحن علنی مجلس، محمدرضا آشتیانی زاده پشت تریبون رفت و گفت «حوادث ١٤ آذر برای دومین بار لکه بدنامی و ننگ را به دامن مصدق‌السلطنه زد و دست وی را به خون بی‌گناهان آغشته ساخت. در زمان رضاشاه تا به وی در مجلس سنگ و آجر نزدند، وی دستور حمله نداد اما مصدق چنین می‌کند و شعار دولت هم فحش دادن و ترساندن و خفه کردن مردم شده است. مصدق‌السلطنه طاقت ندارد مخالفین علیه وی حرف بزنند و یا چیزی بنویسند و تظاهرات کنند و اگر شما ادعا دارید که مردم طرفدار شما هستند، پس از چند هزار نفر مردم، چه هراسی دارید؟ روز ۵ شنبه دیدم که روزنامه

طلوع را غارت کردند ولی مسخره است که رئیس شهربانی از چاقوکش‌ها به عنوان مردم شریف تهران تشکر می‌کند اما نخست وزیر می‌گوید که خسارت را می‌دهم!؛ این شهربانی به چه درد مردم می‌خورد؟ ای خاک بر سر این تشکیلاتی که بخواهد به وسیله چاقو کش با حزب توده مبارزه کند. دولت مصدق‌السلطنه دستش به خون آلوده است و نباید بگذاریم که رجاله و اوباش بر ما حکومت کنند !»

غیر از این سخنان جمال امامی هم سخنرانی کرد و متن روزنامه کیهان را خواند و گفت «حمله به دفاتر روزنامه‌ها به دستور پلیس و شخص مصدق‌السلطنه بوده و کجای دنیا دیده‌اید که دولت، غارت کند؟ «و... بعدها هم عبدالقدیر آزاد به پشت تریبون رفت و گفت «کار نفت به جایی نرسیده و دولت بر اوضاع مسلط نیست و چرا وقتی مصدق‌السلطنه قادر نیست، استعفا نمی‌دهد؟، هرچه تا امروز گفته، دروغ گفته ! و مرام و عقیده ایشان هم گول زدن و فریفتن مردم است و بس. دولت هر کاری می‌کند و مجلس هم هیچ نمی‌گوید و...»

و متاسفانه سخنان تاریخی این افراد از کتاب‌های تاریخ معاصر ما حذف شده است. چرا؟، به زور و ضرب تکرار مکررات می‌خواند و افسانه‌سرایی می‌خواهند چیز دیگری را به مغز ما فرو کنند که همیشه حق با مصدق‌السلطنه بوده. اما باید بدانیم که برای نخستین بار همین مصدق‌السلطنه بود که از شعبان جعفری و اوباش و اجامر و نیروهای فشار تندرو و خودسر برای نشاندن حرفش بر کرسی استفاده کرد!

● شخصیت مصدق و اینکه او بهرحال نخست وزیر دولتی بود

قضاوت تاریخی قطعی و مسلم نیست بلکه نسبی و متغییر است اما تا امروز به این نتیجه رسیده‌ام که مصدق‌السلطنه یک فرد متعصب، عصبی مزاج، لجوج، کینه‌توز، انتقام‌جو و هوچی و فریبکار بوده... کدام دولت مردمی؟ این یک افسانه بی‌مزه و ساخته و پرداخته شده است. نوعی مسخره کردن تاریخ سیاسی ماست. دائم با پیژامه روی تخت خوابیده و مانند یک علیل بیمار رفتار می‌کند صرفاً برای حاشیه سازی.

خودش در خاطراتش می‌گوید که بیماری عصبی دارد. در اوج هیجان غش می‌کرد و خنده چهره‌اش به سرعت به اشک در چشم تبدیل می‌شد و افسرده و بدبین و بی‌اعتماد به همه. البته خودش و اطرافیانش تلاششان این بود یک بت یا نماد ملی بتراشند که تراشیدند و سعی هم می‌کنند که این اسطوره دروغین خدشه‌دار نشود. عوام‌فریبی هم حد و اندازه‌ای دارد و عزاداری ۲۸ امرداد ۶۰ سال است که ادامه دارد. کافی نیست؟ دغدغه نسل جوان امروز ایران هم نیست. خودش ملی کردن صنعت نفت را ناشی از الهام غیبی و هاله نور و

.... می‌پنداشت و می‌گفت که خواب دیده که شخصی نورانی به من گفت که مصدق برو و زنجیرهایی که به پای ملت ایران بسته‌اند را باز کن!... این ماجرای خنده دار الهام غیبی و هاله نور از اینجا نشات گرفته !

●کودتا بود یا نبود؟ ماجرای عذرخواهی خانم آلبرایت

چه کودتائی؟ در بعدازظهر ۲۳ ژوئن ۱۹۵۳ (۳ تیر ۱۳۳۲) ۱۱ مرد امریکایی در دفتر وزیر خارجه وقت - جان فاستر دالس - گردهم آمدند و آلن برادر وزیر خارجه هم رئیس وقت سیا بود و کرمیت روزولت هم عضو سیا بود و گزارشی ۲۲ صفحه‌ای دادند که آلن به طرح انگلستان اشاره کرد و بعد گفت: «این مصدق دیوانه را این طور دک خواهیم کرد». و عملیات آژاکس شروع شد به معنی چکمه یا تیپا!. البته مصدق‌السلطنه سفارت لندن در تهران را بسته بود و تنها امریکایی‌ها خبر داشتند از اوضاع. این طرح تاثیری نداشت و عوامل متعدد بیشتر داخلی دست به دست هم داد و شکست مصدق را محقق کرد. موجی غیر منتظره از واکنش‌های موافقان شاه بین مردم و ارتش پدید امد و البته طرفداران فرقه مصدق‌السلطنه مخالف این روایت هستند و جمعیت را استیجاری و نوکر و الوات و اوباش می‌نامند. شاید طرح‌های داخلی مانند فضل‌الله زاهدی و .. همسو با خواست امریکا و لندن شد اما جریان‌های داخلی و نقشه آنها با هم تقاطی و هم سوئی یافت و همراهی و همدلی کاشانی و بقایی هم بی‌تاثیر نبود. کاشانی که مصدق‌السلطنه را صیاد آزادی و یاغی خواند. نمی‌خواهم وارد دور باطل کودتا یا رستاخیر ملی شوم اما هرچه بود هر دو راویان مطلق‌اندیش، گره بر باد می‌زنند! قضاوت مطلق که نمی‌توان داشت. این رخداد را باید منطقی و تاریخی نگاه کرد نه احساسی و عاطفی.

اما ساختن آن جعل از زبان آلبرایت، یک کار زشت بود و بی‌ربط. نشانه عدم سواد و اگاهی بود. اولا اگر امریکا اهل عذرخواهی است لطف فرموده از حمایتش از گروه‌های متعصب افراطی و تندرو و یا از دفاع حمله عراق به ایران و یا پایین انداختن هواپیمای ایرانی و ... عذرخواهی کند. بالعکس درباره ۲۸ امرداد من معتقدم که نیازی به عذرخواهی نیست بلکه باید ما ایرانیان هم ممنون امریکا باشیم. هم برای دادن اولتیماتوم به روس‌ها برای عقب‌نشینی و نجات تمامیت ارضی ایران و رفع غائله جمهوری پوشالی تبریز و مهاباد و بعد هم برای نجات ایران از بلای مصدق و افتادن ایران به دامان کمونیست و ک گ ب. آیا ایران به دامان کمونیست‌ها می‌رفت، گلستان می‌شد؟ دقیقا سرنوشت اروپای شرقی را پیدا می‌کردیم آن هم به بهانه دمکراسی و جمهوری دموکراتیک و ...عاقبت هم

دیدیم که در دهه ۴۰ و ۵۰ و بعد از آن هم دنباله روهای توده و شوروی مانند انقلابیون توده و چریک‌ها فدائی و مجاهدین خلق و ... چه بلایی بر سر این مملکت آوردند. در واقعیت امر باید خاطر نشان کرد که خانم دکتر آلبرایت گفت امریکا نقش مهم در تدارک سرنگونی بازی کرد و کلماتش را چندان بد انتخاب نکرده بود و تائید کننده روایت منادیان مصدقی نیست و سپس گفت برای دولت آیزنهاور دلایل استراتژیک موجه وجود داشت. که منظور همان سقوط ایران در دامان توده‌ای‌ها است.

● تاثیر ۲۸ امرداد در روابط ایران و امریکا

مسلما! امروزه هم دگرگونی در استراتژی امریکا و دست برداشتن از طرح نغییر رژیم یک پیامد مسلم دارد و اینکه سیاست در ایران در زیر سایه ۲۸ امرداد نیست و نخواهد بود و حکومت در ایران با مداخله امریکا تعیین نخواهد شد. امریکایی‌ها گزینه جنگ را کنار گذاشته‌اند و مشکل از برخی از ما ایرانی‌هاست که ناتوانیم در نگشودن راه برای مداخله خارجی. تعهد به نیاخاک کهن ما شرط اول ایراندوستی است. امیدوارم این بند دست و پا گیر فرهنگ سیاسی ایرانی گشوده شود و دست از اوهام بشوئیم. خود آمریکایی‌ها می‌دانند که در دوره کندی نقشه سازمان سیا برای سقوط کاسترو در کوبا - عملیات خلیج کوبا - با شکست روبرو شد و سیا خواست که با اغراق موضوع موفقیت در ۲۸ امرداد را علم کند و ایرانیان هم عاشق نظریه توطئه!

● شاه فقید چه تاثیری در نتیجه ۲۸ امرداد داشت؟

هیچ !، شاه تا اوایل امرداد ۱۳۳۲ مخالف بوده و به مقامات امریکا و لندن گفته که در تضعیف و براندازی مصدق حاضر به همکاری نیست. از اسفند ۱۳۳۱ رابطه بین شاه و مصدق به سردی گرائید. حتی از اردیبهشت ۱۳۳۲ هم در دربار هم نفوذ کرد و به فشار خود، حسین علا را از وزیری دربار برکنار کرد و ابوالقاسم امینی را گذاشت. بنابراین شاه در تعیین نتیجه ۲۸ امرداد هیچ نقشی نداشت شاه مخالف حرکت علنی علیه مصدق‌السلطنه بود و در ۲۳ فروردین ۱۳۳۲ با قاطعیت و اصرار می‌گوید که قدمی برای برکناری مصدق‌السلطنه بر نمی‌دارد مگر اینکه مجلس به وی رای عدم اعتماد بدهد.

●واقعا حزب توده آنقدر رشد کرد که به نوعی خطر مبدل شد؟

بله!، در پائیز ۱۳۳۱ سفارت امریکا در تهران نوشت که نفوذ حزب توده در سطح

کابینه مصدق در حال افزایش است و روحیه افراطی‌گری در داخل جبهه ملی به طرز نگران کننده‌ای رشد کرده و حتی خود مصدق‌السلطنه هم از توده ای‌ها مشورت می‌گیرد و برخی از اعضای کابینه هم آلت دست توده‌ای‌ها شده‌اند. اسناد سفارت لندن و واشنگتن در این ۱ ماه نشان می‌دهد که حزب توده نفوذ کرده و خطر کمونیسم جدی‌تر شده. مثلا در تظاهرات سالگرد ۳۰ تیر ۱۳۳۲، دو تظاهرات در تهران برگزار شد. مصدق‌السلطنه و طرفدارانش صبح به خیابان آمدند و حزب توده هم بعدازظهر. خبرنگار نیویورک تایمز نوشته که تظاهرات صبح چند هزار نفری و پراکنده بوده و تظاهرات عصر چند صدهزار نفری و منظم بوده.. در همان روز در شعارها می‌گفتند «لانه جاسوسی امریکا» تعطیل شود؛ یعنی سفارت آمریکا!. در اینجا بود که آمریکایی‌ها ترسیدند و دیدند که شاه حق داشت که می‌گفت مصدق‌السلطنه متحد و جاده صاف کن حزب توده است. البته نیروهای مذهبی هم طبیعتا و بطور سرشتی، از نفوذ کمونیست‌ها هراس ویژه داشتند. البته در ۲۷ امرداد هم حزب توده هم به جان پان ایرانیست‌ها افتادند و به دفترشان حمله کردند و غارت کردند. سومکا و پان ایرانیست رقبای اصلی توده بودند .

● **سیر وقایع در چند روز منتهی به ۲۸ امرداد**

آن قدر پس از انقلاب ۱۳۵۷ کتابهایی توسط طرفداران مصدق منتشر شده که دیگر جدا کردن فسانه و واقعیت از همدیگر مشکل شده. بعد از انکه مصدق‌السلطنه مجلس را منحل کرد؛ در قوه قضائیه هم دست برد و با بازنشسته شدن شماری از قضات دیوان عالی کشور، این نهادها را فلج کرد. حتی دستگاه دادرسی ارتش را هم به هم ریخت. بسیاری از امرای ارتش بدون اطلاع قبلی شاه بازنشسته شدند و می‌خواست که صفوف ارتش را از طرفداران شاه پاکسازی کند.

٤ روز پس از تظاهرات ۳۰ تیر بود که اشرف وارد تهران شد. در ۱۹ امرداد با فضل‌الله زاهدی و اردشیرخان زاهدی دیدار می‌کند و در ۲۱ امرداد هم راهی کلاردشت شد به همراه ثریا. بعد نصیری فرمانده گارد هم به شمال رفت و فرامین شاه را برگرداند و چون شاه از اواسط امرداد تصمیم‌اش را گرفته بود که به خاطر دوران فترت و انحلال مجلس قانونا حق عزل و نصب نخست وزیر را دارد و در واقع پس از دیدارهای اشرف، شوارتسکف و روزولت و تیمسار زاهدی؛ حکم عزل را نوشت و ۳ روز هم با تاخیر حکم به تهران می‌آید و همین ۳ روز تاخیر نصیری، کار دست همه داد.

روز جمعه حکم به دست زاهدی می‌رسد و روز شنبه ۲۵ امرداد هم ساعت ۱۱ و نیم

شب حکم توسط نصیری به مصدق ابلاغ می‌شود. بنا به قول اردشیرخان زاهدی مصدق اول روی نامه شاه می‌نویسد که دستخط مبارک زیارت شد؛ هرچند بعدها منکر شد و ٤-٥ دقیقه بعد هم نصیری را بازداشت می‌کند. اصلا بی‌جهت نصیری در منزل مصدق معطل مانده بود و مصدق هم به دروغ گفت که نصیری قصد دستگیری‌اش را داشته است. به هرحال دولت یاغی خواست ۳ روز بیشتر حکمرانی کند و از حکم شاه تمکین نکرد و عزل قانونی‌اش را قایم کرد و دروغ گفت و به رادیو رفت و ملک و مملکت را به آشوب کشانید و بعد هم کودتا خواند! ٤ صبح روز ٢٦ امرداد هم شاه وقتی که شنید که نصیری بازداشت شده، تصمیم به فرار می‌گیرد و نگران جانش بود و بعد رفت به فرودگاه بغداد پیاده شده و بعد راهی رم شد.

البته در همان ٢٦ امرداد بود که فاطمی با سفرای خارجی دیدار کرد و گفت که شاه از سلطنت مخلوع است و مظفر بقائی و علی زهری و دیگر نمایندگان غیر مستعفی مجلس را بازداشت کرد و گارد را هم خلع سلاح کرد و روزنامه‌های حزب توده هم خواستار لغو نظام سلطنتی شدند و فاطمی هم کاخ‌ها را مهر و موم کرد و حتی فاطمی - سردبیر جنجالی روزنامه باختر امروز - به تقلید محض از ادبیات حزب توده؛ در سرمقاله‌هایش شعار سرنگونی شاه را نوشت و روز ٢٦ امرداد هم شاه را خائن و وطن فروش و خون‌ریز و عیاش و هوس‌باز و غارتگر و .. نامید و روز ٢٧ امرداد هم نوشت که مجسمه‌های شاه را پائین بیاورند و انقلاب مردمی و از این دست قرمایشات و مزخرفات. دیگر در باختر امروز ننوشت که حکم عزل مصدق یا دستگیری نصیری و ... صرفاً می‌گفتند که روز ٢۵ امرداد یک کودتای نظامی را خنثی کرده‌اند.

هندرسن در ٢٧ امرداد به تهران آمد و گفت که مصدق‌السلطنه پوزخند ظفرمندانه بر لب داشته مانند امرا و رهبران ظفرمند و دوباره پشت مردم قایم شده و از مردم ایران هزینه کرده و گفته که مردم ایران بر این باورند که دولت امریکا علیه آنهاست و ایران در استانه یک انقلاب است و ...و این مجلس را هم دولت انگلیس برساخته و خریده است و ... [حال کسی هم نپرسید که بگوید شما را به نمایندگی مردم ایران چه کار؟؛ کدام انقلاب؟؛ وعده روس‌ها بود؟؛ کدام انگلیس؟؛ مجلس را که خود و طرفدارانت ساخته و پرداخته کرده بودند و مطیع محض تو بود جز چند نفر منتقد ! و ...]. عصر ٢٧م کم کم به نظر رسید که جو عوض شده و بعد رادیو هم به دست مردم افتاد. طبق حرف دکتر صدیقی؛ مصدق روز ٢٧ امرداد افسرده و گریان بوده و غرغر می‌کرده. همان روز بود که جراید حزب توده خواستار برقراری جمهوری دمکراتیک شدند و خلاصه خواست مصدق شاه

شود که نگرفت و محمدرضا شاه به قدرت بازگشت!

و ۱۲ ظهر روز ٤ شنبه ۲۸ امرداد در رستوران هتلی در رم، شاه فهمید که مصدق سقوط کرده و بعد هم تلگراف زاهدی رسید که «مردم شاهدوست و ارتش فداکار در انتظار مرکب همایونی و ... و خاک پای مبارک مستدعی است نزول اجلال فرمائید و ....» و حتی شاه به ثریا گفته بود که منتخب مردم هستم و می‌دانستم مرا دوست دارند! و عصر ۳۱ امرداد از رم وارد تهران شد و چند ساعت بعد بود که شاه پیام رادیوئی داد و دوران نخست‌وزیری مصدق‌السلطنه را بدون ذکر نام، کابوس منحوس نامید و بعدها در ۲٦ تیر ۱۳۳٦ شاه گفت که روز ۲٦ امرداد در حرم امام علی پنجه در ضریح انداخته و ....التماس دعا داشته!. از آن روز عزاداری ۲۸ امرداد ادامه دارد و زیر علم مصدق‌السلطنه سینه می‌زنند! و شاه هر سال جشن قیام ملی ۲۸ امرداد می‌گرفت و مصدق اللهی‌ها هم کودتا می‌خواندند. بعد از آن هم شاه می‌خواست که نخست وزیر نه قدرتی داشته باشد و نه اختیاری و رویکرد شاه تغییر کرد. بهرحال با دستگیری و اعدام برخی از سران فدائیان اسلام و متلاشی شدن تشکیلات حزب توده و جبهه ملی؛ دیگر شاه حس کرد که برگ تازه‌ای در تاریخ سلطنت او آغاز شده. که تا ۲٦ دی ۱۳۵۷ ادامه داشت.

۵

یادمان محصلان رمیده از سفسطه بازان سیاست

اوان ۱۳۳۰، پس از زوال صدارت رضاشاه پهلوی و پیدایش سپهر بازتر سیاسی، دانشجویان و محصلان دانشگاه تهران بیش از پیش به سخت کوشی در سیاست و خط مشی نو پرداختند گرچه هنوز سفسطه بازانی عیار مانند کمونیست‌های حزب توده یا مصدق‌السلطنه به چشمش بندی و فریب ایشان سرگرم بودند.

مشهور است که در ۱٤آذر ۱۳۳۰ هم شعبان جعفری و همراهانش به دفاتر روزنامه‌های چپ و توده‌ای مخالف دولت مصدق‌السلطنه شبیخون زده بودند و همه چیز را به غارت بردند و روزنامه‌چی‌ها را کتک زدند و روزنامه‌شان را به آتش کشیدند، فرمان، داد، آتش، سیاسی، طلوع، و.... فدای نقدی ساده از مصدق‌السلطنه - رئیس دولت بد پیمان عهد شکن - شد که در کوی و برزن می‌نواختند همره و دوستدار آزادی روزنامه و مطبعه است! و چه دروغ بامزه اما تلخی بود.

یعنی شعبان جعفری به حمایت از نهضت ملی شدن نفت و مصدق‌السلطنه برخاست. او به همراه گروه اراذل و اوباش خود در روز ۱٤ آذر ۱۳۳۰، به دفتر روزنامه‌های چپ و توده‌ای و مخالف دولت مصدق‌السلطنه (مانند چلنگر، مردم، شورش، بدر و...) حمله کرده و این دفاتر را غارت و ویران کردند. این آشوب برای او مدتی حبس در زندان قصر را به ارمغان آورد.و پس از آزاد شدن هم بار دیگر راه خود را در پی گرفت، در ۳۰ تیر ۱۳۳۱ به فعالیت برای بازگرداندن مصدق‌السلطنه بر مسند نخست‌وزیری پرداخت اما به فاصلهٔ کوتاهی از ی روی برگرداند و ماجرای ۹ اسفند ۱۳۳۱ پیش آمد. و همیشه مصدقی‌ها شایع کرده‌اند که عزاداری ۲۸ امرداد ۱۳۳۲ را دوستان شاه مانند شعبان به راه انداخته‌اند اما کسی نمی‌گوید که نخست وی گوش به فرمان مصدق‌السلطنه بوده است.

باز هم شنیده‌ایم که چند نماینده مجلس دوران هم لب به شکوه از مصدق‌السلطنه گشودند اما یقه آنان را اجامر و اوباش ها چسبیدند و بی‌آبرویشان کردند.

در ۱۷ آذر ۱۳۳۰ و در صحن علنی مجلس، آشتیانی‌زاده با طوماری بلند، پشت تریبون

رفت و گفت: «لکه بدنامی را به دامن حاکم دولت نشسته و دست این مرد به خون بیگناهان آغشته است» (اشاره‌اش به ۲۳ تیر و قربانی شدن ۱۷ نفر بود و نخست وزیر، سر لشگر بقایی را متهم کرد و سرلشگر زاهدی را از کار بر کنار کرد تا خود را بفریبد!) و بعد گلویش را صاف کرد و گفت: تا به رضاشاه در مجلس سنگ و آجر نزدند، دستور حمله نداد اما یاللعجب که این حقه باز دوران - یعنی مصدق‌السلطنه چنین می کند، شعارش تنها ناسزا - ترساندن-خفه کردن نه مردم بلکه جوانان این آب و خاک شده. این آقا، طاقت حریف ناموافق ندارد!، اگر به دور از دسیسه و فتنه می‌گوید که طرفدار مردم است پس چه غم و هراسی از نقد دارد؟، می‌زند و می‌کشد و غارت می‌کند اما طنز داستان اینست که گریه می‌کند و چاقو کشان رجاله و اجامر را مردمان شرافتمند و نجیب می‌داند و کار دگران را اتراق خیابان می‌داند»

پس از سخنان او گفتند که مجلس، مانند شاه سلطان حسین نشسته و دولت هرکاری می کند اما مجلس هیچ نمی گوید. .. البته کسی حریف آن دغلباز سرگران و مردم سوار نشد و حتی بزرگش نیز خواندند...

دو سالی از این ماجراها گذشت و در این زمانه توده‌ای‌ها، از نفوذ بسیاری در میان دانشجویان بیزار و رمنده از خودکامگی دردآگین دوران، رخنه کرده بودند تا جوانان تازه نفس را به هواداری و هواخواهی این حزب ذره صفت فرا خوانند. در هنگام مصدق‌السلطنه، اساس و پایه این حزب در میان محصلان دانشگاه به چالش فراخوانده شد. پس از واقعه ۲۸ امرداد ۱۳۳۲، که بعدها به عزاداری ۲۸ امرداد تبدیل شد و دور باطل دعوای طرفداران شاه و مصدق‌السلطنه، سازمانهای سیاسی زیر چتر جبهه (مشهور به) ملی، برای دوران کوتاهی در یک پیوستگی نزار، با نام نهضت مقاومت ملی به ابرام و ایستادگی پرداختند و در میانه شهر به گونه‌ای پراکنده در خزان آن سال در دانشگاه تهران و بازار، به عرض اندام پرداختند تا از بازپرسی و دادرسی مصدق‌السلطنه، منصرف شوند... تنها هنر مصدق‌السلطنه در همان هوچی‌گری و فرصت‌طلبی بود.

چند هفته پس از آن، مژده دادند که انس و پیوند ایران و بریتانیا از سر گرفته می‌شود و نیکسون نایب رئیس جمهوری آمریکا برای ملاقات شاه ایران خواهد آمد که این بازدید، سرآغاز اغوای محصلان جوان شد که از همراهی دوری کنند و به جلوه‌گری واخواهی بپردازند. سلسله جنبان غائله هم نهضت مقاومت ملی بود تا در کلاس درس از« دیهیم تاج‌دار زمانه » بد گویند و بشارت آزادی و تمنای یک مشت زندگی رها را بدهند. اما بلوا، همه دانشگاه تهران را فرا گرفت.

این حاکم مشهور به خودکامه هم قلع و قمع جوانان مام میهن دستور داد. البته در طی تاریخ معاصر ایران، در هر زمانه و دورانی، آئین شمشیر داران قدرت محور، هماره همگون و همسنگ بوده و سربازان گوش به فرمان آن استیلا جوی اندیشناک به کلاس و دانشگاه و جوان و محصل شبیخون بزنند، تا هلاک کنند و همگان نمک شناس آن کبریا دار باشند که چشمانش را گریان کرده بود و هواخواهان کم همتش را به خموشی و بردباری دعوت می‌کرد. اما آن جوانان آرمانگرا و بی‌فریادرس که کلاس درسشان عرصه رزمشان بود، به شوق بامداد آزادی گریستند و رفیقانشان، ده‌ها و صدها یا روانه زندان یا تن رنجور و زخمی شدند. خون سه محصل جوان هم در برابر چشم مدعیان حفظ امنیت «دیهیم تاج دار زمانه» به زمین ریخته شد. آخرالامر سهوش خواندند و وسیله ساز هم سکوت پیشه کرد ...

***

دیگر دانشجویان زنده و شهید شده، نمی‌دانستند که روزگارانی جبهه ملی در بغداد زیر سایه صدام به تظاهرات علیه شاه خواهند پرداخت، روی نشریه‌شان می‌نویسند خلیج عربی؛ از مالکیت ایران بر ۳ جزیره شکایت دارند و آن را وابسته به اعراب می‌دانند و ....یا نخست وزیر جبهه ملی روزگارانی بختیار می‌شود؛ کسی که بنا به خاطرات سرهنگ امیر معزی، در روز ٢٦ دی ١٣٥٧ در هنگام خروج شاه از ایران، بدین صورت وارد هواپیما شده: «بعد از چند دقیقه بختیار آمد توی کابین. ما هنوز موتورها را روشن نکرده بودیم. شاه جلو نشسته بود و بختیار از پشت آمد. بختیار فکر می‌کرد پشت سرشاه هم چشم دارد!، چون ۳ بار از پشت سر به شاه تعظیم کرد. شاه از نیمرخ روی شانه خودش را می‌دید. تعظیم سوم بختیار را دید و گفت: چیه؟، بختیار گفت: قربان!، جان نثار آمده‌ام... شاه دستش را از روی شانه‌اش آورد که دست بدهد، بختیار ۳ بار دستش را بوسید و گذاشت روی پیشانی‌اش. شاه گفت: همان کارهایی را که بهت گفتم بکن!، بختیار هم گفت: چشم!، حتما!، خیالتان جمع باشد!» که صرفاً نشانه تفکر ایلیاتی و نوکرمآبی دارد.

بنابه صحبت اکثر مقامات امنیتی ساواک، ناصر مقدم، رئیس وقت ساواک - که از عوامل اسدالله رشیدیان بوده و روابط تنگاتنگی با او داشته و خود نیز مستقیما با انگلیسی‌ها مربوط بوده و نزد رئیس ایستگاه MI6 در تهران (ظاهراً)، انگلیسی می‌خوانده! – پس از شکست دولت نظامی غلامرضا ازهاری (آبان – دی ١٣٥٧) و مطرح شدن نام رهبران جبهه ملی برای نخست‌وزیری، به دنبال نکته بوده که به جای غلامحسین صدیقی و یا کریم سنجابی، شخص شاپور بختیار، مامور تشکیل دولت شود (هرچند دکتر میلانی در

کتاب شاه می‌گوید که: صدیقی کابینه‌اش را حاضر کرده بود اما شاه می‌خواست که زودتر برود و به همین دلیل بختیار را پذیرفت) و پس از زمینه سازی‌های لازم که مقدم انجام داد، وی به اتفاق غلامعلی اویسی نزد خانم فرح دیبا رفته و توصیه می‌کند که خانم فرح دیبا، محمدرضا شاه پهلوی را به این کار تشویق کند. هرچند این تمهیدات صورت می‌گیرد اما شاه که شاپور بختیار را پیوسته، از عوامل دولت انگلیس و شرکت‌های نفتی انگلیسی می‌دانسته، به وی مطلقاً اعتماد نداشته و آمادگی برای پذیرش این پیشنهاد را نداشته. در این زمان، بازوی دیگر دولت فخیمه (غیر از وزارت خارجه) به کار می‌افتد و هرچند که آقای لرد جرج براون (عضو هیئت مشاورین سلطنتی، معاون رهبر حزب کارگر، وزیر سابق امور خارجه و اقتصاد در کابینهٔ هارولد ویلسون و طراح کودتا در مصر) هم خواب‌نما می‌شوند که عازم ایران شده و با شاه ملاقات کند. (گرچه روزنامه اطلاعات روز ۱۸ دی ۱۳۵۷، این دیدار را گزارش می‌کند!)

شاه از وی به ناچار در دیداری خصوصی در کاخ نیاوران تهران می‌خواهد که مقام نخست‌وزیری ایران را قبول کند. شاه در این خصوص می‌گوید «با بی‌میلی و ناراحتی و اکراه و به خاطر فشار خارجی، با انتصاب بختیار به سمت نخست‌وزیری موافقت کردم که وی را به نخست وزیری برگزینم. من همیشه او را فردی دوستدار انگلیس و جاسوس شرکت‌های نفتی انگلیس می‌دانستم. پایه و ارکان سیاسی او نیز عمیق نبود و او اعتراف کرد که تعداد اعضای جبهه ملی در جمع از ۲۷ نفر تجاوز نمی‌کنند. ولی من نهایتا موقعی تصمیم گرفتم که بختیار را به نخست وزیری منصوب کنم که لرد جرج براون وزیر امور خارجه سابق انگلیس را ملاقات کردم. با هم دوست بودیم. او دست مرا گرفت و از من موکدا درخواست کرد که به یک مرخصی ۱-۲ ماهه بروم و سپس با قدرت تمام، شاپور بختیار را تائید و حمایت کرد.» به این ترتیب بختیار در ۹ دی ۱۳۵۷ نخست وزیر می‌شود. اگر چنانچه منتقدان سینه چاک از این نکته مطلع‌اند که آقای جرج براون (اهل لندن) سابقه آشنائی، دوستی و قوم و خویشی با شاپور بختیار (لُر شهر کرد) داشته و به همان دلایل به ایران آمده بوده که او را به نخست‌وزیری برساند نه اینکه که ماموریتی از طرف انگلستان بوده باشد؛ لطف فرموده و برای اطلاع همگان این مساله را شفاف‌سازی کرده و اعلام فرمایند تا ما هم بدانیم!

عاقبت هم پس از ۳۷ روز نخست وزیری، انقلاب ۱۳۵۷ پیروز شد و بختیار پس از ۶ ماه زندگی مخفیانه در ایران، در تیر ۱۳۵۸ به فرانسه رفت (البته شنیده‌هایی هم حاکی از آن است که مهدی بازرگان، سبب این خروج بوده که صحتش را نمی‌دانم) اما پس از

سقوط رژیم و استقرار بختیار در پاریس، لرد جرج براون، بختیار را رها نمی‌کند و برای بازگرداندن وی به قدرت در ایران، با کمک دولت عراق، تلاش کرده و خود نیز برای تشویق صدام حسین برای حمله نظامی به ایران، به بغداد می‌رود. حامد الجبوری وزیر امور ریاست جمهوری و امور خارجی و فرهنگ عراق در زمان حسن البکر و صدام حسین در مصاحبه با تلویزیون الجزیره ۲۵ جولای ۲۰۰۸ (۵ تیر ۱۳۸۷) نیز از این حقیقت پرده برداشته بود [vi] و درباره جریانات قبل از حمله عراق به ایران، می‌گوید: «جرج براون و شاپور بختیار در جلسه‌ای این پیام را به صدام دادند که بهترین فرصت برای حمله به ایران است. در این جلسات همه کسانی که با صدام ملاقات می‌کردند تاکید داشتند که ایران در آستانه فروپاشی است و ارتش کشور متلاشی شده و نیروی هوائی کشور به علت اعزام افسرانش زمین گیر شده است. همه آنها به گونه‌ای صحبت می‌کردند که عملیات نظامی با مقاومت جدی روبرو نخواهد شد و همین مطالب صدام را به آغاز جنگ تشویق می‌کرد»

اما باید یاد جانباختگان احساسی و پرشور آزادی وطن را هم ستود. دانشجویان در سالهای بعد هم نمی‌دانستند و شاید هم هنوز نمی‌دانند که درباره اعتصابات دانشجویان دانشگاه تهران و حوادث اول بهمن ۱۳۴۰ و دخالت بختیار در این اعتصابات، برخی به کذا معتقدند که شاپور بختیار، هیچگاه مسئول امور دانشگاه‌ها در جبهه ملی نبوده و کریم سنجابی، این مسئولیت را داشته است. اما در اسناد زیادی آمده که بختیار این مسئولیت را داشته: در سالهای ۱۳۳۹-۱۳۴۲، بیژن جزنی و همسرش (میهن قریشی) هر دو دانشجوی دانشگاه تهران بوده و در فعالیت‌های دانشجوئی جبهه ملی دوم شرکت داشته‌اند. همسر جزنی در ص ۳۸ کتاب «جنگی درباره زندگی و آثار جزنی»، می‌نویسد: در آبان ۱۳۳۹، تظاهرات جبهه ملی در محوطه دانشگاه تهران شروع شد که منجر به تحصن شبانه دانشجویان شد و ساعت ۸ شب، بختیار وارد محوطه سرپوشیده دانشکده ادبیات شد و درباره ضرورت شکستن اعتصاب به سخنرانی پرداخت و دانشجویان با هو کردن و سوت کشیدن، مخالفت خود را با بختیار، ابراز کردند. [این حادثه در زمانی اتفاق افتاده – آبان ۱۳۳۹ – که هنوز تیمور بختیار در راس ساواک قرار داشته] و خانم جزنی در ص ۳۹ همان کتاب درباره کنگره جبهه ملی دوم در دی ۱۳۴۱ که در منزل حاج حسن قاسمیه در تهران پارس تشکیل شده، می‌نویسد: در این انتخابات با توجه به اینکه بیژن جزنی و حسن ضیاالدینی از اعتماد بسیاری از دانشجویان برخوردار بوده‌اند معهذا صلاحیت آنان به وسیله شاپور بختیار، مسئول کل دانشگاه تهران، مورد تائید قرار نگرفت!

***

گفتند که جوان محصل به دنبال تلاش سیاسی نباشد که به سرکوب دوباره نظام‌مند گرفتار می‌شود و بعد روز محصلش خواندند. و دوران‌ها گذشت و این غنچه وعده داده سفسطه بازان سیاست ایران زمین، شکوفا نشد اما هر سال یاد آن جوانمرگ‌ها تکرار شد... و چه بسیار جوانانی معتقد به خط استقلال و آزادی هم که به یاد آنان با داغ و درفش و زندان روبرو شدند و شاید دوباره و چندباره در تاریخ معاصر ما تکرار شد.

به قول رفیقی شیرین بیان «می‌دانستند که برخلاف تصور فرصت‌طلبان، تاریخ مجموعه جعبه میوه فروشی نیست- تا به میل خود میوه دستچین شود. هرچه به سود اغراض بود را برجسته و هرچه به زیان اطماع بود، دروغش بنامند»... نه، جان برادر! چنین نبوده و چنین نیز نخواهد شد... گرچه تاریخ را نمی‌توان از نو ساخت، اما می‌توان از آن آموخت. افسوس که زمانه و تاریخ جاده‌ای یک طرفه‌اند که هیچگاه به عقب برنمی‌گردند اما سیاست قابل تکرار است. تکرار سیاست همانی است که می‌گویند «تاریخ تکرار می‌شود».

۶

توهمی به نام دفاعیه

(نوشته‌ای در باره شاپور بختیار)

در یکی از گفتگوهایم، اتهامات وارده به شاپور بختیار(آخرین نخست وزیر سلسله پهلوی)، مبنی بر وابستگی بختیار به انگلستان که در نوشته اخیرم - در دامگه حادثه - مطرح شده، را برخی از هواداران سینه چاکش به چالش کشیده‌اند - اما بالطبع چند مورد مهم نادیده گرفته می‌شود که بهتر است درباره شاپور بختیار مطرح شود و بعد به داوری‌اش نشست، لذا من ابتدا به آن مورد اشاره کرده و سپس به طور مشروح، این موارد را توضیح می‌دهم زیرا افرادی به عمد و با کذب، نمی‌خواهند به دخالت بارز و آشکار مقامات انگلستان و عوامل ایرانی آنها برای انتصاب شاپور بختیار ٦٤ ساله به نخست وزیری در دی ۱۳۵۷ و قبل از انقلاب، اشاره کنند.

- ریاکاری و تفکر نوکر مآبی:

کسی که بنا به خاطرات سرهنگ امیر معزی، در روز ٢٦ دی ۱۳۵۷ در هنگام خروج شاه از ایران، بدین صورت وارد هواپیما شده: «بعد از چند دقیقه بختیار آمد توی کابین. ما هنوز موتورها را روشن نکرده بودیم. شاه جلو نشسته بود و بختیار از پشت آمد. بختیار فکر می‌کرد پشت سرشاه هم چشم دارد!، چون ۳ بار از پشت سر به شاه تعظیم کرد. شاه از نیمرخ روی شانه خودش را می‌دید. تعظیم سوم بختیار را دید و گفت: چیه؟، بختیار گفت: قربان!، جان نثار آمده‌ام... شاه دستش را از روی شانه‌اش آورد که دست بدهد، بختیار ۳ بار دستش را بوسید و گذاشت روی پیشانی‌اش. شاه گفت: همان کارهایی را که بهت گفتم بکن!، بختیار هم گفت: چشم!، حتما!، خیالتان جمع باشد!» که صرفاً نشانه تفکر ایلیاتی و نوکرمآبی دارد.

- نخست وزیری با واسطه‌گری فرح دبیا، ناصر مقدم و جرج براون:

بنا به صحبت اکثر مقامات امنیتی ساواک، ناصر مقدم، رئیس وقت ساواک - که از

عوامل اسدالله رشیدیان بوده و روابط تنگاتنگی با او داشته و خود نیز مستقیما با انگلیسی‌ها مربوط بوده و نزد رئیس ایستگاه MI6 در تهران (ظاهراً)، انگلیسی می‌خوانده! — پس از شکست دولت نظامی غلامرضا ازهاری (آبان – دی ۱۳۵۷) و مطرح شدن نام رهبران جبهه ملی برای نخست وزیری، به دنبال نکته بوده که به جای غلامحسین صدیقی و یا کریم سنجابی، شخص شاپور بختیار، مامور تشکیل دولت شود (هرچند دکتر میلانی در کتاب شاه می‌گوید که: صدیقی کابینه‌اش را حاضر کرده بود اما شاه می‌خواست که زودتر برود و به همین دلیل بختیار را پذیرفت) و پس از زمینه سازی‌های لازم که مقدم انجام داد، وی به اتفاق غلامعلی اویسی نزد خانم فرح دیبا رفته و توصیه می‌کند که خانم فرح دیبا، محمدرضا شاه پهلوی را به این کار تشویق کند.

هرچند این تمهیدات صورت می‌گیرد اما شاه که شاپور بختیار را پیوسته، از عوامل دولت انگلیس و شرکت‌های نفتی انگلیسی می‌دانسته، به وی مطلقا اعتماد نداشته و آمادگی برای پذیرش این پیشنهاد را نداشته. در این زمان، بازوی دیگر دولت فخیمه (غیر از وزارت خارجه) به کار می‌افتد و هرچند که آقای لرد جرج براون (عضو هیئت مشاورین سلطنتی، معاون رهبر حزب کارگر، وزیر سابق امور خارجه و اقتصاد در کابینهٔ هارولد ویلسون و طراح کودتا در مصر) هم خواب‌نما می‌شوند که عازم ایران شده و با شاه ملاقات کند. (گرچه روزنامه اطلاعات روز ۱۸ دی ۱۳۵۷، این دیدار را گزارش می‌کند!)

شاه از وی به ناچار در دیداری خصوصی در کاخ نیاوران تهران می‌خواهد که مقام نخست‌وزیری ایران را قبول کند. شاه در این خصوص می‌گوید: «با بی‌میلی و ناراحتی و اکراه و به خاطر فشار خارجی، با انتصاب بختیار به سمت نخست‌وزیری موافقت کردم که وی را به نخست وزیری برگزینم. من همیشه او را فردی دوستدار انگلیس و جاسوس شرکت‌های نفتی انگلیس می‌دانستم. پایه و ارکان سیاسی او نیز عمیق نبود و او اعتراف کرد که تعداد اعضای جبهه ملی در جمع از ۲۷ نفر تجاوز نمی‌کنند. ولی من نهایتا موقعی تصمیم گرفتم که بختیار را به نخست وزیری منصوب کنم که لرد جرج براون وزیر امور خارجه سابق انگلیس را ملاقات کردم. با هم دوست بودیم. او دست مرا گرفت و از من موکدا درخواست کرد که به یک مرخصی ۱-۲ ماهه بروم و سپس با قدرت تمام، شاپور بختیار را تائید و حمایت کرد.»

به این ترتیب بختیار در ۹ دی ۱۳۵۷ نخست وزیر می‌شود. اگر چنانچه منتقدان سینه چاک از این نکته مطلع‌اند که آقای جرج براون (اهل لندن) سابقه آشنائی، دوستی و قوم و خویشی با شاپور بختیار (لُر شهر کرد) داشته و به همان دلایل به ایران آمده بوده که او را

به نخست وزیری برساند نه اینکه که ماموریتی از طرف انگلستان بوده باشد؛ لطف فرموده و برای اطلاع همگان این مساله را شفاف‌سازی کرده و اعلام فرمایند تا ما هم بدانیم!

همکاری نزدیک با جرج براون و صدام حسین:

عاقبت هم پس از ۳۷ روز نخست وزیری، انقلاب ۱۳۵۷ پیروز شد و بختیار پس از ۶ ماه زندگی مخفیانه در ایران، در تیر ۱۳۵۸ به فرانسه رفت (البته شنیده‌هایی هم حاکی از آن است که مهدی بازرگان، سبب این خروج بوده که صحتش را نمی‌دانم) اما پس از سقوط رژیم و استقرار بختیار در پاریس، لرد جرج براون، بختیار را رها نمی‌کند و برای بازگرداندن وی به قدرت در ایران، با کمک دولت عراق، تلاش کرده و خود نیز برای تشویق صدام حسین برای حمله نظامی به ایران، به بغداد می‌رود (یکی از مقام‌های امنیتی ایران (در کابینه بازرگان) در جریان گفتگوی من با وی درباره کتاب خاطرات جلال طالبانی، اظهار داشت که بازرگان به وی گفته است که دولت انگلیس ماموریت دارد که اشاعه فقر را در ایران عملی کند و به همین خاطر، وقوع جنگ حتمی است!) درباره این همکاری نزدیک جرج براون و شاپور بختیار برای تشویق صدام حسین در حمله به ایران، اسنادی از وزارت خارجه بریتانیا پس از ۳۰ سال در اختیار عموم قرار گرفته که در اینجا یکی از آن اسناد را دوست ارجمندم، آقای دکتر مجید تفرشی، محقق تاریخ معاصر، به دست آورده و در دو گزارش با نام «شاپور بختیار در آیینه اسناد تازه آزاد شده آرشیو ملی بریتانیا» در رادیو فردا منتشر کرد که دارای نکات مهمی بود و بعدها در وب سایت خود او و روزنامه شرق و جام نیوز هم، منتشر شده را نقل کرده و سپس به اظهارات یکی از وزرای صدام در تائید این رابطه اشاره می‌کنیم.

در سند مورخ ۲۵ سپتامبر ۱۹۸۰ منتشر شده از طرف وزارت خارجه بریتانیا، گزارشی با طبقه‌بندی سری آقای دیوید میرز – مسئول بخش خاورمیانه وزارت امور خارجه بریتانیا، خبر از سفر بختیار به عراق در آستانه حمله عراق به ایران (۲۲ سپتامبر ۱۹۸۰ – ۳۱ شهریور ماه) می‌دهد. در پاراگراف اول این گزارش، میرز می‌نویسد که: «امروز صبح دو گفتگوی تلفنی با دو مقام انگلیسی داشتم که در ارتباط با فعالیت‌های مخالفین رژیم جمهوری اسلامی ایران می‌باشند. یکی از آنان لرد جرج براون بود که گفت او اخر هفته عازم پاریس است تا با شاپور بختیار ملاقات کند. بختیار تازه از بغداد بازگشته است (۳ روز پس از حمله عراق به ایران). هر دو مقامی که با من صحبت کردند، به من این احساس محکم را می‌دادند که گروه‌های مختلف تبعیدی ضد رژیم جمهوری اسلامی معتقدند که فرصت موفقیت آنان ممکن است اکنون فرا رسیده باشد. به من گفته شد که منتظر باشم

که بزودی بیانیه‌ای از طرف بختیار در پاریس انتشار یابد».

حامد الجبوری وزیر امور ریاست جمهوری و امور خارجی و فرهنگ عراق در زمان حسن البکر و صدام حسین در مصاحبه با تلویزیون الجزیره ۲۵ جولای ۲۰۰۸ (۵ تیر ۱۳۸۷) نیز از این حقیقت پرده برداشته بود و درباره جریانات قبل از حمله عراق به ایران، می‌گوید: «جرج براون و شاپور بختیار در جلسه‌ای این پیام را به صدام دادند که بهترین فرصت برای حمله به ایران است. در این جلسات همه کسانی که با صدام ملاقات می‌کردند تاکید داشتند که ایران در آستانه فروپاشی است و ارتش کشور متلاشی شده و نیروی هوائی کشور به علت اعزام افسرانش زمین گیر شده است. همه آنها به گونه‌ای صحبت می‌کردند که عملیات نظامی با مقاومت جدی روبرو نخواهد شد و همین مطالب صدام را به آغاز جنگ تشویق می‌کرد».البته شاپور بختیار پس از حمله عراق به ایران و به دنبال اعلام آمادگی شاهزاده رضا پهلوی — فرزند محمدرضا پهلوی شاه فقید ایران — برای پیوستن به نیروی هوائی ایران برای دفاع از کشور، بیانیه‌هائی در محکوم کردن این حمله و آمادگی برای دفاع از خاک کشور صادر کرد اما کیست که نداند واقعیت امر چه بوده است. همکاری با صدام حسین پس از حمله نیز، سالها ادامه یافته و گرچه ظاهراً مرکز رادیوئی بختیار به قاهره انتقال یافته اما برنامه‌های رادیوئی نهضت همزمان از قاهره و بغداد پخش می‌شده است (و امروز افرادی که مدافع سینه چاک بختیار در رسانه‌های خارج از کشورند، همگی از منتفع‌های مادی این امر در بغداد یا قاهره بوده‌اند)

- خصلت سخاوتمندانه؟!

گاه در دفاعیه درباره خصلت سخاوتمندانه شاپور بختیار داد سخن می‌دهند و من هم ادعای ایشان را در این مقطع زمانی، تائید می‌کنم. او تمام پول (متجاوز از ۸۵ میلیون دلاری) را که از عراق — عربستان و آمریکا دریافت کرده بود، بین دوستان و هم رزمان و اطرافیان خود تقسیم و در راه — به اصطلاح — مبارزه با جمهوری اسلامی، هزینه کرده است. من در تحقیقاتم در ارتباط با فعالیت‌های شاپور بختیار در پاریس به مرد سخاوتمند دیگری برخورد کردم که نمی‌دانم در اینجا از وی یاد نکنم (البته ناگفته نماند که نامه‌ای فدایت شوم بختیار به صدام حسین را هم خالی از لطف نمی‌بینم که چه مقادیری پول را از مامور ویژه الاستخبارات عراق در پاریس دریافت کرده است و تصاویر آن چک‌ها خوشبختانه هنوز هم در اسناد بعث موجود است)

بختیار برای فعالیت علیه جمهوری اسلامی از توسل کردن به هر وسیله و فردی

خودداری نمی‌کرد. از اقای شعبان جعفری دعوت کرده بود که در پاریس با او ملاقات کند تا ببیند از عوامل او دز ایران، چه استفاده‌ای می‌توان کرد. روزی یکی از افسران سابق شهربانی، که در نهضت مقاومت ملی فعال بود، گفت: «پس از اینکه ملاقات شعبان جعفری با بختیار پایان یافت؛ به من ماموریت دادند که آقای جعفری را به فرودگاه برسانم. در بین راه جعفری از من پرسید که شما چکاره بوده‌اید؟ من هم پاسخ دادم که افسر شهربانی ! اما چون تحت تعقیب قرار گرفتم به ناچار از کشور فرار کردم. جعفری هم پرسید که زن و بچه خود را آورده‌ام یا خیر که من پاسخ منفی دادم و گفتم که هنوز موفق نشده‌ام هزینه لازم را تامین کنم و او هم پرسید برای این منظور چقدر پول نیاز دارم و من هم گفتم ۸ تا ۱۵ هزار دلار. سپس جعفری از جیب خود پاکتی را در آورد که تعدادی اسکناس ۱۰۰ دلاری بود و ۱۵ تای آن را شمرد و برداشت و بقیه پاکت را به من داد و گفت: برو با این پول، هرچه زودتر خانواده‌ات را نجات بده!. بعدها پولها را شمردم و ۹ هزار دلار بود. بختیار موقع خروج جعفری از دفترش این پاکت حاوی پول را در اختیار او گذارده بود.

- دریافت پول از شرکت نفت ایران و انگلیس

گاه درباره وجوهی که شاپور بختیار هنگام ریاست اداره کار خوزستان از شرکت نفت دریافت می‌کرده، اعتراف می‌کنند که این وجوه را شرکت غارتگر نفت ایران و انگلیس برای تقبل بخشی از هزینه‌های تشکیلاتی و ساختن چهره مثبت از خود به ادارات از جمله اداره کار پرداخت می‌کرده ولی شاپور بختیار این وجوه را بین کارگران تقسیم می‌کرد و از هزینه خود به کارگران، ناهار مجانی می‌داده است. معلوم نیست بختیار - که به زعم برخی از این مدافعان سینه چاکش، ضد انگلیسی بوده - چرا قبول می‌کرده که این وجوه را از آن شرکت تاراجگر بپذیرد و در نقش «رابین هود «آن را بین نیازمندان تقسیم کند!

اکثر اشاره‌ها به اسناد محرمانه خانه سدان - که برخی از این مدعیان طرفدار سینه چاک بختیار، به کذا مدعی‌اند، دیده و خوانده‌اند - و اظهارات دکتر مظفر بقائی کرمانی مربوط به وجوهی نیست که درمحل به وسیله شرکت نفت در اختیار بختیار قرار می گرفته است، بلکه طبق افشاگری‌های مظفر بقایی نیز به وسیله دستگاه اطلاعات شرکت نفت در اختیار بختیار قرار می گرفته است.

- توصیه شرکت نفت برای وکالت شاپور بختیار در مجلس

مقام امنیتی مشهور گفته که مدرکی در پرونده شاپور بختیار در ساواک وجود داشته

که برطبق آن، رئیس شرکت نفت انگلیس و ایران در ملاقات با وزیر دارائی وقت، توصیه می‌کند که دولت ایران اجازه دهد که بختیار از آبادان به نمایندگی مجلس شورای ملی انتخاب شود اما از دید مدافعان شاپور بختیار - که شب و روز در رسانه او را فجر صادق می نامند اما در حقیقت امر فغجر کاذب است - بختیار برای وکالت مجلس در آبادان شروع به فعالیت کرده بوده و مقامات انگلیسی در جنوب به مرکز خود در تهران، گزارش داده‌اند که بختیار کارگران را تشویق به اعتصاب می‌کند و باعث کاهش تولید شده است و باید به خدمت او در جنوب خاتمه داده شود و مقامات شرکت نفت در مرکز از دولت، درخواست تعویض او را کرده‌اند! هرچند مقامات شرکت نفت در جنوب از نقش بختیار در شوراندن کارگران و بازی اعتصاب، خبر نداشته‌اند و گزارشی مبنی بر تحریک توده‌ای‌ها توسط بختیار به مرکز می‌فرستند اما رئیس انگلیسی شرکت نفت در تهران و آقای سدان، رئیس اطلاعات شرکت، به آنها تذکر داده‌اند که فضولی موقوف و دیگر از این گزارش‌ها، نفرستند!

- کارخانه شیشه قزوین:

مقام امنیتی مذکور، گفته است که منصور یاسینی - صاحب کارخانه شیشه قزوین - نزد خود او آمده و اظهار نموده که شب گذشته اسدالله رشیدیان وی را احضار و تکلیف کرده، شاپور بختیار به ریاست هئیت مدیره شرکت شیشه قزوین، منصوب شود و ماهی هم ۲۵۰۰۰ تومان به او حقوق بپردازد و بعد از پرویز ثابتی، کسب تکلیف کرده که به درخواست رشیدیان عمل کند یا خیر، بدین صورت بود که ساواک گزارشی را برای شاه تهیه کرد و شاه هم گفته «مانعی ندارد».

حال برخی از مدعیان طرفدار او، می گویند این انتخاب به توصیه خردجو – مدیرعامل بانک توسعه صنعتی – صورت گرفته اما منصور یاسینی خود از سرمایه داران بزرگ و صاحب سهام عمده‌ای در بانک شهریار علی رضائی بوده و نیازی هم به بانک توسعه صنعتی و شخص خردجو نداشته که وی بتواند چنین تحمیلی را بر او روا دارد. و اینکه خردجو چگونه توانسته به فردی که ظاهراً مخالف حکومت بوده، بدون کسب اجازه، چنین امتیازاتی بدهد؟، در حالیکه رشیدیان صاحب نفوذ در دربار شاه، اصناف و بازار بوده و همه افرادی مانند یاسینی هم که صاحب صنعت و تجارت بوده‌اند، به نفوذ وی نیاز داشته‌اند.

- نقش بختیار در حادثه اول بهمن دانشگاه تهران

درباره اعتصابات دانشجویان دانشگاه تهران و حوادث اول بهمن ۱۳۴۰ و دخالت بختیار در این اعتصابات، برخی به کذا معتقدند که شاپور بختیار، هیچگاه مسئول امور دانشگاه‌ها در جبهه ملی نبوده و کریم سنجابی، این مسئولیت را داشته است. اما در اسناد زیادی آمده که بختیار این مسئولیت را داشته: در سالهای ۱۳۳۹-۱۳۴۲، بیژن جزنی و همسرش (میهن قریشی) هر دو دانشجوی دانشگاه تهران بوده و در فعالیت‌های دانشجوئی جبهه ملی دوم شرکت داشته‌اند. همسر جزنی در ص ۳۸ کتاب «جنگی درباره زندگی و آثار جزنی»، می‌نویسد: در آبان ۱۳۳۹، تظاهرات جبهه ملی در محوطه دانشگاه تهران شروع شد که منجر به تحصن شبانه دانشجویان شد و ساعت ۸ شب، بختیار وارد محوطه سرپوشیده دانشکده ادبیات شد و درباره ضرورت شکستن اعتصاب به سخنرانی پرداخت و دانشجویان با هو کردن و سوت کشیدن، مخالفت خود را با بختیار، ابراز کردند. [این حادثه در زمانی اتفاق افتاده - آبان ۱۳۳۹ - که هنوز تیمور بختیار در راس ساواک قرار داشته] و خانم جزنی در ص ۳۹ همان کتاب درباره کنگره جبهه ملی دوم در دی ۱۳۴۱ که در منزل حاج حسن قاسمیه در تهران پارس تشکیل شده، می‌نویسد: در این انتخابات با توجه به اینکه بیژن جزنی و حسن ضیاالدینی از اعتماد بسیاری از دانشجویان برخوردار بوده‌اند معهذا صلاحیت آنان به وسیله شاپور بختیار، مسئول کل دانشگاه تهران، مورد تائید قرار نگرفت !

اینها برخی از مواردی بود که تذکر آن را درباره شاپور بختیار، لازم دانستم تا دیگر مداحان او و کسانی که از بختیار دفاع می‌کنند، حقوق‌بگیران سابق وی بوده‌اند (منظور رادیویی در بغداد بود که در آن هنگام با حزب بعث همکاری می‌کردند)

و اسماً روزنامه‌نگارانی هم هستند که هنوز هم در مافیای رسانه‌ای فارسی، سعی در سفید شویی بختیار دارند که به گمانم ره به جایی نمی‌برند!

۷
ایرانی، خود به خود جاسوس است
(یادمان ژنرال حسن علوی کیا)

از کلاس خارج می‌شوم و تلفن چشمک می‌زند. پیام پرویز خان ثابتی را شنیدم. پیام کوتاه بود «ژنرال درگذشت!». حسن علوی کیا، اهل همدان، متولد بهار سال ۱۲۹۱. مدتی قبل هم جشن ۱۰۱ سالگی‌اش را دور از یار و دیار گرفت. در طی ۱ سال، ۳ خبر مرگ از کسانی که با ایشان به خاطر تحقیقم، گفت و گو کرده بودم؛ شنیدم. (سرهنگ مجتبی پاشائی در دانمارک، جمشید امانی در واشنگتن و عاقبت هم ژنرال). به یاد علوی کیا این چند خط از گفتگویمان را می‌آورم که یادگار بماند....

***

سخنمان با این جمله شروع شد» ایرانی، خود به خود جاسوس است یعنی ایرانی دلش می‌خواهد بیاید برای آدم تعریف کند و دروغ و راست سر هم ببافد»..سپس صدای خنده‌اش بلند شد و ادامه داد. «بیراهه نیست اگر گفت در ایام رضا شاه، امور مربوط به اطلاعات و امنیت (اطلاعات، ضد اطلاعات، ضد جاسوسی و ...) کاملا در اختیار شهربانی کل کشور بود و بعد از شهریور ۱۳۲۰ علاوه بر آن، رکن ۲ ارتش(با دایره‌های مختلف) و تا حدی هم رکن ۲ ژاندارمری به امور اطلاعاتی و امنیتی (ضد اطلاعاتی، ضد جاسوسی، اطلاعات داخلی، اطلاعات خارجی و ....) می‌پرداختند و هر ارگانی هم گزارشی مخصوص و جداگانه و مستقل [به قول خودشان] به «شرف عرض» شاه مملکت می‌رسید. البته رکن ۲ ارتش بیشتر موثر بود و شهربانی کل کشور هم به اطلاعات و امنیت داخلی و ضد جاسوسی می‌پرداخت و تا قبل از ماجرای ۲۸ امرداد وضع بر همین منوال جلو رفت و پس از آن با وجود زمزمه‌هایی درباره تغییر، تا نوامبر و دسامبر ۱۹۵۶ عینا همین شیوه کار اطلاعاتی پی گرفته شد. هر کسی اطلاعات خود را به طور مستقل و مستقیم به دربار می‌برد و به عرض شاه می‌رسانید.»

علوی کیا معتقد بود که «همین بردن و آوردن گزارش‌ها، سبب بروز اختلاف نظر و حسادت هم شد و هر کس می‌خواست بیشتر خودنمایی کند و خود را مسلط به امور

اطلاعات و امنیت کشور، بشناساند. هر دستگاه اطلاعاتی خوشش می‌آید که بگویند که قدرتش زیاد است.... سپهبد کیا رئیس اداره ۲ بود و رئیس شهربانی هم علوی مقدم و بختیار هم رئیس ساواک بود...اما این‌ها هیچ‌کدام با هم خوب نبودند و مرتبا علیه همدیگر موضع داشتند...یک بار اختلاف مابین بختیار، علوی مقدم و کیا بالا گرفت و اعلیحضرت هم مریض بود و من به کاخ اختصاصی رفتم .«شاه از من پرسید که سبب این اختلافات چیست؟ گفتم: برای نزدیکی بیشتر به شما تلاش و رقابت می‌کنند. البته قربان شایع است که شما میل دارید این اختلاف وجود داشته باشد ... شاهنشاه خندید و گفت: برای چه این تضاد و قرابت را بخواهم؟... که چه بشود؟... اگر بخواهم که هر کدامشان نباشد فوراً می‌گویم برود و گورش را گم کند!.. گفتم: چه عرض کنم والله! اختلاف بیانداز و حکومت کن !... این بار، صدای شلیک خنده شاه در اتاق پیچید و گفت: عجب فکر احمقانه ای!...»

حالا دیگر نمی‌دانم و خدا می‌داند که چنین تمایلی داشت یا نداشت. عاقبت فکری کردند تا کاری کارستان بکنند و همه امور مربوط به اطلاعات در یک دستگاه متمرکز شود... به همین سبب قانونی نوشته شد و در همان اواخر پائیز ۱۳۳۵ از تصویب مجلس گذشت. ابتدا سرلشکر قره‌نی کاندید بود اما رای شاه برگشت و تیمور بختیار به جای وی به این سمت گمارده شد. البته مقداری هم کشورهای غربی پیشنهاد کردند. من و پاکروان هم به عنوان معاونین او مشغول به کار شدیم». کار ساواک، با چند اداره [اداره دوم (اطلاعات خارجی)، اداره سوم (امنیت داخلی)، اداره چهارم (ضد اطلاعات)، اداره هشتم(ضد جاسوسی)، اداره یکم (کارهای ستاد و فرماندهی)، اداره ششم (مالی)، اداره پنجم(فنی)، اداره هفتم (بررسی اطلاعات خارجی) و اداره نهم (مرکز اسناد)....] شروع شد و در مرحله اول کارش بیشتر جنبه کسب و جمع آوری اطلاعات و عملیات ضد اطلاعاتی و ضد جاسوسی... بود. با تشکیل ستاد بزرگ، اداره دوم هم پدید آمد، ضد اطلاعات ارتش هم وجود داشت.

سپس درباره تیمور بختیار و پاکروان، روسای اول ودوم ساواک از وی می پرسم و می‌گوید: «خصوصیات مردانگی و جوانمردی داشت. بختیار یک افسر بسیار شجاع و جسور بود ... یک مرد خانزاده و لوطی و باگذشت و فوق‌العاده دست و دل باز و وطن پرست و جاه طلب و برای از بین بردن دشمنش از هیچ چیز مضایقه نمی‌کرد...آدم منطقی و وطن پرستی بود... در جلسات بین‌المللی و کنفرانس‌های سه جانبه با ترکیه و اسرائیل و ایران و .. آدم خوشش می‌امد و خوشحال می‌شد از آن شخصیت و پرستیژ قابل قبول بختیار...تا روزی که سر کار بود نسبت به شاه وفادار و علاقمند به مملکت بود....پاکروان

هم یک شخصیت پژوهشگر و محقق بود، یک استاد، یک انسان. هرچند افسر توپخانه بود اما مسلط به ادبیات فرانسه بود... زیاد کتاب می‌خواند. کتاب‌های مختلف که در مورد سیاست در دنیا منتشر می‌شد را فورا مطالعه می‌کرد... به زبان انگلیسی و فرانسه هم مسلط بود و این زبان دانی و مطالعه باعث شد که در همه رشته‌ها اطلاع داشته باشد... اکثرا جراید مهم جهان را می‌خواند و خبرها و تحلیل‌های مختلف سیاسی را دنبال می‌کرد.. در کنفرانس‌ها یک شخصیت ممتاز بود ..برای مُلک و مملکت یک پرستیژ بود و نمونه یک فرد باسواد ایرانی و شخصیت و منش و دانش او همه را تحت تاثیر قرار می‌داد.... اعلیحضرت هم وی را خوب می‌شناخت و چندین سال هم در رکن دوم کار کرده بود حتی مدتی هم رئیس رکن ۲ ارتش بود و من هم معاون او بودم و بعد با هم به ساواک آمدیم. پاکروان پس از جریان ۱۵ خرداد و غائله خمینی، یواش یواش کنار گذاشته شد و ۱۵ خرداد هم مبنای عوض شدن پاکروان بود...که مثلاً پیشگیری نکرده و بعد هم به خیال خودشان یک آدم گردن کلفت‌تر و قوی‌تر از وی آوردند... چون پاکروان یک آدم دمکرات و نرم بود و به درد این کارها، نمی‌خورد و به این جهت برکنارش کردند».

علوی کیا درباره نصیری تمایلی ندارد حرف بزند و به مقدم می‌پردازد و می‌گوید: «وقتی که نصیری رفت، اول تا ٤٨ ساعت بعد هم قرار بود که معتضد قائم مقام بشود اما فردوست لیست‌ها را برده بود و به اعلیحضرت گفته بود که مقدم را بگذارند و مقدم شد رئیس ساواک. مقدم در دادسرای نظامی، بازپرس بود جزو دار و دسته فردوست بود و به بازرسی شاهنشاهی رفت. چون سال ۱۳۳۵ که ساواک شکل گرفت و ۱۳۳۸-۱۳۳۹ هم دفتر ویژه تشکیل شد که فردوست به عنوان رئیس آن منصوب شد و مقدم هم به دفتر ویژه رفت. روی هم رفته، مقدم یک آدم مصمم و قوی و محکم نبود که بتواند تصمیم‌گیری کند.... تا حدی از قوانین حقوقی اطلاع داشت بهرحال حقوق خوانده بود و سالها در دادسرای ارتش بود و کار اطلاعاتی را در اداره دوم ارتش و در ساواک یاد گرفته بود اما آدم باهوشی نبود، هوش و استعداد و خلاقیت ثابتی را نداشت...در مجموع مقدم آدم خیلی ضعیفی بود و همین نقاط ضعف در روزهای اخر ۱۳۵۷ احساس کرده که وضع خیلی بدتر از آن است که تصورش را می‌کرد و اگر هم با آخوندها رفته باشد و به خمینی نزدیک شده باشد برای حفظ موقعیت و شغل خودش بوده...به سوی خمینی - چی رفت و با دار و دسته بازرگان و یزدی و بهشتی ساخت و پاخت کرد و اسرار همه این‌ها از خمینی تا یزدی زیر دستش بود و ثابتی هم رفته بود و او همه کاره ساواک بود و تا انقلاب شد، این‌ها هم نگذاشتند که زنده بماند، کشتند. ...»

علوی کیا در هنگام تاسیس ساواک، در جذب نیروی انسانی زبده تلاش وافر کرد و یک سری افراد تحصیلکرده را برای کارهای مخصوص انتخاب می‌کرد. خودش معتقد است:» مشابه اکثر جای دنیا باید آدم‌های خیلی برجسته، تحصیلکرده و علاقمند به سرنوشت ملک و مملکت را انتخاب می کردیم... مثل تاجبخش و عالیخانی...اینها را که انتخاب کردیم بیشتر در اطلاعات خارجی کار می‌کردند. عالیخانی که اطلاعات اقتصادی جهانی را جمع‌آوری می‌کرد...یا تاجبخش که مسایل خاورمیانه و خلیج فارس را بررسی می‌کرد... این‌ها کسانی بودند که تحصیلات خوبی داشتند و متخصص بودند و ما به ساواک آورده بودیم اما بعدا یواش یواش نماندند و به خاطر حقوق و مزایا و منافع و ترقی بیشتر از ساواک رفتند و ارتباط‌شان قطع می‌شد، مثلا عالیخانی وزیر شد. ما هم نمی‌توانستیم جلوی ترقی و آینده آنها را بگیریم... عالیخانی رفت و بعد تاجبخش هم».

سپس علوی کیا به ریاست ساواک خارجی ایران در آلمان برگزیده شد. خودش خاطر نشان می‌کند که «اواخر ۱۹۶۱ و اوایل ۱۹۶۲ من رفتم به آلمان تا ۱۹۶۷ در نمایندگی ساواک ...و آن وقت پاکروان رئیس بود و به جای من فردوست آمد...در زمان منصور من تهران رفتم و به اعلیحضرت، گفتم: قربان آخر ما چرا باید به جوانان فشار بیاوریم و فاصله را زیاد بکنیم... اعلیحضرت عصبانی شد و گفت که من این همه کمک کردم و این همه حمایت مالی می‌کنم و آنوقت آنجا در می‌آیند و به جای درس خواندن مرتبا به من فحش می‌دهند و تظاهرات می‌کنند، اینها نمی‌فهمند؟...من هم کمی حرف زدم تا آرام شد و سپس تلفن را برداشت و به منصور گفت: راجع به دانشجویان چه کردید؟ الان می‌گویم که علوی‌کیا بیاید پیش شما، مطالبی جالب و منطقی دارد، یک کمیسیون تشکیل بدهید و نتیجه را به من اعلام کنید تا درباره دانشجویان تصمیم بگیریم... ولو یکی از این بچه‌ها را هم نجات بدهیم، یکی از فرزندانمان را نجات دادیم... و بعدگوشی را گذاشت و گفت: خوب شد؟، راضی شدی؟.... اما متاسفانه در کمیسیون، حرفهای مزخرفی زدند و هیچ نتیجه‌ای هم نگرفتیم! و نیت شاه را خراب کردند... تا اینکه اعلیحضرت در بهار ۱۹۶۷ می‌خواست به آلمان بیاید.. سفیر ما هم مالک بود... سفر اعلیحضرت به برلین، مسلما کار غلطی بود...وقتی که وارد آلمان شد در ابتدا یک تظاهرات کوچکی شد...گفتم قربان تظاهرات برای همه می‌شود و خیلی هم مهم نیست و اهمیت ندهید.... ناگهان چماق داران دخالت کردند و کتک و کتک کاری و یکی هم به اسم «بنه اونه زورگ[1]» توسط کارل

1- Benno Ohnesorg

هاینز کوراس[1]، یکی از مامورین آلمان شرقی در برلن کشته شد و بعد پلیس تیراندازی کرد و (دوم ژوئن) تظاهرات عظیمی شد و بعد شاه که به هامبورگ رفتند، وضع بدتر شد... خلاصه دیگر اعلیحضرت اصلا هیچ ما را تحویل نگرفت و از پهلوی من هم رد می‌شد اصلا به من هم نگاه نمی‌کرد و ما دیگر تکلیف مان را فهمیدیم!».

درباره امنیت داخلی، یا اداره سوم اداره کل از ژنرال پرسیدم و گفت «ادارات مختلف داشت: احزاب، دانشجویان (داخل و خارج)، مذهبیون، اقلیت‌ها، عشایر و... جوانانی را من استخدام می‌کردم، موقع استخدام یک به یک می‌دیدمشان. پرویز ثابتی جزو جوانانی بود که در محله ستارخان تهران به خاطر منزل خواهرم، در فروشگاه پدرش او را قبلاً دیده بودم که تابستان‌ها هم درس می‌خواند و وقتی استخدام شد من، قیافه‌اش به یادم بود. تا زمانی که من بودم، ایشان یک کارمند عادی و معمولی بود، بعدها پله پله ترقی کرد و رئیس بخش و بعد هم رئیس اداره شد و زمان ناصر مقدم هم به عنوان معاون معرفی شد. به ترتیب، ماهوتیان، صمدیان‌پور، امجدی و مقدم بودند و آخر سر همین ثابتی شد مدیرکل... لیسانسیه حقوق بود. فردی باهوش و مرتب. بعدها به مقام امنیتی مشهور شد... ممکن است که در ساواک، کارهایی شده باشد که حتی ما خودمان هم اطلاع نداشتیم این مسائل به خصوصیات فردی بازجو بازمی گردد که ممکن است علیه متهم فشاری بوده و بعضی‌ها را تحت فشار گذاشته باشد و البته این فشارها را من نه آن وقت و نه هیچوقت نشنیدم چیزهایی به آن شکل بوده باشد که چپ‌ها و اسلامی‌ها با آسمان و ریسمان می‌گفتند و می‌بافتند... مثلا پاکروان جزو کسانی بود که ۱۰۰٪ مخالف فشار آوردن بود، حالا شکنجه که هیچ. اصلا مفهومی نداشت به شکل قرون وسطائی فشار بیاورند...تا زمان پاکروان، هیچ فشاری نیاوردند و من در این باره حاضرم سوگند بخورم که مسلما یکی از بهترین و درخشان‌ترین دوران ساواک بوده ... تا زمانی که پاکروان رئیس ساواک بود، ساواک به آن شکل در نظر مردم نبود...ولی بعد از پاکروان به مرور شروع شده، آخر مملکت به سمت جنگ چریکی و خون و خون کشی رفت ...زندان اوین هم زمان نصیری شاخته شده و قبل از او نبود اما اوین مستقیماً توسط ساواک اداره می‌شد.».

بعد از اینکه از پرویز ثابتی تعریف کرد، افزود» اداره امنیت، رگ حیات هر کشوری است. باید وجود داشته باشد. شما جوان‌ها چه می‌دانید که شاه برای ساخت این سازمان چه کرد. چه افسران و شخصیت‌هایی زبده ایی در انجا زحمت کشیدند که ایران، قوام و دوام داشته باشد. مملکت به باد نرود. حماقت مقدم به جا گذاشتن ثروت ساواک بود.

1- Karl Heinz Kurras

این اواخر همه ساواک کامپیوتری شده بود و اگر واقعا یک ذره عقل می‌داشت تمام این میکروفیلم‌ها را از بین می‌برد. از بین نبردند و تمام آن گنجینه و تمام اطلاعات و میکروفیلم‌ها ماند برای همین‌ها و دوباره به هدف اصلی شاه، خیانت شد. هم فردوست و هم مقدم. شخصیت نداشتند.»

***

علوی کیا، هنگام سخن گفتن درباره شاه، با احترام یاد می‌کرد و او را فردی باشخصیت در تاریخ ایران نامید. مانند یحیی صادق وزیری، به مشروطه پادشاهی برای آینده ایران باور داشت. دیگر وی را ندیدم جز تماس‌های تلفنی که هر از گاهی برقرار می‌شد. پرویز ثابتی درباره‌اش معتقد است که «جامعه ایرانی در تبعید، یکی دیگر از افسران و سیاستمداران عالیرتبه و برجسته سالهای بعد از شهریور ۱۳۲۰ را از دست داد. سرتیپ علوی کیا، افسری وطن پرست و فرهیخته بود که متجاوز از ۲۵ سال در مشاغل مهم و حساس نظامی و امنیتی، با صداقت و پاکدامنی به میهن خود، خدمت کرد و او سمبل واقعی شعار «با دوستان مروت و با دشمنان مدارا» بود. علاقه و وفاداری او به خانواده و دوستان نمونه کامل یک انسان شریف و وارسته بود».

موقع خداحافظی در آخرین دیدارمان هم با خنده نکته‌ای بامزه - به قول خودش خوشمزه - را تعریف کرد و گفت: «ناصرالدین شاه هم کار اطلاعاتی امنیتی می‌کرد. باغبانش مامور بود و در داخل شهر خبرهایی جمع می‌کرد و می‌آورد در جائی در گلخانه به نام نارنجستان در گلدان مخصوصی می‌گذاشت. ناصرالدین شاه هم صبح به بهانه خوردن چای به گلخانه می‌رفت و کاغذ را برمیداشت و با صدراعظم دراین باره حرف می‌زد.» سپس خنده‌ای سراسر صورتش را می‌پوشانید. علوی کیا یادگار پاکروان بود، شخصیت امنیتی نازنین و با اخلاق. یادش گرامی و روانش شاد.

۸

تولد ساواک
(سازمان اطلاعات و امنیت کشور)

هنوز هم حکایت ساواک، ناآشنا باقی مانده است و شاید کسی نباید بداند که سرنوشت و سود و زیان سازمان امنیت ایران چه بود و چه استعدادها و شخصیت‌هایی در آن نقش داشتند و برای تاریخ معاصر ایران، چه چیزی را رقم زد؟ آیا با هر تغییری در کشور، باید نهاد امنیتی را به کلی منحل و نابود کرد؟ یا در حفظ آن کوشید و برای بقای کشور، ضروری دانست؟ براستی ساواک بخشی از هویت سیاسی و تاریخ معاصر ایران، نیست؟ و عملکرد ۲۲ ساله آن در سرنوشت کشور، تاثیری نداشت؟

پژوهش و پرداختن به بررسی ساختار امنیتی ایران، امری جالب و ضروری است. در دوران ۳۳ ساله بعد از انقلاب اسلامی، «برخی از مورخان بر این عقیده‌اند که واقعیت جامعه ایران از شاه مخفی نگاه داشته می‌شد و او خبری از اوضاع داخلی نداشت» و برخی دیگر هم به کلی با «بی‌اطلاعی شاه از اوضاع مملکت»، مخالف‌اند و او را واقف و آگاه به جزئیات همه مسایل مهم داخلی می‌دانند که از همه چیز خبر داشت و حتی گروهی معترض به انقلاب، می‌گویند شاه باور پر یقین به ساواک داشت و ساواک بر همه چیز مسلط و مطلع بود، اما معدود منتقدانی هم معتقدند که ساواک، عملکرد درستی نداشته و اگر داشت، انقلاب بروز نمی‌کرد، اما کدام یک از این نظریات درست است؟، پاسخش، حکایتی پیدا و پنهان از تاریخ معاصر ایران است.

ساواک - سازمان امنیت و اطلاعات کشور - از سال ۱۳۳۵ تا ۱۳۵۷، سازمان اصلی امنیتی و اطلاعاتی ایران بود که افرادی مانند «تیمور بختیار، حسن پاکروان، نعمت‌الله نصیری و ناصر مقدم،» به ترتیب ریاست آن را بر عهده داشتند و شاید با پر حادثه‌ترین دوران تاریخ معاصر ایران، نیز همگام بوده است. اما آیا براستی در ٤ بهمن ۱۳۵۷ به کلی نابود شد یا اینکه با ساختاری جدید، پایه‌های اصلی واجا - وزارت اطلاعات جمهوری اسلامی ایران - شد؟

شاید حسین فردوست، نخستین فردی بود که روایتی مبسوط از ساواک بیان کرد و

در خارج از کشور هم افرادی مانند منوچهر هاشمی به این امر اهتمام ورزیدند، گرچه در پروژه‌های مشابه و در خلال گفتگوهایی، بسیاری از افراد مشهور ساواک - منوچهر هاشمی و عیسی پژمان و علوی کیا - به تشریح خاطرات خود پرداخته‌اند و گروهی هم، همچنان مهر سکوت بر لب دارند.

البته گروهی معتقدند که مانند سیا، موساد، ک گ ب، اینتلجنس سرویس و ... مطالعه درباره نهاد امنیتی ایران، برای توسعه مطالعات امنیتی کشور، امری لازم و ضروری است که سطح آگاهی و فهم جامعه درباره ضرورت حفظ امنیت کشور و نحوه عملکرد آن، بالاتر برود. که در جامعه مدرن قرن ۲۱، بدون داشتن سازمانی اطلاعاتی امنیتی، نمی‌توان به ادامه حیات آن کشور، امیدوار بود. روزگارانی است که نحوه شکل گیری دستگاه امنیت و ضرورت وجودی آن، در طی تاریخ دولت‌های جهان امروز، مطرح بوده است و هدف نخست جمع آوری اطلاعات ضروری و اعمالی پیشگیرانه یا کنترلی است که حیات رژیم سیاسی یک کشور را با مخاطره روبرو می‌کند و این روزها، مطالعات امنیتی جزو رشته‌های معتبر دانشگاهی است و چه بسیار کشورهایی که در کنار اداره اطلاعات و امنیت، مراکز موازی امنیتی - اطلاعاتی تشکیل داده‌اند و حتی گاه برای کشورها و دولت‌هایی، از دوران‌های پس از جنگ جهانی، جنگ اطلاعاتی هم در سیاست و دیپلماسی امروزه آنان مطرح شده است.

از دوران نخست‌وزیری منوچهر اقبال - و بعدها شریف امامی و علی امینی و علم - تا سال ۱۳۵۷، در داخل و در خارج از ایران، اکثر فعالان سیاسی سعی داشتند که نهاد امنیتی کشور را خوفناک و منفور جلوه دهند و پس از انقلاب ۱۳۵۷ هم مخالفان حکومت فعلی، با شیوه‌ای مشابه، سعی در سیاه جلوه دادن نهادهای امنیتی حکومت فعلی دارند، اما به دور از این هیاهوهای رسانه‌ای و تحلیل‌های متفاوت و دور از سنجش میزان صحت و سقم آنها، می‌توان همه روایات مختلف را بررسی کرد. براستی در دنیای اطلاعات و امنیت جهان امروز، ایران در کدام مقام ایستاده است؟

❋❋❋

در تاریخ معاصر، زمان ناصرالدین شاه را آغاز تاسیس دستگاه امنیتی- اطلاعاتی ایران می‌دانند که به همت امیرکبیر شکل یافت و در دوران رضاشاه پهلوی هم، نظمیه را پلیس سیاسی یا دستگاه امنیتی و اهرم حافظ قدرت شناخته‌اند. اما در دوران رضاشاه پهلوی، «کارهای اطلاعاتی - اطلاعات، ضد اطلاعات و ضد جاسوسی - منحصراً در شهربانی انجام می‌شد و بعد از شهریور ۱۳۲۰، شهربانی و رکن ۲ ارتش و تا حدی هم

ژاندارمری در این ماجرا دخیل بودند. البته رکن۲ با دوایر مختلف - دایره ضد جاسوسی، اطلاعات داخلی، خارجی و ... - بیشتر موثر بود و شهربانی، بیشتر به جنبه امنیت داخلی و ضد جاسوسی پرداخت و کار ضد جاسوسی و ضد اطلاعات هم به وسیله رکن ۲ ارتش انجام می‌شد. به همین شکل، کار اطلاعاتی می‌شد و هر کدام از دستگاه‌ها، مستقلا گزارشات و اطلاعاتشان را، از خبرهای مهم تا خبرهای روز، مستقیما به نزد شاه می‌برد و طبعا در شرفیابی‌ها هم اختلاف نظر زیاد پیدا می‌شد، چون هر کدام می‌خواست بیشتر خودنمایی کند، این است که برای حل مشکل، تمام کارهای اطلاعات - ضد اطلاعات، ضد جاسوسی، اطلاعات خارجی و ...-در یک دستگاه، متمرکز شد و دفتر ویژه اطلاعات درست شد. البته گروهی معتقدند که در قلمرو و حکومت شاهنشاهی ایرانی، همچنان وظیفه حفظ امنیت به رقابتی در بین شهربانی، گارد شاهنشاهی، ژاندارمری و رکن دوم ارتش، بازرسی شاهنشاهی و دفتر ویژه اطلاعات، مبدل شد.

در امریکا هم مشاور امنیتی ریس جمهوری چنین امری را هماهنگی می‌کند و دفتر ویژه در ایران هم چنین حالتی داشت که همه اطلاعات دستگاه‌ها را پردازش و ترکیب و تلفیق کند و به همین سبب فردوست به امریکا و انگلیس رفت و بر آن مبنا، دفتر ویژه را تاسیس کرد. دیگر دستگاه‌ها خبرهای مهم را به دفتر ویژه می‌دادند و اگر نکته‌ای فوری بود او به شاه یادداشتی می‌فرستاد. و البته گاه اختلاف‌ها را هم می‌نوشت که مثلا شهربانی چنین نظری دارد اما ساواک نظری مخالف آن را دارد.

در آمریکا، سازمان مرکزی اطلاعات آمریکا (سیا CIA) - به مثابه بازوی اطلاعاتی دولت آمریکا در سال ۱۳۲۶ تاسیس شد و برخی از مورخان بر این عقیده‌اند که برکناری محمد مصدق در ۲۸ امرداد ۱۳۳۲ - که می‌خواست شاه را از قدرت خلع کند - به خاطر همکاری این سازمان بوده است و برخی دیگر از دولتمردان ایرانی - مانند اردشیر زاهدی - این امر را در آن دوران، امری تبلیغاتی و اغراق‌آمیز و برای قدرت‌نمایی این سازمان نوپای اطلاعاتی می‌دانند. اما جدای از این اختلاف نظر تاریخی و سلیقه در بیان روایت، حوادث داخلی ایران پس از شهریور ۱۳۲۰ و خصوصا غائله مصدق و آغاز رابطه نوین با آمریکا و احساس خطر از قدرت شوروی، حمایت از شاه و دربار و حفظ امنیت رژیم، ضرورت وجود تشکیلاتی منسجم را دوچندان می‌کرد و شاید محرک اصلی ساخت مربوط به سنتو است که وقتی سنتو درست شد، در کنفرانس ضد تخریب، قرار شد که هماهنگی اطلاعاتی در بین سازمان‌ها شود و در ترکیه و پاکستان و عراق و ایران، سازمان‌های اطلاعاتی درست شود. به همین سبب برای شکل‌گیری ساختار ساواک از

آمریکا الگوگیری شد و بنیانگذاران ساواک، سازمان سیا را الگوی طرح اولیه خود قرار داده بودند اما در آمریکا FBI , CIA اطلاعات داخلی و خارجی‌اش جداست اما در ایران یکی شد. البته گروهی بر این اعتقادند که آمریکا در شکل گیری ساختار ساواک، نقش اساسی داشته است البته بعدها کارشناسان سیا و موساد در ایران به آموزش و پرورش کارشناسان امنیتی ساواک پرداختند.

به هر حال، هسته اصلی ساواک — مخفف: سازمان امنیت و اطلاعات کشور- در سال ۱۳۳۵ در فرمانداری نظامی شکل گرفت و در مرحله اول کار، بیشتر جنبه کسب اطلاعات مورد نظر بود و جمع‌آوری اطلاعات و عملیات ضد اطلاعاتی و ضد جاسوسی. محسن مبصر - معاون نصیری بود در شهربانی - خود را تئوریسین می‌دانست اما خلاف واقع است. البته مبصر در این باره می‌گوید «بعد از برخورد با حزب توده و ...گفتیم که فرمانداری نظامی را ملغی کنیم. بالاخره باید کشور، یک سازمان اطلاعات مثل آمریکا و .. داشته باشد. چون اطلاعات ارتش که اطلاعات کشور نمی‌شود. بنابر این تیمور بختیار از من خواست که سازمانی را بنویسم و این‌ها مطالعه کنند و من در ظرف ۱ ماه یک سازمان اطلاعاتی نوشتم.»

در مطبوعات روز چهارشنبه ۱۱ مهر این سال، خبر تشکیل سازمان امنیت ایران انتشار یافت و شاه در نطق ۱۵ مهر ۱۳۳۵ در افتتاحیه مجلس سنا، به حفظ آرامش و امنیت، اشاره داشت. روز ۱۰ بهمن ۱۳۳۵ لایحه تاسیس سازمان اطلاعات و امنیت کشور ساواک به تصویب مجلس سنا رسید. و سال ۱۳۳۶ پس از تصویب قانون اختیارات ساواک در مجلسین سنا و شورای ملی، سازمان اطلاعات و امنیت کشور به طور رسمی، شروع به کار کرد که سمت نخست وزیری حسین علا را منوچهر اقبال، گرفته بود. و ماده ۱ ضمیمه ۲ قانون تشکیل ساواک، به عنوان مهمترین نهاد امنیتی و اطلاعاتی کشور، هدف از تأسیس آن را این گونه بیان کرده است: «برای حفظ امنیت کشور جلوگیری از هر گونه توطئه که مضر به منافع عمومی است سازمانی به نام اطلاعات و امنیت کشور وابسته به نخست‌وزیری تشکیل می‌شود و رئیس ساواک سمت معاونت نخست وزیر را داشته و به فرمان اعلیحضرت همایون شاهنشاهی منصوب خواهد شد.» محمدرضا پهلوی نیز در کتاب، پاسخ به تاریخ، هدف از تشکیل ساواک را عوامل زیر می‌داند: «مبارزه و مقابله با کمونیسم و گروه‌های مختلف چپ، پایان دادن به فعالیت‌های مخرب در داخل و خارج از ایران و کسب اطلاع از جاسوسان و خرابکاران و گزارش آن به دولت و رهبران نظامی.»

در ابتدا، برای سپردن مهار اختیار این سازمان، با ۹ اداره مختلف، سخن از سرلشگر

ولی قرنی - معاون ستاد ارتش و رئیس رکن ۲ - بود و بعد به ناصر ذوالفقاری - معاون پارلمانی نخست‌وزیران (حسین علاء و دکتر اقبال) - مطرح بود و حتی به وی شاه می‌گوید و چند روزی می‌گذرد اما رای شاه برگشت و بعد تیمور بختیار رئیس شد و علوی کیا و پاکروان هم به عنوان ۲ سرهنگ، معاونین او شدند. البته علوی کیا معتقد است که «کشورهای غربی همچنین پیشنهاد انتصاب بختیار را کردند.»

در ۲ دهه ٤۰ و ۵۰، مهم‌ترین گروه‌هایی که ساواک به بررسی و نحوه کنترل آنان می‌پرداخت عبارت بودند از: [الف: نیروهای چپ و حزب توده / ب: روحانیون و گروه‌های مذهبی / ج. روشنفکران و دانشجویان / د. جبهه ملی و گروه‌های ملی مانند نهضت آزادی / س. گروه‌های مسلح (مانند مجاهدین خلق، چریک‌های فدایی و سازمان انقلابی حزب توده)]. البته گروهی از منتقدان بر این باورند که ساواک در همه شئون مردم ایران دخالت می‌کرد و گروهی مانند محسن مبصر بر این باورند که «سازمان امنیت، وظیفه‌ای داشت که در شئون کشور نفوذ کند. حالا از لحاظ شکل نفوذش». به هر حال در کنار این تهدیدها و موارد مورد بحث در امنیت ملی کشور، فعالیت ساواک را می‌توان به ٤ دوران، تقسیم کرد:

اول: دوران تیمور بختیار (سال ۱۳۳٦ تا ۱۳٤۰)

در این دوران، جلوگیری از نفوذ کمونیسم به ایران و خرابکاری کمونیست‌ها و پایان دادن به فعالیتهای مخرب حزبی در داخل و خارج، جزو دغدغه‌های اول ساواک بود. که برخی معتقدند پس از ۱۳۳۰، توده ای‌ها به عنوان تهدید جدی محسوب نمی‌شدند اما کمونیست‌ها چهره‌ای خشن و غیر انسانی را از ساواک، ترسیم کردند و گاه چنان اغراق‌آمیز به توصیف اعمال ساواک پرداختند که سالهای سال، چنین چیزهایی به خاطر تکرار، در نوشته‌های تاریخ معاصر دیده می‌شود.

گروهی هم از مقام‌های امنیتی در دفاع از سازمان متبوع‌شان در برابر منتقدهای ملی گرای خود به این نکته اشاره دارند که «در زندان مصدق هم شکنجه هم وجود داشته است و حتی به همراهی آیت‌الله کاشانی، از قانون عفو خلیل طهماسبی - قاتل رزم‌آرا - دفاع کرد و به موجب این قانون، مورد عفو قرار گرفت و آزاد شد و قانون حفظ امنیت اجتماعی مصدق، بعدها دست مایه ساواک قرار گرفت.»

دوران تیمور بختیار با رخدادهای زیادی توامان نبود اما مسایلی که می‌توان درباره بختیار اشاره کرد، موفقیت فرمانداری نظامی در کشف سازمان نظامی حزب توده در ۱۳۳۳ است و یکی از بزرگترین کشف‌ها و مهم‌ترین دستاوردهای بختیار بود که مورد توجه

امریکایی‌ها قرار گرفت. بعد دستگیری خسرو روزبه در سال ۱۳۳۶ – که در زمان ساواک دستگیر و بعد اعدام شد– و بعد کشف کودتای قرنی. درباره بختیار هم روایات مختلف شنیده می‌شود. زیرا گروهی درباره او به طور مشترک و گاه متناقض، می‌گویند مانند «بختیار خصوصیات مردانگی و جوانمردی هم داشت، آدمی لوطی، رفیق باز، دست و دل باز و رشید و نترس و یک افسر شجاع و جسور و لایق بود. مرد خان زاده‌ای باگذشت، وطن‌پرست، جاه‌طلب و برای از بین بردن دشمنش از هیچ چیز مضایقه نمی‌کرد. از قتل و خونریزی هم باکی نداشت. آدمی منطقی با پرستیژی قابل قبول که در جلسات بین المللی و کنفرانس‌های ۳ جانبه با ترکیه و اسرائیل و ایران و آدم خوشش می‌آمد و از حضور شخصیت بختیار خوشحال می‌شد «و گروهی از خیانت او به شاه نام می‌برند که به سیا توصیه کرده است که از او حمایت کنند تا شاه را از تخت قدرت بردارد و خود جانشین شود. حسین آزموده اعتقاد دارد که «تیمور بختیار تا ۲۸ امرداد و قیام علیه مصدق و تا مدتی پس از آن، افسری خدمتگزار و شایسته بود ولی به مرور زمان، کم ظرفیت بود و دچار غرور شد. بعد از اینکه رئیس ساواک شد روز به روز هوا برش داشت. سرانجام کارش به ضدیت با مقام سلطنت و رفتن این طرف و آن طرف رسید «و «تا روزی که سر کار بود نسبت به شاه وفادار بود و به مملکت و آدم ملی گرا علاقمند بود». اما «وقتی دعوا با عراقی‌ها اوج گرفت، بختیار حق را به جانب عراقی‌ها می‌داد و آلت دست عراقی‌ها شد». و گروهی هم بر این باورند که او می‌خواست علیه علی امینی نخست وزیر کودتا کند و حتی برخی افراد ماجرای تظاهرات و اعتراضات دانشجویان در دوران امینی و نیز شلوغی ۱۵ خرداد ۱۳۴۲ را حاصل نفوذ بختیار در امور داخلی ایران، تصور می‌کنند. امینی هم در مقابل، بختیار را به انجام کودتا علیه شاه محکوم کرد و به این دلیل بی‌مهری، بختیار که منتظر بازگشت به ایران و دعوت به خدمت بود اما به بازی گرفته نشد، سر به عصیان نهاد. و در ۳۱ امرداد ۱۳۴۹ در عراق ترور شد. اطرافیان آیت‌الله خمینی، دیدار بختیار با ایشان را انکار نمی‌کنند اما در عراق، نتوانسته است که نظر آیت‌الله خمینی را به خود جلب کند.

دوم: دوران حسن پاکروان (سال ۱۳۴۰ تا سال ۱۳۴۲)

در این دوران امینی به نخست وزیری ایران رسید و سکان اختیار ساواک در اختیار ژنرالی خوش نام به اسم پاکروان، سپرده شد. گرچه دوران دهه ۱۳۴۰ که با روابط متلاطم روس‌ها با ایران آغاز شد و ظهور جبهه ملی و نهضت آزادی با آغاز دوران فعالیت کاندیداتوری کندی در ریاست جمهوری آمریکا، ماجرای انتخابات در ایران، و لغو آن

توسط شاه، کابینه شریف امامی و بعدها توصیه آمریکایی‌ها به روی کار آمدن دولت امینی، نزاع امینی با بختیار و سپس برکناری بختیار در ۱۳۳۹ زمان شریف امامی، اعتصاب معلمین، گردهمایی و قدرت نمایی جبهه ملی، زد و خورد با دانشجویان، و بعد تشکیل کابینه اسداله علم، اصلاحات ارضی، مخالفت‌ها، دستگیری سران جبهه ملی و نهضت آزادی، دستگیری آیت آلله خمینی در ۱۵ خرداد ۱۳۴۲ ترور حسنعلی منصور و... از عمده مسائل مطرح بود اما در این دوران، چهره خشنی که از ساواک بر جای مانده بود، توسط پاکروان زدوده شد و حتی با روحانیون معترضی مانند طالقانی و خمینی، با ملاطفت برخورد و از انجام هر گونه خشونتی، پرهیز شد که به دوران ملایمت ساواک شهرت دارد. بعدها مقامات ساواک آن را دوران ارشاد و ارفاق نامیدند.

شاپور بختیار درباره او می گوید: «تیمسار پاکروان انسان دوست بود، شعور و فرهنگش بی‌شک از سطح متعارف بسیار بالاتر بود، چندین زبان می‌دانست و چون در فرانسه بزرگ شده بود، فرانسه را مثل فارسی و بل بهتر صحبت می‌کرد. وقتی دوگل به تهران آمده بود، پس از چند لحظه گفتگو با پاکروان به او گفته بود: شما افسر فرانسوی، در اینجا چه می‌کنید؟ ... پاکروان هرچه از دستش بر می‌آمد برای نرم کردن روش‌های خشن ساواک و ایجاد نظم در کارهای آن دستگاه انجام داد. به پادشاه وفادار ماند». و علوی کیا درباره او می‌گوید: «پاکروان یک محقق و یک استاد بود. افسری توپخانه اما مسلط به ادبیات فرانسه، انسانی اهل مطالعه و کتاب خوان. خبرهای مختلف سیاسی را دنبال می‌کرد و تمام جراید بزرگ دنیا را می‌خواند و کتاب‌ها و نشریات مختلف در مورد سیاست را می‌خواند. به زبان انگلیسی و فرانسه مسلط بود.در کنفرانس‌ها یک شخصیت ممتاز بود. برای مملکت یک پرستیژ بود و نمونه یک فرد باسواد ایرانی و همه را تحت تاثیر قرار می‌داد. شاه او را خوب می‌شناخت و چندین سال رئیس رکن ۲ ارتش بود و من معاون او و بعد با هم به ساواک آمدیم «. مبصر درباره پاکروان بر این باور است که «یکی از افسرهای اطلاعاتی کم نظیر بود، یکی از مطلع‌ترین و باسوادترین و با شرف‌ترین و انسان‌ترین افسران ایران و بلکه همه ایرانیان. تحصیلاتش را در فرانسه انجام داده بود، بسیار با سواد بود و چند زبان خیلی خوب می‌دانست. یک شخصیت قابل توجه و نادر بود «. و حسین آزموده معتقد است «پاکروان، جنبه فیلسوفانه و روشنفکر مابی‌شان به جنبه نظامی‌اش می چربید. مردی به تمام معنی فیلسوف و اهل مطالعه بود و اصلا بی‌خودی نظامی شده بود چون اصلا رگ خشونت نداشت. آقایی واقعا بزرگوار بود.

در ۱۵ خرداد مرحوم پاکروان شبی نطقی کرد در رادیو و گفت که مسبب اصلی

خمینی است. فردایش رفتم ساواک و گفتم قربان این حرف از جهات سیاسی درست نبود و مطرح کردنش به مصلحت نبود و او در پاسخ گفت: تو راست می‌گویی و ناراحت شد.. من گفتم باید مسبب اصلی اعدام می‌شد نه طیب بارفروش. اما انسانی بسیار ساده و شریف و آقا و بزرگوار بود اما مناسب این کار حساس نبود.» پرویز ثابتی معتقد است که «اصلا بحث اعدام خمینی مطرح نبود، چون خمینی به هر حال پس از مرگ بروجردی مطرح بود. روز ۱۵ خرداد سخنرانی کرد و بعد دستگیر و بعدها تبعید شد. پاکروان پس از جریان ۱۵ خرداد و بعد در مذاکرات تبعید خمینی به ترکیه بود. اما آخوند نمی‌شناخت و از اوضاع داخلی خبر نداشت اما آدمی خوب و بی‌آزار بود. ماجرا دنباله جریان باد کندی بود که وزیدنش در ایران ادامه داشت و موجب تغییراتی شد. از سال ۱۳۳۹ بعد امینی و علم و .. فعالیت‌های علیه دستگاه علنی بود اما شاه نمی‌خواست شدت عمل به خرج بدهد. اگر دست شاه بود ۱۵ خرداد هم شاید چنین موضعی گرفته نمی‌شد. اسدالله علم داستان را جمع کرد و شاه تصور می‌کرد که این امر، مسئله مورد موافقت انگلیسی‌ها است.

و یکی دیگر از کارشناسان ارشد ساواک می‌گوید «پاکروان در مسایل داخلی در جریان نبود و حتی به راحتی می‌شد سرش را کلاه گذاشت [به عنوان مثال می‌توان به احسان نراقی، اشاره کرد] پاکروان زیاد مشروب می‌خورد و سیگار و گاهی هم با علی زهری - جزو دار و دسته مظفر بقایی و حزب زحمتکشان - تریاک می‌کشید.

در این ایام در ساواک موضوع روحانیون، مطرح بود. گروهی از مورخان معتقدند که با ظهور پاکروان، تهدید روحانیت، پایان یافت اما گروهی دیگر به ادامه برخورد با روحانیت در ایام پاکروان اشاره دارند مانند ممنوع المنبر کردن ایشان. البته نظریات متفاوتی در این باره وجود دارد که مثلا گروهی از مذهبیون و حتی روحانیت با ساواک همکاری داشتند و یا مثلا گروهی تحت نفوذ ساواک بودند و ادامه نظام شاهنشاهی را واجب می‌دانستند و به طور علنی در خاطرات خود از افرادی مانند آیت‌الله شریعتمداری نام می‌برند و گروهی هم مانند آیت‌الله خمینی که بعد از ۱۳۴۲ به مخالفان مشهور رژیم مبدل شد. البته افراد صاحب نام ساواک، تعدای از افراد تند رو مذهبی را ادامه دهنده راه فدائیان اسلام و مرتبط با آیت‌الله کاشانی می‌دانند. پرویز ثابتی، یکی از مقام‌های امنیتی مشهور ساواک به این موضوع اشاره دارد که «برغم نظر ساواک، اسدالله علم، موجبات آزادی سران نهضت آزادی و جبهه ملی را فراهم کرد و از نقش پاکروان در عدم مداخله جدی و برخورد شدید با آیت‌الله خمینی، یاد می‌کند که خواهان دیالوگ بود و نیز نقش پادرمیانی حسنعلی منصور در آزادی وی حائز اهمیت است. و همچنین ماجرای کمک

مالی رفسنجانی به نواب صفوی و فدائیان اسلام، که تنها به زندانی شدن رفسنجانی و گرفتن تعهد از او، بسنده شد».

برخی از منتقدان می‌گویند که «دوران پاکروان، دوره مشعشع و طلایی ساواک بود اما ماجرای تحرک روحانیت - پس از ۱۵ خرداد تا تبعید آیت‌الله خمینی - زمینه تغییر پاکروان فراهم شد که به نوعی پیشگیری شود و آدمی قوی‌تر مهار ساواک را به دست بگیرد زیراپاکروان یک آدم دمکرات و نرم بود و شاید به درد این کار، نمی‌خورد و به این جهت برکنار کردند. اواخر ۴۳ عوض شد و وزیر اطلاعات شد و بعد به پاکستان فرستاده شد». امیر خسرو افشار می‌گوید «موقع تیربارانش در سن ۶۸ سالگی در زندان قصر تهران - در اعدام انقلابی روزهای نخست به دست خلخالی در ۲۲ فروردین ۱۳۵۸، به اتهام خیانت و مفسد فی الارض بودن - اظهار عجز و لابه نکرده و خیلی رشید مرگ را پذیرفت». علوی کیا می‌گوید «پاکروان جزو کسانی بود که ۱۰۰٪ مخالف فشار آوردن بود، شکنجه نبود و اصلا مفهومی نداشت که به شکل قرون وسطائی فشار بیاورند. مسلما زمان پاکروان، یکی از بهترین وقت‌ها بود که به کسی هیچ فشاری نیاوردند. ممکن است که خیلی کارهایی شده باشد که حتی ما خودمان هم اطلاع نداشتیم این روی خصوصیات فردی بازجو است که ممکن است بعضی‌ها را تحت فشار گذاشته باشد و این فشارها را من آنوقت هیچوقت نشنیدم چیزهایی به آن شکل بوده باشد. اما ولی بعد از پاکروان به مرور شروع شد. تا زمانی که پاکروان رئیس ساواک بود، ساواک به آن شکل در نظر مردم نبود.»

سوم: دوران نعمت‌الله نصیری (سال ۱۳۴۲ تا سال ۱۳۵۷)

در این دوران، شاه به توسعه ساواک اهمیت داد تا قدرتی ما فوق قدرت دولت باشد، و شاید دوران جمود ساواک شروع شد که این ۱۳ سال دوام یافت و مقارن با نخست وزیری امیر عباس هویدا بود. دورانی که به دلیل برخورد با گروه‌های چپ و نیروهای مسلح معترض، و همزمان با تبلیغات گسترده کنفدراسیون در خارج از کشور و همزمانی با تبعید با روحانی معترض، آیت‌الله خمینی در عراق، چهره‌ای خشن دوباره به جهانیان معرفی شد. و آن را دوران شکنجه و داغ و درفش نامیدند. اما در این دوران ساواک در سرکوب و کنترل تقریبا کامل عناصر ضد نظام سلطنتی فعالیت گسترده‌ای انجام داد و دوران اعدام‌های زندانیان معرفی شد که البته کارشناسان ساواک معتقدند که تنها برای گروه‌های تروریستی شاید کمی خشونت به کار رفته باشد اما تبلیغات و نوشته‌های

خارج از ساواک همچنان بر «شکنجه‌گری مانند شلاق‌زدن، کتک‌زدن و...» اصرار دارند. البته بازرگان در مصاحبه با بی‌بی سی می‌گوید که «در مورد ما شکنجه‌ای صورت نگرفته است». البته افرادی مانند براهنی به مخبران روزنامه نیویورک تایمز گفته است که «مرا به پنکه بسته‌اند و داشت می‌چرخید و می‌خواستند به من تجاوز کنند «که ثابتی در پاسخ آن خبرنگار می‌گوید «گفتم شما خبرنگار معقولی هستید این چنین چیزی امکان ندارد و این نوع سادیسم است و لابد یارو دوست دارد اصلا این تجاوز انجام بشود یا اول انقلاب می‌گفتند یک کیلو ناخن را از منزل فلانی در آورده‌اند، آخر چرا جمع کنند؟ مگر صدف تزئینی است؟»

در دوران بعد از پاکروان، اداره امنیت داخلی توانست که با در اختیار داشتن افرادی مانند رادمنش و عباس شهریاری، در سالهای ۱۳۴۲-۱۳۴۰ بخشی از تشکیلات حزب توده تهران و جنوب را در اختیار بگیرد. اما برخی مورخان از گرایش روشنفکران به چپ، حکایت دارند اما به هر حال، تب و تاب کمونیستی، جزو ایدئولوژی‌های غالب و تفکرهای مسلط آن زمان بوده است و بعد هم شاید مذهبیون می‌توانستند با این رقابت کنند.

در این دوران، با آغاز حرکت‌های مسلحانه، گروه‌های مسلح بیشترین توجه اداره امنیت داخلی را به خود جلب کردند و ساواک آنان را مخرب و تروریست نامیدند. و معتقدند که تا ۸۰ درصد ایشان را در اوایل دهه ۱۳۵۰ پاکسازی کرده بودند. دغدغه اداره داخلی ساواک تنها وجود مخاطره بالقوه روحانیون افراطی و مجاهدین خلق و چریک‌های فدایی است که پرداختن به آن، اهمیت دارد و برای نهضت آزادی و جبهه ملی هیچ نقشی مهمی نمی‌گذارد. گروهی اولین موفقیت تبلیغاتی ساواک را، ترور بختیار، نخستین رئیس ساواک، می‌دانند. که پرویز ثابتی با ظهور در تلویزیون در ۲ دی ۱۳۴۹ به عنوان مقام امنیتی، اسرار ترور بختیار را افشا کرد و به نقش شرکت‌های نفتی و هزینه کردن ۲۰ میلیون دلاری اشاره نمود که همین مصاحبه موجب اعتراض آمریکا و انگلیس می‌شود. برخی افراد دیگر هم موفقیت ساواک، را انتشار کتابی درباره فراماسون‌ها می‌دانند که یکی از ماموران ساواک، اسماعیل رائین، در این باره نگاشته بود. و ثابتی را آن را عملکرد اشتباه ساواک نامید

ثابتی در ۱۵ فرودین ۱۳۵۰ دوباره تحت عنوان مقام امنیتی در تلویزیون ظاهر شد و به تشریح واقعه سیاهکل پرداخت. به رخ دادهای تروریستی آغاز دهه ۱۳۵۰ اشاره کرد که سازمان انقلابی حزب توده، حمله به بانک، طرح ربودن سفیر آمریکا، و ۷-۸ ماه ببعد

بعد از کشف مجاهدین خلق و فرار تقی شهرام و رضا رضایی جزو مجاهدین خلق از زندان، موضوع ترور سرهنگ هاوکینزو...را بیان داشت و وی اظهار می‌دارد که این گروه‌ها در ایران، آغازگر ترور و انفجار و برخورد مسلحانه بودند و ساواک هم برای حفظ امنیت داخلی، ناگزیر به واکنش بوده است تا هم کشور را از عملیات مخرب ایشان نجات دهد و هم معرف تفکر آنان به مردم باشند. و علناً اظهار داشت که مجاهدین خلق، از دل نهضت آزادی، متولد شده است و گروه‌های خرابکار، با روس‌ها در ارتباط هستند، اما بعدها در سال ۱۳۵۶ سیا و آمریکا چندان مهر صحتی بر ادعای کارشناسان ساواک ننهاد و کسی نمی‌داند اشتباه ساواک بود یا عدم توجه سیا و اما به هر حال ثابتی در سفرش به امریکا اظهار داشت که دیگر ۸۰ درصد از مجاهدین خلق از بین رفته‌اند. و از ارتباط آنها با ک گ ب نام برد.

مشهور است که تبادل اطلاعاتی مابین CIA و ساواک وجود داشته و اکثر کارشناسان ساواک این را تایید می‌کنند و ثابتی در این باره می‌گوید «مثلا با سیا تبادل اطلاعاتی داشتیم راجع به هدفهای مشترک مانند کمونیست‌ها مانند ویدا حاجبی و پارسانژاد و گروه ۱۰ نفره سازمان انقلابی حزب توده که به کوبا رفتند آمریکایی‌ها به ما دادند اما راجع به ایرانیان مقیم امریکا به ما چیزی نمی‌گفتند و نمی‌دانستند. همیشه در کنفرانس‌ها همیشه تبادل بود بین ترکیه و امریکا و ایران و حتی گاه روزانه بود اما شخصیت و هویت مستقل اطلاعاتی خودمان را داشتیم. مثلا مخبر نیویورک تایمز با شاه مصاحبه‌ای کرد و سپس با من گفتگو کرد و گفت: «مجاهدین خلق دستگیر شده‌اند، آنهایی که افسران امریکایی را کشته‌اند و شنیده‌ام که سیا به شما سر نخ داده‌اند، که من هم در پاسخ اظهار داشتم حضرات بروند به FBI سر نخ بدهند که قتل کندی روشن شود، به سیا چه مربوط است که به ما سرنخ بدهد؟»

در این دوران مسئله دانشجویان هم تحت عنوان کنفدراسیون، برای بخش برون مرزی ساواک و اداره امنیت داخلی مطرح بود که ساواک بیشتر از کنفدراسیون به عنوان تحریک شده نام می‌بردند که آنان را بازیچه کشورهای خارجی توصیف می‌کرد که طعمه توسعه فعالیت‌های مسلحانه در کشورهای منطقه شده‌اند. حسن ماسالی هم معتقد است: «ما در ارتباط با فدائیان خلق و برای حمایت از مبارزات مسلحانه در خاورمیانه فعالیت میکردیم و در خاورمیانه در ارتباط باسازمانهای فلسطینی در لبنان و عراق و یمن جنوبی و ظفار فعالیت می‌کردیم.» روابط‌شان با ک گ ب را خود او در کتابش معترف بوده است.

در دوران نصیری، زندان اوین ساخته شد. در زمینی به وسعت ۴۳ هکتار که از دهه

۱۳٤۰ آغاز گردید و در سال ۱۳۵۰ افتتاح شد و مستقیماً توسط ساواک اداره می‌شد. که در آن علاوه بر برخورد شدید با زندانیان، اکثر اعدام‌های مخالفان رژیم در آنجا صورت گرفته است. و این زندان منفور، بعد از انقلاب هم همچنان به عنوان بازداشتگاه از آن استفاده شد.

از ریاست این دوره ساواک عمدتاً، نقد مثبتی وجود ندارد. شهرت نصیری، برای بردن و اعلام وصول حکم برکناری مصدق از نخست وزیری در ۲۵ امرداد ۱۳۳۲ بود که از آن تاریخ به بعد، در میان چهره‌های ملی‌گرا از او به شیوه‌ای منفی یاد می‌کردند. شاپور بختیار می‌گوید: نصیری، کسی که به خانه مصدق حمله کرد و ۱٤ سال در راس ساواک باقی ماند و از نظر شعور و اخلاق، فرد پستی بود و امیر خسرو افشار می‌گوید: فهم و شعور زیادی نداشت. و مصطفی الموتی می‌گوید: آدم باهوش یا درخشانی نبود.. و هرمز قریب می‌گوید «: هیچی نمی‌دانست، سواد زیادی نداشت اما آدم خوبی بود و مصطفی الموتی معتقد است «دنبال منافع خصوصی و شخصی بودند».

پرویز ثابتی هم معتقد است «نصیری متفکر و روشنفکر نبود اما حسن‌هایی داشت، اهل قمار بازی و عرق خوری و زن باره گی نبود. حسن بزرگ او این بود که پست نبود و دشمنی و دوستی‌اش روشن بود و از پشت به مخالفانش خنجر نمی‌زد و ریاکاری مقدم را نداشت. و همگامی دوران او با سرکوب مخالفان مسلح، ضرورت زمان بود و لزوم به کارگیری آن خشونت وجود داشته. اول که ما آدم نکشتیم. در دوران نصیری فعالیت‌های تروریستی شروع شد و در دوره پاکروان مخالفت‌ها علنی بود مانند جبهه ملی. اما اقدام‌های تروریستی در دوره نصیری بود .مساله شدت عمل روی ضرورت زمان پیش آمد چون این گروه‌ها، تصمیم گرفتند با جنگ‌های چریکی به همه بگویند که قدرت حاکم قابل شکست است و ما هم در ساواک بایستی نشان می‌دادیم که این‌ها نمی‌توانند چنین کاری بکنند. این‌ها تزشان این بود که این دستگاه - با چنین ارتش و ساواکی - را می‌شود شکست داد و متزلزل کرد که بعد مردم راه بیفتند. نباید این توطئه را خنثی می‌کردیم؟... کتاب خانم پاکروان - در سازمان جلب سیاحان بود - اشاره کرده که ثابتی آدم خوبی بود اما تعجب می‌کنم که یکهو آدم بی‌رحمی شد، پاکروان هم در پاسخ گفته این‌ها مقتضیات زمان است. یعنی تشخیص‌اش درست بود و در آن زمان نمی‌توانست بماند و نه علوی کیا و اگر جلوی تروریست‌های را نمی‌گرفتند تشنج مملکت را فرا می‌گرفت و به ایران هم فعالیت‌های تروریستی سرایت کرده بود تهمت این بود که شدت عمل به این علت بوده و دستگاه هم شدت عمل نشان داده و نصیری سیبل شد و گرنه نصیری چیزی از اصول شکنجه نمی‌دانست و نصیری به این علت که در این زمان آمد و ساواک و نصیری در این

زمان بیشتر مورد حمله‌اند».

وی در ادامه می گوید: «می گویند نعمت خره اما خیلی احمق نبود، فقط دربست مطیع شاه بود اما شخصی حاضر جواب بود. انسانی بی‌تفاوت بود. حتی اول که ازشهربانی به ساواک امد، وضع نوشتن و سواد نوشتاری‌اش خیلی بد بود. از نظر فساد مالی، مشکلاتی داشت البته وقتی که زن دوم را گرفت این گرفتاری‌های مالی شروع شد .فردوست و نصیری در کار عملیاتی دخالت نمی کردند و کار پشتیبانی انجام می‌دادند اما راجع به مبارزه با فساد با نصیری مشکل داشتم».

«نصیری روزهای ۲ شنبه و ۵ شنبه به حضور شاه شرفیاب می‌شد» تا اینکه نصیری در ۱۶ خرداد ۱۳۵۷ از ریاست ساواک بر کنار شد و به سمت سفیر ایران در پاکستان، منصوب شد. که البته مقدم به محض نشستن بر کرسی ریاست ساواک، نصیری را متهم می کرد که مشی سرکوبگرانه و غیر عقلانی و دور از منطق داشته است و استفاده و کارآمدی ساواک را به شدت کاسته است. حتی از این هم فراتر رفت و حتی در گفت و گویی خصوصی گفت که نصیری به خاطر سوء مدیریتش در رأس ساواک باید به جوخه اعدام سپرده شود. با پیروزی انقلاب، نصیری دادگاهی شد و در نهایت دادگاه انقلاب رای به اعدام وی داد. که فیلم‌هایی از دادگاهی او از تلویزیون ایران، پخش شدند. نصیری در ۲۶ بهمن ۱۳۵۷، در پشت‌بام مدرسه رفاه تیرباران شد.

چهارم: دوران ناصر مقدم (سال ۱۳۵۷)

تغییر رویکرد ساواک را می توان همزمان با ریاست جمهوری کارتر دانست که دولت، فضای باز سیاسی اعلام کرد. یکی از مقام‌های امنیتی به آمدن گروه صلیب صلح و صلیب سرخ در زمستان ۱۳۵۵ اشاره دارد که به بررسی اوضاع زندانیان و رعایت مسایل حقوق بشر در ایران پرداختند و آن را سرآغاز شروع زمینه انقلاب اسلامی ایران در سال ۱۳۵۷ توصیف می‌کند. که سرآغاز تماس جبهه ملی و نهضت آزادی با آمریکا بود. به هر حال، شاه ایران می‌خواست فضای باز سیاسی ایجاد کند و کم کم به سمت تعطیلی ساواک، قدم برمی داشت. تعداد زندانیان در سال ۱۳۵٤، ۳۷۰۰ بودند که با آمدن صلیب سرخ، ۷۰۰ نفر از آنان آزاد شدند.

اما در دوران نصیری، سازمان اعتماد و اعتبارش در میان مخالفان و جامعه ایرانی و جهانی به زیر سوال رفته بود و آوردن اسم آن توامان با وحشت و اضطراب بود اما هرگز فرصت بررسی واقعیت این جلوه اغراق‌آمیز پدید نیامد. روحانیت معتقد بود که

برخی از اطرافیان آیت‌الله خمینی زیر شکنجه ساواک جان داده‌اند و به آیت‌الله سعیدی» و «آیت‌الله غفاری» اشاره می‌کردند البته خود منتظری در خاطراتش صریحا می‌گوید که این‌ها دروغ و خلاف واقع می‌گویند و به خاطر خونریزی بواسیر بوده است و از دیگر سو هم سازمان‌های چریکی و هواخواه فعالیت مسلحانه - مانند مجاهدین خلق و چریک‌های فدای خلق و کمونیست‌ها - هم که خود اخبار رسمی رسانه‌های داخلی درباره اعدامیان را ملاک می‌گرفتند و فعالان خارج از کشور هم به کمک رسانه‌های خارجی، این سازمان را شکنجه‌گاهی مخوف نامیدند که کارش سلاخی و داغ و درفش انسان‌هاست. حتی ادعاهایی گاه کذب از طرف ایرانیان خارج از کشور به رسانه‌های معتبر جهانی درز پیدا می‌کرد به عنوان مثال در سال ۱۳۵۰ نیوزویک به اشتباه نوشته بود که ۵ میلیون نفر عضو این سازمان است اما در واقع رقمی در حدود ۵۳۰۰ نفر، عقلانی بود.

به طور دقیق ۷۰ نفر اعدام شدند و ۲۰۰-۳۰۰ نفر خارج شدند و مابقی در ایران ماندند. یزدی و چمران با امریکایی تماس داشتند ترتیب دادند که ضد جاسوسی و اداره فنی باز گردند و امنیت داخلی کسی برگشت و اطلاعات خارجی فرازیان و کاوه بر گشتند و بعد از مساله عراق آنها مرخص شدند. امریکایی‌ها نگران نفوذ روس‌ها بودند و خیلی‌ها هم زندانی شدند. و یا بیکار شدند و برخی در سالهای بعد حقوق بازنشستگی را گرفتند و خانه هایشان را پس گرفتند.

بعد از سفری به آمریکا و دیدار با مقامات سیا، در روز ۱۷ خرداد ۱۳۵۷ ناصر مقدم رئیس اداره دوم ستاد بزرگ ارتش، در آستانه ۵۷ سالگی به ریاست ساواک برگزیده شد که قرار بود علی معتضد قائم مقام ساواک به ریاست برشد شاه معتضد را چندان نمی‌نشاخت و فردوست هم گفته بود که او برای این کار مناسب نیست و. علوی کیا در این باره می‌گوید: «وقتی که نصیری رفت اول قرار بود که معتضد قائم مقام بشود و تا ٤٨ ساعت بعد هم قرار بود وی بشود اما فردوست و شاید فرح لیست‌ها را برده بود و به اعلیحضرت گفته بود که مقدم را بگذارند و مقدم شد رئیس ساواک». به هر حال فرح و فردوست هم در تفکر شاه تاثیر داشتند که دست به این انتخاب بزنند.

موقعی که فردوست شد رئیس بازرسی شاهنشاهی و دفتر وِیژه، از شاه می‌پرسند که شخصی بشود رئیس مانند ثابتی یا نظامی مانند مقدم، شاه هم می‌گوید نظامی بشود و معینیان بعدها این روایت را تعریف کرد. اگرچه مقدم در ابتدا سعی داشت که توجه مخالفان رژیم را جلب کند تا در توصیف سازمان ساواک تجدید نظر کنند اما سینما رکس آبادان در ساعت ۲۱:٤۵ شب ۲۸ امرداد ۱۳۵۷ و در حین نمایش فیلم گوزن‌ها - ساخته

مسعود کیمیایی - دچار آتش‌سوزی شد و ۳۳۷ نفر از کسانی که به تماشای فیلم گوزن‌ها در آخرین سانس به سینما رفته بودند، زنده در آتش سوختند. هرچه حکومت سعی کرد که در تب و هیجانات انقلاب، بگوید که این کار به وسیله انقلابیون و هواداران متعصب صورت گرفته است و حتی یکی از مقام‌های امنیتی می‌گوید که «می‌دانستیم آیت‌الله جمی، کارگردان این کار بود نه ساواک»، اما مخالفان مسئولیت این واقعه را به گردن ساواک انداختند و آن را یک حرکت انحرافی برای بدنام ساختن انقلابیون نام بردند و آیت‌الله خمینی صراحتا شاه را عامل این فاجعه دانسته و آنرا شاهکار شاه خواند. و طبعا اظهارات آیت‌الله خمینی در اندک زمانی مقبولیت عام یافت. شاپور بختیار نوشت «در سینما رکس آبادان، این آتش سوزی فاجعه‌ای ملی بود. از طرف کمونیست‌ها و ملاها فریاد بلند شد که این جنایت به دست ساواک صورت گرفته است... اما آتش‌سوزی بدون شک عامداً ایجاد شده بود و عاملا آن هم روحانیت بودند.» و احمد مدنی هم در این باره گفت: «کلا خیلی از خراب کاری‌هایی که قبل از انقلاب انجام می‌گرفت، آتش زدن‌ها و خیلی چیزها به وسیله نظام حاکم نبود، منطق هم اجازه نمی‌داد که این کار انجام بشود. مثل سینما رکس آبادان، مسجد جامع کرمان، آتش زدن بانک و ... موقعی که پس از انقلاب به خوزستان رفتم و استاندار شدم، دقیقا فهمیدم که سینما رکس، کار نظام حاکم نبود و کار عوامل افراطی بود که در لوای انقلاب اما هرج و مرج طلب خطرناک، ماسک انقلابی زده بودند. کیاوش - بعدها وکیل اهواز در مجلس - و جمی - در بهبهان - دستورات بهشتی و ...این‌ها در تنظیم این برنامه شرکت داشتند».

درباره مقدم، اظهار نظرهای گوناگونی شده است که اکثریت مقدم را متهم می‌کنند که با انقلابیون، همکاری کرده است. حتی شاپور بختیار می‌گوید: من اطلاع داشتم که مقدم با بازرگان و سنجابی هم ملاقات کرده است...گفت: اعلیحضرت به من دستور دادند که درباره مسائل ایران با شما و بازرگان و سنجابی صحبت کنم...نقش مقدم در این میان، بسیار مهم است. در اواخر آن هفته سرنوشت ساز، مقدم آشکارا به سمت بازرگان — که به او قول داده بود در سمت ریاست ساواک ابقایش خواهد کرد - متمایل شده بود.. حسین آزموده درباره مقدم می‌گوید: «مقدم سالها افسر خود بنده بود و با من کار می‌کرد و افسر شایسته‌ای بود و... تا روزی که در دستگاه ما بود از نظر من افسری ممتاز بود و فردوست او را خواست و من مخالفت کردم و عاقبت شاه فرمودند برود نزد فردوست... اما دیگر مقدم تغییر حالت و صفت داد... افتاده بود در دامن طالقانی و هیچوقت خیال نمی‌کرد که اعدام بشود... در روزهای شورش افراد ساواک و جوان‌هایی که کارمند بودند، با یک احساسات

عالی می‌خواستند که کاری بکنند، مقدم جلوگیری می‌کرد... و کارمندان رفتند پیش او که مگر طرح نداریم برای این روزها، پس چرا اجرا نمی‌شود؟ اما تعلل کرد و فردا و پس فردا و لحظه لحظه هم دامنه آتش وسیع‌تر شد تا رسید به اینجا... آن جربزه و قابلیت را نداشت که اقدامی بکند و از طرفی هم خواست خودش را نجات بدهد

مقدم چنین تصور داشت و تجزیه و تحلیل کرده بود که استنباط‌اش این بوده که خارجی‌ها سقوط شاه را می‌خواهند و روحیه شاه خراب است و شاه نمی‌تواند تصمیم بگیرد و ... خوب این رفت در تشکیلات فردوست و سرانجام رفت با طالقانی ساخت و پاخت کرد که جانش محفوظ باشد، غافل از اینکه خمینی آمد - که واقعا به نظرم خمینی مرد بزرگی است - همه‌شان را گرفت و یکی بعد از دیگری تیرباران کرد، روی چه اصل؟ خوب خمینی گفت این که به ولینعمت خودش خیانت کرده به من چه خواهد کرد!؟ حساب غلط کردند، و حسابشان این بود که دستگاه سلطنت برچیده شده و برای آینده فکری بکنیم و برویم در دامن آخوندها... مقدم تصور نمی‌کرد پس از انقلاب آسیبی متوجه او شود و حتی امیدوار بود دولت بازرگان در شغل و سمت ریاست ساواک، او را ابقا کند. به همین دلیل از کشور خارج نشد اما در بامداد ۲۲ فروردین ۱۳۵۸به همراه سرلشکر حسن پاکروان دومین رئیس ساواک، به جوخه‌ی اعدام سپرده شد.

مقدم هم پس از پیروزی انقلاب، زندگی مخفیانه را پیش گرفت ولی خیلی زود توسط مأموران دادستانی انقلاب دستگیر و تحویل دادگاه انقلاب اسلامی شد و علی رغم کوششهایی که برای جلوگیری از محاکمه وی به عمل آمد دادگاه وی را مفسد فی الارض شناخت و به اتفاق آراء او را به اعدام محکوم کرد. حکم اعدام بامداد ۲۲ فروردین ۱۳۵۸ به اجرا درآمد. علوی کیا هم درباره او می‌گوید: مقدم روی هم رفته آدم قوی و مصممی نبود که بتواند تصمیم بگیرد... از قوانین حقوقی اطلاع داشت، حقوق خوانده بود و سالها در دادرسی ارتش بود و کار اطلاعاتی را در اداره دوم و در ساواک یاد گرفته بود... آدم خیلی باهوشی نبود... روی هم رفته آدم خیلی ضعیفی بود و بنا به همین ضعفش، در روزهای آخر احساس کرد که اوضاع خیلی بدتر از تصور اوست...این است که اگر به آخوندها نزدیک شده باشد، برای حفظ خودش بود...به سوی آنها رفت و بعد مسئولان هم که اسرارشان زیر دست این و ساواک بود و هم، او را هم نگذاشتند که زنده بماند و کشتند».

بنا به توصیه و صلاحدید مقدم در ۷ دی ۱۳۵۷ در کاخ نیاوران، شاه به شاپور بختیار دستور تشکیل آخرین کابینه شاهنشاهی را داد. و در کمتر از ۱ ماه بعد، که شاه هم از ایران رفته بود، در روز ٤ بهمن ۱۳۵۷ شاپور بختیار - نخست وزیر وقت - لایحه انحلال

ساواک را به مجلس شورای ملی برد البته شاپور بختیار درباره انحلال ساواک می‌گوید: «یکی از اولین اقدامات دولت من انحلال این دستگاه بود. ساواک به کمک آمریکائی‌ها و متاسفانه به دست یکی از خویشان من، تیمور بختیار، سازمان یافت که خود ریاست آن را تا سال ۱۹٦۱ بر عهده داشت و ۹ سال پس از این تاریخ، به دست یکی از مزدوران همین ساواک به قتل رسید. به هر تقدیر من این رضایت خاطر را دارم که این تشکیلات منفور به دست بختیار دیگری منحل شد... گاهی در ذهنم جلسه مجلس را - که یک بار دیگر با اکثریت قاطع به من رای داده بود، مرور کردم. نمی‌توانستم به ابتذال این جمع باور کنم که همگی ۱ شبه دمکرات و ناسیونالیست شده‌اند و با اینکه کرسی وکالتشان را مدیون ساواک بودند به من می‌گفتند: اگر بدانید ساواک چه بلاهایی بر سر مملکت آورده است، وحشتناک است!. آنگاه برای رای دادن به انحلال ساواک که خود ماموران وفادارش بودند و نانشان را داده بود، سر و دست می‌شکستند...

گرچه گروهی بر این باورند که با اوج‌گیری ناآرامیهای قبل از انقلاب در ایران، شاه دستور انحلال ساواک را داد و رئیس پیشین ساواک تیمسار نصیری که در آن زمان سفیر ایران در پاکستان بود به ایران فراخوانده شد و به زندان افتاد، که این اقدامات نتیجه‌ای در بر نداشت. و بعد مقدم به بختیار گفته است که لایحه انحلال ساواک را به مجلس ببرد، زیرا مقدم در پشت پرده با انقلابیون به توافق رسیده بود و حتی زمینه ورود آیت‌الله خمینی به ایران و تضمین سلامت وی را انجام داده بود.

شاه در ۲٦ دی ۱۳۵۷ از ایران خارج شد و روز ٤ بهمن ۱۳۵۷ ساواک منحل اعلام شد. از آن تاریخ به بعد تحلیل‌های متفاوتی از موافقان و مخالفان درباره ساواک انتشار یافته است. گروهی ضعف ساواک در این اواخر را در نبود نیروی زبده می‌دانند. برخی از کارشناسان ساواک بر این باورند که در ابتدای تشکیل ساواک «یک سری افراد تحصیلکرده و برجسته و باهوش و ناسیونالیست برای خدمت در این سازمان، انتخاب می‌شدند اما بعدها از سطح هوش و دانش و فهم این افراد در دوران نصیری کاسته شد و کمتر به متخصص توجه می‌شد و تحصیلکرده‌ها و متخصص‌ها هم در ساواک دیگر یواش یواش نماندند، برای اینکه می‌دیدند که آنجا فقط حقوق زیاد است وگرنه محل ترقی این نیست که مثلاً وزیر بشود... عالیخانی و بعد هم تاجبخش رفت و نمی‌شد جلوی ترقی و آینده انها را گرفت».

اما مشکل شاه، وجود ساواک نبود و شاید به توصیه کارشناسان زبده امنیتی هم توجهی نمی‌کرد. مثلا پرویز ثابتی برای شاه سال ۱۳۵۵ گزارشی نوشت که شاه آن را سیاه

و منفی می‌دانست و بعدها برای کنترل انقلاب دوباره ثابتی پیشنهاد داد تا ۱۵۰۰ نفر از مخالفان را به زندان بیاندازند و در برابر آمریکا هم ضعفی نشان ندهند و تا دیر نشده جلوی مخالفان و موج عصیان را گرفت که فردا پشیمانی حاصل نشود. اما شاید در آن دوران، دیگر حرفهای ثابتی، راه به جایی نداشت هرچند که آخرین تیر ترکش بود و ثابتی از ۱۳۴۲ در گزارش‌هایش می‌نوشت که نارضایتی را از سرچشمه ببندد، و بعد می‌خواست، و بعدها در ۱۳۵۳ تکرار کرد با آزادی بیان به هواداران سلطنت موافقت شود اما نشد و روی گزارش ثابتی، فقط، نوشته شد: «به شرفعرض همایونی اعلیحضرت رسید!.» و ثابتی اظهار کرد که «اعلیحضرت، سگ را گشوده و سنگ را بسته! محمدرضا شاه در شرایط جنگ سرد، داشتن روابط استراتژیک با غرب به ویژه آمریکا و انگلستان را استراتژی سیاست خارجی خود در جهت منافع ملی تشخیص داده بود و به محض اینکه سیاست او در زمینه نفت با منافع آنان برخورد پیدا کرد و آنها به بهانه رعایت حقوق بشر او را تحت فشار قرار دادند و او برای احتراز از درگیری، شروع به دادن امتیازات نمود و قدم به قدم عقب نشینی کرد تا اینکه نهایتا کنترل اوضاع را از دست داد و منجر به وقوع فاجعه‌ای برای کشور شد»

در این باره حاجعلی کیا معتقد است «شاه نمی‌خواست کسی از خودش بافهم و شعورتر باشد و کارش جلو برود. این دیگر خصلت پادشاهان است «و شریف امامی می‌گوید: «شاه می‌فرمود که من به هیچکس، به طور مطلق اعتماد نمی‌کنم و باید کارها همه به خودم گفته شود. ایشان سی و چند سال سلطنت کردند و تجربه ممتد پیدا کردند و افراد را می‌شناختند و به کارها آشنا شده بودند ولی تردیدی نیست که در خیلی از مسائل نمی‌توانستند صاحب نظر باشد ولی کار به جایی رسید که دیگر هیچکس را قبول نداشت و نظر خودش را صائب‌ترین نظر می‌دانست. در این اواخر اصلا مشورت نمی‌کرد، گاهی هم ناراحت می‌شد و نمی‌پذیرفت».

گروهی هم انگشت اتهام را به سوی حسین فردوست دراز می‌کنند. یکی از کارشناسان امنیتی معتقد است که فردوست از شاه نا امید شده بود و یکی از پرسنل خود - مقدم - را با توصیه کردن به شاه، بر کرسی ساواک نشانید و مشخص نیست که از دور ورود آیت‌الله خمینی را هدایت کرد یا خیر و بعد سازمان امنیت را بدون فروپاشی در اختیار حکومت جدید گذاشت و گروهی معتقدند که شاه هم از او خواسته بود که انتقال قدرت صورت می‌گیرد او سازمان امنیت را مانند یک امانت در اختیار دولت مردان جدید قرار دهد. اما گروه اکثری هم می‌گویند شاه نمی‌خواسته چنین شود و حتی بعدها به برخی ارتشیان امید داشت که کاری بکنند و ساختار درونی ساواک تقریبا دست نخورده باقی ماند و

کارشناسان اداری آن هم اکثرا دوباره به کار دعوت شدند. که البته علوی کیا می‌گوید: این اواخر همه ساواک کامپیوتری شده بود و اگر واقعاً یک ذره عقل می‌داشتند تمام این میکروفیلم‌ها را از بین برده باشند. همان روزی که می‌دیدند که می‌آیند از بین نبردند و تمام مانده تمام اطلاعات میکروفیلمش... و ابراهیم یزدی هم می‌گوید: «من به چند نفر از ژنرال‌ها و مقام‌های بزرگ ساواک با اطلاع آقای خمینی، امان نامه دادم که بیایند و سیستم جدید را به ما نشان دهند. البته مشکلاتی داشتیم و هر کدام از آقایان شرکت کننده در انقلاب هم آمده بودند و دنبال پرونده خود می‌گشتند که با دخالت آقای خمینی، برطرف شد "

در روزهای آخر داستان انقلاب، فردوست در کلوب ایران، بریج بازی می‌کرد، به دوستانش می‌گوید: «شاه که گذاشته رفته و من هم به ارتشی‌ها فردا می‌خواهم بگویم که ارتش به سمت بازرگان برود تا ارتش از بین نرود و شاید بعدها بتوان کاری کرد»، بعد از کنفرانس گوادلوپ قرار شد که این انتقال صورت بگیرد. انگلیسی‌ها هم از فردوست خواسته‌اند چنین توصیه‌ای بکند. البته درباره فردوست هم تحلیل‌های متفاوتی انتشار یافته است: هرمز قریب می‌گوید: فردوست این سالهای آخر، میهمانی‌ها نمی‌آمد یعنی یکشنبه‌ها، و جمعه‌ها هم... خیلی کم می‌آمد و گاهی هم نمی‌آمد ..می گفت: کار دارم! وقت شرفیابی نداشت و همین صندوق‌های دروغ را می‌فرستاد و ممکن بود که گاهی تلفنی بزنند». یکی دیگر از افراد ساواک می‌گوید «فردوست دیگر شرفیاب نمی‌شد مسخ شده بود و اصلا توقع بی‌جا بود که وی ناجی ایران باشد». پرویز خسروانی معتقد است: «فردوست عقده داشت. دیگر مدتهای مدید بود که تماس او با کاخ قطع شده بود و فقط صندوق - مطالب و گزارش - می‌رفت بالا و می‌آمد». و علوی کیا می‌گوید «فردوست یک معما بود، کسی هیچ وقت در بیرون در جایی خودش را نشان نمی‌داد. و دفترش هم می‌رفتی تمام پرده‌ها کشیده شده بود و سیاه سیاه بود و آدم هیچی نمی‌دید. همیشه روز چراغ روشن بود و تمام دستوراتش را با مداد می‌نوشت که بشود پاکش کرد. نمی‌توانم بگویم خیلی باهوش اما یک آدم کاملاً بی‌طرف و بی‌غرض و نظر و منصف و ۱۰۰٪ مورد اطمینان شاه بود. خیلی‌ها در دفتر وِیژه بودند و مشاغل حساس به آنها دادند مثل مقدم، جعفری، صمدیان پور، افشاری، فیروزمند و ... خیلی دوست صمیمی و نزدیک فردوست بودند». فردوست پر و بال داده بود و شاه معتقد بود که فردوست انسان‌های خوبی تربیت کرده است. اما ارتشبد جم، نظری متفاوت دارد «من فردوست را خیلی از نزدیک و سالهای سال به عنوان دوست نزدیک می‌شناختم و او را بسیار مرد شایسته و لایقی و

صدیق و درستکار می‌دانم و نمی‌توانم قبول کنم که خیانتی کرده باشد، خیانت به کی؟ اولاً وظیفه‌شان نسبت به ملت ایران بوده و بعد که شاه گذاشته از ایران رفته، اگر ایشان تشخیص داده باشند که برای صلاح مملکت، حفظ مملکت، لازم است که با رژیم جدید همکاری بکنند، من این را خیانت نمی‌دانم حتی بفرض هم اگر این کار را کرده باشد.

فریبرز رئیس دانا می‌گوید: «اصلاً خیلی از ساواکی‌ها ما را نمی‌شناختند، ادعا می‌کردند که چنین‌اند و چنان، اما آنها را می‌شناختیم «و یکی از کارشناسان مشهور ساواک و مقام‌های امنیتی معتقد است که «ساواک بر همه چیز مسلط بود حتی روحانیون و ساواک در روحانیت نفوذ داشت و از دیگر سو روحانیت نظر دارند که توانسته‌اند ساواک را بازی بدهند و به رابطه آیت‌الله بهشتی در آلمان اشاره دارند که همکار و دوست سرتیپ اصغر دادستان - نماینده ساواک - بوده است و ساواک تصور می‌کرد که آیت‌الله فلسفی در تهران، همه کاره روحانیت است اما ناگهان در ٦ ماه آخر فهمیدند که بهشتی، کارگردان اصلی صحنه است» و اما گروهی دیگر از کارشناسان امنیت داخلی می‌گویند که «شاه تصور می‌کند که زیر منگنه لندن و واشنگتن و سیاست آشکار و پنهانشان، گذاشته شده و باید به مخالفان باج بدهد. روحانیت را در ٤٨ ساعت می‌توان جمع کرد، اما اعلیحضرت نمی‌خواهد.»

یکی از کارشناسان امنیتی هم بر این باور است که «نیروهای ساواک، انسان‌هایی معتقد و وطن پرست بودند اما دیگر کاری از دستشان ساخته نبود. من تا روز آخر که ریختند داخل سازمان، کار می‌کردم و حتی وقتی جوانکی مسلح وارد اتاق کار من شد، هاژ و واژ چای داغ روی میزم را می‌نگریست و متوجه اختفای من نشد. وقتی شاه، بزرگ ارتشتاران رفته و مقدم به سوی انقلابیون متمایل شده، من کارمند چه می‌توانستم بکنم؟...

برخی از ما اعدام شدند و برخی از ما هم دوران بازرگان دوباره دعوت به کار شدیم. اما دیگر ساواک بی‌حیثیت شده بود. ما حتی در اقیانوس هند هم نفوذ امنیتی داشتیم و در حوزه خلیج فارس و آرشیو ما سالم ماند و آن گنجینه حاصل زحمت هزاران همکار من است که کسی نمی‌داند زنده‌اند یا مرده.»

هنوز هم حکایت ساواک، ناآشنا باقی مانده است و شاید کسی نباد بداند که سرنوشت و سود و زیان سازمان امنیت ایران چه بود و چه استعدادها و شخصیت‌هایی در آن نقش داشتند و برای تاریخ معاصر ایران، چه چیزی را رقم زد؟ آیا با هر تغییری در کشور، باید نهاد امنیتی را به کلی منحل و نابود کرد؟ یا در حفظ آن کوشید و برای بقای کشور، ضروری دانست؟ براستی ساواک بخشی از هویت سیاسی و تاریخ معاصر ایران، نیست؟

و عملکرد ۲۰ ساله آن در سرنوشت کشور، تاثیری نداشت؟

در نوشتن این مطلب از مجموعه مطالب زیر استفاده شده است:

۱. مجموعه گفتگوهای تاریخ شفاهی دانشگاه هاروارد[1] با افرادی مانند حسن علوی کیا، عیسی پژمان، منوچهر هاشمی، مصطفی الموتی، حاجعلی کیا، همایونی، محسن مبصر، فریدون جم، شاپور بختیار (به انضمام خاطرات او در یکرنگی)، هرمز قریب، امیر خسرو افشار، پرویز خسروانی و حسین آزموده.

۲. گفتگوهای نگارنده با: علی‌اکبر فرازیان، اردشیر زاهدی، جمشید امانی، منوچهر هاشمی، عیسی پژمان، داریوش همایون، رضا پهلوی، پرویز ثابتی، امین فروغی، یحیی صادق وزیری، حسن ماسالی، ابراهیم یزدی، علی کشتگر، احمد سلامتیان، ابوالحسن بنی‌صدر، احمد مدنی و علوی‌کیا

1- Iranian Oral History Project, Center for Middle Eastern Studies, Harvard

۹

انقلاب مشروطه، نقطه آغاز تحول فکری

با زیستن در زمانه آشفتگی مفاهیم و دگرگونی اصطلاحات و ناهنجاری عمومی و فرمانروائی گروهی بی‌همه‌جا- با همه گان آشفته بازار سیاست و نا آگاهی؛ شاید دیگر چیزی قطعی و مسلم باقی نمانده. اصطلاحات سیاسی هم قربانی‌اند، اما در آستانه روزگار انقلاب مشروطه شاید پرداختن و شکافتن نو به مفهومش ضروری می‌نماید.

جُنبِشِ مَشروطه یا مشروطه‌خواهی یا مشروطیت، کوشش‌ها و رخ دادهایی هستند که در دوره مظفرالدین شاه قاجار و سپس در دوره محمدعلی شاه قاجار برای تبدیل حکومت استبدادی به حکومت مشروطه رخ داد و به تشکیل مجلس شورای ملی و تصویب نخستین قانون اساسی ایران انجامید. پیروزی مستند و مکتوب مشروطیت شاید با صدور فرمان مشروطیت توسط مظفرالدین شاه - و امضا آن در ١٤ امرداد ١٢٨٥- می‌باشد که جنبش و حرکتی که آغازش به دو سه دهه پیش از آن برای کسب آزادی و ترقی، برای رسیدن به آهنگ حرکت اروپا، جامعه ایران و ایرانی را به تکاپو انداخته بود، به ثمر نشست.

آغاز این حرکت فکری- اجتماعی، از یک بیداری فرهنگی بود که در جامعه ایرانی، تدبیر و سیاست هماهنگ با طرح نوسازندگی همه جانبه یا تجدد و مدرنیته و قانونمدار کردن حکومت جزو آمال اولیه بود. حرکت به سوی بازسازی جامعه در سیاست و اندیشه و قانون اساسی. و حکومت مبتنی بر قانون اساسی را مشروطه نامیدند. و همان جنبش و پیروزی[1] در ایران شاید سرآغاز پوست انداختن از نظام کهنه و ارتجاعی و پوسیده از تفکرات قرون وسطائی و در حال دست و پا زدن در سنت‌های بی‌ربط و نامربوط با فرهنگ و تمدن و تاریخ ایرانی شد و و میل به یک جنبش بی‌سابقه و جوشش مصلح و پیرو نوسازندگی و اصلاحات بنابه توان جامعه آن ایام بود. شاید بی‌اغراق جنبش مشروطه همان سرآغاز بیداری ایرانیان است که مردمانی سخت‌کوش اما ساده دل؛ لنگان لنگان، تصمیم دوباره و چندباره گرفتند گاه به آرامش و گاه به کابوس و محنت گرفتار

1- Constitutional Revolution

آمدند زمانه‌ای با شکوه و با معنا و پر دستاورد و زمانه‌ای سیه روز با آرمان‌های متناقص و تحریف شده و مصادره گشته و تهی از معنا؛ عصری آراسته به تفکر و تمدن و پیشرفت و بر مبنی خردورزی و اندیشه تاریخی بدیع و یا هنگامه ارتجاع و تاریک‌اندیشی و زمانه‌ای برهنه از نوجستن و فتنه‌انگیز و خونریز با محتسبان تیز و خودکامه قبیح و ... که تاریخ ایران زمین همه را نگاشته. و بوده‌اند بسیارانی نظریه‌پرداز ورشکسته که به تحریف انقلاب مشروطه پرداختند و اعتبار مشروطه‌خواهی را به عبارات و مفاهیم دیگر آلودند و حتی گاهی مشروطه‌خواهی هم اتهامی مستحق مرگ شد. گرچه مشت بازی با سایه بود و این کوشش‌ها بیهوده و فروکاستن به منجلاب و دست و پا زدن در آرمان‌های مایه سرشکستگی و ضدآزادی و ترقی و صد البته هم بی‌اعتنا به دمکراسی. اما بودند روشنفکرانی بیدار که از تاراجگران جاهل بیمار، رهیدند و رستگاری را جستند و به اهل قلم همرزم پیشین پیوستند.

از ١٤ امرداد ١٢٨٥ تا امروز ١٥ امرداد ١٣٩٣، دقیقاً ١٠٨ سال از تاریخ ایران گذشته. دیگر نه از مظفرالدین شاه و محمدعلی شاه و احمد شاه و رضاشاه و محمدرضا شاه خبری هست و نه از مهمترین شخصیت‌های جریان روشنفکری ایرانی پس از مشروطه - سیدحسن تقی‌زاده، ابراهیم پورداوود، تقی ارانی، محمدعلی جمالزاده، حسن پیرنیا، محمدعلی فروغی، صادق هدایت، سید احمد کسروی، فرخی یزدی، ملک‌الشعرای بهار، میرزاده عشقی، سیدضیاالدین طباطبایی، ایرج میرزا و عارف قزوینی و ... کسی باقی مانده. و در این ١٠٨ سال بارها و بارها انقلاب مشروطه در جاهای گوناگون و از سوی گروه‌های بسیار، بزرگ داشته شد، نقد شد، تمجید یا نفی شد. اما نکته قابل تامل شاید وجود نوعی پذیرش همگانی سنت مشروطیت از سوی بیشتر گرایش‌های سیاسی محسوس است که پرداختن به آن را - به طوری شایسته و سزاوار - ضروری می‌دانند. البته گاه دهه‌ها بی‌اعتنا به آن و گاه سالها به عنوان میراث ملی ریشه‌دار نام برده شده. و جنبش مشروطه در گفتمان سیاسی ایرانیان هنوز مورد مناقشه است و البته با نگاهی گاه سیاسی به تاریخ و گاه گمراه شدن از هدف نخست آن. و هنوز هم هستند منتقدانی که پرداختن به آن را نشانه زوال نگرش سیاسی می‌دانند اما بهرحال نمی‌توان بخشی از تاریخ را بنا به قصد سیاسی مشخص، سانسور یا قیچی کرد. به قول رندی ظریف گفتار «نگاه تاریخی به سیاست همان اندازه سازنده است که نگاه سیاسی به تاریخ، گمراه کننده.»

***

نسیم جنبش آزادی یا ترقیخواهی و یا سنت مشروطه خواهی از دهه‌های پایانی سده

نوزدهم وزیدن گرفت و عاقبت هم در ۱۰۸ سال پیش به پیروزی رسید. شاید بتوان گفت که انقلابی سیاسی فرهنگی که جامعه ایرانی را از زمین قرون وسطائی‌اش کند بدون آنکه آن را زمینه‌ای محکم و استوار داشته باشد، در زمین تجدد نشانید. و پرداختن به این راز از توحش بریدن و به تمدن نرسیدن، یا رمز پیروزی و راز ناکامی و عقب‌ماندگی؛ سرآغاز بحث و پژوهش در ۱۰۸ ساله گذشته ایران بوده که از دوران انقلاب مشروطیت تا امروز هم طبعا ایران، یک سده تجربه را پشت سر نهاده و کارزارها دیده و دریچه‌ها گشوده و فرصت‌ها از کف داده اما از عقب ماندگی، پیمودن راه دگرگونی و تجدد و رسیدن به جهان مدرن را آغازیده؛ حال چه تازیانه‌های زمانه بر پیکرش وارد آمده یا چه جاده‌های موفقیت که پیموده یا دریچه‌های موفقیت را گشود یا مدارها را بست و آرمان‌ها را به شکست کشانید. ایران از سده‌ای به سده دیگر پای نهاد و مسایل بنیادی در افکار جامعه‌اش مرور می‌شود و جامعه ایران با مفاهیمی سروکار دارد از «دفاع از یکپارچگی و یگانگی ملی، مردمسالاری و حقوق بشر،دمکراسی لیبرال، عدم تمرکز قدرت حکومت مرکزی، عدالت اجتماعی، اصلاحات سیاسی، آزادی و توسعه، توسعه اجتماعی، حقوق شهروندی بر اساس میثاق‌های اعلامیه جهانی حقوق بشر و....»، تا گفتمان‌های مربوط به پایه‌های جامعه شناختی مردمسالاری و یا زیرساخت‌های اقتصادی و فرهنگی. تفاوت در این است که گذشته از بوجود آوردن و اجتماعی لازم برای تحقق آن آرمان‌ها، تضادهایی که در آن صد سال کار ایران را با همه دستاوردها به شکست کشاند همه یا گشوده شده‌اند و یا گشودنشان آسان‌تر شده است. جامعه‌ای متضاد - و گرفتار میان فرهنگ سنتی و فرهنگ مدرنیته یا اسیر در چنگال اولیگارشی قرون وسطائی - که با شتاب خود را از جهان کهنه و واپس‌مانده آزاد کرد و دگرگونی نظام ارزش‌ها و گریز از سیطره تفکر تحمیلی بی‌اعتبار و بی‌اصالت را به ارمغان آورد. و باورمندانش طبعا بنیادگرایان منافی آزادی و توسعه را در هر زایشی، کنار می‌نهد و روزنه روشن دیگر می‌جوید. به قول روزنامه‌نگار معروفی «به سود فرهنگ مدرنیته کار می‌کند. دیگر نمی‌توان با (آنچه خود داشت) جلو آنچه را که می‌باید داشت گرفت».

در این ۱۰۸ سال پیش، بهترین ایرانیان برای آزادی و ترقی، استقلال، بنیاد حکومتی مرکزی نیرومند، آرمان‌های دمکراسی و حقوق بشر و امروزین کردن فرهنگ و سیاست ایران و رساندن جامعه ایرانی به پیشرفته‌ترین کشورهای جهان و .... پیکار کرده‌اند. شاید هنوز هم این تفکر - بنا به دلایلی - تازگی و نیروی زندگی خود را نگهداشته و جامعه ایران بیش از همیشه در تکاپوی این آرمان‌هایند. بسان یک سرچشمه زاینده انرژی که جامعه

را به سوی پیروزی‌های روزافزون دمکراسی و حقوق بشر سوق دهد. طبعاً باورمندان به توحش و خشونت هم در این نبرد تاریخی برای چنین جامعه‌ای، بازنده است. تاریخ ایران در سده بیستم، تاریخ مشروطیت است. اندیشه‌هائی گوناگون که از جنبش مشروطه نضج گرفت، همانا تاریخ این صدساله را ساخته. جنبش مشروطه سهم بزرگی در زندگی ملی ایران داده و آن هم یکی بودن آن با اندیشه نوگری یا تجدد است. یعنی نوسازندگی همه جانبه جامعه ایرانی - در سیاست و فرهنگ و روابط اجتماعی- با جنبش مشروطه آغاز شد،

میراث‌هایی از مشروطه هست که بعضا می‌توان گفت مایه سربلندی ملی است. و یک جنبش فکری بود که پیشگام پیکار سیاسی شد. البته در کیفیت رهبری آن که شاید بزرگان سیاست و فرهنگ زمانه خود را دربر گرفت؛ گاه نقدهایی هم هست که مهم‌ترین آن ایران را به مرز تجزیه بردن است اما می‌توان درس‌هایی خوب از آن گرفت از جمله به پیکار مسلحانه تا رفتار نیک با شکست‌خوردگان و صفت آشتی خواهی و ... اشاره کرد. انقلابی که مفسرانش می گویند «با آن، آمدن نخستین آموزشگاه‌های نوین به شیوه اروپائی که آموزگاران آذربایجانی اصرار داشتند درس‌ها به فارسی باشد و بعضی‌ها هم آنها را آتش می‌زدند. روزنامه مردمی (نه دولتی) و حزب سیاسی و اتحادیه کارگری؛ رمان و تئاتر و داستان کوتاه و شعر نو، بیداری زنان و آغاز جنبش رهائی زن؛ عرفی گرائی؛ (سکولاریسم) انتخابات و مجلس و جامعه مدنی و .... آغاز شد.»

با یک نگاه به عکس‌های آن دوران تا ۷۰-۸۰ سال بعدش کافی است که سنجید و قیاس کرد که ایران و ایرانی به برکت مشروطه از کجا به کجا رسید. دید و آیا نگاه و انرژی که آن انقلاب به جامعه‌ای نیم مرده داد، از میان رفته تا اندک شرری هست هنوز؟ اما ۱۰۸ سال است که جامعه ایرانی در راه مدرنیته قدم برمی دارد، هرچند گاه باشتاب رفتن و افتان و خیزان، گاه هم در ژرفا جستن و گاه هم در سطح سرگردان ماندن. و بررسی این انقلاب به ایران و ایرانی شیفته خرمی، میهن دوستی و خدمت، انسانیت و دمکراسی و لیبرالیسم، خردگرائی و استقلال و اصالت، نوعی نگاه نو و به دور از انحطاط می‌دهد. و روزی که نباید گذاشت که اهمیتش از برابر چشمان محو شود.و نخستین هدف جنبش مشروطه، نگهداری و دفاع از ناسیونالیسم بود. احساس وظیفه در برابر تاریخ یک ملت کهنسال و سر بلند آن هم درچارچوب یک نظام دمکراتیک. با مجلسی بیدار و فعال که از مردم بر می‌خاست و نگهداشتن استقلال و یکپارچگی کشور را مدنظر داشت و سازمان کشور و نظام سیاسی و حقوق مردم و سامان دادن به وضع مالی کشور و آوردن صنعت

نوین، آموزش همگانی رایگان به ایران، تشکیل کشوری واحد از ممالک محروسه ایران، کوتاه کردن دست بیگانگان از کارهای کشور، کشیدن راه‌آهن سراسری، استقلال مالی و پولی کشور و پایه‌گذاری صنایع نوین، آوردن ذوب‌آهن، نظام وظیفه عمومی و آموزش همگانی؛ بیدار کردن حس غرور ملی در مردمی که بیش از یک سده با شکست و خواری زیسته بودند و دیگر تلاش‌ها در جهت نوسازندگی و ترقی کشور، دفاع از استقلال و دمکراسی و توسعه که نوعی نگرش تازه به گفتمان سیاست و زبان و ادبیات هم آورد. با گسترش صنعت نشر و رونق گرفتن روزنامه‌نگاری هم تقویت شد. جنبش مشروطیت به نوسازی و نوگرایی و ترقیی در همه زمینه‌ها انجامید و مردان و زنان «باپدر و مادری» در قلمرو سیاست «بی‌پدر و مادر» و هم عرصه فرهنگ بر آمدند و با اشرافیت کهن و بیشتر اصالت به رقابت پرداختند. حتی یکی از مشروطه خواهان مورخ می‌گوید:" نکته جالب هم اینکه در سال‌های پس از رضاشاه، مصدق و جنبش مشهور به نام او، قدرت خود را از مشروطیت گرفت. حتی ملی کردن صنعت نفت و پیکار برای کوتاه کردن دست انگلستان از ایران در متن سنت مشروطه‌خواهی می‌گنجید و شعار «شاه باید سلطنت کند، نه حکومت» درست‌ترین تعبیر از قانون اساسی مشروطیت می‌بود. حتا حزب توده می‌کوشید ریشه‌های خود را در انقلاب مشروطیت بجوید. در واقع سال‌های پس از رضاشاه شاهد واکنشی در جهت آن انقلاب بود؛ چنانکه حتا شکست مشروطه‌خواهان در دو دهه پس از انقلاب به گردن رضاشاه انداخته شد که هیچ ربطی به واقعیات تاریخی نداشت. محمدرضاشاه نیز از آن هنگام که اختیارات حکومتی را بر اقتدار اخلاقی و سیاسی پادشاهی افزود از دهه ۱۹۵۰/ ۱۳۳۰ در نگهداری و رعایت ظواهر قانون اساسی کوشید. او با تغییر قانون اساسی و افزودن بر اختیارات خود، نقصی را نیز در مورد تغییر قانون اساسی و نیابت سلطنت بر طرف ساخت».

البته گاه هم انقلابی سراسر جنبش مشروطه‌خواهی بوده اما بزرگ‌ترین تلاش برای ناچیز کردن پایه‌های فکری و دستاوردهای عملی دوران مشروطه صورت گرفته تا سیر مقاومت ناپذیر جنبش مشروطه را متوقف سازند. اما در گفتمان سیاسی ایدئولوژیک روشنفکران درون و بیرون و در سنت جامعه ایرانی همچنان زنده ماند. زیرا اندیشه‌های سیاسی و اجتماعی مشروطیت از نیازهای جامعه ایرانی در این سده برمی‌خاست. و سخن مشهور به ذهن متبادر می‌شود که «ایران با هر نوع حکومتی، نیاز به نگهداشتن خود در برابر دست‌اندازی‌های بیگانگان، در دست گرفتن سرنوشت ملی خود و یکپارچه ماندن و مهار کردن نیروهای گریز از مرکز که از بیرون پشتیبانی می‌شوند دارد و باید سطح

زندگی قابل مقایسه‌ای با کشورهای پیشرفته برای مردم خود فراهم آورد؛ زیرا در این عصر انقلاب ارتباطات، جامعه‌های پیشرفته‌تر بیش از گذشته به صورت معیاری برای همه جهانیان درآمده‌اند چنانکه از نظر سیاسی نیز نمی‌توان به مردم گفت که خودشان شایستگی اداره کارهای‌شان را ندارند و یک رهبر یا پیشوا به هر نام باید برای آنان تصمیم بگیرد... زیرا استقلال و یکپارچگی و یگانگی ملی ایران که دلمشغولی بزرگ و اولویت چند نسل ایرانیان از آغاز سده نوزدهم بوده است، امروزه هم اهمیتی تازه می‌یابد. دمکراسی و چندگانگی هنوز مانند حقوق بشر، در میان گرایش‌های گوناگون به قبول عام رسیده است. حقوق بشر به ویژه در خودآگاهی ملی ایرانیان جای بالای بی‌سابقه‌ای می‌یابد.. و بازگشت به ریشه‌های انقلاب مشروطه و ساختن بر روی آن با توجه به تجربه ملی صد ساله گذشته خود ایران و رویدادهای جهان بیرون، به همه گرایش‌های سیاسی امروزی ایران کمک می‌کند که خود را با نیازها و واقعیات جامعه کنونی ایرانی هماهنگ سازند. امروز ما را همین ۱۰۸ ساله گذشته، ساخته. بازگشت به آن ریشه‌ها و ساختن بر روی درس‌ها و عبرت‌های آن گذشته، اگر به قصد تکرار و تقلید نباشد، واپسگرایی نیست؛ سازنده‌ترین برخوردی است که می‌توان با گذشته داشت. و مشروطه‌خواهان هم تنها وارثان سنت مشروطیت نیستند. همه سنت‌های سیاسی امروز ایران ریشه‌ها و قهرمانان خود را در انقلاب مشروطیت دارند؛ واین احتمالاً بزرگترین مایه سلامت و نیرومندی سیاسی آینده ایران خواهد بود. یک زمینه مشترک".

شاید هنگامی که با نگاهی آزاد از پیشداوری به صدساله گذشته خود می‌نگریم، می‌بینیم که بسیاری از بدبختی‌های ما از آنجا برخاست که یکی از زاینده‌ترین و درخشان‌ترین رویدادهای تاریخ ایران یعنی جنبش مشروطه‌خواهی را دست‌کم گرفتیم؛ یا در محدودترین صورت‌ش تعبیر کردیم، یا از آن انحراف جستیم، یا بر ضدش برخاستیم. اگر به ماندگاری اندیشه‌های سیاسی و اجتماعی مشروطیت و ارتباط مستقیم آن با اکنون و آینده ایران تاکید می‌شود از اینجاست که کشور ما امروز در پایان سده بیستم بر روی هم با همان مسائل و همان گزینش‌های آغاز این سده روبروست؛ و نه تنها در ایران، که در همه جهان واپسمانده و رو به پیشرفت. در همان صدسال پیش به مقدار زیاد آشکار بود که چه باید کرد، زیرا نمونه‌های کشورهای پیشرفته که صد و دویست سال پیش از آن آغاز کرده بودند در برابر بود. شاید که هیچ جستار جدی در تاریخ و فلسفه سیاسی و تفکر اجتماعی ایران نیست که تاثیری از نگاه تازه به نقش و آرمان‌های جنبش مشرو طه نپذیرفته باشد.

***

انقلاب مشروطه بیشتر یک جنبش سیاسی و فکری بود تا سیل بنیان کنی که «نظام کهن» را واژگون کند. در انقلاب، پادشاهی قاجار و ساختار قدرت دست نخورده ماند و نهاد اصلی انقلابی، مجلس، نیز به زودی زیر کنترل گروه حاکم پیش از انقلاب درآمد. انقلابیان مشروطه بیش از قدرت به اصلاحات می‌اندیشیدند و منظور از اصلاحات، نوکردن جامعه ایرانی از بالا تا پایین بود. از همین روی بود که وقتی دیدند خود از اصلاحات برنمی‌آیند به آسانی و تقریبا همگروه به راه‌حل دست نیرومند پیوستند. آنها نمایندگان احساس عمومی جامعه و اقتضای تاریخی بودند. ایران برای آنکه یک کشور بماند و زندگی شایسته این سده را برای مردم خود فراهم کند بایست آرمان‌های انقلاب را تحقق می‌بخشید. انقلاب یک جنبش سازنده بود نه برای انتقام جستن یا ویران کردن، که در ابعاد فروتنانه خود دست به نوگری همه جنبه‌های زندگی ملی زد. شتاباهنگ آن در دهه‌های بعدی بیشتر شد و به توسعه سریع، اگر چه ناهماهنگ، جامعه ایرانی انجامید. اما با همه تعهد به اندیشه آزادی و ترقی، انقلاب بر یک زمینه مذهبی روی داد، چنانکه در ایران آغاز این سده می‌شد انتظار داشت. انقلابیان همه در پی آشتی دادن آرمان‌های خود با اسلام بودند و در زیر فشارهای درون و بیرون، امتیازهای مهمی به مشروعه‌خواهان دادند. متمم قانون اساسی ۱۹۰۷ پیشدرآمد ولایت‌فقیه و روایت دیگری از حکومت اسلامی است و همان آمیختگی عناصر مردمسالاری و دینسالاری با ترکیبی متفاوت در آن دیده می‌شود. در عمل، اجرای طرح مشروطه‌خواهی با آن امتیازات ناممکن بود و از آغاز پادشاهی رضاشاه تا پایان محمدرضا شاه تنش میان برنامه اصلاحی، و زمینه مذهبی قانون اساسی و جامعه ایرانی بارها به رویارویی‌های سخت و گاه خونین انجامید.

در ۱۰۸ سالگی سالروز انقلاب مشروطه هنوز می‌توان، در باره سوء تفاهم‌های پیرامون آن انقلاب نوشت و با نگاهی جوینده به بررسی عمقی آن انقلاب پرداخت. امروز نیز هنوز نمی‌توان گفت که به تاریخ پیوسته یعنی به ملکیت همه گرایش‌های سیاسی ایران آمده است و سیاسیکاران در جایگاه و پیام‌های آن به همرائی رسیده اند.اکنون می‌توانیم با دریافت درست از جنبشی که رنسانس و عصر جدید (سده ۱۷) و عصر روشنگری ایران همه با هم بود، چندان که در گنجایش ما می گنجید، وجامعه‌ای قرون وسطائی را هنوز در بخش‌های قابل ملاحظه جمعیت به سده بیستم پرتاب کرد به چنان نگاهی برسیم. از نو رخ نهادن به سوی جنبش مشروطه بخشی از فرایندی باورنکردنی در تاریخ ایران، است. هنوز انقلاب مدرن مشروطه نیاز به بررسی دارد، و به ارزیابی دوباره و ارجگزاری جنبش روشنگری و تجدد ایران در جامعه‌ای که اسبابش را تقریباً هیچ نداشت می‌انجامد. جنبش

مشروطه مترقی بود و اگر مخالفان پادشاهی نیز مانند حکومت‌های عصر پهلوی آن را نادیده گرفتند به زیان خودشان شد. یک نیاز روانشناسی هم هست

جنبش مشروطه که در ۱۲۸٤ آغاز شد، با اعطای مشروطه در سال پس از آن پایان نیافت؛ دوره مهم‌تر آن، سال‌های مبارزه مسلحانه با محمدعلی شاه بود. (۸۸-۱۲۸۶) حوادث برجسته این دوره، دفاع از ساختمان مجلس، محاصره دراز و قهرمانی تبریز، تصرف پایتخت به توسط ستون‌های گیلان و اصفهان، و پس از این دوره، درهم شکستن قطعی محمدعلی شاه و پشتیبانانش، به جنبش یک وجهه واقعی ملی و انقلابی داد. این نکته را نباید از نظر دور داشت، هر چند جنبش مشروطه در بر پا ساختن یک حکومت واقعی دموکراتیک در ایران کامیاب نگردید. به تمامیت مشروطیت و همه کاربردهایش باید نگریست که مشروطه یک چهارچوب حقوقی معمولی نیست که بنابر اقتضای موقع مورد تعبیرات مختلف قرار گیرد. این یک فلسفه حکومت است، بر اساس نیازها و اوضاع و احوال خاص ایران. در صورت واقعی خود، مشروطه از عدالت اجتماعی و توسعه اقتصادی جدائی ناپذیر است.

گاهی مورخانی می‌گویند که مشروطیت ایران -که امسال ۱۰۸ ساله می‌شود - یادگار انقلاب ناتمام ملت ایران است. ما این انقلابی را که عملا از مبارزه بر ضد امتیاز تنباکو در ۱۲۷۰ (۱۸۹۱) شروع شد، نه هنوز به پایان رسانده‌ایم و نه حتی به درستی قدر شناخته‌ایم. دوره اصلی پیکار انقلابی از ۱۲۸٤ تا ۱۲۹۰ (۱۹۰۵-۱۹۱۱) با آنکه از درخشان‌ترین صفحات همه تاریخ طولانی ایران است، تاکنون جای شایسته خود را در فرهنگ سیاسی ایران نگرفته؛ جنبش مشروطه که در سال ۱۲۸٤ آغاز گشت با اعطای مشروطه در سال‌های پس از آن، پایان نیافت. دوره مهم‌تر و درخشان‌تر جنبش، سال‌های نبرد مسلحانه با محمد علی‌شاه بود. رویدادهای برجسته این دوره دفاع از ساختمان مجلس، ایستادگی قهرمانانه تبریز، تصرف پایتخت بدست ستون‌های اصفهانی، گیلانی و آنگاه در هم شکستن قطعی محمدعلی‌شاه و هواخواهانش، به جنبش یک وجهه واقعی ملی و انقلابی بخشید. این نکته‌ها را نباید از نظر دور داشت. هر چند جنبش در بر پا ساختن یک حکومت واقعی دمکراتیک در ایران کامیاب نگردید، لیکن جنبش در هدف اصلی خود موفق شد در تجهیز نیروهای ملی به دفاع از کشور. اعتقاد به شکست انقلاب مشروطه، از سوء تفاهم علل اصلی جنبش و هدف‌های واقعی رهبران ناشی شده است. از ۱۲۷۰، سال امتیاز تنباکو، اعتراض عمومی که پیوسته بالا می‌گرفت، بر ضد دادن امتیازها به بیگانگان بود. مبارزه تنباکو، آغاز جنبشی بود به منظور جلوگیری از سرنهادن به قدرت‌های استعماری. فکر

عدالتخانه‌ها بعدها پیش آمد و در جریان قیام عمومی به درخواست مشروطه تبدیل و تکامل یافت.

گرچه مورخ‌ها معتقدند که در سیر تحولی اندیشه مشروطیت سه دوره برجسته - جنبش مشروطه‌خواهی، پادشاهی پهلوی، دوران پس از انقلاب - را می‌توان بر شمرد. اما مشروطه‌خواهان در پی نوسازندگی همه زمینه‌های جامعه ایرانی، از جمله نظام حکومتی، بودند علاوه بر گفتمان سیاسی ایران حتی نظام پادشاهی را نیز دگرگون کردند (مانند کوتاه کردن دست پادشاه از امور کشور و ایستادگی در برابر دست‌اندازی‌های بیگانگان و دادن اختیار کشور به دست نمایندگان مردم و مجلس شورای ملی). ایران قاجار واپسمانده بود، و بیگانگان سررشته کارهای ملک و مملکت را در دست داشتند، زیرا به سبب واپسماندگی و وابستگی، توانایی دفاع نبود. اما پادشاهی هم چندگاهی با مشروطیت در افتاد و مشروطه‌خواهان با سلطنت‌طلبان در جنگ بودند و کشتگان انقلاب مشروطه به دست نیروهای سلطنت‌طلب از پای درآمدند. مسئول و شاه، کشور را تیول و ملک مطلق خود می‌دانست و غم مردمان نداشت و از حس سربلندی و احترام ملی هم بی‌بهره بود.

جنبشی که مشروطه اول نام گرفته و تا به توپ بستن مجلس کشید سراسر در چهارچوب نظام سیاسی موجود بود؛ امتیازی بود که با کمترین هزینه ولی به شیوه‌ها و ابعادی بی‌سابقه در تاریخ ایران از دربار قاجار و با کمک فعال صدر اعظم پرقدرت زمان، مشیر الدوله (پدر حسن مشیرالدوله و حسین موتمن الملک پیرنیا، هردو از سران آن انقلاب) گرفته شد بود. رهبر یا رهبران مشخصی نداشت و هر کس در جای خودش ماند. ادامه وضع موجود بود به شیوه مدرن‌تر و با کمترین حس انتقام جوئی. جنبشی مردمی بود که هیچ گروهی دعوی مالکیت انحصاری بر آن نداشت. مجلس اول مشروطه که چه از نظر حیثیت و چه توانائی انتلکتوئل، دیگر در ایران همتائی نیافت بیشتر به قانونگزاری پرداخت و در آن به قول مشهور مستوفی الممالک نه آجیل می‌گرفتند و نه آجیل می‌دادند. حتا امتیازی که آن مجلس در تدوین متمم قانون اساسی، زیر فشار، به مشروعه خواهان پشتگرم به دربار و امپراتوری روسیه داد چیزی از حق بزرگ آن بیست سی نفری که شب و روز بی‌چشمداشت کار کردند نمی‌کاهد. کارزاری که پس از به توپ بستن مجلس دوم درگرفت در خون غرق شد. مشروطه خواهان بجای دربار اهل سازش مظفرالدین شاه با دربار جنگجوی محمدعلی شاه سرو کار داشتند که خود به جنگجوئی و استبدادطلبی‌اش کمک کرده بوند. ما به عادت سیاه و سپید دیدن سطحی و مغرضانه‌مان نقش قهرمانان خود را در مصیبت‌هائی که بر سرکشور آورده‌اند فراموش می‌کنیم. روزنامه‌های «مبارزی» که

زشت‌ترین نسبت‌ها را به مادر شاه می‌دادند و او در آغاز از آنها به دادگستری ناتوان شکایت می‌کرد و بمب انداختن حیدر عمواغلی به کالسکه شاه، که نخستین فصل تاریخ مصیبت بار مبارزات چریکی را نوشت، پاره‌ای از انحرافات بزرگ پیکار مشروطه خواهی بودند که به افراطی‌ترین عناصر و گرایش‌ها در هردو سو میدان دادند. در مشروطه دوم دسته‌های مسلح و سواران عشایری نتیجه پیکار را تعیین کردند نه گروه‌های تظاهر کنندگان و بست نشینان طبقه متوسط. مجلس پس از «اصلاح دمکراتیک» قانون انتخابات و وانهادن نظام اصنافی به سود هر مرد یک رای، در دست زمینداران و سران عشایر افتاده بود و با ضعیف شدن خصلت مردمی‌اش، گروه‌های فشار و منافع شخصی سردمداران، نیروی برانگیزنده آن می‌بودند به اضافه دست‌های بازیگر خارجی که سلسله جنبان اصلی شدند. مشروطه دوم «صاحبان» و بستانکارانی پیدا کرد که دیگر به هیچ قاعده‌ای گردن نمی‌نهادند. از مجاهدان و اعضای انجمن‌های قارچ مانند و خودسر تا فرماندهان عشایری و آخوندهائی چون بهبهانی هر کدام مشروطه خود را می‌داشتند و می‌فهمیدند. اما به قدرت رسیدن کسانی که مشروطه اول می‌خواست از جا برکند با توجه به کیفیت پائین گروه رهبری تازه مجلس و انقلاب؛ معلوم نیست به آن ناپسندی باشد که آزادیخواهان شعاری جلوه داده‌اند. امین السلطان در نخستین دوره صدر اعظمی‌اش در پادشاهی محمد علی شاه مخالف مجلسی بود که احترامی بر نمی‌انگیخت. اما در نیابت سلطنت ناصرالملک-احمد شاه اگر به بمب عمواغلی کشته نشده بود (یکی دیگر از ترورهای بد فرجام دوران مشروطه) احتمالا از همه ناتوانانی که زمام کشور را تا سردار سپه در دست گرفتند هر کدام دو سه ماهی بیشتر می‌توانست به برقراری مشروطه کمک کند. انقلاب مشروطه تا در حال و هوای محافظه کارانه خود محافظه کار در تعبیر دیزرائلی، نه بازرگان سیر می‌کرد پیروز بود. هنگامی که به رادیکالیسم کودکانه چپ و آنارشیسم فرصت طلبانه سیاسیکاران نو پدید مشروطه افتاد به شکستی افتاد که از آن دم می‌زنند.

درباره شکست مشروطه خواهان و پیروزی نسبی مشروطه باید گفت که مشروطه خواهان یا در ناکامی شخصی و نومیدی از مردم و کشور درگذشتند یا چاره را در دست‌های نیرومند سردار سپه-رضا شاه جستند که از مشروطه تصورات خود را می‌داشت. ولی مشروطه خواهی با سران و رهبرانش از میان نرفت. آرمان‌ها و طرح‌های عملی آنان برای تشکیل یک دولت-ملت و رساندن ایران به اروپا صد سال است در هر شریطی، حتا در یک رژیم سراپا کربلائی-جمکرانی به صورت‌ها و سرعت‌های گوناگون دنبال می‌شود. چگونه می‌توان از شکست جنبشی سخن گفت که آرمان‌های بلندش پس از صد سال

هنوز زنده است؟ بسیاری از محققان و اندیشمندان ما از شکست جنبش مشروطه‌خواهی و آرمان‌های انقلاب مشروطیت سخن می‌گویند. اما شاید جنبش مشروطه شکست نخورده. در تاریخ، انقلاب مشروطه شکستی سیاسی خورد نه تاریخی. طرح یا پروژه اصلی آن در سده بیستم ناتمام ماند یا به زیر افتاد. ولی طرح مشروطه خواهی زنده است و هنوز در بنیاد خود اعتبار دارد و در نتیجه دچار شکست تاریخی نشده. شکست انقلاب مشروطه نیروی زندگی را از برنامه مشروطه خواهان نگرفت و بیشتر آن برنامه در ابعاد بسیار بزرگ‌تر در دهه‌های بعدی به اجرا در آمد. پدران جنبش مشروطه خواهی در نبرد شکست خوردند ولی جنگ را به تمام نباختند.

جنبش مشروطه از دو چیز فراهم آمد: آگاهی بهترین ایرانیان زمان بر موقعیت تحمل ناپذیر ایران و شناخت راه ما به دوران مشروطه می‌نگریم نه تنها از نظر دستاوردهایش؛ نه تنها از نظر برجستگی تاریخیش که چراغی بود که جهان تاریک مستعمراتی را روشن کرد؛ رهائی، که می‌توانیم آن را در شعار آزادی و استقلال و ترقی خلاصه کنیم؛ و آمادگی جانفشانی برای دگرگون کردن شرایطی که تغییر ناپذیر می‌نمود. اما آن انقلابیان با ویرانسرائی به نام ایران سرو کار داشتند و هنگامی که پس از پیروزی به بازسازی آن برخاستند چیز زیادی در دستشان بیش از همان آگاهی و آمادگی نبود. جنبش مشروطه جنبش روشنگری و انقلاب دمکراسی لیبرال و باز زائی ناسیونالیسم ایرانی و نوسازندگی سراسری ایران، همه با هم بود. طرحی بود برای توسعه همه سویه جامعه ایرانی. انقلابیان مشروطه هرگز حکومت نکردند زیرا حکومتی در میان نبود و چنانکه هر کمترین آشنا به مقدمات جامعه‌شناسی می‌تواند ببیند در یک جامعه، یک کشور، اول حکومت است و بعد آن چه آن جامعه می‌تواند با خودش بکند. یک ساختار حکومتی، یادگار زمان‌هائی که ایران حکومتی می‌داشت، بیشتر روی کاغذ و تشریفاتی، بجای مانده بود و بس و دیگر نه در خزانه پولی بود و نه نیروئی که پشتوانه قانون‌ها باشد. اسباب حکومت در ایران سرانجام از ۱۹۲۱/۱۲۹۹ فراهم آمد، همان کودتائی که دیگر دشنامی نمانده که به آن بدهند و دشنام دهنده‌ای نمانده که به او اعتنا کنند. گمان می‌کنم ما دیگر نیازی نداریم رابطه میان حکومت، و بعد هر چیز دیگر، را در یک جامعه یادآوری کنیم. جامعه بی حکومت یک توده انرژی است و می‌تواند منفجر هم بشود. اهمیت انقلاب مشروطه برای ایران نوین، بیش از آن است که صفات و طرز عمل رهبران مشروطه، آن را ناچیز سازد. رضاشاه پیش از هر چیز باید «کشوری می‌ساخت» تا بعد «در آن بتوان حرفی از آزادی‌ها زد.» مشروطه‌خواهان پرچمدار تجدد در ایران بودند، که مستلزم ساختن کشور بود و این وظیفه‌ای بود که رضاشاه به عهده

گرفت. استقلال ایران هم که مورد توجه مشروطه‌خواهان بود، در دوره رضاشاه تحقق پیدا کرد. البته در آن سال‌ها آزادی معنی نداشت و خلق و خوی رضاشاه هم با آزادی، دموکراسی و احترام به مجلس سازگاری نداشت.» این که می گویند رضاشاه یک مشروطه را از بین برد اتفاقاً او قسمت مهمی از مشروطه را نجات داد. برای اینکه دست ملاکین و عشایر و خرافی باورها را کوتاه کرد. با چنان شروعی شما نمی‌توانید انتظار داشته باشید که یک ملتی بتواند وظیفه‌ای به دشواری رسیدن به پای کشورهای پیشرفته جهان را که شعار مشروطه بود با آن مقدمات، با آن افکار، به پیروزی برساند. در آن شرایط ممکن نبود. وقتی انقلاب مشروطه در گرفت، ایران شش هزار دانش‌آموز ابتدایی داشت، چند صد دانشجوی مدارس عالی داشت، یک مدرسه فلاحت داشت و یک مدرسه علوم سیاسی برای تربیت دیپلمات‌ها و یک مدرسه دارالمعلیمن. این سه دانشگاه‌های ایران بودند. آن دانش آموزان ابتدایی قدرت عمده تظاهرات بودند. اینها راه می‌افتادند و مشروطه‌خواه بودند. چند صد خانم هم با آن چادر چاقچورها ششلول‌های‌شان را بدست گرفته بودند زیر چادرهای‌شان و تظاهرات و از مشروطه دفاع می‌کردند. این بنیه مشروطه‌خواهی و بنیه فرهنگی ایرانی بود. نه صنعت داشتیم، نه مالیه داشتیم، نه ارتباطات داشتیم... هیچ. کسانی که دم از شکست مشروطه می‌زنند چون گویا ملت ایران به درد آزادی نمی‌خورد، به درد دمکراسی نمی‌خورد، نمی‌دانند مشروطه در چه اوضاع و احوالی سرگرفت.

این محمدعلی شاه که مجسمه استبداد است در ایران، در اوایل سلطنت‌ش البته مخالفت‌هایی با مجلس داشت روزنامه‌های مبارز به جای اینکه از سیاست‌ها و نظریات‌ش انتقاد کنند زشت‌ترین توهین‌ها را به مادرش کردند. همان روزنامه‌های مشروطه‌خواه! او به دادگستری شکایت کرد. مظهر استبداد در ایران، از روزنامه‌ای که به مادرش توهین کرده بود، به جای اینکه به عنوان مستبد روزنامه‌نگار را بکشد، به دادگستری شکایت کرد. البته دادگستری هم هیچ‌کاری نتوانست بکند. بعد روزنامه‌نویس‌ها را گرفتند و خفه کردند. سوءاستفاده از آزادی کار را به اینجاها می‌کشاند. اگر مثل آدم رفتار کرده بودند، او ناچار مثل آدم رفتار می‌کرد. من نمی‌خواهم محمدعلی‌شاه را تبرئه کنم ولی می‌خواهم ارتباط مسائل را باهم درک کنیم. تاریخ را یک سویه نبینیم. شما در آثار مشروطه‌خواهان چه اندازه اتهام به سران مشروطه می‌بینید، آن قدر بد گفته‌اند از مشروطه‌خواهان، از روزنامه‌نگاران، از نمایندگان مجلس. عشقی و عارف، فحش‌هایی که به مجلس و نمایندگان مجلس می‌دادند، پیش از رضاشاه است. به هر حال، این تضادها برطرف شده.

اما از کوتاهی‌های بزرگ دوران پادشاهی ایران ساز پهلوی این بود که با بی‌اعتنائی به

جنبش مشروطه نه تنها خودش را در برابر آن قرار داد و به تبلیغات مخالفان اعتبار بخشید، بلکه برنامه اصلاحی پر دامنه‌ای را که بر پایه آرمان‌های مشروطه خواهان بود از مشروعیتی اضافی، که لازم و در مواردی حیاتی می‌بود، بی‌بهره گردانید. رویکرد بی‌اعتنای حکومت در مخالفان آن نیز موثر افتاد و نگذاشت تجددخواهی مشروطه که صرفاً تجددخواهی پهلوی قلمداد شده بود، به صورت زمینه مشترکی برای هردو طیف درآید. برای آن گروه مخالفان رژیم نیز که به انقلاب مشروطه توجهی داشتند مسئله صرفاً در بهره برداری سیاسی و تبلیغاتی فرو کاسته شد. آنها انقلاب مشروطه را در رویه (جنبه) آزادیخواهانه‌اش منحصر کردند تا از آن موضع بر خودکامگی رژیم پادشاهی منفور و فاسد قاجار بتازند. یک طرف به برنامه ترقی خواهانه مشروطیت چسبید بی‌آنکه کمترین امتیازی به پدران جنبش مشروطه بدهد و سهم آنان را در جهشی که به جامعه دادند، و زمینه ساز بخش بزرگی از دوران پهلوی شد، بشناسد. طرف دیگر دمکراسی را در آزادیخواهیش خلاصه کرد بی‌آنکه به عوامل واقعی شکست انقلابیان مشروطه و سهم پادشاهان پهلوی در جبران بسیاری از عوامل آن شکست نبودن ساختارهای مقدمانی کمترین نگاهی بیندازد.

و اما درباره نسل‌های مشروطیت باید گفت که: نسل اول، نسل جنبش مشروطه‌خواهی بود و گفتمان آن را یک تاریخنگار آن جنبش در «اندیشه آزادی و ترقی» خلاصه کرده است. نسل جنبش مشروطه به جامعه ایرانی بویه پیشرفت را از روی نمونه اروپائی داد که دیگر با همه افت و خیزها هرگز رهایش نکرد: ساختن یک دولت مدرن با نهادها و روابط قانونی؛ بهم بستن تکه‌پاره‌های میهن و برانگیختن سربلندی ملی؛ آزاد شدن از استبداد سلطنتی، آشفتگی خانخانی و ارتجاع آخوندی؛ گسستن زنجیر سنت‌ها از دست و پای زنان؛ رهانیدن توده‌ها از شرایط زندگی قرون وسطائی؛ پیوستن به کاروان علم و معرفت امروزی. گفتمان آن نسل اول با آنکه در رعایت مذهب و جایگاه آن در سیاست و جامعه دنباله گذشته هزاره‌ای می‌بود آشکارا با نسل‌های پیشین تفاوت داشت؛ گسست نمایانی با ابعاد تاریخی و دورانساز بود و جامعه را چنان از پایه‌هایش تکان داد که دیگر برگشت‌پذیر نبود. آن نسل در بقایایش تا پادشاهی محمدرضا شاه کشید و گروه بزرگی از مدیران و رهبران را به ملت داد که تاریخ صدها ساله به خود ندیده بود. و نسل دوم در پادشاهی رضاشاه بالید و نخستین نسل ایرانی بود که توانست در خود ایران برای زندگی در یک جامعه امروزی و اداره آن پرورش یابد. گفتمان آن اساساً دنباله نسل اول بود ولی در جاهای مهمی از آن جدا می‌شد. تاکید بیشتر بر ناسیونالیسم ایرانی، دوری گرفتن از مذهب در سیاست، و یک رگه نیرومند اقتدارگرائی، که به بی‌اعتقادی به دمکراسی دست‌کم در

شرایط ایران انجامید، ویژگی‌های گفتمان آن نسل بود.

اندیشه آزادی و ترقی در نزد آن به ترقی به بهای آزادی دگرگشت یافت. ولی نسل رضاشاهی در همان نخستین مرحله به زلزله جنگ دچار شد که سیر عادی جامعه را متوقف کرد و در خود آن نسل شکافی انداخت که گذر هفت دهه نتوانسته است برطرف سازد. سال‌های جنگ نه تنها برنامه نوسازندگی جامعه و پایه‌ریزی زیرساخت‌های یک کشور امروزی را متوقف کرد و نگذاشت معنای آن اصلاحات، بیشتر و بهتر فهمیده شود، تردیدهای جدی درباره خود آن طرح نوسازندگی پدید آورد و اولویت‌های ملی را تغییر داد. شکست سیاست خارجی رضاشاه به سرتاسر دوران استثنائی فرمانروائیش افکنده شد و تنگناهای روزافزون مدیریت یک تنه او را بیش از اندازه بزرگ گردانید. نارنجک جنگ، گفتمان نسل دوم را تکه تکه کرد.؛ دیگر از یک گفتمان نمی‌شد سخن گفت وضعی که به گفتمان نسل سوم نیز کشید. بخش بزرگی از نسل دوم برضد گفتمان رضاشاهی برخاست، چه در صورت مذهبی ارتجاعی خونخوار خود، و چه در راه رشد غیرسرمایه‌داری با هدف و به بهای تجزیه ایران و بردنش به پشت پرده‌آهنین، و چه در بهترین صورتش ناسیونال دمکرات‌های مصدقی که همه چیز را در مبارزه ضداستعماری و پاک کردن حساب با رضاشاه فقید خلاصه کردند. آنها به تک محصولی شدن اقتصاد ایران (نفت) از پس از سوم شهریور و اشغال ایران می‌تاختند ولی سیاست ایران را تک موضوعی (نفت) ساختند. مصدقی‌ها ضمنا نمونه‌ای از دمکرات‌های غیرلیبرال بودند.

❊❊❊

انقلاب مشروطه و ۱۴ امرداد تا حدود سال‌های ۲۰شمسی (۴۰ میلادی)، رویدادی بود که مورد قبول و احترام همه گرایش‌های سیاسی ایران بود. همه افتخار می‌کردند به آن. دلیل‌ش هم این بود که همه تقریباً در آن شرکت داشتند. از دهه ۴۰/۲۰، جامعه‌ای که در همه زمینه‌ها دچار اختلاف بوده است و هست، و هر کمترین چیز را سعی می‌کند موضوع کشاکش تازه بسازد، درباره انقلاب مشروطه هم شروع کرد به اختلاف پیدا کردن و جدا شدن. شکاف پر نشدنی از همان مجلس چهاردهم باز شد. با قیاسی سریع می‌توان گفت که در ۱۴ امرداد، همه نیروهای سیاسی ایران را برضد استبداد سلطنتی و ارتجاع مذهبی متحد شدند اما ۲۸ امرداد مصدقی، یادگار شکاف سیاسی و خلا بدبختی است که جامعه سیاسی ایران را دو شق کرد در یک جنگ بیهوده فرسایشی و مبتنی بر دروغ و فریب، و کشور را در دامان "ارتجاع سیاه و سپید" و توده ای‌ها بیدفاع گذاشت. البته سودا زده‌های آن رویداد تأسف‌آور - یعنی بخشی از طبقه سیاسی ایران اما منجمد از نظر

سیاسی و فکری - ایران را از پیشرفت بازداشت و سیاست ایران را، ضعیف و ضعیف‌تر، تا خودکشی ملی، رسانید. هر چه هم صاحبان عزای ۲۸ امرداد اصرار به ندیده گرفتن اهمیت ۱۴ امرداد داشته باشند، همانا ۲۸ امرداد به عنوان یک نماد بیماری پیکره سیاسی ایران خواهد ماند. گرچه سیلاب قدرتمند سیر رویدادها در ایران، صد سال و پنجاه سال پیش را از یاد مردم زدوده اما کسی نمی‌تواند خود را مالک انقلاب ۱۰۸ سال گذشته ایران بنامد و به انقلاب نیاکان ما کم ارج بنهد اما چه بسا همان سخن نویسنده مشهور است که " هر کس آزادی و ترقی مشروطه را بخواهد و تجدد را مسأله مرکزی ایران بداند میراث‌دار انقلاب مشروطه است، هر برنامه سیاسی داشته باشد و هرشکل حکومتی برای ایران بخواهد. آن انقلاب مایه سربلندی همه ما به عنوان مردم ایران است. هیچ کس هیچ‌گاه لزومی بر توجیه آن نداشته است یا به هر دلیل از بابت آن پوزشی نخواسته. همه آنها که امروز از آن دوری می‌جویند سال‌های دراز ستاینده و مدافعش بوده‌اند. اما اگر از ۲۸ امرداد وسیله حمله به محمدرضا شاه فقید و گریه بر مظلومیت مصدق‌السلطنه را بگیرند چه از آن خواهد ماند که به یادآوری هر روزه و هر ساله بیرزد؟ " اگر از زندان گذشته رهید و بدون کشمکش بلکه با پختگی سیاسی و رشد فرهنگی به پرداختن تاریخ واقعی این مرز و بوم پرداخت؛ تاریخی که این ملت - نیک و بد - آن را ساخته و زیسته، می‌توان اهمیت ۱۴ امرداد را فهمید. طبعا صد سال گذشته، بیهوده بر این ملت نگذشته و به آن توانائی داده که صدسال بسیار بزرگ‌تری هم داشته باشد

جامعه ایران روزهای تاریخی زیادی دیده اما شاید ماه امرداد برای ایرانیان معاصر یادآور دو روز مهم تاریخی است، به گمان من ۱۴ امرداد اما برخی هم به عزاداری ۲۸ امرداد ۱۳۳۲ و مُرده پرستی مصدق‌السلطنه باور دارند. خودآگاهی ملی ایرانیان می‌داند که ۱۴ امرداد، روز پیروزی (مرحله نخستین) انقلاب مشروطه است؛ روزی که شاه قاجار، در آستانه مرگ بنا به توصیه صدراعظم فهیم خود به پیکار مردم ایران، حرمت گذاشت و گردن نهاد و فرمان مشروطیت را امضاء کرد. اما پس از ۲۸ امرداد ۱۳۳۲ برای مصدق‌السلطنه ای‌های بی‌میل و گروه‌های مخالف پادشاهی، عید است اما واقعا در نگرش تاریخی سراسر سیاسی کشور، ارتباطی میان این دو روز نیست. حتی گروهی هم می‌خواستند از تقویم پاک کنند. اما با پذیرفتن یا نپذیرفتن ۱۴ امرداد، «به گل، آفتاب نتوان اندود». حقیقت تاریخ معاصر ماست. یادآوری سالروز انقلاب مشروطه، ایرانی را به یاد ارمغان‌های ورود جنبش مشروطه به ایران می‌اندازد. یادآوری چهاردهم امرداد و پرداختن به آن انقلاب و بدی و خوبی‌هایی که از آن به ایران رسیده، امری ضروری می‌نمایاند. انقلابی است که امروز هم

سخنی برای آینده ایران دارد.

امروز هم پژواک پیام آن انقلاب، شنیده می‌شود و جامعه ایرانی - حتی با نسل جوان که جمعیتی بیدار و بیزار از تحمیل است - هنوز درگیر پیکار مدرنیته و تجدد و خواستار دگرگونی ریشه‌ای است و دیگر در خدمت اندیشه‌های واپس مانده، گرفتار نمی‌آید؛ و شاید بتوان گفت که جامعه‌ای به مراتب نیرومندتر از صد سال پیش است با شوق به دمکراسی و جستن پیشرفت و اقتدار و بزرگی؛ با نگاه به آینده با گوشه چشمی به بهترین‌های گذشته و میراث‌های خوب غیرقابل انکار. و آخرالامر می‌توان گفت که «.. برای ما آینده‌ای هست که تاریخ را از ما شرمسار نخواهد کرد...» و انقلاب مشروطه انقلابی بود که ایران را چند سده پیش انداخت «در تاریخ همروزگار ایران سنتی نیرومندتر و زاینده‌تر از مشروطه نمی‌توان یافت...

پیوست‌ها

دو نوشتار به یاد زنده یاد ایرج آرین‌پور

پشت پرده انقلاب اسلامی

"ایران، گذرگاه اشغالگران جبار"

نوشته: ایرج آرین پور

چگونه یک ملای حیله‌گر شیعه مشروطیت ایران را تعطیل کرد، سلسله پهلوی را منقرض ساخت، ملت ایران را به اسارت درآورد و کشور را دستخوش کشتار، ویرانی و غارت بی‌سابقه کرد؟

جامعه فاسد ز خیانت شده / مسخره عنوان دیانت شده
خانه ما کرده خیانت خراب / نیست جز این باعث این انقلاب
تاکه چنین است، چنین است حال / بِه شدنِ حالت ما، دان محال

صغیر اصفهانی

هدف

هدف نویسنده از تقدیم این مقالهِ تحقیقی به خوانندگان ارجمند فصلنامه وزین "ره آورد"، این است که خوانندگان به‌خصوص نسل جوان ایران به پدیده بی سابقه انقلاب اسلامی با چشمی باز نگاه کنند و با شناخت واقعیات حادثه، برای خروج از بن‌بستی که در آن گرفتار شده اند، آگاهانه تر اندیشیده و چاره‌جویی کنند. همچنین تصویری کلی در اختیار پژوهش‌گران قرار گیرد تا تحقیقات خود را بر واقعیات مربوط به انقلاب سیاه خمینی متمرکز سازند و به رهایی ملت ایران از این ورطه‌ی بسیار خطرناک کمک کنند.

انقلاب

در ۲۲ بهمن سال ۱۳۵۷ شمسی، برابر با ۱۱ فوریه ۱۹۷۹ میلادی و ۱۳ ربیع الاول ۱۳۹۹ قمری، یک انقلاب پیش‌ساخته مارکسیستی – مذهبی در ایران پیاده شد و به ثمر رسید که آن را انقلاب اسلامی نام گذاشتند. حاصل آن انقراض پادشاهی و تاسیس یک جمهوری موهوم و بدعتی به نام جمهوری اسلامی بود که به اسب معروف تروا (Trojan Horse) شباهت بسیار داشت؛ زیرا پس از حضور در ایران، دیری نپایید که از درون پیکر ظاهرفریب و خوش تصویر شده‌ی آن صدها پل پوت، کارلوس و ابونضال معمم و مکلّا بیرون ریختند و هزاران بلا و مصیبت و نکبت و بدبختی بر سر ملت ایران باریدن گرفت. هنوز هم پس از گذشت ۳۳ سال از عمر این انقلاب خونین و مخرب، مشقات و تلخکامی‌های عمومی ایرانیان همچنان ادامه دارد و رو به افزایش است.

رهبری آشکار انقلاب اسلامی را که زیان های مادی و معنوی بی انتهایی برای ایران و ایرانیان به

همراه آورد، یک ملای لجوج و کینه‌توز شیعه به نام حاج روح الله خمینی، متولد ۱۲۷۹ شمسی برابر با ۱۹۰۰ میلادی بر عهده داشت که برخی از منابع خارجی، اصل او را روح الله هندی نیز نامیده اند.[۱]

بعضی از محققان ایرانی هم یادآور شده‌اند که رهبر کینه‌توز، پر ابهت و پیروز انقلاب اسلامی، آن‌گونه که رسم تعدادی دیگر از ملاهای شیعه بوده، نام‌های متعددی داشته است. حتی در کتاب "گفته نشده‌ها درباره‌ی روح الله خمینی" تألیف تحقیقی مهدی شمشیری، آمده است که وی دارای چهار شناسنامه بوده که یکی از آنها با نام خانوادگی هندی در سال ۱۳۰۴ شمسی در خمین صادر شده است. شناسنامه ای در قم با نام خانوادگی موسوی خمینی داشته و یک شناسنامه دیگر با نام خانوادگی مصطفوی از گلپایگان برایش صادر شده است. شناسنامه دیگری نیز پس از انقلاب به همان نام خانوادگی مصطفوی از خمین برای او تدوین و ارایه شده است[۲]. متملقان فراوان و منحرف جمهوری اسلامی که یکی از کارهای زشت عدیده‌ی آنها تحریف و جعل تاریخ و فرهنگ ایران است، با آن که قانون سجل احوال در ۱۴ خرداد ۱۳۰۴ شمسی (۲۵ سال بعد از مرگ پدر خمینی) به تصویب مجلس رسید، نه تنها کشته شدن پدر خمینی را که در سن ۵ ماهگی پسرش به دست اشرار منطقه صورت گرفت، "شهادت" یعنی مرگ در راه خدا نامیده اند، بلکه برای پدر و پدربزرگ خمینی نیز نام خانوادگی جعل کرده، علاوه بر آن، به آنها مناصب و مقامات مذهبی و علمی هم اعطا کرده اند. این چاپلوسان ابن الوقت پدر خمینی را "آیت الله سید مصطفی موسوی" و پدر بزرگ او را "علامه جلیل القدر مرحوم سید احمد موسوی" نام گذاری کرده‌اند.[۳]

تعبیرات و نظرات نادرست درباره علل انقلاب

با آن که بیش از ۳۳ سال از وقوع انقلاب اسلامی و برقراری رژیم موسوم به ولایت فقیه در ایران می گذرد و تا کنون هزاران کتاب و ده‌ها هزار گزارش و مقاله و رساله در این باره به زبان‌های مختلف انتشار یافته است، اما هنوز تصویر و توضیح واقعی و درستی از این پدیده نوظهور ارایه نشده است. اکثر صاحب‌نظران، حتی آن‌هایی که مدارج و مقامات بالای سیاسی را در ایران و جهان داشته اند، تعبیرات و تفسیرهای نادرستی درباره علل و جهات و ریشه‌های این انقلاب زیان‌بار ارایه داده اند. بد نیست به نمونه‌هایی از چنین **توجیهات غیرواقع و نادرست** اشاره شود.

در کتاب "چهره‌هایی در تاریخ ایران"، نوشته امیر نجات، چاپ ۱۳۶۰، صفحه ۴۰۶ آمده است که عده‌ای معتقدند قطع کمک ۴۰۰ میلیون دلاری سالانه دولت به ملاهای شیعه که در زمان دولت جمشید آموزگار صورت گرفت، موجب شد که روحانیون ایران برای شورش متشکل گردند. حتی محمدرضا پهلوی، آخرین پادشاه ایران نیز در کتاب پاسخ به تاریخ در این باره نوشته است:

"مدت‌ها بود که دولت ما به ملاها کمک‌های اساسی و قابل توجهی می نمود. در سال ۱۹۷۷ (۱۳۵۶ شمسی) به علت وضع اقتصادی، آموزگار نخست وزیر ناچار این کمک‌ها را قطع کرد. به موجب فرضیه بعضی از مسوولان غرب، این عمل موجب شد که روحانیون ایران برای شورش متشکل گردند. با توجه به سابقه امر از اقدام آموزگار در این زمینه متاسف هستم".[۴]

محمود طلوعی در صفحات ۱۰۷ و ۱۰۸ کتاب خود به نام "صد روز آخر"، شرح دیدار شاه را با غلامحسین صدیقی، از سران جبهه ملی و علی امینی، نخست وزیر اسبق شرح می دهد. در این دیدارِ

۱- - دائره المعارف CHAMBRES، چاپ هفتم، سال ۱۹۹۸، نیویورک، صفحه ۱۰۳۸

۲- صفحات ۲۵ تا ۲۸ کتاب، چاپ اول، تابستان ۱۳۸۱، هوستون تگزاس

۳- کتاب فرهنگ جامع تاریخ ایران، چاپ اول، تهران، انتشارات آرون، جلد اول، صفحات ۴۹ تا ۵۴

۴- پاسخ به تاریخ، ۱۹۸۰، صفحه ۱۵۵

مشترک، شاه می گوید: " ما اطلاع داریم که توطئه ای عظیم علیه استقلال ایران در شرف تکوین است، توطئه ای بین‌المللی که متأسفانه توسط بعضی از مخالفان به اجرا درآمده است."

غلامحسین صدیقی در جواب شاه می گوید: " آن مقاله لعنتی چه بود (منظور مقاله رشیدی مطلق علیه خمینی در روزنامه اطلاعات است). من هم جای آقای خمینی بودم همان کار را می کردم که ایشان می کند." سپس اظهار نظر می کند: «اگر اصول قانون اساسی مو به مو اجرا شود، اگر به روحانیت توهین نشود، اگر انتخابات کاملاً آزاد باشد، اگر ساواک منحل شود و هزار اگر دیگر ... آقای خمینی هم مخالفتی نخواهد کرد چرا که او مرد میهن دوستی است و حاضر نیست ایران به آتش کشیده شود." [۵]

پادشاه، چه قبل و چه بعد، از آن‌چه می گذشت، تصور درستی نداشت و به همین علت تصمیم مناسبی نمی‌توانست بگیرد و قدرت رهبری را به کلی از دست داده بود. وی در نهم دی‌ماه ۱۳۵۹ در ملاقات با هیات رئیسه دو مجلس در کاخ گلستان گفت:" از همه اوضاع باخبرم. من شاپور بختیار را به نخست وزیری منصوب کردم. من به مسافرت خواهم رفت و این ناآرامی ها برطرف خواهد شد." [۶] شاه حتی در مصاحبه‌ای که در سال ۱۹۸۰ در قاهره با خانم کاترین گراهام (Katharine GRAHAM) ناشر وقت روزنامه واشنگتن پست و جیم هاگ‌لند (Jim HOAGLAND) یکی از سردبیران سیاسی این روزنامه به عمل آورد، در پاسخ این سؤال که گفته‌اند یکی از دلایل سقوط رژیم شما پیشرفت بسیار زیاد بود نه پیشرفت بسیار کم، اظهار داشته بود که: "ما تند تر از آن رفتیم که برخی افراد بتوانند هضم کنند، در همه زمینه ها، دمکراتیزه کردن، آزادسازی، عدم تمرکز و افزایش فوق‌العاده درآمد مردم. آنها تقریباً از عهده خرید هر چیزی برمی‌آمدند. در دوران من درآمد سرانه از ۶۰ دلار به ۲۵۴۰ دلار رسید و اینک (۱۹۸۰) بایستی حداقل ۴۰۰۰ دلار می‌بود."

محمدرضا شاه در همین مصاحبه از این که در برابر مخالفان خود "سیاست تسلیم" را در پیش گرفت، اظهار تأسف کرد و گفت اشتباه محاسبه شخصی او همراه با پیام‌های ضد و نقیض توسط دولت های آمریکا و بریتانیا به شکست او منجر شد. وی اضافه کرد متقاعد شده است که غرب خواستار جمهوری اسلامی بود و شاید فکر می کرد با اسلام می‌تواند کمونیسم را مهار کند. او به‌خصوص دولت‌های بریتانیا و آمریکا و رسانه‌های غربی را برای پیشبرد سقوط خود مورد ملامت قرار داد. [۷]

شاه فرضیه خویش را در مورد علت سقوط کشور و پیروزی خمینی و انقلاب اسلامی، حتی در مصاحبه تاریخی خود با دیوید فراست (David FROST) مصاحبه کننده معروف انگلیسی هم تکرار کرد. وی در این مصاحبه علت سقوط رژیم پادشاهی را توطئه‌های شرکت‌های بزرگ نفتی و دخالت‌های کشورهای بیگانه، به‌خصوص آمریکا و بریتانیا در امور داخلی ایران اعلام کرد. [۸] مجله تایم در شماره مورخ ۵ فوریه ۱۹۷۹ خود نوشت شاه بر این باور است که "خیانت حکومت کارتر" موجب شکست و خروج اجباری وی از کشور شده است. [۹]. یکی از استادان ممتاز دانشگاه در شماره ۹۴ – ۹۳ فصلنامه "ره آورد"، زمستان ۱۳۸۹، در صفحه ۳۲۳ ضمن تجلیل از محمد مصدق، یادآور می شود: " پس از کودتا (منظور ۲۸ مرداد ۱۳۳۲ است)، ۲۵ سال طول کشید تا خشم مردم چنان متراکم شد که به انفجار انجامید و به انقلاب ۵۷ تبدیل شد".

---

۵ - صد روز آخر، محمود طلوعی،نشر علم، چاپ دوم، ۱۳۷۸، صفحات ۱۰۷ و ۱۰۸
۶ - روزشمار تاریخ ایران، باقر عاقلی، نشر گفتار، تهران، ۱۳۷۶، جلد ۲، صفحه ۳۷۰
۷ - واشنگتن پست، شماره مورخ ۲۷ می ۱۹۸۰، صفحات ۱ و ۱۲
۸ - کتاب شورش ۵۷ در آینه مطبوعات، شهرام جاویدپور، ۱۹۹۳، جلد اول، صفحه ۲۹۶
۹ - (مجلهٔ راه زندگی چاپ لس انجلس ۹ شهریور ۱۳۸۰)

برخی از ایرانیان چپ گرا، انقلاب اسلامی را قیام مردم علیه امپریالیسم جهانی و نظام بین‌المللی سرمایه داری و تبعیض‌های آن علیه طبقات فرودست تصویر می کنند که بعداً خمینی و یارانش این انقلاب را دزدیدند و به تاراج بردند. عده‌ای دیگر آن را نتیجه لجاجت و کینه ورزی روشنفکران زمان می‌دانند که هر کدام به علتی زیر پرچم خمینی رفتند که برنامه برقراری حکومت اسلامی را در سر داشت. (نشریه ایرانیان واشنگتن، شماره ۵۱۶، ۲۲ بهمن ۱۳۸۹، ۱۱ فوریه ۲۰۱۱)

جمعی نیز انقلاب اسلامی را به اقدام شرکت‌های نفتی نسبت می‌دهند که شاه آنها را تحت فشار قرار داده بود و با او دشمنی پیدا کرده بودند. عده‌ای آن را حاصل تصمیمات کنفرانس عالی گوادلوپ (Guadeloupe) می‌دانند که در روزهای ۱۴ تا ۱۶ دی‌ماه ۱۳۵۷، برابر با چهارم تا ششم ژانویه ۱۹۷۹ با شرکت جیمی کارتر (Jimmy Carter) رئیس جمهوری امریکا، ژیسکاردستن (Giscard d Estaing) رئیس جمهوری فرانسه، جیمز کالاهان (James Callahan) نخست وزیر بریتانیا و هلموت اشمیت (Helmut Schmidt) صدر اعظم آلمان برگزار شد.

بعضی از مفسران ایرانی معتقدند که نفوذ زیاد آمریکا در عرصه سیاست و اقتصاد ایران و حمایت دراز مدت آمریکا از یک رژیم سرکوبگر، فاسد و ضد مردمی، مردم ایران را عمیقاً خشمگین ساخت و یکی از مهم‌ترین عوامل زمینه‌ساز انقلاب شد. گروهی نیز ادعا می کنند که وجود یهودی‌ها و بهایی‌ها در مراکز قدرت یا سیاستِ حقوق بشر کارتر موجب انقلاب شد.

پرویز عدل، یکی از سفرای پیشین ایران، در کتاب خود به نام " من سید اولاد پیغمبر" در صفحه ۱۶۸ اظهار عقیده می کند که: "به نظر من اگر تیمسار سپهبد زاهدی شاه فراری را برنگردانده بود، تاریخ ایران طور دیگری ورق می خورد و ای بسا که دچار انقلاب اسلامی نمی شدیم".

نشریه World Desk Reference، چاپ سوم، مورخ سال ۲۰۰۰ در صفحه ۳۰۷ نظر می‌دهد که: " آتش انقلاب اسلامی را خشم شدید توده مردم نسبت به فساد، سر کوبی و نابرابری در رژیم شاه برافروخت".

عده‌ای از مفسران و کارشناسان ایرانی و خارجی نیز سازمان اطلاعات و امنیت کشور (ساواک) و عملیات آن را علیه مخالفان رژیم سلطنتی و گروه‌های چریکی و اعمال شکنجه در مورد آنها را باعث و بانی انقلاب اسلامی معرفی می کنند. برخی نیز تصمیمات سیاسی و اداری و اجتماعی شاه و دولت های تحت فرمان او را که باعث نارضایی مردم و اصناف و بازاری ها بود، عامل اصلی انقلاب اسلامی برمی شمرند.

دامنه تعبیرات نادرست و ذکر علت‌های ناوارد و غیر اصلی در مورد ریشه و علل انقلاب اسلامی حتی به سیاستمداران ارشد داخلی و خارجی نیز تسری پیدا کرده است.

محمد خاتمی رئیس جمهوری پیشین رژیم ولایت فقیه که اینک مغضوب علی خامنه ای و ممنوع الخروج است، در سپتامبر ۱۹۹۹ (۱۳۷۸ شمسی) در سخنرانی خود در برابر فرماندهان سپاه پاسداران و بسیج گفت: " نظام شاه علیرغم قدرت نظامی‌اش چون غبار از بین رفت زیرا که پایگاه مردمی نداشت".[۱۰]

هنری کسینجر (Henry Kissinger) شخصیت معروف سیاسی آمریکا نیز در مورد علت انقلاب اسلامی گفته است: " تنها اشتباه شاه این بود که می خواست کشوری عقب‌مانده را به سرعت مدرنیزه کند ".[۱۱]

---

۱۰ -(نشریه ایرانیان واشنگتن، دوم مهرماه ۱۳۷۸، ۲۹ سپتامبر ۱۹۹۹ صفحه ۱۷)

۱۱ - کتاب شورش ۵۷ در آینه مطبوعات، شهرام جاویدپور، ۱۹۹۳، جلد اول، صفحه ۲۹

در سال ۱۹۹۹ روزنامه معتبر ایتالیایی کوریر دلا سرا (Corriere Della Sera) مصاحبه‌ای را با فرح پهلوی، شهبانوی سابق ایران انتشار داد؛ درباره این که مسئولینِ سقوط رژیم شاه چه کسانی بودند؟ وی در پاسخ اظهار داشت: " مسوولیت باید بین ما و کشورهای خارجی تقسیم شود. ایران کشوری پرقدرت شده بود و به علاوه مساله نفت و افزایش قیمت آن باعث شده بود ایران به عنوان یک کشور مشکل آفرین جلوه کند و در دهه ۱۹۷۰ آن همه پروپاگاندهای وحشتناک در مورد وضع حقوق بشر به وجهه ایران بسیار لطمه زد. ایران نیز مانند هر کشور دیگری سیستم امنیتی خود را داشت. شاه از مساله رشد کمونیسم آن‌قدر نگران بود که حتی متوجه رشد جنبش‌های مذهبی نشد ". [۱۲]

شاهزاده رضا پهلوی نیز نظر داده است که: " در کنفرانس گوادالوپ در سال ۱۹۷۹، امریکا، فرانسه، آلمان و انگلستان تصمیم گرفتند با ایجاد یک حکومت اسلامی در منطقه، جلوی نفوذ کمونیسم را در خاورمیانه بگیرند". [۱۳]

دامنه تعبیرات و تصور نادرست درباره انقلاب اسلامی نه تنها دامن شاه، بلکه دامن زمامداران وقت کشور را نیز گرفته بود. روزنامه‌نگار برجسته ایرانی، احمد احرار، در گفت و گویی که با مرحوم ارتشبد عباس قره باغی، آخرین رئیس ستاد بزرگ ارتشتارانِ دوران محمدرضا شاه داشته است، در صفحه ۶۷ کتاب "چه شد که چنان شد" می نویسد: " در جلسه هیئت دولت شریف امامی که در حضور اعلیحضرت در کاخ سعدآباد تشکیل شد، محمد باهری وزیر دادگستری گفت: برای تسکین افکار عمومیِ ضرورت دارد اشخاصی که در گذشته مرتکب فساد شده اند، تحت تعقیب قرار بگیرند و شدیداً مجازات شوند. ولی با قوانین موجود این کار عملی نیست و باید تصمیمات فوق‌العاده اتخاذ شود و دادگاه اختصاصی تشکیل دهیم. آقای آزمون (منوچهر) پیشنهاد کرد اعلیحضرت فرماندهی انقلاب را بر عهده بگیرند و مجلسین را منحل کنند و یک شورای انقلاب تشکیل دهند و اشخاصی را که موجب نارضایتی مردم شده اند، به دادگاه انقلاب بسپارند. ارتشبد اویسی گفت: بیش‌تر این تحریکات زیر سر آخوندها است و آخوندها را هم فقط با پول می توان ساکت کرد. اعلیحضرت دستور فرمایند پول کافی در اختیار جان نثار قرار گیرد، ظرف ۴۸ ساعت مشکل را حل می کنیم. آقای ازهاری تشکیل دولت نظامی را پیشنهاد کرد". [۱۴]

حتی عده‌ای از استادان دانشگاه‌های آمریکا نیز درباره علت واقعی انقلاب اسلامی در ایران نظراتی سطحی ابراز داشته اند. آرتور کمبل ترنر (Arthur Campbell Turner) استاد دانشگاه کالیفرنیا در فرهنگ نامه معروف آمریکانا چاپ ایالات متحده آمریکا نوشته است: "علت واقعی قیام، درهم ریختن جامعه سنتی مسلمان در اثر توسعه سریع اقتصادی و نوسازی (*Modernization*) شتاب‌زده بود". [۱۵]

تعبیرات و نظرات نادرست دیگری نیز درباره ریشه انقلاب اسلامی ارایه شده است.

در کتاب "روزشمار تاریخ ایران"، تألیف باقر عاقلی، جلد دوم، صفحه ۳۱۵، در تاریخ ۲۶ دی‌ماه ۱۳۵۵ آمده است که: " نقشه سری مبارزه جهانی علیه ایران فاش گردید و روشن شد که نقشه سری مبارزه تبلیغاتی با ایران را سازمان بخشودگی و عفو بین‌المللی تنظیم کرده است و در ۱۵ پایتخت اروپایی توزیع نموده. تبلیغات درباره زندانیان سیاسی در ایران محور مبارزه ضد ایرانی است. گفته شد

---

۱۲ - گزارش مورخ ۲۸ جولای ۱۹۹۹ رادیو صدای امریکا

۱۳ - روزنامه نیمروز، چاپ لندن، شماره ۶۲۵، ۸ بهمن ۱۳۷۹، ۱۶ فوریه ۲۰۰۱، صفحه ۱۹

۱۴ - کتاب چه شد که چنان شد، گفت و گوی احمد احرار با ارتشبد عباس قره باغی، نشر آران، امریکا، ۱۹۹۹

۱۵ - کتاب سالانه فرهنگ Americana، چاپ ۱۹۷۹، صفحه ۲۶۲

این دستورالعمل در نخستین روزهای رئیس جمهوری کارتر از طرف وی صادر گردیده است". همین کتاب در تاریخ پنجم بهمن ماه ۱۳۵۵ نوشته است: " بنا به دعوت سازمان عفو بین‌المللی، هزاران نفر از مردم جهان در هلند اجتماع کردند. در این اجتماع به شدت مسایل عمده‌ای از ایران مطرح و مورد مذاکره قرار گرفت و درباره آن چاره‌اندیشی شد. مسایل مطروحه عبارت بودند از: عملیات ساواک در ایران، نقض حقوق بشر در ایران و رفتار با زندانیان سیاسی."

در این جا لازم به یادآوری است که نه تنها پرزیدنت کارتر از اوضاع ایران تا آخرین ماه‌ها بی اطلاع مانده بود، بلکه دریاسالار استانسفیلد ترنر (Stansfield Turner) دوست دیرین و هم‌کلاس پیشین وی در آکادمی نیروی دریایی آمریکا که به سبب اعتماد کامل او به ریاست سازمان مرکزی اطلاعات آمریکا (CIA) منصوب شده بود نیز از تحولات سریع و شگرف ایران و حتی از امکان خروج شاه از کشور ناآگاه مانده بود و به همین سبب مورد توبیخ شدید جیمی کارتر، رئیس جمهوری وقت آمریکا قرار گرفت و او هم مسوولان مربوط به ایران را در سازمان تحت نظر خویش مورد سرزنش و ملامت قرار داد (دریاسالار ترنر از ۹ مارچ ۱۹۷۷ تا ۲۰ ژانویه ۱۹۸۱ ریاست سازمان مرکزی اطلاعات آمریکا و نظارت بر جامعه اطلاعاتی این کشور را بر عهده داشت).

پرزیدنت بیل کلینتون (Bill Clinton) نیز که مدت ۸ سال از ۱۹۹۳ تا ۲۰۰۱ بر مسند ریاست جمهوری آمریکا تکیه داشت و در تمام مدت زمامداری مهم‌ترین گزارش های سازمان های متعدد اطلاعاتی این کشور را که بودجه سالانه آنها بیش از ۴۵ میلیارد دلار است دریافت و مطالعه می کرد، در مورد علت انقلاب اسلامی نظری سطحی و غیرواقع ارایه می‌دهد. پرزیدنت کلینتون در فوریه ۲۰۰۵ در مصاحبه‌ای که در نشریه Executive Intelligence Review انتشار یافت و رادیو و تلویزیون BBC نیز آن را پخش کردند، در مورد ایران می گوید: " داستان اندوه‌بار این کشور، درواقع از دهه ۱۹۵۰ آغاز شد که آمریکا دولت مصدق را که بر اساس دمکراسی پارلمانی توسط مردم ایران برگزیده شده بود، سرنگون کرد و شاه را به ایران بازگرداند... ما ایران را از دمکراسی پارلمانی در دهه ۱۹۵۰ محروم ساختیم. من می دانم که گفتن این موضوع از جانب یک آمریکایی پسندیده نیست، اما من هنگامی که محمد خاتمی به ریاست جمهوری برگزیده شد، در این مورد عذرخواهی کردم و علناً اذعان داشتم که آمریکا باعث سقوط دکتر مصدق شد. این واقعیت است و از بابت آن پوزش طلبیدم".[۱۶]

پرزیدنت کلینتون اطلاع ندارد که خمینی در اوایل انقلاب درباره مصدق گفت: " او مُسلم نبود "، مسوولان این رژیم تنها خیابانی را که در تهران به نام مصدق بود، تغییر نام دادند (پهلوی سابق) و یکی از تئوریسین‌های مذهبی رژیم (مصباح یزدی) در اردیبهشت ماه ۱۳۹۱ حتی ملیون متدین را "ابلیس" نامیده است و علاوه بر آن محمد خاتمی، رئیس جمهوری پیشین ایران مغضوب و ممنوع الخروج است.

پرزیدنت کلینتون همچنین نمی‌داند که مصدق و یارانش که تعدادشان به ۱۰ نفر هم نمی‌رسید، از قاتل یک نخست‌وزیر دیگر حمایت و تجلیل کردند و همان نخست‌وزیر مقتول (حاجی علی رزم آرا) از مجلس شورای ملی در دوره شانزدهم، در جلسه ۱۳ تیرماه ۱۳۲۹، آرایی بیش‌تر از مصدق کسب کرد؛ زیرا از ۱۰۷ نفر نمایندگان حاضر در جلسه علنی مجلس، ۹۳ نفر یا به عبارتی ۸۷ درصد از نمایندگان به دولت رزم آرا که برنامه خود را " کار و عمل "اعلام کرده بود، رأی اعتماد دادند و هنگامی که مصدق و ۵ نفر از دوستانش رزم آرا را استیضاح کردند و خود مصدق آن طور که اکثراً متداول بود در اثر جنجال و هیجان غش کرد، تعداد آراء اعتماد به رزم آرا به ۹۷ رأی موافق افزایش یافت. در حالی که در

---

۱۶ - BBC، شانزده فوریه ۲۰۰۵

۷ اردی‌بهشت ماه ۱۳۳۰ که مصدق نخست وزیر شد، از ۱۰۰ نفر عده حاضر در مجلس، ۷۹ نفر به او رأی اعتماد دادند. وی حتی بدون مشورت با جبهه ملی وزیران خود را تعیین و معرفی کرد. [۱۷]

پرزیدنت کلینتون علاوه بر آن، بی‌خبر است که محمد مصدق، مجلس هفدهم شورای ملی ایران را که تجدید انتخاب او را به نخست وزیری تصویب کرده بود و همین‌طور بر اختیارات یک ساله مورد درخواست او هم مهر تأیید زده بود، منحل ساخت و زمینه را برای نوعی دیکتاتوری فردی فراهم ساخت.

در بین همه سیاستمداران و مفسران داخلی و خارجی تا جایی که نویسنده بررسی کرده است، تنها یک نفر درباره " انقلاب اسلامی" حرف مقرون به حقیقتی زده است و آن علی خامنه ای، رهبر خشن و ضدمردمی جمهوری اسلامی است که یکی از اعضای ارشد سازمان مجاهدین انقلاب اسلامی به نام ابوالفضل قدیانی در خرداد ماه ۱۳۹۱ در یکی از جلسات محاکمه نمایشی خود او را "طاغوت زمان" نامید. [۱۸]

خامنه ای که بزرگ‌ترین دروغگوی جمهوری اسلامی لقب گرفته و تمام مصائب و تیره روزی‌هایی را که برای ایران و ایرانیان فراهم ساخته گناه یک دشمن موهوم و فرضی عنوان می کند، روز دوم آذرماه ۱۳۷۷ برابر با ۲۳ نوامبر ۱۹۹۸، به مناسبت روز پاسدار و هفته بسیج تنها سخن راست را در طول حیات سیاسی خود بر زبان آورد و گفت: " من ادعا می کنم و می توانم ثابت کنم که دشمنان ملت ایران (همان دشمنان موهوم) هنوز هم در برابر انقلاب اسلامی گیج و مبهوت هستند و نمی توانند این انقلاب اسلامی را به درستی درک کنند". [۱۹] این شاید تنها حرف راست خامنه ای است که نام مستعار او در ایام انقلاب "حاج عبدالله" بود که مواد منفجره و آتش‌زای حریق بی‌رحمانه سینِما رکس آبادان را که در آن ۴۳۰ نفر زنده سوختند، در اختیار مجریان انقلابی قرار داد. یکی از نزدیکان خمینی به نام "حسین بروجردی" در اعترافات خود که با کوشش بهرام چوبینه اخیراً منتشر شده است، این راز را فاش کرده است.

البته قبل از همه، شیخ علی تهرانی شوهرخواهر علی خامنه ای که از سوی خمینی مامور رسیدگی به فاجعه سینِما رکس آبادان بود، دخالت انقلابیون را در آن جنایت برملا ساخت و به همین سبب مغضوب و مجبور شد به عراق پناه ببرد. شیخ علی تهرانی همان کسی است که با سروصدا و جنجال و مخالفت بسیار مانع از آن شد که جلال الدین فارسی، فرضیه پرداز هیات‌های موتلفه اسلامی، بازوی مسلح خمینی که تبعه افغانستان بود، نخستین رئیس جمهوری اسلامی شود و به جای او ابوالحسن بنی صدر بدین سمت برگزیده شد.

هنگامی که خامنه ای او را گول زد و به ایران بازگردانید، دستگیر و به ۲۰ سال زندان محکوم شد. پسرش محمود تهرانی، در ۲۰ بهمن ماه ۱۳۷۸ به مناسبت اعتصاب غذای پدرش در زندان اوین، نامه سرگشاده ای انتشار داد و طی آن رسما از ماجرای آتش زدن تعمدی سینِما رکس آبادان به دستور یکی از ملاها و انقلابیون وقت پرده برداشت و اعلام کرد که با این کار می‌خواستند مردم جنوب را هم وارد جریان انقلاب کنند و برای پرده پوشی، چند نفر بی گناه را هم به جوخه اعدام سپردند.

نگاهی کوتاه به گذشته

برای بررسی ریشه اصلی انقلاب اسلامی و چگونگی شکل‌گیری و تکوین آن لازم است از لحاظ

۱۷ - روزشمار تاریخ ایران، باقر عاقلی، نشر گفتار، چاپ ۱۳۶۹، جلد دوم، صفحات ۳۱۳، ۳۱۶ و ۳۲۳
۱۸ - مجله پردیس، شماره ۲۲۲، چاپ آتلانتا از ایالت جورجیا، امریکا، خرداد ۱۳۹۱، صفحه ۷
۱۹ - خبرگزاری ایرنا، تهران، دوم آذرماه ۱۳۷۷، ۲۳ نوامبر ۱۹۹۸

تاریخی قدری به عقب باز گردیم و نگاهی گذرا و سریع بر وقایع دوره نخست وزیری دکتر منوچهر اقبال بیندازیم.

دکتر اقبال در روز ۱۵ فروردین ماه ۱۳۳۶، به دنبال سقوط کابینه حسین علاء فرمان نخست وزیری گرفت و سه سال و چهار ماه و بیست روز بعد، در پنجم شهریور ماه ۱۳۳۹ در اثر وقوع تخلفات بسیار در برگزاری انتخابات دوره بیستم مجلس شورای ملی، مجبور به استعفا شد.

در دوره‌ی نخست‌وزیری اقبال، دو رسم جالب و قابل توجه پدید آمد. یکی برگزاری کنفرانس‌های مطبوعاتی ماهانه پادشاه در کاخ سلطنتی بود که مدیران و سردبیران روزنامه‌ها و مجلات مهم وقت در آن حضور می یافتند و پرسش های خود را با پادشاه درمیان می گذاشتند و پاسخ دریافت می کردند.

رسم قابل ملاحظه دیگری که برقرار شد، سفرهای گروهی هیات دولت به مراکز استان ها و توقف چند روزه آنها در محل بود. در جریان این سفرها، علاوه بر مسوولان دولتی محلی، طبقات مختلف مردم نیز می توانستند در جلساتی که تشکیل می‌شد، شرکت کنند و مسایل و مشکلات منطقه خود را مطرح سازند. در همان‌جا هیات دولت به بسیاری از مشکلات محلی توجه می کرد و تا جایی که مقدور بود و امکانات دولت اجازه می داد، مشکلات را برطرف می کرد و درخواست‌های مردم را برآورده می ساخت.

دو دوره نخست‌وزیری منوچهر اقبال، با آن که کارهای عمرانی قابل ملاحظه ای در کشور تحقق یافت، با این حال بودجه و درآمد نفت کشور بسیار قلیل بود. بودجه کل کشور ۵/۳ میلیارد تومان و کل درآمد سالانه نفت، حدود ۹۰ میلیون لیره انگلیس بود (که جمعا کم تر از درآمد یک روز حکومت احمدی‌نژاد و خامنه ای از نفت است).

نقطه آغاز انقلاب اسلامی

در روز اول امرداد ۱۳۳۹ شمسی، برابر با ۲۳ جولای ۱۹۶۰ میلادی، در جریان کنفرانس مطبوعاتی پادشاه، سؤال و جوابی مطرح شد که جنجال و کشمکش سیاسی بزرگی را به وجود آورد و می توان با صراحت و قاطعیت تاریخی و تحقیقی، آن را نقطه آغاز انقلاب اسلامی در ایران به حساب آورد.

پس از آن، مدت ۱۸ سال و ۶ ماه و ۲۲ روز، فعالیت، تبلیغات، سازمان‌دهی، یارگیری، چریک سازی، مبارزه و توطئه صورت گرفت تا انقلاب سیاه و خونین اسلامی به ثمر رسید و ملت ایران را چند قرن به عقب راند و زندگی میلیون‌ها نفر را تباه ساخت و کلیه‌ی دست آوردهای میلیون‌ها ایرانی را از دوران مشروطیت به بعد بر باد داد.

در آن روز شوم عبدالرحمن فرامرزی سردبیر و سرمقاله نویس وقت روزنامه کیهان از شاه درباره چگونگی روابط ایران با اسرائیل پرسش کرد. شاه در جواب گفت که ایران از سال‌ها پیش اسرائیل را به صورت "دو فاکتو" De Facto به رسمیت شناخته است. این سؤال و جواب ساده، هیجانات، تبلیغات و جنجال و جدال‌های سیاسی بزرگی را در منطقه به دنبال داشت. فردای آن روز جمال عبدالناصر، رئیس جمهوری کشور جدیدالتاسیس ,'جمهوری متحده عربی ,'(The United Arab Republic) که از اتحاد کشورهای مصر و سوریه تشکیل شده بود، طی سخنرانی آتشینی که در اسکندریه ایراد کرد، شاه ایران را به شدت مورد حمله قرار داد و اظهار داشت که جمهوری متحده عربی در انتظار روزی است که مردم ایران خودشان را از زیر یوغ شاه و صهیونیسم آزاد سازند. عبدالناصر شاه را همدست استعمارگران معرفی کرد و توانایی مصر را در سرنگونی رژیم او اعلام داشت. وی که با تبلیغ ناسیونالیسم عرب در بین جوامع کشورهای عربی شهرت و محبوبیتی پیدا کرده بود و از حمایت کامل اتحاد جماهیر شوروی و

دستگاه‌های اطلاعاتی آن برخوردار بود، با جاه طلبی شخصی بسیار، در پی کسب رهبری جهان عرب بود. ناصر در سخنرانی شدید و خصمانه خود علیه شاه، قطع کامل روابط سیاسی با ایران را نیز اعلام کرد و به سفیر ایران در قاهره (جمشید قریب) و اعضای سفارت ایران ۲۴ ساعت وقت داد که خاک مصر را ترک گویند.

به دنبال اتخاذ موضع تند و تحریک‌آمیز عبدالناصر علیه ایران، کنگره ای از رهبران مسلمان در قاهره تشکیل شد و شاه ایران را متهم ساخت که خود را از اسلام جدا کرده است. شیخ شلتوت، رئیس دانشگاه الازهر تلگرامی به شاه مخابره کرد و طی آن شاه را به شدت مورد سرزنش قرار داد. جمال عبدالناصر همچنین از شیخ نشین های کرانه خلیج فارس دعوت کرد که با ایران و شاه به مبارزه برخیزند. به اشاره عبدالناصر، رسانه‌های سوریه نیز که از اول فوریه ۱۹۵۸ به کشور جدیدالتاسیس پیوسته بود و جبهه شرقی جمهوری متحده عربی نامگذاری شده بود، حملات شدیدی را نسبت به ایران و شاه آغاز کردند. در حالی که اردن از شاه خواست که موضع ایران را درباره شناسایی اسرائیل مورد تجدیدنظر قرار دهد، لبنان شدیداً به ایران اعتراض کرد.

اتحادیه عرب طرح هایی را اعلام داشت که تحریم های اقتصادی کشورهای عضو را در مورد اسرائیل، به ایران نیز تسری دهند. علاوه بر آن یادآور شد که از آن پس خلیج عربی به جای خلیج فارس به کار برده خواهد شد و خوزستان نیز که در سابق توسط بعضی کشورهای عرب متخاصم با ایران عربستان نامیده می شد، جزء لاینفک سرزمین اعراب است. ایران هم در اقدامی متقابل، سفیر مصر را از ایران اخراج و روابط سیاسی با جمهوری متحده عربی را قطع کرد.

مطبوعات ایران، جمال عبدالناصر و رژیم افراطی او را مورد انتقاد قرار دادند و در نقاط مختلف کشور طبقات گوناگون مردم و دانشجویان ایرانی مقیم کشورهای خارجی علیه ناصر و حملات سیاسی و تبلیغاتی او تظاهراتی انجام دادند. با آن که هم شاه و هم دولت و وزارت امور خارجه ایران، چندین بار اعلام کردند که شناسایی "دو فاکتوی" اسرائیل اقدام جدیدی نیست و مربوط به یازده سال قبل است و ایران با اسرائیل روابط سیاسی (De Jure) ندارد، با این حال دشمنی و تحریکات شدید و بی‌وقفه عبدالناصر و دستگاه‌های تبلیغاتی و اطلاعاتی او که با سازمان های اطلاعاتی شوروی به‌خصوص KGB نیز روابط حسنه و بسیار نزدیکی داشتند، نه تنها ادامه یافت، بلکه وسعت پیدا کرد و به مبارزات عملی و آشکار و پنهانی وسیع و پرخرجی برای سرنگونی دولت ایران و شخص شاه با هدف براندازی رژیم تبدیل شد.[۲۰]

توفیق کودتای نظامی در عراق که در ۲۳ تیرماه ۱۳۳۷، برابر با ۱۴ ژوئیه ۱۹۵۸ میلادی به رهبری ژنرال عبدالکریم قاسم و سرهنگ عبدالسلام عارف انجام گرفت و به رژیم سلطنتی در آن کشور پایان داده، رژیمی طرفدار ناصر و مورد پسند شوروی و معاند با ایران بر سرِ کار آورده بود، عبدالناصر را به تغییر رژیم در ایران نیز بسیار امیدوار و مصمم ساخته بود.

آنها برای تدارک بلوا و آشوب در داخل ایران، خیلی زود فرد مورد نظر را شناسایی کرده، رابطه ی پنهانی و مطلوبی را با او برقرار ساختند. این شخص کسی غیر از حاج روح الله خمینی نبود که از اوایل دهه ۱۳۲۰ با انتشار کتاب "کشف اسرار" دشمنی و خصومت عمیق خود را با خانواده پهلوی و بی‌باکی و جسارت و تاثیرگذاری مذهبی و اجتماعی خویش را به ثبوت رسانده بود.[۲۱]

---

۲۰ - (برای کسب اطلاعات بیش‌تر در این مورد به کتاب‌های سال ۱۹۶۱ فرهنگ‌های بریتانیکا و آمریکانا، مطبوعات مهم زمان، به خصوص نشریه‌ی مخصوص جمع آوری و ثبت حوادث مهم جهان به نام Facts on File که در امریکا چاپ می‌شود و مجموعه‌ی سالانه‌ی آن در اختیار کتابخانه‌های مهم جهان قرار می گیرد مراجعه شود.)

۲۱ - خمینی نام کتاب خود را از تفسیر عارفانه و صوفیانه قرآن که توسط ابوالفصل میبدی، در سال ۵۲۰ هجری قمری به عمل

سازماندهی و برنامه‌ریزی شورش ۱۵ خرداد ۱۳۴۲ ، ۵ ژوئن ۱۹۶۳

پس از یافتن خمینی به عنوان رهبر شورش مذهبی، تماس‌ها، برنامه‌ریزی‌ها، آموزش‌ها، تبلیغات و ارتباطات پنهانی و کمک‌های مالی آغاز شد و طرح جامع و ماهرانه ای برای ایجاد یک شورش و بلوای عظیم که هدفش ساقط کردن رژیم پادشاهی در ایران بود، ریخته شد و مراحل اجرایی آن آغاز گردید. شاگردان، یاران و طرفداران جدی خمینی زیر نظر مستقیم و با راهنمایی های مدبرانه او، در پوشش انجام فرایض و گردهم آیی ها و عزاداری های مذهبی و اتحاد و ائتلاف مخفی این گروه‌ها، از هر لحاظ آماده مبارزه جدی با رژیم شدند.

این عده گروه‌های مختلفی از جوانان و طلاب مذهبی را در مساجد و حوزه های مذهبی قم، تهران، ورامین، کرج، قزوین، شیراز و مشهد تحت تبلیغ و تعلیم و تحریک قرار دادند و آنها را به سبک خاص و محرمانه خود سازماندهی کرده، برای یک شورش و بلوای بزرگ که هدف آن براندازی رژیم بود، آماده ساختند. برنامه ی مشابهی را نیز در مورد کسبه، بازاریان و بارفروشان و کارکنان میدان تره بار تهران به مورد اجرا گذاردند.[۲۲]

اعلام برنامه‌های اصلاحات دولت و شاه، به‌خصوص اصلاحات ارضی و برقراری حقوق مساوی زنان با مردان و برخوردار شدن آنها از حق رأی و حق انتخاب شدن به نمایندگی مجلسین که در ششم بهمن ماه ۱۳۴۱به عنوان لوایح شش گانه به رفراندوم گذاشته شد و حدود ۶ میلیون نفر آن را مورد تأیید قرار دادند، فرصت و امکان بسیار مساعدی برای آغاز مبارزه مستقیم و علنی با شاه و رژیم در اختیار حاج روح الله خمینی و پیروانش قرار داد. خمینی و یارانش علاوه بر تبانی با برخی ملاکین بزرگ و سران عشایر، چون فتح الله حیات داودی گردنکش استان فارس و عبدالله ضرغام پور، رئیس ایل بویر احمدی، آزادی زنان و حق آنها را برای رأی دادن و انتخاب شدن، " ترویج بی بند و باری و حضور زنان در کانون های فحشاء و منکرات " نامیدند.[۲۳]

در صفحه ۴۳۵ همین کتاب (کتاب "روزها و رواددیدها" نشر رامین از انتشارات دفتر عقیدتی فرمانده کل قوا، چاپ تهران ۱۳۳۷) در تأیید نقش اصلی خمینی در شورش و بلوای ۱۵ خرداد ۱۳۴۲ آمده است که: " قیام ۱۵ خرداد نقطه عطفی بود در تاریخ مبارزات ایران که امام خمینی آفریننده و شکل دهنده ی آن قیام الهی بود و روحانیون انقلابی در تداوم آن حرکت عظیم و پرخروش امت مسلمان طی یک دوره پانزده ساله نقش اساسی داشتند ".

اکبر هاشمی رفسنجانی نیز در زمانی که هنوز مورد بی لطفی دست نشانده خود علی خامنه ای قرار نگرفته بود و گاه به گاه خطبه های نماز جمعه نمایشی تهران را ایراد می کرد، در یکی از این خطبه ها در ۷ خرداد ۱۳۷۸، دانسته یا ندانسته نقش مستقیم خمینی را در بلوا فاش ساخت و اعلام کرد که: " قیام ۱۵ خرداد ۴۲، با مقدمات طولانی به وسیله امام و یارانش محقق شد ".[۲۴]

خمینی که در اهانت به شاه و همچنین تحریک ساده لوحان مذهبی که اکثریت جامعه ایران را تشکیل می‌دادند، تخصص و مهارت منحصر به فردی داشت، در ۱۳ خرداد ۱۳۴۲ که با دهم محرم ۱۳۸۳ قمری و عاشورا تقارن داشت، یک سخنرانی جسورانه و بسیار تحریک‌کننده به عمل آورد و خود را

آمده و آن را " کشف الاسرار " نامیده، اقتباس و اخذ کرده است و به همین سبب بعضی‌ها به غلط کتاب خمینی را کشف الاسرار می نامند. ابوالفضل میبدی کتاب کشف الاسرار را تحت تأثیر خواجه عبدالله انصاری نوشته است.

۲۲ - برای کسب اطلاع بیش‌تر در این مورد، به کتاب " ناگفته ها " از تقریرات حاج مهدی عراقی، چاپ اول، تهران، ۱۳۷۰، از انتشارات مؤسسه فرهنگی رسا مراجعه شود

۲۳ - کتاب روزها و رویدادها، نشر رامین، از انتشارات دفتر عقیدتی فرمانده کل قوا، چاپ تهران، ۱۳۳۷، صفحه ۴۳۷

۲۴ - خبرگزاری ایرنا، خبر شماره ۴۹، ۷ خرداد ۱۳۷۸، ۲۸ می ۱۹۹۹

مستقیماً در برابر شاه قرار داد و دولت شاه را با بنی امیه و یزید مقایسه کرد . در امور ایران پای اسرائیل را به میان کشید و با مهارت تبلیغاتی بسیار و ذکاوت و زرنگی خاص خود، نظیر تبلیغات عبدالناصر، شاه را وابسته به اسرائیل و معاند با اسلام و قرآن معرفی کرد و هر دو را متهم ساخت که با اساس اسلام و قرآن مخالفت و دشمنی دارند. در حالی که شاه همواره کلیات اصول مذهبی را رعایت می کرد و حتی به ساخت مسجد اعظم قم در زمان مرجعیت آیت الله بروجردی، ساخت ضریح امامزاده عبدالعظیم در شهرری، مرمت حرم امام رضا و آئینه کاری حرم علی ابن ابیطالب امام اول شیعیان در نجف و مرمت مسجدالنبی، محل مقبره ساده و عاری از تجمل پیامبر اسلام در مدینه در عربستان سعودی کمک‌های قابل ملاحظه مالی کرده بود و بارها نیز اماکن مقدسه اسلامی و شیعیان را زیارت کرده بود.

خمینی در آن وعظ تاریخی خود که گاه به گاه با گریه حضار نیز آمیخته می شد، گفت: " اسرائیل نمی خواهد در این مملکت قرآن باشد. اسرائیل نمی خواهد در این مملکت علمای اسلام باشند. اسرائیل می خواهد به دست خود آن چیزهایی را که مانع هستند، آن چیزهایی را که سدّ راه هستند از سر راه بردارد. قرآن سد راه است باید برداشته شود، روحانیت سد راه است باید شکسته شود، مدرسه فیضیه و دیگر مراکز علم و دانش سدّ راه است باید خراب شود. طلّاب علوم دینیه ممکن است بعداً سد راه بشوند، باید کشته شوند برای این که اسرائیل به منافع خودش برسد. دولت ایران به تبعیت از اغراض و نقشه‌های اسرائیل به ما اهانت کرده و می کند".

خمینی در آن سخنرانی بسیار حساب شده و عوام‌فریبانه‌ی خود، ضمن مردود شمردن رفراندوم شاه و دولت در خصوص لوایح شش‌گانه موسوم به انقلاب سفید که گاه انقلاب شاه و مردم نیز نامیده می‌شد، مستقیماً شاه را مورد حملات جسارت آمیزی قرار داد که تا آن روز بی سابقه بود.

وی در سخنان خود خطاب به شاه گفت: " من میل ندارم تو مثل پدرت شوی، نصیحت مرا بشنو. از علمای اسلام بشنو. این‌ها صلاح ملت را می خواهند. از اسرائیل نشنو، اسرائیل به درد تو نمی خورد. بدبخت، بیچاره، چهل و پنج سال از عمرت می گذرد. یک کمی تأمل کن، یک کمی تدّبر کن. کمی عبرت بگیر از پدرت. اگر راست می گویند که تو با اسلام و روحانیت مخالفی، بد فکر می کنی. چرا بی تأمل حرف می زنی؟ آیا روحانیت حیوان نجس است؟ اگر این‌ها نجس هستند، چرا آبی را که آنها وضو می گیرند، مردم به عنوان تبرک می آشامند؟" [۲۵]

خمینی ادامه داد: "خدا کند مراد تو علما و روحانیت نباشد و گرنه تکلیف ما با شما مشکل می شود و تکلیف تو مشکل‌تر می شود و نمی توانی زندگی کنی. ملت نمی گذارند که تو با این وضع ادامه دهی. آیا به نظر سازمان امنیت، شاه اسرائیلی است؟ آیا به نظر سازمان امنیت یهودی است؟ آقای شاه، شاید این‌ها می خواهند تو را یهودی معرفی کنند که من بگویم تو کافری تا از ایران بیرونت کنند و به تکلیف تو برسند". [۲۶]

توقیف خمینی

پس از این سخنرانی که با برنامه ی حساب شده قبلی صورت گرفت، خمینی رسما و عملاً با شدیدترین حملات، خود را مستقیماً رودرروی شاه قرار داد. به همین سبب ماموران سازمان امنیت در ساعت ۳ بامداد روز ۱۵ خرداد ۱۳۴۲ وی را در منزلش در قم دستگیر کرده، به تهران بردند. اقدامی که

---

۲۵ - این جمله خمینی بعداً در اسناد جمهوری اسلامی تحریف شد و آن را به این صورت تغییر داده‌اند که: اگر این‌ها حیوان نجس هستند، چرا ملت دست آنها را می بوسند؟ چرا به آبی که آنها می آشامند، مردم خود را تبرک می کنند؟

۲۶ - کتاب روزها و رویدادها از انتشارات دفتر عقیدتی فرمانده کل قوا، ۱۳۷۷، صفحات ۴۴۵ و ۴۴۶

خمینی شدیداً و بی صبرانه خواستار و در انتظار آن بود. همین دستگیری بهانه ی شورش و بلوای بزرگ ۱۵ و ۱۶ خرداد در قم، تهران، ورامین، قزوین، تبریز، شیراز و تا حدودی مشهد شد. عده زیادی از کسبه و بازاریان، طبقات مذهبی و بارفروشان و میدان داران و همچنین گروهی از زارعان ورامین و کرج در نقاط مختلف تهران، به خصوص در مرکز پایتخت متمرکز شدند و به تظاهرات خشونت بار پرداخته، با آتش زدن اتوبوس‌ها، اتومبیل‌ها، بانک‌ها و ساختمان‌های دولتی و غیردولتی خسارات سنگینی وارد ساختند. سرانجام به دستور اسدالله علم نخست وزیر وقت، در تهران و شیراز حکومت نظامی برقرار شد و نیروهای انتظامی با شدت در برابر تظاهرکنندگان ایستادگی کردند.

جمعیت ابتدا با برنامه قبلی می‌خواستند اداره مرکزی رادیو را در میدان ارک تصرف کنند و به سبک واقعه ۲۸ امرداد ۱۳۳۲، از طریق رادیو مردم شهرستان‌ها را به شورش تبلیغ و تحریک کنند که با مقاومت مسلحانه و شدید نیروهای انتظامی مواجه شدند. سپس گروه قابل ملاحظه ای قصد کردند به کاخ شاه حمله کنند که آنها نیز سرکوب شدند. در تظاهرات از پیش برنامه‌ریزی شده ۱۵ و ۱۶ خرداد ماه ۴۲، عده زیادی کشته و مجروح شدند. البته ملاها و طرفداران خمینی طبق معمول در ارقام کشته شدگان و مجروحان آن بلوا نیز مبالغه بسیار کردند. آنها کشته شدگان تهران را ۵ هزار نفر و کشته شدگان شهرستان‌ها را ۱۰ هزار نفر تبلیغ کردند. حتی خود خمینی نیز کراراً تعداد کشته شدگان شورش دو روزه را پانزده هزار نفر ذکر کرده است.[۲۷]

این اغراق‌ها در موارد دیگر نیز از سوی مسوولان و مبلغان جمهوری اسلامی از جمله در مورد حادثه ۱۷ شهریورماه ۱۳۵۷ در میدان ژاله نیز جریان داشته است که تعداد کشته شدگان آن را به دروغ ۵ تا ۸ هزار نفر اعلام کرده اند. هنوز هم دروغ پردازی‌های بزرگ مسوولان و رهبران جمهوری اسلامی به خصوص رهبر کل آنها در همه زمینه ها ادامه دارد. بازار دروغ‌های اسلامی‌نماها که نویسنده آنها را فرقه جدیدی از فرق بدعتی اسلامی به نام "فرقه ولایتیه" نام‌گذاری کرده است، از ابتدای کار چنان گرمی ای برداشت که حتی به صحنه ی قانون اساسی آنها نیز که اساس نظام اشغال کننده‌ی ایران است کشیده شد و این سند که باید معتبرترین سند یک کشور باشد، با دروغی بزرگ و عجیب آغاز شد و در مقدمه آن ادعا شده است که در جریان تظاهرات انقلابی، ۶۰ هزار کشته و ۱۰۰ هزار نفر مجروح شده اند.

کافی است توجه شود که تظاهرات انقلابی از شب هفدهم دی‌ماه ۱۳۵۶ و در عکس‌العمل به مقاله‌ای که به فرمان شاه توسط علی شعبانی نوشته شد و با نام مستعار "رشیدی مطلق" در روزنامه اطلاعات انتشار یافت، آغاز شد و به مدت ۴۰۰ روز ادامه یافت. به اظهار مقدمه قانون اساسی جمهوری اسلامی در طی ۴۰۰ روز تظاهرات انقلابی، هر روز ۱۵۰ نفر ایرانی کشته شده‌اند. حال آن‌که همین رژیم تعداد رسمی کشته شدگان جنگ ۸ ساله ایران و عراق را ۱۲۰ هزار نفر ایرانی اعلام کرد که اگر دقیق محاسبه شود، به حساب آنها هر روز ۴۲ نفر ایرانی در جنگ بی مورد ایران و عراق طی ۲۸۰۰ روز جنگ که آن را دفاع مقدس نام‌گذاری کرده و برای تحکیم پایه نظام واجب و مفید نامیده اند، به هلاکت رسیده اند.در حالی که منابع خارجی تعداد کل کشته شدگان آن جنگ را بیش از یک میلیون نفر و تلفات ایرانی‌ها را بین ۵۰۰ تا ۷۰۰ هزار نفر ذکر کرده اند.

آمار تبلیغاتی کشته شدگان بلوای ۱۵ خرداد ۴۲

محمد ارسی، یکی از مخالفان رژیم پهلوی در سال ۲۰۰۱ طی مقاله مستندی از لزوم روشن کردن

۲۷ - جلد هشتم صحیفه از انتشارات مؤسسه تنظیم و نشر آثار خمینی، صفحات ۵۰ و ۵۱ و سخنرانی خمینی در رادیو بغداد، ۲۰ مهر ۱۳۴۹، کتاب چهره‌هایی در تاریخ ایران، صفحه ۴۰۴

واقعی مردم و دوری از تحریف و تقلب و بزرگ نمایی معایب سخن گفت و درباره خلاف گوییها و شایعه پراکنیهای ضد رژیم توسط انقلابیون آماری ارایه داد. وی در مقاله خویش نوشت که "زندانیان سیاسی رژیم سابق ۴۰۰۰ نفر بودند که ۱۰۰ هزار نفر گفته میشد و ۵۰۰ نفر اعدامی بود که آن را ۷۰ هزار نفر می گفتیم. رژیم فقاهتی در طول دو دهه اخیر برای حفظ دستگاه دیکتاتوری آخوندی تا جایی که توانسته و مقدور بوده، دروغ گفته، دروغ نوشته و دروغ ساخته است. اطلاعات ما اساساً ناقص و نادرست است. روشمان در تحلیل رویدادهای مهم سیاسی و اجتماعی با اخلاق و علم و مسوولیت ملی خوانایی ندارد و غرض ورزیهای عقیدتی و گروهی در بررسی های سیاسی مان نقشی تعیین کننده ایفا می کنند". [۲۸]

لطف الله میثمی، یکی از طرفداران بانفوذ خمینی در بخشی از خاطرات خود درباره کشته شدگان ۱۵ خرداد و ۱۷ شهریور (میدان ژاله) چنین گفته است: " در مورد تعداد شهدای ۱۵ خرداد شایعه های زیادی بود. تعداد ۱۰ تا ۱۵ هزار نفر گفته می شد. شایع بود که اینها را با هلی کوپتر در دریاچه نمک قم میریختند و قبر مشخصی هم ندارند که البته این حرفها به نظر من اغراق است. سال ۵۰ که در زندان اوین بودم، برخی از مجاهدین شاگرد بازاری بودند و در متن جریان ۱۵ خرداد هم شرکت داشتند. از آنها تحقیق کردم؛ گفتند ما که در بازار بودیم و همدیگر را می شناختیم، شهیدی نداشتیم. گفتند عدهای پابرهنه بودند و تیر خوردند ولی این که ۱۵ هزار شهید شدند، اغراق است. آنها قضیه دریاچه نمک را هم اغراق آمیز می دانستند. البته تعداد مجروحان زیاد بود.

در ورامین هم خیلیها را کشتند ولی در جایی حتی از مسوولان هم نشنیدم که اجساد را در دریاچه قم ریخته باشند. در مورد ۱۷ شهریور ۱۳۵۷نیز اغراق هایی شد؛ مثلاً شایع شد ۸ هزار نفر شهید شده اند. آنهایی که در متن حادثه بودند، می گفتند ۸۰۰ – ۷۰۰ نفر بیشتر شهید نبوده است". [۲۹]

مجله ماهانه "روزگار نو" چاپ پاریس در شماره ۱۸۷ مورخ شهریور ۱۳۷۶ (۱۹۹۷ میلادی) صفحه ۱۱۰طی گزارشی درباره بلوای ۱۵ خرداد ۴۲ نوشت: " پس از دستگیری خمینی، تظاهرات وسیعی به سر کردگی بازاریها و بارفروشان تهران صورت گرفت و عدهای از روستاییان ورامین و برخی شهرهای اطراف تهران به آنها پیوسته و به سوی اداره رادیو در میدان ارک حرکت کردند و بر سر راه اتوبوس ها و تعدادی از ساختمانها، از جمله ساختمان انجمن فرهنگی ایران و امریکا، کارخانه پپسی کولا و کلانتریها را آتش زدند و قصد داشتند به سوی کاخ مرمر حرکت کنند که نیروهای امنیتی با آنها به زد و خورد پرداختند. در این ماجرا که دو روز طول کشید، دهها نفر کشته و مجروح شدند. خبرگزاریهای خارجی تعداد کشته شدگان را ۹۵ نفر گزارش کردند". [۳۰]

در "روزشمار تاریخ" ایران تألیف باقر عاقلی، درباره بلوای ۱۵ خرداد ۴۲ آمده است که: " از طرف مردم اداره رادیو، ساختمانهای دولتی و اتوبوس های شرکت واحد، قرارگاههای پلیس، سازمان فرهنگی ایران و آمریکا، کارخانه پپسی کولا، باشگاه شعبان جعفری و دهها ساختمان دیگر به آتش کشیده شدند و مردم به سوی کاخ مرمر حرکت کردند، ولی ناگاه سلاحهای سنگین به کار گرفته شد و عدهای کشته و مجروح شدند.

تعداد تلفات و زخمی های مردم متجاوز از ۵ هزار نفر بود. مردم در شهرهای تبریز، قم، شیراز و قزوین به زد و خورد با پلیس پرداختند و تلفات زیادی تحمل کردند. تعداد کشته شدگان و زخمی های

۲۸- نشریه ایرانیان در واشنگتن، شماره ۱۱۱، ۲۳ مارچ ۲۰۰۱، ۳ فروردین ۱۳۸۰، صفحات ۱۹ و ۱۰۸
۲۹ - روزنامه نیمروز چاپ لندن، شماره ۶۵، سال سیزدهم، جمعه دوم شهریور ۱۳۸۰، ۲۴ اوت ۲۰۰۱
۳۰ - مجله روزگار نو، چاپ پاریس، شماره ۱۸۷، شهریور ۱۳۷۶، ۱۹۹۷، صفحه ۱۱۰

شهرستان‌ها را تا ۱۰ هزار نفر نوشته اند.[۳۱]

مسوولان جمهوری اسلامی که حتی در کتاب‌های تاریخی و فرهنگ زبان فارسی از جمله فرهنگ دهخدا نیز دست برده و مطابق میل و صلاح خود هرچه را خواسته اند، حذف یا اضافه کرده اند، در چاپ دوم فرهنگ دهخدا که در تهران در سال ۱۳۷۷ منتشر شده است، در صفحه ۹۹۶۹، جلد هفتم، کشته شدگان ۱۵ خرداد ۴۲ را بر اساس گفته تبلیغی خمینی ۱۵ هزار نفر قید کرده اند. همچنین شخص خمینی در یک سخنرانی که در ۲۱ مهرماه ۱۳۵۷ در پاریس برای عده‌ای از دانشجویان مسلمان ایراد کرد، کشته شدگان میدان ژاله را که گنجایش بسیار محدودی داشت، رقم عجیب ۲۰ هزار نفر عنوان ساخت.[۳۲]

عمادالدین باقی در سپتامبر ۲۰۰۴ در پایگاه اینترنتی بی بی سی (BBC Presian.com) در مورد تلفات واقعی ۱۷ شهریور که اسلامیون نام آن را "جمعه سیاه" و میدان ژاله، محل اصلی زد و خورد را "میدان شهدا" نام‌گذاری کردند، نوشت: " پس از این رویداد خونین، فرماندهی نظامی تهران اعلام کرد که در آن روز حدود ۹۵ نفر کشته و ۲۵۰ نفر زخمی شده اند". امروز می‌دانیم که این آمار به رقم واقعی بسیار نزدیک است. طبق تحقیقاتی که پس از انقلاب انجام شد، در روزی که "جمعه سیاه"نام گرفت، در سراسر تهران، حدود ۸۸ نفر کشته شده‌اند که ۶۴ نفر از آنها در میدان شهدا جان خود را از دست دادند.

یکی از مهم‌ترین منابع ما بنیاد شهید است که همان روزهای اول انقلاب تشکیل شد و برای تمام شهدای انقلاب و جنگ در مناطق سراسر کشور پرونده تشکیل شد. از روی پرونده های بنیاد شهید هم به همین نتیجه می رسیم.

یکی از نکات مهمی که تاکنون در جایی ندیده‌ام عنوان شده باشد و نویسنده مایل است برای نخستین بار ذکر کند، این است که مرحوم "احمد بنی‌احمد"، مدیر روزنامه "عصر نوین" تبریز که در دوران رستاخیز به نمایندگی مجلس شورای ملی انتخاب شد، از تندروهای مخالف دولت در آن مجلس بود و به سبب سوابق پنهانی ضد رژیم، پس از واقعه میدان ژاله رسما اعلام کرد که دفتری در تهران گشوده است و از کلیه کسانی که فردی از اعضای خانواده یا دوستان خود را از دست داده اند، درخواست کرد که به آن دفتر مراجعه و ثبت نام کنند. این اعلام در زمان خود سروصدا و جلب توجه بسیار کرد. سال‌ها بعد که اطلاع یافتم وی پس از دلسردی از انقلاب اسلامی مانند بسیاری دیگر از خوش‌خیالان انقلابی به دیار غربت شتافته است، توانستم او را در پاریس پیدا کنم و با او مذاکره و مصاحبه‌ای تلفنی داشته باشم. از احمد بنی‌احمد تعداد کشته شدگان ۱۷ شهریور را جویا شدم. وی کل ثبت نام شدگان را ۹۱ نفر اعلام کرد و این سندی دیگر بر صحت نظر "عمادالدین باقی" است.

کمیسیون ملی یونسکو شاخه ایران نیز که نیابت ریاست آن را "ذبیح الله صفا" استاد ممتاز و معروف دانشگاه تهران بر عهده داشت، کتاب دوجلدی مهمی درباره ایران انتشار داد که یکی از منابع و مآخذ معتبر وقایع تاریخی، ادبی، سیاسی و اجتماعی ایران به شمار می رود. این نشریه معتبر که در سال ۱۳۴۳شمسی انتشار یافت و نام "ایرانشهر" بر آن نهاده شد، درباره بلوای پانزدهم خرداد چنین گزارش داده است:

" از ۱۱ تا ۱۵ خرداد ۴۲ به مناسبت ایام عزاداری ماه محرم، تظاهراتی در مشهد، قم، شیراز، تبریز و تهران روی داد که جنبه سیاسی داشت. این اغتشاشات که با قتل پاسبانی در مشهد آغاز شده بود، سرانجام به تهران سرایت کرده و رفته‌رفته شدت گرفت، به طوری که در پانزدهم خرداد، در تهران به

---

۳۱ - روزشمار تاریخ، چاپ تهران، ۱۳۷۶، جلد دوم، صفحه ۱۵۶

۳۲ - صحیفه، چاپ اول، تهران، پاییز ۱۳۷۸، صفحات ۵۱۶ تا ۵۲۰

آتش زدن بعضی از مؤسسات و اتومبیل‌ها و قتل و جرح و کشتار جمعی از مردم بی گناه منجر گردید و عده‌ای که به عنوان عزاداری پیراهن سیاه بر تن داشتند، دست به تظاهرات دامنه داری زده و شروع به دادن شعارهایی بر ضد دولت کردند. چون کار فتنه بالا گرفت، دولت با قوه قهریه نایره عصیان را فرو نشاند و در شهرهای تهران و شیراز موقتاً حکومت نظامی اعلام کرد.

از روز ۱۶ خرداد، قوای دولتی مسلط بر اوضاع شدند و افراد دستگیر شده، به دادگاه‌های نظامی تحویل گردیدند و دو تن از آنها نیز محکوم به اعدام شدند. بنا به آمار رسمی دولتی، نتیجه این حوادث هشتاد و شش تن کشته و یکصد و نود و سه تن مجروح بوده است.

طبق اظهار نظر سازمان های انتظامی کشور، این تظاهرات به تحریک عده‌ای از مخالفین دولت برای جلوگیری از اصلاحات و اخلال در راه پیشرفت مملکت بوده است". ۳۳

اقدامات و سازمان‌دهی بعد از شکست

حاج روح الله خمینی پس از دستگیری و انتقال به تهران، مدتی در محل‌های مختلف از جمله منازلی در داودیه و قیطریه، با وضعی بسیار محترمانه زیر نظر قرار داشت. عده‌ای از سرکردگان شورش تهران دستگیر شده و مورد محاکمه قرار گرفتند. دو نفر از آنها به نام طیب حاج رضایی که سرکرده میدان داران بود و برادرش حاج اسماعیل رضایی اعدام شدند (آبان‌ماه ۱۳۴۲) و تعدادی نیز به حبس های مختلف محکومیت یافتند.

در هفدهم اسفندماه ۱۳۴۲ اسدالله علم نخست وزیر استعفا داد و حسنعلی منصور، فرمان نخست وزیری گرفت. یکی از اقدام‌های اولیه نخست وزیر جدید، کوشش در راه ترمیم روابط شاه و دولت با روحانیون و دلجویی از خمینی بود. حسنعلی منصور به جواد صدر وزیر کشور خود دستور داد که با خمینی ملاقات کند و بکوشد با احترامات خاص از او بخواهد که در سیاست کشور دخالت نکند و مراتب ارادت خاص نخست‌وزیر را به او ابلاغ کند که او هم طی دو جلسه دیدار با وی چنین کرد و بلافاصله خمینی را با احترام به قم بازگرداندند (شرح این ملاقات ها در کتاب خاطرات جواد صدر به تفصیل آمده است). درست یک روز پس از ورود به قم، خمینی قولی را که به وزیر کشور داده بود، زیر پا گذاشت و عدم تفاهم خویش را با دولت مورد تأکید مجدد قرار داد.

هم زمان، دستگاه تبلیغاتی عبد الناصر حملات خود را علیه دولت ایران و شخص شاه تشدید کرد. با سخنرانی های تند و کوبنده و تحریک کننده خمینی علیه شاه و دولت و اصلاحات آنها، سرانجام ماموران سازمان امنیت در روز ۱۳ آبان ماه ۱۳۴۳ (۱۹۶۴ میلادی) او را در قم دستگیر کرده، به تهران انتقال دادند واز آن‌جا نیز وی رابا هواپیما به اتهام تحریکات علیه منافع ملت و امنیت و استقلال و تمامیت ارضی کشور، به ترکیه تبعید کردند. روز ۱۳ دی‌ماه همان سال مصطفی پسر بزرگ خمینی هم دستگیر و به ترکیه نزد پدر خود تبعید شد. خمینی به اتفاق پسرش مصطفی، پس از یک سال توقف در شهر بورسا در ترکیه، به عراق اعزام می‌شود و پس از دیداری از کربلا، به نجف می‌رود و مقیم آن شهر مذهبی می شود.

پس از شکست شورش پانزدهم خرداد ۴۲، علاوه بر سازمان‌های موجود مخالف دولت و رژیم، تعدادی سازمان و گروه مخفی و زیرزمینی جدید نیز شکل گرفت که برخی از آنها صرفاً مذهبی و مستقیماً وابسته به خمینی بودند که زیر نظر خود او و یا شاگردان و پیروان و مریدان مورد اطمینان او اداره می‌شدند و توسعه می یافتند. بعضی دیگر سازمان‌هایی بودند که توسط مخالفان شاه پایه ریزی

۳۳- (کتاب ایرانشهر، نشریه تحقیقاتی کمیسیون ملی یونسکو، چاپ تهران، سال ۱۳۴۳ شمسی، ۱۹۶۴ میلادی، جلد دوم، صفحات ۲۰۲۴ و ۲۰۲۵

شدندو به فعالیت‌های زیرزمینی روی آوردند. مجموع این سازمان‌ها و گروه‌ها که تعدادشان به حدود ۲۰ گروه می رسید، به جز گروه‌هایی مانند جبهه ملی به رهبری کریم سنجابی و نهضت آزادی به رهبری مهدی بازرگان و حزب ملت ایران به رهبری داریوش فروهر که خود را از پیروان محمد مصدق معرفی می کردند، بقیه اغلب افکار یا روش‌های مارکسیستی داشتند. برخی خود را وابسته به اردوگاه مسکو می‌دانستند و بعضی نیز پیرو افکار مائو تسه تونگ (Mao Tse-Tung) و انقلاب از راه شوراندن دهقانان بودند. در این میان گروه‌های گوناگون مذهبی – سیاسی نیز وجود داشتند یا پدید آمدند. برخی مانند حزب ملل اسلامی که ظاهراً فکرش از سال ۱۳۴۰ به وجود آمده بود، پس از خرداد ۴۲ تاسیس شد و خمینی را به رهبری شرعی حزب برگزیدند. این حزب علاوه بر اجرای احکام اسلامی، طرفدار و مبلّغ اتحاد و همبستگی ملل اسلامی نیز بود. بنیان‌گذار آن شخصی به نام کاظم بجنوردی و معتقد به مبارزه مسلحانه بود. او فعالیت و عضوگیری مؤثر خود را از سال ۱۳۴۴ آغاز کرد، اما کادر رهبری و تقریباً تمام اعضای آن که در آن زمان حدود ۵۵ نفر بودند، توسط نیروهای انتظامی و امنیتی دستگیر شدند و حزب متلاشی شد.

مهم‌ترین سازمان مذهبی طرفدار خمینی که حتی در دوران اتحاد با سایر گروه‌های سیاسی و چریکی و مارکسیستی نیز ماهیت پنهان‌کاری خود را حفظ کرد، هیات های موتلفه اسلامی بود که با بقایای فداییان اسلام هم تماس نزدیک و ارگانیک داشت. هیات های موتلفه نزدیک‌ترین، صمیمانه ترین و منضبط ترین روابط را با شخص خمینی داشت و افرادی مانند حاج مهدی عراقی، اسدالله لاجوردی، اکبر هاشمی رفسنجانی، جلال الدین فارسی، علی اندرزگو و صادق خلخالی در آن عضویت مؤثر داشتند (اعضای جوان همین گروه بودند که برنامه قتل حسنعلی منصور را طراحی و در اول بهمن ماه ۱۳۴۳ در برابر مجلس شورای ملی به مورد اجرا گذاشتند).

اکثر مجموعه سازمان‌های اسلامی پیرو خمینی و گروه‌های چپ و راست متعدد که به شدت از شاه تنفر داشتند و در پی سرنگونی او و رژیمش بودند، پس از شکست ۱۵ خرداد ۴۲ به این نتیجه رسیدند که با اقدامات سیاسی و تظاهرات مذهبی معمولی نمی‌توانند رژیم را سرنگون کنند . سرانجام بعضی گروه‌ها در ارزیابی‌های خود به این نتیجه نایل شدند که تنها راه رسیدن به مقصود، سازمان‌دهی یک انقلاب فراگیر است و پیروی از دو اصل مهم مارکسیستی، یعنی سازمان‌دهی مخفی و مبارزه مسلحانه را در سرلوحه کار خود قرار دادند.

در راه انقلاب

حتی سازمان‌هایی مانند نهضت آزادی به رهبری مهدی بازرگان و یدالله سحابی (که رضاشاه طبق برنامه اعزام محصل به خارج آنها را به اروپا فرستاد که تحصیلات عالیه کنند و برایشان دانشگاه ساخت که کرسی استادی آن را اِشغال کنند)، برخلاف نصایح محمد مصدق به آنها که از آخوند جماعت باید برحذر بود چون از پشت خنجر می‌زنند و حفظ قانون اساسی از واجبات است، چنین تصمیم گرفتند که با پذیرفتن رهبری خمینی و یارانش، مبارزه مسلحانه و سازمان‌دهی مخفی را بیاموزند و رژیم شاه را با انقلاب و قدرت اسلحه سرنگون سازند. به همین سبب آنها نیز مانند سایر گروه‌های چریکی و انقلابی، بدون اندیشیدن به سرنوشت و آینده ملّت و کشور، در پی تماس‌های خارجی برآمدند. ابتدا همانند خمینی با حکومت جمال عبدالناصر و دستگاه‌های اطلاعاتی او تماس برقرار کردند و برای آموزش تعلیمات چریکی و انقلابی، از مصر سردرآوردند. افرادی چون مصطفی چمران، ابراهیم یزدی، صادق قطب زاده و محمد توسلی و چند هزار نفر دیگر برای کسب تعلیمات براندازی رژیم، با تدارکات و

توافق‌های قبلی و از راه آلمان به مصر رفتند.

آنها سپس از اردوگاه‌های تروریستی فلسطینی سردرآوردند و به خدمت دستگاه‌های اطلاعاتی یاسر عرفات رهبر وقت Plo، معمر قذافی رهبر وقت لیبی، حافظ اسد رهبر وقت سوریه و فیدل کاسترو رهبر وقت کوبا و برخی کشورهای کمونیستی دیگر درآمدند تا تعلیمات ببینند، کمک بگیرند، چریک تربیت کنند، سازمان‌دهی انقلابی بیاموزند و برای سرنگونی محمدرضا شاه پهلوی و رژیم سلطنتی، طبق وعده‌ای که عبدالناصر داده بود و خمینی آن را آغاز کرد، از هر جهت آماده شوند. سازمان مجاهدین خلق، زاده همین طرز تفکر سران نهضت آزادی بود که ابتدا خود را ملی و پیرو مصدق می نامیدند و بعدها نام جعلی ملی – مذهبی را برای خود برگزیدند.

همه این گروه‌های پنهانی، از حزب الله و گروه ابوذر که با یاسر عرفات و معاون نظامی و اطلاعاتی او ابوجهاد (نام اصلی خلیل الوزیر بود) رابطه برقرار ساخته بود تا سازمان مارکسیستی – لنینیستی طوفان، ستاره سرخ، فدائیان خلق، سازمان مائوئیست انقلابی حزب توده، مجاهدین خلق و کنفدراسیون دانشجویان، سازمان رهایی‌بخش و انجمن‌های اسلامی داخل و خارج کشور و سایر گروه‌های مشابه، بر این اعتقاد استوار شدند که تنها افرادی که می‌توانند و قادرند توده های ایرانی را به خیابان‌ها بکشانند و انقلاب راه بیندازند، آخوندها هستند و در بین آخوندها نیز تنها فردی که قدرت رهبری و مدیریت بالا و شمّ سیاسی قوی دارد و با شاه و خاندان پهلوی نیز دشمنی دیرین و عمیق دارد و از جسارت و شجاعت خاص هم برخوردار می باشد، خمینی است.

تمام این گروه‌ها به این امید که خمینی با نفوذ مذهبی خود و با کمک آنها شاه را سرنگون خواهد ساخت و در قم اقامت خواهد گزید و به ارشاد و راهنمایی های اخلاقی بسنده خواهد کرد و آنها خواهند بود که قدرت سیاسی را قبضه و کشور را اداره خواهند کرد، رهبری بلامنازع و بدون قید و شرط او را پذیرفتند و کلیه نیروهای خود را در اختیار وی قرار دادند. غافل از آن که خمینی نه تنها از همه آنها سیاست بازتر و مکارتر است، بلکه با مدیریت و حیله گری استثنایی، حتی سیاستمداران و رهبران جهان را نیز فریب خواهد داد. او با مهارت و زیرکی خاص طرح موهومی به نام حکومت ولایت فقیه را قبلا ریخته بود، پس از اطمینان از سازمان دهی داخلی و دریافت انواع کمك ها از سازمان آزادی بخش فلسطین (PLO) و دولت‌های حافظ اسد، معمر قذافی و کوبا و حامیان آنها، آخرین ضربه را به شاه وارد ساخت و به گفته بعضی از منابع خارجی با صدور فتوایی او را از سلطنت خلع کرد (Hammond Atlas، ۱۹۹۹، صفحه ۱۶۷). این امر باعث انتشار مقاله معروف رشیدی مطلق و آغاز تظاهرات انقلابی از یك سو و تحت فشار قرار گرفتن خمینی از جانب دولت عراق به دستور صدام حسین و جلوگیری از ورود او به کویت از سوی دیگر شد.

این تحولات خمینی را مجبور ساخت که به پیشنهاد ابراهیم یزدی از عراق به پاریس پرواز کند و از دولت فرانسه درخواست پناهندگی سیاسی کند. افرادی چون ابوالحسن بنی صدر و صادق قطب زاده نیز آماده استقبال و پذیرایی و کمك بودند. دولت فرانسه با صلاحدید شخص شاه به او پناهندگی سیاسی داد و همچنین وسایل ایمنی ویژه‌ای را برایش فراهم ساخت.

خمینی در طول رهبری انقلاب اسلامی و به خصوص در یك سال آخر که اوج ستیزها و تبلیغات انقلابی بود، هیچ گاه دست خود را رو نکرد و آن چه در دل و سر داشت و نقشه هایی را که برای کشتارهای بی رحمانه و تباهی و ویرانی ایران کشیده بود، از همه پنهان ساخت و در عین حال از تجارب و پندهای همه اغتشاش‌گران اسلامی در طول تاریخ، از حسن البناء پایه گذار اخوان المسلمین و سید قطب در مصر، مهدی سودانی در سودان و مبارزه وی با انگلیسی ها، میرزا مسیح تهرانی بانی غوغای

ایران و روسیه، سید جمال الدین اسدآبادی و شیخ فضل الله نوری، بهلول عامل حادثه مسجد گوهرشاد، نواب صفوی رهبر فداییان اسلام و مهم تر از همه، شکست خودش در حادثه و بلوای ۱۵ خرداد ۴۲ درس گرفت و توانست در نهایت خشونت و کینه‌توزی ذاتی که نسبت به خانواده پهلوی و ایرانیان وطن پرست و مترقی داشت، خود را فردی آزادی‌خواه، اخلاقی، مردم دوست، اصلاح طلب و مخالف با فساد معرفی کند. فقط یك بار تصادفی در برابر پرسش یك خبرنگار در هواپیمای ایرفرانس کلمه معروف „هیچی" را عنوان کرد که فرزند معنویش قطب زاده نیز هرچه سعی کرد، نتوانست آن را توجیه کند. اما دیگر بسیار دیر شده بود و کسانی که توانستند از آن کلمه درسی از شخصیت واقعی خمینی بگیرند، هیچ فرصتی برای عکس العمل در اختیار نداشتند.

کمك شاه به انقلاب

خمینی یك بار دیگر نیز در پاریس مورد محبت بی جای شاه قرار گرفت و آن زمانی بود که ژیستکاردستن، رییس جمهوری فرانسه در اثر تقاضای دولت ازهاری به خمینی هشدار جدی داد که کار سیاسی و دشمنی با دولت ایران را نمی تواند ادامه دهد. رییس جمهوری فرانسه وقتی مشاهده کرد که خمینی برخلاف قول مساعدی که داده است نواری را به ایران فرستاده که در آن درخواست قتل شاه شده، به خشم آمد و به وزیر کشور خود دستور داد که خمینی و اطرافیانش را در سحرگاه یك روز جمعه دستگیر کرده و با هواپیما به الجزایر بفرستد.

ژیستکاردستن در آخرین فرصت ها از طریق فرستاده مخصوص، نظر شاه را هم درین باره جویا شد؛ اما شاه این بار هم نتوانست تصمیم درست بگیرد و جرات نکرد با این تصمیم رییس جمهوری فرانسه نظر موافق نشان دهد و همه بار مسوولیت را مستقیما به گردن دولت فرانسه و شخص رییس جمهوری آن کشور انداخت و خود را از هرگونه اطلاع و توافق از این امر مبری دانست. آن جا بود که دستن نیز که نمی توانست کاسه از آش داغ تر باشد، دستور داد برنامه اعزام خمینی به الجزایر لغو شود. ۳۴

خمینی جمعا ۱۲۰ روز در حومه پاریس اقامت داشت و طی این مدت، تبلیغات وسیعی در سراسر جهان به نفع او جریان یافت و در اکثر شهرهای مهم ایران با رهبری و هدایت شاگردان و پیروان او و چریك های گوناگون اعزامی به داخل ایران، ناراضیان داخلی، نظیر بازاریان و اصنافی که در اثر برنامه مبارزه با گران‌فروشی شاه به شدت از او ناراضی شده بودند و همچنین مجذوبان و مرعوبان و دسته ها و گروه هایی که رهبری خمینی را برای به ثمر رسیدن یك انقلاب اسلامی پذیرفته بودند و تمام نیرو و توان خویش را در خدمت اهداف و فرمان‌های او قرار داده بودند، تظاهرات عظیمی انجام گرفت و موج مبارزات چریکی و خیابانی و اعتصابات، عرصه را بر شاه و دولت هایی که بی مطالعه و بدون رعایت شرایط زمان یکی پس از دیگری بر سر کار آورد، تنگ ساخت.

با خروج شاه از کشور (۲۶ دی ماه ۱۳۵۷، ۱۶ ژانویه ۱۹۷۹) و اعلام بی طرفی ارتش که با جرات می توان گفت در آخرین مراحل پاشیدگی آن صورت گرفت، زمینه از هر حیث برای سقوط رژیم شاهنشاهی و بازگشت پیروزمندانه خمینی آماده شد و انقلابی که او با کمك های سخاوتمندانه و جدی عبدالناصر، خود پایه گذاری کرده بود و بر کلیه مراحل تکوین آن نظارت داشت، به ثمر رسید.

یاران پنهان انقلاب اسلامی

۳۴ - کتاب صد روز آخر، نوشته محمود طلوعی، مجله راه زندگی چاپ لوس آنجلس، شماره های ۹۱۵ و ۹۱۶، ۲۱ ژانویه و ٤ فوریه ۲۰۰۰، صفحات ۳۹ و ٤۱

انقلاب اسلامی خمینی در ایران یارانی پنهان نیز داشت که اشاره به آنها و اهمیت کمك هایشان ضرورت دارد. یکی از کمك کنندگان اصلی به پیروزی انقلاب خمینی، شخص شاه بود. وی علاوه بر ترس ذاتی که افراد مهمی از جمله حسن امامی معروف به امام جمعه تهران و فریدون جم که مدتی شوهر خواهر شاه و آخرین شغل دولتی او سفارت ایران در اسپانیا بود، بر آن تاکید داشته اند، با از دست دادن قدرت رهبری در دوره بحران، عدم شناخت واقعی خمینی و وسعت سازمان دهی او و کمك کنندگان به وی، عدم تصمیم گیری درست و به موقع و اعتبار دادن بی‌مورد به نفوذ تعیین کننده ی قدرت های خارجی در حوادث داخلی ایران به خصوص امریکا و بریتانیا، اشتباه محاسبه، مشورت های بی جا با سفیران کشورهای بزرگ غرب و عدم آگاهی و اطلاع درست از سیستم های اجرایی این کشورها، پنهان کردن بیماری خویش و جلوگیری موثر از عملیات بهنگام دستگاه های امنیتی و انتظامی کشور و از دست دادن فرصت های بسیار مناسب قبلی برای کنار نهادن خمینی از صحنه سیاست کشور و دادن امتیازات پی در پی به مخالفان و عدم شناخت کافی از جامعه ایران، پیروزی انقلاب را تضمین و تسریع کرد و همه خدماتی را که خود و پدرش به کشور و ملت ایران کرده بودند، بر باد داد. وی پس از خروج از کشور، از اتخاذ سیاست تسلیم در برابر مخالفان، آزاد ساختن تروریست ها از زندان و جلوگیری از برقراری نظم و قانون توسط یك دولت نظامی، ابراز تاسف کرد اما دیگر دیر بود.

ایراد دیگری که می تواند وارد باشد، بی کفایتی و بی‌تصمیمی و فقدان شجاعت و درایت ملی در فرماندهان نظامی بود که مدت های طولانی به سیاست فرمانبرداری کورکورانه از شخص شاه عادت کرده بودند. به صراحت می توان گفت تمامی آنها در اثر سیاست «ت فرقه بینداز و حکومت کن» شخص شاه، قدرت تصمیم گیری فردی و گروهی و اقدام ملی را در مواقع ضرور، برای حفظ کشور و صیانت قانون اساسی که حافظ آن شناخته می شدند، از دست داده بودند.

در این زمینه می‌توان به قدرتمندترین آنها نیز اشاره کرد که همواره و ملتمسانه در انتظار فرمان اختصاصی پادشاه و فرمانده کل قوا بودند تا بتوانند به حساب خود، برای نجات کشور و ملت، دست به اقدامی بزنند. حال تا چه حد می توانستند حتی با موافقت شاه، اقدام موثری انجام دهند نیز امری نامعلوم و مبهم است. این نکته نیز لازم به یادآوری است که پس از بالاگرفتن موج تظاهرات و اعتراضات که هنوز معلوم نبود شورشی قابل فرونشاندن است یا انقلابی بنیان کن، عوامل و نهادهایی نامرئی نیز به کمك خمینی و یارانش شتافتند و شتاب تبدیل شورش به انقلاب را سرعت بخشیدند. این عوامل که هنوز هم چهره‌ی واقعی و نوع مساعدت های گوناگون آنها برملا نشده است، اکثرا دشمنان پنهانی و نیرومند شاه بودند که در طول سال‌ها، به خصوص بعد از سال ۱۹۷۳ که شاه در اوپك (Opec) و در کار بالابردن تدریجی و در عین حال معقول بهای نفت نقش فعال و موثری بر عهده گرفت، کینه او را به دل گرفته بودند. خودبزرگ بینی بیش از اندازه شاه و انتقادها و درس دادن‌های غیر لازم او به دولت ها، سازمان ها و مردم کشورهای غربی که وی گاه به گاه آنها را "چشم آبی ها" عنوان می کرد، این دشمنان را بیش‌تر و کینه توزتر ساخته بود.

خط و نشان کشیدن برای شرکت‌های نفتی که در سال ۱۹۷٤، عملا عامل و پیمانکار شرکت ملی نفت ایران اعلام شدند و اظهارات شاه در خصوص این‌که در سال ۱۹۷۹ قرارداد آنها، تمدید نخواهد شد و باید مانند دیگران در صف خریداران قرار بگیرند، یا این که سود آنها باید به ۵ سنت در هر بشکه محدود شود و همچنین نادیده گرفتن درخواست شرکت (B.P.) برای کاهش داوطلبانه تولید و عرضه نفت ایران، برای آن که قیمت ها بالا برود و استخراج نفت دریای پرتلاطم شمال صرفه اقتصادی پیدا کند، بیش از پیش معاندان و بدخواهان بین‌المللی شاه را خشمناک ساخت و آنها را برای تلافی به موقع

آماده کرد.

از حدود دو سال قبل از پیروزی انقلاب خمینی، شرکت‌های نفتی که رهبری آنها را (B.P.) بر عهده داشت، بهانه گیری‌ها و مشکل تراشی‌های خود را با عرضه نکردن کل تولید نفت ایران به بازار و پایین بردن عمدی رقم استخراج آن آغاز کردند، به طوری که در ۲۵ دی‌ماه ۱۳۵۵، سازمان برنامه رسماً اعلام کرد که صادرات مستقیم و غیرمستقیم نفت ایران کاهش قابل ملاحظه ای پیدا کرده است و به طور متوسط روزانه ۳/۵ میلیون بشکه نفت استخراج می شود؛ حال آن‌که این رقم قبلاً بیش از ۶ میلیون بشکه بود. شاه در مصاحبه خود با روزنامه "واشینگتن پست" نیز که قبلاً بدان اشاره رفت، از این‌که در آخرین سال حضور او در ایران شرکت های نفتی از امضای قرارداد خرید نفت ایران طفره رفته اند، شکوه می کند.

درآمد ایران از نفت در اثر اقدام یک‌جانبه شرکت‌های نفتی، روزانه ۲۵ میلیون دلار کاهش یافت.

سوء ظن کمک شرکت‌های بزرگ نفتی به انقلاب اسلامی خمینی، حداقل از نظر مالی و تبلیغاتی، زمانی قوت زیاد گرفت که ابوالحسن بنی صدر، علی اکبر معین فر (رئیس سازمان برنامه جمهوری اسلامی) و حسن نزیه (مدیرعامل شرکت ملی نفت ایران در حکومت موقت اسلامی) رسماً اعلام کردند که در حکومت اسلامی میزان تولید نفت ایران به ۴۰ درصد تولید زمان شاه کاهش خواهد یافت، در حالی که ظرفیت تولید نفت کشور ۶/۵ میلیون بشکه بود. همین کاهش فوق‌العاده، بهای نفت را تا بشکه ای ۳۶ دلار بالا برد.

برافراشتن پیروزمندانه پرچم سیاه خمینی، مرهون عوامل متعددی است که تحت شرایط زمانی خاص با هم متفق شدند. اگر بخواهیم عوامل متحده را سهمیه بندی کنیم، به نظر نویسنده، پیروزی نهایی انقلاب اسلامی، ۵۰ درصد مرهون ترس و بی تصمیمی شاه فرمانده ۶۰۰ هزار نفر نیروهای مسلح و حاکم مطلق ایران، ۲۰ درصد نتیجه قدرت رهبری و مدیریت و سیاست‌بازی خمینی، ۱۰ درصد حاصل فعالیت سازمان‌ها و گروه‌های ایرانی ضد شاه و حامی خمینی، ۱۰ درصد سهم پشتیبانان خارجی وی نظیر یاسر عرفات، معمر قذافی، حافظ اسد و فیدل کاسترو و ۱۰ درصد نیز مدیون پشتیبانان نامرئی انقلاب و تبلیغات وسیع بین‌المللی آنها بود که از شاه خسته شده بودند و به قدرت رسیدن خمینی را برای اهداف خود مفید یافتند. برای آن که خوانندگان نگاهی گذرا به وقایع پشت پرده انقلاب اسلامی خمینی بیندازند، چند سند ارائه می‌شود که مشتی نمونه خروار است و می‌تواند برای پژوهش‌گران طالب حقیقت سرآغازی مفید باشد.   "تا که قبول افتد و که در نظر آید".

اسناد جمع آوری شده برای مقاله‌ی "پشت پرده انقلاب اسلامی"

سند شماره ۱
شرح حال حاج مهدی عراقی

مهدی عراقی در سال ۱۳۰۹ در محله پاچنار تهران متولد شد. از ابتدای جوانی در هیات‌های مذهبی و عزاداری شرکت فعال داشت و به دلیل تنگدستی خانواده، ناگزیر در بازار به کار مشغول شد. ضمن آشنایی با فدائیان اسلام و فعالیت در تشکیلات آن، در ۱۶ سالگی به عضویت شورای مرکزی فدائیان اسلام درآمد. وی تا زمان اعدام نواب صفوی در سال ۱۳۳۴، در کلیه تحرکات تشکیلاتی و عملیاتی فدائیان اسلام مشارکت مستقیم و غیرمستقیم داشت.

در سال ۱۳٤۱ به اتفاق گروهی از همرزمان و همفکران خویش، هیات‌های موتلفه اسلامی را پایه گذاری کرد. عراقی در تظاهرات و سازمان‌دهی نهضت ۱۵ خرداد ۱۳٤۲ نقش فعالی داشت، به نحوی که راه پیمایی باشکوهی علیه رژیم شاه از میدان تره بار تهران به راه انداخت. مهدی عراقی علاوه بر شرکت فعال در طرح اعدام کسروی، در اعدام سه نخست وزیر و سه مهره اصلی رژیم سابق یعنی عبدالحسین هژیر، رزم آرا و حسنعلی منصور نیز نقش اساسی داشت. در بهمن ۱۳٤۲ شاخه نظامی هیات‌های موتلفه اسلامی، زیر نظر حاج مهدی و دیگر همسنگرانش چون بخارایی، امانی، نیك نژاد و هرندی طرح اعدام حسنعلی منصور نخست وزیر وقت را به مرحله اجرا درمی‌آورد. عراقی در سال ۱۳۵۵ از زندان آزاد گردید و مبارزه خویش را خارج از زندان از سر گرفت. هنگامی که خمینی در سال ۱۳۵۷ از عراق به فرانسه هجرت نمود، او نیز به پاریس رفت و تدارکات اقامتگاه امام در نوفل لوشاتو را عهده دار شد. پس از بازگشت امام خمینی به ایران در ۱۲ بهمن ۱۳۵۷، عراقی نیز از همراهان ایشان بود. پس از ورود به ایران، مسوولیت‌های مختلفی از قبیل سرپرستی زندان قصر، عضویت در شورای مرکزی و رئیس واحد اجرایی بنیاد مستضعفان، عضویت در شورای مرکزی حزب جمهوری اسلامی و مدیریت مالی روزنامه کیهان را بر عهده گرفت. او در ٤ شهریور ۱۳۵۸ توسط سه نفر اعضای گروه فرقان همراه پسرش به درجه شهادت رسید. خمینی درباره او گفت: «من ایشان را حدود ۲۰ سال است که می‌شناسم. مهدی عراقی یك نفر نبود. او به تنهایی ۲۰ نفر بود. حاج مهدی عراقی برای من برادر و فرزند خوب و عزیز من بود. شهادت ایشان برای من بسیار سنگین بود.[۱]

سند شماره ۲
خمینی و تشکیل هیات‌های موتلفه اسلامی[۲]

از بدو حرکتی که روحانیت راجع به انجمن ایالتی و ولایتی شروع می کنند، در تهران سه گروه بودند که با همدیگر کار می کردند؛ کارهای مذهبی داشتند. مثلا جمعه‌ها با همدیگر می‌رفتند برنامه اردویی داشتند. از بدو حرکت حاج آقا یعنی روحانیت (منظور از حاج آقا، حاج روح الله خمینی است)، این سه گروه هر کدام مجزا از همدیگر، با روحانیت یك تماسَکی داشتند. ... این سه گروه وقتی که با همدیگر توافق کردند، گفتند خوب ما این را انجام دادیم، حالا باید تاییدیه حاج آقا را هم بگیریم. وقتی آمدیم خدمت حاج آقا (منظور خمینی است) و جریان را برای ایشان گفتیم، ایشان هم تایید فرمودند و هرکسی هم که می‌رفت از حاج آقا سوال می کرد، ایشان می‌فرمودند که: **"مسلمان باید تشکیلاتی باشد. مسلمان بدون تشکیلات ارزشی ندارد."**

وقتی که این سازمان مقدماتش فراهم شد، یك اساس نامه‌ای برای خودشان نوشتند و یك آئین نامه. بعد هم تقسیم بندی کردند کارهایشان را ... قسمت اجرائیات، قسمت سیاسی، قسمت اقتصادی و قسمت ایدئولوژی. از اول چند نفری بودند که فشار می‌آوردند که باید یك قسمت نظامی هم تو این سازمان وجود داشته باشد.

حاج آقا می‌فرمودند که بعضی چیزهاست که الان نمی‌شود گفت. **مثلا می‌گفت ما الان نه می‌توانیم مشروطه را تایید کنیم و نه می‌توانیم تکذیبش کنیم. چرا؟ برای خاطر این که اگر ما مشروطه را بیاییم الان تایید بکنیم، گیر یك مشت مقدس احمق می‌افتیم، این مقدس‌ها بیچاره‌مان می‌کنند. اگر بیاییم الان مشروطه را تکذیبش بکنیم، گیر یك مشت روشن‌فکر می‌افتیم، ما را ضد آزادی می‌دانند، ضد دمکراتی-**

---

۱ - کتاب ناگفته ها، خاطرات تقریر شده حاج مهدی عراقی، چاپ تهران، سال ۱۳۵۷، صفحات ۵، ۱۵ و ۱٦

۲ - برگرفته از کتاب مرکز اسناد تاریخی وزارت اطلاعات جمهوری اسلامی، یاران امام، چاپ اول، تهران، دی‌ماه ۱۳۷۷

مان می‌دانند. می‌گویند همان خلیفه بازی را می‌خواهند به وجود بیاورند. ما راجع به مشروطه و این قانون اساسی الان صلاحمان نیست هیچ حرفی بزنیم. بگذارید خرده خرده به هر مناسبتی آدم حرفش را می‌زند و کارش را هم می‌کند. بعد هم راجع به مسایل که آیا مبارزات این شکلی اصلاً می‌تواند نتیجه داشته باشد؟ در یک کشوری مثل کشور ما اصلاً یک حرکت سیاسی، حاج آقا، می‌تواند نتیجه مثبت بدهد یا ندهد؟ خوب در این جواب هم ایشان می گفتند که این بستگی به آگاهی مردم دارد. مردم الان آگاه نیستند. باید مردم را آگاهشان کنیم.

پس این تشکیلات عجالتاً با این چهار قسمت‌ها به وجود آمد. گروهی به نام گروه اجرائیات، گروهی به نام گروه بررسی سیاسی، گروهی به نام مسایل ایدئولوژی و گروهی به نام مسایل اقتصادی. مساله ایدئولوژی را واگذار به گروهی به نام روحانیت کرده بودیم که آنها بودند که مسایل تعلیماتی را از جهت ایدئولوژی بررسی می کردند. به صورت جزوات خلاصه‌اش را می‌دادند و در حوزه‌ها به حساب تدریس می شد.

یک گروه هم بود که مسوول بررسی‌های سیاسی بود. اخبارهای داخله و خارجه گرفته می‌شد، ضبط می‌شد و تحلیل شان را فرض کن می‌آوردند، توی حوزه ها تقسیم می کردند و طرز تشکیلاتشان هم به این صورت شد که قرار شد از هر گروهی چهار نفر برای کمیته مرکزی انتخاب شوند. البته حالت استقلال در هر گروه بود، ولی در عملیات یا به قول بعضی‌ها، استراتژی واحدی داشتند. پس موتلفه در بعد از فروردین سال ۱۳۴۲ به وجود آمد و شروع کرد کارکردن. حرکت اصیلش در مرحله اول اجرای نظریات روحانیت بود، به‌خصوص حاج آقا (خمینی). می‌توانم بگویم مراحل آخری که تقریباً نزدیک گرفتاری بود، ما در حدود ۵۰۰ جلسه داشتیم که سیصد و خورده‌ای از آن در تهران بود. مثلاً اعلامیه کاپیتولاسیون حاج آقا را که نزدیک به ۲۰۰ تا ۲۵۰ هزار تا اعلامیه بود، در عرض دو ساعت از ۱۰ تا ۱۲ شب تهران، قم، مشهد، شیراز و اصفهان پخش شد، بدون این‌که یک نفر گیر بیفتد و خود این بیش‌تر از خودِ نطق حاج آقا، دستگاه را ناراحت کرده بود.

سند شماره ۳
علی اندرزگو[۳]

شهید سیدعلی اندرزگو یکی از درخشان‌ترین ستارگان است که در پیشبرد انقلاب اسلامی نقشی بسزا داشت. روحانی باصلابتی که چریکی مؤمن بود. در هجدهم ماه رمضان سال ۱۳۱۶ هجری شمسی به دنیا آمد و نام خانواده اندرزگوها را نه تنها در تاریخ ایران، بلکه در تاریخ جهان جاودانه ساخت!. پدرش اسدالله در ابتدا شغل بنایی داشت و سپس به خرده فروشی ابزار در میدان شوش تهران روی آورد. اسدالله دارای ۷ فرزند بود که علی آخرین‌شان بود.

پس از طی دوران ابتدایی، به علت فقر خانوادگی و برای کمک به معیشت خانواده، ترک تحصیل کرد و وارد بازار کار شد. برای فراگیری دروس حوزوی به مسجد محل شتافت و به تلمّذ پرداخت.

بنا بر شرایطی که بعد از اعدام انقلابی حسنعلی منصور برای او فراهم شد، ابتدا مدتی به قم رفت و پس از مدت زمانی راهی نجف شد و پس از بازگشت از عراق، مجدداً در حوزه علمیه قم مشغول به تحصیل گردید. در این مدت از محضر آیت الله مشکینی و مکارم شیرازی از درس تفسیر و اخلاق بهره‌ها برد. علی اندرزگو که با نام شیخ عباس تهرانی در حوزه علمیه رحل اقامت افکنده بود، به علت فعالیت‌هایی

۳- نقل از شماره ۸۷۱، جمعه ۲۸ بهمن‌ماه ۱۳۸۴، نشریه نیمروز چاپ لندن

که داشت، مورد شناسایی قرار گرفت. لذا از لباس روحانیت خارج شد و به چیذر، محله‌ای نزدیک شمیران رفت و در مدرسه ای که سیدعلی اصغر هاشمی تاسیس کرده بود، پناه گرفت. برای کمک به اقتصاد خانواده، به نزد برادرش حسن که در بازار تهران دارای نجاری بود مشغول به کار شد و حدود ده سال در این شغل ماند و با وارد شدن به شاخه نظامی هیات‌های موتلفه، از شغل خود دست کشید و تا پایان عمر مهم‌ترین اشتغال او مبارزه و فعالیت برای سرنگونی رژیم ستمشاهی بود. به ناچار هر از گاهی به فراخور محیط و مرتبطین، پوشش شغلی خاصی را انتخاب می کرد که از آن‌جمله بود: روضه خوانی، تسبیح و انگشترفروشی، فروش دواجات، طبابت سنتی، ساختمان‌سازی (بساز و بفروش)، فرش فروشی و .... اندرزگو نسبت به فدائیان اسلام و سید مجتبی نواب صفوی ارادتی خاص داشت. پس از اعدام نواب صفوی بر سر مزار او حاضر شد و با روح او پیمان بست تا از ادامه دهندگان راهش باشد.

با شکل‌گیری جمعیت‌های موتلفه اسلامی که خاستگاه آن هیات‌های مذهبی و بازار تهران بود و متولیان آن از مبارزین سال‌های دور مبارزه، بعضاً با نواب صفوی و جمعیت فدائیان اسلام در مبارزات سهیم بودند و با اخذ نظر موافق از حضرت امام خمینی (ره) فعالیت را شروع کرده بودند، علی نیز که در بازار تهران در مغازه برادرش به صندوق‌سازی اشتغال داشت، به هیات حاج صادق امانی همدانی که یکی از هیات‌های تشکیل‌دهنده موتلفه بود، راه یافت و در پخش اعلامیه‌های امام خمینی (ره) و روحانیت به فعالیت پرداخت. در درس میرزا علی‌اصغر هرندی با شهید صفار هرندی و شهید بخارایی آشنا شد و با آنها ارتباطاتی تشکیلاتی برقرار کرد و به عنوان رابط شهیدان بخارایی، صفار هرندی و نیک نژاد با شهید صادق امانی وارد عمل شد و در شاخه نظامی به فعالیت پرداخت. در کمیته مرکزی پس از اخذ فتوی از آیت الله میلانی تصمیم بر اعدام انقلابی حسنعلی منصور نخست وزیر وقت گرفته شد، چراکه او خودفروخته ای بود که از حمایت انگلیس و آمریکا هر دو برخوردار بود و مجری سیاست غرب بود و می‌بایست دست جنایتکارش از صحنه کشور کوتاه گردد. نقش اندرزگو به عنوان ناظر و تمام کننده تعیین شد تا اگر گلوله‌های بخارایی به منصور اصابت نکرد، او کار را تمام کند. با سفر به عراق، به دیدار جانان (یعنی خمینی) می‌رود. به قم می‌رود، نام مستعار شیخ عباس تهرانی را برمی گزیند. **در انفجار سینمای قم مشارکت می‌کند**. با مشکینی تماس را ادامه می‌دهد. با محمد مفیدی ارتباط می گیرد و با تأمین اسلحه و طرح‌های اطلاعاتی در سازمان‌دهی "حزب‌الله" شرکت می کند. به مجاهدین خلق کمک مالی و تسلیحاتی می کند. برای فرار از دستگیری توسط ساواک ریش را می‌تراشد، تغییر لباس می‌دهد و به مشهد می‌رود. با کمک واعظ طبسی به افغانستان می‌رود که آن‌جا را برای اقامت مناسب نمی‌داند. به مشهد بازمی‌گردد و برای خود و همسر و فرزندش شناس‌نامه جعلی می‌سازد و به نام سید حسین حسینی مشغول فعالیت می‌شود. مدتی به نام دکترحسین حسینی به طبابت می‌پردازد،سفرهای متعددی به لبنان وپایگاه‌های فلسطینی می کند وبا کمک جلال‌الدین فارسی مقدمات آموزش نیروهای مذهبی را در سازمان الفتح (به رهبری یاسر عرفات) فراهم می‌سازد. بعداً نام مستعار جوادی را برای خود برمی گزیند. سرانجام در ساعت ۷/۵ بعد از ظهر دوم شهریور سال ۱۳۵۷ در زد و خورد مسلحانه با ماموران انتظامی در تهران کشته شد.

در بازرسی بدنی او یک شناسنامه عکس‌دار به نام ابوالقاسم واسعی، یک گواهی رانندگی به نام عبدالکریم سپهرنیا و یک عدد ساعت مچی، یک چاقوی کوچک، یک عینک ذره بینی، یک انگشتری نگین‌دار، یک مهر نماز و ۶۸۴۰ ریال وجه نقد پیدا شد و در بازرسی منزل او در مشهد ۵۹۰ هزار ریال وجه نقد، ۲۱۰ لیره ترک، ۴ قبضه اسلحه جنگی کمری و ۸۱ تیر فشنگ‌های مختلف و دو دستگاه بی‌سیم دستی

و ۱۱ دستگاه ضبط صوت از انواع مختلف (نواری – کاستی) و حدود ۴۰۰ عدد نوار و ۴ عدد خشاب و مقدار زیادی اعلامیه و کتب مضره کشف شد که برابر صورتجلسه مربوط کشف و عیناً به تهران ارسال شد.

وزارت اطلاعات جمهوری اسلامی خصلت‌های علی اندرزگو را استفاده به‌موقع از پوشش‌های مناسب، تسلط به اصول پنهان کاری و اطلاعاتی، رعایت کامل رازداری، قدرت و قوت ایفای نقش‌های مختلف، تسلط به لهجه‌های مختلف محلی، تسلط در تغییر قیافه، تخصص در جعل اسناد و مدارک، داشتن کانال‌های قوی و گسترده ارتباطی ولی مجزا که همگی از او مبارزی بزرگ ساخته بود که به راحتی در مکان‌های مختلف عمومی و خصوصی تردد می کرد، به مسافرت می‌رفت ولی از دید تعقیب کنندگان پنهان بود. اسامی مستعار او را شیخ عباس تهرانی، دکتر سید حسین حسینی، ابوالقاسم واسعی، عبدالکریم سپهرنیا، ابوالحسن نحوی، جوادی و .... و شگردهای او را در داشتن اسامی و شناسنامه و مدارک مختلف، استفاده از لهجه‌های مختلف محلی با تسلط کامل، پوشش‌های مختلف ظاهری، ظاهرسازی در قالب خروس‌باز، تاجر، بساز و بفروش و ... استفاده از عمامه سفید، استفاده از جاسازی‌های مختلف از جمله جاسازی در لانه مرغ در منزل مسکونی در مشهد و زندگی عادی عنوان کرده است. جلال‌الدین فارسی که برخی منابع وی را فرضیه پرداز (ایدئولوژیک) هیات‌های موتلفه اسلامی نامیده اند، در مورد سفری که اندرزگو به لبنان داشته، در مصاحبه با مجله سروش گفته است که اندرزگو در سفری که به لبنان داشت، کل سوغاتی که برای خانواده اش تهیه کرد، ۱۵۰ تومان بود.

سند شماره ۴
اعترافات ابراهیم یزدی در گفت و گو با خبرگزاری فارس
"چنان محو سقوط شاه شدیم که به آن چیزهایی که باید می پرداختیم، نپرداختیم" [۴]

هیچ ملاقاتی در پاریس نبود که کسی با آقای خمینی کرده باشد و من در آن‌جا حضور نداشته باشم. آقای خمینی همیشه می گفت یزدی از خودمان است. من از آن‌چه برای انقلاب انجام داده‌ام پشیمان نیستم و خود را ملامت نمی کنم. انقلاب خیلی زود اتفاق افتاد و ما بر سر چیزی که نمی‌خواستیم، متحد شدیم. **ما نمی خواستیم شاه باشد و دیگر فکر امروز را نمی‌کردیم**. ابراهیم یزدی از موثرترین اعضای گروه نهضت آزادی پیش از انقلاب اسلامی، یکی از عناصر تدارک کننده انجمن اسلامی دانشجویان مقیم آمریکا و از جمله افرادی بود که در فرانسه در کنار خمینی قرار گرفت و با او به تهران رفت.

بعد از وقایع ۱۵ خرداد، آرام آرام میان نیروهای سیاسی، اعم از سیاسی و غیرسیاسی این سؤال مطرح شد که آیا با ارتش شاه که تا دندان مسلح است، می‌توان با روش‌های پارلمانی یا مبارزات سیاسیِ معمول پیش رفت؟ در همان اوایل دهه چهل هم دو حادثه بزرگ در خارج از ایران اتفاق افتاد. یکی پیروزی فیدل کاسترو در کوبا و دوم پیروزی انقلاب الجزایر. این دو عامل باعث شد که بسیاری از این‌ها به فکر بیفتند که چگونه باید با رژیم شاه مبارزه کرد. آن‌هایی که گرایش‌های چپ داشتند، طبیعی است که بیش‌تر به کوبا، ویتنام و چین به عنوان منابع مورد نظر مراجعه کنند. ما که بیش‌تر گرایش‌های دینی داشتیم، می‌خواستیم به الجزایر و چین و مصر برویم. ما از همان سال‌ها به فکر افتادیم که برویم یک جاهایی و این آموزش‌ها را ببینیم. قبل از این هم من و چمران کتاب‌هایی که راجع به انقلاب‌های دنیا بود، مثل آثار مائو در مورد انقلاب چین و ژنرال جیاپ در مورد مبارزات ویتنام و شرح حال تلاش‌های

۴ - برگرفته از شهادت ابراهیم یزدی در دادگاه عباس امیرانتظام در کتاب محاکمه و دفاعیات عباس امیرانتظام در دادگاه انقلاب، چاپ ششم، صفحه ۲۲۹، جلد دوم

مردم در برمه، یونان، مصر، الجزایر و جنبش کوبا را گرفتیم و خواندیم. بعد از مطالعه این کتب به این جمع‌بندی رسیدیم که فاقد دانش عملیات نظامی علیه نظام پادشاهی هستیم. بخصوص ما به این مطلب توجه کردیم که ساواک یک سازمان امنیتی بسیار پیشرفته است و ما فاقد دانش مبارزه مخفی هستیم. دنبال جایی بودیم که بتواند این آموزش‌ها را به ما بدهد.

از میان نهضت آزادی در خارج از کشور، شریعتی و پرویز امین از دوستان قدیمی ما در پاریس بودند و من نیز در آمریکا بودم همراه چمران و صادق قطب زاده. ما با هم مذاکراتی داشتیم و قرار شد کسی به الجزایر برود و با رهبران جدید این کشور صحبت بکند. شریعتی چون با روزنامه "المجاهد" همکاری قلمی داشت، تماس‌هایی گرفت. هنگامی که "بن بلا" به سازمان ملل آمد، ما تماس‌هایی گرفتیم و مذاکراتی شد. آقای پرویز امین از طرف ما مامور شد و به الجزایر رفت. رهبران الجزایر از نظر ما استقبال کردند، اما گفتند ما یک دولت تازه تاسیس هستیم، به جهت مشغله و گرفتاری و عدم امکانات مالی نمی‌توانیم به شما آموزش بدهیم. در یکی از راه‌پیمایی‌هایی که به مناسبت ۱۵ خرداد و کشتار مردم در آمریکا از مرکز شهر بالتیمور تا مرکز واشنگتن در یک مسیر ۸۰ مایلی (۱۲۸ کیلومتر) ترتیب دادیم، آن را به گونه‌ای تنظیم کردیم که روز جمعه به واشنگتن برسیم و پایان راه‌پیمایی هم مسجد واشنگتن باشد. عده زیادی از ایرانی‌ها در مدخل واشنگتن به استقبال ما آمدند. راه‌پیمایی ما ابتدا ۱۳ – ۱۴ نفر بود، اما در پایان ۳۰۰ – ۴۰۰ نفر به ما پیوستند. در مرکز اسلامی واشنگتن (مسجد) یکی از مدیران آن‌جا که سرکنسول مصر بود، بعد از نماز جمعه از من و چمران برای صرف شام دعوت کرد. در حین گفت و گو، نظر ما را برای رفتن به مصر جویا شد. از این‌جا ارتباط ما با مصر شروع شد و ما استقبال کردیم و آنها ارتباط را برقرار کردند. وقتی دیدیم که نظر مصر مثبت است، الجزایر را رها کردیم، چون مصری‌ها از امکانات بیش‌تری برخوردار بودند. سفیر مصر در "برن" پایتخت سوییس از ما دعوت کرد و ما با او مذاکراتی کردیم و بعد از آن به قاهره رفتیم. این باعث شد ما آن‌جا این سازمان و تشکیلات را راه انداختیم. آموزش‌های اولیه‌ای که آنها به ما پیشنهاد دادند، بیش‌تر عملیات رزمی بود. ما خودمان گفتیم عملیات رزمی را می‌خواهیم اما مهم‌تر از آن سازمان‌دهی مخفی است. بنابراین آنها یک برنامه سنگینی برای ما گذاشتند.

عملیات رزمی آنها خیلی سخت بود. ما را به صحرا بردند. چند شبانه‌روز بایستی ما در صحرا در شرایط بسیار نامطلوبی از نظر پیرامونی زندگی کنیم، حتی باید تلاش می‌کردیم که با جانوران صحرایی، خودمان را زنده نگه داریم. جاهایی بود که ما باید از وسط آتش در لجن‌زار بتوانیم عبور کنیم. آموزش اسلحه و مواد منفجره بود. بعد هم ما یک سازمانی درست کردیم و بعد از آن از ایران داوطلب‌هایی به آلمان رفتند، چون در آلمان از ایرانیان ویزا نمی‌خواستند. در آن‌جا تمام اسناد ایرانی‌شان را می‌گرفتیم و پاس‌های مصری برایشان صادر می‌شد. آنها با نام مستعار به قاهره می‌آمدند. ما حتی به مصری‌ها اسامی حقیقی اشخاص را ندادیم. جمعا ۳۶۳۵ (سه هزار و ششصد و سی و پنج) نفر در چند ین گروه آمدند و بعد از همین مسیر برمی‌گشتند آلمان، گذرنامه یا مدارک مصری را می‌دادند و پاس‌های ایرانی‌شان را می‌گرفتند و به ایران مراجعت می‌کردند. هیچ‌کس حق نداشت از مصر با بیرون مصر، فارسی مکاتبه بکند. بعد از این که این آموزش‌ها تمام شد، برای سازمان‌دهی تقسیم کار کردیم. من در بیروت مستقر شدم و چمران در قاهره ماند. آقای توسلی در بغداد و پرویز امین در بصره برای ایجاد شبکه‌های ارتباطی مامور شدند. آقای قطب زاده هم برای روابط و تماس‌های بین‌المللی مامور شدند. هنگامی که بهمن قشقایی در جنوب دست به قیام مسلحانه زد، وی به مصری‌ها مراجعه کرد که از آنها کمک بگیرد. مصری‌ها هم

آنها را به ما معرفی کردند. تا آن تاریخ کل **عملیات هایمان** مخفی بود و هیچ‌کس نمی‌دانست ما کجا هستیم، حتی خانواده هایمان.

آقای قشقایی با مساعدت روس‌ها به بیروت آمد و با من تماس گرفت و ما هم پذیرفتیم که به افراد آنها آموزش داده شود. دو گروه از بچه‌های قشقایی به قاهره آمدند. من و چمران در آن‌جا مسوول کلاس‌ها بودیم. بعد از آموزش آنها، خسرو قشقایی بی‌توجهی و بی احتیاطی کرد و به افرادی که برای آموزش آمده بودند، من و چمران را معرفی کرد.

بعد از مراجعت گروه قشقایی به ایران، بعضی از افراد آنها دستگیر شدند و یکی از آنها همه ماجرا را لو داد. مصطفی چمران به عنوان مسوول آموزش معرفی شد.

حدود ۱۹۷۰ که تقریباً می‌شود سال ۵۰، من و چمران به بیروت رفتیم. چون من و چمران اطلاعات زیادی از سازمان داشتیم، دوستان تصویب کردند که حق ندارید به ایران بروید. آرام آرام امکاناتی فراهم شد که ما توانستیم برنامه‌های آموزش نظامی را دنبال کردیم. داوطلبانی که به لبنان می آمدند، در جنوب این کشور عملیات رزمی را آموزش می دیدند.

سند شماره ۵
سوابق ابراهیم یزدی – ارتباط قدیمی با فدائیان اسلام [5]

بخشی از اعترافات ابراهیم یزدی در دادگاه امیرانتظام: "وی در مورد خود می‌گوید: فعالیت و سوابق من فقط در خارج از کشور در رابطه با دانشجویان ایرانی نبوده، بلکه من از زمانی که در دبیرستان دارالفنون یک محصل بی مقداری بودم در این خط بودم و در تمام این مدت هم ... .

آن دفعه قبل که در این دادگاه آمدم، یکی از برادران خیلی قدیمی‌مان (حاج آقا صفا) را دیدم. او از کسانی است که با برادران فداییان اسلام (مرحوم نواب صفوی) کار می کرد و رابطه ما با این‌ها از زمانی است که جنازه پدر شاه را می آوردند و فداییان اسلام تصمیم داشتند توی خیابان آتش بزنند. ارتباط ما با برادران فداییان اسلام از آن موقع شروع شده".

سند شماره ۶
بخشی از مصاحبه ابراهیم یزدی
با روزنامه‌ی مردم سالاری شماره ۴۵۲ مورخ یکشنبه ۱۲ مرداد ۱۳۸۲ [6]

من در سال ۱۳۳۹ از کشور خارج شدم. از سال ۴۰ به بعد ما دنبال این راه افتادیم که ببینیم " ره چنان رو که رهروان رفتند". انقلاب کوبا به رهبری کاسترو پیروز شده بود، انقلاب الجزایر پیروز شده بود و یک نوع رومانتیسم انقلابی فراهم شده بود. ما اولین گروه ایرانی هستیم از اسلامی و غیراسلامی‌اش، عده‌ای از جوانان که پاشدیم و رفتیم. کسی هم ما را مجبور نکرده بود. روی مطالعه خودمان، روی آگاهی سیاسی و ضرورت‌ها، پاشدیم رفتیم الجزایر، رفتیم چین و اولین تشکیلات آموزش جنگ‌های چریکی را ما به وجود آوردیم.

قبل از آن‌که سازمان مجاهدین خلق شکل بگیرد، اولین آموزش‌های فن مبارزه با پلیس و چگونگی سازمان‌دهی مخفی را ما برای مجاهدین فرستادیم. اولین نشریه در مورد ماهیت جنگ‌های چریکی را،

---

۵ - بخشی از مصاحبه ابراهیم یزدی با روزنامه مردم سالاری، شماره ۴۵۲، مورخ یک‌شنبه ۱۲ مرداد ۱۳۸۲

۶ - کتاب خاطرات عباس امیرانتظام، جلد دوم، چاپ پنجم، صفحه ۳۱۵

شورش‌گری و ضد شورش‌گری کتابی است که من خودم جمع آوری کردم و فرستادم برایشان.

اولین خانه امن بر اساس آموزش‌های جدید در نارمک به وجود آمد. چون ما احساس کردیم که مبارزه داخل کشور فن سازمان‌دهی مخفی را ندارد، علم سازمان‌دهی مخفی را بلد نیست و این چیزی است که توده‌ای‌ها چون با روس‌ها رابطه داشتند، از آنها گرفته بودند ولی ما نداشتیم. بنابراین ما اولین کاری که کردیم، این نقیصه را گفتیم باید جبران کنیم و این نقیصه جبران شد. از آن پس سازمان مجاهدین شکل تازه‌ای بر خود گرفت.

من خودم از کسانی هستم که از اولین اعضای نهضت خداپرستان سوسیالیست هستم. نگاه سوسیالیستی به اقتصاد داشتم و هنوز هم دارم. من دورانی که در مصر بودم، برای من یک نقطه چرخشی بود در خیلی از نگرش‌های اقتصادی. زمان عبدالناصر بود. عبدالناصر هم یک دولت کاملاً سوسیالیستی به معنای دولتی شدن و دولتی کردن همه وسایل تولید و توزیع بود. الان همه چیز را ما بعد از انقلاب دولتی کردیم، ببینید چه سوءاستفاده های کلان و نجومی می‌شود. ببینید هنگامی که رئیس مجلس ایران آقای کروبی که نه ضد انقلاب است، نه ملی و مذهبی می گوید اسکله‌های غیرقانونی، اسکله‌هایی که نهادهای رسمی به طور غیرقانونی ایجاد کرده‌اند، اما **آقای کروبی حتی نمی‌تواند بگوید چه کسی این‌ها را ایجاد کرده است**، این‌ها اقصاد را فلج می کنند.

سند شماره ۷
مبارزه مسلحانه علیه شاه
مصاحبه ابراهیم یزدی در پایگاه اینترنتی اخبار روز

مصاحبه با ابراهیم یزدی: در سال ۱۳۸۳ - ۲۰۰٤ میلادی. عرفان قانعی‌فرد محقق جوان ایرانی مصاحبه-ای اختصاصی و مهم با ابراهیم یزدی به عمل آورد که در سه بخش در پایگاه. اینترنتی «اخبار روز» انتشار یافت. در بخش دوم این مصاحبه که در ۳۰ مهرماه ۱۳۸۳- ۲۱ اکتبر ۲۰۰٤ در اخبار روز انتشار یافت، یزدی از فعالیت‌های پنهانی برای چریك سازی و مبارزه مسلحانه علیه رژیم شاه پرده برداشت.

یزدی شرح می‌دهد که انقلاب‌های کوبا و الجزایر، او و عده ای از هم مسلکانش نظیر چمران، قطب زاده و علی شریعتی را تحت تاثیر قرار داده، کتاب های انقلابی را مطالعه کرده اند. عده‌ای از چپی‌ها به چین رفته اند، عده ای به کوبا و آنها نیز برای اخذ تعلیمات مبارزات مخفی و مسلحانه، پس از جلب نظر مقامات مصری به مصر رفته اند. یزدی مدعی است که نهضت آزادی از سال ۱۳۳٦ که بریتانیا و فرانسه به مصر حمله کرده بودند، با مصر ارتباط برقرار کرده بود.

در شرق امریکا صادق، چمران و یزدی با هم در تماس بودند و در پاریس علی شریعتی و پرویز امین با هم بودند. شریعتی در تمام مذاکرات و فعالیت‌ها شرکت داشت و به عنوان مجری برنامه‌های رادیویی به مصر آمد.

در سازمان مخفی ای که تشکیل شد، هرکدام چند اسم و چند گذرنامه داشتند و در تمام مکاتبات خود از اسامی مستعار و کلمات رمزی استفاده می کردند. یزدی می گوید من گذرنامه مصری داشتم. بعضی گذرنامه‌ها را خودمان درست کرده بودیم. در سفر به مصر به اتفاق چمران، قطب زاده، شریعتی و سایرین، رمزنویسی، عکسبرداری مخفی، ارتباطات مخفی و همه را آموزش دیدند.

یزدی می‌افزاید: ما آقای خمینی را از ایران می شناختیم. سابقا آقای بازرگان با او دیدار کرده بود. هنگامی که وی را به ترکیه تبعید کردند، با دولت ترکیه مخالفت‌های فراوانی کردیم. در سال ٤٤ بعد از سازمان‌دهی، چمران در قاهره ماند. من در بیروت مستقر شدم و مسوول تشکیلات کل بودم. مهندس

توسلی در بغداد با نام مستعار مستقر شد، پرویز امین در بصره مستقر شد. یک شبکه زیر زمینی درست کرده بودیم. پرویز امین دربصره مسئول این بود که وسائل قاچاق رفت و آمد افراد به ایران را فراهم کند. توسلی در بغداد توانسته بود یك شبکه ایجاد کند. به محض آن که آقای خمینی را از ترکیه به بغداد آوردند، توسلی خبردار شد و به من در بیروت تلگراف زد. من هم به چمران خبر دادم. من و چمران با آقای توسلی رفتیم به نجف و از آقای خمینی دیدار کردیم. بعد از دیدار با آقای خمینی، ارتباط تمام بود. سال ۵۰ به طور طبیعی ارتباطمان را با آقای خمینی بیش‌تر کردیم. در ۱۹۷۰ تا ۷۱ چمران به خاورمیانه برگشت. سال ٤٦ برگشتیم به آمریکا و چمران هم همین طور. ما از خاورمیانه خارج شدیم. تمام کادرهایمان را ترتیبی داده بودیم که به ایران بروند. سه نفر را سازمان دستور داد که نمی‌توانند به ایران بروند؛ من و چمران و صادق قطب زاده به دلیل اطلاعات زیادی که داشتیم. بعدها به دلیل جریانات قشقایی،عده ای از قشقائی‌ها توسط سازمان ما آمدند مصر دوره دیدند. آنها هم کسی جز چمران را نمی‌شناختند. به دلیل ناشی گری، خسرو قشقایی، چمران را به اسم به آنها معرفی کرد. در نتیجه یکی از قشقایی‌ها که آمد ایران، گیر افتاد و چمران را لو داد و گفت که او مسوول بوده، وگرنه ساواك هیچ اطلاعی نداشت. بنابراین از ۱۳۵۰ که فعالیت‌ها شروع شد، ما هم به تناسب آن موارد تازه ای شروع کردیم. چمران در جنوب لبنان مستقر شده بود و در آن‌جا امکاناتی داشت که ما بتوانیم افراد را بفرستیم آن‌جا آموزش‌های نظامی ببینند و به ایران بفرستیم. با علنی شدن مبارزات مجاهدین و ارتباط آنها با چمران، چون خود مجاهدین در بغداد واحدی داشتند، حسین روحانی آن‌جا بودند. این‌ها با چمران در بیروت در تماس بودند. چمران مشکلات آنها را از طریق موسی (موسی صدر) حل و فصل می کرد. من هم می‌رفتم نجف و با آقای خمینی دیدار داشتم و روی برنامه‌ها هماهنگی ایجاد می کردیم.

سند شماره ۸
شهادت محمد توسلی یکی از چریك های تعلیم یافته در مصر که در دادگاه امیر انتظام به نفع او شهادت داد[۷]

بعد از قیام ۱۵ خرداد و تحولاتی که در ایران به وقوع پیوست، در سال ٤٤ بر اساس تحلیلی که از نهضت در ایران داشتیم، برای دیدن دوره به منطقه خاورمیانه رفتیم و آموزش‌های چریکی در مصر دیدیم و در سال ٤٤ که امام از بورسا به نجف اشرف منتقل شدند، بنده قبلا آن‌جا بودم و مدت ٦ ماه در خدمت ایشان بودم. تمام بیانیه‌هایی که آن موقع از نجف خارج می‌شد، بنده تصدی و همراهی می کردم. بعد هم که در سال ٤٦ به ایران آمدم، زیر فشار و کنترل ساواك باز فعالیت خودم را در سطوح مختلف سیاسی و فرهنگی ادامه دادم. در سال ۵۰ در ارتباط با سازمان مجاهدین، همراه با آقای مهندس سحابی و آقای هاشمی رفسنجانی بازداشت شدیم و در همین اوین مورد پذیرایی قرار گرفتیم و بعد از بیرون آمدن از زندان مبارزات را در سطوح مختلف همراه با برادران همفکر و همگام ادامه دادیم که طبیعی است فعالیت‌ها مخفی بود.

سند شماره ۹
نقش نیروهای تروریستی خارجی در پیروزی انقلاب اسلامی[۸]

محمد منتظری در گفت و گوی اختصاصی با روزنامه کیهان در ۹ اسفند ۱۳۵۹ می گوید:

---

۷ - اظهارات محمد منتظری، فرزند حسینعلی منتظری جانشین معزول و مغضوب خمینی با روزنامه کیهان تهران مورخ ۹ اسفند ۱۳۵۹ و کتاب محاکمه عباس امیرانتظام، جلد دوم، چاپ پنجم، پانوشت صفحات ۲۹۱ و ۲۹۲

۸ - مصاحبه با روزنامه کیهان، تهران، ۲۷ مرداد ۱۳۵۸

«حتی در پیروزی انقلاب اسلامی در ایران، جنبش‌های غیرایرانی نقش موثری داشتند، یعنی همین برادران افغانی که اکنون در حال جهاد علیه شوروی هستند. این‌ها به پیروزی انقلاب اسلامی در ایران کمک کردند. برادران عراقی، برادران سعودی و برادران فلسطینی به طرق مختلف کمك کردند. کشورهای پیشرفته و معتقد به خط انقلاب اسلامی در ایران نیز از جهت تبلیغاتی ما را یاری کردند، از جمله کشور لیبی که از جهت تبلیغاتی کمك‌های زیادی به ما کرد و به طور کلی جنبش‌های آزادی بخش به پیروزی انقلاب اسلامی در ایران کمك فراوانی کردند. (کتاب محاکمه و دفاعیات عباس امیرانتظام، جلد ۲، صفحات ۲۹۱ و ۲۹۲).

سند شماره ۱۰
شرح حال مصطفی چمران، معاون نخست وزیر در امور انقلاب، متولد سال ۱۳۱۰ شمسی در تهران[۹]

من یکی از فعالین موثر نهضت ملی بودم. بازرگان در سال سوم به من نمره ۲۲ داد. از سن ۱۵ سالگی در انجمن اسلامی دانش آموزان شرکت داشتم که باز در آن‌جا هم با آیت الله طالقانی و مهندس بازرگان برخورد و آشنایی داشتم و در مسجد هدایت در خیابان استانبول، یکی از شاگردان پر و پا قرص آیت الله طالقانی بودم و مقدار زیادی از آموزش‌های ایدئولوژیك خود را از آقای طالقانی و انجمن‌های اسلامی آن وقت فرا گرفتم.در سال ۱۳۳۷به آمریکا رفتم در سال ۱۹۶۲فارغ التحصیل شدم.دکتر شریعتی رااز تهران می‌شناختم و از آن جایی که او در انجمن اسلامی دانشجویان و دانش آموزان مشهد فعالیت می-کرد و من در تهران، با هم رابطه داشتیم و دوست بودیم.

در امریکا اولین کاری که کردیم، انجمن‌های اسلامی دانشجویان را در امریکا تاسیس کردیم که صادق قطب زاده و دکتر یزدی هم در آن شرکت داشتند. بعدها این انجمن‌ها پایه کنفدراسون را تشکیل داد. از سال ۱۹٦۱ که جبهه ملی در خارج تشکیل شد، من هم جزو هیات اجرائیه بودم و مسوول نشریات به‌خصوص در ۱۵ خرداد، پرکارترین و فعال ترین سازمانی که در امریکا اخبار ایران و اعلامیه های آقای خمینی و ملیون را منتشر می کرد، سازمان ما بود.

بعد از خرداد ۱۳۴۲، نوعی تحول کیفی در شکل مبارزه‌ی ما ایجاد شد به این معنی که دیگر مبارزه پارلمانی برای ما اقناع کننده نبود و به این نتیجه رسیدیم که باید دست به مبارزه مسلحانه زد. به خاطر همین فعالیت وسیع و گسترده ای از ناحیه دوستان ما آغاز شد که قطب زاده و دکتر یزدی نیز شرکت داشتند.

دکتر شریعتی هم در آن زمان در اروپا بود و شیوه جدید مبارزه از ناحیه گروه کثیری چه در خارج و چه در داخل کشور، حمایت و تشویق می‌شد. به همین جهت در سال ۱۳۴۲، یعنی ۱۹۶۳ به همراه قطب زاده و یزدی و عده ای دیگر از دوستانمان عازم مصر شدیم و دو سال در آن جا تعلیم عمیقا جنگ های چریکی و سازمان‌دهی مخفی دیدیم. ما احتیاج به یك پایگاه در منطقه داشتیم که از آن‌جا بتوانیم فعالیت خودمان را بر علیه رژیم سازمان بدهیم. در آن زمان، مناسب‌ترین نقطه، لبنان بود، اضافه بر این که موسی صدر، رهبر شیعیان لبنان که مخالف حکومت شاه بود، حاضر به همکاری با ما بود. قطب زاده با وی آشنایی داشت و ما از این طریق با امام موسی صدر رابطه برقرار کردیم تا بالاخره من در سال ۱۹۷۰ با خانواده خودم امریکا را ترك و به لبنان رفتم. من در تماس مستقیم با فلسطینی ها بودم.

---

۹ - کیهان تهران، یك شنبه ۲۹ بهمن ۱۳۵۷، شماره ۱۰٦٤۰، صفحه ۱۰

در لبنان هم انجمن های اسلامی به سبك انجمن‌های اسلامی در امریکا و اروپا ایجاد کردیم. نزدیك به دو سال با آنها در جهت ایدئولوژیك کار می کردیم که این فعالیت ایدئولوژیك، بعداً به سازمان‌دهی حرکت المحرومین منجر شد.

حرکت المحرومین تظاهرات عظیم به راه انداخت، از جمله تظاهرات ۷۵ هزار نفری مسلحانه بعلبك و همچنین تظاهرات صد و پنجاه هزار نفری مسلحانه شهر صور که شیعیان لبنان در آن‌جا هم قسم شدند تا آخرین قطره خون در راه احقاق حقوق از دست رفته بجنگند. یکی از مواد درسی ایدئولوژیك سازمان، ترجمه کتاب‌های دکتر شریعتی است. در چهلم دکتر شریعتی، عرفات در سخنرانی ای که به این مناسبت ترتیب داده بود، گفت: امَل (شاخه نظامی حرکت المحرومین) همان فتح و فتح همان امَل است.

سند شماره ۱۱

عرفات: امام خمینی را رهبر اول می دانیم [۱۰]

کیهان تهران، یك شنبه ۲۹ بهمن ۱۳۵۷، شماره ۱۰٦٤۰، صفحه ۱۰

انقلاب بزرگ ایران ضامن پیروزی ما است.

یاسر عرفات به عنوان اولین رهبر عرب و همچنین اولین رهبر سیاسی جهان، دیروز بعد از ظهر به ایران آمد و بلافاصله با امام خمینی ملاقات کرد. در این ملاقات که یك ساعت و نیم به طول انجامید، یاسر عرفات از امام خمینی به عنوان رهبر و معلم اول فلسطین و مسلمانان جهان نام برد و پاك‌ترین احساسات فلسطینیان را تقدیم رهبر انقلاب ایران کرد. یاسر عرفات یك سرود فلسطینی به عنوان هدیه برای امام آورد. این سرود "خدایا چقدر عظیم است کار خمینی" نام دارد.

هواپیمای عرفات ساعت ۶/۵ بعد از ظهر دیروز در باند فرودگاه مهرآباد بر زمین نشست. عرفات به سختی توانست از میان گروه‌های استقبال کننده و رزم آوران ایرانی بگذرد و پس از خوش آمد گویی نمایندگان ایرانی، عرفات گفت انسان وقتی به منزل خودش می‌آید، احتیاج به اجازه ندارد. امروز یکی از روزهای بزرگ پیروزی مسلمانان جهان است. انقلاب ایران برای فلسطین یك پیروزی بزرگ است. وقتی وارد فضای هوایی تهران شدم، احساس کردم که به فضای بیت المقدس وارد شده ام. ایرانیان حصاری را که بر اطراف برادران فلسطینی بود شکستند و این انقلاب بزرگ شما ضامن پیروزی ماست. امام خمینی را ما رهبر و معلم اول می‌دانیم. ما بین مجاهدین فلسطین و ایران هیچ اختلافی نمی‌بینیم. عرفات در اتوبوسی جای گرفت که پیش از این برای سفرهای امیرعباس هویدا نخست وزیر رژیم پیشین خریداری شده بود و بلافاصله به سوی اقامت‌گاه امام خمینی حرکت کردند. مردم گروه گروه در جلوی در اقامت‌گاه امام اجتماع کردند و با فریادهای «فلسطین، متحد خلق ما » ورود رهبر الفتح را گرامی داشتند. عرفات به حضور امام رسید و نزدیك به یك ساعت و نیم با ایشان گفت و گو کرد. در این گفت و گو ابراهیم یزدی و گروهی از رهبران مبارز روحانی حضور داشتند. امام خمینی ابتدا برای یاسر عرفات علل پیروزی انقلاب ایران را شرح داد و گفت که ما در برابر دشمن مسلح به سلاح های مختلف، تنها از نیروی آیمان برخوردار بوده و کمك گرفتیم. اما سپس درباره فلسطین گفتند ما از ۱۵ سال پیش درباره فلسطین گفته بودیم و اخطار کرده بودیم. این دیدگاه ما نسبت به فلسطین همچنان استوار است. **امام به یاسر عرفات اشاره کردند که فلسطین تاکنون به دو پیروزی دست یافته است. اول لبنان و دوم پیروزی انقلاب ایران.** یاسر عرفات امروز با آقای مهندس بازرگان گفت و گو خواهد داشت. یکی از

۱۰ - خاطرات منتظری در اینترنت، ژانویه ۲۰۰۱، ضمیمه ۱٤۳ و کتاب گفته نشده ها درباره روح الله خمینی، نوشته تحقیقی مهدی شمشیری، چاپ اول، تگزاس، صفحات ۳۱ و ۳۵). یکی دیگر از شرکت کنندگان در اجتماع برابر شهربانی، هاشمی رفسنجانی طراح و بانی حکومت جبارانه، پرفساد و فرعونی علی خامنه ای و دیگری نصرالله بنی صدر همدانی، پدر ابوالحسن بنی صدر بودند.

کسانی که حضور داشت، گفت: شاه رفت، عرفات آمد. سفارت اسرائیل برچیده شد، دفتر فلسطین دایر می‌شود.

عرفات پس از ملاقات با امام، با آیت الله ربانی شیرازی، از روحانیون مبارز و حجت الاسلام حاج سید احمد خمینی پسر امام ملاقات کرد و در همان اقامت‌گاه امام با همراهانش به استراحت پرداخت.

سند شماره ۱۲
درباره ابوالحسن بنی صدر

ابوالحسن بنی صدر حدوداً در سال ۱۳۳۷ به عنوان کتابدار در دانشکده ادبیات دانشگاه تهران استخدام شد و از آن‌جا مامور خدمت در موسسه مطالعات و تحقیقات اجتماعی شد که ریاست آن با غلامحسین صدیقی و مدیریت آن با احسان نراقی بود. از طریق کار و نشان دادن کاراکتر خاص توانست خود را بالا بکشد و در موسسه مزبور جایی برای خویش باز کند. در سال ۱۳۳۹ بعد از روی کار آمدن کندی که از لحاظ سیاسی فضای بازتری برای مخالفان شاه فراهم شد، با احتیاط کامل با تعدادی دیگر از جوانان طرفدار مصدق نظیر صباغیان، کشاورز صدر، حسن پارسا و عباس شیبانی، دست به فعالیت‌هایی زد و ضمنا ملاقاتی نیز با مهدی بازرگان، یدالله سحابی و داریوش فروهر انجام دادند. در همین ملاقات بود که مهدی بازرگان اظهار داشت که «سیاست کار ما نیست و وارد شدن ما به سیاست بدین علت است که آنها که وارد سیاست هستند، کارشان را درست انجام نمی‌دهند و بالنتیجه، ما وارد سیاست شده ایم.»

در آن زمان امثال امیرانتظام و یزدی در ایران مطرح نبودند. در همان زمان برخی از جوانان و دانشجویان مخالف رژیم، از شعارهای مذهبی استفاده می کردند. به عنوان مثال، عباس شیبانی که در بین دانشجویان دانشگاه فعال بود، در یکی از سخنرانی‌هایی که در داخل دانشگاه ایراد کرد، شعار داد: «موعظه شاهِ دین حسین این است، که مرگ آزاد به از زندگی ننگین است».

بنی صدر بیش‌تر در جلساتی که در منازل افراد تشکیل می شد، سخنرانی می کرد و همواره از مصدق طرفداری داشت، چون پدرش آخوند بود و آخوندها را خوب می شناخت, به آنها اعتقاد چندانی نشان نمی‌داد.

پدرش به نام نصرالله بنی صدر، از مجتهدان همدان بود که در آن‌جا صاحب املاك زیاد و مرغوبی بود. بعدها به تهران آمد و در سال ۱۳٤۰ در یکی از خیابان‌های فرعی کوروش کبیر (جاده قدیم شمیران) به نام خیابان شهناز یك خانه ۸۰۰ هزار تومانی خرید (در آن تاریخ در آن خیابان زمین متری ٦٥۰ ریال بود). خود بنی صدر نیز با اتومبیل مرسدس بنز و راننده در رفت و آمد بود.

در سال ۱۳٤۳ احسان نراقی بورس تحصیلی برای او گرفت که برای ادامه تحصیل به پاریس برود، چون احتمال می‌رفت که سازمان امنیت با خروج او از کشور مخالفت کند. احسان نراقی شخصا او را نزد سرلشکر حسن پاکروان رئیس وقت ساواك برد و برای او اجازه مخصوص دریافت کرد.

هنگامی که بنی صدر در پاریس بود، پدرش دچار بیماری سرطان معده می‌شود که در تهران مورد عمل جراحی قرار می گیرد اما مدتی بعد مرض عود می کند. به اصرار پسر به پاریس می رود، اما در آن‌جا در اثر عمل جراحی درمی گذرد و از آن‌جا جسد او را برای دفن به نجف می‌برند. پس از دفن، مجلس ترحیمی برای وی برگزار می‌شود که خمینی نیز در آن مجلس ترحیم حضور پیدا می کند. بنی صدر گفته است: خمینی هنگام ترك مجلس به من تفقّد کرد، من همان‌طور که نگاهش می کردم، قیافه پدرم را در چهره او دیدم و چون او هم با شاه مبارزه می کرد و یك دشمن مشترك داشتیم، این وجه اشتراك موجب شد با آن‌که عادت کرده بودم به آخوند اعتماد نکنم، به این مرد دلبستگی پیدا کنم و بعد از آن‌که به پاریس بازگشتم، با هم ارتباطاتی داشتیم. من مدارکی برایش می‌فرستادم یا اگر او اطلاعات و مدارکی

می‌خواست، برای من می نوشت و من برایش می‌فرستادم. بنی صدر بعدها گفته بود: «اگر می‌دانستم که این آدم یك چنین چیزی از کار درمی‌آید، نه هیچ ارتباطی با او برقرار می کردم و نه اگر به پاریس می‌آمد، به او نزدیك می‌شدم و نه به ایران می‌آمدم.»

به احتمال زیاد بنی صدر بایستی قبل از مراسم ترحیم پدرش با خمینی آشنایی داشته باشد، زیرا پدر بنی صدر از سال های دور با خمینی ارتباط نزدیك داشته است، چون پس از بلوای ۱۵ خرداد ۱۳۴۲ و دستگیری خمینی، عده ای از ملاهای طرفدار او از برخی شهرستان‌ها به صورتی سازمان یافته به تهران آمدند و به طور جمعی در برابر ساختمان شهربانی کل کشور اجتماع کرده و درخواست داشتند یا خمینی را آزاد سازند یا آنها را نیز دستگیر و زندانی کنند. بنا به گزارش کتاب نهضت امام، از بین افرادی که در این اجتماع گروهی شرکت داشتند، می‌توان از حسینعلی منتظری جانشین معزول خمینی که او را نور چشم خود می‌نامید نام برد که در تاریخ ۱۷ مهرماه ۱۳۶۵ نامه معروف **"آیا می‌دانید؟"** را به خمینی نوشت که پرده از برخی جنایات رژیم ولایت فقیه و بی رحمی و سنگدلی شخص خمینی برمی‌دارد و حقایق تکان دهنده ای را درباره نحوه تفکر سران انقلاب اسلامی و عملکرد آنها و جنایت‌ها، وحشی گری‌ها و دزدی‌ها و آدم کشی‌هایشان فاش می‌سازد. یکی دیگر از شرکت کنندگان در آن اجتماع، مرتضی پسندیده برادر بزرگ‌تر خمینی بود که به سبب حق گویی مورد غضب برادر کوچك‌تر قرار گرفت و **"نصیحت نامه"** پر اعتراض مورخ ۱۵ امرداد ۱۳۶۲ را درباره جنایات رایج جمهوری اسلامی برای او نوشت ویاد آور شد: «مردم می گویند اگر دین این است که اولیای جمهوری اسلامی اعمال می کنند، بهتر است ما کافر باشیم و اصلا اسم مسلمان روی ما نباشد». [۱۱] یکی دیگر از شرکت کنندگان در اجتماع برابر شهربانی هاشمی رفسنجانی طراح وبانی حکومت جبارانه پر فساد وفرعونی علی خامنه ای ودیگری نصراله بنی صدر همدانی، پدرابوالحسن بنی صدر بودند.

سند شماره ۱۳
شاه،ژیسکاردستن،خمینی

ژیسکاردستن به سبب پذیرایی فرانسه از خمینی، از سوی جمهوری اسلامی "میهمان همیشگی ایران" شناخته شده است.

روزنامه "توس" چاپ تهران در شماره مورخ ۲۳ شهریور ۱۳۷۷ خود برابر با ۱٤ سپتامبر ۱۹۹۷ بخش دوم مصاحبه‌ای را که خبرنگار ویژه این روزنامه با والری ژیسکاردستن رئیس جمهوری پیشین فرانسه انجام داده بود، انتشار داد.

در این مصاحبه دو سوال مهم از ژیسکاردستن به عمل آمد که جنجالی به پا کرد و توقیف سردبیر و سه نفر دیگر از همکاران وی و سرانجام تعطیل روزنامه را موجب شد. سوال‌ها و جواب‌ها چنین بود:

سوال: در مسیر انقلاب ۱۹۷۹ ایران، شما تمام مقدمات لازم را برای اقامت موقت امام خمینی در فرانسه (Neauphle - Le- Chateau) تدارك دیدید. آیا هیچ وقت در این باره قبلاً با شاه صلاح و مصلحت یا مشورت و هماهنگی کردید؟

جواب: ژیسکاردستن- وقتی آیت الله خمینی به فرانسه آمد، به خواست خود از عراق با هواپیمای مسافری به پاریس آمد و با پاسپورت معتبر ایرانی مسافرت می کرد. به محض ورود به فرودگاه، تقاضای پناهندگی سیاسی کرد و ما هم به او دادیم. من از شاه دلیل مسافرت آیت الله خمینی را به فرانسه جویا شدم، از من خواست به او روادید بدهم و مراتب امنیتی و حفاظتی در مورد آیت الله خمینی را از سوی دولت فرانسه تامین کنیم.

---

۱۱ - برگرفته از روزنامه های تهران، شهریور ۱۳۸۲

بلافاصله من سفیر خودم را در ایران به حضور شاه فرستادم و از او خواستم که نظر شاه را از او بپرسد و به من گزارش دهد. شاه برای من پیغام داد که کوچك‌ترین مشکلی برای آیت الله خمینی به وجود نیاوریم و حتی به سفیر من گفت: اگر دولت فرانسه مقدمات پذیرایی و آسایش او را فراهم نکند، او دولت فرانسه را هرگز نخواهد بخشید. شاه معتقد بود هر برخورد ناشایست و گرفتاری برای آقای خمینی در فرانسه، به شدت و حدت ناآرامی‌های داخلی ایران کمك خواهد کرد.

سوال مهم دیگر مصاحبه مربوط به تصمیمات کنفرانس عالی سران ٤ کشور در گوادلوپ (Guade-loupe) بود. ژیسکاردستن گفت: تنها کشوری که در این جلسه زنگ خاتمه حکومت شاه را به صدا درآورد، نماینده دولت امریکا بود و معتقد بود وقت تغییر رژیم در ایران است، به طوری که همه ما متحیر و متعجب شدیم. این رئیس جمهوری وقت امریکا بود (جیمی کارتر) که در جلسه رسمی، حکومت شاه را تمام شده اعلام کرد و مصرا گفت امیدی به بقای این حکومت نیست و شاه رفتنی است و ما او را حمایت نخواهیم کرد و در ادامه گفت: برقراری یك رژیم نظامی در ایران پیش بینی می شود. برای آلمان به نمایندگی هلموت اشمیت (Helmut Schmidt) و برای فرانسه به نمایندگی من، این نظریه امریکا غیرمترقبه و خیلی غافلگیرانه بود. در همان جلسه انگلیس و امریکا، هر دو متفقا به عنوان یك نیروی متحد و هم فکر و هم عقیده، خواهان خروج شاه از ایران بودند.

انتشار مصاحبه با ژیسکاردستن در روزنامه توس (طوس) جنجال بزرگی در ایران به راه انداخت. هیات نظارت بر مطبوعات توسط علی خامنه‌ای و فرمانده سپاه پاسداران مورد تهدید قرار گرفت. این هیات به موجب ماده ۲۷ قانون مطبوعات مصوب ۲۸/۱۲/۱۳٦٤ مجلس شورای اسلامی مطالب مندرج در شماره مورخ ۲۳ شهریور ۱۳۷۷ روزنامه توس را اهانت به رهبر سابق جمهوری اسلامی تشخیص داد و پروانه انتشار آن را لغو کرد. سردبیر و سه نفر از نویسندگان روزنامه نیز توقیف شدند (سردبیر این روزنامه ماشاءالله شمس الواعظین بود که قبلا نیز توسط انصار حزب الله مضروب شده بود).

سند شماره ۱۴

تصمیم ژیسکاردستن برای تبعید خمینی از فرانسه به الجزایر و مخالفت شاه با آن

بنا به نوشته کتاب "صد روز آخر" (۲۲ آبان - ۲۲ بهمن ۱۳۵۷) نوشته محمود طلوعی، ازهاری در ملاقاتی با سفیر فرانسه در تهران به او گفت که اگر دولت فرانسه فعالیت‌های آیت الله خمینی را در پاریس محدود کند، در کاهش تشنجات داخلی ایران فوق العاده موثر خواهد بود.

ژیسکاردستن رئیس جمهوری وقت فرانسه در شرح این ماجرا می‌نویسد:

«من از وزیر کشور فرانسه خواستم مقررات اقامت اتباع خارجی را در فرانسه به آیت الله ابلاغ کند. فردای آن روز وزیر کشور متذکر شد پیام را به یکی از نزدیکان آیت الله ابلاغ کرده و مخاطب او با اظهار تاسف از آن‌چه رخ داده، گفته است که از این مقررات اطلاع نداشته و آیت الله من بعد، در چارچوب این مقررات عمل خواهد کرد. من در نیمه ماه نوامبر (اواخر آبان ماه ۱۳۵۷) در کنفرانس مطبوعاتی معمول خود یادآوری کردم که ما دو بار در ماه های اکتبر و نوامبر (۱۹۷۸) به ایشان تذکر داده ایم که نمی‌توانند از خاك فرانسه پیام‌های دعوت به خشونت و انقلاب را در کشور دیگری صادر کنند. من به مدیر قسمت مقررات بین المللی وزارت امور خارجه دستور دادم شخصا به «نوفل لوشاتو» برود و با تشریفات رسمی مجدداً هشدار بدهد که ما نمی‌توانیم ادامه چنین وضعی را بپذیریم. مراتب به آیت الله ابلاغ شد و رابط و نماینده ایشان مجدداً قول همکاری داد.

معهذا دوشنبه بعد نوارهای کاست جدیدی با صدای خود آیت الله در تهران پخش شد که در آن از مردم دعوت شده بود شاه را به قتل برسانند. گفتم دیگر کافی است، وزیر کشور را به کاخ الیزه احضار

کردم و از او خواستم که موضوع را تحقیق کند و اگر اطلاعات داده شده مورد تایید بود، ترتیب عزیمت آیت الله را از خاك فرانسه بدهد. من از او خواستم که مقدمات این امر را تا آخر هفته فراهم کند. من همچنین از او خواستم که در اجرای این تصمیم به ترتیبی عمل کند که از مخاطرات احتمالی آن کاسته شود. روز چهارشنبه وزیر کشور اقداماتی را که برای انجام دستور به عمل آورده بود، برای من تشریح کرد. عزیمت آیت الله از فرانسه برای سحرگاه روز جمعه پیش بینی شده بود. قرار بر این بود که آیت الله به الجزایر فرستاده شود، زیرا خود وی هم قبلا علاقمند بود که به این کشور برود.

آخرین اقدام احتیاطی که ضروری به نظر می‌رسید، این بود که قبلا شاه را از این تصمیم خود آگاه کنم. من از سفیرمان در تهران خواستم که روز پنج شنبه شخصا با شاه تماس بگیرد و برای پیش گیری از هرگونه خطر احتمالی برای اتباع فرانسه در ایران، وی را از تصمیم من مطلع سازد.

تماس برقرار شد و نتیجه آن را بی‌درنگ به من اطلاع دادند. شاه تشکر کرده و تصریح نموده بود که «اخراج آیت الله خمینی تصمیمی مربوط به فرانسه است و ایران هیچ گونه مسوولیتی در این امر بر عهده نمی گیرد. اگر بعد از اجرای این تصمیم از وی در این باره سوال شود، خواهد گفت که با این عمل موافق نبوده است. من از پاسخ شاه مبهوت شدم. دلیل این رویه شاه چیست؟ آیا از وقوع انفجاری در تهران هراسان است و می‌خواهد در این صورت از خود سلب مسوولیت کند؟ آیا او می‌خواهد مرا از این کار منصرف کند؟

در هر حال این به عهده فرانسه نیست که به تنهایی بار مسوولیت چنین خطیری را به دوش بکشد. وزیر کشور را پای تلفن می‌خواهم و به او می گویم: من جواب شاه را گرفتم، او نمی‌خواهد درین باره قبول مسوولیت کند. او خواهد گفت که با اخراج آیت الله از فرانسه موافقت نکرده است. باید کل این عملیات را لغو کنید. وزیر کشور می گوید، اما همه چیز برای فردا صبح آماده شده است. می گویم: می-دانم، لغوش کنید.

سند شماره ۱۵

شرح حال حاج داود کریمی

فرمانده سابق و از بنیان گذاران سپاه پاسداران [۱۲]

از اهالی نازی آباد بود. در ۸ سالگی پدرش را از دست داد. در ۱٦ سالگی از طریق عراقی با حاج روح الله خمینی آشنا شد. در بهمن ماه ۱۳۲٦ متولد شد. در ۱٦ شهریور ۱۳۸۲ (٦ سپتامبر ۲۰۰۴) پس از یك بیماری طولانی که گفته شد از عوارض شیمیایی جنگ با عراق بوده، درگذشت. او را برای معالجه به آلمان نیز فرستادند که اثر نکرد.

در سال‌های نخستین دهه ۵۰ همراه با تعدادی از دوستانش گروه چریکی سیاسی نیمه مخفی «فجر اسلام» را ایجاد کرد. با محمد بهشتی و محمدرضا مهدوی کنی در ارتباط بود.

او یك تراشکار و قالب ساز بود. مغازه کوچك تراشکاری او در خیابان ری و در اواخر، در جاده باقرآباد بود. در آن زمان رسم بود که افراد گروه‌های چریکی برای آشنایی با توده‌ها به کارگری می-رفتند. یك بار یکی از بچه‌های مجاهدین خلق در دانشکده فنی از سعید حجاریان می‌پرسد جایی را برای کارگری سراغ داری؟ وی او را به حاج داود معرفی می کند تا در کارگاهش او را به کار بگمارد. بعد از حدود یك ماه، این دانشجو به حجاریان می گوید این‌جا کجا بود مرا فرستادی؟ این‌ها خودشان سیاسی هستند. به رسم گروه‌های چریکی مرا به کوه می‌برند و روی من کار سیاسی می کنند و خط می‌دهند. کم کم دارند جذبم می کنند. پس از آن سازمان مجاهدین خلق این عضو را از رفتن به کارگاه حاج داود

۱۲ - نشریه معتبر Facts on File چاپ امریکا مورخ دوم فوریه ۱۹۷۸، صفحه ٦۷

بازداشت. ارتباط گروه فجر اسلام با مجاهدین خلق به تدریج رو به سردی می گذارد و از سال ۵۲ به کلی قطع شد.

حاج داود تراشکاری و فعالیت سیاسی را در تهران تا سال ۵۵ ادامه می‌دهد تا در آن سال به رسم آن زمان که گروه‌های چریکی اعضای خود را به لبنان و فلسطین و الجزایر می‌فرستادند، حاج داود نیز به لبنان می‌رود.

میثم کریمی پسر ارشد حاج داود گفته است که او در لبنان با مصطفی چمران، محمد منتظری، سید محمد غرضی و یحیی رحیم صفوی هم رزم بوده است.

حاج داود در آن‌جا مربی نیروهای چریکی لبنان می‌شود تا تجربه فعالیت‌های نظامی‌اش بیش‌تر و جدی‌تر شود. دوران فعالیت چریکی حاج داود تا اواخر سال ۱۳۵۶ در لبنان ادامه یافت. اما فرا رسیدن امواج انقلاب، حاج داود را نیز همچون بسیاری دیگر از چریك ها، دانشجویان و مهاجران به کشور بازگرداند. چنین بود که بچه نازی آباد بار دیگر به نزد هم محلی‌هایش بازگشت تا به همراه جوانان جنوب شهر، چهار هیات مذهبی را برای مبارزه با شاه تاسیس کند و در پیروزی انقلاب نقش آفرین شوند.

حاج داود در اولین فعالیت دوران انقلابی خود، در همان روزهای نخست پس از پیروزی، مسوول کمیته انقلاب در نازی آباد شد. برادران حجاریان نیز در این کار با او همراه بودند. حجاریان به یاد می آورد در آن روزها حاج داود هرکسی را که می‌توانست کاری کند، در کمیته به کار می گرفت. به طوری که حجاریان می گوید: مادر مرا برده بود و مسوول بازجویی از زنانی کرده بود که قاچاق مواد مخدر می کردند.

این وضع تا زمان راه اندازی سپاه پاسداران ادامه داشت که حاج داود از اعضای اصلی تشکیل دهنده آن و عضو هیات مرکزی سپاه تهران بود. در اوج درگیری‌های کردستان راهی این استان شد تا سپاه منطقه کردستان را به راه بیندازد. بر پایه آموخته‌های خویش در لبنان مسوول آموزش‌های نظامی سپاه شد. پس از مدتی کوتاه‌تر از یك سال فرمانده سپاه تهران بود. در فاصله سال های ٦٥ تا ٦٧ حاج داود در شرق کشور به سر می برد. او در این دوره با سمت فرماندهی قرارگاه مرکزی محمد رسول الله و قرارگاه های تاکتیکی تابعه شرق کشور در قالب طرح «والعادیات» مسوول مبارزه با قاچاچیان مواد مخدر بود و پس از جنگ حاج داود در حالی که می‌توانست به عنوان سرداری نظامی چهره کند، به کارگاه تراشکاری‌اش بازگشت که به گفته حجاریان این بار «محقرتر» بود و در جاده باقرآباد قرار داشت.

از سال ۱۳٦۸ تا زمان مرگ، حاج داود تنها یك کارگر ساده قالب ساز بود.

این کارگر ساده در همین سال‌های انزوا با مشکلاتی هم مواجه شد. حجاریان این ماجرا را چنین خلاصه می کند «حاج داود مورد جفا واقع شد و ملامت‌هایی کشید، اما دم نزد و هیچ توقعی نداشت». آن‌چه حجاریان می گوید، به دوره ای از زندان بازمی گردد که از ۳۰ دی ماه ۷۲ آغاز شد و تا اردیبهشت ماه سال بعد ادامه یافت. فرزند کریمی به خبرنگاران گفت: از بچه‌های تحکیم وحدت تا حسین الله کرم (لیدر جریان حزب الله) همه تیپ از چهره‌های سیاسی و دانشگاهی و نظامی به منزل آنها آمده اند. در روزهای بیماری هم از جریان‌های مختلف بر بالین او حاضر شدند. عزت الله ضرغامی رئیس سازمان صدا و سیما که از شاگردان فرمانده کریمی بود، علی خاتمی به نمایندگی از رییس جمهوری، فرماندهان کنونی و سابق سپاه (محسن رضائی و یحیی رحیم صفوی) و افراد مختلف از سپاه و بسیج از جمله آنها بودند.

سند شماره ۱۶
اعضای مجلس نمایندگان، دولت کارتر را به سبب عدم پیش بینی درست درباره ایران ملامت کردند [۱۳]

در تاریخ ۲۴ ژانویه ۱۹۷۹ یك کمیته مجلس نمایندگان امریکا، دولت کارتر و دستگاه اطلاعاتی امریکا را به سبب ناکامی در تشخیص جدی بودن بحران ایران و پیش بینی این که آن وضع می توانست به خروج شاه از ایران منجر شود، مورد ملامت و سرزنش قرار داد. این اتهام در یك گزارش ۱۱ صفحه ای که توسط کمیته ویژه دایمی مجلس نمایندگان در مورد اطلاعات در خصوص نحوه اداره این وضع توسط دولت امریکا تهیه شده بود، مطرح شد. در این گزارش آمده بود که سیاستگزاران کشور، حساس بودن طبیعت اوضاع را در ایران تا اکتبر ۱۹۷۸ تشخیص نداده بودند. آن زمان نیز برای آن که دولت امریکا بتواند کاری درین باره انجام دهد، بسیار دیر بود.

سازمان‌های اطلاعاتی وزارت دفاع امریکا در ۲۸ سپتامبر ۱۹۷۸ پیش بینی کرده بودند که شاه برای مدت ۱۰ سال دیگر در قدرت باقی خواهد ماند.

بنابر یافته‌های کمیته ویژه اطلاعاتی مجلس نمایندگان امریکا، مشکل اساسی عمل دوگانه سازمان مرکزی اطلاعات امریکا بود. از یك طرف CIA به صورت تاریخی خود را حامی شاه می‌شناخت، اما از سوی دیگر از آن انتظار می‌رفت که تحلیل‌های جامع و کامل اطلاعاتی درباره اوضاع سیاسی ایران تهیه و ارائه دهد.

گزارش کمیته ویژه اطلاعاتی مجلس نمایندگان امریکا در پایان یادآور شده بود که گزارش اطلاعاتی که از ایران مخابره شده بود، دریچه ای کوچك و مبهم بود که از طریق آن تشخیص تغییرات سیاسی و اجتماعی وسیعی که جریان داشت، امکان پذیر نبود.

سند شماره ۱۷
اطلاع دستگاه های اطلاعاتی غرب از کمك معمر قذافی و یاسر عرفات به خمینی [۱۴]

سازمان آزادی بخش فلسطین (PLO) و لیبی مشترکا از ماه نوامبر همکاری کرده‌اند که به مسلمانان مخالف شاه ایران کمك‌های مختلف، از جمله کمك‌های مالی به عمل آورند. این مطلب را مقامات اطلاعاتی امریکا و اروپای غربی در ۲۹ دسامبر اعلام کردند. بنا به اظهار اروپایی‌ها، صلاح الدین، دستیار معمر قذافی رهبر لیبی در ۲۲ نوامبر، در پاریس با آیت الله خمینی ملاقات کرد و تامین پول و اسلحه را به وی پیشنهاد کرد. گفته شده که صلاح الدین را در این دیدار فاروق خدومی (Farouk Khaddoumi) رئیس بخش سیاسی «PLO» همراهی می کرده است.

همچنین گفته شده است که صلاح الدین، همچنین به خمینی وعده داده است که می‌تواند از فرستنده های لیبی برای رساندن پیام‌هایش به پیروان خود در ایران استفاده کند.

مقامات ایالات متحده گفتند: نشانه‌هایی وجود داشته است که لیبی پول و اسلحه در اختیار مخالفان شاه در ایران قرار می‌داده است و این کمك‌ها توسط سازمان آزادی بخش فلسطین تحویل داده می‌شده است.

ضمنا روزشمار تاریخ ایران ، تالیف باقر عاقلی در جلد دوم، صفحه ۳۱۶ در تاریخ ۱۲ بهمن ۱۳۵۵ گزارش داده است که رادیوی پیك ایران از بلغارستان به لیبی نقل مکان کرد و حملات خود را تندتر نمود. (رادیو پیك ایران یکی از دو رادیوی مخفی ضد رژیم شاه بود که سال‌ها توسط کمونیست‌ها از

۱۳ - از نشریه «Facts onFile» چاپ امریکا، مورخ ۳۱ دسامبر ۱۹۷۸

۱۴ - رادیو پیك ایران یکی از دو رادیوی مخفی ضد رژیم شاه بود که سال ها توسط کمونیست ها از بلوك شوروی سابق سخن پراکنی می کردند

بلوك شوروی سابق سخن پراكنی می كردند). [۱۵]

سند شماره ۱۸
كارلوس مامور كشتن شاه مخلوع شد [۱۶]

چریك‌های نیكاراگوئه و ناسیونالیست‌های امریكای لاتین در عملیات كشتن شاه شركت دارند. آیت الله صادق خلخالی، رهبر سازمان فدائیان اسلام سنت گرا و مشابه اخوان المسلمین كشورهای عربی، در گفت و گویی با خبرگزاری فرانسه گفت: ایلیچ رامیرز سانچز (Ilich Ramirez Sanchez)، كارلوس تروریست اسرارآمیز بین المللی، عملیات اعدام شاه سابق ایران را رهبری و هماهنگ می كند. خلخالی افزود چریك‌های ساندانیست، ناسیونالیست‌های نیكاراگوئه و جمعی از مبارزان ناسیونالیست آمریكای لاتین در این عملیات شركت دارند. آیت الله خلخالی حاضر نشد جزئیات مشاركت كارلوس در اعدام احتمالی شاه سابق را فاش كند، اما گفت كه تروریست معروف، برای اجرای این طرح همكاری می كند. رادیو كلن نیز خبر داد كه آیت الله صادق خلخالی كه ریاست دادگاه‌های انقلابی را بر عهده دارد، اعلام داشت كه مقامات ایرانی مذاكراتی جهت جلب توجه كارلوس برای انجام این ماموریت به عمل آورده اند. كارلوس مدتی است كه تحت تعقیب پلیس بسیاری از كشورها قرار دارد. خلخالی چندی پیش جایزه ای به مبلغ ۱۴۰ هزار دلار برای كسی تعیین كرد كه شاه مخلوع ایران را در مكزیك مورد سوء قصد قرار داده و او را بكشد.

سند شماره ۱۹
فاش شدن رابطه فلسطینی ها با انقلابیون ایرانی [۱۷]

دمشق - سازمان آزادی بخش فلسطین كه تاكنون از آشكار شدن رابطه خود با انقلابیون ایران خودداری می كرد، مدعی شد كه این سازمان در آموزش و تجهیز مخالفان شاه، نقش مهمی بر عهده داشت. احمد جبرئیل رهبر یك گروه كماندویی افراطی فلسطینی در مصاحبه‌ای با خبرگزاری آسوشیتدپرس اظهار داشت: سازمان آزادی بخش فلسطین (Plo) از سال ۱۹۷۰ با انقلابیون ایرانی در تماس بوده و ده ها تن از رهبران آنها را آموزش داده و مسلح ساخته است.

وی گفت: رژیم معمر قذافی رهبر لیبی، توسط سازمان آزادی بخش فلسطین به مخالفان شاه اسلحه داده است. روزنامه ساندی تلگراف چاپ بریتانیا نیز نوشت: فلسطینی‌ها در لیبی و لبنان سرگرم آموزش دادن به یك ارتش سری از چریك‌های ایرانی هستند كه در طی ۱۲ ماه گذشته به ایران بازگشته اند. در حدود ۲۰۰۰ نفر جوان ایرانی برای كسب تعلیمات اعزام شده اندكه آموزش آنها با سلاح‌های شوروی وپول قذافی وتعلیمات مربیان فلسطینی انجام شده است. سازمان آزادی بخش فلسطین (PLO) در تماس دائم با خمینی است.

---

۱۵ - برگرفته از كیهان تهران، دوشنبه ٤ تیرماه ۱۳۵۸، صفحات اول و آخر

۱۶ - خلخالی هم زمان مصاحبه ای نیز با مجله پاری مچ چاپ پاریس به عمل آورد و مدعی شد درین باره با كارلوس صحبت كرده است. بعدها كه كارلوس تروریست توسط ماموران مخفی فرانسه در سودان دستگیر شد، تحقیقات انجام شده نشان داد زمانی كه خلخالی ادعا كرده بود شخصاً با تروریست بین المللی مذاكره كرده است، كارلوس در مجارستان بوده و زیر نظر ماموران اطلاعاتی آن كشور كه هنوز با روش كمونیستی اداره می شد، به سر می برده است

۱۷ - كیهان تهران، اول بهمن ماه ۱۳۵۷، ۲۱ ژانویه ۱۹۷۹

سند شماره ۲۰
شرح حال و فعالیت های محمد توسلی از زبان خودش [۱۸]

موقعی که نهضت آزادی ایران تاسیس شد، به عنوان یك عضو فعال در نهضت کار می کردم. در اروپا پایه گذار انجمن اسلامی گروه فارسی بودم. بعد از قیام ۱۵ خرداد، برای دیدن دوره به خاورمیانه رفتم و آموزش نظامی و چریکی در مصر دیدم. در سال ٤٤ که امام از بورسا به نجف اشرف منتقل شدند، بنده قبلا آن‌جا بودم و مدت ٦ ماه در خدمت ایشان بودم. تمام بیانیه‌هایی که آن موقع از نجف خارج می شد، بنده تصدی و همراهی می کردم.

در راه پیمایی های تاسوعا و عاشورا و در استقبال از امام، بنده مسوول تبلیغات بودم. بعد از شهریور ۲۰ در مملکت ما دو جریان اصیل اسلامی جریان داشت. یکی همان جریانی است که اگر آقای امیرانتظام مجرم باشند، مجرمین اصلی آن آیت الله طالقانی و مهندس بازرگان و دکتر سحابی هستند. یك حرکت اصیل اسلامی دیگری وجود دارد که شاید مقدمین این حرکت فدائیان اسلام باشند. ادامه این جریان هیات‌های موتلفه است که در سال‌های ٤۰ شکل می گیرد و نقش بسیار موثری در قیام ۱۵ خرداد و رسانیدن پیام امام در آن شرایط خفقان ایفا می کنند. این که امام امت به کرات مساله فیضیه و دانشگاه را مطرح ساخته اند، اشاره به این دو جریان است. از حدود خرداد ماه ۵۷ که بنده به عنوان مترجم آقای مهندس بازرگان با نماینده سفارت امریکا شرکت داشتم، شهادت می‌دهم اطلاعاتی که ما از این افراد می گرفتیم، برای برنامه ریزی مبارزات قبل از پیروزی بسیار مفید و موثر بود و به ما واقع بینی و چشم باز می‌داد. در حدود خرداد ۵۷ که هنوز نهضت گسترش پیدا نکرده بود، ما در این جلسات تاکید می کردیم که این حکومت پوشالی است. رژیم شاهنشاهی مورد تایید ملت ایران نیست و مردم به امام اعتماد دارند. امام نقش رهبری دارد و شما باید این واقعیت را بپذیرید و این از مطالبی بود که ما آنها را با آن بمباردمان می کردیم. کسانی که در این ارتباط آشنایی دارند، می‌دانند که این نوع بمباردمان‌ها تا چه اندازه می‌تواند موثر باشد. تا حدود آذرماه ۵۷ بنده این مسوولیت ترجمه و ارتباط را داشتم. با پیشنهاد جناب آقای بازرگان این مسوولیت از آن تاریخ به آقای مهندس امیرانتظام واگذار شد.

سند شماره ۲۱
سخنان یاسر عرفات در اهواز [۱۹]

ما دو ملت در یك قالب هستیم، نهضت انقلابی ایران با نهضت فلسطین. ما دو نهضت انقلابی هستیم که در یك نهضت انقلابی متحد شده ایم. کارتر بداند، بگین بداند که این دو نهضت انقلابی، دوش به دوش هم پیش خواهند رفت و لشکرهای فدائیان به مرزهای فلسطین رهسپار خواهند گشت. آیت العظمی خمینی به ما پیام فرستاد که ای ابوعمار، به راه خودت ادامه بده، به راه جهادت ادامه بده. ای مجاهدین فلسطین به راه خود ادامه دهید. این پیشوای بزرگ به کوری چشم شاه مزدور بیگانه، فتوا داد که هر مسلمان باید به صفوف مجاهدین فلسطین بپیوندد و هرکس نپیوندد، بیگانه از دین است.

همین چند روز پیش برژنسکی گفت: سازمان آزادی بخش فلسطین رفتنی است. اما من به او می گویم که سازمان آزادی بخش فلسطین نه تنها رفتنی نیست، بلکه روز به روز مستحکم‌تر می‌شود. نخستین جواب ما به برژینسکی از جنوب لبنان داده شد و دومین جواب از نهضت انقلاب ایران و از امام خمینی آمد و در این جا بزرگ‌ترین ضربه، توسط امام خمینی در ایران به امپریالیسم آمریکا زده شد.

سند شماره ۲۲

---

۱۸ - دادگاه امیرانتظام، جلسه ۱۵، ۲۳ اردیبهشت ۱۳٦۰، برگرفته از کتاب محاکمه و دفاعیات امیرانتظام، چاپ ششم، جلد دوم، صفحه ۳۱٤

۱۹ - کیهان تهران، شنبه ۵ اسفند ۱۳۵۷، صفحه ۲

نامه قذافی به خمینی و تلگرام او به خلخالی [20]

"بی شك مسلمین جهان که در خوشحالی پیروزی برادران ایرانی شرکت دارند، امیدوارند که این انقلاب در قالب‌های غربی اعم از جمهوری و یا سلطنتی قرار نگیرد. انقلاب اسلامی ایران که به پشتیبانی ملت ایران به نتیجه رسیده است، به هدف‌های عالی خود نخواهد رسید، جز با اعلان جمهوری اسلامی که قانون اساسی اش قرآن باشد که می تواند سرمشقی برای همه ملت‌های اسلامی باشد و حقیقت انقلابی اسلام را آشکار سازد."

معمر قذافی

سرهنگ معمر قذافی رئیس جمهوری لیبی طی تلگرامی عید قربان را به شیخ صادق خلخالی تبریك گفت و توفیق او را در راه اقدامات اسلامی سازنده ای که تاکنون در ایران انجام داده است مسئلت نمود و آرزو کرد که خلخالی بتواند علاوه بر ایران، نقش اسلامی خود را در همه کشورهای جهان بازی کند. [21]

سند شماره ۲۳
دستگیری افغانی های مسلح در شمیران [22]

ماموران کلانتری و جوانان کمیته انقلاب شمیران، ۲۹۹ نفر افغانی را دستگیر کردند و از آنها ۴۵ هزار تومان پول نقد به دست آمد. جوانان کمیته انقلاب امامزاده قاسم نیز ۱۸ افغانی مسلح را که نیمه شب به وسیله مینی بوس در نقاط مختلف امامزاده قاسم پراکنده شده بودند، دستگیر کردند. ماموران کلانتری یك تجریش با همکاری جوانان کمیته انقلاب، روز گذشته ۲۰۰ افغانی را که عده ای از آنها نیز مسلح بودند، دستگیر کردند.

دستگیرشدگان هم اینك در زندانی که در کاخ سعدآباد ایجاد شده، به سر می‌برند تا به تدریج به وطن خود اعزام شوند.

سند شماره ۲۴
شادباش کاسترو به رهبران جدید ایران [23]

هاوانا - فیدل کاسترو رهبر کوبا دیروز به رهبران جدید ایران به خاطر پیروزی تاریخی‌شان شادباش گفت و ایرانیان را مردمی فوق‌العاده دلیر و قهرمان توصیف کرد که توسط امام خمینی با درایت رهبری شده اند.

فیدل کاسترو در پیامی به امام خمینی، تلاش مداوم مردم قهرمان ایران را برای به دست آوردن آزادی‌های اساسی خود و استقلال کشورشان ستود و گفت: پیکار مردم ایران در راه آزادی و استقلال باید سرمشق دیگر مردم جهان باشد. کاسترو در پیام دیگری به مهدی بازرگان نخست وزیر دولت انقلابی ایران گفت مردم و دولت کوبا از پیروزی خارق‌العاده مردم ایران بسیار شادمانند.

سند شماره ۲۵
کمك های همه جانبه سوریه به پیروزی انقلابیون ایران کمك کرد [24]

---

۲۰ - نقل از روزنامه کیهان تهران، پنج شنبه ۱۹ بهمن ۱۳۵۷، شماره ۱۰۶۳۳، صفحه ۵ و کتاب شورش ۵۷ در آینه مطبوعات، جلد اول، صفحه ۲۴۴

۲۱ - شورش ۵۷ در آینه مطبوعات، شهرام جاویدپور، چاپ ۱۹۹۲، صفحه ۲۴۴

۲۲ - کیهان تهران، دوشنبه ۳۰ بهمن ماه ۱۳۵۷، شماره ۱۰۶۴۱

۲۳ - روزنامه کیهان، چهارشنبه ۲ اسفند ۱۳۵۷، صفحه اول

۲۴ - روزنامه کیهان تهران، چهارشنبه ۲۸ شهریورماه ۱۳۵۸، شماره ۱۰۸۱۰، صفحه ۹

خبرگزاری‌ها به نقل از یکی از روزنامه‌های دمشق گزارش دادند که دولت سوریه به رهبری حافظ اسد، همه گونه یاری و حمایت در اختیار انقلابیون ایران گذاشت و این حمایت‌ها به پیروزی مردم ایران علیه رژیم شاه کمك کرد.

خبرگزاری‌ها از دمشق خبر دادند که "صادق طباطبایی" سخنگوی دولت ایران اعلام کرد، سوریه و حافظ اسد به ایرانیان انقلابی در سرنگون ساختن محمدرضا پهلوی در فوریه گذشته مساعدت نمودند. صادق طباطبایی معاون نخست وزیر و سخنگوی دولت در بیانیه‌اش که روز سه شنبه توسط روزنامه دولتی "تشرین" انتشار یافت، گفت: سوریه همه گونه حمایت و یاری در اختیار ایرانیان انقلابی گذارد و این حمایت‌ها و مساعدت‌ها به پیروزی آنها بر رژیم شاه یاری نمود". طباطبایی گفت مردم ایران و سوریه روابط عمیق و دوستانه دارند، لیکن رژیم شاه به خاطر حمایت از اسراییل اجازه رشد و باروری به این روابط را نمی‌داد.

صادق طباطبایی پس از انتشار این گزارش توسط خبرگزاری‌ها در یك گفت و گوی تلفنی با خبرگزاری پارس اظهار داشت: "این راست است که سوریه در جریان روزهای دشوار انقلاب ملت ایران، از این انقلاب حمایت می‌کرد و حاضر بود همه گونه کمك حتی کمك نظامی به ایران بدهد اما هرگز نیازی به استفاده از کمك‌های عملی سوریه به مردم ایران پیش نیامد. وی با اشاره به مطالبی که به وسیله خبرگزاری‌های خارجی منتشر شده، گفت: " سوریه پیش از انقلاب، دادن هرگونه کمك از جمله کمك نظامی را به ایران اعلام کرده بود و این تمایل دولت و مردم سوریه به اطلاع امام نیز رسید اما ملت ایران خود به تنهایی رژیم طاغوتی را سرنگون کرد و نیازی به استفاده از کمك‌های سوریه پدید نیامد."

سند شماره ۲۶
ارتباط تروریست های ایرانی با تروریست های بین المللی [۲۵]

محمد البصری رهبر جناح انقلابی مراکش، اساسی‌ترین رهبر مخالفین ضد شاه مراکش، طی سفری برای آشنایی بیش‌تر با انقلاب و انقلابیون ایران، دیدار دوستانه ای با رهبران سازمان مجاهدین خلق ایران داشت. در این دیدار مسعود رجوی و چند تن دیگر از اعضای سازمان مجاهدین خلق حضور داشتند. محمدالبصری رهبر جناح انقلابی مراکش در یك گفت و گوی مطبوعاتی در مورد سازمان مجاهدین خلق ایران گفت:

این اولین بار نیست که ما با مجاهدین خلق ایران تماس می گیریم. ما قبلا در سال ۱۹۷۰ با رزمندگان این سازمان در اردوگاه‌های چریکی سازمان آزادی بخش فلسطین و همچنین در کشورهای اروپایی در ارتباط بودیم.

---

۲۵ - کیهان تهران، شماره ۱۰۶۶۷، دوشنبه ٦ فروردین ۱۳۵۸، صفحه ۳

حزب اتحاد ملی ایرانیان

مقدمه:

درست سی ویکسا ل است که رژیمی غیر ایرانی به نام رژیم ولایت فقیه که چهره غیر انسانی خود را درپناه نام اسلام پنهان نگاهداشته است، با توسل به انواع فریبکاری ها برکشور ایران مسلط شده است. این رژیم غیر قانونی و غیر مسئول که در واقع ایران را اشغال کرده، ایرانیان را اسیر ساخته و به تخریب و ویرانی کشور و چپاول و غارت اموال و دارائی های عمومی و خصوصی ایرانیان پرداخته است، تاکنون صدها هزار ایرانی را به عناوین گوناگون از جمله جنگ بی مورد و طولانی با عراق به هلاکت رسانده، صدها هزار نفر دیگر را مصدوم و معلول ساخته، چندین میلیون نفر را در داخل و خارج کشور آواره کرده. صدها شهر و روستای ایران را نابود ساخته و بیش از 1200 میلیارد دلار درآمد نفت و گاز کشور را به باد داده و بیش از یک هزار میلیارد دلار خسارت مالی به کشور ایران وارد آورده است.

این فقط گوشه ای از جنایات و خیانت های گوناگون رژیم غاصب و غیر ایرانی ولایت فقیه است که سرکردگان خود را در اندک زمانی کوتاه از روضه خوانی به نمایندگی خداوند، جانشین پیامبر اسلام و صاحب اختیار نه تنها 70 میلیون نفر ایرانی بلکه به ولایت و قیمومیت 1.5 میلیارد مسلمان جهان نیز ارتقاء داده است. این گروه که از بزرگترین شیادان تاریخ محسوب می شوند، همراه با یک مافیای بین المللی مرکب از شیادان دیگری نظیر خویش، مدت بیش از سه دهه ملت بزرگ، فریب خورده و ستمدیده ایران را در چنان تنگنای وحشتناکی قرار داده اند که تاریک ترین و هولناک ترین دوران زندگی را در طول تاریخ پر فراز و نشیب خود تجربه می کنند.

خوشبختانه به دنبال تقلب بزرگ و عجیب رژیم در انتخابات فرمایشی خرداد ماه 1388، امروزه اکثریت قاطع ملت ایران مرکب از جوانان شجاع و برومند کشور، زنان شیردل و مردان غیور ایرانی که روح ملی گرائی و میهن دوستی در سراسر وجود آنها موج می زند و مدت سی سال شاهد بی وطنی، ضد ملی بودن و بیگانه پرستی سرکردگان این رژیم سفاک و خونریز بوده اند، یک پارچه به پا خواسته اند.

آنها به پا خواسته اند تا حقوق از دست رفته و پایمال شده ملت را به دست آورند و این رژیم غیر ایرانی را که قتل عام وسیع ایرانیان وطن پرست و آزادیخواه را عامل دوام خود می داند، از سرزمین پاک ایران بیرون کنند.

خشونت و آدم کشی غیر قابل باور رژیم ضد ایرانی ولایت فقیه همچنان رو به افزایش است و سفاهت رهبران آن در این تصور که با زور و قلدری و زندان و شکنجه و انواع تجاوزهای غیر انسانی و کشت و کشتار وحشیانه می توانند به حکومت ظالمانه و جابرانه خود ادامه دهند نیز روز به روز بیشتر می شود.

آنها همچنین با تمام قوا می کوشند که روحیه وطن خواهی و ملی گرائی ایرانی را خاموش کرده و ملیت و قومیت ایرانی را نیز برای همیشه از خاک پهناور ایران بزدایند و آنچه را که ایدئولوژی ارتجاعی و منحط خود این گروه و یک فرقه بدعتی و انقلابی بین المللی است جایگزین آن سازند. این گروه آشوبگر جهانی در رویای غیر واقعی متحد ساختن کشورهای اسلامی و ایجاد یک امپراطوری جدید به نام **"اتحاد جماهیر اسلامی"** است که بتواند بر قسمت عظیمی از منابع نفتی جهان تسلط یابد.

همزمان ملت ایران نیز به ناچار بر سر یک دو راهی بسیار مهم و حساس تاریخی قرار گرفته است، یا باید اجازه دهیم که این بی وطنان ماکیاولیست وشارلاتان, با استراتژی و تاکتیک های مارکسیستی-فاشیستی خود به هدف دیرینه خویش که محو روحیه ملی گرائی و ایران خواهی است، دست یافته و ایران و ایرانی را برای همیشه دگرگون سازند و کشور و ملت جدیدی مطابق میل و منافع جنون آمیز خود بسازند، یا آنکه باید وطن پرستان و ملی گرایان ایرانی و تمام کسانی که قلبشان برای ایران می طپد، و به ایرانی بودن خود و ملیت و قومیت ایرانی خویش می بالند و خواستار تمدن، فرهنگ، تجدد، ترقی، پیشرفت و رفاه عمومی و آسایش و امنیت و ایرانیگری هستند، دست ها را به هم دهند، سلیقه های فردی و گروهی را کنار نهند و با اتحاد و همبستگی ملی, 70 میلیون نفر ایرانی گرفتار را، حتی افراد ی که توسط این بی وطنان مرتجع و بیگانه پرست سال ها در معرض مغزشوئی بلاانقطاع بوده اند، از این مخمصه و گرداب تاریخی نجات دهند.

31 سال پیش صدها هزار نفر استاد دانشگاه، دانشجو، بازاری، روحانی، فرهنگی، سیاست پیشه ابن الوقت، تروریست و حتی افراد عادی و متدین مرتکب یک اشتباه بسیار بزرگ سیاسی شدند، فریب سخنان گول زننده اما دروغ یک ملای ریاکار و عوامفریب شیعه را خوردند و سرنوشت خود، کشور و ملتشان و فرزندان ایران را به دست گروهی افراد ناشناخته و ناشایست سپردند که در پس پرده,اهداف بین المللی و خطرناک دیگری را دنبال می کردند و در تمام این سال ها جز جنگ، ویرانی، فقر، انواع بدبختی و فساد و سرانجام یک پشیمانی عظیم چیزی برای ملت ایران به ارمغان نیاورده اند. این گروه و جمهوری موهوم شان که **نه جمهوری است، نه ایرانی است و نه اسلامی** تاکنون سه نسل کشور را نابود کرده است. اما در عوض در سراسر جهان انواع دلالان و انواع گروه های تروریستی و آشوب طلب را شاد و خرسند و شریک چپاول های خود ساخته است.

ما مردم ایران، امروز همگی با یک وظیفه و مسئولیت خطیر و عظیم ملی و تاریخی روبرو هستیم و باید برای نجات کشور و ملت مان متحد شده و به پا خیزیم.

ما قادریم با یاری گرفتن از روح ملی گرائی و ایرانیگری و وطن پرستی در یک پایگاه بزرگ و مؤثر به نام **حزب اتحاد ملی ایرانیان** گرد هم آئیم؛ صمیمانه و صادقانه با هم متحد شویم و با کار و کوشش مداوم و سازمان یافته و با برخورداری از روحیه ملی و میهنی یک بار و برای همیشه ایران و ایرانیان و حتی منطقه خاورمیانه و جهان را از شر جنایات و جانیان رژیم ولایت فقیه و یاران خطرناک بین المللی آنها نجات دهیم. **تنها راه پیروزی ما ایرانیگری و اتحاد ملی است.**

حزب اتحاد ملی ایرانیان

اصول اعتقادی و مرامی و خط مشی آینده **حزب اتحاد ملی ایرانیان** به شرح زیر به آگاهی عموم می رسد: این اصول که به تصویب هیات مؤسس رسیده است تا تشکیل اولین کنگره حزب که مرامنامه و اساسنامه نهائی را تدوین و تصویب خواهد کرد معتبر خواهد بود.

1- هر کدام از ارگان ها، سازمان ها، و شخصیت های بین المللی و ملی و هر یک از انسان ها و کشورهای شرافتمندی که به حقوق بشر و حقوق اساسی انسان ها اعتقاد راسخ داشته باشند و به یاری مردم آزادیخواه ایران برخیزند و آنها را در احقاق حقوق پایمال شده خود کمک و مساعدت کنند، نه تنها به ندای وجدانی و انسانی خویش پاسخ داده اند، بلکه مردم ایران و **حزب اتحاد ملی ایرانیان** را نیز همواره سپاسگزار خود خواهند داشت و ملت ایران به موقع و برحسب سنن ملی خویش خدمات انسانی آنها را مورد قدردانی شرافتمندانه خود قرار خواهد داد.

2- **حزب اتحاد ملی ایرانیان** اعتقاد راسخ دارد که ایران باید به سرعت از بدنامی یک کشور تروریستی و حامی تروریزم و قانون شکن و یاغی خارج شده و به صورت کشوری با فرهنگ، متمدن و صلح جو به جامعه جهانی ملحق شود و به عنوان یکی از قدیمی ترین کشورهای موجود جهان، حیثیت و اعتبار بین المللی خود را بازیابد و آبروی جهانی ایرانیان هر چه زودتر اعاده گردد.

3- به نظر**حزب اتحاد ملی ایرانیان**، تمامی افراد، سازمان ها و کشورهایی که به سلطه غیر قانونی رژیم ولایت فقیه بر ایران و ایرانیان کمک کرده و در جهت حفظ این سلطه ناجوانمردانه و غیر انسانی که بانی کشتار و قلع و قمع مردم بیگناه ایران و تخریب و ویرانی کشور ایران است، این رژیم را چه از لحاظ مادی و چه از نظر معنوی مورد حمایت قرار دهند و سلاح ها و تجهیزاتی را که به مصرف سرکوبی ملت ایران می رساند در اختیار آن قرار داده و قرار بدهند، در پیشگاه ملت ایران محکومند و ملت ایران آنها را نیز از بانیان و حافظان این فاجعه شناخته و آنان را همواره در پیشگاه بشریت و جامعه جهانی مسئول و محکوم خواهد شناخت.

4- مردم ایران برای احقاق حقوق از دست رفته و پایمال شده خود حق دارند که با تمام نیرو و با استفاده از تمامی راه ها و وسائل ممکن علیه رژیم غاصب، ظالم و ویرانگر و جنایتکار ولایت فقیه قد علم کرده و با توسل به مبارزات گوناگون، حتی المقدور با احتراز از خشونت و در صورتی که کارگر نیفتد به شیوه های ابتکاری جدید به این سلطه غیر ایرانی بر کشور و ملتشان پایان داده و حکومت قانونی، ملی و مقبول و مورد اعتماد خود **را که بر اساس اصول و موازین دمکراسی و معیارهای شناخته شده دنیای آزاد و اصول و مبانی اعلامیه جهانی حقوق بشر خواهد بود** در کشورشان برقرار سازند.

5- از آنجا که اکثریت جامعه ایران را جوانان تشکیل می دهند، بنابراین جوانان ایرانی از حق طبیعی و کامل تعیین سرنوشت خود و کشورشان برخوردارند ومیتوانند آنچه را که گذ شتگان برای شان بریده ودوخته اند ملغی سازند.

6- در تمام مدت برقراری حکومت ولایت فقیه، طبقه جوان کشور بیشترین تلفات و ضایعات را داده است و بزرگترین خسارات مادی و معنوی را چه از لحاظ ملی و چه از نظر بین المللی متحمل شده است و از حق طبیعی و قانونی دفاع از موجودیت و سرنوشت خود و حیثیت ملی و بین المللی خویش برخوردار است.

7- از نظر **حزب اتحاد ملی ایرانیان**، استقلال، تمامیت ارضی و حاکمیت ملی کشور در درجه اول اهمیت قرار دارد و با وجود اینکه ایران به هیچوجه و به هیچ صورتی به سرزمین دیگران چشم طمع ندارد طبیعی است که از هر ذره از خاک خود نیز با تمام قوا حفاظت و حراست خواهد کرد.

8- به اعتقاد **حزب اتحاد ملی ایرانیان**، کشور ایران متعلق به تمام ایرانی هاست و به همان نسبت که همگان باید در ساختن و ابادانی و پیشرفت و حفظ آن مشارکت داشته باشند. همگان نیز بایستی با حقوق مساوی و براساس میزان لیاقت و شایستگی و درجه فعالیت و کوشش خود در راه خدمتگزاری ملی، به صورت معقول, قانونی و عادلانه از تمامی مواهب و امکانات موجود و به دست آورده کشور بهره مند شده و از آن برخوردار باشند.

9- به اعتقاد **حزب اتحاد ملی ایرانیان**, آموزش و پرورش و بهداشت باید برای عموم و در تمام سطوح رایگان باشد و براساس ارزش های ملی، اخلاقی و معنوی و با هدف پرورش سالم و آگاهانه نیروی جوان و ایجاد تخصص های واقعی و ضروری و مورد نیاز جامعه بزرگ ایران باید برنامه های لازم تهیه شده و به مورد اجرا گذارده شود.

10- ضرورت رعایت موازین اعلامیه جهانی حقوق بشر و احترام به حقوق فردی و جمعی تمامی گروه ها و طبقات و اقلیت های قومی و مذهبی ایران و حکومت قانون و به رسمیت شناختن آزادی های اساسی و قانونی آنان و برابری تمامی افراد در برابر قانون و برابری کامل زنان با مردان از اصول بنیادی اعتقادات **حزب اتحاد ملی ایرانیان** است. همه ایرانی هستیم وهمه خودی.

11- احترام به اصول و موازین دمکراسی، آزادی انتخابات، آزادی احزاب ملی، آزادی مطبوعات و سایر رسانه ها، آزادی مذهب، آزادی بیان و عقیده، آزادی اجتماعات و سپردن کار مردم به دست مردم در چهار چوب قانون و حفظ منافع ملی کشور از اصول بنیادی اعتقادات **حزب اتحاد ملی ایرانیان** است و با اعتقاد راسخ به اهمیت سیستم چند حزبی، حقوق قانونی کلیه احزاب ملی را که سر سپردگی به کشورها و دولت های خارجی نداشته باشند و مستقلاً در چهار چوب منافع و مصالح ملت ایران فعالیت داشته باشند محترم

می شمارد و معتقد است سیاست عدم تمرکز باید به معنای واقعی به مورد اجرا درآید و مردم به موجب قانون در تعیین سرنوشت خود مشارکت مستقیم داشته باشند و از راه انتخابات شوراها و انجمن های شهری و استانی نسبت به نحوه اداره امور خود حق تصمیم گیری داشته باشند.

12- ضمن احترام به همهء ادیان ومذاهب، از نظر **حزب اتحاد ملی ایرانیان** دین باید به کلی از حکومت جدا باشد. اما پیروان ادیان و مذاهب مختلف میتوانند آزادانه در کشور فرایض دینی خود را بجا آورند و کسی حق ندارد آنها را از این کار منع کند.

13- از نظر **حزب اتحاد ملی ایرانیان**، به همان میزان که توسل به خرافات و سوء استفاده از مبانی مذهبی جامعه و انحراف فکری افراد از ارزش ها و تعلیمات عالیه و انسانی دینی ناصواب و مخرب است، اشاعه بی ایمانی نیزمردود خواهد بود و تمامی کوشش های انسانی، اخلاقی و نیکوکارانه روحانیت منزه و واقعی ادیان در راه اشاعه و ترویج اخلاق و نیکوکاری و امور خیریه و عام المنفعه مورد استقبال و پشتیبانی قرار خواهد داشت و ارشاد آنان درین زمینه محترم خواهد بود.

14- پایبندی به اصول اخلاقی و آداب و سنن ملی و عدم سازش مطلق با هر نوع فساد و تباهی از ارکان فکری **حزب اتحاد ملی ایرانیان** است.

15- از نظر **حزب اتحاد ملی ایرانیان** تمامی افرادی که در رژیم ضد ایرانی ولایت فقیه دست به خیانت، جنایت و تخریب و غارت و چپاول ملت ایران زده اند، بایستی در دادگاه های صالح و با رعایت کلیه موازین عدل و انصاف و در محاکماتی علنی با حضور هیات های منصفه مرکب از نمایندگان طبقات مختلف جامعه ایران به اعما ل و اقداماتشان رسیدگی شده و در صورت اثبات جرم بر طبق موازین قانونی و به تناسب جرائمی که مرتکب شده اند به مجازات برسند و در عین حال چنانچه اشخاصی واقعاً بیگناه تشخیص داده شده و تبرئه شوند از آنان اعاده حیثیت شود، حضور نمایندگان مطبوعات داخلی و خارجی و احتمالاً ناظران بین المللی ذیصلاح و علاقمند در این محاکمات آزاد خواهد بود.

16- به اعتقاد **حزب اتحاد ملی ایرانیان**، مغزهای متفکر و کارشناسان و متخصصان کشور که به عناوین مختلف از کشور رانده شده و فراری داده شده اند بایستی تا سر حد امکان به مملکت بازگردانده شوند و به خدمت به کشور و جامعه خود تشویق و ترغیب شوند.

17- **حزب اتحاد ملی ایرانیان** معتقد است با جنگ افروزان و اشخاصی که برای ارضاء امیا ل و منافع شخصی خود به جنگ و خونریزی و برادر کشی و تفرقه در کشور و به ارتکاب اعمال تروریستی و ضد انسانی در کشورهای خارجی دامن زده و موجب بی خانمانی و دربدری و هتک حیثیت صدها هزار خانواده ایرانی شده اند و صدها هزار نفر کودکان، نوجوانان معصوم و زنان و مردان بیگناه ایرانی را

برای ارضاء مطامع و امیال شیطانی خود قربانی کرده و حیثیت و اعتبار بین المللی ایران و ایرانیان را لکه دار ساخته اند بایستی همانند جنایتکاران جنگی رفتار شود و در دادگاه های ویژه رسیدگی به وضع جنایتکاران جنگی مورد محاکمه علنی قرار بگیرند.

18- به اعتقاد **حزب اتحاد ملی ایرانیان** بذرهای زهرآگین، غیر اخلاقی، ناصواب، ضد ملی و مخربی را که رژیم ولایت فقیه عالماً و عامداً برای حفظ سلطه غیر قانونی خود در جامعه ایران کاشته است نمی توان و نباید با کاشتن و پروردن بذرهای مشابه جبران کرد بلکه باید پادزهرهای مناسب آن را قویاً در جامعه پرورش و گسترش داد، به عبارت دیگر سعی حزب این خواهد بود که آتش را با آب، تاریکی را با نور و روشنائی، یا س را با امید، کینه ورزی و دشمنی را با تفاهم و همدلی، بیرحمی و قساوت را با مهربانی و شفقت، تفرقه و پراکندگی را با اتحا د و همبستگی ملی و جنگ و خونریزی را با صلح و آشتی و هرج و مرج و بی قانونی را با نظم و انضباط قانونی، دروغ پردازی و عوامفریبی را با راستی و صداقت. جهل و خرافات را با دانش و علم، بی اعتمادی را با اعتماد متقابل، بدخواهی را با نیکوخواهی، ظلم و بیعدالتی را با عدل و انصاف، تخریب و ویرانگری را با سازندگی و آبادانی و تعصب و کوردلی را با ازاد اندیشی و روشندلی از میان بردارد. به همین سبب کلیه خدمتگزاران، مربیان، معلمان و مرشدان جامعه و حتی روحانیان واقعی و سالم که در این زمینه کوشش و مجاهدت کنند از حمایت کامل حزب **اتحاد ملی ایرانیان** برخوردار بوده و خدمات ملی و انسانی و اخلاقیشان مورد قدردانی و تحسین قرار خواهد داشت.

19- **حزب اتحاد ملی ایرانیان** از تمامی افرادی که در دام فریبکاری ها و توطئه چینی های اغفال کننده رژیم ضد ایرانی ولایت فقیه گرفتار شده اند، انتظار دارد هر چه زودتر خود را از این رژیم وحشی وخونریزجدا ساخته و به هر صورتی که برایشان میسر است به صفوف **حزب اتحاد ملی ایرانیان** ملحق شوند و اطمینان داشته باشند که ملت همانگونه که خادمین جامعه را محترم می شمارد به نادمان نیز توجه داشته و اشتباهات نادانسته آنان را مورد بخشش قرار خواهد داد و از هیچ کوششی برای باز گرداندن جوانانی که در دام اغفال رژیم ولایت فقیه گرفتار شده اند به راه راست و صحیح ملی فروگذار نخواهد کرد و از نظر حزب، حساب این گروه از حساب جنایتکاران که دانسته و تعمداً به کشور و ملت ایران خیانت کرده و عامل و بانی ظلم و ستم و قتل و غارت و خونریزی و جنگ و ویرانی شده اند جدا خواهد بود.

20- پای بندی به کلیه اصول و موازین و قوانین و مقررات بین المللی و رعایت کامل اصول شناخته شده جهانی با توجه به حفظ مصالح و منافع ملی کشور و ملت ایران و به رسمیت شناختن حقوق قانونی و طبیعی و حق حاکمیت سایر کشورها و پای بندی به اصل عدم مداخله در امور داخلی سایر کشورها و

کوشش در راه تقویت و حفظ صلح جهانی و رعایت حسن تفاهم و احترام متقابل در روابط با تمامی کشورها از جمله همسایگان ایران و مراعات کامل حسن همجواری با آنان و دوری جستن از توسل به زور و مخالفت کامل با تروریزم بین المللی در صور مختلف و همکاری و هم آهنگی کامل با سازمان ملل متحد از اصول بنیادی و مرامی **حزب اتحاد ملی ایرانیان** است.

خط مشی آینده حزب اتحاد ملی ایرانیان

حزب اتحاد ملی ایرانیان زمانی که با یکپارچه شدن نیروهای مختلف ملی کشور رژیم ضد ایرانی ولایت فقیه را سرنگون سازد و حکومت را به دست گیرد، اقداماتی بدین شرح معمول خواهد داشت:

1- کلیه نهادها و سازمان های ضد ملی وابسته به رژیم ولایت فقیه بلافاصله منحل خواهند شد و قوانین و مقررات موضوعه آنها نیز لغو خواهند شد و همزمان، دادگستری مستقل و ارتش ملی ایران تشکیل خواهند شد و نیروی پلیس و ژاندارمری ملی شکل خواهد گرفت و تمامی قهرمانان ملی و مدافعان خاک میهن اعم از سربازان، درجه داران و افسران و سایر اشخاص و رده هائی که با فداکاری ها و از جان گذشتگی های خود از خاک و مردم ایران حفاظت و حراست کرده اند. مورد قدرشناسی و تحسین قرار خواهند گرفت.

2- دخالت دین در حکومت متوقف خواهد شد و دست آخوندهای مخرب و بی اطلاع و غیر ایرانی از دخالت در سرنوشت ملت ایران کوتاه خواهد شد و به جای آن گسترش و تعمیم مبانی و اصول معنوی و اخلاقی در شئون مختلف اداره امور کشور مورد توجه قرار خواهد گرفت.

3- به آشوب طلبی و شعبده بازی و تخریب و کشتاروآزارمردم در ایران پایان داده خواهد شد و با اعلام عفو عمومی تمامی بیگناهان از زندان های مخوف رژیم ولایت فقیه آزاد خواهند شد و کهریزک های ولایت فقیه برای همیشه تعطیل و برچیده خواهند شد.

4- به هرج و مرج و بی قانونی پایان داده خواهد شد و حکومت نظم و قانون برقرار خواهد شد.

5- جان و مال و ناموس مردم از هر گونه تعرضی مصون و محفوظ خواهد بود و دست اراذل و اوباش تحت هر نام و عنوانی از دخالت در زندگی خصوصی و عمومی مردم کوتاه خواهد شد.

6- سرمایه های ملی ایران مورد حفظ و حراست قرار خواهند گرفت و صرفاً در جهت خدمت به مردم ایران به کار گرفته خواهند شد.

7- آوارگان داخلی و خارجی کشور مورد حمایت قرار گرفته و از آنان حداکثر حمایت قانونی به عمل خواهد آمد و معلولان ایرانی مورد حمایت و پشتیبانی کامل ملی قرار خواهند گرفت.

8- فشار به اقلیت های مذهبی و قومی خاتمه خواهد یافت و تمام اقلیت های قومی و مذهبی خواهند توانست در چهار چوب قوانین ملی و حفظ منافع ملی به زندگی عادی خود ادامه دهند.

9- تروریزم و اعمال و افکار تروریستی و تروریست پروری برای همیشه از جامعه ایران طرد خواهد شد.

10-دوستی و محبت و همکاری و همدلی و اخلاق ملی جایگزین نفرت و کینه توزی و دشمنی و خصومت های دست پرورده رژیم ولایت فقیه خواهد شد.

11-برنامه ها و طرح های خاصی به مورد اجرا درخواهد آمد تا با انواع فساد اعم از فساد اخلاقی، ملی و اجتماعی و عاملان آن به شدت مبارزه شود و قانون شکنی، زورگوئی، تجاوز به حقوق دیگران، تملق و چاپلوسی، رشوه خواری، قوم و خویش بازی، دروغگویی، هوچیگری، حق کشی، پول پرستی، تجمل پرستی، اسراف، چشم و هم چشمی های مخرب، بی مسئولیتی، سهل انگاری، رقابت های نا صواب کارها و اقدامات نمایشی و به طور کلی معایب و مفاسد اجتماعی و اخلاقی از جامعه ایران رخت بربندد و احترام به قانون، روحیه خدمتگزاری به مردم و جامعه، سلامت نفس، درستکاری، راستی و درستی، خیرخواهی، نیک اندیشی، نوعدوستی و نیکوکاری، تقوی و پرهیزکاری و اما نت داری و احترام به حقوق دیگران و پای بندی به اخلاق و عفت عمومی، آزادگی و آزاد منشی جایگزین آنها شود.

12- جنایتکاران و متجاوزان به حقوق ملت در دادگاه های صالح مورد محاکمه قرار گرفته و به مجازات هایی که استحقاق داشته باشند خواهند رسید.

13- چرخ های اقتصادی کشور به کار خواهد افتاد و کار و کسب و تجارت آزاد و قانونی از سر گرفته خواهد شد و این امکان فراهم خواهد شد که مردم بتوانند آزادانه و با رعایت قوانین در به حرکت درآوردن چرخ های اقتصادی کشور سهیم باشند. بخش خصوصی سهم مهمی در این زمینه برعهده خواهد داشت.

14 – با رعایت نیازهای عمومی و ملی کشور و با توجه به تحقق عدالت اجتماعی, تولید کار و مشاغل لازم بمنظور ترقی و تعالی کشور از اولویت خاص بر خوردار خواهد بود وبرای تسریع در این راه، مراکز کاریابی و تعلیمات سریع فنی و حرفه ای و کمک مادی و معنوی به بیکاران ایجاد خواهد شد.

15- بالا بردن سطح زندگی کشاورزان، کارگران و طبقات محروم و بی بضاعت جامعه بزرگ ایران و توزیع عادلانه ثروت و تامین رفاه عمومی مورد توجه فوری قرار خواهد گرفت و آگاهی های لازم ملی و بین المللی، با شیوه های درست و صادقانه در اختیارشان قرار خواهد گرفت و شرایطی ایجاد خواهد شد که در آینده هیچ نیروی ضد ملی نتواند آنان را از راه صحیح منحرف ساخته و از نیروی عظیمشان علیه منافع و مصالح ایران و جامعه ایرانی سوءاستفاده کند.

16- کسب علم و دانش و اخلاق و هنر و شادی و آسایش ترغیب و تشویق خواهد شد و با اشاعه جهل و خرافات و فساد و تباهی مقابله خواهد شد.

17- خانواده که اساس جامعه بزرگ ایران را تشکیل می دهد، از نهایت احترام برخوردار خواهد شد و در جهت تقویت و استحکام مبانی آن نهایت جدیت معمول خواهد گشت و برابری کامل زنان با مردان و پرورش سالم کودکان محترم خواهد بود و نقش مهم بانوان در سازندگی خانواده و جامعه مورد تقدیر و ستایش قرار خواهد داشت.

18- از کلیه کسانی که حقوق قانونی وحقه آنان تضییع شده است احقاق حق به عمل خواهد آمد، تمامی کسانی که بی سبب از کار برکنار شده اند یا بنا حق اموالی از آنان مصادره شده یا مستمری ها و حقوق بازنشستگی آنها قطع شده است مورد حمایت قرار خواهند گرفت و حقوق قانونی آنها بازگردانده یا جبران خواهد شد و از کلیه خدمتگزاران صدیق ملت و مملکت از هر طبقه و گروه اعاده حیثیت خواهد شد.

19- تمامی چپاولگران و سارقان اموال عمومی در هر لباس و در هر کجا که باشند شناسایی شده، به تخلفات و سوءاستفاده های آنان رسیدگی خواهد شد و حتی اگر به خارج از مرزهای ایران گریخته باشند بر طبق قوانین و معاهدات بین المللی مربوط به استرداد مجرمان، نسبت به بازگرداندن آنها به کشور و انجام محاکمات قانونی و عادلانه آنان و همچنین بازگرداندن دارائی های سرقت شده به ایران اقدام خواهد شد.

20- افرادی که دستشان به جنایت و خیانت آلوده نباشد و برخلاف میل باطنی خود یا در اثر اغفال و یا به سبب جبر و فشار حکومت به نهادهای ضد ملی رژیم ولایت فقیه کشانده شده اند، چنانچه به موقع این نهادها را ترک گفته و به آغوش میهن و ملت خود بازگشته باشند، مشمول نهایت مساعدت **حزب اتحاد ملی ایرانیان** قرار خواهند گرفت تا مورد عفو ملی قرار گیرند.

21- به منظور بازسازی ویرانی های ناشی از دوران فتنه انگیزی های رژیم ولایت فقیه برنامه های لازم به مورد اجرا گذارده خواهد شد و با صبر و حوصله و با جدیت و پشتکار ملی و با همکاری و مشارکت عمومی آثار شوم و مخرب این دوران ننگین در اسرع وقت ممکن در سطح کشور برطرف خواهد شد.

22- حقوق حقه و اساسی زنان، کودکان و نوجوانان اعاده خواهد شد تا بتوانند در محیطی سالم، امن و سازنده و آکنده از شادی و همکاری و تفاهم ملی، از لحاظ جسمی و روحی پرورش یافته و خود را برای خدمت به جامعه آماده ساخته و براساس میزان شایستگی و خدمت خود از تمامی نعمت های ملی و رفاه عمومی برخوردار باشند.

23- پس از برقراری نظم و امنیت، انتخابات آزاد مجلس مؤسسان کشور برگزار خواهد شد و نمایندگان منتخب مردم متن قانون اساسی جدید و دمکراتیک ایران را که ضامن استقلال و تمامیت ارضی کشورو

حفظ حقوق فردی و جمعی طبقات و گروه های مختلف نژادی، قومی و مذهبی جامعه ایران و تضمین کننده اجرای اصول دمکراسی و حاکمیت ملی و همچنین تضمین کننده آینده اطمینان بخش و حفظ آزادی های حقه تمامی افراد ملت ایران و مراعات اعلامیه جهانی حقوق بشر باشد تدوین کرده و براساس آن نظام حکومتی آینده و چگونگی تفکیک قوا و نحوه حفاظت و حراست از قانون اساسی را معین و مشخص خواهند ساخت. تا زمانی که مجلس مؤسسان و به دنبال آن مجلس یا مجالس قانون گذاری تشکیل نشده باشند، دولت موقت حزبی که می تواند یک دولت ائتلافی باشد اداره امور جاری کشور را به طور موقت به دست گرفته و براساس اصول اعتقادی و منطبق با خط مشی حزبی با صدور تصویب نامه های لازم مقررات مورد نیاز را تدوین کرده و به مورد اجرا خواهند گذارد.

قوانین و مقررات موضوعه از راه تصویب نامه های دولت موقت تا زمان تشکیل مجلس یا مجالس ملی مرکب از نمایندگان قابل اعتماد و منتخب مردم معتبر خواهد بود و پس از آن که مراجع ملی قانون گذاری تشکیل شدند، کلیه اختیارات قانون گذاری به عهده نمایندگان منتخب مردم خواهد بود و دولت موقت نیز جای خود را به دولت منتخب و مورد اعتماد نمایندگان مردم ایران واگذار خواهد کرد.

پاینده باد ایران- زنده باد ایرانیان آزادیخواه
خرداد ماه 1389- جون 2010

نمایه

آ

آبتین، بکتاش ۴۲۹,۴۳۰

آتاتورک، مصطفی کمال ۵۴۳

آذرشب، محمدعلی ۷۱

آذرفر، حسن ۳۰۹

آرام، بهرام ۹۳,۳۵۵,۳۵۶

آرام، عباس ۳۳۵

آرمائو، رابرت ۵۹,۴۹۹,۵۲۹,۵۳۰

آرمین، محسن ۶۸,۷۰

آرین‌پور، ایرج ۱۳۵, ۱۳۸, ۱۴۲, ۱۴۶, ۱۴۸, ۱۵۷, ۳۴۴

آزموده، حسین ۵۸۶,۵۸۷,۵۹۵,۶۰۱

آزمون، منوچهر ۲۱۵

آشتیانی، امیر ۲۵۱,۲۵۲,۲۵۳

آشتیانی زاده، محمدرضا ۱۱۶,۲۵۱,۲۵۴,۳۴۲, ۴۰۳,۵۵۳

آغاجری، هاشم ۷۰

آقازمانی، احمد ۶۴

آقازمانی، عباس ۶۴

آقایی فیروزآبادی، سیدحسن ۲۵۵

آقایی، میلاد ۳

آل‌احمد، جلال ۴۹

آلبرایت، مادلین ۳۱۳,۳۱۴,۳۱۵,۳۱۶,۵۳۳,۵۵۵, ۵۵۶

آل صادق ۳۳۵,۳۳۶,۳۳۷

آموزگار، جمشید ۱۷۹,۳۴۳

آیت‌اللهی، حسین ۴۱۳

آیت، حسن ۷۵

ا

ابتکار، معصومه ۳۱۱

ابتهاج، ابوالحسن ۱۹

ابن‌الرضا، حسن ۶۴

ابوالفتحی، احمد ۲۴۸

ابوالقاسمی، محمدرضا ۲۴۶

ابیزید، کریستین ساندرا ۲۵۹,۲۶۰

احمد، احمد ۶۴

احمدزاده، مسعود ۳۵۶

احمدشاه ۱۵,۱۷,۵۴۲,۶۰۴,۶۱۲

احمدی، عباسعلی ۶۹

احمدی‌نژاد، محمود ۲۱,۱۶۹,۲۴۵

ارانی، تقی ۶۰۴

ارباب‌سیَر، منصور ۲۰۲,۲۴۶

اردلان، امان‌الله ۳۳۵

اردلان، همایون ۲۱۷

اردوغان، رجب طیب ۲۹۰

ارژنگی، رسام ۷,۱۸۷

اریک کُریلا، مایکل ۳۳۲

ازغندی، منصور ۴۸

ازغندی، منوچهر ۵۰

ازغندی، هوشنگ ۴۲,۴۳,۴۴,۴۶,۵۰,۱۲۷, ۳۵۲,۳۵۳,۴۰۹

ازهاری، غلامرضا ۵۶۳,۵۶۸

اسپر، مارک ۲۰۱,۲۰۷,۳۲۶

استالین، ژوزف ۱۹,۵۴,۵۷,۱۳۳,۱۹۳,۱۹۴, ۲۲۴,۲۲۶,۳۱۵,۴۵۹,۵۴۰

اسد، بشار ۲۰۲,۲۲۲,۲۵۲,۲۵۷,۲۸۸,۳۶۳,۳۶۴

اسد، حافظ ۱۴۶

اسدی، اسدالله ۲۱۴

اسکندری، ایرج ۱۱۱

اسلامیان، محمود ۳۹۱

اسلامی، عباسعلی ۱۳۹

اسلامی مهر، حسن ۶۸

۶۷۲

اسماعیلی، غلام حسین ۴۰۳
اسماعیلی، محمدمهدی ۳۹۰
اَشتری، حسین ۲۶۸
اشراقی، مرتضی ۳۱۰
اشرف، حمید ۱۶۲, ۳۵۳, ۳۵۵, ۴۲۵, ۵۰۶
اشرف‌زاده کرمانی، منیژه ۹۳
اصغری، احمدرضا ۲۴۵
اعلم، مظفر ۳۳۵
افراخته، وحید ۸۹, ۹۳, ۹۴, ۳۵۶
افشار، حسین ۲۴۶
افضلی، بهرام ۳۰۹
اقبال، منوچهر ۱۹, ۴۲, ۵۸۲, ۵۸۴
اکورزاده، علی‌اصغر ۴۹
البصری، محمد ۸۹
الجبیر، عادل ۲۰۲, ۲۴۶
الجمال، سعید ۲۰۱
الزرقاوی، ابومصعب ۳۶۳
الظواهری، ایمن ۲۴۵, ۳۶۳
القادر، عبدالعزیز ۲۴۶
المالکی، نوری ۳۶۳
الموتی، مصطفی ۵۹۲, ۶۰۱
الویری، مرتضی ۶۷, ۷۰
امانی، جمشید ۳۸, ۱۵۷, ۵۷۵, ۶۰۱
امانی، صادق ۷۶
امیرشاهی، مهشید ۱۲۶
امیرعبداللهیان، حسین ۴۰۲
امین، ایدی ۴۵۹
امین، پرویز ۱۴۷
امین خراسانی، سیدمحمد ۳۹۰
امینی، علی ۱۹, ۳۳, ۵۸۲, ۵۸۶
اندرزگو، علی ۴۲, ۵۵, ۱۴۶, ۴۲۶
انور خوجه ۱, ۵۴, ۱۶۲, ۱۹۴
اوباما، باراک ۲۰۵, ۲۹۸, ۳۰۱, ۳۰۲, ۳۵۲, ۳۶۴
اوربان، ویلیام ۲۰۱
اویسی، غلامعلی ۱۸۰, ۵۶۴, ۵۶۸
ایرج میرزا ۶۰۴
ایزدی سلحشور، فضل‌الله ۱۴۲
ایوان مخوف ۲۹۴

ب

باتمانقلیچ، محمدحسین ۷۲
باتمانقلیچ، نادر ۳۳۵
بارزانی، مسعود ۲۱۳, ۲۳۳
بارزانی، نچیروان ادریس ۲۰۳, ۲۵۷
بارنئا، دیوید ۲۳۱, ۲۴۲, ۲۶۳
بازرگان، ابوالفضل ۱۴۷
بازرگان، مهدی ۱۱, ۳۱, ۳۶, ۳۷, ۴۰, ۴۱, ۴۲,
۴۷, ۵۳, ۵۶, ۵۸, ۶۰, ۷۴, ۷۹, ۸۰, ۸۱,
۸۲, ۸۳, ۸۴, ۸۵, ۸۶, ۸۷, ۸۸, ۹۰, ۹۱,
۹۳, ۱۰۶, ۱۲۵, ۱۳۷, ۱۴۳, ۱۵۰, ۱۵۳,
۱۵۴, ۱۶۷, ۱۷۱, ۱۸۱, ۱۹۵, ۳۰۹, ۳۵۱,
۳۵۳, ۳۵۷, ۳۸۹, ۴۱۱, ۴۲۶, ۴۳۸, ۴۵۳,
۴۸۳, ۴۸۴, ۴۸۶, ۴۸۷, ۵۳۴, ۵۴۴, ۵۴۸,
۵۶۴, ۵۶۹, ۵۷۷, ۵۹۰, ۵۹۵, ۵۹۶, ۵۹۹,
۶۰۰, ۶۱۲
باقری، محمد ۲۵۵, ۲۵۶, ۲۶۷, ۲۷۸, ۳۷۵, ۳۷۶
باکلی، ویلیام ۳۱۰
بان کی مون ۲۰۲
باهنر، محمدجواد ۱۳۹, ۳۰۵
بجنوردی، کاظم ۱۴۶
بخارایی، محمد ۳۴, ۷۶, ۳۰۷
بختیار، تیمور ۳۳, ۵۶۵, ۵۷۳, ۵۷۶, ۵۸۱, ۵۸۴,
۵۸۵, ۵۸۶, ۵۹۷
بختیار، شاپور ۸۲, ۸۳, ۸۵, ۹۸, ۱۲۵, ۱۲۶, ۱۳۷,
۱۵۳, ۱۸۳, ۱۸۴, ۱۸۵, ۲۴۵, ۳۵۷, ۳۹۹,
۵۲۵, ۵۶۳, ۵۶۴, ۵۶۵, ۵۶۷, ۵۶۸, ۵۶۹,
۵۷۰, ۵۷۱, ۵۷۲, ۵۷۳, ۵۸۷, ۵۹۲, ۵۹۵,
۵۹۶, ۶۰۱
بدرالدین، سیدحسین ۲۰۱
براتی، اکبر ۷۰

براهنی، رضا ۴۲۷
براون، جرج ۵۶۴، ۵۶۵، ۵۶۷، ۵۶۸، ۵۶۹، ۵۷۰
برژینسکی، زبیگنیف ۵۳۱، ۵۴۶
برنان، جان ۲۰۴
برنز، ویلیام ۲۳۱، ۲۴۲، ۳۰۱، ۳۰۲
بروجردی، حسین ۱۲۶
بروجردی، محمدکاظم ۴۴، ۶۵، ۶۸، ۶۹
برومند، عبدالرحمن ۱۸۴
بشارتی، علی‌محمد ۲۴۸، ۴۱۳، ۴۱۴
بغدادی، ابوبکر ۲۰۹، ۲۱۴، ۳۲۶
بقایی، مجید ۶۹
بقایی، مظفر ۱۴۱، ۳۱۰، ۵۵۸، ۵۷۱، ۵۸۸
بن لادن، اسامه ۲۱۴، ۲۵۹، ۲۶۴، ۳۲۶، ۳۳۷، ۳۶۳
بنی‌احمد، احمد ۴۲۶
بنی‌صدر، ابوالحسن ۱۱، ۳۷، ۶۰، ۸۵، ۸۶، ۱۵۴، ۱۶۷، ۱۷۱، ۱۸۴، ۲۳۳، ۳۰۵، ۴۳۸، ۴۸۳، ۴۸۴، ۶۰۱
بنی عامری، محمدباقر ۱۸۳، ۱۸۵، ۱۸۶
بهادری جهرمی، علی ۴۰۱
بهار، ملک‌الشعرا ۶۰۴
بهرامی، محمد ۱۱۵، ۱۱۹
بهرنگی، صمد ۴۹
بهشتی، سیدمحمد ۲۱۵
بوش، جرج ۲۰۵، ۳۴۱، ۵۰۰
بولارد، سر ریدر ۵۴۴
بولتون، جان ۲۰۱، ۲۰۳، ۲۰۹، ۳۲۶
بیات زنجانی، اسدالله ۳۹۰
بیکی، حاج‌علی ۶۷

پ

پاکروان، حسن ۳۱، ۳۳، ۱۲۵، ۱۴۱، ۵۸۱، ۵۸۶
پاک‌نژاد، شکرالله ۸۷
پتراُوس، دیوید هاول ۲۰۳، ۲۰۴، ۳۳۱، ۳۳۲
پرتو، سیدحسین ۱۳۹
پژمان، عیسی ۱۸۵، ۵۴۳، ۵۸۲، ۶۰۱
پسیان، محمدتقی خان ۱۵
پل پوت ۵۴، ۱۹۴، ۲۲۳، ۴۵۹
پمپئو، مایک ۱۰۶، ۲۰۱، ۲۷۷، ۳۲۶، ۴۰۵، ۴۹۴
پنجه‌شاهی، عبدالله ۵۸
پنس، مایک ۳۲۶
پهلوی (دیبا)، شهبانو فرح ۳۶، ۵۳۰، ۵۶۴، ۵۶۸
پهلوی، رضاشاه ۷، ۱۲، ۱۵، ۱۷، ۱۸، ۱۹، ۷۵، ۸۴، ۸۷، ۹۸، ۱۰۸، ۱۱۲، ۱۱۵، ۱۲۹، ۱۶۱، ۱۶۳، ۱۶۹، ۱۷۳، ۱۸۷، ۱۸۹، ۳۴۹، ۳۹۳، ۳۹۴، ۴۳۶، ۴۴۸، ۴۴۹، ۴۵۳، ۴۶۹، ۴۹۴، ۴۹۵، ۵۰۰، ۵۰۴، ۵۰۵، ۵۱۰، ۵۱۳، ۵۳۸، ۵۳۹، ۵۴۲، ۵۴۳، ۵۵۳، ۵۶۱، ۵۶۲، ۵۸۲، ۶۰۴، ۶۰۷، ۶۰۹، ۶۱۳، ۶۱۴، ۶۱۵، ۶۱۶
پهلوی، شاهدخت اشرف ۹، ۴۵، ۱۸۹، ۱۹۰
پهلوی، شاهزاده رضا ۱۰۷، ۱۰۸، ۱۵۰، ۱۵۵، ۱۶۳، ۱۶۴، ۱۷۵، ۱۸۵، ۱۹۸، ۳۸۷، ۴۱۱، ۴۳۳، ۴۳۵، ۴۴۶، ۴۵۲، ۴۵۴، ۴۵۵، ۴۵۷، ۴۷۲، ۴۸۹، ۴۹۱، ۴۹۴، ۴۹۶، ۴۹۹، ۵۰۰
پهلوی، محمدرضا شاه ۱۵، ۱۸، ۲۰، ۱۶۳، ۱۶۹، ۲۲۶، ۲۸۷، ۴۵۴، ۴۶۵، ۵۲۹، ۵۵۹، ۵۶۴، ۵۶۸، ۵۹۸، ۶۰۴، ۶۰۹، ۶۱۵، ۶۱۷
پوتین، ولادیمیر ۱۱۳، ۱۶۱، ۲۲۲، ۲۸۵، ۲۸۶، ۲۸۷، ۲۸۸، ۲۸۹، ۲۹۰، ۲۹۱، ۲۹۷، ۲۹۸، ۲۹۹، ۳۰۰
پورداوود، ابراهیم ۶۰۴
پورمحمدی، مصطفی ۲۱۵، ۲۱۹، ۲۲۹، ۲۴۸، ۳۱۰، ۳۱۱
پورنجاتی، احمد ۳۱۰
پومپئو، مایک ۲۵۳
پوینده، محمد جعفر ۴۳۰
پیراسته، سیدمهدی ۳۳۵
پیران، محمد ۶۴
پیرنیا، حسن ۶۰۴
پیرنیا، حسین ۱۹
پیشه‌وری، جعفر ۲۰

پیمان، حبیب‌الله ۶۶
پینوشه، آگوستو ۱۳۳

ت

تاجزاده، مصطفی ۶۷، ۷۰، ۳۱۱
تحیری، علی ۶۹
تختی، غلامرضا ۴۹
ترامپ، دانالد ۱۵۳، ۲۰۱، ۲۰۵، ۲۰۶، ۲۰۷، ۲۰۸، ۲۰۹، ۲۱۷، ۲۷۳، ۲۹۸، ۳۲۳، ۳۲۶، ۳۲۸، ۳۳۱، ۳۴۰، ۳۶۴، ۴۰۵
ترنر، جک ۸۹
تسوتانوف، تسوتان ۲۴۷
تفرشی، مجید ۵۶۹
تفضلی، احمد ۳۹۸، ۴۰۷، ۴۳۰
تقوی، سیداحمد ۶۴
تهرانی، عباس ۴۴، ۴۵، ۴۶، ۴۷
توپریز، علی ۴۹
توسلی، محمد ۴۱، ۵۶، ۸۹، ۱۴۶، ۱۴۷
توکلی، محمد ۹۴

ث

ثابتی، پرویز ۳۴، ۳۵، ۳۷، ۳۸، ۴۶، ۵۰، ۵۷، ۵۹، ۹۹، ۱۲۴، ۱۳۹، ۱۴۲، ۱۵۷، ۱۷۸، ۱۷۹، ۲۱۵، ۳۵۴، ۴۲۶، ۵۷۲، ۵۷۹، ۵۸۰، ۵۸۸، ۵۹۰، ۵۹۲، ۵۹۷، ۶۰۱

ج

جزنی، بیژن ۶۵، ۸۷، ۳۵۳، ۵۶۵، ۵۷۳
جزینی، مهسا ۵۲۵
جعفری، شعبان ۱۱۶، ۵۵۳، ۵۵۴، ۵۶۱، ۵۷۱
جعفری، علی ۳۶۲
جعفری، محمدعلی ۲۷۸
جعفری، محمد مهدی ۹۴
جلائی‌پور، حمید رضا ۴۸۷
جمالزاده، محمدعلی ۶۰۴

جمالیان، محمدعلی ۶۴
جم، فریدون ۹، ۶۰۱
جمی، غلامحسین ۱۲۵، ۱۲۶
جناح، محمدعلی ۱۷۷
جنتی، شیخ علی ۸۹
جهان‌آرا، علی ۷۰
جهان‌آرا، محمد ۶۹
جهانگیری، اسحاق ۳۹۱
جهانگیری، مهدی ۳۹۱
جهرمی بشارتی، علی‌محمد ۴۱۲
جوادی آملی، عبدالله ۳۹۰

چ

چاپلین، چارلی ۲۲۶، ۳۱۶
چامسکی، نوام ۵۴۵
چاوشسکو، نیکلای ۱۹۳، ۴۵۹
چرچیل، وینستون ۴۶۴، ۵۴۰
چمران، مصطفی ۱۴۶
چیذری، حسن ۲۰۲

ح

حائری تهرانی، مهدی ۲۱۵
حائری، کاظم ۳۹۰
حاجبی، ویدا ۵۹۱
حاج رضایی، طیب ۱۴۲
حاج سیدجوادی، علی‌اصغر ۵۸
حاجی‌زاده، امیرعلی ۲۷۸
حاجی، مرتضی ۶۴
حبش، جرج ۴۳، ۱۵۰
حبیبی، حسن ۳۱۰
حجاریان، سعید ۷۰، ۱۷۰، ۳۰۸، ۳۰۹، ۴۵۳
حجازی، علی‌اصغر ۲۵۴
حجازی، محمد ۲۷۷
حجتی کرمانی، محمدجواد ۶۴، ۶۵
حدید چی، مرضیه ۹۶

حسین، صدام ۴۵، ۵۹، ۱۲۴، ۱۳۰، ۱۵۳، ۱۶۲، ۱۸۵، ۲۲۳، ۲۴۳، ۳۰۷، ۳۶۰، ۳۷۸، ۴۱۲، ۴۶۰، ۴۹۳، ۴۹۴، ۵۶۵، ۵۶۹، ۵۷۰
حسینیان، روح‌الله ۴۰، ۳۱۱
حسینی، سیدمحمد ۳۹۰
حسینی، غفار ۴۳۰
حسینی میلانی، محمد هادی ۷۶
حشمت، عباسقلی ۲۴۳
حقانی، غلامحسین ۲۱۵
حکیم، سیدمحسن ۱۳۸
حلیمی، نادر ۶۷
حمد بن عیسی آل خلیفه ۳۴۰
حمیدی، مسعود ۸۸
حنیف نژاد، محمد ۴۵

خ

خاتمی، احمد ۵۰
خاتمی، سیدمحمد ۷۰، ۸۰، ۲۱۵، ۳۰۶، ۳۱۱، ۳۸۹، ۳۹۰، ۳۹۱، ۳۹۳، ۳۹۴، ۳۹۵، ۳۹۸، ۴۸۶
خادم، ابوالقاسم ۱۸۴
خامنه‌ای، سیدعلی ۷۹، ۸۹، ۱۲۶، ۲۰۲، ۲۰۴، ۲۰۶، ۲۱۰، ۲۱۱، ۲۲۳، ۲۳۸، ۲۴۴، ۲۴۷، ۲۵۵، ۲۵۷، ۲۶۴، ۲۶۵، ۲۶۷، ۲۸۹، ۲۹۵، ۳۰۵، ۳۶۸، ۳۹۸، ۴۰۷، ۴۳۰، ۴۶۳، ۴۶۹، ۴۷۲
خامنه‌ای، مجتبی ۲۱۳، ۲۳۵، ۲۶۵، ۴۱۷
خاموشی، سیدتقی ۶۳
خاموشی، علی‌نقی ۶۳
خاموشی، محسن ۹۳، ۹۴
خان‌محمد، حمید ۶۴
خزاعی، محمد ۲۴۷
خزعلی، انسیه ۴۰۳
خسرو افشار، امیر ۵۸۹، ۵۹۲، ۶۰۱
خسروانی، پرویز ۵۹۹، ۶۰۱
خسروشاهی، سیدهادی ۷۳
خسرویان، محسن ۲۴۸
خطیب، اسماعیل ۲۳۳، ۲۳۷، ۲۴۰، ۲۴۲، ۲۶۸، ۳۴۲، ۳۴۳، ۳۴۶، ۴۰۳
خطیبی، پرویز ۹، ۱۹۰
خطیبی، حسین ۵۲۵
خلخالی، صادق ۸۹، ۲۴۴
خلیلزاد، زلمای ۲۰۴
خلیلی، بیژن ۳، ۹
خمینی، روح‌الله ۱، ۳۴، ۷۳، ۲۰۴، ۲۴۳، ۳۹۴، ۳۹۹، ۴۰۵، ۴۰۶، ۴۰۷، ۵۳۰
خمینی، مصطفی ۴۹
خیابانی، موسی ۶۵

د

دالاس، آلن ۳۳
دانایی‌فر، حسن ۳۳۵، ۳۳۷
دانشجو، کامران ۲۴۹
داور، علی‌اکبر ۵۴۱
دُرمانی، نادر ۳
دریفوس، رابرت ۱۲۲
دری نجف‌آبادی، قربانعلی ۲۳۸، ۳۴۵
دستغیب، علی‌محمد ۳۹۰
دستمالچی، پرویز ۲۱۷
دعایی، سیدمحمود ۸۸
دهقان، احمد ۱۱۵
دهقان، حسین ۲۵۶، ۲۷۸، ۲۹۳، ۲۹۵
دهقانی، عباس ۱۸۴
دهکردی، نوری ۲۱۷
دوانی، پرویز ۳۹۸، ۴۰۷
دوزدوزانی، عباس ۶۴، ۳۹۰
دومرانش، کنت ۶۰
دون کیشوت ۴۲۵

ذ

ذوالقدر، محمدباقر ۶۹، ۷۰، ۲۷۷
ذوالقدر، مظفرعلی ۷۳

ر

رازینی، علی ۱۲۴, ۲۴۳
راستین، بهرام ۱۴۷
راکفلر، نلسون ۵۲۹
رایس، کاندولیزا ۲۰۴, ۴۵۱
رئیسی، ابراهیم ۱۹۰, ۱۹۶, ۲۲۹, ۲۳۷, ۲۵۴, ۲۵۷,
۲۶۰, ۲۷۲, ۲۷۵, ۳۰۳, ۳۱۰, ۳۴۲, ۳۹۹,
۴۰۱, ۴۰۲, ۴۰۸, ۴۱۲, ۴۸۸
رئیسی، رضا ۱۴۷
ربانی، محسن ۲۴۵
رجایی، محمد علی ۸۹, ۳۰۵
رجوی، مریم ۱۶۹
رجوی، مسعود ۴۱, ۶۵, ۸۴, ۸۷, ۸۸, ۹۳, ۱۵۴,
۴۷۶
رحمانی فضلی، عبدالرضا ۲۴۹
رحیمی، مهدی ۱۸۰
رزم‌آرا، علی ۷۲, ۷۳, ۷۵, ۷۶, ۷۷, ۹۲, ۱۹۱, ۳۹۴,
۵۸۵
رستم، حسینقلی ۱۳۸
رشدی، سلمان ۳۹۵, ۳۹۸, ۳۹۹, ۴۰۵, ۴۰۶, ۴۰۷,
۴۰۸
رشید، غلامعلی ۶۹, ۳۷۶
رشیدیان، اسدالله ۵۶۳, ۵۶۸, ۵۷۲
رضایی، خلیل ۹۳, ۹۴
رضایی، رضا ۴۶, ۵۹۰
رضایی، محسن ۶۹, ۷۰, ۲۴۳, ۲۴۴, ۲۴۵, ۲۵۴,
۲۵۵, ۲۷۸, ۲۹۳, ۲۹۵, ۳۱۰, ۳۴۶, ۳۹۱,
۴۰۳
رضایی، مرتضی ۲۴۴
رضایی، مهدی ۱۵۱, ۴۷۶
رضوانی، محسن ۱۱۱, ۱۹۶
رفاعی، سیدطالب ۲۴۳
رفیعی، کریم ۷۰
رفیق‌دوست، محسن ۱۴۲
رمضانپور، اصغر ۳۹۷
رهبر، سعید ۱۹۰
روح‌الامینی، عبدالحسین ۷۰
روحانی، حسن ۲۳۷, ۳۲۲, ۳۶۲, ۳۹۱, ۳۹۹
روحانی، محمدصادق ۳۹۰
روزبه، خسرو ۱۱۴, ۱۱۵, ۵۸۶
روزولت، فرانکلین ۵۴۰, ۵۵۵, ۵۵۷
روزولت، کرمیت ۵۵۵
روستا، رضا ۱۱۲
روستا، نوشین ۱۱۲
روغنی، غلامحسین ۳۶
رول، نورمن ۳۰۰
ری‌شهری، محمد ۱۵۸, ۱۸۶, ۲۱۵, ۲۳۸, ۳۰۵,
۳۰۶, ۳۰۷, ۳۰۸, ۳۰۹, ۳۱۰, ۳۱۱, ۳۱۲,
۳۴۵
ریگان، رونالد ۲۰۶, ۲۴۴, ۲۴۵, ۵۰۰

ز

زاهدی، اردشیر ۵۳۲, ۵۸۳, ۶۰۱
زاهدی، فضل‌الله ۸۴, ۳۹۰, ۵۵۷
زرتشت ۴۳۶
زرقاوی، ابومصعب ۲۵۹, ۳۵۲
زمانی، حسین ۱۴۳
زمانی، ناصر ۱۳۷
زم، روح‌الله ۲۱۴, ۲۳۰
زهری، علی ۵۵۸, ۵۸۸
زواره‌ای، سیدرضا ۳۰۷, ۳۱۱
زیباکلام، صادق ۵۲۱
زیبایی‌نژاد، حسین ۷۰

س

سالینجر، پیر ۴۲۶, ۵۳۵
سامی، کاظم ۶۵, ۳۱۰
ساوجی، موحدی ۱۳۹
سبحانی، جعفر ۳۹۰

سبحانی، عبدالحسین ۷۰
سپهری، حامد ۳
سحابی، عزت‌الله ۴۶, ۴۷, ۸۰, ۸۴, ۸۵, ۱۳۷, ۱۴۳
سحابی، یدالله ۹۱, ۱۳۷
سرحدیزاده، ابوالقاسم ۶۴
سروش، عبدالکریم ۳۱۰, ۴۶۷
سعادتی، محمدرضا ۳۴۴
سعدبن ابی وقاص ۲۰۹, ۴۲۹
سعدونی، امیر ۲۱۴
سعیدی سیرجانی، علی‌اکبر ۳۹۸, ۴۰۷, ۴۳۰
سعیدی، محمدرضا ۵۰
سلامتیان، احمد ۶۰۱
سلامتی، محمد ۷۰
سلامی، حسین ۲۷۸, ۳۲۸, ۳۴۲
سلطانی، نادر ۳۹۱
سلیمانی، ایوب ۲۶۸
سلیمانی، غلامرضا ۲۵۴, ۲۷۸
سلیمانی، قاسم ۲۰۱, ۲۰۲, ۲۰۳, ۲۰۴, ۲۰۵, ۲۰۶, ۲۰۷, ۲۰۸, ۲۰۹, ۲۱۰, ۲۱۴, ۲۴۱, ۲۵۳, ۲۵۵, ۲۵۶, ۲۵۹, ۲۷۸, ۳۲۵, ۳۲۶, ۳۳۵, ۳۳۶, ۳۳۷, ۳۶۲, ۳۶۳, ۳۶۷, ۳۶۹, ۳۷۱, ۳۷۴, ۳۹۸, ۴۰۷, ۴۲۹, ۴۶۹, ۴۷۸
سمیعی، عنایت ۳۳۵
سنجابی، کریم ۱۳۷, ۵۲۲, ۵۶۳, ۵۶۵, ۵۶۸, ۵۷۳
سهیلی، علی ۵۳۸
سوهارتو، محمد ۲۲۵, ۳۱۵
سیدمحمودی، محمد ۶۴
سیف‌زاده، حمید ۵۲۴, ۵۲۵
سیفیان، محمدکاظم ۶۴

ش

شارمهد، جمشید ۲۱۴, ۲۴۵, ۲۴۶
شاکری، مجتبی ۷۰
شالچی، محمدتقی ۶۴
شاه اسماعیل صفوی ۳۵۹, ۴۳۹, ۴۴۸
شاه‌حسینی، حسین ۵۲۵
شاهرخ، ارباب کیخسرو ۵۴۱
شاه‌صفدری، نورالدین ۷۰
شاهنده، عباس ۱۱۶
شایگان، علی ۵۸
شبیری زنجانی، سیدموسی ۳۹۰
شجاعی‌زند، علیرضا ۷۰
شجره، امیر ۳
شرفکندی، صادق ۲۱۷
شریعتمداری، حسن ۶۷
شریعتمداری، کاظم ۳۰۹
شریعتمداری، محمد ۳۰۷, ۳۰۸
شریعتی، علی ۴۱, ۵۶, ۸۱, ۱۱۲, ۱۵۲, ۱۶۱, ۳۴۴, ۳۹۰, ۳۹۳, ۴۸۷
شریف امامی، جعفر ۳۵, ۸۳, ۹۸, ۱۲۴, ۱۲۵, ۱۷۸, ۱۷۹, ۱۸۰, ۱۸۱, ۱۸۲, ۳۵۷, ۵۸۲, ۵۸۷, ۵۹۸
شریف واقفی، مجید ۳۵۶
شعاعیان، مصطفی ۳۵۵, ۳۵۶
شفا، شجاع‌الدین ۱۳, ۳۵, ۴۸۲, ۴۸۴
شفر، پل ۸۹
شکرآبی، بابک ۳
شکوری، علی‌غلام ۲۰۲, ۲۴۶
شمخانی، احمد ۲۳۴, ۲۴۵
شمخانی، علی ۶۹, ۷۰, ۲۵۴, ۲۵۵, ۲۶۸, ۲۷۸
شمس‌آبادی بیگدلی، رضا ۱۱۳
شمس‌آبادی، سیدابوالحسن ۲۴۳
شهبازی، حبیب ۱۳۸
شهبازی، عبدالله ۱۳۸
شهرام، محمدتقی ۹۳, ۵۹۰
شهریاری، عباس ۵۹۰
شهلایی، عبدالرضا ۲۰۲
شیخ نعیم قاسم ۲۵۷
شیرینی، احمد ۶۴

ص

صادق وزیری، یحیی ۸۶، ۳۴۵، ۵۲۲، ۵۸۰، ۶۰۱
صادقی، حسین ۷۰
صالح، اللهیار ۱۳۷
صالحی امیری، سیدرضا ۳۹۰
صالحی، سیدعباس ۳۹۰
صالحی، علی‌اکبر ۳۰۲
صالحی، محسن ۱۱۵
صداقت‌زاده، مسعود ۲۴۷
صدر، سیدعلی مهدی ۲۴۶
صدیقی، غلامحسین ۱۳۷، ۵۶۳، ۵۶۸
صدیقی، کلیم ۳۹۵
صفاتی دزفولی، غلامحسین ۷۰
صفا، ذبیح‌الله ۳۵۹
صفار هرندی، محمدحسین ۳۹۰
صفرزاده، قنبرعلی ۲۴۳
صفری، عزیز ۷۰
صفوی، رحیم ۶۸، ۱۲۳، ۳۹۱
صفوی، سلمان ۶۸، ۷۰
صفوی، نواب ۳۴، ۴۱، ۷۱، ۷۲، ۷۳، ۷۴، ۷۵، ۷۶، ۸۴، ۸۵، ۹۲، ۱۹۱، ۳۹۰، ۴۲۹، ۵۸۹
صلاحمند، علی‌اکبر ۶۴
صنوبری، محمدباقر ۶۴
صیاد، پرویز ۲۲۶
صیاد خدایی، حسن ۳۵۷

ض

ضرغامی، عزت‌الله ۹۸، ۴۰۳
ضیاءالدینی، حسن ۵۶۵، ۵۷۳

ط

طائب، حسین ۲۱۳، ۲۶۸، ۴۱۵
طالقانی، اعظم ۹۳، ۹۵، ۹۶، ۹۷، ۹۸
طالقانی، سیدمحمود ۴۷، ۱۴۳، ۳۴۳، ۳۹۳
طالقانی، مجتبی ۹۵
طالقانی، محمدرضا ۱۰۰
طالقانی، محمود ۴۱، ۷۳، ۹۱، ۹۴، ۹۵، ۹۹، ۱۱۲، ۱۳۷، ۱۸۱، ۴۸۷
طالقانی، مهدی ۹۸
طباطبایی، سیدحسن ۶۴
طباطبایی، علی‌اکبر ۳۲۷
طباطبایی قمی، سیدحسن ۱۴۰
طبری، احسان ۱۱، ۱۱۲، ۲۳۰، ۲۳۴
طهماسبی، خلیل ۷۲، ۷۳، ۷۵، ۷۶، ۸۵، ۹۲، ۵۸۵
طیرانی، محمد ۶۷

ع

عارفانی، مهرداد ۲۱۴
عارف قزوینی، ابوالقاسم ۶۰۴
عباسی، ابوالحسن ۱۱۵
عبدالسلام، محمد ۲۵۷
عبداللهی، حامد ۲۴۷
عبداللهی، علی ۲۱۹، ۲۲۹، ۲۳۰، ۲۳۱، ۲۵۴
عبدخدایی، محمدمهدی ۷۳، ۷۵، ۸۵
عبدلی، فتاح ۲۱۷
عبدی، عباس ۱۷۰، ۳۱۱
عراقی، عبدالله ۲۵۶
عراقی، مهدی ۴۲، ۵۵، ۶۳، ۶۷، ۷۵، ۷۶، ۱۴۶
عرب‌سرخی، فیض‌الله ۷۰
عرفات، یاسر ۱، ۵۶، ۸۷، ۸۸، ۱۵۰، ۱۷۰، ۱۷۶، ۱۹۴، ۲۰۳، ۳۵۲، ۴۲۵، ۴۶۰، ۵۳۰
عزیزی، حسن ۶۴
عطاریان، هوشنگ ۳۰۹
عطریانفر، محمد ۷۰
علاء، حسین ۷۲، ۷۳، ۹۲، ۵۵۶، ۵۸۴
علامه نصیری، یحیی ۱۸۰
علامه نوری، شیخ یحیی ۱۷۸
علایی، حسین ۲۷۷

۶۷۹

علم، اسدالله ۳۳, ۴۲, ۱۳۷, ۱۴۵, ۵۸۸
علم‌الهدی، سیدحسین ۷۰
علوی بروجردی، محمدجواد ۳۹۰
علوی کیا، حسن ۳۵۴
علوی، مجید ۲۴۷
علوی، محمود ۲۱۳, ۲۱۴, ۲۳۰, ۲۳۱, ۲۳۹, ۳۲۲, ۳۴۶
علی اف، رستم ۱۱۲
علی عسگری، عبدالعلی ۶۸
عمویی، محمدعلی ۳۰۹
عمیدی نوری، ابوالحسن ۱۱۶
عنابستانی، جعفر ۴۷

غ

غفاری، داریوش ۱۱۵
غفاری، عزیز ۲۱۷
غفاری، هادی ۵۰

ف

فارسی، جلال‌الدین ۱۴۶
فاطمی، حسین ۷۳, ۴۵۳, ۵۲۵
فتحعلی شاه ۱۳۰, ۲۹۴
فتحی‌زاده، محسن ۲۶۷
فخرآرایی، ناصر ۱۱۳
فدایی آشتیانی، حسین ۶۸, ۷۰
فرازیان، علی‌اکبر ۶۰۱
فراستی، احمد ۳, ۴۴, ۱۰۸, ۳۵۴, ۳۵۵
فرانکو، فرانسیسکو ۲۲۵
فرجاد، فرهاد ۲۱۷
فردوست، حسین ۳۵, ۳۶, ۳۵۵, ۵۴۲, ۵۷۷, ۵۷۸, ۵۸۰, ۵۸۱, ۵۸۳, ۵۹۳, ۵۹۴, ۵۹۵, ۵۹۶, ۵۹۸, ۵۹۹
فردوسی‌پور، اسماعیل ۳۰۵
فرهادی، محمود ۲۰۴
فروتن، کریم ۱۱۴
فروغی، امین ۴۶, ۳۴۴, ۵۳۹, ۶۰۱
فروغی، محمدعلی ۵۳۸, ۶۰۴
فروهر، داریوش ۹, ۳۷, ۹۹, ۱۳۷, ۱۸۱, ۱۹۰
فقیه دزفولی، بتول ۹۶, ۹۷
فلاحتی موحد، ابوالحسن ۶۴
فلاح‌زاده، محمدرضا ۲۵۵, ۲۷۸
فلاحیان، علی ۱۷۴, ۲۱۷, ۲۳۴, ۲۳۷, ۲۳۸, ۲۳۹, ۲۴۰, ۲۴۵, ۳۴۵, ۳۴۶
فلسفی، محمدتقی ۱۳۹
فورد، جرالد ۲۰۵
فولادوند، فرود ۲۴۵
فیروزآبادی، حسن ۲۵۶
فیروزآبادی، صادق ۸۳
فیروز، مظفر ۲۳

ق

قاآنی، اسماعیل ۲۰۲, ۲۰۹, ۲۴۱, ۲۵۵, ۲۷۸, ۳۳۷, ۳۷۱
قائنی، غلامرضا ۱۴۲
قاسمیه، حسن ۵۶۵, ۵۷۳
قاضی محمد ۴۲۹
قالیباف، محمدباقر ۲۷۸
قانعی فرد، عرفان ۴۶, ۱۰۰, ۴۵۹
قدیانی، ابوالفضل ۷۰
قدیانی، پرویز ۷۰
قذافی، معمر ۱, ۵۴, ۵۷, ۱۳۳, ۱۴۶, ۱۵۰, ۱۵۹, ۱۶۲, ۱۷۰, ۱۹۴, ۲۲۳, ۴۵۹, ۴۹۳, ۵۰۰, ۵۳۳
قرایی آشتیانی، محمدرضا ۲۵۱
قریب، هرمز ۵۹۲, ۵۹۹, ۶۰۱
قریشی، سیداصغر ۶۴
قزوینی، ملا عبدالوهاب ۲۹۴
قشقایی، بهمن ۱۳۸, ۱۴۵
قطب‌زاده، صادق ۹۰, ۱۴۶, ۱۴۷, ۱۶۷, ۳۰۸, ۳۰۹
قطبی، رضا ۳۵۳

قمی، محمد ۲۵۴
قمی، نصرت‌الله ۷۵
قنبری تهرانی، خسرو ۳۰۵، ۳۰۶، ۳۰۷
قوام‌السلطنه، احمد ۱۵، ۱۶، ۲۰، ۲۲

ک

کارتر، جیمی ۱۱۹، ۱۹۷، ۴۷۳، ۴۹۹، ۵۰۰، ۵۳۴
کاسترو، فیدل ۱، ۵۶، ۱۴۶، ۱۶۲، ۴۵۹، ۴۶۰، ۵۵۶
کاشانی، ابوالقاسم ۷۳
کاظمی، احمد ۲۵۵، ۲۷۸
کاظمی قمی، حسن ۳۳۵
کاظمی، محمد ۴۱۵، ۴۱۸
کافی، احمد ۴۷، ۴۹
کافی، حاج حسن ۴۸، ۵۰
کافی یزدی، احمد ۴۷
کاویانی، مهیار ۳
کبیری، بیژن ۳۰۹
کتیرایی، همایون ۳۵۶
کردستانی، سیدمحمدرضا (میرزاده عشقی) ۱۸۷
کردستانی، نایف ۳۲۰
کریم‌پورشیرازی، امیرمختار ۷، ۹، ۱۸۹، ۱۹۰
کریمخانی، امیر ۱۴۲
کسروی، احمد ۷، ۱۲، ۷۲، ۷۴، ۸۴، ۱۸۷، ۱۸۹، ۳۵۹، ۴۸۲، ۶۰۴
کشاورز، فریدون ۱۱۴، ۱۱۵
کشتگر، علی ۶۰۱
کشکولی، ایرج ۵۶
کعب، حبیب ۲۱۴
کلینتون، بیل ۲۴۴
کمره‌ای، خلیل ۱۴۳
کندی، جان اف ۳۳، ۹۱
کنگرلو، محسن ۴۴، ۶۹
کودل، چارلز ۵۲۹
کوروش ۱۱، ۱۲، ۱۳، ۱۴، ۱۷۳، ۱۷۷، ۱۸۱، ۳۸۵، ۴۳۶، ۴۴۳، ۴۴۴، ۴۴۹

کوزیچکین، ولادیمیر ۱۰۰، ۱۲۰
کیانوری، نورالدین ۱۱
کیانی، ولی ۱۳۸
کیسینجر، هنری ۵۳۰، ۵۳۲

گ

گرگین، ایرج ۳۵۳
گریم، پل ۶۸، ۷۰
گنجی، اکبر ۱۷۰
گیتس، باب ۲۰۳

ل

لاپید، یائیر ۲۷۷
لاجوردی، اسدالله ۱۴۶، ۳۰۷
لاریجانی، علی اردشیر ۳۹۰
لنکرانی، حسام ۱۱۵
لینکلن، آبراهام ۱۹۱

م

مارکوس، فردیناند امانوئل ۲۲۵
ماسالی، حسن ۵۹۱، ۶۰۱
مبشری، اسدالله ۳۵۳
مبصر، محسن ۷۳، ۵۸۴، ۵۸۵، ۶۰۱
متوسلیان، احمد ۲۴۵
متیس، جیمز ۳۳۱
مجتهد، سیدمحمد ۲۹۴
محتشمی‌پور، علی‌اکبر ۲۴۸
محسنی اژه‌ای، غلامحسین ۲۱۸، ۲۳۰، ۳۴۶
محصولی، صادق ۲۴۹
محفوظی، عباس ۳۹۰
محققی، آیت ۱۸۴، ۱۸۵
محمدحسنی، عباس ۲۷۱
محمدنجار، مصطفی ۲۴۹
محمدی گرگانی، محمد ۹۴

محمدی گیلانی، محمد ۱۱۲، ۳۴۳، ۳۹۳، ۴۸۷	ملکی، خلیل ۲۰
مخملباف، محسن ۷۰	ملک عبدالله (عبدالله دوم) ۳۶۰
مدرس، سیدحسن ۵۴۱	ملکی، ناصر ۷۵
مدرس، فخر ۱۴۳	منتظرقائم، حسن ۶۷، ۷۰
مدنی، احمد ۱۲۶، ۵۹۵، ۶۰۱	منتظرقائم، محمد ۶۷، ۷۰
مدنی، سیدجلال‌الدین ۵۵، ۶۱، ۶۲، ۸۸	منتظری، احمد ۱۲۳، ۳۱۰
مدودف، دیمیتری ۲۸۶	منتظری، حسینعلی ۵۰، ۷۷، ۹۴، ۲۴۳، ۳۱۰، ۳۱۱، ۴۱۳
مدیری، پانته‌آ ۵۲۱	
مرادی، سعید ۲۴۷	منتظری، محمد ۶۸، ۷۰، ۲۴۳
مستوفی‌الممالک، حسن ۵۴۲، ۶۱۱	منصور، حسنعلی ۳۳، ۳۴، ۴۲، ۶۲، ۶۳، ۱۴۳، ۱۴۴، ۱۴۵، ۳۰۷، ۵۸۷، ۵۸۸
مسجدجامعی، احمد ۳۹۰، ۳۹۷	
مسجدی، ایرج ۳۳۵، ۳۳۶، ۳۳۷	منصوری، احمد ۶۴
مسعود، محمد ۱۱۵	منصوری، جواد ۶۴
مشکینی، علی ۲۱۵، ۳۰۷، ۳۰۸	مهاجرانی، عطاءالله ۱۵۸، ۳۹۰، ۳۹۷، ۴۰۸
مصداقی، ایرج ۱۷۳، ۴۱۲	مهدوی کنی، محمدرضا ۹۳، ۹۸، ۳۱۱
مصدق، محمد ۷۳، ۳۹۳، ۳۹۴، ۵۸۳	مهندس، ابوالمهدی ۲۰۶
مصلحی، حیدر ۲۳۴، ۳۴۶	موسولینی، بنیتو ۲۲۲، ۲۲۳، ۲۲۵، ۳۱۴، ۳۱۵
مطر، هادی ۳۹۸	موسویان، حسین ۵۲۱
مظاهری، عباس ۶۴	موسی بجنوردی، محمدکاظم ۶۴
مظفرالدین شاه ۱۵، ۱۷، ۶۰۳، ۶۰۴، ۶۱۱	موسوی تبریزی، حسین ۳۱۰
معادیخواه، عبدالمجید ۳۹۰	موسوی، سیدمحمدکاظم ۶۴
معزی، امیر ۵۶۳، ۵۶۷	موسوی شاهرودی، سیدحسین ۵۰
معین‌فر، علی‌اکبر ۸۰	موسوی شاهرودی، طاهره ۵۰
مغربی، حمید ۶۷	موسوی، مرتضی ۱۱۲، ۳۴۳، ۳۹۳، ۴۸۶
مغنیه، عماد ۲۰۳، ۲۱۴، ۲۴۵، ۲۵۹، ۳۲۶، ۳۶۳	موسوی، میرحسین ۱۱، ۲۵۵، ۳۰۵، ۳۱۰، ۴۰۶
مفتح، محمد ۱۸۱	میبدی، علیرضا ۳، ۴۱۲، ۵۱۷
مقدم، ناصر ۳۱، ۳۷، ۵۰، ۶۰، ۹۸، ۱۲۴، ۱۲۵، ۳۵۷، ۵۶۳، ۵۶۷، ۵۷۹، ۵۸۱، ۵۹۳، ۵۹۴	میثمی، لطف‌الله ۹۴
	میراشرافی، مهدی ۱۱۶
مقربی، احمد ۳۴۴، ۳۴۵	میرزا اسکندری، سلیمان ۱۱۲
مکارم شیرازی، ناصر ۸۹، ۳۹۰	میرزاده عشقی، (محمدرضا کردستانی) ۷، ۸، ۱۱۴، ۱۸۷، ۱۸۸، ۱۸۹، ۵۴۱، ۶۰۴
مک فارلین، رابرت ۲۴۳، ۲۴۴	
مکنزی، کنت اف. ۳۳۲	میرزا کوچک خان ۱۱۲، ۵۴۳
مکی، حسین ۱۹	میرسلیم، مصطفی ۳۹۰
ملازاده، حسن ۸۸	میرعلایی، احمد ۳۹۸، ۴۰۷، ۴۳۰
ملازاده، علی ۸۸	میرلوحی، مجتبی ۳۴، ۷۳، ۷۴، ۷۶

میرمحمدصادقی، محمد ۶۴
میلانی، عباس ۱۸۴
میلسپو، آرتور ۱۶
میناچی، ناصر ۳۹۰

ن

نادرپور، نادر ۴۸۵، ۵۱۸
نادرشاه افشار ۴۹۵
ناطق نوری، علی‌اکبر ۳۱۱
نبوی، بهزاد ۱۷۰، ۳۵۶، ۶۶، ۶۷، ۷۰
نخشب، محمد ۶۶
نخعی، حسین ۳۳۵
نراقی، احسان ۵۲۵، ۵۸۸
نراقی، احمد ۲۹۴
نصرالله، حسن ۲۵۹، ۳۰۶، ۳۶۳، ۳۹۸، ۴۰۷
نصیری، نعمت‌الله ۳۷، ۵۸۱
نعامی، نسیمه ۲۱۴
نقاش، انیس ۳۹۸، ۴۰۷
نقدی، محمدرضا ۲۵۴، ۲۷۸
نقره‌کار، مسعود ۴۱۳
نکونام، محمدرضا ۳۹۰
نوائی، پرویز ۱۱۵
نورصادقی، علی ۶۴
نوروزی، صادق ۶۶، ۷۰
نوری، حمید ۴۱۱، ۴۱۲
نوری، شیخ فضل‌الله ۱۱۹، ۳۴۳، ۳۹۳
نوری، عبدالله ۲۴۸
نوری همدانی، حسین ۳۹۰
نیری، حسینعلی ۳۱۰
نیکخواه، پرویز ۱۱۳
نیکسون، ریچارد ۵۰۰

و

واحدی، عبدالحسین ۷۳
واحدی، محمد ۷۳، ۹۲

واعظی، حسن ۶۷، ۷۰
والدهایم، کورت ۴۲۶
وایمر، چارلی ۴۹۵
وثوق‌الدوله ۱۵
وحید خراسانی، حسین ۳۹۰
وحیدی، احمد ۱۵۸، ۲۳۷، ۲۴۴، ۲۴۵، ۲۴۹، ۲۵۵، ۲۵۶، ۲۶۷، ۲۶۸، ۲۷۲، ۲۷۸، ۳۴۲، ۳۷۶، ۴۰۳
وردز، باب ۱۱۹
وردی‌نژاد، فریدون ۷۰
وزیری، صادق ۸۶، ۳۴۵، ۵۸۰، ۶۰۱
وزین، هوشنگ ۳
ولایتی، علی‌اکبر ۲۰۶، ۲۴۵، ۲۹۳، ۲۹۵، ۳۰۵، ۳۶۲
ویلسون، هارولد ۵۶۴، ۵۶۸

ه

هاشمی اصفهانی، محمد ۳۱۱
هاشمی رفسنجانی، علی‌اکبر ۴۶، ۴۷، ۸۸، ۹۲، ۹۳، ۹۴، ۱۴۶، ۱۴۸، ۲۲۳، ۲۴۴، ۲۴۵، ۲۵۵، ۳۹۱، ۳۹۲، ۴۱۲، ۴۶۳، ۴۷۳
هاشمی، فائزه ۲۲۳، ۴۵۳
هاشمی، منوچهر ۱۸۵، ۳۴۳، ۵۸۲، ۶۰۱
هاشمی، مهدی ۲۴۳، ۳۹۲
هافمن، دانیل ۳۰۰
هالیدی، فرد ۸۷
هایزر، رابرت ۶۹، ۵۳۲
هدایت، صادق ۶۰۴
هدایت، کمال ۳۳۵
هرمزی، حسن ۶۹، ۷۰
هژیر، عبدالحسین ۷۲، ۱۹۰
هسپل، جینا ۲۰۵، ۲۰۷، ۳۲۶
همایون، داریوش ۶۰۱
هنردار، مهدی ۷۰
هنیه، اسماعیل ۲۵۷
هوک، برایان ۳۲۶

هولدر، اریک ۲۰۲, ۲۴۶
هویدا، امیرعباس ۳۶, ۹۴, ۵۸۹
هیتلر، آدولف ۱۳۱, ۱۳۳, ۱۹۳, ۲۲۲, ۲۲۳, ۲۲۵,
۳۱۴, ۳۱۵, ۳۸۲, ۴۵۹, ۴۶۱, ۵۴۰
هیدن، مایکل ۲۰۳
هینس، آوریل ۲۱۷

ی

یارافشار، پرویز ۳۱, ۳۲
یاسینی، محمود ۶۷
یزدانی، بهرام ۳
یزدی، ابراهیم ۵۶, ۸۰, ۸۲, ۸۴, ۸۷, ۱۴۶, ۱۴۷,
۱۵۴, ۵۹۹, ۶۰۱
یزدی، شیخ محمد ۸۹
یزدی، فرخی ۷, ۱۱۴, ۱۸۹, ۵۴۱, ۶۰۴
یزدی، مرتضی ۱۱۴
یلتسین، بوریس ۲۸۵, ۲۹۱
یونسی، علی ۲۳۹, ۳۱۱, ۳۴۶, ۳۹۷
یونگ، کیم ۴۵۹